500in Foto: mb

Martin und Thomas Barkemeier
Indien – der Norden

Indien ist eine kulturelle Einheit inmitten von Vielfalt, ein Bündel von Widersprüchen, zusammengehalten von starken, unsichtbaren Fäden. Um sie herum ist die flüchtige Eigenart einer alten Legende; ihr Geist ist von etwas verzaubert. Sie ist ein Mythos, ein Traum und eine Vision, und doch sehr real und gegenwärtig.

Jawaharlal Nehru

Impressum

Martin und Thomas Barkemeier
Indien – der Norden mit Mumbai und Goa

erschienen im
REISE KNOW-HOW Verlag Peter Rump GmbH
Osnabrücker Str. 79
33649 Bielefeld

© Peter Rump 1994, 1996, 1998, 2000, 2004
6., komplett aktualisierte und erweiterte Auflage 2007

Gestaltung
Umschlag: G. Pawlak, P. Rump (Layout);
   Caroline Tiemann (Realisierung)
Inhalt: Günter Pawlak (Layout);
   Caroline Tiemann (Realisierung)
Fotos: Martin (mb) und Thomas (tb) Barkemeier
Titelfoto: Martin Barkemeier
Karten: Catherine Raisin, Thomas Buri, Bernhard Spachmüller
   (Atlas und hintere Umschlagklappe), der Verlag

Lektorat (Aktualisierung): Caroline Tiemann

Druck und Bindung
Wilhelm und Adam, Heusenstamm

ISBN 978-3-8317-1563-3
Printed in Germany

Dieses Buch ist erhältlich in jeder Buchhandlung
Deutschlands, der Schweiz, Österreichs, Belgiens
und der Niederlande.
Bitte informieren Sie Ihren Buchhändler
über folgende Bezugsadressen:
Deutschland
   Prolit GmbH, Postfach 9, D–35461 Fernwald (Annerod)
   sowie alle Barsortimente
Schweiz
   AVA-buch 2000
   Postfach, CH–8910 Affoltern
Österreich
   Mohr Morawa Buchvertrieb GmbH
   Sulzengasse 2, A–1230 Wien
Niederlande, Belgien
   Willems Adventure
   Postbus 403, NL–3140 AK Maassluis

Wer im Buchhandel trotzdem kein
Glück hat, bekommt unsere Bücher
auch über unseren **Büchershop
im Internet: www.reise-know-how.de**

BESTER REISEFÜHRER
1. Platz
ITB BuchAward
2007
INDIEN NORD

Martin und Thomas Barkemeier

Indien – der Norden

mit Mumbai und Goa

Danksagung

Besonderer Dank gilt unserer Lektorin Caroline Tiemann. Ihre Geduld, ihr Engagement und ihr Fachwissen haben entscheidend zum Gelingen dieses Projektes beigetragen.

REISE KNOW-HOW im Internet

Aktuelle Reisetipps und Neuigkeiten
Ergänzungen nach Redaktionsschluss
Büchershop und Sonderangebote

www.reise-know-how.de
info@reise-know-how.de

Wir freuen uns über Anregung und Kritik.

Inhalt

Exkurse

Vorwort

Die indische Gesellschaft scheint in allen Bereichen des täglichen Lebens einen tiefgreifenden Wandlungsprozess zu durchlaufen. Auf den ersten Blick scheint es so, als ob die über Jahrtausende das Land und seine Bewohner prägenden Werte und Normen der hinduistischen Kastengesellschaft innerhalb kürzester Zeit von den Verlockungen der westlichen Industriegesellschaft hinweggespült würden. Gerade unter den 450 Millionen Jugendlichen ist eine Aufbruchstimmung festzustellen: Sie lassen das für Indien so charakteristische Alte hinter sich und brechen zu neuen, vor allem westlichen Ufern auf. Dies zeigt sich insbesondere in den großen Städten, wo Verkehrsstaus, Handys und Internetcafés inzwischen zum Alltagsbild gehören.

Gleichzeitig jedoch bestimmen in ländlichen Regionen nach wie vor Szenen des „alten Indien" das Leben: Frauen in ihren leuchtend bunten Saris mit Tonkrügen auf dem Kopf beim Wasserholen, die Kamelkarawane vor der untergehenden Sonne der Wüste Thar, Pilger beim morgendlichen Gebet an den Ufern des Ganges ... Nicht zuletzt dieser Spannungsbogen zwischen Ochsenkarren und Computerchips macht das Reisen durch Indien zu einem ebenso faszinierenden wie zuweilen verwirrenden Erlebnis.

Allein die territoriale Größe Indiens mit einer Ausdehnung von 3.200 km von Nord nach Süd bzw. 3.000 km von West nach Ost macht deutlich, dass Indien ein Land von kontinentalen Ausmaßen ist: Übertragen auf Europa entspräche dies einer Fläche vom Nordkap bis nach Belgrad und von Brüssel bis nach Moskau. Innerhalb dieser Grenzen entfaltet sich eine auf der Erde einzigartige Vielfalt an Landschaften, Ethnien, Sprachen, Kulturen und Religionen. Eigentlich gibt es viele Indien.

Doch selbst bei der hier vorgenommenen Unterteilung in Nord- und Südindien (eigener Band) sind die beiden Landesteile für sich genommen immer noch so mannigfaltig wie der Vielvölker-Kontinent Europa. Dies gilt insbesondere für den Norden, der von den höchsten Bergen der Erde im Himalaya über die Wüsten Rajasthans bis zu den Palmenküsten Gujarats jede nur erdenkliche Landschaftsform aufzuweisen hat. Mindestens ebenso vielfältig ist das hier lebende Völkergemisch, wobei die Unterschiede zwischen den Punjabis im Norden, den Gujaratis im Westen und den Bengalen im Osten ebenso gravierend sind wie zwischen Letten, Franzosen, Deutschen und Italienern. Bedenkt man zudem, dass hier 13 der insgesamt 15 offiziell anerkannten eigenständigen Sprachen Indiens gesprochen werden, wird verständlich, dass man es im Grunde bei Nordindien mit mehreren Ländern in einem zu tun hat.

So bietet Nordindien für jeden Geschmack etwas. Während Kulturinteressierte auf den Spuren einer Jahrtausende alten Zivilisation wandeln können, bieten sich für Natur- und Wanderfreunde je nach Lust und Kondition Trekkingrouten ganz unterschiedlicher Länge und Schwierigkeit an. Tierfreunde können in den 23 Nationalparks auf Pirsch gehen, Fotofans bietet sich von den farbenfrohen Festen Rajasthans über die schneebedeckten Berge des Himalaya bis zum meistfotografierten Bauwerk der Erde, dem Taj Mahal, eine unbegrenzte Auswahl an Motiven. Bedenkt man zudem, dass die indische Küche zu den abwechslungsreichsten der Erde zählt und Indien eines der billigsten Reiseländer ist, lässt sich eigentlich kaum ein faszinierenderes Reiseziel denken.

Dies ist jedoch nur eine Seite der indischen Realität. In keinem anderen Land der Erde liegen Schönheiten und Scheußlichkeiten derart nah beieinander. Bezaubernde Landschaften, großartige Denkmäler, märchenhafte Paläste und friedvolle Religiosität auf der einen Seite, Dreck, Bettler, Menschenmassen und religiöser Fanatismus andererseits verwirren viele Touristen. Hinzu kommen die Reisestrapazen, die der Individualreisende auch heute noch auf sich nehmen muss, trotz unübersehbarer Verbesserungen in der touristischen Infrastruktur während der letzten Jahre. Die scheinbar nicht enden wollenden Zug- und Busfahrten, Staub und Hitze, eine schwerfällige Bürokratie sowie die Kluft zwischen unermesslichem Reichtum und namenlosem Elend zehren an den Nerven.

Kein Land ist in seinen Lebensäußerungen so exzessiv und von einer derart elementaren Sinnlichkeit. Indien ist sicherlich kein leichtes Reiseland, man muss es sich erarbeiten. Hierzu bedarf es Zeit und Geduld. In jedem Fall zwingt es zur Auseinandersetzung, auch mit sich selbst. Wer sich dieser Herausforderung stellt und so unvoreingenommen wie möglich reist, ohne die sonst übliche Gewohnheit, alles sofort etikettieren und bewerten zu müssen, wird immer wieder in dieses widersprüchliche und lebensvolle „Sehnsuchtsland Indien" zurückkehren wollen. Mit diesem Reisehandbuch wollen wir dabei die bestmögliche Hilfestellung leisten.

Martin und Thomas Barkemeier

Was man unbedingt wissen sollte

Touristen aus Deutschland, Österreich und der Schweiz benötigen zur Einreise ein Visum, das vor Reisebeginn bei den indischen Konsulaten oder Botschaften beantragt werden muss. Das Touristenvisum gilt sechs Monate von Beginn der Ausstellung und berechtigt zur mehrmaligen Aus- und Einreise.

Etliche Fluggesellschaften fliegen die Strecke Frankfurt – Delhi bzw. Frankfurt – Mumbai (Bombay) an. Die Flugdauer beträgt etwa acht Stunden.

Impfungen sind nicht vorgeschrieben. Ausnahme: bei Anreise aus einem Gelbfiebergebiet wird ein gültiger Internationaler Impfpass mit dem Nachweis einer Gelbfieberimpfung verlangt. Im Übrigen sind neben einer Malaria-Prophylaxe besonders eine Tetanus-Impfung und eine Impfung gegen die in Indien weit verbreitete Tollwut angeraten.

Wegen der enormen Größe des Landes und unterschiedlicher geografischer Bedingungen gibt es große Temperaturunterschiede. Speziell von November bis Februar kann es in den nördlichen Regionen empfindlich kühl werden, sodass zumindest ein dicker Pullover ins Gepäck gehört. Insgesamt gelten die Monate Oktober bis März wegen der geringen Niederschläge und der ausgeglichenen Temperaturen als beste Reisezeit.

Lingua Franca im Vielvölkerstaat Indien ist Englisch. Wiewohl man sich in den großen Städten und in touristischen Gegenden damit gut verständigen kann, ist man auf dem Land zuweilen noch auf Körpersprache angewiesen.

Hinweise zur Benutzung

Bahnverbindungen

Zusätzlich zu den Hinweisen zu Verkehrsverbindungen in den Ortsbeschreibungen findet sich eine detaillierte Auflistung wichtiger Bahnverbindungen im **Anhang.**

Preise

Mehr noch als bei anderen Ländern steht ein Reiseführer Indien in der Gefahr, dass die genannten Preise im Moment der Drucklegung schon wieder überholt sind. Unglücklicherweise gilt dies besonders für die Tourismusindustrie. Vor allem im Hotelwesen, aber auch bei öffentlichen Verkehrsmitteln ist in den nächsten Jahren mit saftigen Aufschlägen zu rechnen. Obwohl die meisten der hier genannten Preise auf dem Stand vom Frühjahr 2007 beruhen, liegt man sicher nicht falsch, wenn man ein paar Prozente hinzurechnet. Eintrittspreise werden nur dann aufgeführt, wenn sie mindestens 10 Rs (= ca. 0,17 €) betragen.

Ladakh und Kashmir

Das einstige Himalaya-Königreich Ladakh im äußersten Norden des Landes gehört zwar politisch zu Indien, ansonsten hat es jedoch kaum etwas mit dem Mutterland gemeinsam. Deshalb erschien hierzu im gleichen Verlag auch ein Reiseführer unter dem Titel „Ladakh & Zanskar" von Jutta Mattausch. Aus ihm stammen Teile des hier verwendeten Kapitels „Jammu und Kashmir".

Indische Begriffe

Es ist verwirrend: Selbst in Indien gibt es verschiedene Schreibungen für einen Ortsnamen, entweder mehr oder weniger korrekt der offiziellen Transkription oder der englischen Schreibweise folgend. Im Deutschen wiederum wird beispielsweise der *Maharadscha* immer häufiger in der englischen Weise geschrieben: *Maharaja*.

Daher wird in diesem Buch die linguistisch korrekte Transkription für Begriffe aus dem Hindi übernommen. Nur gelegentlich, vor allem bei Namen und bei bekannten Begriffen, wird die englische Schreibweise benutzt.

Häufig benutzte **indische Begriffe** sind in einem Glossar im Anhang des Buches erklärt, **geografische Begriffe** stehen in einem Kasten im Kapitel „Landschaft und Natur: Geografie".

Kartenatlas

Ganz Indien ist am Ende des Buches in einem Kartenatlas im Maßstab 1: 4,5 Mio. dargestellt. Im Reiseteil wird bei allen beschriebenen Orten mit einem **Pfeil** ⤷ auf den Atlas verwiesen, damit sich der Ort auf der Karte schnell finden lässt, z.B. ⤷ **XX/A2**. Dabei verweist die römische Zahl auf die Atlasseite, Buchstaben und arabische Ziffern geben das Planquadrat an.

Symbole in den Kästen

 Empfehlung

 Hinweis

 Warnung

 Verbot

Abkürzungen

1. Kl.	Erste Klasse
2. Kl.	Zweite Klasse
Abf.	Abfahrt
AC	Air Condition (Klimatisierung)
Ank.	Ankunft
ATM	Automatic Teller Machine (Geldautomat)
Av.	Avenue
Bldg.	Building
DZ	Doppelzimmer
Del.	Deluxe-Bus
Exp.	Expresszug/-bus
EZ	Einzelzimmer
GPO	General Post Office (Hauptpost)
ISD/STD	Telefonamt
ITDC	Indische Tourismusorganisation
Rd.	Road
Rs	Rupies
St.	Street

Highlight:

Mit „Highlight" sind Orte und Sehenswürdigkeiten gekennzeichnet, die von besonderem touristischen Interesse sind, die kulturellen und landschaftlichen Höhepunkte Nordindiens. Aufgeführt sind die lohnendsten Ziele, die von den meisten Reisenden angesteuert werden. Bei der Planung der eigenen Reiseroute sollte man die „Highlights" auf keinen Fall auslassen.

Der besondere Tipp:

Als „besonderer Tipp" sind in den Ortsbeschreibungen jene Orte markiert, die nicht auf der üblichen Route der meisten Nordindienreisenden liegen. Es sind spezielle Empfehlungen der Autoren, die nicht weniger sehenswert sind als die „Highlights". Manchmal handelt es sich um Orte oder Gegenden, die wegen ihrer besonderen Atmosphäre einen Besuch lohnen.

Vor der Reise

In indischen Bussen kann
es recht eng werden

Kamele – verbreitetes Transportmittel
in der Wüste Thar

Farbenfroh ist die traditionelle
Kleidung rajasthanischer Frauen

Diplomatische Vertretungen

In Deutschland

●**Indische Botschaft,** Tiergartenstraße 17, 10785 Berlin, Konsularabteilung, Tel.: 030/25795820 und 25795603, Fax: 25795620, consular@indianembassy.de, www.indianembassy.de. Zuständig für Berlin, Brandenburg, Sachsen, Sachsen-Anhalt, Thüringen und Mecklenburg-Vorpommern.
●**Indisches Generalkonsulat,** Friedrich-Ebert-Anlage 26, 60325 Frankfurt/M., Tel.: 069/15300518 und 15300543, Fax: 554125, consular@cgifrankfurt.de. Zuständig für Hessen, Rheinland-Pfalz, Saarland und Nordrhein-Westfalen.
●**Indisches Generalkonsulat,** Raboisen 6, 20095 Hamburg, Tel.: 040/338036, Fax: 323757, cgihh@aol.com. Zuständig für Hamburg, Bremen, Schleswig-Holstein und Niedersachsen.
●**Botschaftsrat,** Widenmayerstr. 15, 80538 München, Tel.: 089/21023912, Fax: 21023980, consul@cgimun.com. Zuständig für Bayern und Baden-Württemberg.

In Österreich

●**Indische Botschaft,** Konsularabteilung, Opernring 1 Stiege E, 4. Stock, 1010 Wien, Tel.: 01/5850793, Fax: 5850805, www.indianembassy.at, visapassport@indianembassy.at.

In der Schweiz

●**Indische Botschaft,** Kirchenfeldstr. 28, 3005 Bern, Tel.: 031/3511110 oder 3511046, Fax: 3511557, info@indembassybern.ch, www.indembassybern.ch. Zuständig für alle Kantone außer den Französischsprachigen.
●**Indisches Generalkonsulat,** Sonnenbergstr. 50, 8032 Zürich, Tel.: 043/3443214, Fax: 3443211. Zuständig für Zürich und Zug.
●**Indisches Generalkonsulat,** Rue du Valais 7-9, 1202 Genf, Tel.: 022/9068686 oder 9068676, Fax: 9068696. Zuständig für Genf, Neuchâtel, Valais, Vaud.

In Indien

Die Anlaufstellen und Telefonnummern für den Notfall:
●**Embassy of Germany,** 6/50G, Shanti Path, Chanakyapuri, New Delhi 110021, Tel.: 011/44199199 oder in dringenden Notfällen 9810004950,
●**Consulate General of Germany,** „Hoechst House", 10. Stock, Nariman Point, 193 Backbay Reclamation, Mumbai 400021, Tel.: 022/22832422, Fax: 22025493, www.germanconsulatemumbai.org.
●**Honorary Consulate of Germany,** Cosme Matias Menezes Ltd., Rua de Ourem, Panaji, Goa, Tel.: 0832/2235526, Fax: 2223441.
●**Embassy of Austria,** Ep-13, Chandragupta Marg, Chanakyapuri, New Delhi 110021, Tel.: 268890-9037, -9039, -9049 oder 9050 bzw. in dringenden Notfällen 9811120358.
●**Consulate General of Austria,** 26, Maker Chambers VI, Nariman Point, Mumbai, Tel.: 022/22874758, Fax: 22870502.
●**Honorary Consulate of Austria,** Salgaocar House, Dr. F. Louis Gomes Rd., Vasco Da Gama, Goa, Tel.: 0832/2513816, Fax: 2510112.
●**Embassy of Switzerland,** Nyaya Marg, Chanakyapuri, New Delhi 110021, Tel.: 011/26878372 oder 26878537.
●**Consulate General of Switzerland,** 102 Maker Chambers IV, 10. Stock, 222, Jamnalal Bajaj Marg, Nariman Point, Mumbai, Tel.: 022/22884563/64/65 oder 22831738, Fax: 22856566, www.eda.admin.ch/india_dlh/e/home/consulate.html.
●**Consular Agency of Switzerland,** „The Grove", 224, TTK Road, Chennai, Tel.: 044/24332701 oder 24353886, Fax: 24342363.

Fast jeder westliche Tourist verbindet eine Nordindien-Reise mit dem Besuch des Taj Mahal in Agra

Informationsstellen

●**Indisches Fremdenverkehrsamt,**
Baseler Str. 46, 60329 Frankfurt/Main
Tel.: 069/242949-0, Fax: 242949-77,
info@india-tourism.com,
www.india-tourism.com.
●**Deutsch-Indische Gesellschaft**
(Bundesgeschäftsstelle), Oskar-Lapp-Str. 2,
70565 Stuttgart, Tel.: 0711/297078, Fax:
2991450, info@dig-ev.de, www.dig-ev.de.
Zweigstellen gibt es in 29 deutschen
Städten.
●**Indisches Kulturzentrum,** Stormstr. 10,
14050 Berlin, Tel.: 030/3062950 oder
3026505, Fax: 3066059,
ikzberlin@compuserve.com.

Informationen zur aktuellen allgemeinen Sicherheitslage und Warnungen vor besonders gefährdeten Gebieten erhält man hier:
●**Auswärtiges Amt der BRD,** Werderscher
Markt 1, 10117 Berlin, Postanschrift: 11013
Berlin, Tel.: 030/5000-0, Fax: 5000-3402,
www-auswaertiges-amt.de und www.diplo.
de/sicherreisen (Länder- und Reiseinformationen).
●**Bundesministerium für auswärtige
Angelegenheiten Österreich,** Minoritenplatz 8, 1014 Wien, Tel.: 05/01150-4411,
Fax: 01159-0 (Vorwahl 05 muss auch in
Wien gewählt werden), www.bmaa.gv.at
(Bürgerservice).
●**Eidgenössisches Departement für Auswärtige Angelegenheiten,** Bundesgasse 32,
3003 Bern, Tel.: 031/3238484,
www.dfae.admin.ch (Reisehinweise).

Indien im Internet

●Die offizielle Website des Indischen Fremdenverkehrsamts mit einem breiten Informationsangebot auf Deutsch, umfangreichen
Reiseinformationen zu allen Bundesstaaten,
Einreisebestimmungen und Gesundheitstipps, Hilfe zur Routenplanung und Stadtführer, Adressen von Hotels, Reisebüros, Fluggesellschaften u.v.m.: **www.india-tourism.de.**
●Alles rund ums Reisen innerhalb Indiens findet sich unter: **www.indiatravelite.com.**
●Auf der Seite der staatlichen Fluggesellschaft
Indian Airlines finden sich das Streckennetz,
Flugpläne, Preise, Informationen für Vielflieger
und mehr: **http://indian-airlines.nic.in.**
●Auf der Homepage von Indian Railways
sind die wichtigsten innerindischen Zugverbindungen einzusehen, Informationen für
Touristen, das Streckennetz, ein historischer
Abriss und einiges mehr: **www.indianrail.
gov.in.**
●Eine indische Suchmaschine mit einigen
Chat-Rooms, Nachrichten, Wetterbericht
u.v.m.: **www.123india.com.**
●Das National Informatics Centre (NIC) der
indischen Regierung hat ein weiterverweisendes Verzeichnis staatlicher indischer
Websites (Ministerien, Botschaften, Unionsstaaten, Organisationen etc.): **www.nic.in.**
●Aktuelle Nachrichten (auch nach Unionsstaaten geordnet), Archiv und mehr beim indischen Nachrichtendienst Rediff On the
Net: **www.rediff.com.**

222raj Foto: tb

●Das deutsche Indien-Magazin berichtet informativ und kompetent über das moderne Indien – aktuelle Entwicklungen aus Politik, Wirtschaft und Gesellschaft. Filme und Bücher werden ausführlich besprochen und Restaurantkritiken und Kochtipps sorgen für das leibliche Wohl. Ein Veranstaltungskalender und eine Link-Liste runden das Angebot ab: **www.indien-newsletter.de.**
●Landkarten von Indien zu verschiedenen Themen sowie Stadtpläne findet man unter: **www.mapsofindia.com.**

Ein- und Ausreisebestimmungen

Die genannten Einreisebestimmungen sind Stand März 2007. Man sollte sich unbedingt vor der Reise bei der Botschaft oder beim Auswärtigen Amt (www.auswaertiges-amt.de) erkundigen, ob sie noch gelten.

Visum

Dem Antrag müssen neben dem ausgefüllten, vorher bei der Botschaft bzw. dem Konsulat angeforderten **Antragsformular** (Rückporto beifügen) ein **Reisepass**, der ab dem Ankunftsdatum in Indien noch mindestens 6 Monate gültig ist, sowie **zwei Passbilder** neueren Datums beigefügt sein. Das Ganze wird zusammen mit der Visumgebühr bzw. dem Originaleinzahlungsbeleg in einem frankierten Rückumschlag per Einschreiben an die indische Vertretung geschickt. Als Bearbeitungszeit sollte man etwa 10 Tage rechnen. Wesentlich schneller geht es selbstverständlich, wenn man persönlich bei der Botschaft vorspricht. Hier kann das Formular vor Ort ausgefüllt werden. In den meisten Fällen kann man das Visum dann am nächsten Tag abholen, in dringlichen Fällen gelegentlich auch noch am selben Tag. Das Visumformular kann man sich auch auf der Website des Indischen Fremdenverkehrsamts im Pdf-Format herunterladen (www.india-tourism.com).

Visagebühren

●**Transit Visum,** gültig für 15 Tage (zur ein- oder zweifachen Einreise): 12 €
●**Touristenvisum,** 6 Monate gültig ab Datum der Ausstellung, berechtigt zur mehrmaligen Einreise: 50 €
●**Geschäftsvisum,** gültig bis zu 6 Monaten ab dem Datum der ersten Einreise: 50 €, gültig für ein Jahr: 80 €
●**Studentenvisum,** gültig für die Dauer des Studiums oder maximal fünf Jahre, ein Nachweis der indischen Universität ist erforderlich: 93 €
●**Visum,** gültig ein bis **fünf Jahre,** spezielles Visum für Vielfach-Indien-Besucher und Geschäftsleute, entsprechende Nachweise erforderlich: 160 €
●**PIO Card** (nur für Pesonen indischer Herkunft): 1.176 €

Visumverlängerung

Wer sein im Ausland erhaltenes, sechsmonatiges Visum in Indien voll ausgeschöpft hat, braucht sich gar nicht erst der bürokratischen Mühe einer Visumverlängerung auszusetzen, da man als Tourist **nur 180 Tage des Jahres** in Indien verbringen darf. Erst wieder nach einem halben Jahr darf man erneut ins Land einreisen.

Ansonsten sind für Visumverlängerungen in Großstädten die so genannten **Foreigners Regional Registration Offices,** in Distrikthauptstädten die lokalen Polizeibehörden zuständig. Das Problem ist, dass dabei meist völlig unterschiedlich vorgegangen wird. Während man in einigen Städten relativ schnell und unproblematisch eine Verlängerung bekommt, erteilen andere sie gar nicht. Auch über die vorzulegenden Dokumente scheint Konfusion zu herrschen. Auf jeden Fall sollte man neben dem Pass immer die **Umtauschbescheinigungen** der Banken und mindestens **vier Passfotos** dabei haben.

Auch bei den Kosten scheint es keine klaren Richtlinien zu geben. Manche Traveller erhielten ihre Verlängerung umsonst, anderen knöpfte man 500 Rs ab.

Ein- und Ausfuhr

In Indien gelten die international üblichen **Zollbestimmungen**, d.h. man darf neben Artikeln des persönlichen Bedarfs u.a. 200 Zigaretten oder 50 Zigarren sowie Geschenke bis zu einem Wert von 800 Rs einführen.

Spezielle Beschränkungen gibt es für **elektronische Geräte** wie z.B. Kameras, Videogeräte oder Laptops. Wer mehr als eine Kamera mit zwei Objektiven und 30 Filme dabei hat, muss diese auf einem speziellen Formular offiziell deklarieren, welches bei der Ausreise wieder vorzulegen ist. Hiermit soll verhindert werden, dass man seine Reisekasse mit dem Verkauf dieser Waren aufbessert. Uns ist jedoch kein einziger Fall bekannt geworden, bei dem man bei der Ausreise tatsächlich nach dem Formblatt gefragt hätte.

Es darf **keine indische Währung** ein- oder ausgeführt werden. Reisende, die mehr als 5.000 US-Dollar (bar oder Reiseschecks) einführen wollen, müssen diese auf der *Currency Declaration Form,* die sie bei der Einreise erhalten, angeben. Bei Verstößen hiergegen und gegen Zollvorschriften droht Verhaftung bei der Ausreise.

Einfuhrbestimmungen für Europa

Bei Rückeinreise in Länder der EU sollte man die Freigrenzen sowie die jeweiligen Verbote und Einschränkungen beachten, um eine böse Überraschung am Zoll zu vermeiden. Folgende **Freimengen** darf man zollfrei einführen:

●**Tabakwaren** (über 17-Jährige in EU-Länder und in die Schweiz): 200 Zigaretten oder 100 Zigarillos oder 50 Zigarren oder 250 g Tabak.

Die kleinen indischen **Beedis-Zigaretten** werden bei der Einreise in Europa einzeln gezählt, also nicht nach ihrem geringen Gewicht berechnet, sodass man schnell die erlaubte Einfuhrmenge überschritten hat. Dann muss zu dem zusätzlichen Zoll für die überschrittene Menge auch noch die Strafgebühr hinzugezahlt werden. Es ist bei der Zollkontrolle nicht mehr möglich, die überzähligen Zigaretten einfach zurückzulassen. Also Vorsicht!

●**Alkohol** (über 17-Jährige in EU-Länder): 1 l über 22 % Vol. oder 2 l bis 22 % Vol. und zusätzlich 2 l nicht-schäumende Weine; in die Schweiz: 2 l (bis 15 % Vol.) und 1 l (über 15 % Vol.)

●**Andere Waren für den persönlichen Gebrauch** (über 15-Jährige): nach Deutschland 500 g Kaffee, nach Österreich zusätzlich 100 g Tee. Ohne Altersbeschränkung: 50 g Parfüm und 0,25 l Eau de Toilette sowie Waren bis zu 175 €. In die Schweiz Waren bis zu einem Gesamtwert von 300 SFr pro Person.

Wird der **Warenwert von 175 € bzw. 300 SFr überschritten**, sind Einfuhrabgaben auf den gesamten Wert der Ware zu zahlen und nicht nur auf den die Freigrenze übersteigenden Anteil. Die Berechnung erfolgt entweder pauschalisiert oder nach dem Zolltarif jeder einzelnen Ware zuzüglich sonstiger Steuern.

Einfuhrbeschränkungen bestehen in **Deutschland** für Tiere, Pflanzen, Arzneimittel, Betäubungsmittel, Feuerwerkskörper, Lebensmittel, Raubkopien, verfassungswidrige Schriften, Pornografie, Waffen und Munition; in **Österreich** für Rohgold, Tiere, Pflanzen, Lebensmittel, Arzneimittel und Waffen; in der **Schweiz** z.B. für Pflanzen (Rosen, Steinobstbäume, Apfelbäume, Birnbäume, Kartoffeln etc.!), Lebensmittel (Kaviar und andere Störprodukte, Schildkrötenfleisch, Fleisch von Einhufern und Klauentieren sowie Tierfutter), Waffen, Tiere, CB-Funkgeräte.

Nähere Informationen gibt es für Deutschland unter www.zoll-d.de oder beim Zoll-Infocenter, Tel.: 069/469976-00, für Österreich unter www.bmf.gv.at oder beim Zollamt Villach, Tel.: 04242/33233, für die Schweiz unter www.zoll.admin.ch oder bei der Zollkreisdirektion in Basel, Tel.: 061/2871111.

Anreise aus Europa

Nonstop-Verbindungen aus dem deutschsprachigen Raum nach Nordindien bieten derzeit nur *Air India* und *Lufthansa* von Frankfurt nach Delhi und Mumbai (Bombay), *Lufthansa* von München nach Delhi, *Air India* von Frankfurt nach Mumbai, *Air Canada* von Zürich und *Austrian Airlines* von Wien nach

Delhi und Mumbai und *Swiss* von Zürich nach Mumbai. Auch ab Amsterdam fliegt die *KLM* nonstop nach Delhi und Mumbai. Die Flugzeit beträgt etwa 7 Stunden.

Daneben gibt es interessante **Umsteige-verbindungen** von vielen Flughäfen in Deutschland, Österreich und der Schweiz mit *Aeroflot* (über Moskau), *Air France* (über Paris), *Alitalia* (über Mailand oder Rom), *British Airways* (über London), *Emirates* (über Dubai), *Etihad Airways* (über Abu Dhabi), *Gulf Air* (über Bahrain oder Muscat), *KLM* (über Amsterdam), *Kuwait Airways* (über Kuwait City), *Qatar Airways* (über Doha), *Royal Jordanian* (über Amman), *Sri Lankan Airlines* (über Colombo) und *Turkish Airlines* (über Istanbul). Ziemlich ungewöhnlich ist die Flugverbindung mit *Mahan Airways* von Düsseldorf über Teheran nach Delhi, dafür aber auch deutlich günstiger als mit allen anderen Fluggesellschaften. Die Umsteigeverbindungen können zwar billiger sein als die Nonstop-Flüge, aber man muss hier auch eine längere Flugdauer einkalkulieren.

Internationale Flughäfen sind Delhi und Mumbai, aber auch Amritsar (für Flüge mit Uzbekistan Airlines von Frankfurt über Taschkent und mit Turkmenistan Airlines von Frankfurt über Aschgabad).

Flugpreise

Je nach Fluggesellschaft, Jahreszeit und Aufenthaltsdauer in Indien bekommt man ein Economy-Ticket von Deutschland, Österreich und der Schweiz hin und zurück nach Delhi oder Mumbai **ab 600 Euro** (inkl. aller Steuern, Gebühren und Entgelte). Am niedrigsten sind die Flugpreise im Zeitraum von Mitte Januar bis Mitte Juni und von Anfang September bis Ende November. Die Hauptsaison, in der die Flüge deutlich teurer sind, ist im Juli/August und Dezember/Januar.

Preiswertere Flüge sind mit **Jugend- und Studententickets** (je nach Airline bis 29 Jahre und Studenten bis 34 Jahre) möglich. Außerhalb der Hauptsaison gibt es einen Hin- und Rückflug von Frankfurt nach Delhi oder Mumbai ab etwas über 500 Euro.

Von Zeit zu Zeit offerieren die Fluggesellschaften **befristete Sonderangebote.** Dann

kann man z.B. mit *Etihad Airways* für rund 500 Euro von Frankfurt und München nach Delhi und zurück fliegen. Preiswerter sind oft auch Tickets mit nur 30 oder 45 Tagen **Gültigkeitsdauer**, die sich jedoch nicht für Langzeitreisende eignen. Andere Tickets sind günstiger, weil die einmal gebuchten **Reisetermine** nicht mehr geändert werden können. Solche Tickets sollte man eher früher als später kaufen, da die billigsten Kontingente als Erstes verkauft werden.

Ob für die gewünschte Reisezeit gerade Sonderangebote auf dem Markt sind, lässt sich im Internet auf der Website von Jet-Travel (www.jet-travel.de) unter „Flüge" entnehmen, wo sie als **Schnäppchenflüge** nach Asien mit aufgeführt sind.

In Deutschland gibt es von Frankfurt aus die häufigsten Verbindungen nach Delhi und Mumbai. Tickets für Flüge von und nach anderen deutschen Flughäfen sind oft teurer. Da kann es für Deutsche attraktiver sein, mit einem **Rail-and-Fly-Ticket** per Bahn nach Frankfurt zu reisen (entweder bereits im Flugpreis enthalten oder nur 30 bis 60 € extra).

Man kann in Deutschland auch einen **preiswerten Zubringerflug** der gleichen Airline von einem kleineren Flughafen buchen. Außerdem gibt es **Fly&Drive-Angebote**, wobei eine Fahrt vom und zum Flughafen mit einem Mietwagen im Ticketpreis inbegriffen ist.

Indirekt sparen kann man als Mitglied eines **Vielflieger-Programms** wie www.star-alliance.com (Mitglieder u.a. *Air Canada, Austrian Airlines* und *Lufthansa*), www.skyteam.com (Mitglieder u.a. *Air France, Alitalia* und *KLM*) oder www.oneworld.com (Mitglied u.a. *British Airways*).

Buchung

Folgende **zuverlässigen Reisebüros** haben meistens günstigere Preise als viele andere:

● **Jet-Travel,** Buchholzstr. 35, 53127 Bonn, Tel.: 0228-284315, Fax: 284086, info@jet-travel.de, www.jet-travel.de. Auch für Jugend- und Studententickets. Sonderangebote auf der Website unter „Schnäppchenflüge".

● **Globetrotter Travel Service,** Löwenstrasse 61, 8023 Zürich, Tel.: 01-2286666, zh-loe

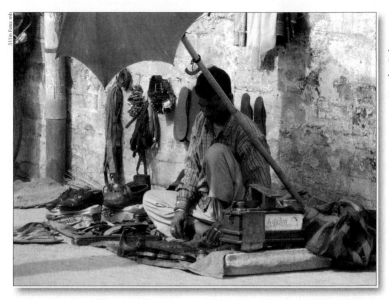

Straßenschuster in Haridwar

wenstrasse@globetrotter.ch, www.globetrott er.ch. Weitere Filialen gibt es in Baden, Basel, Bern, Biel, Chur, Freiburg, Luzern, Olten, St. Gallen, Thun, Winterthur und Zug.

Die vergünstigten Spezialtarife und befristeten Sonderangebote kann man nur bei wenigen Fluggesellschaften in ihren Büros oder direkt auf ihren Websites buchen; sie sind jedoch immer auch bei den oben genannten Reisebüros erhältlich.

Last-Minute-Flüge

Wer sich erst im letzten Augenblick für eine Reise nach Indien entscheidet oder gern pokert, kann Ausschau nach Last-Minute-Flügen halten, die von einigen Airlines mit deutlicher Ermäßigung ab etwa 14 Tage vor Abflug angeboten werden, wenn noch Plätze zu füllen sind. Diese Last-Minute-Flüge lassen sich nur bei Spezialisten buchen.

●**L'Tur,** www.ltur.com, (D) Tel.: 01805/ 212121 (0,12 €/Min.), (A) Tel.: 0820/600800 (0,12 €/Min.), (CH) Tel.: 0848/808088 (0,12 SFr/Min.); 140 Niederlassungen europaweit.

●**Lastminute.com,** www.de.lastminute.com, (D) Tel.: 01805 777257 (0,12 €/Min.).

●**www.restplatzboerse.at:** Schnäppchenflüge für Österreich.

Kleines „Flug-Know-how"

Check-in

Nicht vergessen: Ohne **gültigen Reisepass und Visum** kommt man nicht an Bord eines Fluzeugs in Richtung Indien. Bei den meisten internationalen Flügen muss man **zwei bis drei Stunden vor Abflug** am Schalter der Airline eingecheckt haben. Viele Airlines neigen zum Überbuchen, d.h. sie buchen mehr Passagiere ein, als Sitze im Flugzeug vorhanden sind, und wer zuletzt kommt, hat dann möglicherweise das Nachsehen.

Wenn ein **vorheriges Reservieren** der Sitzplätze nicht möglich war, hat man die Chance, einen Wunsch bezüglich des Sitzplatzes zu äußern.

Bei Flügen in Indien: Bevor man sich am Check-in-Schalter anstellt, gilt es noch einige Formalitäten zu erledigen, die bei der auf indischen Flughäfen herrschenden chronischen Desorganisation oftmals recht langwierig ausfallen können. Zwar braucht man nicht mehr an einem speziellen Schalter die **Flughafengebühr** von 150 Rs für benachbarte Länder (Pakistan, Sri Lanka, Bangladesch, Nepal) bzw. 500 Rs in alle anderen Länder zu bezahlen, weil die seit einiger Zeit bereits beim Ticketkauf mit kassiert wird. Überzähliges **indisches Geld** kann aber nun gegen Vorlage einer Bankquittung, die bestätigt, dass man den Betrag offiziell getauscht hat, an einem Bankschalter in der Abfertigungshalle gegen westliches Geld zurückgetauscht werden. Da es immer wieder vorkommt, dass einige Bankangestellte dabei etwas schummeln und in ihre eigene Tasche wirtschaften, sollte man den ausgezahlten Betrag genau nachzählen.

Schließlich gilt es noch sein **Gepäck** durchleuchten und versiegeln zu lassen. In der Regel ist der Name des Zielflughafens am Röntgengerät angebracht. Wer vergessen hat, sein Gepäck versiegeln zu lassen, wird am Check-in-Schalter nicht abgefertigt.

Das Ticket

Die **Gültigkeitsdauer des Tickets** kann 30 oder 45 Tage, 3, 6 oder 12 Monate betragen. Nach Ablauf der Frist (siehe Gültigkeitsdauer in der Mitte des Tickets über der Flugstreckenangabe) ist keine Verlängerung möglich, das Ticket verfällt dann. Sonst kann der Flugtermin innerhalb der Geltungsdauer beliebig oft verschoben werden, wofür aber fast immer Gebühren erhoben werden. Aber Achtung, in der Hochsaison sind alle Plätze oft auf Wochen ausgebucht!

Bei **Billigtickets,** die einen fixen Termin beinhalten, gibt es keine Änderungsmöglich-

keit. Wenn man den Flug verpasst, hat man einfach Pech gehabt.

Geht ein **Ticket verloren,** das schon rückbestätigt wurde, hat man gute Chancen, einen Ersatz dafür zu erhalten. Einige Airlines kassieren dafür aber noch einmal 50 bis 100 Euro und bei manchen läuft gar nichts mehr. Gut ist es, deutlich lesbare Fotokopien des Tickets zu machen und bei einer Vertrauensperson zu hinterlegen. Dies hilft enorm bei einer Neuausstellung.

All das kann man sich ersparen, indem man von den **elektronischen Tickets** (E-Tickets) Gebrauch macht, die immer mehr Fluggesellschaften anbieten. Die werden im Reservierungssystem der Airline, bei der man einen Flug gebucht hat, gespeichert und können nicht verloren gehen und gestohlen werden. Hinzu kommt, dass für die Ausstellung von Papiertickets neuerdings Zuschläge von bis zu 10 Euro berechnet werden.

Das Gepäck

In der Economy-Class darf man in der Regel nur **Gepäck bis zu 20 kg pro Person** einchecken (steht auf dem Flugticket) und zusätzlich ein Handgepäck von 7 kg in die Kabine mitnehmen, welches eine Größe von 55x40x23 cm nicht überschreiten darf. In der Business Class sind es meist 30 kg pro Person und zwei Handgepäckstücke, die insgesamt nicht mehr als 12 kg wiegen dürfen. Man sollte sich beim Kauf des Tickets über die Bestimmungen der Airline informieren.

Aus **Sicherheitsgründen** dürfen Taschenmesser, Nagelfeilen, Nagelscheren, sonstige Scheren und Ähnliches nicht mehr im Handgepäck untergebracht werden. Diese sollte man unbedingt im aufzugebenden Gepäck verstauen, sonst werden sie bei der Sicherheitskontrolle einfach einbehalten und weggeworfen. Darüber hinaus gilt, dass Feuerwerke, leicht entzündliche Gase (in Sprühdosen, Campinggas), entflammbare Stoffe (in Benzinfeuerzeugen, Feuerzeugfüllung) etc. nichts im Passagiergepäck zu suchen haben.

Seit November 2006 dürfen Fluggäste **Flüssigkeiten** oder vergleichbare Gegenstände in ähnlicher Konsistenz (z.B. Getränke, Gels, Sprays, Shampoos, Cremes, Zahnpasta, Suppen) nur noch in der Höchstmenge von 0,1 Liter als Handgepäck mit ins Flugzeug nehmen. Die Flüssigkeiten müssen in einem durchsichtigen, wiederverschließbaren Plastikbeutel transportiert werden, der maximal einen Liter Fassungsvermögen hat. Nähere Informationen unter www.auswaertiges-amt.de.

Rückbestätigung

Bei den meisten Airlines ist heutzutage die **Bestätigung des Rückfluges** nicht mehr notwendig. Allerdings empfehlen alle Airlines, sich dennoch telefonisch zu erkundigen, ob sich an der Flugzeit nichts geändert hat, denn kurzfristige Änderungen der genauen Abflugzeit kommen beim zunehmenden Luftverkehr heute immer häufiger vor.

Wenn die Airline allerdings eine Rückbestätigung *(reconfirmation)* **bis 72 oder 48 Stunden vor dem Rückflug** verlangt, sollte man auf keinen Fall versäumen, kurz anzurufen, sonst kann es passieren, dass die Buchung im Computer der Airline gestrichen wird; der Flugtermin ist dahin. Das Ticket verfällt aber nicht dadurch, es sei denn, die Gültigkeitsdauer wird überschritten. Unter Umständen ist aber in der Hochsaison nicht sofort ein Platz auf einem anderen Flieger frei.

Die **Rufnummer** kann man von Mitarbeitern der Airline bei der Ankunft, im Hotel oder im Telefonbuch erfahren.

Buchtipps

●**Buchtipps:** „Fliegen ohne Angst" und „Clever buchen – besser fliegen", aus der Reihe Praxis, REISE KNOW-HOW Verlag, Bielefeld.

Anreise von Asien

Von Nepal

●**Flug:** 2x tgl. mit *Indian Airlines* und *Royal Nepal Airlines (RNA)* von **Kathmandu** nach **Delhi** (142 US-$). 3x wöchentlich mit *Indian Airlines* nach **Kalkutta** und **Varanasi.** Jeweils 2x wöchentlich nach **Mumbai** und **Bangalore** für 257 US-$.
●**Landweg:** Von **Kathmandu** in ca. 12 Std. (von Pokhara 9 Std.) zum Grenzort Sunauli,

dort über die Grenze, auf indischer Seite mit Bus in ca. 3,5 Std. nach Gorakhpur, von dort in ca 14 Std. per Zug nach **Delhi.**

Von Pakistan

●**Flug:** Zur Recherchezeit gab es keine Flugverbindung.
●**Landweg:** Bus- und Bahnverbindungen zwischen Pakistan und Indien sind wegen des Kashmir-Konflikts seit dem 1. Januar 2002 unterbrochen. Ansonsten per Bus/Jeep bis zum Grenzübergang Wagah (10–16 Uhr geöffnet) und nach Grenzüberschreitung per Jeep/Bus von Attari bis ins 35 km entfernte Amritsar.

Von Bangladesch

●Mit *Indian Airlines* Di, Fr und So und mit *Bangladesh Biman* Mi und Sa von **Dacca** nach **Kalkutta,** Preis 70 US-$.
●3x wöchentl. (Do, Sa, So) von **Chittagong** nach **Kalkutta,** Preis 89 US-$.
●**Mumbai** wird von **Dacca** aus mit *Bangladesh Biman* Mi und Sa direkt erreicht.
●**Landweg:** Von Dacca nach Kalkutta, neun Stunden Busfahrt zum Grenzort Benopol, zu Fuß oder per Riksha zum eigentlichen Grenzposten. Dann vom indischen Grenzort Haridazpur per Autoriksha zum 10 km entfernten Bamgaom. Von dort sind es weitere zwei Stunden per Bus nach Kalkutta. Neuerdings gibt es auch eine tägliche Bahnverbindung von Dacca nach Kalkutta.

Von Sri Lanka

Die billigste Verbindung besteht von Colombo. Die auf Billigangebote spezialisierten Reisebüros finden sich in Colombo Fort.
●*Indian Airlines* fliegt 5x wöchentlich nach **Mumbai** (147 US-$), nach **Delhi** (232 US-$) gibt es sowohl von *IA* als auch von *Sri Lankan Airlines* 4x wöchentlich (Di, Do, Fr, So) Verbindungen, außerdem Flüge nach Chennai und Tiruchirapalli.

Von Thailand

In den Reisebüros an der Khao San Road in Bangkok werden äußerst günstige Flugtickets nach Indien angeboten.

● Die beliebtesten Strecken sind **Bangkok –
Yangon (Rangoon) – Kalkutta** für ca. 250
US-$ und Bangkok – Kalkutta für ca. 130
US-$. Dies ist die mit Abstand billigste Mög-
lichkeit, um per Flug von Südostasien nach
Indien zu gelangen.

● Sehr günstige Angebote bietet Singapore
Airlines. So kostet die Strecke **Bangkok – Sin-
gapur – Mumbai** oder **Chennai – Singapur –
Bangkok** nur ca. 500 €.

● Indian Airlines fliegt tgl. direkt nach **Delhi**
und **Kalkutta,** nach **Chennai** 3x die Woche
(Mi, Fr, So) sowie nach **Gaya, Hyderabad,
Bangalore** und **Jaipur.**

● Mit Thai Airways International gibt's außerdem Flüge von **Phuket, Lampang, Chiang
Mai, Pitsanulok** und **Surath Thani** nach **Delhi** (tgl.), nach **Mumbai** am Di, Do und Sa sowie nach **Kalkutta** am Mo, Mi und Sa (alle
Flüge mit Umsteigen am gleichen Tag in
Bangkok).

Geldangelegenheiten

Indische Währung

Die indische Währungseinheit ist die indische **Rupie,** die in 100 **Paisa** unterteilt wird.
Auf Preisangaben ist das Wort Rupie meist
als Rs angegeben.

Die **Münzen** gibt es in Stückelungen von
5, 10, 25, 50 Paisa und 1, 2 und 5 Rupien,
wobei die kleinsten Münzeinheiten kaum
noch in Umlauf sind. **Banknoten** gibt es in
Werten von 1, 2, 5, 10, 20, 50, 100, 500 und
1000 Rupien. Die 1-, und 2- und 5-Rupien-
Geldscheine werden allmählich ausrangiert.

Reiseschecks, Karten oder Bargeld?

„The wind of change" hat auch im ewigen
Indien in den letzten Jahren ein ganz neue, für
Reisende sehr erfreuliche Richtung einge-
schlagen. Das bargeldlose Zahlen bzw. Geld
Abheben per Karte hat stark zugenommen.
Der gute alte Reisescheck verliert dadurch
immer mehr an Bedeutung. Dennoch lohnt
die Mitnahme eines kleinen Betrages in

Schecks für Gegenden, wo das bargeldlose
Zahlen noch nicht Einzug gehalten hat. **Bargeld** sollte man für den **Notfall** dabei haben,
etwa wenn Banken geschlossen sind oder,
was in abgelegenen Orten gelegentlich noch
vorkommt, überhaupt keine Umtauschmög-
lichkeit besteht. Dann kann man die fällige
Hotel- oder Restaurantrechnung meist problemlos mit dem guten alten Dollarschein
bezahlen.

Auch bei der Frage der **Ausstellungswäh-
rung** sollte man eine elegante Doppellösung
wählen, schlägt man so doch zwei Fliegen
mit einer Klappe. Es ist es sinnvoll, etwa die
Hälfte des Reisebudgets in Euro bzw. Schweizer Franken mitzunehmen, da man dann den
doppelten Umtauschverlust (zunächst in
Dollar und dann in Rupien) vermeidet. Andererseits ist der Dollar nach wie vor die Welt-
währung Nr. 1 und im Zweifelsfall auch in Indien immer noch lieber gesehen als anderes
Geld. Überdies besitzt diese Kombinationslö-
sung den enormen Vorteil, dass man Kurs-
schwankungen von Euro oder Dollar elegant
für sich ausnutzen kann.

Wegen des in Indien chronischen Mangels
an großen Geldscheinen empfiehlt es sich,
bei der **Stückelung** auf die Mitnahme allzu
großer Schecks zu verzichten, weil man sonst
nach dem Geldwechsel mit einem riesigen
Bündel Geldscheine die Bank verlässt.
Schecks in kleinerer Stückelung sollte man
bis zum Ende der Reise aufbewahren, da
man diese im Falle eines Einkaufs kurz vor
dem Abflug verwenden kann. Ansonsten
müsste man große Schecks anbrechen und
das nicht ausgegebene Geld unter nicht
unerheblichen Verlusten wieder zurück-
tauschen.

Es empfiehlt sich, die Reiseschecks zu
Hause von einem international anerkannten
Geldinstitut ausstellen zu lassen, da anderen-
falls die Gefahr besteht, dass sie nicht akzep-
tiert werden. Zudem erhält man im Falle des
Verlustes bei internationalen Banken wesent-
lich zügiger und unproblematischer Ersatz.
American Express und *Thomas Cook* sind für
Indien die wohl empfehlenswertesten Geld-
institute.

Kaufbeleg und Quittung müssen unbedingt von den Schecks getrennt aufbewahrt

werden. Beide müssen zusammen mit dem Polizeibericht bei eventuellem **Verlust** vorgelegt werden. Ist das nicht möglich, dauert die Rückerstattung selbst bei den oben genannten Geldinstituten zermürbend lang.

Kreditkarten der bekannten Geldinstitute AmEx, Visa und MasterCard sind in Hotels, Restaurants, vielen Geschäften und bei Fluggesellschaften ein gern gesehenes Zahlungsmittel. Leider wird es in Indien wie in vielen anderen asiatischen Ländern in letzter Zeit immer üblicher, bei der Bezahlung mit Kreditkarte einen **Aufpreis** von bis zu 5 % zu verlangen. Inzwischen kann selbst in kleineren Städten mit der EC-(Maestro-)Karte bezahlt werden.

In den letzten Jahren werden überall in Indien unseren **Geldautomaten** vergleichbare **ATMs** installiert, an denen oft, nicht immer (bei vielen ATMs können nur Kunden der jeweiligen indischen Bank Geld abheben) mit Visa- und Master-, Cirrus- und Maestro-(EC-) Card, seltener auch mit AmEx-Card Geld abgehoben werden kann, natürlich nur unter Angabe der Geheimnummer. Meist sind ca.

Wechselkurse

1 Euro = 58 Rs, 100 Rs = 1,72 Euro
1 Schw. Franken = 36 Rs, 100 Rs = 2,75 SFr
1 US-$ = 44 Rs, 100 Rs = 2,25 US-$

(Stand: März 2007)

1 % Gebühr bei der indischen Bank sowie je nach ausstellender Bank bis zu 5,5 % Gebühr bei der Heimatbank fällig. Barabhebungen per Maestro-(EC-)Karte kosten ca. 1,30–4 € bzw. 4–6 SFr.

Gute Adressen, um mit seiner Kreditkarte **Bargeld** abzuheben (meist zwischen 1 und 3 % Gebühr), sind die effizient arbeitende *Bank of Baroda* und auch größere private Geldwechsler wie das für zügigen Service bekannte *UAExchange* oder *Thomas Cook*.

Acht geben sollte man auch bei der Bezahlung selbst. Immer häufiger gibt es **Trickbetrügereien** mit kopierten Karten oder gefälschten Rechnungen, deren unangenehme Folgen man dann oft erst beim Blick auf den Kontoauszug nach der Rückkehr erkennt. Als

Vor der Reise

024a/Foto: tb

Vorbeugung sollte man die Karte bei der Abrechnung nie aus den Augen lassen.

Diebstahl und Verlust

Bei Verlust oder Diebstahl der Geldkarte oder Reiseschecks sollte man diese umgehend **sperren lassen.** In Deutschland gibt es seit dem 1. Juli 2005 dafür die einheitliche **Sperrnummer 0049-116116** für Maestro-(EC-)Karten, Kredit-, Krankenkassen- und Handykarten. In Österreich und der Schweiz gelten folgende Rufnummern:

- **Maestro-(EC-)Karte,** A: Tel.: 0043/1/2048800; CH: Tel.: 0041/1/2712230; UBS: 0041/8488-88601; Credit Suisse: 0041/8008-00488.
- **MasterCard und VISA,** A: Tel.: 0043/1/717014500 (MasterCard) bzw. Tel.: 0043/1/71111770 (VISA); CH: Tel.: 0041/44/2008383 für alle Banken außer Credit Suisse, Corner Bank Lugano und UBS.
- **American Express,** A: Tel.: 0049/69/97971000; CH: Tel.: 0041/1/6596666.

Bei **Maestro-(EC-)Karten** muss man für die computerisierte Sperrung seine Kontonummer nennen können. Nur wenn man den Kaufbeleg mit den Seriennummern der **Reiseschecks** sowie den Polizeibericht vorlegen kann, wird der Geldbetrag von einer größeren Bank vor Ort binnen 24 Stunden erstattet. Also muss der Verlust oder Diebstahl umgehend bei der örtlichen Polizei und auch bei American Express bzw. Travelex/Thomas Cook gemeldet werden:

- **American Express Reiseschecks,** D: Tel.: 0049/69/97971850; A: Tel.: 0043/1/5450120; CH: Tel.: 0041/17454020.
- **Travelex / Thomas Cook Reiseschecks,** mehrsprachiger Computer für alle Länder Tel.: 0044/1733318949.

Geld wechseln

War es früher eine zeit- und nervenaufreibende Prozedur, seine Reiseschecks oder Bargeld in einer indischen Bank gewechselt zu bekommen, ist dies inzwischen, auch durch das Aufkommen vieler privater Geldwechselketten wie Thomas Cook, UAExchan-ge oder *LKP Forex* und auch bei den Banken eine meist unkomplizierte Angelegenheit. Dennoch gilt es einige Dinge zu beachten, wenn man seinen Stapel Rupien ausgehändigt bekommt. Zunächst sollte man vor allem prüfen, ob dem Geld eine offizielle **Umtauschquittung** beigelegt ist. Diese ist beim eventuellen späteren Rücktausch ebenso vorzulegen wie für den Fall, dass man bei Fluggesellschaften oder offiziellen Touristenschaltern an Bahnhöfen mit einheimischer Währung bezahlen will. Der Staat will mit dieser umständlichen und letztlich auch völlig sinnlosen Vorschrift den Schwarzmarkt eliminieren. Vielfach gibt der Schalterbeamte das Papier erst nach mehrmaliger Nachfrage aus.

Tauscht man größere Beträge, sollte man darum bitten, sein Geld hauptsächlich in **500-Rupien-Scheinen** ausgezahlt zu bekommen, da man ansonsten schon beim Gegenwert von 100 US-$ ein dickes Bündel Geldscheine in der Hand hat. Nach der Übernahme des Geldes empfiehlt es sich, nachzuzählen. In Indien ist das eine Selbstverständlichkeit und wird nicht, wie eventuell hierzulande, als Misstrauen gedeutet. Keinesfalls sollte man allzu **schmutzige oder zerfledderte Scheine** annehmen, die gerade westlichen Touristen gern untergejubelt werden. Die Inder selbst meiden solches Geld wie der Teufel das Weihwasser, und so wird man es dann später nicht mehr los. Schließlich sollte man um genügend **Kleingeld** bitten, da Indien auch in dieser Beziehung unter chronischen Mangelerscheinungen leidet. „Sorry, no change" sind die wohl meistgehörten Worte eines Indienreisenden. Oftmals ist es schon unmöglich, einen 20-Rupien-Schein gewechselt zu bekommen. Zwar ist dies vielfach nur ein Trick, um das Restgeld als zusätzliches Trinkgeld einzustecken, doch wer sich gleich beim Geldwechseln in der Bank genügend kleine Scheine bzw. Münzen aushändigen lässt, braucht sich auf das Spiel gar nicht erst einzulassen.

Wer in **Hotels der oberen Preisklasse** wohnt, kann dort fast immer Reiseschecks und Bargeld zu einem nur minimal unter dem offiziellen Kurs liegenden Wechselkurs eintauschen.

Schwarztausch

Vor allem an beliebten Touristenorten wie dem Connaught Place in Delhi wird man häufig angesprochen: „You want to change money?" Bekanntermaßen war schwarztauschen immer **strafbar,** doch sollte man angesichts des nur äußerst geringen Gewinns und dem Risiko, übers Ohr gehauen zu werden, erst recht die Finger davon lassen. Der angebotene Kurs liegt nur maximal 5 % über dem offiziellen Bankkurs. Bedenken sollte man auch, dass man bei dieser Art des illegalen Geldwechsels selbstverständlich keinerlei Wechselquittung erhält, die bei vielen offiziellen Transaktionen wie etwa beim Bahn- oder Flugticket-Kauf vorzulegen sind, wenn man in einheimischer Währung bezahlen möchte.

Überweisungen

Am besten nimmt man von vornherein Geld von zu Hause mit, sodass man in Indien erst gar nicht in die Verlegenheit kommt, Bares nachordern zu müssen. Inzwischen ist es jedoch meist recht unkompliziert möglich, etwa über die **Western Union Money Transfer** (auch in kleineren Orten, dort meist in Postämtern, vertreten; siehe Telefonbuch oder www.westernunion.com), **UAE Exchange** oder **Thomas Cook Moneygram Service,** innerhalb von wenigen Minuten, natürlich gegen eine Gebühr, Geld zu transferieren. Die Modalitäten der einzelnen Anbieter sind vor Ort zu erfragen (s. auch „Notfalltipps").

Wer in die Bredouille gerät und keine Kreditkarte besitzt, kann die notwendige Überweisung auch von seiner **Heimatbank** auf deren **Verbindungsbank** in Indien überweisen lassen. Geldtransaktionen dieser Art sind verlässlicher und schneller als zwischen Geldinstituten, die nicht in direkter Geschäftsverbindung stehen. Für den Fall der Fälle empfiehlt es sich also, schon vor Reisebeginn bei seiner lokalen Bank die entsprechende Adresse in Indien zu erfragen, die man auch bei Freunden zu Hause hinterlegen sollte.

Preise und Kosten

Nach einer Untersuchung, in der die Preise von 100 verschiedenen Waren wie Kleidung, Transport und Ernährung weltweit verglichen wurden, ging Indien als eines der billigsten Länder der Erde hervor. Wem die Preise manchmal lächerlich gering vorkommen, der sollte sich das **indische Einkommensniveau** vor Augen führen. So verdient etwa ein Lehrer monatlich durchschnittlich 3.000 Rs, ein Busfahrer 3.500 Rs, ein Bankangestellter 5.000 Rs und ein Arzt 5.000 bis 10.000 Rs.

Feilschen

Preise, das ist weithin bekannt, sind fast überall in Asien Verhandlungssache, und da macht Indien keine Ausnahme. Das dem Europäer oftmals unangenehme, ja peinliche Feilschen ist Bestandteil einer solch kommunikativen Gesellschaft wie der indischen. So gehört Handeln hier eben nicht nur zum Geschäft, sondern ist selbstverständlicher Teil des Lebens, ob nun auf dem Basar, am Straßenrand oder in vielen Geschäften. Im Grunde steht der westliche Tourist sogar noch weit mehr unter dem Zwang, den Preis aushandeln zu müssen, sehen doch viele Verkäufer in ihm einen laufenden Dukatenesel auf zwei Beinen und verlangen oftmals astronomische Summen.

Generell lässt es sich schwer sagen, wieviel man vom Ausgangspreis herunterhandeln kann, doch mit 30 bis 50 % liegt man meist ganz gut. Andererseits sollte man bedenken, dass in gewissen Bereichen, wie etwa bei öffentlichen Verkehrsmitteln und Restaurants, Festpreise gelten.

Im Übrigen gilt es zu akzeptieren, dass man als reicher Westler immer ein bisschen mehr zahlt als ein Einheimischer. Allein die Tatsache, dass man es sich leisten kann, vom fernen Europa nach Indien zu reisen, macht einen in den Augen der Inder reich, und das sicher nicht ganz zu Unrecht. So wirkt es auf mich auch immer wieder peinlich, zu erleben, wie manche Traveller um den Preis eines Kilos Bananen minutenlang feilschen, weil der Verkäufer sie partout nicht für 2 Rs verkaufen will. Je länger man sich im Lande aufhält, desto mehr bekommt man ein Gespür für das einheimische Preisniveau.

Bakschisch und Trinkgeld

Bakschisch hat in Indien eine wesentlich weitergehende Bedeutung als unser deutsches Trinkgeld. Mehr noch als gutes Servieren in einem Restaurant zu belohnen, hilft es, einen kurz zuvor noch angeblich total überfüllten Flug zu bekommen oder eine Genehmigung innerhalb weniger Tage, auf die man ansonsten Monate gewartet hätte. Bakschisch lässt die notorisch unterbezahlten und damit oftmals wenig einsatzfreudigen Beamten urplötzlich wahre Wunder vollbringen.

Während viele Reisende durchaus bereit sind, hierfür ab und zu in die Tasche zu greifen, sitzt bei ihnen die Rupie für Trinkgeld im europäischen Sinne wesentlich weniger locker. Dies mag mit daran liegen, dass bei vielen Restaurants ein in der Speisekarte als *service charge* vermerkter Aufschlag von vornherein erhoben wird.

Davon sehen die Kellner, für die es eigentlich gedacht war, herzlich wenig, und so sollte man trotzdem ein wenig *tip* zusätzlich geben. Dies gilt insbesondere für einfache Restaurants, wo die Ober meist ein lächerlich geringes (und oftmals so gut wie kein) Gehalt zwischen 300 und 600 Rupien erhalten und dementsprechend auf das Trinkgeld angewiesen sind. Man sollte auch bedenken, dass die Speisen gerade deshalb so extrem billig sind, weil der Kostenfaktor Bedienung praktisch wegfällt. So ist es also nur gerecht, ein Trinkgeld zu geben. Zwischen 5 und 10 % ist meist angebracht, mehr nur bei herausragendem Service. Taxifahrer hingegen erwarten kein Trinkgeld und freuen sich um so mehr, wenn sie welches bekommen.

Reisekosten

Im Land der Extreme kann auch der westliche Tourist zwischen Bahnfahrt 3. Klasse oder Flugzeug 1. Klasse, einem Bett in einer moskitoverseuchten Absteige oder einer luxuriösen Schlafstätte in einem Maharaja-Palast, einem Teller *dhal* im Bahnhofslokal oder einem Festmahl in einem Nobelrestaurant wählen. Insofern ist es unmöglich, eine allgemeine Aussage über die Reisekosten zu machen, mit der Ausnahme, dass, egal auf welchem Niveau man reist, der Gegenwert fast immer extrem gut ist.

Einzelreisende können bei niedrigem Ausgabenniveau mit täglichen Ausgaben von 3 bis 10 € für Unterkunft und 3 bis 5 € für Verpflegung rechnen, bei mittlerem Ausgabenniveau sind 10 bis 25 € für Unterkunft und 5 bis 15 € für Verpflegung anzusetzen. Bei hohen Ansprüchen kann man pro Tag aber auch 25 bis 75 € für die Unterkunft und 15 bis 50 € für das Essen ausgeben. Bei Doppelzimmerbenutzung liegt der Preis für die Unterkunft z.T. erheblich niedriger, da Doppelzimmer oft nur geringfügig teurer sind als Einzelzimmer.

Durchschnittliche Preise

Die im Folgenden aufgeführten Durchschnittspreise für gängige Waren und Dienstleistungen beinhalten zur Veranschaulichung auch Preise wie Transportkosten, die nicht verhandelbar sind. Das Preisniveau in Metropolen wie Delhi oder Mumbai liegt teilweise über 50 % über dem Landesdurchschnitt.

100 km Bahnfahrt (2. Kl., Express)	. .35 Rs
Flug Mumbai – Delhi (IA)	. . . . .151 US-$
1 l Benzin/Diesel/Gas	. . . . .44/34/18 Rs
Glas Tee	. . . . .3,50 Rs
Flasche Bier	. . . . .50 Rs
Softdrink	. . . . .15 Rs
Packung Zigaretten, Beedis	. . . . .35/7 Rs
1 kg Reis	. . . . .10 Rs
Portion Reis und Curry	. . . . .15–30 Rs
1 lebendes Huhn	. . . . .25–45 Rs
Lungi (Wickelrock)	. . . . .70–100 Rs
Haarschnitt	. . . . .20 Rs
Fahrrad	. . . . .1.000 Rs

Reisegepäck

Wer auf Reisen eine unbeschwerte Zeit verbringen will, sollte seine Reisetasche oder seinen Rucksack nicht unnötig überladen. Bei der Frage nach der mitzunehmenden Ausrüstung sollte man dementsprechend nach dem Prinzip „so viel wie nötig, so wenig wie möglich" verfahren. Selbst wenn man nach der Ankunft in Indien feststellt, dass man etwas vergessen hat, ist das kein Beinbruch, lässt sich das meiste doch auch im Lande selbst und zudem noch wesentlich billiger kaufen.

Kleidung

Die Auswahl der richtigen Kleidungsstücke hängt in erster Linie von der Reisezeit, der Reiseregion und der Reiseart ab und kann dementsprechend völlig unterschiedlich ausfallen. Generell sollte man bedenken, dass es in der Hauptreisezeit von Oktober bis Februar nachts auch in Mittelindien recht kühl werden kann. Speziell bei längeren Bus- und Zugfahrten ist zumindest ein **warmer Pullover** oder eine Jacke ratsam. Bei allen Kleidungsstücken sind schweißaufsaugende Naturmaterialien synthetischen Textilien vorzuziehen.

Auch ein Paar **feste Schuhe** sind bei den oftmals schmutzigen Straßen empfehlenswert. Wer des öfteren in Billigunterkünften mit Gemeinschaftsdusche übernachtet, sollte ein Paar **Badelatschen** dabeihaben. Gegen die pralle Sonne hilft eine **Kopfbedeckung** oder auch ein **Regenschirm.** Einem Mitteleuropäer mag der Gedanke, sich mit einem Regenschirm vor der Sonne zu schützen, recht albern vorkommen, doch viele Inder machen es genauso. Im Übrigen ist ein Regenschirm während der Monsunzeit ein unverzichtbares Utensil.

Schludrige Kleidung sieht man in Indien generell nicht gern, bei vermeintlich reichen Westlern schon gar nicht. Man sollte also zumindest eine Garnitur gepflegter Kleidung mit sich führen, allein schon, um bei Behördengängen oder privaten Einladungen einen seriösen Eindruck zu hinterlassen. Lange Hosen und langärmelige Oberbekleidung sind nicht nur zum Besuch von Tempeln, Moscheen und anderen heiligen Stätten angebracht, sondern dienen auch als Schutz vor Moskitos (s. auch „Praktische Reisetipps: Verhaltenstipps/Kleidung").

> Viele westliche Besucher zeigen sich immer wieder überrascht, dass sie vor Betreten eines **Tempels** die **Schuhe ausziehen** müssen. Wer aus hygienischen oder gesundheitlichen Gründen nicht barfuß durch die weitläufigen Hallen, Flure, Höfe und Korridore gehen möchte, die oftmals vom Unrat der zahlreichen Pilger gekennzeichnet sind, sollte stets **„Tempelsocken"** griffbereit haben, mit denen man fast überall problemlos Einlass bekommt.

Toilettenartikel

Übliche **Hygieneartikel** wie Shampoo, Zahnpasta, Deo und Rasierschaum sind problemlos und sehr preiswert in Indien zu bekommen. Viele indische Seifen sind recht alkalisch, so sollte man auf die etwas teureren ayurvedischen Produkte zurückgreifen, die in fast allen größeren Städten erhältlich sind. Auch Produkte international bekannter Marken sind meist problemlos zu bekommen.

Toilettenpapier ist inzwischen fast im ganzen Land zu bekommen, mit etwa 20 Rs pro Rolle jedoch relativ teuer. Wo es keines gibt, ist man auf die indische Methode angewiesen: einen Wasserkrug in die rechte Hand, säubern mit der linken. Händewaschen wird danach niemand vergessen …

Sonnenschutzmittel sind in den größeren Städten erhältlich, allerdings zu einem recht hohen Preis. So schadet es nicht, diese schon aus dem Heimatland mitzubringen.

Während der trocken-heißen Jahreszeit von März bis Juli sind eine **Hautcreme** und ein **Lippenpflegestift** sehr nützlich, da Haut und Lippen sonst sehr schnell spröde werden.

Zum **Schutz vor Mücken** empfiehlt sich die Mitnahme eines entsprechenden Präparates. Es gibt allerdings auch in Indien brauchbare, preiswerte Mittel.

Tampons sind in Indien relativ unbekannt und wenn vorhanden teuer. Deshalb empfiehlt es sich, genügend von zu Hause mitzunehmen.

Ganesha, steh mir bei!
– oder vom Abenteuer des Gewöhnlichen

Es gehört zu den Charakteristika des Reisens, dass sich die Dinge des täglichen Lebens, die man im Heimatland wegen ihrer Banalität gar nicht mehr wahrnimmt, in der Fremde zu einer Herausforderung, ja einem echten Abenteuer entwickeln können. Dies gilt insbesondere für ein in seinen täglichen Lebensäußerungen derart extremes Land wie Indien.

Als ein Beispiel von vielen sei das **Überqueren einer Straße** genannt. In Mitteleuropa nichts einfacher als das: Man positioniert sich an der Ampel, wartet auf Grün und geht los. In Indien ist alles anders. Zunächst einmal gibt es **kaum Ampeln,** die wenigen funktionieren so gut wie nie und selbst für den Fall, dass man eine intakte Ampel erwischt, hilft dies nichts, weil sich niemand danach richtet und bei Rot anhält.

Doch ist dies nur der Beginn des Problems. Das **Ignorieren jeglicher Verkehrsregeln** im Neben- und Durcheinander von Fußgängern, Lastenträgern, Ochsenkarren, heiligen Kühen, Kamelen, Fahrradrikschas, Autorikschas, Scootern, PKWs und LKWs, dazu der ohrenbetäubende Lärm und die im wahrsten Sinne atemberaubende Luftverschmutzung, das alles bei 30 Grad Celsius und mehr lassen einen an das berühmte Zitat von Indien als „der einzig funktionierenden Anarchie der Erde" denken.

Doch wie begegnet ein an Recht und Ordnung gewöhnter Mitteleuropäer diesem täglichen Chaos? Tatort Hyderabad. Die Lust auf ein kühles Getränk und Ruhe nach einem anstrengenden Recherchetag zieht den Autor in ein hübsches Café auf der anderen Straßenseite. Doch zwischen meinem Wunsch und dessen Erfüllung liegt die vierspurige Himayathnagar Road wie die Hölle vor dem Paradies.

In der einzigen von allen akzeptierten Verkehrsregel Indiens, dem **Recht des Stärkeren,** rangieren Fußgänger auf der untersten Stufe und werden wie Freiwild behandelt. Selbst die Kühe sind besser dran, muss doch jener, der ein heiliges Tier überfährt, 30 US-$ an den Besitzer und die Kosten für die Beseitigung zahlen. Shiva, der Gott der Zerstörung, hat hier eindeutig die Oberhoheit. „Rette sich wer kann" ist das oberste Gebot des Fußgängers.

Ich mache mir Mut mit der alten Weisheit, dass jede Reise mit dem ersten Schritt beginnt. Die Frage ist nur wie, angesicht der erbarmungslos an mir vorbeijagenden Meute. Die erste Verkehrsregel, die wir unseren Kindern beibringen, lautet: Schaue zuerst nach links, dann nach rechts, bevor Du die Straße betritts. Doch da ist der erste Haken: In Indien herrscht **Linksverkehr.** Todesmutig setze ich meinen Fuß auf die Straße – und werde fast von der offen stehenden Tür eines der selbst in Indien für ihre rücksichtslose Fahrweise bekannten Privatbusse ins Jenseits befördert. Der nächste Versuch. Diesmal schaffe ich es bis zur Hälfte der einen Straßenseite, wobei ich wie eine Slalomstange von Scootern und PKWs umkurvt werde, die Zentimeter vor einer Berührung nach links oder rechts ausscheren. Dabei scheinen sie keine Miene zu verziehen, selbst wenn sie in letzter Sekunde einem riesigen, stinkenden LKW ausweichen müssen. Autofahren in Indien ist Millimeterarbeit und wenn ich nicht ständig um mein Leben fürchten müsste, würde ich diese Todesmutigen für ihre Akrobatik bewundern. Doch so habe ich ständig den Eindruck, dem Teufel soeben von der Schüppe gesprungen zu sein.

Wissend, dass laut Statistik versagende Bremsen die häufigste Unfallursache auf In-

Das alltägliche Verkehrschaos, hier: Kalkutta

diens Straßen sind, bleibt mir in meiner Verzweiflung nichts anderes, als laut zu rufen: „Ganesha, steh mir bei!!!" Der drollige Elefantengott, in ganz Indien als Beschützer auf allen Wegen verehrt, scheint mein Flehen erhört zu haben, stehe ich doch plötzlich auf der durch einen Zaun gekennzeichneten Straßenmitte. Nie hätte ich gedacht, dass ich mich inmitten des ohrenbetäubenden Lärms und der bleiverseuchten Luft derart wohl fühlen könnte, als ein kaum bekleideter Junge an meinem Hosenzipfel zieht und „Paisa please" ruft.

Unvermittelt stellt sich bei mir Mitleid ein, der Wunsch, ihn unversehrt auf die andere Seite zu bringen – bis mir klar wird, dass ich es bin, der Mitleid und seine Hilfe benötigt. Zehn Rupien sollst Du haben, wenn Du mich lebend hinüberbringst. Sogleich soll sich zeigen, was für ein ausgefuchstes Kind dieser Junge ist, der wahrscheinlich sein ganzes Leben auf der Straße verbracht hat. Mit stoischer Gelassenheit leitet er mich zu einer wie eine Festung in der Schlacht in der Straßenmitte ruhenden heiligen Kuh. Gemütlich vor sich hinkauend, erweist sie sich als ein Schutzwall vor den anprallenden Geschossen. Nach einer kurzen Verschnaufpause nimmt mich mein neuer Freund an die Hand und wir stehen schweißgebadet auf der anderen Straßenseite.

Hurra, wir leben noch, mein Retter um zehn Rupien reicher, ich erschöpft und glücklich, dass auf Ganesha immer Verlass ist.

50Sin Foto: mb

Karten

Eine gute Landkarte für den Nordwesten Indiens ist im world mapping project bei REISE KNOW-HOW erschienen: **„Indien Nordwest"** im Maßstab 1:1,3 Mio. Eine **Indien-Gesamtkarte** im Maßstab 1:2,9 Mio. aus der gleichen Reihe ist ebenfalls erhältlich. Die Karten sind GPS-tauglich und haben ein ausführliches Ortsregister sowie farbige Höhenschichten.

In Indien selbst gibt es in vielen Buchhandlungen eine große Auswahl an Landkarten und Stadtplänen, diese sind jedoch meist veraltet und zudem oftmals recht ungenau. Eine Ausnahme bilden die sehr guten, vom Eicher-Verlag herausgegebenen Karten zu Delhi. Nicht kaufen sollte man Pläne von Straßenhändlern, da diese speziell von Touristen meist den doppelten bis dreifachen Ladenpreis verlangen.

Sonstiges

●Wegen der immer wieder auftretenden Stromausfälle ist auf Zugfahrten und bei nächtlichen Spaziergängen eine **Taschenlampe** unverzichtbar.
●**Wasserflasche** und **Wasserentkeimungstabletten** (Mikropur) machen unabhängig vom teuren und im Übrigen auch nicht ganz sicheren Mineralwasser. Zudem produziert man mit dem Kauf von Plastikwasserflaschen auch unnötig Müll.
●**Kondome** schützen nicht nur gegen ungewollte Schwangerschaft und Geschlechtskrankheiten, sondern auch gegen das sich in Indien rasant ausbreitende Aids.

Indische Busse sind hart gefedert, die Sitze schlecht gepolstert und die Straßen holprig. Ein **aufblasbares Kissen** lässt einen die Schläge wesentlich besser ertragen.

●Nicht so sehr als Wärmeschutz, sondern vor allem, um unabhängig von der oftmals nicht gerade persilreinen Bettwäsche in Hotels zu sein, empfiehlt sich ein **Jugendherbergsschlafsack** – auch auf Nachtfahrten im Zug von großem Vorteil.
●In Hotels sollte man sein Zimmer mit einem eigenen **Vorhängeschloss** versperren. Auch

ein kleineres Schloss für den Rucksack ist sinnvoll. Will man sein Gepäck in der Gepäckaufbewahrung eines Bahnhofs abgeben, wird die Annahme oft verweigert, wenn das Gepäckstück nicht verschlossen ist.
●Zum Schälen von Obst, Öffnen von Flaschen, Schneiden von Brot – das **Schweizermesser** ist immer noch die Allzweckwaffe eines jeden Travellers (beim Flug nicht im Handgepäck verstauen!).
●Wer seine Wäsche selbst waschen möchte, sollte eine **Wäscheleine** nebst einigen Klammern mitnehmen. Hierzu gehört auch ein **Waschbeckenstopfen**, um nicht ständig bei laufendem Wasser waschen zu müssen.
●In Hotelzimmern, auf langen Zugfahrten und in vielen anderen Situationen sind im lauten Indien **Ohrenstöpsel** von unschätzbarem Wert.
●Zur sicheren Verwahrung von Papieren, Geld und Tickets: **Bauchgurt, Brustbeutel** und **Geldgürtel** mit Sicherungsverschluss.
●**Weiteres:** mehrere Passfotos, Sonnenbrille, Ersatzbrille für Brillenträger, Adressheftchen, Tagesrucksack, Sprachführer Englisch/Deutsch und Deutsch/Hindi, Nähzeug, Sicherheitsnadeln, Bindfaden, Ladegerät für Batterien, Wecker, Kopien von Pass, Reisechecks und Tickets.

Gesundheitsvorsorge

Der Hauptgrund, warum viele Indienreisende krank werden, ist, dass sie Angst haben, krank zu werden. Dritte-Welt-Länder im Allgemeinen und Indien im Speziellen rufen im Westen immer noch Angst vor Ansteckung und Krankheiten hervor. Es besteht aber kein Grund zu meinen, dass nur deshalb, weil man auf dem Subkontinent Urlaub macht, die Krankheitsgefahr besonders hoch ist. Man sollte nämlich – wie bei jeder Reise – insbesondere in der ersten Woche nach dem Motto „weniger wäre mehr gewesen" nicht gleich von einer Sehenswürdigkeit zur nächsten reisen, sondern Geist, Körper und Seele **Zeit zur Eingewöhnung** lassen. Das ist viel wichtiger, als sich mit unzähligen Medika-

menten vollzustopfen, die den Körper nur noch zusätzlich belasten.

Im Übrigen sind es nicht die klassischen Tropenkrankheiten, sondern ganz banale Unpässlichkeiten wie Erkältungen oder Magen-Darmerkrankungen, die einem das Reisen in Indien zuweilen erschweren. Man schützt sich am besten, indem man sich den Hals und das Gesicht vor dem Betreten eines klimatisierten Raumes oder Busses abtrocknet und einen Pullover anzieht und sich bei allzu scharfen Gerichten zunächst zurückhält.

Impfungen

Für Indien sind keine Impfungen vorgeschrieben, es sei denn, man reist aus einem Gelbfieber-Gebiet ein. In jedem Fall sollte man sich frühzeitig vor Reisebeginn (ca. zwei Monate) bei einem Arzt oder Tropeninstitut über empfohlene Impfungen und besonders auch Malariaschutz informieren.

Weitere Hinweise zu Impfungen und Krankheiten finden sich im **Anhang** unter „Reise-Gesundheits-Information Indien".

Wer sich schon zu Hause in großen Städten nicht wohl fühlt, sollte sie in Indien erst recht meiden. Menschenmassen, Luftverschmutzung, Dreck, Elend, Hektik, Lärm – all die negativen Begleiterscheinungen urbaner Entwicklung sind in Indien, wo so etwas wie Stadtplanung kaum existiert, besonders ausgeprägt. Vor allem zu Beginn einer Reise, wenn Klima-, Zeit- und Essensumstellung schon genug Anpassungsschwierigkeiten bereiten, empfiehlt es sich nur so kurz wie irgend möglich in Städten wie Delhi oder Mumbai zu bleiben. Hat man die ersten Wochen der Eingewöhnung hinter sich, sind Geist und Seele besser auf die Negativaspekte vorbereitet.

Von Frauen wird in Indien das Tragen dezenter Kleidung erwartet – es kann auch mal ein Sari sein

Reiseapotheke

Neben den Medikamenten, die man sowieso regelmäßig einnehmen muss, sollten die folgenden Mittel auf jeden Fall im Gepäck sein:

- **Mückenschutz**
- **Mittel gegen** Schmerzen/Fieber, Durchfall, Übelkeit/Erbrechen, Allergie und Juckreiz, Insektenstiche
- **Antibiotika**
- **Antibiotische Salbe**
- **Wundsalbe**
- **Desinfektionsmittel**
- **Augentropfen**
- **Zur Wundversorgung:** Mullbinden, Heftpflaster, Wundpflaster, elastische Binden, Alkoholtupfer, steril verpackt, Sicherheitsnadeln und Pinzette, möglichst steril verpackt
- **Fieberthermometer**

AIDS

Gemäß Berichten der WHO (Weltgesundheitsbehörde) steht Indien vor einer **AIDS-Epidemie,** die afrikanischen Verhältnissen in keiner Weise nachstehen wird. Derzeit sind, offiziellen Statistiken zufolge, etwa 4 Mio. Personen HIV-infiziert, die Dunkelziffer liegt wohl um einiges höher. Bei Untersuchungen

---

Weitergehende Informationen zum Thema Gesundheit finden sich im Kapitel „Reisetipps A–Z, Medizinische Versorgung" und im Anhang unter **„Reise-Gesundheits-Information Indien".**

---

in Mumbais Billigbordellen wurde bei den Prostituierten eine Infektionsrate von ca. 50 % festgestellt – Tendenz rapide steigend. Den höchsten prozentualen Anteil an Infizierten gibt es im nordöstlichen Bundesstaat Manipur. Der Nordosten Indiens weist aufgrund seiner Nähe zum „opiumreichen" Myanmar eine sehr hohe Zahl von Drogensüchtigen auf.

Die aus diesen Zahlen zu ziehenden Konsequenzen dürften auf der Hand liegen. Aufgrund der weit verbreiteten Furcht vor der Krankheit erlebt Indien derzeit einen wahren **Kondom-Boom.** Gab es früher nur die unbeliebten, billigen „Government-Gummis" namens *Nirodh,* so sind heute einige Dutzend Marken im Angebot. Eine nennt sich passenderweise *Kama Sutra,* nach dem alten indischen Liebeshandbuch.

Warnung vor Tollwut

Eine häufig unterschätzte Gefahr stellt die Ansteckung durch Tollwut dar, denn Indien weist die **weltweit höchste Tollwutrate** auf. Dies ist umso alarmierender, als für jeden Indienreisenden der Anblick streunender, übel zugerichteter Hunde zum Alltag gehört. Dementsprechend hört man immer wieder von Reisenden, die von Hunden gebissen wurden. Nach einem Biss ist die Wunde sofort mit fließendem Wasser, Seife und – falls vorhanden – Wasserstoffsuperoxyd zu reinigen. Danach muss so schnell wie möglich ein Arzt aufgesucht werden. Da Tollwut häufig tödlich verläuft, empfiehlt es sich dringend, bereits vor Reiseantritt eine **Impfung** durchführen zu lassen!

Versicherungen

Die Kosten für eine Behandlung in Indien werden von den gesetzlichen Krankenversicherungen in Deutschland und Österreich nicht übernommen, daher ist der Abschluss einer privaten **Auslandskrankenversicherung** unverzichtbar. Diese sind z.B. in Deutschland ab 10 Euro pro Jahr auch sehr günstig.

Schweizer sollten bei ihrer Krankenversicherungsgesellschaft nachfragen, ob die Auslandsdeckung auch für Indien inbegriffen ist. Sollte man keine Krankenversicherung mit Auslandsdeckung haben, empfiehlt es sich, sich kostenlos bei Soliswiss (Gutenbergstr. 6, 3011 Bern, Tel.: 031/3810494, www.soliswiss.ch) nach einem attraktiven Krankenversicherer zu erkundigen.

Bei der Wahl der Auslandskrankenversicherung sollte man typische Leistungsunterschiede prüfen:

Vor der Reise

- **Reisedauer:** Bei einigen Versicherern wird von einer maximalen Reisedauer von 30 oder auch 62 Tagen ausgegangen. Bei längerem Aufenthalt wird auch die Versicherung teurer. Für Aufenthalte bis zu 90 Tagen kostet es ca. 55–74 Euro, für solche bis zu einem Jahr 350–1.300 Euro. Vergleichen lohnt sich!
- **Rücktransport:** Wird in der Regel nur auf ärztliches Anraten übernommen. Im Todesfall werden unterschiedlich hohe Beträge für die Rücküberführung gezahlt.
- **Selbstbeteiligung:** Einige haben z.B. bei Zahnbehandlungen eine Selbstbeteiligung, andere zahlen 100 %.
- **Nachleistungsfrist:** Kann man nicht wie geplant nach Hause reisen, sollte die Versicherung die Rechnungen noch eine Zeit lang weiterzahlen.
- **Altersgrenze:** Die Kosten sind nach Alter gestaffelt, die Altersgrenzen je nach Versicherer unterschiedlich.
- **Chronische Krankheiten:** Wird aufgrund einer Krankheit, die schon vor Urlaubsantritt bestand, eine Behandlung fällig, ist diese nur von wenigen Versicherungen gedeckt.

Zur Erstattung der Kosten benötigt man grundsätzlich ausführliche **Quittungen** (mit Datum, Namen, Bericht über Art und Umfang der Behandlung, Kosten der Behandlung und Medikamente).

Der Abschluss einer **Jahresversicherung** ist in der Regel günstiger als mehrere Einzelversicherungen. Günstiger ist auch die **Versicherung als Familie,** statt als Einzelpersonen. Hier sollte man nur die Definition von „Familie" genau prüfen.

Andere Versicherungen

Für alle abgeschlossenen Versicherungen sollte man die **Notfallnummern notieren** und mit der Policenummer gut aufheben! Bei Eintreten eines Notfalles sollte die Versicherungsgesellschaft unverzüglich telefonisch verständigt werden!

Ob es sich lohnt, weitere Versicherungen abzuschließen, wie Reiserücktrittsversicherung, Reisegepäckversicherung, Reisehaftpflichtversicherung oder Reiseunfallversicherung, ist individuell abzuklären. Aber gerade

diese Versicherungen enthalten viele Klauseln, sodass sie nicht immer Sinn machen.

Die **Reiserücktrittsversicherung** für 35–80 Euro lohnt sich nur für teure Reisen und für den Fall, dass man vor der Abreise einen schweren Unfall hat, erkrankt oder schwanger wird, gekündigt wird oder nach Arbeitslosigkeit einen neuen Arbeitsplatz bekommt u.Ä. Es gelten hingegen nicht: Krieg, Unruhen, Streik, etc.

Die **Reisegepäckversicherung** lohnt sich seltener, da z.B. bei Flugreisen verlorenes Gepäck oft nur nach Kilopreis ersetzt wird (und auch sonst wird nur der Zeitwert nach Vorlage der Rechnung erstattet). Wurde eine Wertsache nicht im Safe aufbewahrt, gibt es bei Diebstahl auch keinen Ersatz. Kameraausrüstung und Laptop dürfen beim Flug nicht als Gepäck aufgegeben worden sein. Gepäck im unbeaufsichtigt abgestellten Fahrzeug ist ebenfalls nicht versichert. Die Liste ist endlos ... Überdies deckt häufig auch die Hausratsversicherung schon Einbruch, Raub und Beschädigung von Eigentum auch im Ausland.

Eine **Privathaftpflichtversicherung** hat man in der Regel schon. Hat man eine **Unfallversicherung,** sollte man prüfen, ob diese im Falle plötzlicher Arbeitsunfähigkeit aufgrund eines Unfalls im Urlaub zahlt.

Weitere Infos

Wer unsicher ist, welche Versicherung in Frage kommt, kann sich über Tests der **Stiftung Warentest** in Deutschland und **Konsument.at** in Österreich weiter informieren. Über ihre Webseiten kann man Testberichte herunterladen, Online-Abonnent werden oder Hefte zum Thema bestellen: www.warentest.de, www.konsument.at.

Weitere Informationen erhält man in Deutschland bei der **Verbraucherzentrale** (www.verbraucherzentrale.com) und in Österreich bei der **Arbeiterkammer** (www.arbeiterkammer.at).

Praktische Reisetipps A–Z

003is Foto: tb

007i Foto: tb

Tee und Gebäck am Ende eines langen Tages in der Wüste

Die Autoriksha – das Taxi des kleinen Mannes

Preiswert: Guesthouses auf dem Lande

Behinderte

Indien gilt zu Recht als eines der für Individualtouristen am schwierigsten zu bereisenden Länder der Erde. Um so problematischer (um nicht zu sagen unmöglich) gestaltet sich eine Reise für behinderte Personen. Das allgemeine Durcheinander auf Bahnhöfen und Straßen, die Mühen beim Besteigen eines Busses oder Zuges, ganz zu schweigen von den fast ständig hoffnungslos überfüllten öffentlichen Verkehrsmitteln – dies alles macht eine Indienreise für Behinderte zu einem kaum zu bewältigenden Unterfangen. Wie in fast allen Ländern Asiens sind in Indien behindertengerechte **Einrichtungen fast völlig unbekannt.** Herabgesenkte Bordsteinkanten, Rampen oder Aufzüge findet man äußerst selten. Dies ist umso problematischer, als viele Tempel und Pagoden auf Hügeln oder in unwegsamen ländlichen Gebieten errichtet wurden. Die Hilfsbereitschaft der Inder lässt zwar viele Hindernisse überwinden, doch ohne eine mitreisende Begleitperson, die sich ganz in den Dienst des Behinderten stellt, muss von einer Indienreise abgeraten werden.

Einkaufen und Souvenirs

Während Hongkong und Singapur weltweit bekannt als Einkaufsparadiese speziell für elektronische Produkte sind, so gibt es wohl kaum ein anderes Land dieser Erde, welches eine derart **große Auswahl an Kunsthandwerk** zu bieten hat wie Indien. Jede einzelne der vielen Volksgruppen des Landes hat ihre eigene Handwerkstradition entwickelt, wobei die unterschiedlichsten Materialien Verwendung finden. Dem Lockruf von Gold, Silber, Juwelen, Seide und Marmor folgten schon vor Jahrtausenden die Kaufleute aus Übersee, die ganze Schiffsladungen mit nach Hause nahmen. Etwas bescheidener gibt sich da der neuzeitliche Tourist, doch wie die übervollen Koffer und Taschen beim Rückflug belegen, kann auch er dem reichen Angebot nur schwerlich widerstehen.

Allerdings steht der Neuankömmling ob dieser riesigen Auswahl zunächst einmal vor der Qual der Wahl. Den besten Ort, um sich einen Überblick zu verschaffen, bieten die so genannten **Government Cottages** oder **Emporiums,** staatliche Läden, von denen sich die größten und schönsten in Delhi und Mumbai befinden. Hier werden auf überschaubarem Raum hochwertige Produkte aus ganz Indien zu festgesetzten Preisen angeboten. Selbst für diejenigen, die nicht kaufen wollen, empfiehlt sich ein Besuch, bekommt man hier doch einen Anhaltspunkt zum Preisniveau und hat so später beim Handeln auf Basaren und in Geschäften eine bessere Ausgangsposition.

Selbstverständlich ist, dass derjenige, der sich von einem **Schlepper** in den Laden locken lässt, einen z.T. erheblichen Aufpreis zu zahlen hat. Dies ist vor allem in Touristenorten zu bedenken.

> ❌ Erübrigen sollte sich eigentlich der Hinweis, dass **Tierfelle, Elfenbeinarbeiten, Korallen** und Ähnliches als Souvenir absolut tabu sind. Die Einfuhr solcher Produkte ist in Deutschland strafbar.

Schmuck

Nicht nur viele indische Frauen, für die er eine Kapitalanlage für das Alter darstellt, sondern auch eine große Zahl westlicher Reisender kaufen gern und häufig Schmuck. Besonders beliebt sind dabei der schwere **Nomadenschmuck aus Rajasthan** und der filigranere **Silberschmuck der Tibeter.** Gerade wegen ihrer Beliebtheit bei westlichen Touristen sind diese Arten von Schmuck inzwischen über das ganze Land verteilt in Geschäften zu erhalten. Wie die oftmals extrem niedrigen Preise vermuten lassen, ist dabei vieles, was als reines Silber angeboten wird,

Souvenirstand in Dharamsala

kaum mehr als billiges Metall. Wen das jedoch nicht stört, der findet besonders in Jaipur, Pushkar und Goa eine große Auswahl.

Jaipur ist auch die Hochburg für die **Edelsteinverarbeitung.** Großhändler aus aller Welt decken sich hier ein. Der verführerische Schein der edlen Klunker hat schon manchen Touristen tief in die Tasche greifen lassen, der später enttäuscht feststellen mußte, dass der Edelstein eine billige Glaskopie war. Am größten ist die Gefahr, minderwertige oder unechte Ware angeboten zu bekommen, bei den fliegenden Händlern. Wer führt schon Rubine und Saphire in einem schäbigen Holzkoffer mit sich?

Brillen

Indien ist ein Schlaraffenland für Brillenträger. Zu einem Bruchteil des Preises in Europa können sowohl **Brillenrahmen** wie auch gute **Gläser,** auch aus Kunststoff, gekauft werden. Die Auswahl an ansprechenden Rahmen ist groß. Die Brille ist häufig bereits am Tag der Anprobe oder am nächsten fertig. Zu empfehlen sind Verkaufsketten wie *Frames and Lenses,* aber auch viele Einzelhandelsoptiker haben große Auswahl. Auch **Kontaktlinsen** der international bekannten Firmen sind sehr preiswert zu haben.

Teppiche

Einen weltweit hervorragenden Ruf genießen **Kashmirteppiche,** doch auch in **Uttar Pradesh** und **Rajasthan** existiert eine lebhafte und qualitativ hochstehende Teppichproduktion. Aufgrund des faktischen Zusammenbruchs des Tourismus in Kashmir finden sich viele kashmirische Händler über ganz Indien verteilt, sodass das Angebot sehr vielfältig ist. Bereichert wird die Palette noch durch die tibetanische Exilgemeinde in Indien, die auf eine lange Teppichknüpftradition zurückschauen kann. Viele westliche Touristen bevorzugen **tibetanische Teppiche** wegen der charakteristischen farblichen Gestaltung. Die heimliche Hauptstadt der Tibeter in Indien, Dharamsala, und die Hauptstadt Sikkims, Gangtok, bieten hier die größte Auswahl.

Reisetipps A–Z

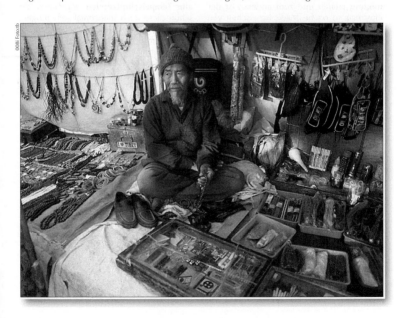

008i Foto.tb

Entscheidende Qualitätsmerkmale und damit preisbestimmend sind neben den verwendeten Materialien (Wolle, Seide und eine Mischung aus beidem) die Knotendichte, Knotenart und die verwendeten Farben (natürlich oder synthetisch). Ärgerlich ist es jedoch, nach der Rückkehr im Heimatland festzustellen, dass der lokale Großhändler den gleichen Teppich, den man im Urlaubsland gekauft hat, 20 % billiger anbietet – gerade bei Teppichen eine nicht selten gemachte Erfahrung. Daher ist es ratsam, vor Abflug die Preise zu Hause zu checken.

Antiquitäten

Ein Land mit einer derart reichen Vergangenheit an Kunsthandwerk und pompösen Herrscherhäusern, die ihre Paläste bis unters Dach vollstopften mit antiken Kostbarkeiten, müsste eigentlich eine Fundgrube für Antiquitätenliebhaber sein. Ist es auch, doch hat die Sache zwei Haken: Zum einen ist die Ausfuhr von Gegenständen, die älter als 100 Jahre sind, nur mit einer **Sondergenehmigung** erlaubt und zum anderen ist der einstmals so reiche Markt inzwischen von ausländischen Händlern so gut wie abgegrast. Zwar sind die Antiquitätenläden in Delhi und Mumbai noch immer gut bestückt, doch vieles von dem, was dort angeboten wird, ist nicht viel mehr als eine – allerdings z.T. hervorragende – Imitation. Altersschätzungen ebenso wie Ausfuhrgenehmigungen kann man beim **Archaeological Survey of India** in Mumbai, Srinagar und Kalkutta einholen.

Malerei

Kaum eine andere Kunstart hat einen derartigen Aufschwung durch den Tourismus genommen wie die **Miniaturmalerei,** die nach dem Untergang der alten Rajputenreiche lange Zeit in Vergessenheit geraten war. Zwar werden die Miniaturbilder inzwischen wegen ihrer Beliebtheit vielerorts angeboten, doch die größte Auswahl hat man nach wie vor in ihrem Heimatland Rajasthan. Auch hier variiert die Qualität erheblich, wobei neben der Detailgenauigkeit auch die verwendeten Farben und das Material eine Rolle

spielen. Neben den auf Bürgersteigen in Mumbai oder Delhi angebotenen Massenprodukten aus reinem Papier, die für 30 bis 40 Rupien pro Stück zu haben sind, gibt es auch exquisite Einzelstücke aus Seide, die ein kleines Vermögen kosten. Vorsicht ist auch hier wieder bei angeblich antiken Bildern geboten.

Holz- und Metallarbeiten

Jeder staatliche Laden führt eine große Abteilung von Holzarbeiten, wobei es eine riesige Variationsbreite in Größe, Form und Material gibt. Von winzigen, besonders in Kashmir hergestellten, oftmals lackbemalten Schmuckkästchen über Paravents und Möbelgarnituren bis zu Elefanten im Maßstab 1 zu 1 reicht die Bandbreite des Angebots. Besonders beliebt sind die ausdrucksstarken indischen **Götterskulpturen** wie Kali, Krishna oder Vishnu, die es sowohl aus edlem Sandel- oder Rosenholz geschnitzt als auch in Metall gegossen gibt.

Vielfach werden einem von privater Hand **alte Tempelschnitzereien** angeboten. So schön diese auch manchmal sein mögen, man sollte von dem Kauf auf jeden Fall Abstand nehmen, unterstützt man doch andernfalls den schon verheerenden Handel mit gestohlenen Tempelschätzen und trägt so aktiv zum Ausverkauf einer Jahrhunderte alten Kultur bei.

Kleidung und Lederwaren

Kaum ein anderes Land der Erde bietet ein derart breites und qualitativ hochstehendes Angebot an Kleidungsstücken wie Indien. Auch hier profitiert das Land wieder von seiner territorialen Größe und ethnischen Vielfalt. Kashmir ist berühmt für seine **Wolle** und **Schals,** Assam für seine **wilde Seide,** Varanasi für seine **Brokatseide,** Rajasthan und Gujarat für seine eingearbeiteten **Spiegelornamente.** Daneben gibt es noch unzählige andere Varianten. Neben dieser lokalen Tradition ist Indien jedoch auch Heimat der größten Textilindustrien der Erde mit einem hohen Exportanteil.

Moderne Kleidung in vorzüglicher Qualität findet sich in guten Geschäften der Metropolen wie Mumbai oder Delhi, aber auch vieler Mittelstädte zu einem Bruchteil des Preises in Europa. Eine günstige Möglichkeit, sich vor dem Rückflug noch einmal rundum einzukleiden. Gleiches gilt übrigens auch für **Schuhe**. Für umgerechnet 20 Euro bekommt man bereits erstklassige Qualität.

Extrem billig ist auch die **Maßanfertigung** bei einem Schneider – ein Luxus, den man sich bei uns kaum noch leisten kann. Allerdings scheinen viele Schneider mit der modischen Entwicklung nicht ganz mitgehalten zu haben und pflegen einen etwas antiquierten Schnitt. Außerdem lässt die Verarbeitungsqualität manches Mal zu wünschen übrig. Ein Katalogfoto des gewünschten Anzuges und genügend zeitlicher Spielraum für Reklamationen ist also angebracht.

Die meisten vor allem in Delhi angebotenen **Lederjacken** und **Taschen** stammen aus Kashmir und variieren stark in Preis und Qualität. Wer sich Zeit nimmt, kann immer noch eine hübsche Lederjacke für etwa 35 Euro ergattern.

Elektrizität

Wie in Europa wird in Indien Wechselstrom von 230 bis 240 Volt und 50 Hz benutzt. Elektrogeräte wie Rasierapparat, Radio oder Akkuladegerät können also problemlos betrieben werden. Vielfach finden dreipolige Steckdosen Verwendung, mit denen jedoch nicht alle europäischen Zweipolstecker kompatibel sind. Will man ganz sicher gehen, empfiehlt sich die Mitnahme eines internationalen **Adapters,** der für wenig Geld in Elektrogeschäften erhältlich ist.

Da **Stromausfälle** speziell am frühen Abend in Indien immer noch vorkommen, gehört eine Taschenlampe zur Standardausrüstung jedes Indienreisenden.

Essen und Trinken

Neben der chinesischen und thailändischen hat sich die indische zur beliebtesten asiatischen Küche in Deutschland entwickelt. So wissen inzwischen auch hierzulande viele, dass sich hinter dem Wort *Curry* nicht ein Einheitsgewürz, sondern eine höchst aufwendige Kräuter- und Gewürzmischung verbirgt.

Manche Vorurteile hingegen halten sich nach wie vor hartnäckig. So z.B. jenes, dass indisches Essen grundsätzlich scharf sei, Reis das Hauptnahrungsmittel darstelle und Tee das beliebteste Getränk sei. Richtig hingegen ist, dass im Norden eher würzig als scharf gegessen wird und Brot die eigentliche Nahrungsgrundlage bildet, während man im Süden wesentlich mehr Kaffe als Tee trinkt.

Ursache für diese regionalen Unterschiede sind die verschiedenen historischen Prägungen und unterschiedlichen klimatischen Bedingungen der beiden Landesteile. Der klimatisch kühlere Norden ist auch heute noch stark beeinflusst durch die sechshundertjährige muslimische Fremdherrschaft, die bekanntlich im tropischen Süden nie so recht Fuß fassen konnte. Als Folge hiervon findet man in Nordindien auch die Küche der Moguln, verhältnismäßig schwere, fettreiche Kost mit viel Fleisch, während im Süden vegetarisches und leichteres, aber auch schärferes Essen bevorzugt wird. So findet man eine Vielfalt an Gerichten und Geschmackserlebnissen, die einmalig ist.

Warum es dennoch immer wieder Touristen gibt, die sich während ihrer gesamten Indienreise mit Spaghetti, Fried Rice und Pommes Frites durchschlagen, ist wirklich schleierhaft. Überdies schmeckt **westliches Essen in Indien** fast immer langweilig bis lausig und ist zudem um ein Vielfaches teurer als das einheimische.

Gesundheitliche Gründe können bei der selbstauferlegten Abstinenz auch keine Rolle spielen. Hält man sich an einige einfache Grundregeln, wie keine rohen Salate, Gemüse und Schweinefleisch zu essen bzw. das in fast allen Restaurants bereitgestellte Trinkwasser zu meiden, dann sind Gaumenfreuden in Indien genauso unbedenklich wie in Thailand, Hongkong oder Singapur.

Reisetipps A–Z

Restaurants

Im Unterschied zu vielen Ländern Südostasiens wie etwa Thailand, Malaysia oder Indonesien, in denen man an fast jeder Straßenecke über mobile Garküchen stolpert, kann es in kleineren Orten Indiens vorkommen, dass man längere Zeit suchen muss, um seinen Hunger stillen zu können. Zwar finden sich auch in Indien viele **Essensstände,** doch diese offerieren meist nur kleinere Snacks oder Süßigkeiten.

Als Helfer in der Not bieten sich da *Dhabas* bzw *Bhojanalayas* (wörtl.: „Ort der Speise") an, sehr einfache, meist zur Straße hin offene Lokale, die sich vor allem um Bahnhöfe gruppieren. Die einzelnen Gerichte befinden sich in großen Töpfen, unter denen ständig eine Gasflamme brennt. Zwar sind sie äußerst preisgünstig, doch aufgrund der ununterbrochenen Erhitzung oft auch etwas fad im Geschmack. Zudem hat man ihnen die meisten Vitamine regelrecht ausgebrannt.

Eine preiswerte Alternative bieten die häufig allerdings sehr schlichten **Bahnhofsrestaurants,** in denen man selten mehr als 20 Rs für ein sättigendes Mahl berappen muss. Englische Speisekarten sind in diesen Restaurants zwar nicht die Regel, kommen aber mehr und mehr in Gebrauch. Oftmals wird an der Kasse speziell für Besucher eine bereitgehalten. Diese Speisekarten haben jedoch zuweilen den Nachteil, dass dort nur solche Gerichte aufgeführt sind, die man des westlichen Gaumens würdig hält. Dabei fehlen oft gerade die so schmackhaften lokalen Spezialitäten. Auf manchen dieser Speisekarten fehlen jegliche Preisangaben. In diesem Fall sollte man vor der Bestellung den zu zahlenden Betrag abklären, um späteren Missverständnissen vorzubeugen.

Der **Service** ist bei all diesen Restaurants eher bescheiden, manchmal geradezu unfreundlich. Essen wird in Indien in erster Linie als notwendige Nahrungszufuhr verstanden und weit weniger als kulturelles Erlebnis. So strahlen viele Restaurants den Charme einer Bahnhofsvorhalle aus. Kaum hat man den letzten Bissen heruntergeschluckt, wird einem schon die Rechnung unter die Nase gehalten.

Auf einen anderen Planeten fühlt man sich versetzt, speist man in einem der überraschend vielen **Nobelrestaurants.** Vor allem in den First-Class-Hotels der Großstädte, aber auch in vielen mittelgroßen Orten bietet sich die Möglichkeit, für verhältnismäßig wenig Geld sehr gut zu speisen. So zahlt man in einem guten AC-Restaurant kaum mehr als 50 Rs für ein üppiges und exzellentes Mahl – ein Spottpreis, verglichen mit einem ähnlichen Restaurant in Europa. Das gleiche gilt für die üppigen Mittags- und Abendbüfetts, die viele Hotels in den Metropolen anbieten, wo man sich für selten mehr als 250 Rs schadlos halten kann.

Wie wird gegessen?

Einen Kulturschock besonderer Art erleben viele Europäer, wenn sie das erste Mal ein Restaurant betreten und sehen, dass in Indien traditionell **mit der Hand gegessen** wird. Das wirkt auf viele zunächst reichlich unappetitlich. Es sei jedoch daran erinnert, dass es umgekehrt den Indern nicht anders ergeht, wenn sie die „zivilisierten" Europäer mit solch martialischen Metallwerkzeugen wie Messer und Gabel im Essen herumstochern und -schneiden sehen.

Letztlich ist es Geschmackssache und so wird es in Indien auch praktiziert. In fast jedem Restaurant wird dem westlichen Touristen selbstverständlich **Besteck** ausgehändigt und so kann man an seinen Gewohnheiten festhalten.

Einige üben sich dennoch, zunächst aus Neugierde, in der indischen Art der Nahrungsaufnahme und stellen dabei überrascht fest, dass das Essen so viel besser schmeckt. Wer zum ersten Mal mit den Fingern isst, wird sich dabei zunächst wahrscheinlich recht ungeschickt anstellen und nicht so recht wissen, wie er die Speisen in den Mund bekommt, ohne zu kleckern; doch eigentlich ist es recht einfach: Man bildet mit den Fingern der rechten Hand eine Rinne, durch die man das Essen mit dem Daumen in den Mund schiebt (die linke Hand gilt als unrein, da sie in Indien traditionell als Ersatz für Toilettenpapier benutzt wird). Vor und nach dem Essen wäscht man seine Hände in dem in jedem Restaurant bereitstehenden Waschbecken.

Gewürze

Indiens Ruf als Heimat einer der besten Küchen der Welt beruht auf der unvergleichlichen Anzahl unterschiedlicher Gewürze. Dafür ist Indien im Westen schon seit langer Zeit berühmt. Namen wie Pfeffer, Kardamom, Zimt und Ingwer übten auf die europäischen Kaufleute eine ähnliche Faszination aus wie Gold, und so sandten sie ihre Schiffe rund um den Erdball, um die heißbegehrten Gewürze heranzuschaffen.

Curry, jener Begriff, der heute als Synonym für die indische Küche gilt, stand jedoch nicht auf ihren Fahndungslisten verzeichnet. Das konnte er auch gar nicht, gab es das Wort doch zu jener Zeit noch gar nicht. Erst die englischen Kolonialherren machten aus *karhi* – was lediglich Soße bedeutet – den Namen für jenes Einheitsgewürz, als welches es inzwischen weltweit bekannt ist. In Indien selbst ist unser „Curry" als **garam masala** bekannt. Man muss den Briten, deren Beitrag zur internationalen Küche bekanntlich ja recht unbedeutend ist, allerdings zugestehen, dass sie von Anfang an einfach überfordert waren, die überaus raffinierte und komplizierte Küche Indiens zu verstehen.

Die Mischung macht's

Im Grunde gibt es Hunderte verschiedener *karhis*. Die Mischung der verschiedenen Gewürze ist das große Geheimnis jeder indischen Hausfrau. Bei aller Unterschiedlichkeit beinhalten fast all die geheimnisvollen Mixturen die Zutaten **Koriander, Zimt, Kümmel, Nelken, Kardamom und Pfeffer.** Die gelbe Färbung erhält Curry durch den **Gelbwurz** *(haldi),* eine medizinische Pflanze, die desinfizierend wirkt.

Knoblauch und Chilis sind Grundbestandteile der indischen Küche

Jedes indische Gericht hat sein spezielles **Masala,** denn es sind die Auswahl, die Menge und die Mischung der einzelnen Gewürze, die den individuellen Geschmack eines Gerichtes ausmachen. Eine kulinarische Entdeckungsreise in Indien ist schon deshalb mit einem „Risiko" verbunden, weil sich hinter jedem Masala oder Curry ein anderer Geschmack – und Schärfegrad – verbergen kann. Es kommt eben ganz auf die Mischung an.

Brot

Diverse Fladenbrotsorten sind Hauptbestandteil der indischen Essgewohnheiten – im Norden des Landes kommt Brot gar eine noch wichtigere Stellung zu als Reis.

Fladenbrotsorten

●**Chapati** ist die einfachste, populärste und billigste Brotsorte. Im Grunde ist es nichts weiter als ein dünner, auf heißer Herdplatte gebackener Fladen aus Wasser und Mehl.
●**Paratha** sieht im Gegensatz zum dünnen, knusprigen Fladenbrot eher wie ein dickli-

cher Pflaumenkuchen aus. Der Vollkornfladen wird mit geklärter Butter (**ghi**) in der Pfanne gebacken und oft mit einer Kartoffelfüllung angeboten (**alu paratha**).

●**Puris** sind Fladen aus Mehl, Wasser und Salz, die in Öl schwimmend gebacken werden, wobei sie sich aufblähen wie Luftballons. Keine sehr weit verbreitete Variante, aber sehr schmackhaft.

●**Naan** ist dagegen wesentlich fettärmer, da es im Tonofen *(tandur)* bei offenem Feuer gebacken wird. Das große, dreieckige Fladenbrot gibt es in verschiedenen Varianten, z.B. mit Butter bestrichen (**butter naan**) oder mit Käse gefüllt (**cheese naan**).

●**Papad** (oder **papadam**) ist ein hauchdünner, oftmals scharf gewürzter Fladen, der meist als Appetitanreger vor der Hauptmahlzeit serviert wird.

Reis

Obwohl der Reis im Norden als Grundnahrungsmittel nicht die dominierende Stellung einnimmt wie im Süden, ist er natürlich trotzdem überall selbstverständlicher Bestandteil des Speiseplans. Es gibt ihn in den vielfältigsten Varianten vom **plain rice** über den besonders bei Travellern beliebten **fried rice** (gebraten) bis zu den **biriyanis**. Dies ist eine köstliche Reis-Gemüse-Mischung, die mit Nüssen und Trockenfrüchten wie z.B. Rosinen angereichert wird und häufig auch mit Fleisch, speziell Lamm, serviert wird. Die schlichtere Form des *biriyani*, gedünsteter Reis mit Erbsen, *pulau* oder *pilaw* genannt, wird in Indien gern mit Safran gekocht, was ihm seine charakteristisch gelbliche Farbe verleiht.

Eine seltene, aber sehr feine Variante ist **dahi rice**. Dabei handelt es sich um mit Joghurt versetzten, gekochten Reis. Der in Europa so beliebte, weil naturbelassene braune Reis ist in Indien weitgehend unbekannt. Nur die Nachfrage in größeren Touristenorten hat dort den für das indische Auge schmutzigen Reis salonfähig gemacht.

Vegetarisches Essen

Kein anderes Land bietet eine derartige Vielfalt an vegetarischen Köstlichkeiten wie Indien. Hier kann sich das eigentliche Geheimnis der indischen Küche, die unvergleichliche Vielfalt an orientalischen Gewürzen, richtig entfalten. So zaubern indische Köche selbst aus den banalsten Nahrungsmitteln wie Linsen oder Kartoffeln himmlische Leckerbissen. Da verwundert es nicht, dass viele Reisende sich während ihrer mehrmonatigen Indienreisen zu Vegetariern wandeln. Der Umstieg auf fleischlose Kost wird einem außerdem noch dadurch versüßt, dass diese die Reisekasse weit weniger belastet als Fleischliches. Ein köstliches und magenfüllendes vegetarisches Gericht ist fast überall für weniger als umgerechnet einen Euro zu bekommen.

Das meistgegessene vegetarische Gericht der Inder ist **thali.** Hierbei handelt es sich um eine reichhaltige Mahlzeit, die auf einem Metallteller serviert wird. Um den in der Mitte angehäuften Reis sind kleine Metallschälchen platziert, die verschiedene Currys, Gemüse, scharfe Pickles und würzige Soßen enthalten. Das alles wird mit der (rechten!) Hand zu einem äußerst schmackhaften Gemisch vermengt. Meist kosten diese magenfüllenden Gerichte nicht mehr als 20 Rs. In fast jeder Stadt gibt es ein Restaurant, welches ausschließlich *thali* serviert.

Vegetarische Gerichte

●**Alu dum** – Kartoffel-Curry
●**Alu ghobi** – Kartoffeln und Blumenkohl
●**Matter paneer** – Erbsen und Käse
●**Palak paneer** – Spinat und Käse
●**Shahi paneer** – Rahmkäse in Sahnesoße, Rosinen und Mandeln
●**Dhal** – Linsenbrei (Allerweltsgericht)
●**Baigan pora** – gebratene Aubergine
●**Navratan korma** – Gemüse und Fruchtmischung mit würziger Soße
●**Malai kofta** – Gemüsebällchen in Sahnesoße
●**Shahi mirch** – gefüllte Paprikaschote in pikanter Soße

Reisetipps A–Z

Fleisch

In einem Land, in dem täglich Millionen von Menschen nur mit Mühe ein karges Mahl auf den Teller bekommen, bedarf es keiner großen Fantasie, um sich auszumalen, wie es um die Gesundheit der meisten Tiere bestellt ist. Verwundern kann es da kaum, dass so manches vermeintliche Fleischgericht weniger aus Fleisch als aus Haut und Knochen besteht, die in einer fettigen, scharfen Soße herumschwimmen. Im Schatten der dominierenden vegetarischen Küche Indiens fristet die Fleisch enthaltende Kost ein eher kümmerliches Dasein. Hierzu haben auch die unterschiedlichen Essenstabus der verschiedenen Religionsgemeinschaften beigetragen. Allseits bekannt ist, dass die Hindus kein Rindfleisch essen und die Moslems kein Schweinefleisch (welches auch bei den Hindus selten verspeist wird und wegen der Trichinosegefahr ohnehin zu meiden ist).

Während einem als Vegetarier oft gerade in kleinen, bescheidenen Lokalen die schmackhaftesten Gerichte serviert werden, sollte man beim Fleischessen die **gehobenen Restaurants vorziehen.** Hier sind nicht nur die hygienischen Verhältnisse vertrauenerweckender, sondern die Köche verfügen auch über mehr Erfahrung im Zubereiten von Fleischgerichten, da sich diese der kleine Mann kaum leisten kann. Das gilt besonders für Restaurants, die sich auf die so genannte **Mughlai-Tradition** berufen, eine Kochkunst, die mit den Moguln vor über 800 Jahren nach Indien kam und die größte Erfahrung in der nichtvegetarischen Küche Indiens aufweist.

Fleischgerichte

- **Tandoori** – typisch für Mughlai-Gerichte, im Lehmofen (*tandur*) zubereitet. Das Fleisch wird vorher in Joghurt und Gewürzen mariniert; ein sehr würziges, fettarmes und nicht scharfes Gericht.
- **Vindaloo** – eine südindische Spezialität, die jedoch auch im Norden gern gegessen wird; ein scharfes, mit Essig zubereitetes, üppiges Gericht
- **Korma** – Curry-Gericht aus geschmortem Fleisch

- **Kofta** – Hackfleischspieß, meist in Curry zubereitet
- **Mutton** – Ziegenfleisch, auch wenn es meist als Hammelfleisch angegeben wird
- **Sizzler** – eine moderne Kreation: auf glühend heißer Steinplatte serviertes, kurz gebratenes Fleisch
- **Tikka** – geschnetzeltes Fleisch ohne Knochen
- **Murgh** – Huhn
- **Gosht** – eigentlich Lammfleisch, oft jedoch auch Ziegenfleisch
- **Kebab** – marinierte Fleischspießchen

Fisch

In den Küstenprovinzen und hier vor allem in Goa, Mumbai und Bengalen ist Fisch für Nichtvegetarier die wichtigste Kost. Thunfisch, Garnelen, Krabben, Haifisch und Hummer sind hier ein selbstverständlicher Bestandteil der Speisekarte guter Restaurants – und für einen Bruchteil des hierzulande üblichen Preises zu haben.

Trotz seiner Lage inmitten eines noch immer fischreichen Ozeans wird in Indien der Flussfisch den Meeresfischen vorgezogen. Im Landesinneren allerdings sind frische Fische eine Rarität, weil dort traditionell wenig Fisch gegessen wird.

Fischgerichte

- **Pomfret** – eine Spezialität Mumbais. Dieser köstliche Plattfisch ähnelt einer Mischung aus Scholle und Butt.
- **Fish Curry** – die beliebteste Zubereitungsart an der Westküste. Eine Mischung von Chili und anderen Gewürzen sowie Kokosraspeln sind wichtiger Bestandteil.
- **Hilsha** – die Fischspezialität Bengalens, die den Geschmack von Lachs und Forelle auf einzigartige Weise verbindet – ein Leckerbissen. Der einzige Wermutstropfen sind die vielen Gräten.
- **Machhe jhol** – ebenfalls aus Bengalen, mit Senfkörnern gewürzt
- **Jhingri** – große Krabben, satt in Curry schwimmend

Zwischenmahlzeiten

Ideal für kurze Pausen während langer Zug- und Busfahrten sind die von kleinen Garküchen auf dem Gehsteig oder vor Bahnhöfen angebotenen Snacks. Einige von ihnen ersetzen durchaus eine normale Mahlzeit.

Kleine Gerichte

● **Pakora** – gebackene Teigtaschen mit einer scharfen Gemüsefüllung aus Zwiebeln, Blumenkohl, Kartoffelstückchen, Aubergine und vielem mehr
● **Samosa** – frittierte Teigtaschen mit einer Kartoffelfüllung
● **Cutlet** – mit Gemüse vermischtes und gebratenes Hackfleisch, ähnlich einer Frikadelle

Garküchen am Rande eines Busbahnhofs

● **Dosas** – vor allem in Südindien äußerst beliebte, hauchdünn gebackene, knusprige Teigrollen, gefüllt mit Gemüse
● **Sambar** – leicht säuerliche, mit Gemüse angereicherte Linsensuppe
● **Mumbai bhelpuri** – Puffreis, Linsen, Zwiebeln, Kartoffelpaste, Chili-Schoten und gehackte Kräuter, übergossen mit einer Minze- und Tamarindensoße – köstlich!

Süßspeisen

Die Auswahl an Nachspeisen und Süßigkeiten ist schier unerschöpflich, wobei Kuh- oder Büffelmilch vielfach die Basis bildet. Sie muss mit verschiedenen Ingredienzen langsam gekocht werden, bis sie eindickt. Zimt, Kardamom, Safran, zerlassene Butter, Nüsse, Rosinen und vor allem viel, viel Zucker sind die wichtigsten Zutaten. Die gängigsten Sorten der süßen Masse kann man auf dem Basar kaufen, umhüllt von hauchdünner Silberfolie und verpackt in bunte Kartons.

Typische indische Desserts

- **Gulab jamun** – kleine Bällchen aus eingedickter Milch, Zucker und Mehl, gewürzt mit Kardamom und Rosenwasser
- **Rosgulla** – Frischkäsebällchen in Sirup
- **Bebinca** – Mischung aus Mehl, Eiern, Kokosnussmilch, Butter und Zucker
- **Kulfi** – Eiscreme mit Pistaziengeschmack
- **Halwa** – Süßigkeit mit Nüssen
- **Shrikhand** – Joghurt mit Safran und Kardamom
- **Chaler payesh** – Reispudding
- **Barfi** – aus Kokosnuss, Mandeln und Pistazien zubereitet

Getränke

In auffälligem Gegensatz zur raffinierten indischen Kochkunst sind die Trinksitten in Indien eher bescheiden. Im Allgemeinen trinkt man, um den Durst zu stillen und nicht, um das Getränk zu genießen.

Die meisten Inder bevorzugen zum Essen schlicht **Wasser**, es wird daher immer als erstes ungefragt auf den Tisch gestellt. Da das Wasser jedoch selbst in besseren Hotels fast nie vorher abgekocht wurde, lasse man besser die Finger davon und trinke lieber das in Plastikflaschen abgefüllte Mineralwasser, welches inzwischen vielerorts erhältlich ist. Allerdings ist es mit gut 10 Rs nicht gerade billig, mitnichten „Mineral"wasser und, wie neueste Untersuchungen ergaben, auch nicht so keimfrei wie behauptet.

Den köstlichen indischen **Tee**, mit viel Zucker, Milch und Gewürzen wie Ingwer, Zimt, Kardamom und Nelken gekocht, bekommt man manchmal nur dann, wenn man ausdrücklich *masala chai* ordert, andernfalls wird einem normaler Tee serviert. Der ist jedoch immer noch besser als der **Kaffee**, den man selbst in besseren Hotels zu trinken bekommt. Am besten schmeckt er wohl noch in den Filialen der über ganz Indien verbreiteten *Indian Coffee Houses*. Echte Kaffeeliebhaber sollten lieber nach Südindien fahren, wo es sogar einige vorzügliche Kaffeesorten gibt.

Als hervorragender Durstlöscher bietet sich der vielfach an Straßenständen angebotene Saft der frisch geschlagenen **Kokosnuss**

(nariyel) an. Sehr lecker, erfrischend und wirksam gegen Durst ist auch **lassi**, ein in vielfachen Varianten (z.B. mit Früchten) erhältliches Joghurtgetränk, das jedoch oft mit nicht abgekochtem Wasser versetzt ist.

> Besonders in Pushkar beliebt sind **Bhang Lassis**. Hier sind dem Joghurtgetränk Eiswasser und Marihuana-Extrakte beigesetzt, was vor allem bei heißem Wetter Übelkeit und Erbrechen hervorrufen kann.

Erfrischend ist **Lemon Soda**: der prickelnde Geschmack des Mineralwassers zusammen mit dem Saft einer frisch gepressten Limone und einer Prise Salz wirkt nicht nur äußerst belebend, sondern ist auch hervorragend zum Durstlöschen geeignet. Allerdings ist das „Soda" oft nichts anderes als Leitungswasser, das mit Gas angereichert wurde. In kleinen Städten kann man oft „Fabriken" sehen, in denen ein rostiger alter Gaszylinder an die Wasserleitung angeschlossen ist. Man halte sich folglich an die bekannten Marken, wie z.B. Bisleri.

Sehr lecker sind auch die gepressten **Zuckerrohrsäfte,** wobei man auch hier darauf achten sollte, dass der Saft nicht mit Leitungswasser vermischt ist, bzw. der gepresste Saft nicht über einen Eisblock läuft, bevor er ins Glas gegossen wird.

Alkoholische Getränke sind in Indien eher verpönt. Hierbei spielt der jahrhundertealte Einfluss des Islam ebenso eine Rolle wie *Mahatma Gandhi,* der während des Freiheitskampfes die Prohibition stark propagierte. So ist Gandhis Heimat Gujarat heute ein „trockenes Gebiet", in dem es bis auf die ehemals portugiesischen Enklaven Diu, Daman und Surat keinerlei Alkohol zu kaufen gibt.

Dementsprechend ist **Bier** mit bis zu 40-50 Rs, teils bis 80 Rs pro Flasche sehr teuer. Eine Ausnahme bilden nur stark christlich geprägte Regionen wie Goa und Kerala. Wegen der sehr unterschiedlichen Alkoholsteuer in den einzelnen Bundesstaaten variieren die Preise von Region zu Region erheblich. Die bekanntesten einheimischen Biersorten sind Shivalik, Black Label und Kingfisher, die zwar nicht schlecht, aber sicher nicht nach Reinheitsgebot gebraut sind.

Speziell in den Küstenregionen werden die hochprozentigen, aus Palmsaft hergestellten Destillate **Toddy** und **Arak** getrunken. Wem das immer noch nicht reicht, der sollte sich ein Schnapsglas **feni** (Kokos- oder Cashew-Schnaps, eine Spezialität aus Goa) hinter die Binde kippen – ein im wörtlichen Sinne umwerfender Erfolg ist garantiert!

Fotografieren

Es gibt kaum ein Land der Erde, welches eine derartige Vielfalt an wunderschönen Motiven anbietet wie Indien. Ob nun die abwechslungsreiche Landschaft vom Traumstrand in Goa bis zu den Himalayariesen, die Sakralbauten der Buddhisten, Jains, Hinduisten und Moslems, das bunte Völkergemisch mit seiner unvergleichlichen Vielfalt an Kleidern, Kopfbedeckungen und Schmuck oder die ständig wechselnden Szenen im abenteuerlichen indischen Alltagsleben, ganz zu schweigen vom meistfotografierten Bauwerk der Erde, dem Taj Mahal – der Finger scheint geradezu am Auslöseknopf zu kleben und die veranschlagte Menge an Filmmaterial ist meist schon nach kurzer Zeit aufgebraucht.

✖ Das Fotografieren von **militärischen Anlagen** wie Flughäfen, Staudämmen, Brücken, Militärkolonnen und Kasernen ist verboten. Wo man sich sonst noch mit der Kamera zurückhalten sollte, erfährt man unter „Verhaltenstipps: Fotografieren".

Digitalfotografie

Digitalfotografie wird besonders in einem Land wie Indien, wo Reisende auf ihr Gepäckgewicht achten müssen, immer beliebter und inzwischen von den meisten Reisenden favorisiert. Dementsprechend gibt es mittlerweile in den meisten größeren bzw. touristisch bedeutenden Orten immer mehr **Foto**geschäfte und auch **Internetcafés,** die mit Memory-Card-Reader ausgestattet sind. Die Preise für **Ausdrucke** liegen um 6 Rs pro Stück, wenn man die Bilder des gesamten Chips ausdrucken lässt. Will man selektiv Fotos ausdrucken, kostet das um 8 Rs pro Bild. Dies sollte man wegen eventueller Reklamationen besser in den Fotogeschäften durchführen lassen. Für das Brennen der Bilder auf **CD** ist man in den entsprechend ausgerüsteten Internetcafés billiger bedient, die dafür inkl. CD um 60 Rs verlangen, während Fotoläden etwa das Doppelte nehmen. Nahezu alle weltweit gängigen **Memory-Cards** sind zumindest in größeren Städten und Touristenzentren erhältlich.

Analogfotografie

Viele der folgenden Tipps sind auch für Digitalfotografen von Nutzen.

Wichtiges Zubehör

Extrem wichtig bei einer Indienreise ist eine gut gepolsterte und staubdichte **Kameratasche.** Gerade hier wird oft am falschen Ende gespart. Was nützt der beste Fotoapparat, wenn er nach kurzer Zeit aufgrund der gerade in Indien enormen Belastung seinen Dienst aufgibt? Die nicht zu vermeidenden Erschütterungen auf den langen Bus- und Bahnfahrten sowie die Staubentwicklung während der Trockenzeit setzen den hochsensiblen Geräten enorm zu. Außerdem sollte man darauf achten, dass die Fototasche über genügend Unterteilungen verfügt und mit einem „Unterbodenschutz" ausgestattet ist. In der Regenzeit benötigt man natürlich eine wasserfest ausgerüstete Kameratasche.

Zur Standardausrüstung sollte auch ein **UV-Filter** pro Objektiv gehören, da er die störenden UV-Strahlen eliminiert und gleichzeitig als zusätzlicher Schutz vor Kratzern auf der Linse dient. Sehr empfehlenswert ist die Mitnahme eines Polfilters, der Spiegelungen und Dunst „schluckt" und so Farben satter macht. Oftmals kann er aus einem laschen hellblauen Himmel eine satte Bilderbuchkulisse zaubern. Auch eine Gegenlichtblende kann sehr nützlich sein.

Besonders bei der Verwendung von Kameras mit automatischem Filmtransport, Blitz und Autofocus sollte man sich mit genügend **Ersatzbatterien** eindecken – die ganz spezielle Knopfzelle wird man in einer indischen Kleinstadt wohl kaum finden.

Ein gutes **Blitzgerät** erweist sich nicht nur beim Fotografieren der vielen Wandmalereien in Tempeln oder bei nächtlichen Prozessionen und Festen als sehr nützlich. Hervorragende Effekte kann man z.B. dadurch erzielen, dass man bei einer Porträtaufnahme im Tageslicht einen Aufhellblitz verwendet. So vermeidet man, dass das Gesicht bei hellem Hintergrund unterbelichtet wird.

Filme

Es sei gesagt: besser zu viel als zu wenig Filmmaterial mitnehmen. Zwar darf man offiziell nur 30 Filme einführen, doch diese Regel wird selbst von den ansonsten so peniblen indischen Zollbeamten nicht ernst genommen. Sicherheitshalber sollte man aber die Originalverpackungen zu Hause lassen, da andernfalls der Verdacht entstehen könnte, man wolle die Filme verkaufen.

Erfreulicherweise sind in den meisten Touristenorten Filme heute kaum teurer als in Mitteleuropa. Bei überraschend billigen Angeboten sollte man jedoch lieber zweimal hinschauen, ob es sich tatsächlich um 36 Bilder pro Rolle handelt, meist sind es dann nur 24 Aufnahmen – aufgepasst! Außerdem sollte man das Verfallsdatum überprüfen, da die Filme im feucht-warmen Tropenklima wesentlich anfälliger sind. Deshalb empfiehlt es sich auch, Filme in Geschäften mit Klimaanlage zu kaufen – es versteht sich, dass man dort etwas mehr zahlen muss. Neigt sich das Kontingent dem Ende zu, sollte man bald in der nächsten größeren Stadt aufstocken, da in kleineren Orten manchmal nur eine begrenzte Auswahl zur Verfügung steht. Das gilt besonders für Diafilme.

Da die besten Aufnahmen bekanntlich morgens und abends entstehen, wenn die Farben weicher und intensiver sind, sollte man genügend **hochempfindliche Filme** mitnehmen. Auch in dichten Waldgebieten wie z.B. in Nationalparks oder bei der Verwendung von Teleobjektiven sind empfindliche Filme für verwacklungsfreie Aufnahmen unerlässlich.

Wer bei längerem Aufenthalt Filme schon in Indien **entwickeln** lassen muss, sollte auf Kodachrome-Diafilme verzichten. Sie müssen zur Entwicklung ins Ausland versandt werden – bei Indiens nicht gerade zuverlässigem Postsystem ein hohes Risiko. Will man mit der Filmentwicklung nicht bis nach der Heimkehr warten, sollte man zumindest die mit neuester Entwicklungstechnik ausgerüsteten Fotogeschäfte aufsuchen, von denen es immer mehr gibt.

Zwar sind inzwischen fast alle **Flughäfen** Indiens mit strahlensicheren Röntgengeräten ausgerüstet, doch kann es beim Einchecken nicht schaden, den Kontrollbeamten um einen *hand check* zu bitten – sicher ist sicher. Filme müssen vor Feuchtigkeit, Staub und (vor allem bei bereits belichtetem Material) vor Hitze geschützt aufbewahrt werden.

Buchtipps

● *Helmut Hermann*, „Praxis: Reisefotografie", und *Volker Heinrich*, „Praxis: Reisefotografie digital", REISE KNOW-HOW Verlag, Bielefeld.

Frauen unterwegs

Für Frauen, ob alleine oder zu zweit, ist Indien kein leichtes Reiseland. Der Anblick westlicher Frauen kehrt bei vielen indischen Männern den Don Juan hervor. Selbst Frauen, die mit einem männlichen Partner reisen, bleiben nicht unbehelligt. Meist begnügt „mann" sich mit Rufen oder Schnalzen, um auf seine offensichtlich nicht sehr attraktive Persönlichkeit aufmerksam zu machen, oder macht einige anzügliche Bemerkungen. Gelegentlich kommt es aber auch zu Grabschereien, ein Problem, mit dem auch die indischen Frauen leben müssen. Nicht umsonst gibt es z.B. in den Vorortzügen in Mumbai **spezielle Waggons nur für Frauen.**

Derzeit erlebt Indien den Ansatz einer bescheidenen „sexuellen Revolution", ausgelöst durch das ausländische Satelliten-Fernsehen wie auch durch das immense AIDS-Problem, das eine offene Diskussion des Themas Sex nötig macht. An der Spitze der Liberalisierung stehen die Städte Mumbai, Delhi und Bangalore. Der Kurzzeiteffekt der wachsenden Freizügigkeit scheint aber nicht unbedingt positiv, denn der Sprung von einer stark traditionsgebundenen zu einer freiheitlicheren Gesellschaft lässt manchen die Maßstäbe verlieren. Derzeit scheint es, dass die Belästigungen in der jüngsten Vergangenheit eher etwas zu- als abgenommen haben.

Frauen können ihren Teil dazu beitragen, möglichst wenig behelligt zu werden. Dass keine provozierende Kleidung getragen werden sollte – dazu zählen in Indien eben auch Shorts, kurze Röcke oder ärmellose Hemden – versteht sich von selbst. Zudem sollte „frau" den Blickkontakt mit fremden Männern meiden. Einem fremden Mann in die Augen schauen, das tun, so meint „mann", nur Prostituierte, der offene Blick wird als Einladung zur Kontaktaufnahme verstanden. Außerdem ist auf allzu große Freundlichkeit gegenüber Kellnern, Hotelangestellten und Verkäufern zu verzichten – die indische Frau aus guter Familie (auch der Mann) sollte mit solch „niedrigstehenden" Personen nicht mehr reden als unbedingt nötig. Tut „frau" es doch, fordert sie dadurch Annäherungsversuche heraus. Als Frau heißt es **Distanz zu fremden Männern wahren,** alles andere kann leicht falsch ausgelegt werden.

Verstärkte Probleme ergeben sich in Gebieten, in denen der **Islam** vorherrscht. So vor allem in Kashmir, Hyderabad sowie einigen Landstrichen in Uttar Pradesh, Bihar und Westbengalen. Durch die starke Tabuisierung von Sex in der islamischen Gesellschaft stehen viele Kessel unter Hochdruck. Ein Sonderfall ist **Kashmir.** Dort sind schon viele Ausländerinnen Beziehungen zu Kashmiris eingegangen, eine Tatsache, die in Männerkreisen natürlich die Runde macht. Folglich wird Touristinnen mit besonderem Gusto nachgestellt.

● **Buchtipp:** „Als Frau allein unterwegs", Reihe Praxis, REISE KNOW-HOW Verlag, Bielefeld.

Internetcafés

Internetcafés gibt es mittlerweile zuhauf. Das gilt nicht nur für Metropolen, sondern auch für fast alle Touristenorte. Hier gibt's in den letzten Jahren zunehmend schnelle Breitband-, ISDN- und DSL-Verbindungen. In kleineren Orten kann es aber auch heute noch häufiger zu Überlastungen des Netzes kommen. Manchmal muss man eine Viertelstunde warten, aber das ist eher die Ausnahme. Allerdings gibt es oft einen recht langsamen Seitenaufbau, wenn zuviele PCs an ein Modem angeschlossen sind. Durchschnittlich liegen die Preise für Internetsurfen bei 15–30 Rs/Std., in einigen Touristenorten mit hoher Nachfrage haben sich die örtlichen Anbieter oft auch auf einen hohen Einheitspreis von 40 bis 60 Rs geeinigt, Konkurrenz wurde also ausgeschaltet. Auch die schnellen DSL- und ISDN-Verbindungen sind mit bis zu 60 Rs gelegentlich teurer. In Hotels zahlt man meist zwischen 50 und 100 Rs.

●**Buchtipps:** „Kommunikation von unterwegs" und „Internet für die Reise", beide in der Reihe Praxis, REISE KNOW-HOW Verlag, Bielefeld.

Mit Kindern reisen

Während es in vielen Ländern Südostasiens wie Thailand, Malaysia und Indonesien nicht mehr außergewöhnlich ist, dass Eltern mit ihren **Kleinkindern** individuell durchs Land reisen, stellt dies in Indien immer noch eine Ausnahme dar. Und so wird es wohl auch noch eine Weile bleiben, gilt doch Indien zu Recht als eines der am schwersten zu bereisenden Länder. Die weiten Entfernungen auf verstaubten, von Schlaglöchern übersäten Straßen in kaum gefederten und überfüllten Bussen sind kleinen Kindern sicherlich ebensowenig zuzumuten wie die oftmals wenig einladenden sanitären Einrichtungen. Die Hitze und das alltägliche Elend auf den Straßen kommen zu den täglichen Belastungen hinzu.

Anders sieht es da schon bei Kindern **über zwölf Jahren** aus. Für sie bietet das bunte Alltagsleben mit den faszinierenden Märkten, durch die Straßen stolzierenden Elefanten, Schlangenbeschwörern und bunten Festen eine exotische Welt, die sie wohl nur aus Märchenbüchern kennen.

Allerdings sollte man gerade wegen der Vielzahl der Eindrücke immer wieder einige Ruhetage einlegen und in höherklassigen **Hotels** übernachten, um so Zeit zum Verarbeiten und zur Erholung einzuräumen. Fast alle besseren Hotels bieten die Möglichkeit, für einen geringfügigen Aufpreis das Kind im Zimmer der Eltern übernachten zu lassen. Geradezu ideal ist ein Aufenthalt an den **Stränden von Goa,** wo man seit Jahrzehnten auf die Wünsche westlicher Touristen eingestellt ist.

Ermäßigungen für Kinder im Alter von bis zu zwölf Jahren geben nicht nur die indische Eisenbahn, sondern auch die inländischen Fluggesellschaften. Ist man mit Kindern unterwegs, bietet sich als bestes Fortbewegungsmittel der **Mietwagen** an, da man so die fast ständig überfüllten öffentlichen Verkehrsmittel vermeidet und zudem besser auf die individuellen Wünsche der Kinder eingehen kann.

Auch bei der Wahl des **Restaurants** lohnt es sich, etwas tiefer in die Tasche zu greifen. Nur bessere Restaurants verfügen über eine Auswahl an europäischen Gerichten, falls die in der Regel recht scharfen indischen Speisen nicht nach dem Geschmack des Kindes sind. Sollte ein Kind **erkranken,** besteht zunächst kein Grund zur Panik, gibt es doch in jedem größeren Ort einen Englisch sprechenden Arzt. Fast immer handelt es sich um leichtere Erkrankungen, für die auch die eventuell notwendigen Medikamente problemlos zu besorgen sind. Dennoch kann es nicht schaden, wenn man eine bereits zu Hause besorgte Auswahl der gängigsten Medikamente in der Reiseapotheke mitführt. Im Falle einer ernsthaften Erkrankung gilt bei Kindern das gleiche wie bei Erwachsenen: auf keinen Fall in ein Provinzkrankenhaus gehen, sondern in eines der hervorragenden Krankenhäuser von Mumbai oder Delhi – oder gleich abreisen.

Medizinische Versorgung

Einige große Städte wie Delhi, Mumbai (Bombay) und Kalkutta verfügen über hervorragende **Krankenhäuser mit internationalem Standard**. Das kann jedoch nicht darüber hinwegtäuschen, dass die meisten Städte und erst recht die kleineren Orte bei weitem nicht über die medizinischen Versorgungsmöglichkeiten verfügen, wie man sie im Westen gewohnt ist. Die **hygienischen Zustände** sind in vielen Krankenhäusern noch weit hinter den in Europa üblichen zurück. Das mag bei kleineren Untersuchungen noch zu ertragen sein; wem jedoch seine Gesundheit lieb und teuer ist, der sollte sich bei ernsthafteren Erkrankungen so schnell wie möglich zur Behandlung in eines der wenigen guten Krankenhäuser des Landes begeben. Deren Anschriften sind in den jeweiligen Städtekapiteln genannt. Im Übrigen verfügen die Botschaften bzw. Konsulate über Listen von empfehlenswerten **Privatärzten**, bei denen die Honorare dann allerdings auch dementsprechend hoch sind.

Nachtleben

Indien ist zwar immer noch kein idealer Ort für Nachtschwärmer, aber in den letzten Jahren hat sich sehr viel getan. Zwar sind in den kleineren Städten Cafés, Kneipen und Diskotheken sowie kulturelle Abendveranstaltungen kaum bekannt, aber in Metropolen wie Delhi und Mumbai haben diese kulturellen Errungenschaften aufgrund der hohen Nachfrage der indischen Mittelschicht einen ungeahnten Aufschwung genommen. Hier wie auch in den touristischen Zentren Rajasthans hat sich in den letzten Jahren eine umfassende Freizeit- und Unterhaltungskultur entwickelt. Andernorts ist meist gegen 22 Uhr Zapfenstreich. In diesen Orten bleibt einem abends nur ein mit der Zeit zunehmend frustrierendes „Abhängen" an den meist wenig einladenden Hotelbars. Kinos sind jedoch selbst im kleinsten Dorf anzutreffen.

Öffnungszeiten

Banken

Banken sind in der Regel wochentags durchgehend von 10 bis 14 Uhr geöffnet. Da Bankangestellte in Indien nicht gerade einsatzfreudig sind, öffnen sie ihre Schalter gerne 15 Minuten später bzw. schließen etwas früher. Manche internationalen Banken in Großstädten haben verlängerte Öffnungszeiten (Adressen siehe Städtekapitel). Alle Banken sind am 31. März und am 30. September geschlossen. Meist sind die großen privaten Wechselstuben wie Thomas Cook, UAE Exchange oder LKP Forex tagsüber wesentlich länger und teils auch sonntags geöffnet und zudem effizienter.

Behörden

Behörden sind in der Regel zwischen 10 und 16 Uhr geöffnet, mit einer Mittagspause zwischen 13 und 14 Uhr. Ebenso wie die Bankangestellten schlafen indische Beamte lange und gehen gerne früh ins Bett, d.h. es kann sich auch alles um eine halbe Stunde nach hinten oder vorne verschieben.

Post

Werktags meist durchgehend von 10 bis 17 Uhr geöffnet, samstags 10 bis 12 Uhr. Telefonzentralen (Telecommunication Centers) sind meist 24 Stunden am Tag geöffnet.

Geschäfte

Geschäfte haben keine geregelten Öffnungszeiten. Vor 10 Uhr morgens wird man jedoch auch hier fast immer vor verschlossenen Türen stehen. Zwischen 21 und 22 Uhr werden dann die Rolläden wieder heruntergelassen. Auch die Mittagspausen werden variabel gehandhabt, meist schließt man zwischen 12 und 14 Uhr, manchmal jedoch auch gar nicht. Zwar gilt der Sonntag als offizieller Ruhetag, doch viele Läden haben auch dann geöffnet und in manchen Basarvierteln ist der Sonntag sogar der lebhafteste Tag.

Post und Telefonieren

Briefe und Postkarten

Die wichtigste Regel beim Verschicken von Briefen bzw. Postkarten lautet: **Niemals in den Briefkasten werfen,** sondern immer persönlich beim Postamt abgeben und dort vor den eigenen Augen abstempeln lassen. Erstens weiß man nie, wann und ob der Briefkasten überhaupt geleert wird, und zweitens kommt es auch in Indien wie in anderen Ländern Asiens vor, dass die Postler nicht abgestempelte Briefmarken ablösen, um sie wieder zu verkaufen.

In den meisten Postämtern gibt es mit dem **stamps counter** für den Briefmarkenverkauf und dem **cancellation counter** für das Abstempeln zwei unterschiedliche Schalter. Speziell vor dem stamps counter bilden sich oft lange Warteschlangen. Es empfiehlt sich deshalb Briefmarken auf Vorrat zu kaufen.

Die Beförderungsdauer von Indien nach Europa beträgt etwa 10 Tage, gelegentlich aber auch noch wesentlich länger. Von Delhi und Mumbai aus kann es aber auch mal schneller gehen. Inlandsbriefe sind mit 1 Rs, Postkarten mit 0,75 Rs zu frankieren.

Porto nach Europa (Airmail)

Postkarte	8 Rs
Brief bis 20 g	15 Rs
Brief 20–50 g	24 Rs
Brief 50–100 g	39 Rs

Pakete

Das Versenden von Paketen ist in Indien eine sehr **aufwendige Prozedur,** die unter Umständen mehrere Stunden in Anspruch nehmen kann. Das beginnt bereits mit der Verpackung. In Indien geht man mit Paketen äußerst unsanft um und so gilt es, die verschiedenen Gegenstände so stabil wie möglich zu verpacken. Hierzu bieten sich entweder Holzkisten an, die man z.B. in Obstläden für wenige Rupien erhält, oder, noch besser,

Metallkoffer, die es auf vielen Basaren in unterschiedlichen Größen zu kaufen gibt. Danach muss das Paket **in Stoff eingenäht und versiegelt** werden, ansonsten wird es von der Post nicht angenommen. Am besten lässt man dies von einem Schneider oder einem Packing Service, der häufig vor den Postämtern anzutreffen ist, erledigen. Je nach Paket zahlt man **zwischen 15 und 50 Rs.**

Danach begibt man sich mit dem versiegelten Paket zum **Paketschalter,** wo einem eine Paketkarte und mehrere **Zolldeklarationsformulare** ausgehändigt werden, auf denen u.a. der Inhalt näher spezifiziert werden muss. All dies ist gut lesbar, am besten in Druckbuchstaben, auszufüllen. Bei der zu beantwortenden Frage nach dem Inhalt am besten *gift* bzw. *cadeau,* d.h. Geschenk, ankreuzen. Außerdem sollte der **Wert des Pakets**

Nicht nur verbeult, sondern auch
unzuverlässig – Briefe sollte man
immer zum Postamt bringen

mit nicht mehr als 1.000 Rs angegeben werden, da sonst ein spezielles *bank clearance certificate* verlangt wird. Man kann die Sendung zwar für ein paar Rupien versichern lassen, doch in der Praxis ist das nicht mehr wert, als das Papier, auf dem es geschrieben steht.

Seefrachtpakete sind nach Europa gewöhnlich etwa zwei Monate unterwegs, es kann jedoch noch länger dauern. **Luftpostpakete** sollten innerhalb von 15 Tagen ihr Ziel erreichen. Außerdem gibt es die Möglichkeit, per **Speedpost** zu versenden. Damit sollte die Sendung innerhalb von sechs Tagen den Empfänger erreichen. Preise: 250 g 675 Rs, jede weiteren 250 g zusätzlich 75 Rs. 1 kg kostet also 900 Rs, 5 kg kosten 2.100 Rs.

Buchsendungen kosten bis 500 g 42 Rs auf dem Seeweg und 142 Rs auf dem Luftweg. Jeweils 500 g zusätzlich kosten auf dem Seeweg 18 Rs und auf dem Luftweg 118 Rs mehr. Das Paket muss so verpackt werden, dass eine Seite offen ist, um den Inhalt kontrollieren zu können.

Paketporto

	Air Mail	Sea Mail
250 g	470 Rs	430 Rs
500 g	575 Rs	460 Rs
1 kg	655 Rs	520 Rs
2 kg	925 Rs	640 Rs
5 kg	1.705 Rs	1000 Rs
10 kg	3.005 Rs	1.600 Rs
20 kg	5.605 Rs	2.800 Rs

Postlagernde Sendungen

Postlagernde Sendungen *(Poste Restante)* werden nur gegen Vorlage des Reisepasses herausgegeben. Wer nicht gerade Müller, Meier oder Schmidt heißt, sollte sich Post von Freunden und Verwandten von zu Hause nur unter Angabe seines **Nachnamens** nach Indien schicken lassen. Bei sehr häufigen Nachnamen reicht der Zusatz des Anfangsbuchstabens des Vornamens, wobei man zur Sicherheit den Nachnamen noch unterstreichen sollte. Die richtige Adresse würde z.B. lauten:

B. <u>Barkegeier</u>
Poste Restante
G.P.O.
Nagarpur 12345
India

Damit löst man das häufige Problem, dass Briefe statt unter dem Anfangsbuchstaben des Nachnamens fälschlicherweise unter dem des Vornamens einsortiert werden und damit unauffindbar bleiben.

Einschreibesendungen und **Päckchen** bzw. **Pakete** sind stets auf einer Extraliste vermerkt. Allerdings sollte man sich keine wertvollen Dinge zuschicken lassen, da sie so gut wie nie ihren Adressaten erreichen. Die Laufzeit der Briefe beträgt, je nach Lage des Ortes, zwischen vier und zehn Tagen.

Schließlich gibt es noch die Möglichkeit, eine Hoteladresse anzugeben, an die man sich Post schicken lassen kann. Diese wird dann dort meist ans schwarze Brett gehängt, wo man sie sich abholt:

W. <u>Radl</u>
c/o Hotel Taj Mahal
Client's Mail/will be collected
14 Vasant Marg
Nagarpur 12345
India

Telefonieren

Auslandsgespräche

Verglichen mit noch vor ein paar Jahren geht dies heute fast schon paradiesisch einfach über die Bühne. Am besten, man sucht einen der fast in jeder Stadt vorhandenen **ISD-STD-Läden** auf. Dort bekommt man normalerweise innerhalb kürzester Zeit eine

Vorwahlnummern

●**Indien:**	0091
Von Indien nach:	
●Deutschland	0049
●Österreich	0043
●Schweiz	0041

Verbindung. Meist befindet sich in der Telefonzelle eine Leuchtanzeige, auf der der bereits vertelefonierte Betrag fortlaufend angezeigt wird.

Eine Minute nach Mitteleuropa kostet zwischen 11 und 24 Rs (abhängig von der Konkurrenzsituation der Telefongesellschaften am Ort, das heißt: je größer der Ort, desto billiger der Minutenpreis). Man kann jedoch meist auch kürzer telefonieren, da nach Sekunden abgerechnet wird. Dieser Preis gilt den ganzen Tag. Selten verfahren Telefonläden noch nach dem alten System, wonach man mindestens drei Minuten telefonieren und bezahlen muss. Leider besteht nur selten in **Internet-Läden** die Möglichkeit, per Internet nach Europa zu telefonieren. Diese Methode nennt sich „net to phone" und kostet nur 7,25 Rs pro Minute.

Es ist möglich, über den Telefon-Direkt-Service **R-Gespräche** von Indien nach Hause zu führen. Dazu muss man die Direkt-Nummer für Deutschland (0049-17), Österreich (0043-17) oder die Schweiz (0041-17) wählen und wird dann mit einem Operator verbunden, der die Angerufenen in Deutschland fragt, ob sie die Gebühren für die Verbindung übernehmen wollen. Der Anrufer zahlt dann die Gebühren für ein indisches Ortsgespräch in Rupien, den Rest zahlt der Angerufene. Der Spaß ist aber nicht gerade billig, da allein der Tarif für den Operator pro Gespräch bei ca. 6 € liegt. Hinzurechnen muss man noch 0,59 € für jede Minute.

Wer diese Kosten nicht den Angerufenen, sondern der eigenen Telefonrechnung in Deutschland aufbürden will, kann sich bei der Telekom eine **Telekarte** mit persönlichem Kennwort kaufen. Dem Operator wird dann bei jedem Anruf das Kennwort mitgeteilt. Bei längeren Gesprächen spart man mit dieser Methode Geld. Die Minutengebühr ist mit 0,59 € günstiger als die in Indien berechneten 62 Rs (über 1,50 €).

Gespräche innerhalb Indiens

Telefongespräche innerhalb Indiens sind in den Hauptzeiten noch **problematisch** und kommen, wenn überhaupt, oft erst nach mehreren Versuchen zustande. Obendrein ist die Verbindung häufig schlecht. Hinzu kommt, dass noch lange nicht alle Orte in Indien per Direktwahl zu erreichen sind. In diesen Fällen muss man sich von einem Operator verbinden lassen. Ortsgespräche kosten 1 Rs für 2 Minuten.

Will man eine **Handynummer** eines indischen Anbieters anrufen, ist vor der immer mit „9" beginnenden Handynummer eine **„0" zu wählen,** falls man von **außerhalb des Bundesstaates** anruft, in dem das Handy angemeldet ist, das erreicht werden soll.

Handy in Indien

Alle deutschen, österreichischen und Schweizer Provider haben Roamingpartner in Indien. D.h. wenn es die Vertragsart erlaubt, kann man mit seinem Mobiltelefon auch in Indien telefonieren. Man muss jedoch mit **hohen Roaming-Kosten** rechnen. Preiswerter geht es, wenn man bei seinem Provider nachfragt oder auf der Website nachschaut, welcher der Roamingpartner in Indien am preiswertesten ist und diesen per **manueller Netzauswahl** bei den Telefonaten voreinstellt. In Indien nutzt man üblicherweise 900 MHz GSM wie in Europa (seltener 1800 MHz).

Nicht zu vergessen sind auch die **passiven Kosten,** wenn man von zu Hause angerufen wird. Ein im Heimatland befindlicher Anrufer zahlt nur die Gebühr ins inländische Mobilnetz und die Rufweiterleitung nach Indien findet man später auf der eigenen Mobilrechnung wieder. Extrem ärgerlich sind diese Kosten vor allem, wenn man vergessen hat, die **Rufumleitung auf die Mailbox** zu deaktivieren. Wenn man dann nicht zu erreichen ist oder es besetzt ist, schlägt die Rufumleitung nach Indien und dann zurück nach Europa sich doppelt auf der Rechnung nieder (bzw. bei Prepaid-Verträgen ist das Guthaben schneller weg, als erwartet).

Wesentlich preiswerter ist es, sich von vornherein auf das **Versenden von SMS** zu beschränken. Es ist in der Regel wesentlich preiswerter als telefonieren. Der **Empfang von SMS** ist in der Regel kostenfrei, der von **Bildern per MMS** nicht nur relativ teuer, sondern je nach Roamingpartner auch gar nicht möglich. Die **Einwahl ins Internet** über das

Mobiltelefon, um Daten auf das Notebook zu laden ist noch kostspieliger – da ist in jedem Fall ein Gang ins nächste Internetcafé weitaus günstiger.

Falls das eigene Mobiltelefon **SIM-lock-frei** ist (keine Sperrung anderer Provider vorhanden ist), kann man sich eine indische **Prepaid-SIM-Karte** besorgen. Das macht auf jeden Fall Sinn, solange die Roaming-Kosten für Telefonate mittels europäischem Anbieter aus Indien so extrem hoch sind. Hat man kein eigenes, in Indien funktionsfähiges Handy mitgenommen, kann man sich auch in Indien für einen etwas geringeren Preis als in Europa eines zulegen.

Gespräche **indischer Prepaid-Anbieter** innerhalb Indiens sind mit 1,5 Rs ins Festnetz und zwischen 2 und 4 Rs in andere Handy-Netze konkurrenzlos günstig. Per Handy nach Europa zahlt man ca. 14–18 Rs. Eine SMS schlägt mit durchschnittlich 2 Rs, nach Europa mit 5 Rs zu Buche.

Kauft man sich also eine Prepaid-Sim-Karte eines indischen Anbieters, sind meist 100 bis 150 Rs Grundgebühr zu zahlen, man erwirbt jedoch meist mit der Prepaid-Karte auch gleich das erste Gesprächsguthaben, wobei sich der Gesamtpreis gewöhnlich auf etwa 1.000 Rs beläuft, von denen 800 bis 900 Rs eine bestimmte Zeitdauer, abhängig vom jeweiligen Anbieter, zu vertelefonieren sind. Die bekanntesten Firmen für Prepaid-Verträge auf dem hart umkämpften indischen Markt sind *Airtel, Hutch, Reliance* und *BSNL*, die alle ihr jeweils eigenes Netz in Indien haben, so dass ein Anbieter in einer Gegend Indiens, ein anderer Anbieter in einer anderen die bessere Verbindungsqualität hat. So sollte man sich vor Ort erkundigen, welcher Anbieter für die jeweils bereiste Region die beste Verbindungsqualität aufweist.

Gelegentlich gibt's Probleme mit dem Versenden von SMS, die zwar gesendet, aber dann für längere Zeitabschnitte nicht vom gegenüber beantwortet werden können. Zum Kauf einer Prepaid-Karte wird in den meisten Geschäften die Vorlage des Ausweises verlangt, der dann kopiert wird.

An einigen Flughäfen werden **Mobiltelefone vermietet.** Bei einem Preis von etwa 6 € pro Tag macht das aber wenig Sinn.

Diebstahl und Verlust

Sollte das Mobiltelefon im Ausland verloren gehen oder gestohlen werden, sollte man bei einem **Laufzeitvertrag,** aber auch bei bestimmten **Prepaid-Abonnements** die Nutzung der SIM umgehend beim Provider sperren lassen (nicht immer kostenfrei!). Für deutsche Betreiber kann man das über die zentrale Sperrnummer **0049-116116** machen, die auch zur Sperrung von Maestro-(EC-), Kredit- und Krankenkassenkarten gilt. Dazu muss man in der Regel **folgende Angaben** machen können, die man sich vorab irgendwo notieren sollte: Rufnummer, SIM-Kartennummer (auf SIM vermerkt), Kundennummer oder Kundenkennwort.

Routenvorschläge

Indien ist nicht nur ein Land mit kontinentalen Ausmaßen, sondern auch derart reich an kulturellen und landschaftlichen Höhepunkten, dass sich der Reisende immer wieder vor die Qual der Wahl gestellt sieht. Einerseits möchte man so viel wie möglich sehen, andererseits aber nicht durch das Land hetzen und reinen „Abhak-Tourismus" betreiben. Letztlich ist dieses Problem nicht zu lösen, es sei denn, man hat mehrere Monate Zeit oder entschließt sich, das Land häufiger zu besuchen. Am sinnvollsten ist es, sich auf eine Region zu konzentrieren, um diese bei genügender Reisezeit in einer Art „Baukastensystem" mit weiteren Gebieten zu kombinieren. Genau dies versuchen die fünf hier vorgeschlagenen Reiserouten. Da für fast alle Indien-Touristen der Besuch des Taj Mahal ein „Muss" darstellt, ist Agra außer bei Tour 1 in allen Routen integriert.

Bei der Reiseplanung sollte man bedenken, dass Individualreisen in Indien eine zeitraubende Angelegenheit ist. Eine Durchschnittsgeschwindigkeit von 40 km/h auf Indiens Straßen ist schon viel. Das gleiche gilt für die Bahn, abgesehen von den modernen Zügen wie etwa dem Shatabti-Express. Dementsprechend viel Zeit sollte man einplanen.

Außer Tour 1 ist keine der angegebenen Reiserouten in weniger als einem Monat zu schaffen. Doch wer mit der in Indien stets hilfreichen Reisephilosophie „Man reist doch nicht, um anzukommen" unterwegs ist, dem kann all dies eigentlich nichts anhaben.

●**Tour 1 – von Delhi nach Norden:** Delhi – Amritsar – Dharamsala – Manali – (Leh) – Shimla – Chandigarh – Corbett-Nationalpark – Lucknow (– Varanasi: Anschluss an Tour 5)

●**Tour 2 – von Delhi über Agra nach Rajasthan:** Delhi – Agra – Sariska-Nationalpark – Jaipur – Puskhar – Jodhpur – Jaisalmer – Mt. Abu – Ranakpur – Udaipur – Chittorgarh – Bundi – Ranthambore-Nationalpark (– Khajuraho: Anschluss an Tour 3 und 5)

●**Tour 3 – von Delhi über Agra nach Zentralindien:** Delhi – Agra – Gwalior – Bhopal – Khajuraho – Kanha-Nationalpark – Jabalpur – Bhopal – Sanchi – Indore – Mandu (– Ahmedabad: Anschluss an Tour 4)

●**Tour 4 – von Delhi über Agra nach Gujarat:** Delhi – Agra – Jaipur – Udaipur – Ahmedabad – Bhavnagar – Palitana – Diu – Sasan-Gir-Nationalpark – Junagadh – Porbandar – Dwarka – Bhuj (– Jaisalmer: Anschluss an Tour 2)

●**Tour 5: von Delhi über Agra nach Osten:** Delhi – Agra – Gwalior – Khajuraho – Varanasi – Patna – Bodhgaya – Darjeeling – (Sikkim) – Kalkutta – Bhubaneshwar – Puri

Sicherheit

Indien ist, auch wenn es nicht immer so scheint, ein **relativ sicheres Reiseland.** Bedenkt man, welche ungeheuren sozialen Spannungen im Lande herrschen und dass 40 % der Bevölkerung unter der so genannten Armutsgrenze leben, kann man sich nur wundern, dass alles im Grunde so friedlich ist. Die Religion übt sicher einen die Kriminalität dämpfenden Einfluss aus: Man fügt sich lieber in sein Karma, als sich mit Brachialgewalt in eine bessere finanzielle Position zu bugsieren. Herrschten dieselben sozialen Verhältnisse in Europa, könnte wohl niemand mehr vor die Haustür gehen.

Verständlicherweise gibt es in punkto Sicherheit **regionale Unterschiede.** Die Bundesstaaten Uttar Pradesh, Bihar und Westbengalen sind allgemein etwas risikobehafteter als der Rest. Überfälle und Diebstähle scheinen dort häufiger vorzukommen als anderswo. Auch ist der allgemeine Umgangston in diesen Gebieten etwas rauer.

Mumbai hat wahrscheinlich die größte Polizeipräsenz des Landes – ist irgendetwas los, taucht in Kürze aus dem nichts eine Patrouille auf, oft in Zivil. Nachts werden an Straßensperren Fahrzeugkontrollen durchgeführt; dabei geht es um Schmuggelware, Waffen u.Ä. Trotzdem beherbergt die Stadt eine ganze Reihe von mafiaähnlichen Banden, die ihre relative „Unantastbarkeit" der Protektion durch Lokalpolitiker verdanken. Die Banden scheinen sich allerdings gegenseitig ausrotten zu wollen. **Bandenkriege,** oft spektakulär wie in einem Hollywood-Thriller, gehören fast zum Alltag. Reisende sind davon allerdings nicht betroffen, es geht einzig und allein um unterweltinterne Querelen. Mit Ausnahme von einigen Slum- und Rotlichtvierteln kann man Mumbai als recht sicher bezeichnen.

Nicht zu empfehlen ist derzeit die Reise nach Kashmir, wo diverse, oft untereinander verfeindete Separatistengruppen für die Unabhängigkeit des Gebietes bzw. dessen Anschluss an Pakistan kämpfen. In den blutigen Auseinandersetzungen zwischen den von Pakistan unterstützten islamischen Separatisten und der indischen Armee haben schon Tausende von Menschen ihr Leben verloren. Zwar steht Kashmir theoretisch Touristen offen, doch vor einem Besuch kann nur dringend gewarnt werden. Ausländer wurden schon mehrmals Opfer von Entführungen seitens der Separatisten. Nach wie vor besteht ein **stark erhöhtes Sicherheitsrisiko.** Die Lage könnte sich in naher Zukunft schlagartig entspannen, so wie es auch im Punjab geschah, der von einem ähnlichen Problem geplagt wurde. Man erfährt den neuesten Stand der Dinge beim Auswärtigen Amt (s.u.).

Betrug

Vorsicht ist bei der **Bezahlung mit Kreditkarten** geboten. Abgesehen von staatlichen Geschäften, seriösen Läden und First-Class-Hotels, kommt es immer wieder zu Trickbetrügereien, die man oftmals erst bemerkt, wenn man wieder im Heimatland ist – und dann ist es zu spät.

Notfall-Tipps

Vorsorgemaßnahmen vor Reiseantritt

● Vor der Reise ist es unbedingt ratsam, eine **Auslandsreise-Krankenversicherung** abzuschließen (siehe „Vor der Reise: Versicherungen"). Bei erhöhtem Sicherheitsbedarf kann auch eine Reise-Notfall-Versicherung bzw. ein Schutzbrief nützlich sein.

● Ein **Impfpass** und evtl. ein **Gesundheitspass** mit Blutgruppe, Allergien, benötigten Medikamenten u.Ä. sollte mit auf die Reise genommen werden, ebenso natürlich die Medikamente selbst.

● Bei der Hausbank sollte man sich über die Möglichkeiten der **Geldüberweisung** informieren, außerdem sollte man ggf. rechtzeitig eine Kreditkarte beantragen und sich über Notfallhilfen und Sperrmodalitäten des **Kreditkarteninstituts** kundig machen.

● Für Postempfang und Kontoverfügung sollten bei der Post bzw. Bank an vertrauenswürdige Personen **Vollmachten** ausgestellt werden. Gegebenenfalls sollte man seinem Rechtsanwalt eine Vertretungsvollmacht für Notfälle geben.

● **Zu Hause** ist zu klären, wer im Notfall telefonisch erreichbar ist, R-Gespräche übernimmt (siehe „Post und Telekommunikation") und einem Geld überweisen kann. Dort sollten auch die eigene Bankverbindung und die Versicherungsadressen hinterlassen werden.

● **Dokumente** sollten wassergeschützt am Körper (Bauchtasche, Geldgürtel u.ä.) aufbewahrt oder im Hotelsafe gegen ausführliche Quittung hinterlegt werden.

● Auf alle Fälle sollte man sich **Kopien** von Pass (incl. Visumseite), Flugticket, Kredit- und Scheckkarten, Reiseschecks, Versicherungen und sonstigen Dokumenten anfertigen, einen Satz wasserdicht verpacken und getrennt von den Originalen mitnehmen, einen zweiten Satz zu Hause hinterlegen.

Die Kopien können auch bei der Beschaffung von Geld mittels *Money Transfer* (s. „Vor der Reise: Geldangelegenheiten"), wie er von mehreren Anbietern in Indien offeriert wird, sehr von Nutzen sein. Die meisten Firmen verlangen zwar die Vorlage eines Orginaldokuments (dies kann außer dem Pass auch der Führerschein oder Personalausweis sein) als Identitätsnachweis. In Ausnahmefällen ist der Geldtransfer aber auch mit einer Kopie des Passes oder Ausweises möglich, wenn zusätzlich das polizeiliche Aufnahmedokument des Diebstahls oder Verlustes vorgelegt werden kann. Leider wissen das, besonders in kleineren Orten, die Bediensteten der jeweiligen Filiale nicht immer.

● Ein ausreichend hoher **Sicherheitsgeldbetrag** sollte getrennt von der Reisekasse aufbewahrt werden.

● Sinnvoll ist es, sich einen **persönlichen Notfall-Pass** zu erstellen und ihn wasserdicht und sicher am Körper aufzubewahren. Eingetragen werden sollten: eigene persönliche Daten, die eigene Adresse und die von Kontaktpersonen zu Hause incl. Tel. und Fax, die eigene Bankverbindung, Notruf-Telefonnummern der Kranken- und/oder Reise-Notfall-Versicherung oder der Schutzbrieforganisation, Adresse und Telefonnummer der Botschaft (siehe „Vor der Reise: Diplomatische Vertretungen"), Deutschland-Direkt-Nummer für R-Gespräche, Nummern des Passes, des Flugtickets, der Reiseschecks, der Kreditkarten usw.

Im Krankheitsfall

● Wenn ein Auslandskrankenschein nicht akzeptiert wird und man die Kosten selber zu tragen hat, muss man sich vom Arzt eine **ausführliche Bescheinigung** über Diagnose und Behandlungsmaßnahmen, einschließlich verordneter Medikamente, sowie eine **Quittung** über die bezahlte Behandlung ausstellen lassen. Auch von Apotheken sollte man sich Quittungen ausstellen lassen.

● Bei **schweren Fällen** sollte außer dem Notfallservice der Versicherung auch die Botschaft bzw. das Konsulat informiert werden.

Verlust von Dokumenten/Geld

● Von der **Polizei** bei Verlusten ein ausführliches Protokoll ausstellen lassen.

● Den betroffenen Stellen sollte der **Verlust zügig gemeldet** werden, möglichst zusammen mit Nummern bzw. Kopien der verlorenen Dokumente (Pass: Botschaft bzw. Konsulat; Tickets: Fluggesellschaft; Schecks, Kreditkarten: Bank).

● Botschaften bzw. Konsulate (siehe „Vor der Reise") stellen bei Passverlust einen **Ersatzpass** aus, nachdem die Identität geklärt ist. Beste Voraussetzung dafür ist eine Kopie des Originals. Sonst wird beim Einwohnermeldeamt der Heimatstadt angefragt, was Zeit und Geld kostet.

Beschaffung von Geld

● **Überweisung** von der **Hausbank.** Dazu sollte man schon vor der Reise die jeweiligen Bedingungen, insbesondere die Korrespondenzbank im Reiseland, klären.

● **Blitzüberweisung** durch eine **Vertrauensperson.** Spezialisiert auf schnellste Verbindungen ist die Deutsche Verkehrsbank. Sie arbeitet mit Western Union zusammen, die wiederum weltweit „Filialen" unterhält (das kann auch mal eine Apotheke oder ein Postamt sein). Der Betrag wird zusammen mit einer Gebühr (rund 5 %) eingezahlt, der Überweisungsvorgang erhält in Deutschland innerhalb weniger Minuten eine zehnstellige Nummer, diese kann telefonisch ins Reiseland übermittelt werden und dient neben dem Ausweis als Identifikation des Abholers. Auch Thomas Cook und UAE Exchange bieten diese Serviceleistung zu ähnlichen Konditionen an.

● Vertreter des **Kreditkarteninstituts** zahlen nach Klärung der Identität ein Notfallgeld. Auf eine rasche Ausstellung der Ersatzkarte sollte man nicht in jedem Fall vertrauen.

● **Reise-Notfall-Versicherungen** zahlen je nach Vertragsklauseln bis zu 1.500 Euro Notfalldarlehen, direkt über Vertreter im Reiseland, falls vorhanden.

● Die **Botschaften bzw. Konsulate** leihen nur in absoluten Ausnahmefällen Geld, zumeist auch nur in Form von Rückflugticket oder Zugfahrkarte. Allerdings kann in Notfällen eine Information an Verwandte in Deutschland erfolgen, die das benötigte Geld dann auf ein Konto des Auswärtigen Amtes einzuzahlen.

Eine ähnlich unliebsame wie häufige Überraschung mussten Touristen erleben, die sich auf das Versprechen von Verkäufern verließen, die als besonderen Service die erstandene Ware **per Post** nach Hause zu schicken vorgaben. Für viele entwickelte sich das sehnsüchtige Warten auf die vielen schönen Souvenirs zum Warten auf Godot. Am besten ist es immer noch, man gibt die Pakete persönlich bei der Post auf oder nimmt sie selbst mit nach Hause.

Damit kein Missverständnis entsteht: Hier soll nicht allgemeinem Misstrauen gegenüber indischen Geschäftsleuten Vorschub geleistet werden – aber Geld ist nun mal verführerisch, vor allem in einem Land, in dem die Armut groß ist. Die Tricks der Betrüger, ihre Opfer in Sicherheit zu wiegen, sind vielfältig. Generelle Vorsicht ist bei allzu **verlockenden Geschäften** geboten, besonders solchen am Rande der Legalität oder gar Gesetzesverstößen (z.B. Schwarztausch oder Schmuggel). Hier wird besonders gern betrogen, da sich das Opfer nicht an die Polizei wenden kann.

Diebstahl

Das Delikt, das am ehesten zu erwarten ist, sind Diebstähle in **Hotelzimmern** oder Taschendiebstähle. Verlässt man sein Zimmer, sollten alle wertvollen Gegenstände verschlossen werden. Zu „wertvollen Gegenständen" können auch Kugelschreiber, Feuerzeuge, Taschenrechner u.ä. gerechnet werden. Wer ganz sicher gehen will, sollte auch seine Kleidung nicht im Zimmerschrank ablegen, sondern im Gepäck belassen: Ein schönes T-Shirt oder ein teurer BH kann auf manche(n) Hotelangestellte(n) eine unwiderstehliche Anziehungskraft ausüben. Dabei geht es den Dieben weniger um den materiellen Wert des Objektes, als darum, ein ausländisches (bzw. im Ausland hergestelltes) Kleidungsstück zu besitzen. *Foreign* ist „in".

Wer Parterre wohnt, sollte dafür sorgen, dass keine Gegenstände durchs Fenster „erangelt" werden können. Zimmertüren sollten nachts gut verschlossen sein. Zur doppelten Sicherheit kann man von innen ein batteriebetriebenes **Alarmgerät** an die Türklinke hän-

gen. Fasst jemand von außen an die Klinke, geht ein lauter, schriller Alarmton los. Das Gerät lässt sich mit dem gleichen Effekt auch in verschlossenen Gepäckstücken unterbringen.

Gegen **Taschendiebstähle** ist das allerbeste Mittel, gar nichts Wichtiges in den Hosentaschen herumzutragen. Geld, Schecks und Pass sollten in einem **Bauchgurt** untergebracht werden, den man unter der Kleidung tragen kann. Da der fast permanent auftretende Schweiß oft durchdringt, empfiehlt es sich, den Inhalt noch einmal in eine Plastikhülle zu packen. Brustbeutel sind zum einen deutlich sichtbar, lassen sich zum anderen auch zu leicht abnehmen – am liebsten vom Besitzer, wenn er in der indischen Hitze schwitzt. **Geldgürtel** sind auch nicht schlecht, für Pässe allerdings zu schmal. Außerdem sollten sie diskret genug sein, um nicht als solche erkannt zu werden.

Vor der Reise sollten von allen Dokumenten (Pass, Visum, Scheckquittungen, Tickets) mehrere **Fotokopien** angelegt und an verschiedenen Stellen verstaut werden. Auch Geld und Schecks sollte man nicht an einer Stelle unterbringen.

Überfälle

Weitaus seltener als Diebstähle sind Überfälle. Gelegentlich – sehr selten – kommt es zu Überfällen auf Busse oder Züge. Sich dagegen zu schützen ist fast unmöglich; im unwahrscheinlichen Falle einer solchen Attacke gilt es aber, nicht den indischen Filmhelden spielen zu wollen. Inder, auch Kriminelle, haben Respekt vor westlichen Ausländern, und wahrscheinlich wird man behutsamer behandelt als die Einheimischen.

Bahn

Bahnhöfe und Züge sind ein ideales Jagdrevier für Diebe, weil dort oftmals chaotische Zustände herrschen. Zudem führt der Tourist während des Reisens meist seine gesamten Wertsachen mit sich. Besonders beliebt bei Gaunern sind häufig bereiste Strecken wie z.B. Delhi – Agra, Delhi – Varanasi oder Jodhpur – Jaisalmer. Vorsicht ist vor allem in den Minuten vor der Abfahrt des Zuges und während der oft langen Zwi-

schenstopps geboten, da dann ein ständiges Kommen und Gehen herrscht. Wer jedoch einige Grundregeln konsequent befolgt, ist vor Diebstahl so gut wie sicher.

Die wichtigste Regel ist: Nie die **Wertsachen,** d.h. Flugticket, Reiseschecks, Bargeld, Pass, Kreditkarte und Kamera, aus den Augen lassen. Am besten macht man es sich zum Prinzip, den Geldgurt während einer Zugfahrt nie abzulegen. Die **Kameratasche** sollte man nachts am besten im Kopfbereich abstellen oder sogar als Kopfkissen benutzen. Viele Traveller in Indien schließen ihre Rucksäcke oder Koffer mit einer **Metallkette** ans Bett an. Das ist sicher sinnvoll, doch die Diebe haben es mittlerweile meist sowieso auf die wertvollen kleinen Gegenstände abgesehen.

Besonders gefährdet sind naturgemäß **Einzelreisende.** Schließlich ist es gerade während der oftmals langen Zugfahrten unmöglich, ständig hellwach zu bleiben. In einem Notfall sollte man vorher eine vertrauenerweckende Person (Frauen, Familienväter) darum bitten, für die Zeit der Abwesenheit auf das Gepäck zu achten.

Achtgeben sollte man auch, wenn sich eine Gruppe junger, auffällig modisch gekleideter Männer um einen versammelt, besonders, wenn sie mit einem großen Gegenstand, etwa einer Holzplatte oder einem Bild, hantieren. Oft schon wurden solche Objekte nur zur Tarnung eines Diebstahls zwischen den Besitzer und seinen Rucksack geschoben.

Bus

Bei den staatlichen Bussen stellt die übliche Gepäckaufbewahrung **auf dem Dach** ein echtes Sicherheitsrisiko dar. Man sollte auf jeden Fall darauf achten, das Gepäck gut festzuzurren und es möglichst mit einer eige-

Menschenmassen unterwegs – hier muss man mit Taschendieben rechnen

nen Kette sichern. Gerade während der vielen Teepausen sollte man immer mal wieder einen prüfenden Blick auf sein Gepäck werfen. Besser ist es jedoch seine Habseligkeiten im **Businneren** zu deponieren. Platz findet sich eigentlich immer, ob nun unter den Sitzbänken, im Gang oder neben der Fahrerzelle. Gern gesehen wird das zwar meist nicht, doch nach einigem Insistieren stört sich dann meist keiner mehr daran. Bei privaten Busgesellschaften kann man sein Gepäck in der Regel sicher verstauen.

Demonstrationen, Menschenansammlungen und Feste

Inder sind die meiste Zeit zwar sehr umgängliche und freundliche Zeitgenossen, diese Regel kann sich gelegentlich aber auch in Sekundenschnelle umkehren. Das gilt vor allem bei großen Menschenansammlungen, Demonstrationen u.Ä. Sind die Gemüter erhitzt, kann eine friedliche Versammlung in Windeseile in eine Massenkeilerei, einen „Religionskrieg" oder sonstiges Chaos ausarten, bei dem die Polizei manchmal sehr brutal eingreift. Bei politischen Versammlungen oder ähnlichen Menschenansammlungen hält man sich am besten am Rande des Geschehens auf, um notfalls schnell aus der Gefahrenzone verschwinden zu können.

Ähnliches gilt auch bei den ausgelassenen Festen, vor allem beim **Frühlingsfest Holi.** Gelegentlich stellt die Alkoholisierung einzelner Männer ein Belästigungspotenzial dar. Zu Holi berauschen sich viele Inder mit Alkohol oder Bhang, einem Getränk aus Milch, Zucker, Gewürzen und Marihuana. Traditionell bewerfen die Feiernden ihre Mitmenschen mit bunten Farbpulvern, wobei Ausländer bevorzugte Zielscheiben darstellen. Farbpulver wären ja nicht schlimm, leider wird das Fest aber von Jahr zu Jahr rowdyhafter – im Vollrausch wird gelegentlich schon mal mit Lackfarbe und Exkrementen geworfen. Zu Festen wie Holi gilt es, die Atmosphäre des Ortes auszuloten. Machen zu viele rabaukenhafte Jugendliche die Straßen unsicher, zieht man sich lieber in sein Hotelzimmer zurück. Diese Vorsichtsmaßnahme gilt im erhöhten Maße für Frauen.

Anzeige erstatten

Ist es zu einer Straftat gekommen, sollte auf der nächsten Polizeiwache (thana) Anzeige erstattet werden (darj karana). Das kann jedoch zu einem Hindernislauf ausarten. Indische Polizisten können sehr hilfreich, oft aber auch völlig unkooperativ sein. Ihre Landsleute müssen nicht selten erst einen Obulus entrichten, ehe der Fall bearbeitet wird.

Ausländer werden in der Regel zuvorkommender behandelt. Falls man bei den niederen Polizeirängen auf Probleme stößt, sollte man darauf bestehen, mit einem höheren Polizeioffizier zu sprechen. Das kann der Inspector (thanedar) sein oder der Sub Inspector (daroga). Bei sexuellen Vergehen können Frauen bitten, mit einer Polizistin (pulis ki mahila sipahi) zu sprechen. Ob es auf der Wache eine gibt, und falls ja, ob sie Englisch spricht, ist wiederum eine andere Sache. Bei Erstattung einer Anzeige ist am Ende ein **Protokoll** (vigyapti) zu unterschreiben. Das ist je nach Ort des Geschehens wahrscheinlich in Hindi, Marathi, Tamil oder einer sonstigen Regionalsprache verfasst, seltener in Englisch. Man hat also im Normalfall keine Ahnung, was man unterschreibt. Danach gibt es einen Zettel mit der **Registriernummer** (panjikaran sankhya) des Falles, auch dieser wahrscheinlich in der Regionalsprache. Im Falle von Diebstählen muss der Versicherung (chori bima) daheim eine Kopie des Verlustprotokolls und eventuell die Registriernumer des Falles vorgelegt werden. Für eine **amtliche Übersetzung** hat der Geschädigte selbst zu sorgen. Normalerweise erstellen die Heimatbotschaften solche Übersetzungen, allerdings nicht umsonst.

Falls der Missetäter auf frischer Tat ertappt worden ist, sollte man sich nicht wundern, wenn er auf der Wache gleich mit ein paar saftigen Ohrfeigen bedacht wird – das ist normale Polizeipraxis. Was weiter in der Zelle passiert, lässt sich nur erahnen.

Allgemeine Sicherheitslage

Informationen zur aktuellen Sicherheitslage und Warnungen vor besonders gefährdeten Gebieten erhält man beim **Auswärtigen Amt,** www.auswaertiges-amt.de.

Buchtipp

● **„Schutz vor Gewalt und Kriminalität unterwegs"**, erschienen in der Praxis-Reihe des REISE KNOW-HOW Verlages.

Trekking

Durch den ungebremsten Trekking-Boom in Nepal sind dort inzwischen viele der beliebtesten Strecken überlaufen. So ist es kein Wunder, dass immer mehr Bergwanderer in den letzten Jahren auf die indische Seite des Himalaya ausweichen, wo eine fast unberührte Natur mit zahlreichen noch nicht von Touristenmassen ausgetretenen Wanderwegen zu schönen Trekkingtouren einlädt. Besonderer Beliebtheit erfreut sich hierbei der Bundesstaat **Himachal Pradesh** an der Grenze zu Ladakh mit den beiden Zentren Dharamsala im Dhauladhar-Gebirge und Manali im lieblichen Kullu-Tal. Im Nordosten Indiens bietet sich das an den Füßen des Kanchenjunga-Massivs gelegene **Darjeeling** als Ausgangspunkt an.

Die beste Jahreszeit zum Trekken sind die Monate unmittelbar vor und nach dem Monsun (April/Mai und September/Oktober). Zur ersten Orientierung werden in den entsprechenden Ortsbeschreibungen dieses Buches in knapper Form ein oder zwei der gängigsten Trekkingrouten vorgestellt. Darüber hinausgehende Informationen bezüglich weiterer Strecken, klimatischer Bedingungen, Ausrüstung und detaillierter Karten erteilen die in allen drei genannten Oreten ansässigen staatlichen *Mountaineering-Institute*. Zusätzlich haben sich dort mehrere private Trekking-Veranstalter niedergelassen, bei denen man organisierte Touren buchen kann.

Unbedingt beachten sollte man jedoch, dass alle notwendigen **Ausrüstungsgegenstände** wie Rucksack, Bergsteigerschuhe, Isomatte und Schlafsack bereits von zu Hause mitzubringen sind, da diese in Indien, wenn überhaupt, nur in minderwertiger Qualität zu bekommen sind. Ein ausgeklügeltes Verleihsystem von Bergsteigerutensilien wie etwa in Nepal gibt es in Indien nirgends.

Unterkunft

Kategorien

Wer die Wahl hat, hat die Qual. Diese alte Weisheit gilt bei der Wahl der Unterkunft in Indien wohl noch mehr als anderswo. Die Zahl der Möglichkeiten ist schier unbegrenzt und reicht vom stickigen, moskitodurchsetzten Schlafsaal bis zum fürstlichen Schlafgemach in einem ehemaligen Rajputenpalast.

Die in diesem Buch beschriebenen Unterkünfte sind in **fünf Preiskategorien** unterteilt, die durch hochgestellte Eurozeichen (€€€€) symbolisiert werden.

Low Budget € (bis 350 Rs)

Naturgemäß kann man bei einem Maximalpreis von etwa 7 € keine allzu hohen Ansprüche stellen, doch selbst in dieser Kategorie wird oft schon Erstaunliches geboten. Besonders in Orten, die sich bei Rucksackreisenden großer Beliebtheit erfreuen gibt es eine Vielzahl hervorragender billiger Unterkünfte. Ventilator, geräumige, helle Zimmer, oft auch ein eigenes Bad sind dort fast selbstverständlich. Häufig gibt's auch schon einen Fernseher.

Besonders empfehlenswert sind die so genannten **Guest Houses,** meist relativ kleine, wie Privatpensionen geführte Unterkünfte, deren Zimmer oft über ein eigenes Bad und im oberen Preisbereich über ein Fernsehgerät verfügen. Da hier der Besitzer meist noch selber Hand anlegt, wirkt alles gepflegt und sauber, die Atmosphäre ist freundlich und man kann leicht Kontakt zu Gleichgesinnten knüpfen. Es gibt natürlich Ausnahmen, speziell da, wo sich die ehemals intimen Guest Houses wegen ihres Erfolges über die Jahre zu kleinen Hotelburgen entwickelt haben.

Eine speziell indische Einrichtung sind die so genannten **Railway Retiring Rooms.** Wie der Name schon sagt, befinden sich die Unterkünfte auf dem Bahnhofsgelände, meist im Bahnhof selbst. Wegen ihres günstigen Preises (oft nicht mehr als 60 Rs für ein DZ, EZ gibt es nicht) sind sie auch bei Indern sehr beliebt und deshalb oft ausgebucht. Meistens sind die Zimmer recht gepflegt und bieten besonders für diejenigen eine echte Alternative, die nur auf eine kurze Stippvisite in dem Ort eintreffen und danach mit dem Zug weiterfahren. Ohropax ist jedoch gerade auf stark befahrenen Bahnhöfen für die Nachtruhe unbedingt erforderlich.

Jugendherbergen bilden eine weitere Möglichkeit des billigen Wohnens. Hierzu muss man nicht unbedingt im Besitz eines Mitgliedsausweises sein, allerdings werden von Nichtmitgliedern höhere Preise verlangt. Meist sind es jedoch auch dann nicht mehr als 60 Rs. Als beträchtlichen Nachteil empfinden viele Reisende jedoch die in Jugendherbergen herrschende Lautstärke. Zudem zeichnen sich die Schlafsäle nicht immer durch ein Höchstmaß an Sauberkeit aus.

Dharamsalas sind Unterkünfte für Pilger. Nur gelegentlich sind sie auch für Nicht-Hindus zugänglich. Besondere Rücksichtnahme auf den religiösen Charakter dieser Unterkünfte sollte selbstverständlich sein.

Schließlich sei auf die so genannten **Salvation Army Hotels** hingewiesen, die speziell in Mumbai und Kalkutta die besten Low-Budget-Unterkünfte darstellen. Diese von der Heilsarmee geleiteten Unterkünfte sind nicht nur billig und sauber, sondern liegen auch sehr zentral, was gerade in den großen Metropolen ein gewichtiger Pluspunkt ist.

Budget €€ (350–600 Rs)

In dieser Kategorie sind ein eigenes Bad, große, bequeme Betten, Farbfernseher und Teppichboden üblich. Im oberen Bereich gehört oft sogar eine Klimaanlage dazu – also fast schon ein bisschen Luxus. Gerade in dieser Preisklasse ist das Angebot in den meisten Städten besonders umfangreich. Wenn im Low-Budget-Bereich die Auswahl eher bescheiden ist, sollte man ein paar Rupien drauflegen, denn oftmals ist der Unterschied zwischen einer 250- und einer 400-Rupien-Unterkunft gravierend. Andererseits fehlt den etwas besseren Quartieren oftmals das Flair der Billigunterkünfte.

Dies gilt auch für die sehr beliebten, von den staatlichen Touristenorganisationen geleiteten **Tourist Bungalows.** Meist kann man

055raj Foto: tb

aus einer großen Anzahl unterschiedlicher Zimmer auswählen. Oft verfügen sie über ein Restaurant. Außerdem ist ihnen vielfach das lokale Touristenbüro angeschlossen, sodass man nicht nur hilfreiche Informationen erhält, sondern z.B. auch Stadtrundfahrten vor der Haustür starten. Leider werden diese Vorteile nur allzu oft durch den miserablen Service, der die *tourist bungalows „auszeichnet"*, zunichte gemacht. Dennoch bieten sie in vielen Städten das beste Preis-Leistungs-Verhältnis.

Tourist Class €€€ (600–1.500 Rs)

Ab 1.000 Rs sind großzügig möblierte Zimmer mit heißer Dusche, Klimaanlage, Farbfernseher mit Satellitenprogramm, Telefon und Zimmerservice selbstverständlich. Allerdings bieten sich oftmals auch im oberen Bereich der Budget-Klasse ähnliche Annehmlichkeiten und so sollte man sich überlegen, ob die Mehrausgabe wirklich notwendig ist. Viele Hotels der Tourist Class sind speziell auf die Bedürfnisse indischer Geschäftsleute der mittleren Ebene zugeschnitten. Dementsprechend besitzen fast alle ein hauseigenes Restaurant, in dem einheimische Gerichte angeboten werden.

Empfehlenswert sind in dieser Preiskategorie die zu Hotels umfunktionierten ehemaligen Privatunterkünfte oder **Paläste fürstlicher Familien,** von denen sich einige in dieser Preiskategorie befinden. Hier durchweht noch ein Hauch der guten alten Zeit die Räumlichkeiten, wozu auch die stilvolle Originalmöblierung beiträgt.

First Class €€€€ (1.500–2.500 Rs)

First-Class-Hotels finden sich in Indien durchaus nicht nur in den großen Metropolen, sondern in allen Millionenstädten, von denen es 20 gibt. Darüber hinaus gibt es eine Reihe von First-Class-Hotels in Touristenhochburgen wie Agra, Udaipur, Jodhpur und Khajuraho.

Nicht gerade preiswert:
Lake Palace Hotel in Udaipur

Luxus €€€€€ (über 2.500 Rs)

In dieser Preiskategorie wird der **international übliche Standard** geboten, d.h. Swimmingpool, spezielle Einrichtungen für Geschäftsleute, mehrere Restaurants, Sportmöglichkeiten etc. Die renommierten Hotelketten wie *Sheraton* und *Meridien* sind in den großen Metropolen Indiens selbstverständlich vertreten. Das Flaggschiff der *Taj Hotels* ist das altehrwürdige *Taj Hotel* in Mumbai, welches immer wieder bei der Wahl der besten Hotels der Welt genannt wird. Allerdings stehen viele First-Class-Hotels denen der Lu-

Wohnen in Heritage Hotels

Keine andere Region Indiens bietet dem Reisenden die Möglichkeit, den Charme der guten alten Zeit bei der Wahl der Unterkunft gleich mitzubuchen, wie Rajasthan. Heritage Hotels heißen jene etwa 100 offiziell von der Tourismusbehörde anerkannten Palasthotels, die sich in **ehemaligen Rajputenpalästen** beziehungsweise Adligenhäusern befinden und auf einmalige Weise die Atmosphäre der britischen Kolonialzeit mit den Errungenschaften des 20. Jahrhunderts verbinden. Herausragende Beispiele sind der *Umaid Bhawan* in Jodhpur, der *Ramgarh Palace* in Jaipur und das märchenhaft wie ein Schiff inmitten des Pichola-Sees gelegene *Lake Palace Hotel* in Udaipur. Doch auch viele kleinere und dementsprechend intimere Heritage Hotels wie etwa das *Royal Castle* in Khimsar oder der *Bissau Palace* im Shekhawati vermitteln einen lebendigen Eindruck von jener Zeit, als noch nicht Effizienz und Sachlichkeit, sondern Muße und Legenden das Leben bestimmten.

Eine Reihe von Besitzern bedeutender Heritage Hotels haben sich in einer Organisation zusammengeschlossen, über die weitere Informationen erhältlich sind:

●**Heritage Association of India,**
9, Sadar Patel Marg, C-Scheme, Jaipur 302001, Tel.: 0091-141-381906, Fax: 0091-141-382214

xuskategorie kaum noch nach, sodass der zum Teil erhebliche Aufpreis nicht immer gerechtfertigt erscheint.

Preise

Das Preissystem indischer Hotels ist oftmals sehr verwirrend. In vielen, selbst kleineren Hotels hat man oft die Auswahl zwischen bis zu zehn verschiedenen Preiskategorien. So kostet das billigste Zimmer z.B. 150 Rs und das teuerste 1.400 Rs. Die Gründe für diese Abstufungen sind dabei oft nur minimal. Ein wenig mehr Holz an der Wandverkleidung begründet ebenso eine veränderte Preisstufe wie die Größe des Fernsehers oder die Höhe des Stockwerkes.

Mindestens ebenso verwirrend ist die allseits beliebte Praxis, auf den Zimmerpreis noch unzählige **Steuern und Zuschläge** aufzuschlagen. *Service charge, government tax* und *luxury tax* heben die Preise oft um bis zu 50 %. Speziell die **service charge** ist nichts weiter als ein Versuch des Managements zusätzlich abzukassieren, da das Personal, dem das Geld eigentlich zugute kommen sollte, meist kaum etwas davon sieht. Vielfach leiden die Angestellten sogar darunter, da viele Urlauber wegen der *service charge* kein zusätzliches Trinkgeld mehr zahlen. Man sollte immer nach dem Endpreis fragen, da einem andernfalls oft zunächst ein wesentlich geringerer Preis genannt wird. Die unangenehme Überraschung kommt bei der Bezahlung der Rechnung am Ende. Die in diesem Reiseführer genannten Preise beinhalten bereits eventuelle Zuschläge.

Zimmersuche – worauf ist zu achten?

●**Sanitäre Anlagen:** In diesem Bereich gibt es am meisten zu beanstanden. Toilettenspülungen funktionieren oft nicht, aus der Dusche rinnen nur ein paar Tropfen oder es fehlt der Duschkopf und das heiße Wasser entpuppt sich nur allzu oft als laue Brühe. Alles checken und, falls etwas fehlt, reklamieren. Für viele wichtig: Gibt es ein „europäisches" WC oder ein indisches „Hock-Klo"?
●**Betten:** Sie sind so etwas wie eine Visitenkarte. Ist die Bettwäsche schmutzig bzw. die Matratze mit Flöhen durchsetzt oder durchgelegen, braucht man gar nicht weiter zu verweilen. Eine Liegeprobe zeigt auch, ob das Bett lang genug für europäische Lulatsche ist. Vielfach ist es das nicht. Der häufig vorkommende Grauschleier lässt jedoch eher auf die vorsintflutlichen Waschmethoden schließen als auf nicht gewaschene Bettwäsche. Oft verströmen die Matratzen einen sehr eigenartigen Geruch, der keine Nachtruhe aufkommen lässt.

●**Moskitonetze:** Selbst im angenehmsten Bett kann die Nacht zur Qual werden, wenn man ständig von Blutsaugern heimgesucht wird. Wer also kein eigenes Moskitonetz dabeihat, sollte darauf achten, dass eines vorhanden ist. Ebenso wichtig ist, dass es keine Löcher aufweist. Viele Moskitonetze versprühen eine derart unangenehme Duftnote, dass man darunter kaum Luft bekommt. In diesem Falle sollte man sie auswechseln lassen. Gelegentlich wird das Moskitoproblem auch mit Fliegengittern oder Ähnlichem mehr oder weniger wirksam gelöst.
●**Klimatisierung:** Einen **Ventilator** gibt es in Indien in fast jedem Hotelzimmer. Funktioniert er auch? Und wenn ja, wie? Manche sind so träge, dass sich kein Lüftchen bewegt, andere lösen einen mittleren Wirbelsturm aus und donnern wie ein Hubschrauber im Tiefflug. Funktioniert die Stufenschaltung?

Die nächste Stufe wäre ein **Cooler** – eine direkt im Zimmer untergebrachte kleine Klimaanlage, die teilweise gegen einen Aufpreis extra angebracht wird. Nichts für Geräuschempfindliche!

Schlepper

Sie sind meist auffällig chic gekleidet, sprechen oft gut Englisch, oft mit amerikanischem Akzent, scheinen magnetisch von westlichen Touristen angezogen zu werden, halten sich vorwiegend an Bahnhöfen oder in Hotelgegenden auf und geben als Berufsbezeichnung gern *tourist guide* an. Das ist im Grunde sogar zutreffend, verdienen sie ihr Geld doch damit, Touristen zu den Hotels zu führen, von denen sie für ihre Dienste eine Kommission von ca. 30 % bekommen. Wer den Mehrpreis am Ende bezahlt, ist klar – der Tourist.

Schlepper führen einen entgegen ihren Beteuerungen also durchaus nicht zu den preiswertesten und schönsten, sondern zu den am besten zahlenden Unterkünften. Will man zu einem Hotel, welches nicht mit ihnen zusammenarbeitet, heißt es meist, es sei voll oder geschlossen oder abgebrannt. Am besten ignoriert man sie also und lässt sich gar nicht erst auf ein Gespräch ein, andernfalls können sie sehr „anhänglich" sein.

Nur für den Fall, dass man spät abends in einer Stadt angekommen ist und nach nervenaufreibender Suche keine Schlafstätte finden konnte, sollte man den grundsätzlich sehr zweifelhaften Service in Anspruch nehmen. Irgendwo werden sie schon noch ein Plätzchen auftreiben, schließlich liegt es ja in ihrem eigenen Interesse. Am nächsten Tag kann man sich dann selbstständig und ausgeruht auf die Suche nach einer aufpreisfreien Unterkunft begeben, so zahlt man nur eine Nacht die Kommission mit.

Eine Klimaanlage (**air conditon, AC**) ist dagegen wesentlich ruhiger – es sei denn, man hat sein Zimmer direkt in der Nähe ihres Gebläses.

●**Lautstärke und Lage:** Inder sind wesentlich weniger lärmempfindlich als Europäer. Oft liegen die Zimmer direkt an einer ununterbrochen von Brummis befahrenen Hauptverkehrsstraße. Auch sollte man darauf achten, dass der Nachbar kein Fernsehnarr ist. Inder lieben es, bei voller Lautstärke in die Röhre zu glotzen. Oft befinden sich im Erdgeschoss von Hotels Restaurants, deren Lärm und Gerüche einen am Einschlafen hindern. Also empfiehlt es sich, sein Zimmer möglichst weit weg von Straße und Restaurant zu wählen. Im Notfall helfen Ohrenstöpsel.

●**Schließfach-Service:** Es ist sehr angenehm, einmal ausgehen zu können, ohne ständig auf seine Wertsachen achtgeben zu müssen. Viele Hotels (aber nur gelegentlich die billigeren) bieten einen so genannten *deposit service* an, bei dem man seine Wertsachen an der Rezeption deponieren kann. Allerdings sollte man sich immer eine Quittung über die abgegebenen Wertsachen ausstellen lassen.

●**Fernseher:** Kabelfernsehen ist seit einigen Jahren der große Renner in Indien. Viele Hotels werben mit dem Empfang internationaler Programme wie BBC und CNN. Da man in indischen Zeitungen nicht gerade mit internationalen News verwöhnt wird, checken einige Traveller zwischendurch ganz bewusst in solche Hotels ein, um auf dem Laufenden zu bleiben. Doch oft ist nur ein verschwommenes Bild zu empfangen.

●**Check-Out-Zeit:** Viele Hotels in Indien verfahren nach dem so genannten 24-Stunden-System, d.h. man muss den Raum genau einen Tag nach dem Einchecken wieder verlassen. Das ist von Vorteil, wenn man erst abends eincheckt, weil man dann noch den ganzen nächsten Tag zur Verfügung hat. Umgekehrt ist das unangenehmer: Wer ganz früh morgens ankommt, muss am nächsten Tag auch wieder früh aus den Federn. Andere Hotels verfahren nach der in Europa üblichen 9- bzw. 12-Uhr-Regel. Man sollte gleich zu Beginn fragen, welches System angewandt wird.

Verhaltenstipps

Dass die Inder zumeist wenig dramatisch auf falsches oder sogar verletzendes Verhalten von Touristen reagieren, liegt durchaus nicht daran, dass sie diesbezüglich unempfindlich sind, sondern an ihrer ausgeprägten **Toleranz.** Hinzu kommt, dass man von dem Gast aus dem Ausland gar nicht erwartet, dass er sich in dem ritualisierten Verhaltenskodex der indischen Gesellschaft bis ins Kleinste auskennt. So billigt man ihm schon von vornherein ein Vorrecht auf Irrtum zu, vorausgesetzt, er beansprucht es nicht fortlaufend.

Lächeln

Der erste Eindruck ist bekanntlich immer der wichtigste, und da wirkt nichts erfrischender und einnehmender als ein freundliches Lächeln. Gerade in so einem kommunikativen Land wie Indien ist es von unschätzbarem Wert, eine angenehme Atmosphäre zu verbreiten. Wer erst einmal die Herzen der Menschen durch ein fröhliches Auftreten geöffnet hat, dem öffnen sich auch viele sonst verschlossene Türen.

Gute Miene zum manchmal gerade in **Amtsstuben** frustrierend langsamen Fortkommen zu machen führt letztlich auch immer weiter als die Faust auf dem Tisch.

Gesicht wahren

Ein altes asiatisches Sprichwort sagt „Gesicht geben, niemals Gesicht nehmen, selbst Gesicht wahren". Wer sich dementsprechend verhält, der hat die wichtigste Grundregel im zwischenmenschlichen Umgang erfüllt. Fast jeder Inder ist auf seine in der Kastengesellschaft genau definierte Lebensgemeinschaft fundamental angewiesen, sowohl im Berufsleben als auch im Privatleben. Dementsprechend wichtig ist es für ihn, was die anderen über ihn denken. Deshalb sollten **Konflikte** möglichst nur unter vier Augen und in ruhiger und zurückhaltender Atmosphäre ausgetragen werden.

Überhaupt wird man in Indien mit den bei uns so oft geführten und beliebten offenen und ehrlichen Gesprächen über **persönliche** Probleme, Sorgen und Intimitäten auf wenig Gegenliebe stoßen. Über diese Dinge redet man in reservierten Indien nicht. Neben der Angst um Gesichtsverlust spielt hierbei auch die Befürchtung eine Rolle, den anderen damit zu belasten.

Ähnliches gilt für **politische Diskussionen.** Zwar sind die Inder wesentlich offener als andere Asiaten und interessierter daran, auch mit Ausländern über die vielfältigen Probleme ihres Landes zu diskutieren, doch während sie einerseits äußerst heftig über Korruption, Terrorismus und Armut klagen, sind sie doch letztlich immer sehr stolz auf ihr Land. Zuhören und sich dabei seine eigene Meinung zu bilden anstatt mit eigenen Lösungsvorschlägen glänzen zu wollen, ist nicht nur höflicher, sondern auch für einen selbst lohnender, lernt man doch wesentlich mehr aus erster Hand über das Land.

Gestik und Körpersprache

Sexualität und Körperlichkeit sind in Indien immer noch ein Tabuthema, und dementsprechend sollte man sich mit **Zärtlichkeiten in der Öffentlichkeit** so weit wie möglich zurückhalten. Zwar gehören die Zeiten, da ein eng umschlungenes westliches Pärchen einen mittleren Volksauflauf hervorrief, der Vergangenheit an, gern gesehen wird es dennoch auch heute noch nicht.

Küsse oder weitergehende Berührungen vor fremden Blicken sollten im prüden Indien gänzlich unterlassen werden. Dies wird zwar von vielen Touristen anders gesehen und gehandhabt, doch zum Reisen in anderen Kulturen gehört eben auch, dass man die dort herrschenden Moralvorstellungen gerade dann akzeptiert, wenn man sie nicht teilt. Andernfalls sollte man lieber zu Hause bleiben.

Ganz unverfänglich und dementsprechend selbstverständlich ist dagegen das **Händchenhalten** zwischen Personen gleichen Geschlechts, bekundet man dadurch doch nur die gegenseitige Freundschaft.

Zur traditionellen indischen **Begrüßung** legt man die Hände etwa in Brusthöhe senkrecht aneinander und sagt dabei in Verbindung mit einem leichten Kopfneigen **„Namasté",** eine sehr schöne und anmutige Geste, die ähnlich auch in vielen anderen asiatischen Ländern praktiziert wird. Nur in den großen indischen Städten bürgert sich im Zuge der Verwestlichung die Sitte des Händeschüttelns ein.

Streng verpönt ist es dabei, einem **die Linke** entgegenzustrecken. Da in Indien traditionell kein Toilettenpapier benutzt wird, sondern zu diesem Zweck die unbewaffnete linke Hand und ein Krug Wasser dienen, gilt links als unrein. So sollte man nie Gegenstände wie etwa Geschenke mit der Linken überreichen bzw. entgegennehmen. Verstärkt gilt das Gebot „Right Hand Only" selbstverständlich beim Essen. Die Linke bleibt während des gesamten Essens möglichst unter der Tischkante.

Ebenso wie die linke Hand gelten auch die **Füße und Schuhe** als unrein. Fußsohlen sollte man nicht auf Menschen oder heilige Stätten richten, Schuhe vor dem Betreten eines Raumes ausziehen.

Selbst Langzeitreisende in Indien ertappen sich immer wieder dabei, dass sie die indischen Gesten für **Ja und Nein** missdeuten. Die Geste für Ja sieht unserem Nein sehr ähnlich, allerdings wird der Kopf dabei eher locker von einer Schulter zur anderen geschlenkert. Das recht ähnliche Nein wird durch ein seitliches Zucken des Kopfes nach links und rechts ausgedrückt, häufig unterstützt durch abfälliges Schnalzen oder eine abfällige Handbewegung.

Kleidung

Niemand wird erwarten, dass man in einem Land wie Indien, in dem viele Menschen kaum mehr als einen Fetzen Stoff am Leibe tragen, mit Schlips und Kragen herumlaufen sollte. Andererseits ist jeder Inder, der es sich leisten kann, bemüht, **gepflegte und saubere Kleidung** zu tragen. Der besonders von Rucksacktouristen geliebte Schmuddellook ist den Indern ein Greuel.

Gleiches gilt für das Zurschaustellen von zuviel **nackter Haut.** Während man sich über Männer in Shorts noch eher amüsiert, gelten Frauen in kurzer Hose bzw. Rock und dazu vielleicht noch mit einem ärmellosen Hemd in den Augen der Inder als leichte

Mädchen. Wer einmal gesehen hat, dass indische Frauen nach wie vor in voller Montur, d.h. mit Sari, zum Baden ins Meer gehen, der kann sich vorstellen, welchem Kulturschock die jungen Inder vor allen Dingen in Goa ausgesetzt sind, wo es an manchen Stränden immer noch als „in" gilt, hüllenlos zu baden. So ist es als Beitrag zur Beachtung einheimischer Moralvorstellungen kaum zuviel verlangt, zumindest die Badehose anzulassen.

Vor dem **Betreten von Heiligtümern,** egal welcher Religion, sind grundsätzlich die Schuhe auszuziehen. Zudem dürfen in Jain-Heiligtümer keine Gegenstände aus Leder mitgenommen werden, und in Sikh-Tempeln und vielen Moscheen ist eine Kopfbedeckung obligatorisch. Im Tempel selbst sollten keinerlei heilige Gegenstände berührt werden. Gleiches gilt auch für Hausaltäre. Dezentes Auftreten und vor allem zurückhaltende Kleidung, d.h. zum Beispiel lange Hosen und bedeckte Schultern, sollten selbstverständlich sein.

Bettler

Das Bild vom Lumpen tragenden und verkrüppelten Bettler gehört ebenso zum klassischen Indienbild wie der märchenhafte Zauber des Taj Mahal. Jeder Indienreisende ist innerlich darauf vorbereitet, und doch packt ihn, wenn er das Elend an fast jeder Straßenecke vor sich sieht, wieder das schlechte Gewissen. Vor lauter Mitleid greift er dann tief in die Tasche, um zumindest seinen kleinen Teil zur Linderung der Armut zu leisten. Psychologisch ist das nur allzu verständlich, doch schafft er damit oftmals mehr Probleme, als er löst.

Jeder muss für sich selbst entscheiden, ob und wieviel er geben soll. In dem Dilemma stecken nicht nur die Westler, sondern auch die Inder selbst. Es kann nicht sinnvoll sein, dass Kinder vom Schulbesuch ferngehalten werden, weil sie beim Betteln mehr verdienen als ihre Eltern mit täglicher, schwerer Arbeit. Am sinnvollsten scheint es, nur solchen Personen etwas zu geben, die offensichtlich nicht arbeitsfähig sind, d.h. Kranken, Älteren und Krüppeln.

Die nationale Leidenschaft: Kricket

Dass Indien ein Land voller Widersprüche und Leidenschaften ist, spiegelt sich nicht zuletzt in seinem **Nationalsport** Kricket. Ob Hindu oder Moslem, Parse oder Christ, Jain oder Buddhist, Bengale oder Rajasthani, Tamile oder Sikh – die Leidenschaft zu diesem in Europa fast gänzlich unbekannten Sport eint die sonst in religiöse und ethnische Gruppen zersplitterten Inder. Wenn die indische Nationalmannschaft aufläuft, vereint sich die ganze Nation hinter dem Fernseher, die Straßen sind leer gefegt, das öffentliche Leben scheint still zu stehen. Egal wo und zu welcher Zeit, es gibt wohl keine Stadt in Indien, wo nicht jeden Tag zu jeder Zeit eine Gruppe Jugendlicher ihrer Leidenschaft für den roten Ball nachgeht.

Es scheint geradezu paradox, dass es diesem von den verhassten Briten nach Indien importierten Spiel vorbehalten war, die Einheit des Landes über alle Gegensätze zu verwirklichen. Ebenso erstaunlich ist, dass Kricket gerade zu einer Zeit seine einzigartige Popularität erlangt hat, da mit den nun auch in Indien verbreiteten neuen Kommunikationsmedien Werte wie Schnelligkeit und Wandel gerade unter den Jugendlichen immer größere Bedeutung gewinnen. Ein Match erstreckt sich über fünf Tage, von der Frühe bis kurz vor Sonnenuntergang, unterbrochen jeweils nur von einer Stunde Mittagspause und 20 Minuten Teatime. Häufig scheint stundenlang (fast) nichts zu passieren, weil Werfer (bowler) und Schläger (batsman) sich belauern. Und schließlich enden viele Testmatches nach fünf Tagen mit einem Unentschieden. So gab es in den 1950er- und 1960er Jahren in 15 Auseinandersetzungen zwischen Indien und Pakistan nur einmal einen Gewinner.

Eine Wissenschaft für sich sind die **Spielregeln**, wobei es die vielen Ausnahmen sind, die das Spiel Nichteingeweihten so komplex erscheinen lassen. Kricket ist entfernt mit dem Baseball verwandt. In der Mitte des ovalen Spielfeldes – etwa so groß wie ein Fussballplatz – stehen zwei ca. 20 m voneinander entfernte Hölzer, die so genannten wickets. Die **zwei Mannschaften** wechseln sich mit **Werfen** (bowling) und **Schlagen** (batting) ab. Jeweils zwei Spieler der battenden Mannschaft stehen an den Hölzern. Der eine versucht, mit einem Schläger (bat) den ihm mit einer Geschwindigkeit von über 100 km/h zugeworfenen Ball so im Feld zu platzieren, dass er mit seinem Partner die Positionen zwischen den wickets wechseln kann, ehe die gegnerische Mannschaft den Ball zu den Hölzern zurückwirft. Dies bringt zwischen ein und drei Punkte ein. Gelingt es dem Batsman, den Ball über die äußere Markierung zu schlagen, ohne zu laufen, erhält seine Mannschaft vier Punkte. Gelingt ihm das Gleiche, ohne dass der Ball den Boden berührt, bricht grenzenloser Jubel im Stadion aus. Dieser so genannte Homerun ist gleichzusetzen mit einem Tor im Fußball und wird mit sechs Punkten honoriert. Die werfende Mannschaft, die sich vollständig auf dem Feld verteilt hat, versucht, den Ball so schnell wie möglich wieder zu den Hölzern zurückzuwerfen. Werden diese berührt, bevor der laufende Batsman sie erreicht hat, scheidet er aus, ebenso, wenn der von ihm geschlagene Ball von der gegnerischen Mannschaft gefangen wird oder der Bowler die Hölzer direkt trifft. Dann wird er vom nächsten Batsman seiner Mannschaft ersetzt, bis alle elf an der Reihe waren und der Durchgang (inning) zu Ende ist. Nun muss die andere Mannschaft versuchen, mehr Runs zu erzielen als der Gegner.

Der Durchbruch des Krickets zum Nationalsport erfolgte Anfang der 1970er Jahre mit der Einführung des Fernsehens. Bis dahin war Feldhockey die Sportart Nummer 1 im Lande. Heute ist Kricket **Big Business**. An fast jeder Straßenecke lächelt einer der Stars von einer überdimensionalen Reklametafel herunter. Das Vermögen von *Sachin Tendulkar*, dem Superstar des indischen Kricket, wird auf weit über 10 Mio. US-$ geschätzt. Es vergeht praktisch kein Tag, an dem nicht einer der großen Sender ein Match überträgt. Kricket ist wie geschaffen fürs Fernsehen. Mit geringen Kosten wird ein ganzes Tagesprogramm abgedeckt. Abends werden dann die Highlights in einer zweistündigen Zusammenfassung wiederholt – selbstverständlich unterbrochen durch umfangreiche Werbeblöcke.

Ähnlich wie beim Pferderennen gehören Kricket und **Wetten** eng zusammen. So werden heute allein in Mumbai, der Hauptstadt der Wettkönige, an einem Spieltag bis zu 50 Mio. Euro Umsatz gemacht. Bei derartigen Summen und den damit verbundenen Verlockungen, ein Spiel zu seinen Gunsten zu beeinflussen, ist es kein Wunder, dass die Kricketwelt Anfang 2000 von einem gewaltigen Wettskandal heimgesucht wurde. Nachdem der Kapitän der südafrikanischen Nationalmannschaft zugegeben hatte, für ein Entgeld von mehreren Zehntausend US-Dollar, gezahlt von indischen Buchmachern, Spiele manipuliert zu haben, brach eine Lawine weiterer Enthüllungen los, die ein weit verzweigtes Netz von Betrügereien und Bestechungen innerhalb der indischen Nationalmannschft offenlegte.

So sehr die Ereignisse die Kricketwelt erschütterten, konnten sie doch letztlich der Popularität des Sports gerade in Indien, das sonst keinerlei Weltklassesportler aufzuweisen hat, keinen Abbruch tun. Und so werden auch in Zukunft die Kinder in den Hinterhöfen und auf den Dorfstraßen wie gebannt auf den kleinen roten Ball schauen und den Traum vom Kricketstar träumen.

Fotografieren

Wenn an den Leichenverbrennungsstätten in Varanasi die Toten auf den Scheiterhaufen gelegt werden, an den Türmen des Schweigens in Mumbai, dem Bestattungsort der Parsen, die Geier einfliegen oder stimmungsvolle Tempelfeste gefeiert werden, dann ist mit Sicherheit ein kamerabewehrter Tourist nicht weit. Das exotische Geschehen soll so hautnah wie irgend möglich auf Film gebannt werden. Dazu wird geblitzt, geknipst und gezoomt, was das Zeug hält, und falls sich einmal ein unaufmerksamer Inder versehentlich vor das Objektiv stellt, wird er mit grimmiger Miene zum Weitergehen aufgefordert. Immer diese störenden Einheimischen!

Man stelle sich das ganze einmal in Deutschland vor: Ein Inder mischt sich ungefragt unter eine Trauergemeinde, um ein Foto vom blumenbekränzten Sarg zu schießen, oder ein Blitzgewitter geht bei der Weihnachtsmesse über Altar und Krippe nieder. Recht unchristliche Zurechtweisungen wären wohl noch die harmlosesten Konsequenzen, die der Mann zu erwarten hätte.

In jedem Fall sollte man Fotografierverbote und den Wunsch mancher Personen, nicht fotografiert zu werden, respektieren. Zumindest durch einen Blick sollte man sich der Zustimmung vergewissern, bevor man mit der Kamera „draufhält".

Psychologische Einstellung

Indien ist ein Land, das schon manchen Reisenden aus der Balance geworfen hat. Geschichten von Travellern, die Monate bleiben wollten und das Land nach zwei Wochen „nicht mehr ertragen" konnten, hört man immer wieder. Mehr als die weit verbreitete Armut oder die überwältigend fremde Kultur sind es oft die dubiosen Charaktere (Schlepper, Schnorrer, raffgierige Händler, Neugierige, Aufdringliche etc.), die die Besucher zur Weißglut bringen. Durch derlei Negativkontakte, die auf die Dauer natürlich zermürben können, vergeht manchem die Lust auf jegliche Bekanntschaft im Land.

Es gilt, die Negativerfahrungen zu relativieren und sie nicht wichtiger zu nehmen, als sie sind. Wer sich den ganzen Tag aufregt, weil er um zwei Rupien betrogen wurde, wer aus der Haut fährt, nur weil er schon wieder angestarrt wird, macht sich selber das Leben schwer. **Positives Denken** und **innere Gelassenheit** sind beim Reisen in Indien vielleicht wichtiger als anderswo. Aber auch hier gilt, dass Südindien diese Phänomene weniger stark aufweist als der Norden.

Buchtipp

●Rainer Krack: **„KulturSchock Indien"**, erschienen im REISE KNOW-HOW Verlag.

Verkehrsmittel

Inlandsflüge

Die riesigen Entfernungen innerhalb des Landes sowie die äußerst zeitaufwendigen und ermüdenden Reisen in Bussen und Bahnen machen das Fliegen in Indien zuweilen selbst für diejenigen zu einer echten Alternative, die normalerweise nur on the road reisen. Selbst wer sehr aufs Geld achten muss, sollte sich fragen, ob es nicht sinnvoller ist, einmal 50 Euro zu investieren, statt lustlos und erschöpft auf dem Landweg weiterzureisen. Fliegen ist in Indien immer noch verhältnismäßig billig und zudem in den letzten Jahren wesentlich unkomplizierter geworden.

●**Flughafengebühr** in Indien – darüber könnte man ganze Bücher schreiben. Zu klären bliebe nur, ob selbige unter die Kategorie Drama oder Satire einzuordnen ist. Drama, weil es auf diesem Gebiet ähnlich wie bei den Eintrittsgebühren zu exorbitanten Preiserhöhungen gekommen ist. Satire, weil alles derart chaotisch und typisch indisch gehandhabt wird, dass niemand so recht bescheid zu wissen scheint. Gab es bis vor zwei Jahren überhaupt keine Inlandsflughafengebühr, so werden inzwischen 145 Rs verlangt. Allerdings gilt dies für den Moment der Drucklegung und kann am nächsten Tag schon wieder ganz anders aussehen.

Völlig unübersichtlich ist die Lage bei Gebühren für internationale Flüge. Abhängig von Fluggesellschaft, Strecke und Abflughafen zahlt man zwischen 0 und 1.100 Rs. Die meisten Gesellschaften wie die Lufthansa haben die Gebühr bereits in ihre Preise einbezogen, andere nicht. Einziger Rat ob des Wirrwars kann an dieser Stelle nur sein, sich vor Ort bei der jeweiligen Fluggesellschaft nach dem Stand der Dinge zu erkundigen (s. auch „Vor der Reise: Anreise aus Europa").

●**Kinder** unter 2 Jahren zahlen 10 % des Erwachsenenpreises, Kinder von 2 bis 12 Jahren 50 %.

●**Stornierungsgebühren:** mehr als 48 Std. vor Abflug: 10 %; zwischen 48 und 24 Std. vorher: 20 %; 24 bis 1 Std. vor Abflug: 25 %.

●**Rückbestätigung** für Inlandsflüge ist nicht erforderlich, kann dennoch nicht schaden (72 Stunden vor Abflug). Bei Flügen ins Ausland ist sie jedoch unbedingt erforderlich!

●Auf allen Inlandsflügen herrscht generelles **Rauchverbot.**

●**Check-In-Zeit** bei Inlandsflügen: 1 Stunde.

Auf verschiedenen Inlands-Flughäfen wird nach Einchecken und Security-Check vor dem Betreten des Flugzeugs noch eine so genannte **Baggage Identification** verlangt. Dafür muss man sein bereits auf einem speziellen Wagen mit den anderen Gepäckstücken verstautes Gepäckstück noch einmal persönlich identifizieren. Versäumt man dies, wird es nicht befördert.

Fluggesellschaften

Neben der staatlichen Gesellschaft **Indian Airlines** gibt es viele private Fluggesellschaften. Da Indian Airlines als staatliche Gesellschaft flächendeckend operieren muss, verfügt sie immer noch über das mit Abstand dichteste Streckennetz. Der Markt ist aber sehr in Bewegung, Abweichungen von den Preisen und in den Verbindungen oder gar die Einstellung einer Linie sind immer möglich.

So herrscht aufgrund der verschärften Konkurrenzsituation durch die **vielen neuen Fluglinien,** die in den letzten Jahren gegründet wurden, ein harter Kampf um Marktanteile, der vorwiegend über möglichst geringe

Flugpreise ausgetragen wird. Dies hat bei der einen oder anderen Linie inzwischen zu Qualitätseinbußen geführt, etwa kurzfristig stornierte Flüge bei zu geringer Auslastung, extrem hohe Umbuchungskosten oder schlechter Service. Einige der neuen Gesellschaften verfügen über nur wenige Büros, sondern wickeln den Ticketkauf über das Internet oder telefonisch ab.

Eine Übersicht über alle wichtigen Flugverbindungen innerhalb Indiens inkl. der Preise bieten die **Broschüren „Excels" und „Perfect Media".** Nachfolgend eine Liste der wichtigsten Airlines, die innerindische Flüge anbieten, und deren Homepage:

● **Indian Airlines,** www.indian-airlines.nic.in
● **Air India,** www.airindia.com
● **Jet Airways,** www.jetairways.com
● **Air Sahara,** www.airsahara.net
● **Air Deccan,** www.airdeccan.net
● **Kingfisher,** www.flykingfisher.com
● **Spice Jet,** www.spicejet.com
● **Jagson Airlines,** www.jagsonairline.com

Ausgebuchter Flug?

Auch heute kommt es noch oft vor, dass Strecken ausgebucht sind und man sich zunächst auf die **Warteliste** setzen lassen muss. Dabei sollte man selbst dann nicht den Mut verlieren, wenn einem gesagt wird, dass die Chancen gleich Null sind, da schon zig andere vorgemerkt sind. Nicht selten passiert es, dass sich Flüge, die noch am Tage zuvor als hoffnungslos überfüllt galten, schließlich als halb leer erweisen. Vielfach reservieren ausländische Reisegruppen zur Sicherheit halbe Flugzeuge im Voraus, die sie schließlich nur zum Teil belegen. Manchmal werden auch kurzfristig Sondermaschinen eingesetzt.

Besondere Angebote

● Indian Airlines offeriert das Ticket **Discover India,** welches zu unbeschränktem Fliegen auf allen Strecken berechtigt. Ein verlockendes Angebot für Reisende mit begrenzter Zeit, um so viel wie möglich vom Land zu

Indiens Luftfahrtindustrie hebt ab

Vom belächelten Hinterbänkler zum vielumworbenen Star – so könnte man den Aufstieg der indischen Luftfahrtindustrie in den letzten Jahren zusammenfassen. Kaum zehn Jahre ist es her, da war die indische Luftfahrt ein Paradebeispiel für die Rückständigkeit der indischen Wirtschaft im Allgemeinen: veraltete, schlecht gewartete Flugzeuge, unfreundliches Personal, willkürlich gestrichene Flüge, chronische Verspätungen, kaum Wettbewerb und viel zu teuer. Seit der Einführung der ersten, den europäischen **Billigfluggesellschaften** vergleichbaren indischen Fluggesellschaft *Deccan Air* im Jahr 2003 scheint jedoch alle sechs Monate eine neue Gesellschaft um die Gunst des riesigen indischen Marktes zu buhlen.

Auf den internationalen Luftfahrtschauen sind die immer selbstbewusster auftretenden Manager der indischen Fluggesellschaften die vielumworbenen Stars. Allein im ersten Halbjahr 2005 orderte *Air Deccan* 30 Airbus-Jets; die 2005 ins Leben gerufene *Kingfisher Airlines* aus Bangalore bestellte 33 Airbusse, *Spice Jet* aus Delhi zehn Boeings. Die neue Billigfluglinie *IndiGo* hat in Paris sogar 100 Airbusse vom Typ A320 geordert. *IndiGo* gehört dem in Neu-Delhi ansässigen Konzern InterGlobe und dem Geschäftsmann *Rakesh Gangwal,* der als Ex-Manager für *United Airlines, Air France* und *US Airways* Erfahrungen in der Branche gesammelt hat. Die ebenfalls private *Jet Airways,* Indiens größte Fluggesellschaft, brachte 20 % ihrer Anteile an die Börse – innerhalb von nur zehn Minuten waren dreizehnmal mehr Aktien geordert als überhaupt im Umlauf.

Hält man sich die Zukunftsprognosen vor Augen, kommt man nicht umhin, das abgedroschene Stichwort vom erwachenden Riesen zu strapazieren. Experten erwarten in den nächsten Jahren Steigerungen im Inlandspassagierverkehr von 25 bis 30 % pro Jahr.

Hauptursache für die nach Jahrzehnten der Erstarrung und Überbürokratisierung der Luftfahrtbranche vollzogene Kehrtwende ist die liberale Marktpolitik der indischen Regierung sowie das damit verbundene **rasante Wachstum des neuen Mittelstands,** auf den es alle neuen Airlines abgesehen haben. Nur 15 Mio. Inder konnten sich jedoch bisher überhaupt eine Flugreise leisten – bei einer Gesamtbevölkerung von über einer Milliarde Menschen und 125 Flugzeugen im Land. China verfügt dagegen bei 1,3 Mrd. Einwohnern bereits über 750 Maschinen, in denen 75 Mio. Chinesen Flugreisen unternehmen.

In Indien gibt es 400 kleinere und mittlere Flughäfen, die keine Anbindung an das Flugnetz haben. Große Schichten der Bevölkerung fliegen nicht, weil es keine Verbindungen gibt und die Preise zu hoch sind. Dementsprechend sind der Ausbau der bestehenden und die Anbindung kleinerer Flughäfen sowie die drastische Reduzierung der Flugpreise die weiteren Voraussetzungen, damit der derzeitige Boom anhält. Mit den 9 Mrd. Dollar **Investitionen der Regierung** in bestehende und gänzlich neue **Flughäfen** wie in Hyderabad und Bangalore wurden hierfür bereits die Voraussetzungen geschaffen. Air Deccan bietet täglich bis zu 80 Flüge und das zu Preisen ab 700 Rs (ca. 12 Euro) – damit wird das Fliegen auf manchen Strecken billiger als ein Erste-Klasse-Ticket mit dem Zug.

Als überraschend einfallsreich haben sich die indischen Billigflieger erwiesen, wenn es darum ging, die geringe Verbreitung des Internets durch Alternativen im Vertrieb zu kompensieren – etwa dem **Ticketverkauf in Banken, Postämtern und**

Supermärkten. Bei *Air Deccan* buchen bisher nur zehn Prozent der Kunden online. Im Gegensatz dazu legen die beiden Neulinge *Kingfisher Airlines* und *Spice Jet* Wert darauf, als Lifestyle-Marken aufzutreten, und richten ihr Augenmerk auf die junge, gebildete und konsumstarke Schicht der Internetgeneration in den Großstädten.

Kingfisher, gegründet von *Vijay Mallya,* der über die letzten Jahrzehnte ein Milliardenvermögen mit seinem Getränkeunternehmen (Hauptmarke „Kingfisher") angesammelt hat, wirbt mit einem bekannten Modell und hat neue Standards beim **Passagierkomfort** gesetzt, etwa mit der Einführung individueller Bildschirme in jedem Sitz. Das Unternehmen hat sich sehr schnell einen ausgezeichneten Namen für hohe Servicequalität und Zuverlässigkeit erworben und entwickelt sich mit entsprechend hohem Tempo zum Favoriten bei anspruchsvollen Passagieren. Dementsprechend liegen die Flugpreise merklich höher als bei *Air Deccan,* aber wesentlich unter den bisher von etablierten Gesellschaften kassierten Tarifen.

Bei allem Optimismus sind auch immer mehr warnende Stimmen zu hören: Der beinharte Wettbewerb der mit Milliarden-Investitionen belasteten Fluggesellschaften würde über kurz oder lang einige Airlines in die Ruin treiben, die Notwendigkeit, Kosten so gering wie möglich zu halten, führe zu sinkender Wartung und damit einem **erhöhten Sicherheitsrisiko,** die überforderten Fluglotsen seien dem plötzlich auftretenden Verkehrsaufkommen am Himmel nicht gewachsen. Bei den Millionen erwartungsfrohen, vornehmlich jungen Indern, die sich bei ihrem Aufstieg von nichts und niemandem aufhalten lassen wollen, stoßen diese Warnungen jedoch auf taube Ohren.

sehen. Allerdings ist der Preis mit 500/750 US-$ für 15/21 Tage recht happig und lohnt sich nur für absolute Vielflieger. Zudem hat das Angebot auch einen Haken: Für Kunden mit Billig-Tickets ist es oft schwieriger, eine Reservierung zu bekommen. Wegen der Ausbuchung vieler Flüge ist es daher sehr zu empfehlen, möglichst alle Flugtermine gleich beim Kauf des Tickets zu reservieren.

● Weniger sinnvoll ist der Kauf des Tickets **India Wonder Fares** (300 US-$), mit dem man innerhalb von 7 Tagen entweder zwischen 17 Stationen im Westen, 11 Stationen im Süden, 14 im Osten oder 19 im Norden unbegrenzt fliegen kann. Das Ticket ist einfach geografisch wie zeitlich zu eng begrenzt, als dass es sich wirklich auszahlen könnte.

● Reisende, die mit Indian Airlines von Sri Lanka oder den Malediven nach Indien fliegen, erhalten auf allen Strecken innerhalb Indiens in den ersten 21 Tagen nach der Ankunft eine **30-prozentige Ermäßigung.**

● Schließlich gewährt Indian Airlines allen **Personen unter 30 Jahren** 25 % Rabatt.

Bahn

Sie wollen ihren Urlaub in vollen Zügen genießen? Na dann nichts wie auf nach Indien! Indiens Züge sind immer voll. 11 Mio. Reisende sind täglich auf Achse. 8.000 Lokomotiven fahren entlang dem 66.366 km langen Streckennetz und nehmen an den über 7.000 Bahnhöfen des Landes neue Passagiere auf. Mit 1,6 Mio. Angestellten ist die indische Bahn der größte Arbeitgeber der Erde.

Die Bahn ist nicht nur das wichtigste und **meistbenutzte Transportmittel** Indiens, sondern auch ein Stück Kultur des Landes. Die Bilder der den Karawansereien früherer Tage ähnelnden, menschenüberfüllten Bahnhöfe und die Rufe der Teeverkäufer in den Abteilen hinterlassen genauso unvergessliche Indien-Erinnerungen wie das Taj Mahal oder die Strände von Goa. Bahnfahren ist das indischste aller indischen Fortbewegungsmittel. Nirgendwo sonst ist man dem Alltagsleben so nah, kann die Ess-, Schlaf- und Schnarchgewohnheiten so hautnah miter-

leben wie in den engen, meist gut gefüllten Waggons der 2. Klasse. Wie in einem Mikrokosmos breitet sich das indische Leben vor einem aus.

Dabei liegen Lust und Frust oftmals so nahe beieinander wie die Passagiere selbst. Lärm, Dreck, Hitze und die oft katastrophalen hygienischen Verhältnisse stellen die Geduld der Reisenden ebenso auf eine harte Probe wie die fast gänzlich fehlende Privatsphäre. Auch die teilweise ewig langen Aufenthalte auf Provinzbahnhöfen und die chronischen Verspätungen tragen nicht gerade zum Fahrvergnügen bei – umso mehr, als Bahnfahrten in dem riesigen Land meist viele Stunden, nicht selten sogar Tage und Nächte dauern. Doch wer mit der in Indien stets hilfreichen Reisephilosophie „Man reist doch nicht, um anzukommen" unterwegs ist, dem kann all dies eigentlich nichts anhaben.

Bahnfahren in Indien will gelernt sein (es gibt sogar einen eigenen, englischen Reiseführer darüber). Fahrpläne, Zugklassen, Re-servierungen, Ticketkauf – all das scheint auf den ersten Blick ein Buch mit sieben Siegeln. Im Folgenden kann aus Platzgründen nur eine kleine Hilfe zum „Einstieg" gegeben werden. Doch keine Angst, hat man erst einmal die erste Fahrt erfolgreich hinter sich gebracht, wird man Indien in vollen Zügen genießen.

Fahrplan

Obwohl mit 35 Rs äußerst preiswert, ist das kleine Heftchen **„Trains at a Glance"** für jeden Bahnreisenden in Indien von unschätzbarem Wert. Auf etwa 100 Seiten findet sich

Vorortzüge mit Tagespendlern sind nicht nur zu den Stoßzeiten hoffnungslos überfüllt

hier alles Wissenswerte. Der Großteil wird von der Auflistung der 80 wichtigsten Zugverbindungen eingenommen. Es bedarf zunächst tatsächlich ein wenig Trainings, um sich in all den Zahlen und Tabellen zurechtzufinden. Erhältlich ist die monatlich erscheinende „Bibel" des Bahnfahrens normalerweise an Erste-Klasse-Schaltern und in den Bahnhofsbuchhandlungen.

Außer dem „Trains at a Glance", das nicht ganz einfach zu bekommen ist, gibt es noch ein Heftchen mit dem Namen **„Time Table"**, welches ausschließlich Zugverbindungen und Abfahrtszeiten für Südindien auflistet (25 Rs). Man bekommt es an einigen Kiosken, vor allem Bahnhofskiosken.

Bedienungsanleitung „Trains at a Glance":
Um die jeweils gesuchte beste Verbindung herauszufinden, muss man zunächst unter dem Station Index am Anfang des Büchleins nachschauen, d.h. den gewünschten **Zielort** heraussuchen.

Nummer und **Name** des jeweiligen Zuges sollte man sich merken, weil sie auf den **Reservierungsformularen** eingetragen werden müssen. Der Doppelname der ersten Zugverbindung bedeutet, dass nur ein Teil des Zuges zum Endziel fährt. Am linken Rand der Tabelle sind die jeweiligen **Entfernungen** zwischen den einzelnen Bahnhöfen angegeben.

Leider gibt es im Einzelfall unzählige Zusatzbestimmungen, die es zu beachten gilt. So z.B., wenn hinter dem Zugnamen noch eine oder mehrere Zahlen zwischen 1 und 7 verzeichnet sind. Dies bedeutet, dass der jeweilige Zug nur an bestimmten Tagen zum Einsatz kommt, wobei die Zahlen für die jeweiligen Wochentage stehen, 1 für Montag und weiter fortlaufend bis 7 für Sonntag.

Zugtypen und Geschwindigkeit

Die Geschwindigkeit indischer Züge ist abhängig von der jeweiligen **Spurbreite,** wovon es insgesamt drei gibt: Breitspur (1,676 m), Meterspur (1 m) und Schmalspur (0,762 und 0,610 m). Der Spurbreite entsprechend unterscheidet man drei verschiedene Zugtypen: **Express, Mail** und **Passenger.** Wie sich unschwer denken lässt, kommt man mit dem Express am schnellsten voran, während die Passenger Train mehr als gemächlich vor sich hintuckert.

Wer Glück hat, kann sogar mit **Dampflokomotiven** fahren, von denen noch etwa 300 im Einsatz sind. Das Reisen mit diesen alten Dampfrossen ist sicher nicht nur für Eisenbahnfreaks ein Erlebnis besonderer Art. Hat man es jedoch eilig, sollte man in Regionen, wo vornehmlich Passenger-Züge verkehren, auf Busse umsteigen.

Geschwindigkeit ist bei indischen Zügen ein sehr relativer Begriff. Mehr als 30 bis 40 km/h durchschnittlich legen die allermeisten zurück. Rühmliche Ausnahme und Star unter den indischen Zügen ist der vollklimatisierte *Rajdhani Express,* der Delhi mit Kalkutta bzw. Mumbai in 17 bzw. 14 Stunden verbindet. Nur Fliegen ist schöner. Ähnlich flink und luxuriös ist der *Shatabdi Express,* der auf den Strecken Delhi – Lucknow und Delhi – Bhopal verkehrt.

Klassen und Preise

Zunächst scheint alles ganz simpel, gibt es doch offiziell nur zwei Beförderungsklassen: 1. und 2. Klasse. Doch Indien wäre nicht Indien, wenn es das Einfache nicht verkomplizieren würde.

In der **1. Klasse** gibt es die Unterscheidung zwischen **klimatisierten** (AC) und

➡️ Schnell und umfassend wird man im Internet über Zugverbindungen informiert. Bei der folgenden Adresse sind alle im „Trains at a Glance" aufgeführten sowie eine Vielzahl weiterer Verbindungen einzusehen: **www.indianrail.gov.in** unter „Trains/Fare/Accomodation" oder „Trains betw. Imp. Stations".

Bahnpreise verschiedener Klassen (Rs):

	1. Kl.	Chair Car	Sleeper	2. Kl.
100 km	542	122	56	35
300 km	1.081	271	125	78
1.000 km	2.628	845	301	188

nicht klimatisierten Zügen. AC-Züge werden jedoch nur auf Hauptstrecken eingesetzt und sind mehr als doppelt so teuer wie die normale 1. Klasse – zu teuer, wenn man überlegt, dass eine Fahrt von Delhi nach Mumbai in der 1. Klasse gerade mal 40 % billiger ist als ein Flug mit Indian Airlines und teurer als ein Flug mit einer Billigfluggesellschaft. Da sollte man sich besser gleich ins Flugzeug setzen.

Des Weiteren gibt es die **AC Chair Car,** die unseren IC-Großraumwagen ähnelt und etwa 60 % der normalen 1. Klasse und etwa 40 % der AC 1. Klasse kostet. Auch diese Waggons werden nur auf wenigen Strecken eingesetzt, bieten jedoch wegen ihres hervorragenden Preis-Leistungs-Verhältnisses eine exzellente Alternative zur 1. Klasse.

Am billigsten und dementsprechend immer hoffnungslos überfüllt ist die **2. Klasse.** In Express- bzw. Mail-Zügen fährt man hier zu einem Drittel des Fahrpreises der 1. Klasse, in einem Passenger-Zug ist es noch billiger.

Schließlich gibt es noch bei all den Klassen außer der AC-Chair-Variante die **Schlafwagenklasse.** Schlafwagen der 1. Klasse bestehen meist aus gepolsterten Betten in geräumigen, zum Gang abgeschlossenen Abteilen, die tagsüber in der Regel sechs, nachts vier Personen Platz bieten. Bei den Schlafwagen der 2. Klasse unterscheidet man noch zwischen den Unterklassen **2-tier** und **3-tier,** was bedeutet, dass, ähnlich wie im europäischen Liegewagen, zwei oder drei Personen auf Pritschen übereinander schlafen können. Tagsüber dienen diese Schlafwagen wieder als normale Abteile, beim 3-tier wird lediglich die mittlere Pritsche heruntergeklappt. Selbst wenn man eine reservierte Sitznummer hat, kann man das Bett nur nachts exklusiv für sich reklamieren. Tagsüber okkupieren z.T. bis zu 8 Personen die untere Pritsche. Schlafwagen kosten etwa 20 % mehr als normale Sitze. **Bettwäsche** kann man in der 1. und 2. Klasse nur in einigen wenigen Zügen beim Schaffner ausleihen. Ein eigener Schlafsack sollte also in jedem Fall zur Grundausrüstung gehören.

Ticketkauf und Reservierungen

Ob man nun ein normales Ticket für den gleichen Tag kaufen oder eine Reservierung vornehmen will, beides ist in Indien zeitaufwendig und nervenstrapazierend. Mit etwas Pech kann die Prozedur schon ein oder zwei Stunden in Anspruch nehmen. Zunächst einmal gilt es den richtigen **Schalter** für die verschiedenen Klassen und Züge (Mail, Express oder Passenger) zu finden. Um zu vermeiden, dass man am Ende einer langen Ansteherei schließlich beim falschen Fahrscheinverkäufer landet, sollte man also unbedingt vorher durch beharrliches Nachfragen den richtigen ausmachen. Auf jedem Bahnhof gibt es einen *station master,* der fast immer freundlich und hilfsbereit Auskunft gibt. Für Frauen gibt es manchmal spezielle *ladies counters,* die meist weit weniger frequentiert sind als die normalen Schalter. Die Fahrkarten für männliche Mitreisende können hier mitbesorgt werden.

In vielen Touristenorten gibt es **Ticket Service** oder Reisebüros, die einem schon für einen Aufpreis ab 25 Rs (teils aber auch 50 Rs) pro Ticket die lästige Prozedur der Anfahrt zum Bahnhof, des Anstehens am Schalter und der Rückfahrt abnehmen, meist eine lohnende Investition.

Für Fahrten im **Schlafwagen** ist eine Reservierung unbedingt erforderlich, speziell in der 2. Klasse, da hier die Nachfrage am größten ist. Oftmals sind die Züge in dieser Klasse auf Hauptstrecken für Wochen, ja Monate im Voraus ausgebucht, d.h. man sollte so früh wie möglich reservieren! Reservierungen müssen meist in so genannten **railway reservation offices** oder **-buildings** durchgeführt werden, die oftmals neben dem eigentlichen Bahnhof in einem Extragebäude untergebracht sind. Für eine Reservierung muss ein Antragsformular, das so genannte *reservation form,* ausgefüllt werden. Hierin werden neben einigen persönlichen Angaben wie Name, Alter, Geschlecht und Passnummer auch der Zugname, die Nummer des Zuges sowie Abfahrts- und Zielort und Reisedatum eingetragen.

Mit dem entsprechend ausgefüllten Formular stellt man sich dann erneut an, wobei man unbedingt darauf achten sollte, ob es eventuell einen speziellen **Touristenschalter** gibt. Da dort nur ausländische Touristen abgefertigt werden, geht alles viel schneller über die Bühne. Es empfiehlt sich, dort möglichst viele Tickets auf einmal zu kaufen, um die langwierige Prozedur nicht immer wieder neu durchlaufen zu müssen.

Die **Reservierungsgebühr** beträgt 15 Rs für die Erste Klasse und 10 Rs für die Zweite. Auf dem Ticket sind die Wagen-, Sitz- und Bettnummer vermerkt. Beim Betreten des Waggons hängt neben der Eingangstür noch einmal eine provisorisch angebrachte Reservierungsliste, auf der man seinen Namen unter der jeweiligen Platznummer finden sollte. Der eigene Name ist zwar oft leicht entstellt wiedergegeben *(Barkegeier, Harketeur)*, doch normalerweise funktioniert das System gut.

Falls der gewünschte Zug ausgebucht ist, kann man sich auf eine **Warteliste** setzen lassen oder, besser noch, ein so genanntes RMC-Ticket erwerben, welches einem auf jeden Fall einen Platz garantiert. Hat man ein solches Wartelisten-Ticket, kann man dessen jeweiligen Status selbst unter www.indianrail.gov.in unter dem Button „Passenger Status" mittels Eingabe der oben links auf dem Ticket aufgedruckten PNR-Nummer in Erfahrung bringen. Außerdem besteht die Möglichkeit, auf die **Tourist Quota** zu pochen, eine speziell für Touristen zurückgehaltene Anzahl von Plätzen.

Bei **ausgebuchten Zügen** sollte man auf jeden Fall ein Ticket auch auf Warteliste erwerben, wenn man kein Tourist-Quota-Ticket bekommt, da in den meisten Fällen bis zur Abfahrt des jeweiligen Zuges ein Sitz- oder Schlafplatz zugewiesen wird und man in den seltenen Fällen, wo dies nicht gelingt, das Geld für sein Ticket gegen einen geringen Abschlag zurückbekommt.

Seit Neuestem gibt es ein sogenanntes **TATKAL-Ticket,** das wichtig ist, wenn über den normalen Verkauf kein Platz im Zug mehr zu bekommen ist und auch Tourist-Quota-Tickets aufgebraucht oder am jeweiligen Bahnhof nicht verfügbar sind. Für 150 Rs zusätzlich kann man ein TATKAL-Ticket erwerben, welches die Chance auf einen Platz im Zug erhöht, bzw. nahezu garantiert (obwohl es auch hier eine Warteliste gibt). Nach-

teil der TATKAL-Tickets ist die Stornogebühr, es werden nur 25 % des Ticketpreises erstattet und das auch nur bis mindestens 24 Std. vor Zugabfahrt, danach gibt's nichts.

Rückerstattung

Die Rückerstattung von nicht genutzten reservierten Tickets ist möglich, jedoch mit Kosten verbunden, deren Höhe von der Beförderungsklasse und dem Zeitpunkt der Stornierung abhängt. Wer sein Ticket länger als einen Tag vor dem Abfahrtstermin storniert, muss für die 2. Klasse 20 Rs Gebühr, für die *sleeper class* 40 Rs, AC 2-tier und 3-tier 60 Rs und AC 1. Klasse 70 Rs zahlen. Bis zu vier Stunden vor dem geplanten Abfahrtszeitpunkt zahlt man 25 %. Die Stornierung von Wartelistentickets, RAC-Ticktets und TATKAL-Tickets auf Warteliste kostet 20 Rs.

Nicht reservierte Fahrscheine können bis drei Stunden nach Abfahrt des Zuges für eine Gebühr von 5 Rs in Zahlung gegeben werden.

Hat man sein **Ticket verloren,** besteht generell zunächst kein Recht auf Rückerstattung. Doch natürlich gibt es hierbei Ausnahmen: Wem ein reserviertes Ticket für eine Fahrtstrecke von unter 500 km abhanden gekommen ist, kann unter Vorlage seines Personalausweises für einen Aufpreis von 25 % des ursprünglichen Fahrpreises die Fahrt wahrnehmen.

Indrail Pass

Auch die indische Eisenbahn sieht die Möglichkeit des Kaufes von **Netzkarten** vor,

Preise Indrail Pass

(in US-$, Kinder zahlen die Hälfte):

Gültigkeit	AC	1. Kl.	2. Kl.
7 Tage	270	135	80
15 Tage	370	185	90
21 Tage	396	198	100
30 Tage	495	248	125
60 Tage	800	400	185
90 Tage	1.060	530	235

Reisetipps A–Z

die es ausländischen Touristen erlauben, für einen bestimmten Zeitraum unbegrenzt viele Kilometer auf Achse zu sein.

Rein finanziell macht der Indrail Pass keinen Sinn, dazu ist Bahnfahren in Indien einfach zu billig. Für den Kaufpreis von 80 US-$ für den 7 Tage gültigen Pass (2. Klasse) müsste man ziemlich genau 25.000 km zurücklegen, damit sich die Karte auszahlt. Bei einer Durchschnittsgeschwindigkeit der indischen Eisenbahnen von 40 km/h ein ziemlich aussichtsloses Unterfangen. Auch der oft angeführte Vorteil, dass man mit dem Indrail Pass das unangenehme Warten beim Ticketkauf umgehen könne, trifft nur teilweise zu, weil es ja zumindest für Nachtfahrten immer noch einer Reservierung bedarf.

Wirklich von Vorteil ist der Pass aber in dem Fall, dass alle Züge ausgebucht sind. Inhaber des Passes finden selbst dann einen Platz, wenn normalerweise gar nichts mehr geht. Gerade in Zeiten der großen indischen Familienfeste, wenn das ganze Land unterwegs zu sein scheint, ist dies ein enormer Vorteil. Es bleibt zu fragen, ob das den enormen Aufpreis wert ist.

Die Karte kann an verschiedenen Bahnhöfen Indiens gekauft werden, muss jedoch in ausländischer Währung bezahlt werden. Außerdem besteht die Möglichkeit, sie schon vor dem Abflug in Deutschland unter folgender Adresse zu erwerben:

● **Asra-Orient Reisedienst,** Kaiserstraße 50, 60329 Frankfurt/M., Tel.: 069/253098, Fax: 069/232045, info@asraorient.de.

Wer nachts mit Bus oder Zug unterwegs ist, sollte immer einen **Pullover** und vielleicht auch ein Tuch für Hals und Kopf griffbereit haben, da es in Indien selbst nach einem heißen Tag nach Sonnenuntergang **empfindlich kühl** werden kann. Im Übrigen ist es meist nicht möglich, die Fenster richtig zu schließen, sodass häufig ein unangenehmer Durchzug herrscht. Sollte der zusätzliche Schutz nicht nötig sein, kann man den Pullover immer noch als Kopfstütze verwenden.

Bahnhofs-Service

Die meisten Bahnhöfe in Indien verfügen über so genannte **cloak rooms,** in denen man sein Gepäck für bis zu 24 Stunden deponieren kann. Eine gute Möglichkeit, um sich nach Ankunft in einer Stadt ohne den lästigen Rucksack auf Zimmersuche zu begeben. Wichtig ist es, das Gepäckstück mit einem kleinen, von außen sichtbar angebrachten Schloss abzugeben, da es sonst nicht angenommen wird. Die Aufbewahrungsgebühr pro Stück beträgt maximal 2 Rs pro Tag.

Während der oftmals langen **Wartezeiten** auf verspätete Züge bietet sich die Möglichkeit den Warteraum aufzusuchen, den es auf fast jedem Bahnhof für die 1. und 2. Klasse gibt. Manchmal muss man hierzu am Eingang sein Ticket vorzeigen. Meist sind die angeschlossenen **Toiletten** in wesentlich besserem Zustand als die öffentlichen.

Viele Bahnhöfe verfügen über die so genannten **railway retiring rooms,** einfache, doch meist sehr saubere und günstige Unterkunftsmöglichkeiten. Die Zimmer sind vor allem wegen ihres sehr günstigen Preises (oft nicht mehr als 70 Rs pro DZ, EZ stehen nicht zur Verfügung) bei Indern sehr beliebt und deshalb oft ausgebucht. Eine besonders ruhige Lage kann man am Bahnhof allerdings nicht erwarten.

Luxuszüge

Es gibt zwei Luxusvarianten, den Nordwesten Indiens mit der Eisenbahn kennenzulernen. Die Rundfahrten mit einem Luxuszug aus der Kolonialzeit sind jedoch nicht gerade billig. In Rajasthan fährt der **Palace on Wheels** folgende Ziele an: 1. Tag Start in New Delhi, 2. Tag Jaipur, 3. Tag Jaisalmer, 4. Tag Jodhpur, 5. Tag Ranthambore-Nationalpark und Chittorgarh, 6. Tag Udaipur, 7. Tag Bharatpur (Keoladeo-Vogelpark) und Agra, 8. Tag Ankunft in Delhi. Für weitergehende Informationen stehen folgende Ansprechmöglichkeiten zur Verfügung: Sr. Manager, Palace on Wheels, Bikaner House, Pandara Rd., New Delhi-110011, Tel.: 23381884, Fax: 23382823, powrtdc@man tramail.com, oder in Jaipur: *Rajasthan Tourism Development Corporation,* RTDC Hotel

Swagatam, Jaipur-302006, Tel.: 2415777, 2203531, Fax: 2201045, rtdcjpr@sancharnet. in, www.palaceonwheelsindia.com. Auch in Deutschland gibt es eine Kontaktadresse: *Asra Orient Reisen*, Tel.: 069/253098, info@asra orient.de.

Die zweite Möglichkeit bietet der **The Royal Orient** für Gujarat und Rajasthan. Folgende Ziele werden angefahren: 1. Tag Abfahrt Delhi nach Jaipur, 2. Tag Abstecher nach Agra/Fathepur Sikri, 3. Tag Aufenthalt in Jaipur, 4. Tag Chittorgarh und Udaipur, 5. Tag Ahmedabad und Sarkhej, 6. Tag Modehera und Patan, 7. Tag Devigarh, 8. Tag zurück nach Delhi. Weitere Informationen: *Central Reservation Office* in Delhi im State Emporia Building, Baba Kharak Singh Marg, Tel.: 23744015, Fax: 23367050, delhi@gujarattou rism.com, www.gujarattourism.com.

Busse

Kaum eines der insgesamt 700.000 indischen Dörfer wird nicht von irgendeinem Bus angefahren. Für viele in entlegenen Grenzgebieten wohnende Inder ist es überhaupt das **einzige öffentliche Verkehrsmittel**, so z.B. im nepalesischen Grenzgebiet, in Himachal Pradesh und Sikkim.

Darüber hinaus kommt man in Gebieten, wo die Bahn nur auf Schmalspurbreite operiert, wie z.B. in weiten Teilen Rajasthans und Bihars, mit dem Bus **wesentlich schneller** voran. Gleiches gilt auch für besonders von Touristen stark frequentierte Strecken wie Agra – Jaipur und Mumbai – Goa. Überhaupt ist Busfahren auf kürzeren Strecken der Fahrt mit dem Zug vorzuziehen, da vor allem Langstreckenzüge oft stundenlange Verspätung haben.

Andererseits gibt es gute Gründe, warum die meisten Reisenden den Zug dem Bus vorziehen. Neben allgemeinen Erwägungen wie größerer Bewegungsfreiheit und mehr Kontaktmöglichkeiten ist vor allem die **mangelnde Verkehrssicherheit** zu nennen. Indien ist das Land mit der höchsten Rate an Verkehrstoten der Erde im Verhältnis zur Verkehrsdichte. Dass das keine abstrakten Zahlen sind, kann man tagtäglich auf Indiens

Straßen auf anschauliche Weise erleben. Bei fast jeder längeren Busfahrt sieht man mindestens ein Autowrack im Straßengraben liegen. Verwundern kann das bei dem oft schrottreifen Zustand der Fahrzeuge und dem Kamikaze-Stil der Fahrer nicht. Wer die Frage nach dem Leben nach dem Tod noch nicht unbedingt in allernächster Zukunft konkret beantwortet haben möchte, sollte die mittleren Reihen denen ganz vorne vorziehen. Die hinteren Reihen sind dagegen nicht so zu empfehlen, weil man dort wegen der Kombination von harten Federn und schlechten Straßen zu viele Luftsprünge macht.

Staatliche Busgesellschaften

Etwas weniger Todesverachtung scheinen die Fahrer der staatlichen Busgesellschaften zu verspüren. Auch der technische Zustand ist hier im Allgemeinen besser als bei privaten Gesellschaften, welche aufgrund des enormen Konkurrenzdrucks zuerst an neuen Bremsen und profilbereiften Rädern zu sparen scheinen. Jeder Bundesstaat betreibt seine eigene Busgesellschaft, wobei deren Qualitäten sehr unterschiedlich sind.

Dabei macht es auch kaum einen Unterschied, ob man nun **Ordinary, Express, Semi Deluxe** oder **Deluxe** fährt. Das einzige, allerdings wichtige Unterscheidungsmerkmal ist, dass die Semi-Deluxe- und Deluxe-Busse wesentlich seltener anhalten als die Ordinary-Busse, die jedes noch so kleine Dorf anfahren. Von innen sehen sie alle gleich einfach aus: zweimal drei Sitzplätze pro Reihe mit äußerst einfacher Polsterung, auf denen sich neben bis zu zehn Personen auch noch Hühner, Kartoffeln und Chilis zusammenpferchen. An dieser Lebensfülle ändert sich auch dann nicht viel, wenn man eine (nur recht selten mögliche) Reservierung vornimmt. Meistens muss man sich den Platz bei der Einfahrt des Busses in den Busbahnhof eh schon durch einen Sprint und Muskelkraft erkämpfen. Beim Ansturm auf die heißbegehrten Sitzplätze werden die Inder wohl nur noch von den kampferprobteren Chinesen geschlagen. Hie wie dort scheint es jedoch als geheiligte Grundregel anerkannt zu sein, dass derjenige einen Sitzplatz erhält, der ihn zuvor mit einer Zeitung oder einem Taschentuch schon von außen durch eine offene Fensterscheibe reklamiert hat.

Private Busgesellschaften

Für denjenigen, der sich an der Schlacht nicht beteiligen möchte, scheinen wiederum die meist um die Bahnhöfe angesiedelten Privatgesellschaften eine Alternative zu sein. Hier ist Reservierung üblich und jeder bekommt garantiert seinen ihm versprochenen Platz. Das ist den Aufpreis von ca. 30 % gegenüber den staatlichen Bussen durchaus wert. Ein weiterer Vorteil von Privatgesellschaften, die oft mit Minibussen operieren, ist die Möglichkeit, das Gepäck sicher zu verstauen.

Preise

Busfahren in Indien ist spottbillig. So zahlt man etwa für die achtstündige Fahrt mit dem *Express-Bus* von Jodhpur nach Jaipur 105 Rupien, im *Deluxe-Bus* 119 Rupien. Ein *Ordinary-Bus* kostet noch einmal 30 % weniger als ein Express.

Luxusbusse

Seit einiger Zeit werden auf den vornehmlich von Geschäftsreisenden und Touristen genutzten Strecken klimatisierte Luxusbusse eingesetzt, etwa die der Silver und Golden Line in Rajasthan. (Sie werden in den einzelnen Ortskapiteln erwähnt.) Diese sind um ein Vielfaches teurer als die Deluxe-Busse, bieten aber auch entsprechenden Komfort und sind besonders für Strecken bis etwa 300 km eine gute Alternative zu Zügen, die oft verspätet abfahren. So sind Strecken wie Delhi – Jaipur oder Jodhpur – Jaisalmer hervorragend per Luxusbus zu bewältigen. Für diese Busse muss in jedem Fall zunächst eine Reservierung am Startort, meist am Busbahnhof vorgenommen werden, da sie häufig bis zum letzten Platz ausgebucht sind.

Mietwagen

Fast alle Mietwagen in Indien werden mit Fahrer angemietet und das ist wohl auch gut so: Die mehr als rustikale Fahrweise der Inder, von denen so gut wie niemand eine Fahrschule besucht hat, ist mehr als gewöhnungsbedürftig. Die erschreckend hohe Zahl an Verkehrstoten sollte auch die Wagemutigsten zu der Einsicht gelangen lassen, dass Indien absolut kein Land für Selbstfahrer ist. Hinzu kommt, dass der Preis für Mietwagen mit Fahrer kaum höher ist als der ohne.

Mietwagen lassen sich in allen größeren Städten anmieten. Vermittelt werden sie von Hotels oder Reisebüros, oft findet sich in der Stadt auch ein spezieller Haltepunkt für die Wagen. Die Preise sind erschwinglich, sodass ein Mittelklasse-Tourist problemlos eine längere Indien-Tour im Mietwagen absolvieren kann. Budget-Reisende könnten sich einfach mit ein paar Leuten zusammentun.

Die Tarife, allesamt mit Fahrer, sind von Ort zu Ort unterschiedlich. Zudem differenzieren sie sich noch, je nachdem ob der Wagen Klimatisierung hat oder nicht und ob er mit Diesel oder Benzin fährt. Dieselwagen sind etwas billiger, machen dafür aber auch mehr Lärm. Ein nicht klimatisierter Wagen mit Fahrer kostet zwischen 700 und 1.100 Rs pro Tag (meist 8–10 Std.), etwa 250 km inklusive. AC-Fahrzeuge kosten ca. 30 % mehr. Dies variiert je nach Saison und Nachfrage, außerdem ist Verhandlungsgeschick gefragt.

In Städten wie Delhi und Mumbai ist mit ca. 7 bis 8 Rs pro Kilometer zu rechnen, in kleineren Orten kann der Preis auf 4 bis 5 Rs sinken. Einige Unternehmer beharren auf einer täglichen Mindestkilometerzahl (meist 150 oder 200 km), deren Kosten man zu tragen hat, auch wenn man weniger fährt.

Unternimmt man längere Touren, kommen noch Extragebühren hinzu. Für jede Übernachtung muss eine *overnight charge* von ca. 150 Rs bezahlt werden, zuzüglich einer Fahrergebühr, der *driver batta*, von ca. 100 Rs. Bei einer täglichen Fahrzeit von ca. sechs bis acht Stunden sollte man mit etwa 30 bis 35 € pro Tag hinkommen.

Um spätere Schwierigkeiten zu vermeiden, sollte man seine Rechnung jeweils am Ende eines Fahrttages begleichen, gegen Quittung versteht sich, auf der der Kilometerstand zu Anbeginn und am Ende der Tagesfahrt vermerkt ist sowie alle o.g. Zusatzausgaben. Am nächsten Morgen ist dann zu überprüfen, ob der Kilometerstand mit dem des Vorabends übereinstimmt – mancher Fahrer übernimmt nächtens private Spritztouren.

Ohnehin ist bei der **Auswahl des Fahrers** eine gewisse Sorgfalt an den Tag zu legen. Für eine längere Tour sollte man nicht den erstbesten anheuern, sondern einen, mit dem man mindestens schon einen Tagesausflug unternommen hat. Sonst entpuppt sich der Fahrer womöglich als verhinderter Indian-Airlines-Pilot.

In Delhi gibt es neben einigen schwarzen Schafen eine Reihe seriöser Firmen, die z.B. eine 14-tägige **Rajasthan-Rundtour** alles inklusive für 15.000 Rs anbieten.

● **Metropole Tourist Service,** 244 Defence Flyover Market, New Delhi 110024, Tel.: 4312212, Fax: 4311819.

● **Metropolis Travels,** 1629 Main Bazaar, Paharganj, New Delhi 110055, Tel.: 3517138, Fax: 3625600.

● **Rajasthan by Car, Tour & Travel** (Einmannunternehmen), mahavir-yad@hotmail.com oder rajasthan-discover@yahoo.com.

● Gute Erfahrungen machten Leser auch mit Mietwagen, die über das **Namaskar Guest House** in Delhi gebucht wurden (s. Delhi, Unterkunft).

● Die einzige Gesellschaft, die **Wagen zum Selbstfahren** vermietet, ist **Hertz,** Ansal Chambers-I., GF 29, No. 3, Bhikaji Cama Place, New Delhi 110 066, Tel.: 6877188, Fax: 6877206. Die Mietpreise liegen bei ca. 1.000 bis 2.500 Rs pro Tag. Hinzu kommt eine Gebühr für die über die Pauschale hinaus gefahrenen Extra-Kilometer.

Traditionelles Transportmittel

Reisetipps A–Z

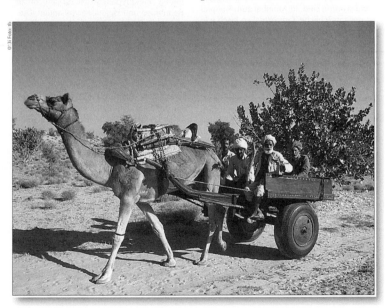

Taxis

Abgesehen von den größten Metropolen wie Delhi, Mumbai oder Kalkutta sind Taxis eher selten, ganz einfach weil sie für die allermeisten Inder viel zu teuer sind. Für an europäische Preise gewöhnte Touristen ist Taxifahren in Indien hingegen immer noch spottbillig. Im innerstädtischen Verkehr kann man mit ca. **5 Rs pro Kilometer** rechnen (in Mumbai allerdings 9 Rs). Je länger die Strecke, desto besser lässt sich handeln. Zwischen 22 und 6 Uhr muss man einen **Nachtzuschlag** von 50 % hinzurechnen.

Zwar verfügen die meisten Taxis über einen **Taxameter,** doch scheinen nur die wenigsten Fahrer gewillt zu sein, diesen auch einzuschalten. Meist helfen sie sich mit dem Argument, das Gerät sei *broken,* also defekt. Eine wundersame Heilung tritt oft dann ein, wenn man damit droht, ein anderes Taxi zu nehmen. Sehr oft zeigen jedoch selbst funktionierende Taxameter nicht den richtigen Fahrpreis an, weil sie noch nicht der letzten oder vorletzten Fahrpreisänderung angeglichen worden sind. In Mumbai zum Beispiel ist der tatsächliche Tarif elfmal so hoch wie der angezeigte. Für diesen Fall muss jeder Taxifahrer eine Umrechnungstabelle mit sich führen, die er auf Verlangen vorzuzeigen hat.

Die in diesem Buch genannten Preise sind nur als Orientierungshilfe gedacht. Letztlich hängt es vom jeweiligen Verhandlungsgeschick ab, wieviel man im konkreten Fall zu zahlen hat. Da viele Taxifahrer, wenn überhaupt, nur sehr wenig Englisch sprechen, sollte man sich vor Fahrtbeginn vergewissern, ob das gewünschte Fahrtziel auch wirklich verstanden wurde. Andernfalls kann es vorkommen, dass die eigentlich kurze Fahrt zum nächsten Hotel zu einer halben Stadtbesichtigung ausartet. Wer am Ende die Zeche hierfür zahlt, dürfte klar sein.

Autorikshas (Scooter)

Eine Art „Taxi des kleinen Mannes" sind jene dreirädrigen, luftverpestenden Vehikel, die wegen ihres tuckernden Geräuschs in Thailand den Namen **Tuk Tuk** tragen, in Indien aber allgemein Scooter genannt werden.

Ähnlich wie ihre thailändischen Kollegen sind auch die indischen Fahrer wahre Hasardeure, die sich einen Spaß daraus machen, auch die kleinste sich bietende Lücke mit Vollgas zu durchrasen. Tatsächlich sind Autorikshas wegen ihrer Wendigkeit, gerade während der Stoßzeiten in größeren Städten, **wesentlich schneller als Taxis** und zudem auch ca. 30 % billiger. Dafür zahlt man jedoch auch mit Blei in der Lunge und einem ramponierten Rückgrat. Wie beim Taxi sollte man Fahrpreis und Ziel vor der Fahrt genau abklären, um späteren Missverständnissen vorzubeugen.

⇨ Die im Buch angegebenen **Fahrrad- und Autoriksha- sowie Taxipreise** stellen einen für den westlichen Reisenden normalen, eher niedrigen Preis dar. Inder fahren gewöhnlich zu weitaus geringeren Preisen, für die die meisten Droschkenkutscher westliche Touristen nicht kutschieren würden. Es gibt in dem Bereich also so etwas wie eine Zweiklassengesellschaft. Dies gilt natürlich nicht, wenn man sein Gefährt mittels eines Prepaid-Schalters bucht, oft an Bahnhöfen und Flughäfen vorhanden. Diese sind im Buch erwähnt.

Tempos

Tempos sind eine Art überdimensionale Autorikshas mit Platz für bis zu **acht Personen,** d.h. in Indien kann es auch schon mal ein gutes Dutzend werden. In mittleren und größeren Städten fahren sie entlang **festgelegter Routen,** z.B. vom Bahnhof ins Stadtzentrum. Auf der Strecke halten sie dort an, wo Passagiere ein- oder aussteigen möchten. Tempos sind neben Bussen die billigste Fortbewegungsart im innerstädtischen Verkehr. Die Preise variieren je nach Streckenlänge von 1 bis 5 Rs. Sie kommen allerdings nur für Reisende mit ganz wenig oder besser gar keinem Gepäck in Frage, da der zur Verfügung stehende Platz pro Person minimal ist. Im Übrigen ist die Preisersparnis gegenüber den Autorikshas, besonders wenn man zu zweit reist, derart gering, dass diese Transportart nur von wenigen Touristen genutzt wird.

Fahrradrikshas

Dreirädrige Fahrräder mit dem Fahrer vorn und einer kleinen Sitzbank für zwei Personen dahinter wurden in den letzten Jahren aus den Zentren mehrerer Großstädte verbannt, doch in den meisten Orten sind sie das meistbenutzte Transportmittel. Gerade in großen Touristenorten gilt es besonders hartnäckig zu handeln, da man ansonsten oft ein Mehrfaches des ortsüblichen Preises bezahlt – mehr als mit der Autoriksha.

Hinzu kommt, dass viele Rikshafahrer im Kommissionsgeschäft engagiert sind und versuchen, den Neuankömmling in jenes Hotel zu bringen, wo sie am meisten Prozente bekommen. Oft ist das die Hälfte des Übernachtungspreises. Besondere Vorsicht ist bei Fahrern geboten, die einen bei der Frage nach dem Fahrpreis mit der Antwort „As you like" zu locken versuchen. Es ist immer unkomplizierter (und billiger) vor Fahrtantritt den exakten Tarif festzulegen. Auch hier können die im Buch gegebenen Preise nur als Anhaltspunkt dienen.

> Einige Rikshafahrer verstehen grundsätzlich jede Fahranweisung falsch und fahren schnurstracks zu einem bestimmten Geschäft. Dessen Besitzer zahlt für jedes angekarrte „Opfer" ein paar Rupien Provision, in der Hoffung, es werde schon etwas kaufen. Der Laden sollte natürlich gleich links liegengelassen und der Rikshafahrer auch nicht bezahlt werden.

Tongas

Mit *Tonga* werden einfache **Pferdegespanne** bezeichnet, die sich gelegentlich, vor allem in kleineren Orten, noch finden.

Zeitverschiebung

Nach der im ganzen Land geltenden **Indian Standard Time** (IST) gehen die indischen Uhren der Mitteleuropäischen Zeit in der Sommerzeit (Ende März bis Ende Oktober) um 3,5 Stunden voraus, zur Winterzeit um 4,5 Stunden. 12 Uhr in Indien entspricht also 8.30 bzw. 7.30 Uhr in Mitteleuropa.

Zeitdifferenzen zu asiatischen Nachbarländern (Indien 12 Uhr):
- **Pakistan:** 11.30 Uhr
- **Nepal:** 12.15 Uhr
- **Bangladesch:** 12.30 Uhr
- **Thailand:** 13.30 Uhr
- **Malaysia, Singapur, Indonesien:** 14.30 Uhr

Reisetips A–Z

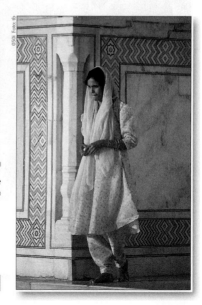

050 Foto: tb

Momentaufnahme am Taj Mahal

Land und Leute

015i Foto: tb

016i Foto: tb

Laut, bunt und voller Lebensfreude:
das Holi-Fest in Bhuj

Skelett in der rajasthanischen Wüste

Buddha-Statue in Bodhgaya

Landschaft und Natur

Geografie

Mit einer Fläche von 3,29 Millionen Quadratkilometern und einer maximalen Nord-Süd-ausdehnung von 3.214 Kilometern (bzw. 2.933 von Ost nach West) ist Indien das siebtgrößte Land der Erde und etwa neunmal so groß wie die Bundesrepublik. Der indische Subkontinent, von dem Indien den weitaus größten Teil einnimmt, wird von drei großen Landschaftszonen geprägt.

Himalaya

Die Nordgrenze bildet der sich von Südost nach Nordwest auf einer Länge von 2.500 Kilometern hinziehende Himalaya, der das Land von seinen nördlichen Nachbarn China, Nepal und Bhutan trennt. Dieses höchste Gebirge der Welt besteht eigentlich aus fünf parallel hintereinander liegenden Gebirgszügen, die durch landschaftlich oft verwegen schöne **Täler** voneinander getrennt sind. Das Kulu-Tal in Himachal Pradesh und vor allem das Hochtal von Kashmir sind nur zwei Beispiele hierfür. Im Nordwesten bildete der Khyber-Pass über Jahrhunderte die einzig passierbare Stelle und war so das klassische Einfallstor der zentralasiatischen Eroberer. Der **höchste Berg** Indiens und der nach dem Mount Everest in Nepal und dem K2 in Pakistan drittgrößte der Erde ist der in Sikkim gelegene **Kanchenjunga** mit 8.528 Metern. Vor der Annexion Sikkims durch Indien im Jahre 1975 gebührte diese Ehre dem **Nanda Devi** (7.817 m) im Grenzgebiet von Indien, Nepal und China.

Nordindische Tiefebene

Kaum krasser könnte der Übergang zur sich unmittelbar südlich an die höchste Gebirgskette der Erde anschließende zweite Großregion sein. Nur wenige Meter über dem Meeresspiegel liegen die von den drei großen Flüssen Indus, Ganges und Brahmaputra gebildeten so genannten **Stromtiefländer.** Seit jeher war dieses fruchtbare Schwemmland das bedeutendste Siedlungsgebiet, und so finden sich hier auch viele der bedeutendsten kulturhistorischen Stätten Indiens. Seit der Abtrennung Pakistans im Jahre

017: Fotoclb

Land und Leute

1947 liegt ein Großteil des **Indus** heute außerhalb der indischen Staatsgrenzen.

Der im Himalaya entspringende **Ganges** bildet den Lebensnerv der nordindischen Tiefebene, die auch heute noch die mit Abstand am dichtesten besiedelte Region des Landes ist. Noch bis ins 19. Jahrhundert war ein Großteil dieser Region von dichtem **Dschungel** überwuchert. Durch den enormen Bevölkerungsdruck und die zunehmende Industrialisierung finden sich heute nur noch in entlegenen Grenzgebieten wie in Assam große zusammenhängende Waldgebiete, während der Rest völlig **entwaldet** ist. Eine Entwicklung mit katastrophalen ökologischen und klimatischen Auswirkungen, wie die jährlich wiederkehrenden oftmals Tausende von Toten fordernden verheerenden Überschwemmungen nur allzu deutlich aufzeigen.

Hochland von Dekhan

Die flächenmäßig größte und geologisch interessanteste der drei Regionen ist die sich in Form eines Dreiecks südlich an die Gangesebene anschließende und von dieser durch die **Vindhyas,** ein langgestrecktes Mittelgebirge, abgegrenzte **Dekhan-Scholle.** Vor Jahrmillionen Teil des großen Urkontinents **Gondwana,** zu dem auch Teile Südamerikas, Australiens und Afrikas gehörten, legte sie sich vor 250 Millionen Jahren an das asiatische Festland. Durch diesen Aufprall entstand das Faltengebirge des Himalaya, ebenso wie die **Ost- und Westghats,** zwei parallel zur Küstenlinie verlaufende Gebirgszüge, die steil zum Meer abfallen.

Ein weiteres Zeugnis der damaligen geologischen Verwerfungen in Verbindung mit der intensiven Verwitterung des Gesteins durch abwechselnd heftige Niederschläge und extreme Trockenheit sind die für diese Region so charakteristischen **Tafelberge.** Diese steil aus der Ebene aufsteigenden Felsplateaus wie zum Beispiel Mandu in Madhya Pradesh, Mount Abu und Chittorgarh in Rajasthan eigneten sich vorzüglich für den Bau groß ange-

Idyllisch: Nainital in Uttar Pradesh

legter Festungsanlagen. Das **Tafelland**, das im Süden bis 1.300 Meter ansteigt, wird von den westlich zum Arabischen Meer fließenden Flüssen Narmada und Tabti und den in den Golf von Bengalen mündenden Flüssen Mahanadi, Godawari, Krishna und Kauveri durchschnitten und entwässert. Im Laufe der Jahrhunderte erwies sich das Dekhan-Hoch-plateau immer wieder als **unüberwindliche Schwelle** für die muslimischen Eroberer aus Delhi bei ihrem Versuch, auch den Süden des Landes unter ihre Kontrolle zu bringen. So konnte die von den indoarischen Eroberern zwischen 1500 und 500 v. Chr. in den Süden abgedrängte drawidische Urbevölkerung wesentlich mehr an kultureller Identität

Geografische Begriffe

Bag / Bagh	Park
Bagicha	(Kleiner) Park
Ban / Van	Wald
Bandar / Bunder	Hafen
Bandh	Damm
Basar / Bazar	Markt (-platz)
Basti	Siedlung, Dorf
Chowk / Chauk	Platz
Chowrasta /Chaurasta/ Chauraha	Kreuzung (vier Straßen)
Dariya	Bach, Fluss
Dek(k)han	Das südliche Hochplateau
Desh	Land (Nation)
Galli	Gasse
Ganj / Gunj	Markt (-platz)
Gao / Gaon / Gau / Gaum	Dorf
Garh / Gadh	Fort, Festung
Ghat	Uferanlagen; Hügelgebiet zwischen Flachland und Hochplateau
Ghati	Tal
Gir / Giri	Berg
Gram / Grama	Dorf
Jangal	Wald
Jheel / Jhil	(Binnen-) See
Jheelka / Jhilka	Teich
Kot / Kota	Fort, Festung
Kund / Kunda	(Binnen-) See
Mahasagar	Ozean
Mahanagar	Großstadt, Metropole
Maidan	Rasenplatz
Marg	Weg, Straße
Masijd	Moschee
Minar	Turm
Nadi	Fluss
Nagar	Stadt
Nagar Palika	Stadtverwaltung
Nalla	Bach
Pahar	Berg, Hügel
Parbat / Parvat	Berg
Path	Weg, Pfad, Straße
Pradesh	Bundesstaat, Provinz
Pul	Brücke
Pur / Pura / Puri / Pore	Stadt
Qila	Fort, Festung
Rasta	Weg, Pfad
Sagar	Meer / See
Samudra / Samundar	Meer
Sangam	Zusammenfluss mehrerer Flüsse
Sarak / Sadak	Straße
Sarovar / Sarowar	(Binnen-) See
Shahar	Stadt
Smarak	Denkmal
Tal	(Binnen-) See
Talab	Teich, Weiher
Taluk / Taluka	Distrikt
Tinrasta	Kreuzung (drei Straßen)
Udyan	Garten, Park
Zilla	Bezirk

Die aufgeführten Begriffe machen viele Ortsnamen transparenter. *Ramnagar* ist somit die „Stadt des Ram", *Shivpur* die „Stadt des Shiva". Der *Nanga Parbat* ist der „nackte Berg" und *Bansgaon* das „Bambusdorf". *Uttar Pradesh* heißt nichts weiter als „Nordprovinz", *Madhya Pradesh* „mittlere Provinz".

bewahren als die von fünfhundertjähriger Fremdherrschaft geprägten Völker Nordindiens. Erst als mit der Seefahrt die natürlichen Grenzen ihre Bedeutung verloren, konnte auch der Süden durch die Europäer mit Beginn des 16. Jahrhunderts kolonisiert werden.

Klima

In unserer hochtechnisierten und industrialisierten Welt haben wir uns so weit vom Wetter unabhängig gemacht, dass wir darüber meist nur dann reden, wenn es an anderen, wichtigeren Gesprächsthemen mangelt. In einem dominant agrarischen Land wie Indien sind die Unbilden der Witterung noch echte Schicksalsfragen. Vom rechtzeitigen Eintreffen der Regenzeit hängen Ernte, Gesundheit, ja Überleben eines Großteils der Bevölkerung ab. Zwar sind gerade in den letzten zwei Jahrzehnten viele Talsperren und Kanäle gebaut worden, die die Landwirtschaft von den Zufällen des Monsunregens unabhängig machen sollen, doch insgesamt ist der größte Teil des Landes auf den jährlichen Regen angewiesen.

Jahreszeiten

Diese Abhängigkeit vom jährlichen Regen verdeckt jedoch die Tatsache, dass der Monsun im Grunde ein extremes Element im sonst eher ruhig verlaufenden Wandel der indischen Jahreszeiten darstellt. Trotz aller regionalen Schwankungen in diesem Land lassen sich drei Jahreszeiten unterscheiden: Sommer, Regenzeit, Winter.

Sommer

Mit Sommer bezeichnet man in Indien die heißen und trockenen Monate von März bis Mai. Nicht verwechseln sollte man diese Jahreszeit mit dem mitteleuropäischen Sommer, tritt er in Indien doch mit viel größerer Entschiedenheit auf. Es regnet dann so gut wie gar nicht mehr. Dafür steigt die **Hitze** bis Ende Mai auf über 45°C an. Gerade in den extremen Trockengebieten im Nordwesten erschweren schwere **Sandstürme** das Leben.

Insgesamt leidet das gesamte Land unter der Hitzeglocke, und wer immer es sich leisten kann, entflieht speziell im April und Mai in die Bergregionen des Himalaya. Kashmir, das Kulu-Tal und Darjeeling erleben jetzt den Ansturm der indischen Mittel- und Oberschicht.

Regenzeit

Der etwa Anfang Juni vom Südwesten her mit dem Monsun eintreffende **Regen** wird von den Menschen wie eine gottgesandte Erlösung empfunden. Der Himmel öffnet seine Schleusen, entstaubt im wahrsten Sinne des Wortes die Luft, sodass man endlich mal wieder richtig durchatmen kann. Zwar ist die unerträgliche Hitze überstanden, dafür bedrückt nun ein feuchtes, **schwülwarmes** Klima das Leben der Menschen. Während der **Südwestmonsun** etwa Mitte September den Rückzug antritt, wird die Südostküste noch einmal von Oktober bis Dezember vom **Nordostmonsun** berührt, sodass hier im Vergleich zum restlichen Indien überdurchschnittlich hohe Niederschlagswerte zu verzeichnen sind.

Der Monsun kommt durch den jährlichen Wechsel der Winde zustande, die durch die Temperaturschwankungen zwischen Land und Wasser sowie die unterschiedliche Sonnenbestrahlung der Erde entstehen. Im Sommer blasen die Winde aus Südwest, im Winter aus Nordost. Sie transportieren riesige Wolkenmassen, die sich dann als Monsunregen über dem Festland ergießen. Das eigentliche Problem besteht jedoch darin, dass seine Zeit und Ergiebigkeit kaum vorhersehbar ist und er zudem unregelmäßig auftritt. Kommt es an Ganges und Brahmaputra immer wieder zu riesigen **Überschwemmungen** mit Tausenden von Toten, leiden die Menschen im Südwesten, in Gujarat und Rajasthan, unter jahrelangen **Dürreperioden,** in denen kein Tropfen Wasser fällt.

Winter

Die angenehmste Jahreszeit beginnt im Oktober und reicht bis Februar. Winter ist, zumindest was die Tagestemperaturen betrifft, ein recht irreführender Begriff, liegen sie doch meist noch um **25 °C.** Richtig kalt

Maximale Tagestemperaturen in °C

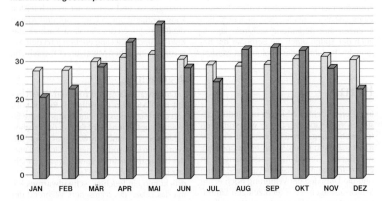

Minimale Nachttemperaturen in °C

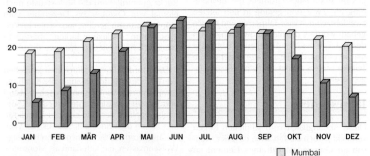

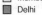
☐ Mumbai
■ Delhi

Mittlere Niederschlagsmenge pro Monat in mm

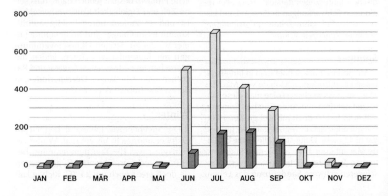

Maximale Tagestemperaturen in °C

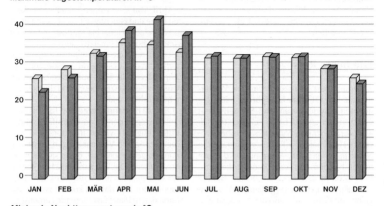

Minimale Nachttemperaturen in °C

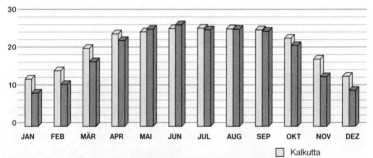

☐ Kalkutta
■ Varanasi

Mittlere Niederschlagsmenge pro Monat in mm

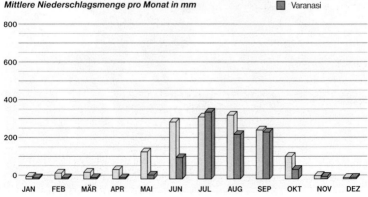

Land und Leute

hingegen wird es in den Bergregionen des Himalaya mit nächtlichen Tiefsttemperaturen um den Gefrierpunkt, speziell im November/Dezember.

Die beste Reisezeit

Allgemein lässt sich sagen, dass die Wintermonate von **Oktober bis Februar** mit angenehmen Temperaturen, viel Sonnenschein und wenig Regen die beste Reisezeit darstellen. Gerade in den Monaten Oktober/November kurz nach der Regenzeit erstrahlt die Natur in voller Blüte. Allerdings wird es im hohen Norden sehr kalt, dafür ist die Fernsicht in dieser Jahreszeit am besten. Bedenken sollte man, dass es vor allem in Westbengalen und Orissa aufgrund des Nordostmonsuns zu überdurchschnittlich hohen Regenfällen kommt. Zudem kann es in der Hauptreisezeit an einigen Haupt-Touristenorten wie etwa Agra, Jaipur und Varanasi oder Jaisalmer zu Schwierigkeiten kommen, Unterkunft zu finden.

Der indische Sommer – speziell die Monate **April/Mai** – ist wegen seiner erdrückenden Hitze und Feuchtigkeit als Reisezeit nicht zu empfehlen. Himachal Pradesh mit seinen wunderschönen Himalayatälern ist in dieser Zeit wohl noch die angenehmste Region. Für Tierliebhaber ist es allerdings eine günstige Zeit, weil sich die Tiere auf die verbliebenen Wasserstellen konzentrieren und damit leicht zu beobachten sind.

Obwohl die **Monsunzeit** von Juni bis September wegen der vielen Regenfälle, hoher Luftfeuchtigkeit, vieler Insekten und der Überflutung von Verkehrswegen meist von Touristen gemieden wird, bietet sie doch gewisse Vorteile. Der Wechsel zwischen Regen- und Sonnenzeiten (meist regnet es nur einige Stunden pro Tag, danach kommt wieder die Sonne durch) bietet faszinierende Farbenspiele. Nach monatelanger Dürre scheint die Natur geradezu zu explodieren. Duft und Farben der Pflanzen sind in dieser Zeit besonders intensiv. Auch das Shekhawati in Rajasthan mit seiner verfallenen ehemaligen Pracht strahlt in dieser Zeit einen besonderen Reiz aus.

018 | Fotolib

Flora und Fauna

Pflanzenwelt

Nur auf eine semantische Kuriosität ist es zurückzuführen, dass knapp 10 Prozent der indischen Landesfläche offiziell als **Dschungel** klassifiziert werden. Das Wort Dschungel leitet sich von dem Hindiwort *Jangal* ab und bedeutet auch in anderen indischen Sprachen ganz allgemein Wald. In Indien ist also jeder Wald ein *Jangal*. Dschungel, wie man ihn aus historischen Reiseberichten oder den literarischen Werken *Rudyard Kiplings* kennt, Dschungel mit Baumriesen, Schlingpflanzen, dichtem Unterholz und Wegelosigkeit gehört jedoch in Indien inzwischen fast der Vergangenheit an. Nur noch in den feuchten **Regenwaldzonen** der Western Ghats und den Grenzgebieten des Nordostens, vor allem in Assam, gibt es noch Überreste. Dichter Wald ist in den Mittelgebirgszügen der Vindhyas bis hin nach Orissa erhalten geblieben.

Insgesamt knapp 1.200 **Baumarten** kommen in Indien vor. Der für westliche Touristen klassische Tropenbaum, die Palme, findet sich in Indien vor allem im Süden. Besondere Bedeutung kommt der **Kokospalme** zu, weil die Kokosnuss äußerst vielseitig verwendbar ist. So ist die Kokosmilch als guter Durstlöscher sehr beliebt, das Fruchtfleisch wird in Süßspeisen und Currys verarbeitet. Das hochwertige Kokosöl wird zum Kochen und Backen ebenso verwandt wie zur natürlichen Körperpflege, das minderwertige in Seifen und Kerzen verarbeitet. Doch mit der Verarbeitung des Inhalts ist der Nutzen der Frucht noch lange nicht erschöpft. So werden aus den Holzfasern Seile gesponnen, die wiederun zu Säcken, Matten, Teppichen, Netzen und Bürsten verarbeitet werden. Die Schalen dienen zur Herstellung von Bestecken und Souvenirs oder als Brennmaterial. Aus dem Palmholz schließlich lassen sich Möbel fertigen, und die Palmwedel dienen oftmals als Hausabdeckungen. So verwundert es wenig, dass die etwa zwei Millionen Kokospalmen in Goa einen erheblichen Wirtschaftsfaktor in der Region darstellen.

An der Malabarküste wachsen die bei den Indern so beliebten **Arecanüsse** *(Areca catechu)*, wichtigster Bestandteil des **Betelbissens.** Als Kau- und Genussmittel hinterlassen sie überall in Indien unübersehbare rötliche Flecken. Zu den wertvollsten Edelhölzern gehören **Sandel-** und **Rosenholz,** die wegen ihres Wohlgeruches auch als Räucherstäbchen Verwendung finden.

Einer der wohl bekanntesten Bäume Indiens ist der **Bodhi** (Pipal-Baum, *Ficus religiosus*). Unter diesem Baum soll der Prinzensohn Siddharta Gautama nach siebentägiger Meditation zum Buddha, d.h. zum Erleuchteten, gereift sein. Seither gilt der Baum allen Buddhisten als heilig.

Ebenso wie der Bodhi gehört auch der wegen seines spektakulär anmutenden Aussehens berühmte **Banyan** (Würgefeige, *Ficus bengalesis*) zur Gattung der Feigenbäume. Mit seinen weit ausgreifenden, bis zu 2 Metern aus dem Boden aufragenden Luftwurzeln mit unzähligen Verästelungen und Verzweigungen macht der Parasit, der sich um die Stämme anderer Bäume legt, einen urweltlichen Eindruck.

Die vor allem in Bengalen (Darjeeling) und im Nordosten (Assam) von den Engländern Ende des 19. Jh. angelegten **Teeplantagen** haben Indien zu einem der weltweit größten Teeexporteure aufsteigen lassen. Gleichzeitig jedoch mussten dafür Waldgebiete gerodet werden.

Umweltverträglicher sind die **Gewürzgärten** an der tropischen Südwestküste. Der Geschmack von Pfeffer, Zimt, Kardamon und Ingwer lockte einst die Europäer nach Indien und folglich sind Gewürze heute noch einer der bedeutendsden landwirtschaftlichen Exportprodukte Indiens.

Tierwelt

Die dem Hinduismus immanente Auffassung von der Einheit allen Lebens, in der der Mensch nur ein Teil des Ganzen ist, mag auch die Tierwelt länger vor Verfolgung be-

Reisanbau ist mühsam

wahrt haben als anderswo. Spätestens mit dem Einzug der Moderne war dies jedoch vorbei. Neben dem Bevölkerungsdruck, der die Menschen immer tiefer in die angestammten Lebensräume der Tiere eindringen ließ, dem Eisenbahn- und Straßenbau, der die Wanderwege der Tiere zerschnitt, und dem Einsatz von Pestiziden, der ihre Nahrungsgrundlagen zerstörte, trug auch die wilde Schießwut der weißen Kolonialherren und indischen Rajas zur Dezimierung des Wildbestandes bei. Vor allem die so genannten *Big Five*, der indische **Löwe**, der **Tiger**, der **Elefant**, das **Panzernashorn** sowie das **Gaur**, das größte Wildrind der Erde, waren akut vom Aussterben bedroht. Angesichts dieser dramatischen Lage setzte Anfang der siebziger Jahre ein Sinneswandel bei den Verantwortlichen ein. Vor allem das Programm zur Rettung des Tigers erregte weltweites Aufsehen.

Heute zählt Indien weltweit zu einem der vorbildlichsten Länder auf dem Gebiet des Tierschutzes. Indiens Tierwelt ist sehr artenreich, auf 2,2 % der Landmasse der Erde sind 8 % aller Säugetiere, 14 % aller Vogelarten und 9 % aller Reptilienarten beheimatet.

Immer wieder ein faszinierendes Bild ist es, einen **Arbeitselefanten** mit einem *Mahout* in aller Seelenruhe inmitten des brodelnden Verkehrs der indischen Großstädte marschieren zu sehen. Zunehmend weniger dieser beliebten Großtiere Indiens werden allerdings zu Arbeitstieren abgerichtet. Nach Schätzungen gibt es inzwischen wieder 22.000 Elefanten, von denen die meisten in Nationalparks leben.

Nachdem neben dem Elfenbein auch der Export von **Krokodilleder** strengstens verboten ist, verzeichnet auch die Population dieser so martialisch anzuschauenden Tiere einen Aufwärtstrend.

Ebenso wie der Tiger in den letzten Jahren vor dem Aussterben gerettet werden konnte, scheint dies auch bei dem **Löwen** zu gelingen. 250 leben heute im Gir-Nationalpark im Bundesstaat Gujarat. Der **Gepard** gilt hingegen seit 1952 als ausgestorben.

Die beliebtesten Beutetiere der Wildkatzen wie **Antilopen**, **Gazellen** und **Hirsche** finden sich in fast jedem Wildpark Indiens zu-

Die heilige Kuh – geschlagene Heilige

Die Kuh ist in Indien heilig, das weiß jedes Kind. Aber wie heilig ist sie den Indern eigentlich wirklich? Wenn man die abgemagerten Gerippe durch die Straßen streunen sieht, wo sie auf ihrer nimmermüden Suche nach Essbarem die Abfallhaufen durchwühlen und allzuoft mit Stockhieben vertrieben werden, scheint diese Frage gar nicht so abwegig.

Ein Blick in die Geschichte beweist, dass die Verehrung der Kuh durchaus nicht immer selbstverständlich war. Der Verzehr von Rindfleisch war für die nomadisierenden arischen Hirten, die vor Jahrtausenden in Nordindien einfielen, eine Selbstverständlichkeit, und auch die Opferung von Rindern zu religiösen Zwecken war gang und gäbe, wie Auszüge aus den „Veden", den heiligen Schriften der Arier, belegen. Dies änderte sich erst, als die Einwanderer sesshaft wurden und geregelten Ackerbau betrieben. Von nun an war nicht mehr das Pferd, sondern das Rind das wichtigste Tier des Menschen.

Diese Bedeutung hat es bis heute behalten, da sich die Lebensbedingungen eines Großteils der indischen Bevölkerung in den letzten Jahrtausenden nicht grundlegend verändert haben. Vor allem die unzähligen Mittellosen der indischen Gesellschaft profitieren von den kostenlosen Produkten der Millionen Straßenkühe. Die meisten der scheinbar herrenlos durch die Großstädte streunenden Rinder besitzen ein festes Zuhause, zu dem sie allabendlich zurückkehren. Während sie dort die bereitgestellte Mahlzeit bekommen, werden sie von den Besitzern gemolken.

Auch zum Pflügen der Felder und als Zugtier ist das Rind unverzichtbar. Die Milch der Kuh bedeutet für die Unterschicht eine wichtige, weil nährstoffreiche und vor allem kostenlose Ernährung. Der Dung ist als Düngemittel der Felder genauso nützlich wie als Brennmaterial; darüber hinaus findet er als Mörtel zur Errichtung von Lehmhütten Verwendung, zumal er auch noch insektenabweisend wirkt. Als weitverbreitetes Desinfektionsmittel wird auch der Urin der Cebu-Rinder genutzt, und in den indischen Städten dienen die etwa 200 Millionen freilaufenden Kühe als Müllentsorger.

Die existentielle Bedeutung des Rindes hatten die indoarischen Einwanderer sehr schnell erkannt, weshalb sie es unter Tötungsverbot stellten. Die Verehrung der Kuh hatte also zunächst rein pragmatische Gründe. Die religiöse Überhöhung als lebensspendende Mutter *(go mata)* setzte erst einige Jahrhunderte später ein, vor allem mit dem buddhistischen Prinzip der Nichtverletzung des Lebens *(ahimsa)*.

Nein, vergöttern im eigentlichen Sinne des Wortes tun die Inder ihre Kühe nicht, und heilig sind sie ihnen nur insofern, als sie ihnen das Überleben ermöglichen.

Auch für die Kastenlosen, die außerhalb der hinduistischen Gesellschaft stehen, besitzen die Kühe einen enormen Nutzen. Da sie nicht an die hinduistischen Regeln gebunden sind, dienen diesen Ärmsten der Armen das Fleisch, die Knochen und das Leder als wichtige Ernährungs- und Einkommensquelle.

Der gerade im Westen immer wieder vorgebrachte Einwand, das Tötungsverbot der Kuh sei angesichts der Millionen unterernährten Inder unverantwortlich (gepaart mit der Forderung nach Hochleistungs-Rinderzucht), entbehrt übrigens jeder Grundlage. Gerade die breite Masse der Bevölkerung könnte sich die durch die Aufzucht zwangsläufig anfallenden höheren Kosten für die Tiere und deren Produkte nicht leisten und müsste so auf ihren Nutzen verzichten. Im Übrigen stehen die dafür notwendigen Weideflächen im überbevölkerten Indien gar nicht zur Verfügung.

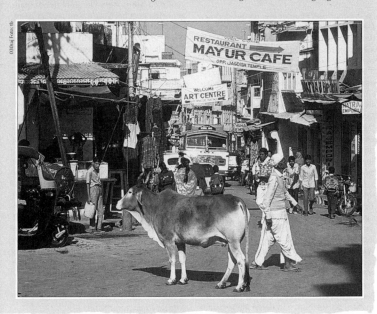

hauf. Unter den Hundearten finden sind der **Dekhan-Rothund,** der **Goldschakal** und der Bengalfuchs relativ häufig, während der äußerst scheue indische **Wolf** vom Aussterben bedroht ist.

Ebenso erging es lange Zeit dem **Panzernashorn,** welches wegen der Zusammensetzung seines Horns, von dem sich abgeschlaffte asiatische Männer wundersame Kräfte versprechen, eines der begehrtesten Jagdobjekte der Wilderer war. Heute gibt es weltweit etwa wieder 1.500 der beeindruckenden Tiere, von denen etwa 70 % in Terai im Süden Nepals und im Kaziranga-Nationalpark in Assam beheimatet sind.

Ein absolut gewöhnlicher Anblick in Indien sind die **Affen,** die häufig ausgerechnet in Tempeln anzutreffen sind. Hier scheinen sie sich besonders heimisch zu fühlen und sind dementsprechend selbstsicher, was zuweilen jedoch in Aggressivität umschlagen kann. Von den in Indien vertretenen neunzehn Rassen sind die Rhesusaffen und die Languren sehr häufig. Besonders die **Rhesusaffen** können recht agressiv werden, gerade wenn sie Essbares in den Händen der Menschen erspähen. So sollte man in deren Nähe darauf

verzichten, genüsslich eine Banane oder Sonstiges zu verspeisen.

Vogelliebhaber kommen in Indien voll auf ihre Kosten, beherbergt der indische Subkontinent doch über 1.200 **Brutvogelarten,** von denen 176 nur hier vorkommen. Rechnet man noch die im Winter aus dem nördlichen und mittleren Asien einfliegenden **Zugvögel** hinzu, so können ingesamt mehr als 2.000 Vogelarten nachgewiesen werden. Besonders häufig sind **Eulen, Spechte, Nashorn-** und **Nektarvögel, Kuckucke, Reiher, Störche** und **Kraniche.**

Der indische Nationalvogel ist der **Pfau.** Er ist nicht nur in der Wildnis weit verbreitet, sondern wird in vielen Dörfern als halbzahmer Vogel verehrt und gefüttert. Souvenirs aus dekorativen Pfauenfedern können übrigens ohne Bedenken gekauft werden, da die Vögel ihre Schmuckfedern während der Mauser im Winter verlieren.

Weniger erfreulich klingt die Zahl der ca. 4.500 jährlich in Indien durch Schlangenbisse getöteten Menschen. Die Zahl der **Schlangenarten** liegt bei 230, davon sind 55 giftig. Die Tigerpython ist mit bis zu 6 Metern Länge die größte Schlangenart Indiens. Zu den gefährlichen **Giftschlangen** zählen hauptsächlich Kobra, Kettenviper und Sandrasselotter. Bei 90 % der Bisse durch gefährliche Giftschlangen ist die injizierte Menge zu gering, um tödliche Folgen zu haben. Opfer finden sich meist unter der verarmten Landbevölkerung, da viele die Nacht auf dem Boden verbringen müssen und dabei versehentlich mit einer Giftschlange in Berührung kommen.

Ganz harmlos und zudem sehr nützlich ist dagegen der freundliche Zeitgenosse, der fast jeden Abend an der Wand des Hotelzimmers nach einer leckeren Mahlzeit Ausschau hält – der **Gecko.** Der kleine Kerl mit seinen reichlich groß geratenen Glubschaugen hält sich besonders gern in der Nähe von Lampen auf, da hier die Chancen für einen fetten Leckerbissen in Form eines Insekts besonders hoch sind. Schade nur, dass er sich in Mitteleuropa nicht recht wohl fühlt.

Mutter Rhesus mit Kind

Staat und Gesellschaft

Geschichte

Ähnlich der europäischen Geschichte, die gewöhnlich in die drei deutlich voneinander zu unterscheidenden Perioden alte, mittlere und neue Geschichte unterteilt wird, hat sich auch die indische Geschichtsschreibung an einer Dreiteilung orientiert: die alte indische Geschichte geprägt vom Hinduismus, die Zeit der islamischen Herrschaft und die britische Fremdherrschaft. Diese simple Kategorisierung erfreute sich sicherlich nicht nur deshalb so lange großer Beliebtheit, weil sie die jahrtausendealte, äußerst vielschichtige indische Geschichte in einen sehr übersichtlichen Rahmen presste, sondern auch, weil sie den Wunsch der nationalistischen Historikerzunft befriedigte, der goldenen Zeit der alten Geschichte die Epoche der Fremdherrschaft, die bereits mit den islamischen Dynastien be-

Gandhi-Statue in seiner Geburtsstadt Porbandar

Indischer Harem (Kupferstich)

gann, gegenüberzustellen. In dem Wissen, dass letztlich jede Periodisierung willkürlich bleiben muss, soll hier als Orientierungshilfe eine Aufteilung in zehn Epochen gewählt werden, um der Vielfalt der indischen Geschichte wenigstens ansatzweise gerecht zu werden.

Zeitalter der Induskultur (2250–1750 v. Chr.)

Es ist mehr als bezeichnend für den Verlauf der der von Gewalt und Teilung geprägten indischen Geschichte, dass die Schauplätze der ersten indischen Hochkultur heute außerhalb des Staatsgebietes im pakistanischen Industal liegen. Etwa um 2250 v. Chr. hatten sich in dem fruchtbaren Schwemmland mit den beiden ca. 600 km voneinander entfernten Metropolen **Harappa und Mohenjo Daro** zwei streng hierarchisch gegliederte Stadtkulturen entwickelt, die für ca. 5 Jahrhunderte die Zentren der Indus-Zivilisation bildeten. Da bis heute die Schrift nicht entziffert werden konnte und man so auf die Interpretation der materiellen Kulturzeugnisse angewiesen ist, lassen sich nur sehr vage Aussagen über die Kultur und politische Gliederung dieser Gesellschaften machen. So ist auch die immer wieder aufgestellte These, dass es sich um eine Sklavengesellschaft gehandelt haben soll, durchaus nicht erwiesen. **Archäologische Funde** lassen vermuten, dass Weizen, Gerste und Hülsenfrüchte angebaut wurden sowie Sesam für die Ölerzeu-

gung. Steinwerkzeuge wurden neben solchen aus Bronze und Kupfer noch vielfach verwendet, und die Töpferkunst war hoch entwickelt. Kultbilder aus Stein lassen bereits Ähnlichkeiten mit den späteren Hindugottheiten erkennen. Außerdem meinen die Wissenschaftler, Anzeichen für die später beim Hinduismus so charakteristische Führungsrolle der Priester ausgemacht zu haben.

Auch über die Ursachen für den **plötzlichen Untergang** der Stadtkulturen lassen sich nur Vermutungen anstellen. Unbeerdigte Leichen in der obersten Schicht Mohenjo Daros lassen auf ein gewaltsames Ende schließen. Ob dafür jedoch Überschwemmungen oder kriegerische Auseinandersetzungen verantwortlich waren, wird wohl nie eindeutig beantwortet werden können.

Einwanderung der Arier und Formierung des Hinduismus (1750–500 v. Chr.)

Das bis heute bedeutendste Ereignis der frühen indischen Geschichte war die Einwanderung **nomadisierender Rinderhirten** aus Zentralasien, die etwa um 1750 v. Chr. einsetzte und sich über ca. fünf Jahrhunderte in mehreren Völkerwanderungen fortsetzte. Woher die neuen Herren Indiens kamen und wer sie waren, ist auch heute noch eine offene Frage. Sie selbst nannten sich, wenig bescheiden, *Arya,* die Edlen. Man nimmt an, dass sie ursprünglich im südlichen Zentralasien beheimatet waren. Ihr Einfallstor zum indi-

Hinduistische Hochzeit (Kupferstich)

schen Subkontinent war wie für alle weiteren in der Folgezeit aus dem Norden eindringenden Eroberer der **Khyberpass,** der sich wie ein Korridor durch die westlichen Ausläufer des ansonsten unüberwindbaren Himalayas legte. Über das Leben der **Arier** sind wir weit besser informiert als über das der Menschen der Induskultur. Als Geschichtsquelle von unschätzbarem Wert erweisen sich hier die großen Epen der Arier, die **Veden.** Diese heiligen Schriften wurden zwischen 1500 und 800 v. Chr. verfasst und enthalten trotz ihrer auffallend legendenhaften Ausschmückung viele Hinweise über Organisation und Kultur im Indien des zweiten vorchristlichen Jahrtausends.

So machten die Arier zunächst den Punjab zu ihrem Brückenkopf in Indien, von dem sie erst mehrere Jahrhunderte später, vermutlich zwischen 1000 und 600 v. Chr., in die mittlere Gangesebene bis zum Yamuna vordrangen. Die Verwendung von Eisenwaffen, welche um 1000 v. Chr. Verbreitung fanden, zusammen mit ihrer beweglichen Kriegstechnik ließen die Arier schnell auf allen Gebieten die Vormacht erlangen.

Ob sie allerdings bei ihrem Vormarsch auf die dunkelhäutigen Drawiden trafen, die in der Fachliteratur lange Zeit als die Urbevölkerung angesehen wurden, gilt nach neuesten wissenschaftlichen Untersuchungen nicht mehr als gesichert. Glaubt man diesen Erkenntnissen, so erreichten die **Drawiden** erst nach den Ariern, über den Seeweg vom Irak kommend, den Subkontinent und ließen sich vornehmlich in Südindien nieder. Sollte sich diese Theorie bestätigen, wäre eine zentrale Konstante der indischen Geschichtsschreibung, wonach die Drawiden von den Ariern unterjocht und als unterste Schicht im Kastensystem eingegliedert worden seien, hinfällig.

Nach der Etablierung ihrer Macht bildeten die Arier eine Vielzahl kleiner **Königtümer,** die sich zumeist gegenseitig befehdeten. Neben dem König etablierten sich immer mehr die **Brahmanen** (Priester) als die eigentlichen Herrscher im Staat.

Erst durch die immer komplizierter werdenden rituellen Handlungen, die nur die Brahmanen durchzuführen wussten, erhielt der König die zur Amtsführung notwendige überirdische Legitimation. Auch musste der Herrscher vor jeder bedeutenden Entscheidung die Priester zu Rate ziehen. So waren die Brahmanen letztlich sogar mächtiger als der König, zumal sie nicht dessen Risiko im Kampf um die Macht zu tragen hatten. Gleichzeitig verstanden es die Priester, ihre gesellschaftliche Stellung zu zementieren, indem sie sich als oberste der vier Hauptkasten an die Spitze der sich immer deutlicher zementierenden Kastengesellschaft setzten. Mit dem sich herausbildenden **Kastensystem** sowie einer Bauernkultur, deren Grundlage der kleinbäuerliche Familienbetrieb war, etablierten sich zwischen 1500 und 500 vor Chr. zwei zentrale Grundpfeiler der indischen Gesellschaft, die in ihrem Kern bis in die heutige Zeit hinein Bestand haben.

Brahmanen und Unberührbare –
die Kasten zwischen Tradition und Auflösung

Seine Ursprünge hat das indische Kastensystem in der Zeit des Brahmanismus (ca. 1000–500 v. Chr.). Nach dem Einfall der Arier aus dem südlichen Zentralasien entstand eine in vier Klassen geteilte Gesellschaft. An ihrer Spitze standen die **Brahmanen** (Priester), denen die **Kshatriyas** (Krieger und Adel) und die **Vaishyas** (Bauern, Viehzüchter und Händler) folgten. Ihnen untergeordnet waren die nichtarischen **Shudras** (Handwerker und Tagelöhner).

Das Sanskrit-Wort für diese Klassen lautet *varna* (Farbe). Das deutet darauf hin, dass die hellhäutigen, arischen Eroberer die **dunkelhäutige Urbevölkerung** aufgrund ihrer Hautfarbe isolierte. Welche Bedeutung auch heute noch der Hautfarbe zukommt, kann man den sonntäglichen Heiratsannoncen entnehmen, in denen immer wieder der Wunsch nach einem möglichst hellen Teint auftaucht. Deshalb erfreuen sich auch Puder und Cremes, die die Haut künstlich aufhellen, bei unverheirateten Frauen großer Beliebtheit.

Die von den Brahmanen verfassten heiligen Schriften erklären und legitimieren diesen hierarchischen Gesellschaftsaufbau mit einem Gleichnis. Danach entstanden die Brahmanen bei der Opferung des Urriesen aus dessen Kopf, die Kshatriyas erwuchsen aus seinen Armen, die Vaishyas aus seinen Schenkeln und die Shudras aus dem niedrigsten Körperteil, den Füßen. Rechtfertigung erhielt das Kastensystem auch durch die Karma-Lehre, nach welcher der Status im gegenwärtigen Leben direktes Resultat der Taten in einem vorangegangenen Leben ist.

Das heute gebräuchliche Wort „Kaste" prägten die Portugiesen im 16. Jh., als sie die verschiedenen gesellschaftlichen Gruppen als *castas* (Gruppe, Familie) bezeichneten. Mit der wirtschaftlichen Entwicklung kam es zu einer Differenzierung der gesellschaftlichen Unterschiede, indem die **Berufsgruppen** in Unterkasten aufgeteilt wurden. Von diesen den europäischen Zünften vergleichbaren Unterkasten, die als *jatis* bezeichnet werden, soll es heute über 3000 in Indien geben. Da man in diese Kasten hineingeboren wird und ein Aufstieg in eine nächsthöhere Kaste ausgeschlossen ist, kann der einzelne dieser Apartheid nicht entkommen.

Außerhalb dieses Kastensystems stehen die so genannten **Unberührbaren,** die bis vor 50 Jahren als derart unrein galten, dass sich ein Brahmane aufwendigen Reinigungsritualen unterwerfen musste, wenn auch nur der Schatten eines Unberührbaren auf ihn gefallen war.

Der Klassenstatus
löst den Kastenstatus ab

Heute, wo in Indien über eine Milliarde Menschen auf engem Raum zusammenlebt und die Wirtschaft sich nach jahrzehntelanger, künstlicher Abschottung im harten Konkurrenzkampf auf dem internationalen Markt behaupten muss, entscheidet nicht mehr die Kaste, sondern Ausbildung und Leistung über die Vergabe eines Arbeitsplatzes.

Kasten- und Klassenstatus mögen früher einmal identisch gewesen sein – heute sind sie es längst nicht mehr. Unter den oberen Schichten der Gesellschaft muss man die Brahmanen mit der Lupe suchen; hier dominieren die Händler- und Bauernkasten. Erst danach finden sich die früher so dominierenden Brahmanen, die heute eher mittlere Gehaltsempfänger sind und vielfach höhere Verwaltungsposten besetzen. Allerdings befinden sie sich hier manchmal bereits in Konkurrenz mit Angehörigen der früheren Unberührbaren, die ihren Aufstieg einer systematischen Förderung der Regierung verdanken und deshalb nicht selten als „Regierungs-Brahmanen" bespöttelt werden.

Bedeutet all dies, dass das einstmals alles beherrschende Kastensystem im Indien von heute praktisch keine Rolle mehr spielt? Die Antwort lautet, wie so oft in Indien, nicht ja oder nein, sondern sowohl als auch. So ist es auch für die meisten westlich geprägten Inder, denen sonst im Alltag die Kastenschranken kaum noch etwas bedeuten, undenkbar, ihre Kinder mit Angehörigen einer niedrigen Kaste zu verheiraten.

Kasten als sozialer Rückhalt

Was einem nach den Prinzipien von Individualität und Selbstverwirklichung erzogenen Europäer als ungerecht erscheinen mag, erhält im Lichte der sozialen und kulturellen Realität Indiens eine völlig andere Bedeutung. Schließlich sollte man nicht übersehen, dass diese im Westen wie selbstverständlich propagierten Ideale gleichzeitig ein **soziales Netz** erfordern, welches jene, die auf dem schmalen Grat der freien Entscheidung straucheln, auffängt. Die Funktion eines in Indien so gut wie unbekannten staatlichen Sozialsystems übernimmt das Kastensystem.

Diese wirtschaftliche Komponente ist aber nur einer der im Westen immer wieder verkannten Vorteile der Kastenordnung. So haben die über Jahrtausende tradierten Werte und Verhaltensvorschriften innerhalb der einzelnen Kasten zu einer Art **kulturellem Heimatgefühl** geführt, auf welches die meisten Inder bis heute allergrößten Wert legen. Dementsprechend treffen sich die einzelnen Kastenmitglieder im Privatleben fast ausschließlich untereinander und halten damit eine Ordnung aufrecht, die im öffentlichen Leben kaum noch eine Rolle spielt.

Die Kastenlosen – geborene Verlierer

Vor allem in den Hunderttausenden von indischen Dörfern, die seit jeher als die Hochburgen des Kastensystems gelten, haben sich die alten Traditionen noch weitgehend erhalten. Dort ist es immer noch üblich, dass die Brahmanenhäuser, geschützt unter hohen Bäumen, im Zentrum stehen, während sich die anderen Bewohner, abgestuft nach ihrer Rangordnung, weiter Richtung Dorfrand ansiedeln.

Außerhalb der Dorfgrenze haben die Kastenlosen ihre schäbigen Hütten aufgeschlagen. Trotz aller staatlichen Fördermaßnahmen, die ihnen unter anderem entsprechend ihrem Anteil an der Gesamtbevölkerung einen Prozentsatz an Stellen im öffentlichen Dienst zusichern, zählen die 150 Millionen Kastenlosen nach wie vor zu den Ausgestoßenen der Gesellschaft.

Die Zeiten, dass ein *Paria* vor Betreten der Stadt die Höherkastigen durch das Schlagen einer Trommel *(parai)* vor seinem Erscheinen warnen musste, damit diese sich nicht durch seine Nähe verunreinigten, gehören zwar der Vergangenheit an, das Betreten des Dorftempels oder die Wasserentnahme aus dem Dorfbrunnen ist ihnen jedoch auch heute noch untersagt.

Dass jahrtausendealte Traditionen weit schwerer wiegen als bürokratische Entscheidungen im fernen Delhi musste auch *Mahatma Gandhi* erkennen, der sich vehement für die Besserstellung der Unberührbaren einsetzte und ihnen den Namen *Harijans* (Kinder Gottes) verlieh. Aufsteiger kommen zwar vor, die große Mehrzahl der Kinder Gottes verdient ihren kargen Lebensunterhalt jedoch mit dem Säubern von Latrinen, dem Enthäuten von Kadavern oder als Müllmänner. Als Abfall der Gesellschaft ist der Abfall der Höherkastigen für sie gerade gut genug. Bei diesen geborenen Verlierern, den Ärmsten der Armen, zeigt sich die hässliche Seite des Kastensystems auf besonders krasse Weise.

Land und Leute

Das erste indische Großreich und der Aufstieg des Buddhismus (500–150 v. Chr.)

Die Zeit um 500 v. Chr. ist eine bedeutende Zeitenwende in Indien: Zum ersten Mal stehen fast alle Teilregionen Nordindiens in Beziehung zueinander. Zudem bricht sich die **Eisenzeit** erst jetzt richtig Bahn, eine entscheidende Voraussetzung für die Kultivierung der unteren Gangesebene, die sich von nun an in eine fruchtbare **Reislandschaft** verwandelte.

Als drittes epocheprägendes Element wirkte das Aufkommen neuer religiöser Strömungen, des Jainismus und vor allem des **Buddhismus**. Es ist sicherlich kein Zufall, dass sich der Buddhismus gerade in jener Zeit ausbreitete, als der Hinduismus durch die vom einfachen Volk immer weniger nachvollziehbaren Opferrituale der Priesterkaste zunehmend an Einfluss verlor. Entscheidender war jedoch, dass der Buddhismus mit seinen vielen Klöstern wesentlich großflächigere **Missionserfolge** verzeichnen konnte als die an die Königshöfe gebundenen Brahmanen.

Buddhismus, Reis und Eisen waren die drei entscheidenden Elemente, aus denen die **Maurya-Dynastie** (322–185 v. Chr.), das erste Großreich Nordindiens mit der Hauptstadt *Pataliputra,* dem heutigen Patna, hervorgehen sollte.

Als bedeutendste Figur des Maurya-Reiches und einer der größten Herrscher der indischen Geschichte überhaupt gilt **Kaiser Ashoka** (274–232 v. Chr.). Nachdem seine Truppen das Kalinga-Reich im heutigen Orissa unterworfen und dabei Tausende von Menschen abgeschlachtet hatten, konvertierte er reumütig zur friedfertigen buddhistischen Religion und erklärte sie gleichzeitig zur Staatsreligion. Er ließ nicht nur im gesamten Herrschaftsbereich, der von Delhi über Gujarat, Uttar Pradesh, Bihar und Orissa bis nach Sanchi ins heutige Madhya Pradesh reichte, unzählige seiner berühmten Ediktsäulen aufstellen, in denen er seine Untertanen zu moralischem Handeln im Einklang mit der buddhistischen Lehre ermahnte, sondern sandte auch Missionare seines Hofes in andere asiatische Länder. Die religiöse Klammer des Buddhismus schuf ein prosperierendes Gemeinwesen, in dem der Staat zum ersten Mal in der indischen Geschichte über den Bereich kleiner Territorialreiche hinaus weitgehende Verwaltungseinrichtungen schuf, den Handel förderte, die Handelswege beherrschte und Münzen in Umlauf setzte. So besteht die historische Bedeutung des Maurya-Reiches und vor allem ihres Universalherrschers Ashoka darin, zum ersten Mal eine überregionale kulturelle Einigung Indiens geschaffen zu haben.

Zerfall des Großreichs und Entstehung vieler Regionalreiche (150 v. Chr.–300 n. Chr.)

Wie sich jedoch nach dem Sturz des letzten Maurya-Kaisers 185 v. Chr. durch den General *Pushyamitra* aus der Sunga-Dynastie zeigte, war die territoriale und herrschaftspolitische Einbindung großer Teile Nordindiens in einem Großreich unter Ashoka eine historische Ausnahmeerscheinung. Nach dem Untergang des Maurya-Reiches wurde das machtpolitische Vakuum durch **unzählige Regionalreiche** aufgefüllt, wobei sich vier Hauptakteure herauskristallisierten: die bereits erwähnten *Sungas* im Norden, *Kalinga* (Orissa) im Osten, das unter *Kharasvela* wieder zu bedeutender Macht aufstieg, die *Satavahanas* im zentralen Hochland und im Nordwesten die *Shakas* (Skythen), die von Zentralasien über Afghanistan in das Industal eingedrungen waren und bald ihre Herrschaft bis nach Gujarat ausdehnten.

So unterschiedlich diese einzelnen Reiche in ihrer ethnischen Zusammensetzung und politischen und religiösen Organisation auch waren, allen gemeinsam war doch, dass sie sich kaum länger als maximal 200 Jahre halten konnten. Die Jahrhunderte vor und nach Christi Geburt waren in dieser Beziehung eine der turbulentesten Perioden der indischen Geschichte. Das Phänomen solcher kurz aufblühender und rasch wieder verschwindender Reiche erklärt sich dadurch, dass sich regionale Herrscher einem siegreichen Eroberer beugten und seine Oberherrschaft anerkannten, praktisch jedoch in ihren Herrschaftsrechten kaum beschränkt wurden. Da sich viele der neuen Regionalfürsten immer wieder ihre Herrschaft durch die Brahmanen legitimieren lassen mussten und der Buddhismus unter dem Verlust der Patronage des Maurya-Reiches litt, gewann der Hinduismus langsam wieder seine alte Bedeutung zurück.

Das goldene Zeitalter des indischen Mittelalters (300–1200 n. Chr.)

Nach den turbulenten Zeiten der vorherigen Periode war die Zeit vom 3. bis zum 12. Jh. bei aller Rivalität verschiedener regionaler Machthaber doch durch eine, zumindest für indische Verhältnisse gewisse **innere Stabilität** gekennzeichnet.

Außer den iranischen **Hunnen,** die zwischen 500 und 527 unter ihrem Führer *Toramana* in weiten Teilen Nordindiens herrschten, fielen keine bedeutenden Eroberer von Norden nach Indien ein, und so spielten sich die Machtkämpfe zwischen innerindischen Dynastien ab.

Diese innere Stabilität trug wesentlich zur Ausprägung eines allgemein verbindlichen **höfischen Herrschaftsstils** bei. Die für den europäischen Feudalismus so charakteristischen Treue- und Lehensverhältnisse fehlten hier, wurden aber oft durch verwandtschaftliche oder quasi-verwandtschaftliche Beziehungen ersetzt. Vasallen wurden als Brüder oder Schwestern bezeichnet und der Hof selbst des kleinsten Vasallen nach dem Vorbild des Königs gestaltet.

Diese auch als indisches Mittelalter bezeichnete Epoche wird gern als Goldenes Zeitalter der indischen Geschichte bezeichnet, weil sich **Kunst und Kultur** ungestört von kriegerischen Auseinandersetzungen mit Unterstützung regionaler Herrscher entfalten konnten. Einige der großartigsten Bauwerke Indiens sind in jener Zeit entstanden, wobei die zwischen 950 und 1050 erbauten Tempel von Khajuraho nur das berühmteste Beispiel sind.

Die bedeutendste Macht dieser Epoche war die **Gupta-Dynastie,** die die Nachfolge der Mauryas und Sungas angetreten hatte und die Ostregion der Gangesebene zur Ausgangsbasis ihres Großreiches machte.

Die Gupta-Zeit und hier speziell die Regierungsjahre der großen Könige *Samudragupta* (340–80) und *Chandragupta II.* (380–414) gilt auch als die glanzvollste Epoche der höfischen Kultur.

Zur gleichen Zeit findet eine **indische Kolonisierung Südostasiens** statt. Diese Kolonisierung erfolgt jedoch nicht durch die Ausdehnung indischer Herrschaft, sondern durch eine Übertragung von Herrschaftsstil, Schrift, Baukunst und religiösen Ideen sowohl des Hinduismus wie des Buddhismus. In Java, Sumatra, Vietnam und Kambodscha entwickelten sich Königreiche, in denen Hinduismus und Buddhismus nebeneinander existierten.

Allerdings geschieht dies paradoxerweise zu einer Zeit, als der **Buddhismus** in seinem Mutterland selbst fast völlig bedeutungslos geworden ist. Um das 7. Jh. n. Chr. bekennt sich nur noch im heutigen Bihar, dem einstigen Kernland des großen Herrschers Kaisers *Ashoka,* ein Großteil der Bevölkerung zum Buddhismus.

Zwar gelingt es den *Pratikaras* unter ihrem berühmten König *Bishoja* (836–90) noch einmal, Teile Nordindiens ihrem Herrschaftsgebiet einzuverleiben, doch um die Jahrtausendwende sind die verschiedenen Teilregionen Nordindiens wieder unter **verschiedene Dynastien** aufgeteilt, von denen keine die Vormacht erlangt.

Der erste Vorbote einer neu anbrechenden Zeitepoche ist der Sultan *Mahmud-e-Ghazni* (997–1030), der von seiner afghanischen Heimat in mehreren **Raubzügen** bis tief in die nordindische Ebene und nach Gujarat vorstößt und dort u.a. den Sonnentempel von Somnath plündert und zerstört. Im Gegensatz zu seinen muslimischen Nachfolgern ging es ihm jedoch nicht um territoriale Machtentfaltung, sondern ausschließlich um materielle Güter, und so zogen sich seine Truppen, reich beladen mit Gold und Juwelen, in die afghanische Heimat zurück.

Das Sultanat Delhi (1200–1500)

Die politische Zersplitterung Indiens lud islamische Herrscher aus Zentralasien geradezu ein, zunächst in **sporadischen Erobe-**

Land und Leute

rungszügen ins Land einzufallen, um schließlich die sagenhaften Reichtümer der einzelnen Regionalreiche zu erbeuten. Wer aber Indien beherrschen wollte, musste die außerindische Machtbasis aufgeben und sich dafür entscheiden, in Indien selbst sein Hauptquartier zu errichten.

Diese Entscheidung fiel mit der Errichtung des Sultanats von Delhi durch *Qutb-ud-din-Aibak* im Jahre 1206. *Aibak* war ein Sklave *Mohammed von Ghurs* (1150–1206), der im 12. Jh. in Nordindien eingefallen war, mehrere Hindukönige nördlich von Delhi geschlagen und 1194 Varanasi eingenommen hatte, sich dann aber wieder nach Afghanistan zurückgezogen hatte. Er hatte Aibak zum Statthalter von Delhi eingesetzt, und dieser machte sich selbständig, als sein Herr in Afghanistan ermordet wurde.

Damit war das Fundament der über 500-jährigen **islamischen Herrschaft** über Indien gelegt. Das Sultanat Delhi hielt sich über mehr als zwei Jahrhunderte unter verschiedenen Dynastien, die sich durch Mord und Usurpation ablösten.

Auf dem Höhepunkt ihrer Macht konnten die Sultane um die 100.000 Pferde und einige tausend Elefanten in die Schlacht schicken. Dieser geballten Schlagkraft konnten die zersplitterten Hindukönigreiche nichts Gleichwertiges entgegensetzen. Innerhalb von nur 20 Jahren beherrschten die Sultane von Delhi die gesamte nordindische Region. Besonders *Ala-ud-din-Khalji* (1295–1316) konnte seine Herrschaft durch viele erfolgreiche Feldzüge entscheidend erweitern. Wichtiger noch als seine militärischen Erfolge war jedoch seine Fähigkeit, das Reich administrativ zu durchdringen. So schuf der Sultan einen streng zentralistischen Staat mit einem großen stehenden Heer, effizienter Steuererhebung und scharfen Preiskontrollen.

Auf dieser Basis konnte die nächste Dynastie des Sultanats, die der **Thuglags**, den Herrschaftsbereich bis in den Süden ausdehnen und so ein Großreich errichten, das in seinen Ausmaßen weder vor noch nach ihnen je eine indische Macht erreicht hatte. *Muhammed Tughlag* (1325–51) trug der geografischen Ausdehnung dieses Riesenreiches Rechnung, indem er die Hauptstadt von dem nun an der Pheripherie gelegenen Delhi nach Daulatabad im zentralen Hochland Indiens verlegte. Mit seinem Versuch, das Land mit kontinentalen Ausmaßen in einem Zentralstaat zusammenzufassen, scheiterte er jedoch wie alle seine Nachfolger. 1329 musste er seine imperialen Ambitionen wieder aufgeben und nach Delhi zurückkehren, weil er sonst den Norden verloren hätte, der nach wie vor das Fundament seiner Hausmacht bildete.

Dieser erzwungene Rücktritt von seinen Großmachtzielen und die offenkundige **Verwundbarkeit des Sultanats** nahmen viele zuvor loyale Gouverneure zum Anlass, sich von ihren ehemaligen Herren zu lösen und eigene, unabhängige Reiche zu gründen. Hilflos musste die Zentralmacht mit ansehen, wie sich das Land in viele **selbständige Regionalreiche** auflöste und somit erneut jene für die indische Geschichte so charakteristische Territorialisierung des Reiches einsetzte.

So mussten sich die folgenden Dynastien der *Sayyids* (1414–51) und *Lodis* (1451–1526) nolens volens wieder mit dem Großraum Delhi begnügen. Gleichzeitig mit dem Niedergang des Sultanats von Delhi entstand mit dem Reich Vijayanagar im Süden Indiens eine Großmacht, die die bis dahin selbstverständliche Vorrangstellung des Nordens in Frage stellte.

Die Moguln (1500–1750)

Erst mit den Moguln, einer türkischen Dynastie, die im 16. Jh. die Bühne der indischen Geschichte betrat, wurde der weiteren territorialen Zerstückelung des Landes Einhalt geboten. Wie kein anderer Name symbolisieren die Moguln den Glanz des imperialen Indien. Dabei waren ihre ersten Gehversuche in Indien weit weniger glorreich, als man meinen könnte. Nachdem der erste Großmogul Babur (1483–1530) den letzten Lodi-König 1526 besiegt und damit dem Sultanat Delhi den endgültigen Todesstoß versetzt hatte, musste sein Sohn und Nachfolger Humayun (1530–56) nach zwei Niederlagen gegen den von Osten anrückenden Feldherrn Sher Shah 1540 beim König von Persien Zuflucht suchen. Erst als dessen Nachfolger sich untereinander befehdeten, konnte Humayun wieder nach Delhi zurückkehren, wo er jedoch schon wenig später 1556 starb.

Die große Stunde der Moguln brach erst mit seinem Sohn und Nachfolger Akhbar an, der nahezu ein halbes Jahrhundert über Indien herrschte (1556–1605). Das Reich Akhbars ist das einzige indische Großreich, das sich in Idee und Anspruch mit dem Ashokas vergleichen lässt. Ebenso wie der große Maurya-Kaiser wurde auch Akhbar von der Geschichtsschreibung derart glorifiziert, dass es schwerfällt, ein objektives Urteil über diesen bedeutendsten Großmogul zu fällen.

Wie zwiespältig die Person des großen muslimischen Herrschers war, zeigt sich besonders deutlich bei dem ihm immer wieder zugesprochenen Streben nach religiöser Toleranz. Tatsächlich war er an einer friedlichen Koexistenz von Hindus und Moslems interessiert, die er mit einer von ihm konzipierten Religion, der Din-il-Ilahi (Gottesglaube) zusammenführen wollte. Der wahre Hintergrund dieser scheinbar so friedfertigen Idee war jedoch die von machtpolitischem Kalkül getragene Überlegung, dass nur dort, wo eine graduelle Partizipation der Hindus am Staat erfolgte, die zahlenmäßig weit unterlegenen Muslime ihre Machtstellung langfristig stabilisieren konnten.

Ganz besonders deutlich zeigte sich dies bei seiner geschickten Heiratspolitik mit den verschiedenen Rajputen-Clans in Rajasthan. Gegen diese sich aus 36 Familien zusammensetzende Kriegskaste, die ab dem 6. Jh., aus Zentralasien kommend, vornehmlich im Nordwesten Indiens zahlreiche Fürstentümer geschaffen hatte und sich vehement gegen jede Fremdherrschaft auflehnte, ging Akhbar bei seinen Eroberungsfeldzügen mit äußerster Brutalität vor. Nur eines der vielen Beispiele ereignete sich 1564, als er nach der Eroberung der ruhmreichen Festung Chittorgarh 30.000 wehrlose Bauern wegen ihrer Unterstützung für die Rajputen niedermetzeln ließ. Erst nachdem er den Widerstand der tapferen Rajputen gebrochen hatte, verheiratete er die Töchter seines Hofes mit den Söhnen der einzelnen Herrscherhäuser und setzte diese als Gouverneure seiner neu hinzugewonnenen Provinzen ein. Hier findet sich also wieder jenes Prinzip von „Teile und

Herrsche", welches schon so viele Könige vor Akhbar angewandt hatten, um das Reisenreich unter ihre Kontrolle zu bekommen. Perfektioniert wurde es schließlich von den Briten.

Es war Akhbars besondere Fähigkeit, die militärisch unterworfenen Gebiete durch eine straffe administrative Kontrolle zu beherrschen, die seinen Erfolg begründete. Ein weiterer Faktor war die strategische Überlegenheit, die sich aus der Nutzung von Feuerwaffen ergab. Selbst die immer wieder legendenhaft ausgeschmückte Tapferkeit der Rajputen, die einen massenhaften Selbstmord der bevorstehenden militärischen Niederlage vorzogen, konnte gegen diesen Ansturm moderner Kriegsführung nichts ausrichten, und so drangen Akhbars Truppen weiter nach Süden vor. Dennoch stießen die Moguln dort zunehmend auf erheblichen Widerstand, und so reichte die Grenze von Akhbars Reich, das im Nordwesten Afghanistan umfasste und im Osten Bengalen, im Süden nur bis zu einer Linie, die sich etwa auf der Höhe von Mumbai (Bombay) von Küste zu Küste erstreckte.

Akhbars Nachfolger *Jehangir* (1608–1627) und *Shah Jahan* (1627–1658) widmeten sich weitgehend einer friedlichen Konsolidierung des ererbten Reiches und der Förderung der Künste. Das weltberühmte Taj Mahal, jenes Grabmal, welches Shah Jahan zu Ehren seiner Gemahlin Mumtaz in Agra hatte errichten lassen, ist das großartigste Zeugnis jener kulturellen Blütezeit.

Es waren gerade jene aufwendigen Bauwerke, die den Staat an den Rand des finanziellen Ruins führten, die Shah Jahans machthungrigem Sohn *Aurangzeb* (1658–1707) als willkommenes Argument zum Sturz und zur anschließenden Gefangennahme seines Vaters dienten.

Aurangzeb mochte sich auf dem Höhepunkt der Macht wähnen, als er mit einer rücksichtslosen Kreuzzugs-Politik Tausende von Hinduheiligtümern zerstören ließ und gleichzeitig versuchte, als erster gesamtindischer Kaiser in die Geschichte einzugehen, indem er versuchte, auch den bis dahin weitgehend unabhängig gebliebenen Süden zu unterwerfen.

Damit hatte er jedoch den Bogen seiner Macht bei weitem überspannt und leitete den Niedergang der Mogul-Macht in Indien ein. Mit seinem militant religiösen Fanatismus brachte er selbst bis dahin loyale Untertanen gegen sich auf. Diese landesweite Aufstandsbewegung verstärkte sich noch, als er seine Hauptstadt, ähnlich wie Muhammed Thuglag dreieinhalb Jahrhunderte zuvor, in den Süden verlegte. Bei der Verfolgung seiner ehrgeizigen Pläne hatte der letzte Großmogul die Ressourcen seines Reiches erschöpft. Besonders schwerwiegend war, dass er das von seinen Vorgängern sorgfältig ausbalancierte Steuersystem (Mansadbar) durch eine unverhältnismäßige Aufblähung der militärischen Oberschicht aus dem Gleichgewicht brachte. Da die Agrarbasis den feudalen Überbau nicht mehr tragen konnte, geriet das gesamte Herrschaftssystem in eine Krise, an der es schließlich zerbrach.

Nach dem Tod Aurangzebs setzte erneut eine Phase der Regionalisierung und des Zerfalls in viele kleine Herrschaftsbereiche ein. Die schwachen Nachfolger Aurangzebs konnten sich nicht mehr durchsetzen und regierten jeweils nur für eine kurze Zeitspanne. Der Einfall Nadir Shahs, eines Heerführers aus Persien, der 1739 Delhi eroberte und den gesamten Thronschatz plünderte, markierte das endgültige Ende der einstmals als unbesiegbar geltenden Moguln.

Während der Feldherr sich wieder in seine Heimat zurückzog, etablierten sich im Westen und Norden die Marathen, ein lokales Herrschergeschlecht, welches seine Hausmacht im Gebiet um Puna besaß und bereits seit Mitte des 17. Jh. den Moguln einige empfindliche Niederlagen beigebracht hatte. Das Marathen-Reich konnte jedoch das Mogul-

Britische Offiziere
(Foto von John Burke, 1879)

Reich nicht ersetzen, eben weil es gar nicht den Versuch unternahm, einen großen Territorialstaat aufzubauen.

So scheiterten letztlich auch die Moguln daran, dass das riesige Land von keiner noch so mächtigen und gut organisierten Zentralmacht zu regieren war.

Doch schon standen mit den europäischen Nationen, die bereits über verschiedene Handelsniederlassungen ihre Interessen in Indien vertraten, neue Interessenten bereit, um das Machtvakuum auszufüllen und, mehr noch, den enormen Reichtum des indischen Subkontinents auszubeuten.

Indien unter europäischer Kolonialherrschaft (1750–1947)

Da der Handel mit den begehrten Gütern Indiens fest in asiatischen Händen lag, waren die aufstrebenden europäischen Seefahrernationen daran interessiert, den direkten Seeweg nach Indien zu finden. Bekanntlich war *Christoph Kolumbus* bis zu seinem Tod davon überzeugt, bei seiner Entdeckung Amerikas die Schatzkammer Indien geöffnet zu haben, und so nannte er die dortigen Ureinwohner Indianer.

Mit *Vasco da Gama* blieb es einem **portugiesischen Seefahrer** vorbehalten, den Seeweg nach Indien zu entdecken. So waren es die Portugiesen, die zunächst 1510 mit Goa und danach mit Daman und Diu im heutigen Gujarat die ersten europäischen Handelsposten an der indischen Westküste errichteten. Für ein knappes Jahrhundert besaßen sie das Monopol auf den europäischen Indienhandel. Letztlich verfügte das kleine Land jedoch nicht über genügend Ressourcen, um das Riesenreich Indien zu kontrollieren, und so mussten die Portugiesen Anfang des 17. Jh. den Franzosen, Holländern und Engländern das Feld überlassen.

Die **East India Company**, die im Jahr 1600 von *Queen Elisabeth I.* das Monopol über den britischen Indienhandel zugesprochen bekommen hatte, eröffnete 1612 in Surat ihren ersten Handelsposten, dem schon bald jene in Madras (1640), Mumbai (1668) und Kalkutta (1690) folgten. Der Osten als Zentrum der Baumwollherstellung wurde vor allem deshalb mehr und mehr kolonialisiert, da sich der Vertrieb der überall in Asien sehr begehrten indischen Textilien noch vor Gewürzen und Tee als besonders profitabel erwies. Für die Briten wurde die Beteiligung am innerasiatischen Handel derart lukrativ, dass sie mit den Gewinnen jene Güter kaufen konnten, die sie nach Europa verschickten. So blieb die East India Company für lange Zeit das, was sie als ihre eigentliche Aufgabe ansah, ein höchst profitables Wirtschaftsunternehmen. Ein territoriales Engagement war dabei weder erforderlich noch erwünscht. Der Handel gedieh prächtig, da konnten politische oder gar militärische Verstrickungen nur Unheil anrichten. „Viele Festungen, viel Ärger und wenig Profit", war das Motto jener Tage.

Um so misstrauischer beäugte man den Aufstieg des alten Erzfeindes **Frankreich**, der sich auch ein Stück von der fetten Beute Indien einverleiben wollte und 1672 in Pondicherry an der Südostküste Indiens den ersten Handelsposten eröffnete. Die Franzosen versuchten, die von den Briten sorgsam austarierte Machtbalance zwischen Fürsten und Kolonialherren zu unterlaufen, indem sie die Lokalherrscher mit lukrativen Versprechungen für sich zu gewinnen suchten. 1746 gelang es ihnen sogar, Madras zu erobern, welches sie jedoch schon drei Jahre später wieder an die Briten abtreten mussten.

Den entscheidenden Übergang von dem zunächst rein am Profit orientierten East-India-Handelsunternehmen zur **politischen Ordnungsmacht** in Indien markiert das Jahr 1757, als der Nawab von Bengalen Kalkutta eroberte und dabei viele Briten ermorden ließ. Ein Jahr später nahmen die Briten unter der Anführung des wagemutigen Feldherrn *Robert Clive* in der Schlacht von Plassey nicht nur blutige Revanche an dem Lokalherrscher, der es gewagt hatte, eine Weltmacht herauszufordern, sondern schlugen gleichzeitig die mit ihm verbündeten Franzosen. Der Wandel von Händlern zu Feldherren war endgültig vollzogen.

In den folgenden Jahrzehnten gelang es den Briten in einer Reihe **erfolgreicher Feldzüge** gegen aufständische Regionalstaaten, ihre Stellung auszubauen. Anfang des 19. Jh. waren sie die unumschränkten Herrscher Indiens, womit das Land zum ersten Mal in seiner Geschichte unter einer Zentralgewalt vereint war. Wichtiger noch als ihre militärischen Siege war für die Festigung ihrer Macht die am Prinzip von „teile und herrsche" orientierte Taktik, den mächtigen Lokalfürsten (Maharajas) formal ihre Unabhängigkeit zu belassen, sie faktisch jedoch der Oberherrschaft der europäischen Kolonialmacht zu unterstellen.

Bei dieser Regelung fielen für beide Parteien **riesige Gewinne** ab, die die Engländer zu großen Teilen in ihr Heimatland transferierten, während die Maharajas der etwa 500 verbliebenen Fürstenstaaten, die etwa ein Drittel des indischen Staatsgebietes ausmachten, ihre politische Ohnmacht durch verschwenderischen Prunk und Protz zu übertünchen versuchten. Die riesigen, bis zum Rand mit Luxusgütern vollgestopften Paläste zusammen mit prachtvollen Umzügen und Paraden und den sich in Gold aufwiegenden Maharajas haben entscheidend zum Bild vom märchenhaften Indien beigetragen, das bis heute die Werbeprospekte vieler Reiseveranstalter prägt.

Als letztlich entscheidend für den Erfolg der Engländer erwies sich jedoch ihre Fähigkeit, als erste Herrscher der indischen Geschichte das riesige Land unter die **einheitliche Verwaltung** festbesoldeter Beamter zu stellen, die jederzeit versetzbar waren und sich deshalb keine regionale Hausmacht aufbauen konnten. So wurde eine rationale Bürokratie bürgerlich kapitalistischer Herkunft einer alten Agrargesellschaft aufgestülpt, die rücksichtslos ausgebeutet wurde.

Die Briten selbst weisen auch heute noch gern auf die unter dem Begriff steel frame zusammengefasste **positive Hinterlassenschaft** ihrer Kolonialherrschaft hin. Hierzu gehören der Aufbau einer funktionierenden Bürokratie, die Erschließung Indiens durch ein weit verzweigtes Eisenbahnnetz, die Einführung eines Rechts- und Bildungswesens sowie die Etablierung demokratischer Grundwerte. Viel schwerer wiegen jedoch die **negativen Folgen des Kolonialismus:** die Unterdrückung traditioneller indischer Bildungs- und Rechtsvorstellungen, die Zerstörung der einheimischen Textilindustrie, die Degradie-

rung des Landes zu einem reinen Rohstofflieferanten sowie die Entstehung eines riesigen Heeres von Proletariern. Paradoxerweise waren es gerade Mitglieder der indischen Oberschicht, die an den von den Briten geschaffenen Hochschulen ausgebildet worden waren, die die Ausbeutung ihres Mutterlandes als erste anprangerten und damit zum Träger der indischen Unabhängigkeitsbewegung wurden.

Die indische Unabhängigkeitsbewegung (1850–1947)

Die erste Phase des indischen Nationalismus wurde mit dem **Sepoy-Aufstand** von 1857 eingeläutet, als genau die Hälfte der insgesamt 74 indischen Battaillone in Nordindien gegen die britische Besatzer revoltierte. Während der rund viermonatigen erbitterten Kämpfe, die ihre Zentren vor allem in Lucknow, Delhi und Meerut hatten, kamen mehrere Tausend indischer und englischer Soldaten ums Leben. Vorübergehend geriet das britische Kolonialreich ernsthaft ins Wanken. Während die Nationalisten den Aufstand der indischen Sepoys (Soldaten) als ersten Unabhängigkeitskrieg gegen die europäische Fremdherrschaft feierten, weisen die heutigen Historiker darauf hin, dass die Revolte von vornherein zum Scheitern verurteilt war, da es ihr an jeglicher Koordination und Führung fehlte. Gleichzeitig war damit ein erstes sichtbares Zeichen gesetzt, dass die britische Herrschaft überwunden werden konnte, wenn es gelang, alle Kräfte des Landes auf dieses Ziel zu vereinen.

Auf Seiten der Engländer hatte der Aufstand weitreichende Konsequenzen zur Folge, die darin gipfelten, dass die East India Company aufgelöst und Indien **direkt der Krone unterstellt** wurde. 1876 ließ sich Queen Victoria zur Kaiserin von Indien küren, und der Posten des Generalgouverneurs, der als eine Art Diplomat des englischen Königshauses bereits seit Ende des 18. Jh. in Indien tätig war, wurde in den Rang eines Vizekönigs erhoben. Während die Briten so nach außen deutlich machten, dass sie keinesfalls bereit waren, die Zügel der Macht aus der Hand zu geben, öffneten sie gleichzeitig Pos-

Land und Leute

Foto um 1910

ten im Verwaltungsapparat zunehmend auch für Mitglieder der aufstrebenden indischen Oberschicht, die an den von liberalem Gedankengut geprägten Universitäten ausgebildet worden waren.

Immer deutlicher kristallisierte sich im Lager der Unabhängigkeitsbewegung, die sich 1885 im *Indian National Congress* organisiert hatte, eine Spaltung zwischen „Gemäßigten" und „Extremisten" heraus. Die Gemäßigten glaubten, dass nur durch eine schrittweise Demokratisierung und einen allmählichen Übergang der Macht in indische Hände aus der vielfältig gegliederten Gesellschaft eine moderne Nation werden konnte. Die Extremisten hingegen wollten sich der kolonialen Zwangsjacke so schnell wie möglich, wenn nötig auch mit Gewalt, entledigen, um das angestammte Recht auf Freiheit und Selbstbestimmung zu erlangen. Die Kluft zwischen

den beiden Gruppen verstärkte sich noch, als die Briten durch mehrere halbherzige Verfassungsreformen, die u.a. ein sehr eingeschränktes Wahlrecht beinhalteten, den Druck aufzufangen versuchten.

In dieser Situation bedurfte es einer solch außergewöhnlichen Führungspersönlichkeit wie **Mahatma Gandhi,** der 1915 aus Südafrika nach Indien zurückgekehrt war, um diese beiden Pole zu vereinen und zudem die bis dahin allein im Bildungsbürgertum verankerte Unabhängigkeitsidee ins breite Volk zu tragen. 1920 übernahm er die Führung der **Congress Party,** die er innerhalb kürzester Zeit von einem lockeren Zusammenschluss divergierender Kräfte zu einer straff organisierten Partei formte. Seine Methoden des gewaltlosen Widerstandes, der Nicht-Zusammenarbeit und anderer Boykottmaßnahmen fanden breite Unterstützung in der Bevölkerung.

1921/22 führte er eine **erste Massenbewegung** gegen die als völlig unzureichend empfundenen Reformzugeständnisse an, die er jedoch abbrechen ließ, als gewalttätige Unruhen ausbrachen. Trotzdem ließen ihn die Briten verhaften und verurteilten ihn zu sechs Jahren Gefängnis, von denen er jedoch nur zwei Jahre verbüßen musste.

Der legendäre **Salzmarsch,** mit dem Gandhi 1930 symbolisch das Salzmonopol der Briten brechen wollte, wurde ein überwältigender Erfolg. Das Ergebnis waren zwei Konferenzen am „Runden Tisch" in London, in denen schließlich die Abhaltung freier Wahlen beschlossen wurde. Mehr als ein Teilerfolg war jedoch auch dieses Zugeständnis nicht, da die Inder nur über die Zusammensetzung der Provinzparlamente abstimmen konnten, während die Zentralregierung weiterhin von den Engländern gestellt wurde.

1936 brachten **die ersten gesamtindischen Wahlen** einen überwältigenden Erfolg für die Congress Party, während die Partei der indischen Muslime weit abgeschlagen wurde.

Das Ergebnis verstärkte die Furcht der **Muslime** vor einer Majorisierung durch die Hindus und vor dem Verlust ihrer Identität in einem Hindu-Staat. Diese Angst wurde während des 2. Weltkrieges, als der Freiheitskampf weitgehend auf Eis lag, von dem Führer der Muslim-Liga *Ali Jinnah* kräftig geschürt.

Mehr und mehr entwickelte sich hieraus eine Massenbewegung, die einen **eigenständigen Muslim-Staat Pakistan** forderte. Seitdem es im Gefolge des 16. August 1946, dem so genannten *Direct Act Day*, den Jinnah in Kalkutta ausrufen ließ, um der Forderung eines Separatstaates Nachdruck zu verschaffen, zu schweren Massakern zwischen Hindus und Moslems gekommen war, führte kein Weg mehr an der von Gandhi und seinen Anhängern befürchteten Zerstückelung Indiens vorbei.

Das Ende des Krieges und die geschwächte Position Englands führten schließlich zu einer raschen, ja überstürzten Machtübergabe der Engländer, die gleichzeitig die **Teilung des Landes** in ein muslimisches Ost- und West-Pakistan und das hinduistische Indien bedeutete.

Der von *Lord Mountbatten,* dem letzten Vizekönig Englands in Indien, festgelegte Tag der langersehnten **Unabhängigkeit,** der 15. August 1947, stand im Zeichen grausamer **Massaker** zwischen Hindus und Moslems, bei denen über 200.000 Menschen auf offener Straße abgeschlachtet wurden. Besonders betroffen hiervon war der Punjab, dessen Staatsgebiet in der Mitte zerschnitten wurde. Wie schon so oft in der Geschichte des Subkontinents offenbarte sich hier auf tragische Weise die Unmöglichkeit, das Riesenreich friedlich zu vereinen.

Das nachkoloniale Indien

„Vor langen Jahren haben wir einen Pakt mit dem Schicksal geschlossen und nun naht die Zeit, da wir unser Gelöbnis einlösen werden." Dieser Pakt mit dem Schicksal, von dem Indiens erster Ministerpräsident und langjähriger Gefährte Mahatma Gandhis während der Zeit des Unabhängigkeitskampfes, *Jawaharlal Nehru,* in der Nacht zum 15. August 1947 sprach, meinte einen Staat, der auf den Grundwerten der Toleranz, Demokratie, Pluralität, Friedfertigkeit und vor allem des Säkularismus aufgebaut sein sollte.

Wie kurzlebig der Schicksalspakt des gerade erst unabhängig gewordenen Landes war, wurde der indischen Bevölkerung bereits am 30. Januar 1948 schlagartig vor Augen geführt, als der Vater der Nation, **Mahatma Gandhi,** von dem fanatischen Hindu *Nathuram Godse* **erschossen** wurde. Hier offenbarte sich auf fatale Weise, dass religiöser Fanatismus und politischer Separatismus, die bereits die Geburtsstunde des unabhängigen Indien überschattet hatten, letztlich die indische Realität weit mehr prägen als Toleranz und Friedfertigkeit.

Während es die politischen Führer Indiens während der Zeit des Kalten Krieges lange Jahre verstanden, das Land durch eine geschickte **Neutralitätspolitik** aus weltweiten

Konflikten herauszuhalten, wurden die Beziehungen zu den Nachbarstaaten, allen voran dem **Erzfeind Pakistan,** anstatt von friedlicher Koexistenz durch militärische Auseinandersetzungen bestimmt.

Hauptstreitobjekt war hier **Kashmir,** ein Fürstenstaat im Nordwesten Indiens mit einer Hindu-Dynastie und einer Muslim-Mehrheit, den beide Staaten für sich beanspruchten. Nachdem es bereits 1948 zwischen Indien und Pakistan zu Kämpfen in Kashmir gekommen war, die erst durch einen von der UNO vermittelten Friedensschluss beendet wurden, nutzte Pakistan die innenpolitische Schwäche Indiens nach dem Tod *Nehrus* 1964 zum **2. indo-pakistanischen Krieg.** 1966 wurde er während der Friedensverhandlungen zu Tashkent, wo Nehrus Nachfolger *Shastri* starb, beendet.

Mit **Indira Gandhi,** der Tochter *Nehrus,* übernahm nun eine Politikerin für die nächsten 16 Jahre die Führung des Landes, die die durch das unaufhaltsame Bevölkerungswachstum im Innern hervorgerufenen sozialen Konflikte sowie die außenpolitischen Herausforderungen durch eine kompromisslose Politik der Härte zu bewältigen suchte.

So gab sie die strikte Neutralitätspolitik ihrer Vorgänger auf, als sie 1971 als Reaktion auf das pakistanisch-amerikanische Bündnis einen Freundschaftsvertrag mit der Sowjetunion abschloss. Im gleichen Jahr entsandte sie Truppen ins benachbarte Ostpakistan, wo sie den aufständischen Rebellen unter *Mujibur Rahman* zur Gründung eines unabhängigen Staates **Bangladesch** verhalf.

Dieser große außenpolitische Erfolg ermöglichten der seit 1948 ununterbrochen regierenden Congress Party 1971 einen überwältigenden Wahlsieg. Als weiteres Zeichen machtpolitischer Stärke verkündete Indien 1974 den ersten **Atomtest,** womit das Land in den exklusiven Club der Atommächte eintrat.

Gleichzeitig geriet die Regierung unter Indira Gandhi in den Jahren 1972 bis 1974 unter zunehmenden **innenpolitischen Druck.** Durch die Weltwirtschaftskrise, drastisch steigende Energiepreise und mehrere aufeinander folgende Dürrejahre verschlechterten

Mahatma Gandhi und Jawaharlal Nehru während des legendären Salzmarsches (Wandgemälde)

Land und Leute

sich die Lebensbedingungen der Bevölkerung dramatisch. Die lange Zeit kaum in Erscheinung getretene Opposition verlangte lautstark Indira Gandhis Rücktritt, und bei den Landtagswahlen 1975 in Gujarat erlitt die Kongresspartei eine vernichtende Niederlage.

In dieser prekären Situation entpuppte sich Indira Gandhi als rücksichtslose Machtpolitikerin, da sie einen **nationalen Notstand** ausrief, um die Verschiebung der für 1976 anstehenden Wahlen, bei denen sie kaum Gewinnchancen besaß, rechtfertigen zu können. Was folgte, waren die Verhaftung Tausender unliebsamer Oppositionspolitiker, die Einschränkung der Pressefreiheit und die Gleichschaltung der Provinzparlamente.

Eine rücksichtslose **Zwangssterilisationskampagne,** mit der ihr jüngerer Sohn *Sanjay,* den sie als ihren Nachfolger auserkoren hatte, das Bevölkerungswachstum in den Griff bekommen wollte, ließ den Popularitätswert Indira Gandhis endgültig auf den Nullpunkt sinken. Als sie schließlich für das Frühjahr 1977 Neuwahlen ansetzte, um ihre Notstandsgesetze von der Bevölkerung absegnen zu lassen, erlitt die Congress Party eine **klare Niederlage** und wurde von der in aller Eile aus fünf Oppositionsparteien zusammengezimmerten Janata-Partei unter dem neuen Ministerpräsidenten *Morarji Desai* abgelöst.

Doch innerhalb kürzester Zeit brachen die unüberbrückbaren Gegensätze dieser Parteienkoalition, die im gemeinsamen Kampf gegen die Congress Party überdeckt worden waren, in alter Schärfe wieder auf. So zerfiel die Koalition recht bald wieder, und aus den im Januar 1980 abgehaltenen Neuwahlen ging erneut Indira Gandhi als Siegerin hervor.

Im Juni 1980 wurde Indira Gandhis Sohn *Sanjay* Opfer eines Flugzeugunfalls. Der Verlust des von ihr geliebten, geradezu verehrten Sohnes stand wie ein schlechtes Omen über der letzten Regierungszeit Indira Gandhis, die vor allem durch die **gewaltsamen Autonomiebewegungen** verschiedener Landesteile in den Nordost-Provinzen Sikkim und Kaschmir geprägt wurde.

Die größten Sorgen bereiteten der Bundesregierung jedoch der **Sezessionskrieg der Sikhs** für einen eigenen Staat Khalistan.

Nachdem sich die Terroristen im Goldenen Tempel von Amritsar, dem Hauptheiligtum der Sikhs, verschanzt hatten, befahl Indira Gandhi dessen Erstürmung, wobei der Anführer *Bhindranwale* und etliche seiner Gefolgsleute ums Leben kamen.

Wenige Monate später, am 31. Oktober 1984, wurde **Indira Gandhi Opfer eines Attentats** zweier ihrer Sikh-Leibwächter. „Was tun Sie da?", soll sie die ihr seit vielen Jahren vertrauten Mörder im Augenblick ihres Todes fassungslos gefragt haben. Fassungslos und entsetzt war auch die ganze Nation. Indira ist Indien, Indien ist Indira – dieser griffige Slogan hatte seine imaginative Wirkung nicht verfehlt. „Indira Gandhi zindabad" – hoch lebe Indira Gandhi – schrien die Massen an ihrem Grab, aber auch: „Blut für Blut". Damit war die Szenerie für die kommenden Tage abgesteckt. Allein in Delhi wurden mehrere tausend Sikhs von aufgebrachten Hindus ermordet.

Um eine Ausweitung der Unruhen zu vermeiden, wurde hastig Indira Gandhis bis dahin kaum in Erscheinung getretener Sohn **Rajiv Gandhi** zum Nachfolger erklärt. Erst nachträglich gaben die Partei und schließlich bei den Wahlen am 24. Dezember 1984 das gesamte Volk ihre überwältigende Zustimmung. Zunächst schien sich diese aus der Not geborene Wahl als Glücksgriff zu erweisen, brachte doch der vornehmlich an britischen Eliteschulen ausgebildete und mit einer Italienerin verheiratete Berufspilot neue Ideen in die Politik.

Rajiv wurde zur Symbolfigur für einen fundamentalen **Neubeginn,** denn mit Indira Gandhi war unwiderruflich eine Epoche zu Ende gegangen. Mit Rajiv kam eine neue Generation an die Macht, die nicht mehr am Unabhängigkeitskampf beteiligt gewesen war und die dem Computerzeitalter näher stand als den Palastintrigen der Moguln.

Rajivs Anspruch war Effizienz, seine Mission die längst überfällige **Modernisierung Indiens.** „Wir haben schon die industrielle Revolution verpasst, nun können wir uns nicht leisten, auch noch die elektronische Revolution zu verpassen. Wir müssen eben zwei Schritte auf einmal machen." Auf diesem Quantensprung von einer mittelalterlichen Agrargesellschaft ins postmoderne Zeitalter folgten Rajiv seine *Computer Boys,* wie die Mitglieder seiner vornehmlich aus dem Management großer Firmen zusammengesetzten Regierungsmannschaft von der Presse tituliert wurden.

Die von der neuen Regierung eingeführten Maßnahmen zur Öffnung des bis dahin durch hohe Schutzzölle weitestgehend abgeschotteten Inlandsmarktes, die Förderung zukunftsweisender Industrien und die allmähliche Privatisierung unrentabler Staatsbetriebe ließ viele vor allem junge Inder euphorisch an die Verwirklichung eines modernen, dynamischen, an westlichen Werten orientierten Indiens glauben.

Doch nach dem ersten Jahr seiner Regierungszeit musste auch Rajiv erkennen, dass sich der Koloss Indien nicht über Nacht umkrempeln lässt. Vor allem die um ihre Privilegien bangenden 16 Mio. Beamten, die heimlichen Herrscher Indiens, setzten die Gesetzesänderungen, wenn überhaupt, nur sehr schleppend in die Realität um.

Außerdem wurde nun auch Rajiv Gandhi immer tiefer in die wieder aufflammenden terroristischen **Unabhängigkeitskämpfe** in Kashmir, den Nordost-Provinzen und dem Punjab verstrickt. Erneut ließ er, wie schon seine Mutter, den Goldenen Tempel von Amritsar stürmen, wodurch alte Wunden erneut aufgerissen wurden.

Seine Entscheidung, die im Norden **Sri Lankas** für einen unabhängigen Staat kämpfenden Tamilen durch die Entsendung indischer Truppen zur Aufgabe zu zwingen, machte ihn im weitgehend tamilischen Südindien zu einem verhassten Mann.

Auch seine zu Beginn so strahlend weiße Weste als Saubermann in der ansonsten völlig korrupten indischen Politikerlandschaft erhielt auf einmal tiefe schwarze Flecken. Als bekannteste der vielen **Schmiergeldaffären** jener Tage gilt der Bofors-Skandal. Jene schwedische Rüstungsfirma soll sich die Entscheidung zum Kauf ihres Kriegsgeräts durch die indische Armee mit der Zahlung horrender Summen an Politiker erkauft haben. Ob auch Rajiv und seine Frau zu den Begünstigten zählten, ist bis heute ungewiss.

Wie sehr Rajivs wohlgemeinte Ideale der Anfangszeit von der **mörderischen indi-**schen Realität eingeholt wurden, zeigte sich exemplarisch in der Wahlkampfführung des ersten indischen „Premiers zum Anfassen". Als er zu einer Kundgebung im Punjab einschwebte, tat er das in vier identischen Hubschraubern und nur nach ganz kurzfristiger Anmeldung. Von drei Seiten mit drei Meter hohen kugelsicheren Scheiben umgeben, hielt er seine Ansprache, über einen Sicherheitsabstand von 25 Metern hinweg, an eine Menschenmenge, die zur Hälfte aus Sicherheitsbeamten bestand.

Rajiv, der die meiste Zeit seines Lebens im Westen verbracht hatte, waren die Sorgen und Nöte der meisten Inder gänzlich fremd geblieben. Im Grunde war er ein **Fremder im eigenen Land.** Seine *Computer Revolution* ist hierfür ein Beispiel: Die zu zwei Dritteln in der Landwirtschaft beschäftigten Inder verstanden davon ebensowenig wie der Landesvater von ihnen.

Wirtschaftlicher und sozialer Aufbruch

Die **Ermordung Rajiv Gandhis** durch ein Mitglied der tamilischen Befreiungsbewegung **Tamil Tigers** während einer Wahlkampfveranstaltung im südindischen Sriperumbudur (nahe Madras) am 21. März 1991 markiert nicht nur das Ende der Nehru-Gandhi-Dynastie, die fast ein halbes Jahrhundert die Fäden der indischen Politik in der Hand gehalten hatte. Mehr noch als der Tod Indira Gandhis bedeutet die Ermordung ihres Sohnes einen tiefen Einschnitt in der indischen Geschichte. Viele sehen seither den Versuch, das Riesenreich Indien mit seiner Vielzahl an Kulturen, Religionen, Ethnien und Sprachen unter einer Zentralregierung zu vereinen, als endgültig gescheitert an.

Dennoch schien mit der Übernahme der Regierung durch die 227 Sitze im Parlament gewinnende Kongresspartei unter dem erfahrenen *P.V. Narasimha Rao* am 21.6.1991 zunächst eine Phase der Ruhe und Konsolidierung anzubrechen. Nach dem Tod Rajiv Gandhis hatte der altgediente Congress-Politiker den Premiersposten übernommen. Doch schon bald darauf sah sich Indien einer seiner schlimmsten **Finanzkrisen** ausgesetzt.

Land und Leute

Die Devisenreserven waren fast gänzlich dahingeschmolzen, und das Land sah sich gezwungen, tonnenweise Gold an die Schweiz zu verpfänden, um die Importe der nächsten Wochen zu finanzieren – ein enormer Gesichtsverlust.

Rao und sein Wirtschaftsminister *Manmohan Singh* beschlossen eine Kehrtwendung von der sozialistisch geprägten Protektionswirtschaft hin zur **Öffnung Indiens für ausländische Investoren.** Mittlerweile fließt vermehrt ausländisches Geld ins Land, das Devisenpolster wächst stetig an. Der dank der wirtschaftlichen Öffnung durchs Land wehende „wind of change" ist allerorten sichtbar. Westliche Waren, noch bis Anfang der neunziger Jahre so gut wie gar nicht erhältlich, füllen die Auslagen der Geschäfte. Das Straßenbild wird inzwischen mehr von kleinen Privatautos (wie etwa dem in indisch-japanischer Koproduktion hergestellten Maruti) geprägt als durch die heiligen Kühe, und die Verkäufer kleiner Farbfernsehgeräte, die die schöne neue Konsumwelt in nahezu jede Hütte tragen, verzeichnen Rekordabsätze.

Von dieser Entwicklung profitiert in allererster Linie die neue, **aufstrebende Mittelschicht,** deren Zahl inzwischen auf etwa 250 Millionen geschätzt wird. Für die große Masse der unteren Mittelschicht und **Unterschicht** hingegen bedeuten die mit der Liberalisierung der Wirtschaft einhergehende Inflation (2005 bei 4,2 %) und der Abbau von Arbeitsplätzen in unrentablen Staatsbetrieben eine **Verschlechterung der Lebensbedingungen.**

Aktuelle Politik

Wie die Entwicklung seit Beginn des 21. Jh. verdeutlicht, sind es gerade die für Indien so charakteristischen „Eigenschaften" wie die geographische Größe sowie die kulturelle und ethnische Vielfalt, die eine Gefahr von Zerstörung und Spaltung in sich bergen. So bestimmen Meldungen von Naturkatastrophen, ethnischen Konflikten und militärischen Auseinandersetzungen die Schlagzeilen über Indien in der Weltpresse.

Nuklearkrieg Indien – Pakistan?

Wieder einmal bestimmt der seit mehr als 50 Jahren schwelende Dauerkonflikt zwischen Indien und Pakistan die internationalen Schlagzeilen. Im Zentrum der Auseinandersetzungen befindet sich **Kashmir,** das beide Seiten für sich beanspruchen. Die weltpolitischen Veränderungen nach dem 11. September 2001 haben die Lage weiter verschärft. Diesmal ist die Staatengemeinschaft besonders alarmiert, denn es besteht die Gefahr einer nuklearen Eskalation.

Parlamentswahlen 2004

Journalisten, Wahlforscher und so genannte Experten – fast alle waren sich im Vorfeld der indischen Parlamentswahlen sicher, dass die regierende Nationale Demokratische Allianz (NDA) unter der Führung der hindunationalistischen **Bharatiya Janata Party (BJP)** einen deutlichen Wahlsieg davontragen würde. Zu überzeugend waren die Argumente und Ergebnisse, die die Koalition vorzuweisen hatte: wirtschaftlicher Aufschwung, geringe Inflation, der IT-Boom und letztlich die Aussicht auf eine friedliche Lösung mit dem „Erzfeind" Pakistan.

Doch diese Rechnung wurde offensichtlich ohne den Wirt, das indische Volk, gemacht. Die bereits in der Versenkung geglaubte **Kongresspartei** erlangte einen wahren Erdrutschsieg und ist im neuen Parlament stärkste Partei, während die sich des Sieges bereits sichere BJP in die Schranken der Opposition gewiesen wurde.

Es waren die vernachlässigten indischen Massen, denen diese Überraschung zu verdanken ist. Die Kampagne „India is shining" (Indien strahlt) der Regierungskoalition konzentrierte sich hauptsächlich auf die vom wirtschaftlichen Aufschwung deutlich profitierenden Mittel- und Oberschichten der Gesellschaft und propagierte den „feel good factor" (Wohlfühlfaktor) während der Amtszeit der Regierung. In einem Land, in dem jedoch ein Drittel der Bevölkerung mit weniger als einem Euro pro Tag auskommen muss, war dies nicht nur anmaßend, sondern offensichtlich kontraproduktiv.

Das indische Volk hat dem selbstsicheren und hauptsächlich auf wirtschaftliches Wachstum fixierten Regierungsbündnis eine Lektion erteilt und klar gemacht, dass es die Kongresspartei ist, die sich für die wesentlichen Belange eines Großteils der Bevölkerung einsetzt: „Pani, Bijli, Sadak" (Wasser, Strom, Infrastruktur) war deren Motto. Dies gilt es umzusetzten, um auch den breiten Massen ein Leben zu ermöglichen, das die wohlhabenden Schichten bereits seit langem genießen.

Sicherheitslage für Indienreisen

Das Auswärtige Amt sieht im Frühjahr 2007 keinen Anlass, von Reisen nach Indien generell abzuraten. Die folgenden **Warnungen** werden aber ausgesprochen: Terroranschläge sind landesweit nicht auszuschließen. Es wird daher durchgängig zu Wachsamkeit geraten, insbesondere bei größeren Menschenansammlungen, in der Nähe von Regierungsgebäuden und nationalen Wahrzeichen sowie an religiösen Stätten.

So hat die Anzahl und die Heftigkeit von Bombenanschlägen und gewalttätigen Auseinandersetzungen in den letzten Jahren deutlich zugenommen. Zudem sind immer mehr Opfer zu beklagen. Seit dem Anschlag am 25. August 2003, bei dem islamistische Terroristen in Mumbai durch zwei Bomben 52 Menschen in den Tod rissen, kommt es immer wieder, besonders seit Ende 2005, zu Spannungen. Viele Anschläge jüngeren Datums stehen nicht im Zusammenhang mit dem Pakistan-Konflikt, die neuen Terroristen sind Inder muslimischen Glaubens. So werden auch die Bombenanschläge vom Oktober 2005 in Delhi mit 60 Todesopfern, in Varanasi (14 Tote) und die Bombenserie in Mumbai am 11.7.2006, bei denen über 180 Menschen getötet und viele weitere schwer verletzt wurden, islamistischen Terroristen zugeschrieben.

Weiterhin sollten die unmittelbaren **Grenzregionen zwischen Indien und Pakistan** gemieden werden. Auch vor der Gefahr terroristischer Gewalttaten bei Reisen nach **Jammu und Kashmir** wird weiterhin gewarnt, wenn sich die Lage in letzter Zeit in dem seit Jahrzehnten schwelenden Konflikt auch zu entspannen scheint. Zudem sind zumindest zeitweise einige Gebiete Indiens nicht unter der Kontrolle der Sicherheitskräfte. Dies gilt nicht nur für **Bihar/Jharkand,** wo etwa die Naxaliten eine zunehmende Bedrohung der staatlichen Ordnung darstellen. Auch bei Reisen in die **Nordostregion** Indiens besteht wegen der seit Jahren andauernden Unruhen mit terroristischer Gewalt in Assam, Manipur, Tripura und Nagaland ein Sicherheitsrisiko. Von Reisen dorthin wird abgeraten.

In jüngster Zeit gab es in Großstädten, so in New Delhi, Einzelfälle von **Gewaltkriminalität gegen ausländische Frauen.**

Über die aktuelle Sicherheitslage informiert das Auswärtige Amt unter:
● **www.auswaertiges-amt.de.**

Staat und Verwaltung

Indiens offizieller Landesname lautet seit der Unabhängigkeit am 15.8.1947 *Bharat Juktarashtra,* was soviel wie **„Republik Indien"** heißt. Mit Inkrafttreten der indischen Verfassung am 26. Januar 1950 wurde ein Paradox staatsrechtlich verankert. Der junge Staat, der seine neu gewonnene Freiheit und Unabhängigkeit gerade erst nach jahrzehntelangen Kämpfen gegen die Briten errungen hatte, übernahm nahezu unverändert alle politischen Institutionen der Kolonialmacht. Der Freiheitskampf hatte nicht zu einer Revolution geführt, sondern letztlich zur Erhaltung des vorher so erbittert bekämpften Systems.

So orientieren sich die allgemeinen Bestimmungen der den Prinzipien der **parlamentarischen Demokratie** verpflichteten indischen Verfassung am Westminster-Modell. Ebenso wie in England existieren in der Indischen Union mit dem Unter- und dem Oberhaus zwei Zentralparlamente. Hier wie dort ist das **Oberhaus** *Rajya Sabha* (Staatenkammer) nicht viel mehr als eine recht harmlose Zusammenkunft betagter Männer, die nur sehr geringen Einfluss auf die Tagespolitik ausüben. Gewählt werden die 250 Mitglieder nicht direkt vom Volk, sondern nach einem komplizierten Quotensystem durch Vertreter der einzelnen Länderparlamente.

Land und Leute

Hinduistischer Hass auf Muslime – die Hindutva-Debatte

Tatort ist der kleine Ort **Godhra** im Bundesstaat Gujarat, ca. 120 km östlich von Ahmedabad, Tatzeit der 27. Februar 2002: Bei einem Brandanschlag auf einen Zug werden 57 Freiwillige *(kar sevaks)* der hindunationalistischen Organisation VHP *(Vishwa Hindu Parishad* – Welthindurat) getötet. Der Zug der Freiwilligen kam aus **Ayodhya,** einer Stadt im Norden Indiens, in der nach dem Willen der VHP ein Tempel für den Gott Rama erbaut werden soll. Dort stand die **Babri-Moschee,** die am 6. Dezember 1992 von ca. 300.000 Freiwilligen dem Erdboden gleich gemacht worden war. Gefolgt waren die religiösen Fanatiker dem Aufruf der VHP und einiger Politiker wie dem Innenminister und Vizepremierminister *Advani.* Die BJP, die die Zerstörung der Babri-Moschee aktiv unterstützt hatte, konnte bald die Früchte ihrer Arbeit ernten, stieg sie doch innerhalb weniger Jahre von einer unbedeutenden Organisation zu stärksten Partei des Landes auf, die schließlich auch den Premierminister stellte.

Die zehn Jahre zwischen Ayodhya und Godhra stehen für eine unter dem Namen *Hindutva* bekannt gewordene Politik, die die Einheit aller Hindus gegen die vermeintlich den Hindus und Indien feindlich gegenüberstehenden Muslime proklamiert. Welch verheerende Folgen die über ein Jahrzehnt von führenden Politikern vertretene Ideologie zeitigte, bezeugt die Reaktion auf den Anschlag von Godhra. Die **Pogrome,** die an der **muslimischen Bevölkerung** begangen wurden, übertrafen bei weitem alles, was Indien seit der Unabhängigkeit erlebt hatte. Es war eine andauernde Serie von Morden, Brandanschlägen und Massenvergewaltigungen, gedeckt von Polizei und Behörden. Krankenwagen und Feuerwehren wurden behindert, Hospitäler verweigerten Muslimen die Aufnahme, und die Polizei weigerte sich, Anzeigen aufzunehmen. Bei den wochenlangen Pogromen kamen 3.000 Muslime ums Leben.

Wie sehr sich der staatlich geförderte Hass der Hindus gegen die Muslime über die letzten zehn Jahre aufgestaut hat, davon zeugen die hemmungslose Grausamkeit, mit der gegen die Muslime vorgegangen wurde. So wurden in dem kleinen Dorf Narodia-Patia mehr als 100 Menschen, einschließlich Frauen, Kindern und Alten, unter den Augen der Polizei lebendig verbrannt. Einzelne, die versuchten zu fliehen, wurden von der Polizei zurückgetrieben. Mädchen und junge Frauen wurden zuvor mehrfach vergewaltigt. Einer schwangeren Frau wurde mit einem Schwert der Bauch aufgeschnitten und der Fötus neben ihr verbrannt.

Die zehn Jahre zwischen Ayodhya und Godhra haben das Gesamtgefüge Indien grundsätzlich verändert. Die sich seit Ayodhya immer mehr zuspitzende kommunale Gewalt zwischen Hindus und Muslimen ist eine direkte Folge der Hindutva-Ideologie, welche die Einheit aller Hindus gegen die als agressiv und feindlich angesehenen Muslime fordert. So wird jeder Muslim zum Sinnbild der Bedrohung, womit gleichzeitig der Angriff auf einzelne, wehrlose Muslime gerechtfertigt werden kann. Jeder noch so geringfügige Konflikt wird zum Sinnbild der angeblich existenziellen Bedrohung der Hindus und des Hinduismus.

Der für das indische Staatswesen so fundamentale Grundsatz des Säkularismus wird dadurch ausgehebelt, dass der Hindu-Fundamentalismus für sich beansprucht, den wahren Säkularismus zu repräsentieren. Abgeleitet von dem Gedanken, dass der Hinduismus keine Religion, sondern eine Lebensform sei und deshalb Menschen aller Glaubensrichtungen integrieren könne, ohne sie zu missionieren, wird die Toleranz gegenüber dem anderen als das Grundprinzip des Hinduismus gesehen. Gleichzeitig aber wird die Legitimität der einzelnen Religionen über die Einheit von „Heiligem Land" und „Vaterland" definiert. So werden Sikhs, Jains und Buddhisten in den Kreis der legitimen Bürger Indiens aufgenommen, da ihre heiligen Stätten auf dem Gebiet Indiens liegen. Christen und Muslime werden dagegen von der legitimen Teilhabe am Gemeinwesen ausgeschlossen, werden so offiziell zu „Fremden" erklärt. Wie unerwünscht sie in Indien inzwischen geworden sind, mussten nicht nur die Muslime, sondern auch die **Christen** am eigenen Leibe erfahren. In den letzten Jahren wurden mehrere Missionare nebst ihren Familien auf brutale Weise ermordet.

Wie tief inzwischen die Angst bei den von den Hindus als unerwünscht gebrandmarkten Muslimen und Christen verankert ist, zeigte sich am eindrücklichsten beim Ausgang der Parlamentswahlen vom Mai 2004. **Sonja Gandhi,** die in Italien geborene Vorsitzende der siegreichen Kongress-Partei, verzichtete auf den ihr zustehenden Posten des Premierministers, weil sie als Christin großen Anfeindungen der Öffentlichkeit ausgesetzt war. Zudem drängten ihre selbst in der Politik aktiven Kinder auf ihren Verzicht, da es zahlreiche konkrete Hinweise gab, wonach sie als Premierministerin Ziel fanatischer hindunationalistischer Attentäter gewesen wäre.

Eine wesentlich breitere Legitimation besitzen die 542 Mitglieder des **Unterhauses** Lok Sabha (Volkskammer), die alle fünf Jahre in freier und geheimer Wahl vom Volk gewählt werden. Stimmberechtigt sind alle Bürger über 18 Jahre. An der Spitze der Regierungsmannschaft steht der **Premierminister** als Chef der stärksten Partei, der auch die Richtlinien der Politik bestimmt und somit die stärkste politische Figur des Landes darstellt.

Formal ihm übergeordnet steht der **Präsident** an der Spitze des Staates, dem jedoch in der Verfassung, ähnlich dem deutschen Bundespräsidenten, eher repräsentative Aufgaben zugewiesen sind. Gewählt wird der Präsident für jeweils fünf Jahre von einem Wahlausschuss, der sich aus Vertretern der beiden Zentralparlamente sowie den insgesamt 25 Landesparlamenten der einzelnen Bundesstaaten zusammensetzt.

An der Spitze jedes **Bundesstaates** steht ein vom Präsidenten eingesetzter **Gouverneur,** wobei der **Chief Minister** an der Spitze seines Kabinetts die politischen Fäden in der Hand hält. In der Gesetzgebung sind bestimmte Bereiche wie auswärtige Beziehungen, Verteidigung, Verkehr und Atomenergie dem Zentralparlament vorbehalten, andere wie Polizei, Gesundheitswesen und Erziehung den Länderparlamenten.

Auf welch wackligen Beinen die theoretisch scheinbar reibungslos funktionierende Ordnung der Indischen Union jedoch steht, zeigt die so genannte **President's Rule,** der umstrittenste, weil meistmissbrauchte Artikel der indischen Verfassung. Danach besitzt die indische Zentralregierung unter bestimmten Bedingungen das Recht, die jeweiligen Landesparlamente aufzulösen und den Unionsstaat der Zentralregierung unterzuordnen.

Da die Gründe für ein solches Vorgehen nur äußerst schwammig formuliert wurden, diente die President's Rule schwachen Regierungen immer wieder als willkommenes Instrument, um unter dem dünnen Mäntelchen der Legalität politische Gleichschaltung zu betreiben.

Bisher wurde diese einst von der britischen Kolonialmacht zur Kontrolle unruhiger Provinzen geschaffene Ausnahmebestimmung über zwei Dutzend Male eingesetzt. Beson-

Land und Leute

ders *Indira Gandhi* bediente sich gern dieser Möglichkeit, um ihr missliebige, von Oppositionsparteien geführte Landesregierungen zu stürzen. Derzeit haben der Punjab, Kashmir, Nagaland und Mizoram ihre Souveränität auf diese halbdiktatorische Weise eingebüßt. Insgesamt jedoch ist man in Indien zu Recht stolz darauf, trotz all der riesigen Probleme und gewaltigen Auseinandersetzungen gerade auch während der letzten Jahrzehnte niemals ernsthaft an den Grundfesten der Demokratie gerüttelt zu haben.

Staatssymbole

Die **Nationalflagge** ist eine waagerecht gestreifte Trikolore – oben tief safrangelb, in der Mitte weiß und unten dunkelgrün. Nach offizieller Deutung stehen die Farben für Mut, Frieden und Wahrheit. Im weißen Feld befand sich vor der Unabhängigkeit das Ghandische Spinnrad. An seine Stelle ist später die *Chakra Varta*, das Rad der Lehre, getreten.

Das Motiv ist dem **Löwenkapitell von Sarnath** entnommen, welches zugleich das nationale Emblem bildet. Das Löwenkapitell wurde im 3. Jh. v. Chr. durch Kaiser *Ashoka* an jenem Ort errichtet, an dem Buddha zum ersten Mal seine Lehre in einer öffentlichen Predigt verkündete. Das Wappen soll die religiöse Toleranz des nachkolonialen Indien symbolisieren. Die Säulenplatte ruht auf einer voll erblühten **Lotusblume,** die für Hindus wie Buddhisten das Symbol für Reinheit, Schönheit und ewiges Leben ist und die Nationalblume Indiens darstellt. Die am Fuße des Sockels eingravierte Inschrift lautet: „Die Wahrheit allein siegt". Als Nationaltier gilt der **Tiger,** als Nationalvogel der **Pfau.**

Parteien

Die indische Parteienlandschaft ist aufgrund häufiger Absplitterungen, Neugründungen und Verschmelzungen bestehender Parteien sowie des Parteiwechsels selbst prominentester Parteimitglieder außerordentlich unübersichtlich. Wenn man unter diesem Gesichtspunkt das Spektrum der wichtigsten politischen Parteien Indiens betrachtet, sollte man

bedenken, dass westliche Vorstellungen von rechts und links, von Ideologie und Programm nur sehr bedingt übertragbar sind.

Die großen indischen Parteien

●**Indian National Congress** (Congress (I) Party) – Die Kongresspartei regierte seit der Unabhängigkeit, abgesehen von einer kurzen Unterbrechung zwischen 1977 und 1980, das Land bis Anfang der 1990er Jahre ununterbrochen. Die Partei wurde so eng mit der Regierungsmacht identifiziert, dass alle anderen Parteien unter der Bezeichnung Oppositionspartei zusammengefasst und sozusagen entsorgt wurden. Dabei war der Nationalkongress in den ersten Jahren seiner **Gründung 1885** eher ein loses Bündnis junger, bürgerlicher Intellektueller, die sich zusammenfanden, um die britische Fremdherrschaft abzuschütteln. Erst seit etwa 1920 entwickelte sich der Congress unter der **Leitung Mahatma Gandhis** zu einer gut organisierten Massenorganisation im Kampf für die Unabhängigkeit Indiens.

Trotz gelegentlicher linker Lippenbekenntnisse hat die Partei immer einen vorsichtig **konservativen Kurs** gesteuert und war im ganzen Land verankert. Überall gelang es ihm, die lokalen Eliten wie Großgrundbesitzer, Bildungsbürgertum und Industrielle für sich zu gewinnen. Logische Folge war eine tiefgreifende Entfremdung von der Basis und eine damit einhergehend zunehmend **unsoziale Politik.** Wenn Politik in Indien heute mit Korruption und Vetternwirtschaft gleichgesetzt wird, so liegt dies in allererster Linie an der Machtbesessenheit der Kongressabgeordneten. Leider nur allzu oft missbrauchen diese ihren Wahlkreis als Selbstbedienungsladen und lassen gleichzeitig die Polizei auf verarmte Bauern und entwurzelte Ureinwohner einschlagen, die für ihre Rechte demonstrieren.

●**Bharatiya Janata Party** (BJP, Indische Volkspartei) – Wie keine andere konnte diese 1979 gegründete Partei von dem zunehmenden Imageverlust der Congress während der letzten Jahre profitieren. Eine Welle des Erfolges brachte die BJP zunächst auf Regionalebene und schließlich auch landesweit an die

Macht. Das erklärte Ziel der BJP, die Politik zu hinduisieren und den Hinduismus zu militarisieren, rüttelt an den demokratischen und säkularistischen Grundsätzen der indischen Verfassung und stellt eine ernst zu nehmende Gefahr für die Einheit und Integrität Indiens dar.

Die **Scharfmacher** innerhalb der Partei setzen Hinduismus und Nationalismus gleich und brandmarken die Muslime als antinationale Kräfte, um über die tatsächlichen Krisen des Landes hinwegzutäuschen. Unter diesem Aspekt ist auch das 1998 von der BJP in Gang gesetzte atomare Wettrüsten mit Pakistan und der Krieg um das bei Kashmir gelegene Kargil im Herbst 1999 zu sehen. Religiöse und nationale Minderheiten geben auch in Indien ideale Sündenböcke ab.

Die BJP verdankt ihren Aufstieg in erster Linie einer Wählerallianz aus **religiösen Gruppen und einem neuen Mittelstand,** der infolge der wirtschaftlichen Entwicklung seit Mitte der achtziger Jahre entstanden ist. Die BJP artikuliert die neuen Werte dieser selbstbewussten Schichten, die größere kulturelle Eigenständigkeit fordern und mit den alten Idealen der Kongresspartei brechen.

●**Communist Party of India** (CPI) – Am anderen Ende des politischen Spektrums steht die 1920 gegründete **marxistische Partei.** Von allen indischen Parteien ist sie wohl die einzige, die ein klar definiertes Parteiprogramm besitzt. Obwohl sie auch heute noch am Ziel einer klassenlosen Gesellschaft unter Führung der Arbeiterklasse festhält, gab sie sich seit jeher weit weniger ideologisch als z.B. die osteuropäischen Kommunisten und war sogar für einige Jahre Juniorpartner in einer vom Congress geführten Regierung.

●Die 1964 durch Absplitterung des pro-chinesischen Flügels der CPI entstandene **Communist Party of India (Marxist)** (CPIM) orientiert sich heute eher an sozialdemokratischen Zielen und stellt die Landesregierungen in Bengalen und Kerala.

●**Janata Party** (Volkspartei) – Diese 1977 aus fünf mehr oder weniger **sozialistischen bzw. sozialdemokratischen** Parteien geformte Bündnispartei ist ein Produkt der für indische Verhältnisse so typischen Parteiabsplitterungen und Parteiwechsler. Ebenso vage wie die formulierten Ziele ist auch ihr innerer Zusammenhalt. Als kleine Partei jedoch stellt sie seit 1983 in Karnataka den Ministerpräsidenten und ist in einigen weiteren Unionsstaaten aktiv.

●**Weitere Parteien** – Neben den hier genannten gibt es noch eine große Zahl weiterer kleiner Parteien, die sich als Interessenvertretungen einzelner Volksgruppen bzw. sozialer Schichten verstehen und in den letzten Jahren zunehmend an Einfluss gewinnen. Ohne sie kann keine mehrheitsfähige Regierung mehr gebildet werden und so gewinnen sie als „Zünglein an der Waage" eine politische Bedeutung, die in keinem Verhältnis zu ihrem eigentlichen Stimmenanteil steht.

Presse

Für jeden ausländischen Besucher, der sich längere Zeit in Indien aufhält, bieten die **englischsprachigen Tageszeitungen** eine hervorragende Möglichkeit, sich näher mit den großen wie kleinen Problemen des Landes vertraut zu machen. Gerade ein Blick in den Lokalteil oder die traditionell am Sonntag erscheinenden Heiratsanzeigen vermitteln wesentlich tiefere Einblicke in das indische Alltagsleben als mancher wissenschaftliche Aufsatz. Die wichtigsten englischsprachigen Tageszeitungen:

●**Times of India,** das etwas in die Jahre gekomme Flaggschiff, ist noch immer die seriöseste und ausführlichste Tageszeitung des Landes. Website: www.timesofindia.com.

●**Indian Express,** die am weitesten verbreitete englischsprachige Zeitung mit einer Gesamtauflage von mehreren Millionen Exemplaren, hat durch ihren engagierten Journalismus gerade in den letzten Jahren zur Aufdeckung vieler Skandale beigetragen. Website: www.expressindia.com.

●**The Asian Age** bringt eine Vielzahl von Auslandsnachrichten, die allerdings von ausländischen Presseagenturen übernommen sind. Sie ist bisher nur in den großen Metropolen erhältlich.

Land und Leute

Vom Schmuddelkind zum hofierten Star – Indien auf dem Weg zur Wirtschaftsmacht

Der Riese ist erwacht. **Eine Milliarde Inder** haben ihr über Jahrzehnte von Naturkatastrophen, Hungersnöten, Schmutz und Elend geprägtes Image abgelegt und richten sich mit stolzgeschwellter Brust an die Welt: Wir sind endlich wer. Die Lethargie ist überwunden, eine neue Epoche hat begonnen. Indien ist zu einer selbstbewussten Nation geworden.

Und der Westen hat es nun auch bemerkt. Schlagzeilen von der neuen Superpower neben China auf dem Parkett der Großmächte zieren fast täglich die Schlagzeilen von Zeitungen und Magazinen. Ein jährliches **Wirtschaftswachstum von 8 %** und Devisenreserven, die die 100-Milliarden-Dollar-Marke erreicht haben (Anfang der 90er Jahre wurde Indien vom Weltwährungsfond für kreditunwürdig erklärt), sind nur zwei von unzähligen Erfolgsstatistiken, die den einzigartigen Umschwung belegen.

Einher mit dem allgemeinen wirtschaftlichen Erfolg geht eine wahre **Konsumexplosion.** Noch vor einigen Jahren musste man oft monatelang auf einen Motorroller warten. An ein Auto war kaum zu denken, in den Regalen der Geschäfte gab es kaum Auswahl. Heute gehören Verkehrsstaus in den Großstädten zum Alltagsbild, gibt es in manchen Orten mehr Fernseher als Toiletten, werden jeden Monat drei Millionen neue Mobilfunknutzer registriert. Nicht mehr die Tempel mit ihren Göttern wie Krishna, Vishnu und Shiva, sondern riesige Einkaufscenter wie die Metropolitan Mall vor den Toren Delhis sind die Anziehungspunkte der neuen Generation. Starbucks, McDonald's und Walmart haben das siebtgrößte Land der Erde als neues Konsumparadies entdeckt. Früher war es verpönt,

Schulden zu machen, inzwischen ist der Kauf auf Raten fast zur Selbstverständlichkeit geworden. „Genieß heute, zahl später" heißt das neue Mantra. Die junge Bildungselite verdient in IT-Firmen, Banken, Call-Centern und ausländischen Firmen mit Mitte zwanzig mehr als ihre Väter in zwanzig Arbeitsjahren.

Ein Stützpfeiler des Aufschwungs ist die **Bevölkerungsstruktur:** Das Durchschnittsalter beträgt 25 Jahre, jeder dritte Inder ist unter 15. Alle zwei Jahre strömen damit so viele zusätzliche Arbeitskräfte auf den Markt, wie in ganz Deutschland vorhanden sind. Ihnen Beschäftigung zu verschaffen, zählt zu den größten Herausforderungen der Politik. Eine bessere Infrastruktur, die Lockerung des restriktiven Arbeitsrechts und schnellere Fortschritte bei der Schulausbildung sind dazu unverzichtbar.

Indiens anschwellendes Heer **junger Arbeitskräfte** wendet sich von einer Bürde zunehmend in einen Vorteil, der die Produktivkräfte, den Konsum und damit das Wachstum stärkt. Die Binnenwirtschaft erlebt bereits einen kräftigen Nachfrageschub: Das Bruttoinlandsprodukt pro Kopf nimmt inzwischen um rund sechs Prozent pro Jahr zu, jedes Jahr steigen etwa 25 Millionen neu in die Mittelschicht auf. Nach indischer Zählweise umfasst die Konsumentenklasse bereits 300 Millionen Menschen. Legt man an westlichen Niveaus orientierte Einkommensmesslatten an, sind es 60 Millionen, aber schon bis 2009 dürften daraus 150 Millionen werden.

Das macht Indien zu einem nur mit China vergleichbaren **Zukunftsmarkt.** Der Absatz von Autos, Motorrädern und Fernsehern verdoppelt sich alle fünf Jahre, spätestens 2017 wird der Konsumbedarf so groß sein wie heute in China. Um ihn mit lokaler Fertigung zu bedienen, stampfen Investoren aus dem Ausland neue Fabriken entlang der Küsten aus dem Boden.

Die **neue Mittelschicht** lebt freier als frühere Generationen, die wirtschaftliche Öffnung hat die indische Gesellschaft grundlegend verändert. Liebesheiraten, obwohl immer noch die Ausnahme, nehmen deutlich zu, ebenso wie Scheidungen und Ein-Kind-Familien. Man schaut „Sex and the City", junge Frauen tragen wie selbstverständlich Jeans statt Sari, gehen mit Freundinnen in die Disco und wollen zunächst Beruf und finanzielle Unabhängigkeit, bevor sie sich für einen Mann entscheiden.

Eine fast schon atemberaubende Erfolgsgeschichte, wie es scheint. Zumindest für jene etwa 250 Mio. Inder, die an dieser Konsum- und Kulturrevolution teilhaben, was etwa der dreifachen Bevölkerung der Bundesrepublik entspricht. Dies bedeutet aber gleichzeitig, dass mehr als drei Vierteln der Inder die Verlockungen des Aufschwungs verwehrt bleiben. Die nach wie vor unübersehbaren **Bettler** und **Slums** im Umkreis der Städte sowie die Rückständigkeit der **Dörfer** belegen, dass sich der neu gewonnene Reichtum auf Wohlstandsinseln beschränkt. Nach wie vor haben 350 Mio. Inder keinen Wasseranschluss, jeder Dritte hat weniger als einen Dollar zum Leben, genauso viele sind Analphabeten und jedes zweite Kind ist unterernährt.

Aber – und hierin liegt der eigentliche revolutionäre Wandel, der das ganze Land und somit auch die Unterschichten erreicht hat: Man ergibt sich nicht mehr lethargisch dem eigenen Schicksal, sondern fordert lautstark Verbesserungen. Die größte Demokratie der Welt wählte bei den letzten Parlamentswahlen ihre Regierenden ab, weil sie den Großteil der Bevölkerung nicht am Fortschritt teilhaben ließen. Indien ist **politisch gefestigt,** trotz seiner religiösen, ethnischen und sprachlichen Vielfalt. Es ist ein Rechtsstaat mit verlässlichen Institutionen, seine offene Gesellschaft fördert Kreativität und privates Unternehmertum. Ein Ineinandergreifen von Kapitalismus, Demokratie, günstiger Demografie und Globalisierung verleiht Indiens Wirtschaft eine Dynamik, die von einem schwerfälligen politischen Apparat nicht zu stoppen ist.

Der Riese ist tatsächlich erwacht und eine Milliarde Inder blickt voller Zuversicht und Selbstvertrauen in die Zukunft.

Land und Leute

Wochenblätter und Magazine

● **Sunday Observer** und **Sunday Mail** – zwei sehr gute, sonntags erscheinende Wochenblätter, die fundiert auf die Hintergründe der Schlagzeilen der vergangenen Woche eingehen.

● **India Today** – Keine andere Publikation bietet derart umfangreiche wie fundierte Hintergrundreportagen. Sehr zu Recht ist dieses im Stil von „Times" und „Newsweek" gestaltete Blatt das meistverkaufte Magazin Indiens. Website: www.india-today.com.

Wirtschaft

28 % der arbeitenden Bevölkerung Indiens sind in der Industrie beschäftigt. Hauptzweige stellen Maschinenbau, Eisen- und Stahlproduktion sowie die Herstellung von Nahrungsmitteln und Bekleidung dar. Zu den Wachstumsbranchen zählen die Kfz-Industrie, die Telekommunikationsindustrie und die vor allem im Großraum Bangalore angesiedelte **Software-Industrie.** Der Hightech-Export trägt bereits einen beträchtlichen Teil zu den insgesamt 69 Mrd. US-$ Exporterlösen bei. Indiens wichtigste Handelspartner sind die USA (ca. 18 %), China (8 %), die Vereinigten Arabischen Emirate (7 %) sowie Großbritannien, Hongkong und Deutschland (jeweils ca. 4 %).

Bei der weiteren wirtschaftlichen Entwicklung des Landes werden vor allem einige der chronischen Strukturprobleme Indiens, wie beispielsweise das völlig veraltete und **unzureichende Transportwesen** und die **mangelhafte Energieversorgung,** gelöst werden müssen. Wie soll eine moderne Industrie funktionieren, wenn Stromausfälle noch immer an der Tagesordnung sind? Als wichtigster Hemmschuh der Entwicklung von einer Agrar- zur Industriegesellschaft dürfte sich jedoch der mangelhafte Ausbildungsstand der breiten Masse der indischen Bevölkerung erweisen. Angesichts einer Analphabetenrate von etwa 35 % ist es noch ein langer Weg von der Feld- zur Bildschirmarbeit.

Indiens Weg zur führenden Hightech-Nation

Indiens Helden von heute heißen nicht mehr *Mahatma Gandhi* und *Jawaharlal Nehru,* sondern *Azim Premji* und *Narayana Murthy.* Beide wohnen im südindischen **Hightech-Paradies Bangalore** und sind Symbolfiguren des neuen Indien, welches nicht mehr als das Armenhaus, sondern als eine der größten Technologie-Nationen der Welt internationale Schlagzeilen macht. Premji mit seiner Firma Wipro gehört zu den fünf reichsten Männern der Erde, Murthy ist der ebenfalls milliardenschwere Chef des Technologie-Riesen Infosys Technologies.

Ihre Jünger sind die westlich orientierten, auf individuelle Entfaltung, Konsum und Globalität setzenden Jugendlichen der Großstädte. Damit hat diese so genannte **MTV-Generation** Visionen auf ihre Fahnen geschrieben, die im krassen Gegensatz zu den von Gemeinschaft, Sozialismus und Protektionismus getragenen Idealen der Gründungsväter stehen. Mit dem phänomenalen Aufstieg der indischen Computerindustrie geht ein **fundamentaler Wertewandel** innerhalb der indischen Gesellschaft einher, der das über Jahrtausende in festen Kastenschranken verharrende Gefüge innerhalb weniger Jahrzehnte aus den Angeln hebt.

Ein Bild mit Symbolcharakter – die neuen Kommunikationstechniken haben auch im „ewigen Indien" längst ihre Spuren hinterlassen

Rasanter Aufschwung der Computer-Industrie

Mit jährlichen Wachstumsraten von über 50 % ist die Software-Industrie zu einem der wichtigsten Wirtschaftssektoren des Landes geworden. „Die industrielle Revolution haben wir verpasst, jetzt ruht unsere gesamte Hoffnung auf der Revolution der Informationstechnologie". So wie ein führender indischer Soziologe denkt eine ganze Generation von ambitionierten Jugendlichen, die in die „Technologieschmieden" von Bangalore, Hyderabad und Chennai drängen.

Glaubt man den Prognosen, dann sind über die nächsten Jahre Steigerungsraten von 50 % jährlich zu erwarten. Mit besonderem Stolz verweist man darauf, dass jedes fünfte der 1.000 im Wirtschaftsmagazin „Fortune" aufgeführten wichtigsten Unternehmen der Welt Software-Aufträge nach Indien vergeben hat – eine umso beeindruckendere Zahl, wenn man bedenkt, dass die indische Wirtschaft bis Anfang der 1990er Jahre fast gänzlich vom Weltmarkt abgekoppelt war. Ein Grund für die phänomenalen Wachstumsraten ist, dass die Software-Industrie von den für den Rest der indischen Wirtschaft so typischen Entwicklungshemmnissen wie veralteter Infrastruktur, Bürokratismus und Kastendenken weitgehend unberührt bleibt.

Nord-Süd-Gefälle

Auffällig bei der geografischen Verteilung der Technologie-Schwerpunkte ist ein deutliches Nord-Süd-Gefälle, allerdings umgekehrt zu dem, welches wir aus Europa kennen. Die im Süden gelegenen, reicheren Bundesstaaten Maharashtra, Andhra Pradesh, Tamil Nadu und Karnataka mit den „Cybercities" Bangalore und Hyderabad an der Spitze setzen energisch auf den weiteren Ausbau der Software-Industrie und investieren in Straßen und vor allem in das marode Bildungswesen. Mit ihren hohen wirtschaftlichen Wachstumsraten, die zum Teil bis zu 10 % jährlich erreichen, vergrößert sich der Abstand zu den überbevölkerten und **unterentwickelten**

Land und Leute

015/6 Foto: tb

Agrarstaaten des Nordens wie Rajasthan, Uttar Pradesh, Bihar und Orissa immer mehr. Führende Politiker warnen bereits vor der politischen und sozialen Sprengkraft des wachsenden Einkommensgefälles zwischen Süd und Nord.

„Computer-Inder"

Die Software-Industrie ist für die Generation junger, gebildeter Inder das Eintrittstor in eine goldene Zukunft. Jedes Jahr bildet Indien **75.000 Informationstechnologie-Studenten** aus. Der Anfangslohn von umgerechnet etwa 500 € im Monat – für indische Verhältnisse ein Spitzenverdienst – kann innerhalb weniger Jahre auf das Vierfache steigen. Die meisten denken jedoch bereits über die nationalen Grenzen hinaus und sehen die Beschäftigung in einer indischen Computer-Firma als Sprungbrett für eine **Anstellung im Ausland.** Als Schlaraffenland gelten hier die USA, welche bei Umfragen unter Hochschulabsolventen mit großem Abstand die Nummer eins unter den begehrtesten Arbeitsplätzen einnehmen. Neben den hervorragenden Aufstiegsmöglichkeiten und dem hohen Lohnniveau spielt hierbei auch die Tatsache eine große Rolle, dass Englisch bei den meist aus der Mittel- und Oberschicht stammenden indischen Computerprofis – Durchschnittsalter 26 Jahre – wie eine Muttersprache gepflegt wird.

Rund 80 % der Absolventen aus den sechs Elite-Hochschulen der IIT (Indian Institute of Technology) werden von Hochschulen und Unternehmen in den USA unter Vertrag genommen. Kein Wunder, denn wer sich für einen der 2.000 IIT-Studienplätze qualifiziert, hat bereits ein knallhartes Auswahlverfahren hinter sich und zählt zur Crème de la Crème der ursprünglich 125.000 Bewerber. 500.000 weitere Anwärter werden erst gar nicht zur Vorauswahl zugelassen. Welche **hervorragende Qualifikation** die in den USA arbei-

tenden Software-Spezialisten besitzen, belegt allein die Tatsache, dass von den 2.000 Gründerfirmen im amerikanischen Silicon Valley 40 % von Indern geleitet werden. Nur wer in Nordamerika keine Anstellung findet, versucht eventuell in der Bundesrepublik einen Job zu ergattern.

Motor der wirtschaftlichen Entwicklung

Trotz der beeindruckenden Wachstumsraten trägt die Software-Industrie nach wie vor weniger als 1 % zum Bruttoinlandsprodukt bei. Erweisen sich jedoch die Prognosen als richtig, würde der Anteil auf 5 bis 7 % steigen. Damit wäre die Software-Industrie endgültig die Wachstumslokomotive der indischen Wirtschaft. Mindestens ebenso bedeutend ist der mit dem wirtschaftlichen Aufschwung einhergehende **soziale Wandel,** der fast schon revolutionär zu nennende Veränderungen der traditionellen indischen Gesellschaft nach sich ziehen wird.

Foto: rb 0296s

Es wird noch eine Weile dauern, bis der Wasserbüffel mit Holzpflug durch maschinelle Arbeitsgeräte ersetzt wird

Landwirtschaft

All dies ändert nichts daran, dass Indien trotz industrieorientierter Entwicklungsstrategie und Wirtschaftspolitik noch immer in erster Linie ein **Agrarland** ist, dessen Konjunktur mehr vom pünktlich eintreffenden Monsun und den davon abhängigen Ernten bestimmt wird als von industriellen Zyklen.

Hauptanbauprodukte sind Zuckerrohr, Reis, Weizen, Hülsenfrüchte und Baumwolle. Indien ist der weltgrößte Produzent von Jute, Hülsenfrüchten, Hirse und Sesam. Mit einer Gesamtproduktion von 700.000 Tonnen, wovon etwa 250.000 Tonnen exportiert werden, ist Indien der mit Abstand **führende Teeproduzent** der Erde. Bedeutende Exporterlöse werden auch mit Gewürzen, Cashewnüssen und Kaffee erwirtschaftet.

In der Besitzstruktur dominieren **kleine und kleinste Betriebe.** Über die Hälfte der landwirtschaftlichen Betriebe bewirtschaften weniger als einen Hektar Land. Rund ein Drittel der ländlichen Haushalte besitzt keinen Boden. Obwohl insgesamt 57 % aller Erwerbstätigen in der Landwirtschaft beschäftigt sind, erarbeiten sie nur 22 % des Sozialprodukts des Landes. Zudem trägt der Agrarsektor mit einem Anteil von nur 30 % zu den Exporterlösen bei. Allein diese Zahlen verdeutlichen die mangelnde Rentabilität der Landwirtschaft.

Tourismus

Indien erlebt in den letzten Jahren einen **Tourismusboom.** Nachdem das Land lange Zeit südostasiatischen Konkurrenten wie Thailand, Myanmar und Vietnam weit hinterherhinkte, hat es sich inzwischen an die Spitze dieser Wachstumsbranche im asiatischen Raum gesetzt. Wachstumsraten von bis zu 15 % und Deviseneinnahmen von über 3 Mrd. US-$ jährlich lassen die lange arg gebeutelte Tourismusbranche strahlen. Der Tourismus ist der zweitgrößte Devisenbringer des Landes. Über fünf Millionen Inder sind in der „weißen" Industrie tätig, indirekt abhängig sind 12 Mio.

Nach wie vor zieht es die meisten Touristen nach Rajasthan und in die klassischen Stätten des Nordens wie Khajuraho, Varanasi und Agra. Die mit Abstand höchsten Zuwachsraten verzeichnet jedoch der Süden des Landes. Besonders der Bundesstaat Kerala ist Anlaufpunkt Tausender westlicher Reisender. Neben seiner landschaftlichen Schönheit ist es besonders der Ajurveda-Boom, welcher jedes Jahr Scharen von Touristen in dieses kleinste Bundesland Indiens im äußersten Südwesten zieht.

Auch für die Zukunft geben sich Indiens Tourismusmanager recht optimistisch und rechnen mit Wachstumsraten von durchschnittlich 10 % jährlich. Tatsächlich gibt es einige gute Gründe, die diese Hoffnung untermauern – hier sind vor allem die **verbesserten Transportbedingungen** zu nennen. So ist ein halbes Dutzend privater Fluggesellschaften in Konkurrenz zur vorher allein den Markt beherrschenden Indian Airlines getreten. Waren Inlandsflüge früher über Monate ausgebucht, hat das Angebot der Privaten dazu geführt, dass man, abgesehen von der Zeit um Weihnachten und Diwali, meist problemlos einen Platz bekommt. Auch die indische Eisenbahn trug mit der Einführung mehrerer vollklimatisierter Luxuszüge auf Hauptstrecken wie Delhi – Mumbai und Delhi – Kalkutta und dem Bau völlig neuer Routen wie der Konkan-Railway von Mumbai nach Kerala zur positiven Entwicklung bei.

Nicht zuletzt in der **Hotelindustrie** ist ein deutlicher Trend zu mehr **Luxus** und **besserem Service** unübersehbar. Selbst in mittelgroßen Städten entstehen immer mehr First-Class-Hotels, die durchaus internationalen Standard erreichen.

Das enorme Potenzial Indiens für ausländische Besucher mit seiner landschaftlichen Vielfalt, einigen der großartigsten Baudenkmäler der Erde, einer jahrtausendealten, weitgehend intakten Kultur und seinen unvergleichlichen Festen wird so nun endlich auch von einer touristischen Infrastruktur getragen, die sehr optimistisch in die Zukunft schauen lässt.

Land und Leute

Menschen und Kultur

Bevölkerung

1951, im Einführungsjahr des großen Familienplanungsprogramms, lebten 351 Mio. Menschen in Indien. Heute sind es über **eine Milliarde.** Bei einem jährlichen Bevölkerungswachstum von 1,4 % (2006) wächst die indische Bevölkerung jährlich um etwa 15 Mio. Bei gleich bleibender Geburtenrate wird Indien im Jahre 2040 China als bevölkerungsreichstes Land der Erde ablösen. Zwar ist vor allem die sinkende Sterberate für diesen dramatischen Bevölkerungszuwachs verantwortlich (so stieg die durchschnittliche **Lebenserwartung** innerhalb von nur 50 Jahren von 30 auf heute ca. 65 Jahre), doch insgesamt ist es nicht gelungen, die **viel zu hohe Geburtenrate** den Erfordernissen entsprechend zu senken.

Tatsächlich ist Indien ein klassisches Beispiel dafür, dass **staatliche Familienpolitik** scheitern muss, solange die Ursache des Übels – traditionelle Wertvorstellungen und soziale Ungerechtigkeit – nicht beseitigt sind. Hierzu gehört gerade in Indien das über Jahrtausende tradierte Bild der Frau als unterwürfige Dienerin des Mannes, die Anerkennung und Daseinsberechtigung erst dadurch erlangt, dass sie möglichst viele Kinder, vor allem aber Jungen, zur Welt bringt.

Diese einseitige **Bevorzugung von männlichen Nachkommen** und die damit einhergehende Benachteiligung der Mädchen von Geburt an hat dazu geführt, dass Indien eines der ganz wenigen Länder dieser Erde ist, in dem es einen deutlichen **Männerüberhang** gibt, wobei diese Diskrepanz in den letzten Jahrzehnten sogar deutlich zugenommen hat.

Überdies sind Kinder nicht nur billige Arbeitskräfte, sondern fungieren in Dritte-Welt-Ländern ohne bzw. mit nur sehr geringen staatlichen Sozialleistungen natürlicherweise als die beste, weil einzige Altersversorgung. So zeigt sich auch in Indien, dass die Bereitschaft zur **Geburtenkontrolle** mit einer Reihe von Entwicklungsindikatoren wie Einkommens- und Alterssicherung sowie Ausbildungsgrad eng zusammenhängt. Während zum Beispiel in Kerala, dem Staat mit der höchsten Alphabetisierungsrate, die Geburtenrate jährlich landesweit am niedrigsten liegt, ist sie in den zwei rückständigen Gebieten Rajasthan und dem östlichen Mizoram, wo kaum 10 % der Frauen lesen und schreiben können, extrem hoch.

Hier zeigt sich, dass die Verbesserung sozialer Rahmenbedingungen und die landes- und klassenübergreifende Anhebung des Bildungsstandes die langfristig aussichtsreichsten Mittel sind, um das bedrohliche Bevölkerungswachstum zumindest einzugrenzen. Dies bestätigen auch Untersuchungen unter Mitgliedern der indischen Mittel- und Oberschicht in westlich geprägten Städten wie Mumbai, Bangalore oder Chennai, bei denen der Slogan „Zwei Kinder sind genug", mit dem auf Plakaten und in Schulen für die Familienplanung geworben wird, schon längst Allgemeingut ist.

Ähnlich wie in Kerala und im gesamten Küstenraum beeinflussten hier schon früh von außen kommende Normen und Ideen die traditionelle indische Gesellschaft. Insgesamt lässt sich ein **Nord-Süd-Gefälle** feststellen, welches ungefähr entlang einer Linie Mumbai – Kalkutta verläuft. Die Bundesstaaten im Norden und Westen weisen gegenüber den südlichen Regionen schlechtere Werte auf. Die Unterschiede, insbesondere in der Alphabetisierungsquote der Frauen, verweisen auf gesellschaftlich bedingte Einstellungen und Verhaltensweisen, die einem nachhaltigen Geburtenrückgang entgegenstehen. Besonders positiv hebt sich der südwestliche Bundesstaat Kerala hervor, welcher als eine Art „Musterländle" innerhalb der indischen Union gelten kann. Nirgendwo ist die Alphabetisierungsquote (90 %) derart hoch, gleichzeitig die Geburten- und Säuglingssterblichkeitsrate so gering. Überdies ist Kerala der einzige Bundesstaat Indiens, in dem mehr Frauen als Männer leben.

Das darf jedoch nicht darüber hinwegtäuschen, dass auch heute noch zwei Drittel der Bevölkerung der Unterschicht angehören und Indien nach wie vor ein **Land der Dörfer** ist. Zwar prägt das von den Medien verbreitete Bild von den unter menschenunwürdigen Bedingungen zu Millionen in den Slums der Großstädte dahinvegetierenden Menschen das Indienbild im Ausland und tatsächlich hat das Land mit Delhi, Mumbai, Kalkutta, Chennai (Madras) und Bangalore die

Land und Leute

Mitgiftmord und andere Grausamkeiten – Frauen in Indien

„Ein Mädchen großzuziehen, ist etwa so, als würde man die Pflanzen im Garten des Nachbarn gießen." In konsequenter Umsetzung dieses indischen Sprichwortes beginnt in Indien die Geschlechterdiskriminierung bereits vor der Geburt. **Sex Determination** heißt die Zauberformel, mit der durch eine Fruchtwasseruntersuchung (Amniozentese) das Geschlecht des Fötus ermittelt werden kann. Eigentlich als eine Methode zur Früherkennung von Missbildungen gedacht, dient sie heute in erbarmungsloser Weise dazu, weibliche Embryos zu erkennen und abzutreiben. Die für die Untersuchung zu zahlenden 500 Rupien sind eine zukunftsträchtige Investition, sparen die Eltern doch so später das Vielfache der Summe für die Mitgift der Tochter.

Für die große Masse der Unterschicht sind das jedoch immer noch astronomische Summen, und so greift man hier aus verzweifelter Not zum Mittel der Kindstötung unmittelbar nach der Geburt. Diese grausame Praxis bleibt nicht ohne Auswirkung auf die Bevölkerungsstatistik. So ist Indien eines der ganz wenigen Länder der Erde mit einem deutlichen **Männerüberschuss** (927 Frauen auf 1.000 Männer). Die Regierung hat 1994 die Amniozentese offiziell verboten, doch hat dies bisher kaum praktische Folgen gehabt.

Für die dennoch das Licht der Welt erblickenden Mädchen beginnt mit der Geburt ein Prozess **lebenslanger Benachteiligung.** Während die Söhne verwöhnt werden, müssen die Töchter schon von frühester Kindheit an die Lasten des Haushalts mittragen, können so viel seltener die Schule besuchen und werden nur im äußersten Notfall ärztlich versorgt. Die Folgen sind auch statistisch belegbar: Von Kindern bis neun Jahren sterben 60 % mehr Mädchen als Jungen, 71 % der Mädchen gegenüber 28 % der Jungen leiden an Unterernährung, und von den Sechs- bis Vierzehnjährigen besuchen 84 % der Jungen eine Schule, dagegen nur 54 % der Mädchen, sodass heute immer noch die Analphabetenrate unter Frauen fast doppelt so hoch ist wie bei den Männern.

Unter rein ökonomischen Gesichtspunkten betrachtet, stellen Mädchen tatsächlich eine enorme Belastung dar, denn während sich die Brauteltern bei der Verheiratung ihrer Tochter für die an ihren zukünftigen Mann zu zahlende **Mitgift** (*dowry*) oft lebenslang verschulden, steigert ein Sohn umgekehrt ihr Vermögen. Im Zuge des gerade in den letzten Jahren verstärkt um sich greifenden Konsumdenkens, vor allem in der indischen Mittel- und Oberschicht, ist die *dowry* zum Bereicherungsinstrument verkommen. Videorekorder, Motorroller, Waschmaschine und dazu noch ein ordentlicher Batzen Bares als Mitgift sind selbst in der unteren Mittelschicht schon die Regel.

Oft begnügt sich der Ehemann jedoch selbst damit nicht, fordert im Nachhinein Nachbesserungen und schreckt im Falle der Nichterfüllung auch vor **Mord** nicht zurück, kann er doch bei der angestrebten Wiederverheiratung mit einer neuen großzügigen Mitgiftzahlung rechnen. Beinahe täglich finden sich in den indischen Zeitungen Meldungen über vermeintlich tragische Küchenunfälle, bei denen die Frau am Kerosinkocher den Flammentod fand. Es ist ein offenes Geheimnis, dass sich hinter einer solchen Meldung einer der jährlich Tausenden von Mitgiftmorden verbirgt, doch da sich schlagkräftige Beweise so gut wie nie erbringen lassen, kommt der mordende Ehemann fast immer straffrei davon.

Die Mitgiftpraxis ist seit 1961 **verboten,** und das Mitte der 1980er Jahre von *Rajiv Gandhi* eingerichtete Ministerium für Frauenangelegenheiten stellt den staatlichen Versuch dar, der zunehmenden Diskriminierung der Frau einen Riegel vorzuschieben.

Demütige und klaglose Erfüllung ihrer Rolle als dienende, fürsorgliche Ehefrau prägt dann auch ihren Ehealltag, obwohl sie – gerade auf dem Lande – allzu oft als Arbeitstier missbraucht wird. Sie bekocht den Mann und isst, was er übrig lässt, besorgt auf oft stundenlangen Fußmärschen Wasser und Brennmaterial, hält Haus und Hof sauber und zieht die Kinder groß. Überdies verrichten Frauen als Tagelöhnerinnen in der Landwirtschaft und im Straßenbau die körperlich schwersten Arbeiten. Ihr Lohn ist dabei bis zur Hälfte niedriger als der der Männer, bei gleicher Arbeit.

Mit dem Tod ihres Mannes scheint auch die Existenzberechtigung der Ehefrau erloschen zu sein. Die meisten **Witwen** führen ein bemitleidenswertes Leben am Rande der Gesellschaft, da die Familie ihres Ehemannes sie nur noch als Last empfindet.

Erste zaghafte Auflösungserscheinungen dieses seit Jahrtausenden unveränderten Frauenbildes sind allerdings in den großen Metropolen unverkennbar. Speziell Mumbai, die westlichste aller indischen Städte, spielt hier wieder einmal eine Art Vorreiterrolle. Selbstbewusst auftretende junge Frauen, gekleidet in Jeans und T-Shirts, die auf feschen Bajaj-Motorrollern zur Arbeitsstelle fahren, wo sie als Sekretärin, Hotelangestellte oder Stewardess, aber zunehmend auch als Ärztin oder Jungunternehmerin tätig sind, finden sich immer öfter im Straßenbild der heimlichen Hauptstadt Indiens.

Land und Leute

031s Foto: tb

So fotogen es auch aussieht –
das Wassertragen ist mit viel Mühe
und Anstrengung verbunden

größte Anzahl so genannter **Megastädte** (über 5 Mio. Einwohner) der Welt; insgesamt jedoch liegt es mit einer **Urbanisierungsquote** (Anteil der in Städten mit über 20.000 Einwohner lebenden Bevölkerung) von 27 % im internationalen Maßstab am unteren Ende, sogar hinter Afrika (30 %).

Mit inzwischen 358 Menschen pro Quadratkilometer ist Indien eines der **am dichtesten bevölkerten Länder** dieser Erde, wobei es jedoch auffällige regionale Unterschiede gibt. Wie seit alters her, ist das fruchtbare Ganges-Tiefland zwischen Delhi und Kalkutta am dichtesten besiedelt. Hier drängelt sich etwa ein Drittel der gesamten Bevölkerung, während sich in den abgelegenen Nordost-Provinzen gerade mal um die 20 Einwohner pro Quadratkilometer verlieren.

Besonders besorgniserregend ist die **demografische Zusammensetzung** der indischen Gesellschaft. 32 % der Inder sind **unter 15 Jahre alt.** Bei der gerade unter den städtischen Jugendlichen zu beobachtenden zunehmenden Verwestlichung und der damit einhergehenden Auflösung traditioneller Werte, welche bisher die enormen kulturellen und sozialen Gegensätze der indischen Gesellschaft nur bedingt haben zum Ausbruch kommen lassen, kann man den damit in den nächsten Jahren zu erwartenden **sozialen Spannungen** nur mit der allergrößten Sorge entgegensehen.

Religionen

Für kaum eine andere Region der Erde gilt der Grundsatz, dass die Religion den Schlüssel zum Verständnis des Landes bildet, mit der gleichen Ausschließlichkeit wie für Indien. Der Glaube durchdringt nach wie vor fast jeden Aspekt des indischen Lebens. Dies gilt insbesondere für die Hindus, die mehr als 80 % der Bevölkerung stellen.

Die Muslime bilden mit 12 % den zweitgrößten Bevölkerungsanteil, gefolgt von 2,4 % Christen. Letztere leben vorwiegend in Südindien, wo durch die westliche Kolonialisierung eine breite Missionierung stattfand. Etwa ein Prozent der Inder sind Anhänger

des Sikhismus, sie leben vorwiegend im nordindischen Punjab. 0,8 % der Gesamtbevölkerung Indiens bekennen sich zum Buddhismus. Die 4,5 Mio. (0,5 %) Jains sind vorwiegend im nordwestlichen Bundesstaat Gujarat zu Hause. Mit 60.000 Anhängern die kleinste Religionsgemeinschaft sind die Parsen.

Hinduismus

Von den Reinigungsvorschriften über die Ernährungsweise, Heiratsgebote und Bestattungszeremonien bis hin zur Wiedergeburt im nächsten Leben – im wahrsten Sinne des Wortes von der Wiege bis zur Bahre wird das Leben jedes einzelnen Hindus von seiner Religion bestimmt. Bei der Suche nach den Wurzeln der indischen Gesellschaft straucheln die meisten westlichen Besucher recht bald im undurchsichtigen Dschungel des Hinduismus. Tatsächlich muss sich der Europäer angesichts eines Glaubens, der weder einen Stifter noch einen Propheten, weder eine Organisation noch einen Missionsanspruch, weder allgemeinverbindliche Dogmen noch eine heilige Schrift, dafür jedoch das Nebeneinander vieler verschiedener Lehrbücher und Hunderttausender Götter kennt, ziemlich verloren vorkommen.

Ein „ismus" im Sinne einer einheitlichen Lehre oder Ideologie ist der Hinduismus nicht. Vielmehr verbirgt sich hinter dem Begriff ein äußerst vielschichtiges und **komplexes Gedankengebäude** philosophischer, religiöser und sozialer Normen, welches sich im Laufe von Jahrtausenden durch die Entstehung und Verschmelzung unterschiedlicher Strömungen herausgebildet hat.

Allein das Wort Hinduismus ist bereits eine irreführende Bezeichnung. *Hindu* ist das persische Wort für die Menschen jenseits des Sindhu, dem Indus – also die Bezeichnung der muslimischen Eroberer für die Inder. Erst viel später gingen die Inder dazu über, sich selbst als Hindus zu bezeichnen.

Arische und dravidische Ursprünge

Die Ursprünge dessen, was man heute Hinduismus nennt, gehen über drei Jahrtausende zurück, als die aus Zentralasien nach

Indien eindringenden **Arier** die **dravidische Urbevölkerung** unterwarfen. Während die Arier militärisch eindeutig die Oberhand gewonnen hatten, wurde die indoarische Religion in den folgenden Jahrhunderten in hohem Maße von den Glaubensvorstellungen der besiegten Ureinwohner durchdrungen.

Besonders deutlich zeigt sich diese Synthese bei der Herausbildung des hinduistischen **Götterhimmels.** Standen zunächst die arischen Naturgottheiten wie etwa *Surya* (Sonne), *Candra* (Mond) und *Indra* (Gewitter) im Mittelpunkt der Verehrung, so wurden diese in der Folgezeit mit den bereits in der vorarischen Zeit in Indien verehrten Göttern vermischt. So ist etwa die mit dem Shivaismus in Verbindung stehende Lingam-Verehrung eine Weiterentwicklung des bereits im 3. Jahrtausend v. Chr. in Harappa nachgewiesenen Phalluskults.

Durch Rituale wie das Singen von Hymnen, Opferungen und die Abhaltung magischer Rituale versuchten die Menschen, ihre Götter für die Erfüllung ihrer Wünsche zu gewinnen. Die Hymnenliteratur ist in heiligen Schriften, den so genannten **Veden,** zusammengefasst. Nach diesen frühesten, im 2. Jahrtausend v. Chr. verfassten Schriften wurde diese erste Phase des Hinduismus, die etwa von 1500 bis 1000 v. Chr. reichte, als **Vedismus** bezeichnet.

Entstehung des Kastensystems

Auf den Vedismus folgte der **Brahmanismus** (ca. 1000–500 v. Chr.). Diese Phase ist gekennzeichnet durch die Ausbildung aller zentralen, im Kern bis heute gültigen Glaubensprinzipien des Hinduismus. Mit dem Aufkommen des allumfassenden Schöpfergottes *Brahma* verloren die alten Naturgottheiten mehr und mehr an Bedeutung. Gleichzeitig wuchs mit den immer komplizierter werdenden **Opferritualen,** die allmählich die zentrale Rolle in der Religionsausübung einnahmen, die Macht des Priesterstandes.

Die **Brahmanen** standen aufgrund ihres Wissensmonopols an der Spitze der hierarchisch geordneten Gesellschaft. Ihnen folgten die **Kshatriyas** (Krieger und Adel) und **Vaishyas** (Bauern, Viehzüchter, Händler), denen die unterworfenen nicht-arischen **Shudras** (Handwerker, Tagelöhner) untergeordnet waren. Aus diesen vier Gruppen entstand das heute noch immer gültige Kastensystem Indiens.

Herausbildung des Hinduismus

Doch je weniger die große Masse des Volkes Zugang zu den für sie kaum noch nachzuvollziehenden Opferritualen der elitären Priesterkaste fand, desto empfänglicher wurden die Menschen für andere Glaubensrichtungen. So ist es kein Zufall, dass gerade zu jener Zeit mit dem **Jainismus** und dem **Buddhismus** zwei neu entstandene Religionen großen Zulauf fanden, die vom Priestertum unabhängige Wege zur Erlösung aufzeigten. Unter der Patronage des großen Maurya-Königs *Ashoka* (274–232 v. Chr.) entwickelte sich der Buddhismus sogar zur führenden Religion des Landes. Wiederum als Reaktion hierauf erfolgte im Hinduismus eine Rückbesinnung auf die Ursprünge der Veden, die in der Verschmelzung mit den Erkenntnissen des Brahmanismus zur Herausbildung des bis heute praktizierten **Hinduismus** führte.

Grundprinzipien

Kerngedanke des Hinduismus und das Herzstück traditionellen indischen Lebens ist der Glaube an einen ewigen Schöpfergeist oder eine **Weltseele** *(brahman),* aus der alles Leben und die gesamte Weltordnung hervorgeht. Den zweiten Grundpfeiler bildet die Vorstellung von der Reinkarnation, d.h. der **Wiedergeburt** der unsterblichen Seele in einem neuen Körper. Danach durchläuft jeder Mensch, oder richtiger jede Seele, unzählige Wiedergeburten, sodass der Tod nur eine Zwischenstation auf dem Weg zu einer neuen Existenz darstellt. Hieraus erklärt sich auch, warum für den Hindu der Tod ein weit weniger einschneidendes Erlebnis ist als für einen Menschen aus dem westlichen Kulturkreis, der von der Endlichkeit und Einzigartigkeit seiner Existenz überzeugt ist.

Ziel jedes Lebewesens oder jeder Einzelseele *(atman)* ist **moksha**, die **Erlösung aus dem Geburtenkreislauf** und die Vereinigung mit dem *brahman.* Den Weg zu diesem Ziel kann jeder Einzelne selbst bestimmen, indem er sich in jedem seiner Leben so weit wie möglich an die Regeln der göttlichen Ordnung *(dharma)* hält. Wer diesen Dharma-Gesetzen entsprechend lebt, rückt mit jeder Wiedergeburt auf einer höheren Stufe der Erlösung jeweils einen Schritt näher. Fällt die Gesamtbilanz am Lebensende jedoch negativ aus, so wird dies mit einer niederen Wiedergeburt im nächsten Leben bestraft.

Dieses **Karma** genannte Vergeltungsprinzip bildet auch die Erklärung für das Kastenwesen, das jedem Menschen entsprechend seinen Verdiensten bzw. Verfehlungen im vorigen Leben einen festen Platz in der sozialen Rangordnung zuweist. Jede der insgesamt über 3000 Kasten- und Unterkasten hat ihr eigenes *dharma,* dementsprechend sich das jeweilige Kastenmitglied zu verhalten hat.

Welche Pflichten im einzelnen zu erfüllen sind, beschreiben die **Dharma-Bücher,** unter denen das Gesetzbuch des Manu das bekannteste ist. Hindus sehen in diesem ab dem 2. vorchristlichen Jahrhundert entstandenen Werk eine Offenbarung des Schöpfergottes an den Urvater des Menschengeschlechts Manu. Bis ins kleinste Detail wird dort dharma-gerechtes Verhalten aufgelistet. Als Haupttugenden gelten die Heirat innerhalb der eigenen Kaste, die Ausübung eines nur für die eigene Kaste erlaubten Berufs und das Einnehmen der Mahlzeiten nur mit Mitgliedern der eigenen Kaste.

Entsprechend der Vergeltungskausalität des Karma, nach der jeder durch seine Taten im vorherigen Leben für sein jetziges Schicksal selbst verantwortlich ist, gehört die klaglose Akzeptanz dieser Vorschriften zu einem der Grundmerkmale hinduistischen Glaubensverständnisses. So heißt es im **Mahabharata,** einem aus 18 Büchern mit insgesamt 100.000 Doppelversen bestehenden Hindu-Epos aus dem 2. Jh. v. Chr.: „Tu deshalb ohne Hinneigung immer das, was deine Pflicht dir vorschreibt, denn indem der Mensch so handelt, erreicht er das Höchste". Das sich klaglose Fügen in sein Schicksal schließt individuelle Selbstentfaltung außerhalb der eng begrenzten Schranken des Kastensystems aus, würde diese doch das oberste Gebot, die Aufrechterhaltung der göttlichen Ordnung, bedrohen.

„Fatalistische" Grundstimmung

Diese Sicht der Welt schlägt sich in einer allgemeinen Grundstimmung nieder, die oftmals allzu undifferenziert als **fatalistisch** bezeichnet wird. Nach hinduistischer Philosophie ist die Welt wie ein riesiger Strom, der seit alters träge dahinfließt. Jeder Mensch hat seinen Platz in diesem Strom, in dem die scharfen Konturen der Vergangenheit, der Gegenwart und der Zukunft verschwimmen, da das Leben des einzelnen nicht durch Geburt und Tod fest umgrenzt ist. Die Welt ist, wie sie ist, ihre Gesetze sind vom Menschen nicht zu beeinflussen. Der auf die Zukunft gerichtete Wille zur Veränderung und zur Mehrung irdischer Güter konnte sich in dieser gesellschaftlichen Atmosphäre nicht so durchsetzen wie im neuzeitlichen Europa. Hieraus erklärt sich auch der auffällige wirtschaftliche Erfolg kleiner Religionsgemeinschaften wie der **Jains,** der **Sikhs** und der **Parsen,** die mit ihren mehr diesseits orientierten Glaubensvorstellungen einen **ökonomischen Wertevorsprung** gegenüber den Hindus besitzen.

Ganzheitliche Weltsicht

Die Wiedergeburt in eine der vielen Tausend Kasten stellt jedoch nur eine Möglichkeit der Reinkarnation dar. Da für die Hindus alles Leben auf Erden Ausdruck der göttlichen Ordnung ist, kann der Mensch durch Fehlverhalten auch als Tier oder Pflanze wiedergeboren werden, wie es das Gesetzbuch des Manu höchst drastisch veranschaulicht: „Wenn man Korn stiehlt, wird man eine Ratte, Wasser ein Wassertier, Honig eine Mücke, Milch eine Krähe und Süßigkeiten ein Hund".

Mag dies zunächst auch eher belustigen, so verbirgt sich dahinter mit der Vorstellung, dass letztlich alle Lebewesen gleichwertig sind, eine ganzheitliche Weltsicht, welche kaum unterschiedlicher zum christlichen Glauben sein könnte, in dem der Mensch als Krönung der Schöpfung gilt. Die universelle Auffassung von der **Einheit allen Lebens,** in

der der Mensch nur ein Teil des Ganzen ist, hat in Indien zu einem grundsätzlich **behutsameren Umgang mit der Natur** geführt, die nicht als Um-, sondern als Mitwelt verstanden und erfahren wird. In solch einer ganzheitlichen Weltsicht stehen Mikro- und Makrokosmos, Himmel und Erde, Gott und Mensch in unmittelbarem Bezug zueinander.

Religiöses Alltagsleben

Dementsprechend gehört es für jeden Hindu zu den Selbstverständlichkeiten des Lebens, dass er durch tägliche **Kult- und Opferhandlungen** (puja) die Götter gnädig zu stimmen versucht. So befindet sich in jedem Hindu-Haus ein kleiner Altar mit dem Bild der verehrten Gottheit. Mindestens einmal täglich wird ihm mit dem Umhängen von Blumengirlanden, dem Entzünden von Räucherstäbchen und einer kleinen Andacht gehuldigt. Das gleiche Ritual vollzieht sich in größerem Rahmen in den Dorftempeln, in denen an speziellen Feiertagen aufwendige

pujas abgehalten werden. Zu diesen Anlässen werden den Götterbildern liebevoll zubereitete Opfergaben wie Kokosnüsse, Süßigkeiten und Blumen dargeboten. Dadurch, dass die Gottheit die Essensgaben symbolisch isst, werden sie zu prasad, d.h. heiligen Speisen, die danach wieder an die Pilger verteilt werden.

Die Offenheit der hinduistischen Religion bringt es mit sich, dass dem Gläubigen viele weitere Möglichkeiten offenstehen, um sich dem Göttlichen zu nähern. Dazu gehören u.a. verschiedene Arten der **Meditation,** das Leben als wandernder Asket oder Einsiedler (sadhu) oder die Teilnahme an oftmals langwierigen und kräftezehrenden **Pilgerreisen** zu bedeutenden Plätzen der indischen Mythologie.

Tägliches Ritual:
Straßentempel in Kalkutta

330.000 Möglichkeiten – die indische Götterwelt

Du sollst keine anderen Götter neben mir dulden – dieses für Juden, Christen und Muslime gleichermaßen gültige Gebot des Monotheismus steht im krassen Gegensatz zur hinduistischen Götterwelt. Nicht weniger als 330.000 Götter stehen den Hindus angeblich zur Auswahl! Tatsächlich symbolisiert der hinduistische Götterhimmel die einzigartige Vielschichtigkeit des Phänomens Indien auf geradezu klassische Weise.

Für Außenstehende ist es nur sehr schwer nachvollziehbar, dass die Götter im Hinduismus, ebenso wie die Menschen, zahlreiche Reinkarnationen durchlaufen, die dann wiederum als eigenständige Gottheiten verehrt werden. Hinzu kommt, dass viele von ihnen heiraten und Kinder bekommen, welche dann ebenfalls Aufnahme in den hinduistischen Pantheon finden.

Ganesha mit seinem Reittier, der Ratte

Schließlich gibt es auch noch unzählige lokale Gottheiten. So gelingt es nicht einmal den Indern selbst, all ihre Götter zu identifizieren.

An der Spitze des Pantheons steht die als **Trimurti** bezeichnete Dreieinigkeit der Götter Brahma, Vishnu und Shiva. **Brahma** wird als Schöpfer der Welt und aller Wesen angesehen, bleibt jedoch im Schatten Vishnus und Shivas, denn anders als diese wurzelt er nicht im Volksglauben. Nur ganz wenige Tempel Indiens, wie etwa in Pushkar, sind ihm direkt geweiht, doch als einer unter vielen Göttern ist er in fast jedem Heiligtum anzutreffen. Dabei wird er meist mit vier in die verschiedenen Himmelsrichtungen blickenden Köpfen und seinem Tragtier, dem Schwan, dargestellt. Brahmas Gattin **Sarasvati** gilt als die Göttin der Künste; ihr werden die Erfindung des Sanskrit und des indischen Alphabets zugeschrieben. Zwei immer wiederkehrende Attribute Sarasvatis sind ein Buch und eine Gebetskette.

Vishnu, der neben Shiva bedeutendste Gott im Hinduismus, gilt als der Erhalter der

Krishna mit Flöte

Welt, der in seinen bisher insgesamt neun Inkarnationen *(avataras)* immer dann auftritt, wenn es gilt, die Erde vor dämonischen Gewalten zu schützen. Seine bekanntesten Inkarnationen sind die als Rama, Krishna und Buddha. Vishnus Tragtiere sind entweder eine Schlange oder ein Garuda. Seine Gattin **Lakshmi** verkörpert Schönheit und Reichtum und ist oft Mittelpunkt der vielen indischen Tempel, die von der Industriellenfamilie *Birla* gestiftet wurden.

Shiva wird oftmals als das Gegenstück Vishnus bezeichnet, was jedoch nur zum Teil stimmt, da sich in ihm verschiedene, äußerst widersprüchliche Wesenselemente vereinen. Laut der indischen Mythologie soll er unter nicht weniger als 1.008 verschiedenen Erscheinungsformen und Namen die Erde betreten haben. Einerseits verkörpert er die Kräfte der Zerstörung, andererseits gilt er auch als Erneuerer aller Dinge. Besonders augenfällig zeigt sich diese Vereinigung von Gegensätzen in seiner Manifestation als kosmischer Tänzer

Die blutrünstige Göttin Kali

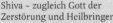
Shiva – zugleich Gott der Zerstörung und Heilbringer

Nataraja, der in einem ekstatischen Tanz inmitten des Feuerkranzes einer untergehenden Welt zu sehen ist, womit er jedoch bereits die Energien für ein neu zu errichtendes Universum schafft.

Ebenso widersprüchlich (zumindest nach westlichen Vorstellungen) wie er selbst ist die ihm zur Seite gestellte Göttin **Parvati,** die auch in ihren Inkarnationen als Annapurna, Sati, Durga und Kali bekannt ist und unter diesen Namen ganz verschiedene Wesenszüge aufweist. Ihre zerstörische Seele spiegelt sich am offenkundigsten in der blutrünstigen, vor allem in Bengalen verehrten Kali, während sie als Sati die ihrem Mann bis in den Tod ergebene Gattin verkörpert, die sich nach dem Tod Shivas auf dem Scheiterhaufen verbrennen lässt. In Shiva-Tempeln steht das *lingam* (Phallus), das Shiva als kraftvollen Schöpfer symbolisiert, aufrecht auf der *yoni* (Vulva), dem Symbol der Gattin. Wie auch bei den anderen Göttern gibt es eine ganze Reihe von Emblemen, an denen man Shiva und Parvati erkennen kann. Bei Shiva sind dies der Dreizack, ein Schädel oder die ascheverschmierte, grau-blaue Haut, bei Parvati in ihrer Form als Kali die um ihren Hals hängende Totenkopfkette. Wichtigstes Erkennungsmerkmal sind jedoch auch hier die Tragtiere, bei Shiva der Nandi-Bulle und bei Parvati ein Löwe.

Einer der populärsten Götter im Hinduismus ist der dickbäuchige, elefantenköpfige **Ganesha,** Sohn von Shiva und Parvati. Eine von vielen Legenden besagt, dass Shiva – nach langer Abwesenheit zurückgekehrt – seinem Sohn im Zorn den Kopf abgeschlagen haben soll, nachdem er diesen fälschlicherweise für einen Liebhaber Parvatis hielt. Voller Trauer ob seines Missgeschicks und im Bemühen, dieses so schnell als möglich zu beheben, beschloss er, seinem Sohn den Kopf jenes Lebewesens aufzusetzen, das ihm als erstes begegnen würde. Da dies ein Elefant war, ziert Ganesha seither jener charakteristische Elefantenkopf. Sein rundlicher Bauch lässt darauf schließen, dass er schon in vorarischer Zeit ein Fruchtbarkeitsidol verkörperte. Dass nun ausgerechnet eine Ratte für das Schwergewicht als Tragtier herhalten muss, passt zu dieser drolligen und liebenswerten Götterfigur. Als Glücksbringer und Beseitiger von Hindernissen jeglicher Art ziert er praktischerweise das Armaturenbrett vieler Busse und LKW.

Neben Ganesha ist **Krishna,** die achte Inkarnation Vishnus, die beliebteste Gottheit des Hinduismus und zudem auf Bildern und Zeichnungen die am meisten dargestellte.

Die schelmischen und erotischen Abenteuer des jugendlichen Hirtengottes boten den Miniaturmalern reichlich Stoff, um ihren Fantasien freien Lauf zu lassen. Die wohl am häufigsten aufgegriffene Szene zeigt Krishna, wie er den im Yamuna-Fluss bei Vrindaban badenden Hirtenmädchen *(gopis)* die Kleider stiehlt. Mit seiner Hirtenflöte und der charakteristischen blauen Hautfarbe ist er einer der am einfachsten zu identifizierenden Götter.

Wie keine andere Heiligenfigur symbolisiert **Rama,** die siebte Inkarnation Vishnus, die ungebrochene Verehrung, welche die jahrtausendealten hinduistischen Götter im heutigen Indien immer noch genießen. Der meist dunkelhäutig und mit Pfeil und Bogen dargestellte Rama ist die Hauptfigur des großen hinduistischen Heldenepos Ramayana, das aus 24.000 Doppelversen besteht.

In ganz Südindien und hier speziell in Tamil Nadu finden sich auf freien Feldern Gruppen von Pferdeskulpturen. Sie gehören zum Kult des **Aiyanar,** des Schutzgottes der Tamilen, der nachts mit seinen Pferden über die Felder reitet und die bösen Geister verscheucht. Die Pferdefiguren können bis zu zwei Meter hoch sein, meist sind sie aus Ton geformt und in einem Stück gebrannt. Während ihr Körper weiß gehalten ist, werden Sattelzeug, Mähne, Geschirr und Zaumzeug oft farbig hervorgehoben. In Kerala ist der Sohn Shivas und Mohinis (der weiblichen Form Vishnus) auch unter dem Namen Ayappa bekannt.

Hinduistische Toleranz in Gefahr

Die Annahme der Einheit aller Lebewesen gilt für die Hindus auch gegenüber Mitgliedern anderer Religionsgemeinschaften wie Buddhisten, Christen, Sikhs, Parsen oder Muslime. Alle Religionen werden als legitime Wege zum ewigen Schöpfergott angesehen. Für Hindus gibt es dementsprechend so viele Wege zu Gott, wie es Gläubige gibt. Inquisitionen oder Kreuzzüge im Namen des Hinduismus hat es nie gegeben. Diese Toleranz ist allerdings in letzter Zeit vor allem gegenüber den **Muslimen** durch die Wunden jahrhundertealter Fremdherrschaft und die Zunahme **sozialer Spannungen,** die zudem von skrupellosen Politikern noch geschürt werden, stark gefährdet. Hier bleibt nur zu hoffen, dass sich die Hindus zurückbesinnen auf jene vier Haupttugenden, die in den hinduistischen Lehrbüchern zur Erlangung der *moksha* gefordert werden: **Wohlwollen, Mitleid, Mitfreude und Gleichmut.**

Islam

Mahmud-e-Ghazni, ein Heerführer aus dem heutigen Afghanistan, der im Jahre 1001 den ersten seiner insgesamt 17 Raubzüge durch Nordindien durchführte, wurde für die Hindus zum Prototyp des **islamischen Eroberers,** der mordend und brandschatzend durchs Land zieht und im Namen der Religion die heiligen Stätten zerstört. Seither ist die indische Geschichte von blutigen **Glaubenskriegen zwischen Hindus und Muslimen** geprägt, wobei die Teilung des Subkontinents 1947 in das islamische Pakistan und das hinduistische Indien nur den vorläufigen traurigen Höhepunkt darstellt.

Auch zu Beginn des 3. Jahrtausends stehen sich die Anhänger der beiden Religionen unversöhnlicher denn je gegenüber. Die 110 Mio. in Indien lebenden Muslime stehen gerade im Zeichen eines immer radikaler und intoleranter werdenden Hindu-Fundamentalismus vor einer mehr als unsicheren Zukunft. Tatsächlich lässt sich ein größerer Gegensatz als zwischen dem strikt monotheistischen und bilderfeindlichen Islam und den Millionen von Göttern, die die hinduistischen Tempel voll üppiger Erzähl- und Darstellungsfreude zieren, kaum denken.

Mohammed und die Niederschrift des Koran

Abdil Kasim Ibn Abt Allah – der erst später den Beinamen *Mohammed* (arabisch: der Gepriesene) erhielt – wurde im Jahre 570 als Sohn eines Kaufmanns in Mekka, einer bedeutenden Karawanenstadt auf der Handelsroute zwischen Indien und Ägypten, geboren. Im Alter von 40 Jahren wurde ihm in einer Höhle unterhalb des Berges Hira durch den Erzengel Gabriel die Offenbarung zuteil, Prophet Gottes (Allah) zu sein.

Die ihm über einen Zeitraum von mehr als 20 Jahren vom Erzengel übermittelten Worte

●**Buchtipps:** Im REISE KNOW-HOW Verlag sind die folgenden Bücher zum Thema erschienen: „Hinduismus erleben" und „Islam erleben" (beide in der Reihe Praxis) sowie „KulturSchock Indien".

Allahs schrieb Mohammed in ein Buch nieder, welches als Koran („das zu Zitierende") zur heiligen Schrift der Muslime wurde.

Allah als einziger Gott

Fünf Glaubensgrundsätze, an die sich jeder Muslim zu halten hat, bilden die Grundlage der insgesamt 114 Kapitel (Suren) des Koran. Wichtigstes Prinzip ist dabei der strikte Monotheismus (Unterwerfung, Hingabe an Allah, den einzigen Gott), der mit den Worten, „Es gibt keinen Gott außer mir, so dienet mir", im Koran zum Ausdruck kommt. Die den gesamten Koran durchziehende Mahnung „Fürchtet Allah!" unterstreicht die tiefe Bedeutung der **Gottesfurcht** als Grundelement des Islam. Nach diesem wichtigsten aller Gebote folgen die Pflicht zum Gebet (fünfmal täglich gen Mekka gerichtet), Fasten im Monat Ramadan, Almosen geben und die Pilgerfahrt nach Mekka.

Mekka und Medina

Mohammed sammelte zwar mit seiner Lehre eine immer größere Glaubensgemeinschaft um sich, doch die in Mekka herrschenden Kurashiten fühlten sich in ihrem bisherigen Glauben und damit in ihrer Machtposition bedroht. Sie belegten ihn zunächst mit einem Bann und drohten schließlich sogar mit seiner Ermordung. So sah sich Mohammed gezwungen, in die Wüstenstadt Jashib umzusiedeln, die später in Medina-an-Nabbi (Stadt der Propheten), kurz Medina, umbenannt wurde. Das Datum seiner Ankunft in Medina (622) gilt seither als Beginn der islamischen Zeitrechnung.

Einheit von geistlicher und weltlicher Macht

Innerhalb nur weniger Jahre wurde Mohammed mit seinen Predigten nicht nur zum meistverehrten Heiligen der Region, sondern avancierte auch als weltlicher Herrscher Medinas zum mächtigen Staatsmann und Feldherrn, der mit seinen Truppen den Ungläubigen von Mekka empfindliche Niederlagen beibrachte. Die heute für den Islam so charakteristische Einheit von geistlicher und weltlicher Macht sowie die **Idee vom Heiligen**

Krieg als legitimem Mittel zur Verbreitung des islamischen Glaubens haben hier ihren eigentlichen Ursprung. 630 konnte Mohammed im Triumphzug in seine Vaterstadt zurückkehren und erklärte Mekka zur heiligen Stadt des Islam.

Die Einheit von geistlicher und weltlicher Macht führte nach dem Tod Mohammeds am 8. Juni 632 fast zwangsläufig zu erbitterten Nachfolgekämpfen, die schließlich die **Spaltung des Islam** in die drei großen Glaubensgemeinschaften der Sunniten, Schiiten und Charidschiten zur Folge hatten. Vor allen Dingen die erbitterte Feindschaft der ersten beiden ist noch heute Ursache für viele kriegerische Konflikte im Nahen Osten.

Indische Ausprägung: Sufismus

Keine Abspaltung vom eigentlichen Glauben, sondern eine Antwort auf die zunehmende Ritualisierung der religiösen Zeremonien war der so genannte Sufismus, der gerade unter den indischen Muslimen viele Anhänger fand. Durch eine strenge **Askese,** tiefe **Meditation** und Rückzug aus der Welt wollte man die im orthodoxen Glauben verloren gegangene Einheit mit Gott wiederherstellen. Ähnlich wie den Gurus im Hinduismus wurden auch hier spirituellen Lehrmeistern magische Kräfte zugesprochen. Die Grabstätten dieser Sufis genannten Heiligen wurden später zu **Pilgerorten.** Das bedeutendste Beispiel in Nordindien findet sich mit dem Grabmal Khwaja-ud-din-Chistis in Ajmer.

Sikhismus

Obwohl sie nur wenig mehr als 1 % der indischen Bevölkerung ausmachen, haben die Sikhs unser Bild des Inders mehr geprägt als alle anderen Volks- und Religionsgruppen. Frisch gebügeltes weißes Hemd, silberner Armreif, gepflegter Vollbart und kunstvoll gebundene Turbane, so sah Hollywoods Vorzeigeinder aus, und er war immer ein *Sikh* (wörtl.: Schüler) aus dem fruchtbaren Punjab (Fünfstromland) im Nordwesten. Das ist im Grunde paradox, legen doch die Sikhs selbst großen Wert darauf, sich vom Rest der indischen Bevölkerung zu unterscheiden. Die

Männer dokumentieren dies traditionell durch die so genannten **Fünf K:** das nicht geschnittene, unter einem Turban getragene Haar *(kes),* ein Kamm aus Holz oder Elfenbein *(kangha),* ein Dolch *(kirpan),* ein stählerner Armreif *(kara)* und eine kurze Kniehose *(kaccha).* Allerdings sind auch an den stolzen Sikhs die Zeichen der Zeit nicht spurlos vorbeigegangen, und so verschwindet die *Kaccha* heute meist unter langen Hosen, der Kamm ist aus Plastik und der Dolch wird fast nur noch zu Festlichkeiten getragen. Alle Tugenden, die gemeinhin gerade nicht mit Indern in Verbindung gebracht werden – er schien sie zu verkörpern: Disziplin, Fleiß, Stolz, Pragmatismus.

Doch spätestens seit 1984 zwei Sikhs aus der Leibwache Indira Gandhis die damalige Ministerpräsidentin ermordeten, hat dieses makellose Bild erhebliche Risse erhalten. Seither verbindet man eher den von Terror und Mord gekennzeichneten Kampf der Sikhs um einen eigenen unabhängigen Staat *Khalistan* mit ihrem Namen.

Dabei wird jedoch übersehen, dass der Konflikt in seiner jetzigen Form erst vor einem Jahrzehnt entbrannte und Sikhs und Hindus bis dahin über fünf Jahrhunderte friedlich nebeneinander lebten. An sich sind die Glaubensgrundsätze beider Völker durchaus miteinander vereinbar, und so war es auch kein religiöser Antagonismus, sondern ihre von ständigen Abwehrkräften gegen die Zentralregierung in Delhi geprägte Geschichte, die die Sikhs ihre Eigenständigkeit immer mehr betonen ließ.

Die Ursprünge des Sikhismus gehen auf den Hinduprediger *Guru Nanak* (1469–1539) zurück, der aus einer Kaufmannnskaste aus dem Punjab stammte und eine **Synthese von Hinduismus und Islam** anstrebte. Er übernahm zwar vom Hinduismus die Lehre vom Weltschöpfer *(Brahman),* von der Seelenwanderung und vom *Karma,* lehnte jedoch mit der Vielgötterei, dem Ritualismus und vor allen Dingen mit dem Kastenwesen **drei** seiner Kernelemente ab.

Weißes Hemd und Turban – Sikhs beim Gebet

Ebenso wie der Islam ist der Sikhismus streng monotheistisch und glaubt an einen unsichtbaren Gott. Als Ausdruck ihrer aufgehobenen Kastenzugehörigkeit tragen alle männlichen Sikhs den gleichen Namen – Singh (Löwe).

Ferner geht der Sikhismus von der Möglichkeit der Erlösung durch moralisches Handeln und weltliche Pflichterfüllung aus. Bedingt durch diese egalitären und diesseits orientierten Wertvorstellungen zeichnen sich die Sikhs im Gegensatz zu den oft zum Fatalismus neigenden Hindus durch eine pragmatische und dynamische Lebenseinstellung aus.

Nanaks vierter Nachfolger Guru Arjun Dif ließ 1577 den **Goldenen Tempel** erbauen, der von nun an das spirituelle Zentrum der Sikhs bildete. Hier befindet sich auch das heilige Buch des Sikhismus, der Adi Granth (wörtl. „Urbuch", auch als Guru Granth Sahib, „das hochverehrte Buch", bekannt), welches Arjun Dif aus den Schriften und Lehren seiner Vorgänger zuammenfasste.

Im Verlauf der **zunehmenden Verfolgung** der Sikhs durch die muslimischen Machthaber in Delhi wurden sowohl Arjun Dif als auch der neunte Guru Tik Bahadur hingerichtet, worauf dessen Sohn die Reformsekte zu einem religiösen Kampfbund, Khalsa genannt, umformte. Ferner verfügte er, dass nach seinem Tode niemand seine Nachfolge antreten sollte und dafür die heilige Schrift Adi Granth als oberste Autorität des Glaubens die Position der Gurus einnehmen sollte.

Mit dem Zerfall des Mogulreiches erstarkten die Sikhs und konnten 1801 unter Ranjit Singh als Maharaja ihr **eigenes Königreich** im Punjab errichten, welches jedoch nach zwei erbitterten Schlachten 1849 von den Briten erobert wurde.

Als mit der Unabhängigkeit Indiens am 15. August 1947 gleichzeitig auch die Abtrennung Pakistans in Kraft trat und die neue Grenzlinie der beiden Staaten mitten durch den Punjab lief, kam es hier zu den schlimmsten Massakern zwischen Sikhs, Hindus und Moslems im ganzen Land. Von nun an wurden die Stimmen für einen von Hindus und Moslems gleichermaßen **unabhängigen Staat** immer lauter. Noch jedoch wurden die

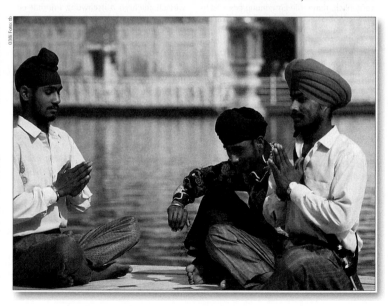

038l Foto: tb

Land und Leute

Forderungen durch die 1921 gegründete Sikh-Partei *Akali Dal* (Bund der Unsterblichen) auf demokratische Weise vorgebracht.

Als sich die ökonomische Situation im bis dahin als Wirtschaftswunderland geltenden Punjab, das einen bedeutenden Anteil zu Indiens wirtschaftlicher Entwicklung beigetragen hatte, in den sechziger Jahren radikal verschlechterte und die Zahl der landlosen Arbeiter verdoppelte, fanden die fundamentalistischen Parolen des Sektenführers *Bhindranwale*, der zur Errichtung eines unabhängigen Staates **Khalistan** (Land der Reinen) aufrief, vor allem unter den desillusionierten Jugendlichen schnellen Zulauf. Seine Anhänger verbreiteten unter der Hindu-Bevölkerung im Punjab durch terroristische Gewalttaten Angst und Schrecken.

Als Bhindranwale schließlich seinen eigenen Staat Khalistan ausrief und sich 1982 mit seinen Anhängern im Goldenen Tempel von Amritsar verschanzte, waren die Türen für eine friedliche Lösung des Punjab-Konfliktes endgültig zugeschlagen.

Versuchte Indira Gandhi zunächst noch vergeblich, durch die Ernennung eines Sikhs als Staatsoberhaupt den Konflikt zu entschärfen, geriet sie von den Hardlinern in ihrem Kabinett unter immer stärkeren politischen Druck und entschloss sich schließlich zur **Operation Blue Star.** Nach generalstabsmäßiger Planung wurde der Goldene Tempel am 30. Mai 1984 von 15.000 Soldaten erstürmt, wobei die meisten der über 3.000 Besetzer getötet wurden, unter ihnen auch Bhindranwale.

Diese Schändung ihres Heiligtums war ein Fanal für die strenggläubigen Sikhs. Befanden sich die **Fundamentalisten** bis dahin innerhalb der Sikh-Gemeinde noch deutlich in der Minderheit, so radikalisierten sich jetzt auch jene, die bisher nur für eine größere politische wie wirtschaftliche Autonomie gegenüber Delhi eingetreten waren.

Von nun an beherrschte eine Spirale von **Gewalt und Gegengewalt** die Lage in Punjab. Die Ermordung *Indira Gandhis* und die sich anschließenden Massaker an Sikhs in Delhi, Terroraktionen verschiedener Untergrundorganisationen gegen hinduistische Politiker, brutales Vorgehen der indischen Poli-

zeitruppen in Amritsar, erneute Erstürmung des Goldenen Tempels 1988, fehlgeschlagener Anschlag auf *Rajiv Gandhi* aus seiner Sikh-Leibgarde, die Unterstellung des Punjab unter direkte Kontrolle Delhis – die Liste der Gewaltakte zwischen Hindus und Sikhs seit 1980 ließe sich noch endlos verlängern.

Die Gefahr vor Augen, die Abspaltung des Punjabs könnte weiteren, schon lange schwelenden Unabhängigkeitsbestrebungen in Assam, Tamil Nadu und vor allem in Kashmir neuen Auftrieb geben und damit den Bestand der indischen Union ernsthaft gefährden, ließ die indische Zentralregierung lange Zeit keinen Millimeter von ihrer kompromisslosen Haltung abgehen, während die Sikhs wegen des brutalen Vorgehens der indischen Truppen weiterhin auf ihre Unabhängigkeit pochten.

Anfang der 1990er Jahre entspannte sich die Lage jedoch auf beiden Seiten. Im Gegensatz zu Kashmir, wo eine friedliche Konfliktlösung in den nächsten Jahren nur schwerlich vorstellbar ist, scheint der Wunsch vieler Punjabis, statt politischem Extremismus wirtschaftlichem Aufschwung Priorität einzuräumen, langfristig die Lage im Punjab zu beruhigen.

Buddhismus

Bei der Frage nach dem Ursprungsland des Buddhismus würde wohl kaum jemand auf das klassische Land des Hinduismus – Indien – tippen. Tatsächlich jedoch verbrachte **Buddha,** der vor über zweieinhalb Jahrtausenden auf dem Indischen Subkontinent geboren wurde, den größten Teil seines Lebens in der nordindischen Tiefebene. Zudem war die nach ihm benannte Lehre für fast ein Jahrtausend die Staatsreligion des Landes. Das sieht heute ganz anders aus, bekennen sich doch nur gerade mal 0,7 % der Gesamtbevölkerung zum buddhistischen Glauben.

Siddharta Gautama

Zu den Heiligtümern des Buddhismus zählt das im heutigen Südnepal gelegene Lumbini, jener Ort, wo Buddha als Prinzensohn *Siddharta Gautama* wahrscheinlich 560

v. Chr. geboren wurde. Entsprechend seiner adeligen Herkunft führte der spätere Religionsstifter in seinen jungen Jahren ein sorgenfreies, ja luxuriöses Leben und wurde im Alter von 16 Jahren standesgemäß mit seiner Kusine *Jashudara* verheiratet.

Zunehmend stellte sich der tiefsinnige Prinz jedoch die Frage nach der wahren Bedeutung des Lebens, wobei ihm die Sinnlosigkeit eines an materiellen Werten orientierten Lebens immer bewusster wurde. Diese Überlegungen verstärkten sich, als er bei drei heimlichen Ausflügen aus dem väterlichen Schloss seine realitätsferne Welt verließ und menschlichem Leid in Gestalt eines Greises, eines Kranken und eines Verstorbenen begegnete. Den letzten Anstoß, sein bisheriges Leben im Überfluss aufzugeben, gab ihm die Begegnung mit einem wandernden Asketen.

So verließ er im Alter von 29 Jahren in der Nacht der großen Entsagung heimlich Eltern, Frau und Kind und vertauschte das luxuriöse Bett in seinem Palast mit einer Lagerstätte unter freiem Himmel. Als er nach insgesamt sieben Jahren unter strengster Askese, die ihn an den Rand des physischen Zusammenbruchs führte, seinem Ziel der Erkenntnis nicht näher gekommen war, wählte er als dritte Möglichkeit zwischen extremem Überfluss und Askese den mittleren Weg: **meditative Versenkung** als Loslösung von den Begierden der materiellen Welt.

Grundprinzipien

Schließlich gelangte Siddharta Gautama nach sieben Tagen ununterbrochener Meditationssitzung unter einem Feigenbaum im kleinen Ort Gaya, im heutigen Bihar, zur Erleuchtung, indem er die **vier edlen Wahrheiten,** die zum Nirvana führen, erkannte:
- Alles Leben ist Leiden.
- Alles Leiden wird durch Begierden hervorgerufen.
- Alles Leiden kann durch die Auslöschung der Begierden vernichtet werden.
- Leid und Begierden können durch die Praktizierung des achtfachen Pfades überwunden werden.

Wer hiernach sein Leben an den **Prinzipien des achtfachen Pfades,** also der rechten An-schauung, der rechten Gesinnung, des rechten Redens, des rechten Tuns, der rechten Lebensführung, des rechten Strebens, des rechten Überdenkens und der rechten Versenkung ausrichtet, wird im nächsten Leben auf einer höheren Daseinsstufe wiedergeboren. Geht man diesen Pfad konsequent, d.h. unter strenger Selbstdisziplin, zu Ende, durchbricht man schließlich den Kreislauf der Wiedergeburten und tritt in einen **Zustand ewiger Seligkeit** ein und wird somit zum Buddha. So übernimmt auch der Buddhismus die Vorstellung von **Karma und Wiedergeburt,** lehnt jedoch das Kastenwesen entschieden ab, da er die individuelle Selbsterlösung zum obersten Prinzip erklärt.

Buddhismus wird indische Staatsreligion

Gaya, der Ort, an dem aus dem Prinzensohn Siddharta Gautama der Buddha, d.h. der Erleuchtete, wurde, heißt seitdem **Bodhgaya** und zählt zu den vier heiligsten Örten des Buddhismus, welcher inzwischen zur viertgrößten Religionsgemeinschaft der Welt aufgestiegen ist. Die folgenden 45 Jahre seines Lebens zog Buddha als Wanderprediger durchs Land, wobei seine Anhängerschaft stetig zunahm. Als er schließlich im Alter von 80 Jahren bei Kushinagar in Uttar Pradesh mit den Worten „Wohlan ihr Mönche, ich sage euch, alles geht dahin und stirbt, aber die Wahrheit bleibt, strebt nach eurem Heil" verstarb, hatte er die Grundlagen für eine landesweite Ausdehnung seiner Lehre gelegt.

Entscheidender weltlicher Wegbereiter nach seinem Tode wurde **Kaiser Ashoka** (272–232 v. Chr.), der einzige Herrscher bis zum Aufkommen der Moguln, der einen Großteil des Indischen Subkontinents unter einer zentralen Herrschaft vereinigen konnte. Nachdem er selbst zum Buddhismus konvertiert war, erklärte er ihn zur Staatsreligion und förderte ihre Verbreitung durch großzügige Spenden für Klöster und heilige Stätten. Zudem entsandte er Mitglieder des Königshauses in benachbarte asiatische Länder, die dort die buddhistische Lehre verbreiteten. So war es sein Sohn *Mahinda,* der als Begründer des Buddhismus auf Ceylon (Sri

Lanka) gilt. Zur schnellen Verbreitung des Buddhismus trug sicherlich bei, dass der Hinduismus gerade zu jener Zeit durch die alles beherrschende Rolle der Brahmanenkaste in einem Ritualismus erstarrt war, der vom einfachen Volk kaum nachzuvollziehen war.

Hinayana-Buddhismus

Ähnlich wie der Islam oder Jainismus spaltete sich auch der Buddhismus nach dem Tode seines Stifters in verschiedene Glaubensrichtungen. Der Hinayana-Buddhismus („Kleines Fahrzeug") gilt als die ursprüngliche Form, weil sie den von Buddha gewiesenen Weg jedes Einzelnen unter strenger Beachtung der vorgegebenen Prinzipien betonte. Diese ältere Form des Buddhismus betont die mönchische Lebensordnung und wird auch **Theravada** genannt, was soviel wie „Weg der Älteren" bedeutet. Die konservative Richtung wird heute vor allem in Myanmar, Sri Lanka, Thailand und Kambodscha gelehrt.

Mahayana-Buddhismus

Der Mahayana-Buddhismus („Großes Fahrzeug") schließt, wie es der Name schon andeutet, alle Gläubigen ein, weil hier Mönche und Laien das Nirvana erlangen können. Die im 5. Jh. gegründete und 1197 n. Chr. durch die Muslime zerstörte Universität Nalanda im heutigen Bundesstaat Bihar war einst die Hauptlehrstätte dieser Glaubensinterpretation. Eine zentrale Rolle im Mahayana-Buddhismus spielen die so genannten **Bodhisattvas,** erleuchtete Wesen, welche selbstlos auf den Eingang ins Nirvana verzichten, um anderen auf deren Weg dorthin zu helfen. Die Lehre vom Großen Fahrzeug hat heute Vorrang in China, Japan, Korea und Vietnam.

Vitchuayana-Buddhismus

Die dritte große Schulrichtung des Buddhismus bildet der Vitchuayana-Buddhismus („Diamantenes Fahrzeug"), welcher im 7. Jh. entstand. Bekannter ist sie im Westen unter dem Namen **Tantrismus.** Nach dieser esoterischen Auslegung kann man mit Hilfe von Riten (tantras), dem wiederholten Rezitieren heiliger Sprüche und Formeln (mantras) und der Ausführung ritueller Gebete zur Erlösung gelangen. Diese Form des Buddhismus hat heute in China, Japan und vor allem in Tibet eine große Anhängerschaft.

Hinduismus gewinnt die Oberhand

Zwar überdauerte der Buddhismus auch den Tod seines unermüdlichen Protegés König Ashoka, doch schließlich erstarkte der Hinduismus, zumal er von den nachfolgenden Herrschern unterstützt wurde. Hier rächte sich jetzt auch eine Entwicklung, die einst dem Hinduismus zum Nachteil geriet. Während zu Beginn die Botschaft der buddhistischen Göttermönche über den Pomp der großen brahmanischen Opferrituale gesiegt hatte, war die Zahl der buddhistischen Klöster im Laufe der Zeit mächtig angewachsen und den Gläubigen zu einer Last geworden, während der Unterhalt der Brahmanenfamilien weit weniger Aufwand erforderte. Spätestens im 9. Jh. hatte der Hinduismus die Oberhand gewonnen, während die Lehre des Mittleren Weges nur noch in ihrem Heimatgebiet, in Bihar und Bengalen, von der Mehrheit der Gläubigen befolgt wurde. Letztlich waren es jedoch nicht die Hindus, sondern die Muslime, die im 12. Jh. mit der **Zerstörung buddhistischer Klöster und Heiligtümer** die Religionsphilosophie des ehemaligen Prinzensohns Gautama Siddharta in Indien fast gänzlich zur Bedeutungslosigkeit degradierten.

Jain-Pilger in Ranakpur. Einige Gläubige tragen Mundschutz, um nicht versehentlich ein Insekt zu verschlucken, denn die unbedingte Schonung jeglichen Lebens ist oberstes Gebot der Jains

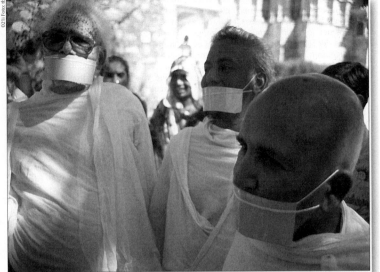

0211 Foto: tb

Jainismus

Ebenso wie der Buddhismus entstand auch der Jainismus im 6. Jh. v. Chr. als **Reformbewegung** gegen die autoritären Strukturen des Brahmanismus. Während jedoch der Buddhismus später zu einer der bedeutendsten Religionen der Erde aufstieg, konnte sich der Jainismus nicht über die Grenzen seines Ursprungslandes ausdehnen. Von den etwa 4,5 Mio. Anhängern dieser Religionsgemeinschaft (0,5 % der Gesamtbevölkerung) leben die meisten im Nordwesten des Landes, hier speziell im Bundesstaat Gujarat.

Askese

Der Stifter *Varda Mana,* später *Mahavira* (Großer Held) genannt, verließ im Alter von 28 Jahren Frau und Kinder, um das Wanderleben eines nackten Asketen zu führen. Schon zwei Jahre später erlangte er vollkommene Einsicht in die Gesetzmäßigkeit des Lebens und verbreitete von nun an als Wander-

prediger seine Lehre, deren letztendliches Ziel der **Austritt aus dem ewigen Kreislauf des Lebens** ist. Auch hier wieder zeigen sich deutliche Paralellen zum Buddhismus.

Jina (Weltüberwinder), wie er von seinen Jüngern nun genannt wird, gilt jedoch nur als letzter von insgesamt 24 *tirthankaras* (Furtbereiter) des Jainismus, die einen Weg aus dem Kreislauf des Lebens gefunden haben. Die 24 *tirthankaras* verkörpern die Götter des Jainismus und ihnen zu Ehren wurden die Tempel meistens an Orten erbaut, wo einer von ihnen geboren, erleuchtet oder ins Nirvana eingegangen ist. Die bekanntesten Tempelanlagen befinden sich auf den als heilig angesehenen Bergen in Gujarat und Rajasthan, doch auch in Südindien liegen einige bedeutende Jain-Kultstätten wie z.B. Sravanabelgola.

Erhaltung jeglichen Lebens

Oberstes von den Gläubigen einzuhaltendes Gebot auf dem von den Tirthankaras gewiesenen Weg aus dem Kreislauf der Wiedergeburten ist *ahimsa*, die unbedingte Schonung jeglichen Lebens. Dieses Gebot resultiert aus der vom Hinduismus übernommenen Idee der Einheit allen Lebens. So liegt es im ureigensten Interesse jedes Lebewesens, anderen kein Leid zuzufügen, schadet es sich dadurch doch letztlich nur selbst. Einige Gläubige verfolgen dieses Gebot derart strikt, dass sie einen Mundschutz tragen, um nicht versehentlich ein Insekt zu verschlucken.

Wohlstand und Konsumentsagung

Diese uneingeschränkte Achtung vor dem Leben hat bis heute tief greifende Auswirkungen auf die Lebens- und Arbeitsbedingungen der Jains. Selbstverständlich sind alle **strikte Vegetarier** (manche essen sogar nichts, was in der Erde gewachsen ist, weil beim Herausziehen Kleinlebewesen getötet werden könnten), doch darüber hinaus verbietet ihnen ihr Glaube die Ausübung von Tätigkeiten wie etwa in der Landwirtschaft oder im Militär, die das Tötungsverbot missachten.

So finden sich Jains heute vor allem in **kaufmännischen und akademischen Berufen,** was zur Folge hat, dass sie zu den wohlhabendsten und bestausgebildeten Schichten der Gesellschaft zählen. Die im Jainismus geforderte innerweltliche Askese hat dazu geführt, dass sie ihren materiellen Wohlstand nur in geringem Maße zum persönlichen Konsum verwenden, dafür jedoch umso großzügiger den Bau bzw. die Erhaltung ihrer Heiligtümer unterstützen. Hieraus erklärt sich auch, dass die Marmortempel von Palitana, Dilwara und Ranakpur zu den schönsten Heiligtümern ganz Indiens zählen.

Parsismus

Die Lehre Zarathustras

Die Ursprünge der zahlenmäßig sehr kleinen Glaubensgemeinde der Parsen gehen auf den altiranischen Propheten **Zoroaster** (lat.: *Zarathustra*) zurück, der mit seinen Lehren Mitte des 7. Jh. v. Chr. eine der ältesten Religionen der Erde begründete. Mit Parsismus im engeren Sinne bezeichnet man die zweite Entwicklungsphase des Zoroastrismus, als die Anhänger auf der Flucht vor den Persien erobernden Muslimen im 7. Jh. nach Nordwestindien auswanderten, wo sie sich nach ihrem Ursprungsland Parsen nannten.

Im Mittelpunkt der Lehre steht dabei eine streng dualistische Weltsicht, wonach die Geschichte ein ständiger Kampf zwischen dem **Reich des Guten** und dem **Reich des Bösen** ist. Während *Ahura Mazda* (auch *Ormazd* genannt) als der allwissende höchste Gott, umgeben von seinen sechs Erzengeln (*A mesha Spentas*), unermüdlich für den Erhalt und die Förderung des Lebens streitet, steht ihm in *Angra Mainyu* (auch *Ahriman* genannt) der Anführer des Reichs der Finsternis gegenüber. Die prinzipielle Entscheidung jedes einzelnen Gläubigen für das Gute und die Forderung, all sein Handeln an lebensfördernden sittlichen Werten wie Friedfertigkeit, Gewaltfreiheit, Wahrhaftigkeit und Fleiß zu orientieren, bildet die Voraussetzung für den Eingang ins Paradies.

Bestattungstürme und Feuertempel

Alle Elemente wie Luft, Wasser, Erde und Feuer gelten den Parsen als heilig und eine Verunreinigung auch nur eines dieser Elemente wird automatisch mit der Hölle bestraft. Hieraus leitet sich auch die eigentümliche **Bestattungszeremonie** der Parsen ab. Da eine Feuer- bzw. eine Erdbestattung diese heiligen Elemente verunreinigen würde, legen sie ihre Verstorbenen auf den so genannten **Türmen des Schweigens** (*dakhma*) den Geiern zum Fraß vor.

Ein weiteres charakteristisches Bauwerk der Parsen sind die **Feuertempel,** niedrige, fensterlose Gebäude, in deren Innern auf einem Stein in einem metallenen Gefäß das heilige Feuer brennt, welches sie als göttliches Symbol verehren.

Wirtschaftlicher Erfolg und Sozialleistungen

Obwohl sie mit nur noch knapp 60.000 Anhängern nicht einmal 0,01 % der Gesamtbevölkerung Indiens ausmachen, gehören die Parsen in **Mumbai,** wo fast alle von ihnen beheimatet sind, zu den wirtschaftlich erfolgreichsten Gruppen. Bestes Beispiel hierfür ist die Familie *Tata*, die mit ihrem weitverzweigten Industrieimperium mit Hunderttausenden von Beschäftigten das größte Familienunternehmen des Landes besitzt. Der Grund für den ökonomischen Erfolg der Parsen ist ihre wirtschaftsfreundliche Religionsphilosophie, wonach zum Gedeihen des Reichs des Guten auch eine florierende Wirtschaft gehört und somit der **persönliche Wohlstand** als Beweis der Gottgefälligkeit angesehen wird.

Außerdem hatten sich die Parsen den Grundstein zum Erfolg schon zu britischen Zeiten gelegt. Da die Hindus mit den Briten aufgrund deren Vorliebe für Rindfleisch keinen Handel treiben wollten und die Muslime den Kolonialisten wegen deren Schweinefleisch- und Alkoholkonsum fernblieben, traten die Parsen auf den Plan. Sie trieben fleißig Handel mit den Briten und wurden reich.

Doch die Parsen scheffeln nicht nur, sie geben auch. „Ahura gibt demjenigen das Reich, der die Armen unterstützt", besagt eine Passage in einer heiligen Parsen-Schrift und folglich tun die Parsen sich als generöse Philanthropen hervor. Sie unterhalten das mit Abstand **beste Kranken- und Sozialwesen** aller Glaubensgemeinschaften; Arme und Gebrechliche werden unterstützt, heiratswillige Paare erhalten Wohnungszuschüsse.

Insgesamt zeigen sich in ihrer Wirtschafts- und Sozialphilosophie zahlreiche Parallelen zum europäischen Calvinismus, der den Grundstein für den modernen Kapitalismus setzte. In Kleidung und Lebensstil sehr **westlich orientiert**, finden sich unter den Parsen viele konfessionsübergreifende Ehen, wodurch die kleine Gemeinde vom Aussterben bedroht ist. Der Parsenklerus erkennt nur solche Kinder als Parsen an, bei denen zumindest der Vater Parse ist – eine in der Glaubensgemeinschaft nicht unumstrittene Auslegung der Schriften. Gemäß dieser Regel hätte auch *Rajiv Gandhi* Parse werden können: Seine Mutter *Indira Gandhi* war zwar eine Hindu, sein Vater *Feroze Gandhi* aber Parse. Rajiv Gandhi hatte aber nie die Initiation vollführen lassen.

Christentum

Missionierung durch die Kolonialherren

Die Ursprünge der Christianisierung in Indien gehen zurück auf das Wirken des **Apostels Thomas**, dessen Martyriumsstätte in der Hafenstadt Chennai (Madras) noch heute verehrt wird. Den größten Einfluss hatten jedoch die westlichen Missionare, die mit den **portugiesischen** und später **britischen** Kolonialherren nach Indien gelangten. Hierin liegt auch der Grund, warum selbst heute noch mehr als die Hälfte der insgesamt 20 Mio. Christen (2,2 % der Bevölkerung) im Süden leben, also dort, wo die „weißen Männer" zuerst anlandeten. So bekennen sich im südwestlichen Bundesstaat **Kerala** gut 20 % und im Tropenparadies **Goa** ca. 35 % zum christlichen Glauben, während es in klassischen Hindu-Gebieten wie Uttar Pradesh oder Rajasthan nicht einmal jeder Tausendste ist.

Eine Ausnahme von dieser Regel bilden jedoch die Nordost-Provinzen und hier vor allem Nagaland und Mizoram, wo knapp 80 % der Gesamtbevölkerung Christen sind. Der Grund liegt in dem dort extrem hohen Anteil von Ureinwohnern, die traditionell zu den untersten Schichten der hinduistischen Gesellschaft gehören. Die christliche Botschaft von Gleichheit, Menschenwürde, Nächstenliebe und Befreiung von Kastenwesen und Leibeigenschaft fiel hier naturgemäß auf besonders fruchtbaren Boden.

Besonders auffällig ist der Zusammenhang von Christentum und **Bildungsniveau**. So liegen z.B. Goa und Kerala mit 77 % bzw. 89 % Alphabetisierungsrate deutlich an der Spitze aller indischen Bundesstaaten, was auch statistisch die herausragende Bildungstätigkeit der christlichen Mission belegt.

Integration

Mit dem Ende der britischen Herrschaft verlor das Christentum in Indien sowohl den Vorzug als auch das Stigma der Verbundenheit mit den fremden Machthabern. Eine bemerkenswerte Wandlung im Selbstverständ-

Land und Leute

nis vieler Christen war die Folge. Der Wunsch, die Folgen der Kolonialgeschichte zu überwinden und nicht länger als Ausländer im eigenen Land zu gelten, führte dazu, dass sich die christlichen Gemeinden **wie Kastengruppen** in die vielfältig gegliederte indische Gesellschaft einfügten.

Soziale Spannungen

Gleichzeitig blieb bei vielen Hindus angesichts der gerade bei Mitgliedern der Unterschichten und Kastenlosen nicht unerheblichen Missionierungserfolge der Christen ein latentes Misstrauen bestehen. Besonders die in den letzten Jahren verstärkt an Einfluss gewinnenden **Hindu-Fundamentalisten** werfen den Christen vor, durch ihre Aufklärungskampagnen das von ihnen als heilig angesehene Kastensystem zu unterminieren. In letzter Zeit entluden sich diese Spannungen auf erschreckende Weise in zahlreichen **Attentaten.** Die alarmierenden Vorfälle zeigen auf fatale Weise, wie die den Hindus eigene Toleranz angesichts der zunehmenden sozialen Spannungen immer mehr abnimmt.

Architektur

Hinduistische Architektur

Wie die anderen Kunstformen war auch die Architektur in ihren Anfängen **reine Sakralkunst** und ist dies zum großen Teil bis heute auch geblieben. So waren es Priesterarchitekten, die bereits im 1. Jahrtausend v. Chr. in speziellen Architekturlehrbüchern genaue Bauvorschriften vorgaben, deren Ziel es war, einzelne Gebäude, aber auch ganze Städte als steinerne Abbilder der göttlichen Weltordnung zu planen. Dabei stößt man auf ganz einfache Gesetzmäßigkeiten, vor allem das Quadrat und das rechtwinklige Dreieck. Hieraus ergibt sich ein strenges Muster, das fast allen Sakralbauwerken zugrunde liegt.

Im Zentrum der hinduistischen Architektur steht der **Tempel,** der als Sitz der Götter verehrt wird. Die ältesten frei stehenden Hindu-Tempel stammen aus dem 7. Jh. n. Chr., wobei die einzelnen Steinblöcke ineinander verzahnt und aufgeschichtet wurden. Die größeren unter ihnen bestehen aus mehreren Ge-

024| Foto: tb

bäudeteilen, deren Zuordnung genauestens festgelegt ist. An den nach Osten, Richtung aufgehender Sonne ausgerichteten Eingang schließen sich entlang einer Längsachse je eine Versammlungs-, Tanz- und Opferhalle an.

Die Cella

Abschluss und **Zentrum** jedes Tempels bildet die Cella *(garbhagriha)*, in deren Mitte sich das **Kultbild** des dem Tempel geweihten Gottes befindet. Im Gegensatz zu den dem Turmbau vorgelagerten Hallen ist die Cella ein schlichter, unbeleuchteter Raum. Die Bewegung vom Licht ins Dunkel, von der Vielfalt der Erscheinungen zum Einfachen, versinnbildlicht den stufenweisen Weg zur Befreiung. Der Grundriss der Cella entwickelt sich in der Regel über einem Quadrat. In der klassischen Zeit (nach 800 n. Chr.) wird diese Grundform langsam aufgelöst. Äußere Nischen werden axial angefügt, um Kultbilder und Wächter der Himmelsrichtungen aufzunehmen. Weitere vertikale Vorsprünge *(ratha)* lösen die Kanten so weit auf, dass nahezu kreisförmige Grundrisse entstehen.

Der Tempelturm

Die von der Cella ausstrahlende göttliche Kraft und Energie versinnbildlicht der über ihr aufsteigende, weithin sichtbare Tempelturm *(shikhara)*, der als Verkörperung des heiligen Berges Meru gilt. Seine Außenwände sind oftmals mit zahlreichen **Skulpturen** verziert. Die Anordnung der Götterplastiken erfolgt dabei entsprechend der Hierarchie im hinduistischen Pantheon, in dem jede einzelne Gottheit ihren genau zugewiesenen Platz einnimmt.

In der Gestaltung der einzelnen Skulpturen konnten die ansonsten von strengen Regeln eingeschränkten Künstler ihrer Fantasie

Höhepunkt hinduistischer Architektur: der Vishvanat-Tempel aus dem 11. Jh.

und ihrem Schaffensdrang freien Lauf lassen. Als Quelle dienten ihnen dabei die Erzählungen der großen hinduistischen Epen wie **Ramayana** und **Mahabharatha.** Die bunte, zum Teil geradezu ausschweifende Lebensfreude, die von vielen der gänzlich mit Götter- und Fabelwesen ausgeschmückten Tempeltürme ausgeht, steht dabei in einem spannungsreichen Kontrast zur meditativen Ruhe, welche die darunter befindliche Cella kennzeichnet.

An frühen Höhlen- und frei stehenden Tempeln ist der Themenkreis figürlicher Darstellung auf die Glorie der Hochgötter in ihren verschiedenen Aspekten und die Verherrlichung göttlich inspirierter Seher und Weiser *(rishis und munis)* bezogen. Diese verstehen sich als Ahnherren der Priester- (Brahmanen-) Geschlechter, als Götter in Menschengestalt, als Hüter des heiligen Wissens *(veda)* und Rituals sowie als unentbehrliche Mittler zwischen Mensch und Gott.

Im Laufe der Jahrhunderte führten die Auseinandersetzungen der verschiedenen theologischen Systeme zur Erfindung neuer Mythen und Legenden und damit zur Erweiterung des Götterhimmels. Als Zugeständnis an die breiten Volksmassen wurden auch Gottheiten niederer Stände, Lokal- und Volksgötter sowie Dämonen, vielfach als schreckliche Abwandlungen der Hochgötter, ins Pantheon aufgenommen und an den Tempelbauten abgebildet.

Figürliche Ausschmückungen

Da der Hinduismus zwischen sakral und profan nicht scharf trennt, wird besonders in der Sockelzone großer Tempel der Darstellung des weltlichen und religiösen Lebens der Gottkönige *(devarajas)* und ihrer göttlichen Ahnen breiter Raum gewidmet. Außer Götterfiguren überziehen Ornamente, Tiere, Fabelwesen und Dämonenmasken als Glückszeichen, Sinnbilder, Schmuck und zur dekorativen Unterteilung alle Bauglieder eines Tempels.

Zu den beliebtesten Glücks- und Heilszeichen gehören Hakenkreuz, Vase, Spiegel, Fische und andere Tiere sowie Fabelwesen. Das **Hakenkreuz,** welches erstmals auf Sie-

Land und Leute

geln und Terrakotten der vorarischen Indus-
kultur (2800–1500 v. Chr.) auftaucht, steht
wie in vielen anderen Kulturen in Verbindung
mit Feuer und Sonne und verheißt Glück und
Heil. Die **Vase** *(kalasha)* birgt den Trunk der
Unsterblichkeit *(amrita)*. Das Motiv des vollen **Kruges** *(purnakumbha)* bildet vor allem
an Säulen und Pfeilern ein wichtiges Baugli-
ed und steht für Lebensfülle, Fruchtbarkeit und
Überfluss. **Fische** *(mina* und *matsya)* versinn-
bildlichen das Entgleiten der Seelen aus den
Fesseln der Wiedergeburten. Der **Spiegel**
(darpana) gilt als Zeichen der Schönheit und
wird häufig in Verbindung mit anmutigen
Tänzerinnen und himmlischen Nymphen dargestellt. Gleichzeitig symbolisiert er die Welt
als Illusion *(maya)* und die Notwendigkeit zu
deren Überwindung auf dem Weg zum
moksha, der Erlösung aus dem Geburtenkreislauf.

Bei den Tieren gelten Elefanten, Pferde
und Löwen als besonders kraft- und macht-
voll und dementsprechend glücksverheißend. Der majestätische **Elefant,** traditionell das Tragtier der Könige bei großen Umzügen, wird im gesamten asiatischen Kulturkreis als Sinnbild für die Beständigkeit einer
Dynastie und des Reiches angesehen. **Pferde**
stehen für die Dynamik und den damit einhergehenden Expansionswillen einer Dynastie. Der ebenso furchteinflößende wie majestätische **Löwe** wird als eine Art Tempelwäch-
ter zur Abwehr äußerer Feinde eingesetzt
und symbolisiert gleichzeitig die Macht und
militärische Stärke des Königs. Weitere
glücksverheißende Tiersymbole sind die *ma-
karas.* Dabei handelt es sich um Fabelwesen,
die Elemente von Fischen, Delfinen und Krokodilen aufweisen und wegen ihrer Verbindung mit dem lebensspendenden Element
des Wassers auch als Fruchtbarkeitssymbole
verehrt werden.

Ähnliches gilt für **Schlangen** und **Lotos-
blumen,** die besonders häufig zur Ausschmückung von Decken, Türrahmen und
Friesen sowie bei der Untergliederung figürlicher Darstellungen verwendet werden. Sie
symbolisieren die Entstehung der materiellen
Welt aus dem Urozean. **Blüten, Girlanden
und Zweige,** ebenfalls beliebte Motive zur
Ausschmückung von Tempeln, versinnbildli-

chen üppige Lebensfülle und die sich im
Reichtum der Natur spiegelnde Größe des
göttlichen Schöpfungsaktes.

Zwei der am häufigsten bei der Ausschmückung von Tempelschwellen verwendeten Stilelemente sind der Lotos und das
Muschelhorn. Besonders der **Lotos** ist eine
im gesamten asiatischen Kulturkreis hoch
verehrte Blume, die vor allem im Hinduismus
und Buddhismus mit einer vielfältigen Symbolik behaftet ist. Da er sich kerzengerade
und in „unschuldigem" Weiß über Schlamm
und Schmutz aus den Wassern erhebt und
seine Knospe zur Sonne öffnet, gilt er als
Sinnbild der Reinheit und geistigen Erleuchtung. Im Mahabharata entsprießt der Lotos
als erste Gestaltwerdung des Absoluten dem
Nabel des im kosmischen Schlaf ruhenden
Vishnu-Narayana. Der Ton des **Muschelhor-
nes** gilt als erste und zarteste Manifestation
des Absoluten in der empirischen Welt.
Dementsprechend führen sowohl der Lotos
als auch das Muschelhorn dem Gläubigen
beim Betreten des Tempels vor Augen, dass
er von der profanen Welt in die sakrale Sphäre der Götter eintritt.

Unterschiedliche Stile

Bei der Gestaltung der Tempelanlagen haben sich im Laufe der Jahrhunderte drei verschiedene Formen herausgebildet. Beim **nordindischen Nagara-Stil** wird die Cella von
einem sich konisch verjüngenden Turm überragt, mit einem runden Stein in Form der My-
roblan-Frucht *(amalka)* als Abschluss. Darauf
steht eine Amrita- oder Nektar-Vase *(kalasha),* die Unsterblichkeit verheißt und in die
Transzendenz weist. Beim **südindischen Vi-
mana-Stil** erheben sich die Türme terrassenförmig über dem Allerheiligsten bis zur Spitze, die von einem halbkugelförmigen Schluss-
stein *(stupika)* gebildet wird. In Südindien
wird der Tempelbezirk von einer großen
Tempelmauer umgeben, die mit ihren riesigen Eingangstoren oftmals noch den Tempelturm überragt. Der südindische Stil wurde in
zahlreichen südostasiatischen Kulturen aufgenommen und weiterentwickelt.

Beide Bautypen erreichten ihre Blütezeit
zwischen 1100 und 1300, wobei im Norden

die mit erotischen Skulpturen geradezu übersäten Tempel von Khajuraho sowie der Sonnentempel von Konarah in Orissa die herausragendsten Beispiele sind, während im Süden Madurai und Tiruchirapalli zwei der bedeutendsten Tempelanlagen beherbergen. Der südindische Stil wurde in zahlreichen südostasiatischen Kulturen aufgenommen und weiterentwickelt.

Indoislamische Architektur

Der Einfall der muslimischen Eroberer bedeutete für die hinduistische Kultur im Allgemeinen und die Architektur im Speziellen einen tiefgreifenden Einschnitt. Den von religiöser Intoleranz getragenen Eroberungsfeldzügen der neuen Herrscher fielen unzählige hinduistische Bauwerke zum Opfer. Gleichzeitig jedoch brachten die Eroberer neue Ideen und Architekturformen mit, welche dem Land einzigartige Prunkbauten bescherten.

Mausoleen

Zu den schönsten islamischen Bauwerken zählen die Mausoleen, allen voran natürlich das Taj Mahal, die Krönung der Mogul-Architektur. Mausoleen waren den Hindus bis dahin völlig unbekannt, da einer ihrer Glaubensgrundsätze die Wiedergeburt ist und sie so ihren Toten keine Denkmäler errichteten. Die kunstvolle Einbeziehung der vor dem eigentlichen Grabmal gelegenen, viergeteilten **Gartenanlage** (garbagh) ist ein weiteres typisch islamisches Bauelement, durch das man versucht hat, Architektur und Landschaft zu einer harmonischen Gesamtkomposition zu vereinigen.

Moscheen

Das zweite hervorstechende architektonische Monument islamischer Herrschaft in Indien sind die übers ganze Land verteilten Moscheen. Im Gegensatz zu hinduistischen Tempeln dienten die größeren, **Jami Masjid** (Große oder Freitags-Moschee) genannten Gotteshäuser jedoch nicht nur als Kultstätte, sondern auch als Ort **politischer Kundgebungen.** Wie bei allen Moscheen war auch bei der Jami Masjid die Ausrichtung der Gebetsrichtung (kibla) nach Mekka das oberste Gebot bei der architektonischen Planung.

Minarette finden sich in Indien vor allem in Form zweier Rundtürme, die den Haupteingang flankieren. Arabische Schriftzeichen und stilisierte Arabesken zieren dabei häufig die Fassaden, während die Säulen des Umgangs vielfach aus geschleiften Hindu- oder Jain-Tempeln stammen und deshalb naturalistische Motive und Menschendarstellungen aufweisen, die in der islamischen Ikonografie eigentlich verboten sind.

Palastbauten

Schließlich errichteten die muslimischen Eroberer im Laufe ihrer jahrhundertelangen Herrschaft riesige Festungs- und Palastanlagen. Die beeindruckendsten Beispiele stehen in Gulbarga und Bijapur im Norden von Karnataka. Besonders gelungen und heute noch zu sehen bei diesen Monumentalbauten ist die harmonische Synthese aus wehrhafter Trutzburg und romantischen Privatgemächern.

Nirgendwo sonst ließen sich die Hindu-Fürsten von den fremden Eroberern derart beeinflussen wie im Palastbau. Hatten sie ihre Macht und ihr Prestige bis dahin vornehmlich durch den Bau großer Tempelanlagen dokumentiert, so ließen auch sie sich nun großzügige Palastburgen bauen. Typisch für diese Paläste ist der festungsartige Charakter der unteren Stockwerke, die nur wenige Fenster aufweisen. Dieser schmucklose, lediglich zu Verteidigungszwecken dienende Unterbau wird durch einen verschwenderisch gestalteten Überbau ergänzt, der mit seinen Terrassen, Balkonen, Pavillons, kleinen, künstlich angelegten Gartenanlagen und riesigen, mit Gold und Silber verzierten Empfangs- und Gästesälen den Ruf vom märchenhaften Reichtum der Maharajas mitbegründete.

Bauhütten

Den größten Einfluss auf die Durchdringung zweier im Grunde so gegensätzlicher Architekturrichtungen wie der hinduistischen und der islamischen hatten die so genannten Bauhütten. In diesen von islamischen Herr-

Land und Leute

schern betriebenen **Handwerksstätten** arbeiteten über Generationen hinweg muslimische und hinduistische Handwerker Seite an Seite, was eine höchst fruchtbare Synthese zur Folge hatte. Islamische Stilelemente wie das Gitterfenster, Spitzbögen und florale Ornamentik wurden mit hinduistischen zusammengeführt. Beispiele für den sich hieraus entwickelnden indosarazenischen bzw. indoislamischen Baustil finden sich nicht nur in den Metropolen, sondern auch in der Provinz und hier vor allem in Gujarat mit der Bundeshauptstadt Ahmedabad.

Moderne Architektur

Die Schwierigkeiten des nachkolonialen Indien bei der Identitätssuche spiegeln sich nicht zuletzt in seinen Bauwerken, bei deren Gestaltung die Architekten scheinbar orientierungslos zwischen Postmoderne und der Rückbesinnung auf Traditionen schwanken. Ein besonders krasses Beispiel liefert dabei Chandigarh, die in den sechziger Jahren aus dem Boden gestampfte neue Hauptstadt des Punjab. Die vom französischen Star-Architekten **Le Corbusier** entworfene Stadt sollte ein architektonisches Symbol für ein neues, an westlichen Idealen orientiertes Indien sein. Mit ihrer gnadenlosen Zweckarchitektur hinterlässt die Stadt heute jedoch nur noch einen trostlosen Eindruck.

Eine perfekte Synthese aus Tradition und Moderne gelang hingegen dem indischen Architekten **Charles Correa** mit dem Bharat Bhawan, einem Museumsbau im zentralindischen Bhopal. Bleibt zu hoffen, dass sich der an den Traditionen des Landes orientierende Stil des einheimischen Correa gegenüber westlichen Erneuerungsversuchen im Sinne eines Le Corbusier durchsetzen wird.

Film

Nicht, wie allgemein angenommen, die USA, sondern Indien und hier vor allem der Süden des Landes stellt die **produktivste Filmindustrie der Welt.** Indiens Traumfabriken in Chennai, Bangalore, Hyderabad, Trivandrum und vor allem Mumbai produzieren die unglaubliche Zahl von 800 abendfüllenden Spielfilmen pro Jahr, das heißt mehr als zwei pro Tag. Die Filmindustrie ist so nicht nur im Inland ein bedeutender Wirtschaftsfaktor, sondern mit einem Export in inzwischen über 100 Länder auch ein gern gesehener Devisenbringer.

Der schöne Schein des Zelluloid ist zu einer **Massendroge** vieler Inder geworden. Täglich strömen über 15 Mio. Menschen in die 12.000 Kinos des Landes, um wenigstens für durchschnittlich 230 Minuten pro Film die Mühsal des Alltags zu vergessen. Ihre Sehnsucht nach einer heilen Welt wird, das ist von Anfang an gewiss, nicht enttäuscht. Indien im Kommerzfilm – das ist eine Welt aus Luxus

039s Foto tb

Liebe, Leid, Helden, Intrigen, Verfolgungsjagden – in immer neuen Mischungen werden in Indien 800 Spielfilme im Jahr damit gefüllt

und Macht, riesigen Villen, romantischen Tälern, verführerischen Frauen, glitzernden Kostümen, opulenten Mahlzeiten, europäischen Sportwagen und strahlenden Helden.

Die Strickmuster all dieser Filme wiederholen sich ständig; es scheint, als gäbe es nur etwa 20 Standardhandlungen, die in leicht abweichenden Varianten immer wieder durchgespielt werden. Das Ganze wird melodramatisch mit einer Mischung aus Liedern, Tanzeinlagen, Verfolgungsjagden und Intrigen gewürzt. Wegen dieser „bunten Mischung" wird diese Filmart auch **Masala-Film** genannt – *masala* heißen die indischen Gewürzmischungen. Die Parallelen zum Ramayana-Epos sind dabei unübersehbar, und im Grunde ist der indische Kommerzfilm nichts anderes als die ständige Wiederholung der **alten Mythen** in neuen Kleidern. Genau dies ist ein Hauptgrund für seinen einzigartigen Erfolg. Die Verquickung von Mythos und Realität mit ihren höchst ritualisierten Handlungs- und Gefühlsmomenten sowie die klare Unterteilung in Gut und Böse entspricht so sehr dem kollektiven Verständnis des Vielvölkerstaates, dass sie über alle Kultur- und Sprachgrenzen hinweg verständlich ist.

So hat der Masala-Film eine ganz eigene, charakteristische Ästhetik entwickelt. Seine Erzählstruktur ist nicht auf psychologisch stimmige Charaktere, plausible Handlungen oder kompositorische Geschlossenheit angewiesen. Von der Gewissheit ihres Wertesystems ausgehend, ist der indische Film unter westlichen Filmkritikern als wirklichkeitsfremd, kitschig und ausufernd verpönt – eine herablassende Beurteilung, die auf einer sehr beschränkten Sicht der Realität beruht und das Reich des psychologisch Realen – dessen, was man als Innenleben empfindet – ausschließt.

Einen **Kinobesuch** sollte sich kein Indienreisender entgehen lassen. Die meisten indischen Kinos sind richtige Filmpaläste, in denen 1.000 und mehr Besucher Platz finden. Hinzu kommt das, gemessen an der keimfreien Distanz deutscher Kinogänger, unvorstellbare Engagement der Zuschauer. Das Maß der Identifikation mit ihren Helden lässt sie all deren Höhen und Tiefen mitfeiern bzw. miterleiden.

Karriere in Showbiz und Politik

Allein in Mumbai erscheinen jede Woche 17 verschiedene Filmmagazine, die zur Glorifizierung von **Stars und Sternchen** kräftig beitragen. In Tausenden von Fanclubs wird der Starkult gepflegt. Die großen Stars, wie etwa *Sanjay Dutt, Shah Rukh Khan* oder *Amitabh Bachchan,* sind nicht nur vielfache Millionäre (Dollar-Millionäre wohlgemerkt), sondern werden von ihren Anhängern geradezu abgöttisch verehrt – und das ist durchaus wörtlich zu verstehen. So wurde dem kürzlich verstorbenen *N.T. Rama Rao,* einem Schauspieler, der zeit seiner Karriere immer Götter dargestellt hatte, in Andhra Pradesh ein Tempel erbaut.

Die **schauspielerische Qualität** dieser Megastars lässt allein schon deshalb zu wünschen übrig, weil sie gleichzeitig bei einem Dutzend Filmen im Einsatz sind. So rasen sie von einem Filmset zum nächsten, wechseln Kostüme und Launen im Laufschritt. Das ist gut fürs Portemonnaie; der Auseinandersetzung mit der gerade verkörperten Rolle ist es sicherlich nicht förderlich. Kein Wunder, dass ihre schauspielerischen Leistungen oft von einer müden Eintönigkeit geprägt sind, ganz egal, welche Rolle sie spielen.

Viele Mimen nutzen ihre ungeheure Popularität für eine **politische Karriere.** Bekanntestes Beispiel ist *M.G. Ramachandran,* der seine Beliebtheit als Helfer der Armen, Beschützer der Frauen und Rächer der Entrechteten auf der Leinwand begründete und schließlich 1977 zum Chefminister Tamil Nadus aufstieg. Als von allen gefürchtete Nachfolgerin zieht heute die ehemalige Filmgröße *Jayalitha* die Fäden der Macht im südlichsten Bundesstaat Indiens. *N.T. Rama Rao* war Chefminister von Andhra Pradesh.

Die schmutzige Seite der Glitzerwelt

Allerdings hat die scheinbar so heile Glitzerwelt des indischen Kinos in den letzten Jahren erhebliche Risse bekommen. Es ist ein offenes Geheimnis, dass ein Großteil der Filme mit **Geldern aus der Unterwelt** finanziert wird, die dadurch ihr mit Drogenhandel, Prostitution und illegalen Grundstücksgeschäften verdientes Geld reinwäscht. Die

Verstrickung in die Unterwelt hat in den letzten Jahren einige namhafte Regisseure das Leben gekostet. Hinzu kommt, dass – nicht zuletzt wegen der enormen Gagen für die Superstars – die wenigsten Filme ihre hohen Produktionskosten einspielen. Hierzu trägt auch die Konkurrenz des privaten Fernsehens bei, welches durch die **Ausstrahlung westlicher Serien** und Hollywoodfilme für viele Inder eine ganz neue Welt eröffnet.

Um dem Konkurrenzdruck standhalten zu können, werden im indischen Kino zwei Aspekte immer offener zur Schau gestellt, die noch bis vor wenigen Jahren absolute Tabuthemen waren: **Sex und Gewalt.** Noch bis vor wenigen Jahren verbannten die sittenstrengen Zensoren sogar Kussszenen von der Leinwand. Die einfallsreichen Drehbuchautoren umschifften das Problem, indem sie Szenen schrieben, in denen Äpfel schmachtend von einem Mund zum nächsten gereicht oder Eistüten zu zweit gelutscht wurden. Ständig fielen Hauptdarstellerinnen in einen See oder liefen durch einen Monsunregen, damit sich die durchnässten Saris möglichst durchsichtig an den Körper schmiegten. 1997 schrieb die Schauspielerin *Rekha* in dem Kinohit „Aastha" mit dem ersten Orgasmus auf einer indischen Leinwand Kinogeschichte – dabei musste sie allerdings nicht einmal ihren Sari lüften.

Autorenfilm

Neben der Glitzerwelt des Kommerzkinos fristet der Autorenfilm ein vergleichsweise dürftiges Dasein. *Aparna Sen* und *Satyajit Ray*, zwei führende Vertreter dieses alternativen Kinos, sind unter westlichen Cineasten bekannter als in Indien selbst. Zentren dieses künstlerisch ambitionierten Autorenfilms sind Westbengalen und Südindien. Nicht Verklärung, Wirklichkeitsflucht und strahlende Helden, sondern das **Engagement gegen soziale Missstände** und komplizierte, widerspruchsvolle Charaktere stehen im Mittelpunkt der Handlungen. Themen wie Korruption, Umweltzerstörung, Unterdrückung der Frau oder Verlust traditioneller Werte versuchen die Regisseure einem breiteren Publikum näherzubringen. Doch ihre Anhängerschaft kommt meist über den kleinen Kreis des jungen, akademisch gebildeten Großstadtpublikums nicht hinaus.

Die Regisseurin *Mira Nair* wies mit ihrem Ende der achtziger Jahre gedrehten Spielfilm **„Salaam Bombay"**, der das Schicksal der Mumbaier Straßenkinder zum Inhalt hat, einen Ausweg aus dem Dilemma. Sie bediente sich bewusst einiger Stilmittel des Kommerzkinos, um den Wunsch des Massenpublikums nach Unterhaltung zu befriedigen und machte so auf unterhaltsame, fast schon spielerische Weise auf eines der großen sozialen Probleme Indiens aufmerksam. Der Film wurde national wie international ein überragender Erfolg.

Ein typischer Masala-Film

Die Handlung eines typisch indischen Kommerzfilms könnte so aussehen: Eine arme Mutter hat zwei Söhne. Der eine kommt ihr eines Tages auf dem Jahrmarkt abhanden. Der Junge wird von einer reichen Familie aufgenommen und entwickelt sich zum arroganten Bösewicht. Der Bruder zu Hause dagegen bleibt rechtschaffen, irgendwie wird er sogar Polizist. Um diese beiden ranken sich noch ein oder zwei weibliche Figuren, eine konservative und gute und eine moderne und liderliche. Irgendwann treffen die beiden Brüder als Gegner aufeinander, nichtsahnend, wen sie vor sich haben. Nachdem sie gegeneinander gekämpft haben, quasi als Symbol des Kampfes des Guten gegen das Böse, erkennen sie sich und fallen sich in die Arme – am Sterbebett der schon lange kränkelnden Mutter. Während der böse Bruder die dahinscheidende Mutter um Verzeihung bittet, kündigt der gute seine bevorstehende Hochzeit an.

Literatur

Indische Romane sind in Mode. Der indische Subkontinent wird zum Zentrum von Bücherwochen, Diskussionen und literarischen Zirkeln. Autoren wie **Arundhati Roy, Rohinton Mistry, Sashi Taroor** oder **Amitav Ghosht** erobern die Bestsellerlisten in Europa und den USA mit sprachgewaltigen Büchern voll bildhafter Exotik. Sie treten damit in die Fußstapfen von **Salman Rushdie,** der mit seinem Roman „Mitternachtskinder" die Bresche schlug für die Wiederentdeckung der indischen Literatur im Westen.

Augenfällig ist, dass bis auf Arundhati Roy fast ausschließlich im Westen lebende Schriftsteller internationale Anerkennung finden. Dabei stehen die Bücher der indischen Autorin **Sashi Deshpande** jener ihrer berühmten Kollegen um nichts nach, sind aber in Europa bestenfalls einem kleinen Kreis von Lesern bekannt. So beklagen denn auch viele in Indien lebende Schriftsteller, dass die in englischer Sprache schreibenden Kollegen Themen behandeln, die ihr Mutterland nur verzerrt widerspiegeln. Hierin zeigt sich, dass der indische Subkontinent gerade in Zeiten der wirtschaftlichen und kulturellen Öffnung nach seiner literarischen Identität sucht.

So wird die Sprache zu einem zentralen Streitpunkt, was denn eigentlich „indisch" ist. Ist Shalman Rusdie, der Inder im Exil, weniger indisch als Shashi Deshpande? Und der Nobelpreisträger und britische Staatsbürger **V.S. Naipaul** mit seiner indischen Familiengeschichte und seiner Vorliebe für indische Themen überhaupt indisch? Nicht zu Unrecht wird gerade von einheimischen Schriftstellern behauptet, dass die in englischer Sprache geschriebenen Bücher im Ausland lebender Inder vornehmlich moderne Themen behandeln, während die in indischen Sprachen verfassten Werke meist traditionelle Geschichten erzählen. Andererseits zeichnen sich gerade die Werke von Roy und Ghosht durch ihre detailgenauen Schilderungen indischer Familiengeschichten aus.

So verbirgt sich hinter dem vordergründigen Sprachenstreit (neben unausgesprochenen materiellen Neidgefühlen) ein Konflikt der Generationen. Es fällt auf, dass vornehmlich jüngere unter den international gerühmten indischen Autoren vertreten sind.

Bei allem Streit um Sprache und Identität wird gänzlich übersehen, dass sowohl die „zuhause Gebliebenen" als auch die Exilschriftsteller aus der **jahrtausendealten Literaturtradition** Indiens schöpfen. Wohl kein anderes Volk ist in seinen Denk- und Verhaltensweisen derart stark von seiner Literatur geprägt worden wie die Inder. Schon vor drei Jahrtausenden begann mit der Formierung der Kastengesellschaft die Niederschrift der **Veden,** meist religiöse Schriften anonymer Autoren. Neben Hymnen an die Götter und Beschreibungen der hochkomplizierten priesterlichen Opferrituale finden sich detaillierte Anweisungen zu den der jeweiligen Kaste entsprechenden Verhaltensweisen. Noch heute bestimmen die penibel ausgeführten Vorschriften über Berufsausübung, Heirat, Essverhalten und Reinigungszeremonien, Opferhandlungen und Beerdigungsrituale den Alltag der allermeisten Inder.

Die beiden Klassiker der altindischen Literaturgeschichte sind jedoch die ausufernden Helden- und Göttersagen **Mahabharata** und **Ramayana.** Mit seinen über 100.000 Versen gilt das Mahabharata als das umfangreiche Werk der Weltliteratur. Vor dem Hintergrund des Kampfes zwischen den mythischen Völkern der Pandawas und Kausawas wird eine verschachtelte Handlungsstruktur aufgebaut, in deren Verlauf die verschiedenen Götter in ihren zahlreichen Inkarnationen auftreten. Die im Kampf zwischen Gut und Böse entwickelten Glaubens- und Moralvorstellungen prägen bis heute das Leben der Inder. „Wir verdanken ihnen", sagt der Schriftsteller *Gangada Gangije,* „all unsere Inspirationen. Sie sind tief in unser Leben eingedrungen."

Land und Leute

Malerei

Keine andere Kunstform Indiens wurde derart intensiv durch den Einfluss der muslimischen Invasoren aus dem Norden geprägt wie die Malerei. Jene oft nur wenige Quadratzentimeter großen **Miniaturmalereien,** die dem Touristen in fast jedem Maharaja-Palast und Souvenirladen begegnen, gab es allerdings schon vor der Ankunft der Moguln. Bei den ältesten erhaltenen Miniaturmalereien handelt es sich um Illustrationen von Jain-Schriften aus dem 12. Jh., die auf Palmblättern gemalt wurden. Doch erst mit dem Machtantritt der Großmogul, die mehrere berühmte persische Miniaturmaler mit an ihren Hof nach Delhi brachten, erwachte diese Kunstrichtung zur vollen Blüte. Entscheidend hierzu trug sicherlich die auch von ihnen in Indien eingeführte Kunst der **Papierherstellung** bei. Hierdurch öffneten sich nicht nur neue Möglichkeiten für das Bildformat, sondern auch für die Farbgebung, denn nicht alle Farben hafteten auf der Palmblattunterlage.

Während die Bilder früher als reine Textillustrationen gedient hatten, erhielten sie nun ein immer größeres Eigengewicht. Als Motive dienten vielfach Szenen aus der indischen Literatur, die immer wieder den verspielten Krishna zum Mittelpunkt hatten. Besonders beliebt war die Badeszene am Fluss Yamuna in Vrindavan, bei dem Krishna die Kleider der gerade badenden Hirtinnen versteckt.

Neben hinduistischen Szenen traten jedoch mehr und mehr Landschaftsmotive und höfische Szenen in den Vordergrund. Besonders bei der figürlichen Darstellung zeigte sich ein deutlicher Wandel. Wurde zunächst darauf geachtet, dass die Figuren keine Ähnlichkeiten mit lebenden Personen aufwiesen, wurde dieser unpersönliche, die Idealvorstellungen jener Epoche nachzeichnende Stil zunehmend abgelöst von Personendarstellungen, die erste Ansätze einer **Porträtmalerei** erkennen lassen. Besonders die beiden kunstsinnigen Herrscher *Akhbar* und *Jehangir* ließen auch europäische Einflüsse in der Hofmalerei zu. So lässt sich die Verwendung von Körperschatten und Perspektive erkennen, die den Miniaturen Plastizität verleihen.

Themenauswahl, Farbgebung und andere Details bestimmten fast immer die jeweiligen Auftraggeber, oft sogar der Großmogul selbst. Die meisten Maler gehörten niederen Kasten an und hatten so gut wie gar keinen Einfluss auf die individuelle Ausgestaltung ihrer Werke. Oft entstanden die Malereien sogar in Teamarbeit: Ein erster Künstler entwarf die Komposition, ein anderer trug die Farben auf und ein dritter kümmerte sich um die Feinarbeiten.

Aber nicht nur die Mogul-Herrscher, sondern auch die Potentaten der unzähligen Fürstentümer fanden Gefallen an der Miniaturmalerei. Besonders die Herrscherhäuser in Rajasthan und Punjab wurden zu großzügigen Gönnern, wobei sie die Mogul-Traditionen aufnahmen, sie jedoch gleichzeitig mit eigenen Traditionen ergänzten. Eine besondere Blütezeit erlebte die Miniaturmalerei noch einmal Anfang des 19. Jh., als die neugewonnene Unabhängigkeit gegenüber den Moguln ihren Ausdruck in besonders farbenfrohen und heiteren Bildern fand.

Mit dem Aufkommen **moderner europäischer Techniken,** vor allem der Fotografie, erlahmte jedoch bei vielen Maharajas das Interesse an der Miniaturmalerei. Nun zierten die Wände ihrer neuerbauten Paläste nicht mehr Szenen aus dem mittelalterlichen Hofleben, sondern Fotos von solch faszinierenden Erfindungen wie dem Auto und dem Telefon. Erst die vor den Errungenschaften der Moderne in den sechziger Jahren nach Indien fliehenden Europäer entdeckten die auf wenige Quadratzentimeter komprimierte Romantik des mittelalterlichen Indien auf den Miniaturmalereien neu und erweckten die Kunstgattung zu neuem Leben.

Musik

„Die Chinesen und die Inder würden eine der unseren ähnliche Musik haben, wenn sie überhaupt eine besäßen, aber diesbezüglich stecken sie noch in der tiefsten Finsternis der Barbarei und sind in einer geradezu kindlichen Unwissenheit befangen, in der sich kaum vage Ansätze zu einem Gestaltungswil-

Land und Leute

Mädchenkapelle des
Maharani-College in Mysore, 1895

len entdecken lassen. Außerdem sprechen die Orientalen von Musik da, wo wir höchstens von Katzenmusik sprechen ..." Der französische Komponist *Hector Berlioz* stand mit dieser 1851 geäußerten Meinung über indische Musik durchaus nicht allein da. Für die meisten Europäer war die klassische indische Musik nie viel mehr als ein stechender Grundton, ein monotoner Klang ohne polyphone Elemente und Harmonie – „Katzenmusik" eben.

Das sollte sich erst ändern, als Mitte der sechziger Jahre im Zuge der Flower-Power-Bewegung viele westliche Musiker wie die Beatles und Rolling Stones nach Indien pilgerten. Von nun an ergoss sich eine Welle von Räucherstäbchen, Meditationskursen und indischen Klängen auf den von der Sinnkrise gebeutelten Westen. Der globale Siegeszug indischer Musik hatte begonnen, kein Musikfestival mehr ohne Sitar und Tabla. Wer mit indischer Musik im Ohr und dem Joint in der Hand in mystische Sphären entschwebte, war allemal in und modern. Da machte es auch nichts, wenn das begeisterte Publikum versehentlich schon mal das Stimmen der Instrumente beklatschte – so geschehen beim Auftritt *Ravi Shankars* im „Concert for Bangladesh".

So unterschiedlich Hector Berlioz' schon fast physische Abneigung gegen indische Musik und deren Huldigung durch die Blumenkinder auch war, so verband sie doch eine Gemeinsamkeit: Beide hatten das Wesen indischer Musik nicht verstanden. Verwunderlich ist das nicht, äußert sich doch in der klassischen indischen Musik, deren Wurzeln bis ins 5. Jh. v. Chr. zurückgehen, sehr viel von den religiösen Vorstellungen der Hindus. Ursprung und Ziel indischer Musik ist es, Musiker wie Zuhörer in den Zustand geistig-seelischer Harmonie zu versetzen, in eine **meditative Versenkung in Gott.** So ist die Musik nichts anderes als eine Art Gottesdienst.

Indische Musikinstrumente

Indische Instrumente sind oft reich verziert und stellen für sich schon kleine Kunstwerke dar.

●Der **Sitar**, das bedeutendste Musikinstrument Südasiens, erlangte erst im 19. Jh. seine heutige Form. Auf dem rund einen Meter langen Hals sitzen insgesamt siebzehn verschiebbare Messingbünde. Darüber verlaufen zwei bis vier Spielsaiten. Ihre Schwingungen werden von einem Steg aus Knochen auf den Resonanzkörper übertragen, einen ausgehöhlten Kürbis mit Holzdecke. Neben den Spielsaiten verlaufen vier weitere Bordunsaiten, die nicht abgegrifffen, sondern zwischen dem Greifen der Spielsaiten angeschlagen werden. Ein separates System von elf Resonanzsaiten verläuft unter den Bünden. Auf dem Sitar lassen sich alle Feinheiten der indischen Musik zur Geltung bringen. Eine Veränderung der Tonhöhe kann nicht nur durch das Abgreifen der Bünde, sondern auch durch seitliches Wegziehen der Spielsaiten erzielt werden.

●Der **Tambura** ist eine Art bundlose, meist mit vier Saiten bespannte Langhalslaute. Auf ihm wird ein Halteton als Grundton und unveränderlicher Bezugspunkt des Raga gespielt.

●Die **Tabla** besteht aus einer zylindrischen Holztrommel für die rechte Hand, die meist auf den Grundton gestimmt ist, sowie einer halbkugelförmigen, in verschiedenen Tonhöhen gestimmten Metalltrommel für die linke Hand. Mit Hilfe der Blöckchen, die unter den Haltebändern angebracht sind, wird sie exakt gestimmt.

Die Tabla repräsentiert im *raga* das durch die verschiedenen Anschlagtechniken außerordentlich differenzierte rhythmische Element.

●Der **Sarod** hat einen halbkugelförmigen, mit einer Decke aus Tierhaut bespannten Klangkörper aus Holz. Das bundlose Griffbrett auf dem breiten Hals besteht aus einer polierten Metallplatte. Die vier Spielsaiten werden mit einem Plektron gezupft. Daneben erklingen ein doppelchöriges Saitenpaar mit dem Grundton sowie siebzehn Resonanzsaiten.

●Die **Santur** (wörtl.: Einhundert Saiten), ein Hackbrettinstrument, fand erst recht spät Eingang in die klassische indische Musik. Sie besteht aus einem hölzernen, trapezförmigen Resonanzkasten, über dessen Decke mittels zweier Stegreihen 18 bis 25 Metallsaitenchöre geführt werden, die mit zwei an der Spitze aufwärts gebogenen Klöppeln angeschlagen werden.

●Die **Shahnai,** ein oboenartiges Instrument mit vollem, stark näselndem Klang, fand erst in den fünfziger Jahren unseres Jahrhunderts volle Anerkennung in der klassischen Musik. Ursprünglich von islamischen Eroberern und später in hinduistischen Tempeln gespielt, verdankt sie ihre Aufwertung zum Konzertinstrument der Ragamusik, vor allem dem großen Virtuosen *Ustad Bismillah Khan.* Die Shahnai ist ein Doppelrohrblattinstrument. Der konische Holzkörper ist mit einem Metallschalltrichter und sieben Löchern ausgestattet und kann sämtliche Verzierungen der indischen Musik entfalten.

Raga und Tala –
Melodie und Rhythmus

Raga und *tala* bilden den Rahmen indischer Musik. *Tala* könnte man dabei mit Rhythmus, *raga* mit Melodie gleichsetzen. Bei *ragas* handelt es sich um genau festgelegte **Tonskalen**, innerhalb welcher der Musiker unter Beachtung bestimmter Regeln ein Thema improvisiert. Diese Tonskalen, von denen

es über 1.000 geben soll, sind jeweils bestimmten Stimmungen zugeordnet. So gibt es *ragas* für spezielle Tages- oder Jahreszeiten, Frühlings-Ragas oder Nacht-Ragas ebenso wie solche für das Wetter oder für menschliche Gefühle.

Die eigentliche Kunst des Musikers besteht darin, die *ragas* so zu spielen, dass die beabsichtigte **Stimmung** dem Zuhörer perfekt vermittelt wird. Nicht umsonst umschreibt der Begriff *raga* eine ganze Palette menschlicher Gefühle: Begierde, Leidenschaft, Sorge, Schmerz, Ärger, Boshaftigkeit, Feindschaft, Hass und Liebe. Nebenbei bedeutet das Wort auch Farbe, Farbschattierung, Farbmittel oder Einfärben – tatsächlich soll sich der Musiker bei seinem Spiel auch wie in einer Meditation mit dem Göttlichen „einfärben", mit ihm eins werden.

Als klassisches Raga-Instrument gilt gewöhnlich der **Sitar,** das im Westen wohl bekannteste indische Instrument. Genauso kann ein *raga* jedoch von einer Flöte oder Violine gespielt werden.

Der rhythmische Kontrapunkt zum *raga* ist **tala,** gewöhnlich von Handtrommeln, so genannten **Tablas,** gespielt. Wie bei den *ragas,* so gibt es auch von den *talas* Hunderte.

Der besondere Reiz eines Konzerts besteht im **Dialog zwischen Raga- und Tala-Interpreten.** Jeder interpretiert und improvisiert im Rahmen der ihm vorgegebenen Regeln sein Thema und immer dann, wenn die beiden Virtuosen es schaffen, sich im rhythmischen Zyklus zu treffen, erheben sich begeisterte Wah-Wah-Rufe aus der mitgehenden Zuhörerschaft.

Unterlegt wird das Spiel von einem **Grundton,** der meist von einer Tambura gespielt wird. Genau dies ist die für indische Musik so typische Klangkomponente, die für westliche Ohren stechend, ja penetrant klingt. Dieser Grundton dient vornehmlich zur Wahrnehmung kleiner und kleinster Intervalle. Immerhin muss der indische Musiker innerhalb einer Oktave **22 Haupttöne** und **30 Mikrotöne** unterscheiden. Nur durch den unveränderlichen Bezugspunkt des Grundtons wird es möglich, solch geringe Intervallunterschiede zu erkennen und präzise zu setzen.

In der indischen Musik besteht die Oktave nicht aus 8, sondern 22 Haupttönen

Land und Leute

Aufführungen und Alltagsklänge

Ein weiterer signifikanter Unterschied zu westlichen Aufführungen liegt in der scheinbar nicht enden wollenden Dauer indischer Konzerte. Fünf Stunden und mehr sind dabei keine Seltenheit. Zeit hat eben in Indien eine ganz andere Dimension als im Westen und so gibt es kein dynamisches Voranschreiten im Andante oder Allegro, dafür umso häufiger ein meditatives Verweilen bei einem einzigen Ton. Sich nie von der Uhr versklaven lassen: ebenfalls ein Stück asiatischer Lebensphilosophie.

Indische Musik findet jedoch nicht nur im Konzertsaal statt und so sollte sich der nicht grämen, der keine Aufführung besuchen konnte. Der einmalige Reichtum des **Klangkörpers Indien** ist überall zu erfahren. Wer sich die Zeit nimmt (immer eine entscheidende Voraussetzung, um das Phänomen Indien kennenzulernen) und an einem beliebigen Ort in Indien – die Augen geschlossen – auf die Geräusche der Umgebung achtet, wird die akustische Vielfalt des Landes unmittelbarer denn je erfahren. Nur ein Beispiel: Überall in Indien findet man die *dhobis,* Wäscher, die morgens an den Ufern der Flüsse stehen und rhythmisch den Schmutz aus der Wäsche schlagen. Oder das Gemurmel einer Tempelzeremonie, das Vorbeifahren eines Ochsenkarrens, das Stimmengewirr auf dem Marktplatz. Im Vergleich dazu ist unsere eigene Klangsphäre arm, reduziert fast nur noch auf diffuse Motorengeräusche.

Tanz

Ob Jesus jemals getanzt hat? Wir wissen es nicht. Die Bibel jedenfalls gibt keinerlei Auskunft darüber und überhaupt ist dies im körperfeindlichen Christentum schwerlich vorstellbar, schrieb doch schon Anfang des 5. Jh. *Augustinus:* „Der Tanz ist ein Kreis, dessen Mittelpunkt der Teufel ist".

Ganz anders in Indien. Tanz war von Anfang an integraler Bestandteil der **religiösen Kulthandlungen** und so sind viele Hindu-Tempel nicht nur mit einem speziellen Raum

Indische Tänze

Heute unterscheidet man mehrere klassische Tänze bzw. Tanzstile, die sich im Laufe der Jahrhunderte in verschiedenen Landesteilen entwickelt haben.

● Der bekannteste ist wohl der ursprünglich aus Tamil Nadu stammende **Bharat Natyam.** Da dieser Stil besonders präzise Bewegungsabläufe erfordert, bedarf es einer jahrelangen Ausbildung, bis man ihn beherrscht. Getanzt wird er ausschließlich von Frauen, wobei die Szenen zumeist aus dem legendären Leben Krishnas stammen.

● Der **Kathakali** aus Kerala ist vor allem wegen seiner äußerst farbenfrohen Masken bekannt. Die aufwendige Schminkprozedur der Tänzer – er wird nur von Männern getanzt – nimmt oftmals mehrere Stunden in Anspruch. Der Kathakali gilt als der dramatischste indische Ausdruckstanz.

● Aus dem Zentrum Nordindiens stammt der **Kathak.** Da hier für viele Jahrhunderte das Zentrum der Moghulherrschaft lag, sind persische und islamische Einflüsse nicht zu übersehen und vor allem nicht zu überhören – der Kathak ist für seine ausgefeilte Fußarbeit bekannt, und eine dementsprechend große Rolle spielen die Fußglöckchen.

● Der **Manipuri** ist ein farbenfroher Gruppentanz aus dem Nordosten des Landes.

● Eine Art getanzte Liebeserklärung an Krishna ist der äußerst gefühlsbetonte **Odissi.** Wie es der Name schon vermuten lässt, stammt dieser weibliche Solotanz aus Orissa und wurde angeblich schon vor Jahrtausenden im Jaganath-Tempel von Puri getanzt.

für die Abhaltung der rituellen Tänze ausgestattet, sondern von außen geradezu übersät mit Skulpturen grazilier, kaum bekleideter Tänzerinnen in schwungvollen Posen – *devadasis* wurden diese Tempeltänzerinnen früher genannt. Sie wohnten wie die Brahmanen-Priester im Tempel und lebten von den Gaben der Gläubigen.

Indischer Tanz ist **Göttertanz**. Die Menschen tanzen für die Götter und als Götter, imitieren sie oder werden von ihnen besessen, mehr noch: selbst die Götter tanzen. Shiva, einer der Hauptgötter des hinduistischen Pantheon, ist zugleich Nataraja, der König der Tänzer. In wildem Tanz inmitten eines Feuerkreises, zu Füßen der Zwerg Asmara, der für die Ich-Befangenheit des weltlichen Menschen steht, tanzt der vielarmige Shiva den Tanz der Zerstörung und gleichzeitigen Erneuerung *(tandava)*. Die hinduistische Vorstellung vom Tanz als spirituelle Vereinigung mit dem Kosmos findet hier ihren Ausdruck. Keine andere Kunstform Indiens ist derart innig mit der Religion verwoben wie die Tanzkunst, in der die indische Hochkultur ihre wohl reifste Ausdrucksform gefunden hat.

Angesichts dieser uralten Tradition verwundert es nicht, dass Indien die umfangreichste **Tanzliteratur** der Welt vorzuweisen hat. Als Vater nahezu aller nachfolgenden Tanztheoretiker gilt *Bharata*, vermutlich der legendäre Verfasser des indischen Lehrbuchs des Tanzes *(Narashastra)* aus dem 2. Jh. n. Chr. Minutiös werden dort alle wesentlichen Aspekte der indischen Tanzkunst behandelt, wobei die Kernelemente bis heute den indischen Tanz prägen.

Von besonderer Bedeutung sind dabei die vier Darstellungsmittel, derer sich die Tänzer bedienen sollten, nämlich körperlicher *(angika)*, akustischer *(barika)*, dekorativer *(aharja)* und ästhetisch-psychischer *(satrika)* Ausdrucksformen. Angika umfasst alle **Bewegungen** von Kopf, Hals, Armen, Händen, Beinen und Füßen, aber auch **Gebärden und Mimik**. Insgesamt werden 13 verschiedene Kopfdrehungen, 64 Fußbewegungen, 108 Körperhaltungen, 64 Handgesten und 36 verschiedene Blicke ausgeführt. Vieler Jahre intensiven Trainings bedarf es, um diese hochkomplizierte Ausdruckssprache zu beherrschen. Dafür kann der Tänzer dann nicht nur Objekte wie Tiere, Musikinstrumente oder Waffen darstellen, sondern auch Gefühle, Situationen und sogar abstrakte Begriffe wie zum Beispiel Unwissenheit und Zukunft ausdrücken. Wohl wissend, dass selbst erfahrene Zuschauer bei einer derartigen Vielzahl von Symbolen unmöglich den Sinn aller Zei-

chen erkennen können, werden besonders dort, wo ausländische Zuschauer anwesend sind, vor Beginn der Veranstaltung der Inhalt des Stückes und die Bedeutung zentraler Gesten und Körperhaltungen erklärt.

Fast kein indischer Tanz kommt ohne **Musikinstrumente** aus, wobei das Harmonium, die beidseitig zu schlagene Mrindanga-Trommel und vor allen Dingen Fuß- und Armglöckchen Verwendung finden. Die innige Verbindung von Musik und Tanz zeigt sich auch darin, dass im Narashastra für Gesang, Tanz und Instrumentalmusik eine gemeinsame Bezeichnung verwendet wird: *sangita*, ein Wort, das heute nur noch Musik bedeutet.

Kennzeichnend für die Tanzvorführung ist die extreme Überzeichnung der Charaktere: Die Guten sind besonders gut, die Bösen besonders böse und niederträchtig. Hierzu eignen sich besonders die **dekorativen Elemente**: Kostüme, Masken, Bühnenbilder und Requisiten. Im Narashastra finden sich genaueste Anweisungen, wie etwa ein Gott oder ein Dämon auszusehen hat. So werden etwa Götter- und Heldendarsteller bevorzugt in weiße oder orangefarbene Kostüme gekleidet, Böse hingegen meistens in schwarz oder tiefblau.

Wichtigstes aller vier vorgeschriebenen Darstellungsmittel sind jedoch die ästhetisch-psychologischen. Im Unterschied zu unserer abendländischen Auffassung von darstellender Kunst, nach der künstlerische Artikulation fast immer als direkte mimische und körperliche Vermittlung individueller Gefühle und Erlebnisse aufgefasst wird, sucht der indische Künstler sich in **emotionale Haltungen** *(baras)* zu versetzen und diese so „echt" hervorzubringen, dass sie beim **Zuschauer** entsprechende Gefühlszustände *(rasas)* auslösen. Auch hier wird also wieder die Vereinigung von Künstler und Publikum als überindividuelle Einheit angestrebt. Dann erst stellt sich jenes höhere religiöse Erlebnis ein, das letztlich das Ziel aller Kunst in Indien ist.

An Themen besteht kein Mangel, bietet doch die überreiche **indische Mythologie** eine schier unerschöpfliche Quelle an Heldengeschichten. Szenen aus dem Ramayana oder Mahabharata bilden heute wie zu alten

Zeiten die Grundlagen der Aufführungen, wobei Krishna, Rama, Hanuman und Sita die strahlenden Helden verkörpern.

Episch wie die Sagen sind auch die Aufführungen selbst, nehmen sie doch oft mehrere Nächte in Anspruch. Wie bei indischen Musikkonzerten, so äußert sich auch hier das gänzlich andere Zeitverständnis der Inder. So dramatisch die Handlung auch immer wieder zwischen Gut und Böse hin und her zu schwanken scheint, auf eines kann sich der Zuschauer letztlich verlassen – ein Happy End.

Traditionelle Kleidung

Sari

Kaum ein anderes Kleidungsstück wird derart eng mit seinem Ursprungsland identifiziert wie der Sari, das klassische Kleid der indischen Frauen. Er ist mit Indien so untrennbar verbunden wie das Taj Mahal und die heilige Kuh. Das farbenfrohe Bild des elegant um den Körper geschlungenen Tuches gehört zu den eindrucksvollsten Erinnerungen jedes Indien-Reisenden. Der Sari verleiht der indischen Frau eine immer wieder beeindruckende Würde und Grazie.

Länge, Tragart, Farbe, Stoff und Muster dieses äußerst wandelbaren Kleides variieren von Region zu Region. So misst die gewöhnlich sechs Meter lange Stoffbahn in Maharashtra 8,20 Meter und wird von hinten durch die Beine gezogen. Die Gujarati-Frauen legen das Sari-Ende über die rechte anstatt, wie üblich, die linke Schulter. In Kerala und Assam besteht der Sari aus zwei Teilen. Als besonders graziös gilt der Bengal-Stil, bei dem das auffallend lange Sari-Ende *(pallu)* zunächst über die linke Schulter geworfen wird, um danach über den Rücken, wieder unter dem rechten Arm nach vorne und schließlich erneut über die linke Schulter geführt zu werden. In Rajasthan wird mit einem weiten, bis zu den Knöcheln reichenden Faltenrock *(ghagra)*, einer eng anliegenden Bluse *(choli)* und dem das Gesicht bedeckenden *ghunghat* sogar ein dreiteiliges Ensemble ge-

tragen, welches nur noch vage an den klassischen Sari erinnert.

Bei den Farben kann die Frau ihrem persönlichen Geschmack folgen. Allerdings gibt es gewisse Anlässe wie Tod (weiß) und Heirat (rot), bei denen die Sarifarbe vorgegeben ist. Ebenso groß wie die Vielfalt der Farben und Muster ist die der Materialien. Ein Sari kann aus Seide, Baumwolle, Chiffon oder den immer größere Verbreitung findenden synthetischen Materialien gefertigt werden. Dementsprechend unterschiedlich sind auch die Preise, die von 300 bis 30.000 Rs pro Stück reichen können.

Wie Erwähnungen in alten Epen und Skulpturen an den Tempeln von Khajuraho und Konark belegen, gehen die Ursprünge des Sari mehrere Tausend Jahre zurück. Man geht davon aus, dass er sich aus dem auch heute noch von vielen Männern getragenen Beinkleid, dem *dhoti,* entwickelt hat, welcher ursprünglich von Männern wie Frauen gleichermaßen getragen wurde. Das Wort Sari leitet sich ab von dem Sanskrit-Wort *sati,* welches soviel wie „Stück Stoff" bedeutet.

318ra Foto: tb

Der kunstvoll geschlungene Sari ist das klassische Kleidungsstück indischer Frauen

Der seit dem 15. Jh. mit der Ankunft der Moguln in ganz Indien zu verzeichnende, tief greifende kulturelle Wandel ließ auch den Sari nicht unberührt. Das ursprünglich wesentlich kürzere Kleidungsstück wurde unter den strengeren Moralvorschriften der neuen Herrscher verlängert, sodass das schleierartige, zunächst über die Schulter gezogene Sari-Ende das Gesicht der Frau bedeckte.

Statt des Sari tragen immer mehr junge Frauen den *salwar kameez,* eine ursprünglich aus dem Punjab stammende Kombination, bei der ein knielanges, an den Seiten eingeschlitztes Hemd über eine leichte, an den Versen gebundene Hose fällt.

Turban

Verglichen mit den Frauen wirkt die entsprechende männliche Bekleidung eher nüchtern. Neben dem traditionellen, in Falten gelegten, rockartigen Beinkleid (**dhoti**) und dem kragenlosen Hemd (**kurtha**) finden immer mehr synthetische Hemden und Hosen westlicher Prägung Verbreitung.

Dennoch verfügen die Männer Rajasthans mit dem Turban über ein Kleidungsstück, welches ebenso wie der Sari zu einem Sinnbild Indiens geworden ist. Die schillernden Farben und geschwungenen Formen verschmelzen mit den scharfkantigen Gesichtern der Rajputen zu einem eindrucksvollen

Bild stolz zur Schau getragenen Selbstbewusstseins. Der Turban hat sich wegen seiner für die wüstenartige Region äußerst funktionalen Aspekte zur meistgetragenen Kopfbedeckung entwickelt. Er schützt vor der sengenden Sommersonne ebenso wie vor der Kälte der Winternächte und dient als Gesichtsschutz bei Wüstenstürmen. Gleichzeitig kann er als Kopfkissen, Decke, Handtuch und im Notfall als Seil genutzt werden.

Während die Turbanformen ebenso wie beim Sari regionale Varianten aufweisen, ist die Wahl der Turbanfarbe abhängig von der Jahreszeit und dem jeweiligen Anlass, zu dem er getragen wird. Orangefarbene Turbane werden vor allem von Wandermönchen, Sadhus und Brahmanen getragen. Gelb, orange und rot gelten als glücksverheißend, dementsprechend häufig sind sie bei Heiraten anzutreffen. Blau, grünblau, khaki und weiß sind die Trauerfarben, schwarz die Farbe des Protestes.

Generell wird der vom Turban vermittelte Ausdruck von Respekt und Ehre mit dem des Trägers gleichgesetzt. So kommt es einer schweren Beleidigung gleich, den Turban eines anderen mit Füßen zu treten; ein Austausch von Turbanen jedoch besiegelt eine lebenslange Freundschaft. So ist es auch heute noch üblich, dass die Brauteltern bei der Verlobung den Bräutigam und seine unmittelbaren Verwandten mit Turbanen beschenken.

Der weit über seine Funktion als Kleidungsstück hinausgehende Symbolcharakter des Turbans zeigt sich in letzter Zeit jedoch auch in einer Form, die die zunehmende **Verwestlichung** des Landes widerspiegelt. Galt es noch vor wenigen Jahren als unschicklich, in der Öffentlichkeit ohne Turban zu erscheinen, so ist es in den vergangenen Jahren vor allem in städtischer Umgebung üblich geworden, ohne Kopfbedeckung aufzutreten. Kunstvoll gebundene und reichhaltig geschmückte Turbane findet man fast nur noch auf Festlichkeiten. Bei den Jugendlichen ist dieser Prozess der Verwestlichung bereits so weit fortgeschritten, dass das Tragen eines

Turbans als Ausdruck von Rückständigkeit angesehen und belächelt wird. Eine Entwicklung, die angesichts der in Jeans und engen T-Shirts durch die Straßen Mumbais und Delhis fahrenden jungen, selbstbewussten Inderinnen auch den Sari in den nächsten Jahren zunehmend aus dem Straßenbild verdrängen wird.

Feste und Feierlichkeiten

Indische Feste sind so bunt und ungestüm wie das Land selbst. Zwar haben die meisten Feierlichkeiten religiöse Ursprünge, doch gerade die für Indien so typische Einheit von Religion und Alltagsleben macht ihre eigentliche Faszination aus. Prozessionen und Feuerwerk, Theatervorführungen auf öffentlichen Bühnen und farbenfrohe Tänze, nächtliche Jahrmärkte mit Karussels, Akrobaten und verführerischen Essensständen sowie infernalische Lautsprechermusik sind die typischen Bestandteile. Ein Augenschmaus sind sie immer, dafür auch allzu oft eine Pein für unsere Ohren.

Die Vielfalt der Religionen beschert dem Land eine unübersehbare Anzahl von Festen und Feiertagen. Neben den landesweiten existieren noch unzählige, nicht minder beeindruckende Regionalfeste. Jeder Reisende, der auch nur wenige Wochen im Land unterwegs ist, wird wahrscheinlich Augen- und Ohrenzeuge einer solchen Feierlichkeit werden.

Feste bringen nicht nur Abwechslung in das gerade von der Landbevölkerung oftmals als relativ ereignisarm angesehene Leben, sondern besitzen in einer derart reglementierten Gesellschaft wie der indischen, in der die meisten Entscheidungen des Alltags durch die Kastenordnung vorgegeben werden, eine höchst wichtige Ventilfunktion. Man darf sich gehen lassen und Dinge tun, die sonst verpönt sind.

047aj Foto: ib

Indischer Festkalender

Von den vielen Hundert indischen Festen kann hier nur eine kleine Auswahl aufgeführt werden. Da sich die meisten religiösen Feste nach dem **Mondkalender** richten und zudem regional oftmals leicht variieren, kann auch nur eine ungefähre Zeitangabe gemacht werden.

Januar/Februar
● 1. Januar; **Neujahr** – Gesetzlicher Feiertag
● 26. Januar; **Tag der Republik** – Gesetzlicher Feiertag. Wer es irgend einrichten kann, sollte sich die große Parade zum Tag der Republik in Delhi nicht entgehen lassen. Das ganze unvergleichliche Kaleidoskop der Völker und Stämme diese kontinentalen Landes zieht in ihren bunten Trachten, begleitet von Musikkapellen, geschmückten Elefanten und Kamelen über den Raj Path, die Prachtstraße vor dem Parlament. Indiens ehemalige Größe scheint hier unter dem Motto „Einheit in der Vielfalt" wieder lebendig zu werden.

Land und Leute

●**Vasant Panchami** – Zu Ehren von Saraswati, der Göttin der Gelehrsamkeit, werden im ganzen Land, vornehmlich jedoch in den intellektuellen Hochburgen Westbengalens, Prozessionen durchgeführt (im Januar/Februar).
●**Maha Shivaratri** – Nächtliche Tempelprozessionen, vor allem in Varanasi, Khajuraho und Delhi, stehen im Mittelpunkt dieses dem Gott Shiva gewidmeten Festes (im Februar).

Februar/März

●**Holi** – Gesetzlicher Feiertag. Eines der fröhlichsten, ausgelassensten und vor allem farbenfrohsten Feste ganz Indiens. Zur Begrüßung des Frühlings wirft man ausgelassen mit Farbpulver um sich, wobei Touristen die begehrtesten Opfer abgeben. Ist gerade keine Farbe mehr vorhanden, begnügt man sich auch mit Schlamm. Leider wird das Fest vie-

Musiker beim Holi-Fest in Jodhpur

lerorts immer rowdyhafter, siehe daher das Kapitel „Sicherheit".

März/April

●**Mahavir Jayanti** – Gesetzlicher Feiertag. Das bedeutendste Fest der Jains zu Ehren des 24. und letzten Furtbereiters *Avira* wird vor allen Dingen in den Jain-Hochburgen Gujarat und hier speziell auf den heiligen Bergen bei Girnar und Palitana mit prächtigen Umzügen gefeiert.
●**Ramanawami** – Gesetzlicher Feiertag. Der Geburtstag *Ramas,* der siebten Inkarnation *Vishnus,* der gerade in den letzten Jahren als Symbolfigur des Hindu-Fundamentalismus besondere Verehrung erlangte, wird in Großstädten sowie Ayodhya, seinem Geburtsort, und Rameshwaram gefeiert.
●**Karfreitag** – Gesetzlicher Feiertag.

Mai/Juni

●**Buddha Purnima** – Gesetzlicher Feiertag. Buddhas Geburtstag wird vor allem in Bodhgaya gedacht, einem kleinen Ort in Bihar, an dem der Prinz Gautama Siddharta unter dem Bodhi-Baum seine Erleuchtung erlangte.

Juli/August

●**Naga Panchami** – Typisch indisch, könnte man sagen. Ein Fest zu Ehren der Schlangen, welche nach hinduistischem Glauben Feinde von Haus und Hof fernhalten. Es wird vor allem in Mathura, Delhi, Agra und Rajasthan begangen.

●**Muharram** – Dieses bedeutendste muslimische Fest erinnern an eine Schlacht im Jahre 680 v. Chr., bei der der Enkel des Propheten Mohammed getötet wurde. Es wird vor allem in Lucknow, Delhi, Bhopal, Kashmir und Mumbai gefeiert und bietet leider oft Anlass zu Ausschreitungen zwischen Schiiten und Sunniten.

●15. August; **Unabhängigkeitstag** – Gesetzlicher Feiertag.

●**Janmashtami** – Gesetzlicher Feiertag. Der Geburtstag Krishnas, einer der beliebtesten Götter des hinduistischen Pantheons, wird landesweit, vor allem an seinem Geburtsort Mathura sowie in Dwarka, Delhi und Varanasi, gefeiert (im August).

September/Oktober

●**Ganesh Chaturthi** – Dem volkstümlichen Elefantengott *Ganesha*, Sohn *Shivas* und *Parvatis*, gewidmet. Im ganzen Land, vornehmlich jedoch in Mumbai und Westbengalen, werden Tonfiguren des Gottes des Wohlstandes und der Weisheit auf Umzügen durch die Stadt gefahren, bevor sie im Meer bzw. im Fluss versenkt werden (im September).

●**Dussera** – Dauer 10 Tage, davon 2 gesetzliche Feiertage. Das bedeutendste aller indischen Feste bezieht sich auf das Ramayana-Epos, in dem *Sita*, die Gattin *Ramas*, vom Dämon *Ravana* nach Sri Lanka entführt, am Ende jedoch von *Rama* wieder befreit wird. In Delhi wird das Epos abends als *Ramlila* auf vielen Freilichtbühnen aufgeführt. Daneben überall kirmesähnliche Vergnügungsangebote mit Musik, Essensständen und Schaustellern. *Ravanas* Figur aus Papier und Holz wird am eigentlichen Festtag gegen Abend in Brand gesteckt. In Westbengalen, speziell

in Kalkutta, wird das Fest als *Durga Puja* gefeiert. Besonders schön und farbenfroh mit Umzügen ist das Fest im schönen Kulu-Tal in Himachal Pradesh. Hier steht jedoch nicht *Rama*, sondern seine Reinkarnation *Ragunatji* im Mittelpunkt.

●2. Oktober; **Geburtstag Mahatma Gandhis** – Gesetzlicher Feiertag.

Oktober/November

●**Diwali** – 5 Tage, davon ein Feiertag. Eigentlich *Depavali* genannt (Lichterkette), ist es eher ein ruhiges, beschauliches Fest, vergleichbar mit unserem Weihnachtsfest. Auch in Indien ist es in den letzten Jahren zu einem reinen Konsumfest verkommen, wobei der eigentliche Anlass, nämlich die symbolische Heimleuchtung *Ramas* bei seiner Rückkehr aus dem Exil, völlig in den Hintergrund getreten ist.

November/Dezember

●**Govardhan Puja** – Gesetzlicher Feiertag. Das gibt es nur in Indien: Alle öffentlichen Institutionen haben geschlossen zu Ehren der Kuh, dem heiligen Tier im Hinduismus.

●25. Dezember; **Weihnachten** – Gesetzlicher Feiertag.

Sprache

Ebenso wie es vor der Ankunft der Briten keinen geschlossenen Zentralstaat mit dem Namen Indien gab, existierte **keine einheitliche indische Sprache** und das ist bis heute so geblieben. Während sich das durch die Engländer zusammengeschweißte Kunstprodukt Indien seit nunmehr 50 Jahren über die Runden quält, ist das Land sprachlich so zersplittert wie eh und je. Welche politische Bedeutung das Sprachproblem in Indien besitzt, zeigte sich bei der Grenzziehung der einzelnen Unionsstaaten, die weitgehend nach sprachlichen Gesichtspunkten vorgenommen wurde.

Indien hat **neben Englisch und Hindi 17 gleichberechtigte Amtssprachen.** Man schaue sich einmal einen beliebigen indi-

Land und Leute

schen Geldschein an. Da ist der Notenwert zunächst groß in Englisch und Hindi aufgedruckt. Daneben ist eine Kolumne zu sehen, auf der der Wert in den 13 weiteren Regionalsprachen steht.

Am ehesten könnte man noch **Hindi** als Nationalsprache bezeichnen, doch nur in den Kernstaaten Madhya Pradesh und Uttar Pradesh wird es von der Mehrheit der Bevölkerung gesprochen. 41 % der Bevölkerung Indiens haben Hindi als Muttersprache. Zwar sind wiederholt Versuche unternommen worden, Hindi als indische Nationalsprache einzuführen, doch scheiterte dies letztlich immer wieder am entschiedenen Widerstand des stark auf seine Eigenständigkeit bedachten Südens. Dort wehrt sich die mehrheitlich dravidische Bevölkerung gegen diesen nach ihrer Meinung sprachlichen Kolonisationsversuch durch den indogermanischen Norden.

Dies ist umso verständlicher, wenn man weiß, dass die **dravidischen Sprachen** gegenüber den vom Sanskrit abstammenden **indogermanischen Sprachen,** zu denen auch das Hindi gehört, einen eigenen, völlig unabhängigen Sprachstamm bilden, der schon lange vor der Ankunft der Arier in Indien beheimatet war.

Die wichtigsten Sprachen Indiens

Sprache	Gebiet	Anteil
Assami	Assam	0,001%
Bengali	Westbengalen	8,3%
Gujarati	Gujarat	5,4%
Hindi		30%
Kannada	Karnataka	4,2%
Kashmiri	Kashmir	0,5%
Malayalam	Kerala	4,2%
Marathi	Maharashtra, Goa	8,0%
Oriya	Orissa	3,7%
Punjabi	Punjab	3,2%
Tamil	Tamil Nadu	6,9%
Telugu	Andhra Pradesh	8,2%
Urdu	(Muslime u. Pakist.)	5,7%

Neben den vier großen dravidischen Sprachen Tamil, Malayalam, Kannada und Telugu, die in den Bundesstaaten Tamil Nadu, Kerala, Karnataka und Andhra Pradesh gesprochen werden, gibt es noch eine ganze Reihe von Stammesidiomen (Gondi, Parji, Kurukh, Toda u.a.), die vor allem auf abgelegene Gegenden konzentriert sind.

Schriftsysteme

Hindi, Marathi und Sanskrit (sowie Nepali) werden gleichermaßen im Devanagari-Alphabet geschrieben, alle anderen Sprachen benutzen ihr eigenes Schriftsystem. Einige Lokalsprachen benutzen je nach Gebiet gar mehrere Alphabete gleichzeitig. So wird z.B. das Konkani in Goa in lateinischem Alphabet geschrieben, in Maharashtra im Devanagari und in Karnataka im Kannada-Alphabet.

Schriftmuster: Hindi

Ein paar Worte Hindi

Guten Tag, hallo	namaste
Danke!	shukriya, dhanyawad
ja/nein	hañ/nahi
Wie teuer?	kitne paise?
Das ist teuer	Yeh bahut mehnga hai
Wo ist ein Hotel	hotal kahañ hai?
Wie weit ist ...?	... kitne dur hai?
Wie komme ich nach ...?	... ko kaise jana parega?
Wie heißen Sie?	apka shubh nam?
Medizin	dawa
Früchte	phal
Gemüse	sabzi
Wasser	pani
Tee	chai
Zucker	chini
klein/groß	chota/bara
eins	ek
zwei	do
drei	tin
vier	char
fünf	pañch
sechs	chhe
sieben	sat
acht	ath
neun	nau
zehn	das
hundert	san

Englisch als Verkehrssprache

Die gerade im sprachlichen Bereich sehr auf ihre Unabhängigkeit bedachten Südinder und speziell die Menschen in Tamil Nadu weigern sich entschieden gegen die Einführung des von der Regierung in Delhi seit Jahrzehnten vorangetriebenen Versuches, **Hindi als Landessprache** durchzusetzen. Da jedoch auch sie darauf angewiesen sind, sich mit ihren Landsleuten im Norden unterhalten zu können, hat sich im Süden noch weit mehr als im Norden **Englisch als zweite Hauptsprache** neben der jeweiligen Regionalsprache durchgesetzt. Dies gilt insbeson-

dere für Goa und Kerala, die seit Jahrhunderten rege Handelsbeziehungen mit dem Ausland pflegen und zudem über eines der höchsten Bildungsniveaus in ganz Indien verfügen.

Diese im Grunde paradoxe Situation, in der sich die Bürger über die Grenzen ihrer jeweiligen Unionsstaaten hinaus vornehmlich in der Sprache ihrer früheren Kolonialherren unterhalten, wird sich in Zukunft mit dem zunehmenden Bildungsniveau noch verstärken. Dies gilt umso mehr, als die Beherrschung der englischen Sprache im Kasten- und Klassenbewusstsein Indiens heute mehr denn je zu einem **Statussymbol** geworden ist, mit dem sich die Mittel- und Oberschicht gegenüber der ungebildeten Unterschicht abzuheben versucht. In vielen Familien der Oberschicht wachsen die Kinder bereits mit Englisch als erster Sprache auf. Dies ist ein weiteres Zeichen dafür, wie sehr sich diese die zukünftige Entwicklung entscheidend mitgestaltende Bevölkerungsgruppe von den traditionellen Wurzeln der indischen Gesellschaft entfremdet hat. Für Touristen hat die Entwicklung natürlich den ungemeinen Vorteil, dass man sich mit Englisch landesweit gut verständigen kann. Leider ist es in weniger gebildeten Kreisen, zu denen z.B. Taxi- und Rikshafahrer zählen, wenig verbreitet.

Literaturtipps

Weitergehende praktische Hilfe leisten die Sprechführer **Hindi – Wort für Wort, Gujarati – Wort für Wort, Marathi – Wort für Wort** und **Bengali – Wort für Wort** aus der Kauderwelsch-Reihe. Die handlichen Büchlein aus dem REISE KNOW-HOW Verlag bieten eine auf das Wesentliche reduzierte Grammatik und viele Beispielsätze für den Reisealltag. Ebenfalls nützlich ist der in der gleichen Reihe erschienene Band **Englisch für Indien.** Mit der Sprache der Bollywood-Filme macht der Titel **Hindi für Bollywoodfans** vertraut. Begleitende Audio-CDs – die **Aussprache-Trainer** – sind zu fast allen Büchern der Reihe erhältlich. Nach und nach erscheinen sie auch auf CD-Rom als **Kauderwelsch digital.**

Land und Leute

Delhi

197raj Foto: tb

Jantar Mantar – eine von fünf Sternwarten
aus dem 18. Jahrhundert

Massenauflauf vor der Jamia Masjid,
der größten Moschee Indiens

Überblick   ↗ V/D2, XXIV
(ca. 13,7 Mio. Einwohner, Vorwahl: 011)

Wer in erwartungsvoller Vorfreude auf das ewige Indien in Delhi ankommt, den erwartet zunächst eine unliebsame Überraschung. Nicht märchenhafte Paläste, weltentrückte Yogis oder meditative Ruhe, sondern der geballte Lärm, Dreck und die Hektik einer Großstadt mit fast 14 Millionen Einwohnern, die aus allen Nähten platzt, empfangen den Besucher. Dem Ansturm von täglich Tausenden von Zuwanderern aus verarmten Regionen und den Belastungen des ungebremsten und unkontrollierten Wirtschaftswachstums scheint die Stadt am Yamuna heute weniger gewachsen denn je. Die ungezählten Obdachlosen, die jede Nacht, mit wenig mehr als einer dreckverkrusteten Decke ausgerüstet, ihr Nachtlager auf den Gehsteigen aufschlagen, sowie der ohrenbetäubende Lärmpegel inmitten des kaum noch zu kontrollierenden Verkehrschaos sind dabei nur die augenfälligsten Erscheinungen – Fernweh sieht anders aus.

So ist es kaum verwunderlich, dass die Hauptstadt Indiens bei vielen Touristen keinen guten Ruf besitzt und die meisten der Stadt so schnell wie möglich wieder den Rücken kehren möchten. Teuer, langweilig, hektisch, dreckig und zu weitläufig sind die meistgenannten Kritikpunkte. Jeder einzelne Aspekt hat für sich genommen sicher seine Berechtigung, doch augenfällig sind die z.T. widersprüchlichen Bewertungen.

Es kommt entscheidend darauf an, in welchem Teil der Metropole man sich mehrheitlich aufgehalten hat. Wie kaum eine andere Stadt setzt sich Delhi aus zwei gänzlich unterschiedlichen Stadtteilen zusammen. Da ist einmal **Old Delhi,** angelegt und geprägt von den Moguln, denen es vom 12. bis zum 18. Jh. als Hauptstadt diente und die hier mit dem Roten Fort und der Jamia Masjid zwei imposante architektonische Beispiele ihrer imperialen Macht hinterließen. Mit seinen engen, verwinkelten Altstadtgassen voller kleiner Geschäfte, seinen Märkten und Menschenmassen ist Old Delhi eine typisch indisch anmutende Stadt.

Einen krassen Gegensatz hierzu bildet **New Delhi,** das von den Briten mit der 1911 erfolgten Verlegung der Hauptstadt Britisch Indiens von Kalkutta nach Delhi am Reißbrett konzipierte wurde. Mit seinen weitläufigen, baumbestandenen Alleen, großzügigen Parkanlagen und modernen Verwaltungsgebäuden wirkt es äußerst großzügig, sachlich und nüchtern.

Dieser Kontrast macht jedoch auch den leider von nur wenigen wahrgenommenen Reiz der Stadt gerade für diejenigen Besucher aus, die zum ersten Mal nach Indien kommen. Man gewinnt einen Einblick in das vom prallen Leben scheinbar berstende Old Delhi, kann sich jedoch danach wieder in die Ruhe und Überschaubarkeit New Delhis zurückziehen.

So ergibt sich unter dem Motto „The best of both worlds" die Möglichkeit einer allmählichen Annäherung an den indischen Alltag. Besonders günstig ist es, an einem Samstag in Delhi anzukommen, um am Sonntag, dem einzigen Tag der Woche, an dem die Straßen frei passierbar sind, an einer der vom Tourist Office durchgeführten Stadtrundfahrten teilzunehmen. Der Montag bietet sich an, um die gerade in Delhi besonders zügig und effizient zu erledigenden Dinge wie Flugticketbestätigung, Visumantrag und Geldwechsel zu erledigen. Falls genügend Zeit bleibt, sollte man die hervorragenden Einkaufsmöglichkeiten nutzen, da die Auswahl hier so vielfältig wie in keiner anderen Stadt Indiens ist. So lässt sich das Angenehme mit dem Nützlichen verbinden und gleichzeitig die erfreuliche Entdeckung machen, dass die anfänglich so unliebsame Überraschung Delhi durchaus ihre positiven Seiten besitzt.

Straße in Old Delhi

Delhi

Orientierung

Trotz seiner enormen Ausdehnung ist Delhi eine recht übersichtliche Stadt. Auf die signifikante Unterteilung in das typisch indische **Old Delhi** und das weiträumige, eher europäisch anmutende **New Delhi** wurde ja bereits in der Einleitung näher eingegangen. Die beiden Straßen Desh Bandhu Gupta und Jawaharlal Nehru Marg, gleich nördlich des **Bahnhofs** von New Delhi, markieren die Grenze zwischen den beiden Stadtteilen. Das **Rote Fort** und die **Jamia Masjid** mit der alten Prachtstraße Chandni Chowk bilden die Wahrzeichen von Old Delhi, welches im Kern mit der von *Shah Jahan* im 17. Jh. erbauten siebten Hauptstadt übereinstimmt. **Pahar Ganj,** ein besonders bei Individualtouristen beliebtes Basar-Viertel mit unzähligen Hotels, welches sich westlich an die New Delhi Railway Station anschließt, bildet eine Art Puffer zwischen New und Old Delhi.

Dreh- und Angelpunkt von New Delhi ist der **kreisrunde Connaught Place,** von dem acht Ausfallstraßen in alle Himmelsrichtungen abzweigen. Der nach Süden abzweigende Janpath, die bekannteste Verbindungsstraße, führt in das Anfang dieses Jahrhunderts von den Briten angelegte Regierungsviertel. **Raj Path,** eine breite, von weitläufigen Grünanlagen gesäumte Prachtstraße, verbindet den auf einem Hügel erbauten **Präsidentenpalast Rashtrapati Bhawan** mit dem All India War Memorial oder **India Gate,** wie es üblicherweise genannt wird, einer Art Arc de Triomphe von Delhi. Verglichen mit dem ebenso quirligen wie chaotischen Old Delhi wirkt dieser Bereich wie eine gepflegte Gartenstadt. Dies gilt insbesondere für die sich südlich an das Regierungsviertel anschließenden feinen Wohngegenden wie Lodi Colony, Defense Colony und Haus Khas. Hier befindet sich auch eine Reihe von exquisiten Hotels, Restaurants und Geschäften. Westlich davon liegt das elegante **Diplomatenviertel Chanakyapuri,** wo die meisten Botschaften angesiedelt sind. Noch einmal 15 km (national) bzw. 23 km (international) weiter südwestlich befinden sich die beiden Teile des **Indira-Gandhi-Flughafens.**

Im Süden, in **Gurgaon,** wird zurzeit eine neue Stadt aus Stahl, Glas und Beton in atemberaubender Geschwindigkeit aus dem Boden gestampft, deren Hochhäuser das zukünftige wirtschaftliche und finanzielle Zentrum der Stadt werden könnten.

Geschichte

Etwas salopp formuliert, könnte man sagen, dass Delhi gar nicht anders konnte, als zur bedeutendsten Stadt des indischen Subkontinents aufzusteigen. Die seit Anfang des 10. Jh. vom Norden her einfallenden islamischen Eroberer aus Zentralasien mussten zwangsläufig durch dieses schmale Nadelöhr zwischen der Wüste Thar im Südwesten und den Himalayaketten im Nordosten, um in die fruchtbare Ebene des Ganges und Yamuna, die unmittelbar südlich von Delhi beginnt, zu gelangen. Aus dieser quasi naturbedingten **Schlüsselposition** leitet sich auch ihr ursprünglicher Name *Dilli* (Schwelle) ab. Hatte man diese Stadt erobert, war man gleichzeitig Herr über die strategische Schlüsselstellung des Landes und hatte damit den entscheidenden Grundstein seiner Macht gesetzt.

Obwohl sie als Indraprastha bereits im „Mahabharata" erwähnt wurde, erlangte die Stadt erst mit der Eroberung durch den afghanischen Feldherrn *Mohammed-e-Ghur* (1150–1206 n. Chr.), der hier seine neue **Hauptstadt** errichtete, wirkliche historische Bedeutung. Auffälligstes Zeugnis dieser Epoche ist die 13 km südlich der heutigen Stadt gelegene Siegessäule Qutb Minar, die der erste Sultan Delhis errichten ließ. Dies war jedoch nur die erste von insgesamt sechs weiteren Hauptstädten, die die islamischen Herrscher während der folgenden sieben Jahrhunderte im Großraum Delhi errichteten.

Allah-ud-Dhin, dritter Herrscher der Khalji-Dynastie und Sultan Delhis von 1296 bis 1321, gründete mit **Sirri** die zweite Hauptstadt. Die ersten **drei** Herrscher aus der darauffolgenden Thuglag-Dynastie, einem ursprünglich aus der Türkei stammenden Volk, errichteten zwischen 1321 und 1388 mit

Thuglagabad, Jahanpanah und **Firuzabad** die Hauptstädte drei bis fünf. Es vergingen weitere 200 Jahre, bis der afghanische Feldherr *Sher Shah* (1540–45), der den zweiten Großmogul *Humayun* besiegt hatte, mit **Purana Qila** die sechste Hauptstadt innerhalb der Grenzen Delhis errichten ließ. 1638 legte *Akhbars* Enkel *Shah Jahan* mit dem Bau des Roten Forts und der zwölf Jahre später errichteten Jamia Masjid, der größten Moschee Indiens, den Grundstein für **Shahjahanbad,** die siebte Hauptstadt, deren Grenzen mit denen des heutigen Old Delhi übereinstimmen. Da er jedoch von seinem Sohn *Aurangzeb* 1658 abgesetzt und gefangengenommen wurde, konnte er seinen ursprünglichen Plan, die Hauptstadt von Agra nach Delhi zu verlegen, letztlich nicht verwirklichen.

Nach dem fehlgeschlagenen Versuch Aurangzebs, die Grenzen des Reiches auch auf Südindien zu erweitern, verfiel die Macht der Moguln zunehmend. Das hierdurch entstandene **Machtvakuum** nutzten wiederum beutehungrige Feldherrn aus dem Norden, um die Schatzkammer Delhi zu plündern. So entführte der Perser *Nadir Shah,* nachdem er die Stadt 1739 erstürmt hatte, den unermesslich wertvollen Pfauenthron aus dem Roten Fort. Sein Nachfolger *Ahmed Shah Durani* überfiel die ehemalige Mogul-Hauptstadt sogar dreimal innerhalb weniger Jahrzehnte.

Nach einem kurzen Intermezzo durch die Marathen schwangen sich schließlich die **britischen Kolonialherren** 1803 als die neuen Statthalter Delhis auf. Vom 11. Mai bis 17. Dezember 1857 war Delhi dann ein letztes Mal Mittelpunkt blutiger Machtkämpfe, als die Stadt von meuternden indischen Soldaten während der ersten Unabhängigkeitsschlacht in ihre Gewalt gebracht wurde. Nach erheblichen Verlusten auf beiden Seiten konnten die Briten noch einmal die Oberhand behalten.

1911, nachdem sie die Hauptstadt Britisch Indiens von Kalkutta nach Delhi verlegt hatten, begannen sie damit, **New Delhi,** die achte und vorläufig letzte Hauptstadt, innerhalb weniger Jahre aus dem Boden zu stampfen. Dabei gehört es zu den vielen ironischen Kapiteln der Weltgeschichte, dass sie gerade zu einem Zeitpunkt mit dem Bau der Stadt begannen, als Gandhis Bewegung der Nichtzusammenarbeit die Grundlagen ihres Imperiums zunehmend in Frage stellte.

Unmittelbar nach Erlangung der **Unabhängigkeit** stand zur Debatte, ob die Hauptstadt der Republik nicht an einen anderen, zentraler gelegenen Ort verlegt werden sollte. Delhi liegt nur 350 km von der pakistanischen Grenze entfernt, und die enormen Spannungen zwischen diesen beiden Erzfeinden, die sich später in zwei Kriegen entluden, ließen diese geografische Nähe äußerst problematisch erscheinen. Außerdem benötigte das indische Punjab eine neue Hauptstadt, da dessen frühere Hauptstadt Lahore nach der Teilung des indischen Subkontinents nun zu Pakistan gehörte. So hätte es sich angeboten, das von den Flüchtlingen aus Westpunjab überschwemmte Delhi zur neuen Landeshauptstadt des Punjab zu erklären. Letztlich ließ man jedoch wegen der zu erwartenden Kosten und aus Traditionsgründen von den Plänen ab und stampfte stattdessen die postmoderne Retortenstadt Chandigarh als neue Hauptstadt des Punjab aus dem Boden. Die meisten der Flüchtlinge blieben jedoch in Delhi und gelten heute als die führenden Geschäftsleute der Hauptstadt.

Sehenswertes

Stadtrundfahrt

Da die meisten Touristen nur kurze Zeit in der Hauptstadt Indiens bleiben und zudem die Hauptsehenswürdigkeiten recht weit über das Stadtgebiet verstreut liegen, ist eine Stadtrundfahrt sicherlich die bequemste Möglichkeit, in kurzer Zeit viel zu sehen. Bei den im folgenden Abschnitt genannten Preisen sind die Eintrittsgelder zu den Sehenswürdigkeiten nicht enthalten. Die Touren werden in klimatisierten Bussen durchgeführt.

India Tourism Development Corp. (ITDC) bietet über sein Büro **Ashok Travels & Tours** am Connaught Place, L-1-Block (7–20.30 Uhr, Tel.: 23412336, 23415331, (0)9891876819, att@satyam.net.in, www.attindiatourism.com), wenige Meter vom Nirula's entfernt, täglich

zwei Stadtrundfahrten an. Die **Vormittagstour** von 8 bis 13 Uhr beinhaltet Jantar Mantar, India Gate, Laxmi-Narayan-Tempel, Bahai-Tempel (außer Montags, dann stattdessen Sadar-Jung-Grabmal) Humayun's Grab und Qutb Minar. Das Regierungsviertel mit dem Rashtrapati Bhawan wird nur im Vorbeifahren gestreift.

Die **Nachmittagstour** (14–17.15 Uhr) umfasst Lal Qila (Rotes Fort, außer Mo, dann Purana Qila/Old Fort), Jama Masjid (Blick vom Roten Fort), Raj Ghat Shakti Sthal und Durchfahrt durch Ferozshah Kotla. Wie zu erkennen, ist Montag, besonders für die Nachmittagstour, nicht der ideale Tag für die Stadtrundfahrt. Für je eine Hälfte der Tour sind 200 Rs zu zahlen, bucht man beide Touren zusammen, kostet das 300 Rs. Die Eintrittspreise zu den Sehenswürdigkeiten sind nicht im Preis enthalten.

Außerdem gibt's tgl. außer Freitag eine **Tagestour** (6.30 bis 22 Uhr, inkl. Frühstück und Abendtee) **nach Agra** (950/850 Rs Erw./Kinder, auch hier sind die Eintrittspreise extra zu zahlen) mit Taj Mahal, Sikandra und Rotem Fort in Agra. Tickets können auch am ITDC-Schalter (Tel.: 23320008) im IndiaTourism-Büro an Janpath sowie im Ashok Yatri Niwas Hotel (Tel.: 26110101) sowie am nationalen (Tel.: 25675825) und internationalen (Tel.: 25694410, 25652011) Flughafen gekauft werden. Gestartet wird am ITDC Hotel Janpath am Janpath.

Ähnliche Stadtrundfahrten werden auch von **Delhi Tourism & Transport Development Corporation (DTTDC,** Tel.: 55390009, 23363607, delhitourismcro@yahoo.com, de lhitourism.nic.in), offeriert, dessen *Central Reservation Office* am Baba Kharak Singh Marg, gut 100 m westlich des Connaught Place, tgl. von 7 bis 21 Uhr geöffnet ist. Deren **Vormittagstour** durch New Delhi startet um 9 und endet um 14 Uhr, die **Nachmittagstour** (Old Delhi) dauert von 14.15 bis 17.15 Uhr. Der Preis für jeweils eine Hälfte liegt bei 100 Rs, für den gesamten Tag werden 195 Rs verlangt.

Von DTTPC wird zudem eine **Abendtour** speziell zu beleuchteten Sehenswürdigkeiten veranstaltet (tgl. außer Mo, 150 Rs, 19 bis 22.30 Uhr), die auch die Sound & Light Show des Roten Forts beinhaltet, sowie **Tagestouren nach Agra** (7–22 Uhr, bei DTTDC nur Mi, Sa, So), gleicher Preis und gleiche Ziele wie die von ITDC abgebotene Tour. Auch **dreitägige Golden-Triangle-Touren** (Agra, Fatehpur Sikri, Keoladeo Bird Sanctuary, Jaipur, Delhi) und weitere etwa nach Haridwar und Rishikesh (zweitägig, Sa/So) und durch Rajasthan werden angeboten. Alle Touren starten vom *Central Reservation Office* und werden in klimatisierten Bussen durchgeführt. DTTDC hat viele weitere Büros in der Stadt, die unten im Abschnitt „Information" aufgelistet sind.

Highlight:
Rotes Fort (Lal Qila)

„Wenn es ein Paradies gibt, ist es hier, ist es hier, ist es hier." Diesen Spruch ließ *Shah Jahan* in der Mitte des von ihm erbauten und 1648 nach neunjähriger Bauzeit fertig gestellten Lal Qila oder Roten Forts anbringen. Zweifellos gehört diese gewaltige **Festungsanlage** aus rotem Sandstein am östlichen Ufer des Yamuna zu den Prunkstücken des Mogul-Reiches.

Vom unvorstellbaren Reichtum und märchenhaften Glanz, den die Gebäude einmal ausstrahlten, ist heute jedoch nur wenig erhalten geblieben. Bei den wiederholten Beutezügen nach dem Tod des letzten Großmogul *Aurangzeb* 1707 wurde alles mitgenommen, was nicht niet- und nagelfest war. Die

Spaziergang vom Roten Fort zur Jamia Masjid

Eine pralle Mischung berstender Geschäftigkeit, inbrünstiger Religiosität und der chaotischen Fülle des indischen Alltagslebens – all dies bietet der etwa 3 km lange Spaziergang vom Haupteingang des Roten Forts entlang der alten Prachtstraße **Chandni Chowk** und ihrer Seitenstraßen zur großen Freitagsmoschee, der Jamia Masjid, zwei Stunden „Indien pur", die man sich nicht entgehen lassen sollte.

Hat man die täglich von Tausenden stinkender und hupender Fahrzeuge befahrene Netaji Subash Marg lebend überquert, trifft man an der linken (südwestlichen) Ecke des Chandni Chowk auf den **Digambara-Jain-Tempel.** Die Statue von *Mahavira,* dem Gründer der Religionsgemeinschaft, steht im bunt ausgeschmückten ersten Stock. Auf dem Tempelgelände findet sich auch ein **Vogel-Krankenhaus,** welches das (alle Lebewesen betreffende) höchste Glaubensgebot der Jains, Gewaltlosigkeit und Nächstenliebe, auf beeindruckende Weise in die Tat umsetzt.

Bei den gleich nebenan unter den Arkaden des Chandni Chowk von Straßenverkäufern angebotenen Devotionalien und Blumen decken sich die Gläubigen für den Besuch des **Gauri-Shankar-Tempels** ein. Im Inneren des Shiva-Tempels tritt einem die bunte Vielfalt der indischen Götterwelt entgegen. Auf dem weißen Marmorstuhl im Innenhof soll sich der hochverehrte Hindu-Heilige *Bhagwat Swaroup* fünfzig Jahre aufgehalten haben. Ein Foto und seine Sandalen erinnern an den Geistlichen.

Weiter entlang des Chandni Chowk, der in der Mogulzeit von einem Kanal durchzogen und von repräsentativen Kaufmannshäusern und Gärten flankiert war, vorbei an der Esplanade Road, zweigt gegenüber dem von großen Filmplakaten überragten Kumar-Kino die kleine **Gasse Darib Kalan** ab. Der Name („Straße des unvergleichlichen Diamanten") ist noch heute aktuell, werden hier doch seit *Shah Jahans* Zeiten in erster Linie **Gold und Juwelen** verkauft. Die Verarbeitung der nach Gewicht berechneten Steine lässt meist zu wünschen übrig, doch für das „eye shopping" ist die Gasse sicherlich interessant.

Delhi

mangelhafte Instandhaltung seitens der indischen Behörden ist ein weiterer Grund für den reichlich verblichenen Glanz vergangener Tage. So verlassen die meisten der täglich über 10.000 Besucher dieses meistbesuchte Bauwerk Delhis weit weniger euphorisch, als sie es beim Anblick der von außen imposanten Anlage betreten hatten.

Obwohl das Fort mit einer Breite von 360 m und einer Länge von 1,2 km weitaus größer ist als jenes in Agra, wirkt es mit seiner riesigen, fast 2,5 km langen, von geschwungenen Zinnen und Türmen umlaufenen Festungsmauer wegen seiner flachen Lage eher zierlich und elegant. Dieser Eindruck bestätigt sich im Inneren, wurde das Rote Fort doch von Shah Jahan großzügig und wie aus einem Guss geschaffen, während sein

Äquivalent in Agra während der Regierungszeit mehrerer Herrscher entstand und viele ineinander verschachtelte Gebäude aufweist. Insgesamt wirkt das Lal Qila eher wie eine befestigte Palastanlage und unterscheidet sich so von den Trutzburgen früherer Jahre.

Hierin spiegelt sich das gewachsene **Selbstbewusstsein der Großmoguln,** die es sich im Bewusstsein ihrer über ein Jahrhundert gefestigten Machtposition nun leisten konnten, neben den militärischen Notwendigkeiten auch ihre künstlerischen Ambitionen zu verwirklichen. Hierzu trug vor allem der für Shah Jahan so charakteristische, von Eleganz und Harmonie geprägte Kunstgeschmack mit seiner Vorliebe für weißen Marmor als Baumaterial bei, der seine perfekteste Ausprägung im fünf Jahre später fertig-

Wieder zurück zum heutzutage von Menschen, Verkehr und Abgasen überfluteten Chandni Chowk, ist der **Sikh-Tempel Sisganj Gurudwara** bereits das dritte Gotteshaus unterschiedlicher Religionsgemeinschaften, welches man auf kurzer Strecke finden kann – ein anschauliches Beispiel für den ethnischen und religiösen Schmelztiegel Alt-Delhis. Dass dieses unmittelbare Nebeneinander verschiedener Religionsmeinschaften immer wieder Anlass für blutige Auseinandersetzungen war, zeigt die Tatsache, dass das Gotteshaus an jener Stelle errichtet wurde, wo der 10. Sikh-Guru auf Anweisung Aurangzebs exekutiert worden war. Die von tiefer Religiosität gekennzeichnete Atmosphäre im Inneren des Tempels, in dem ohne Unterbrechung aus dem heiligen Buch der Sikhs rezitiert wird, lohnt auf jeden Fall einen Besuch.

Auch die nur wenige Meter weiter stehende **Sunehri Masjid** war Schauplatz der von religiöser Intoleranz geprägten Geschichte Delhis. Auf dem Dach der im 18. Jh. erbauten Moschee soll der persische Feldherr *Nadir Shah* 1739 nach der Eroberung der Hauptstadt gestanden ha-

ben, um das Massakrieren der Bevölkerung durch seine Soldaten zu beobachten.

Der schräg gegenüber gelegene **Fountain Chowk** verdeutlicht, dass auch die Europäer ihre Herrschaft auf Gewalt gründeten. Hier ließen die Briten 1857 zum Zeichen ihres Sieges und des Endes der Mogul-Dynastie zwei Körper zur Schau stellen: die des Sohnes und des Enkels des letzten Mogul-Herrschers, beide waren von ihnen getötet worden.

Bevor man von der Sunehri-Moschee kommend in den links vom Chandni Chowk abzweigenden Kinari Bazaar abzweigt, sollte man noch bei dem etwa 50 m davor befindlichen **Ghantewala Sweet Shop** anhalten. Der Ende des 18. Jh. eröffnete Laden, in dem noch die Originalrezepte für Süßes aus der Mogulzeit Verwendung finden sollen, gilt als der beste seiner Art in ganz Delhi.

Folgt man dem mit bunt ausstaffierten Geschäften flankierten **Kinari Bazaar,** der ersten Adresse in Delhi für Hochzeits-Accessoires, bis zum Ende, so befindet man sich wieder auf etwa halber Länge des Dariba Kalan, von wo es nur noch wenige Minuten zur **Jamia Masjid** sind.

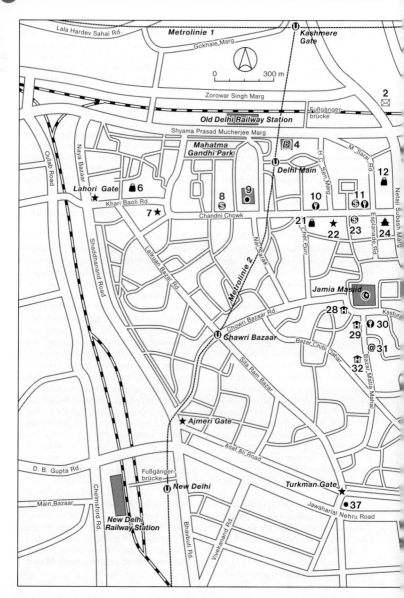

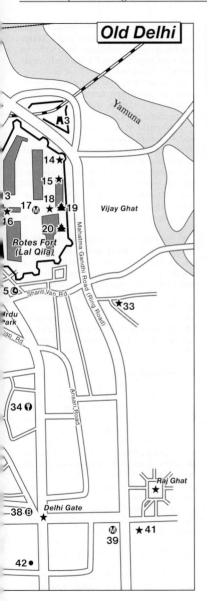

Old Delhi

Sehenswürdigkeit

▲	3	Salimgarh Fort
★	7	Fatehpuri Masjid
★	14	Königl. Bäder, Shahi Burj
★	15	Moti Masjid, Diwan-e-Khas
★	16	Lahore Gate
Ⓜ	17	Indian War Memorial Museum
★	18	Diwan-e-Am
▲	19	Rang Mahal, Khas Mahal
▲	20	Mumtaz Mahal
★	22	Sisganj Gurdwara
▲	24	Jain Tempel
Ⓒ	25	Sunehri Masjid
★	33	Shanti Vana
Ⓜ	39	Gandhi Memorial Museum/ Gandhi Smirti
★	41	Gandhi Memorial

Unterkunft

🏨	28	Hotel New City Palace
🏨	29	Hotel Bombay Orient
🏨	32	Hotel Al-Hyatt

Essen und Trinken

🍴	10	Haldiram's
🍴	11	McDonald's
🍴	30	Restaurant Karim's
🍴	34	Moti Mahal Restaurant

Sonstiges

✉	2	GPO Old Delhi
🄱	4	Delhi Public Library
🛒	6	Gewürzmarkt
Ⓢ	8	UTI ATM
●	9	Town Hall
Ⓢ	11	SBI ATM
🛒	12	Lajpat Raj Market
●	13	Tickets Rotes Fort
🛒	21	Ghantewala
Ⓢ	23	ICICI ATM
@	31	Z.A. Cyber Café
●	37	Delhi Stock Exchange
Ⓑ	38	Dr. Ambedkar Busbahnhof
●	42	Dances of India

gestellten Taj Mahal fand. Nur etwa 20 % der Anlage sind heute der Öffentlichkeit zugänglich, der große Rest wird von öffentlichen Verwaltungen und der indischen Armee beansprucht.

Der Zugang zum Lal Qila erfolgt durch das **Lahore-Tor**, benannt nach der heute in Pakistan gelegenen Hauptstadt des ehemaligen Punjab. Von hier führt der Weg in den Arkadengang **Chatta Chowk**. Früher diente dieser kleine Basar den Hofdamen als willkommene Abwechslung in ihrem sonst recht eintönigen, von der Außenwelt abgeschlossenen Leben. Waren damals Juwelen und Saris die begehrtesten Kaufobjekte, werden heute entsprechend der veränderten Käuferschicht Getränke, Filme und Souvenirs feilgeboten. Was geblieben ist, sind die fürstlichen Preise.

Das sich anschließende dreigeschossige **Trommelhaus** (Nagaar Khana) bildete das Eingangstor zum eigentlichen Palastbereich. Sein Name rührt daher, dass hier täglich fünfmal zu festgesetzten Zeiten eine Willkommensmelodie gespielt wurde. Alle Besucher mussten hier ihre Elefanten oder Pferde zurücklassen, bevor sie ins Palastinnere weitergehen durften. Die noch deutlich erkennbaren Blumenornamente an den roten Sandsteinwänden waren früher mit Goldfarbe bemalt. Im oberen Stockwerk ist heute das **Indian War Museum** untergebracht (Öffnungszeiten: tgl. außer Fr 10–17 Uhr).

Die offene **Gartenanlage** zwischen dem Trommelhaus und der dahinter gelegenen öffentlichen Empfangshalle (Diwan-e-Am) war einst von einem Gebäudekarree eingefasst, welches jedoch den erbitterten Kämpfen des Februaraufstandes 1857 zum Opfer fiel. Auf einem Marmorthron sitzend, der von einem hübschen Dach überspannt wird, hielt der Herrscher öffentliche Audienzen ab und nahm Beschwerden entgegen. Die sehr schönen Einlegearbeiten, die die Wände hinter dem Thron schmücken und von dem florentinischen Künstler Urstin de Bourdeaux stammen sollen, wurden erst 1903 auf Befehl des Vizekönigs Lord Curzon wieder hier platziert, nachdem sie zuvor mehrere Jahre im Victoria and Royal Albert Museum in London ausgestellt waren.

Hat man den Diwan-e-Am hinter sich gelassen, gelangt man auf eine große **Rasenfläche,** an deren östlichem Ende sich von Süd nach Nord mit dem Rücken zur Fortmauer fünf Gebäude reihen. Im Zuge umfangreicher Restaurierungsmaßnahmen wurden die zum Teil baufälligen Gebäude von einem Metallzaun umgeben, sodass man sich mit dem Außenanblick begnügen muss.

Im **Mumtaz Mahal,** einem aus insgesamt sechs Räumen bestehenden Marmorpalast, der früher den Haremsdamen diente, ist heute ein archäologisches Museum aus der Mogul-Zeit untergebracht. Leider schenken nur die wenigsten Besucher den zum Teil hervorragenden, aber leider auch vernachlässigten Exponaten der einzelnen Großmoguln von Babur bis Aurangzeb genügend Beachtung.

In der Mitte des auf einer erhöhten Plattform gelegenen **Rang Mahal,** der ebenfalls für die Konkubinen des Herrschers erbaut wurde, steht ein Marmorbrunnen von den Wassern des so genannten Paradiesflusses gespeist wurde. Dieser mit Rosenwasser gefüllte Nahir-e-Bihisht zog sich vom Rang Mahal bis zum Hammam im Norden durch alle Gebäude. Auch von den ursprünglich die Innenwände schmückenden Wandbemalungen – daher sein Name „Palast der Farben" – ist kaum etwas erhalten.

Der **Privatpalast** (Khas Mahal) diente dem Herrscher als Schlaf-, Wohn- und Gebetshaus. Vom sich an die östliche Wand anschließenden achteckigen **Turm** (Muthamman Burj) zeigte sich Shah Jahan jeden Morgen, bevor er seine Amtsgeschäfte aufnahm.

Am meisten Fantasie, um die ehemalige Pracht wieder hervorzuzaubern, benötigt der Besucher in der Halle der Privataudienz **Diwan-e-Khas.** Hier ließ Shah Jahan auch jenen eingangs zitierten Spruch anbringen. Das ehemalige Schmuckstück des Forts, den legendären **Pfauenthron** aus purem Gold, Juwelen und einen dahinter platzierten Papagei aus reinem Smaragd entführte der Perser Nadir Shah nach seiner Erstürmung Delhis im Jahre 1739. Er diente seitdem den Schahs von Persien als Thron.

Aus dem Brunnen der nördlich die Palastreihe abschließenden **königlichen Bäder**

Delhi

(Hammam) soll einst Rosenwasser gesprudelt sein. Erwähnenswert ist noch die von Shah Jahans Nachfolger Aurangzeb erbaute **Perl-Moschee** (Moti Masjid) mit ihren drei ursprünglich kupferverzierten Kuppeln. *Aurangzeb* war es auch, der seinen Vater kurz vor Vollendung der Bauarbeiten absetzte und im Roten Fort von Agra einkerkerte. Seinem Traum vom Paradies war damit ein abruptes Ende beschieden.

●**Öffnungszeiten:** Geöffnet ist das Fort 8.30–18.30 Uhr außer Mo, Eintritt: 100 Rs, Video 25 Rs. Eine interessante einstündige Ton- und Dia-Show (50 Rs), die die ereignisreiche Geschichte des Roten Forts nachzeichnet, findet tgl. um 19.30 Uhr (Nov. bis Jan.), 20.30 Uhr (Feb. bis Apr.) bzw. 21 Uhr (Mai bis Aug.) in englischer Sprache statt.

Highlight:
Jamia Masjid

Keine Kosten und Mühen scheute Akhbars Enkel Shah Jahan während seiner dreißigjährigen Amtszeit, um seine große Leidenschaft, die Architektur, mit gewaltigen Bauwerken in die Tat umzusetzen. Ob die enormen Kosten, die dieses Hobby verschlang, nicht für sinnvollere Zwecke hätten eingesetzt werden können, bleibt dahingestellt, doch unzweifelhaft verdankt die Nachwelt dem fünften und vorletzten Großmogul einige der großartigsten Monumente der Mogul-Herrschaft. Hierzu zählt zweifelsohne auch die aus rotem Sandstein gefertigte Jamia Masjid, die Shah Jahan nach sechsjähriger Bauzeit und einem Kostenaufwand von 1 Mio. Rupien 1650 einweihen konnte.

Unübersehbar überragt diese nur knapp einen Kilometer südwestlich des Roten Forts gelegene **größte Moschee Indiens** die quirligen Basarviertel Old Delhis. Durch ihre herausragende Platzierung auf einem kleinen Felsen wirkt sie noch imposanter, als sie es mit ihren 40 m hohen Minaretten ohnehin schon ist.

Eine breite Freitreppe, von deren Stufen sich einem ein schöner Blick zurück auf das Fort bietet, führt zu ihr empor. Hat man das gewaltige Eingangstor durchquert, befindet man sich im 90 x 90 m großen Innenhof, der über 20.000 Gläubigen Platz bietet. Das Bild der auf der Westseite gelegenen 21 x 27 m großen Gebetshalle mit ihren aus schwarzem und weißem Marmor gestalteten Kuppeln und ihren elf Bögen erinnert in seiner Mischung aus Größe und Leichtigkeit an das Taj Mahal.

Für 20 Rs besteht die Möglichkeit, das südliche Minarett zu besteigen, von wo sich ein **beeindruckender Blick** über New Delhi und Old Delhi bietet. Allerdings auch nur dann, wenn der Zugang nicht mal wieder aus Sicherheitsgründen gesperrt ist oder, was mindestens ebenso häufig der Fall ist, der Smog die Aussicht vernebelt. Hier holen zwei der größten Probleme des neuzeitlichen Indien die große Mogul-Vergangenheit wieder ein: Terrorismus und Umweltverschmutzung.

●**Öffnungszeiten:** Grundsätzlich empfiehlt sich der Besuch der Moschee am Vormittag (8.30–12.30 Uhr, nachmittags 13.45 bis kurz vor Sonnenuntergang), da Nicht-Moslems am Nachmittag während der Gebete häufig vor verschlossenen Türen stehen. Frauen haben zum Minarett – aus welchen Gründen auch immer – nur in Begleitung eines Mannes Zutritt. Eintritt frei, Foto-/Videogebühr je 150 Rs.

Raj Ghat

Nur wenige Gehminuten vom Roten Fort und der Jamia Masjid entfernt liegt in einer sehr schön gepflegten, langgestreckten Parkanlage am Ufer des Yamuna die **Gedenkstätte** für die politischen Führer des unabhängigen Indiens. *Jawaharlal Nehru,* Indiens erster Premierminister, wurde 1964 im Shanti Vani (Friedenspark) verbrannt, seine Tochter *Indira Gandhi* und ihre beide Söhne *Rajiv* und *Sanjay Gandhi* etwas weiter südlich hiervon. Ein schlichter, schwarzer Marmorblock am südlichen Ende des Parks markiert die Stelle, an der *Mahatma Gandhi*, Indiens große Seele, nach seiner Ermordung 1948 beigesetzt wurde. Jeden Freitag, dem Wochentag seines Todes, findet im Raj Ghat eine kleine Gedenkfeier statt. Wie jedoch die das angenehm bescheidene Monument überragenden riesigen Schornsteine eines ganz in der Nähe gelegenen Kraftwerks nur allzu deutlich dokumen-

tieren, wird hier eines Mannes gedacht, dessen Ideale im heutigen Indien kaum noch etwas gelten.

Gegenüber befindet sich das **Gandhi Memorial Museum** (Tel.: 23311793) mit Erinnerungsstücken und Fotos aus dem Leben *Gandhis*.

●**Öffnungszeiten** (beide): täglich außer Mo 9.30–17.30 Uhr.

Feroz Shah Kotla

Vom Raj Ghat etwa 500 m weiter Richtung Süden auf der anderen Seite der Mahatma Gandhi Road finden sich die Überreste jener fünften Hauptstadt **Firnzabad,** die *Feroz Shah* aus der Thuglaq-Dynastie 1354 errich-

Raj Ghat: die Verbrennungsstätte Mahatma Gandhis

ten ließ. Viel ist jedoch heute nicht mehr zu bewundern, da die Steine des Forts in späteren Jahrhunderten als Baumaterial für andere Bauwerke verwendet wurden. Neben den Überresten einer großen Moschee und eines schönen Brunnens ist die 13 m hohe Verdiktsäule Kaiser Ashokas zu sehen, die Feroz Shah im 14. Jh. von Ambala im heutigen Punjab hierher transportieren ließ.

●**Eintritt:** 100 Rs, Video 25 Rs.

Connaught Place (Rajiv Gandhi Chowk)

Hat man sich durch die beschriebenen Sehenswürdigkeiten Delhis gearbeitet, gelangt man nun zu dem am nördlichen Ende New Delhis gelegenen Connaught Place, dem ökonomischen und touristischen **Zentrum der Stadt.** Zum Gedenken an den bei einem Attentat ums Leben gekommenen früheren Ministerpräsidenten wurde er in Rajiv Gandhi Chowk umbenannt, die meisten verwenden

Delhi

jedoch weiterhin den alten Namen. Zunächst fällt es sicherlich schwer, sich auf dem riesigen, kreisrunden Platz mit seiner Einheitsarchitektur zurechtzufinden.

Am besten orientiert man sich an der Aufteilung in zwölf Blöcke, wobei die Buchstaben A bis F den inneren Kreis und die von G bis N den äußeren bezeichnen. Eine weitere **Orientierungsmöglichkeit** bieten die insgesamt acht sternförmig vom Platz in alle Himmelsrichtungen verlaufenden Straßen.

Schon die exakte Einteilung lässt erkennen, dass man sich nicht mehr im chaotischen, typisch indischen Old Delhi, sondern im von den Briten am Reißbrett genauestens durchgeplanten New Delhi befindet. Wie es sich für das an Klarheit und Effizienz orientierte mitteleuropäische Denken gehört, ist hier alles wohlgeordnet, alles an seinem Platz. Auch die unzähligen noblen Geschäfte, Banken und Restaurants wirken eher europäisch denn indisch, alles ist nur vom Feinsten. *It's a rich man's world,* und so finden sich hier fast ausschließlich westliche Touristen und Mitglieder der indischen Mittel- und Oberschicht.

Auf den Gehwegen unterhalb der Arkadengänge des inneren Zirkels finden sich zahlreiche **Bücher- und Zeitschriftenstände,** bei denen es nicht nur z. T. erstaunlich anspruchsvolle Literatur zu kaufen gibt, sondern auch Zeitschriften und Magazine aus Europa, wie etwa Spiegel und Stern. Ständig wird man von **Straßenhändlern** angesprochen, die einem von Sonnenbrillen über Taschentücher bis zum Flugticket scheinbar alles verkaufen können. Auch der in der Mitte des Platzes gelegene Park bietet nur für kurze Zeit eine Verschnaufpause, da man hier sehr schnell mit den Rufen „Soft drink, Sir" oder „Shoe shine" konfrontiert wird.

Die touristische Hauptschlagader bildet der südlich vom Connaught Place verlaufende **Janpath.** An dieser Straße finden sich das Tourist Office, unzählige Verkaufsstände, Hotels und das große Emporium.

Jantar Mantar

Ein etwa zehnminütiger Fußweg entlang der Sasan Marg (Parliament Street) vom Connaught Place führt zur ersten der insgesamt fünf **Sternwarten,** die der begeisterte Astronom *Jai Singh II.* (1699–1743), Maharaja von Jaipur, 1724 errichten ließ. Die in einem hübschen Palmenhain gelegenen überdimensionalen rosaroten Beobachtungsinstrumente bilden mit ihrer archaischen Ausstrahlung einen interessanten Kontrast zu den umliegenden modernen Hotel- und Bürobauten. Auffälligstes, weil größtes Instrument des Observatoriums ist, wie schon in Jaipur zu sehen, die steil aufragende Sonnenuhr (Prince of Dials). Wer an detaillierteren Informationen zu den einzelnen Bauwerken interessiert ist, sollte sich einer der regelmäßig stattfindenden Gruppenführungen anschließen.

● **Eintritt:** 100 Rs.

Regierungsviertel

Wer die Sasan Marg weiter Richtung Südosten geht, stößt schließlich nach gut 2 km auf den **Raj Path.** Diese von breiten Grünflächen gesäumte Prachtstraße verbindet mit dem India Gate am östlichen und dem Rashtrapati Bhawan am westlichen Ende die beiden Hauptgebäude des von den Engländern in den zwanziger Jahren des vorigen Jahrhunderts aus dem Boden gestampften Regierungsviertels.

Kaum eine andere Hauptstadt hat eine derart eindrucksvolle Darstellung imperialer Macht aufzuweisen wie Delhi, die vor kolonialem Selbstbewusstsein nur so strotzt. Wie für die Ewigkeit scheinen die imposanten, aus gelbem Sandstein erbauten Regierungsbauten gebaut zu sein. Wie schnell sich jedoch das Blatt der Geschichte manchmal wendet und überkommene Machtstrukturen quasi über Nacht von nationalen Unabhängigkeitsbewegungen hinweggespült werden, zeigte sich nur eineinhalb Jahrzehnte nach Beendigung der Bauarbeiten. Die Ewigkeit währte letztlich nur 16 Jahre, als sich die englischen Hausherren 1947 unvermittelt in ihrem Mutterland wiederfanden und dafür die indischen Nationalisten in die Räume der Kolonialgebäude einzogen.

So residiert in dem palastähnlichen **Rashtrapati Bhawan** heute auch nicht mehr der englische Vizekönig, sondern der indische

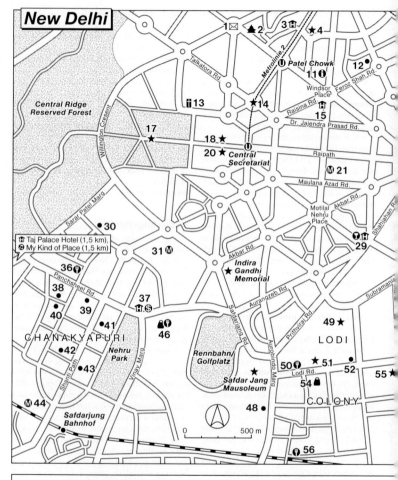

New Delhi

Sehenswürdigkeit

- ▲ 2 Gurudwara Bangla Sahib
- ★ 4 Jantar Mantar
- Ⓜ 5 National Museum of Natural History
- ⅱ 13 Redemption Church
- ★ 14 Sansad Bhawan

- ★ 17 Rashtrapati Bhawan
- ★ 18 Secretariat North Block
- ★ 20 Secretariat South Block
- Ⓜ 21 National Museum
- Ⓜ 24 Crafts Museum
- Ⓜ 31 Jawarharlal Nehru Memorial Museum

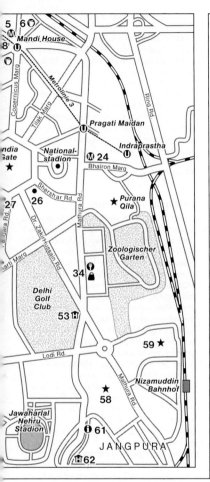

Unterkunft

- 🏠 3 YMCA Tourist Hostel
- 🏠 15 Le Meridien
- 🏠 29 Hotel Taj Mahal
- 🏠 37 Ashok Hotel
- 🏠 53 Oberoi Hotel
- 🏠 62 One Link Road G.H.

Essen und Trinken

- 🍴 27 Chicken Inn
- 🍴 29 Rick's Bar
- 🍴 34 Rampur Kitchen, Café Turtle
- 🍴 36 New Sikkim House
- 🍴 46 Basil & Thyme
- 🍴 50 Lodi The Garden Restaurant
- 🍴 56 Ploof

Sonstiges

- ✉ 1 GPO New Delhi
- ⊙ 6 Triveni Kala Sangam
- • 8 Nepalesische Botschaft
- ⊙ 9 Kamani Theatre
- ❶ 11 Student Travel Information Centre
- • 12 Max Mueller Bhawan
- • 26 Jaipur Gate, WWF
- ❶ 27 Bikaner House
- • 30 Botschaft Sri Lanka
- 🛍 34 Khan Market, Full Circle Book Store, Music Shop, Sunder Nagar Market, Mittal Tea House
- 💲 37 Central Bank of India
- • 38 Schweizer Botschaft
- • 39 Amerikanische Botschaft
- • 40 Österreichische Botschaft
- • 41 Pakistanische Botschaft
- • 42 Niederländische Botschaft
- • 43 Deutsche Botschaft
- 🛍 46 Santoshti Shopping Complex
- • 48 Indian Airlines Büro II
- • 52 India International Centre
- 🛍 54 Jor Bagh Markt
- ❶ 61 Metropole Tourist Service

- Ⓜ 44 National Rail Museum
- ★ 49 Sikander Lodi Mausoleum
- ★ 51 Lodi Gärten
- ★ 55 Tibet House
- ★ 58 Hazrat Nizam-ud-Din Aulia
- ★ 59 Humayun Mausoleum

Staatspräsident. An den von einer gewaltigen Kuppel gekrönten, 340 Räume umfassenden Prachtbau schließt im Westen ein 130 ha großer Mogul-Garten an, für dessen makellose Pflege zu Zeiten der britischen Kolonialherrschaft über 400 Gärtner verantwortlich zeichneten. Leider muss man sich mit einem Blick durch das schmiedeeiserne Tor begnügen, da der Präsidentenpalast ganzjährig unter Ausschluss der Öffentlichkeit steht. Die Zufahrt zum Palast wird zu beiden Seiten von staatlichen Regierungsgebäuden flankiert, die das Innen-, Außen- und Finanzministerium beherbergen.

Von hier führt die Straße leicht abwärts auf den imposanten Raj Path, Bühne großer Staatsempfänge und vor allem der einzigartigen Parade zum Unabhängigkeitstag am 26. Januar jedes Jahres. Am östlichen Ende steht das **All India War Memorial,** besser bekannt unter dem Namen **India Gate.** Die Wände dieses 42 m hohen Triumphbogens tragen die Namen von 85.000 Soldaten, die im Ersten Weltkrieg ihr Leben ließen. Der Blick zurück durch diesen indischen Arc de Triomphe über den Raj Path auf den in der Ferne kaum zu erkennenden Präsidentenpalast vermittelt noch einmal einen Eindruck sowohl vom ehemaligen Glanz als auch dem Scheitern des britischen Raj.

Inzwischen ist der Rajpath (Station Central Secretariat) bequem durch die Metrolinie 2 vom Connaught Place und Old Delhi aus zu erreichen. Geht man in östlicher Richtung über den Rajpath hinaus bis zum Purana Qila und Zoo, ist man von dort durch Metrolinie 3 (Station Indraprashta) schnell wieder am Connaught Place und, eine Station weiter, am Westrand von Pahar Ganj (Station RK Ashram Marg).

Purana Qila (Altes Fort)

Südöstlich vom India Gate finden sich auf einem Hügel die Überreste des vom afghanischen Feldherrn *Sher Shah* erbauten alten Forts, welches jüngsten archäologischen Funden zufolge an der Stelle des alten Indraprashtra errichtet worden sein soll.

Betritt man die Festungsanlage durch das südliche zweigeschossige so genannte Hu-

mayun-Tor, stößt man auf einen achteckigen roten Sandsteinturm, den so genannten Sher Mandal. Dem zweiten Großmogul *Humayun* (1520–1556) wurde dieser Bau, den er später in eine Bibliothek umfunktionierte, 1556 zum Verhängnis, als er auf einer der Treppenstufen ausrutschte und sich dabei so schwere Verletzungen zuzog, dass er wenig später starb.

In unmittelbarer Nähe steht die 1541 von Sher Shah errichtete **Qila-e-Kuhna-Moschee.** Der im Innern reich verzierte Bau befindet sich in einem erstaunlich guten Zustand und gilt als hervorragendes Beispiel des Übergangs vom Lodi- zum Mogul-Baustil.
●**Eintritt:** 100 Rs.

Humayun-Mausoleum

Nur knapp 2 km südlich vom Purana Qila befindet sich das Grabmal *Humayuns*, welches im Auftrag seiner Frau 1565, neun Jahre nach seinem Tod, vollendet wurde. Das Mausoleum mit seiner 43 m hoch aufragenden Marmorkuppel gilt als **Prototyp der Mogul-Mausoleen** und schönstes Bauwerk der frühen Mogul-Epoche. Das nach einem ähnlichen Plan erbaute Taj Mahal zeigt diesen Baustil in seiner Hochblüte ein Jahrhundert später. Es gibt Kunstkenner, die die harmonischen Proportionen von Humayns Grab der verfeinerten Eleganz des Taj vorziehen.

Bei der Rückkehr aus seinem persischen Exil hatte Humayun eine große Zahl von Architekten in seinem Gefolge, die der bis dahin stark von hinduistischen Einflüssen geprägten Baukunst ganz neue, **islamische Elemente** verliehen. Besonders deutlich wird dies am Portalbogen beziehungsweise der rein dekorativen Zwecken dienenden Blendnische. Auch die bis dahin von den hinduistischen Baumeistern in Anlehnung an ihre jahrtausendealte Tradition vornehmlich verwendeten Architrave, Pfeiler und Konsolen werden nun zunehmend von selbsttragenden Bögen ersetzt. Daneben fällt die später für die Mogul-Architektur so charakteristische zentrale Bedeutung der das Hauptgebäude umgebenden **Gartenanlage** ins Auge. Dieser erste Mogulgarten auf indischem Boden verleiht dem Bau trotz seiner Größe etwas Leichtes und Verspieltes.

Delhi

Hier wurde auch erstmals eine **Schienkuppel** (in Persien schon seit dem 13. Jh. bekannt) errichtet. Die auf einem hohen Tambour ruhende Kuppel leitet den Blick auf den Zentralbau, welcher ansonsten durch die stark ausgeprägten Eckbauten viel von seiner Wirkung verloren hätte. Wie die Chattris an den Eckpunkten des Obergeschosses zeigen, wurden von der Witwe Humayuns beim Bau des Grabmals jedoch auch einige typisch hinduistische Bauelemente verwendet, die der Auflockerung des quadratischen Sandsteinbaus dienen.

Von der Terrasse der Grabstätte, in der neben seiner Frau noch über 100 weitere Mitglieder der Familie beigesetzt sind, bietet sich ein schöner Blick ins Umland. Besonders stimmungsvoll ist ein Besuch am späteren Nachmittag, wenn die Abendsonne den Prachtbau in weiches Licht hüllt.

Kurz vor Verlassen der Parkanlage lohnt noch ein Besuch des links vom Hauptweg hinter einer Mauer gelegenen Grabmals von *Isa Khan*, eines einflussreichen Mitglieds des Hofstaates von Humayun.
● **Eintritt:** 250 Rs, Video 25 Rs.

Hazrat-Nizam-ud-din-Aulia (Nizamuddin)

Auf der gegenüberliegenden Seite des Humayun-Grabes führt eine Straße in einen Ortsteil, der einen ganz eigentümlichen Charakter bewahrt hat: Tief verschleierte Frauen huschen durch die schmalen Gassen, das Murmeln von Koranschülern ist zu hören, die Metzger verkaufen Rindfleisch.

Nizamuddin heißt dieser Stadtteil, der sich um das **Grab** des muslimischen Heiligen *Shaik Nizzam-ud-din-Chisti* gruppiert, der hier 1325 verstarb.

Das Zentrum der Chisti-Verehrung, einer Familie von Heiligen und Höflingen, die ursprünglich aus dem Iran stammen und im 12. Jh. nach Indien kamen, liegt in Ajmer. Das Originalgrab existiert zwar nicht mehr (der heutige marmorne Kuppelbau stammt aus dem Jahre 1562), doch nach dem Tode des Heiligen entwickelte sich das gesamte Areal zu einer Art moslemischem „Prominentenfriedhof", sodass sich dort heute viele weitere

Grabstätten bedeutender Persönlichkeiten finden. So etwa das Grab von Shah Jahans Tochter *Jahanara,* die ihrem Vater auch während der Zeit seiner Gefangenschaft durch seinen Sohn Aurangzeb im Roten Fort in Agra zur Seite stand.

Im Norden des Stadtteils liegt der noch heute hoch verehrte Urdu-Dichter *Ghalib* (1797–1869) begraben. Das älteste Gebäude ist die 1325 von *Ala-ud-Din-Khalji* erbaute rote **Sandsteinmoschee Jamaat Klana.** Ebenfalls aus dem 14. Jh. stammt ein großer Stufenbrunnen am Nordtor.

Safdar-Jang-Mausoleum

Als architektonischen Schwanengesang des im Zerfall begriffenen Mogul-Imperiums könnte man diese südöstlich der Diplomatenenklave Chanakyapuri an der Aurobindo Marg gelegene Grabstätte bezeichnen. Der 1753 vom *Nawab von Audh* für seinen Vater *Safdar Jang* errichtete zweigeschossige Grabbau weist mit dem ihn umgebenden weitläufigen, von Wasserläufen durchzogenen Park, dem terrassenförmigen Unterbau, schönen Marmorintarsien und bemaltem Stuck sowie dem Kuppeldach alle typischen Elemente der Mogul-Architektur auf. Doch insgesamt fehlt ihm die sonst so charakteristische Leichtigkeit und so scheint sich in ihm schon der nahende Untergang der 250-jährigen Dynastie zu spiegeln.
● **Eintritt:** 100 Rs, Video 25 Rs, tgl. von Sonnenauf- bis Sonnenuntergang geöffnet.

Lodi-Gärten

Einen interessanten Kontrast zum Mausoleum Safdar Jangs bilden die in den nur wenige Meter entfernten Lodi-Gärten gelegenen **Grabstätten** der Sayyid- (1451–1526) und Lodi-Dynastien (1414–51), den beiden Herrscherhäusern Delhis vor der Machtübernahme der Mogul-Dynastie. Die Mausoleen weisen bereits deutliche Merkmale der späteren Mogul-Architektur auf. Unübersehbar sind z.B. die Ähnlichkeiten des Grabmals *Mohammed Shahs* (1434–44), Herrschers der Sayyid-Dynastie, mit dem gut 100 Jahre später erbauten **Bara Gumbad,** einer Grabstätte mit angeschlossener Moschee. Hier beeindrucken v.a. die schönen Stuckarbeiten, farbige Ziegel und die auffälligen Koraninschriften. Weitere Gräber sind die von Mohammed Shahs Vorgänger *Mubarak Shah* (1433) sowie diejenigen *Sikander Lodis* (1517) und *Ibrahim Lodis* (1526).

● **Eintritt:** 250 Rs, tgl. von 6 bis 20 Uhr.

Lakshmi-Narayan-Tempel

Der knapp 2 km westlich vom Connaught Place gelegene Lakshmi-Narayan-Tempel ist nicht zuletzt deshalb Bestandteil der vom Tourist Office angebotenen Stadtrundfahrt, weil er einer der ganz wenigen typisch nordindischen Tempelbauten ist. Der aus rotem Sandstein errichtete, 1938 von *Mahatma Gandhi* eingeweihte Tempel gefällt nicht nur wegen seiner harmonischen Formgebung, sondern auch durch die Vielzahl bunter Götterstatuen. Neben den beiden Hauptgottheiten Narayan (Vishnu in seiner Form als Weltenhüter) und dessen Frau Lakshmi (Göttin des Wohlstands) findet man unter anderem Shiva und Parvati sowie den Glücksgott Ganesha. Der häufig für das Bauwerk verwendete Name Birla-Mandir rührt von seinem Stifter, dem Industriellen *Birla*, her.

Bahai House of Worship

Architektonisch äußerst spektakulär wirkt dieser in Form einer Lotusblüte erbaute **Tempel** inmitten von neun Wasserbecken. In Indien leben fast ein Viertel der weltweit 4,4 Mio. Anhänger der Bahai-Religion, die Mitte des 19. Jh. vom Perser *Baha-ullah* (pers.: Glanz Gottes) gegründet wurde. Entspre-

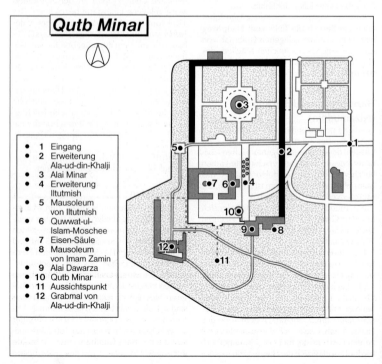

Qutb Minar

- 1 Eingang
- 2 Erweiterung Ala-ud-din-Khalji
- 3 Alai Minar
- 4 Erweiterung Iltutmish
- 5 Mausoleum von Iltutmish
- 6 Quwwat-ul-Islam-Moschee
- 7 Eisen-Säule
- 8 Mausoleum von Imam Zamin
- 9 Alai Dawarza
- 10 Qutb Minar
- 11 Aussichtspunkt
- 12 Grabmal von Ala-ud-din-Khalji

Delhi

chend der Glaubensphilosophie des Bahaismus, die keine Unterschiede oder Vorurteile gegenüber Rasse und Geschlecht kennt, finden sich im sehr anmutigen Tempelinnern Menschen aller Nationen, die in friedvoller Atmosphäre beten und meditieren.

Der etwa 9 km südöstlich vom Connaught Place im Bezirk Kalkaji gelegene Tempel (Tel.: 26444029) ist tgl. außer Mo 9 bis 17.30 Uhr geöffnet.

Gurdwara Bangla Sahib

Etwa einen Kilometer südwestlich des Connaught Place an der Ashoka Rd. ist dieser **Tempel** ein schönes Beispiel der **Sikh-Baukunst**, wartet er doch mit den charakteristischen goldenen Kuppeln und dem typischen quadratischen Tempelteich auf, dessen Wasser heilende Kräfte zugesprochen werden. Beindruckend ist die spirituelle Atmosphäre dieses ansonsten eher unscheinbaren Gotteshauses. Auch westliche Besucher sind hier willkommen (bei dezenter Bekleidung), die eine fachkundige Einführung in die Sikh-Religion erhalten, wenn sie sich beim Informationsbüro melden.

● **Öffnungszeiten:** Tgl. von Sonnenauf- bis Sonnenuntergang geöffnet.

Der besondere Tipp: Qutb Minar

Den Grundstein islamischer Herrschaft über Indien, die schließlich über sieben Jahrhunderte andauern sollte, legte der vom Sklaven zum Feldherrn aufgestiegene *Qutb-ud-Din-Aibak*, als er 1193 auf den Trümmern der von ihm eroberten Rajputen-Festung Lalkot seine neue Hauptstadt errichtete. Nach dem Tode seines Herrn, des afghanischen Eroberers *Muhammed-e-Ghur*, gründete er sein eigenes Sultanat und markierte damit den Beginn des Sultanats von Delhi, welches bis zum Aufkommen der Großmogul Mitte des 16. Jh. die führende Macht Nordindiens darstellte. Als Zeichen seines historischen Erfolges über den letzten in Delhi regierenden Hindu-Fürsten *Prithviraj Chauhan* errichtete er den Qutb Minar, eine 72,5 m hohe, sich nach oben verjüngende **Siegessäule** aus ro-

tem Sandstein, 13 km südlich vom heutigen Stadtzentrum.

Er selbst erlebte jedoch nur die Fertigstellung des ersten von heute fünf durch vorspringende Balkone unterteilten Stockwerken. Das zweite und dritte wurde von seinem Schwiegersohn und Nachfolger *Iltutmish* (1210–35) hinzugefügt. *Firoz Shah* war aus der Thuglag-Dynastie war es schließlich, der das stolze Bauwerk 1368 vollendete, indem er zwei weitere Stockwerke aufsetzte, nachdem die Spitze zuvor durch einen Blitzeinschlag beschädigt worden war.

Leider darf der an der Basis 15 m, an der Spitze jedoch nur 2,50 m Durchmesser aufweisende Turm nicht mehr bestiegen werden, seitdem vor einigen Jahren mehrere Schulkinder bei einer im Innern ausgebrochenen Panik ums Leben kamen.

Sechs Jahre früher als beim Qutb Minar wurde bereits mit dem Bau der zu Füßen der Siegessäule liegenden **Quwat-ul Islam-Masjid** (Macht-des-Islam-Moschee) begonnen. Zum Bau dieses ersten islamischen Sakralbaus auf indischem Boden überhaupt verwendete der wenig zimperliche Feldherr Materialien von insgesamt 27 zuvor zerstörten Hindu- und Jain-Tempeln. Hieraus erklärt sich auch die zunächst recht merkwürdig anmutende Tatsache, dass viele der verwendeten Säulen mit Hindu-Göttern verziert sind.

Kunsthistorisch besonders interessant ist auch die nicht zu übersehende Handschrift der am Bau der Moschee beteiligten Hindu-Steinmetze. Statt der in der persischen Architektur Verwendung findenden Spitzbögen, Kuppeln und Gewölbe bauten die hinduistischen Architekten in der ihnen seit Jahrtausenden bekannten Kragtechnik, in der vor allem Architrave, Konsolen und Pfeiler die bestimmenden Elemente sind. Die Vermischung der beiden Stilrichtungen sollte sich später zu einem ganz eigenen, dem so genannten **indo-sarazenischen Baustil** entwickeln, dessen beste architektonische Beispiele heute in Ahmedabad im Bundesstaat Gujarat zu sehen sind.

Die Moschee erfuhr im Laufe der Jahrhunderte vielfache **Erweiterungen,** wobei sich vor allem *Ala-ud-din* auszeichnete, der neben dem großen Innenhof im Osten auch das be-

eindruckende Alai Darwaza, den heutigen Haupteingang der Anlage, hinzufügte. Er war es auch, der, den gewachsenen Ausmaßen der Moschee entsprechend, eine zweite, wesentlich größere Siegessäule (Alai Minar) hinzufügen wollte. Der Basisdurchmesser von 27 m lässt darauf schließen, dass eine gewaltige Höhe von etwa 150 m geplant war. Bei seinem Tode war jedoch erst eine Höhe von 27 m erreicht. Seine Nachfolger wagten es nicht, dieses waghalsige Bauvorhaben zu Ende zu führen, und so findet sich der klägliche Überrest seiner Großmannssucht heute etwas nördlich der Moschee.

Das wohl schönste Gebäude der Anlage ist das **Grabmahl von Iltutmish,** des Schwiegervaters und Nachfolgers von *Qutb-ud-Din-Aibak.* Der Kenotaph des von 1210 bis 1235 regierenden Iltutmish steht in der Mitte einer 9 m² hohen Grabkammer, deren hohe Wände mit wunderschönen Reliefs, Inschriften, Arabesken und geometrischen Mustern verziert sind. Die größte Aufmerksamkeit bei

den täglich Tausenden von Besuchern erregt die im Hof der Moschee stehende, sieben Meter hohe **eiserne Säule.** Herkunft und genaues Entstehungsdatum sind unbekannt, auch wenn vermutet wird, dass sie ursprünglich in Bihar zur Zeit des Gupta-Königs *Chandragupta* (375–413 n. Chr.) vor einem Vishnutempel gestanden haben soll. Bis heute ist ungeklärt, warum die Säule eineinhalb Jahrtausende ohne einen Rostflecken überstehen konnte. Kein Wunder also, dass diesem rätselhaften Objekt magische Kräfte zugesprochen werden.

Der gut 12 km südlich vom Connaught Place gelegene Komplex (Tel.: 26643856) ist mit Stadtbus 505 vom Janpath gegenüber dem Imperial Hotel oder vom Ajmeri Gate erreichbar. Eine Riksha vom Connaught Place sollte nicht mehr als 150 Rs für die Hin- und Rückfahrt mit einstündiger Wartezeit kosten.

●**Öffnungszeiten:** tgl. außer Mo von 7.30 bis 17.30 Uhr; Eintritt 250 Rs, Video 25 Rs.

Delhi

Tughlagabad

Das großräumige, von mächtigen Festungsmauern umgebene Ruinengelände beinhaltet die spärlichen Überreste der 3. Stadt Delhis. Da der Erbauer *Ghiyas-ud-din-Thuglag* (1321–25) noch vor Beendigung der Bauarbeiten starb, ist die **Festungsstadt** mit einem Gesamtumfang von 6 km nie richtig genutzt worden. Zwar ist heute keines der ursprünglichen Gebäude mehr erhalten, doch es ist gerade der Kontrast zwischen dem auf einem Felshügel gelegenen Ruinenareal mit dem bei klarer Sicht deutlich in der Ferne sichtbaren Delhi, welches den eigentlichen Reiz der Anlage ausmacht.

Gegenüber dem Eingang zum Ruinengelände von Tughlagabad ist das über einen Damm zu erreichende **Mausoleum von Ghiyas-ud-din-Thuglag,** ein elegant-quadratischer Kuppelbau aus rotem Sandstein, einen Abstecher wert. Von den Mauern der Grabanlage lässt sich ein Ausblick auf die Festung Adilabad genießen, die von seinem Sohn erbaut wurde.

●**Eintritt:** 100 Rs, Video 25 Rs; ca. 170 Rs vom Janpath für Hin- und Rückfahrt per Riksha mit Wartezeit zum etwa 12 km südlich des Connaught Place gelegenen Geländes.

Begumpur

Etwa 2 km südlich von Begumpur im Stadtteil Khirki Village ist die **Khirki Masjid** interessant, weil sie eine der wenigen geschlossenen Moscheen im Norden Indiens ist. Die nach ihren auffälligen Steingitterfenstern benannte (*Khirki* bedeutet Fenster), festungsartig anmutende Moschee wurde im 14. Jh. von *Feroz Shah Tughlugs* erstem Minister erbaut. Vier Lichthöfe erhellen den von Säulen getragenen Innenraum.

Nicht weit entfernt thront die vielkuppelige **Begumpur Masjid** mit ihrem riesigen Innenhof auf einer Plattform. Die vom gleichen Erbauer geschaffene Moschee ist heute verlassen. Die Frontseite ragt hoch auf, die Hofseiten sind durch Arkadenbögen gegliedert.

Nördlich der Moschee sind die Überreste des Palastes **Bijai Mandal** von Jahanpanah, der vierten Stadt Delhis des Herrschers *Muhammed bin Tughluq,* leicht zu erreichen.

Von dem Ende des 14. Jh. erbauten, achteckigen Bauwerk bietet sich ein Rundblick auf das Dorf Begumpur und die Moschee.

Alle Sehenswürdigkeiten liegen etwa 15 km südlich vom Connaught Place und sind nicht weit von der Sri Aurobindo Marg entfernt.

Museen und Gedenkstätten

Nationalmuseum

Touristenfreundlich südlich des Connaught Place gelegen, bietet das Nationalmuseum (Tel.: 23019272, Janpath) neben dem Prince of Wales Museum in Mumbai und dem Indian Museum in Kalkutta die umfangreichste **Sammlung indischer Kunst.** Die Kunstgegenstände sind hervorragend präsentiert, in den Räumen gibt es sehr informative Erklärungstafeln zu den einzelnen Kunstepochen und -stilen. Die Palette ausgestellter Objekte reicht von vorgeschichtlichen archäologischen Funden bis zu Kostümen der heute noch in Indien lebenden Stammesangehörigen.

Wie immer wirkt ein solch breit gefächertes Angebot zunächst eher erschlagend als informativ, und so bietet es sich an, mit einem bestimmten Epochen- oder Stilschwerpunkt die Ausstellungsräume zu begehen. Hier würden sich z.B. die großartigen buddhistischen Skulpturen aus dem 6.–8. Jh. anbieten oder die exquisit ausgestattete Abteilung der Miniaturmalereien. Wer Zeit hat, sollte öfter kommen. Häufig werden Filmvorführungen zu unterschiedlichen Kunstepochen gezeigt.

●**Öffnungszeiten:** tgl. außer Mo 10–17 Uhr, Eintritt 150 Rs, Kamera 300 Rs, Video nicht erlaubt, 6x tgl. freie Führungen zwischen 10.30 und 15.30 Uhr.

National Rail Museum

Nicht nur Eisenbahnfans dürften beim Besuch des südlich der Diplomatenenklave Chanakyapuri gelegenen **Eisenbahnmuseums** ihre helle Freude haben. Indien ist berühmt für seine exotischen Lokomotiven

und auf dem Gelände gibt es einige der skurrilsten Exemplare zu bewundern.
●**Öffnungszeiten:** täglich außer Mo 9.30–17.30 Uhr, Eintritt 10 Rs, Video 100 Rs.

Tibet-Haus

Speziell für jene, die Dharamsala, den Exilsitz des *Dalai Lama* in Himachal Pradesh, oder „Little Tibet" Ladakh auf ihrer Reiseroute haben, lohnt sich ein Abstecher zum in der Nähe der Lodi-Gärten gelegenen Tibet-Haus (Tel.: 24611515, Lodi Rd.). In dem kleinen Museum wird eine interessante Sammlung **tibetanischer Ritualobjekte** ausgestellt. Sehr schöne kunsthandwerkliche Souvenirs aus Tibet verkauft ein Laden im Erdgeschoss.
●**Öffnungszeiten:** tgl. außer So 10–13 und 14–17 Uhr, Eintritt 10 Rs.

Gandhi-Smriti-Museum

Anhand gleichermaßen beeindruckender wie bedrückender Utensilien wie dem berühmten Spinnrad und dem blutverschmierten Leinentuch, welches **Mahatma Gandhi** am Tag seiner Ermordung trug, sowie unzähligen Fotos, Zitatsammlungen, Zeitungsausschnitten und Filmvorführungen wird hier das von Opferbereitschaft und Wahrhaftigkeit geprägte Leben des „Vaters der Nation" auf eindrucksvolle Weise nachgezeichnet.
●**Öffnungszeiten:** tgl. außer Mo 10–17 Uhr.

Indira Gandhi Memorial

In der ehemaligen Residenz *Indira Gandhis* findet sich in erschreckender Parallelität zum Schicksal *Mahatma Gandhis* an der Safdarjung Rd. der Sari, in den die in Indien gleichermaßen verehrte wie verhasste Tochter *Jawaharlal Nehrus* am Tag ihrer Ermordung gekleidet war. Mindestens ebenso beeindruckend wirkt das Foto, welches ihren später ebenfalls ermordeten Sohn *Rajiv Gandhi* in einem Flugzeug über dem Himalaya zeigt, wie er die Asche seiner verstorbenen Mutter verstreut. Die Stelle, an der Indira Gandhi im Garten ihrer Residenz von zwei Leibwächtern ermordet wurde, ist mit einer von zwei Soldaten flankierten Gedenktafel markiert.

●**Öffnungszeiten:** täglich außer Mo 9.30–16.45 Uhr.

National Gallery of Modern Art

Dieses beim Jaipur Gate südlich des India Gate gelegene Museum (Tel.: 23382835) beherbergt die umfangreichste **Sammlung moderner Kunst** in Indien. Neben den verschiedenen Malschulen seit dem 19. Jh. findet sich im sehr schönen Garten auch eine große Skulpturensammlung. Eine der überraschendsten Entdeckungen bilden die Gemälde des weltberühmten bengalischen Dichters und Nobelpreisträgers *Rabindranath Tagore*.
●**Öffnungszeiten:** tgl. außer Mo 10–17 Uhr, Eintritt 150 Rs, Foto/Video nicht erlaubt.

Praktische Tipps

Ankunft

Indira-Gandhi-Flughafen

Meist schon im Flugzeug wird dem Reisenden vom Bordpersonal eine **Embarkation Card** ausgehändigt, auf der die persönlichen Daten einzutragen sind. Bei einigen Airlines geschieht dies nicht. In dem Fall ist das dort ausliegende Formular nach dem Aussteigen vor der Passkontrolle an Metallpulten auszufüllen (es liegt leider nicht immer in ausreichender Menge aus, also etwas beeilen, außerdem einen Stift griffbereit halten). Bei dem Punkt „Adress in India" sollte man das erste Hotel in Delhi angeben. Hat man noch keines reserviert, empfiehlt es sich einfach den Namen eines First-Class-Hotels in Delhi einzutragen – das macht sich immer gut und erspart späteres Nachfragen.

Dieser Formularteil wird bei der Passkontrolle einbehalten. Der kleinere rechte, ebenfalls auszufüllende Teil des Formulars besteht aus der Departure Card, außerdem wird im unteren Abschnitt die Gepäckmenge abgefragt. Dieser Abschnitt der Erklärung ist erst nach dem Einsammeln des Gepäcks und vor dem Verlassen der Abfertigungshalle bei einem dafür zuständigen Beamten abzugeben.

(Dieses wie auch das Abgeben des verbliebenen Teils der Boarding Card bei einem Beamten ist jedoch nicht immer erforderlich.)

Wer zu spät kommt, den bestraft das Leben. Dass die Regel auch auf Indien zutrifft, erfährt der Neuankömmling gleich bei der **Passkontrolle,** wenn er sich ans hintere Ende einer langen Schlange von Wartenden einreiht und bis zu einer halben Stunde warten muss, ehe er vorn angelangt ist.

Wem es gelingt, zu den ersten am Schalter zu gehören, der hat neben der schnelleren Passkontrolle danach den zusätzlichen Vorteil, sein Geld ohne langes Anstehen bei einem der drei nebeneinander gelegenen **Bankschalter** in der Abfertigungshalle wechseln zu können. Alle sind 24 Std. geöffnet und die Kurse sind nur geringfügig schlechter als in der Stadt. Allerdings sollte man sein Wechselgeld genauestens nachzählen, da es leider allzu oft vorkommt, dass die Angestellten die Unerfahrenheit und Übermüdung der Touristen auszunutzen versuchen!

Die **Kofferbänder** sind oft überfüllt und schlecht organisiert, sodass es häufig nicht einfach ist, sein Gepäckstück zu finden. Besonders, wenn mehrere Maschinen innerhalb kurzer Zeit gelandet sind, was nachts häufig vorkommt, herrscht Chaos. Da die Bediensteten jene Gepäckstücke, die beim ersten Umlauf von ihren Besitzern nicht eingesammelt wurden, neben das Laufband stellen, sollte man dort auf die Suche gehen.

Nach Verlassen der Abfertigungshalle gelangt man in die Ankunftshalle, wo ein **Informationsschalter des Touristenbüros** untergebracht ist. Leider ist es auch hier keine Seltenheit, dass die Bediensteten Hotels fälschlicherweise als ausgebucht angeben, nur um Unterkünfte zu vermitteln, von denen sie eine Kommission kassieren. So macht es Sinn, das Wunschhotel schon vorher auszusuchen.

Noch ein Hinweis: Kommt man aus seinem Heimatland am internationalen Flughafen an und hat einen Anschlussflug innerhalb Indiens mit Air India (dem international operierenden Teil der staatlichen Fluglinie) gebucht, startet dieser, anders als Flüge mit Indian Airlines (der nationalen staatlichen Fluglinie), meist am internationalen Flughafen – also achtgeben.

Fahrt in die Innenstadt

In der Ankunftshalle wird man von recht aufdringlichen jungen Männern empfangen, die einem ein überteuertes Taxi für die Fahrt in die 22 km entfernte Innenstadt verkaufen möchten. Man sollte sich nicht aus der Ruhe bringen lassen, sondern zu den Schaltern von *Delhi Traffic Police* und *ITTC* gehen (zur Recherchezeit auf der rechten Seite der Ankunftshalle einen Gang hindurch). Dort werden die günstigsten Tarife für die **Prepaid-Taxis** (im Voraus zu zahlen) angeboten und die Sache geht (meist) ohne Nepp über die Bühne. Der Erwerb eines Tickets für ein Prepaid-Taxi allein reicht jedoch nicht, um Schleppern in Delhi zu entgehen. Man muss sicherstellen, dass es sich auch tatsächlich um das gebuchte Taxi handelt. Eine Fahrt mit dem Taxi zum Connaught Place oder Pahar Ganj kostet etwa 300 Rs. Auf dem im Voraus bezahlten Gutschein sollte die Nummer des Taxis, wenn auch oft schlecht leserlich, vermerkt sein. Man sollte diesen Gutschein nicht vor dem Erreichen des Fahrtziels aus der Hand zu geben, sonst kann es passieren, dass man nicht bis zum gewünschten Ziel gefahren wird, da der Fahrer mit dem Schein das Geld ja schon kassiert hat.

Wesentlich günstiger geht es mit dem **EATS-Flughafenbus** (50 Rs plus 10 Rs pro großem Gepäckstück, Tel. an den Flughäfen: 23316530, 25675240), der rund um die Uhr vom Inlandsflughafen über den internationalen Flughafen ins Zentrum zum Büro am **Connaught Place** (F-Block) und zurück fährt. Tagsüber verkehrt er häufiger (etwa stündlich), nachts seltener entsprechend der Ankunfts- bzw. Abflugzeiten. Ein Halt bei Connaught Place/Ecke Chelmsford Rd. (von dort ist es nicht weit bis Pahar Ganj) ist möglich, wenn man vorher dem Schaffner Bescheid gibt. Ein weiterer von der *Delhi Transport Corporation* eingesetzter Bus fährt außerdem zur **New Delhi Railway Station** (ideal für jene, die in Pahar Ganj wohnen möchten) und zum **Busbahnhof (ISBT).** Meist wird pro größerem Gepäckstück eine Gebühr von 7 Rs verlangt.

Die billigste Möglichkeit (10 Rs) bietet der **Stadtbus Nr. 780,** mit dem es während des Tages allerdings bis zu 2 Std. zum Connaught

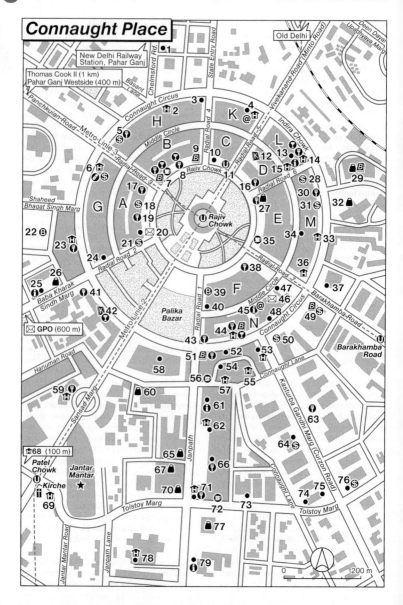

Connaught Place

		Unterkunft
🏠	2	Hotel Fifty Five
🏠	4	York Hotel
🏠	6	Hotel Marina
🏠	14	Nirula's Hotel
🏠	15	Hotel Jukaso Inn
🏠	23	Hotel Alka
🏠	33	Hotels Bright und Blue
🏠	36	Hotel Alka Annexe
🏠	44	Central Court Hotel
🏠	53	Asian Guest House
🏠	55	Sunny Guest House
🏠	57	Ringo Guest House
🏠	59	Hotel The Park
🏠	62	Janpath Guest House
🏠	68	YMCA Tourist Hostel
🏠	69	YMCA International Guest House
🏠	71	Royal Guest House
🏠	78	Imperial Hotel

		Essen und Trinken
❶	5	Veda Restaurant
❶	7	Cafe 100, Volga Restaurant & Bar
❶	8	Zen Restaurant & Bar, McDonald's
❶	14	Nirula's, Pegasus Bar
❶	16	Embassy Restaurant
❶	17	Wengers, Keventers
❶	19	El Rodeo
❶	23	McDonald's
❶	27	Berco's
❶	30	Odysseia Restaurant
❶	35	United Coffee House
❶	38	The Host
❶	41	Jerry Wong's Noodle House
❶	42	DV8
❶	43	Wimpy's
❶	44	Barista Espresso Bar,
❶		Amber Restaurant
❶	51	Nirula's II
❶	56	Ruby Tuesday
❶	59	Fire Restaurant
❶	63	Parikrama Restaurant
❶	66	Pizza Hut
❶	71	Saravana Bhawan, McDonald's
❶	72	Café Coffee Day

		Sonstiges
•	1	Rail Reservation Centre
•	3	PVR Plaza Cinema, Music World
•@	4	Paul Tours, n@tscape
💲	5	HDFC ATM
💲	6	Apollo Pharmacy, Gulf Air, SBI ATM
📖	7	New Book Depot
📖	9	Bookworm
•	10	Thomas Cook
Ⓤ	11	Metro Zugang

🎬	12	Odeon Cinema
•ℹ	13	Ashok Tours & Travels (ITDC Booking Office)
💲	18	Panchkuri Enterprises, Shasha Forex
✉•	20	Postamt, Kodak Express
💲	21	American Express Bank und ATM
🅱	22	Clocktower Bus Terminus
•	24	Sri Lankan Airlines, Royal Jordanian Airways
•ℹ	25	Delhi Tourist & Transport Development Corp. (DTTDC) Hauptbüro
🔒	26	State Emporiums
🔒	27	Berco's Melody House
💲	28	LKP Forex
🔒	29	Shankar Market, Piccadilly Book Stall
💲	31	Centurion ATM
🔒	32	Super Bazaar
•	34	Perfect Holiday Travels
•	37	Air Sahara, British Airways
🅱	39	EATS Flughafenbus
•	40	Indian Airlines
🎬	42	Regal Cinema
📖	44	Amrit Bookstore
ℹ@	45	DTTDC-Büro, DSIDC-Cybercafé
✉	46	Postamt
•	47	Aeroflot Büro
•	48	Jet Airways, Air Sahara
📖💲	49	Oxford Book Store, UTI ATM
💲	50	Deutsche Bank
📖	51	Oxford Book Shop
•	52	Delhi Transport Corporation (DTC)
•	53	Air France
•	54	Great Adventure Travels
•	58	Air India
🔒	60	Textilmarkt
ℹ	61	IndiaTourism,
•		Autoriksha-Prepaid-Stand
•	62	Delhi Photo
•💲	64	Austrian Airlines, idbi-ATM
🔒	65	Landkarten-Verkaufskiosk
•	66	Lufthansa
🔒	67	Rajasthani-Verkaufsstände
🔒	70	Janpath Market
•	71	Royal Nepal Airlines
•	73	DHL Hauptbüro, Aeroflot
•	74	Jagson Air, Turkish Airlines
•	75	British Council
•💲	76	KLM, ICICI ATM
🔒	77	Central Cottage Industries Emporium
•	78	Thomas Cook
•ℹ	79	Chandralok Bldg., Himachal & Uttar Pradesh Tourism, Druk Air

Place dauern kann. Indian Airlines setzt einen kostenlosen **Pendelbus** zwischen dem Internationalen und dem Inlandsflughafen ein.

> Viele Touristen machen gleich zu Beginn ihrer Indienreise eine äußerst unangenehme Erfahrung mit Delhis **Taxifahrern**. Vor allem bei Ankunft in der Nacht versuchen manche Fahrer, die Übermüdung und Unerfahrenheit der Neuankömmlinge auszunutzen. Unter dem Vorwand, das angegebene Hotel sei geschlossen beziehungsweise ausgebucht, wird man zu teuren und zudem weit außerhalb gelegenen **Hotels** chauffiert, von denen die Fahrer Kommission erhalten. Man sollte nur die Prepaid-Taxis benutzen und gleich bei der Bezahlung (im Voraus) ausdrücklich darauf hinweisen, dass man zum Hotel seiner Wahl gefahren werden will. Diesbezüglich sollte man sich auf keinerlei Diskussionen einlassen.

Information

●Das **Büro von India Tourism** (88 Janpath, Tel.: 23320005/8, contactus@incredibleindia. org, www.incredibleindia.org) ist Mo–Fr von 9 bis 18 Uhr und Sa von 9 bis 16.30 Uhr geöffnet. Manche der Bediensteten sind freundlich und hilfsbereit, andere hingegen machen einen recht mürrischen Eindruck. Generell sollte man sich vorher überlegen, zu welchen Zielgebieten man Fragen hat, da die Informationsmaterialien nicht ausliegen. Auf jeden Fall sollte man sich einen umsonst erhältlichen **Stadtplan** aushändigen lassen, auf dessen Rückseite viele nützliche Adressen sind. Darüber hinaus erhält man bei entsprechenden Fragen Informationen zu allen weiteren Zielgebieten innerhalb Indiens. Auch bei der **Vermittlung** eines **Guides** (350 Rs halbtags, 500 Rs ganztags, Preis gilt bis 5 Pers.) oder eines **Hotelzimmers** kann das Tourist Office behilflich sein. Filialen finden sich am nationalen (Tel.: 25675296) und internationalen Flughafen (Tel.: 25691171, 24 Std. geöffnet).

> Im wöchentlich erscheinenden **Delhi diary** (15 Rs) findet sich neben einem umfangreichen Adressenteil auch ein sehr interessanter Veranstaltungskalender mit allen wichtigen Ereignissen im Bereich Kunst und Kultur. Das Heft ist, wie auch der etwas aufwendigere, monatlich erscheinende **Delhi City Guide** (18 Rs), an vielen Kiosken erhältlich.

●**Delhi Tourism (DTTDC)** hat Informationsbüros an der Baba Kharak Singh Marg einige Meter nördlich des Emporium Complex (Tel.: 23365358, delhitourism.nic.in, delhitourism cro@yahoo.com, tgl. 7–21 Uhr geöffnet). Dort befindet sich auch das *Central Reservation Office* für die Rundfahrten.

Weitere Büros von DTTPC befinden sich im N-36-Block am Connaught Place (Tel.: 23315322, 23313637, Mo–Sa 10–17 Uhr), in der New Delhi Railway Station (Tel.: 23742374) und im Süden der Stadt nahe Dilli Haat an der Sri Aurobindo Marg gegenüber I.N.A. Market (Tel.: 24674153) sowie im Bezirk Defense Colony, 18-A, S.C.O. Complex (Tel.: 24628406). Zusätzlich gibt's Filialen am Nizzamuddin-Bahnhof und an beiden Terminals des Indira-Gandhi-Flughafens (Tel.: 25675609, 25652021). In allen Büros ist man auch bei **Hotelreservierungen** und der **Fahrzeuganmietung** behilflich.

Vorsicht: Leider geben sich auch viele Reisebüros, etwa durch ihre Namensgebung (wie Tourist Information o.Ä.), den Anschein, offizielle Informationsstellen zu sein. So wird man gelegentlich auf der Straße von meist jungen Männern angesprochen, die den unerfahrenen Touristen in eines der vermeintlichen Informationsbüros locken wollen. Jedoch verdienen nur die oben genannten dieses Prädikat, bei den anderen handelt es sich um **private Reisebüros.**

Touristenämter der Bundesstaaten

Die meisten **Bundesstaaten** besitzen in Delhi spezielle Touristenbüros, oft in unmittelbarer Nähe des Connaught Place. Ein Besuch lohnt jedoch nur, wenn man sehr spe-

Delhi

zielle Fragen zu den einzelnen Gebieten hat, da alle weiteren Informationen auch beim Tourist Office am Janpath erhältlich sind. Die Büros von Uttar Pradesh (Chandralok Bldg., 36, Janpath, Tel.: 23322251, 23711296) und Himachal Pradesh (gleiche Adresse, Tel.: 23325320), setzen zu den jeweiligen Hill Stations Luxusbusse ein.

●**Assam:** B-1 Baba Kharak Singh Marg, Tel.: 23381293.

●**Bihar:** Kanisha Shopping Plaza, 19, Ashok Rd., Tel.: 23368371.

●**Gujarat:** A/6 Baba Kharak Singh Marg, Tel.: 23744015.

●**Haryana:** Chandralok Bldg., 36, Janpath, Tel.: 23324911.

●**Jammu und Kashmir:** Kanisha Shopping Plaza, 19, Ashok Rd., Tel.: 23345373.

●**Madhya Pradesh:** Kanisha Shopping Plaza, 19, Ashok Rd., Tel.: 23341187.

●**Orissa:** B-4 Baba Kharak Singh Marg, Tel.: 23364580.

●**Punjab:** Kanisha Shopping Plaza, 19, Ashok Rd., Tel.: 23343055.

●**Rajasthan:** Tourist Reception Center, Bikaner House, Pandara Rd., Tel.: 23383837.

●**Sikkim:** 14, Panchsheel Marg, Chanakyapuri, Tel.: 26115346.

●**Uttaranchal Pradesh:** 102, Indraprakash Bldg., 36, Janpath, Tel.: 23322251.

●**Westbengalen:** A-2 Baba Kharak Singh Marg, Tel.: 23742840.

Stadtverkehr

Aufgrund des sich seit Jahren abzeichnenden Verkehrskollapses in Delhi wurden in den letzten Jahren einige einschneidende Veränderungen vorgenommen, die das Chaos organisieren sollen. So wurde mit dem Bau einer **neuen Metro** begonnen, die bereits in wichtigen Abschnitten in Betrieb ist. Zudem werden allerorten **neue Straßen** und vor allem so genannte **flyovers** errichtet, die die neuralgischen Punkte in Delhis ständig dichter werdendem Verkehr einfach überbrücken, was die Fahrzeiten bereits in vielen Fällen reduziert hat. Dies gilt auch für die Strecke zu den Flughäfen.

Immer häufiger sieht man zudem **Verkehrsampeln,** eine in den 1990er Jahren noch nahezu unbekannte Einrichtung auf Indiens Straßen. Außerdem wurden alle motorbetriebenen öffentlichen Verkehrsmittel Delhis, also Busse, Taxis und Rikshas, in den vergangenen Jahren auf Staatskosten von Benzin- bzw Dieselbetrieb auf **Gasbetrieb** umgestellt (erkennbar bei Taxis am grünen Streifen bzw. Grünbemalung bei Rikshas, die früher schwarz-gelb waren, die weißen Touristentaxis fahren meist noch mit Diesel/Benzin). Dies hat einmal wegen des geringeren Literpreises für Gas (18 Rs statt 35/44 Rs für Diesel/Benzin) die Preise stabil gehalten oder reduziert und zudem die Luftqualität Delhis merklich verbessert.

Metro

Seit einigen Jahren wird in Delhi an der neuen Metro gebaut, endgültig fertiggestellt ist sie voraussichtlich im Jahr 2010. In Teilen ist sie jedoch bereits in Betrieb. Vorteil dieses neuen Verkehrsmittels ist natürlich neben dem **geringen und festgesetzten Fahrpreis** (dies macht das Aushandeln des Fahrpreises wie bei Taxis und Rikshas überflüssig) auch die Unabhängigkeit von den meist überfüllten Straßen und der **hervorragende Zustand,** was sie zu einer echten Alternative zu anderen öffentlichen Verkehrsmitteln macht.

Touristisch wichtig sind derzeit einige Linien vom Connaught Place Richtung Norden (Linie 2), wobei auch Old Delhi (Bahnhöfe Chawri Bazaar und Chandni Chowk), die Old Delhi Railway Station sowie der Inter State Bus Terminus (Station Kashmere Gate) gekreuzt werden. Auch am östlichen Zugang zur New Delhi Railway Station (Station New Delhi) befindet sich ein Metro-Bahnhof. Dieselbe Linie verläuft Richtung Süden bis zum Rajpath (Station Central Secretariat). Richtung Südosten war die Linie 3 zur Recherchezeit noch im Bau, sollte aber zum Erscheinen des Buchs in Betrieb genommen sein. Wichtige Stationen sind hier der Bahnhof Indraprashta nahe dem Purana Qila und RK Ashram Marg an der Panchkuian Rd. nahe Pahar Ganj.

Der **Fahrpreis** beträgt zwischen 6 und 22 Rs, je nach Länge der Fahrtstrecke, für die

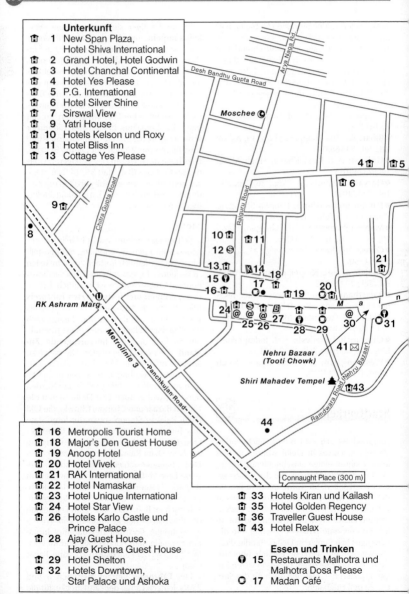

Unterkunft
- 1 New Span Plaza, Hotel Shiva International
- 2 Grand Hotel, Hotel Godwin
- 3 Hotel Chanchal Continental
- 4 Hotel Yes Please
- 5 P.G. International
- 6 Hotel Silver Shine
- 7 Sirswal View
- 9 Yatri House
- 10 Hotels Kelson und Roxy
- 11 Hotel Bliss Inn
- 13 Cottage Yes Please

- 16 Metropolis Tourist Home
- 18 Major's Den Guest House
- 19 Anoop Hotel
- 20 Hotel Vivek
- 21 RAK International
- 22 Hotel Namaskar
- 23 Hotel Unique International
- 24 Hotel Star View
- 26 Hotels Karlo Castle und Prince Palace
- 28 Ajay Guest House, Hare Krishna Guest House
- 29 Hotel Shelton
- 32 Hotels Downtown, Star Palace und Ashoka

- 33 Hotels Kiran und Kailash
- 35 Hotel Golden Regency
- 36 Traveller Guest House
- 43 Hotel Relax

Essen und Trinken
- 15 Restaurants Malhotra und Malhotra Dosa Please
- 17 Madan Café

Connaught Place (300 m)

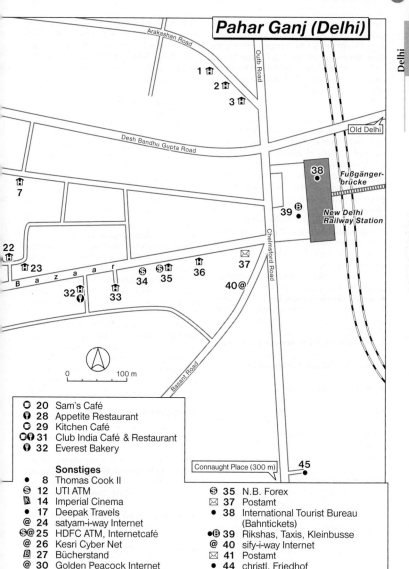

Pahar Ganj (Delhi)

Arakashan Road

Outb Road

Desh Bandhu Gupta Road

Old Delhi

38

Fußgänger-
brücke

39 Ⓑ

New Delhi
Railway Station

7

Chelmsford Road

22
23

B a z a a r

34 35 36 37

32 33 40@

0   100 m

Basant Road

Connaught Place (300 m)

45

Ⓒ	**20**	Sam's Café
Ⓞ	**28**	Appetite Restaurant
Ⓒ	**29**	Kitchen Café
ⒸⓄ	**31**	Club India Café & Restaurant
Ⓞ	**32**	Everest Bakery

Sonstiges

•	**8**	Thomas Cook II
Ⓢ	**12**	UTI ATM
Ⓚ	**14**	Imperial Cinema
•	**17**	Deepak Travels
@	**24**	satyam-i-way Internet
Ⓢ@	**25**	HDFC ATM, Internetcafé
@	**26**	Kesri Cyber Net
Ⓑ	**27**	Bücherstand
@	**30**	Golden Peacock Internet
Ⓢ	**34**	Cheque Point

Ⓢ	**35**	N.B. Forex
⊠	**37**	Postamt
•	**38**	International Tourist Bureau (Bahntickets)
•Ⓑ	**39**	Rikshas, Taxis, Kleinbusse
@	**40**	sify-i-way Internet
⊠	**41**	Postamt
•	**44**	christl. Friedhof
•	**45**	Rail Reservation Centre

meisten touristisch interessanten Ziele sind es nicht mehr als 14 Rs. Die Metro beginnt ihren Dienst um 6 Uhr morgens, die letzten Züge fahren, je nach Linie, zwischen 22 und 23 Uhr. Informationen zum letzten Stand der Dinge gibt's unter **www.delhimetrorail.com** und telefonisch: 24369912.

Bus

Als eine der wenigen Städte Indiens verfügt Delhi über ein gut ausgebautes Stadtbussystem. Wem es gelingt, an den jeweiligen Startpunkten wie Regal- und Plaza Kino am Connaught Place einzusteigen, hat auch eine recht gute Chance, noch einen Sitzplatz zu ergattern. Ansonsten muss man für die Ersparnis von einigen Rupien mit einem Stehplatz in den vor allem während der Hauptverkehrszeit total überfüllten Bussen vorlieb nehmen. Zudem ist man selbstverständlich beliebtes Beuteobjekt für die in Delhi recht aktiven Taschendiebe.

Für jene, die sich davon nicht abschrecken lassen, hier einige nützliche **Busrouten:**

●**Connaught Place nach:** Qutb Minar (505), Rotes Fort (29, 77, 104), Chanakyapuri, der Botschaftsenklave (620, 604, 632), Bahnhof Hazrat Nizamuddin (454, 966).

●**New Delhi Railway Station nach:** Rotem Fort (51, 760), Connaught Place (10, 110).

●**Old Delhi Railway Station nach:** Qutb Minar (502), Connaught Place (29, 77).

●**ISBT-Busbahnhof nach:** Qutb Minar (503, 533), Connaught Place (104, 139, 272).

●**Janpath nach:** Qutb Minar (505).

●Zwischen den Flughäfen und Connaught Place verkehren **Flughafenbusse** (siehe oben: „Fahrt in die Innenstadt" und unten: „Weiterreise").

Autoriksha und Taxi

Der Neuankömmling kann gleich in Delhi die für ganz Indien so charakteristische Weigerung der Riksha- und Taxifahrer studieren, den **Taxameter** einzuschalten. Man kann natürlich beharrlich darauf bestehen, doch meist hilft das auch nichts, d.h. der Preis ist Verhandlungssache. Vom Connaught Place zum Roten Fort kostet es mit der Autoriksha ca 30 Rs, 5 Rs mehr zur Old Delhi Railway

Station. Vom Connaught Place zur New Delhi Railway Station sind es ca. 15 Rs. Einige Preise vom Prepaid Counter am Janpath: zum Bahai Tempel 60 Rs, nach Hauz Khas Village 50 Rs, zu Humayun's Mausoleum 40 Rs, zum National Museum und nach Pahar Ganj 17 Rs, nach Purana Qila 25 Rs, zu Safdarjung's Mausoleum 40 Rs. Mit dem Taxi jeweils gut die Hälfte mehr.

Falls doch mal ein Taxifahrer wider Erwarten die Uhr anstellen sollte, darf er, da die Taxameter noch nicht den offiziell erhöhten Tarifen angepasst sind, 75 % auf den angezeigten Betrag aufschlagen. Zwischen 23 und 5 Uhr sind es 25 %. Da die Tarife alle paar Monate den allgemeinen Preissteigerungen angeglichen werden, sollte man sich über den neuesten Stand im bereits zuvor erwähnten Delhi City Guide erkundigen, wo die jeweils Preistabelle abgedruckt ist.

Gleich in Delhi sollte man es sich zur Regel machen, was für ganz Indien gilt: vor Fahrtantritt sicherzugehen, dass der Fahrer auch wirklich das **Fahrtziel** verstanden hat. Oft fahren sie einfach los, ohne richtig hingehört zu haben, was am Ende viel Zeit, Geld und Nerven kostet.

Eine Besonderheit Delhis sind die **Six-Seater-Autorikshas,** die von kräftigen Harley Davidsons angetrieben werden und entlang festgelegter Routen verkehren. So fahren sie z.B. vom Connaught Place zum Interstate Bus Terminal und zum Bahnhof Hazrat Nizamuddin. Der maximale Fahrpreis beträgt 5 Rs.

Mietwagen, -Motorräder

Wer die zahlreichen Sehenswürdigkeiten des hektischen Delhi möglichst stressfrei erleben möchte, sollte sich zum Preis von ca. 20 US-$ pro Tag einen Mietwagen nehmen.

●**Metropole Tourist Service,** 244 Defence Flyover Market, New Delhi 110024, Tel.: 24310313, (0)9810277699, metropole@vsnl.com.

●**Metropolis Travels,** 1629 Main Bazaar, Pahar Ganj, New Delhi 110055, Tel.: 23517138, Fax: 23625600.

●**Hertz,** Ansal Chambers-I., GF 29, No. 3, Bhikaji Cama Place, New Delhi 110 066, Tel.: 26877188, Fax: 26877206 (Wagen zum selbst fahren).

Delhi

● Für Wagemutige, die im indischen Verkehr unabhängig per Motorrad unterwegs sein wollen, sei der **Jhandewalan Cycle Market,** etwa 500 m westlich von Pahar Ganj, empfohlen, wo sowohl gebrauchte als auch neue Zweiräder feilgeboten werden.

Fahrradriksha

In New Delhi inkl. Connaught Place sind Fahrradrikshas verboten. Viele warten an der Ecke Connaught Place, H-Block/Chelmsford Road, um zum New Delhi Railway Station und Pahar Ganj zu fahren. Für die kurze Strecke zahlen Einheimische nicht mehr als 3 Rs. Ansonsten sind im weitläufigen Delhi Autorikshas und Metro zur Fortbewegung sinnvoller.

Unterkunft

Wie bei allen Hauptstädten, liegt auch das Preisniveau der Unterkünfte in Delhi über dem Landesdurchschnitt. Für ein nur geringsten Ansprüchen genügendes Doppelzimmer mit Bad muss man um die 200 Rs bezahlen. Andererseits ist die Auswahl an Unterkünften derart groß, dass, selbst wenn man spätabends eintrifft, problemlos eine Übernachtungsmöglichkeit zu finden ist.

Drei Hotelgegenden lassen sich unterscheiden. Das **Basarviertel Pahar Ganj** mit der direkt gegenüber dem New-Delhi-Bahnhof beginnenden Main Bazaar Road als Hauptstraße, an der auf einer Länge von ca. 2 km viele Billigunterkünfte liegen, und deren nördlich und südlich abgehenden Gassen ist das in der Traveller-Szene beliebteste Hotelviertel.

Entscheidet man sich für eine Unterkunft am **Connaught Place,** dem kommerziellen Zentrum New Delhis, oder dem nach Süden verlaufenden Janpath, einer teuren Wohngegend, hat man den enormen Vorteil, in unmittelbarer Nähe der wichtigen Fluggesellschaften, Banken, vieler Geschäfte und dem Touristenbüro zu wohnen und sich so die langen Anfahrtswege sparen zu können. Andererseits fehlt hier die typisch indische Atmosphäre wie in Pahar Ganj und die Preise liegen auch deutlich höher.

Die meisten First-Class-Hotels finden sich im Südwesten der Stadt, in der Nähe des noblen **Diplomatenviertels Chanakyapuri** etwa auf halber Strecke zwischen Connaught Place und dem Flughafen.

Low Budget und Budget

Wegen des verhältnismäßig hohen Preisniveaus in Delhi werden hier die beiden unteren Preiskategorien zusammengefasst, da viele der beliebtesten Billigunterkünfte bereits in die Budget-Kategorie fallen. Inzwischen bieten auch viele der Budget- und Tourist-Class-Unterkünfte einen **Abholservice** von Flughafen oder Busbahnhof an, um sicherzugehen, dass die Gäste auch zu ihrem Hotel gebracht werden. Dieser Service ist jedoch meist teurer als die Fahrt mit einem normalen Taxi, da der Fahrer auf die Ankommenden warten muss und einen Eintritt in das Ankunftsgebäude zu entrichten hat. Jeder muss also für sich selbst entscheiden, ob er bereit ist, den Aufpreis zu zahlen, um sicher zum Hotel geleitet zu werden.

Connaught Place (Stadtplan S. 194):
Am und um den Connaught Place finden sich nur wenige billige Unterkünfte. Zudem sind sie, verglichen mit den preisentsprechenden in Pahar Ganj, überteuert.
● Seit Jahren die unbestrittene Nr. 1 der Traveller-Szene am Connaught Place ist das **Ringo Guest House** €-€€ (17 Scindia House, Tel.: 23310605, ringo-guest-house@yahoo.co.in) in einer kleinen Seitengasse links neben dem Tourist Office. Der Grund für seine Popularität liegt sicher weniger in den winzigen Zimmern, teils mit Gemeinschaftsbad, als in der optimalen Lage und der angenehmen Atmosphäre. Der kleine Innenhof des im 1. Stock gelegenen Ringo ist ein beliebter Treffpunkt und eine gute Informationsquelle. Kleinere Mahlzeiten können hier ebenfalls eingenommen werden. Für 7 Rs pro Stück und Tag kann man sein Gepäck aufbewahren lassen.
● Ist das Ringo, wie meist während der Hauptsaison, ausgebucht, kann man sein Glück im nur wenige Schritte entfernten **Sunny Guest House** €-€€ (152, Scindia House, Tel.: 23312909, sunnyguesthouse123@hot

mail.com) versuchen. Preislich und qualitativ ist es praktisch identisch mit dem Ringo, und auch hier steht ein Gepäckaufbewahrungsservice für 7 Rs pro Gepäckstück und Tag zur Verfügung.

Pahar Ganj (Stadtplan S. 198):

Weit über 100 Hotels, Guest Houses und Lodges liegen entlang der knapp 2 km langen Main Bazaar Road, der direkt gegenüber dem New Delhi Railway Station beginnenden Hauptgeschäftsstraße und deren anschließenden Gassen. Die meisten der hier genannten Billigunterkünfte verfügen bereits über ein eigenes Bad und Farbfernseher. Hier eine kleine Auswahl:

● Eine hervorragende Adresse ist das **Anoop Hotel** €–€€ (Tel.: 23589366, 51541390, anoophotel@hotmail.com). Neben den preisgünstigen und zweckmäßig eingerichteten Zimmern überzeugt es auch mit seinem schönen und beliebten Dachrestaurant mit Aussicht.

● Nicht nur wegen seiner *German Bakery* im Erdgeschoss ist das einfachere, in einer kleinen Seitengasse gelegene **Ajay Guest House** € (Tel.: 23543125, 51541226, ajay5084@hotmail.com) eine beliebte Backpacker-Unterkunft. Alle Zimmer haben eigenes Bad.

● Eine kleine Seitengasse hinein, die vom Main Bazaar abzweigt, bietet das **RAK International** €–€€€ (Tel.: 23562478, 23586508, hotelrak@yahoo.com) schön eingerichtete, saubere Zimmer (die teureren klimatisiert) in ruhiger Lage. Reservierung ist angeraten.

● Eine Gasse vorher rechts macht das von zwei freundlichen und bemühten Brüdern geleitete **Hotel Namaskar** €–€€ (Tel.: 23583456, 23582233, mobil: (0)9811018114, namaskarhotelyahoo.com) einen guten Eindruck und zwar unter anderem wegen des überall bereitstehenden, gefilterten Trinkwassers sowie der Möglichkeit, das Gepäck umsonst zu lagern. Die hellen und sauberen, jedoch etwas schmucklosen Räume stellen ein gutes Preis-Leistungs-Verhältnis dar. Hier kann man auch für einen kleinen Aufpreis Zugtickets reservieren lassen und günstige Mietwagen-Arrangements abschließen.

● Ganz nah, sind die blitzsauberen, teils klimatisierten Zimmer mit Fernseher des **Hotel**

Unique International €–€€€ (Tel.: 23589303) eine klasse Alternative. Die Zimmer mit Fenster sind vorzuziehen.

● Gleich hohe Ausstattung und Qualität liefert das **Smyle Inn** €–€€ (Tel.: 23589107, smyleinn@hotmail.com, www.smyleinn.com), ebenfalls in der Nähe. Zudem sind 20 Min. internetsurfen im hauseigenen Internetcafé und Frühstück im kleinen Preis enthalten.

● Etwas versteckt in einer Gasse parallel und südlich der Desh Bandhu Gupta Rd. ist das **Sirswal View** €–€€ (Gali Kaseruwalan, Tel.: 51698467) eine preiswerte und ruhige Adresse. Alle makellosen, teils klimatisierten Zimmer haben Außenfenster.

● Großer Beliebtheit erfreuen sich auch das preiswerte und gut geführte **Hare Krishna Guest House** € (Tel.: 51541340, harekrishnagh@hotmail.com) und das **Traveller Guest House** €–€€€ (Tel.: 23584041, 30958758, travellerguesthouse@hotmail.com) mit sauberen, aber sehr kleinen, im letztgenannten auch klimatisierten Zimmern.

● Mit den Hotels **Star Palace** €–€€ (Tel.: 23584849, starview@vsnl.com), **Ashoka Ocean** € (Tel.: 23583949) und **Down Town** € (Tel.: 51541529, ltctravel@rediffmail.com) gibt es drei professionell geführte, einfache Unterkünfte am Ende einer kleinen, südlich vom Main Bazaar abzweigenden Gasse. Allerdings haben viele Räume kaum Streichholzschachtelgröße. Am preisgünstigsten ist das *Down Town*, das *Star Palace* ist eine Klasse besser und teurer als die beiden anderen.

● Seit Jahren ist das große **Hotel Vivek** €–€€€ (Tel.: 51511435/6, 23582904, Fax: 23587103, www.vivekhotel.com) ein Favorit bei Travellern. Die Beliebtheit dürfte wohl eher auf das populäre *Sam's Café* im Erdgeschoss mit Kuchen und Torten wie auch auf das Dachrestaurant zurückzuführen sein als auf die recht einfachen Zimmer.

● Zwei Billighotels sind die alteingesessenen **Kiran Guest House** € (Tel.: 23580254) und **Kailash Guest House** € (Tel.: 23584993). Beide Haben einfache Zimmer, teils mit Gemeinschaftsbad. Besonders, wenn man die teureren Zimmer nimmt, bekommt man viel für immer noch wenig Geld.

● Nicht weit von der Main Bazaar Rd. in die Rajguru Rd. finden sich drei empfehlenswer-

Delhi

te Unterkünfte vom selben Besitzer. Auf der westlichen Seite das **Hotel Kelson** €-€€€ (Tel.: 51541020) und das **Hotel Roxy** € (Tel.: 51541714) und auf der gegenüberliegenden Seite das **Bliss Inn** €-€€ (Tel.: 23688400, 51541726, narang_kelson@hotmail.com), welches den besten Gegenwert offeriert.

● Ein sehr gutes Preis-Leistungs-Verhältnis bietet das **Major's Den Guest House** €-€€ (Tel.: 23629599) in der Lakshmi Narain Street. Von den meisten wird diese kleine Gasse, die nur wenige Meter vom Metropolis entfernt in Richtung der beiden zuvor genannten Unterkünfte rechts abzweigt, übersehen. Neben der für Pahar Ganj relativ ruhigen Lage über-

zeugt das Haus durch sein freundliches Management und die sehr sauberen Zimmer. Gepäcklagerung und *safe deposit* sind möglich.

● Die Hotels **Karlo Castle** €-€€ (Tel.: 23582821, 51698813, Fax: 51698814) und **Prince Palace** €€-€€€ (Tel.: 23588873/4) stehen direkt nebeneinander am Ende einer kleinen Seitengasse, die links vom Main Bazaar abzweigt.

● Das große **Hotel Shelton** €€-€€€ (Tel.: 23580575, Fax: 23580673, sheltonh@ rediff-mail.com) liegt mitten im Herzen von Pahar Ganj. Eine Vielzahl unterschiedlicher und erstaunlich preiswerter AC- und Non-AC-Zimmer, alle sehr gut in Schuss, teils geräumig und mit Balkon und Badewanne, machen es zu einer der besten Unterküfte in Pahar Ganj. Sehr schön sitzt man im Dachrestaurant *Kitchen Café* mit schönem Ausblick, ein luftiger Ort für Frühstück und italienische Kost.

Arakashan Road:

Eine große Ansammlung von Budget-Hotels befindet sich knapp 1 km nördlich von Pahar Ganj, in der parallel zur Desh Bandu Gupta Rd. verlaufenden Arakashan Road. In den letzten Jahren sind, ähnlich wie im Main Bazaar, weit über 50 Unterkünfte eröffnet worden, von denen aber nur einige am Ostende der Straße überzeugen können (im untersten Preisbereich bekommt man um den Main Bazaar mehr fürs Geld). Hier wohnen vornehmlich einheimische Handelsvertreter und das Preisniveau liegt etwas höher als im Main Bazaar. Die folgenden Hotels, alle mit TV, bieten eine gute Alternative, insbesondere wenn es im Main Bazaar zu Engpässen kommen sollte.

●Ausgesprochen angenehm wohnt sich's sowohl im **New Sapan Plaza** €-€€ (Tel.: 23519062, 23519149) als auch im **Hotel Shiva Intercontinental** €-€€ (Tel.: 23519996/7), info@hotelshivacontinental.com, wwwhotelshivacontinental.com), zwei nahezu preis- und ausstattungsgleiche Unterkünfte mit kleinen, hübsch eingerichteten Zimmern, einige mit Balkon, die teureren sind klimatisiert.

●Das **Chanchal Continental** €€-€€€ (Tel.: 23517350, 51541978-80, info@chanchal-hotels.com) bietet mit geräumigen und schön möblierten AC- und Non-AC-Zimmern, teils mit großen Fenstern, viel fürs Geld. Das Haus verfügt außerdem über ein gutes Restaurant sowie ein Internetcafé.

Old Delhi (Stadtplan S. 178):

Von westlichen Individualreisenden nur sehr selten genutzt, bietet das lebhafte, sehr „indische" Old-Delhi und speziell der Bereich um die Jamia Masjid nur wenige passable und preiswerte Unterkünfte, die auch westliche Touristen aufnehmen. Hier wird allerdings Wert auf der muslimischen Umgebung entsprechende Kleidung und Verhalten gelegt.

●Wen der morgendliche Ruf des Muezzin nicht stört, dem sei das **Hotel New City Palace** €-€€ (Tel.: 23279548, 23255820) empfohlen. Kleine Einfachzimmer mit Bad, Warmwasser und teilweise Blick auf die Moschee sind hinreichend, hier macht jedoch die hervorragende Lage den etwas überhöhten Preis aus.

●Ebenfalls ganz nahe der Jamia Masjid, jedoch ohne Ausblick, liegt auch das gute und freundliche **Bombay Orient** €€-€€€ (Bazar Matia Mahal, Tel.: 23242691), verglichen mit den Unterkünften in Pahar Ganj ist es jedoch etwas überteuert. Dennoch sind die einfachen Zimmer mit Bad, die teureren mit AC, TV und Kühlschrank, noch preisgerecht. Das *Karim Restaurant* liegt an der lebendigen Marktgasse.

●Eine der wenigen Unterkünfte in Old Delhi, die mit etwas Komfort aufwarten, ist das leicht teurere **Hotel Al-Hyatt** €€-€€€ (1111, Bazar Matia Mahal, Tel.: 23281529, hotelalhyatt@yahoo.com, ab 1. Stock). Alle kleinen Zimmer verfügen über TV und Bad, viele mit AC. Die Zimmer mit Außenfenster sind vorzuziehen.

Unterkünfte in anderen Gegenden:

●Während die *railway retiring rooms* am Old-Delhi-Bahnhof laut und dreckig sind, kann man die **Retiring Rooms** €-€€ an den beiden **Flughäfen** durchaus empfehlen. Sicher stellt dies eine interessante Adresse für all jene dar, die mit dem nächstmöglichen Flug weiterreisen möchten. Man benötigt jedoch ein bestätigtes Weiterflugticket. Eine frühzeitige Anmeldung ist ebenso empfehlenswert, da die Nachfrage das Angebot bei weitem übersteigt. Der Internationale Flughafen bietet teils klimatisierte Betten in Schlafsälen €-€€ (Tel.: 25652011). Im Inlandsflughafen (Tel.: 25675126) hat man die Wahl zwischen einem Schlafsaal mit 24 Betten €€ und DZ mit AC €€€. Wer sich hierfür interessiert, sollte selbst dort anrufen, da die Bediensteten des *tourist counter* am Flughafen die *retiring rooms* auch dann als „ausgebucht" angeben, wenn sie es gar nicht sind, um ein Hotel zu vermitteln, von dem sie Kommission erhalten.

●Außerhalb des Üblichen wohnt man im als *Tibetan Colony* bekannten Bezirk im Norden

Delhis an den Ufern des Yamuna mit Delhi-untypischer, ruhiger Atmosphäre in dieser Enklave tibetanischer Mönche. Die zumeist geräumigen Zimmer der einzelnen Unterkünfte sind einfach eingerichtet und sehr preiswert. Einige der Gasthäuser locken zudem mit Dachrestaurants mit Travellerkost, teilweise tibetanischer Küche und Blick auf den Yamuna. Empfohlen seien **Wongdhen House** € (Tel.: 23816689, wongdhenhouse@hotmail. com) oder **Peace House** € (Tel.: 23939415). Beim zweiten steigen die Preise mit dem jeweiligen Stockwerk. Weitere Unterkünfte sind **Lhasa House** € (Tel.: 23939888) und **White House** € (Tel.: 23813999). Durch die neue Metro (Linie 2, Station Vidhan Sabha, etwa 1 km entfernt) ist die Enklave inzwischen akzeptabel an die südlichen touristischen Viertel Delhis angebunden.

Tourist Class

Alle Zimmer der aufgeführten Hotels haben selbstverständlich ein eigenes Bad mit 24 Std. Warmwasser und Fernsehgerät.

 Besonders bei den Hotels der oberen Preiskategorien kann es sich durchaus lohnen, nach **special offers** zu fragen. Sind die jeweiligen Hotels nicht ausgebucht, lassen sich zum Teil Nachlässe von bis zu 40 % heraushandeln.

Pahar Ganj (Stadtplan S. 198):
● Brandneu ist **Cottage Yes Please** €€-€€€ (Laxmi Narayan St., Tel.: 23562100/300). Klasse Zimmer in diesem luftigen Haus sind mit allem Nötigen ausgestattet und erstaunlich preiswert. Die Klimaanlage wird auf Wunsch eingeschaltet, dann wird's etwas teurer.
● Etwas versteckt in den Gassen südlich der Desh Bandhu Gupta Rd., ist das ebenfalls neue **Silver Shine** €€-€€€ (Sangartrashan Chowk, Tel.: 51698815/6, hindian_dx2000@yahoo.co.in) ebenfalls eine billige Adresse mit blitzsauberen Zimmern mit Kühlschrank sowie einem Dachrestaurant. Nur jeweils einen Steinwurf entfernt, sind das **P.G. International** €€-€€€ (Tel.: 51541584, pginternatio nal@yahoo.com) und das **Hotel Yes Please**

€€-€€€ (Tel.: 23561202) akzeptable Alternativen, falls das Silver Shine ausgebucht ist.
● Zentraler liegt das **Hotel Relax** €€€ (Tel.: 23562811, 23561030/1, vidur109@hotmail. com) in der Ramdwara Rd. mitten im quirligen Zentrum. Hübsch möblierte Zimmer mit Kühlschrank und großer Fensterfront, teilweise mit Balkon, sowie ein Dachrestaurant und eine Terrasse zur Marktstraße sind Pluspunkte. Auf Service muss man allerdings laut Klagen mehrerer Leser nahezu vollständig verzichten.
● Eine hervorragende Mittelklassewahl an der nördlich von Pahar Ganj verlaufenden Arakashan Rd. ist das neue und zentral klimatisierte **Hotel Grand** €€€-€€€€ (Tel.: 23546891-8, grand_godwin@yahoo.com, www.godwin hotels.com). Die gepflegten Zimmer sind geschmackvoll eingerichtet, die teuren zudem mit Kühlschrank. Hier gibt's ein schnelles Internetcafé im Haus (25 Rs/Std.).
● Am westlichen Rand von Pahar Ganj sind die in einem Wohngebiet gelegenen, teils klimatisierten Zimmer des **Yatri House** €€€-€€€€ (Tel.: yatri@vsnl.com, www.yatrihouse. com, links die Gasse neben dem *Delhi Heart and Lung Institute* hinein) eine klasse Alternative für jene, die nah am touristischen Zentrum, aber ruhig und im Grünen wohnen wollen, verfügt es doch über einen kleinen Vorgarten und einen begrünten Innenhof sowie hervorragend ausgestattete Zimmer.

Connaught Place (Stadtplan S. 194):
● Das **Asian Guest House** €€-€€€ (14, Scindia House, Tel.: 23313393, 23314658, agh@bol. net.in, www.asianguesthouse.com) über dem Air-France-Büro verfügt über einige kleine EZ/DZ, auch AC.
● Beim **Janpath Guest House** €€-€€€ (82-84, Janpath, Tel.: 23321935-7, janpathguesthou se@yahoo.co.uk) sind speziell die Semi-deluxe-Zimmer ihr Geld wert, ansonsten rechtfertigt nur die Lage den Preis. Besser ist das etwa gleich teure **Royal Guest House** €€€ (44, Janpath, Tel.: 23329485).
● Aktzeptabel ist das **Hotel Blue** €€€ (126 M-Block, Tel.: 23416666, 23416222, hotel blue@indiatimes.com).
● Etwas besser ist das nebenan gelegene **Hotel Bright** €€€ (M-Block, Tel.: 41517766, hotel

bright@hotmail.com). Hier scheint man über Preisnachlässe mit sich reden zu lassen.

●Ein zumindest für Connaught-Place-Verhältnisse akzeptables Preis-Leistungs-Verhältnis bietet das **Hotel Fifty Five** €€€-€€€€ (H-Block, Connaught Place, Tel.: 23321244, 22254604-5, hotelfiftyfive@hotmail.com). Die meisten kleinen Zimmer des Hotels verfügen über einen eigenen, ebenfalls kleinen Balkon.

●Das **Central Court Hotel** €€€ (N-Block, Connaught Place, Tel.: 23315013) gegenüber dem Air-France-Büro ist ein ziemlich heruntergekommener Hotelkasten, der auch schon bessere Tage gesehen hat. Dafür kann man hier allerdings in den riesigen Zimmern recht preiswert übernachten.

●Von den diversen YMCA-Unterkünften in Delhi sind die beiden in unmittelbarer Nähe des Jantar Mantar und damit in der Nähe des Connaught Place gelegenen Hotels **Tourist Hostel** €€€-€€€€ (Jai Singh Rd., Tel.: 23361915, Fax: 23746032, ymcath@ndf.vsnl.net.in) und **International Guest House** €€€ (10 Sansad Marg, Tel.: 23361561, www.ywcaindia.org, ywcaind@del3.vsnl.net.in) die empfehlenswertesten. Das International bietet mit seinen AC-Zimmern ein gutes Preis-Leistungs-Verhältnis, Frühstück und Abendessen sind inklusive. Die Zimmer mit Gemeinschaftsbad im Tourist Hostel sind überteuert. Dafür ist die Anlage allerdings fast schon luxuriös zu nennen, verfügt sie doch über einen eigenen Pool, schöne Gartenanlagen und mehrere Restaurants.

First Class

Connaught Place (Stadtplan S. 194):

●Etwas überteuert ist das **York Hotel** €€€€-€€€€€ (K-Block, Tel.: 23323769, 23415819, hotelyork@yahoo.com). Das Personal ist bemüht, dem Preis gerecht zu werden. Zimmer nach hinten wählen.

●Einen gepflegten Eindruck macht das freundliche **Hotel Alka** €€€€-€€€€€ (P-Block, Tel.: 23344328, hotelalka@vsnl.com, www.hotelalka.com). Zum positiven Gesamteindruck tragen auch das exzellente vegetarische Restaurant *Veca* im Erdgeschoss sowie der rund um die Uhr geöffnete Coffee Shop bei.

●Luxuriöser ist das zentral klimatisierte **Alka Annexe** €€€€-€€€€€ (Tel.: 23414028, 23416630, hotelalka@vsnl.com) auf der anderen Seite des Connaught Place mit besserer Qualität zu geringen Preisen. Mit Restaurants, Bar, Coffee Shop und Terrasse eins der besten Hotels dieser Preisklasse.

●Das **Nirula's Hotel** €€€€€ (L-Block, Tel.: 23417419, delhihotel@nirulas.com, www.nirulas.com) direkt neben dem äußerst populären *Nirula's Restaurant* ist ein solides, gut geführtes Hotel mit recht geräumigen Zimmern, allerdings auch teuer fürs Gebotene.

●Obwohl es von außen wenig einladend wirkt, ist das **Hotel Marina** €€€€€ (G-Block, Tel.: 23324658, hotelmarina@touchtelindia.net) ein ausgezeichnetes Hotel. Im Preis ist ein Frühstücksbuffet enthalten.

Andere Gegenden:

●In den vier großzügigen, klimatisierten Zimmern sowie der gut ausgestatteten Gemeinschaftsküche und -wohnzimmer fühlt man sich eher wie in einer eigenen Wohnung, denn in einem Hotel. Der Name des in einer Wohngegend im Bezirk Defense Colony etwa 1 km südlich Humayuns Grab gelegenen Hauses ist auch die Adresse: **One Link Road Guest House** €€€€ (Tel.: 41824083, www.onelinkroad.com, von Norden kommend die Seitenstraße hinein). Internetsurfen ist umsonst. Eine weitere, noch etwas komfortablere Unterkunft dieser Art mit 15 Zimmern zu leicht höheren Preisen ist etwa 1 km westlich im Bezirk Jangpura geplant.

●Ebenfalls etwas Besonderes ist **Bajaj Indian Home Stay** €€€€-€€€€€ (8A/34 WEA, Karol Bagh, Tel.: 25736509, 25738916, (0)9811 297604, www.bajajindianhomestay.com) im Westen der Stadt. Das herrlich stilgerecht einem Haveli nachempfundene Guest House hat acht äußerst gemütliche Luxuszimmer, die mit allen Annehmlichkeiten ausgestattet sind. Das Frühstücksbuffet ist inklusive.

Luxus

●Das im Norden Old Delhis zu findende **Oberoi Maidan** €€€€€ (7, Sham Nath Marg, Tel.: 23975464, 23914841) ist ein wunderbares altes Hotel im Kolonialstil inmitten eines

Delhi

riesigen Parks. Wen die zweifelsohne recht ungünstige Lage nicht stört, der findet hier eines der schönsten Hotels dieser Preiskategorie und kann zudem im hauseigenen Swimmingpool baden.

●Das traditionsreiche **Hotel Imperial** €€€€€ (Janpath Rd., Tel.: 23341234, luxury@theim perialindia.com, www.theimperialindia.com) in unmittelbarer Nähe zum Connaught Place gilt seit vielen Jahren als eine der besten Adressen in Delhi. Nach einer Multi-Million-Dollar-Renovierung gehört es inzwischen auch preislich zu den Top-Hotels der Stadt. Wegen seiner überschaubaren Größe, des Kolonialstil-Ambientes und seiner schönen Lage inmitten eines gepflegten Gartens ist es eines der empfehlenswertesten First-Class-Hotels.

●Preislich etwas günstiger ist das moderne **Hotel The Park** €€€€€ (Parliament Street, Tel.: 23743000, gm.del@theparkhotels.com) gegenüber vom Jantar Mantar, die Zimmer wirken jedoch bloß zweckmäßig, das „Bad" ist eher eine Nasszelle. Ebenso wie das Imperial liegt es zentral nur wenige Fußminuten vom Connaught Place entfernt.

●Das riesige **Ashok Hotel** €€€€€ (50-B, Chanakyapuri, Tel.: 26110101, ashoknd@ndb. vsnl.net.in) ist das Flaggschiff der staatlichen ITDC-Hotelkette. Mit insgesamt sechs Restaurants, 24-Std.-Coffee-Shop, Post, Bank, Reisebüro, Gesundheitsclub, Swimmingpool, Tennisplatz, Diskothek und vielem mehr hat das 571-Betten-Haus schon fast Ausmaße einer Kleinstadt.

●Wer immer schon einmal in einem solargeheizten Swimmingpool seine Runden drehen wollte, sollte sich in Hotel **Maurya Sheraton** €€€€€ (Diplomatic Enklave, Tel.: 3010101, res ervations.maurya@welcomgroup.com) einmieten. Es ist eines der mondänsten Hotels ganz Indiens und überdies für seine hervorragenden Restaurants bekannt.

●Das luxuriöse Hotel **Le Meridien** €€€€€ (Windsor Palace, Janpath, Tel.: 23710101, info@lemeridien-newdelhi.com) ist ein Spitzenhotel mit jeglichem dem Preis entsprechenden Luxus sowie einem exzellenten französischen Restaurant.

●Das **Intercontinental** €€€€€ (Barakhamba Avenue, Tel.: 23411001, newdelhi@intercon ti.com) besitzt gegenüber den meisten anderen Tophotels den großen Vorteil, in unmittelbarer Nähe zum Connaught Place zu stehen.

●Das **Radisson Hotel Delhi** €€€€€ (Tel.: 26779191, businesscentre@radissondel.com, www.radisson.com/newdelhiin) ist das beste Hotel in der Nähe des Flughafens. Allerdings wird die Straße davor so stark von Schwerverkehr befahren, dass die rückwärtigen Zimmer vorzuziehen sind.

Essen und Trinken

Pahar Ganj (Stadtplan S. 198):

Es gibt eine Vielzahl an Traveller-Restaurants mit einer großen Auswahl indischer, chinesischer und europäischer Gerichte. Alle sind ziemlich ähnlich, wobei sich die Popularität in erster Linie aus der gerade gespielten Hintergrundmusik herzuleiten scheint. Auch preislich ähneln sich alle, die meisten Hauptgerichte kosten zwischen 50 und 100 Rs. Wer an den direkt zur Straße gelegenen Tischen sitzt, bekommt zwar am meisten vom bunten Leben mit, wird jedoch gelegentlich von Händlern und Bettlern angesprochen.

●Eine der besten Adressen für gutes Essen in Pahar Ganj sind die in der von der Rajguru Marg abgehenden Gasse gelegenen **Malhotra Restaurant** und sein kleinerer Ableger **Malhotra Dosa Please** fast nebenan. Hervorragende vielfältige, vorwiegend indische Küche zum angemessenen Preis verursachen besonders beim Erstgenannten starken Zulauf.

●Recht gut, jedoch auch etwas teuer, sind die beiden Restaurants im **Metropolis Tourist Home.** Im Erdgeschoss befindet sich ein voll klimatisiertes Lokal mit Bar. Auf der Dachterrasse kann man unter freiem Himmel speisen. Während im Erdgeschoss besonders die chinesische Kost zu empfehlen ist, sollte man im Dachrestaurant einmal eines der diversen Hühnchengerichte probieren.

●Besonderer Beliebtheit bei Rucksacktouristen erfreuen sich das **Lord's Café** im Hotel Vishal und das **Appetite Restaurant** gleich nebenan. Dem Publikum entsprechend, enthält die sehr umfangreiche Speisekarte die übliche Traveller-Küche mit Pizzas, Burgern, Fried Rice und Steak.

●Ein weiterer Favorit der Traveller-Szene ist, neben vielen kleinen, preisgünstigen und meist gut frequentierten Restaurants entlang Main Bazaar, alle mit ähnlichem Angebot, das Dachrestaurant des **Anoop Hotel.** Neben der netten Atmosphäre und den weiten Ausblicken über die Stadt lockt auch hier eine umfangreiche Speisekarte.

●Wer das pulsierende Leben von Pahar Ganj aus etwas erhöhter Perspektive betrachten möchte, dem sei die Terrasse des modern gestalteten **Club India Café & Restaurant** beim Gemüsemarkt empfohlen. Das Restaurant serviert zwar nur durchschnittliche Travellerkost, doch ist der Ausblick auf die quirlige Gasse des in Innen- und Außenbereich geteilten Restaurants klasse.

●Die kleine **Everest Bakery,** etwas versteckt ein paar Meter eine Gasse südlich Main Bazaar hinein, hat außer leckeren Kuchen (etwa Lemon Cream Cake), Salaten (z.B. Avocado-Salat), Burgern und diversen gesunden Tees auch eine sehr entspannte Atmosphäre zu bieten, ideal, um sich ein wenig von der Hektik auszuruhen, falls man einen Platz erwischt.

●Von den zahlreichen **German Bakeries** in Pahar Ganj ist jene im Ajay Guesthouse eine der besten.

●Entlang der Main Bazaar Road bieten viele **Straßenstände** frisch gepresste Fruchtsäfte. Auf Eiswürfel sollte verzichtet werden.

Connaught Place (Stadtplan S. 194):

Das Preisniveau der Restaurants am Connaught Place ist höher als in Pahar Ganj oder Old Delhi, setzt sich ihre Klientel doch vorwiegend aus indischer Mittelschicht und Touristen zusammen.

●Hervorragende vegetarische indische Küche (auch *dosas* und *thali*) zum kleinen Preis serviert das **Saravana Bhavan** am Janpath etwas südlich des Connaught Place und ist dementsprechend gut besucht.

●Eins der erfolgreichsten Lokale am Connaught Place ist das **Nirula's,** eine Art gehobenes Fast-Food-Restaurant im L-Block. Hier gibt's alles, wonach sich der Tourist nach wochenlangen Reisen in Indien sehnt: Pizzas,

Salate, Suppen, Burger, 80 verschiedene Eissorten und vieles mehr. Sehr beliebt ist die Salatbar, an der man sich für 140 Rs so oft und solange bedienen kann, wie man will. Garniert wird das Ganze mit einem für indische Verhältnisse exzellenten Service und einer angenehmen Inneneinrichtung. Speziell während der Mittagszeit ist es eine Seltenheit, dass man bis zu einer halben Stunde warten muss, um einen freien Tisch zugewiesen zu bekommen. Eine weniger gute Filiale von Nirula's findet sich im N-Block am Janpath. Im nebenan gelegenen **Pegasus** (siehe auch „Bars") gibt es zwischen 12 Uhr und 15.30 Uhr ein Buffet für 99 Rs.

●Nachdem das *Don't pass me by* mit seinem Namen aus den Sechzigern die Segel gestrichen hat, kann man sich jetzt auch im **Ruby Tuesday** an der Salatbar ebenfalls bis zum Geht-nicht-mehr zum Einheitspreis den Bauch vollschlagen. Außerdem werden bis Mitternacht Kebabs, Burger und Sandwiches serviert.

●Schön sitzt man im **Café 100** im B-Block. Besonders empfehlenswert sind das Mittags- und das Abendbuffet im 1. Stock. Erstaunlicherweise ist es aber nur wenig besucht.

●**Jerry Wong's Noodle House** (12–23 Uhr), etwas nördlich des Connaught Place, hat außer dem Offensichtlichen noch Fisch, Huhn und Schwein im Angebot, alles in vielfältiger Ausführung im Wok. Auch einen Zustellservice gibt's, Tel.: 29844444.

●Wer etwa 1.000 Rs für ein Hauptgericht zahlen kann, sollte unbedingt einmal auf der Gartenterrasse des **Hotel Imperial** speisen, vielleicht tut's ja auch ein Bier (200 Rs). Obwohl nur wenige Gehminuten vom Connaught Place entfernt, fühlt man sich hier wie in einer Oase der Ruhe. Auch die drei anderen Restaurants im Haus sind hervorragend. Im *French Pastry Shop* des Hotels werden feinste Backwaren feilgeboten, und das nicht mal sonderlich teuer.

●Das neue, drehende Restaurant **Parikrama** (Tel.: 23721616) an der Kasturba Rd. bietet vom 24. Stockwerk aus atemberaubende Aussichten über die Stadt. Recht gute indische und chinesische Küche (ca. 200–400 Rs pro Hauptgericht), zwischen 15.30 und 19.30 gibt's nur Snacks. Eineinhalb Umdre-

Delhi

hungen pro Stunde verschaffen nicht nur den kulinarischen Überblick.

●**Keventers** ist eine winzige Milchbar im A-Block am Connaught Place. Bei den Milchshakes in verschiedenen Geschmacksrichtungen für 10 Rs kann man sich ein wenig vom Behörden- und Einkaufsstress erholen.

●Eine Riesenauswahl an köstlichen Kuchen und Plätzchen hat man im exquisiten **Wenger's**, A-Block, und inzwischen auch Pizza zum Mitnehmen. Naschkatzen sollten sich hier eindecken, ist es doch eine der besten Bäckereien ganz Indiens.

●Recht gute indische Kost in einem sehr hellen, mit großen Glasfenstern versehenen Restaurant erhält man im **Embassy** im D-Block.

●Tiefer muss man im alteingesessenen Restaurant **Host**, F-Block, in die Tasche greifen, wo man für ca. 200 Rs pro Person sehr gut indisch und chinesisch schlemmen darf.

●Chinesische Köstlichkeiten bietet auch das **Zen Restaurant,** B-Block, ebenfalls in vielseitiger und guter Qualität (ca. 200–250 Rs pro Hauptgericht). Auch fürs alkoholische Wohl ist gesorgt. **Berco's** im E-Block ist ähnlich.

●Sehr angenehm sitzt man im **Amber Restaurant** im N-Block mit einem Bier, Cocktail oder Mahl (100–200 Rs) vor der Nase.

●Ganz in der Nähe, N-Block, hält **Wimpy** die Fahne der amerikanischen Fast-Food-Ketten hoch. Den Doppel-Whopper gibt's für 90 Rs.

●Mehrere gute Lokale finden sich an der äußeren Ringstraße des Connaught Place, Ecke Sansad Marg. Sehr beliebt sind z.B. die Mittag- und Abendbuffets für 125 Rs im **El Arab.** Wie es der Name schon vermuten lässt, wird vornehmlich die recht schwere und fetthaltige, dafür jedoch auch sehr schmackhafte arabische Kost serviert.

●Sehr angesagt ist das mexikanische Restaurant **El Rodeo,** A-Block. Mit 100–200 Rs pro Gericht ist es nicht gerade billig, dafür aber „trendy".

●Gelobt wird das Restaurant des Park Hotels **Fire.** Trotz des Namens ziemlich kalt klimatisiert, ist das Essen hervorragend. Neben den *dosas* sollte man *Mustard fisk tikkas* probieren, lecker.

●Griechische Küche sollte man in Indien eigentlich nicht erwarten. Im Zuge der Internationalisierung kann Delhi jedoch auch diese inzwischen im hervorragenden Restaurant **Odysseia** (Tel.: 23416842, am äußeren Ring des Connaught Place, Block M-45) darbieten. Es werden auch Fischgerichte und gute europäische Weine kredenzt.

●Mein Lieblingslokal in Delhi ist jedoch das **United Coffee House** im E-Block des Connaught Place. Mit seinen stuckverzierten Decken, plüschigen Sofas und süßlicher Hintergrundmusik wähnt man sich eigentlich eher in einem Wiener Kaffeehaus. Ein idealer Ort, um bei einem der vielen schmackhaften Gerichte (die riesigen vegetarischen und nichtvegetarischen Kebabs werden gelobt) oder auch nur einer Tasse Tee den Tag in aller Ruhe ausklingen zu lassen.

Old Delhi (Stadtplan S. 178):

●Viele kleine Restaurants rund um die Jamia Masjid bieten Hühner-Kebabs, Fisch und weitere einfache und billige Gerichte. Besonders hervorzuheben ist das traditionsreiche **Karim Hotel** (Tel.: 23269880, Bazar Matia Mahal, 12–15 und 18–0 Uhr), ein alteingesessenes und stadtbekanntes Restaurant. Hier wird vorwiegend Mughlai-Küche serviert, empfohlen sei *butter nan.* Es liegt etwas zwischen den vielen Geschäften in den Gassen versteckt, also einfach fragen, jeder dort kennt es.

●An der Nataji Subash Marg lockt auch das **Moti Mahal Restaurant** (Tel.: 23273661) mit delikat zubereitem Huhn. Tgl. außer Di wird Livemusik geboten. Besonders am Wochenende ist eine Reservierung vonnöten.

●Das **Chor Bizarre** (Asaf Ali Rd., Tel.: 23272821) hat seinen Namen zurecht, fungiert doch z.B. ein Himmelbett als Tisch. Die *thalis* (um 300 Rs) und raffiniert nach Mughlai-Art zubereiteten Huhn-Gerichte lassen das Wasser im Mund zusammenlaufen. Reservieren!

●Immer gut besucht ist das preiswerte **Haldiram's** am Chandni Chowk. Im Erdgeschoss gibt es schmackhafte indische Snacks wie *samosas,* Süßigkeiten und Eis zum Mitnehmen oder an Standtischen, im Obergeschoss können auch umfangreichere Gerichte (Burger, Pizzen, Suppen, *dosas*) an Tischen verzehrt werden. Dem gegenüber gelegenen, alteingesessenen (seit 1790) **Ghantewala** hat es zwar in den letzten Jahren den Rang abgelaufen, aber auch dort gibt's exquisite Süßigkeiten zum Mitnehmen.

● Auch am Chandni Chowk gelegen und stadtbekannt ist das hervorragende Restaurant **Jalebiwala.** Hier werden neben indischer und chinesischer Kost auch Steak und *sizzlers* serviert. Man sollte die köstlichen, süßen *jalebis,* eine sehr fettig gebackene, eingedrehte Ei-/Weizen-/Milchsüßigkeit versuchen.

● In den Bahnhöfen Old Delhi und Nizamuddin stehen Filialen der rund um die Uhr geöffneten Kette **Comesum Multicuisine Food Plaza** zur Verfügung.

Andere Gegenden:

● Eins der besten Restaurants der Stadt für Meeresfrüchte ist **Ploof** (Tel.: 24649026, Main Market, Lodi Colony, nicht weit vom Safdar-Jang-Mausoleum, 12–15 und 19–23 Uhr). Ausgezeichnete Qualität zu entsprechenden Preisen (ca. 250–600 Rs pro Hauptgericht), u.a. köstlich zubereiteter Hummer und Lachs, sind die Gaumenfreuden.

● Ganz nah beim Qutb Minar lockt **Olive Bar & Kitchen** (Kalka Dass Marg, Mehrauli, Tel.: 26642552, 12–14.30 sowie 20 Uhr bis Mitternacht) mit etwas Besonderem: Im Stil eines Havelis oder Landhauses gehalten mit gediegenem Interieur, dem man im positiven Sinn die Zeit ansieht, sowie einem luftigen, baumbestandenen Innenhof gibt's vorwiegend italienische Küche vom Feinsten (klasse Pizza, Hauptgericht zwischen 300 und 600 Rs) sowie einige Spezialitäten wie das sonntägliche Buffet (zwischen 12.30 und 14.30 Uhr). Am Freitagabend wird neben dem Mahl auf Wunsch eine Massage serviert und jeden letzten Mittwoch des Monats ab 20 Uhr wird im Flohmarkt veranstaltet. Das Restaurant befindet sich etwa 200 m westlich des Qutb Minar, auf ein Schild mit der Aufschrift „One Style mile" achten.

● Empfehlenswerte Restaurants am Khan Market sind das **Café Turtle,** ein hervorragender Ort, um bei einem Kaffee oder Tee auszuruhen (über dem Full Circle Bookstore), oder auch das gute **Rampur Kitchen** mit köstlichem Tandoori.

● Ein Ausflug ins Diplomatenviertel Chanakyapuri findet man im **New Sikkim House,** Panchsheel Marg, seinen (chinesischen oder tibetanischen) kulinarischen, nicht mal teuren Abschluss. Teurer und herrlich gespreizt ist es im **Basil & Thyme** (Santoshti Shopping Complex), etwa bei leckerem Blaubeer-Crêpe.

● Eine wohlverdiente Pause nach anstrengendem Spaziergang in den Lodi-Gärten bereitet **The Garden Restaurant** in angenehmer Umgebung und akzeptabler Küche.

● Eine gute Möglichkeit, die vielfältige Küche der verschiedenen Regionen Indiens auf kleinem Raum kennen zu lernen, bietet der Kunsthandwerksmarkt **Dilli Haat** im Süden der Stadt, auf dessen gemütlichem, baumbestandenem Areal viele **Freiluftrestaurants** ihre preiswerten Spezialitäten anbieten.

● Ist ein Bus nach Rajasthan vom Bikaner House ausgebucht und man muss auf den nächsten warten, verkürzt ein köstlich zubereitetes Huhn im nur einige Meter südlich gelegen **Chicken Inn** (12–1 Uhr nachts) die Zeit.

● Eine Filiale der guten Schnellrestaurantkette **Saravana Bhavan** findet sich am ISBT-Busbahnhof.

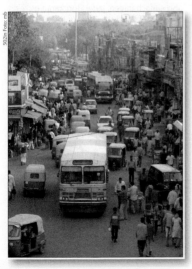

502in Foto: mb

Nachtleben

Obwohl Delhi noch weit von Mumbais nächtlichem Vergnügungsangebot entfernt ist, der unangefochtenen Nummer eins auf diesem Gebiet, entstehen auch in der Hauptstadt mehr und mehr Bars, Nachtclubs und Diskotheken sowie Multiplexkinos.

Bars

● In letzter Zeit sind am Main Bazaar, Pahar Ganj, mehrere meist eher dunkle Bars (etwa im **Hotel Golden Regency** oder eine weitere schräg gegenüber), gelegentlich mit lauter Musik, eröffnet worden. Am angenehmsten schluckt man aber wohl immer noch in der Bar des altbekannten **Metropolis Tourist Home.**

● Am Connaught Place finden sich einige Bars wie die **Rodeo Bar** (A-Block), die sich mit einem Wildwest-Interieur schmückt, oder die **Pegasus Bar,** L-Block, die zur englischen Pub-Kultur tendiert.

● **DV8** (im Regal Bldg., Sansad Marg) ist der ideale Ort, um nach dem Einkaufsbummel am Connaught Place oder einem Kinobesuch im selben Haus bei einem Bier oder einem der raffinierten Cocktails wieder aufzutanken, es gibt auch nicht-alkoholische Mixturen.

● Schon als alteingesessen sind das **Annabelles** (Barakhamba Rd.) im *Hotel Intercontinental* und das **Wheels** im *Ambassador,* Sujan Singh Park, zu bezeichnen.

● Wer jung und hip sein will, findet in der **TGI Fridays** (Vasant Vihar, C-Block) im Süden der Stadt seine coole Entsprechung.

● In Süd-Delhis South Extension II ist die relaxte **Lizard Lounge** (E-5, bis 0 Uhr geöffnet), ein Ort der Ruhe, um bei einem Bier oder einem Edelwein (hier kann's richtig teuer werden) den Marktbummel nebenan ausklingen zu lassen. Als Restaurant ist das Lizard Lounge mit ausgefallener internationaler Küche hervorragend.

● **Rick's** im *Taj Mahal Hotel* (Mansingh Rd.) wurde gerade neu und modern gestylt, abends gibt's Livemusik.

● Eine traditionsreiche, gar nicht stylishe Alternative aus der Kolonialzeit mit entsprechendem Flair ist die **Cavalry Bar** im *Oberoi Maidan Hotel,* Civil Lines, im Norden der Stadt.

Nachtclubs und Discos

Die angesagtesten Discos finden sich vorwiegend in den Luxushotels und den betuchteren Vierteln im Süden der Stadt. In vielen Nachtclubs/Discos ist neben einem Eintrittsgeld eine Getränkesteuer von 30 % zu berappen. Wenn man denn eingelassen wird, viele gewähren nur Paaren und Frauen den Zutritt, einzelne Männer haben's gelegentlich schwer. Außerdem ist auf entsprechende Kleidung zu achten. Auch hier wechselt die Beliebtheit der In-Plätze sehr schnell, sodass man sich am besten in Zeitungen wie „Times of India" und „Hindustan Times" sowie den Stadtmagazinen „delhi diary" und „City Guide City Scan" informiert.

● Die seit langem unangefochtene Nummer eins in Delhi ist das **My Kind Of Place** (Sardar Patel Marg, Mi–Sa 18.30–1 Uhr) im *Taj Palace Hotel.*

● Angesagt ist auch **Djinns** (Tel.: 26791122, bis 1 Uhr) im *Hyatt Regency* an der Ring Rd. Tagsüber eine Bar, wird am Abend ein Nachtclub mit Live-Bands an den meisten Abenden draus.

● Neu eröffnet wurde das vibrierende **RPM** über dem *Laissez Faire Restaurant,* Malcha Marg in Chanakyapuri, vorwiegend bei der reicheren und jungen indischen Klientel beliebt.

● Jeden Abend wird in der **Jazz Bar** im Hotel *Maurya Sheraton,* Sardar Patel Marg, wie auch im **The Tavern** im Hotel *Imperial* am Janpath, dies auch im Restaurant, cooler Jazz celebriert. Im Imperial lockt zudem die **Bar 1911,** benannt nach dem Ernennnungsjahr Delhis zur kolonialen Hauptstadt, mit der umfangreichsten Auswahl an Cocktails und sonstiger Hochprozenter.

Kinos

Um den Überblick über das kaum überschaubare Tagesprogramm von Delhis unzähligen Kinos zu erlangen, sollte man die schon im Abschnitt „Nachtclubs und Discos" genannten Zeitungen und Magazine zu Rate ziehen. Für die Multiplex-Kinos der **PVR-Kinokette**, deren cinematographische Vergnügungstempel über die Stadt verteilt sind, ist natürlich auch die Website (www.pvrcine mas.com, dann NCR für Delhi) hilfreich. Eins der traditionsreichsten Häuser findet sich nahe dem Connaught Place mit dem 1928 gebauten **Regal Cinema**. Die meisten Filmtempel zeigen Bollywood-Filme; englischsprachige Versionen sind u.a. im **Priya Cinema** (Tel.: (0)9810708625) in Vasant Vihar, im **Ritz** am Kashmere Gate oder im **Chanakya** in Chanakyapuri zu bestaunen. Internationale, nicht in Hollywood produzierte Filme gibt's sehr selten, bestenfalls in Kulturzentren, zu sehen.

Kulturelle Veranstaltungen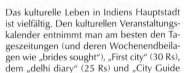

Das kulturelle Leben in Indiens Hauptstadt ist vielfältig. Den kulturellen Veranstaltungskalender entnimmt man am besten den Tageszeitungen (und deren Wochenendbeilagen wie „brides sought"), „First city" (30 Rs), dem „delhi diary" (25 Rs) und „City Guide City Scan".

Kulturzentren

●Im traditionsreichen **India International Centre** (40, Max Mueller Marg, Tel.: 24619431), dem wichtigsten Kulturzentrum der Stadt, im **Triveni Kala Sangam** (Tel.: 23718833) an der Tansen Marg sowie in der **Sangeet Natak Academy** (Rabindra Bhawan, Copernicus Marg, Tel.: 23387246) finden regelmäßig Musik- und Tanzveranstaltungen (Kathakali und Bharatnatyam und folkloristischer Tanz) wie auch Lesungen, Filmvorführungen, Kunstausstellungen und Theateraufführungen statt.
●**Max Mueller Bhawan** – benannt nach dem großen deutschen Indologen (1823–1900) – heißt die indische Version des Goethe-Instituts. Jede Woche organisiert es sehr interessante kulturelle Veranstaltungen wie Autorenlesungen, Konzerte und Filmvorführungen. 3, Kasturbha Gandhi Marg, Tel.: 23329506. Mo-Sa 11 bis 18 Uhr.
●Die Kulturinstitute anderer Länder wie **Alliance Francaise** (Tel.: 26258128), **British Council** (Tel.: 23711401), **Italian Cultural Centre** (Tel.: 26871901) und **Japan** bzw. **Russian Cultural Centre** (mit dem *Eisenstein Film Club*) und viele weitere bieten Ähnliches.
●Gelegentlich werden Aufführungen auch vor der eindruckvollen Kulisse auf dem Gelände des Qutb Minar dargeboten, eine solche Gelegenheit sollte man sich nicht entgehen lassen.

Tanz

●**Hauz Khas** (Tel.: 23718833) ist ein herrlicher Ort, bei einem Abendessen oder auch nur einem Drink unter freiem Himmel eine Tanz- oder Musikveranstaltung zu genießen.
●Schließlich sei **Dances of India** (Parsi Anjuman Hall, Bhahadur Shah Zafar Marg, Tel.: 23289464) genannt. Auch hier werden etwa einstündige Bharatnatyam- und Kathakali-Tänze jeden Abend ab 18.45 Uhr aufgeführt (200 Rs).

Musik, Theater

Besonders nördlich des India Gate gibt's einige innovative Theater wie das **Kamani Theatre** (Copernicus Marg, Tel.: 23388084). Im **Kamani Auditorium** spielt das Delhi Symphony Orchestra. Das **Abhimanch** (Bahawalpur House, Tel.: 23389402) zeigt interessante Theater-, Musik- und Tanzdarbietungen.

Einkaufen

Keine Frage, Delhi ist neben Mumbai die beste Einkaufsstadt Indiens. Nirgendwo findet sich eine derartige Angebotsvielfalt wie hier auf überschaubarem Raum.

Emporiums

●Die beste Übersicht über die schier unermeßliche Vielfalt der indischen Handwerkskunst kann man sich im **Central Cottage Industries Emporium** verschaffen, das sich an der Ecke Tolstoy Marg/Janpath befindet. Auf einer Verkaufsfläche von mehreren tausend Quadratmetern findet sich hier, verteilt über vier Etagen, nahezu alles, was an Skulpturen, Schmuck, Kleidung, Teppichen, Malerei, Möbeln und vielem mehr in Indien hergestellt wird. Selbst wer nichts kaufen will, kann sich in Ruhe umschauen, ohne die sonst übliche Anmacherei. Hier gilt: *Fixed Price,* was einem den Stress des Feilschens erspart. Das Preisniveau liegt etwas über dem Landesdurchschnitt, doch dafür hat man die Garantie, dass alles echt ist.

● Die verschiedenen Bundesstaaten Indiens verkaufen in ihren **State Emporiums** entlang der Baba Kharak Singh Marg die jeweils typischen Kunsthandwerksartikel ihrer Region. Man findet in Delhi Taxifahrer, die einen gratis zu den State Emporiums bringen, weil sie dort Provision kassieren. Also eventuell das Regal Cinema in der Nähe oder das DTTDC Office als Fahrtziel angeben und den Rest zu Fuß gehen.

Janpath

● Kräftiges Feilschen ist bei den zahlreichen zwischen Emporium und Imperial Hotel am Janpath platzierten Geschäften angesagt.

● In einer kleinen Seitengasse, die westlich vom Janpath abzweigt, bieten jeden Tag viele Händler aus Rajasthan ihre bunten Decken, Taschen und Kleider den westlichen Touristen zum Kauf an. Aufgrund der hier besonders stark vertretenen Kundschaft aus den nahegelegenen Luxushotels sind die Preise astronomisch hoch. Man sollte höchstens ein Drittel des vom Händler genannten Ausgangspreises zahlen.

Connaught Place

Die **Nobelgeschäfte** am und um den Connaught Place finden ihre Kundschaft vorwiegend in der indischen Mittelschicht, dementsprechend hoch sind auch die Preise. Dafür erhält man jedoch auch Top-Qualität.

Umschauen sollte man sich z.B. einmal in einem der vielen **Schuhgeschäfte,** die sich vor allem um den inneren Kreis des Platzes gruppieren. Gut gearbeitete modische Halbschuhe, die in Westeuropa nicht unter 80 Euro zu haben sind, kosten hier nur 1.000 bis 2.000 Rs.

Außerdem gibt es eine Reihe exzellenter **Buchläden,** in denen man neben anspruchsvoller Literatur auch großformatige Bildbän-

de über Indien findet. Zwei der besten sind der *Bookworm* im B-Block und der *Oxford Book Shop* im N-Block. Wer an Büchern über indische Regionen, Buddhismus, Hinduismus u.ä. interessiert ist, sollte im *Piccadilly Book Stall* (64, Market Shankar) am Connaught Place vorbeischauen. Auch der 1936 eröffnete *Amrit Bookstore* im N-Block hat eine sehr große Auswahl an Prosa, Reiseführern, Philosophie und Bildbänden.

Am Connaught Place findet sich auch die wohl größte Auswahl an brandaktuellen **Zeitungen und Magazinen** aus Europa in ganz Indien. So erhält man bei den unzähligen Händlern, die ihre Zeitschriften auf den Bürgersteigen auslegen, Magazine wie Stern oder Spiegel. Der Preis richtet sich dabei nach der Aktualität: Kostet der Spiegel z.B. am Dienstag noch 200 Rs, so ist die gleiche Ausgabe eine Woche später nur noch die Hälfte wert. Eine aktuelle Tageszeitung ist für etwa 70 bis 80 Rs zu haben.

Wer auf der Suche nach neuen **DVDs und CDs** ist, sollte sich mal im unterirdischen Palikaa Bazaar umschauen. Beim Kauf sollte man erstens handeln und zweitens sich einen Shop aussuchen, in dem die CD oder DVD angespielt werden kann, um sicherzugehen, dass man keine leere und dann auch die richtige gekauft hat. Natürlich werden hier neben dem oben genannten auch Kleidung, Parfüm etc. verkauft.

Weitere Geschäfte mit großer Auswahl an Musik-CDs um den Connaught Place sind etwa *Bercos's Melody House* (E-Block, nur bis 19.30 außer So geöffnet) oder *Music World* beim Plaza Cinema.

Pahar Ganj

Das andere große Einkaufsviertel für Touristen ist Pahar Ganj mit dem **Main Bazaar,** jener quirligen Einkaufsstraße, die sich direkt gegenüber des Bahnhofs von New Delhi auf einer Länge von etwa 2 km erstreckt. Hier reihen sich Hunderte von randvollen kleinen Läden aneinander, die vom Shampoo über ein Vorhängeschloss bis zum Sari und teurem Schmuck alles verkaufen. Ein typisches orientalisch anmutendes Basarviertel, in dem man sich stundenlang treiben lassen kann.

Besonders beliebt bei Touristen sind einige Läden wie z.B. **R-Expo** mit einer großen Auswahl an Parfümen, Kosmetika, Waschlotionen und Räucherstäbchen. Während am Connaught Place viele Geschäfte am Sonntag geschlossen haben, ist dies am Main Bazaar einer der geschäftigsten Tage.

Der kleine, namenlose **Bücherstand** an der Main Bazaar Rd. (siehe Stadtplan) hat ein erstaunlich reichhaltiges Angebot an Second-Hand-Büchern.

Etwa 1 km westlich von Pahar Ganj ist der **Karol Bagh Market** (tgl. außer Mo, Metrostation gleichen Namens) eine weniger touristische Alternative zu Pahar Ganj. Hier gibt es neben Kleidung, Schuhen und Gebrauchsgütern auch Gewürzgeschäfte und viele kleine Restaurants mit typisch indischen Snacks.

Chandni Chowk

Das Äquivalent zum Main Bazaar ist der weitaus prächtigere Chandni Chowk in Old Delhi mit dem Roten Fort am östlichen Ende. *Chandni Chowk* heißt Silbermarkt, doch neben **Schmuck- und Silberläden** finden sich auch unzählige Geschäfte, die alle Arten von indischen **Gebrauchswaren** anbieten.

Herrlich zum Umherstreifen sind auch die umliegenden Straßen und engen Gassen Old Delhis, wo immer noch die alte Ordnung erkennbar ist, nach der die jeweiligen Zünfte ihre Waren im selben Bezirk feilbieten. Im Nordwesten der Altstadt ist der **Gewürzmarkt** an der Kahri Baoli unbedingt besuchenswert, etwas nördlicher kann auf dem **Kleidermarkt** neues Tuch erstanden werden.

Dilli Haat

Gute Qualität für **Kunsthandwerk** aus allen Regionen Indiens bietet der Freiluftmarkt Dilli Haat im Süden der Stadt an der Aurobindo Marg (Riksha vom Connaught Place etwa 50 Rs). Die dort ausstellenden Händler werden nach Wettbewerben in ihren jeweiligen Heimatorten ausgesucht (entsprechend gute Qualität wird feilgeboten) und zweimal monatlich ausgetauscht. Die verlangten Preise auf diesem durch das Eintrittsgeld von 10 Rs ruhigeren Marktes sind nicht so überhöht wie auf den „freien" Märkten, dennoch sollte

man auch hier feilschen. Weitere Annehmlichkeit: Die Küche vieler Regionen Indiens kann in den vielen **Freiluftrestaurants** auf dem Areal zu günstigen Preisen gekostet werden.

Der Markt ist tgl. zwischen 10 und 22 Uhr geöffnet und abends und an den Wochenenden am besten besucht. Ein Ausflug dorthin lässt sich gut mit einem Abstecher zum gegenüber gelegenen, hektischen, leicht chaotischen **INA-Markt** verbinden, auf dem nahezu alles zu haben ist. Besonders dort auf Wertsachen Acht geben!

Khan Market

Ebenfalls im Süden der Stadt ist der ruhige Khan Market (Mo–Sa geöffnet) besonders bei der indischen Mittelschicht und dem Personal der umliegenden Botschaften beliebt. Entsprechend sind die Preise für die angebotenen Waren – neben **modischer Kleidung, Schmuck, CDs** und **DVDs** auch **Lebensmittel aus aller Welt** – höher als bei den vorgenannten Märkten. Eine besondere Erwähnung verdienen die auf diesem Markt besonders reichhaltig ausgestatteten **Buchhandlungen,** die u.a. handwerklich aufwendig hergestellte Bände zum Bruchteil des in Europa üblichen Preises verkaufen. Genannt seien hier *Bahri Sons* und *Full Circle Bookstore.*

Shopping Malls und weitere luxuriöse Märkte

In den letzten Jahren entstehen im gesamten Stadtgebiet von Delhi, wie überall in den größeren Städten Indiens, entsprechend der zunehmenden Kaufkraft der Mittelschicht teils riesige Shopping Malls. Ein Trend geht dahin, die in letzter Zeit gebauten Malls vorwiegend an den Bahnhöfen der neuen Metro, im Süden Delhis und in Vorstädten wie Gurgaon oder Faridabad, die sich im rasanten Umbruch befinden, zu errichten.

Eine der Malls, die es schon vor der Metro gab, ist **Ansal Plaza** (an der Khel Gaon Marg, geöffnet bis 20.30 Uhr, am Wochenende bis 21.30 Uhr). Neben Gebrauchskleidung internationaler Marken werden auch Parfüm und Schmuck feilgeboten. Obwohl auch hier eher die betuchtere Klientel anvisiert wird, sind die

Preise im Durchschnitt bis 50 % geringer als in Europa. Auch fürs leibliche Wohl ist gesorgt: Neben Fast Food gibt's mit *Geoffrey's* ein hervorragendes Restaurant, auch mit reichhaltiger Getränkekarte.

Ist das nötige Kleingeld vorhanden, kann man sich auf dem **Sunder-Nagar-Markt** (Mo–Sa geöffnet) gegenüber dem *Oberoi Hotel* in den exquisiten **Antiquitätenläden** umschauen. Beim Kauf sollte man jedoch an die Ausfuhrbeschränkungen für Antiquitäten denken. Die meisten der hier dargebotenen „Antiquitäten" sind jedoch handwerklich gut gemachte Imitationen. Zudem sei auf die hervorragenden Teeshops auf dem Markt, etwa *Mittal Tea House*, hingewiesen.

Ein weiterer qualitativ und preislich hochwertiger Markt vorwiegend für **Stoffe und Kunsthandwerk** findet sich hinter dem Hotel *Hyatt Regency*.

Die gleiche kaufkräftige Kundschaft bedient der **Santoshti Shopping Complex** im Diplomatenviertel Chanakyapuri. Neben Gemälden bekannter indischer Künstler (im *Art Indus*) werden Parfüm und hochwertige Kleidung offeriert. Zigarrenliebhaber finden bei *Kastro's* ihr kostspieliges Paradies. Die Geschäfte schließen spätestens um 19 Uhr.

Auch die **South Extension Markets I** (Lajpat Nagar) **und II** (an der Ring Road) im Delhis Süden sind, obwohl über eine größere Fläche verteilt, hier aufgeführt, da sie eine ähnliche Kundschaft ansprechen und die international bekannten Marken hier ihre Geschäfte haben. Neben Kleidung werden vorwiegend Schmuck, Schuhe und Taschen verkauft. Wer nach dem Einkauf noch Geld hat, kann in der modernen *Gourmet Gallery* (South Extension II) im Restaurant *Tasveer* bei indischer oder im *Whispering Bamboo* bei chinesischer Kost neue Kraft tanken. Alkoholisch lässt sich der Tank bei *On the Rocks* auffüllen.

Kunsthandwerksmesse Surajkund Mela

Am südlichen Stadtrand nahe der Ausfallstraße nach Agra findet alljährlich vom 1. bis 15. Februar eine der größten Kunsthandwerksmessen Indiens statt, die Surajkund Mela im gleichnamigen Stadtbezirk, wo **Holz-, Metall- und Keramikhandwerk** sowie **Textilien** präsentiert werden, ergänzt durch musikalische und folkloristische Darbietungen. Essensstände helfen bei Hunger. Geöffnet ist der Markt von 9.30 bis 17.30 Uhr, Eintritt 20 Rs. Zu erreichen außer mit Taxi oder Riksha auch per Stadtbus 460 vom Connaught Place/ Ecke Vivekanand Rd.

Bank

Durch die in der letzten Zeit wie Pilze aus dem Boden geschossenen **Wechselstuben,** die leicht an den großen Schildern „Money Exchange" zu erkennen sind, muss man sich Gott sei Dank nicht mehr mit den faulen und unfreundlichen Angestellten staatlicher Banken herumschlagen. Die Kurse der privaten Wechselstuben sind nahezu gleich zu den offiziellen Kursen, doch sollte man sich versichern lassen, dass keine Extra-Gebühren berechnet werden.

Auch in Delhi sind die meisten Banken, wie üblich in Indien, Mo bis Fr von 10 bis 14 und Sa von 10 bis 12 Uhr geöffnet, die unten genannten privaten Wechselstuben haben aber wesentlich längere Öffnungszeiten.

> Vorm Schwarztausch wurde ja schon im Kapitel „Geldangelegenheiten" gewarnt. Leider lassen sich gerade in **Pahar Ganj** dennoch immer wieder Traveller von den vermeintlich günstigen Wechselkursen verführen und tauschen bei Personen, die sie mit „You want to change money?" ansprechen. Bei fast allen handelt es sich um Betrüger, sodass man am Ende nicht mit mehr, sondern weniger Rupien als beim offiziellen Wechseln dasteht. Diese illegalen Schwarztauscher sind derart raffiniert, dass man zunächst gar nicht mitbekommt, dass man übers Ohr gehauen wird. Deshalb gerade in Pahar Ganj nochmals die Warnung: **Hände weg vom Schwarztausch!!!**

● Zuverlässig ist die Filiale von **Thomas Cook** am Connaught Place (E-Block, 1. Stock, Mo–Sa 9.30–18 Uhr). Weitere Filialen finden sich in einem Seitenflügel des *Imperial Hotel* am Janpath (Tel.: 23328468, Mo bis Sa 9.30 bis 20 Uhr) sowie an der Panjkujan Rd. westlich von Pahar Ganj im Rishyamook Bldg. (Tel.: 23747404) und am internationalen Flughafen (24 Std. geöffnet). Die Wechselkurse sind jedoch nicht die besten. Hier kann auch per *Moneygram* in wenigen Minuten von/an jedem/n Ort der Welt Geld transferiert werden. Auch bei **Sita World Travels,** F-Block Connaught Place, ist das Letztgenannte per *Western Union Money Transfer* möglich.

●Am Connaught Place locken die kleinen Wechselstuben von **Pankhuri Enterprises** und **Shasha Forex** (beide bis etwa 19 Uhr geöffnet, im A-Block) mit guten Wechselkursen, die gelegentlich auch noch geringfügig verhandelbar sind. Dasselbe macht auch **Weizman Forex** im M-Block. Man sollte die Raten vergleichen.

●In Pahar Ganj ist u.a. **Cheque Point** (tgl. 9–19.30 Uhr) am Main Bazaar für Bargeld, Travellerschecks und Visa- und Mastercard (3–4 % Gebühr für Plastikkarten) zuständig. Viele weitere finden sich an Main Bazaar wie **N.B. Forex** oder **Traveller India Forex,** die alle nahezu gleiche Kurse bieten und meist tgl. bis etwa 20 Uhr geöffnet sind.

●24 Stunden geöffnet hat der Wechselschalter der **Central Bank of India** im *Hotel Ashok* in der Diplomaten-Enklave Chanakyapuri.

●In Pahar Ganj ist u.a. der **HDFC-ATM** (alle wichtigen Kreditkarten) nahe dem *Star View Hotel* und der **UTI-ATM** (alle Karten außer AmEx) günstig gelegen. Am Connaught Place gibt's zwei ATMs der **ICICI-Bank** (A- und D-Block), einen von der **Centurion-Bank** im M-Block (Außen-Circle). Der ATM der **idbi-Bank** (Kasturba Marg, etwas südöstlich des Connaught Place) schluckt auch American-Express-Plastik anstandslos, der ATM der **American-Express-Bank** (A-Block) nimmt ausschließlich dieses. Weitere ATMs sind in den Stadtplänen verzeichnet. Auch an beiden **Flughäfen** sind ATMs vorhanden, am internationalen gleich nach Verlassen des Kontrollbereichs rechts.

Post, Telefonieren und Internet

Postämter

Recht günstig liegen das Postamt am Janpath neben dem *Central Telegraph Office* und das am 9-A Connaught Place. Die Hauptpost *(GPO)* befindet sich etwa 500 m westlich westlich des Connaught Place am Ende der in einen Kreisverkehr mündenden Baba Kharak Singh Marg. Alle diese Postämter sind Mo bis Fr von 10 bis 17 Uhr und Sa von 10 bis 15 Uhr geöffnet. Weitere Filialen: in Pahar Ganj eine kleine Filiale beim Nehru Bazaar gegenüber *Hotel Relax* und am Connaught Place im A-Block.

Pakete

Wer von der Hauptpost ein Paket verschicken möchte, muss dies vorher vorschriftsmäßig in ein weißes Leinentuch verpacken und einnähen lassen. Diese Prozedur erledigt für ein Entgelt von 30–70 Rs (je nach Paketgröße) ein vor dem Janpath Post Office platzierter Näher. In Pahar Ganj stehen zudem **Packing Services** zur Verfügung.

Ein **DHL-Büro** findet sich an der 11, Tolstoy Marg, Vandana Building (Mo–Fr 11–19 Uhr, Sa 11–18 Uhr, Tel.: 23737587), eine kleine Filiale am Connaught Place ist Mo–Fr 9.30–17.45 und jeden 2. Sa 9.30–13 Uhr geöffnet.

Postlagernde Sendungen

Wer sich Briefe nach Delhi schicken lässt, muss unbedingt darauf achten, New Delhi als Adresse anzugeben (Postal Code: 110001), da die Post sonst im äußerst ungünstig gelegenen Postamt in Old Delhi landet.

●Abzuholen sind die postlagernden Briefe im **Delivery Post Office** in der Market Street (offiziell umbenannt in Bhai Vir Singh Marg) in der Nähe der Hauptpost. Die Schalter für postlagernde Sendungen *(Poste Restante)* befinden sich auf der Rückseite des Gebäudes im 1. Obergeschoss.

Telefonieren

In den überall installierten **privaten Telefonbüros,** die deutlich an den ISD/STD-Auf-

Main Bazaar in Pahar Ganj

schriften zu erkennen sind, kostet eine Minute nach Europa nur noch zwischen 8 und 10 Rs. Man sollte jedoch vor dem Telefonieren unbedingt nach dem Minutenpreis fragen, da einige Anbieter noch das Doppelte verlangen. Einer, der neben billigen ISD-Gesprächen auch noch billigere internationale Gespräche mittels Net-to-phone (4 Rs/Min.) anbietet, ist das Internetcafé über dem HDFC-ATM am Main Bazaar in Pahar Ganj.

Internet, Fotografieren

Internetsurfen kostet in den meisten Internetcafés 20 Rs/Std., besonders viele finden sich in Pahar Ganj.

● Drei schnelle Internetcafés sind die der **sify**- und **Satyam-i-way-Kette** am *Hotel Starview* und nahe der New Delhi Railway Station in der Basant Rd. (20 Rs/Std.) sowie **Kesri Cyber Net** mit flatrate, eine Gasse vom Main Bazaar hinein. Mit 15 Rs/Std. noch billiger und ebenfalls schnell ist das namenlose Internetcafé über dem HDFC-ATM in Pahar Ganj, wo auch die Memory Chips billig auf CD ge-

brannt werden können. Das **Golden Peacock Cyber** hat offiziell rund um die Uhr geöffnet, die anderen schließen meist gegen 22–22.30 Uhr.

● Am Connaught Place ist **DSIDC Cyber Café** (N-Block, nur bis 20 Uhr geöffnet) eine gute Adresse. **n@tscape** im K-Block, äußerer Ring, hat bis 3 Uhr nachts geöffnet.

● Eine der wenigen Möglichkeiten, in der Altstadt zu surfen, ist das gut ausgerüstete **Z.A. Cyber Café** (Bazar Matia Mahal, Tel.: 23270745, auch hier werden Digitalfotos auf CD gebrannt) nahe der Jamia Masjid, nur 15 Rs pro Std.

● Im Süden der Stadt ist u.a. **Cyber Graphics** beim Khan Market eine fixe Surfmöglichkeit.

● Wer seine Digitalfotos brennen lassen will, kann dies am billigsten bei einem der oben genannten, dafür ausgerüsteten Internetcafés tun, da diese nur 45-70 Rs inkl. CD dafür verlangen. Bei **Kodak Express** am Connaught Place (Tel.: 2234446) oder **Delhi Photo** am Janpath können Ausdrucke (um 5 Rs für ca. 10x15 cm) gemacht werden.

Visumverlängerung

Für eine Visumverlängerung muss man sich zum **Foreign Registration Office,** Hans Bhawan, in der Nähe der Tilak Road, 2 km östlich des Connaught Place begeben. Geöffnet ist es Mo–Fr 10–15 Uhr. Hat man die erforderlichen vier Passfotos nicht dabei, kann man sie von einem der vor dem Gebäude platzierten Fotografen erstellen lassen. Um sich der nerven- und zeitaufreibenden Prozedur gar nicht erst stellen zu müssen, besorgt man sich am besten bereits vor der Abreise ein sechsmonatiges Visum (s. „Vor der Reise").

Special Permits (Sondergenehmigungen)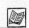

Wer in für Touristen gesperrte Gebiete Indiens wie z.B. Sikkim oder die Nordostprovinzen reisen möchte, kann sich um eine Sondergenehmigung *(special permit)* im Ministry of Home Affairs, Lok Narayan Bhawan (Tel.: 24623739) bemühen. Geöffnet ist es Mo bis Fr von 14 bis 16 Uhr.

Medizinische Versorgung

● Im Falle einer ernsten Erkrankung sollte man bei der **Botschaft** nach einer Arztadresse fragen.
● Positive Erfahrungen haben viele Reisende mit dem **East West Medical Centre,** B-28 Greater Kailash I, New Delhi 110048 (Tel.: 2924 3701-3, 24623738) im Süden der Stadt gemacht. Die Behandlung hier ist sicherlich nicht billig, doch bei der Gesundheit sollte man bekanntlich als Letztes sparen. Reisekrankenversicherungen werden akzeptiert.
● Weitere gute Adressen sind das **Apollo Hospital,** Mathura Rd. (Tel.: 26925858), und das **All India Institute of Medical Sciences,** Ansari Nagar (Tel.: 26561123).
● Wer Zahnschmerzen und zudem ein gut gefülltes Portemonnaie hat, kann sich an folgende Adresse wenden: **Diplomatic Dental Centre,** B-71, Pachimi Marg, Vasant Vihar, N.D. -57 (Tel.: 26147008).

● Eine günstig gelegene, 24 Std. geöffnete Apotheke ist **Apollo Pharmacy** am Connaught Place, G-Block, beim *Hotel Marina.*

Reisebüros

Speziell in der Umgebung des *Tourist Office* treiben sich viele **Schlepper** herum, die einem Billigflugtickets nach Europa andrehen möchten. Da sich viele schwarze Schafe darunter befinden, sollte man sich keinesfalls auf deren Werben einlassen. Je verlockender die Angebote klingen, desto größer ist die Gefahr, dass es sich um Betrügereien handelt. Als Richtwert kann man ca. 350 US-$ für einen Einfachflug nach Frankfurt und ca. 180 US-$ nach Bangkok zugrunde legen.
● Seriös, preiswert und dementsprechend beliebt ist **Tripsout Travel,** Tel.: 23755194, 13 Tolstoy Marg, hinter dem Indischen Touristenbüro am Janpath.
● Eine gute, wenn auch etwas teurere Adresse ist das **Student Travel Information Centre (STIC,** Tel.: 23368760, stic@del2.vsnl.net.in) im *ITDC Hotel Janpath,* wo Studentenermäßigungen erhältlich sind. Hier kann man auch seinen Studentenausweis erneuern lassen.
● Im Pahar-Ganj-Viertel ist **Hans Travel Service** (Tel.: 23327629) in mehreren Hotels mit Filialen seit Jahren eines der renommiertesten Reisebüros.
● Nicht billig, aber sehr zuverlässig ist **Paul Tours** (Tel.: 23415769, www.paultours. com) im *York Hotel,* K-Block, Connaught Place.
● In Pahar Ganj und rund um den Connaught Place wird man ständig von jungen Männern angesprochen, die umherstreifende Touristen zu einem der Reisebüros in der Nähe locken wollen, welche auf All-Inclusive-Touren nach Kashmir spezialisiert sind. Es ist schwer, hier die Spreu vom Weizen zu trennen. Eine gute und professionelle Adresse ist **Perfect Holiday Travels** (M-3 Connaught Place, Tel.: 41517570, (0)9811136465, (0)9312239450, javedbaba 2005@yahoo.com), die auch über einen hervorragenden Internetauftritt verfügen (www.perfectholidaytravels.com), wo man sich Vorabinformationen besorgen kann. Außerdem werden professionell geleitete Touren nach Rajasthan angeboten.

Diplomatische Vertretungen

- **Embassy of Germany,** 6/50G, Shanti Path, Chanakyapuri, New Delhi 110021, Tel.: 011/44199199 oder in dringenden Notfällen 9810004950, www.germanembassy-india.org.
- **Embassy of Austria,** Ep-13, Chandragupta Marg, Chanakyapuri, New Delhi 110021, Tel.: 268890-9037, -9039, -9049 oder 9050 bzw. in dringenden Notfällen 9811120358.
- **Embassy of Switzerland,** Nyaya Marg, Chanakyapuri, New Delhi 110021, Tel.: 011/26878372 oder 26878537.

Weiterreise

Flug

Indian Airlines:
- Das Indian-Airlines-Büro am **Connaught Place** (Malhotra Building, F-Block, Tel.: 23310517, 16001801407, www.indianairlines. in) wird wegen seiner zentralen Lage am meisten von Einheimischen und Touristen benutzt und ist dementsprechend überlaufen. Es gibt zwar offiziell einen speziellen *tourist counter,* doch das wird in der Praxis nicht so ernst genommern. Am besten, man kommt gleich als einer der Ersten (Mo–Sa 10 bis 17 Uhr), dann erspart man sich die Warterei.
- Die gleichen Zeiten gelten für das städtische Büro im PTI Building an der **Sansad Marg** (Tel.: 23719168).
- Das Büro am **Inlandsflughafen Safdarjung** (Aurobindo Marg, Tel.: 24622220, -4503) ist von 10 bis 23 Uhr geöffnet, dort wird man meist am zügigsten bedient. Tel. am Indira Gandhi Flughafen: 25675317.
- Indian Airlines bzw. Alliance Air fliegt täglich nach **Ahmedabad** (7.655 Rs), **Bangalore** (14.095 Rs), **Bhopal** (4.770 Rs), **Bhubaneshwar** (13.260 Rs), **Chandigarh** (3.900 Rs), **Chennai** (14.540 Rs), **Goa** (12.660 Rs), **Jaipur** (3.510 Rs), **Jammu** (6.445 Rs), **Jodhpur** (5.605 Rs), **Kalkutta** (11.085 Rs), **Lucknow** (5.100 Rs), **Mumbai** (9.735 Rs), **Nagpur** (8.350 Rs), **Patna** (7.490 Rs), **Rajpur** (10.835 Rs), **Srinagar** (6.745 Rs), **Udaipur** (5.605 Rs), **Vadodara** (8.685 Rs), **Varanasi** (6.630 Rs)

sowie Mo, Di, Do und Sa nach **Amritsar** (7.655 Rs), Mo, Mi und Fr nach **Khajuraho** (6.630 Rs). Außerdem gibt's einen täglichen Flug nach **Kathmandu** in Nepal, Royal Nepal Airlines fliegt tgl. um 19.15 Uhr, Air Sahara um 13.15 Uhr nach Kathmandu. Nach **Srinagar** (Kashmir) fliegen auch mehrere private Airlines wie Jet Airways und Spice Jet zum Preis von 70 US-$ (one way). Zur Recherchezeit gab's keinen Flug nach **Agra.** Fr fliegt IA nach **Lahore** (Pakistan).

- Wer zu einem der Flughäfen fahren will, nimmt am besten den **EATS-Flughafenbus** (Tel.: 23316530, 50 Rs plus 10 Rs pro großem Gepäckstück), der rund um die Uhr in etwa einstündigem Abstand, nachts seltener, vor dem Malhotra Building, F-Block, Connaught Place, startet. Ein **Taxi** zu einem der Flughäfen sollte für höchstens 300 Rs zu bekommen sein. Fahrten mit Taxis oder **Minibussen,** die von den Hotels für 200 Rs angeboten werden, fahren meist mit 3 bis 6 Fahrgästen los.

Weitere Nationale Airlines:
- **Jet Airways,** N-40, Connaught Place, Tel.: 41641414, Mo–Sa 9–21, So 9–18 Uhr, und Community Centre, Yusuf Sarai, New Delhi 1100494. www.jetairways.com, Tel. am Flughafen: 25675404.
- **Air Sahara,** 3. Stock im Dr. Gopaldas Bhawan, 28 Barakhamba Rd., New Delhi 110001, Tel.: 23704218/4158, und N-41, Connaught Place, Tel.: 23310860, bj@vsnl.com, www.airsahara.net, tgl. 9–23 Uhr, Tel. am Flughafen: 25675234, rund um die Uhr erreichbare Tel. 1600-223-020, vom Handy 30302020.
- **Jagson Airlines,** 12-E, Vandana Building, Tolstoy Marg, Tel.: 23721593/4, Mo–Sa 9.30–18 Uhr.
- **Air Deccan,** 98 Hemkund Tower, Office 803, Nehru Place, Tel.: 51750000, (0)9818177008, Mo–Sa 10–18.30 Uhr, www.airdeccan.net.
- **Kingfisher Airlines,** UB House, F 44A, South Extension, New Delhi 110049, Tel.: 24617138, 1600-1800-101 (gebührenfrei), www.flyingfisher.com.
- **Spice Jet,** Tel.: 1600-180-3333 (gebührenfrei), (0)9871803333, www.spicejet.com.

Internationale Fluggesellschaften

● **Aeroflot,** 15/17 Tolstoy Marg, Tolstoy House, Tel.: 23723241, 23310426, Flughafen: 25653510.

● **Air France,** 6, Scindia House, Atmaram Mansion, Tel.: 23738004-7, 2346626, Flughafen: 25652099.

● **Air India,** Jeevan Bharti LIC Building, Sansad Marg, Tel.: 23736446-8, 23731225, Flughafen: 25652050.

● **Austrian Airlines,** Himalaya House, Kasturba Marg, 1. Stock, Tel.: 23350125/6, Flughafen: 25654233-44 (Tel. Internat. Flughafen: 25654222).

● **British Airways,** Dr Gopal Das Bhawan, 11. Stock, 28, Barakhamba Rd., Tel.: (0)951244120747, 23327428, Flughafen: 25652078.

● **Cathay Pacific,** Kanchenjunga Bldg., 18, Barakhamba Rd., Tel.: 23323332.

● **Emirates,** Kanchenjunga Building, 18, Barakhamba Rd., Tel.: 45314444, Flughafen: 25654939.

● **Kuwait Airways,** 16, Kasturba Gandhi Marg, Tel.: 23354373, Flughafen: 25652295.

● **KLM Royal Dutch Airlines,** Prakash Deep, 7, Tolstoy Marg, Tel.: 23311747.

● **Lufthansa,** 56, Janpath, Tel.: 23724222/00, Flughafen: 25482283, 25652064.

● **Pakistan International Airlines,** Kailash Bldg., 26 Kasturba Gandhi Marg, Tel.: 23727791.

● **Royal Jordanian Airlines,** G-56 Connaught Place, Tel. 23327418, Flughafen: 25652478.

● **Royal Nepal Airlines,** 44 Janpath, Tel.: 23323437.

● **Singapore Airlines,** Ashoka Estate Bldg., 9. Stock, Barakhamba Rd., Tel.: 23356283/5/6.

● **Sri Lankan Airlines,** G-Block, Connaught Place, Tel.: 23731473/4/8.

● **Swiss,** World Trade Tower, 5. Stock, Barahkamba Rd., Tel.: 23415000 Flughafen: 25652531.

● **Thai Airways International,** Royal Park Hotel, Nehru Place, Tel.: 25652413, 41497777.

Bahn

Bahnfahrkarten sollten im speziell für Touristen eingerichteten *International Tourist Bureau* im 1. Stock des New-Delhi-Bahnhofs (geöffnet Mo-Sa 8-20 Uhr, So 8-14 Uhr, Tel.: 23405156, 23346804) gekauft werden. Das erspart einem das stundenlange Anstehen im riesigen *Rail Reservation Centre,* welches etwa hundert Meter vom Bahnhof entfernt Richtung Connaught Place liegt. Zwar kann es auch im Tourist Bureau bis zu einer Stunde dauern, bis man an der Reihe ist (es sei denn, man kommt gleich morgens, oder – häufig noch besser – etwa eine Stunde vor Geschäftsschluss), doch dafür geht dort wegen des Aufrücksystems inzwischen in gepolsterten Stühlen (jeweils eine Reihe auf der linken und rechten Seite des Raums, an die man sich hinten ansetzt) alles wesentlich übersichtlicher und ruhiger über die Bühne. Die Zeit zwischen etwa 13.45 und 14.30 Uhr ist weniger empfehlenswert zum Ticketkauf, da zwischen 14 und 14.15 Uhr mehrere Schalter Mittagspause machen.

Wer in **Rupien** zahlen will, muss seinen Umtauschbeleg vorlegen. Zahlt man in **Euro oder Dollar,** wird der Restbetrag wiederum in Rupien ausgezahlt. Ist die weitere Reiseroute bereits genauestens durchgeplant hat, kann man **alle nötigen Fahrkarten** gleich hier erwerben, da es in anderen Städten oft ungleich aufwendiger ist, Tickets zu bekommen.

Wer sich das Anstehen für Zugtickets ersparen will und nicht auf jede Rupie schauen muss, dem sei der von vielen Guest Houses in Pahar Ganj angebotene **Ticket-Service** empfohlen. Für eine Gebühr von etwa 50 Rs pro Ticket wird einem der gewünschte Fahrschein besorgt, vorausgesetzt, es stehen noch Plätze zur Verfügung.

Wichtig ist es, darauf zu achten, von welchem Bahnhof der Zug losfährt. Außerdem sollte man sich rechtzeitig auf den Weg zum jeweiligen Bahnhof machen. Vom zentral gelegenen **New-Delhi-Bahnhof** dürfte es keine Probleme geben, aber speziell während der

Hauptverkehrszeiten sollte man etwa eine Stunde Anfahrt von Connaught Place oder Pahar Ganj zur **Old Delhi Railway Station** veranschlagen. Einige wenige Züge fahren auch vom **Nizamuddin-Bahnhof** im Süden New Delhis und vom **Sarai Rohilla** im Nordwesten ab. Wichtige **Verbindungen** finden sich im Anhang.

Erwähnt werden soll noch der von Delhi startende Luxuszug **Palace on Wheels,** der eine einwöchige Rajasthan-Rundreise unternimmt, sowie der **The Royal Orient,** der sehenswerte Ziele in Rajasthan und Gujarat anfährt. (Genaueres zu beiden Zügen im Kapitel „Reisetipps A–Z, Verkehrsmittel".)

Bus

Wegen der hervorragenden Anbindung und des bequemeren Reisens setzen fast alle Touristen von Delhi aus die Fahrt mit dem Zug fort. Allerdings werden vom riesigen **Inter State Bus Terminal (ISBT)** ca. 1,5 km nördlich der Old Delhi Railway Station beim Kashmiri Gate alle größeren Städte Nordindiens mit **Direktbussen** angefahren. Die einzelnen Bundesstaaten besitzen dort ihre eigenen Büros, in denen man zwischen 10 und 17 Uhr sein Ticket bis zu sieben Tage im Voraus buchen kann.

Die Abfahrtszeiten wichtiger Ziele von staatlichen Bussen sind unten angegeben. Da die Abfahrtszeiten der Busse Änderungen unterliegen, sollte man sich vor Ort nochmals beim Auskunftsschalter am ISBT unter Tel.: 23968836, 23865181, 22152431 erkundigen. Einige wichtige Verbindungen sind auch bei http://dtc.nic.in/dt4.htm gelistet. Zu einigen wichtigen Zielen wie Udaipur (Abf. tgl. 18 Uhr, 700 Rs, über Jaipur) setzt DTC auch klimatisierte Volvo-Luxusbusse ein.

Außerdem haben mehrere andere Bundesstaaten Büros am ISBT-Busbahnhof: Rajasthan Roadways (Schalter 36, Tel.: 24864470, 23861246), Uttar Pradesh Roadways (Schalter 38, Tel.: 23868709)

Auch die meisten Guest Houses in Pahar Ganj und um den Connaught Place verkaufen Fahrscheine für Luxusbusse. Man sollte sich jedoch vergewissern, ob diese wirklich in der Nähe der Unterkunft losfahren.

Wichtige Verbindungen
vom ISBT (wenn nicht anders angegeben):
● **Agra:** halbstündlich, 5 Std., Exp./Del. 130/190 Rs
● **Ajmer:** stdl., 9 Std., Exp. 180 Rs
● **Jammu:** stdl. (5–23 Uhr), 12 Std., 260 Rs
● **Jaipur:** stdl., 5 Std., 280 Del., 450 AC
● **Jodhpur:** 5 Busse, 13 Std., 280 Rs Exp., 380 Rs Del.
● **Lahore:** tgl. 6 Uhr morgens ab Dr. Ambedkar Terminal (Tel.: 2338180) am Delhi Gate, 1.250 Rs
● **Ramnagar (Corbett-Nationalpark):** 5 Busse (6.45, 7.45, 9.10, 18.30, 20 Uhr), 6 Std., 120 Rs
● **Amritsar:** stdl. zwischen 4.30 und 21.30 Uhr, 11 Std., Exp./Del. 220/460 Rs
● **Chandigarh:** halbstdl. zwischen 6 und 21 Uhr, 5 Std., Exp./Del./AC-Del. 130/250/370 Rs
● **Dehra Dun:** stdl. zwischen 5.30 und 22.30 Uhr, 7 Std., Exp./AC-Del. 130/250 Rs
● **Manali:** stdl. zwischen 1 und 22 Uhr, 16 Std., Exp./Del./AC-Del. 350/600/750 Rs
● **McLeod Ganj:** tgl. 19.40 Uhr, 14 Std., Exp./Del. 290/500 Rs
● **Shimla:** stdl. zwischen 5.30 und 22.30 Uhr, 10 Std., Exp./Del./AC-Del. 220/450/580 Rs

Auch vom **Sarai Kale Khan Interstate Bus Terminal** (Tel.: 24358092), im Südosten zwischen Bahnhof Nizamuddin und Ring Rd. gelegen, starten und enden Busse nach/aus Agra, Chandigarh und anderen Zielen in Himachal Pradesh.

Vom **Bikaner House** fahren mehrere Luxusbusse von Rajasthan Roadways/Rajasthan State Transport Corp. nach **Jaipur** (alle 30 Minuten, 5–6 Std. Fahrtzeit, 220 Rs, AC 350 Rs, AC-Volvo 450 Rs). Vom dortigen Busbahnhof viele, auch luxuriöse Anschlussbusse zu Zielen in Rajasthan (siehe Jaipur, Weiterreise). Genaue Abfahrtszeiten und Verfügbarkeit von Plätzen können bei Rajasthan Roadways (Tel.: 23382469, Bikaner House), und am ISBT (Schalter 36, Tel.: 22961246) erfragt werden.

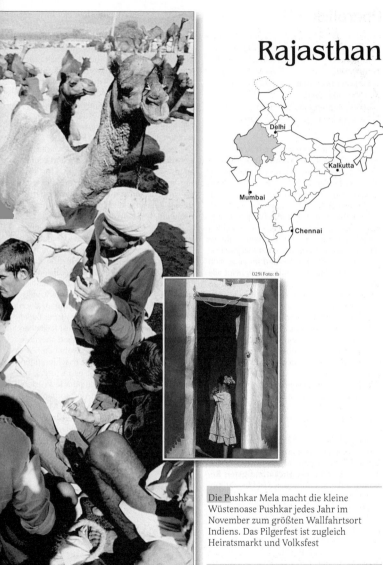

Rajasthan

029i Foto: tb

Die Pushkar Mela macht die kleine Wüstenoase Pushkar jedes Jahr im November zum größten Wallfahrtsort Indiens. Das Pilgerfest ist zugleich Heiratsmarkt und Volksfest

Eingang zu einer Lehmhütte

Überblick

Fläche:	342.239 km²
Hauptstadt:	Jaipur
Einwohner:	57 Mio.
Bevölkerungsdichte:	165 Ew./km²
Stadtbevölkerung:	25 %
Alphabetisierungsquote:	44 %
Lebenserwartung:	59 Jahre

Mit Gold und Juwelen geschmückte Maharajapaläste, Kamelkarawanen vor der Silhouette der untergehenden Sonne inmitten unendlicher Wüstenlandschaften, Frauen mit brokatüberzogenen Saris, Männer mit leuchtenden bunten Turbanen, uralte Karawanenstädte, legendenumwobene Trutzburgen, einzigartige Festtagsumzüge mit geschmückten Elefanten, Gauklern und Musikern – Rajasthan, das mit 342.000 km² nach Madhya Pradesh zweitgrößte Bundesland im äußersten Nordwesten des Subkontinents, scheint alle Bilder vom Märchenland Indien in sich zu vereinigen. Tatsächlich erweckt dieses ehemalige Rajputana, das Land der Königssöhne, Phantasien von Tausendundeiner Nacht. In vielen historischen Reiseberichten wird immer wieder von der landschaftlichen Schönheit, dem sagenumwobenen Reichtum der Herrscherhäuser und den exotischen Farben Rajasthans geschwärmt. Und nie fehlten die phantasievoll ausgeschmückten Geschichten, die den legendären Stolz der Bewohner hervorhoben, die von sich behaupteten, von der Sonne, dem Mond und dem Feuer abzustammen.

Der nach der Unabhängigkeit aus über 20 selbständigen Fürstentümern neugegründete Bundesstaat Rajasthan ist mit seinen 44 Mio. Einwohnern **eine der rückständigsten Regionen** Indiens. Grund dafür ist die jahrhundertelange Ausplünderung der Bevölkerung durch verschwendungssüchtige Fürsten.

Eine andere entscheidende Ursache für die schleppende wirtschaftliche Entwicklung des Landes ist jedoch auch in den ungünstigen geografischen Bedingungen zu finden. Über 57 % der Gesamtfläche Rajasthans nimmt die landwirtschaftlich nur sehr begrenzt nutzbare **Wüste Thar** ein. In dieser äußerst regenarmen westlichen Region Rajasthans, in der der Monsun oft jahrelang ganz ausbleibt, müssen über 50 % der Bevölkerung ihren kargen Lebensunterhalt durch Viehzucht verdienen, wobei das Kamel als Arbeitstier von unschätzbarem Wert ist.

Begrenzt wird die Wüste Thar im Osten durch das **Aravallis,** die älteste Gebirgskette der Erde, die Rajasthan in der Mitte durchschneidet und als natürliche Klimascheide fungiert. Die im Osten und Süden des Gebirges gelegenen Landesteile sind weitaus regenreicher als der karge Westen und können so als Ackerland genutzt werden. Dort werden vornehmlich Hirse, Mais und Weizen angebaut. Das einzige bedeutende **Industriegebiet** Rajasthans konzentriert sich im Südosten um die Stadt Kota.

Dabei ist es gerade die bis heute geringe industrielle Erschließung und das dadurch bedingte Überleben traditioneller Lebensformen, die die eigentliche Faszination Rajasthans vor allem bei westlichen Touristen ausmacht. Natürlich ist der in Indien deutlich spürbare Wandel auch am Land der Königssöhne nicht spurlos vorbeigegangen, doch noch immer bieten sich dem Besucher Bilder unvergleichlicher Schönheit. So ist Rajasthan heute zu Recht der mit Abstand meistbesuchte Bundesstaat Indiens, wobei die Zahl der zu besichtigenden Ziele schier unerschöpflich ist. Letztlich ist es fast egal, ob man sich nun in die märchenhafte Wüstenstadt Jaisalmer aufmacht, ins romantische Udaipur, zum atemberaubenden Meharangarh Fort nach Jodhpur oder in die touristisch noch relativ unentdeckte und gerade deshalb um so faszinierendere Shekhawati-Region – hier wie dort gilt: Rajasthan ist märchenhaft schön.

Ost-Rajasthan

Highlight:

Jaipur ⟋ V/C3

(ca. 2,3 Mio. Einwohner, Vorwahl: 0141)

Shilpa Shastra und Prinz *Albert* sind dafür verantwortlich, dass Jaipur heute **eine der beeindruckendsten Städte Indiens** ist. Shilpa Shastra ist nicht etwa ein rajputischer Herrscher, sondern ein altes indisches Lehrbuch der Baukunde und Prinz Albert nicht irgendein britischer Adliger, sondern der spätere König *Edward VII.*

Als sich *Sawai Singh II.* nach dem Tod *Aurangzebs* (1707) und dem dadurch eingeleiteten Niedergang der Mogulherrschaft dazu entschloss, das alte, 700 Jahre als Hauptstadt dienende Amber zu verlassen und seine neue Metropole elf Kilometer weiter südöstlich zu errichten, wollte er seine neugewonnene Unabhängigkeit auch dadurch dokumentieren, dass er sie entsprechend den Regeln des Shilpa Shastra errichten ließ. Von der Lage der Stadt über die Breite der Haupt- und Nebenstraßen bis zur Zuordnung der verschiedenen Kasten auf die einzelnen Stadtteile ist dort jedes Detail genauestens festgelegt. So entstand eine für indische Verhältnisse im Grunde ganz untypische **Reißbrettstadt** mit sehr breiten, rechtwinklig aufeinander zulaufenden Straßen, die in neun Blöcke unterteilt ist und von einer sechs Kilometer langen, zinnengekrönten Stadtmauer umschlossen ist.

Als Prinz Albert anlässlich eines Staatsbesuches 1876 nach Jaipur kam, wurden ihm zu Ehren alle Häuser der Altstadt mit der **Begrüßungsfarbe Rosa** gestrichen. *Pink City*, wie die heutige Hauptstadt Rajasthans seither genannt wird, ist (zumindest in der Altstadt) seit den Tagen Prinz Alberts nahezu unverändert geblieben – und wird es auch bleiben, da die Altstadt unter Denkmalschutz steht. Das einheitliche zarte Rosa der vom verspielten Design der Mogularchitektur geprägten Häuserfassaden, zusammen mit den weitläufigen, boulevardähnlichen Straßen voller orientalisch anmutender Lebensfülle, faszinierte die Reisenden seit jeher. „Fast könnte man glauben, diese Stadt sei der üp-

Rajasthan

Tipp: Rajasthan per Mietwagen

Wegen der geringen Entfernungen der einzelnen Städte eignet sich Rajasthan besonders gut, um mit einem Mietwagen (inkl. Fahrer) erkundet zu werden. Auf diese Weise kann man nicht nur relativ viele Orte innerhalb kurzer Zeit besuchen, sondern auch in den landschaftlich schönen Gebieten anhalten lassen, wo es einem gerade gefällt. Mit 15.000 Rs für eine 14-tägige Rajasthan-Tour mit Delhi als Ausgangs- und Endpunkt halten sich die Kosten durchaus in Grenzen, zumal dann, wenn man sie sich mit mehreren Personen teilt. Ausführliche Informationen zu Mietwagen finden sich im Kapitel „Praktische Reisetipps: Verkehrsmittel".

pigen Fantasie eines Dichters entsprungen", notierte der Italiener *Luciano Magrini*, der die Stadt in den zwanziger Jahren dieses Jahrhunderts besuchte.

Heute ist Jaipur Synonym für das malerische Indien und aufgrund der geografischen Nähe zu Delhi und der hervorragenden touristischen Infrastruktur die nach Agra meistbesuchte Stadt Indiens. Jedoch ist sie auch eine der am schnellsten wachsenden Metropolen. Daher sollte man sich im Klaren sein, dass in den Außenbezirken Jaipurs all die negativen Aspekte einer indischen Großstadt wie Luftverschmutzung, Lärm und hässliche Zweckbauten das Bild bestimmen. Der Charme der Stadt entfaltet sich ausschließlich in der **ummauerten Altstadt.**

Geschichte

Flagge zeigen, das bedeutet bei den Maharajas von Jaipur mehr als bei allen anderen Herrschergeschlechtern Rajasthans auch heute noch, ihre Besonderheit zu dokumentieren. Als Zeichen der Anwesenheit des Herrschers flattert über dem Stadtpalast von Jaipur zusätzlich zur üblichen mit dem Herrschaftssymbol versehenen Flagge ein weiterer kleiner Wimpel, genau ein Viertel so groß:

Sawai – ein und ein Viertel, ein Ehrentitel, der *Jai Singh II.*, dem Gründer Jaipurs, bei seinem Antrittsbesuch vom Großmogul *Aurangzeb* in Delhi auf Grund seiner besonderen Leistungen verliehen wurde und der den Führungsanspruch gegenüber den anderen Rajputenstaaten begründen sollte.

Doch schon lange vorher waren die **Kachwahas von Amber,** deren Herrschergeschlecht Sawai Udai Singh II. entstammte, durch besonders enge Beziehungen zu den Moguln zu Ehre und Wohlstand gelangt. Während andere Rajputenstaaten durch fortwährende Unabhängigkeitskämpfe gegen die Herrscher von Delhi geschwächt wurden (Chittorgarh, Udaipur), war es *Raja Biharimal* aus dem Hause Amber, der 1556 als erster Rajputenfürst seine Tochter Kaiser *Akhbar* zur Frau gab, wofür er und all seine Nachfolger mit lukrativen Posten als Generäle bzw. Gouverneure belohnt wurden. So entwickelten sich die Kachwahas schnell zu einem der mächtigsten Rajputengeschlechter, und die Palastanlage in Amber vermittelt auch heute noch einen lebendigen Eindruck ihres scheinbar unermesslichen Wohlstandes.

Daran sollte sich auch nach dem Niedergang der Moguln nichts ändern und so konnte Sawai Jai Singh II. an dem von Astrologen festgelegten Datum vom 27.11.1727 den Grundstein für seine neue Hauptstadt Jaipur legen. Auch weiterhin verstanden es die Kachwahas durch geschickte Diplomatie, ihre führende Stellung unter den Rajputenfamilien zu wahren. So standen sie Mitte des 18. Jh. bei der Niederschlagung der indischen Unabhängigkeitsbewegung ebenso auf seiten der Briten wie während des Zweiten Weltkrieges, als der Maharaja von Jaipur als Major in Italien kämpfte. Erst zwei Jahre nach der Unabhängigkeitserklärung wurde Jaipur Mitglied der Indischen Union.

Stadtrundfahrt

●Vom Bahnhof starten täglich um 8, 11.30 und 13.30 Uhr jeweils **fünfstündige Rundfahrten** von RTDC (Rajasthan Tourism Development Corporation, Tel.: 2375466,

2371648), die zum Preis von 100 Rs alle bedeutenden Sehenswürdigkeiten Jaipurs wie etwa Hawa Mahal, Stadtpalast, Jantar Mantar und das 11 km außerhalb gelegene Amber Fort beinhalten.

● Die **Ganztagestour** von 9 bis 18 Uhr (150 Rs) schließt außerdem noch die Besichtigung der königlichen Gräber in Gaitor, des sehenswerten Jaigarh Fort, des Birla-Planetariums sowie des Nahargarh Fort ein, wo auch eine Mittagspause eingelegt wird. Sicherlich eine gute und zudem relativ preiswerte Möglichkeit, um die vielfältigen Sehenswürdigkeiten der Stadt in kurzer Zeit zu besuchen. Allerdings wirkt alles etwas gehetzt und natürlich wird auch der übliche Stopp in einem Laden eingelegt. Die genannten Preise beinhalten nicht die Eintrittspreise und Kamera-/Videogebühren.

Die Busse beider Stadtrundfahrten nehmen jeweils ca. 5 Min. nach dem Start am *RTDC Hotel Gangaur,* am *RTDC Hotel Teej* und ca. 20 Min. später am *RTDC Tourist Hotel* noch weitere Interessierte auf. Auch hier können noch Tickets erstanden werden.

● Zudem wird eine vierstündige **Abendtour** (18.30–20.30 Uhr) angeboten, die die meist angestrahlten wichtigsten Sehenswürdigkeiten inkl. Amber Fort passiert. Sie beinhaltet auch ein Abendessen im Nahargarh Fort, das im Gesamtpreis von 200 Rs enthalten ist.

Altstadt

Im Grunde ist die in ihrer Architektur seit der Gründung vor fast 300 Jahren unveränderte Innenstadt von Jaipur ein einziges Gesamtkunstwerk. Dementsprechend gehört das Schlendern durch die von pulsierendem Leben erfüllten Gassen zu einem der schönsten Erlebnisse in der Stadt. Besonders beeindruckend wirkt die Altstadt am Spätnachmittag, wenn die Häuserfassaden mit ihren winzigen Fenstern, bogenförmigen Eingängen, geschwungenen Balkonen und Kuppeldächern im Licht der tiefstehenden Sonne in einem satten Rosa erstrahlen.

Unübersehbar ist jedoch auch die in letzter Zeit rasant voranschreitende Verwestlichung und Modernisierung im täglichen Le-

ben der Inder. So gehört das bis vor wenigen Jahren selbstverständliche Bild der vorbeiziehenden Kamelkarren mit ihren stolzen, turbangeschmückten Antreibern inzwischen fast der Vergangenheit an. Dafür bestimmen neben den nach wie vor die Straßen verstopfenden Fahrradrikshas immer mehr PKW und Busse die Szene. Dazu passt es, dass neben traditionellen Produkten wie Gewürzen, Schmuck, Textilien, Gemüse und Obst zunehmend Farbfernseher, Klimaanlagen und Autoersatzteile angeboten werden. Dieses Nebeneinander von alt und neu verdeutlicht den für ganz Indien charakteristischen Wandlungsprozess von einer agrarischen Dorfgesellschaft zu einer mobilen, zukunftsorientierten Industrie- und Dienstleistungsgesellschaft.

Rundgang

Im Labyrinth der Altstadtgassen verliert man schnell die Orientierung. Wer sich zunächst einen Überblick verschaffen möchte, bevor er sich treiben lässt, dem sei der folgende Rundgang empfohlen.

Beginnen wir beim **Singh Pol,** einem jener sieben Eingangstore der Altstadt, welches noch bis zum Anfang dieses Jahrhunderts abends verschlossen wurde. Das sieben Meter hohe und drei Meter dicke Tor hinterlässt mit seinen Türmchen, Balkonen und Schießscharten einen burgähnlichen Eindruck. Mit der rosafarbenen Bemalung und dem bunten Treiben drumherum bildet es ein hübsches Fotomotiv.

Entlang des sich südlich anschließenden **Khajane Walon Ka Rasta** finden sich zahlreiche Marmorgeschäfte. Die ursprüngliche Einteilung der Altstadt in so genannte *mohallas,* in denen, ähnlich den mittelalterlichen Zünften in Europa, bestimmten Handwerks- und Händlerschichten spezielle Viertel zugeteilt waren, ist hier noch gut zu erkennen.

Begibt man sich an der Kreuzung zum **Chandpol Bazaar** nach rechts, so gelangt man nach wenigen Hundert Metern zum **Chhoti Chaupar.** Dies ist eine von drei großen Kreuzungen, an denen die über 30 Meter breiten Hauptstraßen der Altstadt aufeinander treffen. Die an den Straßenstän-

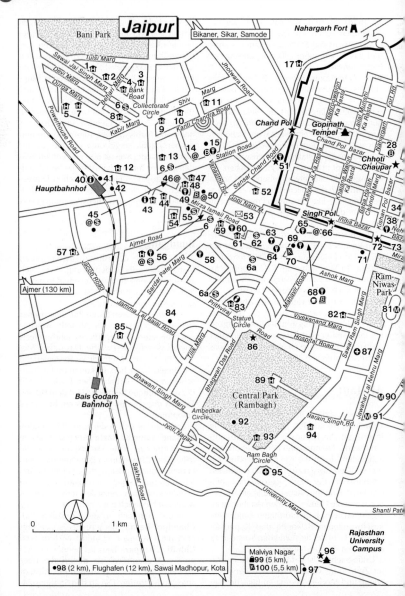

Rajasthan

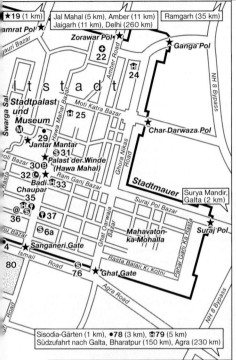

🛏	8	Anurag Palace
🛏	9	Hotel Jaipur Ashok
🛏	10	Tara Niwas
🛏	11	Jaipur Inn
🛏	12	RTDC Hotel Swagatam, RTDC Reservation Office
🛏	13	RTDC Hotel Teej
🛏	17	Hotel Bissau Palace
🛏	24	Samode Haveli
🛏	25	Shimla Hotel
🛏	33	Hotel Kailash
🛏	35	LMB Hotel
🛏	43	Hotel Khasa Koti
🛏	44	RTDC Hotel Gangaur
🛏	47	Hotel Karni Niwas
🛏	48	Hotels Atithi und Rajdhani
🛏	51	Mandawa Haveli
🛏	52	Hotel Arya Niwas
🛏	54	Hotel Pearl Palace
🛏	56	Best Western Om Hotel
🛏	57	Jai Mahal Palace Hotel
🛏	59	RTDC Reception Centre, RTDC Tourist Hotel
🛏	61	Evergreen Guest House
🛏	79	Hotel Raj Vilas
🛏	82	Hotel Diggi Palace
🛏	83	Hotel Park Plaza
🛏	85	Raj Mahal Palace Hotel
🛏	89	Lakshmi Vilas Hotel
🛏	93	Rambagh Palace Hotel
🛏	94	Narain Niwas Palace Hotel

Essen und Trinken

🍴	15	Traffic Jam
🍴	35	Surya Mahal Restaurant
🍴	37	Royal Fast Food
🍴	38	Mohan Restaurant
🍴	49	Chic Chocolate
🍴	51	Restaurant Chatanya
🍴	56	Revolving Tower Restaurant
🍴	58	Four Seasons
🍴	60	Handi Restaurant, Copper Chimney
🍴	63	Dasaprakash Restaurant
🍴	64	Barista Espressobar
🍴	65	Lassiwala
🍴	68	Restaurants Niro's und Natraj,
○		Jal Mahal Café & Icecream Parlour
🍴	69	McDonald's
🍴	99	Malviya Nagar (Indian Spice Restaurant)

Sonstiges

Ⓢ	6	ATM (Visa-, Visa Electron-, Master-, Cirrus- und Maestro-(EC-)Card)
Ⓢ	6a	ATM (wie 6, sowie für Amex-Karten)

Sehenswürdigkeit

★	19	Royal Gaitor
Ⓒ	32	Jama Masjid
Ⓜ	34	Shree Sanjay Sharma Museum
★	72	Ajmeri Gate
★	73	New Gate
★	75	Sanganeri Gate
Ⓜ★	80	Modern Art Gallery, Zoo
Ⓜ	81	Central Museum (Albert Hall)
★	86	Birla Planetarium
Ⓜ	90	Museum of Indology
Ⓜ	91	Puppenmuseum
★▲	96	Lakshmi Narayan/Birla Tem.

Unterkunft

🛏	1	Hotel Meghniwas
🛏	2	Umaid Mahal
🛏	3	Hotel Umaid Bhawan
🛏	4	Hotel Madhuban
🛏	5	Om Niwas
🛏	7	Shapura House

den von der Dorfbevölkerung der Umgebung feilgebotenen Früchte und die Blumenhändler bieten ein farbenprächtiges Bild.

Neben der oberhalb der Stadt gelegenen Festung **Nahargarh Fort** fällt der Blick auf das **Iswari Minar Swarga Sal,** das links vom Tripola Bazaar gelegene, höchste Gebäude innerhalb der Altstadt. Erbauer dieses „Minarettes, das den Himmel durchstößt" war *Maharaja Iswari Singh.* Ganz im Gegensatz zu seinem Vater *Jai Singh,* dem Gründer Jaipurs, ging er als schwächlicher Herrscher in die Stadtchronik ein, der seinem Leben durch Selbstmord ein Ende setzte. Bei seiner Einäscherung 1853 ließen sich 21 Ehefrauen auf dem Scheiterhaufen mitverbrennen.

Kurz hinter dem Minarett gelangt man durch das **Tripola Gate** nach wenigen Hundert Metern zum **Observatorium (Jantar Mantar).** Zurück zum Tripola Bazaar, entlang zahlreicher Geschäfte, deren Angebotspalette von Küchenutensilien über Eisenwaren bis zu kleinen Götterfiguren reicht, gelangt man zum **Badi Chaupar.** In der Mitte dieser großen Kreuzung befindet sich ein bereits von Jai Singh angelegter Springbrunnen, der von einem unterirdischen Leitungssystem gespeist wurde. Geht man nach links, also in nördlicher Richtung vom Badi Chaupar, so steht man nach wenigen Metern vor der Fassade des **Palastes der Winde (Hawa Mahal).** Lange wird man hier jedoch wegen der aufdringlichen Bettler und Händler kaum verweilen.

Die Gassen entlang des südlich vom Badi Chaupar verlaufenden **Johari Bazaar** sind die traditionelle Heimat der berühmten Gold- und Silberschmiede. Über 50.000 Menschen sollen auch heute noch in der Edelsteinverarbeitung Jaipurs, die weltweiten Ruhm genießt, arbeiten. Allerdings befinden sich unter den hier ansässigen Juwelieren auch zahlreiche schwarze Schafe, die sich besonders auf ahnungslose westliche Touristen spezialisiert haben. Also Vorsicht! Wer sich zwischendurch ein wenig stärken will, der sollte sich am Stand vor dem LMB-Restaurant mit einem leckeren *samosa* oder *pakora* verköstigen. Der Johari Bazaar wird flankiert von unzähligen Stoffgeschäften, die mit ihren

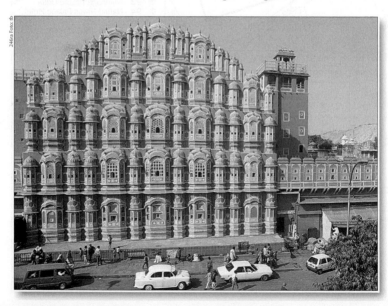

246ca Foto: tb

großen, bunten, zur Straße hängenden Decken und Tüchern besonders farbenprächtig erscheinen.

Äußerst fotogen ist auch das am südlichen Ende des Johari Bazaar gelegene **Sanganeri Gate.** Biegt man vor dem Stadttor nach rechts, gelangt man zu den besonders bei Rajputenfrauen beliebten Geschäften entlang des **Bapu Bazaar.** Vorbei am **New Gate,** bei welchem sich auf der anderen Seite der M.I. Road zwei weitere Sehenswürdigkeiten befinden – der **Ram Niwas Garden** und das darin gelegene **Central Museum** – führt der Weg über den Nehru Bazaar zurück zum Singh Pol, dem Ausgangspunkt des Rundgangs.

Ein idealer Ort, um das einzigartig bunte, chaotische Treiben aus erhöhter Perspektive zu beobachten, ist ein kleiner, als solcher kaum erkennbarer Tempel an der nordwestlichen Ecke des Platzes Chhoti Chaupar. Über zwei Treppenaufgänge gelangt man zu einer Plattform (10 Rs Eintritt), von wo aus sich eine faszinierende Aussicht bietet.

Palast der Winde (Hawa Mahal)

Obwohl kaum mehr als eine **Fassade,** hinter der sich nur ein **Treppenaufgang** verbirgt, gilt der Palast der Winde heute als das Wahrzeichen Jaipurs und gehört zu den meistfotografierten Gebäuden Indiens. Wie ein überdimensionaler, steinerner Fächer wirkt der Hawa Mahal, und tatsächlich hat er neben dem Aussehen auch einige Funktionen des Fächers wie die des Verbergens übernommen. Das 1799 von *Maharaja Pratap Singh II.* errichtete, fünfstöckige, mit 953 Nischen und Fenstern versehene Bauwerk diente einzig und allein dazu, den Haremsdamen den Ausblick auf die pompösen Festumzüge zu er-

Hawa Mahal, der Palast der Winde – Jaipurs Wahrzeichen

Rajasthan

Fortsetzung Legende Jaipur

@	14	Mewar Cyber Café
Ⓑ	15	Central Bus Station,
●		Riksha Prepaid Stand
✛	22	Ayurvedic Hospital
Ⓑ	28	Busse nach Galta
●	29	Sawai Man Singh Town Hall, Foreigner's Registration Office
Ⓑ	30	Busse nach Amber
Ⓢ	31	LKP Forex
Ⓢ	35	HDFC ATM
@	36	Shree Ram Communications
❶	40	Rajasthan Tourist Information Bureau
●	41	Prepaid Counter
●	42	Railway Reservation Office
❶	43	IndiaTourism Office
●	45	Jaipur Tower (viele Fluggesellschaften,
@		TravelCare, Internetcafés),
Ⓢ		UAExchange, British Airways, Thomas Cook
@	46	sify-i-way Internetcafé
●	50	Ganpati Plaza (Air India, Pizza Hut,
@		Sway Celebrations, Internetcafés, Sentosa Colour Lab, Fitness Plaza,
🅑		Ganpati Books)
✉	53	Hauptpost
●	55	Jet Airways, LKP Forex,
Ⓢ		Bank of Punjab (inkl. ATM)
@	56	sat-i-yam i-way Internet,
Ⓢ		Citibank (inkl. ATM)
Ⓢ	62	Bank of Rajasthan (inkl. ATM), DHL
@	66	Modern Internet
🅑	68	Book's Corner
●	69	Thomas Cook
🅚	70	Raj Mandir Kino
●	71	Rajasthan Government Emporium
●	74	Lufthansa
Ⓢ	76	State Bank of India
●	78	Dhamma Vipassana Meditation
❷	83	24-Std.-Apotheke
●	84	Kerala Ayurveda Kendra
✛	87	Sawai Mansingh Hospital
●	92	Rambagh Polo & Golf Club
✛	95	Santokba Durlabhi Hospital
●	97	Yogic Treatment Research Centre
●	98	Indian Airlines
🔒	99	Gaurav Tower
🅚	100	Entertainment Paradise

möglichen, ohne selbst gesehen zu werden. Damit ist der Palast der Winde wohl das beste Symbol für den verschwenderischen Lebensstil der Rajputenfürsten. Ein Luftschloss im wahrsten Sinne des Wortes mit seinen winddurchzogenen Erkern und Balkonen (daher der Name, der eine weitere Anlehnung an die Idee des Fächers erkennen lässt), das auch durch den Ausblick auf die sich darunter ausbreitende Altstadt bzw. auf die weitläufige, ein Siebtel der gesamten Altstadtfläche einnehmende Palastanlage beeindruckt.

Auf der dem Hawa Mahal gegenüber liegenden Straßenseite versuchen einige clevere Geschäftsleute, die günstige Lage ihrer Läden zu versilbern, indem sie Touristen das Dach ihres Geschäftes als ideale Aussichts- und Kameraplattform angeblich kostenlos zur Verfügung stellen – selbstverständlich nicht, ohne später umso nachdrücklicher auf einen Besuch ihres „very, very cheap and nice" Geschäftes zu drängen.

Der Eingang zum Palast der Winde liegt etwas versteckt auf dessen Rückseite und ist nicht leicht zu finden. Man erreicht ihn, indem man zunächst zur links des Palastes gelegenen Hauptkreuzung geht, sich dort nach rechts wendet und nach wenigen Metern wieder nach rechts in eine kleine, von einem Torbogen überspannte Gasse einbiegt. Nach etwa 30 Metern liegt auf der rechten Seite der Eingang.

●**Öffnungszeiten:** tgl. außer Fr 9–16.30 Uhr. Eintritt: 5 Rs, Kamera 40 Rs, Video 70 Rs, Tel.: 2618862. Wer die Fassade gänzlich im Sonnenlicht erleben möchte, sollte im Winter vor 10 Uhr morgens kommen.

Freiluftobservatorium (Jantar Mantar)

Die vielen beim Bau Jaipurs zu verzeichnenden Abweichungen gegenüber den Vorschriften des Shilpa Shastra rühren in erster Linie daher, dass die Stadt beim Tode Jai Singhs noch nicht fertig gestellt war und seine Nachfolger sich herzlich wenig um dessen Konstruktionspläne kümmerten – angeblich sollen sie später sogar als Packpapier zweckentfremdet worden sein.

Für eine zentrale Veränderung war der Stadtgründer allerdings selbst verantwortlich, ließ der begeisterte Astrologe doch in der Mitte der Stadt nicht, wie im Shilpa Shastra vorgegeben, einen Tempel, sondern eine Sternwarte errichten. Von den insgesamt fünf von Udai Singh errichteten Observatorien ist dieses zwischen 1728 und 1734 erbaute, im Jahr 1901 restaurierte das beeindruckendste. Es gilt zudem als das größte steinerne Observatorium der Erde.

Einen seltsam faszinierenden Eindruck vermitteln die einzelnen, verstreut liegenden kubischen Konstruktionen, erscheinen sie doch futuristisch und archaisch zugleich. Überhaupt ist der von der Anlage ausgehende ästhetische Reiz weitaus höher einzuschätzen als der wissenschaftliche Wert der meisten **aus Marmor und Sandstein gefertigten Messinstrumente.** So fußte ein grundsätzlicher Konstruktionsfehler in der fälschlichen Annahme, dass mit der Größe der Geräte auch deren Messgenauigkeit zunehmen würde. Das genaue Gegenteil ist jedoch der Fall, wie sich vor allem beim größten Instrument der Anlage, der über 30 Meter hohen **Sonnenuhr,** zeigte, da deren Schatten zu weit und dementsprechend ungenau gestreut wird. Sehr genaue Informationen vermittelte dafür das ausgeklügelte, futuristisch anmutende Jai Prakash Yantra.

Da die Funktionsweise der einzelnen Instrumente auf den installierten Informationstafeln erklärt wird, ist es nicht nötig, die Dienste eines der sich am Eingang zur Verfügung stellenden Führer in Anspruch zu nehmen. Im Übrigen kann man sich im Bedarfsfall immer noch einer der vielen Gruppen-

Teil der Sternwarte Jantar Mantar – der ästhetische Reiz dieses steinernen Observatoriums aus dem 18. Jh. ist weit größer als sein wissenschaftlicher Wert

Rajasthan

führungen anschließen. Schließlich werden vor dem Observatorium für die besonders Interessierten diverse Bücher angeboten, die detailliert jedes einzelne Instrument erklären.
●**Öffnungszeiten:** tgl. von 9 bis 16.30 Uhr, Tel.: 2610494, Eintritt 10 Rs, Kamera 50 Rs, Video 100 Rs.

Stadtpalast

Kaum anschaulicher könnte das gewandelte machtpolitische Selbstbewusstsein der Rajputen nach dem durch Aurangzebs Tod eingeleiteten Niedergang der Mogulherrschaft zutage treten als beim Vergleich zwischen dem alten Palast der Kachwahas in Amber und dem neuen, von Udai Singh errichteten in Jaipur. Nun hatte man es nicht mehr nötig, seine Palastanlagen auf einem Bergrücken zu erbauen, sondern konnte sich in der Ebene ansiedeln. Nicht mehr der festungsartige, wehrhafte Unterbau, sondern das ebenerdige Nebeneinander der einzelnen Gebäudeteile kennzeichnete von nun an alle neuerbauten Rajputenpaläste.

Dabei zeigt sich, wie geschmacksbildend der **Mogulstil** nach über fünfhundertjähriger Fremdherrschaft auf die Maharajas gewirkt hatte. Darüber hinaus vermittelt der Rundgang durch die verschiedenen Räume, Hallen, Säle und Innenhöfe des Stadtpalastes von Jaipur einen lebhaften Eindruck vom legendären Reichtum der Herrscherfamilien Rajasthans.

Zunächst betritt man mit dem **Mubarak Mahal** einen großen, quadratischen Innenhof, in dessen Mitte ein sehr schönes zweistöckiges Marmorgebäude steht, das früher als königliches **Gästehaus** diente. Heute werden hier vornehmlich Kleider und Schmuck der königlichen Familie ausgestellt. Die über und über mit Gold und Edelsteinen besetzten Gewänder zeigen anschaulich den märchenhaften Reichtum der Herrscher von Jaipur. Schwer zu tragen hatte im wahrsten Sinne des Wortes der Maharaja *Madhu Singh I.*, der mit seinen 250 kg Lebendgewicht eine Gürtelweite von 1,80 Metern benötigte. Was zu viel ist, ist zu viel, und so starb der dicke Herrscher bereits im Alter von 32 Jahren.

247a Foto tb

Die frühere **Residenz der Maharani**, im Südwesten des Hofes gelegen, beherbergt heute das bestausgestattete **Waffenmuseum** ganz Indiens. Wer die unbeschreibliche Vielfalt der unter Verwendung edelster Materialien bis ins letzte Detail filigran gearbeiteten Waffen gesehen hat, kann sich im Grunde alle weiteren Waffenschauen in den anderen Palastanlagen Rajasthans schenken.

Ein von zwei Marmor-Elefanten flankiertes **Bronzetor** führt vom Mubarak Mahal in einen zweiten Hof mit einer öffentlichen **Audienzhalle** in der Mitte (Diwan-e-Khaz). Geschmückt wird sie von den zwei größten Silbergefäßen der Welt, je 345 Kilogramm schwer, die der Maharaja *Madhu Singh II.* in mehrjähriger Arbeit unter einem enormen Kostenaufwand einzig und allein zu dem Zweck fertigen ließ, um 9.000 Liter Gangeswasser zur Krönung *Edwards II.* nach England zu transportieren. Wie sich die Zeiten ändern: Heute begnügt sich der Herrscher von Jaipur mit Leitungswasser, welches freilich aus goldenen Wasserhähnen fließt.

Links von der Audienzhalle führt ein Tor zum so genannten **Pfauenhof**, einem kleinen Innenhof mit reich verzierten, die vier Jahreszeiten symbolisierenden Toren. Darüber erhebt sich der siebengeschossige, mit seinen vorspringenden Erkern und Pavillons deutlich von Mogul-Architektur geprägte **Chandra Mahal**, in dem sich heute die Privatgemächer der Maharaja-Familie befinden (für die Öffentlichkeit nicht zugänglich).

Wieder zurück zum Diwan-e-Khaz, findet sich auf der rechten Seite der Eingang zu einem riesigen **Saal** mit monumentalen Kronleuchtern, Wandbehängen und Elefantensänften (*haudas*) in der Mitte.

● **Öffnungszeiten:** tgl. von 9.30 bis 16.45 Uhr, Tel.: 2608055, Eintritt 150 Rs, Kamera 50 Rs, Video 200 Rs.

Sehenswertes außerhalb der Altstadt

Ram-Niwas-Park und Central Museum

Verlässt man die Altstadt durch das Sanganeri Gate und überquert die Mirza Ismail Road, gelangt man zu dem ausgedehnten Ram-Niwas-Park. Zwar ist das Areal nicht gerade sonderlich einfallsreich gestaltet, doch dafür bietet es genug Platz, Ruhe und frische Luft zum Ausruhen. Für indische Verhältnisse relativ tierfreundlich ist der auf dem Parkgelände beheimatete **Zoo** gestaltet.

Im Süden des Ram-Niwas-Parks steht die **Albert Hall**, ein beeindruckendes Gebäude im indo-sarazenischen Stil, das wie so viele andere Prunkbauten Jaipurs aus Anlass des Besuches des *Prince of Wales* erbaut wurde. Heute beherbergt es das **Central Museum**, in dem neben archäologischen Funden und hübschen kunsthandwerklichen Arbeiten aus Rajasthan (Tonarbeiten, Schmuck, Kostüme) auch persische Teppiche aus dem 17. Jh. ausgestellt sind.

● **Öffnungszeiten** des Museums: tgl. außer Fr 10 bis 16.30 Uhr, Tel.: 2570099, Eintritt 30 Rs, Mo frei.

Lakshmi-Narayan-Tempel

Beim Anblick des in strahlend weißem Marmor vom Industriellen *Birla* errichteten Tempels im Süden der Stadt fühlt man sich unwillkürlich an das Taj Mahal erinnert. Der Tempel ist zwar in recht konventionellem Stil errichtet, beachtenswert sind jedoch die in den Nischen platzierten Skulpturen von Religionsstiftern wie Jesus, Buddha, Zarathustra und Konfuzius, die die Toleranz der Jains gegenüber anderen Religionsgemeinschaften zum Ausdruck bringen sollen.

Nahargarh Fort

1734 ließ Jai Singh das spektakulär auf einem Felsrücken platzierte **„Tigerfort"** als eine Art überdimensionalen Wachturm errichten. Von hier konnten eventuell anrückende Feinde frühzeitig gesichtet und bekämpft

Rajasthan

werden. Wenn auch von den einzelnen Bauten der 1868 restaurierten und erweiterten Festungsanlage kaum Sehenswertes erhalten geblieben ist, so lohnt der Ausflug allein wegen des sehr schönen Panoramablickes, besonders vom Dach, auf Jaipur und Umgebung. Der Maharaja konnte seine jeweilige Lieblingsfrau besuchen, ohne von den anderen Frauen gesehen zu werden, da zu jedem Luxusapartment seiner neun Gespielinnen des um einen Innenhof erbauten Sommerpalastes ein separater Tunnel führte.

● **Öffnungszeiten:** 10–17.30 Uhr, Eintritt 20 Rs, Kamera 20 Rs, Video 70 Rs, Tel.: 2671848, 5148044.

Birla-Planetarium

Das Birla-Planetarium bietet täglich um 17 Uhr einstündige **astronomische Vorführungen** in Englisch an. Ein Abstecher kann mit einer Verschnaufpause im neuen, angenehm-weitläufigen Central Park nebenan verbunden werden.

● **Eintritt:** 20 Rs, Tel.: 2382267, 2381594.

Information

● Von den zahlreichen Touristenbüros Jaipurs ist das rund um die Uhr geöffnete **Government of Rajasthan Tourist Information Bureau** (Tel.: 2200778 oder 1364, 24 Std. erreichbar, www.rajasthantourism.gov.in) auf Bahnsteig 1 im Bahnhof das beste. Hier ist auch die informative *City Guide Map Jaipur* mit einem sehr übersichtlichen Stadtplan, zahlreichen Adressen und einer knappen Beschreibung der wichtigsten Sehenswürdigkeiten erhältlich. Außerdem ist man bei der Vermittlung von Unterkünften bei Familien *(Paying Guest Houses)* behilflich.

● Weniger gut ist die **Filiale am Busbahnhof** (Tel.: 5064102), die offiziell von 8 bis 20 Uhr geöffnet ist.

● Auch im **IndiaTourism-Büro** (Mo–Fr 9–18, Sa 9–14 Uhr, Tel.: 2372200, indtourjpr@raj.nic.in) beim *Hotel Khasa Kothi* erhält man meist nur recht allgemein gehaltene Informationen.

● Etwas schleppend geht es beim **RTDC Tourist Office** (Tel.: 2315714) neben dem *RTDC*

Tourist Hotel zu. Man ist vor allem am Verkauf von Tickets für Stadtrundfahrten interessiert. Ein beim Rajasthan Tourist Office gemietetes Taxi kostet für 8 Stunden 720 Rs, inkl. nur 60 km (im unklimatisierten Ambassador oder Indica), jeder weitere Kilometer kostet 4,50 bis 6 (AC) Rs. Auch klimatisierte und komfortablere, teurere Autos und Kleinbusse sind zu haben.

● Staatlich geprüfte **Stadtführer** können über das *Tourist Information Bureau* am Bahnhof (Tel.: 2315714) oder über *Indiatourism* (Tel.: 2372200) gebucht werden. 8 Std. kosten für bis zu 4 Personen 400 Rs, 4 Std. 280 Rs bzw. 530/400 Rs bei bis zu 15 Personen.

Stadtverkehr

Riksha

● Vom Bahnhof zum Hawa Mahal sollte es mit der Fahrradriksha etwa 20 Rs kosten, auch zu den Hotels *Megh Niwas* und *Evergreen* nicht mehr. Mit dem Scooter höchstens das Doppelte.

Jaipurs Rikshafahrer gelten neben denen in Agra und Varanasi als die unangenehmsten Vertreter ihrer insgesamt nicht gerade hoch angesehenen Zunft. Auch bei ihnen meint man, eine Registrierkasse in den Augen rattern zu sehen, wenn sie einen der zahlreichen Touristen erspähen. Man sollte grundsätzlich jene meiden, die sich auf westliche Besucher spezialisiert haben und sich gar nicht mehr am normalen Fahrbetrieb beteiligen. Generell gilt die Regel: Je besser sie Englisch sprechen, desto höher die Preise. Vor allem bei der Ankunft am Bahnhof wird man von ihnen bedrängt, da sie sich eine saftige Hotelkommission versprechen, meist mit dem Angebot: „10 Rs anywhere". Oft weigern sie sich standhaft, eine Unterkunft anzufahren, die nicht am florierenden Schleppergeschäft beteiligt ist. Am Bahnhof und Busbahnhof sollte man auf jeden Fall auf die **Prepaid-Schalter** zurückgreifen, obwohl zumindest der am Busbahnhof auch nicht immer ganz zuverlässig ist. Ganz umgehen kann man das Problem kaum und so tut man gut daran, sich vor der Ankunft auf die nervige Anmache durch Rikshafahrer einzustellen.

Taxi

- In Jaipur gibt es einige telefonisch bestellbare Taxiservices: **Jain Taxi Services** (0)9314561919, **Pink City Radio Taxi** (Tel.: 2205000) oder **Shyam Radio Cabs** (Tel.: 2372222).
- Mit dem Taxi zum 15 km entfernten **Flughafen** zahlt man maximal 250 Rs.
- Am **Busbahnhofseingang** steht ein Prepaid-Counter für Taxis.
- Will man mit dem Touristentaxi **Jaipur und Umgebung** erkunden, sollte man für 4 Std. mit einem nicht klimatisierten Ambassador 450 Rs, für 8 Std. 850 Rs rechnen. Für neuere und AC-Modelle wird es teurer. Taxis können auch über die Tourist Offices zu Festpreisen gebucht werden.

Tempos und Busse

- Zwischen den beiden Bahnhöfen und der Innenstadt verkehren Tempos und Busse.

Fahrrad

- Es besteht zwar noch die Möglichkeit, in einigen Billigunterkünften Fahrräder (ca. 30 Rs/Tag) auszuleihen, jedoch ist der Verkehr in den letzten Jahren recht dicht und rabiat geworden, sodass diese Fortbewegungsmethode nur Wagemutigen empfohlen werden kann.

Unterkunft

Aufgrund der großen Zahl an Unterkünften und der damit verbundenen Konkurrenz bekommt man in Jaipur in jeder Preisklasse besonders viel fürs Geld. Hier nur eine Auswahl der besten.

Low Budget und Budget

- Das **RTDC Tourist Information Bureau** (Tel.: 2315714) am Bahnhof sowie das **Tourist Reception Centre** (M.I. Rd., Tel.: 5110598) hat Informationen über Unterkünfte in Familien *(Paying Guest House)*. Gelobt wurde hierbei von Lesern das **Prity Guest House** €-€€ (Tal Katora Rd., Tel.: 2633509, prity_guest_house007@hotmail.com) in zentra-

ler Lage nahe dem Stadtpalast. Da nur 3 Zimmer mit Bad zur Verfügung stehen, sollte man reservieren.
- Schon seit Jahren die bei Travellern beliebteste Unterkunft ist das **Evergreen Guest House** €-€€ (Tel.: 2362415, evergreen34@hotmail.com) am Ende einer kleinen Seitengasse (Keshav Marg), die schräg gegenüber dem Hauptpostamt von der Mirza Ismail Road abzweigt. Der enorme Erfolg hat das früher kleine und gemütliche Hotel zu einem Riesenklotz mit 97 Zimmern anwachsen lassen. In diesem Massenbetrieb für Individualreisende hat man die große Auswahl zwischen einem Bett im Schlafsaal (60 Rs) über Zimmer mit Gemeinschaftsbad oder Zimmer mit Balkon bis zu klimatisierten Räumen. Im recht guten und billigen Restaurant, welches heute den größten Teil des ehemals gemütlichen Innenhofs einnimmt, werden ständige Wiedersehen zwischen Travellern gefeiert, die sich zuletzt in Varanasi, Goa, Kathmandu, Bangkok oder Timbuktu begegnet sind. Inzwischen gibt es auch einen kleinen Pool auf dem Dach und ein Internetcafé. Wie so häufig ist jedoch auch hier der Massenandrang auf Kosten von Sauberkeit und Qualität gegangen.
- Das liebevoll geführte **Pearl Palace** €-€€€ (Sanjay Marg, Tel.: 2373700, 2373752, pearlpalaceindia@yahoo.com, www.hotelpearlpalace.com) an der Ajmer Rd. verfügt über sehr saubere AC- und Non-AC-Zimmer mit TV, einige mit Balkon, und ein gutes Dachrestaurant mit eigenwilligen, selbst entworfenen Möbeln und schönem Blick auf das Hathroi Fort. Der hilfreiche Besitzer vermittelt auch Mietwagen.
- Ruhig und nicht weit vom Bani-Park liegt das **Anurag Palace** €€-€€€ (Devi Marg, Tel.: 2201679, 2206884), ein Kolonialgebäude mit schön eingerichteten, großen Zimmern, alle mit TV, sowie einem Restaurant und Garten für erstaunlich wenig Geld – eine sehr gute Wahl.
- Empfehlenswerte Hotels befinden sich an der ruhigen Park House Scheme Road, einer Verbindungsstraße zwischen Station Road und Mirza Ismail Road. Hervorzuheben ist hier das **Atithi Guest House** €€-€€€ (Tel.: 2378679, Fax: 2379496, atithijaipur@hotmail.

com), seit vielen Jahren gleichbleibend gut. Die geräumigen und angenehm eingerichteten Zimmer sind teilweise klimatisiert und verfügen über ein großes Badezimmer, z.T. mit Badewanne. Gut sind auch das hauseigene Restaurant und die Dachterrasse – speziell für ein Bier zum Sonnenuntergang. In diesem Haus wird keine Kommission gezahlt, entsprechend ungern wird es von Rikshafahrern angefahren.

● Als Ausweichquartier empfehlenswert ist das nahegelegene, billigere und einfachere **Rajdhani Hotel** €-€€ (Tel.: 2361276, rajdhani hotel@yahoo.com) mit akzeptablen Zimmern, die billigen mit Gemeinschaftsbad, und sehenswerter Telefonanlage.

● Ausgesprochen angenehm wohnt man trotz seiner inzwischen 94 Zimmer im makellos sauberen, teils klimatisierten **Hotel Arya Niwas** €€-€€€ (Tel.: 2372456, Fax: 5106010, tarun@aryaniwas.com, www.aryaniwas.com) in einer kleinen Seitengasse der Sansar Chandra Road. Das professionell und freund-

lich geführte Hotel bietet eine Menge Annehmlichkeiten wie die Möglichkeit zum Geldwechseln, Fahrradverleih, Internetcafé, Dachterrasse, ein Selbstbedienungsrestaurant mit sehr leckeren vegetarischen Gerichten zu niedrigen Preisen und einen hübschen kleinen Garten zum Draußensitzen (abends oft klassische indische Musik).

● Besonders durch seine Lage inmitten des schönen, neu angelegten Central Park nicht weit vom Stadtzentrum ist das **Laxmi Vilas Hotel** €€-€€€ (Tel.: 2381567/9) mit angenehmen Zimmern eine Empfehlung.

Vor den Toren von Jaipurs Altstadt
herrscht Gedränge

●Wer auf Service jeglicher Art verzichten kann, ist mit dem **Hotel Kailash** €–€€ (Johari Bazar, Tel.: 2577372), einem der ganz wenigen in der Altstadt, annehmbar bedient, verfügt es doch über saubere Zimmer teilweise mit TV zu günstigem Preis. Bereits der äußerst schmale Treppenaufgang zum Hotel lässt erkennen, dass es wohl nicht für westliche Größen gestaltet wurde. Seine Lage am Badi Chaupar nur wenige Meter vom Hawa Mahal könnte jedoch kaum besser sein.

●Das **Simla Hotel** €–€€€ (Tel.: 2609001-4), ebenfalls nahe am Hawa Mahal im Herzen der Altstadt gelegen, verlangt im Billigbereich noch weniger Geld, ist aber nochmal eine ganze Ecke einfacher, teils mit Gemeinschaftsbad. Die teuren Zimmer sind größer und verfügen über AC und TV.

●Eine sehr gute Wahl ist das **Hotel Karni Niwas** €€–€€€ (C-5, Motilal Atal Road, Tel.: 2365433, karniniwas@hotmail.com) hinter dem *Neelam Hotel*. Geräumige, hübsch dekorierte Zimmer mit Bad je nach Preis mit und ohne AC und Balkon. Man kann hier auf einer großen Terrasse sitzen und köstliche Gerichte genießen.

●Das im Bani Park an der Shiv Marg gelegene **Jaipur Inn** €–€€€ (Tel.: 2201121, Fax: 2200140, www.jaipurinn.com) verfügt über saubere, allerdings etwas klein geratene Zimmer mit TV. Ein Schlafsaal für 60 Rs steht ebenfalls zur Verfügung. Campingfreunde können ihr Zelt im Garten für 30 Rs aufschlagen und ihr eigenes Essen in der Küche des Hauses brutzeln. Der Service des Hotels hat in letzter Zeit nachgelassen. Wegen des tollen Rundumblicks lohnt im Dachrestaurant (Abendbüffet mit Voranmeldung) ein Mahl.

Tourist Class

Bereits in dieser Preiskategorie hat man die Auswahl zwischen mehreren alten Kolonialhotels und Rajputen-Residenzen.

●Seine herrliche Lage inmitten eines großen, sehr schön gepflegten Gartens am Ende einer kleinen Seitengasse der Sawai Ram Singh Marg machen das **Diggi Palace Hotel** €€–€€€€ (Tel.: 2373091, Fax: 2370359, reservati ons@hoteldiggipalace.com, www.hotel-diggi palace.com) zu einer preisgerechten

Adresse. Es handelt sich um einen ehemaligen Palast, wobei nur der frühere Wohntrakt der Bediensteten in ein Hotel umgewandelt wurde. Die mit Wandmalereien geschmückten Zimmer mit Terrassen und Sitznischen zum Garten sind gemütlich. Es gibt auch einfachere, recht billige Zimmer. Eine stilvolle und vor allem friedvolle Unterkunft.

●In der Nähe des Bani-Parks findet sich das ausgezeichnete Hotel **Madhuban** €€€–€€€€ (Behari Marg, Tel.: 200033, Fax: 202344, madhuban@usa.net, www.madhuban.net) mit schönen, großen AC- und Non-AC-Zimmern und Restaurant. Zur ruhigen, familiären Atmosphäre trägt auch der große Garten des Hauses bei.

●Ganz hervorragend ist das neue **Umaid Mahal Hotel** €€€€ (Bihari Marg, Bani Park, Tel.: 2201952, info@umaidmahal.com, www.umaidmahal.com), nicht weit entfernt. Das in rajasthanischem Stil erbaute Haus besticht mit stilgerecht gestalteten Zimmern mit grünem Marmorboden, alle mit kleinem Balkon. Ein gutes Restaurant und ein Internetcafé sind zudiensten. Auch das alteingessene **Umaid Bhawan** €€€–€€€€ (am Ende der Bank Rd., Tel.: 2316184, (0)9314503423, info@um aidbhawan.com, www.umaidbhawan.com), ebenfalls in Bani Park und vom gleichen Besitzer, ist eine sehr schmuckvoll ausgemalte Unterkunft, mit entsprechendem Interieur dekoriert, dessen Zimmer ebenfalls sehr geschmackvoll möbliert sind.

●Eine ausgezeichnete Unterkunft ist das von einem ruhigen Garten mit Pool umgebene Kolonialgebäude des **Hotel Meghniwas** €€€–€€€€ (Tel.: 2202034, Fax: 2201420, info@ meghniwas.com) beim Bani-Park. Geschmackvoll eingerichtete Zimmer, ein gutes Restaurant und die nette Atmosphäre runden das Bild ab.

●Das **RTDC Hotel Gangaur** €€€–€€€€ (Tel.: 2371641/2, Fax: 2371647) macht besonders bei den teureren Zimmern ein gutes Angebot. Zum Haus gehören drei Restaurants und ein rund um die Uhr geöffneter Coffee Shop, eine Bar und ein hübscher Garten. Zudem starten von hier die Stadtrundfahrten.

●Umgeben von einem großzügigen Park, atmet das stilvolle Hotel **Khasa Khoti** €€€–€€€€ (Tel.: 23751-54, Fax: 2374040) hinter dem *In-*

Rajasthan

dia Tourism Office noch das Flair der Kolonialzeit. In der ehemaligen britischen Residenz lohnen besonders die nur etwas teureren Deluxe-Zimmer, da komfortabler und geräumiger. Ein großer Pool ist vorhanden, aber leider des öfteren wasserlos.

●Ein Relikt aus den Tagen alter Rajputengröße ist das 1919 von einem lokalen Fürsten erbaute Hotel **Bissau Palace** €€€-€€€€ (Tel.: 2304391, Fax: 2304628, bissau@sancharnet. in), das etwas versteckt an einer kleinen Straße nördlich des Chandpol Gates steht. Dieses von dem sehr freundlichen Manager George aus Kerala geführte Palasthotel mit hübschen Wandmalereien vermittelt nicht zuletzt aufgrund seiner überschaubaren Größe eine gemütliche Atmosphäre. Zum Haus gehören ein Swimmingpool, ein schöner Garten, eine hübsche Bibliothek und ein jedoch mittelmässiges Restaurant mit Bar.

●Das **LMB Hotel** €€€€ (Johari Bazar, Tel.: 2565844, Fax: 2562176, info@lmbhotel.com) reicht als recht unscheinbares Mittelklassehotel zwar atmosphärisch in keiner Weise an den Charme der zuvor genannten Hotels heran und ist eigentlich überteuert, dafür bietet es als eines der ganz wenigen Hotels in Jaipur den Vorteil, mitten im Herzen der Altstadt nur wenige Hundert Meter vom Hawa Mahal und dem Stadtpalast zu stehen. Zudem befindet sich im Erdgeschoss eines der bekanntesten Restaurants Jaipurs.

●Wer sein eigenes Reich benötigt, hat seit Kurzem die Möglichkeit, ganze **Apartments** mit gut ausgestatteter Küche zu mieten. Für Kurzzeitanmietungen ist dies im **Tara Niwas** (Shiv Marg, Tel.: 2206823, kirti@aryaniwas. com, www.aryaniwas.com/taraniwas, nur teilweise mit Küchenzeile), für Langzeitanmietungen ab einem Monat (15.000 Rs pro Monat ohne Strom) im **Om Niwas** möglich, beide im Bezirk Bani Park gelegen. Das Management beider Häuser ist dasselbe wie das des *Hotel Arya Niwas* (s.o.).

First Class

●Eines der schönsten Hotels Jaipurs ist das bezaubernde **Shahpura House** €€€€-€€€€€ (Tel.: 202293, Fax: 201494, shahpurahouse@ usa.net, www.shahpurahouse) in der Nähe des Bani Park. Die ehemalige Residenz einer Adelsfamilie vereint alle Vorzüge eines Heritage-Hotels: typisch rajputische Architektur, in diesem Falle mit stark muslimischen Einflüssen, Individualität, Tradition, Liebe zum Detail, Sauberkeit, kleiner Pool und Dachterrasse – eine Oase im quirligen Jaipur. Auch ein Restaurant (allerdings keine alkoholischen Getränke) ist vorhanden.

●Ganz neu im Stadtzentrum an der Mirza Ismail Rd. bietet das **Best Western Om Hotel** €€€€-€€€€€ (Tel.: 2366683-85, Fax: 2371619, vijayshashi_priyanka@rediffmail.com) kühlen Luxus. Zweckmässig eingerichtete AC-Zimmer mit allen für diese Kategorie üblichen Annehmlichkeiten sowie einem sich drehenden Revolving Restaurant mit allerdings saftigen Preisen und toller Aussicht auf der Spitze des Om Tower.

●Das glatte Gegenteil ist der alte Kolonialbau des **Narain Niwas Palace Hotel** €€€€-€€€€€ (Narain Singh Rd., Tel.: 2561291, Fax: 2561045, kanota@sancharnet.in, www.hotel narainniwas.com) mit großen, individuell und geschmackvoll eingerichteten Zimmern im wunderschönen Garten und ebensolchem Swimmingpool – ein Platz mit Atmosphäre.

●Das über 200 Jahre alte **Samode Haveli** €€€€-€€€€€ (Tel.: 2632370, Fax: 2631397, www.samode.com) gehört zu den stilvollsten Unterkünften Jaipurs. Die ehemalige Residenz eines Premierministers Jaipurs diente des öfteren als Filmkulisse.

●Eine sehr gute Wahl ist das **Hotel Jaipur Palace** €€€€-€€€€€ (Tel.: 2743161) mit hübschen Räumen, sehr freundlichem Personal und einem hervorragenden Restaurant.

●Das 1896 verwinkelt gebaute, aber dennoch helle **Mandawa Haveli** €€€€-€€€€€ (Sansar Chandra Rd., Tel.: 2364200, 5106081-3) in zentraler Lage verfügt über stilvoll eingerichtete AC-Zimmer, Dachterrasse, ein gutes Restaurant und einen kleinen Pool.

●Nicht nur wegen seiner einzigartigen Lage direkt gegenüber vom Jai Mahal an der Amber Rd., sondern auch wegen der schönen, großen Balkonzimmer mit Ausblick und dem vorbildlichen Management, ist das **Trident Jaipur** €€€€ (Tel.: 2670101, Fax: 2670303, tghosh@tridentjp.com) eine ausgezeichnete Unterkunft.

Luxus

●Das fantastische **Raj Vilas** €€€€€ (Gooner Rd., Tel.: 2680101, Fax: 2680202, reservations@rajvilas.com) ist nicht nur das mit Abstand beste Hotels Jaipurs, sondern gehört mit all seiner Pracht zu einem der eindrucksvollsten Hotels ganz Indiens. Architektonisch eine sehr harmonische Synthese rajputischer und islamischer Elemente, bietet es mit seinen 71 Suiten einen dem königlichen Preis mehr als angemessenen Luxus. Das Resort liegt eingebettet in einer weitläufigen Parklandschaft gut 5 km außerhalb.

●Neben dem Lake Palace Hotel in Udaipur symbolisiert der **Rambagh Palace** €€€€€ (Bhawani Singh Rd., Tel.: 2381916-19, Fax: 2381098, rambagh.jaipur@tajhotels.com, www.tajhotels.com), der 1974 in ein 5-Sterne-Luxushotel umgewandelte ehemalige Palast der Maharajas von Jaipur, wie kaum ein anderes Gebäude das Klischeebild vom Märchenland Indien. Selbst die billigsten Zimmer in diesem eleganten Marmorbau, der in einem weitläufigen Parkgelände steht, sind sicher nichts für Budget-Traveller. Doch selbst wer nicht über das nötige Kleingeld verfügt, sollte sich einen Drink auf der majestätischen Terrasse mit Blick auf die im Garten stolzierenden Pfauen gönnen. Auch ein persönlicher Butler ist rund um die Uhr möglich.

●Auch das **Jai Mahal Palace Hotel** €€€€€ (Jacob Rd., Tel.: 2223636, Fax: 2220707, jaimahal.jaipur@tajhotels.com) an der Ecke Jacob Road/Ajmer Marg war einst ein Palast der Maharajas von Jaipur und verbindet den nostalgischen Charme vergangener Tage mit dem Luxus der Neuzeit wie Swimmingpool, Business Centre und Fernsehen.

●Vergleichsweise günstig, aber dennoch in kolonialem Ambiente wohnt man im **Raj Mahal Palace Hotel** €€€€€ (Tel.: 2383262, Fax: 2381887). Das vormals als Residenz des britischen Gouverneurs dienende Herrscherhaus wird ebenso wie das *Rambagh Palace* und das *Jai Mahal* von der Taj-Gruppe gemanagt.

Essen und Trinken

●Ausgezeichnete, frisch zubereitete Barbecue-Gerichte serviert das gemütliche Restaurant **Handi** (12–15.30 und 18–23 Uhr) an der M.I. Road gegenüber der Hauptpost. *Chicken tikka tandoori* und das vegetarische *stuffed kulfa* werden empfohlen.

●Von guter Qualität sind die Speisen im nur wenige Meter von der Hauptpost entfernten Restaurant **Copper Chimney.** Pro Gericht sollte man zwischen 50 und 130 Rs veranschlagen.

●Sicher eines der besten Restaurants Jaipurs ist das **Four Seasons** (Subash Marg, 12–15.30 und 18–23 Uhr) mit ähnlichem Preisniveau. Das zweigeschossige Restaurant ist angenehm eingerichtet und hat eine lange Speisekarte mit rajasthanischen und und anderen vegetarischen Gerichten.

●Ähnlich wie bei den Hotels gibt es erstaunlicherweise so gut wie keine Restaurants in der Altstadt. Eine Ausnahme bildet das **LMB** am Johari Bazar, eines der exklusivsten vegetarischen Restaurants Jaipurs. Der Grund für die Attraktivität scheint jedoch eher in der ungewöhnlichen Fünfziger-Jahre-Einrichtung zu liegen als im durchaus nicht exzellenten Essen, welches zudem in den letzten Jahren unverhältnismäßig teuer geworden ist. Auch die allzu offensichtlich auf ein dickes Trinkgeld spekulierenden Kellner wirken nicht gerade appetitfördernd. Sehr gut ist allerdings der Imbissstand am Eingang mit köstlichen *somosas, pakoras* und diversen Eissorten.

●Im wenige Meter entfernten vegetarischen **Surya Mahal** kann man aus der umfangreichen Speisekarte zwischen indischen, chinesischen und europäischen Gerichten wählen. Hier sind die Preise sehr moderat, und man ist freundlich.

●Fast-Food-Freunde können wählen zwischen **Pizza Hut** im Ganpati Plaza an der M.I. Rd. sowie **Dominos Pizza** (mit Zustellservice, Tel.: 2367943-46) und **McDonald's** beim Raj-Mandir-Kino. Gegenüber dem Kino lockt die **Barista Espresso Bar.** Im hinteren Teil des Busbahnhofs verkürzt das saubere **Traffic Jam** bis Mitternacht die Wartezeit auf den Bus, ebenfalls mit Fast-Food, indischen Snacks und *thalis.*

Rajasthan

●Unbedingt probieren sollte man die köstlichen *lassis* im **Lassiwala** an der M.I. Road.

●Eine sehr gute Adresse für köstliche Leckereien ist das **Chic Chocolate** um die Ecke vom *Athithi Guest House.*

●Nicht ganz billig, aber gut südindisch isst man im schön eingerichteten **Dasaprakash** an der M.I. Rd. Snacks kosten um die 70 Rs, *thalis* um 130 Rs.

●Überraschend preiswerte (40 Rs) und leckere *thalis* bekommt man im Restaurant des **Hotel Gangaur.**

●Die Meinungen über das Essen im **Evergreen Guest House** variieren stark, dafür ist es zweifelsohne einer der beliebtesten Treffs der Traveller-Szene in ganz Nordindien.

●Mit dem **Swaag** und dem **Celebrations** finden sich zwei empfehlenswerte Restaurants im Ganpati Plaza an der MI Rd. Das erstgenannte ist bei westlichen Reisenden wegen der umfangreichen Auswahl an indischen, chinesischen und westlichen Gerichten sowie den moderaten Preisen das mit Abstand beliebtere der beiden. Das wesentlich mondänere Celebrations ist ein rein vegetarisches Restaurant und wird in erster Linie von der Upper Class Jaipurs frequentiert.

●Leckere und preiswerte indische Gerichte bietet das rein vegetariische **Mohan Restaurant** gegenüber dem Hotel Neelam.

●Authentisch indisches Essen servieren mehrere schlichte **Lokale an der Mirza Ismail Road** in der Nähe des Evergreen. Ausgesprochen leckere, frisch gepresste Fruchtsäfte kann man an den überall zu findenden Straßenständen trinken.

●Nach ausgiebigen Shopping-Touren in Malviya Nagar im Süden der Stadt ist das neue **Indian Spice** eine der besten Adressen für gehobene indische Küche. Das exquisit gestaltete AC-Restaurant im Gaurav Tower bietet ebensolche Gerichte zum fairen Preis.

●Wer sich an einem fürstlichen Abendessen im mondänen **Rambagh Palace Hotel** laben möchte, sollte neben genügend Kleingeld (1.500–2.000 Rs pro Person) auch das angemessene Outfit dabei haben. Besucher in ausgefransten Jeans und Gummischlappen werden nicht eingelassen. Bezahlbar ist der Lychee-Mint-Lassie mit 225 Rs – ein Gedicht.

Einkaufen

Neben (für manche sogar noch vor) Delhi ist Jaipur als touristische Shopping-Metropole beliebt. Dabei ist es sicherlich auch das historische Flair der Altstadt von Jaipur, das vor allem viele gutbetuchte Pauschalreisende zum Kauf animiert. So lassen sich viele gern vom Glanz der prunkvoll ausgestatteten Geschäfte verführen und zahlen astronomisch hohe Preise, zumal die Händler von Jaipur zu den pfiffigsten ihrer Branche zählen.

●Gerade deshalb sollte man sich vorher einen Überblick über Angebot und Preise verschaffen. Der beste Ort hierfür ist das stattliche **Rajasthan Government Emporium** (Tel.: 2367176) an der Mirza Ismail Road. Wie üblich ist das Angebot riesig und die Preise *fixed*, d.h. festgesetzt und nicht verhandelbar. Wer sich für spezielle Objekte interessiert, sollte die Preise notieren und damit in die entsprechenden Läden der Altstadt gehen.

316/a Foto: tb

Detailansicht des Hawa Mahal

●Berühmt ist Jaipur über die Grenzen Indiens hinaus für seine juwelenverarbeitende Industrie, in der über 30.000 Menschen beschäftigt sein sollen. Wer sich auskennt, kann sagenhaft günstig einkaufen, wer nicht, wird ebenso sagenhaft übers Ohr gehauen. Eine Vielzahl verlockender **Juweliergeschäfte** findet man in der Haldion-ka-Rasta, einer kleinen Gasse neben dem Johari Bazaar und in der Gopalji-ka-Rasta in der Nähe des Tripola Bazaar.

> ⚠ Eine Touristenfalle ist der Transport von **Edelsteinen** in Jaipur. Er scheint ein einträgliches Geschäft zu sein, doch egal, mit welchen Tricks es probiert wird, auf jeden Fall ist dieser „Schmuggel" eine Falle und abzulehnen.

●Nicht ganz so tief in die Tasche zu greifen braucht, wer sich mit den hübschen, handgewebten **Rajasthan-Kleidern** begnügt. Auch in diesem Fall findet man im staatlichen **Rajasthan Handloom Emporium** gleich neben dem Government Emporium eine riesige Auswahl.

●Im Vorzeigebezirk **Malviya Nagar,** etwa 4 km südlich der Altstadt, kann man das „neue" boomende Indien bestaunen und natürlich shoppen, was das Zeug hält. Neben dem riesigen, futuristischen **World Trade Center** werden hier ununterbrochen protzige Shopping Malls und Wohnkomplexe aus dem Boden gestampft. Viele der großen internationalen Marken haben etwa im **Gaurav Tower** ihre Geschäfte. Auch das Multiplex-Kino *Entertainment Paradise* befindet sich in der Nähe. Eine Riksha aus der Innenstadt sollte nicht mehr als 70 Rs, ein Taxi höchstens 150 Rs kosten.

● Jaipur ist auch ein guter Ort, um seine Reisebibliothek ein wenig aufzufrischen, gibt es hier doch eine ganze Reihe hervorragender **Buchhandlungen.** Eine der besten mit einem großen Angebot an Reisebüchern, Bildbänden, Belletristik, Sachbüchern, aktuellen Magazinen und Zeitungen sind **Universal Books** und **Books Corner** gleich neben *Niro's Restaurant.* Auch **Ganpati Books** im gleichnamigen Plaza hat eine recht umfangreiche Auswahl.

Bank

●Abgesehen von vielen **ATMs,** die außer Visa-, Visa Electron-, Master-, Maestro-, und Cirruskarten auch AmEx-Karten akzeptieren (in der Altstadt etwa der HDFC-ATM neben dem *LMB Hotel*), gibt es eine Vielzahl von Banken und Exchange-Countern (auf Kreditkarten werden zwischen 1 und 3 % Gebühr erhoben), großteils an der M.I. Rd.

●**Thomas Cook** ist gleich zweimal vertreten: im ehemaligen American-Express-Büro zentral am Tholia Circle (Mo–Sa 9–19 Uhr) sowie im Jaipur Tower am Sanganeri Gate (Mo-Sa 9.30–18 Uhr, Tel.: 2360902, 2360801, Visa- und Mastercard gegen 2 % Gebühr).

●Im Jaipur Tower ist auch das für gute Raten bei Travellerschecks und Bargeldtausch bekannte **UAExchange** (Tel.: 2363919, 2 % Gebühr für Kreditkartenauszahlung) zuverlässig.

●In der Altstadt ist **LKP Forex** schräg gegenüber dem Hawa Mahal günstig gelegen.

●Die **State Bank of India** am Sanganeri Gate tauscht Bargeld und Travellerschecks.

Medizinische Versorgung

●Das beste Krankenhaus der Stadt ist das private **Santokba Durlabhji Memorial Hospital** (Bhawani Singh Road, Tel.: 2566251).

●Für die Notaufnahme und bei Unfällen muss man sich ins größte, staatliche **Sawai Mansingh Hospital,** kurz SMS Hospital (Sawai Ramsingh Road, Tel.: 2560291) begeben.

●Ein **ayurvedisches Krankenhaus** (Tel.: 2672285) findet sich in der Amber Rd. beim Jarawar Singh Gate.

●Hinter dem *Hotel Park Plaza* sowie in den meisten Krankenhäusern gibt es 24 Stunden geöffnete **Apotheken.**

●**Notfall-Nummern** in Jaipur: Polizei: 100, Krankenwagen: 102.

Post und Telefon

●Das **GPO Jaipur** gilt als eine der zuverlässigsten Adressen Rajasthans, um Post in Empfang zu nehmen oder Pakete zu verschicken

Rajasthan

(Eingang hierfür auf der Rückseite des Gebäudes). Vor dem Gebäude sitzt meist ein Mann, der für das entsprechende Entgelt (je nach Paketgröße zwischen 20 und 60 Rs) das zu verschickende Paket ordnungsgemäß verpackt und versiegelt.

● **DHL** (Tel.: 2362826, G-7A der Geeta Enclave) ist in der Vinobha Marg nahe M.I. Rd. zu finden.

● **Telefongespräche,** egal ob inländische oder *long distance,* erledigt man am besten von einem der vielen privaten Büros. Man sollte sich jedoch zuvor erkundigen, ob der genannte Minutentarif ein Nettopreis ist oder ob diesem noch eine „Bearbeitungsgebühr" hinzugerechnet wird. Der Durchschnittspreis in Jaipur liegt derzeit bei 14 Rs/Min. Hier ist gelegentlich das billige Net-to-Phone möglich (s.u.).

Internet, Fotografieren

● Die durchschnittliche Internetgebühr beträgt 20 bis 30 Rs pro Stunde. Die meisten Internetcafés sind entlang der M.I. Rd. zu finden. Zu empfehlen sind die der sify-i-way-Kette mit DSL-Verbindung, **Satyam Online** im Jaipur Tower, **Modern Internet** eine Gasse gegenüber dem *Natraj Restaurant* hinein, das außerdem billige Net-to-Phone-Telefonverbindungen (4,50 Rs/Min.) anbietet sowie die Möglichkeit, Fotos von Digitalkameras auf CD zu brennen (ca. 100 Rs inkl. CD). Die regulären Fotogeschäfte verlangen hierfür bis zu 250 Rs. Eine Ausnahme ist **Sentosa Colour Lab** im Ganpati Plaza, die auch nur 100 Rs verlangen. Ausdrucke im Format 10x15 cm kosten dort 5 Rs. Hier gibt's natürlich auch Filme und Memory Cards.

● In der Altstadt bietet sich **Shree Ram Communications** an (15 Rs./Std.), nicht weit vom *LMB Hotel* zwischen den Toren 81 und 82 die Gasse 50 m hinein.

Kino

● Wer sich einmal einen der verschwenderisch inszenierten indischen Filme in einem adäquat opulenten Ambiente zu Gemüte führen möchte, für den ist das herrliche **Raj Mandir** eine der besten Adressen Indiens. Es ist einer jener stuckverzierten, riesigen Kinopaläste, wie es sie in Europa leider schon lange nicht mehr gibt. Trotz eines Fassungsvermögens von mehreren Tausend Personen ist es oft ausverkauft, doch gegen einen Aufpreis sind die Schwarzmarkthändler nur allzu gern bereit, ein Ticket an den reichen Westler zu verkaufen. Allerdings sollte man sich zunächst überzeugen, ob es nicht doch noch einige freie Plätze zum Normalpreis (60 Rs) an den Kassenhäuschen gibt.

● Inzwischen hat das neue Multiplex-Kino des **Entertainment Paradise,** gut 5 km vom Stadtzentrum entfernt südlich Malviya Nagar, bei den Einheimischen dem Traditionshaus den Rang abgelaufen. Auch in Indien wird inzwischen mehr Wert gelegt auf genügend Parkplätze und vielfältiges Zusatzangebot, was dort gegeben ist.

Sport und Erholung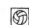

● Für eine gute, entspannende Massage ist **Kerala Ayurveda Kendra** (Tel.: 5106743) an der Baiai Marg bekannt. Einstündige, fachkundige Massagen kosten 500 Rs.

● An Meditation Interessierte sollten sich zum **Dhamma Vipassana Meditation Centre** (Tel.: 2680220), etwa 3 km von Jaipur entfernt in Galta, begeben, wo 10-Tages-Kurse auf Spendenbasis angeboten werden.

● Viele der Mittelklasse- und Luxushotels bieten die Möglichkeit, in ihren **Pools** zu schwimmen. Preiswert und schön ist der Pool des *Hotel Megh Niwas* (100 Rs/Tag) oder der kleine Pool des *Evergreen Guest House* für 150 Rs/Tag.

● Wer mit Kindern unterwegs ist, kann sich im **Pink Pearl Water Park** (Main Ajmer Rd., Tel.: 51411210/1) vergnügen (Eintritt 125 Rs für Erwachsene und 75 Rs für Kinder). Für Erwachsene sind die Pools der großen Hotels besser.

● Der **Fitness Plaza** (*Add Life Centre* im Ganpati Plaza nahe der M.I. Rd.) hat modernes Equipment und kostet 100 Rs für 2 Std., hauptsächlich für die indische Mittelschicht.

Feste

● Das berühmte **Elefantenfestival** findet alljährlich im Rahmen des Holi-Festes im März statt. Zwar sind die prunkvollen Umzüge mit den bunt geschmückten Elefanten ein riesiges Touristenspektakel, doch trotzdem äußerst sehenswert.

● Ebenfalls ein prächtiger Umzug durch die Straßen Jaipurs steht im Mittelpunkt des zu Ehren von Shivas Gemahlin Parvati veranstalteten **Gangaur-Festivals** im März/April. Tänzer, Trommler, Kamele und Elefanten sorgen für eine ebenso farbenfrohe wie laute Mischung.

● Das **Teej-Fest** wird jedes Jahr im Juli/August zu Beginn des Monsuns gefeiert und ist der Hochzeit von Shiva und Parvati gewidmet. Vor allem die Rajputen-Frauen feiern das Fest mit farbenprächtigen Umzügen, Gesang und Tanz.

● Das **Jaipur Heritage International Festival** (Tel.: 2222728, www.jaipurfestival.org) wie auch der **Rajasthan Day** (jedes Jahr 21.–30.3.) setzen sich zum Ziel, die Traditionen Rajasthans mit einer Vielzahl von Veranstaltungen (klassischer Tanz und Musik, Lesungen und Ausstellungen) im gesamten Stadtgebiet und im Amber Fort wachzuhalten.

An- und Weiterreise

Flug

● *Indian Airlines* (Nehru Place, Tonk Road, Tel.: 2743500, am Flughafen: 2620758) verbindet Jaipur mit **Delhi** (3.510 Rs, tgl.), **Jodhpur** (4.125 Rs, tgl.), **Mumbai** (8.110 Rs, tgl.) und **Udaipur** (4.195 Rs, tgl.).

● *Jet Airways* (Umaid Nagar House, M.I. Rd., Tel.: 2360763, 2360450) fliegt tgl. nach **Delhi, Mumbai** und **Udaipur.**

● *Air Deccan* (www.airdeccan.net, Tel.: 39008888, keine Vorwahl) fliegt nach **Delhi.**

● **Flugtickets:** *Travel Care* (Tel.: 2620020, tra velscare@sify.com) im Erdgeschoss des Jaipur Tower, tgl. außer So 10–19 Uhr, oder *Rajasthan Travel Agency* (Tel.: 2365408) im Ganpati Plaza sind verlässliche Reisebüros.

● Größtenteils im Jaipur Tower finden sich die Büros vieler Fluggesellschaften: **Air France** (Tel.: 2377041), **Air India** (Tel.: 2368569), **Air Sahara** (Tel.: 2546693), **Austrian Airlines** (Tel.: 2377695), **British Airways** (Tel.: 2370374, neben Jaipur Tower), **Gulf Air** (Tel.: 2367409), **Jet Airways** (Tel.: 5112222, 2546230), **Kuwait Airways** (Tel.: 2367772), **Lufthansa** (Saraogi Mansion, nahe dem Sanganeri Gate, Tel.: 2562822, 2561360).

Bahn

● Im **Reservierungsgebäude** links vor dem Bahnhof (Inquiry Tel.: 131) ist Schalter 749 u.a. für Touristen vorgesehen. Das Gebäude ist Mo–Sa 8–20 Uhr (15 Min. Pause um 14 Uhr) und So 8–14 Uhr geöffnet.

● Wichtige **Verbindungen** siehe Anhang.

Bus

● Besonders komfortabel sind die **Deluxe-Busse** der Golden und Silver Line (die mit nur wenigen Stopps das jeweilige Ziel anfahren), die von Bussteig Nr. 3 in der rechten hinteren Ecke des Busbahnhofs abfahren. Hier befindet sich auch ein Reservierungsbüro (7–21 Uhr tgl.). Eine frühzeitige Buchung ist empfehlenswert, da die Nachfrage während der Hauptsaison sehr groß ist.

● Nach **Delhi** (5 Std., 250 Rs, AC 436 Rs) fahren tgl. 31 Deluxe- und AC-Volvo-Busse zwischen 5.30 und 1 Uhr von Plattform 3, teils zum Bikaner House, teils zum ISBT in Delhi. Zahlreiche Verbindungen bestehen u.a. nach **Jodhpur** (jede Stunde, 7,5 Std., Exp./Del./AC 141/190/265 Rs, AC (6.30 Uhr) und Deluxe-Verbindungen um 13.30 und 23.30 Uhr von Plattform 3), **Agra** (5 Std., Express-Busse (120 Rs) alle über Bharatpur (85 Rs, 4 Std.), rund um die Uhr, viele Deluxe-Verbindungen zwischen 6.30 und 0 Uhr (Plattform 3), 157 Rs, AC 220 Rs, **Ajmer** (7 Busse, 2,5 Std., 66 Rs, AC 83 Rs), **Alwar** (halbstündig zwischen 4.30 und 22 Uhr), **Chittorgarh** (7 Std., 116 Rs, viele Verbindungen, um 12 Uhr Deluxe, 171 Rs), **Udaipur** (8 Busse, 9 Std., 200 Rs, Volvo AC 400 Rs, Deluxe um 10, 11.15, 13.30 sowie 22 und 0 Uhr), **Bundi und Kota** (5 bzw. 5,5 Std., um 6.45, 8.45 und 15.15 Uhr Deluxe-Busse

Rajasthan

(145 Rs) von Plattform 3, Express-Busse (120 Rs) von Plattform 2), **Mathura** (6 Busse, 15.45 Uhr auch über Vrindavan, 131 Rs, um 13.30 und 22.30 Deluxe-Verbindungen), **Nawalgarh** und **Jhunjhunu** (4/5 Std., halbstündig Express-Busse und ein Deluxe-Bus um 16.30 Uhr, 91 Rs, alle via Sikar) und **Bikaner** (8 Std.) über Sikar. Nach **Sawai Madhopur** (Ranthambore, Plattform 5 und 6, Plattform 4) fahren 5 Direktbusse frühmorgens und um 14.30 und 17.15 Uhr, ansonsten über Tonk (halbstündige Verbindungen).

● Zwei Direktbusse nach **Pushkar,** von denen aber nur der Deluxe-Bus um 13 Uhr (Plattform 3) zu empfehlen ist.

● Für weitere **Auskünfte** folgende Telefonnummern, für Deluxe-Busse: 5116031, für Exp.-Busse: 5116043/4, außerdem das hilfsbereite *Tourist Information Bureau* im Bahnhofsgebäude und die Filiale am Busbahnhof.

Umgebung von Jaipur

Amber   ⬈ V/C3

Es gibt kaum einen Besucher Jaipurs, der nicht die nur 11 km nördlich gelegene **Palastanlage** von Amber besucht. Amber war für über sechs Jahrhunderte die Hauptstadt der Kachwahas, bevor sich *Jai Singh II.* 1727 entschloss, seine neue Residenz in Jaipur zu errichten.

Wohl niemand wird diesen Ausflug bisher bereut haben, ja vielen gilt das Fort als die schönste Festung ganz Indiens. Spektakulär ist allein schon der erste Anblick nach der Ankunft, wenn sich die auf einem steilen Berghang gelegene Trutzburg in den Wassern des ihr zu Füßen gelegenen kleinen Sees spiegelt.

Durch den **Mogul-Garten Dil-e-Aram** führt ein steiler, gewundener Kopfsteinpflasterweg zum **Suraj Pol,** dem Haupttor der sehr weiträumigen Anlage.

Hat man das Suraj Pol passiert, befindet man sich in einem weiträumigen, von Souvenirläden, Erfrischungs- und Essensständen gesäumten **Innenhof,** in dem früher die Besucher des Regenten ihre Pferde und Elefanten zurückließen. Von hier führt eine breite Treppe zu einem zweiten Hof mit dem **Audienzsaal** (Diwan-e-Am), in dem der Maharaja die offiziellen Empfänge abhielt. Um dieses Schmuckstück aus Marmor vor dem Zugriff des neidischen Mogul-Kaisers *Jehangir* zu bewahren, soll es *Jai Singh I.* einst mit einer Gipsschicht überzogen haben.

Durch das wunderschön ornamentierte **Ganesha-Tor** (Ganesha Pol) führt der Weg zu den erneut auf einer höheren Ebene angesiedelten **Privatgemächern** der Herrscherfamilie.

Besondere Aufmerksamkeit bei den täglich Tausenden von Besuchern erregt u.a. der kleine, gänzlich mit kleinen Spiegeln ausgeschmückte **Jai Mandir** und der daneben gelegene **Shak Mandir**. Mit seinen filigranen Marmorgitterfenstern gewährt der Shak Mandir einen weiten Blick in das von den Aravalli-Bergketten eingeschlossene Amber-Tal. Den dem Jai Mandir gegenüber gelegenen **Saal der Freuden** *(Sukh Niwas)* durchfloss einst ein Bach. Inmitten der Paläste, Pavillons, Terrassen und Galerien findet sich ein blühender kleiner **Garten**. Auch hier manifestiert sich der Versuch der durch räuberische und grausame Feldzüge zu Macht und Reichtum gelangten Herrscher, ihr Privatleben in einer Ruhe ausstrahlenden Umgebung zu verbringen.

Für die meisten Touristen galt über viele Jahre der **Ritt auf dem Rücken eines Elefanten** hinauf zur Burg als eine der Hauptattraktionen Ambers. Vergessen wurde dabei, dass dies bei der sengenden Hitze für die mit bis zu vier schweren Personen beladenen Elefanten und bis zu fünf Ritten pro Tag nichts anderes als Tierquälerei war. Im November 2005 entlud sich der jahrelang ertragene Schmerz eines Elefanten, indem er einen zufällig vor ihm stehenden einheimischen Reiseleiter gegen eine Mauer schleuderte. Der Tod des Reiseleiters machte landesweit Schlagzeilen und warf ein Schlaglicht auf das Leid der Elefanten. Seither dürfen die Vierbeiner nur noch dreimal pro Tag zur Burg hinaufschnaufen und das auch nur noch mit zwei statt vier Passagieren. Daher hat nur noch jener eine Chance auf einen Elefantenritt, der bis spätestens 8 Uhr erscheint. Preis pro Person 250 Rs.

●**Geöffnet** ist der Palast tgl. 9–16.30 Uhr, Eintritt 75 Rs, Fotogebühr 25 Rs, Videogebühr 150 Rs. Am Eingang können **Guides** gebucht werden, 90 Min. kosten 150 Rs/4 Pers.
●**Anfahrt:** Es fahren ständig Busse für 8 Rs vom Badi Chaupar, ein paar Meter vom Hawa Mahal entfernt, nach Amber. Eine Riksha sollte für die Hin- und Rückfahrt mit Wartezeit nicht mehr als 250 Rs kosten.

Der besondere Tipp:
Jaigarh Fort

Wer nach der Besichtigung des Palastes noch genügend Ausdauer besitzt, sollte sich das oberhalb von Amber gelegene Jaigarh Fort nicht entgehen lassen. Die meisten Gebäude in der 1726 von *Jai Singh* errichteten Festungsanlage sind verfallen, doch auch die Ruinen vermitteln noch einen interessanten Eindruck der ehemaligen Pracht. Zurzeit lässt der Schwiegersohn des Maharajas einige Gebäude restaurieren. Im Übrigen wird man für den ca. 15-minütigen Anstieg mit **herrlichen Ausblicken** in die Umgebung belohnt. Man

entgeht hier oben dem Touristenrummel der Palastanlage. Eine kleine Cafeteria bietet sich für Snacks und Getränke an.

Im östlichen Bereich der Anlage findet sich die ehemalige **Kanonengießerei,** die nach Rückkehr von *Man Singh I.,* General in Akbars Armee, von einer Reise nach Kabul errichtet wurde. Dort erwarb er die Kenntnisse zum Bau der Kanonen, von denen einige noch heute im Museum des Forts zu besichtigen sind. Die größte, eine 50 Tonnen schwere, *Jaivan* genannte Kanone, ist im Südteil des Forts zu besichtigen. Sie gilt als **größte Kanone der Welt** und hat eine Reichweite von 20 km, kam allerdings, bis auf einen Probeschuss, nie zum Einsatz.

Nördlich von Museum und zwei hinduistischen Tempeln, dem Sri Ram Hari und dem Kal Bhairava, gelangt man zum Palastbereich, von dessen Gärten und Pavillons sich ein herrlicher Blick auf Amber und Amber Fort bietet. Im Mittelpunkt des nationalen Interesses stand das Fort Mitte der 1970er Jahre, als es die damalige Ministerpräsidentin *Indira Gandhi* weiträumig absperren ließ. Hunderte

247raj Foto: tb

Rajasthan

von Polizisten durchsuchten die Katakomben, um das dort angeblich gelagerte, auf mehrere Zigmillionen Rupies, Juwelen und Gold geschätzte Vermögen der Kachhawas von Amber zu konfiszieren. Gefunden wurde nichts.

●**Geöffnet** ist der Palast tgl. 9–16.30 Uhr, Eintritt 20 Rs, Kamera 20 Rs, Videokamera 100 Rs.

Royal Gaitor und Jal Mahal

Die **Grabstätten von Gaitor** (Chattris, 9–16.30 Uhr, Eintritt frei, Kamera/Video 10/20 Rs), knapp außerhalb der Stadtmauern Jaipurs, wirken wie kleine Marmorkunstwerke in der schönen Gartenlandschaft. In der seit dem 18. Jh. auch als Verbrennungsstätte der Herrscher von Jaipur genutzten Anlage beeindruckt besonders der mit mythologischen Szenen verzierte Kenotaph des Stadtgründers *Jai Singh II.* (50 m rechts vom Eingang eine steile Treppe hinauf), dessen weiße Marmorkuppel auf skulptierten Säulen ruht. Zudem bietet sich hier ein schöner Blick über die Gesamtanlage. Es führt ein Weg zu einem Ganesh-Tempel mit Swastika-Symbol.

Auf der Fahrt von Jaipur nach Amber liegt nach ca. 6 km auf der rechten Straßenseite das **„Wasserschloss" Jal Mahal.** Heute ist es als solches jedoch kaum mehr zu identifizieren, da der das Jal Mahal umgebende See die meiste Zeit im Jahr ausgetrocknet ist. Doch auch so vermittelt das Bauwerk immer noch viel von seiner ursprünglich romantischen Atmosphäre. Das Jal Mahal soll zu einem Luxushotel umgebaut werden, wird zurzeit jedoch noch vom Militär genutzt.

Nebenan gelegen, ist die **Maharani ki Chattri** das Pendant zum Royal Gaitor, beherbergen die marmornen Kenotaphe mit prächtigen Blumenmotiven doch die sterblichen Überreste der Frauen der Herrscher von Jaipur.

Die Festung von Amber – gut mit dem Bus zu erreichen und ein lohnender Ausflug von Jaipur

Sisodia-Rani-Palast

Vorbei am hübschen **Vidhyadhar's Garden,** der zu Ehren des Architekten Jaipurs errichtet wurde, führt die Straße Richtung Agra nach 8 km zum zierlichen, mit Wandmalereien geschmückten **Sisodia-Rani-Palast.** Auch diese verspielte Palastanlage inmitten gepflegter, terrassenförmig angelegter Gärten stammt aus der Regierungszeit Jai Singhs. Der offensichtlich nicht gerade knauserige Herrscher ließ das Schloss für seine zweite Frau erbauen. Heute ist es eines der beliebtesten Ausflugsziele in der Umgebung von Jaipur und an Wochenenden von Einheimischen überlaufen.

Galta

Drei Kilometer östlich von Jaipur findet sich mit der **Schlucht** von Galta, die stufenförmig mit vielen kleinen Tempeln und Teichen ausgefüllt ist, ein Ort ganz besonderer sakraler Atmosphäre. Die unzähligen Tempelaffen werden von den Pilgern eifrig gefüttert, da man sich von ihnen Glück verspricht. Der hoch oberhalb der Schlucht gelegene **Tempel** zu Ehren des Sonnengottes Surya aus dem frühen 18. Jh. ist von Norden aus über einen 2 km langen steilen Anstieg zu erreichen. Die schöne, längere Südzufahrt per Auto führt, vorbei an Sisodia Gardens und durch eine naturbelassene Landschaft mit vielen Tieren, ebenfalls nach Galta. Gelegentlich wird am Eingang eine Foto-/Videogebühr von 50 Rs erhoben.

Saganer   ⤳ V/C3

Das kleine, 16 km südlich von Jaipur gelegene Städtchen mit einem verfallenen Palast und einigen schönen Jain-Tempeln ist überregional für die hier ansässigen **Papier- und Textildruckereien** bekannt. Eine besondere Spezialität der Familienbetriebe Saganers ist der Blockdruck, wobei die verschiedenen Muster in Holz geschnitzt und von Hand auf der ganzen Länge der Stoffbahn gedruckt werden. Ein beliebtes Souvenir sind die dazu verwandten Druckblöcke, die meist nicht viel größer als ein normaler Stempel sind.

Abhaneri

Das heute unbedeutende, kleine Dorf Abhaneri, etwa 95 km von Jaipur entfernt auf dem Weg nach Agra, war einmal ein bedeutendes hinduistisches Pilgerzentrum. Das innerste Heiligtum des heute verfallenen **Harshat-Mata-Tempels** aus dem 9. Jh. wird über einen breiten Zugang mit fünf Tempelterrassen erreicht, von dem heute nur noch die mit Reliefs versehenen **Säulen** erhalten sind. Diese bilden zusammen mit weiterer wiederverwendeten Reliefblöcken des ehemaligen Tempels auch heute noch eine von der ländlichen Bevölkerung verehrte heilige Stätte. Auf einer der oberen Tempelterrassen wird ein **Shiva-Lingam** verehrt. Zudem lohnen die beiden oberen Tempelterrassen mit **ikonischen Darstellungen** diverser hinduistischer Götter einen Blick.

Anschließend an die Tempelanlage ist auch der **Chand Baoli,** einer der größten **Stufenbrunnen** Rajasthans, einen Besuch wert. An einer Seite des im 11. Jh. äußerst aufwendig errichteten Bauwerks sind mehrere übereinander gebaute Pavillons zu bestaunen.

Die Sehenswürdigkeiten erreicht man von Jaipur kommend entweder per Bus bis Sikandra und von dort per Jeep die letzten 10 km oder mit dem Bus bis Gular, von wo weitere 5 km zurückzulegen sind. Mit eigenem Gefährt auch über den NH 11 Richtung Agra, vom National Highway abbiegen nach Bandikui hinein und etwa nach 10 km, vor Erreichen des Ortes, an der Kreuzung eines kleinen Dorfes (bei einer Statue mit rotem Turban) rechts abbiegen. Nach wenigen Kilometern wird die Tempelanlage passiert.

Der besondere Tipp:

Samode ⚐ V/C2/3

Folgt man der alten Karawanenstraße von Jaipur über das Shekhawati nach Bikaner, so gelangt man ca. 30 km nördlich von Jaipur in die kleine Provinzstadt **Chomu.** Wie die von hohen Mauern umstellte Festung vermuten lässt, hat der heute unbedeutende Ort eine abwechslungsreiche Geschichte hinter sich.

Biegt man hier rechts ab, so gelangt man entlang einer verlassenen Serpentinenstrecke, die sich durch eine faszinierende Berglandschaft schlängelt, nach 15 km zu einer der bezauberndsten **Palastanlagen** ganz Rajasthans. Hier, sozusagen am Ende der Welt und zu Füßen einer Bergfestung, ließ sich der Finanzminister des Maharajas von Jaipur Mitte des 19. Jh. sein Märchenschloss errichten.

Hat man den imposanten Treppenaufgang hinter sich gelassen, gelangt man in herrlich ausgestattete Räumlichkeiten. Schmuckstück des heute als exquisites **Heritage Hotel** dienenden Prachtbaus ist der **Diwan-e-Khas** mit seinen über und über mit Wandmalereien und kleinen Spiegelchen verzierten Wänden. Als eines von vielen entzückenden Details fallen die verstellbaren Jalousien ins Auge, hinter denen die Damen des Hauses die Geschehnisse der Männerwelt verfolgten. Alles wirkt ein wenig wie eine Filmkulisse und tatsächlich wurden hier schon einige bedeutende Filmszenen gedreht (zum Beispiel für den Film „Palast der Winde" nach dem Roman von *Paul Scott*).

Unterkunft 🛏

● Das herrliche **Samode Palace Hotel** €€€€€ (Tel./Fax: 0141/2632370, 01423-240014, reservations@samode.com, www.samode. com) gilt als eines der besten Palasthotels des Landes. Ausstattung und Lage der liebevoll eingerichteten 35 Zimmer sind gleichermaßen bezaubernd. Auch die zeltdachüberspannten Bungalows sowie der schöne Garten mit Restaurant und Swimmingpool sind hervorragend. Von Besuchern, die nicht im Hotel wohnen, wird ein Eintrittsgeld von 250 Rs verlangt, der aber mit einem Mahl im Restaurant verrechnet wird.

An- und Weiterreise

● Mehrere **Direktbusse** von Jaipur (Plattform 4) fahren nach Samode, ansonsten über Chomu. Zu **Taxipreisen** von Jaipur aus siehe Jaipur/Information.

● Auch der **9733/4 Shekhawati Exp.** verbindet tgl. mit Jaipur, Dundhloh, Nawalgarh und Sikar, Busse sind aber wegen eventueller Verspätung des Zuges vorzuziehen.

Bharatpur ⤢ V/D3

(ca. 205.000 Einwohner, Vorwahl: 05644)

Wegen des 6 km südlich vom Stadtzentrum gelegenen **Keoladeo-Vogelschutzparks** gilt Bharatpur heute als Mekka für Ornithologen aus aller Welt. Im 17. und 18. Jh. war es die Hauptstadt eines einflussreichen Regionalreiches, dessen Herrschaftsbereich zeitweise bis an die Grenzen Delhis und Agras reichte.

Noch heute beherrscht das mächtige, von einem Wassergraben umschlossene **Fort** die ansonsten uninteressante Stadt. Seinen Namen Lohagarh (Eiserne Festung) hat es sich verdient, da es erfolgreich verschiedenen Angriffen der Mogul-Heere und später der Briten trotzte. Die beiden großen Festungstürme Jawahar Burj und Fateh Burj sowie zwei von einem erfolgreichen Beutezug aus Delhi mitgebrachte Eingangstore sind die beeindruckendsten Bauelemente des ansonsten deutliche Spuren des Verfalls aufweisenden Forts. Eines der insgesamt drei Palastgebäude innerhalb der Festungsmauern beherbergt allerdings ein interessantes **Museum.**

● **Öffnungszeiten:** tgl. außer Fr 10–16 Uhr.

Information

● Den Besuch im **Tourist Reception Centre** (Mo–Sa 10–17 Uhr, jeder 2. Sa geschlossen, Tel.: 222542) am Saras Circle ist bis auf die Aushändigung eines Stadtplans und für Informationen über Bus- und Bahnzeiten nur hilfreich, wenn man etwas insistiert. Wesentlich umfangreichere Informationen zum Vogelpark bekommt man am Eingang desselben, wo auch eine informative Broschüre zum Keoladeo-Nationalpark erhältlich ist.

Stadtverkehr

Bharatpur ist eine sehr weitläufige Stadt. So liegt der Bahnhof 2 km nördlich des Stadtzentrums und 7 km vom Nationalpark entfernt, der Busbahnhof immerhin noch unangenehme 5 km.

● Zwischen Bahnhof und Innenstadt verkehren **Tongas.**

● Mit der **Autoriksha** kostet die Fahrt vom Bahnhof zum Nationalpark für Einheimische maximal 40 Rs, vom Busbahnhof 30 Rs, verlangt wird von Touristen jedoch meist das Doppelte.

● Ähnliches gilt für die **Fahrradrikshas,** die für die gleiche Strecke eigentlich nicht mehr als 30 bzw 25 Rs verlangen dürften. Meist hat man nur dann eine Chance auf den lokalen Fahrpreis, wenn man ein vom Rikshafahrer empfohlenes Hotel wählt, da dieser dann die Kommission zusätzlich kassiert.

● Am geeignetsten zur Erkundung des Vogelparks sind die von vielen Hotels verliehenen **Fahrräder** (Preis ca. 30 Rs.).

Unterkunft

● Es gibt zwar einige Hotels in der Stadt selbst, wie etwa das **Shagun Guest House** € (Tel.: 232455) und das **Park Palace Hotel** €-€€ (Tel.: 223783), doch die allermeisten Touristen bevorzugen die sich um die Verkehrskreuzung Saras Circle knapp 400 m östlich vom Parkeingang gruppierenden Unterkünfte. Deshalb sollte man aus Richtung Agra und Fatehpur Sikri kommend auf jeden Fall schon an der Kreuzung zum Keoladeo-Nationalpark (Saras Circle) aussteigen, da man sich dann den weiten Rückweg vom Busbahnhof zum Nationalpark sparen kann, für den zudem immer weit überhöhte Rikshagebühren verlangt werden. Von der Kreuzung aus sind die meisten der aufgeführten Unterkünfte zu Fuß erreichbar.

● Eine sehr kommunikative Atmosphäre herrscht im nahegelegenen **Evergreen Guest House** € (Tel.: 225917) mit Garten. Der gewiefte und humorige Manager bietet einfache, aber völlig ausreichende Zimmer an, alle mit Bad, für wenig Geld – eine gute Wahl. Ein gutes Dachrestaurant ist angeschlossen.

● Das hübsche kleine **Spoonbill Hotel & Restaurant** €-€€ (Tel.: 223571, Fax: 229359, hotelspoonbill@rediffmail.com) ist nicht mehr das neueste, hat aber recht ansprechende, teils klimatisierte Zimmer im Angebot. Das Open-Air-Lokal wird von einem pensionierten General betrieben, der köstliches Essen zu günstigen Preisen serviert. Besonders empfehlenswert sind *Navratan Korma* und der

Bharatpur

Sehenswürdigkeit
- ★ 2 Deviji-ka-Mandir
- Ⓜ 3 Government Museum
- ★ 4 Asht Dhatu Gate
- ★ 5 Fateh Burj
- ★ 6 Kishari Mahal
- ★ 7 Bihariji Mandir
- ★ 8 Lohiya Gate
- © 18 Jama Masjid

Unterkunft
- 🛏 10 Shagun Guest House
- 🛏 11 Hotel Park Palace
- 🛏 22 Bagh
- 🛏 23 Laxmi Vilas Palace Hotel
- 🛏 25 Kiran Guest House
- 🛏 26 The Babbler Guest House
- 🛏 27 Sanctuary Tourist Lodge
- 🛏 28 Hotel The Park
- 🛏 29 Park Regency
- 🛏 31 Bharatpur Forest Lodge
- 🛏 32 Hotel Pelican
- 🛏 33 Birder's Inn, Hotel Sunbird,
- 🛏 34 Hotel Pratab Palace
- 🛏 35 Hotel Eagle's Nest
- 🛏 37 Evergreen Guest House
- 🛏 38 Spoonbill Hotel
- 🛏 39 Falcon Guest House
- 🛏 40 New Spoonbill Guest House

Sonstiges
- ✉ 1 Hauptpost
- ⊕ 9 General Hospital
- ⑤ 12 State Bank of India
- Ⓑ 13 Main Busstand
- • 14 Polizei
- ✉ 16 Postamt
- ⑤ 19 State Bank of Bikaner & Jaipur
- ⊕ 20 Krankenhaus
- Ⓑ 21 Roadways Busbahnhof
- ⑤ 24 Perch Forex
- • 30 Parkeingang Keoladeo
- @ 33 Book House Internet
- ❶ 36 Tourist Reception Centre
- @⑤ 41 Royal Forex & Internet

Circular Road

Deeg (38 km), Alwar

Chand Pol ★

11 🛏   ⑤ 12

Kumber Gate ★

14 •

Old Laxman Temple

13 Ⓑ   ★ Anna Gate

★ Neemda Gate

Jaipur (175 km)

Bikaner, Agra Rd. (NH 11)

Munsil Jaisingh Marg

41 ⑤@

25 🛏   26 🛏

Rajendra Nagar

36 ❶

27 🛏

Saras Circle

Fathepur Sikri Rd.

28 🛏   29 🛏

37 🛏   38 🛏   39 🛏   40 🛏

34 🛏

35 🛏

31 🛏 • 30   32 🛏   33 🛏@

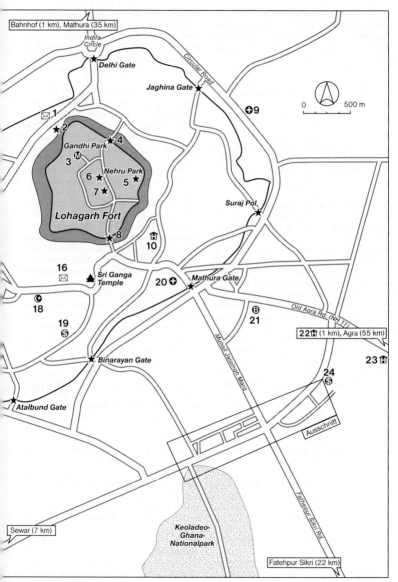

Bahnhof (1 km), Mathura (35 km)

Indira Circle

Delhi Gate

Jaghina Gate

Circular Road

⊕9

0   500 m

⊠1

2

Gandhi Park

3 Ⓜ

4

Nehru Park

6   5

7

Lohagarh Fort

Suraj Pol

8

10

16 ⊠

Sri Ganga Temple

20 ⊕

Mathura Gate

Ⓒ 18

19 Ⓢ

Ⓑ 21

Old Agra Rd. (NH 11)

22 (1 km), Agra (55 km)

23

Binarayan Gate

Munsij Jaisingh Marg

24 Ⓢ

Atalbund Gate

Ausschnitt

Fatehpur Sikri Rd.

Sewar (7 km)

Keoladeo-Ghana-Nationalpark

Fatehpur Sikri (22 km)

hausgemachte Joghurt aus Büffelmilch. Nicht weit entfernt hat sein Sohn das gute **New Spoonbill** €-€€ (Tel.: 223571, (0)94140232 46, harishsingh@rediffmail.com) mit komfortableren Zimmern eröffnet.

● Mehr fürs gleiche Geld gibt's im hübschen und relativ ruhigen, weil ein wenig von der Hauptstraße zurückversetzten **Falcon Guest House** €-€€ (Tel.: 223815) mit Gartenrestaurant. Alle Zimmer, teils mit AC, TV und Badewanne, haben einen Balkon.

● Von den ruhig an der Rajendra Nagar gelegenen Unterkünften bieten das **Kiran Guest House** € (Tel.: 223845) und das **Babbler Guest House** € (Tel.: 226164) große helle Zimmer für wenig Geld, allerdings dauert die Essenszubereitung lange. Auch die neue, kleine **Sanctuary Tourist Lodge** € (Tel.: 233488, tourist_lodge@yaoo.co.in) in der Nähe, in der man selbst kochen darf, ist empfehlenswert.

● Die unmittelbare Nähe zum Parkeingang, das höchste Dachrestaurant und teils recht hübsche und preiswerte Zimmer mit Balkon und TV machen das billige **Hotel Pelican** € (Tel.: 224221) empfehlenswert.

● Das **Birders Inn** €€€-€€€€ (Tel.: 227346, Fax: 225265, brdinn@yahoo.com) hat schöne und ruhige, da nach hinten gelegene AC- und Non-AC-Zimmer, einen hübschen baumbestandenen Garten mit Sitzgelegenheiten und ein gutes (und recht teures) Restaurant.

● Schön möblierte Zimmer mit Terrasse davor, die teureren mit TV, hat das **Eagle's Nest** €€-€€€ (Tel.: 225144, Fax: 222310) zu bieten.

● In der Nähe des Parkeingangs liegen zwei neuere Hotels, die die luxuriösesten in Parknähe sind. Beide haben schöne, große AC- und Non-AC-Zimmer mit TV und AC-Restaurant. Das weiträumig von Rasenflächen umgebene **Hotel The Park** €€€-€€€€ (Tel.: 233192, Fax: 233193) mit Swimmingpool (die Zimmer haben einen Kühlschrank) wirkt aber etwas kühl, während das **Park Regency** €-€€€ (Tel.: 224232, Fax: 234325, hotelpark regency@yahoo.co.uk) fast nebenan mit zusätzlichem Gartenrestaurant und einer Menge Rosen eine angenehmere Atmosphäre ausstrahlt.

● Den Vogel außerhalb des Parks schießt das **Laxmi Vilas Palace Hotel** €€€€ (Tel.: 223523,

reservations@laxmivilas.com, www.laxmivil as.com) ab. Dieser alte Palast mit sehr schön antik möblierten, teils klimatisierten Zimmern mit viel Atmosphäre inmitten einer friedvollen Gartenlandschaft bietet viel fürs Geld, auch ein Swimmingpool ist vorhanden. Einziger Nachteil: Es liegt etwas ab vom Schuss.

● Noch etwas weiter Richtung Agra liegt das neu errichtete, sehr gute **Bagh** €€€€€ (Agra Achmera Rd., Tel.: 225415, www.thebagh. com) inmitten eines großen, vogelreichen Gartens – ein idealer Ort zum Entspannen.

● Die mit Abstand teuerste Unterkunft ist das **Bharatpur Ashok** €€€€€ (Tel.: 222760, Fax: 222864) mitten im Park. Umgeben von Vogelstimmen, kann man sich in den renovierten Zimmern oder auf der wunderschönen Terrasse des sehr guten, aber auch teuren Restaurants der friedvollen Atmosphäre des Parks hingeben. Die Tiere sind derart an den Hotelbetrieb gewöhnt, dass sie sich ohne Scheu in unmittelbarer Nähe aufhalten. Während der Hochsaison zwischen November und März ist eine Voranmeldung unbedingt erforderlich.

Das Bharatpur Ashok vermietet auch Boote, mit denen man frühmorgens den beeindruckenden Sonnenaufgang erleben kann, umgeben von unzähligen Vogelstimmen. Diese sehr empfehlenswerte Möglichkeit besteht nur von der Lodge aus, da der Park nachts geschlossen ist.

Bank und Internet

● Die **State Bank of Bikaner and Jaipur** (Mo–Fr 10–14 Uhr, Sa 10–12 Uhr) beim Binarayan Gate wechselt Bargeld und Travellerschecks. Etwas östlich von der Kreuzung Saras Circle beim Vogelpark bieten sich **Royal Forex** (Tel.: 230283, 10–22 Uhr) der bekannten LKP-Forex-Kette und **Porch Forex** an. Bargeld, Travellerschecks und Kreditkarten (3 % Gebühr) werden zu recht hohen Raten bearbeitet. Das erstgenannte fungiert ebenso als schnelles **Internetcafé** mit guter Ausrüstung und STD-Laden.

● Ein weiteres gutes Internetcafé ist das **Book House** nahe dem Birders Inn, wo 50 Rs/Std. verlangt werden. Hier können auch Fotos der Digitalkamera auf CD gebrannt werden.

An- und Weiterreise

Bahn:

Bharatpur liegt verkehrsgünstig an der Strecke von Delhi nach Mumbai sowie an der Strecke Delhi – Agra – Jaipur – Jodhpur – Ahmedabad und bietet dementsprechend eine vielfältige Auswahl an Zugverbindungen. Wichtige Verbindungen finden sich im Anhang.

Bus:

Bharatpur liegt an der Hauptstraße zwischen Agra und Jaipur.

● Alle Busse von und nach **Fatehpur Sikri** (1 Std.) bzw. Agra passieren die Hotelgegend um den Saras Tourist Bungalow. Es empfiehlt sich, hier auszusteigen, da man ansonsten später den 5 km langen Weg vom Busbahnhof wieder zurückfahren muss – wenig sinnvoll. Auch Deluxe-Busse der Silver Line passieren hier.

● Stündliche Verbindungen bestehen nach: **Agra** (2 Std., über Fathepur Sikri), **Jaipur** (4,5 Std.), **Deeg** und **Mathura** (1,5 Std.) sowie **Delhi** (5 Std.). Außerdem gibt's drei Busse nach **Gwalior, Jodhpur** und **Udaipur** sowie weitere nach **Alwar, Deeg, Vrindavan** und **Lucknow.** Die genauen Abfahrtszeiten können im *Tourist Reception Centre* in Erfahrung gebracht werden.

Keoladeo-Ghana-Nationalpark 🏃 V/D3

Das Gebiet des 29 km² großen Nationalparks liegt in einer natürlichen Senke, die sich während der Monsunzeit im Sommer mit Wasser füllt. So sammelten sich hier seit jeher **Wasservögel,** die für die Maharajas von Bharatpur willkommene Beuteobjekte waren. An manchen Tagen sollen bis zu 4.000 Vögel ihrer Schießwut zum Opfer gefallen sein. Um ihrem Hobby ganzjährig frönen zu können und nicht, wie zuvor, nach der Regenzeit, wenn mit dem zurückgehenden Wasserspiegel auch die Vögel abzogen, mit leeren Händen dazustehen, ließen die Herrscher von Bharatpur künstliche Bewässerungskanäle und Dämme errichten. Das so von Menschen gestaltete Feuchtgebiet entwickelte sich rasch zu einem Magnet für die Vogelwelt.

Heute zählt es zu den bedeutendsten **Vogelschutzgebieten** der Erde. Etwa 370 Vogelarten wurden bisher in Bharatpur beobachtet, davon allein über 100 Zugvogelarten aus nordasiatischen Gebieten wie Japan und Sibirien. Speziell in den Wintermonaten November bis Mai und während der Brutzeit in den Monsunmonaten von Juli bis Mitte September sind die beiden großen seichten **Seen** mit den kleinen Bauminseln in der Mitte des Parks Heimatstätte von Zehntausenden von Kormoranen, Reihern, Fasanen, Löfflern, Gänsen, Adlern, Enten und Störchen sowie unzähligen anderen Vogelarten. Wenn man weiß, dass allein die über 2.000 Störche täglich etwa fünf Tonnen Futter benötigen, erstaunt es immer wieder, welch enorme Fischmenge die seichten Gewässer in sich bergen.

Die meisten Gäste besuchen den ganzjährig geöffneten Park in den Wintermonaten November bis Februar. Besonders reizvoll ist jedoch auch die Brutzeit in den Monsunmonaten, zumal im August und September die Seerosen blühen.

● **Öffnungszeiten:** im Sommer 6–18 Uhr, im Winter 6.30–17 Uhr, Eintritt 200 Rs pro Person plus 3 Rs für ein Fahrrad. Fotokameras sind gebührenfrei, für eine Videokamera müssen happige 200 Rs berappt werden. Guides kosten 70 Rs/Std. bis 5 Personen, ab 6 Personen 120 Rs. Im Park gibt es beim Keoladeo-Tempel einen Kiosk mit Tee/Kaffee und Snacks. Viele Hotels verleihen für bis zu 50 Rs Ferngläser.

Radtour durch den Park

Das von einer mitten durch die beiden Seen führenden Dammstraße durchzogene Gebiet ist ideal, um mit dem Fahrrad erkundet zu werden. Um speziell an Feiertagen und Wochenenden den Besuchermassen zu entgehen, sollte man vornehmlich auf den Nebenstraßen und im südlichen Teil des Parks auf Erkundungstour gehen, da man dort oft stundenlang kaum Menschen begegnet. Zur Abenddämmerung ist besonders die Gegend um den Keoladeo-Tempel interessant, da die großen Wasservögel dort ihre Schlafplätze haben. Fahrräder werden sowohl am Parkeingang als auch in den meisten Unterkünften meist für 30 Rs/Tag vermietet. Statt bei den Händlern vor dem Eingang sollte man sein Fahrrad besser direkt an der Kasse des Nationalpark buchen, da sie hier wesentlich billiger sind. Da die Nachfrage speziell während der Hauptreisezeit sehr groß ist, empfiehlt es sich, schon einen Tag vorher seinen Drahtesel zu reservieren.

Mit der Fahrradriksha

Als andere Möglichkeit zur Parkerkundung bieten sich die zahlreichen am Parkeingang und um den Tourist Bungalow auf Gäste wartenden Fahrradrikshas an. Allerdings besitzen nur die mit einem gelben Schild an der Vorderseite ausgestatteten Rikshas die Lizenz für den Nationalpark. Viele Rikshafahrer sind äußerst freundliche Zeitgenossen und verfügen über erstaunliche Fachkenntnisse. Der große Nachteil der Rikshas, die hinter dem Fahrer zwei Personen Platz bieten, besteht jedoch darin, dass sie auf dem asphaltierten Hauptweg bleiben müssen, während man mit dem eigenen Fahrrad jeden schmalen Seitenweg benutzen kann. Für eine Rikshafahrt (die Fahrer kommen umsonst in den Park) sollte man, zusätzlich zum Eintrittspreis, pro Stunde etwa mit 50 Rs rechnen.

Bootstour

Alternativ kann man am Eingang für 150 Rs pro Stunde für 2-Sitzer, 75 Rs für 4-Sitzer sowie 25 Rs für größere Boote eine Bootstour auf einem der Seen buchen. Dabei kommt man besonders nah an die Tiere heran, weshalb man sich sehr zurückhaltend verhalten sollte.

Alwar ⤢ V/C2

(ca. 270.000 Einwohner, Vorwahl: 0144)

Diese Stadt, die Ende des 18. Jh. von einem ehemaligen Vasallen Jaipurs, der sich unabhängig gemacht hatte, erbaut wurde, wirkt trotz ihrer Größe recht beschaulich, liegt verkehrsgünstig zwischen Delhi und Jaipur und besitzt einen der schönsten Rajputenpaläste Rajasthans. So ist es eigentlich unverständlich, dass das am Rande des **Aravalli-Gebirges** gelegene Alwar von nur wenigen Touristen besucht wird. Wer von hier, wie die meisten der wenigen Besucher, zum nur 35 km südwestlich gelegenen **Sariska-Nationalpark** aufbricht, sollte zumindest die Gelegenheit nutzen, um den 3 km außerhalb des Stadtzentrums gelegenen Palast zu besichtigen.

Stadtpalast

Eine Kulisse besonderer Art bietet sich dem Besucher bereits auf dem Palastvorplatz. Unter riesigen Baumkronen haben Schreiber kleine Holztischchen aufgestellt und bearbeiten mit ihren altertümlichen Schreibmaschinen unzählige Stapel von Antragsformularen. Die ungeduldig wartenden Bürger eilen schließlich mit den fertiggestellten Formularen in den Stadtpalast, der heute zum großen Teil von Behörden genutzt wird.

Eher in einem italienischen Rokokoschloss denn in einem Rajputenpalast wähnt man sich, sobald man über die Mitteltreppe in den **Innenhof** des Palastes gelangt ist. In einer höchst gelungenen Synthese aus strenger Symmetrie und verspielter Formgebung finden sich elegant verzierte und ornamentierte Pavillons, geschwungene Bengaldächer, offene Säulenhallen, freilaufende Treppenaufgänge, durchbrochene Marmorfenster, winzige Erker und Balkone. Eine passendere Filmkulisse für die ausufernden, von Herz, Schmerz und wehenden Kostümen geprägten Hindi-Filme lässt sich kaum denken. Ganz deutlich stehen die Bauten unter dem Einfluss des späten Rajputenstils, der stark vom manierierten Mogul-Geschmack beeinflusst wurde.

Prunkstücke des im oberen Stockwerk beheimateten **Museums** sind eine innerhalb

von 15 Jahren angefertigte Ausgabe des „Kalisthan", eine Sammlung moralischer Erzählungen des 1292 verstorbenen Dichters *Shadi,* sowie eine 24 Meter lange Rolle mit einer Abschrift der „Bhagavad Gita". Daneben verdient auch die Sammlung hervorragender Miniaturmalereien Beachtung. Insgesamt gehört das Museum zu einem der interessantesten Rajasthans, wenn es auch wegen der Unterschiedlichkeit seiner Ausstellungsobjekte zunächst etwas verwirrend erscheint.

Geht man vom Museum entlang einer kleinen Balustrade um das Gebäude herum, bietet sich eine beeindruckende Aussicht auf den dahinter gelegenen, künstlich angelegten **Palastteich** mit seinen Pavillons und Badetreppen. Wer sich vor der reichlich schmalen und wenig Vertrauen erweckenden Umrundung scheut, kann auch von der hinteren linken Ecke des Vorhofs über eine Treppe zum See gelangen. An dessen Südseite steht der marmorne **Chattri** von *Raja Bakhtawar Singh,* dem Herrscher Alwars von 1781 bis 1815. Die Gedenkstätte bildet mit dem umlaufenden Balkon und dem halbkreisförmigen Bengaldach noch einmal ein Beispiel des als indischer Rokoko bezeichneten Baustils Alwars.

Nordwestlich des Sees führt ein schmaler, steiler Weg auf den sich dahinter befindenden **Hügel,** der von den Überresten einer mittelalterlichen Festung gekrönt wird. Da hier ein Radiosender installiert wurde, ist die Besteigung jedoch nur mit einer speziellen Genehmigung erlaubt. Außer einer allerdings sehr beeindruckenden **Aussicht** auf die Stadt gibt es hier kaum etwas zu bewundern.

●**Öffnungszeiten:** tgl. außer Fr 10–16.30 Uhr.

Fort Bala Quila

Das riesige, 5 x 1,6 km große Fort Bala Quila, 300 m über der Stadt, wurde als eines der wenigen in Rajasthan schon vor der Zeit der Moguln in der Regierungszeit von *Nikumbh Rajputen* im 9. Jh. v. Chr. erbaut. 15 große und 51 kleinere Türme sowie 6 Zugangstore zeigen die Ausmaße der heute verfallenen Anlage. Nach mehreren Eroberungen fiel sie 1775 in die Hände von *Pratab Singh,* dem Begründer des Staates Alwar. Lei-

der kann das Fort, das heute durch einen Radiosendemast verunstaltet ist, nur mit spezieller Genehmigung vom *Superintentent of Police* (Tel.: 2337453) besichtigt werden. Man genießt jedoch eine Rundum-Aussicht nach einem Aufstieg, der beim Collectorate Office beginnt.

Information

●Das **Touristenbüro** (Tel.: 2347348) in der Stadtmitte gegenüber dem Company Park ist tgl. außer So von 10 bis 17 Uhr geöffnet. Neben Informationen zur Stadt selbst werden auch bereitwillig Auskünfte zum nur 35 km südlich gelegenen Sariska-Nationalpark erteilt. Außerdem können **Hotelreservierungen** für Sariska vorgenommen werden.

Stadtverkehr

●Der Stadtpalast, die Hauptsehenswürdigkeit Alwars, liegt etwa 3 km vom Bahnhof entfernt. Die Fahrt mit der **Autoriksha** sollte nicht mehr als 15 Rs, mit der **Fahrradriksha** 10 Rs kosten.

●Nahe dem Bahnhof können **Fahrräder** für 20 Rs/Tag ausgeliehen werden.

Bank

●Geld und Reiseschecks werden in der **State Bank of Bikaner & Jaipur** nahe dem Busbahnhof gewechselt.

Unterkunft, Essen und Trinken

●Nur wenige Meter vom Bahnhof entfernt liegt das **Aravali Hotel** €-€€ (Tel.: 2373684) mit einer großen Auswahl qualitativ sehr unterschiedlicher Zimmer. Die Räume nach hinten sind wegen der ruhigeren Lage vorzuziehen. Im Erdgeschoss befindet sich eine düstere Bar, deren arktische Temperaturen vermuten lassen, dass der für die AC zuständige Angestellte von grönländischen Urahnen abstammt. Das Restaurant ist hingegen gut und insgesamt macht das von einem sympathischen Manager geführte Hotel einen gepflegten Eindruck.

●Empfehlenswert ist das weiter südlich gegenüber dem Stadion gelegene **Phool Bagh**

Palace Hotel €€-€€€ (Tel.: 2347253). Die Preise sind angemessen.

●Eine empfehlenswerte Adresse für Reisende mit kleinem Geldbeutel ist das nur wenige Meter vom Busbahnhof in einer kleinen Gasse rechts neben der State Bank of Bikaner and Jaipur gelegene **Deluxe Guest House** € (Tel.: 221705). Die Zimmer sind zwar recht spartanisch, doch für den Preis (mit TV und Cooler) durchaus akzeptabel. Überdies wird das kleine Gästehaus von einem freundlichen Besitzer geleitet.

●Ein passables Mittelklasse-Hotel ist das staatliche **Hotel Meenal** €€ (Tel.: 2347352). Ebenso passabel ist das angeschlossene Restaurant (veg und non-veg).

●Günstig wohnt man im **Alwar Hotel** €€-€€€ (Tel.: 2700012, Fax: 2332250) mit Garten, großen Zimmern, gutem Restaurant und hilfsbereitem Personal.

●Eine gute Wahl ist auch das **New Tourist Hotel** €-€€€ am Manu Marg (Tel.: 2322047). Die Zimmer sind sauber und relativ groß, ein preiswertes Restaurant ist angeschlossen. Preise zwischen 300 und 700 Rs für das Zimmer.

●Das bei Siliserh, ca. 20 km südwestlich von Alwar, gelegene **Hotel Lake Palace** €€-€€€ (Tel.: 2886322, Fax: 2348757) bietet eine gute Möglichkeit, um für relativ wenig Geld in einem zum Hotel umgewandelten Maharaja-Palast zu wohnen. Das Haus liegt an einem kleinen See wenige Kilometer abseits der Straße, die zum Sariska-Park führt.

●**Narula's** mit vielseitiger Küche (von indisch über chinesisch bis westlich) und schönem Ambiente an der Road No. 2 ist empfehlenswert.

●Zu Recht sehr beliebt ist das **Prem Pavitra Bhojnalaya** beim Busbahnhof. Serviert werden schmackhafte vegetarische Gerichte zu Preisen zwischen 30 und 70 Rs.

An- und Weiterreise

●**Bahnverbindungen** s. Anhang.
●Direkte Busverbindungen u.a. alle 30 Min. zum **Sariska-Nationalpark** (ca. 1 Std.), nach **Bharatpur** (ca. 3,5 Std./Exp.), nach **Deeg** (ca. 2,5 Std./Exp.), **Jaipur** und **Mathura** (ca. 3 Std./Exp.) und **Delhi** (4 Std./Exp.).

Deeg ♫ V/D2

(ca. 40.000 Einwohner)

Für den Durchreisenden stellt sich dieser 34 km nördlich von Bharatpur gelegene Ort nur als verstaubtes Provinznest mit einem etwas zu groß geratenen Busbahnhof dar. Doch der hier Mitte des 18. Jh. vom Herrscher von Bharatpur errichtete **Sommerpalast** gehört zu den bezauberndsten und besterhaltenen Rajputenpalästen überhaupt. Ebenso wie der Stadtpalast von Alwar repräsentiert er einen Baustil, der in seiner stark manieristischen Prägung der Spätzeit der Palastarchitektur zuzuordnen ist. Das beeindruckende Äußere des Palastes diente als Hintergrund bei der Verfilmung von Hermann Hesses Roman „Siddharta". Bis in die 1970er Jahre wurde der Palast von dem Maharaja bewohnt.

Gopal Bhawan

Hat man den Palastbezirk von Norden her durch das Singh Pol betreten, befindet man sich in einem sehr schönen, durch vier Wasserläufe gegliederten **Mogul-Garten.** Die Beschwingtheit, die das hierin eingebettete Hauptgebäude der Anlage, der Gopal Bhawan, mit seiner verspielten Architektur ausstrahlt, wird durch dessen von vier Pavillons am Ende der Kanäle flankierten Garten aufgenommen und zusätzlich verstärkt. Insgesamt 500 Fontänen wurden zu speziellen Festen in Betrieb gesetzt und erzeugten mit ihren gefärbten Wassern, künstlich erzeugten Geräuschen und geheimnisvoller Beleuchtung während der Nacht ein einzigartiges Schauspiel. Vor dem Gopal Bhawan steht, herausgehoben auf einer separaten Marmorplatte, eine **Marmorschaukel.** Suraj Mall, der Erbauer des Palastes, soll sie 1763 von einem Beutezug aus dem Roten Fort in Delhi mitgebracht haben. Besonders eindrucksvolle Bilder bieten sich, wenn die Rajputen-Frauen in ihren bunten Kleidern zum Wasserholen kommen.

Von den Decken des sich zur Gartenseite öffnenden Gopal Bhawan hängen so genannte **Pahannas,** lange, schön gestaltete Stoffbahnen. Sie dienten nicht nur als deko-

Rajasthan

rativer Blickfang, sondern hatten durchaus praktischen Nutzen. Über Schnüre konnten sie von Dienern bewegt werden und wurden so als manuelle, überdimensionierte Windfächer für die unter der Sommmerhitze leidenden Herrschaften eingesetzt.

Die diversen Räume des **Hauptgebäudes** beeindrucken vor allem durch ihre exquisite Möblierung. Allerdings wirkt vieles etwas heruntergekommen und renovierungsbedürftig.

Besonders beeindruckend wirkt der Palast durch den an seiner Südseite angrenzenden **Gopal Sagar,** einen kleinen, künstlich angelegten See. Speziell mit den beiden flankierenden Pavillons wirkt er wie ein kleiner Wasserpalast. Sehr schön, wenn auch weniger verspielt wirkt der südlich des Teichs von Suraj Mahalls Stiefvater errichtete **Purana Mahal** mit schönen Rajputen- und Mogul-Wandmalereien im Inneren.

●**Eintritt:** 200 Rs

Unterkunft

●Mit dem staatlichen **RTDC Midway Deeg** €€ (Tel.: 0564-2321203) gibt es eine akzeptable Unterkunft. Allerdings stehen nur drei Räume zur Verfügung. Auch Camping ist mit eigenem Zelt für 100 Rs/p.P. möglich.

An- und Weiterreise

●Fast stündliche **Busverbindungen** nach Alwar (3 Std.), Bharatpur (1,5 Std., alle 30 Min.), Mathura (1 Std.) und 1 Direktbus nach Agra über Mathura (3,5 Std.).

Sariska-Nationalpark ↗ V/C2

Wer auf der Suche nach einem **Tiger** den Sariska-Nationalpark aufsuchen möchte, sollte umdenken – es gibt nämlich keine mehr (s. Exkurs „Project Tiger"). Nichtsdestotrotz ist der 1979 mit einer Kernzone von 498 km² dem Project Tiger zugeordnete Park wegen seiner zahlreichen anderen Wildtiere und seiner landschaftlichen Schönheit einen Besuch

wert. Wer allerdings in seiner Zeit begrenzt ist, sollte den Ranthambore-Nationalpark vorziehen. Es bieten sich gute Chancen, einen der rund 50 im Park lebenden **Leoparden** zu sichten, denen das felsige Gelände ideale Lebensbedingungen bietet. Besonders faszinierend ist der Anblick der Tiere, wenn sie durch die Ruinen des malerisch auf einem Berg gelegenen Kanwari Forts streifen. Hierfür ist allerdings das Mitführen eines Fernglases empfehlenswert, da die gefleckten Großkatzen in den Felsen eine nahezu perfekte Tarnfarbe besitzen und nur schwer aus der Ferne auszumachen sind.

Weitere den Park bevölkernde Tiere sind **Sambarhirsche, Antilopen,** die bevorzugten Beutetiere für den Tiger, sowie **Schakale, Füchse** und **Wildschweine.** Die am Rande des Schutzgebietes gelegenen Seen bei Tekla sind im Winter ein Sammelplatz für viele Arten von **Wasservögeln.** Überdies ist Sariska eines der besten Gebiete, um Indiens Nationalvogel, den **Pfau,** zu beobachten. Die Balzzeit beginnt wenige Wochen vor Eintritt der Regenzeit im Mai/Juni und setzt sich bis Juli/August fort. Daher wird dem wunderschönen Tanz der Pfauenhähne die Kraft zugeschrieben, den Regen herbeizurufen.

Besichtigung

Alle hier gemachten Angaben sind mit Vorsicht zu genießen, da es sehr wahrscheinlich ist, dass der **Skandal um die gefälschten Tigerbestände** weitreichende Auswirkungen auf die Verwaltung des Parks haben wird. Selbst von einer längerfristigen **Schließung** des Parks war zwischenzeitlich die Rede. Schon jetzt ist ein deutlicher Rückgang der Besucherzahlen zu registrieren.

Wie für die anderen Nationalparks Indiens, stellen auch für Sariska die Monate Oktober bis März die **Hauptreisezeit** dar. Zwischen Dezember und Januar sowie am Wochenenden ist eine Vorbestellung für die Parkunterkünfte unbedingt vonnöten. Da die Hauptstraßen im Park asphaltiert sind und somit auch während der **Regenzeit** befahren werden können, ist Sariska ganzjährig geöffnet.

Jeeps für die jeweils morgens von 7 bis 9.30 Uhr oder nachmittags von 15 bis

Rettung in letzter Sekunde – Project Tiger

Das Thema Umweltschutz schafft es in die Schlagzeilen der indischen Presse ungefähr so häufig wie Cricket in Deutschland. So kam es auch einem Erdbeben gleich, als Ende 2005 alle großen Tageszeitungen nur ein Thema kannten: Die weltberühmte Tigerpopulation des Landes ist am **Aussterben.** Die Naturschutzbürokratie musste eingestehen, dass in einem der größten Nationalparks, dem **Sariska,** kein Tiger mehr lebt. Die Behörden hatten dies jahrelang vertuscht.

Unter dem Druck von Naturschützern und der Presse, die Reporter in andere Parks ausschwärmen lässt, entpuppen sich Indiens offizielle Tigerstatistiken als **Bilanzskandal** mit ungeahnten Ausmaßen. Über Jahre hatten die Behörden die Öffentlichkeit mit **geschönten Zahlen** ruhig gestellt, denen zufolge Indiens Tigerbestände stabil seien. Premierminister *Manmohan Singh* machte die Aufarbeitung des Skandals zur Chefsache, indem er den Leiter des Sariska-Nationalparks und mit ihm sieben weitere führende Angestellte feuerte, Krisensitzungen einberief und die Bundespolizei in die Parks schickte, um die Wahrheit herauszufinden.

Pessimisten befürchten, dass es für Indiens Tiger bereits zu spät ist. Sicher ist lediglich, dass die offizielle Zahl von 3.723 Großkatzen im ganzen Land aus der Luft gegriffen ist. Naturschützern zufolge sind es im besten Fall 2000, vielleicht aber viel weniger.

Indiens Nationalseele wurde von einem Skandal erschüttert, in dem sich all jene negativen Seiten des indischen Alltags spiegeln, gegen die immer mehr Inder rebellieren: **Korruption, eine abgehobene Bürokratie und verbreitete Armut,** gegen die staatlicherseits wenig unternommen wird. Für Normalbürger stehen die Schuldigen außer Zweifel: Es sind die Beamten. Die jahrelange, systematische Täuschung des Landes durch seine Bürokraten ist symptomatisch für deren größtes Manko in den Augen ihrer Untertanen: Ihnen fehlt jedes Verantwortungsgefühl als „Volksdiener". Jahrelang genügte es dem Apparat, den wachsenden Schwund an Tigern seelenruhig zu verwalten, statt Alarm zu schlagen oder einzuschreiten. Viel zu wenige, chronisch unterbezahlte und unbewaffnete Aufseher sind den **Wilderern** nicht gewachsen. Und die Anreize, sich von Wilderern bestechen zu lassen, statt sich ihnen unter Lebensgefahr entgegenzustellen, sind groß: Ein **Tigerfell** ist bis zu 50.000 Dollar wert – das Hundertfache des durchschnittlichen Jahreseinkommens eines Inders.

Die meisten toten Tiere finden den Weg nach **China.** Dort schürt schnell steigender Reichtum die Nachfrage nach Tigerorganen, die in der traditionellen Medizin als **potenzsteigernde Substanzen** gelten. Die Kombination aus Chinas Aberglauben und Kaufkraft mit indischer Laxheit und Korruption konfrontiert das ambitionierte **„Project Tiger"** mit der realen Gefahr des Scheiterns.

raj_x269 Foto: tb

Rajasthan

Ins Leben gerufen wurde das Projekt 1973 von Premier *Rajiv Gandhi* – schon damals geboren aus der Furcht, dass der König des Urwalds vom Aussterben bedroht sei. Dabei handelt es sich um eine der weltweit größten **Rettungsaktionen,** die je zum Erhalt einer Tierart durchgeführt wurden. Ziel war es jedoch nicht, nur den Tiger, sondern auch seine gesamte Biosphäre zu schützen, zu der neben Elefanten und Nashörnern auch seine Beutetiere wie Gazellen und Sambarhirsche gehören.

Die zunächst neun ausgesuchten Tierschutzgebiete sind bis heute auf 23 mit einer Gesamtfläche von über 20.000 km² erweitert worden, wobei die meisten und bekanntesten von ihnen wie etwa Corbett, Sariska, Ranthambhore und Kanha in Nordindien liegen. Jedes dieser Schutzgebiete besteht aus einer gänzlich geschützten Kernzone und einer Pufferzone, in der den Bewohnern der Umgebung eine eingeschränkte Nutzung wie das Weiden ihres Viehs und das Sammeln von Feuerholz erlaubt ist.

Doch selbst für den Fall, dass man dieser Gefahrenmomente Herr werden sollte, hängt der zukünftige Erfolg des Project Tiger von der Eindämmung des nach wie vor größten Problems des Landes ab – dem rasanten **Bevölkerungswachstum.** Seit dem Start der Rettungsaktion vor fast 30 Jahren ist die indische Bevölkerung um weitere 350 Millionen auf heute ca. eine Milliarde angewachsen. Die meisten Einwohner sind auf Brennholz, Gras für ihr Vieh und Wasser angewiesen. Je mehr die Pufferzonen der Schutzgebiete von Kühen, Büffeln, Schafen, Ziegen und Kamelen abgegrast werden, desto häufiger treiben die Leute ihr Vieh in die noch weitgehend unberührten Kernzonen. Offiziell ist dies verboten, doch die Dorfbewohner berufen sich verständlicherweise auf ihr jahrtausendealtes Gewohnheitsrecht. Zwar verehren sie den Tiger als Inbegriff des Majestätischen, Erhabenen und Machtvollen, doch im täglichen Überlebenskampf sehen sie in ihm in erster Linie ein gefährliches Raubtier, welches ihr höchstes Gut, das Vieh, tötet. In den letzten Jahren kam es immer wieder zu Übergriffen, da die Tiger ihrerseits wegen der zunehmenden Nahrungsverknappung in die angrenzenden Dörfer einfielen.

In der Erkenntnis, dass nur eine Verbesserung der Lebensbedingungen der Parkanwohner den Schutz der Tiger-Refugien gewährleisten kann, wurde daraufhin von Regierungsseite ein Bündel von Maßnahmen beschlossen. Hierzu zählen Projekte zur Verbesserung der Weidequalität, die Anlage leistungsfähiger Bewässerungssysteme und die Zucht ertragreicher Kühe, damit diese heiligen Tiere mehr Milch geben. So bestätigt auch der neueste Skandal die Einsicht, dass es nicht reicht, Mensch und Tier durch hohe Mauern voneinander zu trennen, sondern dass das Überleben des Tigers letztlich vom Wohlergehen des größten „Raubtieres" der Erde abhängt – des Menschen.

Bei der Jagd auf die seltenen Wildkatzen waren weder die Briten noch die Maharajas besonders zimperlich

17.30 Uhr bzw. als Ganztagestour durchgeführte **Parkbesichtigung** können beim *Tourist Reception Centre* (Tel.: 2841333) an der Jaipur Rd. gegenüber vom *Sariska Palace* für 750 (2,5 Stunden) bis 1.700 Rs (ganzer Tag, max. 5 Personen) gemietet werden. Hinzugerechnet werden muss noch die **Eintrittsgebühr** pro Fahrzeug (125 Rs) und pro Person (200 Rs). Teilt man sich den Jeep mit 5 Personen, kostet die Besichtigung also ca. 400 Rs. Die Videokameragebühr beträgt weitere 200 Rs, Fotokamera ist frei.

Unterkunft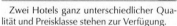

Zwei Hotels ganz unterschiedlicher Qualität und Preisklasse stehen zur Verfügung.

● Der **RTDC Tiger Den** €-€€€ (Tel.: 2841342) ist die billigste, aber auch einfachste Unterkunftsmöglichkeit. Einfache, schmucklose Zimmer in einem wenig ansprechenden Gebäude können nicht wirklich empfohlen werden.

● Von außen sehr imposant ist das Hotel **Sariska Palace** €€€€€ (Banar Rd., Tel.: 2841322/5, Fax: 2841388). Der riesige ehemalige Palast des Maharajas von Alwar liegt inmitten einer wunderschönen, baumbestandenen Landschaft. Alle 49 Zimmer des ockergelben Prachtbaus besitzen AC, wobei jene im Neubau deutlich den recht abgewohnten im Hauptgebäude vorzuziehen sind. Zweifelsohne eine vorzügliche Unterkunft, auch wenn die Preise gesalzen sind. Das gilt auch für das 700 Rs teure Abendbuffet, Getränke extra. Dem Hotel ist ein Ayurveda-Zentrum mit Schwimmbad angeschlossen.

An- und Weiterreise

Der Eingang zum Nationalpark liegt an der Hauptverkehrsstraße zwischen Alwar und Jaipur und dementsprechend unproblematisch sind die Verkehrsverbindungen mit dem **Bus.** Allerdings sind die vorbeifahrenden Busse oft bis zum Bersten gefüllt. Zum nur eine Stunde entfernt gelegenen **Alwar** ist das erträglich, die knapp vierstündige Fahrt zum 160 km südöstlich gelegenen **Jaipur** ist da schon problematischer. Als Alternative könn-

te man zunächst zum 50 km entfernten Verkehrsknotenpunkt **Shahpura** fahren und dort in einen weniger besetzten Bus umsteigen. Alle Busse nach Jaipur passieren übrigens die nur 11 km nördlich gelegene Festungsstadt **Amber.**

Highlight:
Ranthambore-Nationalpark ↗ V/C3

In seltener Einmütigkeit zählen Naturliebhaber diesen 1957 gegründeten Nationalpark zu einem der schönsten ganz Indiens. Die geologische Prägung des 392 km^2 großen Schutzgebietes mit seinen schroffen Felswänden und steilen Hängen haben die Wildnis in Ranthambore über Jahrhunderte vor einer Umwandlung in Ackerland bewahrt. So konnte sich im von kleinen Flüssen und Seen durchzogenen Park eine wunderschöne Naturoase entwickeln, die eine einzigartige Faszination ausstrahlt.

Das inmitten des Parks gelegene **Fort,** von dem sich ein wunderschöner Ausblick über die eindrucksvolle Parklandschaft bietet, weist noch heute deutliche Spuren vergangener Kämpfe auf und dokumentiert damit, dass das Gebiet in früheren Jahrhunderten kein unberührtes Naturparadies, sondern ein hart umkämpftes Schlachtfeld war. Die bereits im 10. Jh. errichtete Trutzburg als Mittelpunkt eines lokalen Herrscherhauses wurde mehrfach erobert, so z.B. 1301 durch den Sultan von Delhi und 1569 durch die Truppen *Akhbars.* Später wurde aus dem wildreichen Gebiet das Jagdgebiet der Maharajas von Jaipur.

Ranthambore wurde als einer der ersten Nationalparks dem **Project Tiger** angeschlossen, wobei die Parkverwaltung konsequenter als irgendwo sonst den speziellen Lebensbedürfnissen dieser scheuen Wildkatzen Rechnung trug. Seit dem landesweit Aufsehen erweckenden Skandal wegen gefälschter Zahlen der Tigerpopulation (s. Exkurs „Project Tiger") schätzt man die Tigerpopulation in Ranthambore auf nur noch 20 Tiere. Dementsprechend gering sind die Chancen, ei-

Rajasthan

nen Tiger zu Gesicht zu bekommen. Nichtsdestotrotz lohnt Ranthambore wie kaum ein anderer Nationalpark einen Besuch, ist es doch gerade die Vielfältigkeit von Natureindrücken, die den besonderen Charme von Ranthambore ausmacht. Besonders häufig sind die **Sambarhirsche** als Hauptbeutetiere des Tigers zu beobachten. Weitere in Ranthambore anzutreffende Säugetiere sind die indischen Gazellen, **Chinkaras, Schakale** und **Antilopen**. Äußerst selten werden **Streifenhyänen** und **Leoparden** gesichtet. Darüber hinaus haben über 270 Vogelarten das Gebiet zu ihrer Heimat gemacht. Neben **Geiern** und **Adlern** zählen **Zugvögel** wie der Schwarzstorch, die Streifengans und der Fischadler zu den meistgesehenen Arten.

Besichtigung

Beliebteste **Reisezeit** für Ranthambore sind wegen des milden Klimas die Wintermonate November bis Februar, allerdings sinken die Nachttemperaturen manchmal bis zum Gefrierpunkt. Recht heiß mit Tagestemperaturen von bis zu 40 °C und dementsprechend weniger populär ist die Zeit zwischen März und Juni. Allerdings sind diese Monate für Tierbeobachtungen günstig, weil sich das Leben im Park dann weitgehend an den Seen konzentriert. Während der Monsunzeit vom 1. Juli bis 1. Oktober bleibt das Reservat geschlossen, da die unbefestigten Wege aufweichen und nicht befahrbar sind.

Es gibt zwei Möglichkeiten, eine Safari zu unternehmen: auf einem **offenen Bus** (10–20 Personen) oder per **Jeep** für maximal 5 Personen. Natürlich ist der Bus mit 130 Rs pro Person billiger als Jeeptouren. Doch wenn man bedenkt, dass zu den 130 Rs noch 200 Rs Eintrittsgebühr kommen und Jeeptouren zum Teil bereits (zzgl. die Zeit zwischen März und obligatorischen Guide (150 Rs extra) alles inklusive zu ergattern sind, könnte es bei mehreren Personen durchaus Sinn machen, sich mit dem Jeep auf Pirsch zu begeben. Die Bustour wie auch die Jeeps müssen beim **Forest & Project Tiger Office** (Tel.: 07462-223402), etwa 500 m vom Bahnhof der Stadt Sawai Madhopur entfernt, bestellt werden. Gegen einen Aufpreis lässt sich manchmal auch etwas in den Hotels regeln. Während der Hauptsaison sind die Jeeptouren jedoch oft über Monate im Voraus ausgebucht. Abfahrt: Okt.–Feb. 7 Uhr und 14.30 Uhr, März–Juni 6.30 Uhr und 15.30 Uhr.

● **Eintritt zum Park:** 200 Rs, Video 200 Rs, fotografieren frei.

Information

● Das **Tourist Reception Centre** (Tel.: 07462-220808, Mo–Sa 10–17 Uhr, 30 Min. Pause um 13 Uhr) befindet sich in **Sawai Madhopur** im *RTDC Vinayak Tourist Complex*, es gibt noch einen Ableger im Bahnhof. Im Project-Tiger-Gebäude (Tel.: 223402) an der Ranthambore Rd. ca. 500 m vom Bahnhof entfernt können Reservierungen für einzelne Unterkünfte ebenso vorgenommen werden wie für den vom RTDC eingesetzten Safaribus. Auch Informationsmaterial zum Project Tiger ist hier erhältlich.

Stadtverkehr

● Der **Bahnhof von Sawai Madhopur** liegt 12 km vom Eingang zum Nationalpark entfernt. Sobald man den Zug verlassen hat, wird man von Riksha-, Tempo- und Tongafahrern umringt, die einen „for two Rupies only" zu einem Hotel ihrer Wahl fahren wollen – um dann die saftige Kommission zu kassieren. Die Hotels in der Stadt sind alle zu Fuß erreichbar. Vom Bahnhof zum Park sollte es, egal mit welchem Transportmittel, auf keinen Fall mehr als 50 Rs kosten, eher etwas weniger. Fahrräder zum Preis von 30–40 Rs pro Tag verleihen einige Läden vor dem Bahnhof.

Unterkunft

(Vorwahl: 07462)

Einfache Unterkunftsmöglichkeiten finden sich in **Sawai Madhopur**, während die besseren an der Straße zum Nationalpark liegen.

● Sehr schlicht, dafür billig ist das etwa einen halben Kilometer vom Bahnhof entfernte **Hotel Swagat** € (Tel.: 220601). Ähnlich in Preis und Qualität ist das in der gleichen Straße gelegene **Hotel Vishal** € (Tel.: 220504).

● Besser ist das bei der Bahnüberführung gelegene **Hotel Pink Palace** €–€€ (Tel.: 220722).

●Sehr empfehlenswert für Leute mit kleinerem Geldbeutel sind die beiden nach 1,5 bzw. 1 km folgenden Hotels **Ankur** €€ (Tel.: 220792) und **Anurag Resort** €€ (Tel.: 220451). Beide überzeugen durch saubere, gepflegte Zimmer und eine angenehme Atmosphäre. Das Ankur verfügt zudem über ein gutes, preiswertes Restaurant.

●Nicht schlecht ist auch der nach etwa 1 km folgende **RTDC Vinayak Tourist Complex** €€-€€€ (Tel.: 221333). Abgesehen von der etwas sterilen Atmosphäre eine gute Unterkunft mit großen Zimmern. Auch hier gibt es ein Restaurant.

●Eine Topadresse ist das etwa 4 km vom Bahnhof Sawai Madhopur entfernte **Tiger Safari Resort** €€-€€€ (Ranthambore Rd., Tel.: 221137). Mit hübsch eingerichteten und sauberen Zimmern (besonders Nr. 114 ist zu empfehlen), einem guten Dachrestaurant mit Ausblick sowie hervorragendem Service bietet es ein ausgezeichnetes Preis-Leistungs-Verhältnis.

●Wunderschön in den Bergen, 2 km von der Hauptstraße entfernt, liegt das Hotel **Jhoomar Baori Castle** €€€ (Tel.: 220495, Fax: 221212). Das ehemalige Jagdschloss des Maharajas von Jaipur verfügt über einen sehr stilvollen Aufenthaltsraum sowie eine Dachterrasse mit fantastischem Ausblick. Leider wirken die Zimmer reichlich vernachlässigt und auch das Personal macht einen uninteressierten Eindruck.

●Über einen romantischen Touch verfügt die knapp 500 m weiter Richtung Park gelegene **Sawai Madhopur Lodge** €€€€€ (Tel.: 220541, Fax: 220718). Das von einem schönen Garten umgebene Anwesen war früher im Besitz des Maharajas von Jaipur und dementsprechend luxuriös sind auch die Räume ausgestattet. Versteht sich, dass auch die Preise fürstliches Niveau besitzen. Darin enthalten sind jedoch alle Mahlzeiten.

●Die mit Abstand luxuriöseste (und teuerste) Unterkunft ist das von der noblen Oberoi-Gruppe geführte **Vanyavilas** €€€€€ (Tel.: 223999, Fax: 223990). Wer in den mit allem Luxus ausgestatteten Zelten übernachtet, wird sich in alte Kolonialzeiten zurückversetzt fühlen, wird er doch ständig von einer Schar von Bediensteten verwöhnt.

Bank und Internet

●Geld und Reiseschecks werden in der **State Bank of Bikaner and Jaipur** (Mo–Fr 10–14 Uhr, Sa 10–12 Uhr) in Sawai Madhopur zu Rupien gemacht.

●Da Internetcafés selten sind, ist der Preis mit 50 Rs/Std. auch recht hoch. Möglich ist Surfen etwa bei **Tiger Track** an der Ranthambore Rd.

An- und Weiterreise

Bahn:

Sawai Madhopur liegt an der Breitspurstrecke von Delhi nach Mumbai und der Meterspur nach Jaipur und Bikaner, daher viele Auswahlmöglichkeiten, oft jedoch ungünstige Abfahrtszeiten. Das Reservierungsbüro im Bahnhofsgebäude ist Mo-Sa 8–20 und So 8–14 Uhr geöffnet.

●Eine schnelle Verbindung nach **New Delhi** über **Bharatpur** bietet der 2903 Golden Temple Mail: Abf. 12.50 Uhr, Bharatpur an 15.25 Uhr, Mathura 16.30 Uhr, New Delhi an 19 Uhr.

●Täglich mehrere Züge von und nach **Jaipur** in 3 Std., z.B. der 2956 Jaipur Mumbai Exp.: Abf. **Sawai Madhopur** 16 Uhr. Der Zug fährt um 16.10 Uhr weiter nach **Mumbai** (Ankunft 8 Uhr). Andere Richtung, Zugnummer 2955: Abf. in Sawai Madhopur 10.20 Uhr, Ank. in Jaipur 12.35 Uhr.

●Von **Jodhpur** der 2466 Ranthambore Exp.: Abf. Jodhpur 5.45, über **Jaipur** (ab 10.45 Uhr), Ank. **Sawai Madhopur** 13.25 Uhr. Andere Richtung: Abfahrt Sawai Madhopur 15 Uhr, über Jaipur (an 17.25), Ankunft Jodhpur 23 Uhr.

●Nach **Udaipur** empfiehlt sich der 2965 Jaipur Udaipur City Exp: Abf 23.50 Uhr, Ank. 7 Uhr.

●**Mumbai** wird über Nacht mit dem 2956 Jaipur Mumbai Central erreicht: Abfahrt 16.10 Uhr, Ank. 8 Uhr.

Bus:

Generell sind die Zugverbindungen vorzuziehen, da schneller und bequemer.

●Tgl. mehrere Busse nach **Jaipur** (4,5 Std.), **Kota** (4 Std.) und **Gwalior** (6 Std.). **Agra** und **Delhi** besser mit Umsteigen in Jaipur.

Ajmer ⚲ V/C3

(ca. 500.000 Einwohner, Vorwahl: 0145)

Dieser bedeutendste **Wallfahrtsort der Muslime** in Indien liegt umschlossen von kargen Bergen in einem Hochtal auf 486 m Höhe am Rande eines künstlichen Sees. Seit Jahrhunderten strömen die Pilger aus allen Teilen des Landes zum Grab eines muslimischen Heiligen, der hier im 13. Jh. gewirkt haben soll und seine letzte Ruhestätte fand. Schon die letzten Mogulherrscher *Akhbar, Jehangir* und *Shah Jahan* nahmen die beschwerliche Reise zum „Mekka Indiens" auf sich, um am Grab des Sufi für die Erfüllung ihrer Wünsche zu beten. In den engen, verwinkelten, stets von Pilgermassen gesäumten Gassen mit ihren von muslimischen Kaufleuten geführten Geschäften fühlt man sich unversehens in eine arabische Basarstadt in Tunesien oder Marokko versetzt. Trotz seiner pittoresken Altstadt, einer sehr schönen Moschee und dem landschaftlich reizvoll gelegenen See Ana Sagar ist die Stadt für den westlichen Reisenden kaum mehr als ein Tagesausflug vom nur 11 km entfernten Pushkar.

Sehenswertes

Dargarh

Egal, zu welcher Jahreszeit man nach Ajmer kommt, die Altstadtgassen scheinen 365 Tage im Jahr erfüllt von Pilgerströmen, die alle nur ein Ziel zu kennen scheinen: Dargarh, den **Grabbezirk Khwaja-ud-din-Chistis.** Geboren 1145 n. Chr. in Persien, soll er mit den Truppen *Muhammed-e-Ghurs* 1191 n. Chr. nach Indien gekommen sein und fortan bis zu seinem Tode 1236 n. Chr. vornehmlich als Missionar des muslimischen Glaubens tätig gewesen sein. Die tiefe Verehrung, die dieser *Sufi* auch heute noch erfährt, findet ihren Ausdruck in einer Stimmung reger Geschäftigkeit und tiefer Frömmigkeit, die den Bereich um das gewaltige, die umgebenden Häuser weit überragende silberne Eingangstor prägen. Nachdem man Schuhe ausgezogen und seinen Kopf mit einem der überall erhältlichen Muslimkäppchen bedeckt hat

(Taschentuch reicht auch), reiht man sich ein in den Strom der Richtung Zentrum ziehenden Pilger. Zwei große Kessel mit Feuerstellen begrenzen den zu passierenden **Vorhof.** Hier werden die von den reichen Pilgern gespendeten Reisgerichte zubereitet, die danach kostenlos verteilt werden. Daneben fällt eine von *Akhbar* während einer seiner vielen Pilgerfahrten gestiftete **Sandsteinmoschee** ins Auge.

Die religiöse Inbrunst der Pilger erreicht ihren Höhepunkt beim Betreten des inmitten des Haupttores gelegenen weißen **Marmorschreins,** in dem der Sarkopharg des Heiligen steht. Viel Zeit zum Schauen bleibt im mit silbernen Platten ausgeschlagenen Heiligtum nicht, denn, eingezwängt zwischen den ekstatisch Betenden, wird man schnell zum Ausgang gedrängt.

Mindestens so beeindruckend wie der Schrein ist die von Shah Jahan aus reinem Marmor errichtete **Moschee** mit sehr schönen persischen Inschriften entlang der Vorderseite.

Gezeichnet von den Strapazen der oft tagelangen Anfahrt, sitzen die Pilger unter den schattenspendenden Bäumen im **Innenhof** und lauschen den Gesängen der verschiedenen die Taten der Heiligen verherrlichenden Sänger. Gelegentlich wird dem westlichen Touristen die friedvolle Stimmung durch aggressive Spendeneintreiber verleidet, die einem vom Eingang bis zum Sarkopharg nachstellen.

Adai-Din-ka-Jhopra-Moschee (Zweieinhalb-Tage-Hütte)

Wendet man sich nach Verlassen des Dargarh nach links, erreicht man nach etwa 300 m Anstieg auf der Hauptbasarstraße eine Moschee, die Ende des 12. Jh. aus den Überresten eines Jain-Tempels errichtet wurde. Der recht merkwürdige Name des Bauwerks, Zweieinhalb-Tage-Hütte, soll sich der Legende nach auf dessen kurze Bauzeit beziehen. Von den Minaretten sind nur noch die Stümpfe erhalten, doch der eigentliche Reiz der Moschee liegt in der siebenbögigen, mit Schrift- und Ornamentverzierungen versehenen Bogenfassade, die vor die von je-

Rajasthan

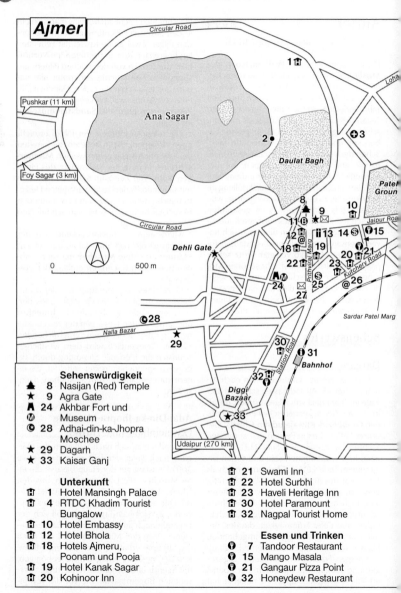

Ajmer

Circular Road

Pushkar (11 km)

Ana Sagar

Foy Sagar (3 km)

Circular Road

Daulat Bagh

Patel Groun

Jaipur Roa

Dehli Gate

Prithviraj Marg

Kutchery Road

Sardar Patel Marg

Nalla Bazar

0   500 m

Bahnhof

Diggi Bazaar

Udaipur (270 km)

Station Road

Sehenswürdigkeit
- ▲ 8 Nasijan (Red) Temple
- ★ 9 Agra Gate
- ▶ 24 Akhbar Fort und
- Ⓜ Museum
- Ⓒ 28 Adhai-din-ka-Jhopra Moschee
- ★ 29 Dagarh
- ★ 33 Kaisar Ganj

Unterkunft
- ⌂ 1 Hotel Mansingh Palace
- ⌂ 4 RTDC Khadim Tourist Bungalow
- ⌂ 10 Hotel Embassy
- ⌂ 12 Hotel Bhola
- ⌂ 18 Hotels Ajmeru, Poonam und Pooja
- ⌂ 19 Hotel Kanak Sagar
- ⌂ 20 Kohinoor Inn
- ⌂ 21 Swami Inn
- ⌂ 22 Hotel Surbhi
- ⌂ 23 Haveli Heritage Inn
- ⌂ 30 Hotel Paramount
- ⌂ 32 Nagpal Tourist Home

Essen und Trinken
- ❶ 7 Tandoor Restaurant
- ❶ 15 Mango Masala
- ❶ 21 Gangaur Pizza Point
- ❶ 32 Honeydew Restaurant

Rajasthan

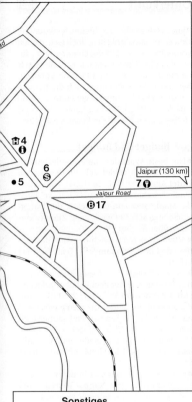

Sonstiges

●	2	Bootsverleih
✚	3	JLN Hospital
❶	4	Tourist Office
●	5	Collectorate
⑤	6	State Bank of India
✉	9	Postamt
Ⓑ	11	Bushalt für Pushkar
@	12	JMD Computers
⑤	14	HDFC-ATM
⑤	16	ICICI-ATM
Ⓑ	17	Busbahnhof
⑤	25	Bank of Baroda
@	26	Satguru Internet
✉	27	Hauptpost
❶	31	Tourist Reception Center

weils unterschiedlich verzierten insgesamt 124 Pfeilern gestützte Haupthalle gesetzt wurde.

Obwohl architektonisch von großer Bedeutung (die Moschee gilt als eines der bedeutendsten Beispiele des frühen indo-arischen Baustils), kann der Ort in keiner Weise an die von tiefer Religiosität geprägte Atmosphäre des Dargarh heranreichen. Dafür wird man jedoch auch nicht ständig von Spendeneintreibern belästigt.

Von hier führt ein sehr steiler, drei Kilometer langer Anstieg zum im 12. Jh. erbauten **Taragarh Fort,** von wo sich eine beeindruckende Aussicht auf Ajmers exponierte Lage in den Aravalli-Bergen genießen lässt.

Akhbars Fort

Etwas versteckt am Ostrand der Altstadt liegt der von *Akhbar* anlässlich einer seiner vielen Pilgerfahrten 1772 erbaute Palast, in dem er dem britischen Gesandten *Sir Thomas Rowe* seine erste Audienz als britischem Gesandten erteilte, ein Vorgang heute etwa vergleichbar mit der Akkreditierung von ausländischen Diplomaten. Der Palast beherbergt neben einigen Verwaltungseinrichtungen das städtische **Museum,** in dem neben der üblichen Waffensammlung u.a. Skulpturen und Gemälde ausgestellt sind. Obwohl das älteste Museum Rajasthans, gehört es sicherlich nicht zu den besuchenswertesten. Alles wirkt reichlich dunkel und lieblos.

●**Öffnungszeiten:** tgl. außer Fr 10–17 Uhr.

Nasijan-Tempel

Weithin sichtbar ist der große, aus rotem Sandstein gefertigte, jainistische Nasijan-Tempel. Nur ein kleiner Teil des 1865 erbauten zweigeschossigen Gebäudes ist zugänglich, wobei das in der zweiten Etage ausgestellte vergoldete Modell einer jainistischen Idealwelt die meiste Aufmerksamkeit bei den Besuchern hervorruft. Der freundliche Sohn des Hausmeisters erklärt auf Wunsch die einzelnen Figuren.

●**Geöffnet:** tgl. von 8.30–16.30 Uhr.

Ana Sagar

Im Nordwesten der Stadt an der Straße nach Pushkar liegt dieser im 12. Jh. durch die Aufstauung des Luni-Flusses entstandene **kleine See**. Seine ursprüngliche Funktion als Wasserreservoir für Ajmer konnte er nur bedingt erfüllen, da er während der Sommermonate zeitweilig vollständig austrocknete. Dafür erfreute sich der See vornehmlich bei Mogul-Kaiser Shah Jahan aufgrund seiner idyllischen Lage großer Beliebtheit, und so ließ dieser an den Ufern des Sees sehr schön ins Landschaftsbild eingepasste Marmorpavillons errichten.

Heute gehört der hierum errichtete **Daulat Bagh** mit seinen teilweise recht kitschigen Freizeiteinrichtungen zu einem der beliebtesten Ausflugsziele der Stadt. Vom angrenzenden Hügel lassen sich speziell bei Sonnenuntergang herrliche Ausblicke in die Umgebung genießen. Auch Tretboote können ausgeliehen werden.

Information

● Außergewöhnlich auskunftsfreudig und freundlich ist der Leiter des im *Khadim Tourist Bungalow* beheimateten **Touristenbüros** (Tel.: 2627426), Öffnungszeiten: Mo–Sa 8–18 Uhr, So geschlossen. Stadtpläne und Hotellisten für Ajmer und Pushkar werden kostenlos ausgegeben und Fragen bereitwillig beantwortet.

● Auch das **Tourist Reception Centre** im Bahnhof (Mo–Sa 10–17 Uhr, um 14 Uhr 30 Min. Pause) ist hilfsbereit.

Stadtverkehr

● Ajmer lässt sich im Innenstadtbereich problemlos **zu Fuß** besichtigen.

● Entlang der Hauptstraßen, wie etwa zwischen dem Hauptbahnhof und dem 2 km entfernt gelegenen Busbahnhof, verkehren **Tempos,** mit der Autoriksha kostet es ca. 20 Rs.

● Die Strecke zwischen Bahnhof und Tourist Bungalow sollte mit der **Autoriksha** etwa 20 Rs, mit der **Fahrradriksha** 15 Rs kosten.

Unterkunft

Ajmer verfügt über ein breites Spektrum an Unterkunftsmöglichkeiten, doch viele dienen vornehmlich als Übernachtungsstätte für muslimische Pilger. Generell sind die Hotels im nur 10 km entfernten Pushkar vorzuziehen. Beachten sollte man auch die bei den meisten Hotels Ajmers geltende 24-Std.-Check-Out-Regel. Wichtig könnte Ajmer als Herbergsort während der Pushkar Mela sein.

Low Budget und Budget

● Die beste Wahl der Stadt, mindestens im Budget-Bereich, findet sich mit dem neuen **Hotel Ajmeru** €€ (Tel.: 2431103), eine kleine Straße links hinter dem *Hotel Payal,* die durch die Stadtmauer von der Hektik der Hauptstraße abgeschottet wird. Viele Zimmer verfügen über AC und TV.

● Alternativ kommt gleich nebenan das saubere und helle **Poonam** €-€€ (Tel.: 2621711) in Frage.

● Für Zugreisende noch empfehlenswert ist das direkt gegenüber dem Bahnhof gelegene **Hotel Paramount** €-€€ (Tel.: 2431347). Von außen sieht der Betonklotz wenig einladend aus, doch die 26 Zimmer sind sauber und, sofern nicht zur Straße gelegen, recht ruhig, allerdings renovierungsbedürftig (AC, Farbfernseher, Cooler). Im Hotel befindet sich ein Restaurant.

● Eine bessere Unterkunft in Bahnhofsnähe ist das etwas billigere **Nagpal Tourist Hotel** €-€€ (Tel.: 2429503) in einer kleinen Gasse links hinter dem *Paramount.* Es bietet eine Reihe von frisch renovierten und dementsprechend sauberen Zimmern unterschiedlicher Ausstattung, meist mit TV.

● Ebenfalls preiswert ist das **Surbhi Hotel** €-€€ (Tel.: 2620822), etwas zurück an der Prithviraj Marg, mit recht billigen und geräumigen AC-Zimmern.

● Im **RTDC Khadim Tourist Bungalow** €-€€€ (Tel.: 2627490, Fax: 2425858) in der Nähe des Busbahnhofs hat man die Wahl zwischen einer Vielzahl qualitativ unterschiedlicher Zimmer, teils mit AC, sowie einem Schlafsaal für 60 Rs. Wie meistens bei vom Tourist Office geleiteten Hotels leidet auch dieses unter

Rajasthan

mangelnder Instandhaltung und unfreundlichem Service. Wegen der recht hübschen Lage, der Nähe zum Busbahnhof und einem im Hotel untergebrachten Restaurant kann es dennoch empfohlen werden.

●Um einen kleinen, grünen Innenhof angelegt, sind die Zimmer des familiären **Haveli Heritage Inn** €€-€€€ (Tel.: 2621607, ajmer@ haveli.biz, www.haveli.biz) eine gute Wahl. Wie der Name schon andeutet, handelt es sich um ein über 100 Jahre altes Kaufmannshaus mit gutem Restaurant. Vorsicht vor dem Schäferhund!

●Ein sehr gutes Preis-Leistungs-Verhältnis bietet das **Kohinoor Inn** €€-€€€ (Kutcheri Rd., Tel.: 2632464) im Ajmer Tower mit großen und sauberen Zimmern mit Marmorboden und TV.

Tourist Class

●Im ganz neuen Bhansa Complex findet sich das gute Mittelklassehotel **Kanak Sagar** €€€-€€€€ (Tel.: 5100427, 2621427). Die meist geräumigen Zimmer, alle klimatisiert mit TV und Balkon, sind ihr Geld wert (besonders die nach hinten).

First Class und Luxus

●Wie ein kleiner Palastklotz mit einer großen Satellitenschüssel auf dem Dach kommt die einzige höherklassige Unterkunft **Mansingh Palace** €€€€ (Tel.: 2425956, Fax: 425858) daher. Das an der Umgehungsstraße um den Ana Sagar Richtung Pushkar gelegene, von außen recht ansehnliche Hotel verfügt zwar über alle Annehmlichkeiten eines 3-Sterne-Hotels wie AC, Kabel-TV, Restaurant und Pool, ist jedoch überteuert.

●Etwa 90 km von Ajmer entfernt auf dem Weg nach Jodhpur thronen auf einem alten Staudamm, umgeben von den Feldern der örtlichen Bauern, die 11 **Luxuszelte des Chhatra Sagar** €€€€€ (nahe dem Dorf Nimaj im Distrikt Pali, Tel.: 02939-230118, harsh@ chhatrasagar.com, www.chhatrasagar.com). Die geschmackvoll im Wüstenstil eingerichteten Zelte bieten allen notwendigen Luxus. Die traditionelle Rajasthani-Küche wird auf dem Staudamm mit der entsprechenden prachtvollen Aussicht serviert. Geleitete Ausflüge in die vogelreiche Umgebung und zu den vom Tourismus unbeeinflussten Menschen der Region sind per pedes und Jeep möglich. Alles in allem ein ganz besonderes Angebot.

Essen und Trinken

Gegenüber dem Bahnhof findet sich eine Reihe von einfachen Restaurants, die vor allem die schwere Mughlai-Küche servieren.

●Bahnhofsnah ist besonders das Restaurant **Honey Dew** neben dem *Nagpal Hotel* empfehlenswert. Hier kann auch Poolbillard gespielt werden.

●Ganz hervorragend ist auch das vegetarische Restaurant im 1. Stock des **Bhola-Hotels.** Für 40 Rs gibt es ein hervorragendes *thal,* und auch die übrigen Gerichte kosten selten mehr als 35 Rs. Für die Qualität der Küche spricht, dass hier viele Inder speisen.

●Eine große Auswahl an einheimischen wie internationalen Gerichten zu günstigen Preisen bietet das **Mango Masala** am Sadar Patel Marg. Gewöhnungsbedürftig ist das etwas ausgefallene Ambiente.

●Für Eilige ist der **Gangaur Pizza Point** nahe der Kutcheri Rd., der außer Pizza auch anderes Fast Food sowie Eiskrem offeriert, der richtige Platz.

●Da noch östlich des Busbahnhofs gelegen, liegt das **Tandoor Restaurant** nicht gerade „auf dem Weg", es ist aber wegen der in einem ruhigen Garten in kleinen Strohhütten platzierten Tische und des guten Essens (Hauptgericht ca. 100–150 Rs) auf jeden Fall einem Abstecher Wert.

Bank und Internet

●Neben der **Bank of Baroda** (Mo–Fr 10–15 Uhr, Sa 10–12.30 Uhr) und der **State Bank of India,** die Bargeld und Travellerschecks zu recht guten Raten eintauschen, gibt es zwei **ATMs** im Innenstadtbereich, einmal von der ICICI-Bank an der Kutcheri Rd., der Visa-, Master-, Maestro- und Cirruskarten annimmt, sowie einen der HDFC-Bank (in der Nähe des *Embassy Hotel*), der auch mit AmEx-Karten seinen Dienst versieht.

● Außerdem gibt es mehrere Internetcafés, z.B. das **J.M.D.** (25 Rs/Std.) im *Bhola Hotel* und das **Satguru Internet** (30 Rs/Std.).

An- und Weiterreise

Bahn

Ajmer liegt an der Hauptstrecke Delhi – Jaipur – Ahmedabad, und so bieten sich viele günstige Verbindungen in beide Richtungen. Die wichtigsten Verbindungen sind im Anhang aufgelistet.

Bus

● Häufige Verbindungen nach **Jaipur** (3 Std., 55 bzw 115 Rs für Exp./Del.), **Bharatpur** (10 Std., 135 Rs), **Bikaner** (9 Std., 120 Rs), **Bundi** (5 Std., 70 Rs.), **Chittorgarh** (5,5 Std, 77 Rs), **Delhi** (8 Std., 175/275 Rs für Exp./ Del.), **Jodhpur** (87/100 Rs), **Kota** (91 Rs), **Udaipur** (8 Std., 115/155 Rs sowie 2 AC-Busse) sowie **Agra** (10 Std., 160 Rs), **Alwar, Abu Road.** Weitere Informationen unter Tel.: 2429398.

● Darüber hinaus Verbindungen nach **Jaisalmer** (10 Std., 210 Rs), **Ranakpur** und **Sawai Madhopur.**

● Außerdem noch viele weitere Abfahrten mit **privaten Luxusbussen.** Die privaten Busunternehmer sitzen fast alle an der Kutcheri Road.

● Die Busse nach **Pushkar** fahren häufig vom Busbahnhof (Fahrkarten am Extraschalter), sowie fast alle 20 Min. von einem kleinen Extrastand an der Kreuzung beim Nasiyan-Tempel.

Der Pushkar-See mit den Ghats

Highlight:

Pushkar ☌ V/C3

(ca. 15.000 Einwohner, Vorwahl: 0145)

Kennzeichnet die Altstadt Ajmers eine Atmosphäre hingebungsvoller, ja zum Teil ekstatischer Religiosität, so beeindruckt der nur 11 km entfernte, über den steil ansteigenden Schlangenpass zu erreichende uralte **hinduistische Wallfahrtsort** Pushkar mit seiner geruhsamen, fast schon weltentrückten Gelassenheit. Bereits in den hinduistischen Epen wird der kleine Ort um den **heiligen See** als Wallfahrtsort erwähnt, und Anfang des 5. Jh. berichtete der chinesische Reisende *Fa Hsien* von den Pilgerscharen, die hierher aus ganz Indien anreisten. Selbst die großen Mogulherrscher *Akhbar* und *Shah Jahan* sollen ihrer Pilgerreise nach Ajmer einen Besuch in Pushkar angeschlossen haben. Erst der fanatische *Aurangzeb* ließ alle aus der bis dahin über 100 den See säumenden Tempel zerstören.

Im erzähl- und fantasiefreudigen Indien werden Name und Ursprung eines solch religionsträchtigen Ortes selbstverständlich mit einer **Legende** ausgeschmückt. Danach soll dem Schöpfer des Universums Brahma auf der Suche nach einem geeigneten Opferplatz eine Lotusblüte *(pushkar)* aus der Hand geglitten sein. An der Stelle, wo die Blüte den Boden berührte, öffnete sich eine Quelle und ließ einen See entstehen. Diesen Ort nannte er Pushkar.

Tatsächlich regt dieser wie eine Oase inmitten der Wüste gelegene winzige Ort mit unzähligen Tempeln, Ghats und seinen stufenförmig ansteigenden, weiß gekalkten Häuserfronten die Fantasien indischer Pilger genauso an wie die der westlichen Besucher. So ist es kein Wunder, dass viele **Rucksacktouristen** und selbsternannte Aussteiger auf der Suche nach dem ewigen Indien Pushkar neben Rishikesh, Puri und Goa zu ihrem Lieblingsort erkoren haben. Leider verwechseln viele dabei die heiter gelassene Atmosphäre der Stadt mit uneingeschränkter Freizügigkeit und verletzen damit die strikten Moralvorstellungen der Inder. Vor allem unter der einheimischen Bevölkerung führt dies zunehmend zu Verärgerung.

Rajasthan

Sehenswertes

Ghats

Pushkars Charme beruht auf der einzigartig meditativ-spirituellen Atmosphäre, die das Leben in der Kleinstadt kennzeichnet. Seit alters her scheint sich hier nichts geändert zu haben. So bieten sich einem immer wieder beeindruckende Bilder zeitloser Schönheit, etwa wenn die Frauen in ihren leuchtenden Saris im Angesicht der aufgehenden Sonne ins Wasser eintauchen oder alte, hagere Männer mit goldglänzenden Messingbehältern ihre Kulthandlungen vollziehen. Die meisten Ghats wurden von den verschiedenen Regionalfürsten angelegt und befinden sich in einem guten Zustand.

Allerdings sollte man beim Besuch der Ghats ein äußerst **zurückhaltendes Verhalten** an den Tag legen. So sollte man Arme und Beine bedeckende Kleidung tragen, die Schuhe ausziehen, nicht rauchen und das strikte Fotografierverbot beachten.

Brahma-Tempel

Wer sich vom geheiligten Ort Pushkar uralte Tempelanlagen verspricht, wird allerdings eher enttäuscht sein. Trotz der in vielen Epen und historischen Reiseberichten belegten, über Jahrtausende zurückreichenden spirituellen Bedeutung des Ortes ist wegen der Zerstörungswut *Aurangzebs* kaum ein Tempel älter als 300 Jahre. Als bedeutendster Sakralbau Pushkars gilt der Brahma-Tempel, der in seiner heutigen Form 1809 von einem Minister des Maharajas von Gwalior errichtet wurde. Zwar ist er nicht, wie immer wieder behauptet wird, der einzige Tempel zu Ehren dieser höchsten hinduistischen Gottheit in ganz Indien, doch die silberne, in den Boden eingelegte Schildkröte am Tempeleingang sowie die viergesichtige Brahmastatue mit den golden leuchtenden Augen im Allerheiligsten lohnen durchaus einen Besuch. Im Übrigen bieten sich von den umlaufenden Mauern der Tempelanlage schöne Aussichten in die Umgebung.

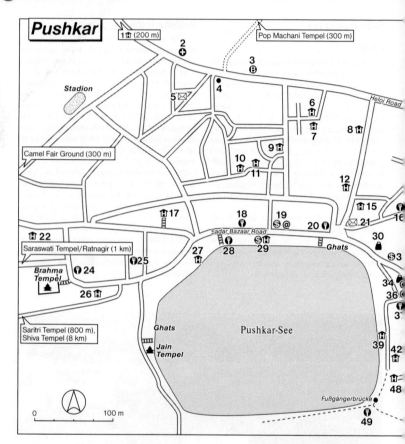

Pushkar

1 (200 m)
2
Pop Machani Tempel (300 m)
3 (B)
4
Stadion
5
6
7
8
Heloj Road
Camel Fair Ground (300 m)
9
10
11
12
17
15
22
18
16
Sadar Bazaar Road
19
20
21
Saraswati Tempel/Ratnagir (1 km)
27
28
29
30
25
Brahma Tempel
24
Ghats
33
26
34
36
3
Saritri Tempel (800 m),
Shiva Tempel (8 km)
Ghats
Pushkar-See
39
42
Jain Tempel
48
Fußgängerbrücke
0   100 m
49

Saraswati-Tempel

Frühmorgens bzw. nachmittags sind die besten Zeiten, um den etwa einstündigen steilen Aufstieg zum südwestlich auf der Spitze des Ratna Gir (Juwelenhügel) gelegenen Saraswati-Tempel in Angriff zu nehmen. Dieser zu Ehren von Brahmas Gattin (und gleichzeitig Tochter) erbaute Tempel ist Ziel ungewöhnlich vieler Männer, da ein hier erbrachtes Opfer garantieren soll, dass die Ehemänner nicht vor ihren Frauen sterben. In Anbetracht des kärglichen Daseins indischer Witwen dürfte dieser Wunsch auch im Sinne der meisten Frauen liegen. Egal, ob dieser Wunsch nun in Erfüllung geht oder nicht, einmal sollte man, ganz diesseitig orientiert, den großartigen Blick auf den Pushkar-See genießen, der wie ein schwarzer Diamant inmitten der von Bergketten umsäumten Wüstenlandschaft liegt.

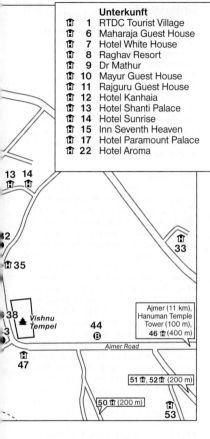

Unterkunft

🏨	1	RTDC Tourist Village
🏨	6	Maharaja Guest House
🏨	7	Hotel White House
🏨	8	Raghav Resort
🏨	9	Dr Mathur
🏨	10	Mayur Guest House
🏨	11	Rajguru Guest House
🏨	12	Hotel Kanhaia
🏨	13	Hotel Shanti Palace
🏨	14	Hotel Sunrise
🏨	15	Inn Seventh Heaven
🏨	17	Hotel Paramount Palace
🏨	22	Hotel Aroma
🏨	26	Hotel Navratan Palace
🏨	27	Hotel Bharatpur Palace
🏨	29	Lake View Guest House
🏨	33	Venus Holiday Resort
🏨	35	Shyam Krishna Guest House
🏨	39	WelcomGroup Pushkar Palace
🏨	42	Hotel Sunset, Puskar Inn Hotel
🏨	46	WelcomGroup Jagat Palace
🏨	47	Hotel Om
🏨	48	RTDC Sarovar Tourist Bungalow
🏨	50	Sajjain Bagh Resort
🏨	51	Hotel New Park
🏨	52	Pushkar Villas Resort
🏨	53	Peacock Holiday Resort

Essen und Trinken

❶	16	Real Sai Baba Restaurant
❶	18	Honey & Spice Restaurant
❶	20	The Third Eye Restaurant
❶	24	R.S. Restaurant
❶	25	Sun-n-Moon Restaurant
❶	28	Raju Terrace Garden Restaurant
❶	32	Venus Restaurant
❶	37	Om Shiva Restaurant
○	38	Moon Dance Café
○	42	Sunset Café,
❶		Bro-Sis Restaurant
❶	49	Lake Restaurant

Sonstiges

✚	2	Krankenhaus
Ⓑ	3	Callede Marvar Busstand
●	4	Polizei
✉	5	Hauptpost
💲	19	LKP Forex,
@		Internet Café
✉	21	Postamt
💲	29	King's Good Music Zone
🔒	30	Vijay Bookshop
💲	31	State Bank of Bikaner & Jaipur
🔒	34	Kaka Book Centre,
@		Internetcafé
@	36	Vacation Network
❶	43	Tourist Information Bureau
Ⓑ	44	Ajmer Busbahnhof
✚	47	Raj Hospital

Ajmer (11 km),
Hanuman Temple
Tower (100 m),
46 🏨 (400 m)

Ajmer Road

51 🏨, 52 🏨 (200 m)

50 🏨 (200 m)

Vishnu Tempel

Pilgerfest Pushkar Mela

Jedes Jahr im November windet sich eine unüberschaubare Menschenmasse von Pilgern, Touristen und internationalen Kamerateams von Ajmer aus über den Schlangenpass ins sonst so verschlafene Pushkar, um **eines der faszinierendsten Feste Asiens** zu erleben. Pushkar Mela (Pushkar-Fest) heißt das Zauberwort, welches die kleine Wüsten-

oase während der letzten Tage bis zur No-
vember-Vollmondnacht (*Kartik Purnima*) zum
größten Wallfahrtsort ganz Indiens werden
lässt. Den Höhepunkt des Festes stellt für die
indischen Pilger ein Sünden erlassendes **Bad
im heiligen Pushkar-See** in der Vollmondnacht dar.

> Während die ersten vier Tage des Fes-
> tes hauptsächlich dem Viehmarkt
> vorbehalten sind (wobei die ersten Tage
> wegen der größeren Zahl der Händler am
> interessantesten sind), ist der zweite Teil der
> Pushkar Mela vorwiegend den religiösen
> Zeremonien gewidmet. Man sollte, wenn
> möglich, schon einige Tage vor Beginn an-
> reisen, da man dann die einzigartige At-
> mosphäre besser auf sich wirken lassen
> kann.
> Die **nächsten Termine** der immer von
> Halbmond bis Vollmond stattfindenden
> Pushkar Mela: 17.–24. November 2007,
> 5.–13. November 2008.

200.000 Rajputen in ihren verschwenderisch bunten Kleidern und bis zu 20.000 Kamele lassen vor der Wüstenkulisse das so oft
bemühte Klischee vom Märchenland Indien
ganz real erscheinen. Wie auf einem Laufsteg
präsentieren sich die jungen, noch unverheirateten Frauen in ihrer ganzen Schönheit, ist
doch die Pushkar Mela nicht nur Pilgerfest,
sondern auch Heiratsmarkt und Volksfest, bei
dem die strengen Konventionen des wenig
abwechslungsreichen Dorflebens für einige
Tage abgeschüttelt werden. Unter die Pilger
mischen sich Zauberer, Sadhus, Wahrsager,
Akrobaten, Musikanten, Sänger, Gurus,
Gaukler und Gauner. Von dieser einzigartigen Lebensfülle werden die das Fest besu-
chenden westlichen Touristen, und das sind
jedes Jahr immerhin mehrere Tausend, fast
gänzlich absorbiert.

Information

● Das **Tourist Information Bureau** (Mo–Fr
10–17 Uhr sowie jeden 1. und 3. Sa), ein
Häuschen am Zugang zum *RTDC Sarovar
Hotel,* ist hilfsbereit.

Unterkunft

Pushkars jahrzehntelange Beliebtheit gerade
bei Rucksacktouristen hat dazu geführt, dass
besonders viele Billigunterkünfte zur Verfügung stehen. Die folgende Auflistung beinhaltet nur eine kleine Auswahl. Die Entfernungen innerhalb des kleinen Ortes sind derart gering, dass man sich problemlos mehrere Unterkünfte anschauen kann, bevor man
sich für eine entscheidet. Zu beachten ist,
dass die Tarife während des achttägigen
Pushkar-Festes im November um das Fünf-
bis Zehnfache erhöht werden.

Low Budget

● Das direkt an der Zufahrt zum *Sarovar Tourist Bungalow* gelegene **Hotel Om** € (Tel.:
2772672, hotel_om@rediffmail.com) ist ein
alter Favorit in der Travellerszene. Es verfügt
über einen schönen Innenhof und einen hübschen, kleinen Garten sowie über einen kleinen Swimmingpool. Von ganz billigen und
einfachen Schlafstätten bis zu schönen, recht
großen Balkonzimmern ist alles zu haben.
● Eine gute Wahl ist das direkt neben dem
beliebten *Sunset Café* gelegene **Hotel Sunset** €-€€ (Tel.: 2772382, 5105382, hotelsun
set@hotmail.com). Die sauberen, an einem
tropischen Garten gelegenen Zimmer verfügen über Bäder mit Warmwasser, teilweise
auch AC. Besonders die großen, ruhigen
Zimmer auf der linken Seite mit Rasenfläche zum angenehmen Sitzen sind ein
Schnäppchen. Ganz ähnlich in Preis und Leistung ist das gleich nebenan gelegene **Puskar
Inn's Hotel** €-€€ (Tel.: 2772010, hotelpuskar
inns@yahoo.com).
● Ruhige Atmosphäre, einen Garten zum Sitzen und gute, billige Zimmer mit Terrasse,
teils mit Gemeinschaftsbad, bietet das **Shyam
Krishna Guest House** € (Tel.: 2772461) neben dem *Venus Restaurant.*
● Ein Tipp für den untersten Preisbereich ist
das etwas abseits der Hauptstraße in der verwinkelten Altstadt gelegene **Hotel Shanti Palace** € (Tel.: 2772422). Das von zwei sympathischen Brüdern geführte Haus vermittelt
mit seinen überhängenden Erkern die Atmosphäre eines romantischen und friedlichen
kleinen Palastes. Ein weiteres Plus ist das ge-

Rajasthan

mütliche Dachterrassen-Restaurant. Die Zimmer sind allerdings sehr einfach. Noch günstiger ist das nur 30 m weiter gelegene **Hotel Sunrise** €.

●Seinem Namen alle Ehre macht das sympathische **Lake View Guest House** € (Tel.: 2772106, Fax: 2772207), liegt es doch direkt am See und bietet von der großen Dachterrasse schöne Ausblicke auf die Bade-Ghats. Obwohl es zu den ältesten Hotels Pushkars zählt, ist es immer noch einer der Favoriten der Traveller-Szene. Allerdings sind viele Zimmer sehr klein und ohne Fenster, zudem verfügt keines über ein eigenes Bad.

●In einem mit einem uralten Baum und vielen weiteren Bäumen und Beeten versehenen, riesigen Garten liegt das **Raghav Resort** € (Tel.: 2772207, raghupareek@yahoo.com) desselben Besitzers. Auch die Zimmer und der Dachgarten sind ihr Geld wert, ideal für Kinder.

●In der Nähe hiervon und vom Marwar-Bushalteplatz befindet sich das populäre **White House** €-€€ (Tel.: 2772147, Fax: 2773370, hotelwhitehouse@hotmail.com). Das Hotel verfügt über geräumige und gepflegte Zimmer und ein empfehlenswertes Dachrestaurant. Auch Massage ist möglich (s.u.). Ebenso empfehlenswert ist das nur einen Steinwurf entfernte **Maharaja** €-€€ (Tel.: 2773527).

●Von außen ein wenig steril wirkt das in der Nähe des Brahma-Tempels gelegene **Hotel Navratan Palace** €-€€ (Tel.: 2772981, 2772145, Fax: 2772225), die teureren Zimmer mit AC und TV. Dennoch ist es mit seiner Lage unmittelbar am See, dem freundlichen Personal, der großen Gartenanlage und einem eigenen Pool eines der guten Hotels der Stadt.

Budget

●Auch direkt am See liegt der **Bharatpur Palace** €-€€ (Tel.: 2772320, Fax: 2772244). Besonders die oberen, allerdings recht einfachen Räume bieten speziell morgens herrliche Aussichten auf das sich direkt darunter ausbreitende bunte Treiben am Ghat, was allerdings auch verhältnismäßig teuer bezahlt werden muss.

●Nordwestlich des Sees, durch die ansteigenden Gassen Pushkars führt der Weg zum

etwas versteckt gelegenen **Hotel Paramount** €-€€€ (Tel.: 2772428, Fax: 2772244, palaceho telparamount@hotmail.com). Von badlosen Einzelzimmern bis Balkonzimmern mit schöner Aussicht reicht die Bandbreite des guten Angebots, und dies in etwas abgelegener, ruhiger und friedvoller Lage. Auch ein Dachrestaurant ist vorhanden.

●Pushkars beste Unterkunft im Budget-Bereich ist das sehr gelungen renovierte Haveli **Inn Seventh Heaven** €-€€€ (Tel.: 5105455, anoop_loves_you@yahoo.co.in, www.inn-seventh-heaven.com). Alle liebevoll und unterschiedlich gestalteten Zimmer, einige mit schöner Aussicht, sind jeden Penny wert. Außerdem trägt der schönste Dachgarten des Dorfes mit gutem Restaurant zum dem Namen entsprechenden Gesamteindruck bei.

●Im Ostteil des Dorfes an der Heloj Road findet sich mit dem **Venus Holiday Resort** €-€€ (Tel.: 2773217, venushotel@yahoo.com) eine saubere Unterkunft. Helle, recht große Zimmer mit Balkon und weitem Ausblick, einige klimatisiert, sind ihr Geld wert.

Leider wird einem die friedvolle Atmosphäre an den Ghats durch dort auf westliche Touristen lauernde **Brahmanen** allzu oft verdorben. Ständig wird man von ihnen zu so genannten *pujas* eingeladen, bei denen unter anderem *mantras* nachgesprochen werden. Am Ende wird einem ein gelb-rotes Bändchen ums Handgelenk gebunden (weithin als „Puskar Passport" bekannt), was selbstverständlich mit der Bitte um eine Spende einhergeht. Die Höhe wird zunächst mit „as you like" benannt, doch 10 oder 20 Rs sind dem Priester dann doch zu wenig. 100 Rs sollten es schon mindestens sein. Das ganze hat mit Religiosität nichts zu tun und ist reine **Geschäftemacherei.** Dementsprechend sollte man keine moralischen Skrupel haben, sich auf eine solche Prozedur gar nicht erst einzulassen. Auch die Mädchen und Frauen, die die Haut der Touristen mit **Henna-Verzierungen** bemalen wollen, können unangehm werden, wenn sie ihr Ziel nicht erreichen.

●Der über einen Zugang neben dem *Om Hotel* und vorbei am Tourist Office zu erreichende **RTDC Sarovar Tourist Bungalow** €-€€€ (Tel.: 2772040) war früher im Besitz des Maharajas von Jaipur und dementsprechend fürstlich sieht er auch aus. Die Lage könnte kaum besser sein. Während die Zimmer des 300 Jahre alten Teils eher billige Zimmer mit schönem Seeblick (Sonnenuntergang) bieten, wirkt der neuere, luxuriösere und teurere Komplex trotz seines hübschen Äußeren merkwürdig steril und das Personal macht wie üblich bei staatlichen Unterkünften einen gelangweilten Eindruck. Ein kleiner Pool (50 Rs für Nicht-Gäste) ist vorhanden.

Tourist Class

Immer mehr Hotels werden südöstlich des Sees in großteils recht unberührter bzw. von Rosenfeldern bedeckter Landschaft gebaut, was zwar nicht unbedingt der Landschaft, aber den Gästen durch eine sehr ruhige Atmosphäre zugute kommt. Die meisten liegen preislich im Tourist-Class-Bereich.

●Zu erwähnen sind hier an erster Stelle das neue **Sajjan Bagh Resort** €-€€€ (Vamdev Rd., Tel.: 2773821, sajjanbagh@yahoo.co.in), etwa 200 m von der Hauptstraße entfernt. Einzeln stehende, zweigeschossige Bungalows, deren schön eingerichtete Zimmer teils klimatisiert sind, sowie saubere Doppelzimmer bieten viel fürs Geld. Ein Pool war zur Recherchezeit in Planung.

●Empfehlenswert ist die Anlage des **New Park** €€€ (Panch Kund Rd., Tel.: 277464, Fax: 2772199, manager@newpark pushkar.com) mit großer Dachterrasse, einem Restaurant und Swimmingpool. Hübsche Zimmer mit AC, Kühlschrank und TV sowie Balkonausblick runden die Sache ab.

●Während die ehemals schöne Unterkunft des **Peacock Holiday Resort** €-€€€ (Tel.: 2772414, Fax: 2772516, peacockhr@hotmail. com) unter den Jahren gelitten hat und einer

Die weltentrückte Atmosphäre des Wallfahrtsortes lockt viele Rucksacktouristen an

Rundumrenovierung bedürfte, ist das neue **Pushkar Villas Resort** €€€ (Panch Kund Rd., Tel.: 2772688/9, Fax: 2772516, arajoria@hot mail.com) desselben Besitzers in der Nähe das mehr an Geld sicher wert. Alle Zimmer mit AC und TV, kleiner Rundpool.

●Erwähnt werden soll noch, dass der Manager des Tourist Office in Jaipur (Tel.: 0141-2200778) **Privatzimmer** in Pushkar vermitteln kann, auch während der Engpass-Zeit der Pushkar Mela.

First Class und Luxus

●Seit Jahren beliebt ist das schöne, 250 Jahre alte **Hotel Pushkar Palace** €€€€-€€€€€ (Tel.: 2772001, Fax: 2772226, hotel_pushkar_pala ce@hotmail.com) der Heritage WelcomGroup. Die mit antiken Möbeln ausgestatteten, großen Zimmer und Suiten sowie der kleine, palmenbestandene Garten laden ebenso zum Entspannen ein wie die Terrasse mit wunderschönem Blick auf See und Stadt. Das abendliche Büffet kostet 150 Rs.

●Nicht teurer, schön und die mit Abstand luxuriöseste Unterkunft der Stadt ist der **Jagat Palace** €€€€€ (Tel.: 2772953/4, hppalace@da tainfosys.net), etwas vor den Toren des Dorfes, ebenfalls unter Leitung der Heritage WelcomGroup. Hinter einer hohen Mauer lockt ein bis ins kleinste Detail mit Steingravierungen einem alten Palast sehr gelungen nachempfundenes Hotel. Die luxuriösen Zimmer sind individuell mit geschnitzten Möbeln eingerichtet, alle haben einen Balkon. Auch ein sehr schöner Swimmingpool (300 Rs für Nicht-Gäste) steht zur Verfügung – und das alles vergleichsweise billig.

Zeltdörfer

Während der Pushkar Mela bieten viele Privatunternehmer Zelte zur Übernachtung an, die vor den Toren des Dorfes zu kleinen Zeltstädten anwachsen. Hier besteht eine Vielzahl preislich und qualitativ sehr unterschiedlicher Angebote von ca. 1000 Rs bis 300 US-$. Für weitere Infomationen wende man sich an das Tourist Office. Einige Anbieter:

●Einfach und verhältnismäßig billig ist **Bhadrawati Royal Camps** €€€ (Mobil-Tel.: (0)9414220301).

●Teuer bis richtig teuer und mit mehr Komfort sind **Sajjain Desert Camps** €€€€ (Tel.: 2773821), **Raj Resorts** (Mobil-Tel.: (0)9829052814), **Royal Tent,** 200-300 US-$ (Tel.: 2300603).

Essen und Trinken

Die Auswahl ist riesig und reicht von Müsli über Spaghetti, Apfelstrudel und braunem Brot bis zu guter indischer Küche. Wer in Pushkar nicht auf den Geschmack kommt, ist selber schuld. Es gibt unzählige Garten- und Dachterrassenrestaurants, wobei der große Renner in den letzten Jahren die von vielen Restaurants angebotenen Büffets sind. Für 40 Rs kann man soviel essen, wie man will, tatsächlich ein verlockendes Angebot.

Allerdings sollte man bei **Joghurt am Morgen** vorsichtig sein, mehrere Traveller berichteten über Magenprobleme. Bei den gerade in Pushkar so beliebten **Bhang Lassis,** einer Mischung aus Joghurtgetränk, Eiswasser und Marihuana-Extrakten, ist vor allem bei heißem Wetter Vorsicht geboten – vielen bekommt die Mixtur nicht, was Übelkeit und Erbrechen zur Folge haben kann.

Da Pushkar ein heiliger Ort ist, werden hier **keine alkoholischen Getränke** verkauft.

●Wer sich gern den Wanst vollschlägt, ist im **Om Shiva Restaurant** nahe dem *Pushkar Palace Hotel* richtig, wo man in der Hauptsaison morgens, mittags und abends anstehen muss, um einen Platz zu ergattern. Doch meistens flaut die Schlacht um die oft auch nur lauwarmen Büffets (jedes Mahl 50 Rs) nach den ersten Tagen erheblich ab, weil alles recht ähnlich schmeckt.

●Gleiches gilt auch für die mit ihrer schönen Aussicht lockenden zahlreichen **Dachrestaurants.** Nur allzu oft muss man die Lage mit recht flauem Essen und schlechtem Service bezahlen. Ein Beispiel hierfür ist das **Venus Restaurant,** von dem sich ein interessanter Blick auf das Treiben der Straße bietet.

●Das **Honey and Spice** an der Hauptstraße überzeugt durch seine gute einheimische wie internationale Küche in angenehmer Atmosphäre zu günstigen Preisen.

Rajasthan

●Fast schon idyllisch unter Bäumen sitzt man in dem sehr schönen Garten des **Sun-n-Moon** am Ende einer kleinen Gasse, die von der Straße zum Brahma-Tempel führt. Neben der sehr friedvollen Atmosphäre kann man sich am köstlichen Essen und an den Bang-Lassis laben – und das alles zu moderaten Preisen.

●Gegenüber dem Vishnu-Tempel lockt das **Moon Dance Café** mit gleichbleibend guter italienischer, mexikanischer und indischer Kost, die auf Matratzen liegend oder auf bequemem Mobiliar im Garten eingenommen werden kann.

●Sehr empfehlenswert ist auch das in einem romantischen Hinterhof platzierte **Raju Terrace Garden Restaurant.** Von der sehr umfangreichen Speisekarte sollte man einmal das köstliche *navrathan korma* versuchen.

●Beliebtester Treffpunkt zu Sonnenuntergang ist das direkt neben dem Pushkar Palace Hotel gelegene **Sunset Cafe.** Bei Apfelstrudel, Käsekuchen, Croissants und Zimtbrötchen, Kaffee oder Tee bietet es tatsächlich eine perfekte Kulisse, um den Tag zu beenden. Allerdings versuchen hier inzwischen auch eine Menge Händler, Schlangenbeschwörer und Musikanten von der Beliebtheit des Platzes zu profitieren.

●Wesentlich ruhiger, wenn auch ohne Sicht auf den See sitzt man im wenige Meter entfernten Garten des **Bro-Sis Restaurant.**

●Nicht nur wegen der schönen Atmosphäre auf dem Dach, sondern auch wegen des guten Essens ist das **Inn Seventh Heaven** ein Mahl wert.

●Zu Recht sehr beliebt ist auch das etwas versteckte **Baba Restaurant.**

Einkaufen

Praktisch jedes Haus entlang der Hauptstraße beherbergt im Erdgeschoss ein Geschäft, welches um die Gunst der Touristen buhlt. Besonders im Angebot sind die hübschen **Rajasthani-Kleider** und knallig bunten Hosen und Hemden im Flower-Power-Look – Goa lässt grüßen. Bevor man sich zum Großeinkauf entschließt, sollte man sich jedoch fragen, ob man das, was in Indien in und mo-

dern aussieht, auch zu Hause tragen würde. Die große Auswahl an Geschäften auf engstem Raum bietet den Vorteil, dass man problemlos Angebot und Preise vergleichen kann. Dies ist um so ratsamer, weil Pushkar oftmals bei weitem nicht so billig ist, wie es auf den ersten Blick erscheinen mag. Viele Verkäufer machen sich die lockere Atmosphäre zunutze, indem sie den meist jungen Individualtouristen sehr schnell und elegant einen Tee, „big friendship" und „very special price" anbieten. Nach einigen Tagen stellt der gutgläubige Käufer fest, dass er für das gleiche Souvenir einige Shops weiter nur die Hälfte hätte zahlen müssen.

Wer sich Zeit nimmt und vergleicht, wird sicherlich einige gute und billige Sachen finden. Besonders groß ist die Auswahl an **Silberschmuck** und großen, oft mit kleinen Spiegelchen verzierten **Stoffdecken,** die sich gut als Bettüberwurf und Wandteppich eignen. Mehrere **Musikläden** bieten eine große Auswahl an anspruchsvoller klassischer indischer und meditativer Musik. Weniger zu empfehlen sind jedoch die Raubkopien bekannter westlicher Rock- und Popgruppen, da sie oft von miserabler Qualität sind. Wer seine ausgelesenen Bücher gegen neue eintauschen möchte, kann dies bei einem der zahlreichen sehr gut bestückten **Second-Hand-Bookshops** tun, z.B. *Vijay Bookhouse* nahe der Post.

Bank

Wer Geld wechseln möchte, sollte dies bei einem der privaten Geldwechsler tun, da es dort recht gute Raten gibt und zügig geht, allerdings werden auf Kreditkarten meist recht heftige 3–5 % Gebühr erhoben.

●Eine gute Adresse ist **King's Good Music Zone** (Varath Ghat, Tel.: 2772465, hier gibt's natürlich auch CDs), wo auch für Visa- und Mastercard Geld ausgezahlt wird.

●Verlässlich ist auch die **LKP-Forex-Filiale** an der Hauptstraße, allerdings werden bei dieser Kette immer etwas schlechtere Raten als im indischen Durchschnitt ausgezahlt.

●Die **State Bank of Bikaner and Jaipur** (Mo-Fr 10–17 Uhr, Sa 10–12 Uhr) wechselt Travellerschecks. Hier gibt's auch einen **ATM**. Ein weiterer ist nahe dem Brahma-Tempel nicht weit vom *Hotel Navratan Palace* zu finden.

Medizinische Versorgung

●Im Hotel Om findet sich das **Pushkar Raj Hospital** (Tel.: 2772928, 2772672), das tgl. zwischen 8 und 20 Uhr geöffnet ist.

Internet, Fotografieren

Internetcafés sind meist recht langsam, dafür aber zahlreich. Der Durchschnittspreis liegt bei 30 Rs/Std.
●Eine Möglichkeit, Digitalfotos auf CD zu brennen, bietet **Chanderkant** (Tel.: 2772353) nahe dem Markt, Ramghat, alle Memory-Chips können gelesen werden. Preis: 50 Rs für die CD, Minimum 150 Rs.

Aktivitäten

Schwimmen und Massage

●Wer im heißen Pushkar ein wenig Abkühlung sucht, darf für 50 Rs im Pool des **Sarovar Tourist Bungalow** plantschen. Im **Jagat Palace** ist dies in wesentlich schönerer Umgebung für wesentlich teurere 300 Rs/Tag möglich.
●Eine gute Massage gibt's von **Deepak** (Tel.: 2772147) im bzw. auf dem Dach des *White House,* der auch im *Seventh Heaven* arbeitet.

Kamel- und Pferdesafaris

Inzwischen gibt es in Pushkar eine Vielzahl an Reisebüros, die Kamel- und Pferdesafaris, von einigen Stunden bis hin zu mehreren Tagen, anbieten. Die Preise belaufen sich bei einer viertägigen Kamelsafari auf 500 Rs am Tag, was drei Mahlzeiten und ein Kamel pro Teilnehmer beinhaltet. Wasser muss selbst mitgebracht werden. Im Gegensatz zu Jaisalmer ist es hier noch möglich, tagelang unterwegs zu sein, ohne einem „Weißgesicht" zu begegnen. Wer also eine kleine Gruppe zusammenbekommt, sollte die entsprechenden Angebote vergleichen.

An- und Weiterreise

Bahn

●Gegen eine Durchschnittsgebühr von 50 Rs kann man in einigen Reisebüros Fahrscheine für Züge ab **Ajmer** kaufen. Verbindungen von dort siehe Anhang.

Bus

●Die beste An- und Abreise ist die über das nahegelegene **Ajmer,** da es von dort mehr Bus- und auch Bahnverbindungen gibt. Busse nach Ajmer (Fahrtzeit 20 Min.) fahren zumindest alle halbe Stunde vom Pushkar-Busbahnhof. Per Autoriksha kostet die Fahrt etwa 50 Rs, mit dem Taxi etwa 60 Rs.
●Das kleine Pushkar hat zwei Busbahnhöfe. Während vom südlichen **Ajmer Busstand** nahe dem *Hotel Om* die Busse hauptsächlich Ajmer zum Ziel haben (1x stdl. sowie um 14.20 Uhr ein Express-Bus nach Jaipur und 2 Busse nach Chittorgarh um 8.20 und 12.30 Uhr sowie einige Privatanbieter in der Saison nach Udaipur), fahren die meisten Busse vom nördlichen **Callede Marvar Busstand** hauptsächlich in Richtung Norden und Westen, aber auch nach Ajmer und Jaipur (6 Busse, der 16.45-Uhr-Bus ist ein Deluxe-Bus). Weitere Ziele: Bharatpur (8,5 Std.), Bikaner (7 Std., 12 Busse), Delhi (9 Std.), Jodhpur (4,5 Std.), Kota (über Bundi) und Udaipur. Genaue Abfahrtszeiten sind auch im Tourist Office zu erfragen.
●In Pushkar verkaufen einige Reisebüros Tickets von **privaten Busgesellschaften.** Man sollte versuchen, einen Direktbus von Pushkar zu bekommen, ansonsten muss man in Ajmer umsteigen. Der Zubringerbus von Pushkar zur Abfahrtsstelle in Ajmer ist zwar im Fahrpreis enthalten, doch kostet die ganze Prozedur viel Zeit. Bei einigen Anbietern ist dies auch ein (meist recht vollgepackter) Jeep. Da viele private Gesellschaften Busse mit Video-Dauerberieselung einsetzen, sollte man seine Augenklappen und Ohrstöpsel griffbereit halten.

Süd-Rajasthan

Kota ⟲ XI/D1

(ca. 700.000 Einwohner, Vorwahl: 0744)

Obwohl Bundi und Kota nur 37 Kilometer voneinander entfernt liegen, scheinen Welten zwischen den beiden Orten zu liegen. Während im verschlafenen Bundi die Zeit seit dem Mittelalter stehen geblieben zu sein scheint, ist im benachbarten Kota in den letzten Jahrzehnten das Atomzeitalter ausgebrochen.

Das gilt nicht nur im übertragenen, sondern im wörtlichen Sinn, ist die Stadt doch Standort eines Kernkraftwerkes, das zusammen mit den Wasserkraftwerken des Chambal-Flusses, an dessen Ufern Kota liegt, die **Industriebetriebe** der Distrikthauptstadt mit Energie versorgt. Asiens größte Düngemittelfabrik mit ihren weithin sichtbaren Schornsteinen ist nur ein Symbol für die wirtschaftliche Prosperität dieses Industriezentrums Rajasthans.

Da sich die Industriebetriebe vornehmlich in den Außenbezirken angesiedelt haben, erscheint die **Innenstadt** mit ihren vielen Parks und Gärten sowie einem großen künstlichen See trotzdem angenehm. Insgesamt hat die sehr weitläufige Stadt touristisch weit weniger zu bieten als Bundi, unter dessen Oberherrschaft sie bis zum Jahr 1625 stand, als sie durch Verfügung des Mogul-Herrschers *Jehangir* den Status eines selbständigen Fürstentums erhielt. Auf jeden Fall besuchenswert ist Kota während des **Hadoti-Festivals** im Februar, wenn anlässlich eines dreitägigen Volksfestes Musikanten, Tänzer und Akrobaten durch die Stadt ziehen.

Sehenswertes

Stadtpalast

Nach der Unabhängigkeit von Bundi begann *Rao Madho Singh* mit dem Bau dieses an den Ufern des Chambal-Flusses gelegenen Palastes. Zwar kann er bei weitem nicht mit der spektakulären Ansicht des Palastes von Bundi konkurrieren, bietet dafür jedoch den großen Vorteil, dass ein Teil in ein öffentliches **Museum** umgewandelt wurde und somit zu besichtigen ist.

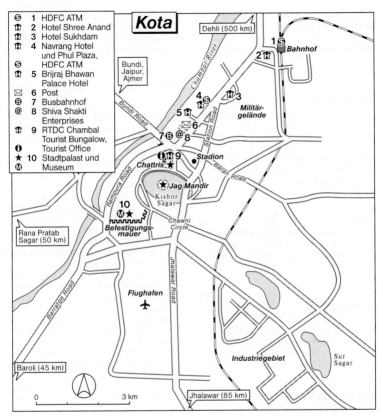

Kota

⑤	1	HDFC ATM
🏠	2	Hotel Shree Anand
🏠	3	Hotel Sukhdam
🏠	4	Navrang Hotel und Phul Plaza,
⑤		HDFC ATM
🏠	5	Brijraj Bhawan Palace Hotel
⊠	6	Post
Ⓑ	7	Busbahnhof
@	8	Shiva Shakti Enterprises
🏠	9	RTDC Chambal Tourist Bungalow,
❶		Tourist Office
★	10	Stadtpalast und
Ⓜ		Museum

Dehli (500 km)

Bahnhof

Bundi, Jaipur, Ajmer

Chambal River

Bundi Road

Militär-gelände

Station Road

Rampura Road

Stadion

Chattris

Baran Road

Jag Mandir

Kishor Sagar

Rana Pratab Sagar (50 km)

Befestigungs-mauer

Chawni Circle

Jhalawar Road

Barrage Road

Flughafen

Baroli (45 km)

Industriegebiet

Sur Sagar

0   3 km

Jhalawar (85 km)

Rajasthan

Ebenso wie in Bundi flankieren zwei steinerne Elefanten das Haupteingangstor (Hathi Pol). Insgesamt zeichnet sich das Palastmuseum durch hervorragende englische Erläuterungen aus und bietet neben den üblichen Waffen-, Jagdtrophäen- und Münzabteilungen einen vorzüglichen Einblick in die Bundi-Malschule. Bereits die große Eingangshalle (Chitrashala) schmücken **Wandmalereien** des 17. Jh., wobei auch hier, wie in Bundi, vornehmlich Szenen aus dem Leben Krishnas dargestellt sind. Die schönsten Wandmalereien finden sich jedoch in den nicht zum Mu-

seum gehörenden Räumen des Palastes. Für einen Extraobulus von 20 Rs werden diese in einer speziellen Führung gezeigt. Die Erklärungen des vor sich hinschlurfenden Wärters sind zwar wenig hilfreich („Here you see another room"), doch die wunderschönen Wandmalereien, vor allem im Arjun Mahal und Bada Mahal, sind allemal das Geld wert.

Im Übrigen bieten die verschiedenen Balkone und Terrassen interessante **Aussichten** auf die nähere Umgebung. Nördlich vom Palast erstrecken sich die Überreste der urwüchsigen, dicht bewaldeten Flusslandschaft, auf der anderen Uferseite erheben sich die hohen Fabrikschornsteine des Industrieviertels.

●**Öffnungszeiten:** tgl. außer Fr und an Feiertagen von 11 bis 17 Uhr, Eintritt 50 Rs, Fotografieren 50 Rs, Video 100 Rs.

Kishor Sagar

Zwischen dem Palast und dem Tourist Bungalow befindet ein großer, im 16. Jh. künstlich angelegter See mit einem fotogenen Pavillon in der Mitte, der aber leider für die Öffentlichkeit geschlossen ist. Gut besucht sind dafür die ganz in der Nähe in einem schönen Park gelegenen, kürzlich restaurierten Chattris der Fürsten von Kota.

Festival

Das mehrtägige **Dussehra-Festival** zu Ehren des Sieges Ramas über Ravana wird in Kota besonders prunkvoll gefeiert. Die nächsten Termine: 19.–21. Oktober 2007, 7.–9. Oktober 2008.

Information

●Die Angestellten des **Tourist Office** (Tel.: 2327695, Mo–Sa 10–17 Uhr, 2. und 4. Sa des Monats geschlossen) im *Chambal Tourist Bungalow* sind sehr hilfsbereit und freundlich.

Stadtverkehr

Kota ist sehr weitläufig, zudem verteilen sich die für die Touristen wichtigen Bereiche wie Bahnhof, Busbahnhof und der Stadtpalast auch noch von Norden bis Süden. Man ist also auf öffentliche Verkehrsmittel angewiesen. Da Englisch kaum verbreitet ist, sollte man sich vor Fahrtbeginn vergewissern, dass der Rikshafahrer das gewünschte Ziel auch tatsächlich verstanden hat, andernfalls landet man eventuell am anderen Ende der Stadt.

●**Minibusse und Tempos** verkehren u.a. zwischen Busbahnhof und Bahnhof.

●**Autorikshas** sieht man erstaunlich wenig. Falls man eine erhascht, sollte die Fahrt vom Busbahnhof zum Bahnhof etwa 30 Rs, zum Tourist Bungalow und zum Stadtpalast jeweils 15 Rs kosten.

●**Fahrradrikshas** sind aufgrund der großen Entfernungen wenig geeignet.

Unterkunft

●Wer nur ein schmales Reisebudget zur Verfügung hat, ist im **Hotel Shree Anand** € (Tel.: 2462473) gegenüber dem Bahnhof mit hinreichend sauberen und kleinen Zimmern akzeptabel bedient.

●Recht passabel ist das Hotel **Phul Plaza** €-€€ (Tel.: 2329350) mit einem hauseigenen vegetarischen Restaurant.

●Empfehlenswert ist das an der Straße zum Bahnhof gelegene **Navrang Hotel** €€-€€€ (Tel.: 2451253, Fax: 2450044). Das Personal ist sehr bemüht, die Zimmer, wenn auch etwas abgewohnt, sind sauber und geräumig. Dem Haus angeschlossen ist ein gutes und preiswertes vegetarisches Restaurant.

●Reizend ist das in der Nähe des Stadtpalastes gelegene **Palkiya Haveli** €€€ (Tel.: 2327375). Dieses von einer sehr bemühten Familie geführte Haveli besticht neben seiner warmen Atmosphäre und den individuell gestalteten Räumen (alle mit AC) auch durch das sehr gute Restaurant.

●Das beste Preis-Leistungs-Verhältnis bietet das exzellente **Hotel Sukhdam** €€€ (Tel.: 2320081, Fax: 2441961). Die exquisiten Räume in dem sehr schönen, inmitten eines Gartens gelegenen Haus sind äußerst günstig. Sehr zu empfehlen ist auch das angeschlossene Restaurant.

●Das **Brijraj Bhawan Palace** €€€-€€€€ (Tel.: 2450529, Fax: 2450057) ist, wie es der Name schon andeutet, ein ehemaliger Palast der Maharajas von Kota. Wunderschön liegt es inmitten einer Gartenanlage etwas erhöht an den Ufern des Chambal-Flusses. Von den fürstlich eingerichteten, riesigen Zimmern über die die Wände zierenden Jagdtrophäen bis zu den einem jeden Wunsch von den Lippen ablesenden Bediensteten macht alles den Eindruck, als sei die Zeit der Maharajas noch höchst lebendig. Schade nur, dass ausschließlich Hotelgäste im Restaurant bedient werden.

●Das **Umed Bhawan Palace** €€€-€€€€ (Tel.: 2325262, Fax: 2451110) im Norden der Stadt ist ein gelungener Neubau inmitten einer weitläufigen Gartenanlage.

Bank und Internet

●Die **State Bank of India** am Chawni Chowk und die **State Bank of Jaipur and Bikaner** wechseln Bargeld und Travellerschecks. Darüber hinaus bieten sich diverse **ATMs** zum Bargeldabheben an, wobei die der HDFC-Bank nahe dem *Navrang Hotel* und im Bahnhofsgebäude neben Master-, Maestro-, Visa- und Cirrus-Card- auch AmEx-Karteninhaber zufriedenstellen.
●Internetsurfen kostet 20 Rs/Std., das **Shiv Shakti** nicht weit vom Busbahnhof ist recht schnell.

An- und Weiterreise

Bahn

Kota liegt an der Breitspurlinie Mumbai – Delhi, dementsprechend viele Züge fahren tgl. nach Jaipur und Delhi.
●Nach **Delhi** (Hazrat Nizzamuddin) benötigt der 2953 Rajdhani Exp. 5,5 Std.: Abf. 5.35 Uhr, über **Sawai Madhopur** (Ranthambore-Nationalpark, an 6.36 Uhr), **Mathura** (an 9 Uhr), Delhi an 10.55 Uhr, oder der 1903 Golden Temple Mail: Abf. 11.35, Ank. in New Delhi um 19 Uhr. Andere Richtung der 2904 Golden Temple Mail: Abf. New Delhi 7.55 Uhr, über Mathura (ab 10.25 Uhr), Ank. in Kota um 14.35 Uhr. Der Zug fährt weiter bis **Mumbai** (Ank. 6.05 Uhr). Eine weitere gute Verbindung nach Mumbai ist der 2956 Jaipur Mumbai Central Exp.: Abf. 17.35, Ank. 8 Uhr
●Nach Sawai Madhopur (Ranthambore-Nationalpark) und Delhi z.B. der 9019A NMH Kota Exp.: Kota (Abf. 18 Uhr), **Sawai Madhopur** (an 21.40 Uhr), **Bharatpur** (an 0.45 Uhr), **New Delhi** (an 6.05 Uhr), **Delhi** (6.30 Uhr).
●Nach **Jaipur** (Ank. 12.45 Uhr) fährt z.B. der 2955 Mumbai Central Jaipur Exp.: 8.50 Uhr über **Sawai Madhopur** (an 10.05 Uhr), viele weitere Verbindungen.

●Mit dem 281B Halighati Exp. in 11 Std. bis Agra: 19.10 Uhr ab Kota über **Ranthambore-Nationalpark** (Ank. 23.05 Uhr), **Fatehpur Sikri** (4.49 Uhr), nach **Agra** (6.05 Uhr).
●Außerdem tgl. zwei Verbindungen nach **Bundi** und **Chittorgarh,** z.B.: Abf. 9.50 Uhr, Bundi an 10.25 Uhr, Chittorgarh an 12 Uhr mit dem 9020A Dehra Dun Exp.

Bus

●Alle 15 Min. fahren Busse nach **Bundi** (45 Min. Fahrtzeit), halbstündige Verbindungen nach **Ajmer** (6 Std.) und **Jaipur** (6 Std.). Außerdem Busse nach **Chittorgarh** (6 Std.), **Udaipur** (6 Std.), **Jodhpur** (11 Std.) und **Bikaner** (12 Std.).

Umgebung von Kota

Badoli ⚐ XI/C/D1

55 km südwestlich von Kota an der Straße zum Rama-Pratap-Stausee finden sich mehrere **Shiva-Tempel,** die zu den ältesten noch erhaltenen Tempelanlagen Rajasthans zählen. Obwohl sie zum Teil aus dem 8. und 9. Jh. stammen, weisen sie noch besonders detailliert und gut erhaltene Skulpturen auf. Die Bildhauer versahen die Nischen an den Tempelmauern mit außergewöhnlich schönen Einzelfiguren, die Shiva u.a. als kosmischen Tänzer Nataraja zeigen. Das Haupttheiligtum, der über 20 m hohe Ghateshwara-Tempel, ist mit schönen Affenskulpturen geschmückt.
●**Anreise:** Etwa stündliche Busverbindungen zwischen Kota und Baroli, 1,5 Std. Fahrtzeit. Man sollte den Fahrer bitten und erinnern, am Ausstiegspunkt Bescheid zu sagen. Per Taxi inkl. Rückfahrt sollten 400 Rs genügen.

Rajasthan

Der besondere Tipp:

Bundi ⚐XI/D1

(ca. 90.000 Einwohner, Vorwahl: 0747)

In der Südosten Rajasthans zwischen den Hügeln des Aravalli-Gebirges gelegen, scheint sich dieses kleine Städtchen hinter der Flanke des sie begrenzenden Bergrückens vor den Veränderungen der Neuzeit verstecken zu wollen. Der *Wind of Change,* der in den letzten Jahren auch das Bild vieler indischer Städte merklich verändert hat, scheint an der ehemaligen Hauptstadt eines kleinen Fürstentums vorbeigezogen zu sein. Beim Durchstreifen der verwinkelten Altstadtgassen fühlt man sich ins **indische Mittelalter** versetzt.

Überragt wird die Stadt von der sich am Berghang hochziehenden, riesigen **Palastanlage** und dem auf dem Gipfel erbauten **Fort.** Leider ist nur ein sehr kleiner Bereich des Palastes zu besichtigen und auch die anderen Sehenswürdigkeiten der Stadt sind nur von außen zu bewundern.

Die meisten der insgesamt nur sehr wenigen Touristen besuchen Bundi im Rahmen einer Tagestour vom nur 37 km entfernten Kota aus. Das ist schade, denn für jeden, der ein Stück unverfälschtes Indien kennen lernen möchte, ist diese scheinbar so welt-entrückte Stadt der ideale Ort für einen mehrtägigen Aufenthalt.

Geschichte

1241 gründete *Rao Deva,* Anführer der **Hara-Chauhana-Rajputen,** die zuvor aus Delhi und danach aus Ranthambore vor den muslimischen Invasoren flüchten mussten, an der strategisch günstigen Stelle am Rande des Aravalli-Gebirges seine neue Hauptstadt. Zunächst gelang es ihm und seinem Sohn und Nachfolger *Rao Samar* durch Erfolge über benachbarte Fürstentümer (u.a. Kota), das Herrschaftsgebiet erheblich zu erweitern. Doch schon bald wurden sie erneut von den weiter nach Süden vorrückenden Truppen des Sultans von Delhi besiegt, dem gegenüber sie nun tributspflichtig wurden. Mit-

		Sehenswürdigkeit
★	1	Sar Bagh, Sikar Burj
★	2	Sukh Mahal
★	3	Dudha Mahal
★	10	Bhim Burj
★	11	Moti Mahal
▲	12	Laxminath Tempel
★	15	Chogan Gate
★	20	Raniji-ki-Baori
★	23	Meera Gate
☾	24	Meera Sahib Masjid

		Unterkunft
🏠	4	Haveli Uma Megh Guest House, Lake View Paying Guest House
🏠	5	Royal Retreat
🏠	7	Haveli Braj Bhushanjee, Badi Haveli
🏠	8	Haveli Katkoun Guest House
🏠	11	Kishan Niwas Guest House
🏠	17	Hotel Diamond
🏠	19	Bundi Tourist Palace
🏠	22	Kasera Paying Guest House
🏠	31	Ishwari Niwas

		Sonstiges
@	6	Cyber Dream
➊	9	Ayurvedisches Krankenhaus
✉	13	Postamt
💲	14	Bank of Rajasthan
🛒	16	Gemüsemarkt und kl. Stufenbrunnen
💲	18	State Bank of Bikaner & Jaipur
ℹ	21	Tourist Office
➊	25	Krankenhaus
Ⓑ	26	Busbahnhof
●	28	Collectorate
✉	29	Hauptpost
●	30	Circuit House

te des 15. Jh. mussten sie sich den Mewaris unterwerfen, die während der Regierungszeit *Rana Kumbhas* vom benachbarten Chittorgarh aus weite Teile Rajasthans eroberten.

Nachdem *Akhbar* die riesige Festungsanlage Chittorgarhs 1568 erobert hatte, fanden sich die *Hara Chauhana* unversehens erneut von den Moguln beherrscht. 1625 erklärte Akhbars Nachfolger *Jehangir* das bis dahin zum Fürstentum Bundi gehörige Kota zum ei-

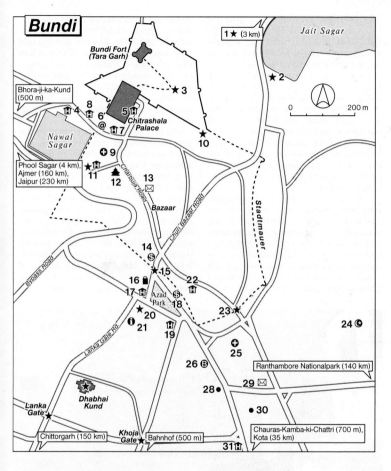

Bundi

Bundi Fort (Tara Garh)

Jait Sagar

1 ★ (3 km)

★ 2

★ 3

Bhora-ji-ka-Kund (500 m)

8
⌂ 4
6 ⌂
5 ⌂ Chitrashala Palace
@ ⌂ 7

Nawal Sagar

★ 10

✚ 9

Phool Sagar (4 km), Ajmer (160 km), Jaipur (230 km)

⌂ 11
12

Charbuja Road

13 ⊠

Bazaar

Churi Bazaar Road

Stadtmauer

0   200 m

14 Ⓢ

★ 15

16 🔒

22 ⌂

17 ⌂ Azad Park

18 Ⓢ

23 ★

24 ☾

Bypass Road

★ 20

ⓘ 21

19 ⌂

✚ 25

26 Ⓑ

Ranthambore Nationalpark (140 km)

28 ●

29 ⊠

● 30

Lanka Gate rd.

Dhabhai Kund

Lanka Gate ★

Khoja Gate ★ Bahnhof (500 m)

Chittorgarh (150 km)

Chauras-Kamba-ki-Chattri (700 m), Kota (35 km)

31 ⌂

Rajasthan

genständigen Rajputenstaat, womit Bundi einen schmerzlichen Gebiets- und Bedeutungsverlust erlitten hatte.

Nachdem das Fürstentum 1818 unter die Oberhoheit der Engländer geriet, kämpften seine Truppen während des 2. Weltkrieges auf Seiten der Kolonialmacht im Burmafeldzug. Am 25. März 1948 wurde Bundi Teil der Indischen Union.

Sehenswertes

Chitrashala

Es ist immer wieder erstaunlich zu sehen, wie es sich selbst die Herrscher kleiner und unbedeutender Fürstentümer wie etwa Bundi leisten konnten, solch riesige und aufwendige **Palastanlagen** zu erstellen. Das kleine Städtchen scheint fast erdrückt zu werden vom gewaltigen an den Berghang gebauten Palast und dem darüberliegenden Fort. So dokumentierte der Herrscher auch architektonisch seine uneingeschränkte und allumfassende Macht über seine Untertanen.

Schon *Rudyard Kipling* zeigte sich beim Anblick des Palastes vor über 100 Jahren überwältigt: „Der Palast in Bundi ist, selbst in vollem Tageslicht, ein Palast, wie Menschen ihn sich in ihren Träumen bauen – eher das Werk von Elfen als von Menschen. Er ist in und an den Berg gebaut, gigantisch, Terrasse über Terrasse, und dominiert die ganze Stadt wie eine Lawine aus Mauerwerk, die jeden Augenblick hinabgleiten und die Schlucht blockieren kann."

Es überrascht, wieviel eigenständig **rajputische Stilelemente** der Palastbau trotz der jahrhundertelangen Mogul-Herrschaft aufweist. Hierin, wie in vielen anderen Aspekten zeigen sich auffällige Parallelen zum Palastbau der Mewaris von Udaipur. Auf einem festungsartigen, fensterlosen und wenig attraktiven Unterbau erhebt sich ein Neben- und Übereinander ineinander verschachtelter

Wohn- und Repräsentationsbauten. Sie wurden von den verschiedenen Herrschergenerationen über einen Zeitraum von fast fünf Jahrhunderten dem ersten, 1342 von Rao Deva errichteten Gebäudekomplex hinzugefügt. Trotz seiner enormen Ausmaße und unterschiedlicher Baustile wirkt der Palast durch die vielen vorspringenden Erker, Balkone, Kuppeldächer und Pavillons nicht im geringsten schwerfällig.

Trotz der zunäct scheinbar undurchsichtigen Anordnung der verschiedenen Bauten lassen sich bei näherem Hinsehen **fünf verschiedene Gebäudekomplexe** unterscheiden. Von links nach rechts sind dies der *Queens Palace* (eine der größten zusammenhängenden Einheiten, der Palast der Fürstin), daneben der *Phul Mahal* (Blumenpalast), dann der *Badal Mahal* (Wolkenpalast) mit den drei übereinanderhängenden Balkonen, daran anschließend der an seinem großen, von zwei Pavillons gekrönten Balkon erkenntliche *Ratan Mahal* (Edelsteinpalast) und schließlich auf der äußersten rechten Seite der nach seinem Erbauer benannte *Chitra-*

312/a Foto: tb

Rajasthan

shala, der einzig zugängliche Teil der gesamten Anlage.

Bei der außergewöhnlichen Schönheit, die der Palast als ganzes ausstrahlt, stimmt es um so trauriger, bei näherer Betrachtung die schon weit fortgeschrittenen **Verfallserscheinungen** der einzelnen Gebäude zu sehen. Mögen die aus Mauern, Treppen und Dächern herauswachsenden Sträucher und Bäumchen noch einen gewissen Reiz vermitteln, so bedauerlich ist es doch zu sehen, wie die wunderschönen, in ganz Indien einmaligen Wandmalereien des Chitra Mahal verkommen.

Die Motive der vollständig mit **Miniaturmalereien** bedeckten Wände und Decken vermitteln einen guten Einblick in das höfische Leben von vor 300 Jahren. Wie in einem Film ziehen Bilder des Maharajas bei der Jagd, bei gefährlichen Schlachten, feierlichen Umzügen und Vergnügungen mit seinen Konkubinen am Betrachter vorbei. Der eigentliche Liebling der unbekannten Maler war jedoch offensichtlich der Gott Krishna, der in allen Aspekten seines verspielten Lebens dargestellt wird. Natürlich fehlt dabei auch nicht jene für das Krishna-Bild so prägende Szene, in der er den im Yamuna badenden Jungfrauen die Kleider stiehlt. Frei zugänglich ist eigentlich nur die offene, von einem Pavillon überdachte Terrasse des Chitra Mahal. Der in unmittelbarer Nähe wohnende Verwalter wartet nur darauf, den spärlich auftauchenden Touristen gegen ein kleines Trinkgeld die sich anschließenden, vollständig mit Miniaturmalereien überzogenen Zimmer zu öffnen.

●**Eintritt:** 50 Rs, Kamera 50 Rs.

Der Chitrashala besteht aus ineinander verschachtelten Gebäudeteilen unterschiedlicher Baustile, die über etwa 500 Jahre hinweg nach und nach hinzugefügt wurden

Taragarh Fort

Das oberhalb des Palastes liegende, über einen steilen Aufstieg entlang des Berges zu erreichende Taragarh Fort (Sternenfestung), mit dessen Bau Rao Deva, der Gründer Bundis, 1354 begann, erlaubt einen sehr schönen Panoramablick vom Palast über die quadratischen, in der Mitte mit einem Tempel für den Wassergott Varuna versehenen *Naval Sagar* hin zur Stadt und in die nähere Umgebung. Außer einigen auf die Stadt gerichteten Kanonen, frechen Affen und verfallenen Bauten hat das Fort selbst keine Sehenswürdigkeiten zu bieten.

Raniji-ki-Baori

Bekannt ist Bundi auch für seine einstmals über fünfzig **Tiefbrunnen** (baori), von denen der schönste nach seiner Erbauerin, der Frau des Maharajas, *Raniji-ki-Baori* genannt wird. Ein schöner mit Pavillons bestandener Park umgibt den Eingang zu diesem 1699 erbauten *Baori*. Mit seinen reich verzierten Torbögen und schönen Wandreliefs sieht der 46 Meter in die Tiefe führende Treppenschacht eher wie der Eingang zu einer unterirdischen Palastanlage aus. Man kann sich unschwer vorstellen, welch lebhaftes Treiben sich früher, als der *Baori* neben seiner Funktion als Wasserquelle auch noch beliebter Treffpunkt war, entlang der 70 Treppenstufen abspielte. Leider ist der Brunnen heute mit einem massiven Gittergerüst abgedeckt, sodass man sich mit einem Blick in die Tiefe begnügen muss.

Phool Sagar

Außen vor bleibt man auch beim etwa vier Kilometer außerhalb der Stadt gelegenen Phool Sagar, dem Anfang der vierziger Jahre erbauten neuen Palast. Während des zweiten Weltkrieges fungierte der Maharaja von Bundi als persönlicher Sekretär *Lord Mountbattens* im Burmafeldzug, und die gefangengenommenen italienischen Soldaten wurden in der Nähe Bundis untergebracht. Quasi als Freizeitbeschäftigung ließ sie der Maharaja in seinem neuen Palast einige Wandmalereien ausführen, womit der Phool Sagar wohl der einzige Palast ganz Indiens sein dürfte, den italienische Landschaftsgemälde zieren. Gegen die Pläne der Oberoi-Gruppe, die den Herrschersitz vor einigen Jahren für 20 Millionen Rs erstand, um ihn in ein Luxushotel umzuwandeln, wehrt sich ein Angehöriger des Bundi-Klans seit Jahren auf höchster gerichtlicher Ebene, sodass der Palast immer noch vor sich hin rottet .

Weitere Sehenswürdigkeiten

Nördlich der Stadt in der Nähe des Jait Sagar liegt in landschaftlich reizvoller Umgebung mit dem **Shikar Burj,** der heute gern als Ausflugsziel indischer Familien dient, die palastähnliche königliche „Jagdhütte". Wenige hundert Meter weiter befindet sich eine weitere Parkanlage (Shar Bagh) mit den Kenotaphen der Herrscher von Bundi. Besonders gelungen sind die Elefantenfriese entlang der Basis des Hauptkenotaphs. Der in der Regierungszeit von *Rao Raja Vishnu Singh* erbaute **Sukh Mahal** diente den Herrschern von Bundi als Sommerpalast. Der pittoreske an einem See gelegene Bau diente auch Rudyard Kipling während seines Aufenthaltes in Bundi Ende des 19. Jh. als Unterkunft. Angeblich soll ein unterirdischer Tunnel den Sukh Mahal mit dem Taragarh Fort verbinden.

Einen Besuch lohnt auch der **Chauras Khambon ki Chattri,** eine Ende des 17. Jh. von *Rao Raja Anirudh Singh* für den Sohn seiner Amme errichtete Totengedenkstätte. Der aus 84 zum Teil hübsch verzierten Säulen gefertigte Bau dient auch als Tempel, wie der Shiva Lingam verdeutlicht.

Information

●Das **Tourist Office** (Mo–Sa 10–17 Uhr, um 13.30 Uhr 30 Min. Pause, Tel.: 2442697) befindet sich nahe dem Raniji-ki-Baori.

Stadtverkehr

●Bundi ist klein, und zudem liegt ein Reiz der Stadt gerade darin, die verwinkelten **Altstadtgassen** zu Fuß zu erkunden. Wer dennoch die gut 1 km lange Strecke vom Bus-

bahnhof zum Palast mit der Riksha zurücklegen will, sollte dafür nicht mehr als 15-20 Rs zahlen.

●Der **Bahnhof** liegt 5 km außerhalb. Per Riksha zum Busbahnhof sind es max.40 Rs.

 In Bundi gibt es mit *Billu* einen selbsternannten lokalen Reiseführer, der **Führungen** durch den Palast, zum Stufenbrunnen und (am besten mit dem Fahrrad) in die hübsche Umgebung macht: Billu Guide, gegenüber dem Wasserturm, Indra Market/Azad Park.

Unterkunft, Essen und Trinken

●Die beste Billigunterkunft im Stadtzentrum ist das **Kasera Paying Guest House** €-€€ (Tel.: 2444679). Das in einem alten Haveli untergebrachte Hotel wird von einer freundlichen Familie geleitet. Man sollte eines der Zimmer mit Palastblick wählen. Empfehlenswert ist auch das hauseigene Dachrestaurant.

●Eine gute Wahl ist auch das **Haveli Uma Megh** €-€€ (Tel.: 2442191). Das von zwei sehr netten Brüdern geführte, nur drei Zimmer vermietende Haus liegt direkt am Naval Sagar Lake und verfügt über einen schönen großen Garten, in dem man gut essen kann. Die Besitzer können auch Fahrräder besorgen und geben gute Tipps für Ausflüge in die Umgebung.

●Alternativ bietet sich das gegenüber gelegene **Haveli Katkoun Guest House** €-€€ (Tel.: 2444311) an. Auch hier sind es das gute Preis-Leistungs-Verhältnis, die ruhige Lage und die nette Atmosphäre, die den Reiz des Hauses ausmachen. Besonders die Zimmer im Obergeschoss sind ihren Preis wert. Gegessen wird im schönen Innenhof.

●Der Nachteil des ansonsten sehr empfehlenswerten **Ishwari Niwas** €-€€ (Tel.: 2442414, in_heritage@timesofindia.com) ist seine ungünstige Lage beim Busbahnhof. Nette Atmosphäre und schöne Wandmalereien in dem alten Haveli.

●Das **Royal Retreat** €€ (Tel.: 2444426) macht seinem Namen alle Ehre, liegt es doch tatsächlich königlich oder zumindest fürstlich am Chitrashala und strahlt eine angenehme Ruhe aus. Allerdings macht es zu wenig aus seiner Lage, da die fünf um einen Innenhof angelegten Zimmer zwar ordentlich sind, aber insgesamt wenig Atmosphäre ausstrahlen und auch der Service zu wünschen übrig lässt.

●Außergewöhnlich schön und sympathisch ist das direkt unterhalb des Palastes gelegene **Haveli Braj Bhushanjee** €€-€€€€ (Tel.: 2442322, Fax: 2442142, res@kiplingsbundi. com, www.kiplingsbundi.com). Das über 150 Jahre alte viergeschossige Haus ist im Besitz einer freundlichen Familie, die die insgesamt 15 Räume geschmackvoll im typischen Rajasthani-Stil renoviert hat. Der Blick von der Dachterrasse über das sich direkt über dem Haveli erhebenden Palast ist besonders gegen Abend beeindruckend. Die Übernachtung ist allerdings recht teuer. Das gleiche gilt für das Essen, welches in dem sehr stilvollen Restaurant im Erdgeschoss serviert wird. Dort befindet sich auch ein kleiner Laden, in dem man hübsche Souvenirs erwerben kann.

Der Erfolg hat die Besitzer dazu veranlasst, mit dem ganz in der Nähe gelegenen **Badi Haveli** €€€ (Tel.: 2442322, www.kiplingsbun di.com) eine zweite Unterkunft zu eröffnen. Auch hierbei handelt es sich um ein geschichtsträchtiges Haveli. Der freundliche Service, die individuell gestalteten Zimmer und das schöne Dachgartenrestaurant machen den Charme des Hauses aus.

●Ganz ähnlich in Preis und Leistung ist das in der Nähe gelegene **Kasera Paradise** €€€ (Tel.: 244679).

Bank und Internet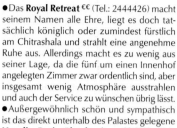

●Geldwechsel ist nur bei einer privaten **Wechselstube** (Charbhuja Rd.) südlich des *Haveli Braj Bushanjee* möglich, das aber nur Dollars in bar und Reiseschecks annimmt. Ein **Geldautomat** findet sich beim Chokan Gate.

●Internetsurfen für 50 Rs/Std. bieten zahlreiche Internetcafés wie das **Cyber Dream** neben dem *Haveli Braj Bushanjee.*

An- und Weiterreise

Bahn

Das Reservierungsbüro ist Mo–Fr 8–20 Uhr und So 8–14 Uhr geöffnet.

●Tgl. zwei Verbindungen nach **Chittorgarh** (z.B.: 9020A Dehra Dun Exp., Abf. 8.35 Uhr, Ank. 12 Uhr) sowie nach Sawai Madhopur (Ranthambore N.P.) und Delhi, z.B. 9019A NMH Kota Exp.: Bundi ab 16.58 Uhr, über **Kota** (an 18 Uhr), **Sawai Madhopur** (an 21.40 Uhr), **Bharatpur** (an 0.45 Uhr) nach **New Delhi** (an 6.05 Uhr), Delhi (6.30 Uhr).

●Mit dem 281B Halighati Exp. in 13 Std. bis Agra: 17.15 Uhr ab **Bundi,** über **Kota** (an 19 Uhr), **Ranthambore-Nationalpark** (Ank. 23.05 Uhr), **Fatehpur Sikri** (4.49 Uhr), **Agra** (an 6.05 Uhr).

●Von **Kota** aus gibt's viele weitere Bahnverbindungen.

Bus

Aus Richtung Ajmer kommend, kann man auch schon am Nawal Sagar den Bus verlassen, falls man in diesem Bereich seine Unterkunft wählen möchte. Man erspart sich so den Rückweg vom Busbahnhof.

●Jede Viertelstunde fahren Busse nach **Kota** (45 Min., 16 Rs), alle halbe Stunde nach **Ajmer** (5 Std., 80 Rs, morgens um 8.30 Uhr auch ein Direktbus nach **Pushkar**) und **Jaipur** (90 Rs, 5 Std.). Außerdem Busse nach **Sawai Madhopur** (Ranthambore-Nationalpark, 50 Rs, 4,5 Std.), **Jodhpur** (160 Rs, 10 Std.), **Udaipur** (140 Rs, 8 Std.) und **Bikaner** (200 Rs, 10 Std.).

Chittorgarh   ⚑ XI/C1

(ca. 100.000 Einwohner, Vorwahl: 01472)

Wie kein anderer Ort repräsentiert die sich 150 Meter aus der Ebene erhebende **Festungsanlage** von Chittorgarh die von Heldentum und Kampfesmut geprägte Geschichte Rajasthans. Nirgends sonst scheint die Vergangenheit so nah wie in ihren Palästen, Tempeln und Siegestürmen. Dass dabei gerade dieser Ort nicht etwa durch ruhmreiche Siege, sondern durch vernichtende Niederlagen in die Geschichtsbücher eingegangen ist, wirft ein bezeichnendes Licht sowohl auf die von achthundertjähriger Fremdherrschaft geprägte Geschichte Nordindiens als auch auf das Selbstverständnis der Rajputen, für die die Erhaltung ihrer Ehre letztlich immer mehr bedeutete als der Tod.

Geschichte

Bei der für die indische Geschichtsschreibung so bezeichnenden Vermischung von historischer Realität und Legenden verwundert es nicht, dass die Anfänge der legendenumwobenen Felsenfestung in die **indische Mythologie** zurückversetzt werden. Danach soll die Gründung auf den König *Bhima* aus dem Mahabharata zurückgehen. Tatsächlich wird der für Verteidigungszwecke geradezu ideale Tafelberg schon früh besiedelt und befestigt worden sein. Historisch nachweisbar ist erst *Bappa Rawal*, Ahnherr der **Sisodias von Mewar,** der das Fort Anfang des 8. Jahrhunderts unter seine Kontrolle brachte.

Für weitere sechs Jahrhunderte verliert sich dann wieder die historische Spur, bis die vom Norden vorstoßenden **islamischen Invasoren** Chittorgarh erreichten. Nach der indischen Geschichtsschreibung belagerte *Ala-ud-din-Khalji*, der Sultan von Delhi, die Festung, weil er *Padmini*, die schöne Gemahlin des Herrschers, begehrte. Das klingt allemal romantischer als kriegerische Machtpolitik zur Erweiterung des eigenen Territoriums, die der eigentliche Grund für die Belagerung gewesen sein dürfte.

Ihre aussichtslose Lage vor Augen, kleideten sich die Männer in ihre safrangelben Hochzeitsroben, öffneten die Stadttore und stürmten dem zahlenmäßig weit überlegenen Feind und dem sicheren Tod entgegen, während die Frauen den Freitod auf dem Scheiterhaufen suchten. Noch zwei weitere Male sollte sich dieser grausame, **Jauhar** genannte Ritus wiederholen, der den Mythos von den selbst im Tode unbeugsamen Rajputen begründete.

Doch zunächst eroberten die Sisodias von Mewar Chittorgarh zurück und entwickelten sich zum **führenden Herrscherhaus Rajasthans.** Vor allem während der Regierungszeit *Maharana Kumbhas* (1433–68) entstanden viele der heute nur noch in Ruinen vorhandenen Bauwerke.

Doch schon wenige Jahre später (1535) nahm der rasche Aufstieg ein ebenso abruptes wie grausames Ende, als der Sultan von Gujarat, *Bahadur Shah,* die Festung stürmte und beim *Jauhar* über 32.000 Krieger abgeschlachtet wurden und 13.000 Frauen auf dem Scheiterhaufen starben. Dieses **ungeheure Blutopfer** erscheint um so sinnloser, wenn man weiß, dass die Eroberer die gerade unter schwersten Opfern eroberte Festung schon zwei Wochen später wegen der aus Norden anrückenden Truppen *Humayuns,* des Sultans von Delhi, fluchtartig wieder verließen. Der noch minderjährige Thronfolger *Udai Singh* konnte nur deshalb gerettet werden, weil seine Amme ihn für ihren eigenen Sohn ausgab und diesen töten ließ.

Dreiunddreißig Jahre später wurde Chittorgarh erneut, diesmal von den **Truppen Akbars,** belagert. Udai Singh verließ die Stadt und legte ihre Verteidigung in die Hände seiner beiden Feldherren *Jaimal* und *Patta.* Nach über viermonatiger Belagerung wurde 1568 die Festung eingenommen; ein letztes Mal bestiegen die Frauen die Scheiterhaufen. Nachdem die Festung gefallen war, ließ Akbar, der in der Geschichtsschreibung wegen seiner vermeintlich toleranten Führung gern als der neben *Ashoka* größte Kaiser Indiens dargestellt wird, 30.000 wehrlose Bauern wegen ihrer Unterstützung für die Rajputen hinrichten. Damit war die Widerstandskraft Chittorgarhs endgültig gebrochen, denn von nun an sollte die Festungsanlage nie wieder besiedelt werden.

Udai Singh jedoch, der wegen seiner frühzeitigen Flucht von den die romantischen Ehrbegriffe ungefragt übernehmenden Historikern als Feigling gebrandmarkt wurde, gründete noch im gleichen Jahr seine neue Hauptstadt Udaipur und führte von dort aus den Widerstand der stolzen Sisodias von Mewar gegen die islamischen Invasoren fort.

Sehenswertes

Beim Durchstreifen der winddurchzogenen Tempel- und Palastruinen des Forts erscheint einem die von Blut und Feuer geschriebene Geschichte auf einmal erschreckend präsent.

Schon beim steilen Aufstieg aus der Ebene über die kurvenreiche Straße ist fast jedes der insgesamt **acht zu passierenden Tore** mit den dramatischen Ereignissen der verschiedenen Schlachten eng verbunden. Neben dem **Padan Pol,** dem ersten Tor, wurde in Gedenken an *Rawal Bagh Singh,* der 1543 bei der zweiten Schlacht gegen den Sultan von Gujarat die Festung anstelle des noch unmündigen Herrscher verteidigte und fiel, ein Gedenkstein errichtet. Zwischen dem **Bhairon Pol,** benannt nach dem Feldherrn *Bhairon Das,* der hier ebenfalls während dieser Schlacht starb, und dem **Hanuman Pol** stehen zwei Chattris. An dieser Stelle soll *Jaimal,* einer der beiden von Udai Singh vor seiner Flucht zur Verteidigung des Forts bestimmten Feldherren, zusammen mit seinem Gefolgsmann *Kalla* gefallen sein.

Ein weiteres Chattri findet sich gegenüber dem Haupttor, dem Ram Pol, an der Stelle, wo Patta, der neben Jaimal zweite Feldherr, in der Schlacht gegen Akbhar gestorben sein soll. Ein mit sehr schönen Inschriften verzierter Gedenkstein erinnert an diesen Helden der rajputischen Geschichte, dessen heldenhafter Mut noch heute in vielen Volksliedern überliefert ist. Steigt man beim Ram Pol auf die Außenmauern bietet sich ein schöner Überblick über Chittorgarh und Umgebung. Die ringförmige Asphaltstraße entlang der Festungsmauer führt zu den insgesamt über 50 verschiedenen Gebäuden, von denen im Folgenden die wichtigsten beschrieben werden sollen.

Wendet man sich nach dem Ram Pol nach rechts, liegt nach etwa hundert Metern auf der rechten Straßenseite der im 13. Jh. erbaute **Rana-Kumbha-Palast,** der, obwohl nur noch in Ruinen erhalten, einen lebendigen Eindruck von der Schönheit rajputischer Architektur vermittelt. Ebenso wie der Stadtpalast von Udaipur besitzt er ein Tripola- und ein Badi-Pol, und nicht nur wegen dieser Namensgleichheit meinen Kunsthistoriker deutliche Ähnlichkeiten zwischen beiden Palästen erkannt zu haben. Die Sisodias von Mewar haben den Verlust Chittorgarhs nie verwunden und wollten so wohl zumindest architektonisch die Erinnerung an ihre alte Hauptstadt aufrechterhalten. Udai Singh, der spätere Gründer Udaipurs, soll in diesem Palast geboren worden sein, und in einem der zahlreichen unterirdischen Gewölbe soll Padmini, derentwegen *Ala-ud-din-Khalji* angeblich Chittorgarh belagert haben soll, den Feuertod auf dem Scheiterhaufen gesucht haben. Legenden regen bekanntlich die Fantasie an, und so deutet jeder Führer bedeutungsvoll auf eine andere Stelle, wenn es um die genaue Lokalisierung des Tatortes geht.

Die Straße weitergehend, gelangt man an eine Kreuzung, auf deren linker Seite der relativ modern wirkende, Anfang des 20. Jh. errichtete **Fateh-Prakash-Palast** steht, der in ein **archäologisches Museum** umgewandelt wurde. Zu sehen gibt es unter anderem eine Waffensammlung, Skulpturen und Stupas (tgl. außer Fr 10–17 Uhr).

Biegt man, vom Rana-Kumbha-Palast kommend, an der Kreuzung rechts ab, erreicht man nach wenigen Metern einen auf der linken Straßenseite liegenden Tempelkomplex. Zunächst betritt man den von einer hohen Tempelmauer umschlossenen **Kumbha-Shyam-Tempel,** der 1449 auf den Grundmauern eines schon im 9. Jh. erbauten, später jedoch von den Mogulin zerstörten Tempels errichtet wurde. Im Sanktotum des Tempels findet sich eine Statue, in der Vishnu in seiner Verkörperung als Eber dargestellt wird. Im gleichen Komplex schließt sich südlich der **Tempel der Mirabai** an, benannt nach einer Rajputenprinzessin aus Nagaur, die Anfang des 16. Jahrhunderts an den Hof der Könige von Mewari verheiratet wurde. Nach dem Tod ihres

Rajasthan

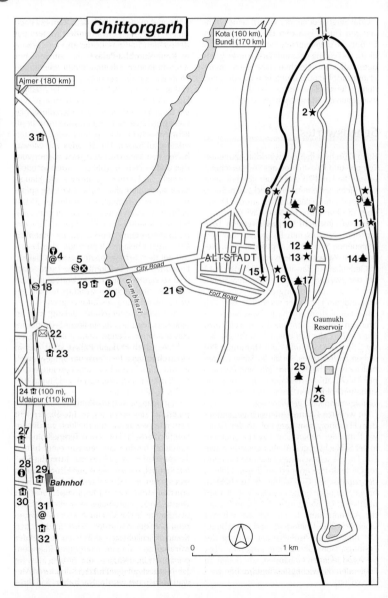

Sehenswürdigkeit

★ 1 Lokhota Pol
★ 2 Rattan Singh Palast
★ 6 Ram Pol
♣ 7 Singa-Chowri-Tempel
Ⓜ 8 Fateh-Prakash-Palast
★ 9 Kirthi Stambha und
♣ Mahavira-Tempel
★ 10 Rana-Kumbha-Palast
★ 11 Suraj Pol
♣ 12 Kumbha-Shyam-Tempel,
Mira Bai
★ 13 Siegesturm
♣ 14 Neelkanth-Mahadur-Tempel
★ 15 Padan Pol
★ 16 Chattris Jaimal und Kalla
♣ 17 Samideshwara-Mahadeo-
Tempel
♣ 25 Kalika-Mata-Tempel
★ 26 Padminis Palast

Unterkunft

🏠 3 Hotel Padmini
🏠 19 Natraj Tourist Hotel
🏠 23 Hotel Pratab Palace
🏠 24 RTDC Panna
Tourist Bungalow
🏠 27 RTDC Janta Awas Grah
🏠 29 Shalimar Hotel
🏠 30 Hotel Chetak
🏠 32 Hotel Meera

Essen und Trinken

🍴 4 Vinayek Restaurant

Sonstiges

@ 4 Mahavir Cyber Café
💲 5 State Bank of India ATM,
✖ Taxistand
💲 18 State Bank of Bikaner &
Jaipur
Ⓑ 20 Busbahnhof
💲 21 Bank of Baroda
✉ 22 Post
ℹ 28 Tourist Office
@ 31 Sanwariya Computers

Ehemannes gab sie sich ganz ihrer Liebe zum Gott Krishna hin, dem sie viele Gedichte und Balladen widmete, von denen heute noch einige in Rajasthan gesungen werden. Der Tempel selbst stammt wohl aus dem 15. Jh. und muss ihr so nachträglich gewidmet worden sein. Im Tempelinneren findet sich eine Darstellung *Mirabais* an der Seite Krishnas. Gegenüber steht ein kleines Chattri mit den Fußabdrücken ihres Gurus, der angeblich ein *Harijan* gewesen sein soll.

In unmittelbarer Nähe hierzu steht der 38 Meter hohe **Siegesturm** (Vijay Stambha), das wohl schönste Bauwerk der gesamten Festungsanlage. Der neungeschossige Turm wurde anlässlich des Sieges über die Sultane von Gujarat und Malwa errichtet und 1468 nach siebenjähriger Bauzeit für einen Kostenaufwand von 9 Mio. Rs fertig gestellt. Über eine sehr schmale Treppe mit 157 Stufen ist der von außen fast gänzlich mit detaillierten Szenen aus den beiden großen Hindu-Epen Ramayana und Mahabharata verzierte Sandsteinturm zu ersteigen. Bei der nach einem Blitzeinschlag notwendig gewordenen Renovierung der Turmspitze blieb die Treppe unberücksichtigt, sodass der Aufgang im achten Stock endet. Einige offensichtlich lebensmüde Besucher versuchen dennoch immer wieder, mit halsbrecherischen Kletterübungen auch noch das letzte Stockwerk zu erklimmen, wobei es schon zu einigen schweren Unfällen gekommen ist.

Auf dem Weg zum nur wenige Meter entfernten Samideshwara-Mahadeo-Tempel passiert man einen kleinen, mauerumgrenzten Platz. Bei Ausgrabungsarbeiten wurde hier eine dicke Ascheschicht entdeckt, die von der zweiten **Jauhar** stammen soll, bei der sich 1554 über 13.000 Frauen verbrannten.

Im **Samideshwara-Mahadeo-Tempel,** der zunächst im 11. Jh. vom Maharaja von Malwa errichtet und 1428 vom *Rana Makhal* in einen Shiva-Tempel umgebaut worden sein soll (darum auch unter dem Namen Makhalji-Tempel geführt), findet sich eine sehr schöne Trimurti-Darstellung.

Hinter dem Tempel führt eine steile Treppenflucht hinunter zu einem malerisch, direkt am Felsrand gelegenen **Teich.** Er wird aus einer unterirdischen Quelle gespeist, deren

Wasser aus einer als Kuhkopf gestalteten Felsspalte fließt, weshalb er *Gaumukh Kund* (Kuhkopfbrunnen) genannt wird.

Nach etwa anderthalb Kilometern entlang der Hauptstraße in Richtung Süden gelangt man an den romantischsten Ort der Festungsanlage. Umgeben von einer sehr gepflegten Gartenanlage stehen die Überreste von **Padminis Palast,** und inmitten des angrenzenden Sees liegt malerisch ein nur per Boot zu erreichendes Wasserschloss. Der Legende zufolge soll hier *Sultan-Ala-ud-din-Khalji,* auf den Treppenstufen des Palastes schmachtend, das Spiegelbild der sich im Schloss aufhaltenden Padmini gesehen haben. Das klingt nicht nur zu schön, um wahr zu sein, sondern ist es auch ganz sicher nicht, denn „Padminis Palast" wurde nachweislich erst Jahrhunderte nach ihrem Tod erbaut. Heutzutage müsste sich der Sultan mit dem Spiegelbild eines Affen zufriedengeben, denn selbige haben hier inzwischen die Palastanlage komplett besetzt.

Von hier geht es wieder zurück nach Norden, diesmal jedoch entlang der östlichen Festungsmauer. Vom Suraj Pol bietet sich ein beeindruckender Blick auf die flache, dünn besiedelte Landschaft. Etwa auf Höhe des Kumbha-Palastes findet sich mit dem **Kirti Stambha** (Ruhmesturm) das zweite Wahrzeichen Chittorgarhs. Ein reicher jainistischer Kaufmann ließ den 22 Meter hohen Turm Anfang des 14. Jh. zu Ehren des ersten Tirthankaras, *Adinath,* errichten. Auch dieser Turm ist von der Basis bis zum obersten, siebten Stockwerk mit unzähligen Figuren verziert. Ebenso wie der direkt daneben liegende **Mahavira-Tempel** wurde der Ruhmesturm vor wenigen Jahren aufwendig renoviert, was seinen hervorragenden Zustand erklärt.

Auf der Straße weiter nach Norden befinden sich keine weiteren Sehenswürdigkeiten, sodass man die nach Westen abzweigende Straße benutzen sollte, um wieder zum Ausgangsort der Tour zurückzukehren.

●**Eintritt:** 100 Rs, geöffnet von Sonnenaufbis Sonnenuntergang. Eine von Lesern als sachkundig und engagiert empfohlene Führerin für das Fort ist Frau *Sukhwal* (Tel.: 01472/243245, (0)919414110090).

Information

●Das von freundlichen und hilfsbereiten Mitarbeitern geführte **Touristenbüro** (Tel.: 241089) befindet sich gegenüber dem Bahnhof und ist Mo–Sa von 10 bis 17 Uhr geöffnet. Zwischen 13 und 14 Uhr gönnen sich die gestressten Beamten eine Mittagspause.

Stadtverkehr

●Vom Bahnhof bis zum Fuß des Forts sind es 6 km. Selbst vom Busbahnhof ist es noch ein langer Weg, zumal der lange Aufstieg und der 7 km lange Rundweg im Fort mitgerechnet werden müssen. **Zu Fuß** dauert die Besichtigung aller Sehenswürdigkeiten der Anlage mindestens 4 Stunden, Hin- und Rückweg nicht mitgerechnet.

●**Autorikshas** berechnen, egal ob vom Bahnhof oder Busbahnhof, einen Festpreis von 150 Rs für die dreistündige Besichtigung aller Sehenswürdigkeiten. Man sollte sich auf eine zweistündige Fahrt nicht einlassen, da dann viel zu wenig Zeit bleibt, selbst drei Stunden sind noch knapp bemessen.

●Zwischen Busbahnhof und Stadt verkehren **Tongas.**

Unterkunft, Essen und Trinken

Allein schon wegen des enttäuschenden Hotelangebots empfiehlt es sich, Chittorgarh möglichst als Stopover zu besichtigen.

●Für eine Nacht annehmbar ist das in der Nähe des Bahnhofs gelegene **Shalimar Hotel** € (Tel.: 240842). Erträglich sind allerdings nur die nach hinten gelegenen Räume, da zur Straße und zum Bahnhof das Symphoniekonzert von hupenden Bussen und ratternden Loks leicht disharmonisch klingt.

●Gleiches gilt für das schräg gegenüber gelegene **Hotel Chetak** €-€€ (Tel.: 241679). Die Zimmer sind zwar teurer als im *Shalimar,* den Aufpreis wegen der sauberen, gekachelten Badezimmer mit Warmwasser und teilweise AC jedoch wert. Das klimatisierte Restaurant im Erdgeschoss ist preisgünstig und gut.

●Empfehlenswert ist auch das nur knapp 300 m links entlang der Hauptstraße vom Bahnhof gelegene **Hotel Meera** €€-€€€ (Tel.: 240266). Das Gebäude macht einen gepflegten und sauberen Eindruck und verfügt über eine breite Palette von zum Teil mit AC und TV versehenen Zimmern. Schmackhafte, aber teure Gerichte serviert das Restaurant.

●Günstiger wohnt man im **Panna Tourist Bungalow** €-€€€ (Tel.: 241238), etwa 1,5 km vom Bahnhof Richtung Fort. Auch hier gibt es ein gutes Restaurant.

●Eine der besten Unterkünfte der Stadt ist das Hotel **Pratap Palace** €€-€€€ (Tel.: 243563, Fax: 241042, hpratap@hotmail.com) mit sauberen und angenehmen, teils klimatisierten Zimmern, allerdings sind die „Superdeluxe"-Zimmer übertetuert. Ein weiterer Pluspunkt ist das gute Restaurant zum Garten.

●Das **Hotel Padmini** €€-€€€ (Tel.: 241718, Fax: 247115) liegt etwas außerhalb am Bearch-Fluss. Die ruhige Atmosphäre, die freundlichen Bediensteten und das hauseigene vegetarische Restaurant stehen auf der Plusseite, der zuweilen zu wünschen übrig lassende Service nicht.

●Wer sich etwas Gutes tun will und nicht auf den Geldbeutel achten muss, sollte sich das herrliche Heritage-Hotel **Bassi Fort Palace** €€€€-€€€€€ (P.O.Bassi, Chittorgarh, 312022 Rajasthan, Tel.: 01472-25321, 25248, Fax: 40811, www.bassifortpalace.com, bassifortpalace@yahoo.com), 20 km nordöstlich von Chittorgarh, gönnen. Dieses Heritage-Hotel ist ein Juwel mit 4-Zimmer-Suiten und die Besitzer sind auf das Rührendste ums Wohl der Gäste bemüht, lesen einem jeden Wunsch von den Augen ab. Die Mutter kocht selbst und es werden leckere Speisen im Garten bzw. Speisesaal serviert. Außerdem werden Jeeptouren in den nahegelegenen Nationalpark und vielerlei Aktivitäten arrangiert.

Bank und Internet

●Die **State Bank of Bikaner and Jaipur** wechselt nur Bargeld. Am ATM der **State Bank of India** werden alle wichtigen internationalen Kreditkarten bis auf AmEx klaglos akzeptiert.

●Mit 50 Rs noch recht teuer ist Internetsurfen in der Stadt. Halbwegs fix geht's bei **Sanwariya Computers** neben dem *Hotel Meera* und im **Mahavir Cyber Café.**

An- und Weiterreise

Bahn

●Eine gute Nachtverbindung nach **Delhi:** 2964 Mewar Exp.: Abf. Chittorgarh 20.55 Uhr, über **Kota** (an 23.40 Uhr), **Sawai Madhopur** (an 1 Uhr), Bharatpur (3 Uhr), an Delhi (Nizamuddin) 6.25 Uhr. Umgekehrt der 2963 Mewar Exp.: Delhi (Nizamuddin) ab 19 Uhr, über **Bharatpur** ab 21.42 Uhr, **Sawai Madhopur** ab 23.42 Uhr, Chittorgarh an

303tal Foto: tb

Der 138 Meter hohe Siegesturm, Teil der Festungsanlage von Chittorgarh, kann über eine äußerst schmale Treppe bestiegen werden. Ihr oberster Teil wurde bei einem Blitzeinschlag zerstört und fordert Lebensmüde zu waghalsigen Kletterübungen heraus

Rajasthan

4.40 Uhr. Dieser Zug fährt um 5 Uhr weiter nach **Udaipur** (Ank. 7 Uhr).

● Nach **Udaipur** der 2965 JP UDZ Sup Exp.: Abf. 5.40 Uhr, Ank. 7.45 Uhr.

● Nach **Jaipur** bietet der 9770 Puma Jaipur Exp. (Abf. 6.10 Uhr, Ank. 14.15 Uhr) über **Ajmer/Pushkar** (Ank. 10.45 Uhr) eine gute Verbindung. Nachts der 2966 UDZ JP SUP Exp., Abf. 23.50 Uhr, über **Sawai Madhopur** (an 4.50 Uhr), Ank. Jaipur 7.10 Uhr. Andere Richtung 9769 Puma Jaipur Exp.: Abf. Jaipur 12 Uhr, über Ajmer/Pushkar 15.15 Uhr, Ankunft Chittorgarh 19.32 Uhr.

● Nach Agra der 281B Halighati Exp.: Abf. 14.15 Uhr, über **Bundi** (an 17.13 Uhr), **Kota** (an 19 Uhr), **Ranthambore-Nationalpark** (an 23.05), **Fatehpur Sikri** (an 4.49 Uhr), **Agra** (an 6.05 Uhr).

Bus

● Verbindungen nach **Bundi** (4 Std., 75 Rs), **Ajmer** (4 Std., 80 Rs), **Jaipur** (8 Std., 140 Rs), **Jodhpur, Udaipur** (3 Std., 50 Rs) und **Delhi** (14 Std.).

Highlight:
Udaipur

↗ XI/C1

(ca. 400.000 Einwohner, Vorwahl: 0294)

„Ich stand entzückt und schaute auf das majestätische Panorama, das sich zu meinen Füßen ausbreitete. Ich hatte niemals gehofft, etwas so Schönes zu sehen. Es glich einer der Märchenstädte aus Tausendundeiner Nacht."

Ein gutes Jahrhundert ist vergangen seit dieser Liebeserklärung eines französischen Reisenden an Udaipur, doch geblieben sind die fast einhellig euphorischen Beschreibungen für diese seither im Altstadtkern fast unverändert gebliebene Stadt am Pichola-See. **„Venedig des Ostens"** wird sie genannt und gilt als der romantischste Ort ganz Indiens.

Vor allem dem harmonischen Zusammenspiel von Altstadt, Palast, See und Bergkulisse verdankt die Stadt ihre elegante Schönheit. Die Stadt wechselt ihr Gesicht wie keine andere mit dem sich verändernden Lichteinfall, und zu jeder Tages- und Nachtzeit ist der Blick von den Dächern der Altstadt atemberaubend schön. Morgens erstrahlt die Stadt im leuchtenden Weiß ihrer Häuser, der Sonnenuntergang hinter den sanften Hügeln des Aravalli-Gebirges taucht den See und die Stadt in ein majestätisches Violett und nachts scheint das Lake Palace Hotel inmitten des im Mondlicht schimmernden **Pichola-Sees** zu schweben.

So ist Udaipur inzwischen neben Jaipur und Jaisalmer die am meisten besuchte Stadt Rajasthans, wobei aufgrund der entspannten Atmosphäre, der sehr interessanten Ausflugsziele in der Umgebung und der in jeder Kategorie qualitativ außergewöhnlich guten Unterkunftsmöglichkeiten die meisten Touristen weit länger bleiben als ursprünglich geplant. Nachteil dieser Beliebtheit ist natürlich, wie in anderen Städten mit ähnlich starkem touristischen Zulauf, dass typisch indisches Alltagsleben, zumindest aus dem Altstadtbereich, nahezu vollständig verdrängt ist.

Geschichte

Gleichzeitig mit der dritten und letzten Eroberung der Mewar-Hauptstadt Chittorgarh durch *Akbhar* 1568, der noch einmal über 30.000 Menschen zum Opfer fielen, begann die Geschichte Udaipurs. *Udai Singh*, Herrscher der Mewaris, hatte sich schon vor der Erstürmung der Festung abgesetzt und begann noch im gleichen Jahr mit dem Bau seiner neuen, nach ihm benannten Hauptstadt, die strategisch günstig zwischen Hügeln und einem See angesiedelt war.

Udai Singh war der Anführer des ältesten rajputischen Geschlechts, der **Sisodias von Mewar,** die ihre Abstammung auf die Sonne zurückführten. Der sich daraus ableitende besondere Stolz und Unabhängigkeitswille der Mewaris hatte sich schon in ihrer selbst in der Niederlage unbeugsamen Haltung in Chittorgarh bewiesen und war auch mit dem Verlust ihrer ehemaligen Hauptstadt nicht erloschen.

Nichts war den Mewaris wichtiger als die **Reinhaltung ihres Stammbaums,** die Töchter durften nur innerhalb des eigenen Clans

Rajasthan

verheiratet werden. So musste es zwangsläufig zum Konflikt kommen, als sich *Pratap,* der Sohn und Nachfolger Udai Singhs, entschieden weigerte, eine seiner Töchter mit der Familie Akhbars zu verheiraten. Akhbars Wunsch, durch diese „politischen Heiraten" die feindlichen Rajputenstaaten an sich zu binden, waren zuvor alle wichtigen Rajputenfamilien in Anbetracht der Machtverhältnisse widerwillig nachgekommen.

Doch Stolz war, wie sich in Chittorgarh wiederholt gezeigt hatte, letztlich für die Sisodias von Mewar von größerer Bedeutung als der mögliche Untergang, und so wurde auch dieser Konflikt nicht diplomatisch, sondern auf dem **Schlachtfeld** entschieden. Am 21. Juni 1576 standen sich die Truppen Akhbars und Prataps bei Halighat, 48 km nördlich von Udaipur, gegenüber. Wieder siegte Akhbar, wieder gab es ungeheure Verluste und wieder gingen die Mewaris wegen ihrer tapferen Gegenwehr in die Geschichtsbücher ein. Pratap, der die Schlacht überlebte und bis zu seinem Tode 1597 große Teile Mewars zurückeroberte, ist in einem Park Udaipurs ein Denkmal gewidmet. 1614 musste jedoch Prataps Sohn und Nachfolger *Amar Singh I.* endgültig die Vorherrschaft der Moguln anerkennen.

Die Unabhängigkeit war zwar verloren, doch dafür setzte in den nun folgenden, vergleichsweise **friedlichen Jahren** eine rege Bautätigkeit ein. Der Palast wurde erheblich erweitert, der Jagdish-Tempel erbaut und eine erste Blütezeit von Kunst und Kultur setzte ein.

Ein jähes Ende fand diese Periode, als der fanatische Moslem *Aurangzeb* mit seinem Heer durchs Land zog und alles an hinduistischer Kultur und Architektur zerstörte, was ihm in die Hände fiel. Mit seinem Tod begann jedoch auch der endgültige **Niedergang der Mogul-Herrschaft.** Die wiedergewonnene Unabhängigkeit von den Moguln spiegelte sich auch deutlich in der Architektur, die nun wieder vom Rajputenstil geprägt wurde.

1818 schließlich mussten sich die Mewari der **britischen Oberherrschaft** unterwerfen, seit 1948 ist Mewar mit der Capitale Udaipur Teil der Indischen Union.

Sehenswertes

Stadtrundfahrt

● Täglich eine **Stadtrundfahrt** veranstaltet das Touristenbüro von 8 bis 13 Uhr vom Kajiri Tourist Bungalow (Tel.: 2410501) aus. Die Exkursion kostet 76 Rs (zuzüglich Eintrittsgelder) und umfasst – neben dem üblichen Abstecher in ein Emporium – Moti Magri, Sahelion-ki-Bari, Lok Kala Mandal, Fatheh Sagar, Jagdish-Tempel und den Stadtpalast. In der Hauptsaison ist eine Voranmeldung unbedingt erforderlich.

● Eine weitere vom Touristenbüro organisierte **Exkursion** führt jeden Nachmittag von 14 bis 19 Uhr (108 Rs) nach **Eklingji, Nathdwara** und **Haldi Ghati.** Da insgesamt drei Fahrtstunden im Bus verbracht werden müssen, sollte man sich eine Teilnahme gründlich überlegen.

● Als **Stadtführer** kann der geprüfte und gut Englisch sprechende *Narayan Singh Karwar* (Mob.-Tel.: (0)9828144055, narayansingh78 @yahoo.co.in) empfohlen werden.

Stadtpalast

Die wahren Ausmaße dieses **größten Palastes Rajasthans** lassen sich nur von der Seeseite erkennen. Über einen Zeitraum von vier Jahrhunderten verwirklichten hier die verschiedenen Herrschergenerationen ihre von oftmals recht unterschiedlichen Stilepochen beeinflussten Wohn- und Repräsentationsbauten. So entstand am östlichen Ufer des Pichola-Sees ein langgestreckter **Palastkomplex,** der eigentlich aus vier Hauptpalästen und vielen kleinen Zusatzgebäuden besteht. Nur für sich genommen wirkt der Palast im Grunde wenig attraktiv, doch durch seine pittoreske Hanglage über dem Pichola-See und das zarte Weiß seiner Wände, die sich harmonisch in die umgebende Altstadt einfügen, entsteht ein äußerst harmonischer Gesamteindruck.

Auch heute noch dient ein Teil des Palastes als Residenz des Maharajas; der Südflügel wurde in ein Luxushotel umgewandelt, sodass nur das **City Palace Museum** für Besucher zugänglich ist.

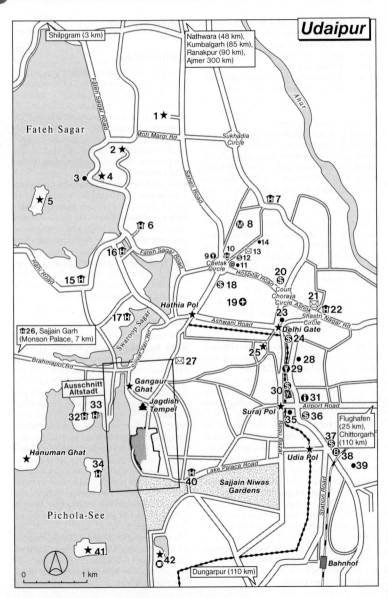

Udaipur

Shilpgram (3 km)

Nathwara (48 km),
Kumbalgarh (85 km),
Ranakpur (90 km),
Ajmer 300 km)

Fateh Sagar

Moti Margi Rd.

Sukhadia
Circle

Saheli Road

Fateh Sagar Road

1 ★

2 ★

3 ● ★4

★5

6

16

Fateh Sagar Road

15

Ram Road

7

M 8

14

9 10
Chetak 12
Circle 11
@

13

18

19 ✚

20

Hospital Road

Court
Choraya
Circle

Ashok

21

22

Shastri Nagar Rd.

23

Ashwani Road

Hathia Pol

17

26, Sajjain Garh
(Monson Palace, 7 km)

Swaroop Sagar

Brahmapol Rd.

Sikval Vari Rd.

27

Delhi Gate

24

25

28

29

30

31

Airport Road

Ausschnitt
Altstadt

33

32

Gangaur
Ghat

Jagdish
Tempel

Suraj Pol

Bagu Bazar

35

36

Flughafen
(25 km),
Chittorgarh
(110 km)

37

38

39

Hanuman Ghat

34

Lake Palace Road

Udia Pol

Station Road

40

Sajjain Niwas
Gardens

Pichola-See

Bahnhof

★41

★42

Dungarpur (110 km)

0   1 km

Rajasthan

Sehenswürdigkeit

★	1	Sahelion-ki-Bari
★	2	Moti Magri
★	4	Rock Garden
★	5	Nehru Park
Ⓜ	8	Bhartiya Lok Kala Museum
★	25	Clocktower
★	41	Jag Mandir
★	42	Sunset Point

Unterkunft

🏨	6	Laxmi Vilas Palace Hotel
🏨	7	Mewar Inn
🏨	10	Rajasthali
🏨	15	Rani Palace Hotel
🏨	16	Hotel Hilltop Palace
🏨	17	Hotel Natural
🏨	22	RTDC Kajiri Tourist Bungalow
🏨	26	Trident Hotel
🏨	32	Hotel Udaivilas
🏨	33	Jal Dera Camps
🏨	34	Hotel Lake Palace
🏨	40	Hotel Rang Niwas Palace

Essen und Trinken

❶	9	Berry´s Restaurant
❶	29	Park View Restaurant, Restaurant Natraj Lodge
Ⓞ	42	Café Hill Park

Sonstiges

•	3	Bootsverleih
•	11	Chetak Cinema, Sourabh Enterprise
@		
🏦	12	HDFC Bank und ATM
✉	13	Hauptpost
•	14	Jet Airways
🏦	18	ICICI-Bank-ATM
➕	19	General Hospital
🏦	20	State Bank of India, ICICI-Bank-ATM
✉	21	Poste Restante
•	23	Indian Airlines
🏦	24	Bank of Baroda, State Bank of India
✉	27	Postamt
•	28	Town Hall
🏦	30	UTI-Bank-ATM, Askoka Cinema
🎬		
❶	31	Tourist Reception Centre
•	35	Fahrradverleih
🏦	36	idbi-Bank-ATM
🏦	37	HDFC-Bank-ATM
Ⓑ	38	Busbahnhof
•	39	Gefängnis

Man betritt den Palast durch das **Badi Pol,** welche zum großen **Innenhof** führt, auf dessen linker Seite sich acht Torbögen finden, unter denen sich früher die Maharajas in Gold aufwiegen ließen, um es danach unter der Bevölkerung zu verteilen. Zu verschenken haben die Maharajas heute nichts mehr, und so findet sich im Innenhof nun ein Restaurant mit überhöhten Preisen.

Zur Rechten zeigt sich sozusagen die Schokoladenseite des Palastes. Mit seinen unzähligen Erkern, Balkonen, Gesimsen und Pavillons diente sie oft als Filmkulisse und unterscheidet sich so auffällig von der strengen, festungsartigen Seefassade. Die so wechselhafte, immer auf Eigenständigkeit bedachte Geschichte der Sisodias von Mewar spiegelt sich auch in ihrer Palastarchitektur, die sich in ihrer eher eckigen und kantigen, kräftige Konturen betonenden Linienführung deutlich unterscheidet von der verspielten, runde und gewölbte Formen bevorzugenden Mogularchitektur, die etwa die Palastanlagen von Jaipur und Alwar auszeichnen.

Marmorbetten, Glas- und Porzellansammlungen, Jagdtrophäen und mit Goldfarbe ausgeführte Wandmalereien zieren die unter Verwendung edelster Materialien eingerichteten Zimmer. So beeindruckend diese Pracht der Maharajas dem Besucher auch erscheinen mag, so sollte man dabei nicht ganz vergessen, dass es die hungernden Bauern waren, die zu hohen Abgaben an Steuern und Naturalien gezwungen wurden und mit ihren krummen Rücken das dekadente Leben einer verschwindend kleinen Oberschicht finanzieren mussten.

●**Öffnungszeiten:** tgl. 9.30–16.30 Uhr, Eintritt 50 Rs, Kinder 30 Rs, Kamera- und Videogebühr 200 Rs.

Pichola-See

Die Verärgerung eines reichen Kaufmanns über die seine Handelswege blockierenden Überschwemmungen während der Monsunzeit ließ ihn Mitte des 15. Jh. einen Damm errichten. Durch das hierdurch aufgestaute Wasser entstand der Pichola-See, an dessen östlichem Ufer 200 Jahre später der aus Chittorgarh vertriebene Udai Singh seine neue

Hauptstadt Udaipur gründete. Zu jener Zeit war die umgebende Landschaft noch mit dichtem Wald bewachsen, doch durch die seither betriebene intensive Abholzung ist davon heute kaum noch etwas übrig.

Ähnlich wie der Palast wurde auch der See über die Jahrhunderte von den verschiedenen Herrschern mehrfach erweitert und ist heute etwa vier Kilometer lang und drei Kilometer breit. Genau lässt sich das nicht festlegen, da der See äußerst flach ist und während der Trockenzeit bis auf die Hälfte schrumpft.

Malerisch inmitten des Sees liegen zwei jeweils **mit einem Palast bebaute Inseln.** Mit dem Bau des heute nur noch in Ruinen erhaltenen Palastes auf der größeren der beiden, dem **Jag Mandir,** wurde unter der Regentschaft *Karan Singhs* Anfang des 17. Jh. begonnen. Der Palast diente dem späteren Kaiser *Shah Jahan* 1623 als Zufluchtsort, als er nach einer Revolte gegen seinen Vater fliehen musste. Beim Bau des sieben Jahre später unter seiner Regentschaft begonnenen Taj Mahal sollen Ideen des symmetrischen Kuppelpalastes des Jagdish Mandir mit eingeflossen sein. Über 200 Jahre später diente die Insel erneut als Zufluchtsort, als hier 1857 während des Sepoy-Aufstandes europäische Frauen und Kinder Schutz vor den meuternden indischen Soldaten suchten.

Die seit Jahren kursierenden Gerüchte über den Umbau in ein Hotel wurden bisher nicht verwirklicht. So bietet nachts die Silhouette des angestrahlten Ruinenpalastes einen reizvollen Kontrast zu der in glänzendem Weiß erstrahlenden Marmorfassade des die benachbarte Jag-Niwas-Insel gänzlich bedeckenden **Lake Palace Hotel.** Der 1746 fertig gestellte ehemalige Sommerpalast der Maharajas von Udaipur gilt heute als eines der besten Hotels der Welt und diente vor allem wegen seiner einmaligen Lage in vielen Filmen als Kulisse. Der traumhafte Blick von hier auf den Palast und die ihn umgebende Altstadt vermittelt einen Eindruck vom märchenhaften Lebensstil der Maharajas. Ein englischer Kolonialbeamter, der ihn aus nächster Nähe miterlebte, schreibt: „Hier lauschten sie den Erzählungen des Sängers und verschliefen ihren mittäglichen Opiumrausch. Die kühle Brise des Sees wehte den zarten Duft von Myriaden von Lotusblüten heran, die das Wasser bedeckten. Und wenn sich die Wirkung des Gifttrankes gelegt hatte, öffneten sie ihre Augen auf eine Landschaft, zu der nicht einmal ihre Opiumträume etwas Gleichwertiges erfinden konnten. Diese Szenerie bildete den Rahmen für die Zerstreuungen, denen sich zwei Generationen von Sisodia-Prinzen und Herrschern hingaben, indem sie das Geklirr der Waffen gegen die Trägheit eines wollüstigen Lebens eintauschten."

● Eine einstündige **Bootsfahrt** (200 Rs) vom City Palace Jetty (Bhansi Ghat) jeweils zur vollen Stunde kostet 200 Rs (Kinder 100 Rs), die halbstündige (100/50 Rs) hält nicht auf Jagmandir Island.

Jagdish-Tempel

Mit seinen 32 steil ansteigenden, oben von zwei Elefanten flankierten Treppenstufen und den ihn umgebenden meterhohen Mauern wirkt der nur 150 Meter unterhalb des Palasteinganges gelegene **Vishnu-Tempel** von außen eher wie eine Festungsanlage. Vielleicht war dies mit ein Grund dafür, dass dieser 1651 von *Jagad Singh I.* erbaute Tempel als einer der wenigen der Zerstörungswut *Aurangzebs* entging. In einer Zeit, als fast alle Tempel Nordindiens vom Mogul-Stil geprägt waren, setzten die so auf ihre Unabhängigkeit bedachten Sisodias ein Zeichen, indem sie den Jagdish-Tempel mit dem für damalige Verhältnisse enormen Kostenaufwand von 1,5 Mio. Rs in rein indo-arischem, d.h. vorislamischem Stil errichten liessen. Vor der Säulenhalle befindet sich ein Schrein mit der Abbildung eines *Garudas,* dem Reittier Vishnus. Im Tempelinneren wird Vishnu in Gestalt des *Jagannath,* des Herrn der Welt, dargestellt. Beachtenswert sind auch die Steinmetzarbeiten an den Außenwänden. Wer genau hinschaut, erkennt auch einige erotische Darstellungen. Der Tempel ist von 12 bis 14 Uhr geschlossen.

Fateh Sagar

The City of Lakes wird Udaipur auch genannt. Und tatsächlich ist es der gerade im

Rajasthan

312/a Foto: tb

sonst so kargen Rajasthan auffällige Wasserreichtum in Verbindung mit der fast schon tropisch anmutenden Vegetation, der mit zum besonderen Flair der Stadt beiträgt. So findet sich nördlich des Pichola-Sees und mit ihm durch zwei kleinere Seen verbunden der an seinem östlichen Ufer von schönen Parkanlagen flankierte **See** Fateh Sagar. Ursprünglich 1678 von *Maharaja Jai Singh* angelegt, wurde er während der Regierungszeit *Maharajas Fateh Singh* auf seine heutige Größe erweitert.

Auf der in der Mitte des Sees liegenden Insel wurde anlässlich des Geburtstags des ersten indischen Präsidenten am 14. November 1967 der **Nehru-Park** eröffnet, der mit seinen verschiedenen kirmesähnlichen Freizeitein-

Der Stadtpalast von Udaipur thront majestätisch über dem Pichola-See. Ein Teil ist noch immer Residenz des Maharajas, ein anderer kann besichtigt werden

richtungen und einem in Form eines Bootes gebauten Restaurant zu einem beliebten Ausflugsziel indischer Familien gehört.

Bharatiya-Lok-Kala-Museum

Dieses inmitten der Neustadt beim Gangaur Ghat gelegene **ethnologische Museum** vermittelt einen interessanten und umfangreichen Einblick in die vielfältige Kultur Rajasthans. Gezeigt und auf englischen Begleittexten gut erklärt werden Kleider, Gebrauchsgegenstände und Musikinstrumente. Landesweit bekannt ist das Museum für seine **Puppensammlung,** die Puppen aller Kontinente beinhaltet. Wer das Museum im Rahmen der morgendlichen Stadtrundfahrt besucht, kommt in den Genuss einer – wenn auch nur sehr kurzen – Vorführung. Wer dabei Geschmack auf mehr bekommt, sollte die täglichen Vorführungen um 12 oder 18 Uhr (50 Rs) besuchen.
● **Öffnungszeiten:** tgl. 9 bis 17.30 Uhr, Eintritt 25 Rs, Kamera 10 Rs, Video 50 Rs.

Bagore-ki-Haveli/
West Zone Cultural Centre

Nach dem Stadtpalast ist das **Haveli-Museum** im Bagore-ki-Haveli das interessanteste Museum Udaipurs. Neben einer Ausstellung durchaus sehenswerter zeitgenössischer Bilder und Skulpturen sind es vor allem die Gebrauchsgegenstände, die einen lebendigen Einblick in die Lebensbedingungen vor 100 Jahren bieten. In einer nachgebauten Küche werden beispielsweise Geschirr und Besteck präsentiert, Musikinstrumente sowie ein Diwan mit Schachbrett und Figuren sind im so genannten Konferenzzimmer ausgestellt. In Räumen für die Frauen und das Personal sind weitere Dinge des früheren Alltagslebens zu sehen.

Angenehm sind die überall vorhandenen und leicht verständlichen englischen Erläuterungen. Das mehrere Jahrhundert alte Kaufmannshaus besitzt zudem ein ansprechendes Ambiente. Nicht entgehen lassen sollte man sich den sehr schönen Blick vom Obergeschoss auf die Waschfrauen beim Ghat.

In einem anderen Trakt des Bagore-ki-Haveli ist das **West Zone Cultural Centre** (Tel.: 2422567, wzcccom_jp1@sancharnet.in) untergebracht, das sich um die Förderung der darstellenden Künste, besonders im Verschwinden begriffener, traditioneller Kunstformen im westlichen Indien, kümmert. Dies soll z.B. durch die Organisation von Festivals wie Shilpgram Utsav (s.u.) erreicht werden.

Jeden Abend um 19 Uhr findet *Dharohar,* eine **Musik- und Tanzvorführung,** statt (s. Unterhaltung).

Moti Magri

Ein landschaftlich sehr schöner Weg durch eine elegante Parkanlage mit einem vom Finanzminister Udai Singhs angelegten japanischen Felsengarten führt vom Ufer des Fateh Sagar auf den „Perlenhügel", von wo sich ein sehr schöner Ausblick auf Udaipur und die umliegende Landschaft bietet. Als Hauptattraktion gilt hier jedoch ein bronzenes **Reiterstandbild** *Pratap Samaks,* der durch seinen heldenhaften Mut in der Schlacht von Haldighat gegen die Truppen *Akhbars* in die Geschichtsbücher einging.

Sajjan Garh (Monsun-Palast)

Der spektakulär auf einer Bergspitze westlich vom Pichola-See gelegene Palast ist zwar über die Jahrhunderte ziemlich verfallen, doch allein die grandiose Aussicht lohnt einen Ausflug.

● Mit dem **Scooter** kostet die Fahrt ca. 100 Rs hin und zurück, eine Strecke sollte man jedoch wandern. Unten am Berg werden 80 Rs p.P. sowie 10 Rs fürs Motorrad, 20 Rs für eine Autoriksha und 100 Rs für den Minibus als Zutrittsgebühr zum Sajjan-Garh-Schutzgebiet verlangt. Videokamera 200 Rs.

Saheliyon-ki-Bari

Nördlich des Moti Magri befindet sich das „Haus der Freundinnen". Dieser im 18. Jh. zwischen Rosenbeeten angelegte Park mit seinen Wasserspielen, Pavillons, Lotusteichen und lebensgroßen Steinelefanten war ein **Lustgarten,** in dem die Maharajas sich mit ihren Konkubinen trafen. Je nach Jahreszeit konnte sich hier der Potentat im Monsun-, Sommer-, Holi- und Regenwald vergnügen. Wenn per Handklatschen scheinbar wie von Geisterhand die Wasserfontänen sprudeln, so hat – ganz profan für 5 Rs – ein Parkbediensteter am Wasserhahn gedreht. Leider machen die Anlagen in letzter Zeit einen recht vernachlässigten Eindruck.

● **Eintritt:** 20 Rs.

Ahar

Allein schon wegen des sehr harmonischen optischen Eindrucks lohnt ein Ausflug zu den 2 km östlich der Stadt gelegenen **Totengedenkstätten** der Sissodias von Mewar. Die über 250 schneeweißen Kenotaphe erinnern mit ihren ebenso weißen Kuppeldächern an die Erinnerungsstätten der Herrscher von Amber in Jaipur.

Shilpgram

Das drei Kilometer westlich des Fateh-Sagar-Sees gelegene **Freilichtmuseum,** das vom West Zone Cultural Centre gemanagt wird, beherbergt auf einer Fläche von 80 ha insgesamt 27 originalgetreu aufgebaute Häuser aus den Staaten Rajasthan, Gujarat, Maharashtra und Goa. Neben der interessanten Architektur und der kunstvollen Verzierung der in traditioneller Lehmbauweise errichteten Häuser beeindrucken die hier lebenden Bewohner mit ihrer farbenfrohen Kleidung sowie Musik- und Tanzdarbietungen. Ein Besuch in dem von *Rajiv Gandhi* 1989 eröffneten Park lohnt besonders im Dezember, wenn ein zehntägiges Festival stattfindet. Genauere Informationen über das Programm und den Termin erfährt man über das Tourist Office in Udaipur. Sehr empfehlenswert ist auch das angeschlossene Shilpgram Restaurant.

Vom 21. bis 30. Dezember findet alljährlich das **Shilpgram Utsav** statt, ein mit Musik-, Tanz- und Theateraufführungen sowie vielerlei Verkaufsständen mit Kunsthandwerk aufwartendes **Festival.**

● **Öffnungszeiten:** tgl. 11–19 Uhr, Eintritt 10 Rs, Rikshafahrt ca. 40 Rs, Tel.: 2431304.

Sajjan Niwas Gardens

Der große, hübsch angelegte Sajjan Niwas Gardens bietet eine gute Möglichkeit zum Verschnaufen oder mit Einheimischen ins Gespräch zu kommen. Allerdings sind die dahindösenden Tiere des kleinen Zoos bemitleidenswert.

Information

● Das **Touristenbüro** findet sich im Fateh Memorial Building in der Nähe des Suraj Pol (Tel.: 2411535, 2521971) und ist täglich außer sonntags von 10 bis 17 Uhr geöffnet. Die Bediensteten sind recht freundlich und, wenn man insistiert, auch auskunftsfreudig.
● Zwei weitere Informationsschalter befinden sich am **Bahnhof** (gleiche Öffnungszeiten) und am **Flughafen** (Tel.: 2655433, Öffnungszeiten nur während der Flugstunden).

Stadtverkehr

● Ein Taxi vom 25 km nordöstlich des Zentrums gelegenen **Dabok-Flughafen** kostet ca. 300 Rs. Billiger ist es mit einem der öffentlichen Busse, die etwa 500 m vor dem Flughafengelände entlang der Hauptstraße fahren.

● Die **Rikshafahrer** Udaipurs sind kräftig im Kommissionsgeschäft tätig, sodass man nach der Ankunft am besten nur Jagdish-Tempel als Fahrtziel angibt, da sich die allermeisten Unterkünfte in unmittelbarer Nähe befinden. Vom Busbahnhof zum Jagdish-Tempel sollte es eigentlich nicht mehr als 20 bis 25 Rs kosten, vom Bahnhof ca. 30 Rs. Verlangt wird jedoch meist das Doppelte.
● Mehrere kleine Geschäfte in der Altstadt, wie zum Beispiel Heera Bicycle Store vermieten **Fahrräder** für ca. 30 Rs, bzw. Motorräder ab 120 Rs pro Tag. Zwar ist die Altstadt etwas hügelig, doch die herrliche Umgebung Udaipurs bietet sich geradezu an, um mit dem Fahrrad erkundet zu werden.

Unterkunft

Kaum eine Stadt Nordindiens hat eine derart große Auswahl hervorragender Hotels zu bieten wie Udaipur. In jeder der fünf aufgeführten Kategorien finden Sie Unterkünfte, die für den jeweiligen Preis einen erstklassigen Gegenwert offerieren. Die meisten der genannten Hotels sind umgebaute Altstadthäuser, Villen oder Paläste und fügen sich so nahtlos in das traditionelle Stadtbild ein. Fast alle verfügen über eine Dachterrasse, von wo aus man speziell am Morgen beziehungsweise zum Sonnenuntergang den einzigartigen Blick über die Altstadtdächer auf den Pichola und die liebliche Umgebung in aller Ruhe genießen kann. In der folgenden Auflistung werden deshalb auch, bis auf einige Ausnahmen, nur die in der Altstadt und um die beiden Seen gelegenen Hotels berücksichtigt, da die zahlreichen Unterkünfte in der hektischen Neustadt nichts von der einzigartigen Atmosphäre zu vermitteln vermögen.

Low Budget

● Eine der beliebtesten Traveller-Unterkünfte in der Jagdish-Gegend ist das **Gangaur Palace** €-€€ (Tel.: 2422303, Fax: 2561121). Die Zimmer sind angenehm und recht günstig, die teureren groß. Vor allem das Dachterrassen-Restaurant mit herrlichem Blick über die Altstadt und den Pichola-See sowie die zentrale Lage tragen zur Popularität des Hauses bei.

●Ganz ruhig ist der vom Gegenwert für die tadellosen Zimmer hervorragende, etwas versteckt gelegene **Mughal Palace** €-€€ (Tel.: 2417954, shanu_20@hotmail.com). Nachteil: wenig Aussicht und kein Dachgarten.

●Einen hervorragenden Gegenwert bietet das beliebte **Lal Ghat Guest House** € (Tel.: 2525301, Fax: 2418508) mit sehr schönem Blick auf den angrenzenden Pichola-See. Trotz eines Erweiterungsbaus herrscht immer noch eine gemütliche Atmosphäre, auch das Restaurant ist zu empfehlen. Wer ganz billig wohnen möchte, hat im besten Schlafsaal Indiens (mit abschließbarem Stauraum) einen Trumpf erwischt.

●Etwas versteckt in einem Hinterhof, an der vom Jagdish-Tempel zum See herunterführenden Straße, liegt das hübsche **Hotel Badi Haveli** € (Tel.: 2412588, Fax: 2520008). In dem verwinkelten, über 100 Jahre alten Haus in typisch rajasthanischem Stil finden sich auf mehreren Ebenen insgesamt elf unterschiedlich gestaltete Räume, leider alle mit Gemeinschaftsbad. Von den drei Aussichtsterrassen bietet sich ein schöner Blick über die Dächer Udaipurs und den Pichola-See. Der Bruder des Besitzers vermietet im sich anschließenden **Pooja Palace** drei sehr geschmackvoll eingerichtete, möblierte Zimmer mit Küche. Mindestaufenthalt 15 Tage.

●Wer weniger Wert auf Atmosphäre, aber mehr auf Komfort legt, ist im vorgelagerten, neuen **Udai Niwas** €-€€ (Tel.: 5120789, hotel udainiwas@yahoo.com) gut aufgehoben. Schöne, erstaunlich preiswerte Zimmer, manche mit Balkon, und ein hohes Dachrestaurant sind eine gute Wahl, allerdings auch eine Bausünde.

●Etwas weiter unterhalb und von der Straße zurückversetzt, steht das **Anjani Hotel** € (Tel.: 2421770). Es bietet auf drei Etagen eine große Auswahl an Zimmern von recht unterschiedlicher Qualität. Die billigeren sind oft etwas dunkel in die Ecken gezwängt, während die teureren schöne Aussichten bieten.

●Ebenfalls spottbillig, allerdings auch dementsprechend einfach kann man im an der Ecke von Palastmauer und See gelegenen, familiengeführten **Lake Corner Paying Guest**

⌂	12	Badi Haveli G.H.
⌂	15	Baba Palace Hotel
⌂	17	Hotel Sarovar
⌂	18	Hotel Udai Kothi
⌂	19	Hotel Lake Pichola
⌂	20	Hotel Wonderview Palace
⌂	21	Amet Haveli
⌂	25	Lal Ghat Guest House
⌂	27	Jaiwana Haveli
⌂	29	Hotel Sai Niwas
⌂	30	Jagat Niwas Palace Hotel, Kankarwa Haveli Hotel
⌂	31	Hotel Mughal Palace
⌂	32	Lake Corner Paying G.H.
⌂	38	Hotel Fateh Prakash Palace, Shiva Nivas Hotel
⌂	41	Hotel Kumbha Palace
⌂	42	Hotel Mona Lisa
⌂	43	Hotel Raj Palace
⌂	44	Hotel Shiv Niwas Palace

Essen und Trinken

❶	2	Savage Garden
❷	3	Café Edelweiss I
❶	8	La Vie en Rose German Bakery
❷	9	Café Edelweiss II
❶	14	Anna Restaurant
❶	22	Ambrai Restaurant
❶	25	Restaurant Natural View
❶	28	Rainbow Restaurant
❶	36	Sunset View Terrace
❶	38	Gallery Restaurant
❶	39	Gokul Restaurant
❶	47	Samor Bagh Restaurant

Sonstiges

⬮	5	Fahrradverleih
●	10	Gangaur Tours & Travels
⬮	11	Fahrradverleih
⬮	13	Fahrradverleih
⑤	16	UTI-Bank-ATM
●	24	West Zone Cultural Centre
📕	26	Landmark Shoppers Paradise (Internet, Bücher, Süßigkeiten)
●	34	Eintrittskartenschalter,
⑤		Vijana Bank ATM
●	37	Bootsableger für Hotel Lake Palace
●	39	Thomas Cook
✉	40	Postamt
●	45	Bootsableger
●	46	südl. Einfahrt Stadtpalast

Rajasthan

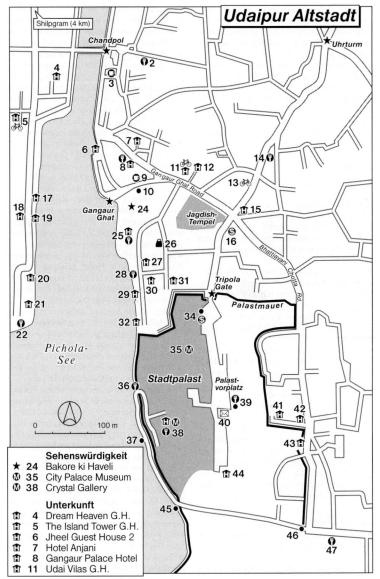

Udaipur Altstadt

Shilpgram (4 km)

Chandpol

Uhrturm

Gangaur Ghat Road

Jagdish-Tempel

Bhattiayani Chotta Rd.

Gangaur Ghat

Tripola Gate

Palastmauer

Pichola-See

Stadtpalast

Palast-vorplatz

0   100 m

Sehenswürdigkeit

★ 24 Bakore ki Haveli
Ⓜ 35 City Palace Museum
Ⓜ 38 Crystal Gallery

Unterkunft

🏠 4 Dream Heaven G.H.
🏠 5 The Island Tower G.H.
🏠 6 Jheel Guest House 2
🏠 7 Hotel Anjani
🏠 8 Gangaur Palace Hotel
🏠 11 Udai Vilas G.H.

House € (Tel.: 2525712) am Navghat wohnen. Für die sechs sehr einfachen Zimmer wird man mit wunderbar entspannter Atmosphäre und schöner Aussicht vom Dach entschädigt.

●Die einzig empfehlenswerte Billigunterkunft auf der kleinen, West- und Ostufer verbindenden Brahm-Puri-Insel ist das **Dream Heaven Guest House** € (Tel.: 2431038, deep rj@yahoo.co.uk). Die Zimmer, die teureren mit Seeblick, sind durchschnittlich, aber die Atmosphäre und das schöne Dachrestaurant sind zu empfehlen.

Budget

●Durch seine sehr attraktive Lage direkt am See bei den Ganghaur-Ghats überzeugt das **Jheel Guest House 2** €€ (Tel.: 2421352). Die meisten Zimmer haben einen kleinen, die Ghats und den See überblickenden Balkon, und selbst eine Badewanne fehlt nicht. Auf der Dachterrasse soll ein Restaurant eröffnet werden.

●Direkt am Jagdish-Tempel kann das ganz neue **Baba Palace** €€-€€€ (Tel.: 2427126, ba bapalace@hotmail.com) mit sauberen, teils klimatisierten und mit TV und Badewanne bestückten Zimmern sowie einem guten Dachrestaurant mit Rundblick über die Stadt aufwarten.

●Das von außen tatsächlich wie ein etwas zu bunt geratener Palast aussehende **Hotel Raj Palace** €-€€€ (Tel.: 2410364, Fax: 2410395, raj palaceudr@yahoo.com) besticht durch einen schönen Palmengarten mit Restaurant und zum Teil sehr hübsche, traditionell eingerichtete Zimmer. Leider zeigt einem das Personal nur recht widerwillig die preiswerteren Räume, obwohl gerade weil diese oft sehr viel bieten fürs Geld. Insgesamt hat es mit geräumigen, sauberen und teils klimatisierten Zimmern, von denen die meisten über eine große Badewanne verfügen, eines der besten Preis-Leistungs-Verhältnisse der Stadt.

Tourist Class

●Zu Recht sehr populär ist das **Rang Niwas Palace Hotel** €€-€€€€ (Tel.: 2523890/1, Fax: 2527884, rangniwas75@hotmail.com) an der Lake Palace Road, wie der Name vermuten

lässt, ein ehemaliger kleiner Palast, geführt vom sympathischen Bruder des Maharajas. Dieses von einen schönen Innenhof mit Pool angelegte, zweigeschossige Hotel besteht aus dem alten Flügel und einem nach hinten versetzten modernen Gebäudekomplex sowie einem kleinen, in einem Extragebäude untergebrachten Restaurant, das allerdings eher mäßig ist. Die Zimmer im Obergeschoss sind größer und besser ausgestattet als die im Untergeschoss, die im hinteren Bereich ruhiger als die der Straße zugewandten.

●Klein, aber fein ist das direkt am See gelegene **Hotel Sai Niwas** €€-€€€ (Tel.: 2421586, sainiwas@datainfosys.net, www.hotelsainiwas.com). Mit viel Liebe fürs Detail wurden die sieben Räume individuell vom freundlichen Besitzerehepaar gestaltet. Kein Zimmer gleicht dem anderen, und der wohl schönste Raum Nummer 5 ist im typisch rajasthanischen Stil eingerichtet. Fast alle Zimmer besitzen einen kleinen Balkon mit Seeblick.

●Sehr empfehlenswert ist das mitten in der Altstadt gelegene **Hotel Jaiwana Haveli** €€-€€€ (Tel./Fax: 2521252). Einige Zimmer haben viele Fenster mit Seeblick, die teuren AC. Auch hier gibt's ein Dachrestaurant.

●Ganz nah am See, am südlichen Ende der Brahm-Puri-Insel, hat das **Ametki Haveli** €€€-€€€€ (Tel.: 2431085, regiudr@datainfosys.com) nur fünf Zimmer parat. Alle sind sehr hübsch möbliert und bieten einen schönen Blick auf Stadtpalast und See. Außerdem liegt das gemütliche *Ambrai Restaurant* um die Ecke.

●Wesentlich nüchterner, aber wegen des exzellenten Service immer noch zu empfehlen ist das **Hotel Sarovar** €€€-€€€€ (Tel.: 2432801, Fax: 2431732, infi@hotlesarovar.com, www. hotelsarovar.com), auch auf Brahm Puri. Dabei sind besonders die direkt am See gelegenen, teureren Zimmer hervorzuheben.

●Äußerst pittoresk unmittelbar am Ufer des Pichola-Sees liegt das stilvolle **Jagat Niwas Palace Hotel** €€€€ (Tel.: 2422860, Fax: 2418512, mail@jagatniwaspalace.com). Der herrliche, begrünte Innenhof in diesem alten Herrschaftshaus lädt ebenso zum Verweilen ein wie die Liegen in den Nischen und das gute Dachrestaurant.

●Billiger ist das 1996 eröffnete, 180 Jahre alte **Kankarwa Haveli** €€€ (Tel.: 2411457, Fax:

Rajasthan

2521403, khaveli@yahoo.com) nebenan, ganz ähnlich im Aufbau. Hier gibt's viel Atmosphäre, einfache, aber geschmackvoll eingerichtete Zimmer, häufig mit schönem Ausblick, den besonders das tolle Dachrestaurant bietet.

● Ein sehr gutes Preis-Leistungs-Verhältnis bieten wegen der schönen Ausblicke die Eckzimmer des **Wonder View Palace** €€€ (Tel.: 2432494) auf der Brahm-Puri-Halbinsel neben dem *Lake Pichola Hotel*. Besonders die Zimmer Nr. 104 und 203 sind zu empfehlen.

First Class

● Den rundesten Eindruck im First-Class-Bereich hinterlässt das eine sehr angenehme Atmosphäre ausstrahlende **Udai Kothi** €€€-€€€€€ (Tel.: 2432810-2, Fax: 2430412, udaikothi@yahoo.com, www.udaikothi.com) auf der Westseite des Pichola-Sees. Die makellosen Zimmer, das gute Dachrestaurant und der architektonisch schöne Swimmingpool auf dem Dach dieses gelungenen Hauses sind jede Rupie wert.

● Leicht verwohnt ist das etwa 100 Jahre alte **Lake Pichola Hotel** €€€€ (Tel.: 2431197, Fax: 2430575, reservations@lakepicholahotel.com, www.lakepicholahotel.com) auf der Brahm-Puri-Halbinsel direkt am See. Die mit schönen alten Holzmöbeln, AC, Fernseher und Balkon ausgestatteten Zimmer haben Palastsicht und tragen zur sehr angenehmen Atmosphäre des Hotels bei. Die Dachterrasse ist ideal zum Erholen.

● Im Besitz des Maharajas von Udaipur befindet sich das **Shikar Bari Hotel** €€€€-€€€€€ (Tel.: 2583200/1, Fax: 2584841). Das ehemalige Jagdschloss liegt 5 km südlich der Stadt inmitten einer weitläufigen Gartenanlage. Hier werden auch Pferde-Safaris zu allerdings sehr fürstlichen Preisen angeboten.

● Etwas ganz Besonderes sind die bisher acht geräumigen Luxuszelte des neuen **Jal Dera Camp** €€€€-€€€€€ (Tel.: 3090228, jal_dera@yahoo.co.in, www.jaldera.com), ruhig westlich des Pichola-Sees direkt am Ufer gelegen mit entsprechendem Ausblick. Ein herrlich gelegenes Restaurant unter Bäumen ist angeschlossen – eine gelungene Anlage.

Luxus

● Auf den Hügeln zwischen dem Pichola-See und dem Fateh Sagar liegen drei von Parkanlagen umgebene Hotelanlagen. Am schönsten ist das vom Vater des gegenwärtigen Maharajas erbaute **Laxmi Vilas Palace Hotel** €€€€-€€€€€ (Fateh Sagar Road, Tel.: 2529711, Fax: 2526273, gmlvp@ip1.dot.net.in). Das ehemalige fürstliche Gästehaus hat sich mit seinen 34 Zimmern eine angenehm ruhige Atmosphäre bewahrt und verfügt über einen Swimmingpool und ein Restaurant. Die Lage des Hotels mit seiner schönen Aussicht auf die Umgebung lohnt selbst dann einen Besuch, wenn man hier nicht wohnen will.

● Eine ausgezeichnete Adresse ist das **Trident Hotel** €€€€€ (Tel.: 2432200, Fax: 2432211, reservations@tridentudp.com) auf der Brahm-Puri-Halbinsel. Abgesehen von den hübschen Zimmern und dem guten Restaurant überzeugt das Haus durch freundliches Personal und eine hervorragende Lage. Sehr gutes Preis-Leistungs-Verhältnis.

● Traumhaft wie ein schwimmendes Schiff inmitten des Pichola-Sees gelegen, ist das **Lake Palace Hotel** €€€€€ (Tel.: 2528800, Fax: 2528700, lakepalace.udaipur@tajhotels.com). Das spektakulärste Hotel Indiens repräsentiert den märchenhaften Lebensstil der Maharajas wie kein anderes Gebäude. Inmitten verschwenderisch verzierter Kuppeln, Säulen und Spiegel fühlt man sich wie in eine andere Zeit versetzt. Wegen der sehr hohen Nachfrage sollte man Monate im Voraus buchen.

● Noch luxuriöser, wenn auch weniger spektakulär wohnt man im **Shiv Niwas Palace Hotel** €€€€€ (Tel.: 2528016, Fax: 2528006, crs@udaipur.hrhindia.com), das den südlichen Teil des Stadtpalastes einnimmt. Luxus findet immer seine Käufer, auch in Indien, sodass auch dieses Hotel oftmals über Monate im Voraus ausgebucht ist. Im selben Komplex befindet sich das kleine, aber feine **Fateh Prakash Palace** €€€€€ (Tel.: 2528008, Fax: 2528006, sales@udaipur.hrhindia.com) mit nur neun exquisit ausgestatteten Zimmern.

● Ähnlich wie das *Amarvilas* in Agra gibt's auch in Udaipur vor den Toren der Stadt ein von der Außenwelt durch Mauern und Leerflächen abgeschirmtes Superluxusresort. Im **Udaivilas** €€€€€ (Tel.: 2433300, Fax: 2433200, reservations@oberoi-udaivilas.com, www.ob eroihotels.com) haben alle Zimmer neben jeglichen sonst denkbaren Bequemlichkeiten einen eigenen Swimmingpool, die teureren auch Ausblick auf die Stadt in der Ferne.

Essen und Trinken

Herrschte noch bis vor wenigen Jahren ein echter Mangel an Restaurants, so hat sich die Situation inzwischen deutlich gebessert. Dachgartenrestaurants sind der Renner, kaum ein Hotelbesitzer, der nicht diese zusätzliche Einnahmequelle genutzt hätte und seinem Hotel oder Guest House ein Freiluftrestaurant aufs Dach gesetzt hätte. Leider hinkt die Qualität des Essens dabei nur allzuoft weit hinter der Aussicht her. Im von Anfang an zum Scheitern verurteilten Wunsch, es allen Nationalitäten recht machen zu wollen, kommt am Ende ein Einheitsbrei heraus, bei dem man kaum noch zwischen *Alu Gobhi* und Lasagne unterscheiden kann.

● Viele Restaurant Udaipurs werben zu Recht mit ihrer schönen Aussicht. Doch nirgendwo sitzt man derart „weltvergessen" direkt am See unter Bäumen mit herrlichem Blick auf den Stadtpalast bzw. das *Lake Palace Hotel* wie im **Ambrai Restaurant** (Tel.: 2431085) am südlichen Ende der Brahm-Puri-Insel. Ein idealer Ort zum „die Seele baumeln Lassen". Überraschend schmackhaft und mit Preisen zwischen 50 und 150 Rs recht günstig sind die Gerichte. Dementsprechend beliebt ist das *Ambrai* speziell am Abend – Voranmeldung unbedingt erforderlich!

● Das **Natural City View Restaurant** oberhalb des Gangaur Palace zählt zu Recht zu den beliebtesten Adressen unter den unzähligen Dachterrassen-Restaurants. Die ausladende Terrasse bietet insbesondere bei Sonnenuntergang herrliche Ausblicke und auch das Essen kann sich sehen lassen. Nachteilig ist der fehlende Bierausschank, auch ist das Restaurant wegen seiner Popularität relativ laut und jeden Abend per Video, wie auch in vielen anderen Lokalitäten, derselbe James-Bond-Film gezeigt: „Octopussy".

● Eine vergleichbar schöne Aussicht in ruhigerem Ambiente bietet das nur wenige Meter entfernte Restaurant **La Vie En Rose** auf dem Hotel Gangaur Ghat.

● Hübsch sitzt man im Garten des neben dem südlichen Eingang zum Palastgelände gelegenen **Samor Bagh Restaurant.**

● Speziell Morgens eine der beliebtesten Adressen bei Travellern ist das kleine **Café Edelweiss.** Guter Kaffee, Sandwiches und Backwaren sind der Renner. Ein beliebtes Frühstücksrestaurant ist auch das nahe gelegene **Sunrise.** Man sollte auch einmal die sehr schmackhaften einheimischen Gerichte versuchen. Vom Dach des frisch renovierten Hauses gibt es mit die schönsten Ausblicke auf den See.

● Recht edel und dementsprechend teuer (Sandwiches 200 Rs) ist das **Palhi Khana Restaurant** auf dem Palastvorplatz.

● Neben dem oben erwähnten *Ambrai Restaurant* ist das **Gallery Restaurant** im 3. Stock des *Shivniwas Palace Hotel* der beste Ort, um bei prächtiger Aussicht seinen Nachmittagstee zu genießen. Zwar ist die offizielle Teatime (Tee 300 Rs) von 15 bis 17 Uhr, doch wird auch bedient, wer bereits ab 14 Uhr erscheint, was den zusätzlichen Vorteil hat, dass man dann noch die freie Sitzplatzauswahl hat. Zum Sonnenuntergang kann sich dann nach unten auf die Sunset-View-Terrasse begeben, wo man den Tag stilvoll bei einem Drink und Livemusik ausklingen lassen kann.

● Populär wegen seiner ausgefallenen Speisekarte mit interessanten einheimischen wie internationalen Gerichten (100–200 Rs) ist das **Savage Garden,** etwas zurückversetzt vom Chandpole.

● Wegen seiner „uncoolen" Lage und Einrichtung nur von wenigen Westlern besucht ist **Berry's** am Chetak Circle. Wer mehr Wert auf hervorragende Küche ohne Schnickschnack legt, ist hier gut aufgehoben. Es gibt auch einen Zustellservice: Tel. 2429027.

● Ebenfalls vornehmlich von Einheimischen besucht ist die Rajasthan-weit für schmackhafte *thalis* (50 Rs) bekannte **Natraj Lodge** beim New Bapu Bazaar nahe dem Uday Pole, hinter dem Ashoka-Kino.

● Hübsch oberhalb des Sees sitzt man im **Café Hill Park** südlich der Sajjain-Niwas-Gärten.

Rajasthan

Einkaufen

Die stetig zunehmende Touristenzahl hat dazu geführt, dass gerade im Altstadtbereich um den Jagdish-Tempel fast jedes verfügbare Häuschen in einen Souvenirladen umgebaut wurde. Mehr Quantität geht auch hier auf Kosten der Qualität, und generell lässt sich sagen, dass man in Jaipur und Pushkar besser und billiger einkaufen kann.

Mit am beliebtesten unter Travellern sind die in unzähligen kleinen Läden oder *Art Galleries*, wie sie sich unter Suggerierung künstlerischer Exklusivität nennen, angebotenen **Miniaturmalereien.** So unterschiedlich wie Qualität und dargestellte Motive sind die Preise. Weit entscheidender als die Größe des Bildes ist deren Detailgenauigkeit und das Material auf dem sie aufgetragen wurden. Bei

Janak Arts (12, Lal Ghat, Tel.: 2415373) können dreistündige Einführungskurse (200 Rs) in die Miniaturmalerei besucht werden. Es ist erstaunlich, was so alles auf einen Fingernagel passt.

Bei Touristen sehr beliebt sind die vor allem an der Straße vom Jagdish-Tempel zum Palasteingang angebotenen **Puppen.** Nicht zuletzt wegen des in Udaipur ansässigen Museums Bharatiya Lok Kala mit seiner landesweit berühmten Puppenabteilung und Vorführungen gibt es eine große Auswahl zum Kauf entschließt, sollte man sich aber Gedanken zum Transport machen, denn die vielgliedrigen Puppen sind äußerst zerbrechlich und kaum zum Verschicken geeignet.

Gut bestückt ist der **Kiosk** am Gleis Nummer 1 auf dem Bahnhof. Aktuelle internationale Bestseller finden sich hier ebenso wie angesehene Sachliteratur zu Indien und europäische Zeitungen.

Ein umfangreiches Sortiment an **Romanen und Zeitschriften** hat auch *Landmark Shoppers Paradise.*

Udaipur am Pichola-See gilt als eine der schönsten Städte Indiens

Bank

●Die meisten Banken, die neben den privaten Geldwechslern um den Jagdish-Tempel Bargeld, Travellerschecks und für Kreditkarten wechseln, finden sich passenderweise an der Bank Rd. zwischen Delhi Gate und Udia Pole. So wechselt z.B. die **State Bank of India** (Mo–Fr 10–14 und 14–15 Uhr, Sa 10–13 Uhr, Tel.: 2523108) etwas nördlicher beim Court Circle in der Hospital Road schnell und – für indische Verhältnisse – unbürokratisch Bargeld und Travellerschecks oder die **Viyaja Bank** (Bank Rd., Mo–Fr 10–15.50 Uhr, um 14 Uhr 30 Min. Pause, Sa 10–12.30 Uhr) und die **Bank of Baroda** (Mo–Fr 10–14.30 Uhr, Sa 10–12 Uhr), die außerdem Visa- und Mastercard (1 % Gebühr) annehmen.

●**Thomas Cook** auf dem Palastvorplatz ist Mo–Sa 9–17 Uhr geöffnet.

●Der dem Jagdish-Tempel nächstgelegene **ATM** ist von der UTI-Bank und findet sich zwischen diesem und dem Palastzugang. Er nimmt die wichtigen Kreditkarten außer AmEx an. Die meisten ATMs finden sich an der Bank Rd. AmEx-Karten werden vom idbi- und UTI-ATM (beide nahe Tourist Office) sowie vom HDFC-ATM beim Chetak Circle angenommen.

Post und Internet

●Die **Hauptpost** befindet sich am Chetak Circle hinter dem Kino. Näher am Jagdish-Tempel liegen, auf halber Strecke zwischen Hathi Pol und Stadtpalast, ein kleines Postamt und eine Filiale gleich neben dem Ticketbüro des Palastes (Mo–Sa 10.30–17 Uhr). Die Post kommt an, auch wenn es nicht sehr vertrauenerweckend aussieht. Zum Abholen **postlagernder Sendungen** muss man sich zur kleinen City Post Office an der Kreuzung Hospital Rd./Mandi Rd. begeben.

●Von den vielen Internetcafés im Altstadtbereich ist das **Landmark Shoppers Paradise** (30 Rs/Std.), das auch Bücher, Zeitschriften und Süßigkeiten verkauft, eines der schnellsten. Hier können auch Digitalfotos auf CD gebrannt werden (100 Rs inkl. CD). Am Chetak Circle ist **Sourabh Enterprises** (30 Rs/Std.) recht zuverlässig.

Notrufnummern

●**Ambulanz:** 102
●**Polizei:** 100
●**Tourist Police:** 2412693

Unterhaltung, Aktivitäten

●Im Museum Bharatiya Lok Kala wird tgl. zwischen 18 und 19 Uhr eine allerdings eher durchschnittliche **Puppenshow** aufgeführt (Eintritt 40 Rs).

●Ein sehenswertes **Folkloreprogramm** mit traditionellen Tanz-, Musik- und Akrobatikaufführungen gibt es tgl. von 19–20 Uhr im Meera Kala Mandir in der Nähe des Pars Theatre zu sehen. Zum Preis von 60 Rs muss man auch noch die Rikshafahrt von 25 Rs hinzurechnen.

●Ebenfalls empfehlenswert sind die allabendlichen, **Dharohar** genannten, traditionellen Rajasthani-Musik- und Tanzvorführungen im Bagore-ki-Haveli (s. „Sehenswertes", Beginn 19 Uhr, Eintritt 60 Rs, Kinder 30 Rs, Kamera 10 Rs, Video 50 Rs, Tel.: 2423610 nach 17 Uhr.

●Wenn man dran glaubt oder einfach nur zum Vergnügen, kann man sich im Innenhof des Gangaur Palace von *Akhand Pratap Singh* (onlywayisom@indiatimes.com) **aus der Hand lesen lassen,** Kostenpunkt 200 Rs.

●Besonders die teureren Hotels verfügen über **Swimmingpools.** Um drin zu plantschen, muss man zwischen 100 und 200 Rs. zahlen, wobei der tolle Pool auf dem Dach des *Udai Kothi* (130 Rs) besonders lohnt.

Medizinische Versorgung

●Das **Krankenhaus** von Udaipur (Hospital Rd., Tel.: 2528811) liegt in der Altstadt nahe dem Chetak Circle zwischen dem Shaheli Marg und der Ashwani Road.

●Eine private Klinik ist z.B. das **Soni Hospital,** 4 Sahelion-ki-Haveli, Tel.: 2528811-9). Ein Bereitsschaftsarzt ist *Dr. Shailender Singh* (Tel.: 2410212, mobil: (0)9829040312.

●Wer sich einmal für wenig Geld massieren lassen oder ein Heilkräuterbad nehmen will, sollte die **Ayurvedische Klinik** an der Amba-mata Rani Rd. aufsuchen.

An- und Weiterreise

Flug

●Indian Airlines (LIC Building, Delhi Gate, Tel.: 2410999, Flughafenbüro: 2655453) fliegt tgl. von und nach **Delhi** (130 US-$), **Mumbai** (155 US-$), **Jaipur** (97 US-$) und **Jodhpur** (83 US-$).

●Das Jet-Airways-Büro (Tel.: 2561105, am Flughafen: 2656288) findet sich im *Blue Circle Business Centre* ca. 300 m vom Chetak Circle entfernt. Verbindungen s. Anhang.

Bahn

Die Bahnverbindungen sind teilweise ein-geschränkt wegen Spurverbreiterungen auf einigen Strecken.

●Die beste Verbindung nach **Delhi** bietet der tgl. fahrende 2964 Mewar Exp. (ab Udai-pur 18.45 Uhr, Chittorgarh an 20.35 Uhr, Ko-ta an 23.40 Uhr, Sawai Madhopur an 1 Uhr, Bharatpur an 3.08 Uhr, Delhi (Nizamuddin) an 6.45 Uhr). In der anderen Richtung geht es von Delhi (Nizamuddin) um 19 Uhr über Mathura (ab 21.15 Uhr), Bharatpur (ab 21.42 Uhr), Kota (ab 1.40 Uhr) und Chit-torgarh (ab 5 Uhr) nach Udaipur (an 7 Uhr).

●**Jaipur** wird am besten mit der Nachtverbin-dung 2966 Udaipur City Jaipur Exp. erreicht: Abf. 21.40 Uhr, Chittorgarh (an 23.35 Uhr), Sawai Madhopur (an 4.40 Uhr), Ank. Jaipur 7.10 Uhr. Umgekehrt der 2965 Jaipur Udaipur City Exp.: Abf. Jaipur um 22.15 Uhr, über Kota (ab 2.15 Uhr), Chittorgarh (ab 5.40 Uhr), Ank. Udaipur um 7.45 Uhr.

●Nach **Mt. Abu** geht es schneller per Bus.

Bus

●Die aktuellen **Abfahrtszeiten** von Udaipur erfragt man besser beim Tourist Office als am chaotischen Busbahnhof (Tel.: 2484191). Die meisten Guest Houses um den Jagdish-Tempel verkaufen Tickets für **Luxusbusse,** die etwa doppelt so teuer sind wie staatliche Busse. (Diese fahren die gleichen Ziele sowie Bundi/Kota, Jaisalmer, Junagardh und Rajkot an.) Gerade auf längeren Strecken dürfte sich diese Mehrausgabe lohnen, doch sollte man zunächst fragen, ob die Busse auch in der Nähe der Guest Houses oder vom Busbahn-hof starten.

●Fahrtziele staatlicher Busse und Zeiten (in Std.): **Agra** (16 Std., 1 Bus, Star Line 14.45 Uhr), **Ajmer** (Pushkar, 7 Std., ca. 25 Busse zwischen 5 und 23.30 Uhr, Exp. 110 Rs, Del. 145 Rs, AC-Del. (10.15 Uhr) 185 Rs), **Bikaner** (15 Std., 1 Bus, Star Line 16.30 Uhr), **Chittor-garh** (2,5 Std., ca. 20 Busse zwischen 6 und 22 Uhr, Exp. 45 Rs, Del. 54 Rs, AC-Del. 10.15 Uhr, 70 Rs), **Delhi** (14 Std., 11, 15.45 Uhr, Del. 18 Uhr, Exp. 270 Rs, Del. 420 Rs, *Delhi Transport Corporation (DTC)* fährt jeden Abend um 18 Uhr mit einem klimatisierten Luxusbus für 700 Rs nach Delhi), **Indore** (10 Std., 7 Exp.-Busse zwischen 7 und 19.30 Uhr, 160 Rs), **Jaipur** (9 Std., ca. 20 Busse zwi-schen 5 und 23.30 Uhr, Exp. 161 Rs, Del. 201 Rs, AC-Del. 10.15 Uhr, 251 Rs), **Jodhpur** (7 Std., acht Busse zwischen 5.30 und 22.30 Uhr, Exp. 113 Rs, Del. 125 Rs), **Mt. Abu** (6 Std., 9 Busse zwischen 5 und 20.15 Uhr, Exp. 76 Rs., Del. 20.15 Uhr, 141 Rs), **Ra-nakpur** (3 Std., 9 Busse zwischen 5.30 und 22.30 Uhr, Exp. 35 Rs, Del. 55 Rs).

●Wer nach **Mt. Abu** reisen will, sollte sich zunächst erkundigen, ob der jeweilige Bus auch bis auf das Hochplateau oder nur bis Abu Road fährt, von wo aus es noch einmal 27 km steilen Anstiegs sind.

Rajasthan

Umgebung von Udaipur

Falls sich mehr als vier Personen zusammenfinden, bieten viele Reisebüros in Udaipur **Ganztagestouren** in die Umgebung an – eine gute Gelegenheit, um stressfrei die zahlreichen sehenswerten Orte zu besuchen. Bewährt hat sich hier *Gangaur Tours & Travels* (Tel.: 2411476, gangaur@hotmail.com) in der Gangaur Ghat Road. Der Preis beträgt ca. 400 Rs pro Person.

Nagada und Eklingji   ♐ XI/C1

Bei einem Halbtagesausflug zu den 22 km nordöstlich von Udaipur gelegenen Tempelanlagen von Nagada und Eklingji ist allein schon die Fahrt über den 784 m hohen Chirwa-Ghata-Pass mit schönen Ausblicken auf das Aravalli-Gebirge ein Erlebnis für sich. Kurz vor Eklingji biegt an einem kleinen Stausee eine Nebenstraße nach links ab und führt zu den Tempeln von **Nagada.** Neben dem ältesten, nur noch in Ruinen erhaltenen jainistischen Adbhutji-Tempel steht ein Hindu-Tempelkomplex aus dem 11. Jh. mit dem geheimnisvollen Namen *Sas Bahu* (Schwiegermutter – Schwiegertochter), der vor allem wegen seiner schönen Steinreliefs an den Außenwänden gefällt.

Im nur einen Kilometer entfernten **Eklingji** findet sich inmitten des Tempelkomplexes ein ursprünglich 754 erbauter Tempel, mit einem schönen, viergesichtigen Shiva-Bildnis aus schwarzem Marmor im Allerheiligsten. In seiner heutigen Form entstand der von hohen Mauern umschlossene weiße Marmortempel im 16. Jahrhundert. Eklingjis besonderer Reiz liegt in der pulsierenden religiösen Atmosphäre, die diesen Ort auszeichnet. Sobald sich die Pforten zum Tempel geöffnet haben (4.45–7.30 Uhr, 10.30–13.30 und 17.30–19.30 Uhr, Eintritt frei), setzt eine marktschreierische Betriebsamkeit ein, und die Blumen-, Schriften- und Süßigkeitenverkäufer versuchen, ihre Produkte unters Volk zu bringen. Man sollte diesen Ausflug nachmittags unternehmen, um sowohl an einer Tempelzeremonie teilnehmen zu können als auch gegen Sonnenuntergang in das dann golden leuchtende Udaipur zurückzukehren.

● **Anreise:** Wer nicht im Rahmen der vom Touristenbüro angebotenen Exkursion nach Eklingji fahren möchte: Stündlich fährt ein – allerdings fast immer brechend voller – **Bus** vom Busbahnhof.

● **Unterkunft:** Eine schöne, wenn auch nicht billige Unterkunft ist das auf einem kleinen Berg oberhalb von Nagada gelegene **Heritage Resorts** €€€-€€€€ (Tel.: 0294-2440382).

Haldighat und Nathdwara   ♐ XI/C1

Das 48 km nördlich von Udaipur gelegene **Schlachtfeld von Haldighat,** auf dem die Truppen *Pratap Singhs* am 21. Juni 1576 erst nach erbittertem Widerstand den Moguln unterlagen, ist historisch zwar von großer Bedeutung, zu sehen gibt es allerdings außer einer Gedenkstätte für Pratap Singhs berühmtes Pferd *Chetak* so gut wie gar nichts.

Der 8 km entfernte **Vishnu-Tempel** von Nathdwara stammt aus dem 18. Jh. Im Tempelinneren (für Nicht-Hindus geschlossen) steht ein Abbild Vishnus, das 1669 von Mathuras hierher gebracht wurde, um es vor der Zerstörungswut *Aurangzebs* zu bewahren.

● **Anreise:** Wer die beiden Sehenswürdigkeiten nicht im Rahmen des vom Tourist Office angebotenen Ausfluges besichtigt, kann einen der zu jeder vollen Stunde vom Busbahnhof in Udaipur fahrenden Busse nehmen.

● **Unterkunft:** Im staatlichen **Gokul Tourist Bungalow** €€ (Tel.: 02953-22685) in Nathdwara kann man in sauberen EZ/DZ nächtigen. Ein Restaurant steht ebenfalls zur Verfügung. Besser wohnt man allerdings im **Hotel Utsav** €€-€€€ (Tel.: 02935-22278, Fax: 230977) mit schönen Zimmern.

Gegen Angriffe mit Elefanten wurden die Tore mit Eisendornen gesichert – die Festung von Kumbhalgharh ist nur ein einziges Mal, im ausgehenden 16. Jh., erstürmt worden

Kumbhalgarh   ↗ XI/C1

Äußerst pittoresk krönt die gewaltige Burg, einem Vogelhorst ähnlich, einen sich steil über die Ebene erhebenden Felsen. Die von einem mächtigen Mauerring von insgesamt 12 km Länge umgebene Anlage war die nach Chittorgarh **zweitgrößte Festung Rajasthans.** Im Gegensatz zur Heldenstadt der Rajputen, die insgesant dreimal von den vereinten Mogul-Heeren erobert wurde, konnte das 1458 von *Rana Kumbha* angelegte Fort nur ein Mal, Ende des 16. Jh., von den islamischen Eroberern erstürmt werden.

Obwohl Teile der Anlage Anfang des letzten Jahrhunderts renoviert wurden, ist in den einzelnen Räumen, abgesehen von einigen Wand- und Fliesenmalereien, nichts zu sehen. Die eigentliche Faszination Kumbhalgarhs ist der grandiose Gesamteindruck.

Die Räumlichkeiten selbst sind fast völlig leer und die Farbe bröckelt von den Wänden. Wer sich zum Aufstieg entscheidet, sollte Trinkwasser und einen Snack mitnehmen.

Der steile Aufstieg zur Burg durch die z.T. mit dicken Eisendornen gegen Elefantenangriffe versehenen Tore lohnt aber auch aus einem anderen Grund: Von dem auf 1.100 m Höhe gelegenen Palast bietet sich eine sehr schöne **Aussicht** auf die wild zerklüftete Landschaft des **Kumbhalgarh-Reservats** (Eintritt 80 Rs, Jeep 65 Rs, Guide 200 Rs). Dieses 578 km² große Tierschutzgebiet ist ein Rückzugsgebiet des vom Aussterben bedrohten indischen Wolfes.
●**Eintritt:** 100 Rs, 8–18 Uhr.

Anreise

●Da Kumbhalgarh individuell nur unter sehr großem Zeitaufwand erreicht werden kann, besucht man das Fort am besten im Rahmen eines der von vielen Reisebüros in Udaipur angebotenen **Tagesausflüge** in Kombination mit den Jain-Tempeln in Ranakpur oder aber im Rahmen einer Tagestour mit dem **Taxi,** wofür man ungefähr 1.200 bis 1.400 Rs veranschlagen sollte (200 Rs mehr, wenn man zudem noch Nagada besichtigen möchte).

Rajasthan

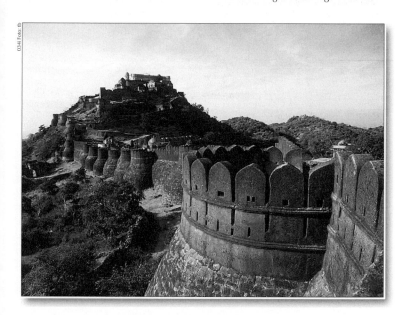

03:44 Foto: tb

●Wer es dennoch **auf eigene Faust** versuchen will, muss zunächst am frühen Morgen mit einem Bus um 7.30 Uhr nach **Kumbhalgarh** fahren. Dieser fährt jedoch nicht bis zur Burg selbst, sondern setzt einen etwa 8 km entfernt ab. Von dort muss man den Rest des Weges entweder per Anhalter oder zu Fuß zurücklegen.

Unterkunft

(Vorwahl: 02954)

●Am günstigsten, dafür aber auch einfach und relativ weit vom Fort wohnt man im 8 km entfernten Dorf Kelwara im **Hotel Ratandeep** €€ (Tel.: 242217).

●Verglichen mit dem beeindruckenden Äußeren wirken die recht spartanischen Zimmer des neu eröffneten **The Kumbhal Castle** €€€ (Fort Rd., Tel.: 242171, hotelkumbhal castle@yahoo.co.in, www.kumbhalcastle. com) recht nüchtern. Angesichts der schönen Aussichten, des bemühten Personals und des verhältnismäßig günstigen Preises ist es dennoch eine empfehlenswerte Unterkunft. Zudem gibt's einen billigen Schlafsaal €.

●Mit dem **Hotel The Aodhi** €€€€ (Tel.: 242341, crs@udaipur.hrh.india.com) findet sich 2 km von der Burg entfernt eine ausgezeichnete Unterkunft. Die in einen Hang gebaute Anlage allein lohnt schon einen Ausflug in diese Gegend. Vom freundlichen Management werden u.a. auch Ausflüge zu Pferd angeboten. Die Zimmer verfügen alle über eine eigene Terrasse mit Ausblick über den hauseigenen Swimmingpool hinweg ins weite Tal. Ein weiterer Vorteil ist die Nähe zum Kumbalgarh Fort. Für den schönen Spaziergang sollte man mit Fotostopps etwa 30 Minuten veranschlagen.

●Eine erst kürzlich neu eröffnete, preisgünstigere Alternative zum Aodhi ist das gelungene, auf einem Hügel gelegene Hotel **Kumbhalgarh Fort** €€€-€€€€ (Tel.: 242057). Die 21 AC-Räume sind groß und angenehm, fast alle verfügen über kleine Balkone mit Aussichten ins Tal. Die gesamte Anlage ist in einem gepflegten Zustand und das Personal sehr bemüht. Auch hier gibt's einen Pool.

323raj Foto: tb

Highlight:
Ranakpur

↗ XI/C1

Zusammen mit dem Dilwara-Tempel in Mount Abu gehören die **Tempel** von Ranakpur zum schönsten, was die **Jain-Kunst** je hervorgebracht hat und damit zu den beeindruckendsten Sakralbauten Nordindiens. Bereits der erste Eindruck der Marmorbauten vor der Bergkulisse, zusammen mit den großen schattenspendenden Bäumen, den lilafarbenen Bougainvilleas, den frechen Affen und den umherstolzierenden Pfauen, nimmt einen sofort für den Ort ein.

Verglichen mit den 200 Jahre früher entstandenen Tempeln von Dilwara bei Mount Abu wirkt der im 15. Jh. nach 60-jähriger Bauzeit fertig gestellte Haupttempel wesent-

lich größer. Hierin spiegelt sich die veränderte machtpolitische Situation unter dem Mitte des 15. Jh. regierenden *Rana Kumbha* wieder. Nachdem der muslimische Bildersturm, dem so viele hinduistische und jainistische Heiligtümer zum Opfer gefallen waren, Ende des 14. Jh. abflaute und das Reich Rana Kumbhas mit der Hauptstadt Chittorgarh auf dem Höhepunkt seiner Macht stand, besann man sich auf die alte Stärke. Dieses neue Selbstbewusstsein äußert sich in der Monumentalität der Tempel von Ranakpur, die nicht zuletzt auch die Größe und Macht Rana Kumbhas symbolisieren sollen.

Der bedeutendste Tempel des von einer Mauer umschlossenen Komplexes ist der dem Ersten Furtbereiter der Jains, *Adinath,* gewidmete **Chaumukh-Tempel.** Da er an einem westlichen Hügelhang liegt, wurde der Sockel unter dem westlichen Haupteingang deutlich erhöht. Den Türschwellen mit ihren böse Geister abwehrenden Dämonenmasken *(kirthimukhas)* sind ebenso wie in Dilwara halbrunde „Teppiche" zur Reinigung der Seele von negativen Eigenschaften vorgela-

Die imposanten Tempel von Ranakpur, ein Meisterwerk der Jain-Kunst, beeindrucken durch ihren reichen Skulpturenschmuck

gert. Daneben sind die bei allen Jain-Heiligtümern im Eingangsbereich zu findenden
Muschelhörner zu sehen, deren Klang als
heilig gilt und der Silbe „Om" besonders nahe kommen soll.

Die Ausmaße (62x60 m) und Höhe des
Heiligtums erinnern den Besucher im Innern
zunächst an eine gotische Kathedrale. Der
für den Bau verwendete Marmor aus den
Steinbrüchen von Sonana und Sewadi reicht
nicht an die Wärme und Leuchtkraft des
Marmors von Dilwara heran. Die Kultfigur im
Innern ist mit vier Gesichtern *(chaumukh)*
dargestellt, die Himmelsrichtungen und damit den Kosmos beherrschend. Ursprünglich
wurde er, wie die meisten anderen Bauten
Ranakpurs, im 15. Jh. errichtet. Da jedoch
auch hier die religiöse Intoleranz *Aurangzebs*
wütete, sind viele der heute so makellos erscheinenden Bauten das Resultat kunstvoller
Restaurationsarbeiten. Die quadratisch um
das Sanktotum verlaufenden 86 Schreine beinhalten Statuen untergeordneter Gottheiten.
Durch die vier den Hof begrenzenden Eckschreine erhält der Bau zugleich die Form eines *pancharatha* (fünfschreiniger Tempel), eine bei den Hindus besonders häufig anzutreffende Tempelgrundform.

Ebenso wie bei der Anlage von Dilwara fasziniert die überwältigende Vielfalt an ungemein **detailgenau gemeißelten Skulpturen.**
Jeder Zentimeter scheint mit grazilen Tänzerinnen, Göttern, Tieren und Blumenmotiven
verziert zu sein. Diese vitale Lebensfreude
bildet einen spannungsreichen Kontrast zu
den scheinbar weltentrückt in den jeweiligen
Nischen sitzenden Jain-Figuren mit ihren gespenstisch silbrigen Augen. Von den insgesamt 1.444 vom Sockel bis zur Spitze ornamentierten Marmorsäulen, auf denen die 29
Dächer der Tempelhallen ruhen, gleicht keine der anderen. Beim näheren Betrachten ist
leicht zu erkennen, dass die einzelnen Figuren nicht immer höchstes Ansehen genießen.
Sie sollten nicht den Eigenwert betonen, sondern dienten ausschließlich dekorativen Zwecken. Einen besonderen Blickfang bildet die
Kuppeldecke der Haupthalle, die in verschwenderischer Ausstattung die sechzehn
Göttinnen der Weisheit (Vidyadevi) zeigt.

● **Geöffnet** ist der Tempel für Nicht-Jains offiziell tgl. von 12 bis 17 Uhr. So genau scheint
es jedoch niemand zu nehmen, sodass man
meist auch schon früher eingelassen wird.
Eintritt frei, Kameragebühr 50 Rs, Videogebühr 150 Rs.

Der besondere Tipp: Heritage Hotel in Deogarh

Vor die undankbare Aufgabe gestellt, unter der Vielzahl sehr schöner Heritage-
Hotels Rajasthans das schönste auswählen zu müssen, würden wir uns letztlich
für das entzückende **Deogarh Mahal**
(Tel.: 02904-252777, 253333, deogarh@
datainfosy.net, www.deogarhmahal.com)
entscheiden. Das in ein Hotel umgewandelte Schloss hat all das zu bieten, was
das Wohnen in diesen traditionsreichen
Häusern zu einem unvergesslichen Erlebnis macht. Da ist zunächst einmal der in
der Mitte der touristischen Hochburgen

Jodhpur, Ajmer, Chittorgarh und Udaipur
gelegene Ort selbst. Durch seine Lage
auf 700 Metern Höhe herrscht ein **angenehmes Klima,** welches dazu einlädt, die
auffallend sauberen, mittelalterlich anmutenden Marktstraßen zu durchstreifen
und die liebliche, von Hügeln und Seen
geprägte Landschaft zu erwandern. Darüber hinaus ist das 1670 vom lokalen
Herrscher *Rawat Dwarka Dasji* erbaute
Schloss in geradezu vorbildlicher Weise
restauriert worden. Jeder der insgesamt
34 Räume ist anders geschnitten und mit
viel Liebe zum Detail restauriert worden,
von den Teppichen über die Nachttisch-
lampen bis zu den herrlichen Miniatur-

Unterkunft, Essen und Trinken

(Vorwahl: 02934)

● Ein gutes Preis-Leistungs-Verhältnis bietet der etwa 200 m vom Tempel entfernte **Shilpi Tourist Bungalow** €-€€ (Tel.: 285074) mit picobello sauberen Zimmern. Auch der Schlafsaal zu 50 Rs macht einen gepflegten Eindruck. Weniger empfehlenswert sind hingegen die überteuerten und zudem wenig schmackhaften Gerichte im hauseigenen Restaurant.

● **The Castle** €€-€€€ (Tel.: 223733) liegt tatsächlich umgeben von einem hübschen Garten wie ein Schloss auf einem kleinen Hügel. Die Zimmer sind recht geräumig. Nicht nur wegen der deutlich geringeren Preise, sondern auch wegen des freundlichen Personals ist das Haus eine Alternative zum teuren Maharani Bagh.

● Das ursprünglich ausschließlich als Restaurant dienende **Roopam Hotel & Restaurant** €€ (Tel.: 223921) an der Ranakpur Rd. vermietet sechs recht hübsche Bungalows. Im Restaurant kann man zwischen à la carte und Büffet wählen.

● 3 km vom Tempel entfernt steht das stilvolle **Maharani Bagh Orchard Retreat** €€€€ (Tel.:

malereien an den Wänden und Decken, für die Deogarh in ganz Rajasthan bekannt ist. Die hervorragende Küche, das freundliche, wenn auch zuweilen ungeschulte Personal, der architektonisch sehr gelungene Swimmingpool und die Dachterrassen runden das Bild dieses von den sympathischen Söhnen des *Rawat* geführten Kleinodes ab. Die 45 Zimmer kosten zwischen 110 und 230 US-$.

● **Anreise:** Jeder der ständig zwischen Udaipur und Jaipur entlang der N8 verkehrenden Busse hält in dem kleinen Ort. Von dort aus sind es gerade noch einmal 10 km per Bus oder Taxi (ca. 30 Rs) bis Deogarh.

285105, balsamand-1@sify.com). Die inmitten eines hübschen Gartens angelegten Bungalows strahlen viel Ruhe und Erholung aus und lohnen durchaus einen längeren Aufenthalt, sie sind jedoch überteuert. Das gilt besonders für das das angeschlossene Freiluftrestaurant (Lunch-Buffet für 400 Rs!).

● Einen guten Gegenwert bietet das ganz in der Nähe gelegene, großzügig angelegte **Ranakpur Hill Resort** €€€-€€€€ (Tel.: 02934-286411, Fax: 2521252, ranakpurhillresorts@ yahoo.com, www.ranakpurhillresorts.com), ein im Rajasthani-Stil errichtetes Hotel mit liebevoll eingerichteten Zimmern, alle mit AC und Swimmingpool.

● Der gut 10 km von Ranakpur gelegene, im 17. Jh. erbaute **Palast von Ghanerao** €€€ (Tel.: 02934-284035, ghanerao@rediffmail. com, www.ghaneraoroyalcastle.com) besticht durch seinen mittelalterlichen Charme und die verspielte Architektur mit Kuppeldächern und offenen Balkonen. Die 20 Zimmer befinden sich weitgehend noch in ihrem ursprünglichen Zustand.

● Etwa 10 km entfernt von Ghanerao gibt es in dem verschlafenen kleinen Ort Narlai ein weiteres Heritage Hotel, das **Rawla Narlai** €€€-€€€€ (Tel.: 0291-237410). Die 12 Zimmer dieses im 17. Jh. gebauten Palastes sind im traditionellen Stil eingerichtet.

● Nicht entgehen lassen sollte man sich die köstlichen Thalis, die jeden Mittag in der Essenshalle des **Dharamsala** gleich links am Haupteingang ausgegeben werden.

An- und Weiterreise

● Die häufigsten Verbindungen bieten sich vom 98 km südöstlich gelegenen **Udaipur,** wo tgl. fünf **Express-Busse** in 2,5 Std. nach Ranakpur fahren.

● Einige, aber nicht alle **Deluxe-Busse Udaipur – Jodhpur** legen einen Zwischenstopp in Ranakpur ein.

● Schließlich bieten viele Reisebüros bei entsprechender Nachfrage in Udaipur einen **Tagesausflug per Minibus** an, der u.a. Kumbhalgarh und Ranakpur beinhaltet. Kumbhalgarh ist 50 km von Ranakpur entfernt.

Dungarpur ⚲ XI/C1

Der Weg lohnt sich, könnte man in Anspielung auf eine bekannte Zigarettenreklame sagen, wenn man an den im äußersten Südwesten Rajasthans an der Grenze zu Gujarat und Madhya Pradesh gelegenen Ort Dungarpur denkt. Neben dem verschlafene Charme dieses nur selten von Touristen besuchten Städtchens lockt vor allem das sehr schöne Heritage Hotel.

Unterkunft

● Ganz spartanisch kann man im **Pratibha Palace** € (Shastri Colony, Tel.: 230775) unterkommen.

● **Udai Bilas Palace** €€€€ (Tel.: 02964-230808, Fax: 231008, www.udaibilaspalace.com), dieses im Besitz des örtlichen Prinzen befindliche Anwesen liegt sehr pittoresk an einem kleinen See und gilt als eines der schönsten Heritage Hotels der Region. Eigentlich ein idealer Ort, um den ländlichen Charme Rajasthans in einem sehr schönen Ambiente kennenzulernen.

Anreise

● Täglich mehrere Busse von **Udaipur,** die für die 110 km lange Strecke knapp 3 Stunden benötigen.

Mount Abu ⚲ X/B1

(ca. 22.000 Einwohner, Vorwahl: 02974)

Auf einem der für das Dekhan so charakteristischen Inselberge liegt in über 1.200 m Höhe *Rajasthan's only hillstation.* Und tatsächlich durchweht Mount Abu ein Hauch von europäischer Nostalgie, gemischt mit der Vitalität der indischen Mittel- und Oberschicht, für die der Ort ein bevorzugtes **Ferienziel** während der heißen Sommermonate ist. Der Poloplatz in der Mitte des Ortes fehlt ebensowenig wie die christliche Kirche und die Villen im Kolonialstil, die äußerst malerisch in die Berge rund um den kleinen idyllisch gelegenen Nakki-See stehen.

Früher hatten hier die Maharajas von Rajasthan ihre Wohnsitze. Eine der spektakulärsten **Villen,** mit einzigartigem Ausblick über die mit ihren Palmenhainen, Orchideen und ihrer bunten Blumenpracht fast schon mediterran wirkende Landschaft, diente dem britischen Gouverneur von Rajasthan in den Sommermonaten als Amtssitz.

Mit dem Abzug der Kolonialherren 1947 rückten die sich kaum weniger snobistisch benehmenden, auf englischen Eliteschulen ausgebildeten indischen Verwaltungsbeamten nach. Die rege Bautätigkeit in den lieblichen Tälern um Mount Abu zeugt von der immer selbstbewusster auftretenden **indischen Oberschicht.** Die in ihrer architektonischen Gestaltung oftmals an der europäischen Bauhaustradition orientierten Villen verdeutlichen darüber hinaus die Entfremdung der indischen Elite von ihren traditionellen Werten.

Sehr beliebt ist der Ort aufgrund seiner romantischen Atmosphäre vor allem bei jungvermählten Paaren, die sich hier zum ersten Mal näherkommen, in der Hoffnung, dass ihre Eltern die richtige Wahl getroffen haben.

Mount Abu hat jedoch weitaus mehr zu bieten als ein angenehmes Klima und liebliche Landschaft. Schon lange vor der Ankunft der britischen Kolonialherren besaß der Ort eine besondere Bedeutung als **Pilger- und Wallfahrtsort,** und auch heute noch sind die vielen Felsenhöhlen vor allem südlich des Nakki-Sees von Eremiten und Sadhus bewohnt. Schon im großen indischen Heldenepos *Mahabharata* wird die Entstehungsgeschichte Mount Abus mit Shiva in Verbindung gebracht.

Für die Rajputen liegt hier der Legende nach der Geburtsort ihres Clans, und für die Jains ist der Mount Abu einer ihrer insgesamt vier heiligen Berge. Mit der Dilwara-Tempelanlage errichteten sie eines der schönsten Bauwerke ganz Indiens. Von der spirituellen Atmosphäre dieses Ortes inspiriert, siedelte sich hier schließlich die weltweit vertretene hinduistische Gruppierung der *Brahma-Kumaris* an.

Obwohl von nur wenigen westlichen Touristen besucht, ist Mount Abu aufgrund seines angenehmen Klimas, seiner wunderschö-

Rajasthan

nen Landschaft, die zu vielen Spaziergängen einlädt, seiner entspannten Atmosphäre und den einzigartigen Tempeln von Dilwara für jeden, der etwas Abstand und Ruhe sucht, ein geradezu idealer Ort.

Dies gilt allerdings nicht für die Zeit der großen hinduistischen Feiertage wie Diwali im November, zu Weihnachten/Neujahr und während der heißen Sommermonate Mai bis Juli. Dann stürmen Tausende von indischen Touristen den Ort – von Ruhe und frischer Luft kann keine Rede mehr sein.

Sehenswertes

Stadtrundfahrt

●Das **Tourist Office** bietet jeweils morgens von 8.30 bis 13 Uhr und nachmittags von 13.30 bis 17 Uhr eine Stadtrundfahrt (60 Rs) an, die auch die relativ weit außerhalb gelegenen Sehenswürdigkeiten wie Achalgarh und Guru Shikha einschließt. Eine sehr gute Gelegenheit, um die landschaftlich sehr schöne Umgebung Mt. Abus zu erleben. Die Nachmittagstour ist allerdings vorzuziehen, da dann mehr Zeit für den erst ab 12 Uhr für Nicht-Jains geöffneten Dilwara-Tempel zur Verfügung steht und zudem der Sonnenuntergang vom Sunset Point gegen 18 Uhr vielversprechender erscheint als am Vormittag ... In den Monaten März bis Juni ist die Nachfrage besonders groß, sodass man möglichst schon einen Tag vorher buchen sollte. Neben dem Tourist Office bieten noch mehrere private Veranstalter Rundfahrten an.

Nakki-See

Während des Tages bildet der kleine, malerisch von Bergkegeln umgebene Nakki-See den Mittelpunkt des touristischen Treibens. Seinen Namen bezieht der See von einer Sage, wonach er von den Göttern nur mit ihren Fingernägeln *(nakki)* ausgegraben worden sein soll. Der See ist entlang der ihn umgebenden, kaum befahrenen Straße gemütlich in einer halben Stunde zu umwandern, wobei sich schöne Ausblicke auf Mount Abu und die tropisch wuchernde Natur bieten.

Die in der Mitte des Sees aufragenden bizarren Felsformationen haben die Fantasie der Inder offensichtlich nachhaltig angeregt, denn die ihnen zugedachten Namen sind doch nur recht schwer mit ihrem Aussehen in Verbindung zu bringen. Einzige Ausnahme bildet der *Toad Rock*, denn er erinnert tatsächlich auffallend an eine Kröte auf dem Sprung ins Wasser. Am kleinen, in den See hineingebauten Steg können Tret- und Ruderboote gemietet werden.

Sunset Point

Jeden Nachmittag gegen 17 Uhr setzt sich die halbe Stadt, einem Pilgerzug gleich, in Bewegung, um zum zwei Kilometer entfernten Sunset Point zu gelangen. Ausgangspunkt ist das obere Ende der zum See hinunterführenden Straße. Eine ganze Kolonie kitschig bunt geschmückter Pferde und Kamele (nicht zu vergessen die Bollerwagen) wird dort von ihren Besitzern bereitgestellt, um die weniger Gehfreudigen gegen Bezahlung zum Aussichtspunkt zu transportieren. Die weltabgeschiedene Ruhe während des Tages verwandelt sich dann in einen jahr-

> Wer sich der Massenbewegung zum Sunset Point nicht anschließen möchte, dem bietet sich als Alternative ein wunderschöner, etwa anderthalbstündiger **Spaziergang** durch weitgehend unberührte Natur an. Der nach einem britischen Offizier, der im 19. Jahrhundert auf diesem Weg spurlos verschwand, *Balley's Walk* benannte Weg beginnt am nordöstlichen Ende des Nakki-Sees. Nach den ersten recht steilen 5 Fußminuten verläuft der Trampelpfad kontinuierlich und ohne große Höhenunterschiede um den Berg. Man sollte früh genug aufbrechen, um die unterwegs sich immer wieder bietenden grandiosen Aussichten in die steil abfallende Ebene in aller Ruhe genießen zu können. Zur Regenzeit ist der Weg zugewachsen und nur schwer passierbar. Man sollte nicht allein gehen, da es gelegentlich zu Überfällen gekommen ist.

marktähnlichen Trubel. Die Aussicht in die flache Ebene ist sicherlich sehr beeindruckend, doch der Sonnenuntergang verschwimmt allzu häufig im diesigen Horizont.

Interessant und wirklich beeindruckend ist so auch weniger das Objekt der Verehrung selbst, sondern sind die Betrachter. Den Blick nicht nach Westen, sondern nach Osten wendend, offenbart sich einem ein beeindruckendes Bild: Das vielfältige und bunte Spektrum der indischen Bevölkerung scheint hier wie in einem Mikrokosmos vereint in der Verehrung der göttlichen Sonne. Wie auf einem Vogelhorst sitzen die in ihre bunten Saris und Anzüge gekleideten indischen Urlauber auf den steilen Treppenstufen und Terrassen und so bieten sich immer wieder interessante Fotomotive.

Achaleshwar-Mahadev-Tempel

Über 200 Treppenstufen muss man erklimmen, bis man zu dem an einem Berghang gelegenen kleinen Shiva-Tempel gelangt, von wo sich ein herrlicher Ausblick auf das wildzerklüftete Hochplateau des Mount Abu bietet. Um den Ursprung des sich am Fuße des Berges befindenden Tempels rankt sich eine hübsche **Legende:** Als der Mount Abu kurz nach seiner Errichtung noch recht wackelig am Abgrund gestanden hat, soll ihn Shiva durch einen energischen Fußtritt in die heutige, stabile Lage gebracht haben. Dabei verlor Shiva jedoch seinen großen Zeh, und selbiger wird nun in Form eines Felsens am Tempel verehrt. Das sich unter dem Felsen-Zeh abzeichnende Loch, so wird einem versichert, soll bis zum Mittelpunkt der Erde führen. Achtung beim Betreten des sehr niedrigen Tempels – „please watch your head"! Im Tempelhof ist ein sehr schöner *Nandi* (Shivas Reittier, ein Bulle) aus dem 15. Jh. zu sehen.

Der besondere Tipp: Dilwara-Tempel

„Ein Traum in Marmor" sind die Jain-Tempel im fünf Kilometer nordöstlich von Mount Abu gelegenen Dilwara einmal euphorisch und treffend zugleich genannt worden. Doch wer nach einer hübschen Wanderung schließlich am Tempelgelände anlangt, mag zunächst ein wenig enttäuscht sein, weist doch von außen wenig auf die angebliche Pracht des Ortes hin. Eher versteckt zwischen Felsenhügeln und Mangohainen liegen die insgesamt vier Tempel, und auch ihre Fassaden wirken recht schmucklos.

Um so überwältigender ist dann allerdings der Eindruck im Inneren des **Vimala-Tempels,** des ältesten und bedeutendsten der Tempelgruppe. Man weiß gar nicht, wohin man zuerst schauen soll, so überreich sind die Wände, Säulen, Dächer und Arkaden mit kunstvoll aus dem weiß schimmernden, scheinbar durchsichtigen Marmor gehauenen Figuren besetzt. Derart fein sind die Musikanten, vollbusigen Tänzerinnen und Göttergestalten in ihren eleganten Körperhaltungen aus dem Marmor gemeißelt, dass man meint, sie würden schweben. Wenn man dann noch die beinahe jeden Ast und jedes Blatt in all seinen Feinheiten erfassenden Blumen- und Blütenmotive sieht, die sich um die einzelnen figürlichen Darstellungen ranken, kann man ermessen, warum 2.700 Arbeiter und Kunsthandwerker 14 Jahre benötigten, um dieses einmalige Kunstwerk zu erstellen.

Angeblich soll der Bauherr, ein Minister des Königs von Gujarat, nach der Fertigstellung des Tempels im Jahre 1031 so beglückt gewesen sein, dass er die Handwerker mit Silber entsprechend dem Gewicht des während der Bauarbeiten angefallenen Staubes entlohnte.

Trotz der zunächst verwirrenden Vielfalt von Figuren, Hallen und Innenhöfen ist der Aufbau des Tempels im Grunde recht einfach. Im Mittelpunkt steht die Cella mit dem Jain-Heiligen, dem der jeweilige Tempel geweiht ist, in diesem Falle *Adinath*, dem ersten Furtbereiter. Die daran anschließende Vorhalle mit ihren wunderschön geschnitzten Säulen führt in einen großen rechteckigen Innenhof, der von 52 aneinandergereihten Zellen umgeben ist, in denen sich jeweils identisch aussehende Skulpturen der *Tirthankaras*

Sunset Point – faszinierend ist auch die Schar der Betrachter

Rajasthan

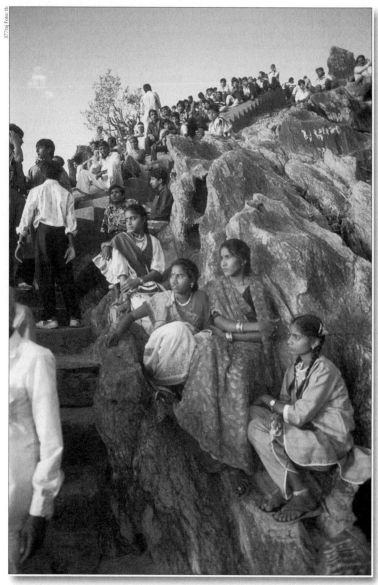

finden. Die dem Sanktuarium vorgelagerte Zwischenhalle beherbergt eine kleine silberne Pagode, die die himmlische Predigthalle des Tirthankara nach seiner Erleuchtung symbolisieren soll.

Bei aller Vielfalt innerhalb des 33 m langen und 14 m breiten Tempels ragt doch der einzigartige **Tanzpavillon** als Höhepunkt der Anlage heraus. Die acht Säulen des von drei Seiten frei zugänglichen *ranga-mandapa* sind mit floralen, geometrischen und figuralen Motiven überreich verziert und durch geschwungene, im kleinste Detail verzierte Bögen miteinander verbunden. In der Mitte hängt ein Pendentif in Form einer Lotosblüte, ein immer wiederkehrendes Motiv, welches sowohl mikrokosmisch die Erleuchtung des Einzelnen als auch makrokosmisch das All als Ganzes darstellen soll. Wie ein Strahlenkranz umgeben 16 Wissensgöttinnen auf Konsolen das Mittelmotiv.

Die beiden **benachbarten Tempel,** 200 Jahre später entstanden, folgten, von kleinen Abweichungen abgesehen, ihrem Vorbild. Nur der vierte, im 16. Jh. als letzter hinzugefügte **Chaumukh-Tempel** unterscheidet sich deutlich von den drei anderen, reicht jedoch bei weitem nicht an deren Niveau heran.

●**Öffnungszeiten:** Der Tempelkomplex ist für Nicht-Jains täglich von 12 bis 18 Uhr geöffnet. Leider gilt für diesen wunderschönen Tempel ein **striktes Fotografierverbot!** Händler auf dem Weg zum Tempel verkaufen Fotos davon – handeln ist angebracht! Die Anfahrt mit Taxi kostet 50 Rs.

Information

●**Das Tourist Office** (Tel.: 243151) liegt günstig direkt gegenüber dem Busbahnhof. Zu Individualreisenden ist man jedoch leider weit weniger freundlich als zu gutsituierten Touristen.

Stadtverkehr

●Mt. Abu ist eine Stadt, die erwandert werden kann, zumal die Entfernungen gering sind. Autorikshas stehen dementsprechend auch nicht zur Verfügung, dafür jedoch eine

Fortbewegungsart, die mir nirgendwo sonst in Indien begegnet ist: **Bollerwagen.** Vornehmlich beim Busbahnhof stehen meist ältere Herren mit diesen kleinen Blechkisten, um entweder das Gepäck oder einen selbst zum Hotel zu schieben. Wem's gefällt ...

●**Taxis** können zum Einheitspreis von 50 Rs gemietet werden.

> Häufig gelobt als **hervorragender Guide** wird *Charles,* der sehr gut Englisch spricht und westliche Touristen für ein verhältnismäßig kleines Entgelt durch Mt. Abu führt und Trekkingtouren unternimmt. Außerdem vermietet er zwei einfache, sehr preiswerte Zimmer. Sein **Lake Cottage** liegt zwischen dem Hotel *Lake View* und dem *Lake Palace.* Guide Charles, Lake Cottage, gegenüber Vivekand Garden, Mount Abu 307501, Tel.: (0)9414154854, mahendradan@rediffmail.com.

Unterkunft

Die Auswahl ist mit über 100 Hotels und Guest Houses riesig. Dennoch kann es in der Hauptsaison zwischen Mai und Juli sowie zum Diwali-Fest im November und um Weihnachten zu Engpässen kommen. Speziell zum fünftägigen Diwali explodieren die Preise förmlich. Für ein Zimmer, welches normalerweise 100 Rs kostet, muss man dann 400 bis 500 Rs zahlen.

Außerhalb der Saison stehen dagegen viele Hotels leer. Viel hängt vom persönlichen Verhandlungsgeschick ab, und so können die folgenden Preisangaben der Nebensaison auch nur eine Orientierungshilfe sein. Bei den meisten Unterkünften ist die Check-Out-Zeit 9 Uhr!

Low Budget und Budget

●Das mit Dachgarten, Internet, Gästeküche sowie gutem Restaurant versehene **Shri Ganesh Hotel** € (Tel.: 235591, lalitganesh@yahoo.co.in) ist beliebt. Vom Besitzer werden auch Trekkings in die Berge unternommen.

Rajasthan

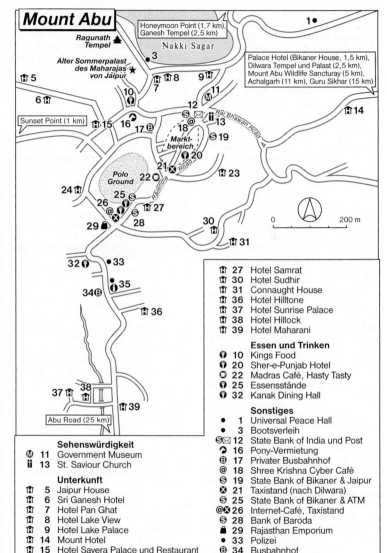

Mount Abu

Honeymoon Point (1,7 km),
Ganesh Tempel (2,5 km)

Ragunath Tempel

Nakki Sagar

Alter Sommerpalast des Maharajas von Jaipur

Palace Hotel (Bikaner House, 1,5 km),
Dilwara Tempel und Palast (2,5 km),
Mount Abu Wildlife Sanctuary (5 km),
Achalgarh (11 km), Guru Sikhar (15 km)

Sunset Point (1 km)

Raj Bhawan Road

Markt-bereich

Polo Ground

Baroda Road

Abu Road (25 km)

0 · 200 m

Sehenswürdigkeit
Ⓜ 11 Government Museum
ℹ 13 St. Saviour Church

Unterkunft
🏠 5 Jaipur House
🏠 6 Sri Ganesh Hotel
🏠 7 Hotel Pan Ghat
🏠 8 Hotel Lake View
🏠 9 Hotel Lake Palace
🏠 14 Mount Hotel
🏠 15 Hotel Savera Palace und Restaurant
🏠 23 Tourist Resort
🏠 24 Hotel Sarawati

🏠 27 Hotel Samrat
🏠 30 Hotel Sudhir
🏠 31 Connaught House
🏠 36 Hotel Hilltone
🏠 37 Hotel Sunrise Palace
🏠 38 Hotel Hillock
🏠 39 Hotel Maharani

Essen und Trinken
🍴 10 Kings Food
🍴 20 Sher-e-Punjab Hotel
🍴 22 Madras Café, Hasty Tasty
🍴 25 Essensstände
🍴 32 Kanak Dining Hall

Sonstiges
• 1 Universal Peace Hall
• 3 Bootsverleih
Ⓢ✉ 12 State Bank of India und Post
🐎 16 Pony-Vermietung
Ⓑ 17 Privater Busbahnhof
@ 18 Shree Krishna Cyber Café
Ⓢ 19 State Bank of Bikaner & Jaipur
✕ 21 Taxistand (nach Dilwara)
Ⓢ 25 State Bank of Bikaner & ATM
@✕ 26 Internet-Café, Taxistand
Ⓢ 28 Bank of Baroda
⚓ 29 Rajasthan Emporium
• 33 Polizei
Ⓑ 34 Busbahnhof
ℹ 35 Tourist Reception Centre,
• Railway Booking Office

●Gut ist das Hotel **Sudhir** € (Tel.: 243120) in einer ruhigen Seitenstraße eine hervorragende Alternative. Die gute Lage und die recht guten Zimmer mit Heißwasserversorgung rund um die Uhr sind in der Nebensaison recht preiswert.

●Was die See-Nähe betrifft, ist das direkt oberhalb des Nakki-Sees gelegene Hotel **Lake View** €-€€ (Tel.: 238659) unschlagbar. Um diese Lage würden sich sicherlich viele First-Class-Hotels reißen, denn die Aussicht auf den hübschen See und die ihn umgebenden Berge ist wirklich nur traumhaft zu nennen. Die hervorragende Aussicht kompensiert die relativ schmucklose Ausstattung der Zimmer und den renovierungsbedürftigen Allgemeinzustand allerdings nur bedingt.

●Sehr freundlich ist der Manager des Hotels **Pan Ghat** € (Tel.: 238386) direkt nebenan. Auch diese Unterkunft besticht durch ihre vorzügliche Lage mit einem sehr schönen Blick von der Dachterrasse. Ähnlich wie beim Lake View sind die Zimmer eher bescheiden eingerichtet.

●Wen die Lage etwas außerhalb der Stadt an der Straße zu den Dilwara-Tempeln nicht stört, der findet in der unteren Preiskategorie kaum eine schönere Unterkunft als das **Mount Hotel** € (Tel.: 235150). Friedvolle Atmosphäre, hübsche Zimmer und freundliches Personal, das alles zu einem äußerst günstigen Preis.

●Empfehlenswert und in der Nebensaison ausgesprochen preiswert ist das Hotel **Lake Palace** €€-€€€ (Tel.: 237154, Fax: 238817, sav shanti@hotmail.com), die ehemalige Sommerresidenz eines Maharajas. Die Lage unmittelbar am See, der hübsche Garten und das freundliche Personal – alles zusammen in Verbindung mit dem niedrigen Preis machen es zu einer empfehlenswerten Adresse.

●Unter gleichem Management läuft das an der Straße zum Sunset Point gelegene **Savera Palace** €€-€€€ (Tel./Fax: 238354). Zwar verfügt es nicht über den stilvollen Charme des Lake Palace, bietet dafür jedoch andere Annehmlichkeiten wie z.B. einen Swimmingpool und ein hervorragendes Restaurant. Eine besonders von Familien mit Kindern bevorzugte Unterkunft.

Tourist Class

●Eines der besten Hotels der Stadt ist zweifelsohne das äußerst gepflegte und freundliche **Hotel Hillock** €€€€ (Tel.: 238463, Fax: 238467) in der Nähe des Tourist Bungalow. Die Zimmer sind hell und geräumig, das Personal sehr freundlich und bemüht, und zudem verfügt das Hotel über ein sehr gutes Restaurant.

●Etwas preiswerter ist das ebenfalls sehr empfehlenswerte, gegenüber dem Hillock gelegene Hotel **Maharani** €€€ (Tel.: 238510).

●Wer es eher etwas romantisch mag, dem sei der oberhalb des Hillock gelegene **Sunrise Palace** €€€ (Tel.: 238775) empfohlen. Der ehemalige Sommerpalast des Maharajas von Bharatpur ist zwar etwas in die Jahre gekommen und könnte eine Generalüberholung ganz gut gebrauchen, doch das Flair vergangener Schönheit gibt dem ganzen einen speziellen Reiz.

●Das nostalgisch schöne **Palace Hotel (Bikaner House)** €€€ (Tel.: 238673, Fax: 238674) war einst die Sommerresidenz des Maharajas von Bikaner und gehört heute zu den schönsten Hotels von Mount Abu. Die 24 elegant gestalteten Zimmer tragen hierzu ebenso bei wie die schöne Lage in der Nähe des Dilwara-Tempels. Das Haus ist umgeben von einer sehr gepflegten Gartenanlage und verfügt über zwei Tennisplätze. Geleitet wird das Hotel vom sehr sympathischen Schwiegersohn des Maharajas. Es ist vergleichsweise preiswert und dementsprechend oft ausgebucht.

●Ganz ähnlich im Preis und im Ambiente, dafür aber nur wenige Minuten zu Fuß vom Stadtzentrum entfernt, ist das **Connaught House** €€€-€€€€ (Tel.: 238560), die ehemalige Sommerresidenz des Maharajas von Jodhpur. Während die Zimmer im Hauptgebäude wegen ihres kolonialen Ambientes zu gefallen wissen, verfügen jene im Neubau über eine schöne Terrasse mit Ausblick.

●Ausgesprochen schön ist die inmitten einer ruhigen Gartenlandschaft gelegene Anlage des **Cama Rajputana Club Resort** €€€€ (Tel.: 238204-6, Fax: 238412) mit Zimmern in einem restaurierten, 125 Jahre alten Clubhaus.

Rajasthan

First Class

●Aus Maharaja-Zeiten stammt das tolle **Jaipur House** €€€€-€€€€€ (Tel.: 235176, www.royalfamilyjaipur.com) mit riesigen Suiten und hervorragendem, auch Nicht-Gästen zugänglichem Dachrestaurant.

Essen und Trinken

Ebenso groß wie bei den Unterkünften ist auch die Auswahl beim Essen. Weniger erfreulich ist das Preisniveau, welches erheblich über dem Landesdurchschnitt liegt, unabhängig von Haupt- und Nebensaison.

●Nicht nur wegen seiner günstigen Lage etwas oberhalb des Busbahnhofs, sondern vor allem aufgrund seiner guten und für Mt.-Abu-Verhältnisse preiswerten südindischen Küche erfreut sich die **Kanak Dining Hall** großer Beliebtheit.

●Exzellent ist auch das **Sher-e-Punjab-Hotel** beim Gemüsemarkt. Besonders lecker ist z.B. das *chicken special*.

●Im **Madras Café** kann sowohl an der Straße wie auch innen oder auf dem Dach gespeist werden. Gute, aber überteuerte Fruchtsäfte, Eis und Kaffee gibt's im **Hasty Tasty** vor dem Madras Café.

●Ausgezeichnet ist das **Mayur Restaurant** im 1. Stock des Hotel Hillock. Ausgezeichnete *thalis* sowie chinesische Gerichte machen es zum besten Hotel-Restaurant der Stadt.

●**Kings' Food** bietet kulinarisch nichts außergewöhnliches, dafür ist es ein guter Ort, um bei einem nachmittäglichen Kaffee das bunte Treiben an sich vorbeiziehen zu lassen.

●Günstig und lecker und das auch noch in angenehmer Umgebung isst man im **Arbuda Restaurant.** Das Open-Air-Restaurant bietet Gerichte von 30 bis 90 Rs.

●Gar nicht zu verachten sind die vielen kleinen **Essensstände** entlang der Hauptstraße mit diversen Snacks, z.B. frisch zubereiteten Omelettsandwiches.

●Aussicht und Essen sind gleichermaßen vorzüglich auf der Terrasse des **Jaipur House.** Selbst wer nicht 150–250 Rs für ein Gericht ausgeben will, sollte zumindest einmal auf einen Drink vorbeischauen (Lassi 75 Rs).

Bank, Internet

●Die **State Bank of Bikaner & Jaipur** wechselt Bares (hier gibt's auch einen ATM für die wichtigen Kreditkarten bis auf AmEx), die **Bank of Baroda** nimmt auch Reiseschecks und die meisten Kreditkarten.

●Internetsurfen ist in Mt. Abu mit 50 Rs/Std. noch recht teuer. Zentral rund um den Markt möglich, etwa bei **Shree Krishna Cyber Net.**

An- und Weiterreise

Mt. Abu selbst kann **nur per Bus bzw. Taxi** angefahren werden. Der **nächstgelegene Bahnhof** ist Abu Road am Fuße des Tafelberges, 27 km entfernt. Von dort fahren ständig Busse, die den steilen Anstieg in etwa einer Stunde bewältigen. Da sie jedoch oftmals hoffnungslos überfüllt sind, bieten sich Taxen als Alternative an. Preis ca. 200 Rs, maximal 5 Personen. Egal wie man ankommt, jeder muss beim Passieren der Einlassschranke eine **Gebühr** von 10 Rs zahlen. Generell sind Busverbindungen vorzuziehen, da dann das umständliche und zeitaufwendige Umsteigen in Abu Road entfällt.

Bahn

●Das **Railway Reservation Centre** in Mt. Abu findet sich über dem Tourist Office (Tel.: 221205, 8–20 Uhr geöffnet). Hier können Reservierungen für Züge ab Abu Rd. vorgenommen werden.

●Wichtige Verbindungen sind im Anhang aufgelistet.

Bus

●Eine Vielzahl von privaten Busgesellschaften bieten Fahrten zu fast allen größeren Städten Rajasthans und Gujarats an. Die Abfahrtszeiten liegen meist um 8.30 Uhr früh für längere Entfernungen. Sechs Busse tgl. nach **Udaipur** (5,5 Std.). Nach **Jaipur** (12 Std.) und **Ajmer** (10 Std.) zwei Busse tgl. Nach **Jodhpur** (7 Std.), **Jaisalmer** (11 Std.) und **Delhi** (18 Std.) jeweils ein Bus.

West-Rajasthan

Jodhpur ♫ IV/B3

(ca. 850.000 Einwohner, Vorwahl: 0291)

„Von Titanen erbaut" erschien das gewaltige, inmitten der Altstadt von Jodhpur gelegene **Meherangarh-Fort** schon *Rudyard Kipling.* Tatsächlich dokumentiert der Anblick dieser im wahrsten Sinne des Wortes alles überragenden Palastanlage auch architektonisch die uneingeschränkte und allumfassende Herrschaft der Rajputenfürsten. Wer mochte es angesichts dieser geradezu erdrückenden Macht schon wagen, gegen die Potentaten zu rebellieren?

Vor die schwierige Aufgabe gestellt, unter all den faszinierenden Festungsanlagen Rajasthans die beeindruckendste auszuwählen, würde das Meherangarh-Fort in Jodhpur sicherlich am häufigsten genannt. Geradezu märchenhaft, wie diese riesige, aus einem 120 Meter hohen Felsen scheinbar herauswachsende Palastanlage im Abendlicht rosarot über der Stadt erstrahlt. Genauso beeindruckend ist der morgendliche Blick von den bis zu 32 Meter hohen Festungsmauern auf die Altstadt mit ihren tiefblau bemalten Brahmanenhäusern.

„Stadt des Lichts" wird die zweitgrößte Stadt Rajasthans auch genannt. Und tatsächlich bekommt man hier einen ersten Eindruck vom einzigartigen Licht- und Farbenspiel der **Wüste Thar,** an deren Rand die ehemalige Hauptstadt des Marwar-Reiches liegt.

Mit dem Umaid Bhawan, einem gewaltigen, erst Mitte des letzten Jahrhunderts fertig gestellten Palast, und der schönen Altstadt gehört Jodhpur zu den besuchenswertesten Städten Rajasthans und rechtfertigt einen Aufenthalt, bevor man sich von hier auf den langen Weg in die alte Karawanenstadt Jaisalmer an der Grenze zu Pakistan begibt.

Geschichte

1459 sah sich *Rao Jodha* (1451–92), Anführer der **Rathor,** eines der bedeutendsten Fürstengeschlechter Rajasthans, angesichts der von Delhi anrückenden islamischen Invasoren gezwungen, seine Hauptstadt vom wenig befestigten Mandore, das seit 1395 als

Hauptstadt gedient hatte, ins nur acht Kilometer südlich gelegene Jodhpur zu verlegen. Hier wurde umgehend mit dem Bau des Meherangarh-Forts begonnen. Schnell konnten die Rathors aus dem Hause Marwar ihre Machtbasis erweitern, woran vornehmlich *Rao Bi Katshi*, einer der Söhne *Rao Singhs*, mit der Gründung der großen Festungsstadt Bikaner im Norden 1488 großen Anteil hatte. *Jodhas* Enkel *Ganga* musste jedoch nach mehreren Niederlagen (an der Seite Chittorgarhs) gegen den ersten Großmogul Babur die **Oberherrschaft der Moguln** anerkennen.

Er trat, wie so viele andere Rajputenfürsten auch, in die Dienste der Herrscher von Delhi. So eroberte *Raja Singh* (1594–1619) im Auftrage *Akhbars* große Teile Gujarats und den Dekhan. Sein Enkel *Jaswant Singh* (1635–78) führte die Truppen *Shah Jahans* gegen dessen aufsässigen Sohn *Aurangzeb*, dem es schließlich 1679 gelang, Jodhpur zu annektieren. Im nun folgenden dreißigjährigen **Befreiungskampf** verbündeten sich die Rathors von Marwar mit den Sissodias von Udaipur, und ein Jahr nach dem Tod *Aurangzebs* im Jahre 1707 bestieg mit *Ajid Singh* wieder ein Rathor den Thron Jodhpurs.

1818 schließlich erkannten die Marwaris unter *Man Singh* die **britische Oberherrschaft** offiziell an, konnten jedoch, zumindest nominell, ihre Unabhängigkeit bewahren. Dies erwies sich schon 1857 als nützlich, als sich die indischen Truppen in der britischen Armee erhoben und auch in der Legion von Jodhpur Meuterei ausbrach. Die Maharajas, den Briten für die gesicherte Position zu Dank verpflichtet, standen ihrem Vertragspartner zur Seite, und so konnte der Aufstand schließlich niedergeschlagen werden. Auch in den beiden Weltkriegen unterstützte Jodhpur die Kolonialherren, so zum Beispiel im Palästinafeldzug 1917. So verwundert es nicht, dass Jodhpur nur widerstrebend am 30. März 1949 der Indischen Union beitrat.

Sehenswertes

Stadtrundfahrt

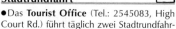

● Das **Tourist Office** (Tel.: 2545083, High Court Rd.) führt täglich zwei Stadtrundfahr-

ten von 9–13 und 14–18 Uhr durch. Neben dem Meherangarh Fort, dem Umaid-Bhawan-Palast und dem Jaswant Thada sind darin auch die Mandore-Gärten 9 km außerhalb enthalten. Preis pro Person 85 Rs, ohne Eintrittsgelder, Abfahrt vom Tourist Bungalow.

Meherangarh Fort

Jedes der insgesamt **sieben Festungstore,** die während des steilen, serpentinenartigen, von hohen Mauern begrenzten Aufstiegs zum Palast zu durchqueren sind, trägt Spuren der ereignisreichen Geschichte des Hauses Mewar. Die farblich markierten Einschläge beim Lakkan-Tor stammen aus den Kanonenkugeln der Truppen Jaipurs, die Anfang des 19. Jh. vergeblich versuchten, das Fort zu erobern. Das heute als Eingangstor zum Fort dienende Jaya Pol (Siegestor) ließ *Maharaja Man Singh* anlässlich dieses Sieges 1809 errichten.

Ein im wahrsten Sinne des Wortes markantes (und makabres) Beispiel des **Sati-Kultes** findet sich mit den 32 Handabdrücken zu beiden Seiten des mit Eisenstacheln übersäten Loha Pol. Hier hinterließen die Prinzessinnen der verschiedenen Maharajas eine letzte Erinnerung, bevor sie sich dann auf dem Scheiterhaufen ihres verstorbenen Mannes mitverbrennen ließen. Obwohl von den Briten schon Anfang des 19. Jh. verboten, soll sich noch 1953 die letzte Sati aus dem Königshaus von Jodhpur selbst verbrannt haben.

Ähnlich verwinkelt wie der Aufstieg zum **Palast** sind die Treppen und Gänge innerhalb des vor allem durch seine sehr schönen Ornamentierungen beeindruckenden Sandsteinpalastes. Die filigranen Steinmetzarbeiten an den überhängenden Erkern und Balkonen gehören zu den schönsten ganz Rajasthans, ebenso wie die Ausstattung der einzelnen Räume des Palastes mit antiken Möbeln, vergoldeten Sänften, Kostümen, Musikinstrumenten, Kinderwiegen, Waffen und Schmuckvitrinen. Besonders beeindruckend sind dabei die Miniaturmalereien in Umaid Vilas.

Nach Beendigung des Rundganges sollte man auf jeden Fall den einzigartigen **Ausblick** von den mit Kanonen bestückten südlichen Festungsmauern auf die sich weit ausbreitende Altstadt Jodhpurs genießen.

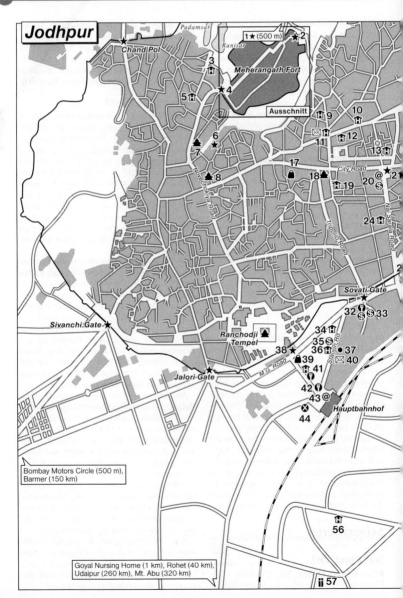

Jodhpur

Padamsar

Chand Pol

Ranisar

1 ★ (500 m)   ★ 2

Meherangarh Fort

3

4

5

Ausschnitt

9   10

6

7

11   12

8

13

17

City Road

18   19   20   @ 21

24

Nai Sarak Road

Novchokiya Road

Tripolia Road

Sovati Gate

32   33

34

Sivanchi Gate

35

Ranchodji
Tempel

36   37

38

39   40

Jalori Gate

M.G. Road

41

42

43 @

Hauptbahnhof

44

Station Rd.

Bombay Motors Circle (500 m),
Barmer (150 km)

56

Goyal Nursing Home (1 km), Rohet (40 km),
Udaipur (260 km), Mt. Abu (320 km)

ℹ 57

Rajasthan

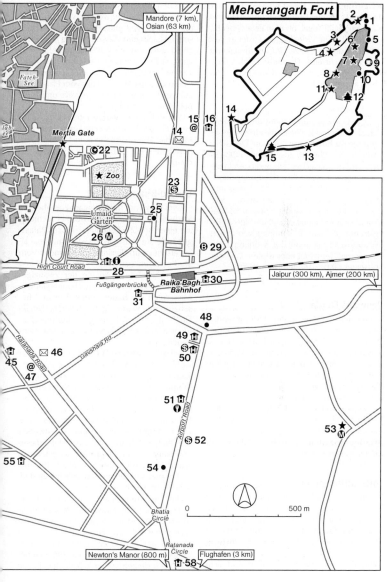

Meherangarh Fort

Mandore (7 km),
Osian (63 km)

*Fateh-
See*

*Tab-
ee*

Mertia Gate

14 15 16
@ H

© 22

★ Zoo

23
S

25

Umaid-
Garten

26 M

B 29

High Court Road

28

Fußgängerbrücke

*Raika-Bagh
Bahnhof*

H 30

Jaipur (300 km), Ajmer (200 km)

H
31

48

49 H

50 S H

Ratanada Road

H
45

46

@
47

Gavshala Rd

51 H

Airport Road

S 52

53 ★
M

55 H

54

Bhatia
Circle

0   500 m

Ratanada
Circle

Newton's Manor (800 m) H 58 Flughafen (3 km)

●**Geöffnet** ist der Palast tgl. von 9–13 und 14–17.30 Uhr. Der Eintritt beträgt 250 Rs inkl. Kameragebühr (egal, ob man eine dabei hat oder nicht). Eine Videokamera kostet weitere 200 Rs, was das Ganze für Cam-Besitzer auf 450 Rs hochtreibt. Ein meist fachkundiger Guide, ebenfalls am Tickethäuschen zu buchen, kostet 100 Rs.

Ganz ausgezeichnet und unübertroffen in Indien ist die im Preis inbegriffene **Audioführung** (auch auf Deutsch). Anhand von über 30 ausgewählten Objekten wird der Besucher mit fundierten Informationen durch den Palastkomplex geführt. Außerdem erhält man hochinteressante Hintergrundinformationen zu Themen wie dem Gebrauch von Opium oder dem Sati-Kult. Darüber hinaus erzählt der derzeit regierende Maharaja von Jodhpur von seinen Erfahrungen während der Krönungszeremonie und berichtet über weitere Erlebnisse seiner fünfzigjährigen Herrschaft.

Jaswant Thada

Wer der vom Fort in die Stadt führenden Straße folgt, erreicht nach wenigen Hundert Metern eine Abzweigung nach links, die zum **Grabmal** des 1895 verstorbenen *Maharajas Jaswant Singh II.* und aller weiteren nach ihm verstorbenen Herrscher von Jodhpur führt. Die leuchtend weißen Marmorpavillons wecken eher Assoziationen an einen Palast denn an eine Grabstätte und bieten zudem ein hervorragendes Fotomotiv mit dem Meherangarh Fort im Hintergrund.
●**Öffnungszeiten:** tgl. 10 bis 17 Uhr. Eintritt 20 Rs, Kamera 25 Rs.

Altstadtbummel

Obwohl sie selten von Touristen besucht wird, gehört ein Bummel durch die Altstadt um den sehr lebhaften Gewürz- und Obstmarkt **Sardar Market,** in dessen Mitte der imposante, von den Briten erbaute **Uhrturm** aufragt, zu einem Jodhpur-Aufenthalt unbedingt dazu. Wer das Meherangarh Fort nicht

über den Hauptausgang, sondern durch das selten benutzte Südwesttor verlässt, gerät mitten in die von dunkelblau bemalten Häusern bestandenen Gassen entlang der Novechokiya Rd. Ein etwa 30-minütiger Spaziergang voller faszinierender Eindrücke führt von hier entlang einer kleinen Gasse, die bei einem Obstmarkt nach links vom Hauptweg abzweigt, vorbei an alten Havelis und Tempelanlagen zum Uhrturm.

Wer sich für **Gewürze** interessiert, sollte beim *Shop 209-B* des sehr kenntnisreichen *Mahonlal Verhonal* nahe dem Uhrturm vorbeischauen (Tel.: 2615846, www.mvspices. com).

Umaid-Bhawan-Palast

Beim Blick vom Meherangarh-Fort über die Stadt fällt sofort ein in südöstlicher Richtung auf einer Anhöhe liegendes, riesiges **Palastgebäude** auf. Ausmaß, Baustil, Baujahr – alles erscheint an diesem fünf Kilometer vom Stadtzentrum entfernten Gebäude äußerst ungewöhnlich. Als Anfang der zwanziger Jahre dieses Jahrhunderts nach mehrjährigen Missernten die Bauern ohne Brot und Beschäftigung waren, gab Maharaja *Umaid Singh* als eine Art riesige Arbeitsbeschaffungsmaßnahme den Auftrag zum Bau eines neuen Palastes.

Sicherlich ebenso ausschlaggebend war wohl auch hier, wie bei den meisten anderen Rajputenfürsten Anfang des zwanzigsten Jahrhunderts, der Wunsch, die meist mehrere Jahrhunderte alten Residenzen zu verlassen, um sie gegen neue, den Ansprüchen der Neuzeit genügende Paläste einzutauschen. Über 3.000 Arbeiter und Handwerker benötigten 15 Jahre zur Fertigstellung dieses von einer riesigen Doppelkuppel gekrönten Sandsteinpalastes, der mit seinen 195 mal 103 m und 348 Zimmern wahrlich majestätische Ausmaße aufweist.

Das vom prominenten englischen Architekten *H.W. Lancaster* entworfene Monstrum erinnert an eine Mischung aus Buckingham Palace und Petersdom. Ein Teil des Gebäudes diente lange Zeit als eines der luxuriösesten Hotels Indiens, es wird jedoch zurzeit renoviert. Der derzeit amtierende Maharaja von

Legende Stadtplan Jodhpur

Sehenswürdigkeit

★ 1 Jaswant Thada
★ 2 Jaya Pol
★ 4 Fateh Pol
★ 6 Haveli aus dem 17. Jh.
▲ 7 Moolnayak-Jika-Tempel
▲ 8 Krishna Tempel
▲ 18 Kunj-Bihariji-ka-Mandir
(Krishna Tempel)
★ 21 Clocktower
ⓒ 22 Jama Masjid
★ 38 Raj Ranchodji's Mandir
★ 53 Umaid Bhawan Palace &
Ⓜ Museum

Unterkunft

🏨 3 Singhvi Haveli
🏨 5 Cosy Guest House
🏨 9 Yogi Guest House
🏨 10 Pal Haveli
🏨 11 Hare Rama Guest House
🏨 12 Achal Niwas Paying
Guest House,
Haveli Guest House
🏨 13 Havellee Inn Pal
🏨 16 Hotel Abhay Days
🏨 19 The Blue House
🏨 24 Hotel City Palace
🏨 28 RTDC Hotel Ghoomar
🏨 30 Hotel Akshey
🏨 31 Durag Niwas Guest House
🏨 34 Utsav Hotel
🏨 36 Govind Hotel
🏨 41 Adarsh Niwas Hotel
🏨 45 Raman Guest House
🏨 49 Hotel Sandhu Palace
🏨 50 LKP Forex
🏨 51 Hotel Ajit Bhawan
🏨 55 Ratan Vilas
🏨 56 Taj Hari Mahal Palace
🏨 58 Hotel Karni Bhawan

Essen und Trinken

🍴 27 Restaurants Priya
und Poonam
🍴 32 Agra Sweets
🍴 41 Kalinga Restaurant
🍴 42 Midtown Restaurant
🍴 51 On the Rocks

Sonstiges

✉ 11 Postamt
✉ 14 Postamt
@ 15 Internet Café
🔒 17 Getreidemarkt
@ 20 Om Forex (Internet Café,
💲 Geldwechsel)
🔒 21 Sadar Market
💲 23 State Bank of India
• 25 High Court
ℹ 28 Tourist Office,
💲 ATM
🅑 29 Busbahnhof
💲 32 UTI-Bank-ATM,
💲 33 Bank of Baroda
💲 35 ICICI-Bank-ATM
• 37 Railway Reservation Office
🔒 39 Saryodava Bookshop
✉ 40 Hauptpost
@ 43 Internet Café
✖ 44 Taxistand
✉ 46 Post
@ 47 satyam-i-way Internet
• 48 Circuit House
💲 50 ATM
💲 52 ICICI-Bank-ATM
• 54 Indian Airlines
⛪ 57 Kirche

Legende Meherangarh Fort

• 1 Jaya Pol (Haupteingang)
★ 2 Chhatri Kiratsingh Sodha
★ 3 Ded Kandra Pol
★ 4 Imritia Pol
• 5 Fahrstuhl
★ 6 Loha Pol
★ 7 Daulat Khana Chowk
★ 8 Singhar Chowk
ⓒ 9 Café Mehran
• 10 Eingang zum Museum
★ 11 Zenana
▲ 12 Nagnechia Tempel
★ 13 Aussichtsmauer zur Altstadt
★ 14 Fateh Pol
▲ 15 Chamunda Devi Tempel

Jodhpur „begnügt sich" mit dem kleinen, nur etwa 80 Zimmer umfassenden Südtrakt.

Einige Räume des im Innern etwas düster wirkenden Palastes wurden in ein allerdings nicht sonderlich interessantes **Museum** umgewandelt, wobei die umfangreiche **Uhren- und Porzellansammlung** ins Auge fällt. Während Toilettengänge im übrigen Indien nicht gerade zu den touristischen Höhepunkten zu zählen sind, vermittelt das stille Örtchen im Umaid Bhawan einen lebendigen Ausdruck majestätischen Lebensstils der Maharajas selbst in den profanen Dingen des Lebens.

● **Geöffnet** ist das Museum tgl. außer Fr von 10 bis 16 Uhr, Eintritt 50 Rs.

● Für Nicht-Gäste wird für das Hotel ein horrender **Eintrittspreis** von 350 Rs pro Person verlangt, der mit den im Hotel gegessenen Speisen bzw. gekauften Waren verrechnet wird.

Umaid Gardens und Sardar Government Museum

Ganz hübsch zum Verschnaufen sind die baumbestandenen **Parkanlagen** des Umaid Gardens im Zentrum. Auch ein kleiner **Zoo** ist vorhanden. Das im Park befindliche Sardar Government Museum (Sa–Do 10–16.30 Uhr) mit antiken Waffen, Skulpturen, alten Manuskripten, Miniaturmalereien und leicht angestaubten ausgestopften Tieren ist nicht sonderlich besuchenswert.

Marwar Festival

Alljährlich findet das Marwar Festival statt, mit **rajasthanischem Tanz, Musik und Kamelumzügen.** Das Festival wird auch in Osian, 65 km nördlich von Jodhpur, abgehalten. Während dieser Zeit gibt es zusätzliche, vom Tourist Office organisierte Busse von Jodhpur dorthin. Nächste vollmondabhängige Termine: 25./26. Okt. 2007, 13./14. Okt. 2008.

Blick vom Meherangarh-Fort auf Jodhpur, die zweitgrößte Stadt Rajasthans

Information

● Das **Touristenbüro** (Tel.: 2545083) befindet sich links neben dem RTDC Hotel Ghoomar und ist tgl. außer So 8-20 Uhr geöffnet.

> Besonders im Bereich um den Uhrturm werden westliche Reisende oft von gut gekleideten jungen Männern angesprochen, häufig sogar in gutem Deutsch. Was folgt, ist eine **Einladung in eines der blauen Häuser,** damit man einen Einblick in die traditionelle Wohnweise gewinnen kann, wie es heißt. Klingt gut, sollte aber auf keinen Fall angenommen werden. Viele, die es taten, beklagten hinterher, dass sie in aggressiver Weise zur Zahlung eines hohen Eintritts- und Verpflegungsgeldes aufgefordert wurden.

Stadtverkehr

● Der **Flughafen** liegt nur 5 km vom Stadtzentrum entfernt. Mit dem Taxi sollte es nicht mehr als 150 Rs kosten, mit der Autoriksha max. 50 Rs.

● Die Preise für die von Touristen am häufigsten befahrenen Strecken vom Bahnhof zum Hotel Ghoomar und Clocktower, zum Meherangarh Fort und zum Umaid Bhawan Palace sollten per **Autoriksha** nicht mehr als 25 Rs, 40 Rs und 50 Rs kosten. Verlangt wird vom reichen Sahib natürlich wesentlich mehr.

● **Tempos** verkehren zwischen Bahnhof, Busbahnhof und dem Stadtzentrum.

Unterkunft

In Jodhpur treibt das Kommissionsunwesen der **Rikshafahrer** besonders Blüte. Mit irreführenden Hinweisen (Hotels ausgebucht, schlechtes Essen) werden grundsätzlich nur jene Hotels angefahren, von denen die Fahrer eine saftige Kommissionen (bis zu 50%) kassieren.

Rajasthan

306ra Foto: tb

Low Budget und Budget

●Eine der schönsten der vielen in den letzten Jahren eröffneten Unterkünfte in der pittoresken Altstadt ist das **Singhvi's Haveli** €-€€ (Tel.: 2624293). Das in einem restaurierten Haveli angesiedelte Haus bietet der Preisspanne entsprechend in Größe und Ausstattung unterschiedliche Räume. Alle sind sauber und geschmackvoll eingerichtet. Das gemütliche Dachrestaurant bietet köstliche und preiswerte Gerichte.

●Ganz in der Nähe findet sich mit dem **Cosy Guest House** €-€€ (Novechokiya Rd., Tel.: 2612066, Mobiltel.: (0)9829023390, cosy guesthouse@yahoo.com) eine weitere sehr empfehlenswerte Billigunterkunft. Nahe dem rückwärtigen Eingang zum Fort gelegen, bietet es saubere, hübsch eingerichtete und preiswerte Zimmer mit TV und schöner Atmosphäre.

●Viel für wenig Geld bietet auch das **Haveli Guest House** €-€€€ (Tel.: 2614615, haveli ghj@sify.com). Vor allem von den nach vorn gelegenen Zimmern und dem sehr beliebten

Dachrestaurant bieten sich schöne Ausblicke auf das Fort und die blau strahlende Stadt. Auch ein Internetcafé ist vorhanden.

●Das 350 Jahre alte Gebäude des **Hare Rama Guest House** €-€€ in der Altstadt offeriert drei sehr große, mit Polstermöbeln und TV eingerichtete Zimmer, teils mit eigener Terrasse und schönem Ausblick vom Dach für wenig Geld.

●**The Blue House** €-€€€ (Tel.: 2621396, Fax: 2619133, bluehouse36@hotmail.com) mitten in der Altstadt, mit Restaurant, bietet sehr unterschiedliche Zimmer, von fensterlosen EZ mit Gemeinschaftsbad bis zu großen, klimatisierten Räumen mit TV.

●Schöne Zimmer mit Bad und die familiäre Atmosphäre machen das **Achal Niwas Paying Guest House** €-€€ (Tel.: 2618004, achal niwas_gh@yahoo.com) in der gleichen Ecke zu einer Empfehlung.

●Wer Wert auf Atmosphäre legt, sollte sich in **Yogi's Guest House** €-€€€ (Tel.: 2643436, Fax: 2619808, yogiguesthouse@hotmail.com) einmieten. Obwohl etwas versteckt in einer kleinen Gasse gelegen, ist es recht leicht zu finden, da mehrere Schilder den Weg weisen. Das über 400 Jahre alte Haus verfügt über Zimmer mit Gemeinschaftsbad, AC-Räume mit Balkon und TV sowie ein gutes Dachrestaurant. Einziger Nachteil des ansonsten sehr zu empfehlenden Hauses ist der oftmals bemängelte Service.

● Das **Govind Hotel** €-€€ (Tel.: 2622758, govindhotel2000@yahoo.com, www.govindhotel.com) an der Station Road im 2. Stock über einer Bankfiliale hat saubere Zimmer, manche mit TV, manche allerdings ohne Fenster. Dafür bietet sich vom guten Dachrestaurant ein toller Blick auf das Meherangarh Fort. Ein billiger Ticket-Service für Bus und Bahn, Internet im Haus, Kamelsafaris im Angebot sowie der sehr hilfsbereite Manager machen es zur besten Wahl dieser Preiskategorie außerhalb der Altstadt. Da dieses Haus nicht von Rikshafahrern angefahren wird (es wird keine Kommission gezahlt), sollte man den nahegelegenen Bahnhof als Fahrtziel angeben. Auch privates Wohnen im neuen Haus des Besitzers ist möglich.

● Die geräumigen, sauberen Zimmer in dem von einem pensionierten Oberst geführten **Megh Niwas Guest House** € (Tel.: 2512298) in der Umed Club Road sind sehr preiswert.

● Als Ausweichmöglichkeit bietet das von einer netten Familie geführte **Durag Niwas Guest House** €-€€ (Tel.: 2515385, mobil: (0)9828089293, mail@durag-niwas.com, www.durag-niwas.com) eine angenehme Atmosphäre und recht passable Zimmer, die AC-Zimmer sind allerdings zu teuer.

● Gut ist das **Raman Guest House** €-€€€ (Shiv Rd., Tel.: 2513980), eine Seitenstraße der Ratanada Rd. hinein, noch in Gehdistanz zum Zentrum. Saubere Zimmer, die teuren mit AC, TV und teils Balkon, freundlicher Service, ruhige Lage, gute Küche und Dachterrasse mit weitem Ausblick sind ein gutes Angebot.

Tourist Class und First Class

● Eine der schönsten Unterkünfte in der Altstadt ist das entzückende **Pal Haveli** €€€ (Tel.: 2439615, www.palhaveli.com). Das Mitte des 19. Jh. vom Baron von Pali errichtete Herr-

scherhaus besticht neben seiner stilvollen Atmosphäre durch seine gemütlichen, im typischen Rajputenstil eingerichteten Zimmer und ein ausgezeichnetes Restaurant. Besonders zu empfehlen am Abend bei Kerzenlicht und herrlicher Aussicht über die Stadt.

● Sehr weitläufig und friedlich wohnt es sich im südlich der Altstadt gelegenen **Ratan Vilas** €€€ (Tel.: 2614418ratanvilas_jod@rediffmail.com). Auch hierbei handelt es sich um eine stilvolle Villa mit hervorragendem Service und ausgezeichnetem Restaurant.

● Nah am Uhrturm liegt das schöne, 180 Jahre alte **Havellee Inn Pal** €€€ (Tel.: 2612519, www.haveliinn@rediffmail.com) mit altem Mobiliar und stilvoller Atmosphäre. Nebenan wird das etwas bessere und teurere **Pal Haveli Hotel** €€€-€€€€ vom Bruder geführt.

● Ein gutes Preis-Leistungs-Verhältnis bietet das in der Nähe des Ajit Bhawan gelegene **Hotel Sandhu Palace** €€-€€€ (Tel.: 2510154, Fax: 2619950, sandhupalace@yahoo.com). Die ruhige Lage, das freundliche Personal und das gute Restaurant auf der Dachterrasse passen zum Gesamtbild.

● Ein ausgezeichnetes Mittelklassehotel ist das **Newtons Manor** €€€ (86, Jawahar Colony Opp. Green Gate No. 8, Central School Road, Ratanada, Tel.: 2430686, Fax: 262299, info@newtonsmanor.com, newtonsmanor.com). Alle acht Zimmer verfügen über eigenes Bad, TV und Klimaanlage. Auch ein sehr gutes Restaurant ist vorhanden. Im Zimmerpreis ist die uneingeschränkte Nutzung von Internet und E-mail enthalten. Einziger Nachteil ist die dezentrale Lage an einer Parallelstraße zum Flughafen.

● Ein großer Klotz östlich der Altstadt und funktionelles Mittelklassehotel ist das zweckmäßige **Abhay Days Hotel** €€€€ (Tel.: 2542980, 2542981, 2542988, abhayday@sancharnet.in) beim Paotia Circle mit Swimmingpool (100 Rs für Nicht-Gäste). Klasse Zimmer, alle mit Badewanne und AC, die oberen Etagen mit weiten Ausblicken, wobei die „Club Rooms" das beste Preis-Leistungs-Verhältnis bieten.

● Ausnehmend schön ist die Anlage des Hotels **Ajit Bhawan** €€€€€ (Tel.: 2511410, Fax: 2510674, abhawan@del3.vsnl.net.in, www.ajitbhawan.com) an der Straße zum Flughafen.

Die 20 stilvoll eingerichteten Bungalows liegen in einem äußerst gepflegten Garten mit Swimmingpool (50 Rs für Nicht-Gäste) und sehenswerter Oldtimer-Sammlung. Jeden Abend findet eine Musik- und Tanzvorführung im typisch rajasthanischen Stil statt.

● Solange der *Umaid Bhawan* wegen aufwendiger Umbauarbeiten geschlossen bleibt, ist das strahlend weiße **Taj Hari Mahal Palace** €€€€€ (Tel.: 2439700, Fax: 2624451) das mit Abstand beste Hotel Jodhpurs. Als eines der Flaggschiffe der Taj-Gruppe bietet das inmitten einer weitläufigen Gartenanlage gelegene Spitzenhotel riesige Zimmer mit luxuriösen Bädern und einen sehr schönen Pool. Einzig das Essen entspricht nicht ganz den Erwartungen.

In der Umgebung

● **Balsamand:** Das ehemalige Lustschlösschen **Balsamand Lake Palace** €€€€ (Tel.: 0291-2545991, Fax: 2542240) des Maharajas von Jodhpur ist 8 km von Jodhpur entfernt. Es liegt inmitten einer großzügigen Parklandschaft idyllisch an einem künstlichen See und wurde vor kurzem in eine luxuriöse Unterkunft umgewandelt.

● **Luni:** Eines der stilvollsten Heritage Hotels in Rajasthan liegt in dem kleinen Dorf **Luni,** etwa 30 km südlich von Jodhpur. Das dortige **Fort Chanwa** €€€€ (Tel./Fax: 0291-2532400) gilt als Paradebeispiel für eine geglückte Umwandlung von historischen Gebäuden in ein stilvolles Hotel unter Beibehaltung der typisch rajputischen Atmosphäre. Alle 19 geschmackvoll eingerichteten Zimmer sind verschieden gestaltet. Das Hotel verfügt über einen Pool und organisiert Jeep- oder Kamelsafaris zu den umliegenden Bishnoi-Dörfern.

● **Sadar Samand:** Eine weitere Möglichkeit, in einem Heritage Hotel ein paar Tage der Erholung einzulegen, bietet das an den Ufern des gleichnamigen Sees gelegene **Sadar Samand Palace Hotel** €€€€ (Tel.: 0291-2545591, Fax: 2542240), ein 1933 als Jagdschloss des Maharajas von Jodhpur im Bauhaus-Stil errichteter Palast.

● **Manvar:** Ein schöne Möglichkeit für einen Zwischenstopp auf halber Strecke zwischen Jodhpur und Jaisalmer bietet die sehr hübsche Anlage des **Manvar Desert Camp** €€€ (Tel.: 0291-2546188). Obwohl die meisten Besucher nur einen kleinen Snack bzw. ein Getränk zu sich nehmen, um dann ihre Fahrt fortzusetzen, lohnt sich auch eine Übernachtung in den hübschen, geschmackvoll eingerichteten Lehm-Bungalows. Die gesamte Anlage wurde im typisch rajputischen Stil errichtet und überzeugt durch ihre Ruhe und das freundliche Personal.

Essen und Trinken

Eine besondere Spezialität Jodhpurs ist der so genannte *makhani lassi* (Butter-Lassi), ein wunderbar cremiges und gleichzeitig erfrischendes Getränk. Erhältlich in vielen Restaurants und an Getränkeständen.

● Erstaunlich gut und preiswert ist das Restaurant im **1. Stock des Bahnhofs.** Entsprechend voll ist es jeden Abend mit Reisenden, die auf den Nachtzug nach Jaisalmer warten.

● Sehr gut isst man auch im **Kalinga Restaurant** (AC) direkt neben dem Hotel *Adarsh Nivas.* Mit Gerichten zwischen 70 und 180 Rs ist es jedoch relativ teuer.

● Eine preiswerte Alternative (30–80 Rs) mit guten *thalis* für 50 Rs ist das **Midtown Restaurant** in der nahegelegenen Shanti Bhawan Lodge, es ist jedoch nicht gerade als sauber zu bezeichnen.

● Mit Gerichten um die 100–200 Rs recht teuer, dafür aber auch ausgezeichnet ist das stilvolle **Garden Restaurant** in der Nähe des *Ajit Bhawan Hotel.*

● Umfangreich und zudem in schöner Open-Air-Atmosphäre und bei Volksmusik aus Rajasthan (Beginn 20 Uhr) kann man für 250 Rs im **Ajit Bhawan Palace Hotel** dinieren.

● Für indische Verhältnisse richtiggehend angenehm sitzt es sich im direkt an das *Ajit Bhawan* angrenzende und unter gleichem Management befindliche Restaurant **On the Rocks.** In diesem Gartenrestaurant, zu dem auch eine allerdings recht dunkle Bar gehört, sitzt es sich nicht nur angenehm, sondern die indische Küche ist zudem sehr schmackhaft. Hauptgerichte allerdings erst ab 19.30 Uhr.

● Majestätisch hoch oberhalb der Stadt mit entsprechend großartigen Ausblicken nicht nur auf Jodhpur, sondern auch auf das ange-strahlte Meherangarh Fort bietet **Mehran Terrace** (Tel.: 2549790). In dem an den Außenmauern des Forts gelegenen Freiluft-restaurant kann man sich an mit 350 Rs sehr teuren *thalis* oder A-La-Carte-Gerichten (um 100–200 Rs) laben. Ein teures, aber auch ein-zigartiges Erlebnis. Voranmeldung!

Bank, Post und Internet

● Die **State Bank of India** (Tel.: 2543649, Mo–Fr 10–14 und 15–16 Uhr, Sa 10–13 Uhr) im Gerichtsviertel und die **Bank of Baroda** (Mo–Fr 10–15 Uhr, Sa 10–12.30 Uhr) nahe dem Sojati Pol wechseln Bares und Rei-seschecks. Letztere gibt auch auf Visa- und Mastercard für nur 1 % Gebühr Geld. Ge-genüber steht ein UTI-Bank-ATM für alle gän-gigen Karten außer AmEx. Weitere **ATMs** gibt es 50 m rechts vom *Govind Hotel* in der Station Rd. (ICICI-Bank) und neben dem *Ghoomar Tourist Bungalow* sowie einige an der Airport Rd. (an deren Anfang beim Cir-cuit House auch ein LKP-Forex-Büro zu fin-den ist), wobei der dortige ATM der idbi-Bank auch AmEx-Karten annimmt.
● Die **Hauptpost** nahe dem Bahnhof hat klei-nere Ableger in der Altstadt beim *Hare Rama Guest House* sowie nördlich des High Court an der Mertia Gate Rd. (Mo–Fr 9–15 Uhr, Sa 9–12 Uhr).
● Im Hotelbereich der Altstadt finden sich viele **Internetcafés** wie *Raj Cyberpoint*, alle durchschnittlich fix zum Stundenpreis von 20–30 Rs. Auch am Clocktower bei Om Fo-rex und vor dem Bahnhof gibt's Internet-cafés.

Medizinische Versorgung

● Das staatliche **M.G. Hospital** (Tel.: 2639851, 2636437, 2636438) wie auch besonders das private **Goyal Hospital** (Residency Rd. ge-genüber Rotary Hall, Tel.: 2432124, goyalhospital@sify.com) werden empfohlen.

An- und Weiterreise

Flug

● Indian Airlines (2, West Patel Nagar, Circuit House Rd., Tel.: 2510758, Flughafen: 2512617) fliegt täglich von und nach **Mumbai** (6.060 Rs), **Delhi** (130 US-$), **Jaipur** (95 US-$) und **Udaipur** (90 US-$).
● Jet Airways (Tel.: 2625004) fliegt tgl. nach **Delhi** und **Mumbai** (160 US-$).

Bahn

Das **Reservierungsgebäude** liegt etwa 200 m nördlich des Hauptbahnhofs neben der Hauptpost und ist Mo bis Sa von 8 bis 20 Uhr geöffnet, So von 8 bis 14 Uhr. Schalter 786 ist Touristen vorbehalten.
● Es kommt des öfteren vor, dass der aus De-lhi kommende 4759 Delhi Jaisalmer Exp. nach **Jaisalmer** (Abf. Jodhpur 6 Uhr) mehre-re Stunden Verspätung hat bzw. ganz abge-sagt wird. Deshalb sollte man die im Anhang aufgeführten Verbindungen nach Jaisalmer vorziehen.
● **Mt. Abu** ist, schon weil die Züge nur bis Abu Rd. fahren, wesentlich schneller mit dem Bus zu erreichen.
● Wichtige Verbindungen im Anhang.

Bus

Der leicht chaotische staatliche Busbahn-hof findet sich östlich der Innenstadt, wäh-rend die Busbahnhöfe der Privatanbieter (ehemals am Bahnhof) ca. 2 km weiter nach Südwesten verlegt worden sind. Dennoch befinden sich die meisten ihrer Büros weiter-hin in Bahnhofsnähe. Im Folgenden werden staatliche Busverbindungen erwähnt.
● Viele Verbindungen tgl. nach **Jaipur** (7 Std., alle halbe Std., 150 Rs), **Ajmer** (4 Std., stdl., 100 Rs) und **Bikaner** (5 Std., 110 Rs).

Jaswant Thada, das Grabmal der letzten Maharajas von Jodhpur

●Wer nach **Udaipur** fährt (7 Std., 125 Rs), sollte den Deluxe-Bus nehmen, da dieser über **Ranakpur** fährt, wo die wunderschönen Jain-Tempel einen Zwischenstopp lohnen. Der letzte Bus vom staatlichen Busbahnhof nach Ranakpur (6–7 Std.) fährt um 15 Uhr.

●Von den 15 Bussen, die täglich nach **Jaisalmer** fahren, ist der morgens um 6 Uhr vom privaten Busbahnhof abfahrende Deluxe-Bus einer der bequemsten und schnellsten. Er braucht nur 6 Stunden.

●Weitere Verbindungen gibt es nach **Mt. Abu** (3-mal vormittags), **Barmer, Kota** (über Bundi) und **Chittorgarh.**

Umgebung von Jodhpur

Mandore   ⤢ IV/B3

Vorbei am Maha Mandir, einer Siedlung mit einem großen Shiva-Tempel, führt die Straße ins 8 km nördlich gelegene Mandore. Der Ort war für ein halbes Jahrhundert **Hauptstadt der Marwaris,** bevor diese ihre Residenz nach Jodhpur verlegten. Heute ist Mandore mit seinen Rosenbeeten, Wasserläufen, frei umherlaufenden Pfauen und alten Bäumen, in denen sich die Affen austoben, ein beliebtes Ausflugsziel, obwohl es inzwischen etwas verwahrlost wirkt. Zur Recherchezeit begannen allerdings Restaurierungsmaßnahmen. Inmitten der Gärten am Fuße des alten Forts stehen die äußerst fotogenen Gedenkstätten der ehemaligen Herrscher von Marwar. Die schönsten Chattris wurden *Maharaja Jaswant Singh* und *Maharaja Ajit Singh* gewidmet. In der so genannten Heldenhalle stehen 16 überlebensgroße, aus dem Fels gemeißelte, bunt bemalte Skulpturen, die historische Figuren und lokale Gottheiten darstellen sollen.

●**Anreise:** Busse fahren den ganzen Tag, der letzte zurück nach Jodhpur fährt etwa um 21.30 Uhr.

●**Unterkunft:** Billige Unterkünfte sind das **Deviratan Guest House** € (Tel.: 0291-2571479) und das **Mandore Guest House** €-€€ (Tel.: 0291-2545620) mit schönem Garten.

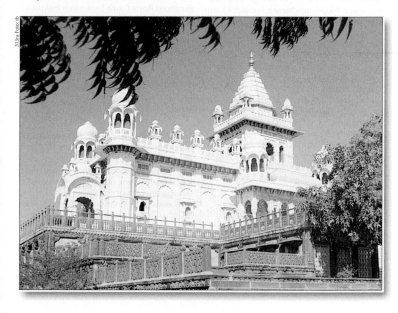

313ra Foto: tb

Osian

↗ IV/B3

Der heute in der Hitze der Wüste Thar vor sich hin dösende Ort war vom 8. bis 12. Jh. eine lebhafte Handelsstadt am Kreuzungspunkt wichtiger Karawanenstraßen. Aus jener Zeit haben sich insgesamt 16 sehr schöne **Hindu-** und **Jain-Tempel** erhalten. Die ältesten Sakralbauten stehen auf einer erhöhten Terrasse am Ortsrand und sind in der Tradition des Gupta-Baustils konstruiert. Am beeindruckendsten ist ein sehr fein ornamentierter **Sonnentempel** aus dem 8. Jh. Der in der Nähe befindliche **Stufenbrunnen** war ursprünglich Teil eines Sommerpalastes, von dem jedoch nur noch bescheidene Ruinen erhalten geblieben sind.

Zum **Tempel Sachiya Mata** (Tempel der Wahrhaftigen Mutter), der aus dem 12. Jh. stammt, pilgern vor allem junge Ehepaare und kinderlose Frauen, um bei dieser Fruchtbarkeitsgottheit um die Erfüllung ihres Kinderwunsches zu beten. Besonders gelungen ist der von schön verzierten Torbögen (Toranas) überspannte Treppenaufgang zu dem auf einem Hügel errichteten Tempel. Oben angelangt verdienen die gut erhaltenen Götterfiguren an den Außenwänden der diversen Shikaras Beachtung. Dies gilt insbesondere für die nur selten zu findende Darstellung Shiva und Vishnus in der gemeinsamen Figur der Hari-Hara.

Wie so oft beeindruckt auch in Osian der große, dem Stifter der Jain-Religion *Mahavira* gewidmete **Jain-Tempel** (7–20.30 Uhr, Kamera/Video 30/100 Rs) mit einer Fülle an Skulpturenschmuck. Die Götterfiguren, Tempeltänzerinnen, Blumen und Elefantenfriese erinnern an die großartigen Tempelanlagen von Dilwara und Ranakpur. Hauptunterschied der vom Grundriss traditionell gestalteten Anlage ist das auschließlich als Baumaterial verwandte rote Sandstein.

Jeweils Ende Oktober findet hier wie auch in Jodhpur das **Marwar Festival** statt, siehe Jodhpur.

Unterkunft

●Der Tempelpriester der Jain-Tempel vermietet 20 Zimmer in seinem **Guest House** €

(Tel.: 02922-273296), ebenso wie das einfache **Saji Sawari** € (City Police Rd., Tel.: 0291-2440305). Auch das Tourist Office in Jodhpur hilft weiter.

Anreise

●Von Jodhpur fahren halbstündig Busse in 1,5 Std. ins 65 km entfernte Osian.

Der besondere Tipp:

Khimsar

↗ IV/B3

Ein geradezu idealer Ort, um abseits der ausgetretenen Touristenpfade einige Tage der Ruhe und Entspannung im ländlichen Rajasthan zu verbringen, ist der kleine Ort Khimsar, 60 km nördlich von Jodhpur. Khimsar selbst ist ein unscheinbares Dorf, wäre da nicht jenes zum Hotel umgebaute **Fort,** welches zu einem der schönsten **Heritage-Hotels** ganz Indiens zählt. Von dem im 17. Jh. erbauten Burghotel Royal Castle lassen sich interessante Ausflüge in die wüstenartige Umgebung unternehmen. Besonders beliebt sind nachmittägliche **Safaris** zu den in der Gegend vorkommenden Antilopen-Herden und den hier besonders zahlreichen Bishnoi-Dörfern. Kehrt man nach dem von der Spitze einer Sanddüne genossenen Sonnenuntergang nach Khimsar zurück, wird einem die zeitlose Schönheit des Ortes bewusst.

Unterkunft

●Das Heritage Hotel **Royal Castle** €€€€ (Tel.: 01585-262345, Fax: 262228) ist um einen sehr schönen Swimmingpool herum angelegt. Zum Ausklang des Tages sollte man sich das allabendlich auf den Festungsmauern mit folkloristischer Untermalung angebotene rajasthanische Abendessen nicht entgehen lassen.

Anreise

●Alle Busse von **Jodhpur** nach Nagaur passieren auch Khimsar. Sie fahren stündlich zwischen 8 und 20 Uhr.

Highlight:
Jaisalmer ↗ IV/A3

(ca. 60.000 Einwohner, Vorwahl: 02992)

Goldene Stadt, Traum aus Tausendundeiner Nacht, – solche und ähnliche Vergleiche werden immer wieder bemüht, um den unvergleichlichen Charme dieser inmitten der **Wüste Thar** weitab der nächsten größeren Ansiedlung gelegenen Stadt zu beschreiben. Tatsächlich fällt es schwer, beim Anblick dieser uralten **Karawanenstadt** nicht ins Schwärmen zu geraten. Wie eine Fata Morgana erhebt sich das auf einem achtzig Meter hohen Felsen gelegene und von einer mit 99 Wehrtürmen versehenen Mauer umgebene Fort aus der hitzeflimmernden Wüste.

Dieser Eindruck wird noch verstärkt, betritt man die unterhalb des Forts von einer Stadtmauer eingegrenzte Altstadt. Der allgegenwärtige Wüstenstaub scheint sich hier wie ein Konservierungsmittel über die gänzlich aus gelbbraunen Sandsteinen kunstvoll gefertigten Häuser gelegt zu haben. In den engen Gassen, zwischen den farbenfroh gekleideten Nomaden der umgebenden Wüste, glaubt man sich tatsächlich in eine orientalische Märchenstadt versetzt.

Wenig scheint sich hier seit dem Mittelalter verändert zu haben, als die Kamelkarawanen nach tagelangen, anstrengenden Märschen durch die unbarmherzige Wüste einen langersehnten Zwischenstopp einlegten, bevor sie sich wieder auf den Weg Richtung Vorderer Orient machten, um dort ihre wertvollen Stoffe, Gewürze, Elfenbein und Opium zu verkaufen. Fast nichts, sollte man besser sagen, denn unter das bunte Gemisch der Wüstenvölker hat sich eine typische Erscheinung des 20. Jahrhunderts gemischt – der ob all dieser Pracht staunende und allzeit kamerabereite westliche Tourist.

Jaisalmer ist der Aufsteiger des indischen Tourismus. Galt die Stadt noch vor wenigen Jahren als Geheimtipp der Rucksackreisenden, so ist sie heute selbstverständlicher Bestandteil der meisten Pauschal-Rundreisen. Noch scheint der ursprüngliche Charakter der Stadt einigermaßen intakt, doch sollte die

Entwicklung im derzeitigen Tempo fortfahren, dauert es gewiss nicht mehr lange, bis sie zum „Rotenburg ob der Tauber" Indiens verkommen ist und sich hinter den pittoresken Häuserfassaden anstatt kleiner Geschäfte nur noch Reisebüros, Hotels und Souvenirläden finden.

Geschichte

Ähnlich wie die *Rathors* von Jodhpur sah sich 1156 auch der Rajputenfürst *Jaisal* vom Geschlecht der *Bhati* wegen der zunehmenden muslimischen Bedrohung gezwungen, seine mangelhaft befestigte Hauptstadt Lodruwa zu verlassen, um 18 km östlich davon auf einem steil aus der Wüste aufragenden Felsen seine neue Hauptstadt zu errichten. Langsam entwickelte sich Jaisalmer zu einem bedeutenden Stützpunkt an der Karawanen-Route zwischen Indien und dem Vorderen Orient.

Strategisch wie wirtschaftlich wurde die Stadt zu einem begehrten Objekt der muslimischen Eroberer. Nach mehrjähriger Belagerung eroberten 1315 die Truppen *Ala-ud-Din-Khalis* die Stadt. Zuvor hatten sich die Bewohner der Stadt, im Angesicht der Hoffnungslosigkeit ihrer Lage, zu dem selbstmörderischen Ritual des *Jauhar* entschlossen. Nach nur zwei Jahren gaben die Eroberer jedoch die Festung wieder auf, und die Bhatis konnten in ihre alte Festung zurückkehren. Weiterhin jedoch blieb Jaisalmer umkämpft, und noch zwei weitere Male zogen ihre Bewohner das grausame Jauhar-Ritual der Unterwerfung vor. Zwischenzeitlich versank die Stadt in Anarchie, wurde zeitweise sogar ganz aufgegeben und verkam zur Geisterstadt.

Erst als sich die Bhatis Mitte des 16. Jh. dem Großmogul unterwarfen und *Maharawal Bhim* den 1562 geschlossenen Vertrag der Verheiratung einer seiner Töchter an den Mogul-Hof besiegelte, trat eine längere Phase des Friedens und **Wohlstands** ein, von dem auch heute noch einige der einzigartigen **Havelis**, der Kaufmannshäuser, zeugen.

1819 schloss auch Jaisalmer unter seinem Herrscher *Rawal Akshey Singh* einen Vertrag mit der East India Company. Doch mit dem

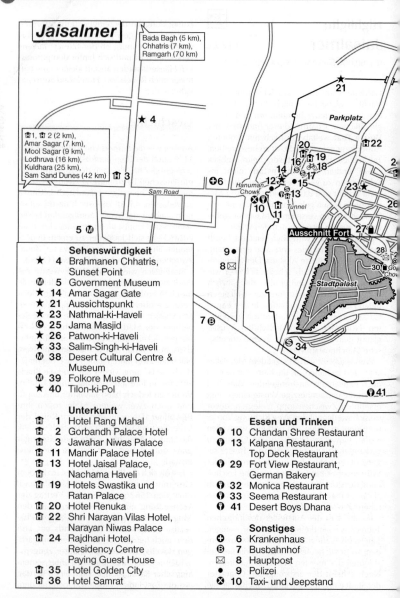

Jaisalmer

Bada Bagh (5 km),
Chhatris (7 km),
Ramgarh (70 km)

★ 21

Parkplatz

★ 4

🏛1, 🏛 2 (2 km),
Amar Sagar (7 km),
Mool Sagar (9 km),
Lodhruva (16 km),
Kuldhara (25 km),
Sam Sand Dunes (42 km)

🏛 3

🏛22

➕6

20
16 🏛🏛 19
14 🚲 18
🏛 17
12 ● 15   23 ★
13
10 🚻   26
11   Tunnel

27

Sam Road

Hanuman
Chowk

5 Ⓜ

Ausschnitt Fort

28

30 🏛

Stadtpalast

9 ●

8 ✉

7 Ⓑ

🍴 34

41

Sehenswürdigkeit
★ 4   Brahmanen Chhatris,
       Sunset Point
Ⓜ 5   Government Museum
★ 14 Amar Sagar Gate
★ 21 Aussichtspunkt
★ 23 Nathmal-ki-Haveli
Ⓒ 25 Jama Masjid
★ 26 Patwon-ki-Haveli
★ 33 Salim-Singh-ki-Haveli
Ⓜ 38 Desert Cultural Centre &
       Museum
Ⓜ 39 Folkore Museum
★ 40 Tilon-ki-Pol

Unterkunft
🏛 1   Hotel Rang Mahal
🏛 2   Gorbandh Palace Hotel
🏛 3   Jawahar Niwas Palace
🏛 11 Mandir Palace Hotel
🏛 13 Hotel Jaisal Palace,
🏛   Nachama Haveli
🏛 19 Hotels Swastika und
       Ratan Palace
🏛 20 Hotel Renuka
🏛 22 Shri Narayan Vilas Hotel,
       Narayan Niwas Palace
🏛 24 Rajdhani Hotel,
       Residency Centre
       Paying Guest House
🏛 35 Hotel Golden City
🏛 36 Hotel Samrat

Essen und Trinken
🍴 10 Chandan Shree Restaurant
🍴 13 Kalpana Restaurant,
       Top Deck Restaurant
🍴 29 Fort View Restaurant,
       German Bakery
🍴 32 Monica Restaurant
🍴 33 Seema Restaurant
🍴 41 Desert Boys Dhana

Sonstiges
➕ 6   Krankenhaus
Ⓑ 7   Busbahnhof
✉ 8   Hauptpost
● 9   Polizei
❌ 10 Taxi- und Jeepstand

0 ____ 100 m

25

Jodhpur (280 km),
Bikaner (320 km)

Bahnhof

Khuri (40 km),
Barmer 150 km)

36
18
38
37 39 40

...adi Sagar Road

Gadi Sagar

●	12	Rajasthan Emporium
⑨	13	Bank of Baroda
●	15	Gandhi Chowk
⑨	16	Chinnu Forex, P.S. Securities
⑨	17	LKP Forex
⑯	18	Fahrradverleih
◪	27	Bhatia Market
✉	28	Postamt
@	29	Joshi Cybercafé
◪	30	Bhang Shop, Gemüsemarkt
●	31	Adventure Travels Agency
⑨	34	State Bank of Bikaner & Jaipur
❶	37	Tourist Office
●	40	Bootsverleih
❶	41	Desert Boys Dhana

Rajasthan

Aufkommen Bombays als Umschlagplatz des Seehandels begann Mitte des 19. Jh. der **Niedergang** Jaisalmers. Die alten Handelsrouten verloren mehr und mehr an Bedeutung, zumal das von den Engländern rasch ausgebaute Schienennetz, an das Jaisalmer nicht angeschlossen wurde, die vorher von den Kamelkarawanen durchgeführten Transporte schneller und sicherer abwickelte. Ganz ähnlich wie im Shekhawati, verließen daraufhin die reichen Kaufleute die Stadt und siedelten sich im aufstrebenden Bombay an. Von den 1850 noch über 30.000 Einwohnern in Jaisalmer, bewohnten 100 Jahre später nur noch wenige Tausend Menschen die scheinbar vergessene Stadt. Durch die Abtrennung Pakistans 1947 und den damit einhergehenden Verlust des Hinterlandes schien das Schicksal Jaisalmers endgültig besiegelt.

Doch noch einmal sollte sich das Schicksal der so launischen indischen Geschichte zugunsten Jaisalmers wenden. Die beiden **indisch-pakistanischen Bruderkriege** ließen die besondere strategische Bedeutung der Stadt als Vorposten zum Erzfeind Pakistan wieder in den Vordergrund treten. 1968 wurde Jaisalmer ans Schienennetz angebunden, die Straßenverbindungen ausgebaut und eine Militärbasis in der Nähe der Stadt stationiert. Mit dieser **verkehrstechnischen Anbindung** an den Rest Rajasthans kamen auch die ersten Touristen, und heute ist der Tourismus die Haupteinnahmequelle der Stadt – Tendenz: rapide steigend.

Das Fort

Im Gegensatz zu allen anderen Festungsanlagen Rajasthans beherbergte das auf dem 120 m langen und 500 m breiten **Trikuta-Felsen** gelegene Fort zunächst nicht nur den Herrscherpalast, sondern auch alle weiteren Wohn- und Geschäftshäuser der Stadt. Erst Anfang des 17. Jh., als der Platz innerhalb des Forts erschöpft war, mussten sich neuansiedelnde Bürger ihre Häuser unterhalb des Forts errichten. Der damals in Jaisalmer herrschende Wohlstand zog schnell viele Handelsleute in die entlegene Wüstenstadt, sodass diese Neustadt bald größer war als der ursprüngliche Ort.

Auch in Jaisalmer wurde der Aufstieg zum Fort aus verteidigungstechnischen Gründen im Zickzackkurs angelegt. Entlang einer windungsreichen, von einigen Souvenirläden flankierten Zufahrt gelangt man schließlich durch das mit reich verzierten Balkonen versehene Hawa Pol auf den großen **Palastvorplatz.** Von dem auf einer Empore neben dem Palasteingang platzierten Marmorthron aus hielt der Rawal von Jaisalmer die Paraden, Feste und Militärzeremonien ab.

Alle Wege innerhalb der Festungsanlage führen zu den das Fort umlaufenden **drei Mauerringen,** von wo sich insbesondere bei Sonnenuntergang ein herrlicher Ausblick genießen lässt.

Raj Mahal (Stadtpalast)

Der siebenstöckige, reich verzierte Stadtpalast Raj Mahal besteht aus fünf Gebäudeteilen, die über einen Zeitraum von fünf Jahrhunderten entstanden. Die Wände der Innenräume sind zum Teil mit schönen Malereien versehen, jedoch hat der Palast im Inneren, gerade verglichen mit vielen anderen Rajputenresidenzen, wenig zu bieten. Dafür bietet sich von oben ein sehr schöner Blick über die Altstadtdächer auf die sich anschließende Wüste.
●**Öffnungszeiten:** 9–18 Uhr, Eintritt 70 Rs, Kamera 50 Rs, Video 150 Rs.

Gassen des Forts

Wenn man vom Palast über den Vorplatz schaut, sieht man hinten rechts eine kleine Straße, die in die extrem engen, kaum Sonnenlicht gestattenden Gassen des Forts führt. Hier scheint sich seit Jahrhunderten nichts verändert zu haben. Offene stinkende Kanäle, Ratten, Hunde und Kühe bestimmen das mittelalterlich anmutende Bild. Viele der oft verfallenen Häuser stehen leer, da die Bewohner in den letzten Jahren aufgrund der dort herrschenden besseren hygienischen Verhältnisse in die unterhalb des Forts gelegene Neustadt gezogen sind.

Jain-Tempel

Besonders deutlich wird der Platzmangel bei den fünf Jain-Tempeln, die von den in Jai-

salmer stark vertretenen Jains zwischen dem 14. und 16. Jh. erbaut wurden. Die Tempel sind derart ineinander verschachtelt, dass sie wie ein einziges Bauwerk wirken. Wie so oft bei Jain-Heiligtümern zeichnen sich auch diese durch ihre ungemein **reiche Ornamentierung** aus. Blumenornamente, Tänzerinnen, Liebespaare und Tiere bedecken Säulen, Wände und Decken. In den Nischen des Korridors, der das Tempelinnere umgibt, sitzen unzählige, immer gleich aussehende *Tirthankaras.*
●**Öffnungszeiten:** tgl. 8–12.30 Uhr, Eintritt 10 Rs, Foto- und Videogebühr 50/100 Rs.

Gyan-Bhandar-Bibliothek

Unterhalb des **Sambhavanath-Tempels,** in dem das mit vollbusigen Tempeltänzerinnen verzierte Tempeldach auffällt, findet sich in einem engen unterirdischen Raum die Gyan-Bhandar-Bibliothek mit wertvollen, z.T. auf Palmblättern geschriebenen **Jaina-Manuskripten.** Von hier soll ein 16 km langer Tunnel zur alten Hauptstadt Lodhruva führen.
●**Öffnungszeiten:** 8 bis 17 Uhr.

Havelis

Jaisalmer ist ein einziges Freilichtmuseum voller Lebensfülle und exotischer Eindrücke. An jeder Straßenecke bieten sich dem Besucher neue unverwechselbare Motive, und er weiß gar nicht, wo er zuerst hinschauen soll. Dennoch stellen die von reichen Geschäftsleuten erbauten **Wohn- und Geschäftshäuser** *(haveli)* die eigentliche Kostbarkeit Jaisalmers dar. Es gibt diese Havelis zwar auch in anderen Orten Rajasthans, vor allem in der Shekhawati-Region, doch nirgendwo sonst sind sie so betörend schön wie in Jaisalmer. Im weichen und damit leicht zu bearbeitenden Sandstein Jaisalmers haben die muslimischen Handwerker wahre Wunderwerke filigraner Baukunst hervorgebracht, und man muss schon zweimal hinschauen, um zu er-

---

Die Havelis in Jaisalmer zeichnen sich durch besonders filigrane Steinmetzarbeiten an den Sandsteinfassaden aus

Rajasthan

kennen, dass es sich tatsächlich um **Steinmetzarbeiten** und nicht um Holzschnitzkunst handelt.

Salim Singh Haveli

Eines der auffälligsten Kaufmannshäuser ist das um 1815 erbaute Salim Singh Haveli. Der recht schmale Unterbau wird von einem weit auskragenden Obergeschoss mit unzähligen pavillonartigen Kuppeldächern überragt. *Salim Singh Mota* war von 1784 bis 1824 Premierminister, übte jedoch de facto die Macht im Fürstentum aus. Zur Herrschaftssicherung schreckte der Tyrann auch vor der Ermordung zweier seiner Konkurrenten nicht zurück. Um seine herausragende Stellung auch architektonisch zu dokumentieren, plante er, eine Brücke von seinem Haveli zum Palast zu bauen. Schließlich wurde er jedoch von dem bis dahin von ihm abhängigen Maharaja ermordet.

●Das Haveli ist für einen Obolus von 15 Rs (Video 15 Rs) zwischen 8 und 18 Uhr zugänglich. Ein schöner Blick bietet sich auch vom Dach des gegenüber gelegenen Souvenirshops. Dass der Ladeninhaber für diesen Service nachher eine Besichtigung in seinem Geschäft erwartet, ist selbstverständlich – just for looking natürlich.

Natmal ki Haveli

Auch das 1885 erbaute Natmal ki Haveli gehörte einem ehemaligen Premierminister und noch heute wohnen hier dessen Nachkommen. Zwei Brüder waren für die Steinmetzarbeiten verantwortlich. Jeder übernahm einen Flügel des Hauses, und obwohl kein Motiv dieses ungemein detailreich verzierten Gebäudes zweimal vorkommt, wirkt der Bau insgesamt äußerst harmonisch.

Patwon ki Haveli

Das mit Abstand beeindruckendste Haveli ist jedoch das von einem Gold- und Silberhändler errichtete Patwon ki Haveli. Eigentlich sind es fünf Havelis, die der Kaufmann zwischen 1800 und 1860 für seine fünf Söhne errichten ließ. Kaum zu zählen sind die

307fa Foto: tb

unvergleichlich reich verzierten Erker, Pavillons und Balkone der einen ganzen Straßenzug einnehmenden Häuserfassade. Das Patwon ki Haveli wurde in den letzten Jahren zu einem kleinen **Basar** umgebaut. Den Innenhof schmücken riesige Wandbehänge. Qualität und Preise sind hier gleichermaßen hoch. Besonders gegen Sonnenuntergang ist der Anblick vom Dach über die Altstadt auf das Fort unvergesslich.
● **Öffnungszeiten:** 9–19 Uhr, Eintritt/Kamera-/Videogebühr jeweils 10 Rs.

Palast

Etwas südlich des Haupteingangstors zur Stadt, dem Amar-Sagar-Tor, findet sich der Ende des letzten Jahrhunderts erbaute Palast (Bada Vilas) der Herrscher Jaisalmers mit dem schönen, pagodenartigen **Tarsia-Turm** in der Mitte. Der Palast ist noch heute Sitz der Maharajas von Jaisalmer und nicht für die Öffentlichkeit zugänglich.

Gadi Sagar

Etwa einen Kilometer südöstlich der Stadt liegt dieser 1367 zur Wasserversorgung angelegte **See.** In seiner Mitte steht ein hübscher kleiner Pavillon, und speziell frühmorgens, wenn die farbenfroh gekleideten Frauen mit ihren Messingkrügen zum Wasserholen kommen, bietet dieser von vielen Tempeln umstandene See ein idyllisches Bild.

Das mächtige, sehr hübsche **Eingangstor,** welches die kleine Straße zum See überspannt, soll ursprünglich von einer in Jaisalmer geborenen Konkubine während einer ihrer alljährlichen Pilgerreisen erbaut worden sein. Da jedoch auch Angehörige des Hofes den See regelmäßig zu ihren Opferhandlungen aufsuchten und das Passieren des Tores als Schande empfanden, sollte es abgerissen werden. Daraufhin ließ die Konkubine ein Götterbild am Tor anbringen und funktionierte es so zu einem Heiligtum um, das natürlich nicht abgerissen werden konnte. Forthin mussten sich die Hoheiten gezwungenermaßen einen anderen Zugang zum See suchen.

● Zwischen 8 und 21 Uhr können **Ruderboote, Tretboote** und **Shikaras** (Zweisitzer-Gondeln) ausgeliehen werden. Wer auf den See hinausfährt, wird mit sehr schönen Aussichten belohnt. Alle Boote 50 Rs p.P. für 30 Min., in der Nachsaison billiger.

Folklore-Museum und Desert Cultural Centre

Einen kurzen Besuch lohnt das 1984 von dem pensionieren Lehrer *N.K. Sharma* gegründete Folklore-Museum. Das an der Zufahrt zum Gadi Sagar gelegene Haus bietet in seinen sechs Räumen eine über die Jahre liebevoll zusammengestellte Sammlung **rajputischen Kunsthandwerks.** Besondere Beachtung findet dabei die Region um Jaisalmer. Gezeigt werden u.a. traditionelle Kleidungsstücke, Stickereien, Miniaturmalereien, Opiumbehälter, alte Münzen, Briefmarken, Musikinstrumente und Porträts der Herrscherfamilie von Jaisalmer. Mit dem Besuch erhält man nicht nur einen interessanten Einblick in die Kultur West-Rajasthans, sondern unterstützt auch das Lebenswerk des liebenswerten Herrn Sharma. Übrigens gibt es hier auch einen tollen Fotoblick aufs Fort, speziell bei Sonnenauf- und Sonnenuntergang.

Seit kurzem ist ein zweites Museum von Herrn Sharma fertiggestellt, das **Desert Cultural Centre,** in dem Exponate rajasthanischer Kultur zu besichtigen sind. Jeden Abend finden Puppenvorführungen statt (in Englisch 18.30–19.10, Eintritt 30–50 Rs, Kamera 20 Rs, Video 50 Rs). Danach sind jeweils 20 Min. für den Museumsbesuch vorgesehen.
● **Öffnungszeiten Folklore-Museum:** 9–13 und 15–18 Uhr, Eintritt 10 Rs.
● **Öffnungszeiten Desert Cultural Centre:** 10–14 und 16–17 Uhr, Eintritt 10 Rs, Eintritt: 30–50 Rs, Kamera 20 Rs, Video 50 Rs.

Information

● Das **Tourist Office** (Gadi Sagar Rd., Tel.: 252406) befindet sich recht ungünstig etwa 1 km südöstlich der Altstadt Jaisalmers nahe

Rajasthan

Gadi Sagar. Geöffnet ist es tgl. außer So von 8 bis 17 Uhr. Die Zweigstelle am Bahnhof sollte zu den jeweiligen Ankunfts- und Abfahrtszeiten der Züge geöffnet sein, ist dies aber nicht immer.
● Das Tourist Office führt tgl. 9–12 Uhr sowie 15–19 Uhr (Sunset Tour) **Wüstenausfahrten** per Jeep (150 Rs p.P., Minimum 5 Personen) durch. Außerdem werden **Halb- und Ganztages-Kamelsafaris** angeboten.

Stadtverkehr

In Jaisalmer muss jeder Besucher an einer „Mautstelle" vor Einfahrt in die Stadt 20 Rs **Eintrittsgebühr** zahlen.
   Jaisalmer ist so klein, dass man alle Sehenswürdigkeiten zu Fuß erreichen kann. Auch vom Bahnhof in die Altstadt sind es kaum mehr als 15 Minuten.
● **Fahrräder** (3 Rs/Std., 20 Rs/Tag) können an vielen Stellen ausgeliehen werden, sind allerdings im hügeligen Innenstadtbereich nur bedingt von Nutzen.
● Eine **Rikshafahrt** vom Bahnhof zum Forteingang sollte nicht mehr als 20 Rs kosten, zum Gandhi Chowk höchstens 30 Rs.

Unterkunft

In kaum einer anderen Stadt Nordindiens herrscht ein derart verbissener Wettbewerb um die zahlungskräftigen westlichen Touristen wie in Jaisalmer. Das erfährt der Besucher meist schon kurz vor der Ankunft, wenn er im Bus oder Zug von unzähligen **Schleppern** umringt wird. Am Bahnhof angekommen, wartet dann auch noch eine ganze Armada von Jeeps mit unübersehbaren Transparenten des jeweiligen Hotels auf die noch unentschlossene Kundschaft. Hat man sich erst einmal zu einer Jeepfahrt in die Stadt überreden lassen, wird man von einer Unterkunft zur nächsten gekarrt, bis man sich schließlich genervt irgendwo einquartiert hat, wo man eigentlich gar nicht hinwollte. Zudem darf man noch eine saftige Kommission für die Schlepper zahlen. Im Grunde ist es völlig unnötig, sich auf die ganzen Lockangebote von „free transport" bis „best and cheapest

hotel in Jaisalmer" einzulassen, da die Wüstenstadt klein genug ist, um sich in Ruhe nach einem genehmen Hotel umzuschauen.
   Der enorme **Konkurrenzkampf** hat für den Kunden auf der anderen Seite natürlich den positiven Effekt, dass das Preisniveau relativ niedrig ist. Andererseits sind viele Hotelbesitzer, die übrigens oft gar nicht aus Jaisalmer stammen, sondern nur während der Hauptsaison von Oktober bis März die Häuser von Einheimischen gemietet haben, unter einem derartigen Kostendruck, dass sie ihre Gäste unbedingt auf die von ihnen angebotenen Kamelsafaris verpflichten wollen. Es hat sogar schon Fälle gegeben, in denen Touristen, die sich darauf nicht einlassen wollten, zum Verlassen des Hotels aufgefordert wurden.
   Es ist sicherlich nicht leicht, die schwarzen Schafe immer gleich zu erkennen, doch sollte man mit den hier gegebenen Vorüberlegungen in Ruhe aussuchen. Im Folgenden kann nur eine kleine Auswahl der insgesamt über 100 Hotels und Guest Houses gegeben werden. Die Preise sind gerade in Zeiten geringer Auslastung des jeweiligen Hotels verhandelbar.

Low Budget

Viele Billigunterkünfte finden sich in zwei kleinen Gassen, die gegenüber der State Bank of India am Amar Sagar Gate/Gandhi Chowk abzweigen. Zunächst Unterkünfte außerhalb des Forts:
● Sehr populär ist trotz seines vergleichsweise hohen Preises das **Hotel Renuka** € (Chain Pura St., Tel.: 252757, hotelrenuka@rediff mail.com). Das Haus ist im Besitz eines sehr bemühten Ehepaares und bietet vom Dach eine schöne Aussicht. Auch die angebotenen Kamelsafaris werden allgemein gelobt.
● Der Erfolg des Renuka hat die Familie dazu veranlasst, im Jahr 2000 in der gleichen Straße mit dem **Ratan Palace** € (Tel.: 253615) eine zweite Unterkunft zu eröffnen. Die geräumigen, sauberen Zimmer mit modern gestalteten Badezimmern inklusive heißer Dusche bieten ein ausgezeichnetes Preis-Leistungs-Verhältnis.
● Viele positive Bewertungen erhält auch stets das **Hotel Swastika** € (Tel.: 252483) am oberen Ende der Chain Pura Street. Man

Kamelsafaris in die Wüste Thar

Mehrtägige Kamelsafaris in die Wüste Thar mit Ausgangs- und Endpunkt **Jaisalmer** gehören für die allermeisten Individualtouristen zu den Höhepunkten, ja fast schon zum Muss einer Nordindienreise. So findet sich denn auch unter den westlichen Besuchern Jaisalmers kaum jemand, der nicht auf den Rücken eines dieser klassischen Wüstentiere losreiten wollte. Wer dabei aber vom klassischen Lawrence-von-Arabien-Klischee der menschenleeren, sich endlos bis zum Horizont erstreckenden Sanddünen ausgeht, wird am Ende in dieser Beziehung enttäuscht sein. Damit die Reise tatsächlich ein unvergessliches Erlebnis wird, gilt es vor der Buchung einige wichtige Dinge zu beachten.

Zunächst muss man sich im klaren sein, dass Kamelsafaris in Jaisalmer *Big Business* sind. Der Wettbewerb ist dementsprechend verbissen, und unter den zahlreichen Anbietern befinden sich einige schwarze Schafe. Am besten, man erkundigt sich unter bereits von einer Safari zurückgekehrten Reisenden nach ihren Erfahrungen. Derartige aktuelle Informationen aus erster Hand sind unbezahlbar. Fragen sollte man z.B. nach Menge und Qualität des Essens (immer nur *dhal* und Reis oder eine abwechslungsreiche Küche), nach der täglich zurückgelegten Strecke (es gibt Fälle, in denen man gerade drei Stunden pro Tag reitet und den Rest des Tages nichts zu tun hat) oder der Übernachtungsart (unter freiem Himmel – welche Qualität hat der Schlafsack – oder im Zelt). Generell gilt: Je mehr man zahlt, desto mehr Gegenwert erhält man auch. Man kann z.B. nicht erwarten, für einen Preis von 150 Rs pro Tag, von dem das Hotel oder Guest House auch noch eine Vermittlungsgebühr von 30 % einbehält, täglich drei Festmahle serviert zu bekommen. 400 bis 600 Rs pro Tag muss man mindestens für eine anständige Safari zahlen, mit Zelt-

übernachtung bis ca. 800 Rs. Bei Allem, was darunter liegt, muss man mit schlechtem, einfallslosem Essen und missgelaunten, weil unterbezahlten Kameltreibern rechnen. Die Kameltreiber bekommen allerdings immer am wenigsten ab. Ein Trinkgeld am Ende der Tour ist also sicherlich angebracht.

Unbedingt vor Antritt der Safari sollte man sicherstellen, dass man auch wirklich allein auf dem Kamel sitzt. Das sollte eigentlich eine Selbstverständlichkeit sein, doch bei einigen Billiganbietern mussten sich auch schon zwei Touristen ein Kamel teilen.

Da inzwischen die seit vielen Jahren immer wieder begangenen Routen sehr stark frequentiert werden und man kaum noch die Atmosphäre eines einsamen Wüstenausritts genießen kann, sind viele Anbieter dazu übergegangen (und werben auch damit), zusätzlich zum Üblichen auch „unberührte" Wüstenabschnitte aufzusuchen. Allerdings muss diese Unberührtheit gelegentlich mit Eintönigkeit der Landschaft und weniger Sehenswürdigkeiten bezahlt werden, sodass einige Teilnehmer dieser Touren schon nach zwei Tagen leicht gelangweilt waren. So muss also immer ein Kompromiss zwischen Vielfalt der Landschaft mit Sehenswürdigkeiten in ausgetretenen Pfaden und Unberührtheit in eintönigerer Umgebung gefunden werden. Auch hier hört man sich am besten bei schon zurückgekehrten Teilnehmern um.

Eine der am häufigsten durchgeführten Safaris dauert zweieinhalb Tage und beginnt am Mittag des ersten Tages mit einer Jeepfahrt zu den **Sam-San-Dünen**, wo man meist mit Hunderten von anderen Touristen einen Sonnenuntergang in einer Bilderbuchkulisse erlebt. Während der folgenden zwei Tage, in denen man verlassene Wüstenstädte und Tempelanlagen wie **Amar Sagar**, **Lodruwa** und **Mul Sagar** passiert, wird das Bild jedoch eher von kars-

Rajasthan

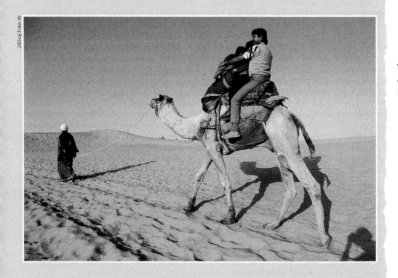

285raj Foto: tb

tigen, weit weniger spektakulären Landschaften bestimmt. Speziell in der Hauptreisesaison (von November bis März) ist es
eher die Regel als die Ausnahme, gelegentlich anderen Karawanen zu begegnen.

Wer beabsichtigt, eine längere Safari zu
unternehmen, sollte auf jeden Fall vorher
einmal probereiten. **Kamelreiten** sieht romantisch aus, ist jedoch sehr **anstrengend,**
besonders für den Rücken und dessen Verlängerung. Es gibt nicht wenige, die deswe-
gen nach euphorischem Beginn bereits am
zweiten Tag aufgeben. Gerade deshalb ist
es besonders wichtig, eine weiche Sattel-
auflage wie etwa einen Wollpullover mitzunehmen. Selbiger ist auch für die oft sehr
kühlen Nächte unter freiem Himmel nützlich. Außerdem sollte man eine Wasserflasche, Wasserentkeimungstabletten, eine

Kopfbedeckung (Turban ist ideal), Taschenlampe und Sonnencreme auf die Tour mitnehmen. Das wichtigste jedoch ist gutes
Sitzfleisch.

Einen seit Jahren guten Ruf in der Traveller-Szene hat der so genannte, allerdings
auch etwas teurere „Mr. Desert" (Adventure Travel Agency, Tel.: 252558, www.ad
venturecamel.com, adventurecamel@ya
hoo.co.in), der meist in der Nähe des
Eingangstores zum Jaisalmer-Fort auf Kunden wartet. Auch die vom Hotel Renuka
veranstalteten Safaris (s. Unterkunft) werden von Travellern gelobt. Die verlässlichsten und aktuellsten Infos über Seriosität
und Leistungen der Anbieter erhält man bei
gerade von einer Safari zurückgekehrten
Reisenden.

kann wählen zwischen sauberen Zimmern mit Bad und Schlafsaal.

● Etwas weit weg vom Schuss, aber dafür um so angenehmer wohnt man im **Hotel Rajdhani** € (Tel.: 252746) in der Nähe des Patwon ki Haveli. Die Zimmer sind nicht gerade billig, haben dafür jedoch eine heiße Dusche, und man kann sich in aller Ruhe auf die Atmosphäre Jaisalmers abseits des großen Touristenstromes einlassen. Zudem bietet sich speziell am Nachmittag vom Dach des Hauses ein schöner Blick auf das Fort.

● Etwas abseits der Touristenmeile im Süden des Forts erhält man erstaunlich viel für sehr wenig Geld im einfacheren **Hotel Samrat** €-€€ (Tel.: 251498, sorabkhan@yahoo.com) inkl. Fortblick vom Dachrestaurant. Im angeschlossenen Neubau wohnt man komfortabler.

Mehr Atmosphäre bieten natürlich die innerhalb des Forts gelegenen Unterkünfte, auch wenn dann naturgemäß der Blick aufs Fort wegfällt. Der Blick in die Ferne ist aber oft umso imposanter.

● Ein gutes Preis-Leistungs-Verhältnis bieten die insgesamt 7 Zimmer (4 mit angeschlossenem Bad) des **Hotel Temple View** €-€€ (Tel.: 252832, jaisalmertempleview@hotmail. com). Alle sind liebevoll eingerichtet, besonders zu empfehlen sind die teureren mit schönem Blick auf den Jain-Tempel.

● Ganz in der Nähe haben schon die billigen der teilweise sehr schön eingerichteten Zimmer des 450 Jahre alten **Desert Haveli** €-€€ (Tel.: 251555, hoteldeepak@rediff.com) mit gemütlichem Dachrestaurant tolle Ausblicke zu bieten – sicher eine der besten Billigadressen Jaisalmers.

● Die billigste Unterkunft im Fort selbst bietet das reichlich versteckt direkt an der Fort-Mauer gelegene **Deepak Rest House** € (Tel.: 252665). Die verschachtelten und verwinkelten Räume vermitteln einen gemütlichen Eindruck. Von den insgesamt 14 Zimmern, die meisten mit Gemeinschaftsbad, ist die Nr. 9 das schönste, weil es über einen eigenen kleinen Balkon verfügt. Im Schlafsaal kann man ebenfalls nächtigen und unter freiem Himmel auf dem Dach bekommt man den tollen Sternenhimmel fast geschenkt.

● Ebenfalls sehr preiswert sind die Zimmer, teils Gemeinschaftsbad, des **Hotel Desert** € (Tel.: 250602, ajitdeserthotel@yahoo.com), dennoch mit weiten Ausblicken in die Wüste.

● In dieselbe Preisklasse gehört auch das etwas bessere und damit spottbillige **Millenium Guest House** € (Tel.: 251674, milleni um_jaisalmer@yahoo.com).

● Das am südwestlichen Ende des Palastvorplatzes gelegene **Paradise Hotel** €-€€€ (Tel.: 252674, hotelparadise_jsm2001@yahoo.co. in) ist eine der alteingesessenen und erfolgreichsten Unterkünfte im Fort. Die Qualität, Größe, Ausstattung und Aussicht der 24 um einen großen Innenhof angelegten Zimmer variiert recht stark, wobei die teureren auch die empfehlenswerteren sind. Insgesamt macht die Anlage einen weitläufigen und großzügigen Eindruck.

Budget

● Eine der schönsten Unterkünfte dieser Preisklasse im Fort ist das **Desert Boys Guest House** €-€€€ (Tel.: 253091, desert_p@yahoo. com). Die individuell und sehr gemütlich gestalteten Zimmer mit Bad, Balkon und weitem Blick in die Ferne sowie ein gutes Dachrestaurant sind die Pluspunkte.

● Mit weiten Ausblicken aus den Fenstern in der Fortmauer, schönen und sauberen Zimmern sowie einem luftigen Dachrestaurant kann das 700 Jahre alte Haveli des **Suraya Paying Guest House** €-€€€ (Tel.: 252558, ad venturecamel@yahoo.co.in) aufwarten – viel für wenig Geld.

● Das vielfach gelobte, von vier Brüdern geführte **Shahi Palace** €-€€€ (Shiv Rd., Tel.: 255920, shahipalace@yahoo.co.in, www.sha hipalacehotel.com) bietet geschmackvoll eingerichtete Zimmer, eine ruhige Lage an der westlichen Außenmauer des Forts und tolle Aussichten vom Rooftop. Gute Kritiken erhalten auch die vom Haus angebotenen Kameltouren.

● Eine der schönsten Adressen innerhalb dieser Preiskategorie ist das im Nordwesten des Forts gelegene **Hotel Victoria** €€ (Tel.: 252150, hotelvictoria@rediffmail.com). Es überzeugt mit hübsch eingerichteten Zimmern, tadellosen Badezimmern und einer angenehmen Atmosphäre.

Rajasthan

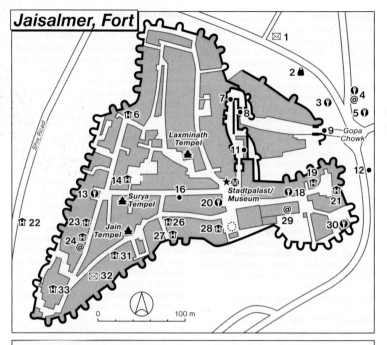

Jaisalmer, Fort

Laxminath Tempel

Shiv Road

Surya Tempel

Jain Tempel

Stadtpalast/ Museum

Gopa Chowk

0 ——— 100 m

		Unterkunft			
🏠	6	Hotel Desert	⚑	18	Little Tibet Restaurant
🏠	14	Hotel Chandra Niwas	⚑	20	8th of July Restaurant
🏠	19	Hotel Killa Bhawan	⚑	30	Restaurant Surya
🏠	21	Suraya Paying Guest House			
🏠	22	Shahi Palace			**Sonstiges**
🏠	23	Desert Boys Guest House	✉	1	Postamt
🏠	24	Deepak Rest House	🔒	2	Gemüsemarkt
🏠	26	Hotel Shreenath Palace	@	4	Joshi Cybercafé
🏠	27	The Desert Haveli	⚑	5	Fort View Restaurant
🏠	28	Hotel Paradise	•	7	Ganesh Pol
🏠	31	Hotels Suraj, Temple View	•	8	Surya Pol
🏠	33	Hotel Jaisal Castle	•	9	Akhey Pol
					(Haupteingangstor)
		Essen und Trinken	•	11	KK Travels
⚑	3	Bhang Shop	•	12	Adventure Travel Agency
⚑	4	German Bakery	•	16	Ganesh Travels
⚑	13	Ristorante Italiano	@	24	Desert Boys Cybercafé
		La Purezza	@	29	Desert Cyber Inn
			✉	32	Postamt

Tourist Class

● Äußerst familiär und romantisch geht es in den beim Jain-Tempel im Fort gelegenen Hotels **Suraj** €-€€ (Tel.: 251623) und **Shreenath Palace** €€ (Tel.: 252907, shreenath52907@hot mail.com) zu. Beide sind um 400 Jahre alte Rajasthan-Häuser, deren große Zimmer mit Holzdecken, Wandgemälden und kleinen Erkern sehr stilvoll eingerichtet sind. Der günstige Zimmerpreis im Shreenath erklärt sich durch die Tatsache, dass keines der Zimmer (alle mit Balkon) über ein eigenes Bad verfügt, was allerdings kaum störend wirkt, da die Gemeinschaftsbäder sehr sauber sind und beide Hotels meist nur wenige Gäste beherbergen.

● Die ruhige und gleichzeitig zentrale Lage etwas zurückversetzt vom Gandhi Chowk, das atmosphärereiche, fast 300 Jahre alte Haveli und die traditionelle Einrichtung der 14 um einen Innenhof angelegten Zimmer machen das Hotel **Nachana Haveli** €€€-€€€€ (Tel.: 252110, Fax: 251910, nachana_haveli@ yahoo.com) zu einer der besten Adressen in dieser Preiskategorie.

● Mit sehr liebevoll eingerichteten Räumen und teilweise tollen Ausblicken kann das **Killa Bhawan** €€€-€€€€ (Tel.: 251204, kbhawan@ya hoo.com), ebenfalls im Fort, aufwarten.

First Class und Luxus

● Einige der besten hochklassigen Unterkünfte befinden sich westlich von Jaisalmer. Etwa 1 km westlich der Stadt bietet der alte, sehr schön restaurierte **Jawahar Niwas Palace** €€€€€ (Tel.: 252288, Fax: 250175, jawaharni waspalace@yahoo.com) mit prunkvoll ausgestatteten Zimmern Luxus vom Feinsten mit Pool (200 Rs für Nicht-Gäste) – sehr hübsch.

● Von den Resorts macht das **Rang Mahal** €€€€€ (Tel.: 250907-9, Fax: 251305, info@ hotelrangmahal.com, www.hotelrangmahal. com) ca. 2 km westlich von Jaisalmer den überzeugendsten Eindruck. Die großzügige Anlage, natürlich mit Coffee Shop, Traveldesk, Internetcafé, Billard, großem Pool und hervorragenden Büffets, ist trotz seiner Größe oft ausgebucht, also reservieren.

● Das um einen schönen Swimmingpool (200 Rs für Nicht-Gäste) angelegte **Gor**bandh **Palace Hotel** €€€€€ (Tel.: 251511, Fax: 252749) nebenan bietet ähnliche Ausstattung zu fast gleichem Preis. Die 64 Zimmer des Sandsteinbaus haben traditionelle rajasthanische Architekturmerkmale und sind über verschiedene Gebäudetrakte verteilt.

● Ähnlich in Preis und Ausstattung ist das ca. 3 km südlich Jaisalmers gelegene **Fort Rajwada** €€€€€ (Tel.: 253233, Fax: 253733).

Essen und Trinken

Dem Ansturm westlicher Touristen folgte der Siegeszug westlicher Essgewohnheiten. Das hat zu dem kuriosen Ergebnis geführt, dass es heutzutage in einer Stadt, die bis vor fünfzehn Jahren kaum ein Westler zu Gesicht bekommen hat, wesentlich einfacher ist, Müsli, Spaghetti, Pizzas und Kuchen zu bestellen als authentisches indisches Essen. Andererseits hat man die Auswahl zwischen einer Reihe sehr schön gestalteter Lokale, wobei sich besonders die Dachgartenrestaurants bei den Touristen großer Beliebtheit erfreuen. Die größte Ansammlung empfehlenswerter Restaurants findet sich am Gandhi Chowk beim Amar Sagar Gate.

● Am auffälligsten sind dabei das **The Trio** und das **Saffron**, welches auf dem Dach der in einem sehr schönen, alten Haveli untergebrachten State Bank of India platziert ist. In beiden preislich etwas höher anzusiedelnden Restaurants mit Blick aufs Fort werden bei abendlicher Live-Musik köstliche Gerichte serviert.

● Keine Live-Musik und keine großartigen Ausblicke bietet das **Kalpana Restaurant,** ebenfalls am Gandhi Chowk gelegen. Dafür gibt es sehr leckeres und preiswertes Essen, sodass sich das Lokal in den letzten Jahren zu einem der Favoriten in der Traveller-Szene entwickelt hat.

● Dasselbe gilt für das **Little Tibet** im Fort, bietet es doch auf seiner umfangreichen Speisekarte eine Vielzahl sehr schmackhafter Gerichte. Zusätzlicher Vorteil: der Blick vom Dach.

● Eine gute Restaurantadresse ist das etwas versteckt im 1. Stock gelegene **Seema Restaurant** gegenüber dem Salim Singh Ki Haveli (Blick auf eben dieses und aufs Fort). Besonders zu empfehlen sind das superleckere, frisch gebackene Brot aus dem eigenen Lehmofen und das *palak paneer.*

●Wer hat nach Wochen indischen Essens nicht Lust auf Pizza, Pasta, Espresso oder Cappuccino? Das ganze auch noch authentisch, in angenehmer Atmosphäre, mit schönen Ausblicken und preiswert. Das **Ristorante Italiano La Purezza** findet sich im westlichen Teil des Forts. Ähnlich gut ist **Krishna's Boulangerie** in der Nähe der Jain-Tempel.

●Von den diversen **„German Bakeries"** sei besonders das am Gopa Chowk nahe dem Forteingang gelegene **Joshi,** gleichzeitig ein Internetcafé, hervorgehoben.

●Allein die tolle Aussicht im Dachrestaurant im **Fort View Hotel** lohnt einen Besuch, auch wenn das Essen eher durchschnittlich ist.

●Das **Natraj** schräg gegenüber vom Salim Singh Haveli bietet sich für all jene an, die dem Touristenauflauf um den Gandhi Chowk entgehen möchten.

●Zwar außerhalb der Stadtmauern, dafür am stilvollsten isst man im **Desert Boy's Dhani.** Das stilistisch sehr gelungene Gartenrestaurant bietet köstliche vegetarische Gerichte zu günstigen Preisen.

●Sehr schön sitzt man im **8th of July Restaurant** direkt oberhalb des Schlossplatzes im Fort. Ein idealer Ort, um bei einem Tee mit Kuchen das gemächliche Leben an sich vorbeiziehen zu lassen.

●Das **Surya Restaurant** in der südöstlichen Ecke des Forts ist vor allem wegen der gemütlichen Atmosphäre zu empfehlen. Am schönsten sitzt (liegt) es sich auf dem kleinen Balkon mit herrlichem Blick über die Stadt. Das Essen ist eher durchschnittlich.

●Zu erwähnen ist noch der staatlich zugelassene (!) **Bhang-Shop** am Gopa Chowk. *Lassis* mit „Schuss" kosten zwischen 30 und 40 Rs. Auch Kekse und anderes Süßes sind geladen, also Vorsicht.

Einkaufen

Der Tourismusboom der letzten Jahre zog neben Hotels und Restaurants auch unzählige Souvenirshops im Schlepptau nach Jaisalmer. An Shopping-Versuchungen besteht also kein Mangel, wobei sich die bis zu 3x5 m großen, mit **Spiegelchen verzierten Decken** als besondere Verkaufsschlager erwiesen haben. Je nach Qualität und Größe werden hierfür zwischen 500 und 5.000 Rs verlangt. Besonders astronomisch sind die Preise im Patwon-ki-Haveli, wo sie sehr eindrucksvoll vom obersten Stockwerk des Innenhofes bis zum Erdgeschoss herunterhängen. Gern gekauft wird auch der schwere **Silberschmuck** der Nomaden, der sich allerdings wohl eher als Dekorationsobjekt denn zum Tragen eignet. Verhältnismäßig billig, zumindest wenn man in den Läden abseits der Hauptstraße kauft, kann man **Kleidungsstücke aus Kamelleder** wie z.B. Hüte, Gürtel und Schuhe erstehen. Ein hübsches, zudem preiswertes Souvenir sind die vielfach leuchtend bunten **Turbane.** Auf jeden Fall sollte man kräftig feilschen und selten glauben, welche Qualitäten den Produkten zugeschrieben werden.

Rajasthan

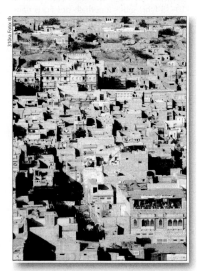

310ra Foto: tb

Blick vom Fort auf
die Wüstenstadt Jaisalmer

●Wer sich zunächst einen Überblick über das Kunsthandwerk Rajasthans verschaffen möchte, sollte sich im **Jaisalmer Handicrafts Emporium** am Amar Sagar Gate umschauen.

Bank

●Die **Bank of Baroda** am Gandhi Chowk und die **State Bank of Bikaner & Jaipur** (Mo–Fr 10–14 und 15–16, Sa 10–12.30 Uhr) tauschen Travellerschecks und Cash.
●Private Geldwechsler wie **P.S. Securities** (tgl. 10–20.30 Uhr), **Chinnu Forex** und **LKP Forex** (Tel.: 253679, 9.30–19.30 Uhr), alle drei am Gandhi Chowk, wechseln Bares und Reiseschecks, außerdem erhält man gegen 2 % Gebühr auf Visa- und Mastercard Geld. Auch bei den guten Hotels gibt's natürlich Foreign Exchange für die Gäste.

Post

Briefe und Karten gibt man am besten beim kleinen Postamt am Gopa Chowk direkt im Zentrum ab. Eine weitere Filiale (Mo–Sa 10–15 Uhr) gibt's innerhalb des Forts nahe dem *Desert Boys Guest House.*

Zwei Touristen beklagten sich darüber, dass ihre in Jaisalmer aufgegebenen Pakete auch nach 5 Monaten noch nicht in der Heimat eingetroffen waren. Vielleicht liegt's an der Abgeschiedenheit der Wüstenstadt. Man wartet also besser bis Jaipur oder Delhi mit dem Verschicken von Souvenirs.

Internet

●Als typischer Travellerort ist Jaisalmer natürlich gut mit Internetcafés (20–30 Rs/Std.) versorgt. Ein gutes ist das **Joshi Cybercafé** am Gopa Chowk, das praktischerweise auch eine German Bakery betreibt. U.a. ist hier auch das Auslesen des Memorysticks der Digitalkamera und Brennen auf CD möglich.
●Das kann auch **Desert Cyber Inn** (100 Rs inkl. CD) im Fort, das zudem gutes Equipment zum Surfen für 40 Rs/Std. bereitstellt.

Fest

●Ebenso wie das Elefantenfest von Jaipur ist auch das jedes Jahr im Januar/Februar stattfindende **Desert Festival** in Jaisalmer eine Erfindung cleverer Tourismusmanager und beruht nicht auf einem traditionellen Hintergrund. Turban-Wettbinden und Tauziehen sind denn auch nur alberne Entgleisungen, doch ansonsten sind die Kamelrennen und vor allem die herrlich geschmückten Wüstenbewohner schon einen Besuch wert. Nächster Termin: 19.–21. Feb. 2008.

An- und Weiterreise

Bahn

●Das Reservierungsbüro am Bahnhof (Tel.: 252354, 251301) ist von 8–20 Uhr geöffnet.
●Folgende Verbindungen sind von touristischer Bedeutung: Mit dem 4060 JSM DEE Exp. ab Jaisalmer um 15.30 Uhr, **Osian** (an 20.05 Uhr), **Jodhpur** (an 21.50 Uhr), **Jaipur** (an 4.55 Uhr) bis **Delhi Sarai Rohilla** (an 11.30 Uhr).
●Nachts verbindet der 4809 JSM JU Exp. Jaisalmer (Abf. 23.15 Uhr) mit **Jodhpur** (Ank. 5.15 Uhr). Von Jodhpur der 4810 JU JSM Exp.: Jodhpur ab 23.15 Uhr, Jaisalmer an 5.15 Uhr.
●Der aus **Delhi** kommende, in Jodhpur um 6 Uhr haltende 4059 DEE JSM Exp. sollte, wenn möglich, nicht benutzt werden, da er oft viele Stunden Verspätung hat bzw. ganz ausfällt.

Bus

●Obwohl der **Busbahnhof** in der Nähe des Bahnhofs liegt, starten alle Busse auch vom City Bus Stand an der Kreuzung vor dem Amar Sagar Gate.
●Nach **Jodhpur** (6 Std., 100/125 Rs semi-/deluxe) fahren tgl. 8 Express-Busse zwischen 5.30 und 22.30 Uhr.
●Nach **Udaipur** und **Chittorgarh** gibt's keine staatlichen Direktbusse. In Jodhpur muss umgestiegen werden.
●Mit einem der tgl. 3 Express-Busse (6.30, 14 und 20.30 Uhr) benötigt man 6–7 Std. nach **Bikaner** (145 Rs für Deluxe-Busse).

Rajasthan

- Nach **Jaipur** (260 Rs) über **Jodhpur** und **Ajmer** (9 Std., 200 Rs) sind es mit dem Deluxe-Bus 12–13 Std.
- Nach **Mt. Abu** (11 Std.) fahren tgl. zwei Direktbusse um 5.30 Uhr und 12.30 Uhr.
- Nach **Bikaner** tgl. 3 Busse um 6.30, 14 und 20.30 Uhr in 7 Stunden.
- Privatanbieter bieten dieselben Strecken an, allerdings ist häufig ein Umsteigen in Jodhpur nötig, wo man dann evtl. ein Problem mit der Anerkennung des weiter geltenden Tickets haben kann.

Umgebung von Jaisalmer

Eine gute Möglichkeit, die zahlreichen Sehenswürdigkeiten in der näheren und weiteren Umgebung von Jaisalmer im Rahmen einer Halbtagestour zu erleben, bieten die von diversen Reisebüros angebotenen **Jeeptouren** (Kostenpunkt: 800 bis 1.000 Rs).

Amar Sagar

Die hübsche Gartenanlage im Nordwesten Jaisalmers mit einem kleinen Palast, Tempeln und Chattris stammt aus dem 17. Jh. Der dazugehörige See ist nur wenige Monate im Jahr mit Wasser gefüllt. Bis zum nächsten Monsun, wenn sich die Senke wieder auffüllt, werden Seerosen und Gemüse gezogen. Am besten erhalten sind die nach einem aufwendigen Restaurationsvorhaben im alten Glanz erstrahlenden Jain-Tempel mit ihrem immer wieder beeindruckenden Skulpturenreichtum (Eintritt 10 Rs, Kamera 50 Rs, Video 100 Rs).

Bada Bagh   ⌐ IV/A3

Die 5 km nördlich, inmitten einer kleinen Oase gelegenen Kenotaphe der Herrscher von Jaisalmer lohnen vor allem am späteren Nachmittag einen Besuch, wenn die Abendsonne die aus gelbem Sandstein gefertigten Pavillons in ein sanftes Licht hüllt. Im Übrigen bietet sich ein schöner Blick auf die am Horizont auftauchende Altstadt von Jaisalmer. Die Grabsteine der verstorbenen Adligen zeigen neben einem stolz reitenden Rajputenkrieger auch die – selbstverständlich wesent-

lich kleiner dargestellten – Umrisse der mit ihm auf dem Scheiterhaufen verbrannten Frauen (Eintritt 10 Rs, Kamera 10 Rs, Video 20 Rs).

Lodhruva   ⌐ IV/A3

Von Lodhruvas ehemaliger Größe als der Hauptstadt der Bhati-Herrscher, bevor sie nach Jaisalmer umzogen, zeugt nur noch ein sehr schön restaurierter Jain-Tempel. In seinem Inneren verbirgt sich mit einem Wunschbaum, dem so genannten Kalpavriksha, eine seltene Kostbarkeit. Zu diesem aus Kupfer gefertigten Baum mit Blättern, Früchten und Vögeln pilgern viele Jains, um für die Erfüllung ihrer Wünsche zu beten. Ansonsten scheinen die aus alten Reiseberichten überlieferten Paläste, Tempel und zwölf Stadttore des 16 km nordwestlich von Jaisalmer gelegenen Lodhruva über die Jahrhunderte im Wüstenstaub versunken zu sein.

Sam Sand Dunes

Sanddünen bis zum Horizont, in goldenes Licht gehüllt vom Schein der untergehenden Sonne – wer diesem Wüsten-Klischee frönen will, der muss sich zu den 42 km südwestlich von Jaisalmer gelegenen Sam Sand Dunes aufmachen. Allerdings sollte man sich vorher darüber im Klaren sein, dass Hunderte anderer Touristen den gleichen Wunsch haben. Dementsprechend marktschreierisch geht es dort zu: Aufdringliche Kameltreiber sind zugegen, die einen unbedingt zum Ritt in den Sonnenuntergang überreden wollen, Musiker, die um die Wette fiedeln und singen, sowie Verkäufer, die alles – von traditioneller Kleidung über Musikinstrumente bis zur Miniaturmalerei – verkaufen wollen. Da muss man schon weit laufen, um sich dem jahrmarktähnlichen Trubel zu entziehen.

Khuri

↗ IV/A3

Das 40 km südwestlich von Jaisalmer gelegene Khuri war lange Zeit eine friedvolle Wüstenoase abseits ausgetrampelter Touristenpfade. Tatsächlich bietet das von halbnomadischen Bewohnern aus der Rajputenfamilie der Sodhas bewohnte Dorf einen interessanten Einblick in die Bau- und Wohnweise eines traditionellen Wüstendorfes im Westen Rajasthans. Von einer Lehmmauer umgeben, stehen die meisten Häuser inmitten eines kleinen Hofes, der mit einer zementartigen Masse ausgelegt ist, dessen Hauptbestandteil Kuhdung ist. Sehr hübsche geometrische Ornamente verzieren die Eingänge der weiß gekalkten, runden Lehmbauten.

Leider hat sich Khuri in den letzten Jahren zu einem zweiten Sam Sand Dunes entwickelt. Auch wenn die Touristenzahlen bei weitem noch nicht so hoch sind, ist die ursprüngliche Atmosphäre einem ungehemmten Profitdenken gewichen. Niemand wird den Einwohnern übelnehmen, dass sie am Touristeninteresse profitieren wollen, doch wer nach Khuri kommt, um unverfälschtes Dorfleben zu sehen, ist hier falsch. Wer das weiß und darauf eingestellt ist, kann noch immer Gewinn aus dem Besuch ziehen. Besonders der Ritt auf einem Kamel durch die Sandwüste zu den in der Umgebung aufragenden Sanddünen, von wo sich ein herrlicher Blick auf die untergehende Sonne bietet, ist für viele ein unvergessliches Erlebnis.

Unterkunft

(Vorwahl: 03014)

● Als eine typische Übernachtungsmöglichkeit steht das vom freundlichen Herrn *Singh* geführte **Badal House** €€ (Tel.: 03014-274042) zur Verfügung. Wie bei allen anderen Unterkünften handelt es sich um Lehmhütten, die um einen Innenhof angelegt wurden. Der Übernachtungspreis schließt drei Mahlzeiten ein. Der Besitzer organisiert auch Kamelsafaris zum Preis von 300 Rs pro Tag.
● Alternativen, ebenfalls inkl. Mahlzeiten, sind die spartanischen **Khuri Guest House** € (Tel.: 274044), **Sodha Guest House** € (Tel.: 274003) oder **Rajputana Desert Resorts** €, die alle

über einfach ausgestattete Rundhütten verfügen, sowie **Mama's Guest House** € (Tel.: 274023) im Dorfkern.

An- und Weiterreise

● Vier hoffnungslos überfüllte **Busse** am Tag legen die Strecke (20 Rs) in 2 Std. zurück.

Bikaner

↗ IV/B2

(ca. 550.000 Einwohner, Vorwahl: 0151)

Bis vor wenigen Jahren lag die 1488 nach ihrem Begründer Rao Pikaji, einem Sohn des Herrschers von Jodhpur, benannte Stadt noch im touristischen Abseits, doch inzwischen profitiert sie quasi als Trittbrettfahrer von der enormen Popularität der 300 km westlich gelegenen Wüstenstadt Jaisalmer. Viele Reisende legen hier, von Delhi oder Shekhawati kommend, einen Zwischenstopp ein und so sind die Touristenzahlen in den letzten Jahren kontinuierlich gestiegen.

Tatsächlich hat sie mit einem der am besten ausgestatteten Forts Rajasthans und der in ganz Indien einmaligen, etwa 10 km außerhalb liegenden Kamelzuchtfarm auch zwei Sehenswürdigkeiten zu bieten. Insgesamt jedoch wirkt die sehr weitläufige Stadt recht spröde. Allerdings findet auch hier ein sehenswertes **Camel Festival** statt (nächster Termin: 21./22. Jan. 2008, www.camelfestival.com).

Sehenswertes

Junagarh Fort

Mag Bikaner auch nicht zu den schönsten Städten Rajasthans gehören – der Stadtpalast ist zweifelsohne einer der schönsten überhaupt. Zwei besondere Merkmale unterscheidet das Fort von den meisten anderen Palästen Rajasthans: Es liegt weder erhöht auf einem Bergrücken oder Felsplateau, noch war die Anlage Ausgangspunkt für die sich daran ansiedelnde Stadt, denn sie wurde erst über 100 Jahre nach der Stadtgründung erbaut.

Rajasthan

Man betritt die von einem Wassergraben und einer 986 m langen, 20 m hohen und bis zu 9 m breiten Mauer umgebene Palastanlage durch das von zwei riesigen Elefanten flankierte Suraj Pol. An den nächsten beiden Toren (Daulat Pol und Karan Pol) finden sich ähnlich wie im Meherangarh Fort in Jodhpur die Handabdrücke der Frauen, die ihren fürstlichen Ehemännern nach deren Ableben auf dem Scheiterhaufen mehr oder weniger freiwillig folgten und so zu Satis wurden.

Durch eine kleine Unterführung betritt man den Eingangshof zum Palast. Im nun folgenden Gewirr der unzähligen Empfangsräume, Höfe, Hallen, Schlafräume, Dachterrassen und Tempel wäre der Besucher hoffnungslos verloren, und so wird man von gut ausgebildeten Führern durch die Palastanlage geleitet.

Begonnen wurde mit dem Bau der Palastanlage Ende des 16. Jh. unter Raja Singh (1571–1611), der zu einem der mächtigsten Heerführer Akhbars zählte. Er und seine Nachfolger, die als letzte treue Vasallen auf Seiten des letzten, verhassten Mogul-Herrschers Aurangzeb standen, steckten ihr in Kriegszügen angesammeltes Vermögen in den weiteren Ausbau dieses Palastes.

Besonders sehenswert sind der Phul Mahal und Chandra Mahal (Blumenpalast und Mondpalast) aus dem 18. Jh. mit ihren sehr schönen Spiegelintarsien und Wandmalereien. Interessant ist auch der Hari Mandir, der Haupttempel des Palastes, in dem die fürstlichen Hochzeiten und Geburten zelebriert wurden.

●**Öffnungszeiten:** 10 bis 16.30 Uhr, Eintritt 100 Rs (inkl. Museum), Kamera 30 Rs, Video 100 Rs.

Ganga Golden Jubilee Museum

Dieses etwa 2 km östlich des Forts beim Gandhi-Park gelegene Museum befindet sich in einem Rundbau, der zur Hälfte von Verwaltungsbüros belegt ist. Im Innern finden sich ein buntes Sammelsurium von archäologischen Funden aus der Harappa- und Gupta-Periode. Als Einzelstücke fallen ein Seidenumhang des Mogul-Herrschers Jehangir sowie eine Miniatureisenbahn mit reich ausgeschmückten Wohn-, Arbeits- und Schlafwaggons ins Auge. Englischsprachige Erläuterungen finden sich leider nirgends, der recht lange Anfahrtsweg lohnt nur für wirklich kulturhistorisch interessierte Besucher.

●**Öffnungszeiten:** tgl. außer Fr 10–16.30 Uhr.

Jain-Tempel

Der Jain-Tempel stellt eine Besonderheit dar. Ungleich allen anderen bekannten Jain-Tempeln besitzt er keine plastische Ausschmückung, keine Skulpturen. Er ist im Inneren jedoch, ähnlich den Miniaturen in Bundi, mit fantastischen, ausgezeichnet erhaltenen Aufputzmalereien ausgeschmückt. Auch kann der „Turm" bestiegen werden, was ebenfalls sehr ungewöhnlich ist.

Lalgarh-Palast

Etwa 3 km nördlich der Stadt liegt dieser zwischen 1902 und 1926 von Maharaja Ganga Singh erbaute Palast, der wegen seiner festungsartigen Architektur und seines Baumaterials auch Red Fort genannt wird. Äußeres Erscheinungsbild, Bauzeit, Ambiente und heutiger Verwendungszweck des Gebäudes erinnern stark an den Umaid Bhawan in Jodhpur.

Das riesige Bauwerk beeindruckt durch seine exquisite Innenausstattung und perfekte Bearbeitung. Der Lalgarh-Palast ist heute in drei Bereiche unterteilt: die Privaträume des Maharajas, ein Luxushotel und ein Museum. Bekannt aus vielen anderen Rajputenpalästen sind die Waffen- und Trophäensammlung, wirklich beeindruckend ist jedoch die ausgezeichnete Fotogalerie, die einen hervorragenden Einblick sowohl in das private wie öffentliche Leben der Maharajas zur Zeit der britischen Besatzung gewährt.

●**Öffnungszeiten:** tgl. außer Mi 10–17 Uhr, Eintritt 20 Rs.

Information

●Das **Touristenbüro** (Tel.: 2544125) befindet sich im Hotel Dhola Mara und wird von einem äußerst freundlichen und hilfsbereiten Angestellten geleitet. Geöffnet ist es tgl.

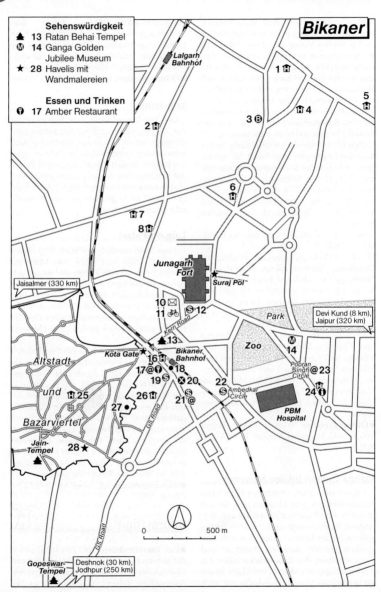

Bikaner

Sehenswürdigkeit
- ▲ 13 Ratan Behai Tempel
- Ⓜ 14 Ganga Golden Jubilee Museum
- ★ 28 Havelis mit Wandmalereien

Essen und Trinken
- ❶ 17 Amber Restaurant

Lalgarh Bahnhof

1 ⌂

5 ⌂

2 ⌂

3 Ⓑ

⌂ 4

6 ⌂

⌂ 7

8 ⌂

Junagarh Fort

★ Suraj Pôl

Jaisalmer (330 km)

10 ✉

11 🚲 ⑤ 12

Park

Devi Kund (8 km), Jaipur (320 km)

Kern Road

▲ 13

Zoo

Ⓜ 14

Kota Gate ★

16 ⌂

Bikaner Bahnhof

17 ❶❶ ● 18

19 ⑤

✕ 20

22

Pooran Singh Circle ❶ 23

Ambedkar Circle ⑤

24 ⌂ ❶

Altstadt- und

⌂ 25

26 ⌂

27 ●

21 ⑤ ❶

GS Road

PBM Hospital

Bazarviertel

Jain-Tempel

28 ★

0   500 m

Gopeswar-Tempel

Deshnok (30 km), Jodhpur (250 km)

GS Road

Rajasthan

Unterkunft

🏛	1	Hotel Basant Vihar Palace
🏛	2	Bhairon Vilas
🏛	4	Hotel Lalgarh Palace
🏛	5	Karni Bhawan Palace
🏛	6	Harasar Haveli
🏛	7	Marudhar Hotel
🏛	8	Vinayak Guest House
🏛	16	Hotels Amit, Green, Joshi und
		Deluxe mit Restaurant
🏛	24	Hotel Dhola
🏛	25	Hotel Bhanwar Niwas
🏛	26	Hotel Marudhar Heritage

Sonstiges

Ⓑ	3	Busbahnhof
✉	10	Postamt
🚲	11	Fahrradverleih
💲	12	Corporation Bank ATM
@	17	New Horizon
●	18	Polizei
💲	19	Bank of Baroda
✪	20	Uhrturm, Taxistand
💲@	21	ICICI ATM, Reliance Webworld
💲	22	State Bank of Bikaner & Jaipur
@	23	Cyber City
❶	24	Tourist Reception Centre
●	27	Gefängnis

außer So von 9 bis 17 Uhr. Hier können auch Guides zum Preis von 300 Rs für zwei Stunden vermittelt werden.

●Sehr informativ ist die website **www.realbikaner.com**.

Stadtverkehr

●Vom 3 km nördlich des Stadtzentrums am dem Lalgarh-Palast gelegenen Busbahnhof bis zum Bahnhof sollte es mit der **Autoriksha** 20 Rs kosten, vom Bahnhof zum Junagarh Fort maximal 10 Rs und ebensoviel zum Tourist Bungalow.

●**Tempos** verkehren auf den Hauptstrecken zwischen Bahnhof und Altstadt und Busbahnhof.

●Für ca. 30 Rs pro Tag kann man sich gegenüber vom Bahnhof **Fahrräder** leihen. Eine sehr gute Alternative, sich in Bikaner fortzubewegen.

Unterkunft

●Von den zahlreichen recht spartanischen Hotels um den Bahnhof ist das **Hotel Joshi** €€ (Tel.: 2527700, Fax: 2521213, hotel joshi@rediffmail.com) mit recht guten EZ/ DZ akzeptabel. Die hinteren Räume sind allerdings wegen der vorn entlangführenden, lauten Station Road vorzuziehen.

●Eine der angenehmsten Unterkünfte in der unteren Preiskategorie ist das wegen seiner freundlichen Besitzer und der einfachen, aber sauberen Zimmer mehrfach von Lesern empfohlene **Vinayak Guest House** € (Tel.: 2202634 oder (0)9414430948, vinayakguest house@gmail.com). Da es nicht ausgeschildert ist, sollte man anrufen.

●Mit dem **Meghsar Castle** €-€€€ (Tel.: 2527315, Fax: 2522041, www.hotelmeghsar castle.com) findet sich eine für den Preis gut geführte Unterkunft an der Gajner Rd. im Norden der Stadt. Neben großen, wenn auch etwas altmodischen Zimmern verfügt es über ein Gartenrestaurant und Internet-Anschluss.

●Ein sehr empfehlenswertes Mittelklassehotel ist das **Harasar Haveli** €€€ (Tel.: 2209891, Fax: 2525150, www.nivalink.com/ harasar) in der Nähe der Karni Singh am Stadion. Da die verschiedenen Zimmer in Größe und Ausstattung stark variieren, sollte man sich zunächst mehrere anschauen. Die Dachterrasse mit Blick auf die Stadt und leckerem indischen Essen bietet sich zum Verweilen an.

●Ein gutes Preis-Leistungs-Verhältnis bietet das Hotel **Marudhar Heritage** €€-€€€ (Tel.: 2522524, Fax: 2201334) in der Gangashar Rd., nicht weit vom Bahnhof. Die sauberen Zimmer in dem angenehmen Haus sind teilweise mit AC ausgestattet.

●Das **Hotel Lalgarh Palace** €€€€ (Tel.: 2523963, Fax: 2522253), der Palast des Maharajas von Bikaner, sieht zwar auf den ersten Blick recht imposant aus, doch bei näherem Hinsehen entpuppen sich viele Räume im Inneren als etwas abgewohnt und muffig. Die seltsame *Trophy Bar* ist ein Bier wert.

●Eine ausgezeichnete Wahl in der mittleren Preiskategorie ist das in einem alten Pratizierhaus untergebrachte **Bhairon Vilas** €€-€€€ (Tel./Fax: 2544751, hbhairon@rediffmail.com).

Die stilvoll eingerichteten Zimmer in dem fast 200 Jahre alten Gebäude, das hervorragende hauseigene Restaurant und die Atmosphäre einer untergegangenen Epoche – das alles zu einem vergleichsweise günstigen Preis!

● Der nur 300 m vom Lalgarh Palace entfernte **Basant Vihar Palace** €€€€ (Tel.: 2528162) wurde ursprünglich als Lustschloss errichtet und bietet große, komfortable Zimmer.

● Mitten im Altstadtzentrum liegt das stilvoll renovierte Hotel **Bhanwar Niwas** €€€€-€€€€€ (Tel.: 261880, www.bhanwarniwas.com). Die 12 Zimmer sind mit erlesenem Mobiliar ausgestattet und nicht gerade billig. Das in einem schönen Marwari-Haveli untergebrachte Heritage Hotel ist sein Geld jedoch allemal wert.

● Eine gute Wahl ist das in den 1940er Jahren vom Maharaja im Art-Deco-Stil errichtete **Karni Bhawan Palace Hotel** €€€-€€€€ (Tel.: 2524701, Fax: 2522408). Das in einem weitläufigen Garten gelegene, rot-weiße Gebäude hat 20 hübsch eingerichtete Zimmer.

Essen und Trinken

● Das saubere und klimatisierte **Metro Restaurant & Beer Bar** südlich des Junagarh Fort versorgt mit indischer und chinesischer Küche sowie Pizza.

● Mit dem **Deluxe Restaurant** (südindische und chinesische Küche sowie Eis) und dem vegetarischen **Amber Restaurant** etwa gegenüber finden sich zwei akzeptable Gaststätten in der Station Rd.

Bank und Internet

● Die **State Bank of Bikaner & Jaipur** (Ambedkar Circle, Mo–Sa 12–16 Uhr) wechselt Bares und Reiseschecks, die **Bank of Baroda** (Mo–Fr 10–14, Sa 10–12.30 Uhr) nur das zweite. Die **ATMs** der Corporation Bank und der ICICI-Bank verarbeiten die wichtigen Kreditkarten bis auf AmEx.

● Das Internet ist bei **New Horizon,** eine Straße an der Station Rd. hinein, und bei **Reliance Webworld** an der Station Rd. für 20 Rs/Std. zugänglich.

An- und Weiterreise

Bahn

Die wichtigsten Verbindungen finden sich im Anhang.

Bus

Der Busbahnhof befindet sich etwa 3 km nördlich der Stadt. Wer also aus dem Süden anreist, sollte sich schon vor Erreichen des Busbahnhofs absetzen lassen.

● Viele Verbindungen nach **Ajmer** (113 Rs, 7 Std., mehrere über Pushkar), **Jaipur** (7 Std., über Fatehpur und Sikar) und **Jodhpur** (6 Std., alle Jodhpur-Busse halten am Rattentempel von Deshnok).

● Nach **Jhunjhunu** 2 Direktbusse um 11 und 14.30 Uhr (5 Std., diese Busse fahren weiter bis Delhi).

● Weitere Verbindungen u.a. nach **Udaipur** (12 Std., Abf. 18.30 Uhr), **Agra** (12 Std., Abf. 5 Uhr) und **Jaisalmer** (8 Std., 2 Direktbusse um 5.30 und 12.15 Uhr).

Umgebung von Bikaner

Devi Kund ⚐ IV/B2

Die von einer Mauer eingegrenzten Totengedenkstätten für die Herrscher von Bikaner, 8 km östlich der Stadt, wirken mit ihren verspielten Kuppeldächern aus Ziegeln, Sandstein oder Marmor und den sie stützenden reich ornamentierten, freistehenden Säulen eher wie heitere Sommerpavillons. Am beeindruckendsten ist der weiße Marmorchattri von *Maharaja Sardhul Singh* (1943–49).

● Mit der **Autoriksha** sollte die Hin- und Rückfahrt etwa 60 Rs kosten.

Kamelzuchtfarm

Die 10 km nördlich Bikaners gelegene, staatliche Kamelfarm ist die einzige ihrer Art in ganz Asien und führt die Tradition des le-

gendären Kamelkorps Ganga Rissala fort, mit dem Maharaja Ganga Singh im Ersten Weltkrieg an der Seite der Engländer gegen die Türken kämpfte. Auch heute noch werden Kamele für die Einheit der Border Security Force gezüchtet, doch vornehmlich kommen die Wüstentiere bei Paraden und Filmaufnahmen zum Einsatz.
● **Geöffnet** 15–17 Uhr. Für Hin- und Rückfahrt mit der **Autoriksha** inkl. einstündiger Wartezeit sollte man mit ca. 70 Rs rechnen, mit dem Taxi 120 Rs.

Karni-Mata-Tempel (Rattentempel) in Deshnok ↗ IV/B2

Einer der bizarrsten Tempel Nordindiens findet sich an der Straße nach Jodhpur, 36 km südwestlich von Bikaner. Abscheu und Neugierde zugleich sind wohl – zumindest für Westler – die beherrschenden Gefühle beim Gang durch die sehr schöne, von Maharaja Ganga Singh gestiftete, silberbeschlagene Eingangstür. Ein ekelerregender Gestank und tausendfaches Gequieke beherrschen das Innere des einer Inkarnation der Göttin Durga geweihten Tempels. Hervorgerufen wird diese wenig einladende Atmosphäre von Tausenden von Ratten und Mäusen, die im Tempelkomplex verehrt und gefüttert werden. Als besonders glücksverheißend gilt der Anblick der äußerst seltenen weißen Ratten. Manche Reisende finden einen Ausflug interessant, andere weniger. Weitere Informationen zu Deshnok und zum Rattentempel gibt es unter www.karnimata.com.
● Der Tempel ist von 4 bis 22 Uhr geöffnet, Kameragebühr: 20 Rs, Videogebühr 50 Rs. Zwei **Busse** stündlich fahren vom Busbahnhof in Bikaner nach Deshnok (Fahrtzeit ca. 1 Std.). Mit dem **Taxi** sind es für Hin- und Rückfahrt inkl. Wartezeit ca. 300 Rs.

Nagaur ↗ IV/B3

Wer von Bikaner Richtung Jodhpur reist, erreicht nach 110 km die vom Tourismus unberührte, alte Rajputenstadt Nagaur. Nur im Januar/Februar, wenn hier ein viertägiger, großer Kamelmarkt stattfindet, zu dem Tausende farbenfroh gekleideter Wüstenbewohner strömen, lassen sich in der malerischen Altstadt, die von einer mächtigen Schutzmauer umschlossen ist, einige Westler blicken (nächster Termin: 13.–16.2.2008). Zu diesem Zweck errichtet das Tourist Office eine Zeltstadt für die Unterbringung von Pauschaltouristen. Viele ziehen die Nagaur Fair der wesentlich bekannteren Pushkar Fair wegen ihrer ursprünglicheren Atmosphäre vor. Doch selbst wenn man das von jahrmarktähnlichen Vergnügungen begleitete Fest nicht erleben kann, lohnt die malerische Altstadt und das unter anderem aus Spenden des Ghetty-Fonds und des Maharajas von Jodhpur herrlich restaurierte Ahichatragarh Fort (Eintritt 50 Rs, Kamera/Video 25/100 Rs) mit einem reich bemalten Palastkomplex im Innern unbedingt einen Besuch.

Unterkunft

● **Hotel Bhaskar** € (Station Rd., Tel.: 01582-240100) hat einfache Zimmer mit Hocktoiletten.
● Etwas besser ist das **Hotel Sujan** € (Tel.: 01582-240283) in Fortnähe.
● Neben den oben erwähnten Zelten können zur Nagaur Fair auch teure Zeltunterkünfte, die so genannten **Royal Tents** €€€€€ (Reservierung über Balsamand Palace in Jodhpur, Tel.: 0291-2571991), reserviert werden.

An- und Weiterreise

● Es verkehren stündlich **Busse** von und nach Jodhpur, Fahrtzeit etwa 3 Std.

Shekhawati

Überblick

Der Name der Wüstenrandzone zwischen Delhi, Bikaner und Jaipur beruht auf dem Rajputenherrscher *Rao Shekhaja,* der hier 1471 ein kleines Fürstentum gründete. Die **Marwaris,** wie die Bewohner dieser Region genannt werden, häuften mit der ihnen eigenen Kombination aus Geschäftstüchtigkeit und Sparsamkeit recht schnell einen bescheidenen Wohlstand an. Hierbei schlugen sie vor allem aus der geografisch sehr günstigen Lage ihrer Provinz Nutzen, die am Knotenpunkt bedeutender Handelsrouten lag, die bis nach China, Afghanistan und Persien führten. Durch den intensiven Handel mit Gold, Juwelen, Seide und anderen wertvollen Gütern reich geworden, versuchten sich die einzelnen Kaufmannsfamilien durch den Bau prunkvoller Wohn- und Geschäftshäuser, den so genannten **Havelis,** gegenseitig zu übertrumpfen.

Alle in diesem Abschnitt aufgeführten Städte liegen relativ nahe beieinander, mit Maximalentfernungen von 60 km, und werden derart häufig von Direktbussen angefahren, dass auf deren Erwähnung im Folgenden verzichtet wird. Wen beim Herumreisen in der Region die oft überfüllten Busse stören, der kann sich für ca. 750 Rs/ Tag (Verhandlungsgeschick) per Taxi fortbewegen. Allerdings sollten die Bedingungen vor Fahrtantritt genau geklärt sein, was sich bei den oft geringen bis nicht vorhandenen Englischkenntnissen der einheimischen Fahrer als schwierig erweisen kann.

Jhunjhunu ⤢ V/C2

Die Distrikthauptstadt des Shekhawati bietet sich aus vielerlei Gründen als Ausgangspunkt für die Erkundung der Region an. Als eine der größten Städte des Shekhawati verfügt sie mit mehreren empfehlenswerten Hotels, einer Bank sowie dem einzigen und zudem hervorragenden Touristenamt der Region über eine vergleichsweise gute touristische Infrastruktur, liegt relativ zentral, sodass alle

Rajasthan

weiteren Städte innerhalb kurzer Zeit zu er-reichen sind, und ist zudem nur sieben Stun-den Zugfahrt von Delhi entfernt. Schließlich berherbergt die Stadt einige der beein-druckendsten Gebäude im Land der bemal-ten Havelis. Man nimmt an, dass die Stadt mit dem ungewöhnlichen Namen von den Jats gegründet wurde. Mitte des 15. Jh. wurde sie von *Muhammed Khan*, dem Anführer der Ka-mikhani-Nawabs, eingenommen, die das herrschende Geschlecht Jhunjhunus blieben, bis 1730 *Sardul Singh*, ein Rajputenfürst, der zu seiner Zeit der ranghöchste Minister am Hofe der Nawabs war, einen Putsch durch-führte. Seither ist Jhunjhunu Distrikthaupt-stadt und einer der wohlhabendsten Orte der Region.

Sehenswertes

Den besten Überblick über die Stadt ver-schafft man sich von einem festungsähn-lichen **muslimischen Gebäudekomplex** (Ba-dalgarh) unterhalb des hoch aufragenden Ka-na-Hügels. Ursprünglich Ende des 17. Jh. vom Nawab *Fazl Khan* als Stallung für seine Pferde und Kamele gebaut, denen im Krieg die ent-scheidende Bedeutung beikam, umschließen die massiven Mauern heute neben mehreren Mausoleen muslimischer Heiliger, einer Mo-schee und einer Koranschule auch das Grab des Sohnes von *Major Henry Foster*, der Mitte des 19. Jh. nach Jhunjhunu geschickt wurde, um die immer einflussreicher werdenden lo-kalen Räuberbanden zu eliminieren.

Weiter unterhalb des Grabbereichs steht mit dem **Khetri Mahal** einer der architekto-nisch beeindruckendsten Bauten der ganzen Shekhawati. Errichtet wurde der elegante Pa-last 1760 von *Bhopal Singh*, einem Enkel *Sar-dul Singhs*. Eine Rampe führt im Zickzack durch die verschiedenen Stockwerke, sodass der Hausherr mit seinem Pferd bis zum Dach

reiten konnte. Als eine Art natürlicher Klima-anlage wurden anstelle von Wänden meist Marmorsäulen verwendet, sodass der Wind frei zirkulieren konnte. Während die ocker-farbenen Fresken um das Eingangstor und im Innenhof des um 1735 von Sardul Singh er-richteten Gopinath-Tempel aus der Frühpha-se stammen, wurden jene im Inneren, in der Nähe des Schrein erst Ende des 19. Jh. aufge-tragen. Das sehr hübsche, um zwei Innenhö-fe angelegte Haveli von *Nurudin Farooqi* ist eines der schönsten muslimischen Kauf-mannshäuser der Region. Im Unterschied zu den meisten anderen Gebäuden sind hier keine Menschen, sondern nur dekorative Muster und Blumen abgebildet.

Eines der schönsten Kaufmannshäuser Jhun-jhunus ist das **Kaniram Narsinghdas Tib-rewala Haveli** aus den achtziger Jahren des 19. Jh. Neben Fresken, die Handwerker bei der Arbeit, Handelsleute und Züge zeigen, findet sich auch ein Europäer mit einem klei-nen Hund auf seinem Schoß. Das **Modi Ha-veli**, einige Meter weiter entlang der Basar-straße, weist schöne Motive an den Außen-

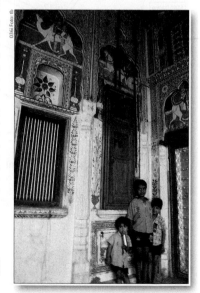

Im Innenhof eines wunderschön bemalten Haveli im Shekhawati

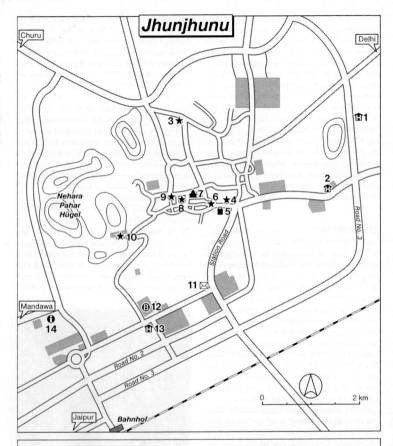

Jhunjhunu

	Sehenswürdigkeit		Unterkunft
★	**3** Mertanyi Baori (Stufenbrunnen)	🏠	**1** Jamuna Resort
★	**4** Modi Haveli	🏠	**2** Hotel Shiv Shekavati
★	**6** Kaniram Narsinghdas	🏠	**13** Hotel Sangam
▲	**7** Sri-Bihariji-Tempel		
★	**8** Tibrewala Haveli		**Sonstiges**
★	**9** Khetri Mahal	▮	**5** Nehru-Markt
★	**10** Dargah	⊠	**11** Post
		Ⓑ	**12** Busbahnhof
		❶	**14** Tourist Office

Rajasthan

wänden auf. Während diese 1896 gemalt wurden, müssen die Autoszenen im Innenhof späteren Datums sein.

Besuchenswert ist auch der sehr große **Sri-Bihariji-Tempel,** bei dem besonders die an der Südwand aufgemalten Szenen aus dem Ramayana beeindrucken. Den größten **Stufenbrunnen** der Stadt (Mertanyi Baori) ließ die Witwe Sardul Singhs, *Mertanyi*, 1750 erbauen. Insgesamt 159 Stufen führen zu dem 32 m tiefen und 17 m breiten Baori hinunter. Zweifelsohne ein imposanter Anblick, doch dass der schöne Schein durchaus trügerisch sein kann, verdeutlicht neben dem durch diverse Exkremente hervorgerufenen Gestank die Aufzeichnungen eines britischen Beamten, der 1831 über die Wasserqualität Folgendes zu berichten wusste: „Jene, die das giftige Wasser getrunken hatten, mussten sich innerhalb von zwei Stunden übergeben und starben wenig später." Also: Micropur nicht vergessen!

Information

●Das **Tourist Office** (Tel.: 015972-232909, tgl. 10–17 Uhr) befindet sich an der Straße nach Mandawa und damit leider ungünstig, weil recht weit vom Zentrum entfernt.

Stadtverkehr

●Zwischen Stadtzentrum, Busbahnhof und Bahnhof pendeln sowohl Tempos als auch viersitzige Autorikshas. Eine Autoriksha kostet ca. 10 Rs vom Stadtzentrum zum Busbahnhof und 20 Rs zum Bahnhof.

Unterkunft

(Vorwahl: 015972)
●Das **Hotel Sangam** € (Tel.: 232544) gegenüber vom Busbahnhof macht einen freundlichen, gepflegten Eindruck und bietet saubere EZ/DZ – hervorragendes Preis-Leistungs-Verhältnis! Man sollte sich nur in den hinteren Zimmern einquartieren, da vorn die lauten, stinkenden Busse den Ton angeben.
●Das **Shekhawati Heritage** €€ (Tel.: 237134, 235727, shekhawati_heritage@yahoo.com) liegt etwa 300 m vom Busbahnhof entfernt, 22 Zimmer.

●Ein gutes Mittelklassehotel ist das **Shiv Shekhawati** €€-€€€ (Tel.: 235727, 232651, www.shivshekhawati.com/shiv) im Ortszentrum mit 20 geräumigen, um einen Innenhof angelegten EZ/DZ.
●Die mit Abstand schönste Unterkunft ist das **Jamuna Resort** €€€-€€€€ (Tel.: 232871, www.shivshekhawati.com/jamuna). Die Anlage besteht aus ca. 10 sehr schönen, im traditionellen Stil erbauten Bungalows, von denen alle mit einem Cooler ausgestattet sind. Zur angenehmen Atmosphäre trägt neben dem gepflegten Garten auch der hauseigene Swimmingpool bei. Sehr empfehlenswert, wenn auch nicht gerade billig, ist das angeschlossene Restaurant.

An- und Weiterreise

●Eine schnelle **Bahnverbindung** nach **Delhi** bietet der 9734 Shekhawati Exp.: Abf. Jhunjhunu 22.27 Uhr, Delhi Sarai Rohilla an 5.40 Uhr. Umgekehrte Richtung: Der 9733 Shekhawati Exp. verbindet Jhunjhunu (Abf. 5.06 Uhr) mit **Jaipur** (an 10.20 Uhr) über **Dundlodh** (an 5.48 Uhr), **Nawalgarh** (an 6.07 Uhr), **Sikar** (an 7.08 Uhr) und **Chomu** (für Samode, an 9.39 Uhr).
●Abgesehen von den vielen **Bussen** in die benachbarten Orte des Shekhawati bestehen fast stündliche Verbindungen von und nach **Delhi** (5 Std.), **Jaipur** (4 Std.) und **Bikaner** (5,5 Std.).

Der besondere Tipp:

Mandawa ♫ V/C2

Wie kaum ein anderer Ort vermittelt das 24 km westlich von Jhunjhunu gelegene verschlafene Wüstenstädtchen Mandawa den einzigartigen, romantischen Charme des Shekhawati. Beim Wandern durch die ungepflasterten Gassen wähnt man sich in einer mittelalterlichen Filmkulisse und kann die zahlreichen wundervoll dekorierten Havelis wie ein Bilderbuch an sich vorbeiziehen lassen.

Sehenswertes

Den Mittelpunkt der Stadt bildet das inzwischen in ein sehr stilvolles Hotel umgebaute **Fort.** Die Bauarbeiten begannen im Jahr der Stadtgründung 1760, doch die meisten Gebäudeteile stammen aus der Mitte des letzten Jahrhunderts. Selbst wer hier nicht wohnt, sollte sich die hübschen Räume anschauen und das **kleine Museum** im Haus besuchen. Im Übrigen bietet sich vom Dach des Hotels ein herrlicher Blick auf Mandawa.

Unter den zahlreichen beeindruckenden Handelshäusern der Stadt ragt das wunderschöne **Gulab Rai Ladia Haveli** heraus. Über und über ist es mit vielfältigen, teilweise erotischen Szenen bemalt. Das um 1870 erbaute Schmuckstück ist in den verwinkelten Altstadtgassen südwestlich des Forts nicht leicht zu finden, doch ein touristisch bereits recht erfahrenen Mandawa warten viele Tourist Guides darauf, einen herumzuführen. Allerdings sind sie offensichtlich von den vornehmlich italienischen und französischen Pauschaltouristen derart verwöhnt, dass sie recht abenteuerliche Summen verlangen. Mehr als 20 Rs pro Stunde sollte man dennoch nicht zahlen, da man sonst das Gehaltsgefüge durcheinanderbringt.

Das ebenfalls reich bemalte **Lakshminarayan Ladia Haveli** gleich nebenan weist vor allem religiöse Szenen auf. Zwei weitere sehr schöne Havelis finden sich entlang der Basarstraße mit dem 1910 erbauten **Bansidhar Nerwatia Haveli** und dem älteren **Akhramka Haveli** (1880). Bei der Motivsuche finden sich u.a. Flugzeuge, Fahrräder, Teleskope und ein Junge beim Telefonieren. Aber auch traditionellere Bilder wie Kamele, Pferde und Jagdszenen sind zu sehen.

Im Südwesten Mandawas ist das **Jhnunjhunuwala Haveli** einen Abstecher wert. Besonders der überaus reich mit Goldmalerei ausgestattete Empfangsraum beeindruckt.

Von der ursprünglichen Stadtmauer ist kaum noch etwas erhalten geblieben, und so existiert mit dem **Sonilia Gate** nur noch eines der ehemals vier Stadttore. Der Raum in der Spitze des Tores ist mit sehr schönen Wandmalereien des letzten großen Freskenmalers des Shekhawati, *Balu Ram,* geschmückt. Sehr eindrucksvoll wirken auch die unmittelbar neben dem Tor platzierten Chattris lokaler Geschäftsleute.

Vor allem frühmorgens, wenn die bunt gekleideten Frauen ihre Wasserbehälter füllen, ist der 1850 erbaute **Harlalka-Brunnen,** der ebenfalls von den gestaltungsfreudigen Künstlern bemalt wurde, einen Besuch wert.

Unterkunft, Essen und Trinken

(Vorwahl: 01597)

●Eine sehr schöne Billigunterkunft ist das **Hotel Shekhawati** €–€€ (Tel.: 223036, hotel shekawati@sify.com). Jedes Zimmer ist mit hübschen Wandmalereien verziert; auf dem Dachterrassenrestaurant werden schmackhafte Gerichte serviert.

●Das **Mandawa Haveli** €€€ (Tel.: 223088, hotelmandawahaveli@yahoo.com) ist ein sehr geschmackvoll eingerichtetes, 180 Jahre altes Kaufmannshaus und für viele die schönste Unterkunft des Ortes. Das im Jahr 2000 zum Hotel umgebaute Haus verfügt über zehn mit schönen Wandmalereien verzierte Zimmer. Der exzellente Service, die familiäre Atmosphäre und die friedliche Ruhe runden das äußerst positive Gesamtbild ab.

●Stilvoll ist das in einem alten Haveli untergebrachte **Heritage Mandawa** €€€–€€€€ (Tel.: 223742, Fax: 23243). Auch hier sind die Zimmer mit Wandmalereien verziert und können schmackhafte Mahlzeiten zu allerdings überhöhten Preisen eingenommen werden. Der hilfsbereite Manager ist bemerkenswert.

●Erste Adresse ist das **Castle Mandawa** €€€€ (Tel.: 223124, Fax: 223171, www.castlemanda wa.com). Sicherlich eine sehr stilvolle Adresse, doch die Zimmer variieren stark. Besonders die EZ sind recht klein geraten. Schön ist das Abendessen unter freiem Himmel bei Live-Musik.

●Eine nahezu preisgleiche, sehr schöne Alternative für den Fall, dass das Castle durch Pauschaltouristengruppen belegt ist, bietet das unter gleichem Management stehende Hotel **The Desert Resort Mandawa** €€€–€€€€ (Tel.: 223151, Fax: 223151). Die etwas außerhalb auf einem Hügel gelegene, sehr schön gestaltete Anlage verfügt über einen Pool und strahlt eine angenehm, friedvolle Atmo-

Rajasthan

sphäre aus. Man sollte eine Übernachtung in den stilvollen Bungalows einem Zimmer im Haupthaus vorziehen.

● Am Main Market lockt das **Paawana** mit authentischer indischer Küche in fröhlicher Atmosphäre. Ein *thali* kostet 120 Rs. Leider ist's etwas fliegenreich.

An- und Weiterreise

● Jhunjhunu ist der nächste **Bahnhof** mit Verbindungen nach Delhi, Jaipur und Bikaner (siehe dort).

● Häufige **Busverbindungen** u.a. nach Jhunjhunu, Fatehpur und Nawalgarh und eine Direktverbindung nach Bikaner (3 Std., Abfahrt 9 Uhr).

Der besondere Tipp:
Ramgarh   ⤢ V/C2

Ein britischer Offizier, der 1841 von Mandawa nach Ramgarh reiste, beschrieb seine erste Begegnung mit Ramgarh wie folgt: „Der erste Eindruck von Ramgarh, wenn man es etwa eine halbe Meile vor der Ankunft über den Sanddünen erspäht, ist einzigartig und scheint alle Träume von Tausendundeiner Nacht Wahrheit werden zu lassen. Die einzelnen mit hübschen Motiven bemalten Häuserwände zusammen mit den Torbögen und Chattris vor dem Hintergrund der Wüste ergeben eine einzigartig entrückende Kulisse." Würde der Kolonialbeamte heute noch einmal das kleine Wüstendorf besuchen, er bräuchte seine Worte nicht zu revidieren. Noch heute sind die Touristen vom unverfälschten Charme der 1791 von einer wohlhabenden Kaufmannsfamilie, den *Poddars*, gegründeten Stadt begeistert. Diese waren vom 20 km nördlich gelegenen Churu hierher übergesiedelt, nachdem der Thakur den für sie besonders lohnenden Woll-Handel mit einer Steuer belegt hatte. In ihrem Stolz gekränkt, legten sie mit dem Bau besonders prachtvoller Havelis ihren Ehrgeiz daran, Churu in den Schatten zu stellen. Dieses Vorhaben ist ihnen voll und ganz gelungen. Kein

anderer Ort des Shekhawati, ja wahrscheinlich der ganzen Erde, weist eine derartige Konzentration an Wandmalereien auf wie das kleine Ramgarh, das nicht einmal über ein Hotel verfügt.

Berühmt ist das Städtchen darüber hinaus für die Vielzahl der hier hergestellten, meist kunstvoll verzierten **Holzmöbel.** Dementsprechend finden sich unzählige Geschäfte, die gerade den vermeintlich kaufkräftigen westlichen Touristen ihre Produkte verkaufen wollen. Vieles wird dabei als antik angepriesen, was es mit Sicherheit nicht ist und überdies sei an dieser Stelle noch einmal darauf hingewiesen, dass man sich beim Kauf echter Antiquitäten am Ausverkauf der Region beteiligt.

Eingang eines Haveli

Sehenswertes

In der Nähe des Busbahnhofs stehen die **Grabstätten** der *Poddars*, die verschwenderischsten Chattris aller Kaufmannsfamilien im Shekhawati. Leider wurden sie vor einigen Jahren mit einem hässlichen Metalltor verschlossen, sodass die schönen, das Kuppeldach zierenden Fresken mit Motiven aus dem Ramayana nicht zu sehen sind. Man kann sich dafür an den Wandmalereien in den schräg gegenüber liegenden Gedenk- und Grabstätten schadlos halten.

Genaues Hinschauen lohnt auch bei den auf den ersten Blick vielleicht nicht so spektakulären Läden entlang der Main Bazaar Road, speziell in der Nähe des Bushalteplatzes. Das ganz in der Nähe gelegene kleine **Poddar Haveli** besticht vor allem durch seine kräftigen Naturfarben, die zur Zeit seiner Fertigstellung 1850 besonders beliebt waren.

Auffällig leuchtend helle Farben haben sich durch den geringen Lichteinfall auch im Keller des etwas weiter nördlich gelegenen **Ram-Lakshman-Tempels** erhalten.

Eines der herausragensten und größten Havelis war im Besitz der äußerst wohlhabenden Familie der *Tarachand Ghanshyamdas*. Entsprechend dem Baujahr 1853 dominieren auch hier in Ocker gehaltene Wandmalereien die Fassade.

Ein ebenso krasses wie betrübliche Beispiel für die Rücksichtslosigkeit, mit der die **Gier nach Antiquitäten** befriedigt wird, zeigt ein kleines Haveli im Nordwesten Ramgarhs in der Nähe des Churu Gate. Hier wurden die filigran verzierten Fensterrahmen und die Eingangstür einfach herausgebrochen. Bleibt nur zu hoffen, dass solch schändliche Taten durch das Ansteigen des Tourismus in der Shekhawati-Region in den nächsten Jahren nicht noch mehr zunehmen.

An- und Weiterreise

● Die meisten Direktverbindungen per Bus bestehen von **Fatehpur** und **Mandawa.** Von **Jhunjhunu** kann man zunächst bis **Bissau** fahren und von dort die restlichen 10 km mit einem weiteren Bus.

317ra Foto: tb

Fatehpur

⬈ V/C2

Fatehpur, 10 km westlich von Mandawa, wurde ähnlich wie Jhunjhunu von 1451 bis 1731 von muslimischen Nawabs aus dem Hause *Kamikhani* regiert, ehe der letzte Nawab, *Sadar Khan*, von *Shiva Singh*, dem rajputischen Herrscher Sihars, besiegt wurde. Die jahrhundertealte muslimische Vergangenheit ist auch heute noch sehr lebendig. Die Stadt gehört sicherlich nicht zu den attraktivsten des Shekhawati, ist aber dennoch einen Zwischenstopp wert, zumal die schönsten Havelis auf engem Raum zusammenliegen.

Klein, aber fein ist das um einen einzigen Innenhof errichtete **Mahaver Prosad Goenka Haveli**. Mehr noch als die Wandbemalungen an der Fassade beeindrucken die religiöse Themen aufnehmenden Wandgemälde im Innenraum. Verstärkt wird der Eindruck noch durch die hübschen Spiegelverzierungen, mit denen die Wände geschmückt sind.

Ein besonders anschauliches Beispiel für die sich im Lauf der Zeit auffällig wandelnde Motivwahl der Künstler, weg von religiösen Themen hin zu neuzeitlichen Erfindungen wie Autos, Telefonen und Flugzeugen, ist das **Jagannath Singhania Haveli**. Während die Malereien auf der Rückseite aus der Zeit um 1850 stammen, wurden die Bilder auf der Fassade und im Vorhof Ende des 19. Jh. aufgetragen.

Kulturhistorisch interessant ist auch ein Bild im Vorhof des **Ram Gopal Ganeriwala Haveli**. Das Motiv – Krishna in einer Tanzszene – ist identisch mit einem Aufkleber, mit dem eine mit Indien Handel treibende Baumwollfabrik aus Manchester in England Werbung betrieb.

Das **Gomiram Jalan Haveli** unterstreicht mit seinen Fresken aus dem Jahr 1912, wie sehr die Motivwahl jener Zeit von europäischen Ereignissen bestimmt war. So kann man sich u.a. über die Bilder einer europäischen Hochzeitsfeier amüsieren und die Krönungszeremonie von *George V.* miterleben.

Unterkunft

●Das **RTDC Haveli Hotel** €-€€€ (Tel.: 01571-230293) ist eine akzeptable Unterkunft am südlichen Rand der Stadt. Gut ist das hauseigene Restaurant.

An- und Weiterreise

Bahn:
●Vom östlich der Stadt gelegenen Bahnhof 4 Züge tgl. nach **Churu** (einer davon weiter nach **Bikaner**) und **Sikar** (2 weiter bis Jaipur).

Bus:
●Von den zwei nahe beieinander gelegenen Busbahnhöfen halbstündliche bis stündliche Verbindungen nach **Sikar, Churu, Nawalgarh, Ramgarh, Mandawa** und **Jhunjhunu**. Außerdem Busse nach **Jaipur, Bikaner** (3,5 Std.) und **Delhi** (6 Std.).

Sikar

⬈ V/C2

Da das 1687 von *Daulat Singh* gegründete Sikar recht schnell vom 115 km entfernten Jaipur zu erreichen ist und zudem über gute Bus- und Bahnverbindungen nach Bikaner und Delhi verfügt, wird es von vielen Shekhawati-Reisenden als Verkehrsknotenpunkt genutzt. Es gehört zwar nicht gerade zu den attraktivsten Orten der Region, besitzt aber dennoch einige interessante Bauwerke.

Auffällig viele Handelshäuser sind mit **blauen Fresken** geschmückt. All diese Havelis können erst nach 1860 bemalt worden sein, da die synthetische blaue Farbe in jenen Jahren von Deutschland nach Indien gelangte. Begierig wurde sie von den statusbewussten Kaufmannsfamilien verwendet, konnte man so doch beweisen, dass man seiner Zeit ein Stück voraus war. Ein besonders schönes Beispiel hierfür bietet das **Din Dayal Biyani Haveli**. Die **Jubilee Hall** ließ *Ras Raja Madho*

Unterwegs im Shekhawati, der Wüstenrandzone zwischen Delhi, Bikaner und Jaipur

Rajasthan

Singh 1897 zur Feier der fünfzigjährigen Thronbesteigung *Queen Victoria's* errichten.

Sein Vorgänger, *Pratap Singh*, ließ 1845 den **Palast** erbauen, der heute im Besitz eines Geschäftsmannes ist, dem der hervorragende Zustand des Gebäudes zu verdanken ist. Besonders gelungen ist der heute als Büroraum genutzte Chini Mahal („Zuckerpalast"), der mit außergewöhnlich schönen Porzellankacheln geschmückt ist, auf denen vornehmlich höfische Motive zu sehen sind.

Während das fast vollständig verfallene **Fort** wegen der guten Aussicht von den Mauern einen Besuch lohnt, kann Sikar den besterhaltenen **Stufenbrunnen** des ganzen Shekhawati aufweisen. Das um 1750 erbaute Prachtexemplar ist zwar nicht bemalt, wurde dafür jedoch mit einigen hübschen Steinreliefs versehen. Allerdings ist der Baori im Strassengewirr nur sehr schwer zu finden.

Unterkunft, Essen und Trinken

●Im **Hotel Natraj** €€ gleich beim Bahnhof kann man zwischen einer Reihe von EZ/DZ wählen.

●Außer dem Restaurant im **Natraj** gibt es in der Bahnhofsgegend eine Reihe weiterer kleiner Lokale.

An- und Weiterreise

Bahn:
●Von und nach **Delhi** fahren tgl. mehrere Züge in 8 Std., z.B. der 9733 Shekhawati Exp. (Abf. Delhi 23 Uhr), Ank. Sikar 7.10 Uhr, weiter nach **Jaipur** (Ank. 10.20 Uhr). Umgekehrt (Zugnummer 9734): Abf. in Sikar 20.45 Uhr, Ank. in Delhi Sarai Rohilla 5.40 Uhr.

●Von **Bikaner** startet der 4738 Bikaner Jaipur Exp. um 21.45 Uhr und erreicht (über Churu, Abf. 2 Uhr) Sikar um 4.40 Uhr. Dieser Zug fährt weiter nach **Jaipur** (an 7.10 Uhr). Umgekehrt fährt der 4737 Jaipur Bikaner Exp. um 22.10 Uhr in Jaipur los und erreicht Sikar um 0.20 Uhr. Von hier weiter nach **Churu** (an 3.05 Uhr) bis Bikaner (Ank. 7.15 Uhr).

●Von **Jaipur** gibt's mehere weitere Verbindungen, etwa den 9735 Jaipur Loharu Intercity Exp.: Abf. Jaipur 13.20 Uhr, Ank. Sikar

15.25 Uhr. Von Sikar nach Jaipur (Zugnummer 9736): Abf. 6.05 Uhr, Ank. in Jaipur 9.15 Uhr.

Bus:
●Ständige Verbindungen von und nach **Jhunjhunu** (2 Std.), **Jaipur** (2,5 Std.) und **Delhi** über Jhunjhunu (7 Std.).

Der besondere Tipp:

Nawalgarh ↗ V/C2

Nach Mandawa und Ramgarh ist das etwa auf halber Strecke zwischen Sikar und Jhunjhunu in einer weiten, spärlich bewachsenen Ebene gelegene Nawalgarh die besuchenswerteste Stadt der Region. Nawalgarh weist über 100 Havelis auf. Gegründet wurde es 1737 vom fünften Sohn *Sardul Singhs*, dem Herrscher Jhunjhunus und bedeutendsten Machthaber des Shekhawati in jenen Jahren. Viele der in den Gründerjahren errichteten Bauten wie das Fort, der Gopinath-Tempel und die Stadtmauern haben sich bis heute in erstaunlich gutem Zustand erhalten.

Das **Bala Qila Fort** beherbergt heute eine Filiale der Bank of Baroda und sein Innenhof dient als der lokale Marktplatz. Die vier Dungaichi Havelis wurden alle um 1890 erbaut und weisen einige interessante Fresken auf, von denen viele von Binja gemalt wurden, einem der berühmtesten Maler seiner Zeit, der aus Mukundgarh stammte.

Eine außergewöhnlich große Vielfalt an Szenen weist auch das **Anandilal Paddar Haveli** (Eintritt 50 Rs) auf, welches erst recht spät, nämlich 1920, mit Tempera-Malereien verziert wurde. Die Palette der dargestellten Szenen reicht von Tempelprozessionen, prächtigen Festtagsumzügen und Badeszenen bis zu Autos, Zügen und Flugzeugen. Vor allem Fotografen sollten sich dieses außergewöhnliche, heute als Schule dienende Gebäude nicht entgehen lassen, erstrahlen doch alle Wandmalereien nach ihrer umfangreichen Restauration in hellen Farben. Auch wenn Traditionalisten diese „Modernisierung" der alten Fresken nicht gutheißen mögen, so ist das Haveli doch ein nachahmenswertes Beispiel, wie das großartige Erbe der Shekhawati-Region bewahrt werden kann.

Viele reich bemalte **Kaufmannshäuser** flankieren die vom Roop Niwas Palace Hotel westlich zum Bowari Gate führende Straße. Zwei besonders auffällige Beispiele sind die beiden um 1900 bemalten Havelis **Chokhani** und **Jodharaj Patodia.**

Das hübsche **Shyamnarayan Bansidhar Bhagat Haveli** an der gleichen Straße besticht nebem seiner reich bemalten Fassade mit einigen sehr kunstvollen und detaillierten Fresken im Vorhof. Der aus dem Fenster schauende Mann im **Goenka Haveli** ist ein besonders in Nawalgarh gern verwendetes Motiv – sollte er nicht zurückgrüßen, so ist dies also kein Ausdruck von Unfreundlichkeit.

Unterkunft

(Vorwahl: 01594)

●Die Zimmer im **Ramesh Jangid's Tourist Pension** €€€ (Tel.: 224060) sind recht groß und angenehm, doch genauso wie das schmackhafte vegetarische Essen überteuert. Leider scheint man sich nur dann um die Gäste zu kümmern, wenn der häufig auf Reisen befindliche Besitzer anwesend ist.

●Viel fürs Geld gibt's im **Heritage Thikana** €€-€€€ (Tel.: 01594-222152, (0)9414082791, heritagethikana@rediffmail.com, www.heritagethikana.com) beim Bawri Gate. Wie der Name schon andeutet, handelt es sich um ein altes Haveli mit sehr geschmackvoll eingerichteten Zimmern und Wandbemalungen in gemütlicher Atmosphäre. Auch fürs leibliche Wohl ist gesorgt.

●Das stilvolle **Roop Niwas Palace Guest House** €€€-€€€€ (Tel.: 01594-224152), das ehemalige Landhaus des Fürsten von Nawalgarh, ist eines der schönsten Hotels der Region. Das von einem schönen Garten umgebene Haus bietet äußerst geschmackvoll ein-

gerichtete Zimmer, einen Swimmingpool sowie Frühstück, Mittag- und Abendessen.

●Eine gute Alternative ist das **Apani Dhani** €€-€€€ (01594-222239, www.apanidhani.com) mit sehr schön im traditionellen Stil gestalteten Räumen mit eigenem Bad.

An- und Weiterreise

●Vom 2,5 km entfernten Bahnhof vier **Züge** nach Jhunjhunu und Sikar und jeweils einer nach Jaipur und Delhi.

●Vom 2 km westlich gelegenen Busbahnhof alle 30 Min. **Busse** nach Jhunjhunu (1,5 Std., via Dundlodh), Sikar und Jaipur, 1 Bus nach Ajmer (5 Std.).

Rajasthan

Auf Elefanten wie diesem werden hauptsächlich Touristen transportiert

Der Norden

155raj Foto: tb

039i Foto: tb

Hari Mandir in Amritsar:
nicht der einzige vergoldete Tempel,
aber der eindrucksvollste

Jain-Kultbilder

Typische Häuser in der Bergregion

Punjab und Haryana

Überblick

Fläche:	50.362/44.212 km²
Hauptstadt:	Chandigarh
Einwohner:	25/22 Mio.
Bevölkerungsdichte:	496/497 Ew./km²
Stadtbevölkerung:	33/28 %
Alphabetisierung:	64/60 %
Lebenserwartung:	66/64 Jahre

Wie keine andere Region des indischen Subkontinents mussten die beiden Nachbarstaaten Punjab und Haryana (auch Hariyana) unter der von Gewalt und Blutvergießen geprägten Geschichte Indiens leiden. Die Trennungslinie zwischen dem muslimischen Pakistan und dem hinduistischen Indien verlief mitten durch das historische Punjab.

Im 3. Jahrtausend v. Chr. lagen hier die Stadtkulturen von Mohenjo Daro und Harappa, und seit dem 1. Jh. n. Chr. war der Punjab das Durchgangsgebiet der von Norden einfallenden Reiterstämme auf ihrem Weg in die fruchtbare Gangesebene. Die Massaker während der Teilung des Landes im Jahre 1947, als Millionen von Moslems, Sikhs und Hindus flüchten mussten, bildeten den bisherigen traurigen Tiefpunkt der an blutigen Schlachten reichen Geschichte der Region.

Schon wenige Jahre später holte den Punjab die Vergangenheit wieder ein, als er 1966 im Mittelpunkt des **1. indo-pakistanischen Krieges** stand. Diesmal erreichten die in ihren Autonomiebestrebungen immer selbstbewusster auftretenden Sikhs eine Abspaltung des hinduistisch dominierten Südens. Der neugegründete Staat **Haryana** wurde allerdings wie Punjab von Chandigarh aus regiert. Ein nicht unbedeutender Teil des Sikh-Staates wurde gleichzeitig dem nördlich angrenzenden Himachal Pradesh zugeordnet.

Die ständig zunehmende Diskriminierung der Sikhs durch die Zentralregierung in Delhi ließ schließlich Mitte der achtziger Jahre den schon lange schwelenden religiös-politischen Extremismus voll zum Ausbruch kommen, als fanatische Sikh-Fundamentalisten den Goldenen Tempel von Amritsar besetzten und die Gründung eines unabhängigen Sikh-Staates

Khalistan forderten. Mehrere Jahre war die Hauptstadt Amritsar völlig von der Außenwelt abgeschnitten, **bürgerkriegsähnliche Zustände** bestimmten erneut das Bild. Mit der zweimaligen Erstürmung des Goldenen Tempels, der heiligsten Stätte der Sikhs, durch indische Truppen in den Jahren 1984 und 1988 wurden die vorerst letzten Kapitel in der Geschichte dieses krisengeschüttelten Bundesstaates geschrieben. Seither hat sich die Situation deutlich entspannt.

In Anbetracht all dieser Schicksalsschläge muss es um so mehr erstaunen, dass es den Punjabis gelungen ist, ihr Land zum **wohlhabendsten Bundesstaat** ganz Indiens zu entwickeln. So liegt das Pro-Kopf-Einkommen der Punjabis mehr als doppelt so hoch wie im Landesdurchschnitt. Ein Grund für diesen Erfolg liegt in der äußerst diesseits orientierten, tatkräftigen Lebenseinstellung der Sikhs.

Der zweite Grundpfeiler des punjabischen Wirtschaftswunders wurde während der britischen Kolonialzeit zwischen 1870 und 1930 gelegt, als die fünf den Punjab durchlaufenden Flüsse Ravi, Beas, Satlej, Chenab und Jhelum in einem gewaltigen Bewässerungsprojekt zur Versorgung des ohnehin fruchtbaren Bodens genutzt wurden. Heute sind 90 % des gesamten landwirtschaftlich nutzbaren Bodens künstlich bewässert, womit der flächenmäßig unbedeutende Punjab zur **führenden Agrarregion** des Landes aufstieg. Die Kornkammer Indiens produziert 34 % des indischen Weizenertrages und knapp 30 % der indischen Molkereierzeugnisse. Nicht zuletzt diese Schlüsselposition lässt die Zentralregierung so unnachgiebig auf jegliche Unabhängigkeitsbewegung reagieren.

Touristisch stellt die Region jedoch eher einen weißen Fleck auf der Landkarte Indiens dar. Außer dem beeindruckenden Goldenen Tempel von Amritsar bietet der Doppelstaat kaum Erwähnenswertes, und so dient er den meisten auch nur als Durchgangsstation auf dem Weg nach Himachal Pradesh oder Pakistan.

Chandigarh   ⤢ II/B3

(ca. 900.000 Einwohner, Vorwahl: 0172)

Ob man Chandigarh, die **Hauptstadt** Punjabs und Haryanas, als ein einziges großes Missverständnis oder als klassisches Beispiel westlicher Arroganz bezeichnet, ist eine Temperaments- oder eine Interpretationsfrage. Weithin unbestritten ist jedoch, dass die Stadt das Ergebnis einer gigantischen Fehlplanung darstellt.

Dabei hätten die Ausgangsbedingungen kaum günstiger sein können. Wann ergibt sich schon einmal die einmalige Gelegenheit, eine Stadt von Grund auf neu zu entwerfen und den Wünschen, Anforderungen und Traditionen eines Landes entsprechend zu erbauen? Genau vor diese reizvolle Aufgabe sah sich die indische Regierung gestellt, als nach der Teilung Indiens 1947 die vormalige Hauptstadt des Punjabs, Lahore, im neugegründeten Staat Pakistan lag.

Indiens erster Ministerpräsident *Jawaharlal Nehru* bestimmte die der Stadtplanung zugrundeliegende Maxime, als er sagte: *„Lassen Sie uns eine völlig neue Stadt erbauen, die die Freiheit Indiens, losgelöst von den Traditionen der Vergangenheit, symbolisiert, ein Symbol unseres uneingeschränkten Glaubens an die Zukunft."* Ganz im Sinne dieser Philosophie wurde der weltberühmte Architekt *Le Corbusier* mit dem Bau der Stadt beauftragt, und er entwarf eine Metropole, die konsequent vom westlichen Prinzip der Effizienz, Geradlinigkeit und Logik bestimmt wurde.

Bis ins Detail genau wurde alles geplant. *Le Corbusier* teilte die Stadt in insgesamt **30 rechteckige Viertel** ein, von denen jedes mit allen lebensnotwendigen Einrichtungen versehen wurde. Breite baumbestandene Alleen bildeten die Begrenzung der Betongebäude. Kommunale Einrichtungen wie Busbahnhof und Einkaufszentrum wurden in der geografischen Mitte der rechtwinklig angelegten Stadt platziert. Verwaltungseinrichtungen wie Parlament und Gerichtshof entstanden am nördlichen Ende des Quadrats.

Doch was am Zeichentisch im fernen Europa Sinn machte, wirkte in der indischen Wirklichkeit **künstlich und verloren.** Die

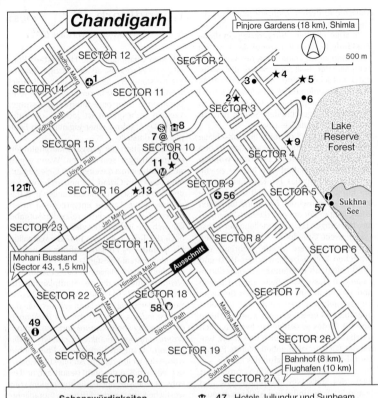

Chandigarh

Pinjore Gardens (18 km), Shimla

0 — 500 m

SECTOR 12
SECTOR 2
SECTOR 14
SECTOR 11
SECTOR 3
SECTOR 15
SECTOR 10
SECTOR 4
Lake Reserve Forest
SECTOR 16
SECTOR 9
SECTOR 5
Sukhna See
SECTOR 23
SECTOR 17
SECTOR 8
SECTOR 6
Mohani Busstand (Sector 43, 1,5 km)
Ausschnitt
SECTOR 22
SECTOR 18
SECTOR 7
SECTOR 26
SECTOR 21
SECTOR 19
Bahnhof (8 km), Flughafen (10 km)
SECTOR 20
SECTOR 27

Sehenswürdigkeiten

- ★ 2 Bourgainvilla Garden
- ★ 4 Vidhan Dhaba/Assembly
- ★ 5 Open Hand Skulptur
- ★ 9 Rock Garden
- ★ 10 Art Gallery
- Ⓜ 11 City Museum
- ★ 13 Rose Garden

Unterkunft

- 🏠 8 Hotel Mountview
- 🏠 12 Chandigarh Yatri Niwas
- 🏠 14 Taj Chandigarh
- 🏠 15 Hotel Shivalik View
- 🏠 16 Hotels Kwality Regency, Alankar, Pankay und Amar
- 🏠 17 Hotel Corporate Inn
- 🏠 46 Hotel Trident

- 🏠 47 Hotels Jullundur und Sunbeam
- 🏠 51 The Aroma
- 🏠 53 Hotel Akash Deep
- 🏠 54 Hotels Satyadeep, Divyadeep
- 🏠 55 Hotel Piccadilly

Verkehr

- ● 22 Indian Airlines
- ● 23 Air Sahara
- ● 24 Aeroflot
- Ⓑ 33 Local Busstand
- ● 35 Rail Reservation Office
- Ⓑ 36 Inter State Bus Terminal
- ● 37 Prepaid Riksha Stand
- ● 44 Air India
- ● 57 Paddelbootverleih

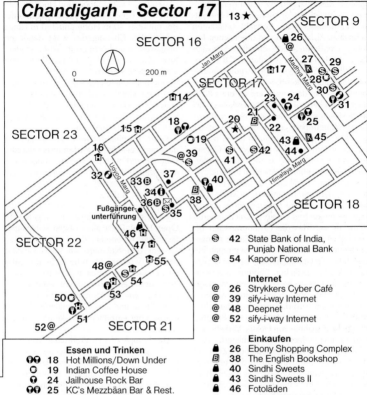

Chandigarh – Sector 17

Der Norden

Essen und Trinken

🍴🍷	18	Hot Millions/Down Under
☕	19	Indian Coffee House
🍷	24	Jailhouse Rock Bar
🍴🍷	25	KC's Mezzbäan Bar & Rest.
☕	28	Mr. Bean's Coffee Lounge
🍷	31	Nirula's
🍷	40	Mehfil English Garden Restaurant
☕	50	Café Coffee Day
🍷	51	The Aroma
🍷	53	Singh's Chicken
🍷	57	Mermaid Fast Food

Geld

⑤	7	HDFC ATM
⑤	28	UAE Exchange, Thomas Cook
⑤	29	LKP Forex
⑤	30	Citibank ATM
⑤	35	State Bank of India ATM
⑤	39	Punjab & Sind Bank
⑤	41	HDFC ATM
⑤	42	State Bank of India, Punjab National Bank
⑤	54	Kapoor Forex

Internet

@	26	Strykkers Cyber Café
@	39	sify-i-way Internet
@	48	Deepnet
@	52	sify-i-way Internet

Einkaufen

🔒	26	Ebony Shopping Complex
📖	38	The English Bookshop
🔒	40	Sindhi Sweets
🔒	43	Sindhi Sweets II
🔒	46	Fotoläden

Sonstiges

✚	1	PGI Hospital
●	3	Secretariat
●	6	High Court, Parlament
📖	21	Central State Library
🎭	27	Neelam Theatre
⊘	31	24-Std.-Apotheke
⊘	32	Apotheken
ⓘ	34	Chandigarh Tourist Centre, Himachal Tourism, Uttar Pradesh Tourism
✉	35	Postamt
🎭	45	KC Cinema
ⓘ	49	Punjab Tourism
✚	56	Apollo Clinic
⊙	58	Tagore Theater

großen Rasenflächen zwischen den einzelnen Wohnvierteln, ursprünglich als Freizeit- und Erholungsareale gedacht, verkamen schnell zu Abfallhalden und öffentlichen Toiletten. Der Beton alterte schnell ins Schwärzliche. Auch die Idee, den Bahnhof 8 km außerhalb der Stadt anzulegen, zeugt von der vollständigen Unkenntnis des indischen Lebensalltags, in dem noch immer etwa 80 % aller Menschen auf öffentliche Verkehrsmittel angewiesen sind. Gerade weil alles an dieser Reißbrettmetropole genauestens geplant war und klar festgelegte Grenzen hatte, war es zum Scheitern verurteilt: das perfekte Gegenteil zur chaotischen, bunten und widersprüchlichen Lebenswirklichkeit Indiens.

Chandigarh ist all das, was Indien nicht ist: trostlos, steril und organisiert. So ist die Stadt tatsächlich heute zu einem Symbol geworden, wenn auch in einem gänzlich anderen Sinn, als sich das die Gründungsväter ursprünglich gewünscht hatten. Sie ist steingewordenes Monument und Mahnmal zugleich für die Unmöglichkeit, diesem in jahrtausendealten östlichen Traditionen verwurzelten Land westliche Lebens- und Wertvorstellungen von oben aufpfropfen zu wollen.

Inzwischen wird das ursprüngliche Scheitern dieses Experiments westlicher Prägung durch die Zunahme von Hektik, Verkehr und Kauflust im heutigen Indien gemildert, zumal Chandigarh ein recht bedeutendes Zentrum der Computerindustrie geworden und entsprechend wohlhabend ist, was ebenfalls im Stadtbild Ausdruck findet. Insofern passt sich das heutige Chandigarh seinem misslungenen, von westlichen Werten bestimmten Ursprungskonzept mehr und mehr an.

Sehenswertes

Capitol Complex

Es ist bezeichnend, dass das Scheitern der Architektur *Le Corbusiers* heute nirgends deutlicher zutage tritt als bei dem als eigentliches Prunkstück der gesamten Stadt gedachten so genannten Capitol Complex. Die drei Hauptgebäude in diesem großflächigen Viertel sind den drei Gewalten zugeordnet: Regierungsgebäude *(Secretariat)*, Parlament *(Assembly / Vidhan Sabha)* und Höchstes Gericht *(High Court)*. Das **Regierungsgebäude,** der mit über 40 m Höhe und 150 m Länge größte Bau Chandigarhs, wirkt dabei am trostlosesten und erinnert in seiner gnadenlosen Zweckarchitektur mit Hunderten von aneinandergereihten Räumen fatal an eine überdimensionale Legebatterie für Hühner. Einzig die vielen vor dem Gebäude umherlaufenden Sikhs verleihen mit ihren bunt leuchtenden Turbanen dem Komplex wenigstens etwas Farbe und Leben.

Kaum anziehender wirkt das unmittelbar daneben gelegene **Parlamentsgebäude.** Daran ändert auch das von Le Corbusier bemalte riesige Eingangstor mit seinen bunt naiven Zeichnungen nichts.

Gänzlich verloren wirkt die einsam im weiten Niemandsland zwischen Parlaments- und Gerichtsgebäude gelegene so genannte **Open Hand.** Diese aus rostigen Stahlplatten gefertigte „Offene Hand" ist als Symbol des Gebens und Nehmens im Vielvölkerstaat errichtet worden. In Anbetracht der zahlreichen blutigen Auseinandersetzungen auf dem indischen Subkontinent wirkt sie inzwischen wie ein Monument der Unfähigkeit, die weiter auseinanderklaffenden Interessen der einzelnen Bevölkerungsteile zu vereinen.

Der Komplex ist an Werktagen von 9 bis 17 Uhr geöffnet. Wer ihn besuchen will, benötigt für das Secretariat und das Vidhan Sabha als Zugangserlaubnis einen Introductorial Letter, der im Chandigarh Tourist Centre etwa bei Hr. Vinod Kalia erhältlich ist.

Rock Garden

Eine künstliche Welt ganz anderer Art stellt der südöstlich vom Gerichtsgebäude in einem kleinen Wäldchen angelegte Rock Garden dar. Ebenso einzigartig und bizarr wie der Park selbst ist seine Entstehungsgeschichte. Ende der fünfziger Jahre begann der Straßeninspekteur *Nek Chand* in der Umgebung seiner kleinen Hütte Abfälle der Industriegesellschaft zu sammeln und daraus **Tier- und Menschenskulpturen** zu basteln. Hierzu dienten ihm so unterschiedliche Materialien wie Kacheln, Neonröhren, Armreifen, Kohlebricketts, Ölfässer und Tonkrüge, die er mit einer Lehmmischung zusammenfügte. Schließlich hatte *Nek Chand* über 20.000 seiner skurrilen Objekte gesammelt, was selbstverständlich auch von offizieller Seite nicht unbemerkt blieb. So entstand die Idee zum Bau einer kleinen eigenen Kunstwelt, in der die Skulpturen beheimatet sein sollten. 1965 begann man mit dem Bau des heutigen Rock Garden, der elf Jahre später offiziell eingeweiht wurde. Seither wuchs der mit einer etwa zwei Meter hohen Mauer aus alten Ölfässern begrenzte Park ständig an. Die 14 durch kleine Brücken und Tunnel miteinander verbundenen Höfe stellen mit ihren Wasserfällen, Pavillons, künstlichen Dörfern und unzähligen Tier- und Menschenskulpturen eine Phantasiewelt dar. Heute ist der ehemals unbekannte *Nek Chand* ein weltweit gefragter Künstler.

●**Öffnungszeiten:** Nov. bis März 9–18 Uhr, April bis Oktober 9–19 Uhr, Eintritt 10 Rs.

Museum und Art Gallery

Den Sektor 10 bestimmte *Le Corbusier* zum Freizeit- und Erholungsviertel, und so ließ er hier inmitten eines großzügigen Parks das Museum und die angeschlossene Kunsthalle errichten. Als Ausstellungsobjekte finden sich u.a. Miniaturmalereien und Stickereien der dörflichen Landbevölkerung, prähistorische Funde, buddhistische Gandhara-Skulpturen sowie moderne Gemälde.

●**Öffnungszeiten:** Di–So 10–17 Uhr.

Weitere Sehenswürdigkeiten

Im **City Museum** (Sektor 10, Di–So 10–17 Uhr) zeigen Fotos, Modelle, Architekturzeichnungen und Briefe die Geschichte der Planung und Errichtung Chandigarhs.

In der **National Gallery of Portraits** hinter der State Library (Sektor 17, 10–13.30 und 14–17.30 sowie Sa 10–13.30 außer dem letzten Sa des Monats) geben Fotos und Gemälde Zeugnis von der indischen Unabhängigkeitsbewegung.

Auf dem künstlich angelegten **Sukhna Lake** können Paddelboote ausgeliehen werden (30 Rs, 30 Min.)

Der schönste der vielen Gärten Chandigarhs ist der **Rose Garden** in Sektor 16, in dem neben Rosen auch viele medizinisch verwertbare Pflanzen wachsen, mit seiner *musical fountain,* die meist am frühen Abend „aufspielt". Außerdem ist der **Bougainvillea Garden** in Sektor 3 besonders zur Blütezeit einen Besuch wert.

Information

●Das hilfsbereite **Chandigarh Tourist Centre** (Tel.: 2704614) liegt etwas versteckt im 1. Stock des riesigen Busbahnhofs. Öffnungszeiten: tgl. 9.30–17 Uhr. Das Büro veranstaltet eine **Stadtrundfahrt** im Doppeldeckerbus (50 Rs, 10–13.30 und 14–17.30 Uhr, Start beim Hotel *Shivalik View,* Tel.: 2703839). Man kann auch während der Tour zusteigen. Zudem können Stadtführer kurzfristig vermittelt werden.

●Auch die Büros von **Himachal Tourism** (Tel.: 2708569, Mo–Sa 10–17 Uhr, jeden 2. Sa geschl.) und **Uttar Pradesh** (Tel.: 2707649) finden sich hier. **Punjab Tourism** (Tel.: 2711878) ist in Sector 22-C, **Harayana Tourism** (Tel.: 2702955) in Sector 17-B.

Stadtverkehr

●Hinter dem Busbahnhof befindet sich ein **Autorikshastand** mit einem Prepaidschalter. Die Tarife-Liste hängt gut einsichtbar aus. Die Fahrer selbst möchten zwar den Preis gerade bei westlichen Touristen lieber persönlich aushandeln, doch man sollte sich nicht darauf einlassen, wenn sie am Ende der Fahrt Nachforderungen stellen. Zum Denkmal Open Hand oder zum Regierungsviertel kostet es 30 Rs, zum Bahnhof 50 Rs und zum Flughafen 130 Rs.

●Per **Taxi** sollte man sich an den an einigen Stellen in Chandigarh aufgestellten Prepaid-Schildern orientieren. Auch das Chandigarh Tourist Centre vermittelt Taxis. Zudem gibt's einige Taxiservices, etwa *Modern Taxi Service* (Tel.: 2704621, 2703681) oder den Taxistand *Aroma* (Tel.: 2700433) nahe dem *Aroma Hotel.*

●Chandigarh verfügt über ein für indische Verhältnisse überraschend gut organisiertes innerstädtisches **Busnetz.** Der Busbahnhof für städtische Verbindungen schließt westlich an den Busbahnhof für überregionale Busverbindungen an, den *Inter State Bus Terminus,* beide in Sektor 17. Zwischen diesen und dem zweiten überregionalen *Mohali Busstand* in Sektor 43 verkehren viertelstündig Busse (Nr. 24a und c) von Plattform 36 und 37 des regionalen Busbahnhofs. Bus Nr. 37 fährt zum Bahnhof, Busse Nr. 1 und 18 von Plattform 39 und 40 in die Nähe des Regierungsviertels, Bus Nr. 7 zum Flughafen.

●**Fahrradrikshas** wirken im futuristischen und großflächigen Chandigarh etwas antiquiert und verloren. Wer genügend Zeit zur Verfügung hat, kann sich für ca. 80 Rs innerhalb von 3 bis 4 Std. zu den Hauptsehenswürdigkeiten radeln lassen.

Unterkunft

Chandigarh ist ein teures Pflaster, und so finden sich auch so gut wie gar keine Billigunterkünfte. Falls möglich, sollte man eine Übernachtung vermeiden, da die Preise im Vergleich zu anderen Städten deutlich zu hoch liegen.

Budget und Tourist Class

●**Hotel Divyadeep** €€-€€€ (22-B, Tel.: 2705191) ist für Chandigarh-Verhältnisse schon ein richtiges Schnäppchen. Zwar wirkt alles etwas duster, weil die meisten Räume keine Fenster haben, doch dafür sind sie wenigstens sauber. Unter gleicher Verwaltung, ist das **Satyadeep** €€-€€€ (22-B, Tel.: 2703103) ganz ähnlich in Preis und Komfort.

●Akzeptabel ist das etwa 1,5 km westlich vom Busbahnhof gelegene **Chandigarh Yatri Niwas** €€€ (Tel.: 505904). Auch hier sind die teilweise klimatisierten Zimmer überbezahlt, doch dafür ist es wenigstens einigermaßen ruhig. Im Erdgeschoss befindet sich eine Cafeteria.

●Günstig gegenüber dem Busbahnhof gelegen, gibt's im **Hotel Jullundur** €€€-€€€€ (22-B, Tel.: 2706777, www.jullundur.com, info@jullundurhotel.com) saubere Zimmer zu überhöhtem Preis.

●Etwas weiter westlich liegen mit dem **Pankay** €€€ (Tel.: 2709891), **Alankar** €€€ (Tel.:

2708801) und **Amar** €€€ (Tel.: 2703608) drei nahezu preisgleiche Hotels unmittelbar nebeneinander, von denen das *Alankar* sicher den besten Gegenwert liefert.

●Für diejenigen, die nur auf den Anschlussbus am nächsten Tag warten, ist die **Transit Lodge** im Busbahnhof €-€€€ mit billigem Schlafsaal und ordentlichen Zimmern der richtige Platz.

Obere Preisklasse

●Guten Gegenwert gibt's im **Kwality Regency** €€€-€€€€ (22-A, Tel.: 2720205, 5087347), ist es doch ein typisches, zweckmäßiges Mittelklassehotel mit Restaurant und Bar. Auch das in Preis und Leistung fast identische Hotel **Sunbeam** €€€€ (22-B, Tel.: 2708100, sunbeamchd@sancharnet.in, www.hotelsunbeam.com) ist eine gute Wahl.

●Durch klasse ausgestattete Zimmer in zentraler Lage ist das **Corporate Inn** €€€€-€€€€€ (Tel.: 5003006/9, corporateinn@sify.com) ebenfalls eine hervorragende Mittelklassebleibe.

●Das alteingesessene **The Aroma Hotel** €€€€ (22-C, Tel.: 2700047, 5085001, www.hotelaroma.com) mit schönem Restaurant mit Wasserfall bietet neben akzeptablen, etwas dunklen Zimmern zu angemessenem Preis eine Bar und einen Coffeeshop. Das morgendliche Buffet ist auch für Nicht-Gäste des Hotels zu genießen (84 Rs).

●Zentral gelegen ist das moderne, aber recht teure Hotel **Shivalik View** €€€€€ (17-E, Tel.: 2700001, shivalikview@citcochandigarh.com) mit geräumigen und hellen AC-Zimmern. Dem Hotel sind zwei Restaurants und ein 24-Stunden-Coffeeshop angeschlossen.

●Ein weiteres gutes Mittelklassehotel in zentraler Lage ist das **Piccadilly** €€€€€ (22-B, Tel.: 2707571, thepiccadilly@rediffmail.com). Leider ist es, selbst für Chandigarh-Verhältnisse, etwas überteuert.

●Etwa auf halber Strecke zwischen Busbahnhof und Regierungsviertel liegt, umgeben von einem schönen Garten, mit dem **Mount View Hotel** €€€€€ (Tel.: 2740544, mountview@citcochandigarh.com) Chandigarhs ehemaliges Tophotel. Neben einem Restaurant (mit morgendlichem Frühstücksbuffet) und Coffeeshop verfügt das *Mount View* über einen Swimmingpool und Internetverbindung in den Zimmern.

●Das neue, moderne **Taj Chandigarh** €€€€€ (17-A, Tel.: 5513000, taj.chandigarh@tajho tels.com, www.tajhotels.com) hat dem *Mount View* inzwischen die Rang abgelaufen. Swimmingpool, Fitnessraum, Relax-Zone, mehrere erstklassige Restaurants und Bar, Plasma-TV und Internetanschluss im Zimmer sind nur einige der vielen in dieser Preisklasse erwarteten Annehmlichkeiten in dem zweckmäßigen Luxustempel.

Essen und Trinken

Die Auswahl ist erfreulich vielfältig, von Fast Food bis zu exzellenter Mughlai-Küche reicht die Bandbreite. Ein weiterer Vorteil ist, dass viele Restaurants sich auf die Sektoren 17 und 22, die Geschäfts- und Shoppingviertel um den Busbahnhof, konzentrieren. Allerdings liegen auch hier die Preise deutlich über dem Landesdurchschnitt. Wer allerdings zum Essen ein kühles Bier trinken möchte, wird enttäuscht sein: Haryana ist ein „dry state" und dementsprechend werden keine alkoholischen Getränke verkauft.

●Wer mal wieder Appetit auf Burger, Pizzas, Sizzlers und Eiscreme hat, für den ist der stets gut besuchte **Hot Millions 2** genau richtig. Die daruntergelegene Disco und Bar **Down Under** ist mit lauter Musik und Poolbillard besonders auf jugendliche Kundschaft aus .

●Halb Restaurant, halb Bar ist das sehr gestylte **Piccadilly Blue Ice Bar & Restaurant** für die coole, indische Mittelschicht. Ähnlich ist die junge Kundschaft der ebenso coolen **Mr. Bean's Coffee Lounge**, wo man sich mit einer der vielfältigen Kaffeekreationen oder einem Eis auf Sofas lümmeln kann.

●Auch im modernen Chandigarh ist das antiquierte **Indian Coffee House** eine gute Wahl für einen Kaffee in relaxter Atmosphäre. Wer es wiederum mehr jugendlich-chick mag, sollte die beiden nahegelegenen Café **Coffee Day** und **Barista** versuchen.

●Will man preiswert speisen, sollte man bei **Nirula's** einkehren. Hier gibt's neben indischer Kost, etwa *thali,* und Pizza auch ein alltägliches Mittagsbuffet zwischen 12.30 und 15.30 Uhr für 50 Rs.

●Eine preisgünstige Adresse für Huhn, *thali* oder Sandwiches ist **Pukhrai** in Sektor 9.

●Stadtbekannt für seine süßen Köstlichkeiten ist **Sindhi Sweets** (Sektor 17). Im Erdgeschoss gibt's Süßes und Nüsse, Mandeln und teils scharfe Knabbereien, im Untergeschoss können preiswerte Snacks genossen werden. Auch eine Filiale etwas weiter nördlich im selben Sektor ist verlockend.

●Ebenfalls etwas für Süßmäuler ist das **Sai Sweets Café** in Sektor 22. Hier gibt's eine vielfältige und preisgünstige Auswahl auch aus dem arabischen Raum.

●Mit Gerichten zwischen 100 und 200 Rs nicht gerade billig, doch bei der gutbetuchten Mittel- und Oberschicht Chandigarhs sehr beliebt, sind das **Ghazal** und das **Mehfil**, die beiden Top-Adressen der Stadt. Serviert wird eine große Auswahl an einheimischem, chinesischem und westlichem Essen. Unterhalb des *Mehfil* lockt die recht gemütliche **English Garden Bar** mit Hochprozentigem und großer Leinwand.

●Beliebt ist das ein wenig nobel geratene Fast-Food-Lokal **Tasty Bite,** wobei die Burgers und Pizzas ebenso teuer wie lecker sind.

●Die besten Hühnchen-Gerichte serviert **Singh's Chicken.**

●Wer chinesisches Essen vorzieht, sollte das **Shangri La** aufsuchen.

●Am Sukhna Lake steht in ruhiger, grüner Lage das **Mermaid Fast Food Restaurant & Bar** zur Verfügung.

Einkaufen

Chandigarh eignet sich gut zum shoppen, da viele indische Händler wie internationale Firmen ihr vielfältiges Angebot auf verhältnismäßig kleinem Raum vor allem in Sektor 17-E um den Udyog Path sowie auf den beiden anschließenden Seiten der Sektoren 22 und 9 angesiedelt haben.

●Ein typischer Vertreter hiervon ist der **Ebony Shopping Complex** (Sektor 9), in dem eine Vielzahl internationaler Markengeschäfte ansässig ist.

●Eine hervorragende Möglichkeit, seine Reiseliteratur aufzufrischen, ist der **English Book Shop** (Sektor 17-E) mit großer Auswahl an Romanen und dokumentarischer Literatur.

Der Norden

●Die beste Auswahl an CDs und DVDs gibt's bei **Music World** in Sektor 17.

Nachtleben

●Die großen Kästen des **KC Cinema** und des **Neelam Cinema** (beide in Sektor 17) zeigen gelegentlich auch englischsprachige Filme, ansonsten typische Bollywood-Kost.
●Wer mehr das traditionelle Indien mag, kommt bei klassischer indischer Musik und Tanz im **Tagore Theatre** (Sektor 18) auf seine Kosten.

Bank

●Die **Punjab National Bank** (Hall 2, Mo–Fr 10–14, 14.45–16 Uhr, Sektor 17-B), **Thomas Cook** (Mo–Sa 9.30–18.30, Sektor 9-D), **UAE Exchange** (Mo–Sa 9.30–18.30 und So 9.30–13.30 Uhr, Sektor 9-D) und **Kapoor Forex** (Mo–Sa 9.30–18.30 Uhr, Sektor 22-B) wechseln Travellerschecks und Bargeld. Inzwischen finden sich viele **ATMs** in Chandigarh, etwa in Sektor 9-D der ICICI- und der HSBC-Bank sowie der State Bank of India am Busbahnhof und der idbi-Bank (Sektor 8), welcher auch AmEx-Karten akzeptiert. Gegenüber dem *Mountview Hotel* gibt's neben einem ATM der UTI-Bank einen HDFC-ATM, der ebenfalls alle wichtigen Karten nimmt.

Post und Internet

●Die **Hauptpost** sowie eine Filiale beim Rail Reservation Office mit Speed-Postschalter sind in Sektor 17.
●Von den erstaunlich wenigen Internetcafés im Innenstadtbereich (durchschnittlich 20–30 Rs/Std.) scheint **Deepnet** im Sector 22-B eines der schnellsten zu sein.

Medizinische Versorgung

●Ein gutes Krankenhaus ist das **PGO Hospital** (Sektor 12, Tel.: 2746018).
●Auch die neue **Apollo Clinic** (Sektor 9-C, Tel.: 5007111) mit angeschlossener, 24 Std.

geöffneter Apotheke macht einen guten Eindruck.
●Gegenüber dem Busbahnhof finden sich mehrere weitere **Apotheken.**

An- und Weiterreise

Flug

●Mit *Indian Airlines* (Sektor 17, Tel.: 2705062, 2656029 (am Flughafen), Mo–Sa 10–17 Uhr) tgl. nach **Delhi** (3.900 Rs) und **Mumbai** (12.200 Rs).
●*Jet Airways* (Sektor 9-D, Tel.: 2740550, 274165, am Flughafen: 2658934) fliegt tgl. von und nach **Delhi** (96 US-$).
●*Air Sahara* (Sektor 17-B, Tel.: 5000034, Mo–Sa 9.30–18.30 Uhr) plante zur Recherchezeit Verbindungen nach Delhi.
●Zudem haben mehrere internationale Fluggesellschaften in Chandigarh ein Büro: *Air India* (Mo–Fr 9.30–17.30 Uhr, Tel.: 2703510), *Singapore Airlines* (Tel.: 2743774), *Aeroflot* (Tel.: 2704910).
●Die **Taxifahrt** zum Flughafen kostet 280 Rs, per Autoriksha 80 Rs.

Bahn

Generell sind Busse zwar vorzuziehen, zumal der Bahnhof 8 km außerhalb Chandigarhs liegt. Wer dennoch die Zugfahrt bevorzugt, kann sein **Ticket** im 1. Stock des Busbahnhofs untergebrachten *Rail Reservation Office* (Tel.: 2708573) kaufen. Öffnungszeiten: Mo–Sa 8–14 und 14.15–20 Uhr, So 8–14 Uhr, Schalter 941 ist für Touristen zuständig.
●Wer mit dem *Toy Train* (in knapp 5 bis knapp 6 Std., je nach Zugtyp) nach **Shimla** hochtuckern möchte, muss zunächst mit dem Bus (die meisten Busse nach Shimla passieren Kalka) oder Taxi ins 25 km nördlich gelegene **Kalka** fahren. Abfahrtszeiten der Züge von dort um 4, 5.30 (*luxury train* mit Verpflegung und Polstersitzen, die schnellste Verbindung), 6 und 12.10 Uhr.
●Nach **Delhi** z.B. mit dem 4096 Himalayan Queen: Abfahrt 17.28 Uhr, New Delhi an 22.20 Uhr. Außerdem der 2926A Paschim Exp.: Abfahrt 11.35 Uhr, Ankunft in New Delhi 16.30 Uhr.

Bus

●Es gibt zwei überregionale Busbahnhöfe in Chandigarh: den zentral in Sektor 17 gelegenen **Inter State Bus Terminus** (ISBT, Tel.: 2704005) sowie den außerhalb in Sektor 43 gelegenen **Mohani Busstand** (Tel.: 2611571). Zwischen diesen verkehren städtische Busse von Plattform 6 des lokalen Busbahnhofs.

●Hervorragende Verbindungen nach **Amritsar** (6 Std., 112 Rs semi-deluxe, 215 Rs deluxe, zwischen 4 und 19.30 Uhr vom ISBT in Sektor 17, von 20 bis 0 Uhr vom Mohani-Busbahnhof in Sektor 43), **Delhi** (ISBT, 5 Std., 120 Rs ord., 250 Rs deluxe, AC-Volvo 350 Rs, Platform 11, 13), **Dehra Dun / Haridwar / Rishikesh** (ISBT, regelmässige Verbindungen zwischen 6.50 und 20.30 Uhr, 6 Std., 110 Rs, Plattform 16), **Dharamsala** (bis mittags viele Busse und einer um Mitternacht, 9 Std., 130 Rs), **Jaipur** (zwischen 7.40 und 17.10, um 16 Uhr ein Deluxe-Bus, Plattform 11, 13, ISBT), **Manali** (11 Std., 190 Rs, zwischen 5 und 21.30 Uhr, die meisten vom Mohani Busstand, der erste und letzte vom ISBT) sowie **Shimla** (ISBT, alle 15 Min., die meisten über Kalka von Plattform 24/25, 4,5 Std., 86 Rs, Del.-Busse um 5.15, 9.30 und 12.40 Uhr).

●Auch private Anbieter fahren zu den meisten oben genannten Zielen, etwa *Raja Travels* Tel.: 2700119, Sektor 22).

Amritsar   ⬈ II/A2

(ca. 1,1 Mio. Einwohner, Vorwahl 0183)

Der Goldene Tempel von Amritsar ist nach dem Taj Mahal das wohl bekannteste Bauwerk Indiens. Leider ist Amritsar, wenn man einmal von dem tatsächlich sehr sehenswerten Tempel absieht, wie Agra eine wenig ansehnliche Stadt. Vor allem der Bereich zwischen dem Bahnhof und der Innenstadt ist selbst für indische Verhältnisse extrem hektisch und laut. Auch die Luftverschmutzung scheint den bereits unangenehm hohen Pegel nordindischer Städte noch zu übertreffen.

Mehr noch als die perfekte architektonische Gestaltung ist es eine Aura des Geheimnisvollen, die den Ruf des Goldenen Tempels begründet. Hierzu hat sicherlich auch die fast völlige Abschottung Amritsars in den achtziger Jahren beigetragen, als das oberste Heiligtum der Sikhs zum Zentrum des **Kampfes radikaler Fundamentalisten** für einen eigenen Staat *Khalistan* wurde. Die zweifache Erstürmung des Goldenen Tempels in den Jahren 1984 und 1988 durch indische Truppen und die damit unmittelbar zusammenhängende Ermordung Indira Gandhis durch zwei Mitglieder ihrer Sikh-Leibgarde machten weltweite Schlagzeilen. Seit sich Anfang der neunziger Jahre die Lage leicht entspannt hat, dürfen auch westliche Touristen wieder nach Amritsar reisen.

Nicht jedoch der Goldene Tempel, wie man vermuten könnte, sondern der ihn umgebende **Amrit Sagar** (Teich des Nektars der Unsterblichkeit) stand am Anfang der Geschichte Amritsars. 1577 machte ihn der vierte Guru der Sikhs, *Guru Ram Das,* zum Mittelpunkt der immer umfangreicher werdenden Sikh-Gemeinde und benannte den Wallfahrtsort nach diesem Gewässer, dem heilende Kräfte zugesprochen werden. Erst sein Sohn und Nachfolger *Guru Arjun Das* legte den Grundstein zu dem heutigen Goldenen Tempel, als er Ende des 16. Jahrhunderts in der Mitte des Sees einen Tempel mit dem Namen *Hari Mandir* errichten ließ. Obwohl die Einweihungszeremonie von dem muslimischen Heiligen *Miramaj,* einem engen Freund *Guru Arjun Das,* durchgeführt wurde, war die Tempelanlage in den folgenden Jahrhunderten mehrfach Schauplatz islamischer Eroberungen. So legte der afghanische Feldherr *Ahmed Shah Durani* Stadt wie Tempel 1761 in Schutt und Asche. Doch schon drei Jahre später hatten die tiefgläubigen Sikhs ihr Heiligtum wieder errichtet. Dem „Löwen von Punjab", *Maharaja Ranjit Singh,* der die Marathen besiegt hatte und ein eigenständiges Fürstentum im Punjab mit der Hauptstadt Amritsar errichtet hatte, blieb es schließlich durch die Verschalung der oberen Stockwerke und des Dachgeschosses mit vergoldeten Kupferplatten vorbehalten, dem Tempel sein charakteristisches Aussehen und den berühmten Beinamen zu verleihen.

Der Norden

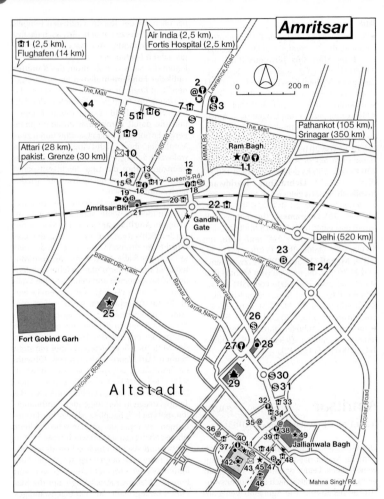

Sehenswertes

Goldener Tempel (Hari Mandir)

Nachdem man Schuhe und Strümpfe abgegeben, eine Kopfbedeckung im Eingangsbereich ausgeliehen (kostenlos) und durch das große Haupteingangstor den eigentlichen Tempelbereich betreten hat, bietet sich ein Bild, das selbst dann, wenn man es schon unzählige Male auf Fotos gesehen haben sollte, immer wieder von neuem fasziniert. Inmitten des silbrig schimmernden *Amrit Sagar* spiegelt sich die Silhouette des marmorgoldenen *Hari Mandir*, flankiert vom Weiß des den Tempelbezirk umlaufenden Gebäude-

Der Norden

Sehenswürdigkeiten

★ 11 Maharaja Ranjit Singh Palast/
Ⓜ Ram Bagh Museum
★ 25 Durgiana Mandir
♠ 29 Gurudwara Santoog Tempel
★ 42 Hari Mandir
★ 41 Guru Ram Das Niwas, Haupteingang
★ 45 Ramgarhia Türme
★ 49 Martyrs Gallery

Unterkunft

🏨 1 Mrs. Bhandari Guest House
🏨 5 Svaasa Spa Resort
🏨 6 Hotel Ritz Plaza
🏨 7 Hotel Blue Moon
🏨 9 Hotels Mohan International und Royal Castle
🏨 12 Hotels Shiraz Continental und Shiraz Castle
🏨 14 Hotel Bharat
🏨 17 Grand Hotel
🏨 16 Hotel Pegasus
🏨 18 Hotel Astoria
🏨 20 Hotel Airlines
🏨 22 Tourist Guest House
🏨 24 Hotel Amritsar International
🏨 33 Hotel Golden Tower
🏨 34 Hotel City Heart
🏨 37 Hotel Hari Darshan
🏨 39 Sharma Guest House
🏨 44 Hotel CJ International
🏨 46 Sri Guru Najak Niwas Tempelunterkünfte
🏨 48 SK Sood Guest House, Hotel Sitara Niwas

Essen und Trinken

Ⓞ 2 Café Coffee Day, Kwality Restaurant
Ⓞ 3 Pizza Hut
Ⓞ 11 Restaurant
Ⓞ 18 Friend's Dhaba

Ⓞ 27 The Brothers, Pizza Point
Ⓞ 32 New Dry Fruit Corner
Ⓞ 38 Restaurant Punjabi Rasoi

Verkehr

● 4 Indian Airlines
Ⓑ 19 Tempelbusse,
Ⓧ Taxistand
● 21 Rikshastand
Ⓑ 23 Busbahnhof
● 40 Bahn-Reservierungsbüro
Ⓑ 47 Tempelbusse zum Bahnhof,
Ⓧ Taxis und Minbusse zur pakist. Grenze

Geld

Ⓢ 3 ICICI ATM
Ⓢ 8 HDFC ATM
Ⓢ 13 idbi-Bank-ATM
Ⓢ 15 Mehra Forex
Ⓢ 18 Central Bank of India
Ⓢ 26 ICICI und HDFC ATM
Ⓢ 30 idbi ATM
Ⓢ 31 Punjab & Sind Bank
Ⓢ 34 Hotel City Heart
Ⓢ 43 Bank of Punjab, Centurion ATM

Internet

@ 2 sify-i-way Internet
@ 35 Cyber Net
@ 36 sify-i-way Internet
@ 38 Cyber Swing

Sonstiges

✉ 10 Hauptpost
ℹ 16 Tourist Office
➤ 19 Polizeiposten
● 28 Town Hall
ℹ 40 Informationsbüro Goldener Tempel
✉ 43 Postamt

carrés und den bunt gekleideten Pilgern. Untermalt wird dieser harmonische Anblick von den über Lautsprecher verbreiteten Gesängen der *Ragis,* hoch verehrten Sängern, die aus dem *Adi Granth,* dem heiligen Buch der Sikhs, zitieren – eine einzigartige Atmosphäre.

Umso verständlicher ist die Empörung der Sikhs, als der Goldene Tempel Mitte der 1980er Jahre durch die indischen Truppen fast vollständig zerstört wurde. Die indische Armee ließ ganze Häuserzeilen der den Tempelbezirk umgebenden Altstadt abreißen, um sich ein freies Schussfeld für den entscheidenden Angriff zu verschaffen.

Umrundet man den See, vom Haupteingang aus kommend, im Uhrzeigersinn, so gelangt man zunächst zu einem von einem Baum flankierten **Badeghat.** Der Legende nach soll an dieser Stelle ein an Lepra erkrankter Pilger durch ein Bad im See geheilt worden sein, und so tun es ihm heute Hunderte von Pilgern nach.

Die heute nur noch verstümmelt erhaltenen **Ramgarika-Minarette** waren im vorelektronischen Zeitalter mit jeweils einem *Ragi* besetzt, die die Rezitationen aus dem *Adi Granth* über den Tempelbezirk hinaus in die Altstadt weiterverbreiteten. In den beiden dahinter gelegenen riesigen **Speisesälen** werden täglich bis zu 20.000 Pilger und Besucher jedweder Kasten- und Religionszugehörigkeit kostenlos verpflegt.

Gegenüber dem *Darshan Deori,* dem kuppelüberdachten Eingangstor zur Brücke, welche zum Goldenen Tempel führt, findet sich der **Akal Takht,** der Sitz der Tempelverwaltung, in dem sich zwischen 1982 und 1984 der radikale Fundamentalist *Jarnail Singh Bhindranwale* mit seinen Anhängern verschanzt hatte. Dieses Gebäude wurde bei der *Operation Blue Star* im November 1984 vollständig zerstört, wurde inzwischen aber wiedererrichtet. Im Erdgeschoss des Goldenen Tempels liegt unter einem rosafarbenen, mit Juwelen bedeckten Tuch das *Adi Granth,* aus dem die davor platzierten *Ragis* ununterbrochen rezitieren. Während einer Prozession wird die Bibel der Sikhs jeden Morgen um 4 Uhr und abends um 11 Uhr in einer goldenen Schatulle über die Brücke vom Akal Takht zum Hari Mandir bzw. zurück geleitet.

Die sich nach allen vier Himmelsrichtungen öffnenden **Eingangstore** des Tempels sollen die Offenheit und Toleranz der Sikhs symbolisieren, wonach jeder Gläubige, egal welcher Religionsgemeinschaft und Nationalität, im Tempel willkommen ist. Mit ihren wunderschönen Marmoreinlegarbeiten im Erdgeschoss und den gänzlich mit goldfarbenen Blumenmotiven verzierten Wänden und Erkern stellt der Hari Mandir ein klassisches Beispiel hinduistisch-muslimischer Architektur dar.

Jallianwala Bagh

Nur wenige hundert Meter entfernt vom Goldenen Tempel führt eine schmale Gasse zu einer gepflegten Parkanlage. Dieser heute so friedvolle Ort war am 13. April 1919 Schauplatz eines der grausamsten Ereignisse des indischen Unabhängigkeitskampfes. An diesem Tag ließ ein britischer General 150 seiner Soldaten sieben Minuten lang wahllos in eine Menschenmenge von zwanzigtausend Indern schießen, die hier friedlich für die Freilassung eines ihrer wenige Tage zuvor festgenommenen Anführers demonstrierten. Das **Massaker** forderte 400 Menschenleben und über 1.000 Verwundete.

Dem Ereignis kam für den weiteren Verlauf der indischen Geschichte zentrale Bedeutung zu. Das menschenverachtende Vorgehen der britischen Besatzungstruppen führte den bisher gemäßigten Vertretern der indischen **Unabhängigkeitsbewegung,** zu denen auch *Mahatma Gandhi* gehörte, deutlich vor Augen, dass nur eine zwar friedvolle, dafür jedoch um so kompromisslosere Haltung zum Erfolg führen konnte. So schweißte das tragische Ereignis von Jallianwala Bagh die bis dahin unentschlossene und zerstrittene Unabhängigkeitsbewegung zu einem entschlossenen Kampfbund zusammen und hatte somit entscheidenden Anteil daran, dass die britischen Besatzungstruppen letztendlich in die Knie gezwungen werden konnten. *Richard Attenborough* räumte diesem Ereignis in seinem preisgekrönten Film *Gandhi* großen Raum ein. Die Anlage ist heute als **Erinnerungsstätte** gestaltet, in dem neben einem kleinen Pavillon mit Fotos und Zitaten von Augenzeugen auch der inzwischen überdachte Brunnen zu sehen ist, in dem über hundert Menschen starben, nachdem sie auf der panikartigen Flucht vor dem Kugelhagel hineingesprungen waren.

Durgiana Mandir

Dieser kleine **Hindu-Tempel** wird von den Sikhs gerne etwas spöttisch als ärmliche Kopie des Goldenen Tempels bezeichnet. Tatsächlich ist die Ähnlichkeit verblüffend, liegt doch auch dieses Mitte der zwanziger Jahre erbaute Heiligtum inmitten eines kleinen Teiches, ist aus Marmor gestaltet und und wird von einer goldenen Kuppel gekrönt. Doch nicht nur aufgrund der übergroßen Hindu-Gottheiten im Tempelinnern, sondern wegen des vernachlässigten Zustandes der Gesamtanlage sind Verwechslungen ausgeschlossen.

Ram Bagh

Dieser weitläufige, gut gepflegte **Park** bietet sich nicht nur als willkommenes Refugium an, um die laute und hektische Altstadt hinter sich zu lassen oder sich von der hektischen Mall Rd. zu erholen, sondern beherbergt im hübschen ehemaligen Sommerpalast *Maharajas Ranjit Singhs* auch noch ein interessantes **Museum** (tgl. außer Mo 10–16.45 Uhr). Nicht so sehr die aus Rajputen-Museen schon hinlänglich bekannten Waffen- und Münzsammlungen, dafür jedoch die Ausstellung schöner Miniaturmalereien machen einen Besuch lohnenswert.

●**Öffnungszeiten:** tgl. 10 bis 17 Uhr.

Grenzschließungszeremonie

Ein herrliches Schauspiel ist die täglich um 16.30 im Winter und um 17.30 Uhr im Sommer mit großem Pomp vollzogene Grenzschließung zwischen **Pakistan** und Indien. Beim erstaunlich präzise aufeinander abgestimmten Exerzier- und Imponiergehabe auf beiden Seiten wird selbst das **Einholen der jeweiligen Landesflagge** zelebriert. Beide Seiten achten peinlichst genau darauf, dass die eigene Flagge nicht zu schnell eingeholt wird und damit tiefer als die der Gegenseite sein könnte. Die theatralische Exerzierkunst der Grenzsoldaten lockt täglich viele Menschen nach Attari/Wagah, die kameradebewehrt auf Tribünen sitzend auch das Ende der etwa 20-minütigen Zeremonie, das schwungvolle **Zuschmettern der Grenztore,** bannen wollen. Man sollte rechtzeitig erscheinen, um einen guten Platz auf einer der Tribünen zu ergattern.

Vor Bus und Jeep ist das Taxi die wohl bequemste Art, den Ort zu besuchen. Die Hin- und Rückfahrt kostet um 350–400 Rs (Gasbetrieb) bzw. 400–500 Rs (Benzin, je nach Wagentyp). Pro weiterer Person sind je 100 Rs zusätzlich zu zahlen.

Information

●Der lange Weg zum **Tourist Office** (Tel.: 2402452, Mo–Fr 9–17 Uhr) lohnt nicht, da man dort nur sehr spärliche Informationen erhält.

●Sehr freundlich und umfassend beraten wird man im **Informationsbüro** rechts vom östlichen Zugangstor zum Goldenen Tempel auch zu Fragen, die über die Sikh-Religion hinausgehen. Eine informative Broschüre zum Goldenen Tempel wird für 4 Rs verkauft.

Stadtverkehr

●Speziell die am Bahnhof wartenden Auto- und Fahrradrikshafahrer versuchen, ihr Einkommen als **Schlepper** für diverse Hotels aufzubessern und können dabei z.T. unangenehm aufdringlich werden. Während Rikshas an beiden Ausgängen des Bahnhofs warten, sind **Taxis** nur auf der nördlichen Hauptausgangsseite zu haben. Für die Fahrt zum Goldenen Tempel sollten per **Fahrradriksha** nicht mehr als 15–20 Rs, mit der **Autoriksha** knapp das Doppelte gezahlt werden.

● Zwischen Bahnhofsvorplatz und Goldenem Tempel verkehren regelmäßig **Busse** der Tempelverwaltung, die die Reisenden kostenlos zum Heiligtum bringen. Die gelben Busse fahren ca. alle 45 Min., bis sie meist mehr als voll sind.

●Für eine **Taxifahrt** zum 14 km außerhalb gelegenen **Flughafen** sollte man nicht mehr als 200 Rs zahlen, per Autoriksha 100 Rs.

●Für eine etwa 7-stündige **Stadtrundfahrt per Taxi** müssen etwa 700 Rs für ein gasbetriebenes Taxi hingeblättert werden, für einen Benziner etwas mehr.

Unterkunft

Low Budget

●Immer größerer Beliebtheit bei Individualtouristen erfreuen sich die von der Tempelverwaltung ausländischen Besuchern zur Verfügung gestellten Räume innerhalb des **Pilgerheims Sri Guru Nanak Niwas** unmittelbar neben dem Goldenen Tempel. Hierbei handelt es sich um saubere Mehrbettzimmer mit Gemeinschaftsdusche. Daneben stehen auch noch im benachbarten **Newahal Rest House** einige wenige Zweibettzimmer mit AC für gerade mal 40 Rs zur Verfügung. Fast alle loben die freundliche und tolerante Atmosphäre. Neben einem „deposit" von 50 Rs, die am Ende zurückgezahlt wird ist eine kleine Spende beim Verlassen ist sicherlich angemessen, doch niemand ist dazu verpflichtet. Erwartet wird allerdings ein dem heiligen Ort entsprechendes Auftreten. Hierzu zählt u.a. eine zurückhaltende Kleidung und der Verzicht auf Alkohol- und Nikotingenuss. Zur Anmeldung und Unterbringung melde man sich beim Informationsbüro rechts vom Haupteingang zum Goldenen Tempel.

●Die beste tempelnahe Bleibe im unteren Preisbereich ist das etwas dunkle **Sharma Guest House** €-€€ (Mahna Singh Rd., Tel.: 2551757, 5062309). Besonders die oberen, nach hinten gelegenen Zimmer (Nr. 26, 27, 32 und 33) sind preiswert, sie haben Blick auf die Bäume des Jallianwala Bagh. Die meisten Zimmer haben eigenes Bad und TV, auch ein Restaurant ist angeschlossen.

●Das **Tourist Guest House** € (Tel.: 2553830) hat sehr unterschiedliche Zimmer von kleinen, billigen Zellen bis zu größeren mit etwas Komfort und Fernseher. Auch ein Restaurant ist vorhanden. Eine OK-Unterkunft, weil das Personal bemüht ist – die Straße ist jedoch extrem laut.

●Eine akzeptable und billige Herberge in Bahnhofsnähe ist das Hotel **Bharat** (Tel.: 2227536, (0)9888142580), die billigsten Zimmer mit Gemeinschaftsbad.

Budget

●An der Mahna Singh Rd. nahe dem Goldenen Tempel finden sich mehrere akzeptable Budget-Unterkünfte fast nebeneinander, von denen das **SK Sood Guest House** €€-€€€ (Tel.: 5093376) zu empfehlen ist, da die geräumigen und hellen Zimmer mit TV einen guten Eindruck machen. Ein Nachteil ist der recht hohe nächtliche Geräuschpegel von der Straße.

●Fast nebenan hat auch das Hotel **Sitara Niwas** €€-€€€ (Tel.: 2534568, 2543092) den großen Vorteil, in unmittelbarer Nähe des Goldenen Tempels zu liegen. Die teils klimatisierten Zimmer verfügen über TV und Dusche oder Badewanne. Die Deluxe- und Superdeluxe-Zimmer sind nur wenig teurer, aber wesentlich besser, Zimmer 20 C hat Tempelblick. Hier können die aushängenden Preise meist stark heruntergehandelt werden.

●Ein hervorragender Gegenwert wird im **Shiraz Castle** €€-€€€ (Tel.: 5090861, shirazcastle @yahoo.com) offeriert, sind die Zimmer, alle mit TV, doch hübsch möbliert. Besonders für Einzelreisende interessant, da die Einzelzimmer erstaunlich preiswert sind. Zudem lockt eine Terrasse mit kleinem Wasserfall beim Essen.

●Das staatliche, in der Nähe des Busbahnhofs gelegene **Amritsar International Hotel** €€-€€€ (Tel.: 2555991) wirkt etwas kühl und unpersönlich, die Zimmer könnten eine Renovierung gut vertragen, allerdings sind die recht geräumigen Zimmer mit AC relativ preiswert.

Tourist Class

●Trotz seines „Standortnachteils" gut 3 km außerhalb des Zentrums im Nordwesten ist **Mrs. Bhandari's Guest House** €€€ (Tel.: 2228509, bhandari_guesthouse@tripod. com) eine der besten Unterkünfte der Stadt. Das von einer netten Familie geleitete Haus ist von einem schönen Garten umgeben und die Zimmer machen einen gemütlichen Eindruck. Camper können hier ihr Zelt für 160 Rs pro Person aufschlagen. Auch ein Swimmingpool ist vorhanden.

●Viel Tageslicht gewähren die gut ausgestatteten und sauberen Zimmer des Hotels **Golden Tower** €€€ (Jallianwala Bagh, Tel.: 2534446-8, info@hotelgoldentower.com, www.hotelgoldentower.com) in Gehdistanz zum Goldenen Tempel – ein guter Gegenwert.

Sikh am Goldenen Tempel

●Das Hotel **Hari Darshan** €€€ (Galaria Rd., Mel Sewan Bazar, Tel.: 2543500, 5008520) in ruhiger Lage am Rand der Altstadtgassen wird besonders wegen des perfekten Ausblicks auf den Hari Mandir von den Balkonen gelobt, die Zimmer 21 und 22 im oberen Stockwerk gewähren die beste Aussicht. Die ordentlichen Zimmer haben alle TV, Kühlschrank und Balkon.

●Das **Grand Hotel** €€€-€€€€ (Queen's Rd., Tel.: 2562424, (0)9814050447, grand@jla.vsnl.net.in) mit Restaurant und Bar schräg gegenüber vom Bahnhof ist zwar nicht so großartig, wie es der Name vermuten lässt, bietet jedoch ordentliche und geräumige, um einen kleinen, begrünten Innenhof gruppierte Zimmer mit TV und Kühlschrank sowie freundliches Personal.

●Ruhiger und insgesamt gepflegter ist das ca. 400 m weiter östlich am Ende einer kleinen von der Queens Rd. abzweigenden Gasse gelegene **Shiraz Continental** €€-€€€ (Tel.: 2566157, 5098614, shirazcontinental@yahoo.com). Die Preise variieren stark je nach Ausstattung der Zimmer.

●Empfehlenswert sind im **Hotel Blue Moon** €€€-€€€€ (Tel.: 2220759, 5094759, hotelbluemoon@gmail.com) im Norden der Stadt, etwas von The Mall Road zurückversetzt, nur die neuen Zimmer mit großen Fenstern zum Garten. Auch die große Terrasse, die Rasenfläche vor dem Haus und das gute Restaurant sind Pluspunkte.

●Für ruhige Gemüter ist das Hotel **Astoria** €€€ (1 Queen's Rd., Tel.: 2566046, 2401222) mit gemütlichen Zimmern und Sitzecken der richtige Ort, hat das saubere Haus doch etwas Patina im positiven Sinn angesetzt.

●Eine gute Wahl ist das Hotel **Oberoi Castle** €€€-€€€€ in der Nähe des Durgiana Mandir. Alle 28 Zimmer verfügen über AC, Kabel-TV, Kühlschrank und Heißwasser.

First Class

●Mit Swimmingpool, Restaurant und zentraler AC und inmitten eines kleinen Parks macht das **Ritz Plaza Hotel** €€€€-€€€€€ (The Mall, Tel.: 2562836, ritzhotel@vsnl.com) von außen einen recht angenehmen Eindruck.

Der Norden

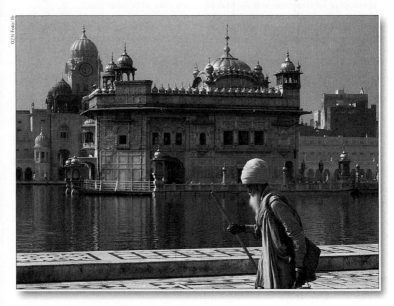

023l Foto: tb

Die Zimmer mit Balkon wirken hingegen etwas abgenutzt und renovierungsbedürftig. Angenehm ist das abendliche Dinner am Pool mit Kerzenschein. Auch ein morgendliches Buffet wird serviert (175 Rs).

●Zwei zweckmäßige, nahezu preisgleiche Herbergen, ebenfalls auf der Nordseite der Stadt: **Mohan International Hotel** €€€€-€€€€€ (Albert Rd., Tel.: 2227801-8, hotel@jla.vsnl.net.in), alle Zimmer verfügen über AC und schöne Badezimmer mit Badewanne; zum Hotel gehören ein Swimmingpool, den Nicht-Gäste für 150 Rs benutzen dürfen, sowie zwei Restaurants. Nebenan ist das **Royal Castle** €€€€ (309, Albert Rd., Tel.: 2225562-4, royalcastle51@hotmail.com) nahezu identisch zu etwas kleinerem Preis.

●Die mit Abstand schönste Bleibe Amritsars ist das **Svaasa Spa Resort** €€€€-€€€€€ (Tel.: 2566618, (0)911833104121 (mobil), spa@svaasa.com, www.svaasa.com), eine äußerst gelungen mit Blick fürs Detail in ein Hotel umgewandelte Kolonialvilla. Das nicht mal sonderlich teure, mit zeitentsprechenden Möbeln und Dekor und viel Grün gestaltete Juwel, ruhig am Ende einer von The Mall Rd. abzweigenden Gasse gelegen, bietet zudem Sauna und fachkundige ayurvedische Massagen an. Ohne Reservierung ist man jedoch fast chancenlos.

Essen und Trinken

●Wer sich mit ein wenig Reis, *Dhal* und *Chapati* bescheidet, der kann an den drei kostenlosen Pilgerspeisungen in der öffentlichen **Küche des Goldenen Tempels** teilhaben. Eine kleine Spende wäre sicherlich angebracht.

●Tempelnah ist wohl **New Punjabi Rasoi** die akzeptabelste Adresse für indische vegetarische Kost. Das zur Abendzeit meist stark frequentierte Restaurant ist sauber und ganz gemütlich. Zudem lassen sich leicht Kontakte zu anderen Travellern knüpfen.

●Die meisten der besseren Restaurants befinden sich entlang der westlich vom Ram Bagh die Queens und Mall Road verbindenden Straße. Gutes, aber auch relativ teueres Essen servieren hier z.B. das **Odeon** und das **Spenda Restaurant.**

●Vor dem ordentlichen, klimatisierten **Kwality Restaurant** mit empfehlenswertem Essen (um 100 Rs pro Gericht) öffnen abends eine Reihe kleiner **Essensstände,** die leckere Snacks anbieten.

●Recht schmackhafte bodenständig nordindische Kost serviert das **Sindhi Coffee House** beim Ram Bagh.

●Erstaunlich viele Fast-Food-Restaurants locken den Hungrigen in Amritsar. Eins der bekanntesten ist wohl **The Brothers.** Nicht sehr weit vom Goldenen Tempel wird Appetit auf indische Snacks, Burger, Pizzas, Shakes und Eiscreme gestillt. Ein ganz ähnliches Angebot hat **Pizza Point** (um 75 Rs pro Pizza). Im nördlichen Teil Amritsars versorgt **Pizza Hut** an der Lawrence Road dieselbe Klientel.

●Vielseitige indische und chinesische Schnellküche gibt's bei **Friend's Dhaba** an der Queen's Road.

●Gut ist auch der **Coffee Shop des Mohan International Hotels.** Im direkt daran anschließenden edel eingerichteten Restaurant liegt die gleiche Speisekarte aus, mit dem einzigen Unterschied, dass dort die Gerichte um etwa 30 % teurer sind.

●Ideal, um sich für den Abend oder lange Zug- und Busreisen mit Verpflegung einzudecken, ist die **New Dry Fruit Corner.** Hier gibt's Nüsse, Sultaninen, Kerne, Kekse und andere Trockenware.

Medizinische Versorgung

●Im Notfall gut versorgt ist man im modernen, privaten **Fortis Hospital** (Ranjit Rd., Tel.: 5050222). Eine rund um die Uhr geöffnete **Apotheke** ist angeschlossen.

Post und Internet

●Die **Hauptpost** (Mo-Sa 9-17) liegt auf der Nordseite der Stadt an der Court Rd. Ein kleines Postamt findet sich in der den Tempel umgebenden Gebäudezeile Guru Ram Das Niwas, Öffnungszeiten: Mo-Fr 9-17 (um 13 Uhr Mittagspause), Sa 9-12 Uhr.

●Es gibt bisher erstaunlich wenige Internetcafés in Amritsar. **Cyber Net,** Bikanerian Bazar, Opp. Khubi Halwai, 1. Stock, nahe dem

Goldenen Tempel, hat eine schnelle ISDN-Verbindung. Die Surfstätten von **sify-i-way,** einmal etwas versteckt in den Altstadtgassen und nördlich der Bahngleise, sind am schnellsten.

Bank

●Für die meisten am günstigsten liegt die **Centurion Bank** im Guru Ram Das Niwas am Goldenem Tempel. Hier werden Mo–Fr 10–17 und Sa 10–14 Uhr Bares und Reiseschecks eingetauscht. Der ATM akzeptiert jedoch nur Maestro-Karten. Die **State Bank of India** (Mo–Fr 10–14 und 15–16 Uhr) und die **Central Bank of India** an der Queen's Rd. auf der nördlichen Seite Amritsars wechseln Bargeld und Travellerschecks, die **Punjab & Sind Bank** (Mo–Fr 10–16 Uhr, Sa 10–13 Uhr) nimmt nur Bargeld (der Ableger am Guru Ram Das Niwas am Goldenen Tempel nimmt auch Reiseschecks), auch ein ATM ist vorhanden. Von den vielen weiteren **ATMs** weisen die der idbi- und der HDFC-Bank neben den anderen gängigen Karten auch AmEx-Plastik nicht ab.
●Bei **Mehra Forex** (G.T. Rd., Tel.: 2566778) im Mehra Bldg. (2. Stock) gegenüber dem Bahnhof ist neben Geldwechsel auch Moneygram, also elektronischer Geldtransfer, möglich.

An- und Weiterreise

Flug

●*Indian Airlines* (Tel.: 2213392/3, 39-A, Court Rd.) fliegt Di, Mi, Fr und So von und Mo, Di, Do und Sa nach **Delhi** (5.255 Rs). *Jet Airways* (K.K. Towers, Ranjit Av., Tel.: 2508002-4) fliegt tgl. nach Delhi. Auch *Air India* hat ein Büro in Amritsar im MK Hotel, Tel.: 2508122.

Bahn

●Es gibt am Bahnhof sowohl am nördlichen Hauptausgang wie auch am Südzugang und günstig beim Goldenen Tempel Reservierungsbüros (Mo–Sa 8–20 Uhr, So 8–14 Uhr). Wichtige Verbindungen im Anhang.

●Zur Recherchezeit gab es keinen direkten Zugverkehr zwischen Amritsar und **Lahore** in Pakistan, was sich aber wieder ändern kann, also nachfragen bzw. im Internet schauen.

Bus

●Häufige Verbindungen nach **Chandigarh** (5 Std., 100 Rs), **Pathankot** (2,5 Std), **Dehra Dun** (10 Std., 200 Rs) und **Jammu** (6 Std., 130 Rs, Privatanbieter fahren meist abends zwischen 21.30 und 23.30 Uhr, 200 Rs). Von dort Busse nach **Srinagar.** Nur 2 Busse morgens um 5.30 und 7.30 Uhr nach **Shimla** (10 Std., 200 Rs). Nach **Dalhousie** (6 Std., 190 Rs) eine Verbindung (9.15 Uhr), nach **Dharamsala** (10 Std., 200 Rs) tgl. um 11 und 15.30 Uhr, aber einfacher erst per Bahn nach Pathankot und von dort per Bus.
●Die einzige Direktverbindung nach **Rajasthan** führt über **Ganganagar** (9 Std.).
●Nach **Delhi** dauert es 9 Std. (200 Rs), die Fahrt ist allerdings mit dem Zug wesentlich bequemer.
●Mit dem Bus nach **Pakistan:** Da zurzeit Tauwetter zwischen Indien und Pakistan herrscht, gibt's auch eine Busverbindung nach Lahore, die 2x wöchentlich Di und Sa um 9 Uhr morgens vom Busbahnhof an der G.T. Road startet. Außerdem besteht die Möglichkeit, mit einem der alten amerikanischen Dodge-Busse mehrmals täglich bis zum letzten Dorf vor dem Grenzübergang Attari/Wagah (Abfahrt nähe Bahnhof, 8 Rs) zu fahren. Per Taxi kostet die Fahrt ca. 350 Rs. Dort warten Rikshas, die den Reisenden für 5 Rs zur Grenzstation bringen. Von da kommt man mit einem Pick Up zur nächsten größeren Ortschaft, dann weiter per Minibus nach **Lahore.** Bedenken sollte man allerdings, dass die Grenze nur zwischen 9 und 16 Uhr geöffnet ist.

Der Norden

Pathankot ♫ II/B2

(ca. 170.000 Einwohner)

Viele nutzen diesen ansonsten uninteressanten Ort als Sprungbrett auf dem Weg von Delhi nach Amritsar, Kashmir und Dharamsala, da hier mehrere wichtige Bahnlinien enden. So kann man sich die lange Busfahrt von Delhi in den Norden sparen bzw. abkürzen.

Unterkunft

●Wer den Anschlusszug bzw. -bus verpasst, dem bieten sich mit dem besseren **Hotel Green** €-€€ und dem **Hotel Tourist** € (Tel.: 0186-220660), beide 100 m östlich vom Bahnhof und nur ca. 400 m vom Busbahnhof entfernt, zwei einfache Unterkünfte.
●Die beste Bleibe ist das neue Hotel **Satyam** €€-€€€ (Tel.: 2223577) direkt am Busbahnhof. Die teils klimatisierten Zimmer, alle mit eigenem Bad, sind sauber und mit TV versehen. Meist lassen sich hohe Abschläge auf die beim Empfang aushängende Preistafel aushandeln, da das Hotel selten viele Gäste sieht.

An- und Weiterreise

Bahn:
●Von **Delhi** in etwa 10 Std. mit dem 4033 Jammu Mail. (Abf. 21.15 Uhr, Ank. 7.20 Uhr). Von Pathankot nach Delhi derselbe Zug (4034, Abf. 18.50 Uhr, Ank. 5 Uhr). Diese Züge kommen aus bzw. fahren weiter bis **Jammu Tawi.**
●Wer nach **Jodhpur** in Rajasthan will, kann mit dem 9224 Jammu Tawi Ahmedabad Exp. um 11 Uhr die 19-Std.-Strecke in Angriff nehmen.
●Nach **Amritsar:** z.B Pathankot ab 16.40 Uhr, Amritsar an 19.10 Uhr (8102 Muri Exp.). Die andere Richtung derselbe Zug: 8101, Amritsar ab 5.45 Uhr, Pathankot an 8.45 Uhr. Dieser Zug fährt weiter nach **Jammu Tawi.**
●Eine besondere Art, Richtung **Dharamsala** zu gelangen, bietet die **Schmalspurbahn** von Pathankot zum Bahnhof Kangra Mandir bei Gaggal, etwa 20 km von McLeod Ganj entfernt. Abfahrtszeiten der Schmalspurbahn z.B. 10.40 und 12.50 Uhr. Allerdings sollte man genügend Zeit einplanen, da die Fahrt etwa 5 Std. dauert und die meisten von dort noch nach **McLeod Ganj** hinauffahren wollen. Mit dem Taxi kostet das etwa 400 Rs. Ansonsten von Gaggal mit dem Bus nach Dharamsala.

Bus:
●Vom neuen Busbahnhof viele Verbindungen nach **Amritsar** (3 Std., 50 Rs), **Chamba** (zw. 5.30 und 18 Uhr), **Chandigarh** (6 Std., 110 Rs), **Dalhousie** (4 Std., 55 Rs), **Kullu** (zwischen 4.45 und 17.30 Uhr), **Shimla** (3 Std., zw. 5.20 und 16.30 Uhr) und **Jammu** (3 Std., 110 Rs).
●Nach **Dharamsala** tgl. 5 Busse zwischen 5 und 21.30 Uhr (3,5 Std., 55 Rs). Kommt man mit dem um 9.15 Uhr in Amritsar startenden 4633 Ravi Exp. fahrplanmässig in Pathankot an, sollte der 12.30-Uhr-Bus nach Dharamsala leicht zu erreichen sein. Wer einen der Busse nach Dharamsala verpasst, kann auch einen der häufigen Busse nach Gaggal nehmen und etwas vor Gaggal an der Kreuzung nach Dharamsala aussteigen. Vorher den Schaffner bitten, Bescheid zu geben, wenn diese Kreuzung erreicht wird. Sie befindet sich kurz hinter der gut erkennbaren Zufahrt zum Kangra-Flughafen. Umsteigen in einen der vielen passierenden Busse hinauf zum noch 11 km entfernten Dharamsala. Einige Direktbusse bis nach **McLeod Ganj** fahren nur morgens zwischen 5.15 und 10.30 Uhr.
●Zwischen Busbahnhof und Bahnhof warten viele **Taxis** auf Kundschaft. Bekommt man mehrere Reisende zusammen, eine durchaus überlegenswerte Alternative. Wer sich aufs Handeln versteht, kann eine Fahrt nach Dalhousie oder Dharamsala für 1.100 Rs ergattern. Eine Fahrt vom Bahnhof zum 300 m entfernten Busbahnhof sollte mit der **Fahrradriksha** höchstens 10 Rs kosten.

Himachal Pradesh

Überblick

Fläche:	55.673 km²
Hauptstadt:	Shimla
Einwohner:	6 Mio.
Bevölkerungsdichte:	107 Ew./km²
Stadtbevölkerung:	28 %
Alphabetisierungsquote:	62 %
Lebenserwartung:	64 Jahre

Der Norden

Der mit 55.673 km² kaum 2 % der indischen Gesamtfläche einnehmende Bundesstaat Himachal Pradesh umfasst eine der landschaftlich schönsten Regionen Indiens. Der am Fuße der Himalayariesen gelegene Gebirgsstaat wird von blühenden Tälern durchzogen, die Erinnerungen an die Schweiz wachrufen.

Schon die britischen Kolonialherren hatten diese mitteleuropäisch anmutende Region zu ihrem Urlaubsziel Nr. 1 erkoren und hier die meisten ihrer übers ganze Land verstreuten **Hill Stations** gegründet. Jedes Jahr im März, wenn sich in den Ebenen die Quecksilbersäule der 40-Grad-Marke näherte, machte sich ein ganzer Troß britischer Kolonialbeamter nebst Tausender von Bediensteten auf den Weg in die Luftkurorte. Zur Königin unter den *Hill Stations* stieg dabei das auf 2.200 m Höhe gelegene Shimla auf, die Sommerresidenz des britischen Vizekönigs.

Der heutige Staat Himachal Pradesh bildete sich erst 1948 aus dem Zusammenschluss von 30 kleinen Bergstaaten des ehemaligen Punjab. 1966, nach dem erneuten Auseinanderfallen des Punjab durch die Gründung Haryanas, erfuhr der Bundesstaat eine territoriale Erweiterung, als ihm die Distrikte Kullu, Kangra und Lahaul/Spiti angegliedert wurden.

Speziell seit der Eskalation der Gewalt in Kashmir entwickelt sich der **Tourismus** neben der Landwirtschaft zur Haupteinnahmequelle des nur 5,2 Mio. Einwohner zählenden Unionsstaates Himachal Pradesh. Noch immer sind es die von den Briten angelegten Luftkurorte, die mit ihrem angenehmen Klima, britischem Flair, schönen Ausblicken auf die nahen Himalayaberge und die sie umgebende liebliche Landschaft die meisten Urlauber anlocken. Heute sind es die Mitglieder der indischen Mittel- und Oberschicht, die die Mehrzahl der Urlauber stellen.

Westliche Touristen reisen vornehmlich nach Dharamsala, dem Exilsitz des *Dalai Lama* und einer umfangreichen tibetanischen Gemeinde. Bei den Indern wie den ausländischen Touristen gleichermaßen beliebt ist Manali am nördlichen Ende des wunderschönen Kullu-Tales. In der Stadt selbst sind die negativen Spuren des ungebremsten Tourismusbooms zwar unübersehbar, doch als Ausgangsbasis für spektakuläre Himalaya-Bergwanderungen und für die Überlandstrecke nach Leh, der höchste Gebirgsstraße der Erde, ist Manali immer noch empfehlenswert.

Um die Ruhe und Schönheit des Kullu-Tals abseits der großen Touristenorte zu erleben, sollte man jedoch eher das nur knapp 30 km südlich von Manali gelegene Dorf Naggar besuchen – noch ein touristischer Geheimtipp.

Dalhousie $\mathcal{D}$ II/B2

(ca. 11.000 Einwohner, Vorwahl: 01899)

Dieser kleine, im Nordwesten Himachal Pradeshs auf knapp 2.100 Metern Höhe gelegene Ort wurde Mitte des letzten Jahrhunderts vom damaligen Generalgouverneur Indiens, *Lord Dalhousie,* gegründet. Sehr schnell entwickelte sich der über insgesamt fünf Bergrücken verlaufende Ort zu einem beliebten Ferienziel jener, die sich das teure Shimla nicht leisten konnten. Daran hat sich bis heute nicht viel geändert, gilt doch Dalhousie als die billigste *Hill Station* ganz Indiens. Trotz der schönen Lage mit attraktivem Ausblick über weit auslaufende Täler und die von Schnee bedeckten Gipfel des über 6.000 Meter hohen Dauladhar-Bergmassivs lassen sich hier nur äußerst selten westliche Besucher sehen.

Während die Stadt selbst wenig Attraktives aufzuweisen hat, bietet sich die Umgebung doch für einige erholsame **Spaziergänge und Wanderungen** an.

Vom Subhash Chowk, einem der beiden Hauptplätze Dalhousies, führt in etwa einer halben Stunde ein gut ausgebauter, asphaltierter Fußweg durch einen Pinienwald zum **Gandhi Chowk,** dem Zentrum des Ortes. Auffällig sind dabei die hübschen, bunten, in den Fels gehauenen Reliefs während des ersten Teiles des Weges. Sie sind das Werk der kleinen Gemeinde tibetischer Flüchtlinge, die mit der Besetzung Tibets durch China Ende der fünfziger Jahre nach Dalhousie gelangten. Die meisten von ihnen haben sich inzwischen jedoch mit ihrem Oberhaupt, dem *Dalai Lama,* im weiter südöstlich gelegenen Dharamsala niedergelassen.

Entlang eines Weges, der südöstlich von Gandhi Chowk abzweigt, passiert man zunächst sieben kleine **heiße Quellen,** bevor man an einen besonders während der Wochenenden beliebten Picknickplatz gelangt. Dieser **Pangpulla** (Fünf Brücken) genannte Ort wurde ursprünglich als Erinnerungsstätte an den indischen Freiheitskämpfer *Bhagat Singh* errichtet, ist heute jedoch eine ziemlich hässliche Konstruktion aus fünf Betonbrücken, die sich über einen künstlich angelegten Teich spannen.

Inmitten eines dichten Pinienwaldes, zwei Kilometer nördlich der Stadt, befindet sich der ehemalige **Sommerpalast** des Herrschers von Chamba. Das Gebäude ist zwar heute für Besucher nicht zugänglich, doch der schöne Weg dorthin und der den Palast umgebende kleine Park lohnen dennoch einen Ausflug.

Information

●Das **Tourist Office** (Tel.: 242136) befindet sich im 1. Stock eines Neubaus direkt am Busbahnhof. Geöffnet Mo–Fr 10–17 Uhr.

Stadtverkehr

●Für ein **Taxi** zwischen Gandhi Chowk und Subash Chowk sollte man nicht mehr als 80 Rs berappen. Ist dem beladenen Reisenden der Aufstieg zu steil, stehen vielerorts Träger bereit, die ihm das Gepäck schleppen.

Unterkunft

Die Auswahl ist groß, Billigunterkünfte sind jedoch äußerst rar. Da Dalhousie vor allem von Familien mit Kindern besucht wird, sind Einzelzimmer kaum vorhanden, und Ermäßigung für Einzelreisende wird nur selten gewährt. Wie in allen *Hill Stations* sind die Preise stark saisonabhängig. Die hier genannten beziehen sich auf die Zwischensaison und sind somit nach oben wie unten variabel.

● Die preiswerteste Übernachtungsmöglichkeit bietet das winzige **Hotel Glory** € (Tel.: 225331) wenige Meter unterhalb des Busbahnhofs. Der Holzbau macht zwar eher den Eindruck einer größeren Gartenlaube, doch die Zimmer sind recht sauber und ordentlich. Für eine Nacht o.k.

● Eines der besten Preis-Leistungs-Verhältnisse in der unteren Preiskategorie bietet das **Hotel Monal** €€€ (Garam Sarak, Tel.: 242362) in der Nähe des Gandhi Chowk, alle Zimmer mit TV.

● Für seinen Preis von 300 bis 500 Rs bietet das nostalgische **Hotel Geetanjali** €€€-€€€€ (Tel.: 242155), nur zwei Minuten oberhalb des Busbahnhofs, sehr geräumige Zimmer mit Kamin, einen Aufenthaltsraum sowie eine hübsche Veranda. Das dem Haus angeschlossene Restaurant sollte man jedoch meiden. Ansonsten sehr empfehlenswert.

● Das **Grand View Hotel** €€€€-€€€€€ (Tel.: 240760, www.grandviewdalhousie.com) ermöglicht von seiner großzügigen Terrasse tatsächlich tolle Ausblicke auf die schneebedeckten Berge. Alle Räume dieses gut erhaltenen Oldies verfügen zudem über Kabelfernsehen.

● Das an der Khajjiar Road gelegene **Alps Holiday Resort** €€€ (Tel.: 240775) ist neben dem *Grand View* das zweite Top-Hotel in Dalhousie.

● Relativ preiswert und empfehlenswert ist das sympathische **Hotel Fair View** €€ oberhalb des Fußweges zwischen Subhash Chowk und Gandhi Chowk.

● Alle Räume des modernen **Chaanakya Hotel** €€€ verfügen über ein großes Bad mit Badewanne sowie Telefon und TV. Auch ein Restaurant ist vorhanden.

● Weniger modern, dafür nostalgischer ist das etwas außerhalb im Süden gelegene **Aro-** ma-N-Claire Hotel €€€ (Tel.: 242199) an der Court Road. Die geräumigen Zimmer bieten viel fürs Geld in diesem mit Antiquitäten und anderen Gegenständen vollgestopten Haus eines passionierten Sammlers.

Essen und Trinken

● Im kulinarisch nicht gerade verwöhnten Dalhousie wartet das **Lovely Restaurant** am Gandhi Chowk noch mit einer der besten Küchen auf.

● Mit dem **Preet Palace** findet sich eine der besseren Gaststätten der Stadt direkt am Subash Chowk. Die Speisekarte ist umfangreich, die Preise günstig.

● Empfehlenswert ist auch das ebenfalls am Subash Chowk gelegene **Amritsari Dhaba** mit leckeren nordindischen Gerichten um die 50–100 Rs.

● Nebenan ist eine Filiale der **Shere-e-Punjab-Kette** ähnlich gut.

Bank

● Die **State Bank of India** (Mo–Fr 10–16, Sa 10–13 Uhr) beim Busbahnhof und die **Punjab National Bank** (Mo–Fr 10–14, Sa 10–12 Uhr) südlich der Francis Church wechseln Bares und Reisechecks.

An- und Weiterreise

Bus:

● Mehrere Busse tgl. nach **Chamba** (3 Std.).

● Alle weiteren Ziele wie etwa **Shimla, Manali** oder **Dharamsala** werden zwar jeweils ein- bis zweimal pro Tag mit einem Direktbus von Dalhousie aus angefahren, schneller ist es jedoch, zunächst zum nächstgelegenen Bahnhof in **Pathankot** zu fahren und dort umzusteigen.

Taxi:

● Für eine Taxifahrt nach **Pathankot** (3 Std.) werden bis zu 1.000 Rs verlangt, doch mit etwas Verhandlungsgeschick sollte es für ca. 800 Rs möglich sein.

● Nach **Chamba** mit dem Taxi ca. 700 Rs. Hin- und Rückfahrt mit dreistündiger Wartezeit in Chamba sollte für etwa 900 Rs mehr zu haben sein.

Der Norden

- Die einfache Fahrt nach Dharamsala kostet etwa 1.400 Rs, nach Brahmaur ca. 1.600 Rs.

Reiseagentur:
- **Treks and Travels** (Tel.: 240277) nahe dem Busbahnhof arrangiert von Tagestouren per pedes (ca. 300 Rs) bis zu Jeeptouren und mehrtägigen Ausflügen kompetent. Auch Zugfahrkarten können hier besorgt werden.
- Letzteres macht auch die **Railway Out Agency** (Tel.: 240503, Mo–Sa 9–17 Uhr) beim tibetanischen Markt am nördlichen Ende der Court Rd.
- **Span Tours & Travels,** ebenfalls beim tibetanischen Markt (Tel. 225341), vermittelt Zug- und Flugtickets und vermietet AC-Wagen u.a. nach Delhi und Dharamsala.

Chamba   ⌖ II/B2

(ca. 20.000 Einwohner, Vorwahl 01899)

Im Windschatten hoher Pässe und Berge hat dieser 56 Kilometer nordwestlich von Dalhousie idyllisch an einem Berghang oberhalb des Ravi-Flusses gelegene Ort einen ganz eigentümlichen Charme bewahrt. Aufgrund seiner geografischen Abgeschiedenheit konnte sich hier, unbeeinflusst von islamischen Invasoren, eine jahrhundertealte Kultur entwickeln, die sich deutlich von der in den übrigen Regionen Himachal Pradeshs unterscheidet.

Die knapp 1.000 Meter hoch gelegene Stadt kann auf eine lange Geschichte zurückschauen, wurde sie doch schon im 9. Jahrhundert gegründet, als *Rajesh Shahil Verma* seine neue Hauptstadt vom 69 Kilometer entfernt gelegenen Brahmaur hierher verlegen ließ und ihr den Namen seiner Tochter *Chamba* verlieh. Trotz der beschwerlichen und langwierigen Anreise lohnt der verschlafen wirkende Ort wegen seines angenehmen Klimas (mit 920 Metern liegt die Stadt über 1.300 m tiefer als Dalhousie), des mittelalterlich anmutenden Stadtbildes, mehrerer ganz ungewöhnlicher, verschiedene Stilrichtungen vereinigender Tempel sowie der landschaftlich reizvollen Umgebung einen Besuch.

Chaughan

Die 70 Meter breite und 800 Meter lange Rasenfläche bildet den sozialen und kulturellen **Mittelpunkt der Stadt.** Hier findet der lokale Markt statt, werden politische Veranstaltungen und religiöse Zeremonien abgehalten, sportliche Wettbewerbe ausgetragen und die großen Feste gefeiert. Alljährlicher Höhepunkt ist das jeweils Ende Juli, Anfang August stattfindende einwöchige Minjar-Fest, bei dem die Bewohner der umliegenden Dörfer in ihren traditionellen Trachten zusammenkommen. Der mit seiner orangenen Farbe etwas deplatziert wirkende Torbogen (Gandhi Gate) wurde 1900 anlässlich des Besuches von *Lord Curzon*, dem britischen Vizekönig, errichtet.

Lakshmi-Narayan-Tempel

Dieser insgesamt sechs Tempel umfassende Tempelkomplex in der Nähe des durch ein Feuer fast völlig zerstörten ehemaligen Maharajapalastes ist das archäologisch interessanteste der zahlreichen Heiligtümer Chambas. Die jeweils drei dem Götter-Ehepaar *Lakshmi* und *Vishnu* geweihten Tempel wurden innerhalb eines Zeitraumes von acht Jahrhunderten erbaut, wobei der älteste aus dem 10. Jahrhundert stammt. Auffällig ist die ganz ungewöhnliche Gestaltung der Tempeldächer in einer nur selten anzutreffenden Kombination von rundem Tempelturm und spitzförmigem Pagodendach. Sehr schön auch die äußerst reichen und detailgenauen Steinreliefs an den Außenwänden.

Weniger seine architektonische Gestaltung als vielmehr seine Lage mit schöner Aussicht auf die pittoreske Stadt und das sich dahinter ausbreitende Ravi-Tal zeichnet den **Chaumunda-Devi-Tempel** aus. Zu erreichen über einen Fußweg hinter dem Busbahnhof.

Buri-Singh-Museum

Neben einer umfangreichen epigrafischen Sammlung und einigen Überresten des bei einem Feuer zerstörten Palastes *Rang Mahal* beherbergt dieses Museum eine bedeutende Auswahl von **Miniaturmalereien** der Basholi- und Kangra-Schule. Ihren Höhepunkt erlebte diese Schule im 18. Jahrhundert, als vie-

Farbkarte S. II/III

Himachal Pradesh
CHAMBA 393

le bedeutende Künstler nach der Invasion Delhis durch den persischen Feldherrn *Nadi Shah* Zuflucht und Anstellung bei dem kunstbegeisterten *Raja Govardhan Singh*, Herrscher über das winzige Fürstentum Guler, fanden. Aus dieser Keimzelle entwickelte sich über die Jahrhunderte an den Höfen der verschiedenen Fürstentümer im ganzen Kangra-Tal eine höchst lebendige und eigenständige Malschule, die sich besonders durch die Leuchtkraft ihrer Farben und die Detailgenauigkeit ihrer Portraitstudien auszeichnete.
●**Öffnungszeiten:** tgl. außer So 10–17 Uhr.

Information

●Im **Himachal Tourist Office** (Court Rd., Mo-Sa 10–17 Uhr, Tel.: 224002) im *Hotel Iravati* kann man auch für 150 Rs Führer zu den Tempeln mieten.

Stadtführungen und Trekking

●Sowohl Stadtführungen wie auch Trekking-Touren werden von **Mani Mahesh Travels** (Tel.: 222507) nahe dem Lakshmi-Narayan-Tempel organisiert.

Feste

●Das viertägige **Sui Mata Festival** wird alljährlich ab dem 13. April auf der großen Chowgan-Fläche abgehalten. Sui Mata wird verehrt, weil sie sich als Tochter eines Königs der Region opferte, um den anderen Bewohnern des Königreichs das Leben zu retten.
●Das **Minjar Festival** wird seit 935 n. Chr. zu Ehren des Gottes Raghuvira, einer Erscheinungsform Ramas, jeweils um den Monatswechsel Juli/August gefeiert.

Unterkunft

●Einfach, aber o.k. sind die Zimmer, teils mit TV, im gegenüber vom Busbahnhof gelegenen **Jimmy's Inn** € (Tel.: 224798). Zimmer nach hinten wählen.
●Annehmbar sind die beiden HPTDC-Hotels **Champak** € (Tel.: 222774) und **Iravati** €€€ (Court Rd., Tel.: 222671). Das *Iravati* verfügt auch über ein Restaurant.
●Von kleinen Einzelzimmern bis zu recht geräumigen Doppelzimmern, die billigen mit

Gemeinschaftsbad, und einer hübschen Terrasse bietet das **Aroma Palace Hotel** €-€€€ (Tel.: 225577, hotelaromapalace@yahoo.com) viel fürs Geld.
●Neben dem *Iravati* ist das beim Lakshmi Narayan gelegene **Akhand Chandi** €€-€€€ (College Rd., Tel.: 222371) Chambas Top-Hotel.

Essen und Trinken

●Preiswerte und schmackhafte Gerichte serviert **Ravi View Café.**
●Das **Park View Restaurant** an der Museum Rd. lockt mit klasse *thalis.* Außerdem gibt's gute Fleischgerichte. Drumherum servieren viele Schnellrestaurants indische Kost.

Einkaufen

●Große Auswahl an kunsthandwerklichen Produkten hat das **Himachal Emporium** (Mo-Sa 10–17 Uhr) im alten Palast (Rang Mahal), insbesondere *rumals,* Kleidungsstücke mit feinen, eingenähten Seidenmotiven.

Bank und Internet

●Geld und Reiseschecks werden von der **Punjab National Bank** (Mo-Fr 10–14, Sa bis 12 Uhr) gewechselt.
●Internet kostet in Chamba um 40 Rs/Std. und ist etwa bei **Cyberia Internet,** nicht weit vom *Aroma Palace Hotel,* möglich.

An- und Weiterreise

Bus:
●Häufig Busse von und nach **Dalhousie** (2,5 Std., 42 Rs) sowie etwa stündlich nach **Pathankot** (5 Std., 84 Rs). Nach Dharamsala (7–8 Std., 135 Rs) tgl. 3 Busse (6, 11.30 und 16 Uhr). Von dort auch viele Umsteigemöglichkeiten nach **Chandigarh, Shimla** oder **Manali.** Obwohl die Fahrt nach Brahmaur (50 Rs) nur 3,5 Stunden dauert, ist sie aufgrund des schlechten Streckenzustands ziemlich anstrengend.

Taxi:
●Mit dem Taxi nach **Dalhousie** ca. 750 Rs für die einfache und 850 für Hin- und Rückfahrt, 700/1.000 Rs für die Fahrt nach Brahmaur.

Der Norden

Brahmaur ⤢ II/B2

(Vorwahl 01090)

Das verschlafene Städtchen 69 km südöstlich von Chamba, auf 2.200 m Höhe gelegen, war bis zum 9. Jh. Hauptstadt. Von seiner lange zurückreichenden Geschichte zeugen auch die vielen Tempel. Überdies ist Brahmaur die heimliche Hauptstadt der **Gaddis,** eines halbnomadischen Hirtenvolks, das mit seinen Schafherden entsprechend den jahreszeitlichen Erfordernissen zwischen den Hochalmen und den Tälern umherwandert.

Von den vielen Tempeln des Chaurasi-Tempel-Komplexes ragt der **Lakshma-Devi-Tempel** durch seine besonders hübschen Holzschnitzereien heraus. Der älteste Tempel der Gruppe wurde Anfang des 8. Jh. errichtet. Der größte Tempel Brahmaurs ist der **Manimahesh-Tempel** mit einer imposanten bronzenen Nandi-(Bullen-)Statue. Etwas zurückgelegen, ehrt der **Narsingh-Tempel** mit seiner Löwenform dem Gott Vishnu.

In den Monaten Juli und August pilgern viele Gläubige in Drei-Tages-Märschen zur 35 km entfernten **heiligen See Manimahesh Yatra** unterhalb des 5.650 m hohen Manimahesh Kailash. Dort befindet sich ein sehr schöner Tempel zu Ehren Lakshma Devis.

Trekking

● Das **Directorate of Mountaineering** (Tel.: 225016) organisiert eine Vielzahl von Trekking-Touren in die Umgebung.

Unterkunft

● Die geräumigen Zimmer des **Chaurasi Hotel** €-€€€ (Tel.: 225615) an der Straße zum Tempelkomplex gewähren tolle Ausblicke ins Tal. Auch das Restaurant ist gut.
● Das **Soma Sapan Guest House** €-€€ (Tel.: 225337) mit schönen Balkonzimmern befindet sich neben dem *Directorate of Mountaineering* .

An- und Weiterreise

● Täglich 4 **Busse** verbinden Brahmaur mit Chamba auf allerdings schlechter Fahrstrecke in ca. 3,5 Std. (50 Rs). **Taxis** verlangen für die einfache Strecke ca. 700 Rs, für Hin- und Rückfahrt etwa 1.000 Rs.
● Von Chamba bestehen regelmäßige Busverbindungen nach **Kharamukh,** von wo die restlichen 16 km mit einem Jeep oder zu Fuß zurückgelegt werden müssen.

Dharamsala und McLeod Ganj ⤢ II/B2

(ca 25.000 Einwohner, Vorwahl: 01892)

Vom gemächlichen Bergkurort hitzegeplagter britischer Kolonialbeamter über den Zufluchtsort des aus Tibet geflohenen *Dalai Lama* zum Treffpunkt erleuchtungshungriger Rucksacktouristen aus Europa und Amerika – so liest sich komprimiert die kurze, dafür um so ereignisreichere Geschichte dieses am Fuße des Dhauladhar-Gebirges gelegenen Städtchens. Von der ersten Periode ist heute kaum noch etwas erhalten geblieben, da die von den Engländern 1855 gegründete *Hill Station* 50 Jahre später durch ein verheerendes Erdbeben fast vollständig zerstört wurde. Zu neuem Leben erwachte Dharamsala jedoch 1960, als der *Dalai Lama,* das religiöse Oberhaupt Tibets, und mit ihm Hunderttausende seiner Landsleute ein Jahr nach der Flucht vor den chinesischen Besatzern das Angebot der indischen Regierung annahmen und hier ihr neues und, wie sie hoffen, nur vorübergehendes Domizil aufschlugen.

Im Zuge der Hippiebewegung in Europa und Amerika entdeckten viele zivilisationsmüde Blumenkinder diesen vermeintlich spirituellen Ort als Gegenwelt zum rationalen, hochtechnisierten Westen, und so entstand eine skurrile Mischung aus billigen, einfachen Unterkünften, Travellerrestaurants mit Müsliund Kuchenangeboten, Meditationsschulen, Ganja-Parties und Flohmärkten inmitten eines von zehntausend Tibetern bewohnten Bergdorfs. *Little Lhasa,* wie Dharamsala bei den Indern auch oft genannt wird, entwickelte sich so mehr und mehr zum *Little Goa* Nordindiens.

Dabei ist es im Grunde irreführend, von einem Dharamsala zu sprechen, verbergen sich dahinter doch zwei völlig unterschiedliche Städte. Da ist einmal das in 1.250 Metern Höhe gelegene eigentliche **Dharamsala** mit der quirligen Lebendigkeit einer typisch indischen Stadt. Über eine steil ansteigende kurvenreiche Straße gelangt man in das 600 Meter höher gelegene **Upper Dharamsala**, auch **McLeod Ganj** genannt. Obwohl das Taxi kaum 10 Minuten benötigt, um die Strecke zu bewältigen, scheinen die beiden Stadtteile Welten zu trennen.

McLeod Ganj ist ein heiterer, friedvoller und toleranter Ort, geprägt vom Gemüt der hier lebenden **Tibeter.** Das Zentrum des Städtchens bildet ein buddhistischer Tempel. Überall begegnen einem in rote Roben gekleidete Mönche, und von den Hausdächern flattern Gebetsfahnen im Wind. So finden sich in McLeod Ganj viele Besucher, die ihren ursprünglich nur für wenige Tage geplanten Aufenthalt schließlich auf mehrere Wochen, ja Monate ausdehnen. Architektonisch ist der kleine, im Grunde nur aus zwei parallel zueinander verlaufenden Hauptstraßen bestehende Ort zwar keine Offenbarung, sind doch fast alle Gebäude recht einfallslose Betonbauten aus den sechziger und siebziger Jahren, doch ansonsten kann hier eigentlich jeder nach seiner Fasson glücklich werden.

Zahlreiche **Meditationszentren** in den Wäldern rund um McLeod Ganj und eine hervorragend ausgestattete **Bibliothek** bieten sich für jene an, die sich näher mit dem Buddhismus beschäftigen wollen. Die schöne Umgebung lädt zu Wanderungen oder auch zu mehrtägigen bzw. mehrwöchigen **Trekking-Touren** ein. In den **Szenekneipen** werden die 1960er Jahre wieder lebendig, und auf den Dachterrassen kann man die schöne Aussicht, die klare Luft und Apfelstrudel genießen, bevor man sich wieder in das Chaos des indischen Lebens stürzt.

Sehenswertes

Klöster

Wer unter anderem deshalb nach Dharamsala gereist ist, um hier im Zentrum der tibetischen Exilgemeinde besonders schöne Beispiele tibetischer Kloster- und Tempelarchitektur zu erleben, der wird wahrscheinlich eher enttäuscht werden. Ebenso wie die Wohn- und Geschäftshäuser in der Stadt, so wurden auch die Sakralbauten innerhalb der letzten zwei Jahrzehnte errichtet. Zwangsläufig lassen sie vieles der über Jahrhunderte gewachsenen religiösen Atmosphäre vermissen, die die Klöster in Ladakh und vor allem Tibet auszeichnet.

Besonders augenfällig zeigt sich dieses beim **Namgyal-Kloster,** dem mit 200 Mönchen größten und bedeutendsten Dharamsalas. Beim Anblick dieses zweigeschossigen Betonklotzes werden selbst beim größten Buddhismusanhänger kaum warme Gefühle entstehen. Beeindruckend sind jedoch die von den Mönchen vor allem morgens im Inneren des Tempels abgehaltenen religiösen Zeremonien. Mittelpunkt der ansonsten recht spartanischen Gebetshalle ist ein erhöhter

Der Norden

506in Foto mb

Kloster in McLeod Ganj

Thron, auf dem der *Dalai Lama* zuweilen religiöse Zeremonien abhält.

Im nördlichen Bereich des Geländes befindet sich die von Sicherheitskräften bewachte **Privataudienz des Dalai Lama.** Wegen seiner vielfältigen politischen und religiösen Geschäfte ist das Oberhaupt der Gelbmützensekte allerdings nur relativ selten in Dharamsala anzutreffen. Es besteht jedoch die Möglichkeit, an einer der von ihm vornehmlich im März abgehaltenen öffentlichen Audienzen teilzunehmen. Wegen genauerer Termine und Anmeldungsformalitäten wende man sich an das *Tibetan Welfare Office* an der Straße zum *Green Hotel.*

Neben dem Namgyal-Kloster gibt es in und um Dharamsala noch weitere fünf Klöster verschiedener buddhistischer Sekten. Sehr schön gelegen inmitten eines Rhododendronwaldes ist das **Tse-Chok-Ling-Kloster,** zu erreichen über einen zehnminütigen steilen Abstieg entlang eines Trampelpfades, der etwas unterhalb des Om-Restaurants beginnt. Das **Ngakpa Gompa** ist das einzige tantrische Kloster, wobei die Mönche an ihren langen, zu einem Dutt hochgesteckten Haaren zu erkennen sind.

Meditationszentren

Wer sich näher mit dem Buddhismus beschäftigen möchte, für den ist das etwa zwei Kilometer außerhalb der Stadt inmitten eines Waldes gelegene, schon über 30 Jahre existierende **Tushita-Meditationszentrum** (Tel.: 221866, tushita_info@sancharnet.in, www.tushita.info) der richtige Ort. In diesem speziell für westliche Studenten eingerichteten Zentrum halten sowohl tibetanische als auch westliche Mönche regelmäßig von März bis Juni und September bis November Vorträge zur buddhistischen Religion und Philosophie. Die Kursgebühren betragen etwa 60 Rs pro Tag. Außerdem besteht die Möglichkeit, für 30 Rs (Schlafsaal) bis 100 Rs (DZ) ein Zimmer zu mieten.

Zwei weitere Meditationszentren befinden sich ganz in der Nähe: einmal das **Vipassana Meditation Centre** (Tel.: 221309, das Büro ist von 16 bis 17 Uhr geöffnet, besser vorher anrufen), wie das vorgenannte im Wald neben dem Tushita gelegen. Für die 5- bzw. 10-Tages-Kurse ist auch hier eine Anmeldung erforderlich, die auch per Mail möglich ist. Es werden auch Eintageskurse offeriert. Genaueres hierüber und über weitere interessante Punkte, die das Procedere betreffen, auf der umfangreichen Internetseite: www.sikhara.dhamma.org.

Zum Zweiten ist im unteren Dorfbereich von Dharamkot das **Himalayan Ivengar Yoga Centre** in einem architektonisch gelungenen, halbrunden, von viel Grün umgebenen Bungalow untergebracht. Die Kurse starten ab April. Genaueres ist auf der informativen Website zu erfahren: www.hiyogacentre.com.

In Bhagsu Nag führt das **Neo Yoga and Reiki Centre** (Tel.: 221084, 9–16 Uhr, neoyoga@yahoo.com) im oberen Stockwerk des Hotel *Highland Hata* Yoga- sowie Reiki-Unterricht durch.

Gangchen Kyishong

Wenige Meter unterhalb des Namgyal-Klosters führt rechts ein kleiner, nicht asphaltierter Trampelpfad nach etwa halbstündigem Fußweg mit schönen Aussichten ins Kangra-Tal zur innerhalb des weitläufigen Gebäudekomplexes Gangchen Kyishong gelegenen **Bücherei** (tgl. außer So und jeden 2. und 4. Sa des Monats 9–17 Uhr). Alle Manuskripte, die die Wirren des chinesischen Einmarsches in Tibet überstanden haben, etwa 40 %, wurden hierher gebracht. Mit über 6.000 ins Englische und andere Sprachen übersetzten Büchern über Buddhismus und Tibet ist sie eine der weltweit besten Informationsquellen zum Studium tibetischer Kultur und Geschichte. Außerdem findet sich eine reiche Literatur zu Ladakh. Um Zugang zu erhalten, muss man eine *temporary membership* erwerben (50 Rs), außerdem ist der Pass notwendig.

Im ersten Obergeschoss ist das kleine, interessante **Tibetan Cultural Museum** (9–12 und 13–15 Uhr) untergebracht, in welchem neben Hunderten von Bronzefiguren auch tibetanische Thankas, Münzen und Fotos zu sehen sind. Besondere Aufmerksamkeit verdienen der einzige holzgeschnitzte Miniaturaltar und das einzige Holzmandala außerhalb Tibets.

Der Norden

Auch in den **Räumen der Bibliothek** werden von tibetanischen Lehrern **Kurse** zur buddhistischen Philosophie abgehalten, die ins Englische übersetzt werden. Nähere Informationen zu den einzelnen Seminaren hängen an der Rezeption der Bücherei aus. Innerhalb der Anlage befindet sich auch ein Café und ein weiteres Kloster.

Astrologieinstitut

Unterhalb des Gangchen Kyishong befindet sich des Astrologieinstitut, in dem sich viele westliche Touristen tibetanische Horoskope erstellen lassen. Der Spaß ist jedoch nicht gerade billig und zudem zeitaufwendig. Kleine Horoskope kosten 15 Dollar und sind frühestens nach 10 Wochen erstellt. Die wesentlich ausführlicheren mehrseitigen Horoskope zu erstellen dauert bis zu sechs Monaten, sie sind jedoch mit 40 Dollar relativ preiswert. Für die Erstellung benötigen die Astrologen neben dem Geburtsort und -datum auch die genaue Geburtszeit. Kontakt

über das *Astro Department* (Tel.: 333618, www.men-tsee-khang.org).

Das äußerst interssante angeschlossene **Men-Tsee-Khang Museum** (tgl. außer So 9–13 und 14–17 Uhr) informiert über die traditionelle tibetanische Medizin und deren Heilpflanzen und Minerale.

Tibetan Institute of Performing Arts (TIPA)

Zweck dieses etwas außerhalb gelegenen Instituts (Tel.: 221478, www.tibetanarts.com, 9–12 und 13–16.30 Uhr) ist die Erhaltung der tibetischen Künste, vorwiegend der tibetischen **Oper Lhamao,** die am Jahrestag der

Little Lhasa: Dharamsala ist die Hauptstadt der Exil-Tibeter geworden

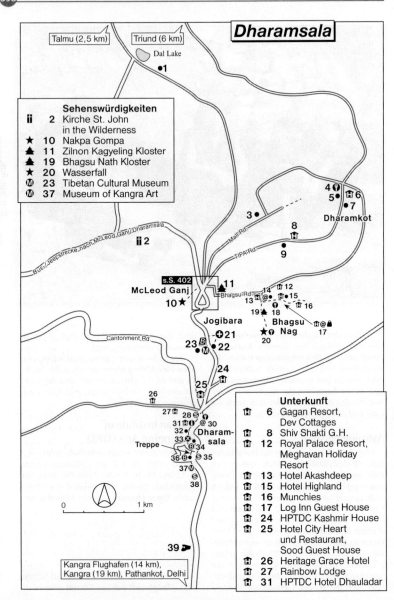

Dharamsala

Talmu (2,5 km)
Triund (6 km)
Dal Lake
●1

Sehenswürdigkeiten

ⅱ	2	Kirche St. John in the Wilderness
★	10	Nakpa Gompa
▲	11	Zilnon Kagyeling Kloster
▲	19	Bhagsu Nath Kloster
★	20	Wasserfall
Ⓜ	23	Tibetan Cultural Museum
Ⓜ	37	Museum of Kangra Art

4 ●❶
5 ● 6
7
Dharamkot

3 ●

8

9

Bus-/Jeepstrecke nach McLeod Ganj/Dharamsala

Mall-Rd.

TIPA-Rd.

ⅱ 2

s.S. 402
McLeod Ganj
▲11
14 12
13 @ 15
19 18
16
10★
Bhagsu Nag
17
Jogibara
✚21
23 Ⓑ ● 22
Ⓜ
★❶
20
Cantonment Rd.

24

25

26
27 28
31 @ 30
32 ●
33 ✕ Dharam-
Treppe sala Ⓑ 34
36 S 35
37 Ⓜ
38

0 — 1 km

39 ➤

Kangra Flughafen (14 km),
Kangra (19 km), Pathankot, Delhi

Unterkunft

🏨	6	Gagan Resort, Dev Cottages
🏨	8	Shiv Shakti G.H.
🏨	12	Royal Palace Resort, Meghavan Holiday Resort
🏨	13	Hotel Akashdeep
🏨	15	Hotel Highland
🏨	16	Munchies
🏨	17	Log Inn Guest House
🏨	24	HPTDC Kashmir House
🏨	25	Hotel City Heart und Restaurant, Sood Guest House
🏨	26	Heritage Grace Hotel
🏨	27	Rainbow Lodge
🏨	31	HPTDC Hotel Dhauladar

Essen und Trinken

❶	4	Kleines Restaurant/Kiosk
❶	18	Haifa Restaurant
❶	20	Blue Heaven Restaurant
❶	30	Midtown Resaurant

Verkehr

•	32	Rail Reservation Office
✪	33	Taxistand
•	34	Jeeps und Minibusse
Ⓑ		nach McLeod Ganj
Ⓑ	36	Busbahnhof und
•		Reservierungsbüro

Geld

⑤	28	State Bank of India (Forex)
⑤	35	Punjab National Bank
⑤	38	HDFC ATM

Internet

@	14	Birgs Internet
@	17	Log Inn Cyber Café
@	30	Universal Internet

Sonstiges

•	1	Tibetan Children's Education Monastery
•	3	Regional Mountaineering Institute
•	5	Vipassana Meditation Centre, Tushita Meditation Centre
•	7	Himalayan Ivengar Yoga Centre
•	9	TIPA
•	14	Summit Adventures
•	15	Neo Yoga & Reiki Centre
▲	17	Laden
❂	21	Tibetan Deleck Hospital
•	22	Tibetische Exilregierung
🄑	23	Tibetan Library und Universität, Gangchen Kyshiong/Astrologieinstitut, Tibetan Music School
❶	31	Tourist Office
➤	39	Polizei

Gründung von TIPA am 27. Mai alljährlich in einer **dreitägigen Feier** zelebriert wird. Desweiteren werden Handwerk, Musikinstrumentenbau und Malerei gelehrt. Besucher und Interessierte sind durchaus willkommen.

Teppichfabrik

An der Jogibara Rd. befindet sich eine Teppichknüpferei, die in den 1960er Jahren quasi als Arbeitsbeschaffungsmaßnahme eingerichtet wurde, um den tibetanischen Flüchtlingen ein Einkommen zu sichern. Nicht zuletzt aufgrund der regen Nachfrage der Touristen scheint dieses in Tibet selbst fast ausgestorbene Handwerk zu florieren. In den dunklen Produktionsräumen ist jeder Besucher herzlich willkommen, und gerade für den Besucher aus dem hochtechnisierten Westen ist es interessant, bei dieser alten Handwerkskunst zuzuschauen.

Kirche St. John in the Wilderness

Angesichts des heute ganz und gar tibetanischen Charakters der Stadt wirkt diese hübsche kleine **Kolonialkirche,** welche nach einem etwa 10minütigen Fußmarsch entlang der Hauptstraße nach Lower Dharamsala zu erreichen ist, wie ein Überbleibsel aus längs vergangenen Zeiten. Dabei ist es kaum 90 Jahre her, seit die britischen Kolonialzeit in Dharamsala durch das verheerende Erdbeben im Jahr 1905 abrupt beendet wurde.

Interessanter als das unmittelbar neben der mit hübschen Glasfenstern versehenen Kirche gelegene Grab des britischen Vizekönigs *Lord Ellis,* der hier während einer Dienstreise 1863 verstarb, sind die zum Teil recht amüsanten Grabinschriften auf dem kleinen, etwas rechts von der Kirche gelegenen **Friedhof.** Von hier hat man im Übrigen einen sehr schönen Ausblick auf McLeod Ganj und das darüber gelegene Tse-Chok-Ling-Kloster.

Information

●Das **Tourist Office** in McLeod Ganj (Tel.: 221205, tgl. 10–18.30, im Sommer 8–20 Uhr) ist, je nach Schalterbeamten, hilfsbereit oder überflüssig. Im ersten Fall bekommt

Der Norden

man einen übersichtlichen Stadtplan, Auskunft zu Abfahrtszeiten und Hilfe bei der Unterkunftssuche.

● Das **HPTDC-Büro** in Dharamsala (im *Dhauladhar Hotel,* Tel.: 224212) ist, wenn besetzt, zwischen 9.30 und 19.30 geöffnet.

Trekking

Die reizvolle Landschaft um Dharamsala sowie die Berge des Dhauladhar-Gebirges sind ideale Trekkinggebiete. So haben sich viele Agenturen und private Bergführer auf die Organisation ein- und mehrtägiger Touren spezialisiert, wobei in einfachen Bergunterkünften oder Zelten übernachtet wird. Eine beliebte 3-Tages-Route führt nach Triund und zurück, wobei die Anstrengung mit herrlichen Ausblicken in die Bergwelt, dem Passieren eines Gletschers (in 3.300 m Höhe) und prächtiger Vegetation belohnt wird. Außerdem können individuell Touren auch in weiter entfernte Gebiete wie etwa Lahaul, das Spiti Valley, Ladakh oder Manali zusammengestellt werden. Neben den hier erstgenannten alteingesessenen Agenturen sind in den letzten Jahren viele weitere hinzugekommen, von denen hier die verlässlichsten aufgeführt sind.

● Das **Regional Moutaineering Centre** (Tel.: 221787) vermittelt geprüfte Bergführer und weitere wertvolle Informationen zu Trekking-Touren. Das Büro liegt etwas außerhalb an der Straße nach Dharamkot und Triund.

● Das verlässliche **Yeti Tours & Trekking** (Tel.: 221060) öffnet seine Tore erst zur Hauptsaison ab März.

● **High Point Adventure** (Tel.: 221132, 20718) in der *Karteri Lodge* führt Touren in der näheren Umgebung, aber auch weiter ab Chamba und Manali durch. Auch der Besitzer der **Ekant Lodge** bietet als geprüfter Bergführer verlässliche Trekking-Touren.

● **Summit Adventures** (Tel.: 221679, (0)9418021679, summitindia@yahoo.com, www.summit-adventures.net) mit Hauptbüro in Bhagsu Nag am Hauptplatz (und Zweigstelle in Dharamsala an der Jogibara Rd.) macht einen professionellen Eindruck. Neben individuell geplanten Trekking-Touren und Ausflügen werden auch Jeepsafaris veranstaltet, Taxis vermittelt und Bus-, Bahn- und Flugtickets arrangiert.

Stadtverkehr

● Etwa jede halbe Stunde zwischen 4.15 und 19.30 Uhr fahren **Busse** von Dharamsala nach McLeod Ganj und umgekehrt. Mit einem der vielen **Jeeps** bzw. **Kleinbussen** kostet die Fahrt 7 Rs. Sie starten oberhalb der Treppe, die zum Busbahnhof hinabführt. Da das Gedränge um die Plätze häufig groß ist, muss man seinen Sitzplatz entsprechend einfordern.

● Mit dem **Taxi** kostet die Fahrt 140 Rs. Macht man sich zunächst jedoch zu Fuß auf den Weg und hält nach kurzer Zeit eines der vielen andernfalls leer nach McLeod Ganj zurückfahrenden Taxis an, wird's etwas billiger. Zum Kangra-Flughafen kostet die Fahrt 350 Rs.

● Von McLeod Ganj führt der **Fußweg** vom Namgyal-Kloster im Zickzackkurs in etwa 45 Min. nach Dharamsala.

Feste

● Neben dem oben erwähnten dreitägigen **TIPA Festival** ab 27. Mai ist McLeod Ganj besonders zu **Losar,** dem tibetanischen Neujahrsfest im Dezember (nächstes Mal am 10.12.2007), in besonderer Stimmung. Dabei zelebriert der Dalai Lama öffentlich einwöchige Lehrstunden, die viele Touristen anlocken.

● Auch der 6. Juli, der **Geburtstag des Dalai Lama,** und der 10.–12. Dezember, wenn das **International Himalayan Festival** an die Zuerkennung des Nobelpreises an den Dalai Lama erinnert, sind alljährlich Anlass für Feste.

Unterkunft

Die Auswahl an Guest Houses und Hotels ist, besonders wenn man bedenkt, wie klein McLeod Ganj ist, außergewöhnlich groß. In den letzten Jahren sind mehrere auch höherklassige Unterkünfte entstanden, nachdem der Ort vorher fast ausschließlich auf Rucksacktouristen ausgerichtet war. Auch im 2 km entfernten Bhagsu Nag und im anschließenden Dharamkot wurde zur Recherchezeit an vielen neuen Guest Houses gezimmert, die noch eine ruhigere Alternative zum gelegentlich überlaufenen McLeod Ganj darstellen.

Viele Hotels verfügen über ein breites Spektrum an Räumen, angefangen von winzigen Einbettzimmern ohne Bad und Aussicht für 90 Rs über hübsch eingerichtete, geräumige Zimmer mit heißer Dusche und eigenem Balkon mit Aussicht um 350 Rs bis zu einigen luxuriösen Bleiben. Normalerweise sollte es also kein Problem sein, eine den jeweiligen Wünschen und dem Geldbeutel entsprechende Unterkunft zu finden. Während des tibetanischen Neujahrsfestes Losar, das gewöhnlich im Dezember stattfindet, kann es jedoch zu **Engpässen** kommen. Hauptsächlich dann sind die sonst wenig frequentierten Unterkünfte in Dharamsala begehrt.

Die hier angebenen Saisonpreise fallen vorher und nachher um bis zu 50 %, sodass alle Budget- dann zu Low-Budget-Unterkünften werden. Die teils sowieso schon billigen unter Klosterleitung stehenden Herbergen haben feste Preise, erhöhen sich also in der Hochsaison nicht, was sie besonders dann zu gefragten Schnäppchen macht.

In Dharamsala

Verständlicherweise übernachten nur wenige Touristen in Dharamsala selbst. Für jene, die erst spät abends ankommen und den letzten Bus nach McLeod Ganj verpasst haben und sich das Geld für ein Taxi sparen wollen oder falls McLeod Ganj ausgebucht sein sollte, seien hier einige Übernachtungsmöglichkeiten genannt.

● Die beste Adresse bei den Billigunterkünften ist das Hotel **City Heart** €-€€ (Tel.: 225290, 223761) an der Hauptstraße mit geräumigen und sauberen Zimmern. Die vier Räume verfügen über Warmwasser, die teureren zudem über TV und Balkon. Von den nach hinten gelegenen Zimmern aus kann man einen tollen Ausblick genießen.
● An zweiter Stelle ist die **Rainbow Lodge** € (Old Chary Road, Tel.: 222467), eine kleine Gasse bei der *State Bank of India* hinab, zu nennen. Recht große, leider auch etwas ver-

wohnte Zimmer, die meisten mit eigenem Bad, haben riesige Fenster zum Tal.
● Das **HPTDC Dhauladhar Hotel** €€€ (Tel.: 224926) hat geräumige, saubere Zimmer. Von der Terrasse des hauseigenen Restaurants bietet sich ein schöner Blick ins Tal. Besser, weil ruhig gelegen und wesentlich gediegener, wohnt man im ebenfalls staatlichen **Kashmir House** €€€-€€€€ (Tel.: 222977), einem 100 Jahre alten Kolonialbau. Die runden Zimmer im 1. Stock gewähren nahezu Rundumblick über die Landschaft und sind erstaunlich preiswert. Auch die mit schwerem Holzmobiliar eingerichteten Suiten sind ihr Geld wert. Natürlich gibt's ein Restaurant. Außerhalb der Saison sind hohe Preisabschläge drin.
● Die mit Abstand schönste Herberge Dharamsalas und McLeod Ganjs ist das **Heritage Grace Hotel** €€€€€ (Old Chary Road, Tel.: 223265, www.welcomheritage.com, welcom @ndf.vsnl.net.in). Für diese gelten die Eingangsbemerkungen sicher nicht, ist der 200 Jahre alte ehemalige Sommersitz eines lokalen Herrschers doch liebevoll in ein herrliches kleines Luxushotel der WelcomGroup umgestaltet worden und nicht mal sonderlich teuer.

In McLeod Ganj

● Das mit der knallgrünen Bemalung seinem Namen alle Ehre machende **Green Hotel** €-€€ (Tel.: 221200) besitzt einen fast schon legendären Ruf. Entsprechend seiner Popularität entwickelte sich aus dem intimen kleinen Guest House der Anfangszeit durch verschiedene Anbauten über die Jahre ein ziemlich monströses Gebäude mit inzwischen über 50 Zimmern ganz unterschiedlicher Qualität. Die teueren Zimmer mit Bad und heißer Dusche liegen nach hinten, von wo man einen sehr schönen Talausblick hat.
● Das rechts neben dem Green gelegene **Yellow Hotel** € (Tel.: 221754) bietet einfachere und noch etwas günstigere Zimmer.
● Eine Treppe einen steilen Hang hinauf gelangt man zu drei übereinander gebauten Guest Houses, von denen das **Paljor Gakyil** € (Tel.: 221443, (0)9418040652) als oberstes nicht nur wegen der sehr schönen Aussicht, sondern auch wegen seines sehr

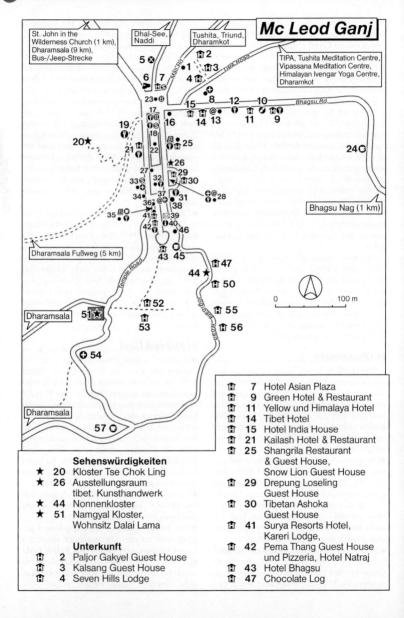

Mc Leod Ganj

St. John in the Wilderness Church (1 km), Dharamsala (9 km), Bus-/Jeep-Strecke

Dhal-See, Naddi

Tushita, Triund, Dharamkot

TIPA, Tushita Meditation Centre, Vipassana Meditation Centre, Himalayan Ivengar Yoga Centre, Dharamkot

Bhagsu Rd.

Bhagsu Nag (1 km)

Dharamsala Fußweg (5 km)

Temple Road

Log Walan Road

0   100 m

Dharamsala

Dharamsala

🏨	7	Hotel Asian Plaza
🏨	9	Green Hotel & Restaurant
🏨	11	Yellow und Himalaya Hotel
🏨	14	Tibet Hotel
🏨	15	Hotel India House
🏨	21	Kailash Hotel & Restaurant
🏨	25	Shangrila Restaurant & Guest House, Snow Lion Guest House
🏨	29	Drepung Loseling Guest House
🏨	30	Tibetan Ashoka Guest House
🏨	41	Surya Resorts Hotel, Kareri Lodge,
🏨	42	Pema Thang Guest House und Pizzeria, Hotel Natraj
🏨	43	Hotel Bhagsu
🏨	47	Chocolate Log

Sehenswürdigkeiten

★ 20 Kloster Tse Chok Ling
★ 26 Ausstellungsraum tibet. Kunsthandwerk
★ 44 Nonnenkloster
★ 51 Namgyal Kloster, Wohnsitz Dalai Lama

Unterkunft

🏨 2 Paljor Gakyel Guest House
🏨 3 Kalsang Guest House
🏨 4 Seven Hills Lodge

Der Norden

🏠 48 Cheryton Cottage
🏠 49 Kanjan Guest House
🏠 50 Ladies Venture Hotel
🏠 52 MBM Hostel
🏠 53 Chonor House
🏠 55 Ekant Lodge,
       Himalayan Heights,
       Pawan Guest House
🏠 56 Hunted Hill Guest House

Essen und Trinken
🍴 9 Green Hotel & Restaurant
🍴 12 Nick's Italian Kitchen
🍴 17 Mc Llo Restaurant
🍴 18 Friends Corner Restaurant,
🍴 19 Om Restaurant
🍴 21 Kailash Hotel & Restaurant
☕ 24 Jungle Hut
🍴 25 Shangrila Restaurant
       & Guest House,
🍴 28 Gakyi Restaurant
🍴 31 Ashoka Restaurant
🍴 32 Yak Restaurant
🍴 35 Restaurant Hungry Hope,
☕   Moonpeak Espresso
🍴 42 Pema Thang Guest House
       und Pizzeria
☕ 45 Tibetan Quality Bakery
☕ 57 Open Sky Café

Verkehr
• 1 Yeti Travels
✕ 5 Bhagsu Taxi Union, Prepaid
Ⓑ 17 Ticketverkauf HPTC Busse
       und Busabfahrt
Ⓑ 23 Busse und
       Jeeps nach Dharamsala
• 27 Bhagsu Travels
• 35 Everest Tours & Travels
• 41 High Point Adventure

Geld
💲 7 Wechselstube
💲 18 Punjab National Bank
💲 33 State Bank of India,
       LKP Forex

Internet
@ 13 Internetcafés
@ 28 Aroma Cyber Café
@ 37 Internetcafé

Sonstiges
🔫 6 Polizeiposten
➕ 8 Delek Clinic und Zweigstelle
•   des Astrologieinstituts
⚕ 10 Apotheke
• 13 Tibetan Welfare Office
• 16 Hot Spot
• 22 Gebetsmühlen
• 25 Tibetan Information Centre,
📖   Diir Bookshop, DHL
• 28 Summit Adventures II
       (Trekking Agency)
➕   Dr. Yeshe Dongden Clinic
• 32 Tibetan Handicrafts
• 33 Mountview Complex,
➕   Mahajan Dental Clinic
• 34 Schule
📖 35 Little Lhasa Bookshop
• 36 Bookworm
➕ 37 Dr. Lobsang Memorial Clinic
• 38 Teppichknüpferei
✉ 39 Post
ℹ 40 Tourist Office
• 46 Übergangslager
       für tibet. Flüchtlinge
➕ 54 Kleines Krankenhaus

freundlichen Besitzers, der u.a. ganz passabel Deutsch spricht, am empfehlenswertesten ist. Auch hier variieren die Preise je nach Lage und Ausstattung der einzelnen Zimmer stark. ●Bei den vielen preiswerten Herbergen, die unter Klosterleitung stehen, ist besonders die freundliche Atmosphäre ein großes Plus. Sehr billig sind etwa das **Loling Guest House** € (Tel.: 221072) und das **Shangri La Guest House** € (Tel.: 221969), Zimmer teils mit Gemeinschaftsbad. Die Beliebtheit rührt von den niedrigen Preisen und der angenehmen Atmosphäre des von Mönchen geführten Hauses her. Nebenan ist das ebenfalls unter Klosterleitung stehende, gute **Snow Lion** € (Tel.: 221298) nahezu preisgleich, die teureren Zimmer mit Balkon. Im angeschlossenen Restaurant mit tibetischer und westlicher Küche ist der tolle Zitronen-Joghurt-Kuchen ein Gedicht. Im **Kalsang Guest House** € (Tel.: 221538) und **Loseling Guest House** € (Tel.: 221087) haben die etwas teureren Zimmer eigenes Bad und Balkon.

●Mit dem **Tibetan Ashoka Hotel** €-€€ (Tel.: 222763, die billigen Zimmer mit Gemeinschaftsbad, erst ab März geöffnet) und dem von Mönchen geleiteten **Drepung Loseling Guest House** € (Tel.: 221087) finden sich zwei der schönsten Unterkünfte am Ende einer kleinen Gasse, die von der Joghibira Road hinter dem *Tibetan Handicraft Centre* abzweigt. Beide überzeugen durch ihren tadellosen Zustand, eine angenehme Atmosphäre und eine herrliche Aussicht von der Dachterrasse. Im *Ashoka* kann man gleich zwischen drei auf verschiedenen Ebenen gestaffelten Terrassen wählen. Ein idealer Ort, um bei einer Tasse Tee und einem Stück Kuchen die herrliche Umgebung und die friedvolle Atmosphäre zu genießen.

●Nicht nur der als Bergführer tätige freundliche Besitzer, sondern auch die angenehmen und günstigen Zimmer mit Heißwasser machen die schön gelegene **Ekant Lodge** € (Jogibara Rd., Tel.: 221593) zu einer der empfehlenswertesten Unterkünfte.

●Drumherum finden sich mehrere neu entstandene Herbergen, von denen das **Hunted Hill House** €-€€ (Tel.: 220342, huntedhill2003@yahoo.com, www.huntedhill.com) – alle supergepflegten Zimmer mit großen Fensterflächen und Balkon zum Tal – erstaunlich preiswert ist. Auch das thailändische Restaurant auf dem Dach lockt.

●Im wenige Jahre alten **Pawan Guest House** €€-€€€ (Tel.: 220069) in der Nähe sind die rückwärtigen Balkonzimmer mit weiten Ausblicken, einige mit TV, sowie das Dachrestaurant die hervorstechenden Merkmale.

●Ausgezeichnet ist das **Cheryton Cottage** €€ (Tel.: 221237) gleich neben der *Cocolate Log*. Die sauberen, geräumigen und zudem hübsch möblierten Apartments in ruhiger Lage verfügen alle über Heißwasser.

●Ähnliches gilt für das sehr empfehlenswerte **Ladies Venture Hotel** €-€€ (Tel.: 222559) an der Jogibara Rd. Besonders schön sind die

teureren Zimmer in der oberen Etage mit Panorama-Aussicht in die Umgebung. Je nach Lage, Größe, Aussicht und Ausstattung gestaltet sich der Preis.

●Das sehr freundliche **Hotel Tibet** €€-€€€ (Tel.: 221426, 221587, htdshala@sancharnet.in) gehört zu den renommiertesten und ältesten Hotels vor Ort. Bis auf die Räume im Keller, die vor allem während der kalten Jahreszeit sehr ungemütlich werden können, lässt es sich in den geräumigen und hübsch eingerichteten Zimmern sehr angenehm wohnen.

●Verfolgt man die kleine Stichstraße beim Tourist Office weiter, finden sich mehrere recht empfehlenswerte Herbergen unterschiedlicher Preiskategorien. Zunächst die kleine **Karteri Lodge** €€-€€€ (Tel.: 221132, karterihl@hotmail.com). Die teureren der fünf gemütlichen Zimmer, teils mit Balkon und TV, sind unterschiedlich groß. Der Besitzer ist geprüfter Bergführer.

●Makellose, saubere Zimmer mit großen Fenstern zum Tal und entsprechendem Ausblick sind die vorzüglichen Merkmale des etwas cleanen **Surya Resorts** €€€-€€€€ (Tel.: 221418-20, suryaresorts@rediffmail.com, www.suryaresorts.com), einem 6 Stockwerke hohen, komfortablen Neubau.

●Mehr Atmosphäre hat das etwas weiter die Straße hinauf gelegene **Pema Thang Guest House** €€€ (Tel.: 221871, pemathanghouse@yahoo.com, www.pemathang.com). Die meisten der gemütlichen, mit Holzdielen und Kochnische versehenen Zimmer des klostergeleiteten Hauses haben einen schönen Balkon. Ein gutes vegetarisches Restaurant ist angeschlossen.

●Wer einmal die meditative Ruhe und die freundliche Atmosphäre einer tibetanischen Mönchsgemeinde aus nächster Nähe erleben möchte, sollte die Möglichkeit nutzen, in einem der um McLeod Ganj ansässigen Klöster zu wohnen. Einige von ihnen verfügen über ein paar Zimmer, die zwar nicht offiziell als Guest Houses gelten, aber an Touristen vermietet werden. Am schönsten ist das **Kloster Tse Chok Ling** € (Tel.: 221726, 221404, der freundliche Herr Thupten, der gut Deutsch spricht, managt u.a. die Vermietung) in herrlicher Lage inmitten eines Rhododendronwaldes mit insgesamt 20 Zimmern. Die sehr sauberen Gemeinschaftsbäder verfügen sogar über heiße Duschen. Man erreicht das Tse Chok Ling über einen zehnminütigen steilen Abstieg, der wenige Meter hinter dem Om-Hotel rechts abzweigt.

●**Weitere Köster,** die Zimmer an Ausländer vermieten, sind das *Zilnon Kagyeling* (kein Tel.), sehr preisgünstig, mit Gemeinschaftsbad und Café zur Verpflegung, auf dem Weg nach Bhagsu Nag, sowie das kleine *Tashi Choeling* und das *Namgyal*.

●Viel Charme und Atmosphäre vermittelt das in einem schönen Blumengarten gelegene alte Steinhaus des **Bhagsu Hotel** €€€-€€€€ (Tel.: 221091) mit hübschen Zimmern.

●Blitzsaubere, modern eingerichtete Zimmer mit großen Fensterflächen zum Tal, ein bemühter Service und ein tolles Dachrestaurant machen das neue **Asian Plaza** €€€€ (Tel.: 220655/855, (0)9418015115, asianplaza@ 123himachal.com, www.hotelasianplaza.com) zur vielleicht luxuriösesten, aber auch etwas kühlen Wahl der Region. Auf jeden Fall lohnt ein Mahl auf dem Dach nicht nur wegen der Aussicht.

●Die vielleicht stilvollste Unterkunft in McLeod Ganj, das **Chonor House** €€€€ (Tel.: 221006, chonorhs@sancharnet.in) in der Nähe des Nangyal-Klosters, wird inzwischen von Mönchen gemanagt. Alle Zimmer sind preisgleich. Die in tibetischem Stil eingerichteten, geräumigen Zimmer sind ihr Geld allemal wert. In dem friedvollen Garten können Mahlzeiten eingenommen werden.

In Bhagsu Nag und Dharamkot

Diese beiden Dörfer, etwa 2 km von McLeod Ganj entfernt, entwickeln zunehmend touristische Infrastruktur und können als Ausweichmöglichkeit dienen, falls McLeod Ganj wegen eines Festes ausgebucht ist. Während Dharamkot noch recht beschaulich wirkt, ist in Bhagsu Nag ein regelrechter Bauboom ausgebrochen und das kleine Dorf ist, verglichen mit dem Dornröschenschlaf wenige Jahre zuvor, kaum wiederzuerkennen. Hier gibt's neben einer Quelle auch den Schlangentempel Bhagsu Nath sowie einen Wasserfall in etwa 500 m Entfernung zu bestaunen.

Bhagsu Nag:

●Gleich am Ortseingang empfängt das preiswerte **Hotel Akashdeep** €€€ (Tel.: 221482) mit blitzsauberen Zimmern mit TV, die teureren mit Balkon zum Tal. Den Hauptweg des Dorfes hinauf, sind auch die großen Zimmer des Hotel **Bhagsu View** €-€€ (Tel.: 221968), alle mit Balkon und TV, eine gute Wahl. Zudem gibt's ein Restaurant mit German Bakery.

●Neu ist das freundliche **Log Inn** € (Tel.: 221497, 220025), gut 100 m den Anstieg im Dorf hinauf. Die hübsch möblierten Zimmer mit Bad, großen Fenstern und Terrasse zum grünen Garten sind ein Schnäppchen.

●Ein Tipp, falls man abgelegen wohnen möchte oder wenn etwa bei einem der Feste kaum noch ein Zimmer zu ergattern ist, ist **Munchies** € (Tel.: (0)9817077540), eine kleine Einfachunterkunft im Grünen. Sie ist nur über den oben steilen Hauptweg des Dorfes zu erreichen. Also sollte man vorher reservieren, um sich nicht umsonst auf den beschwerlichen Weg zu machen. Die sauberen Zimmer mit Gemeinschaftsbad sind preisgünstig. Das Terrassencafé *New Green* und das *Little Italy Restaurant* sorgen für die Verpflegung.

●Die komfortablen, meist neuen Unterkünfte des Dorfes wirken alle etwas ausdruckslos und sind oft überteuert. Die lohnendsten sind das **Meghavan Holiday Resort** €€-€€€€ (Tel.: 221935, (0)9418096935, info@megha vanholidayresort.com, www.meghavanholidayresort.com), saubere Zimmer mit TV, die vorderen mit Balkon zum Tal, sowie das neue, höherklassige **Royal Palace Resort** €€€-€€€€€ (Tel.: 220962, (0)9916274260, royalpalace@123himachal.com, www.royal palaceresort.com), eine der wenigen Luxusherbergen der Region. Geschmackvoll gestaltete Zimmer mit Balkon zum gepflegten Garten zum Dorfzentrum.

Dharamkot:

●Kurz nach Passieren des TIPA führt ein Weg links hinauf zum **Shiv Shakti Guest House** € (Tel.: 221875). Große Einfachzimmer mit Bad in abgeschiedener Waldumgebung sind vorwiegend für eremitisch Angehauchte eine ansprechende Bleibe. Wegen der Abgeschie-

Der Norden

denheit schützen zwei imposante Hunde das Grundstück des Besitzers. Ein Cottage mit eigener Kochnische ist für Langzeitbleibende interessant.

● Ganz ordentliche Zimmer mit Balkon und TV in ruhiger Grünlage sprechen für das **Gagan Resort** €€-€€€ (Tel.: 220324, (0)9418018020324). Zudem sind ein Restaurant und ein Internetcafé angeschlossen.

● Kleine Bungalows mit viel Platz, Balkon und TV in grüner Umgebung sind die Markenzeichen der **Dev Cottages** €€€-€€€€ (Tel.: 221558, 221038). Eine gute Mittelklassewahl.

Essen und Trinken

In Dharamsala

● Die neben dem Restaurant des *Dhauladhar Hotel* empfehlenswerte Adresse fürs leibliche Wohl ist das **Midtown Restaurant** (1. Stock) an der Hauptstraße. Große Auswahl zum kleinen Preis. Ganz ähnlich ist das **Restaurant City Heart** mit Talblick vom oberen Stockwerk aus.

In McLeod Ganj

Auch kulinarisch wartet McLeod Ganj mit einer großen Auswahl vorzüglicher Restaurants auf. Man hat die Qual der Wahl zwischen tibetanischem, chinesischem, indischem und europäischem Essen.

● Die beliebteste Morgenadresse ist **Nick's Italian Restaurant.** Hier lockt neben dem preiswerten, vielseitigen und guten Essen (italienische Kost ist nur ein Teil des Angebotes) vor allem die große Terrasse, um sich von der Sonne die nächtliche Klammheit aus den Knochen vertreiben zu lassen.

● In der **Pema Thang Pizzeria** werden erstklassige Pizzas serviert. Besonders einladend ist die allerdings schmale Terrasse mit imposantem Talblick (in der Vorsaison 15–17 Uhr geschlossen).

● Ein Renner, gerade bei Europäern, sind die köstlichen hausgemachten Kuchen. Besonders lecker sind sie im **Rising Horizon Cafe,** im **Chocolate Log,** im **Shambala** und im **Take Out.**

● Ähnlich wie das **Green Hotel** ist auch das hauseigene Restaurant bei den Rucksackreisenden sehr beliebt, und dementsprechend schwer ist es oft, einen freien Platz zu ergattern. Die Speisekarte ist zwar recht vielfältig und auch die Preise sind dem Low-Budget-Publikum angepasst; kulinarische Höhenflüge sollte man allerdings nicht erwarten. Dennoch ist es, genauso wie das **Om Restaurant,** ein gemütlicher Ort, um mit Reisenden aus aller Welt zusammenzusitzen und die neuesten Informationen auszutauschen.

● Etwa 500 m Richtung Bhagsu Nag lädt das überdachte Freiluftrestaurant **Jungle Hut** mit gemütlichen Korbstühlen, vielseitiger Speisekarte (tibetische Küche, *tandoori,* Huhn und indische Küche) und weiten Ausblicken ein.

● Beim Spaziergang um die südliche Spitze von McLeod Ganj oder nach Dharamsala ist das kleine **Open Sky Café** im Süden eine willkommene Unterbrechung mit schöner Fernsicht.

● Gut besucht ist meist auch das **Kailash Restaurant,** von wo man je nach Platz eine sehr schöne Aussicht ins Tal oder auf das rege Treiben entlang der Hauptstraße hat. Zum Frühstück empfehlen sich die guten Omelettes.

● Eine große Auswahl an schmackhaften und günstigen Nudelgerichten bietet das bei Einheimischen wie Travellern gleichermaßen beliebte **Cha Chung Restaurant** (mit Dachterrasse).

● Das **Gakyi Restaurant** ist genau die richtige Adresse für Vegetarier mit einer Schwäche für tibetanische und chinesische Kost. Eine Spezialität des Hauses sind *Sweet and Sour Pishe,* fritierte Teigtaschen mit Gemüse. Zum Frühstück sei das ausgezeichnete Müesli empfohlen.

● Wer einmal der westlichen Traveller-Szene entfliehen möchte und dafür unverfälscht lokales Ambiente schnuppern möchte, sollte das urige **Yak Restaurant** schräg gegenüber vom *Gakyi* aufsuchen. Zu minimalen Preisen gibt es große Portionen typisch tibetanischer und chinesischer Gerichte wie *Momos* und Nudelsuppen.

● Ausgezeichnete indische Gerichte serviert das gepflegte **Ashoka Restaurant** an der Jogibara Rd.

●Indische Schnellgerichte inkl. *thali* und *dosas* sowie Burger und Eis stillen hoffentlich im **Hungry Hope** den Hunger. Danach rundet einer der vielen verschiedenen Kaffees mit Kuchen im nebenan gelegenen **Moonpeak Espresso** das Mahl ab.

●Das **Malabar Restaurant** in der Jogibara Rd. bietet eine Vielzahl schmackhafter Gerichte, wobei besonders die indische Küche überzeugt. Unter den vorzüglichen Gerichten waren meine Favoriten das cremige *Malai Kofta* und das *Navratan Korma*.

●Für Dharamsala-Verhältnisse recht komfortabel sitzt es sich im **McLio Restaurant** im Ortszentrum. Die Auswahl auf der Speisekarte ist umfangreich, das Essen aber eher durchschnittlich und zudem recht teuer. Hier gibt's auch Bier und Hochprozentiges.

●Alkoholische Gelüste werden auch in der **Bar des Hotel Tibet** befriedigt.

●Wer viel Geld ausgeben will, sollte lieber gleich im sehr guten Restaurant des **Hotel Natraj** speisen. 200 Rs für ein abendfüllendes Mahl inklusive Getränke muss man hier zwar schon veranschlagen, doch dafür wird einem neben gediegenem Ambiente und herrlicher Aussicht auch vorzügliches indisches Essen serviert.

●Schon wegen dem tollen Rundumblick ist das Dachrestaurant, auch mit Innenbereich, des Asian Plaza am Main Square einen Besuch wert. Zudem speist man im wohl luxuriöstesten Restaurant des Ortes.

In Bhagsu Nag und Dharamkot

●In Bhagsu Nag steht inzwischen eine Vielzahl von Restaurants zur Verfügung. Neben den Hotelrestaurants ist das über den Hauptweg des Dorfes erreichbare **Haifa Café** zu erwähnen. Hier gibt's neben Pizza indische und westliche Küche. Außerdem sind mehrere German Bakeries mit entsprechendem Angebot verlockend. Besonders erwähnenswert hier das **Shiva Café** oberhalb des kleinen Wasserfalls von Bhagsu Nag.

●Dharamkot ist lukullisch noch nicht so weit entwickelt. Neben der riesigen, neu angelegten Freilufterrasse des **New Blue Heaven** mit Blick auf die gegenüber liegenden Hänge sei das kleine Restaurant oberhalb des Dorfes

und der Meditationszentren erwähnt, wo man sich vor oder nach einer Wanderung durch die Wälder stärken kann.

Bank

●Die **State Bank of India** im *Mount View Complex* wechselt nur Bargeld. Morgens herrscht meist ein ziemlicher Andrang. Öffnungszeiten: Di-Sa 10–16, So 10–12 Uhr. Auch der ATM ist wählerisch und befriedigt nur VisaCard-Besitzer.

●Als Alternative bietet sich die **Punjab National Bank** (Mo-Fr 10–14 und 15–16 Uhr, Sa 10–12 Uhr) im Dorfzentrum an. Hier werden nebem Barem auch Reiseschecks angenommen. Beide haben auch in Dharamsala eine Zweigstelle.

●Am schnellsten geht's wohl bei **LKP Forex** (Mo-Fr 9–18 Uhr), ebenfalls im *Mount View Complex*. Akzeptiert werden neben den meisten Währungen und Reiseschecks auch Visa- und MasterCard gegen 3 % Gebühr. Am Main Square in McLeod Ganj bietet eine Wechselstube denselben Service, auch für Maestro-Card-Besitzer. Viele weitere Reisebüros bieten Geldwechsel an, auf Kreditkarten wir meist eine hohe Gebühr von 5 % aufgeschlagen.

●In Dharamsala wechselt die obere kleinere Filiale der **State Bank of India** (Ecke Old Cherry Road, Mo-Fr 10–16, Sa 10–13 Uhr) Geld und Reiseschecks. Gut 1 km bergab kommen beim **HFDC-ATM** alle Kartenbesitzer inkl. AmEx zu ihrem Geld.

●In Bhagsu Nag wechselt das **Log Inn Cyber Café** Bargeld und Reiseschecks.

Post und Internet

●Da der **Postdienst** (Mo-Sa 9.30–17 Uhr) als nicht sehr zuverlässig gilt und viele Briefe und Postkarten nicht ihren Bestimmungsort erreichen, empfiehlt es sich, wichtige Post in größeren Städten aufzugeben oder jemandem mitzugeben, der nach Europa reist.

●An der Hauptstraße gegenüber den Gebetsrollen findet sich im 1. Stock ein **DHL-Büro** (Mo-Fr 9–17, Sa 9–12 Uhr).

Der Norden

● Aufgrund der Travellermassen gibt es Unmengen an Internetcafés, wobei die im **Green Hotel** und **Aroma Cyber Café** gute Ausrüstung bieten. Auch **Cyber Tec** im *Hotel Asian Plaza* ist schnell. Meist werden 30 Rs/Std. verlangt.

● Mehrere Internetcafés in Bhagsu Nag sind recht fix, etwa am Hauptplatz neben *Adventure Summit* das **Birgs Internet Café.** Etwas den Hang hinauf sind auch die Verbindungen des neuen **Log Inn Cyber Café** schnell genug. Hier werden zudem Digitalbilder auf CD gebrannt (50 Rs). Angeschlossen ist der kleine *Krishna General Store.*

Medizinische Versorgung und Polizei

Viele Besucher aus dem Westen kommen nur deshalb nach Dharamsala, um sich von den ansässigen tibetanischen Ärzten behandeln zu lassen. Besonders bei chronischen Leiden, Hepatitis und Verdauungsstörungen erzielt die tibetanische Naturheilkunde große Erfolge.

● Als besonders fähige Ärzte gelten **Yeshe Donden,** der ehemalige Leibarzt des Dalai Lama, der seine Praxis gleich neben der *State Bank of India* hat, sowie der jetzige Leibarzt des Dalai Lama, **Dr. Tenzin Choedak,** der im Astrologieinstitut praktiziert.

● Von westlichen, vorwiegend amerikanischen Ärzten geführt wird das **Delek-Krankenhaus** (Tel.: 222053) oberhalb von Gangchen Kyishong. An der Temple Rd. nahe dem Namgyal-Kloster gibt es eine kleine Außenstelle des **Civil Hospital,** die von Dr. Marwar (Tel.: 221106, (0)9816021106) geleitet wird, sie ist zwischen 12 und 14 Uhr geöffnet.

● Zuletzt sei auf die **Mahajan Dental Clinic** im *Mount View Complex* hingewiesen, tgl. außer So 14–19 Uhr.

● Wer einem Diebstahl oder einem sonstigen Missgeschick zum Opfer fällt, muss sich zur **Polizei** (Tel.: 224883) an der Hauptstraße in Dharamsala begeben, da es in McLeod Ganj noch keinen entsprechenden Ort gibt.

Einkaufen

Keine andere Stadt Indiens bietet eine derart große Auswahl an tibetanischem Kunsthandwerk wie Dharamsala.

● Im **Handicraft Emporium** kann man schöne, handgeknüpfte Teppiche kaufen. Daneben sind auch sehr hübsche tibetanische Jacken, Baumwollblusen und lange, ärmellose Kleider, die *Chupas,* im Angebot. Ein beliebtes, weil hübsches, kleines und verhältnismäßig billiges Mitbringsel sind auch die typisch tibetanischen, aus Korallen, Türkisen und Silberstücken zusammengesetzten Ketten und Armbänder. Originell und für europäische Winter zudem äußerst praktisch sind die kniehohen Stoffschuhe.

● Von den zahlreichen Antiquitätenläden ist **Mementos** einer der besten. Der Besitzer hat sich vor allem auf Statuen buddhistischer und hinduistischer Gottheiten sowie auf *Thankas* spezialisiert.

● Der beste Buchladen ist **Bookworm** (tgl. außer Mo 9–18.30 Uhr) gegenüber dem Tourist Office. Eine große Auswahl an Prosa und Büchern zum Buddhismus und zu Tibet machen seinen guten Ruf aus. Zudem gibt's einen Stadtplan und Broschüren mit Karten von Dharamsalas Umgebung. Eine weitere gute Quelle für Literatur über tibetische Kultur, Geschichte und Religion ist der von der tibetischen Exilregierung geleitete **Diir Bookshop** (tgl. außer Mo, Jogibara Rd.). Da vieles umsonst ausgegeben wird, sollte eine Spende nicht fehlen.

● Durch die große Zahl lange ansässiger Individualreisender gibt es auch mehrere **Second-Hand-Buchläden,** etwa *Hills Bookshop* an der Bhagsu Rd., in denen man recht anspruchsvolle Bücher kaufen oder gegen seine ausgelesene Literatur tauschen kann. Daneben gibt es aber auch eine hervorragende Auswahl an Sachliteratur zur tibetanischen Kultur und Bildbände über Tibet.

An- und Weiterreise

Bahn

●Wer sich die 14stündige Busfahrt nach Delhi ersparen möchte, kann zunächst mit einem der stündlich von Dharamsala abfahrenden Busse ins ca. 3 Std. entfernte **Pathankot** fahren. Von dort fahren mehrere Züge in ca. 11 Std. nach **Delhi.**

●**Fahrkarten** können im 1. Stock des Busbahnhofs in Dharamsala tgl. zwischen 10 und 11 Uhr gekauft werden. Da jedoch nur ein geringes Kartenkontingent zur Verfügung steht, sollte man möglichst früh buchen. Man kann dies auch für einen Aufpreis von 50 Rs von einigen Reiseagenturen in McLeod Ganj erledigen lassen.

●Eine weitere, geruhsame Möglichkeit, nach Pathankot zu gelangen, ist die in den 1920er Jahren gebaute **Schmalspurbahn** durch das Kangra Valley. In Kangra Mandir Station, 20 km südlich von Dharamsala, kann zugestiegen werden. Die etwa fünfstündige Fahrt führt durch landschaftlich reizvolle Gebiete und gewährt einen Blick in das Dorfleben entlang der Strecke. Damit dauert die gesamte Fahrt jedoch um einiges länger als mit dem Bus. Günstige Abfahrtszeiten z.B. um 9.15 und 12.30 Uhr.

Bus

●Fast alle Langstreckenbusse starten vom **Busbahnhof in Dharamsala.** Der erste Bus von McLeod Ganj nach Dharamsala (7 Rs) fährt um 4.15 Uhr, sodass genügend Zeit bleibt, um die ersten um 5 Uhr von Dharamsala abfahrenden Fernbusse zu erreichen. Der letzte Bus nach Dharamsala verlässt McLeod Ganj um 2.30 Uhr. Umgekehrt startet der erste Bus von Dharamsala nach McLeod Ganj um 7.30 Uhr, der letzte um 20.30 Uhr. Nach Pathankot gibt's tgl. fünf Direktverbindungen zwischen 10 und 16 Uhr von McLeod Ganj. Das Ticketbüro (Tel.: 221750) ist am Main Square beim *McLlo Restaurant*, Busse sind bis eine Stunde vor Abfahrt buchbar.

●Von Dharamsala: Täglich fünf Busse fahren nach **Delhi** (12 Std., 250 bzw. 350 Rs, zw. 4.55 und 20.15 Uhr), wobei der um 15 Uhr ein Deluxe-Bus ist. Nach **Kullu** (10 Std.) und **Manali** (10 Std., 210 Rs) via Mandi fahren frühmorgens vier Busse sowie zwei am Abend, nach **Shimla** (10 Std., 190 Rs, zw. 5 und 21.30 Uhr) und **Chandigarh** (10 Std., zw. 5.30 und 13.10 Uhr) je sechs, nach **Dalhousie** (6 Std., 110 Rs) und **Chamba** (12 Std.) zwei und nach **Pathankot** (3,5 Std., 70 Rs, zw. 7 und 17 Uhr) etwa stündlich.

Daneben gibt es zahlreiche weitere Angebote in den Reisebüros in McLeod Ganj. Diese verkaufen u.a. Tickets für AC-Volvo-Luxusbusse nach Delhi (700 Rs), die tgl. zwischen 16.30 und 20 Uhr starten, sowie Luxusbusverbindungen, etwa nach Dehra Dun (540 Rs).

●Das Ticket-Office am Busbahnhof in Dharamsala (Tel.: 224903) ist täglich 5–11.45 Uhr und 14–21 Uhr geöffnet.

Taxi

●Etwa 100 m vom Main Square in McLeod Ganj hat die **Bhagsu Taxi Union** (Tel.: 221034) ihr Büro. Hier können Taxis und Kleinbusse (bis 4 Personen) zu Festpreisen, die an einer Preistafel aufgeführt sind, gemietet werden. Preisbeispiele (non AC/AC): Delhi 5.000/5.500 Rs, Manali und Amritsar 2.800/3.200 Rs, Pathankot 1.100/1.500 Rs.

Flug

●Der nächstgelegene Flughafen ist **Kangra-Airport** (Tel.: 232374) bei Gaggal, gut 10 km südlich von Dharamsala (per Taxi von McLeod Ganj etwa 350 Rs). *Jagson Air* fliegt Mo, Mi und Fr für 206 US-\$ nach Delhi. Zu beachten ist das Gepäcklimit von 10 kg. In McLeod Ganj ist *Destination Travels* (Tel.: 220399, (0)9816064638) oder *Summit Adventures* zuständig für Flugtickets von *Jagson Airlines.*

Umgebung von Dharamsala

Kangra   〰 II/B2

Heute erinnert kaum noch etwas an die historische Bedeutung, die diesem kleinen Ort 18 km südlich von Dharamsala einst zu-

Der Norden

kam. Bereits 1008 überfielen die Truppen *Mahmud-e-Ghaznis* Kangra und plünderten den mit Gold und Silber überzogenen Brajreshwari-Tempel im Stadtzentrum. Zwar erholten sich die Herrscher Kangras von dem Überfall, doch 1360 wurde die Stadt erneut, diesmal von *Firoz Thuglag,* erobert. Nach Ende der Mogul-Herrschaft konnte sich das kleine Fürstentum unter der Regentschaft *Sansar Chands* (1765-1823) zu einem der bedeutendsten Regionalreiche entwickeln. Gleichzeitig zog der Regent viele Maler aus Delhi an seinen Hof. Noch heute gilt die **Kangra-Schule,** die sich in dieser Zeit entwickelte, als eine der wichtigsten Epochen in der Miniaturmalerei. Ebenso wie Dharamsala wurde auch Kangra durch ein verheerendes Erdbeben im Jahre 1905 zu großen Teilen zerstört. Zwar wurde der **Brajreshwari-Tempel** wiederaufgebaut, doch der alte Glanz ist dahin.

●**Unterkunft:** Neben dem *Government Rest House* € stehen weitere Billigunterkünfte wie das *Mount View* € und das *Ashoka* € zur Verfügung. Etwas besser ist das *Royal Hotel & Restaurant* €€ (Tel.: 01892-265013) an der Hauptstraße mit gutem Restaurant. Zimmer nach hinten wählen.

●**An- und Weiterreise:** Zwischen Dharamsala und Kangra verkehren stündlich Busse. Per Taxi sollte die Fahrt um 400 Rs kosten.

Masrur   ⏣ II/B2

In dem 15 km südlich von Kangra gelegenen, problemlos mit Bussen zu erreichenden Ort stehen insgesamt **neun Felsentempel** aus dem 8. Jh., von denen einige Steinreliefs aufweisen. Zu erkennen sind vor allem Abbildungen von Shiva und dem Sonnengott Surya, die im Gupta-Stil aus dem Fels gehauen wurden. Zwar halten sie keinem Vergleich mit Höhlenreliefs im indischen Kerngebiet stand, doch in der Himalayaregion sind sie die einzigen ihrer Art.

●**Öffnungszeiten** von Sonnenauf- bis Sonnenuntergang, Eintritt 100 Rs.

●**An- und Weiterreise:** Am besten erreicht man Masrur per **Taxi,** da der Busbahnhof Masrurs weit vom Tempelkomplex entfernt ist.

Shimla   ⏣ II/B3

(ca. 130.000 Eínwohner, Vorwahl: 0177)

Jedes Jahr im März, wenn sich in Delhi die Quecksilbersäule der 40-Grad-Grenze näherte, schickte man ganze Zugwaggons, vollgestopft mit Haushaltswaren, Aktenordnern, Abend- und Partykostümen, sowie hunderte von Dienern auf den Weg nach Shimla. Die britische High Society verlegte für die nächsten vier bis fünf Monate ihren Wohnsitz in den auf 2.100 Meter Höhe gelegenen Ort, der während dieser Zeit zum **politischen und gesellschaftlichen Mittelpunkt** des indischen Subkontinents wurde.

Im *Rashtrapati Niwas,* dem imposanten Sitz des britischen Vizekönigs, wurden die wichtigsten politischen Entscheidungen getroffen. Mindestens ebenso berühmt war jedoch das gesellschaftliche Leben. In privaten Clubs, auf prunkvollen Bällen und mit großen Paraden versuchte man die Langeweile zu übertünchen. Diese kleine Welt bot einen idealen Nährboden für Eifelsüchteleien, Klatsch und Tratsch. The Mall, die Prachtstraße Shimlas, mit ihren vielen typisch englischen Häusern und der herrlichen Aussicht auf die schneebedeckten Himalayaberge in der Ferne, war die Bühne, auf der die Eitelkeiten und Intrigen ausgetragen wurden. So nannte *Rudyard Kipling,* der hier viele Jahre verbrachte, das Zentrum der Mall auch treffend *Scandal Corner.*

Bei dem Bemühen, britischer als die Landsleute zu Hause zu sein, sollten die dunklen Untertanen nicht stören, und so blieb die Mall bis Ende des Ersten Weltkriegs für Inder gesperrt. Shimla war das, was andere vorgaben zu sein: *Queen of the Hill Stations,* und darauf ist es auch heute noch stolz.

Das Shimla der Engländer, im doppelten Sinne des Wortes *The Upper Shimla,* glänzt immer noch mit viktorianischer Ordnung und vor allem Sauberkeit. Überall finden sich Hinweise auf die Vermeidung von Abfällen,

Very British: die ehemalige Sommerresidenz Rashtrapati Niwas

und die Anzahl von Papierkörben in dieser Stadt scheint die Zahl im gesamten übrigen Indien zu übertreffen. Doch die sich direkt um die Mall ausbreitenden und in den letzten Jahrzehnten immer größer werdenden typisch indischen Stadtteile sind laut und hektisch. Geteilt sind auch die Meinungen der meisten Touristen. Während die einen von der schönen Aussicht auf den Himalaya, dem angenehmen Klima und dem britischen Flair der Stadt schwärmen, empfinden die anderen die Stadt als langweilig, weil nur mäßig gelungene Kopie einer mittelenglischen Provinzstadt.

Sehenswertes

Rashtrapati Niwas/Viceregal Lodge

Zweifelsohne beeindruckendstes architektonisches Dokument der britischen Kolonialzeit in Shimla ist die **ehemalige Residenz des britischen Vizekönigs,** 45 Gehminuten außerhalb des Zentrums gelegen. In diesem palastähnlichen, fünfgeschossigen, grauen,

1888 fertiggestellten Sandsteingebäude (9–13 und 14–17 Uhr im Winter, bis 19 Uhr im Sommer, Eintritt 100 Rs, halbstündig Führungen) inmitten einer sehr schönen Parkanlage schlug von März bis November das politische Herz des indischen Subkontinents. Über 800 Bedienstete, darunter allein 40 Gärtner, sorgten dafür, dass den weißen Herren jeder Wunsch von den Lippen abgelesen wurde. Die über 10 Meter hohe Eingangshalle des viktorianischen Gebäudes ist mit Teakholz aus Burma getäfelt und ebenso wie der ehemalige Gästeraum, der heute als Lesesaal genutzt wird, für die Öffentlichkeit zugänglich. Der riesige ehemalige Tanzsaal, in dem früher pompöse Feste gefeiert wurden, wurde 1991 in eine Bibliothek umgewandelt. Über Politik wird auch heute noch in den Hunderten von Räumen debattiert, inzwischen jedoch von den Studenten der Universität Shimla, deren politische Fakultät im Gebäude untergebracht ist. Und so ist das Gebäude heute bei den Einheimischen vorwiegend unter dem Namen *Institute of Advanced Studies* bekannt. Auch der **Botanische**

Der Norden

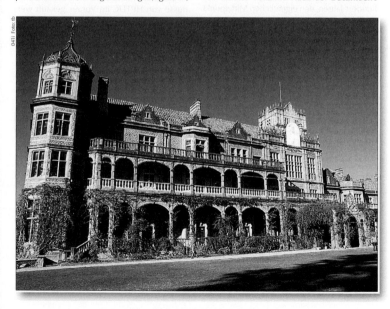

041i Foto: tb

Garten um das Gebäude sollte einen Blick wert sein. Fürs leibliche Wohl sorgt ein kleines Café.

Shimla State Museum

Vom *Institute of Advanced Studies* wieder zurück entlang der Mall Richtung Zentrum, findet sich nach etwa fünfzehnminütigem Fußweg, gelegen in einer gepflegten Gartenanlage mit herrlicher Aussicht, das 1964 eröffnete Museum. Neben verschiedenen Bronzestatuen, Holzschnitzereien und Steinskulpturen beeindrucken besonders etwa 50 **Miniaturmalereien der Kangra-Schule.**
●**Öffnungszeiten:** tgl. außer Mo 10–17 Uhr.

Die Mall

Die Mall, Shimlas **Flanier- und Einkaufsstraße,** als Himachals Antwort auf die *Pall Mall* in London und die *Fifth Avenue* von New York zu bezeichnen, wie in einer Broschüre des Tourist Office geschehen, scheint denn doch des Guten ein wenig zu viel. Nach wie vor jedoch stellt sie, wie schon vor hundert Jahren, den eigentlichen Mittelpunkt der Stadt dar.

Nicht mehr die englischen Gentlemen in Frack und Zylinder und die Ladies in weit ausladenden Kostümen, sondern die kaum weniger modisch gekleideten Mitglieder der indischen Oberschicht bestimmen heute das Bild.

Typisch englische Gebäude sind die alte Post, die Feuerwache mit dem pittoresken Leiterwagen und das *Gaiety Theatre,* in dem während der Kolonialzeit Stücke von *Shakespeare* und *T. S. Elliot* aufgeführt wurden.

Geblieben ist erfreulicherweise auch das Autoverbot, sodass der gesamte Lastenverkehr von Trägern verrichtet wird und eine angenehme Ruhe vorherrscht. Nach Shopping und Abendessen führt der Weg meist in die unterhalb der Mall liegenden Stadtteile im Middle- und Lower Bazar mit ihren engen Gassen, vollgestopft mit Läden, Menschen und Gerüchen – zurück nach Indien.

Jacco Hill

Ein etwa 45minütiger, zum Schluss steil ansteigender Fußweg von der Mall vorbei an der großen christlichen Kirche führt zu diesem 2.480 m hoch gelegenen **Berggipfel,** der sowohl am frühen Morgen als auch am späten Nachmittag spektakuläre Ausblicke gewährt. Gekrönt wird er von einem **Tempel** zu Ehren des Affengottes Hanuman. Dessen leibhaftige Nachkommen scheinen sich in der luftigen Höhe besonders wohl zu fühlen und verunsichern mit ihrem zum Teil aggressiven Verhalten so manchen Touristen.

Information

Shimla leistet sich den Luxus von zwei Touristenbüros.
●**Das Tourist Office** (Tel.: 2652561, tgl. 9–18 bzw. 9–20 Uhr in der Hochsaison) mit sehr hilfsbereiten Angestellten liegt im Herzen des kolonialen Shimla an der Hauptgeschäfts- und Flanierstraße The Mall. In einem kleinen Büro nebenan können Bustickets für Busse von HPTDC im Voraus gekauft werden, sodass man sich nicht erst hinunter zum Busbahnhof begeben muss.
●**Das** sogenannte **Tourist Reception Centre** (Tel.: 2654589) befindet sich an der Cart Rd. beim Victoria Tunnel, dort, wo zunächst alle Busse kurz anhalten. Hier erhält man umfassende Informationen, zudem können Hotelreservierungen durchgeführt werden.

Reisebüros und Trekking

●Für ein- oder mehrtägige Ausflüge und teils anstrengende Trekking-Touren (wegen der Schneeverhältnisse nur zwischen Juni und Oktober) etwa ins Kinnaur Valley, Spiti Valley oder ins weniger anspruchsvolle Papper Valley sind durchschnittlich, abhängig von Personenzahl, Unterkunftsqualität und Transportart (Taxi oder Minibus) um 1.500 bis 2.000 Rs p.P./Tag zu zahlen. Als verlässlich haben sich **Band Box Travels** (Tel.: 2658157, (0)9816061160, bboxhv@satyam.net.in), **Span Tours & Travels** (Tel.: 2806534, span tours@gmail.com) und **White Height Travels**

erwiesen. Auch Touren nach Ladakh werden organisiert.

● Auch **Himachal Pradesh Tourism** organisiert Ausflüge und Touren, z.B. eintägige Touren nach Kufri, Naldehra, Fagu und Mashobra (165 Rs).

● Alternativ sind diese Ziele auch per **Taxi** erreichbar und lassen sich bei den Taxiunternehmen zu Festpreisen (670 Rs/Tag) buchen.

Stadtverkehr

Shimla ist derart verwinkelt und steil an den Hang gebaut, dass man sich nur **zu Fuß** von der Unter- in die Oberstadt bewegen kann. Wer sich den steilen Anstieg ersparen möchte, dem steht etwa 1 km östlich vom Bahnhof ein **Fahrstuhl** zur Verfügung, der einen in zwei Etappen zwischen 8 und 20.45 Uhr zur Mall „liftet" (7 Rs). Meines Wissens die einzige derartige Einrichtung in ganz Indien.

Per **Taxi** kosten alle Fahrten im Innenstadtbereich (falls das Ziel überhaupt per Taxi erreichbar ist) 55 Rs, die Mindestgebühr. Die Preise für die weiter entfernt gelegenen Ziele können an gut sichtbaren Preistafeln der einzelnen Taxiunternehmen in Erfahrung gebracht werden, siehe Stadtplan. Zum Rashtrapati Niwas etwa kostet es 150 Rs (mit Wartezeit und Rückweg 250 Rs), zum Flughafen 410 Rs.

Am Busbahnhof werden häufig, auch bei nächtlicher Ankunft, **Träger** zudringlich, die neben dem Gepäcktragen natürlich vorwiegend daran interessiert sind, den müden Reisenden in ein Hotel ihrer Wahl zu lotsen, um die Kommission zu kassieren. Falls man also ihre Hilfe in Anspruch nimmt, sollte man nicht ein Hotel, sondern etwa The Ridge als Ziel angeben.

Unterkunft

Shimla ist auch heute noch, was es schon zu britischer Kolonialzeit war: ein Nobelort. Dementsprechend teuer sind die Unterkünfte. Vor allem während der Hauptsaison von Mitte April bis Mitte Juli steigen die **Preise** um das Zwei- bis Dreifache. Dafür kann man in der Zeit von Oktober bis März, abgesehen

vom Diwali-Fest im November und Weihnachten, bei entsprechendem Verhandlungsgeschick **Nachlässe** bis zu 50 % der hier genannten Preise herausschlagen.

Die besten Hotels findet man im Bereich um die Mall, dem kolonialen Herzen Shimlas. Dementsprechend teuer ist es hier auch. Je weiter man sich der recht hektischen und lauten Unterstadt um die Cart Road nähert, desto niedriger werden auch Preise und Qualität der Unterkünfte. Die meisten Hotel verfügen nur über Doppelzimmer, gewähren aber Einzelpersonen, die allein ein Doppelzimmer belegen, einen Nachlass.

Low Budget und Budget

● Gut ist das zentral, nur eine Minute von der Mall gelegene **YMCA** €-€€ (Tel.: 2650021, 2652375). Der nostalgisch schöne Kasten verfügt über eine große Palette ganz unterschiedlicher Zimmer, manche mit Gemeinschaftsbad, auch TV und AC. Hierzu muss jedoch noch eine Gebühr von 50 Rs für ein *temporary membership* hinzugerechnet werden. Alle Räume sind sehr sauber und ausgesprochen geräumig. Die überall angebrachten Warnungen, die Fenster wegen der allgegenwärtigen und klaufreudigen Affen geschlossen zu halten, sollte man ernst nehmen. Schon manchem Reisenden ist aus Unvorsichtigkeit die Kameraausrüstung von diesen Langfingern stibitzt worden. Ein großer, gemütlicher Aufenthaltsraum mit Farbfernseher gehört ebenso zum Haus wie ein Billardund ein Tischtennisraum. Außerdem bietet sich von der großen Terrasse ein wunderschöner Ausblick. Das *YMCA* liegt hinter der großen katholischen Kirche, ein paar Treppenstufen zwischen dem Hotel Mayur und einem Kino hinauf.

● Eine akzeptable Alternative bietet das leicht windschiefe **YWCA** €-€€ (Tel.: 2803081), dessen etwas renovierungsbedürftige Zimmer von den oberen Etagen klasse Ausblicke gewähren. Hier werden wie im *YMCA* Männer wie Frauen aufgenommen. Auch bei diesem über dem Postamt gelegenen Gebäude gefällt die Kolonialatmosphäre.

● Knapp 1,5 km weiter westlich entlang der Mall neben der *State Bank of India* finden

Der Norden

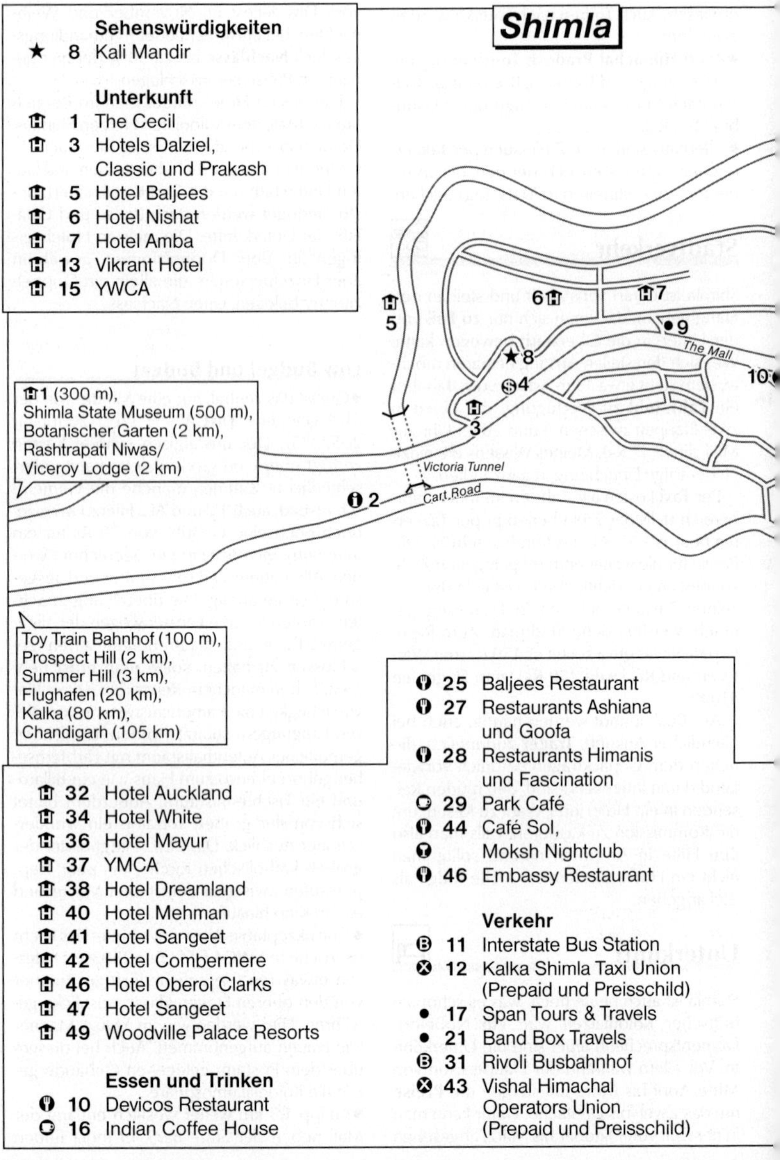

Shimla

Sehenswürdigkeiten
★ 8 Kali Mandir

Unterkunft
🏨 1 The Cecil
🏨 3 Hotels Dalziel,
    Classic und Prakash
🏨 5 Hotel Baljees
🏨 6 Hotel Nishat
🏨 7 Hotel Amba
🏨 13 Vikrant Hotel
🏨 15 YWCA

🏨 1 (300 m),
Shimla State Museum (500 m),
Botanischer Garten (2 km),
Rashtrapati Niwas/
Viceroy Lodge (2 km)

6 🏨   🏨 7
5
★ 8   ● 9
              The Mall
$ 4
🏨   10
3

Victoria Tunnel
ℹ 2   Cart Road

Toy Train Bahnhof (100 m),
Prospect Hill (2 km),
Summer Hill (3 km),
Flughafen (20 km),
Kalka (80 km),
Chandigarh (105 km)

🏨 32 Hotel Auckland
🏨 34 Hotel White
🏨 36 Hotel Mayur
🏨 37 YMCA
🏨 38 Hotel Dreamland
🏨 40 Hotel Mehman
🏨 41 Hotel Sangeet
🏨 42 Hotel Combermere
🏨 46 Hotel Oberoi Clarks
🏨 47 Hotel Sangeet
🏨 49 Woodville Palace Resorts

Essen und Trinken
🍴 10 Devicos Restaurant
☕ 16 Indian Coffee House

🍴 25 Baljees Restaurant
🍴 27 Restaurants Ashiana
       und Goofa
🍴 28 Restaurants Himanis
       und Fascination
☕ 29 Park Café
🍴 44 Café Sol,
🍷 Moksh Nightclub
🍴 46 Embassy Restaurant

Verkehr
🚍 11 Interstate Bus Station
❌ 12 Kalka Shimla Taxi Union
       (Prepaid und Preisschild)
● 17 Span Tours & Travels
● 21 Band Box Travels
🚍 31 Rivoli Busbahnhof
❌ 43 Vishal Himachal
       Operators Union
       (Prepaid und Preisschild)

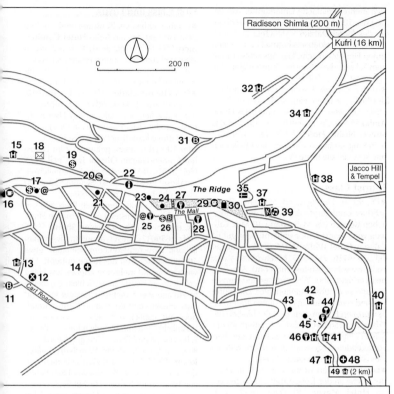

Der Norden

Geld

- ⑤ **4** State Bank of India
- ⑤ **17** Punjab National Bank, HDFC ATM
- ⑤ **19** HSBC ATM
- ⑤ **20** ICICI ATM
- ⑤ **26** UTI ATM

Internet

- @ **14** Computer Media Cyber Café
- @ **25** Elegance Internet
- @ **41** Global Cyber Net

Sonstiges

- ❶ **2** HPTDC Tourist Reception Centre

- • **9** BSNL Bldg.
- ❶ **14** Ripon Hospital,
- ▮ Himachal Emporium
- ✉ **18** Hauptpost
- ❶ **22** HPTDC Tourist Office
- • **23** Scandal Corner
- • **24** Gaietry Theatre
- 𝐵 **26** Minerva Bookshop
- ▮ **30** Kiosk
- ⛪ **35** Kirche
- 𝕂 **39** Ritz Cineplex,
- ☯ Footloose Disco
- • **45** Fahrstuhl
- ❶ **48** Nehru Hospital

sich mehrere einfache Unterkünfte, von denen das 100 Jahre alte koloniale Holzgebäude des Hotel **Dalziel** (Tel.: 2652691, 5534656, hoteldalziel@hotmail.com) einen guten Eindruck macht. Die Aussichtszimmer zum Tal sind die schönsten. Zudem gibt's billige, fensterlose Zellen.

● In den Gassen des einige Meter nördlich der Mall gelegenen Fingask-Bezirks sind von vielen kleineren Hotels besonders das **Hotel Amba** €€-€€€ (Tel.: (0)9816026215) und das teurere **Nishat Hotel** €€-€€€ (Tel.: 2801318), beide mit sauberen Zimmern und Balkonen mit Aussicht, die beste Wahl.

Tourist Class

● Die beste Hotelgegend mit einer Reihe schöner Unterkünfte findet sich im nordöstlichen Bereich der Mall, knapp 10 Min. Fußweg vom *Tourist Office* entfernt. Sehr gut ist z.B. das **Hotel White** €€-€€€ (Lakkar Bazaar, Tel.: 2656136, 2655275, hotelwhite@yahoo.co.in, www.hotelwhiteshimla.com). Alle Zimmer verfügen über Warmwasser und Fernseher und sind hübsch eingerichtet. Die teureren sind sehr geräumig und bieten zudem einen großen Balkon zum Tal. Hier bleiben die Preise unverändert, sodass sie außerhalb der Saison einen guten, in der Saison einen hervorragenden Gegenwert bieten. Ein weiteres Plus ist die begrünte Dachterrasse.

● Empfehlenswert ist das unmittelbar hinter der Kirche an der Treppe zum *YMCA* gelegene **Hotel Mayur** €€€ (Tel.: 2652392/3, hotel_mayur@vsnl.com) mit 32 Zimmern. Im Haus befindet sich ein Restaurant. Die Superdeluxe-Zimmer sind wegen der schönen Aussicht sehr viel besser als die wenig billigeren Deluxe-Zimmer.

● Eine hervorragende Bleibe im Mittelklassebereich ist das etwas oberhalb der Mall gelegene **Hotel Sangeet** (Tel.: 2802506/7). Nicht weit entfernt sind die Zimmer des **Hotel Mehman** €€€ (Tel.: 2813692, 2804390, mehmanhotel@hotmail.com) ähnlich gut in Schuss, die teureren nach vorn mit weitem Ausblick. Zudem gibt's ein Restaurant und eine Dachterrasse.

First Class und Luxus

● Unübersehbar im Zentrum direkt neben dem Lift ragt das moderne **Hotel Combermere** €€€€-€€€€€ (Tel.: 2651246-8, hot_comb @hotmail.com, www.hotelcombermere.com) auf. Von innen wirkt dieser Klotz aber erstaunlich komfortabel und angenehm.

● Das **Oberoi Clarks** €€€€€ (Tel.: 2651010, reservations@clarkeshotels.com), zentrumsnah südöstlich der Mall, verfügt über mehr nostalgischen Charme und ist in Design und Ausstattung luxuriöser und moderner.

● Im 100 Jahre alten, gelungen zum Luxushotel umgestalteten **Oberoi The Cecil** €€€€€ (Tel.: 2651010-5) werden alle Annehmlichkeiten dieser Preisklasse inkl. Swimmingpool zu etwas überhöhtem Preis geboten.

● Mehr zum etwas geringeren Preis gibt's in der wohl gelungensten Luxusherberge Shimlas, dem neuen **The Radisson Shimla** €€€€€ (Tel.: 2659012-5, reservations@radissonshimla.com, www.radisson.com/shimlain), etwa 10 Fußminuten von der Ridge entfernt. Die weiträumig auf mehreren Ebenen am Hang gelegene, im Baustil an ein Schloss angelehnte Anlage weist mehrere Restaurants und Bars, Health- und Recreation Centre, Rundpool mit Talblick und vielerei weitere Annehmlichkeiten auf. Natürlich haben alle geschmackvoll möblierten Zimmer Talblick.

● Das angenehm kleine **Woodville Palace Resort** €€€€€ (Tel.: 223919) ist sicherlich eine der schönsten Adressen Shimlas. Der ehemalige Palast eines lokalen Fürsten liegt, umgeben von einem schönen Garten, etwa 3 km südlich des Stadtzentrums an der Raj Bhawan Rd. und bietet stilvoll eingerichtete Zimmer.

Essen und Trinken

Hier gilt meist das gleiche wie bei den Hotels: reiche Auswahl, hohe Preise.

● *Himachal Tourism* unterhält mit dem Ashiana und dem Goofa zwei Restaurants im gleichen Gebäude direkt auf der Ridge. Das recht schöne **Ashiana** bietet durchschnittliche Kost, dafür eine sehr schöne Aussicht in die Umgebung. Allerdings muss man dafür auch recht tief in die tasche greifen. Beim ein Stockwerk tiefer gelegenen **Goofa** sitzt es sich nicht ganz so schön, dafür sind die Gerichte nur halb so teuer. Die Speisekarte reicht von Müesli über Thalis bis zu Pizzen.

● Ähnlich umfangreich im Angebot ist das zwischen Mall und Ridge gelegene **Park Café** mit leckeren Gerichten zu günstigen Preisen. Außerdem gefällt die entspannte Atmosphäre bei guter Rockmusik.

● Leckere Sandwiches und Burger gibt es im Erdgeschoss des **Himanis Restaurant,** während sich im 1. und 2. Obergeschoss zwei Restaurants befinden. Die Küche ist bei beiden gleich, doch im oberen teurer, da es eleganter eingerichtet ist. Auch **The Devicos** etwas weiter westlich an der Mall hat ein umfangreiches Angebot an indischen Imbissen und Fast-Food westlicher Prägung sowie Eis.

● Mit mehr Stil erfüllt das traditionell eingerichtete, freundliche **Indian Coffee House** in Shimla noch seine traditionelle Funktion. So treffen sich bei kleinen, recht scharfen Snacks oder Kaffee die Kaufleute und Pensionäre der Stadt zum Diskutieren und Gesehenwerden. Das moderne Gegenstück ist die coole **Barista Espressobar.**

● Wenige Meter weiter liegt das sehr populäre **Baljee's,** im Erdgeschoss, mit gutem Essen. Das im 1. Obergeschoss gelegene **Fascination** scheint Treffpunkt der Yuppies zu sein.

● Mehrere preiswerte **chinesische Restaurants** finden sich links und rechts der steilen Treppen, die vom *Baljee's* zur Cart Road hinunterführen.

● Viel Glas umgibt das luftige **Café Sol** beim Lift. Entsprechend licht können neben Kuchen und Torten auch Pizza, Lasagne und gar Tiramisu genossen werden.

● Weiter westlich entlang der Mall beim Himachal State Museum wird der Hunger im **Spars Café** mit Snacks und umfangreichen Frühstücksvarianten bis hin zu köstlichen Fischgerichten hervorragend gestillt.

● Wer tief in die Tasche greifen kann und vorzüglich speisen will, sollte im prunkvollen Restaurant des **Oberoi The Cecil** einkehren. Neben einer langen internationalen Speisekarte beeindruckt das Weinangebot.

Einkaufen

Als traditionell reiche Stadt ist Shimla ein gutes Pflaster, um auf kleinem Raum, der Mall, ein recht großes Angebot zur Verfügung zu haben.

● Im **Himachal Emporium** unweit der Ridge kann Kunsthandwerk der Region erworben werden. Im **Tibetan Refugee Handloom Shop** am südlichen Ende der Mall gibt's entsprechendes aus Tibet, zudem Kleidung und Teppiche.

● Die recht umfangreiche Auswahl an Romanen lässt die Reiseliteratur im **Minerva Bookshop** wieder auffrischen. Außerdem gibt's Landkarten der Region. Sparsame finden bei **Maria Brothers** Second-Hand-Bücher und Antiquarisches.

● Beim abendlichen Spaziergang über den **Lakkar Bazaar,** nur wenige Fußminuten von der Ridge entfernt, kann das eine oder andere Souvenir entdeckt werden.

Nachtleben

● Das zur Recherchezeit wegen Totalrenovierung geschlossene **Gaietry Theatre** sollte inzwischen wieder seine Tore für abendliche Aufführungen geöffnet haben.

● Ausschließlich Bollywood-Kost wird im **Ritz Cineplex** am östlichen Ende der Ridge neben der Kirche serviert.

● Unter dem Café Sol beim Fahrstuhl wird im **Moksh Nightclub** nur Paaren der Zutritt gewährt (Eintritt 1.000 Rs). Hier vergnügt sich zwischen 20 und 0 Uhr vorwiegend die indische Mittelschicht.

Post und Internet

● Die **Hauptpost** mit Poste Restante nahe dem Scandal Point an der Mall ist Mo–Sa 10–17 Uhr geöffnet.

● Die Internetverbindungen in Shimla sind nicht sonderlich schnell. Von einigen Cafés um die Mall ist das **Courier Internet Café** (1. Stock, 30 Rs) beim *Himanis Restaurant* noch eins der fixesten. Auch im YMCA gibt's ein Internetcafé.

Bank

Will man ins Kinnaur-Gebirge, nach Spiti oder Lahaul, sollte man sich vorher mit genügend Barem eindecken, gibt es doch dort keine offizielle Wechselmöglichkeit.
- Die **State Bank of India** (Mo–Fr 10–16, Sa 10–13 Uhr), zentral an der Mall gelegen, wechselt Bares und Reiseschecks. Für AmEx-Schecks muss man zur **Punjab National Bank** (Mo–Fr 10–14, Sa 10–12 Uhr) an der Mall.
- Die vielen **ATMs** entlang der Mall akzeptieren die meisten international bekannten Marken, AmEx-Card-Besitzer werden am HDFC-ATM wieder flüssig.

Medizinische Versorgung

- Ein akzeptables Krankenhaus im Notfall ist das **Indira Gandhi Hospital** (Tel.: 2883319) an der Circular Rd.

Anreise

Bahn

- Von **New Delhi** (Abf. 6.05 Uhr) mit dem 4095 Himalayan Queen über **Chandigarh** nach **Kalka** (Ank. 11.15 Uhr), dort umsteigen auf den Toy Train (Abf. 12.10 Uhr), der für die restlichen 100 km weitere 5 Std. benötigt.
- Auch der 2311 Howrah-Kalka Mail von **Delhi** (Nachtzug, Abf. 22.20 Uhr, Ank. in Kalka 5 Uhr) ist mit dem Toy Train in Kalka (Abf. 5.30 Uhr) zeitlich abgestimmt.

Bus

- Alle Busse halten zunächst beim Osteingang am *Tourist Information Centre,* wo einen Scharen von Kulis in Beschlag nehmen, die unbedingt das Gepäck zum Hotel tragen wollen. Alle bis auf die vom Touristenbüro eingesetzten Busse fahren jedoch weiter zum **Busbahnhof,** welcher näher zur Innenstadt liegt.
- Luxusbusse von *Himachal Tourism* fahren von **Delhi** (10 Std.) und **Manali** über **Kullu** (9 Std.) nach **Shimla.**

- Weitere gute Verbindungen bestehen von **Chandigarh** (5 Std.), **Dharamsala** (10 Std.), **Mandi** (6 Std.) und **Dehra Dun** (9 Std.).

Weiterreise

Flug

- Nur *Jagson Airlines* (Tel.: 2625177, 2806950) fliegt 3x wöchentlich via Kullu nach **Delhi** (125 US-$). Das Büro befindet sich 9 km außerhalb Shimlas auf dem Weg zum 23 km entfernten Jubbor-Hatti-Flughafen. So sollte man sich etwa bei *Span Tours & Travels* (Tel.: 2801300, 2806534) an der Mall informieren.

Bahn

- Das **Reservierungsbüro** (Tel.: 2652915) ist Mo–Fr 10–17 Uhr, So bis 14 Uhr geöffnet.
- Insgesamt vier **Toy Trains** (Abfahrtszeiten: 10.35 Uhr (Zugnr. 256), 14.25 Uhr (2KS), 17.40 Uhr (242), 18.15 Uhr (252)) machen sich tgl. auf die 100 km weite, knapp sechsstündige, aussichtsreiche Fahrt von Shimla nach **Kalka.** Bei Abfahrt um 10.35 Uhr hat man Anschluss an den Himalayan Queen (Abfahrt in Kalka 16.40 Uhr) nach **Delhi** (Ank. 21.46 Uhr).
- Alle Züge von Kalka nach Delhi halten in **Chandigarh.** Eine morgendliche Verbindung von Kalka nach New Delhi ist der 2926A Paschim Exp.: Abf. 10.10 Uhr, Ank. 16.30 Uhr. Der Zug fährt weiter nach Rajasthan und Mumbai. Einige weitere Verbindungen sind im Anhang gelistet.
- Wem die Gesamtstrecke von Shimla nach Kalka im ebenso pittoresken wie engen Toy Train zu lange dauert, der kann auch schon nach ca. 3 Std. in **Solan** aussteigen und von dort mit dem Bus in 3 Std. nach **Chandigarh** weiterfahren.

Bus

Neben den von *Himachal Tourism* eingesetzten und auch dort an der Mall zu buchenden Luxusbussen nach **Manali** (alle 2 Std., 10 Std., 345 Rs), **Delhi** (9 Std., AC-Volvo um 9, 15.15 und 22.30 Uhr, 604 Rs, über Chandigarh (4 Std., 260 Rs) und Jaipur (AC-

Volvo, Abf. 14.15 Uhr, 990 Rs) fahren täglich vier Busse nach **Dehra Dun** (9 Std., 180 Rs) und **Haridwar** (9 Std., 210 Rs), **Dharamsala** (alle 2 Std., 10 Std., 210 Rs), **Amritsar** (9 Std., morgens um 6 und 7.20 Uhr), **Chandigarh** (alle 15 Min., ord./del. 90/160 Rs), **Delhi** (10 Std., ord./del. 210/430 Rs) und **Manali** (alle 2 Std., 230 Rs) über **Kullu** (9 Std., 167 Rs) vom zentralen Busbahnhof mit computerisiertem Reservierungsbüro an der Cart Road. Die alle 1,5 Std. fahrenden Busse nach **Narkanda** (2,5 Std., 77 Rs) oder Rampur (5 Std., 110 Rs), wie alle Busse nach Osten, starten vom Rivoli-Busbahnhof. Natürlich werden diese und andere Verbindungen auch von den privaten Reiseagenturen angeboten. Bei Nachtfahrten kann es recht kalt werden.

Taxi

●In Shimla bieten mit der **Kalka-Shimla Taxi Union** (Tel.: 2658225) und der **Vishal Himachal Taxi Operators Union** (Tel.: 2657645) zwei Taxiorganisationen Fahrten auch zu weiter entfernten Zielen zu Festpreisen an, die jeweils auf Preistafeln einzusehen sind. Einige Preisbeispiele für die einfache Fahrt: Chandigarh 1.450 Rs, Delhi 4.000 Rs, Dharamsala 2.750 Rs, Manali 2.600 Rs, Kullu und Sarahan (Kinnaur Valley) 2.200 Rs.

Mandi   ⤴ II/B2

(ca. 30.000 Einwohner, Vorwahl: 01905)

Seit alters her war Mandi aufgrund seiner verkehrsgünstigen Lage am Knotenpunkt großer Handelsrouten ein wichtiger Handelsplatz. Hieraus leitet sich auch sein Name ab, der Markt bedeutet und auf ladakhische Kaufleute zurückgehen soll. Mandis Bedeutung liegt auch heute noch in seiner ökonomischen Funktion, so hat der Ort trotz seiner romantischen Lage an einer Biegung des Beas-Flusses außer einigen hübschen Tempeln und dem **Tarna Hill,** von dem sich ein sehr schöner Rundblick genießen lässt, wenig zu bieten. Für die meisten ist er eine Durchgangsstation ins berühmte *Valley of Gods*, das Kullu-Tal, an dessen Fuße die Stadt liegt.

Unterkunft

Die meisten Billigunterkünfte befinden sich im Stadtzentrum um den Indira Market Square herum. Um dorthin zu gelangen, muss man vom Busbahnhof aus über die den Beas-Fluss überquerende Brücke nach Westen gehen.

●Eines der besseren Hotels in dieser Gegend ist das **Shiva** € (Tel.: 224211).

●Wesentlich mehr Atmosphäre hat das **Raj Mahal** €€ (Tel.: 222401), ein nostalgisch schöner Kasten mitten im Stadtzentrum. Die einfachen Zimmer sind recht spartanisch, wohnlicher sind hingegen die Deluxe-Zimmer. Ein weiterer Vorteil ist das hauseigene Restaurant im Garten.

●Empfehlenswert ist auch das **Hotel May Fair** €-€€ (Tel.: 222570, 222777). Alle Räume verfügen über Warmwasser sowie Telefon und Fernsehen. Auch hier steht ein gutes Restaurant zur Verfügung.

●Das **HPTDC Hotel Mandav** €€-€€€ (Tel.: 235503) liegt direkt oberhalb des Busbahnhofs und ist somit erste Adresse für jene, die ihren Anschlussbus von bzw. nach Kullu und Manali verpasst haben und deshalb in Mandi übernachten müssen. Die günstigeren Zimmer bieten ein gutes Preis-Leistungs-Verhältnis, die teureren sind den Aufpreis nicht wert.

●Zwei Kilometer außerhalb von Mandi liegt das hübsche **Visco Resort** €€€-€€€€ (Tel.: 225057, viscoresort@rediffmail.com). Das zurzeit beste Haus am Ort überzeugt vor allem durch seine schöne, friedvolle Lage oberhalb der Stadt. Fast alle Zimmer bieten mit eigener Terrasse schöne Ausblicke.

Essen und Trinken

●Das **Copacabana Bar & Restaurant** im Raj Mahal Hotel ist die beste Adresse, um im angenehmen Ambiente eines Gartenrestaurants leckere Speisen zu günstigen Preisen zu genießen.

●Etwas unterkühlt im wahrsten Sinne des Wortes, ansonsten jedoch empfehlenswert ist das **The Treat Restaurant** im Erdgeschoss des Marktgebäudes. Serviert werden chinesische und indische Gerichte, wobei die Preise zwischen 40 und 100 Rs für eine Hauptmahlzeit liegen.

Der Norden

Bank

● Die **Bank of Baroda** zahlt nur auf Visa- und Mastercard Bares aus. Bargeld oder Reiseschecks werden nicht akzeptiert.

● Gegenüber dem India Market findet sich im *Hotel Evening Plaza* ein **Geldwechsler,** der auch Bares wechselt.

An- und Weiterreise

● Der Busbahnhof befindet sich östlich des Flusses. Stündlich **Busse** von und nach Kullu (3 Std.) und Manali (5 Std.). Weitere Verbindungen nach Delhi (12 Std.), Shimla und Pathankot (5 Std.) sowie Dharamsala (7 Std.).

● Die **Taxifahrt** nach Kullu kostet 900 Rs, zum Flughafen nach Bhuntar 700 Rs.

Rewalsar-See

Dieser 25 Kilometer südwestlich von Mandi gelegene kleine See inmitten einer Berglandschaft ist in ganz Indien insofern einmalig, als hier mit einem Sikh-, einem Hindutempel sowie einem buddhistischen Kloster **drei Heiligtümer verschiedener Religionsgemeinschaften** beheimatet sind. Somit ist er Sikhs, Hindus und Buddhisten gleichermaßen heilig. Deshalb stehen an den Ufern des Sees neben einem 1930 erbauten Sikh-Tempel drei Hindu-Tempel und zwei hübsche buddhistische Klöster *(gompas)* mit freundlichen Mönchen.

Besonders verehrt ist der Ort bei den tibetanischen Buddhisten, da von hier ihr Religionsstifter *Padmasambhava* aufgebrochen sein soll, um den Glauben in Tibet zu verbreiten. Alle 12 Jahre findet unter Anführung des *Dalai Lama* eine Prozession statt. Neben der spirituellen Atmosphäre lohnt ein Ausflug wegen der landschaftlich schönen Strecke. Die meisten Westler besuchen Rewalsar im Rahmen eines Tagesausflugs von Mandi aus, doch lohnt sich wegen der friedvollen Stimmung durchaus ein mehrtägiger Aufenthalt.

Unterkunft

● Die günstigste Übernachtungsmöglichkeit bietet das **Drikung Kagyud Gompa** € (Tel.: 280364). In den einfachen, aber gemütlichen Zimmern des von den Mönchen geleiteten **Peace Memorial Inn** kann man es für eine Nacht gut aushalten.

● Angenehm ist das staatliche **Hotel Rewalsar** €€ (Tel.: 280252) mit hübschen Zimmern. Ein Bett im Schlafsaal kostet 60 Rs.

● Das **Rewalsar Inn** € (Tel.: 280252) bietet 13 wohnliche Zimmer. Eine gute Wahl, zumal es über ein Restaurant verfügt, das die übliche Mischung aus indischen und chinesischen Gerichten serviert.

An- und Weiterreise

Rewalsar ist nur von **Mandi** aus zu besuchen. Für die etwa einstündige Fahrt kann man einen der stündlichen Busse nehmen oder die Strecke per Taxi (400 Rs) bzw. Autoriksha (300 Rs hin und zurück) zurücklegen.

Kullu   ⊿ II/B2

(ca. 20.000 Einwohner, Vorwahl: 01902)

Die auf 1.200 m Höhe am westlichen Ufer des **Beas-Flusses** gelegene Distrikthauptstadt unterteilt sich in zwei von einem Nebenfluss des Beas getrennte Bezirke, die durch eine laute und dreckige Hauptverkehrsstraße verbunden werden. Mittelpunkt des südlichen, Dhalpur genannten Stadtteils bildet der so genannte *Maidan,* eine große Rasenfläche, auf der alljährlich das berühmte Dussera-Fest stattfindet, zu dem Tausende festlich gekleidete Bewohner der umliegenden Berge und Täler sowie unzählige ausländische Touristen nach Kullu strömen. Während des insgesamt sieben Tage andauernden Festes verwandelt sich die Stadt in einen riesigen Jahrmarkt. Die restlichen Wochen bietet die Stadt wenig Interessantes. Allerdings befinden sich in der Nähe einige besuchenswerte Tempel.

Sehenswertes

Erstaunlicherweise ist der oberhalb des Busbahnhofs gelegene **Ragunathji-Tempel** zu Ehren der Hauptgottheit des Kullu-Tals, die im Mittelpunkt des bedeutenden Dussera-

Festes steht, ein äußerst unscheinbares Heiligtum.

Interessanter ist da schon der nach einem sechs Kilometer langen, steilen Aufstieg von der gegenüberliegenden Seite des Beas-Flusses zu erreichende Tempel **Bijli Mahadev,** der weithin sichtbar von einer 20 Meter hohen Stahlspitze überragt wird. Diese soll Gewitterblitze anziehen, um dadurch den im Innern des Tempels gelegenen Shiva-Lingam mit einem göttlichen Segen zu versehen. Die Aussicht aus etwa 2.500 Meter Höhe auf Kullu und die Umgebung ist beeindruckend.

Kunsthistorisch am interessantesten ist der 15 Kilometer südlich von Kullu unweit der Stadt Badjaura gelegene Tempel **Basheshwar Mahadev.** Dieser wahrscheinlich aus dem 8. Jh. stammende pyramidenförmige Tempel ist für seine Steinreliefs an den Außenwänden berühmt.

Dachlast: Auf den Schindeln wird
Gemüse zum Trocknen ausgelegt

Information

●Das sehr freundliche **Tourist Office** (Tel.: 222349) befindet sich in Dhalpur beim Maidan. Geöffnet ist es tgl. von 10 bis 17 Uhr.

Stadtverkehr

●Vom zentralen Busbahnhof in Sultanpur bis zum Maidan per **Autoriksha** max. 20 Rs. Außerdem viele **Tempos** zwischen Sultanpur und Dhalpur.
●**Taxi** zum Flughafen nach Bhuntar etwa 150 Rs.

Unterkunft

Die Preise variieren stark zwischen Neben- und Hauptsaison. Von Mai bis Juli und während des zehntägigen Dussera-Festes im Oktober sind kaum Zimmer zu bekommen. Davor und danach ist es meist kein Problem, und man kann und sollte handeln. Die hier angegebenen Tarife gelten für die Hauptsaison.

● Das große Plus des **Hotel Bijleshwar** € (Tel.: 222677) ist seine Lage direkt hinter dem *Tourist Office*. Alle Zimmer im Hauptgebäude verfügen über Warmwasser und große Badezimmer. Die Zimmer im Obergeschoss sind vorzuziehen. Für 150 Rs vermietet der Besitzer einige sehr spartanische Räume in einem Extragebäude.

● Einen mindestens ebenso gut, doch von westlichen Reisenden so gut wie nie frequentiert ist das ganz in der Nähe, jedoch etwas versteckt hinter Bäumen und zwischen anderen Häusern gelegene **Hotel Vikrant** € (Tel.: 222756). Zu erreichen ist es über einen kleinen Fußweg rechts vom *Tourist Office*, der zu einer Holztreppe führt, über die man zum Hotel gelangt. Die hübsch eingerichteten EZ/DZ mit Bad verfügen über Warmwasser, TV und Cooler.

● Eine gute Wahl für jene, die in der Nähe des Busbahnhofes wohnen möchten, ist das **Hotel The Nest** €. (Tel.: 222685). Die großen, sauberen Zimmer und das hauseigene Restaurant machen es zu einer der empfehlenswertesten Adressen der unteren Preisgruppe.

● Das gleiche gilt auch für das solide **Hotel Rohtang** (Tel.: 22303) mit ordentlichen EZ/DZ zu 220/270 Rs.

● Das **HPTDC Hotel Savari** €€-€€€ (Tel.: 222471) macht für ein staatliches Hotel einen gepflegten Eindruck. Insgesamt 8 DZ (keine EZ), ein Bett im Schlafsaal kostet 50 Rs.

● Ruhe und Gemütlichkeit strahlt das kleine **HPTDC Hotel Silver Moon** €€-€€€ (Tel.: 22488) aus, welches etwa 2 km südlich vom Maidan oberhalb der Hauptstraße in einem gepflegten Garten steht. Insgesamt nur sechs Räume.

● Architektonisch sehr gelungen ist das hübsche **Hotel Shobla** €€ (Tel.: 222800), etwas zurückversetzt von der Hauptstraße hinter dem *Marigold Restaurant*. Insgesamt wegen der sehr geräumigen Zimmer und der zentralen Lage ein hervorragendes Preis-Leistungs-Verhältnis. Empfehlenswert ist auch das hauseigene Restaurant.

Essen und Trinken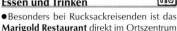

● Besonders bei Rucksackreisenden ist das **Marigold Restaurant** direkt im Ortszentrum

sehr beliebt. Der Blick aus dem 1. Stock auf das bunte Treiben darunter ist jedoch beeindruckender als das Essen selbst.

● Das neben dem Touristenbüro gelegene **Monal Cafe** ist o.k. für einen Snack.

● Bei den Süßspeisen im Fast-Food-Restaurant **Hot Stuff** wenige Meter links vom Tourist Office besteht Suchtgefahr, so lecker sind sie. Sehr gut schmeckt auch der Espresso.

● Wer es gepflegt liebt, dem sei das gute Restaurant im **Hotel Shobla** empfohlen.

Bank

● Die **State Bank of Patiala** (Mo–Fr 11–14 Uhr) wechselt nur Reiseschecks.

An- und Weiterreise

Flug:

● Di, Do und Sa fliegt *Jagson Airlines* für 160 US-$ vom 9 km südlich gelegenen Flughafen Bhuntar mit einem Stopp in Shimla nach **Delhi**. Mo, Mi und Fr fliegt Indian Airlines die gleiche Strecke für 5 US-$ weniger. Bei beiden Gesellschaften gilt eine 10-kg-Gepäckbeschränkung.

Bus:

● Mindestens stündlich nach **Manali** in knapp 2 Std. Hierzu braucht man sich nicht von der Innenstadt zum zentralen Busbahnhof nach Sultanpur zu begeben, da genügend Manali-Busse am Maidan halten. Das gleiche gilt für die umgekehrte Richtung nach Mandi.

● Direktbusse verbinden Kullu mit **Chandigarh, Delhi, Shimla, Dharamsala, Dalhousie** und **Pathankot.** Alle vom Zentralbahnhof in Sultanpur.

● Von und nach **Delhi, Shimla, Dharamsala** und **Chandigarh** sind jedoch die von *Himachal Tourism* eingesetzten Luxusbusse der Manali-Strecke, die auch in Kullu halten, vorzuziehen. Buchung beim Tourist Office.

● Wer von Süden ankommt, sollte sich bereits beim Maidan absetzen lassen, da er andernfalls vom Busbahnhof wieder zurück muss.

● Busse nach **Naggar** (1,5 Std.) fahren etwa alle 2 Std. von einem Extra-Busstand in Akhara Baraar, was noch einmal ca. 2 km nördlich des Zentralbahnhofs in Sultanpur liegt. Alter-

nativ kann man auch entlang der Hauptstraße Richtung Manali fahren und in Patli Kuhal bei Katrain einen der tgl. 6 Busse nach Naggar nehmen, das ist jedoch zeitaufwendiger und umständlicher.

Taxi:
● **Manali** und **Mandi** ca. 600 Rs, **Dharamsala, Chandigarh** und **Shimla** 2.800 Rs, **Delhi** 5.500 Rs.

Manikaran

Ganz ähnlich wie der kleine Ort Vaishisht wenige Kilometer nordöstlich von Manali übt auch das Gebirgsdorf Manikaran im Parbati-Tal eine große Anziehungskraft sowohl auf indische Pilger wie westliche Aussteiger aus. Während die einen wegen der **heiligen, heißen Quellen,** die hier neben einem **Shiva-Tempel** aus dem Boden sprudeln und gegen Rheuma helfen sollen, die lange Anfahrt vom 45 km entfernten Kullu auf sich nehmen, lockt die anderen eher die weltentrückte Atmosphäre des 1.740 m hoch gelegenen Ortes und das hier großflächig sprießende Marihuana. Die Mischung aus westlichen Freaks, indischen Pilgern, mittelalterlichem Stadtbild und sehr schöner Gebirgslandschaft macht den eigentlichen Reiz Manikarans aus.

Unterkunft

● Von den zahlreichen kleinen Guest Houses, die (oftmals allerdings auch sehr spartanische) DZ ab 60 Rs vermieten, ist das freundliche **Padha Family Guest House** € (Tel.: 274228) eines der besten. Empfehlenswert ist auch das gemütliche hauseigene Restaurant.
● Eines der zurzeit besten Hotels vor Ort ist das **Shivalik** €-€€ (Tel.: 273332). Alle 15 DZ verfügen über ein angeschlossenes Badezimmer. Dem Hotel ist ein Restaurant angeschlossen.

Essen und Trinken

● Leckere italienische Gerichte serviert das **Hot Springs Restaurant.**

● Ein weiteres empfehlenswertes Restaurant ist das **Holy Place.** Die umfangreiche Speisekarte weist u.a. chinesische, indische, italienische und israelische Gerichte auf.

An- und Weiterreise

● Entweder direkt mit einem der mindestens stündlich fahrenden Busse oder zunächst per Bus 1,5 Std. von Kullu nach Bhuntar und von dort 2 Std. mit einem der tgl. 6 Busse nach Manikaran. Tgl. 6 Busse nach Manali.

Naggar ⚲ II/B2

In diesem kleinen, auf halber Strecke zwischen Kullu und Manali gelegenen, sich steil an einem Berghang hochziehenden Dorf scheint die Welt noch in Ordnung zu sein. Nicht Autolärm und hässliche Hotelneubauten wie in den beiden Haupttouristenorten des Kullu-Tales, sondern schöne alte Bauernhäuser, blühende Obstgärten, der Geruch von frischem Heu, freundlich grüßende Dörfler und hübsche kleine Tempel bestimmen das Bild. Kaum vorstellbar, dass dieser verschlafene, friedliche Ort über 1.400 Jahre Hauptstadt des Kullu-Tales war, bevor er Mitte des 17. Jh. von Sultanpur, dem heutigen Kullu, abgelöst wurde. Die oberhalb des Ortes auf einem Bergvorsprung heute zu einem Hotel umgebaute Burg mit wunderbarer Aussicht über das Tal ist der sichtbare Ausdruck dieser heute scheinbar längst vergessenen Epoche. Naggar ist ein Ort, um sich von der Hektik indischer Großstädte zu erholen und die Schönheit und Friedfertigkeit des Kullu-Tals zu genießen, die in Manali und Kullu kaum noch zu spüren ist.

Schloss

Mitte des 16. Jh. ließ *Raja Singh* dieses einer mittelalterlichen deutschen Burg ähnliche Schloß als Stamm- und Regierungssitz seiner Dynastie oberhalb der Hauptstadt Naggar errichten. Zum Bau des Schlosses sollen angeblich von den Resten des zerfallenen *Barigar Forts* auf der anderen Seite des Beas-Flusses stammen. Seine exponierte Lage auf einem Bergrücken gestattet einen wundervollen Blick ins Kullu-Tal.

In einem der Innenhöfe befindet sich ein kleines **Museum**, in dem vor allem handwerkliche Gegenstände des Kullu-Tals ausgestellt sind, sowie der kleine **Jakti-Patti-Tempel,** über dessen hübsche Entstehungsgeschichte ein Hinweisschild Auskunft gibt.

●**Öffnungszeiten:** tgl. 7–22 Uhr, Eintritt 15 Rs.

Tempel

Die ehemalige Bedeutung und lang zurückreichende Geschichte Naggars belegen auch drei Tempel direkt im Ortszentrum. Der in einer Senke unterhalb des Postamtes gelegene **Shiva-Tempel Gauri Shankar** aus grauem Sandstein stammt wohl schon aus dem 11. Jh. Vor dem Tempeleingang ist ein kleiner *Nandi,* Shivas Reittier, platziert. Wenige Meter oberhalb, direkt neben der *Poona Mountain Lodge,* befindet sich der von einer ungewöhnlichen Holzkonstruktion gekrönte **Shiva-Tempel Chatta Bhuj.** Am schönsten ist jedoch der hölzerne Tempel **Tripura Shundi Devi** direkt neben der Dorfschule, der mit seinem dreistufigen Pagodendach ein wenig an den berühmten Hadimba-Tempel in Manali erinnert.

Roehrich-Galerie

Das Konterfei von Naggars berühmtestem Bürger zierte einst sogar eine Rupienmünze. Der russische **Maler, Schriftsteller und Philosoph** *Nicolas Roehrich* war nach den Wirren des 1. Weltkrieges nach Indien emigriert und fand in diesem kleinen Dorf des Kullu-Tals Zuflucht und Heimat. Seine letzten Lebensjahre verbrachte er jedoch in Bangalore, wo er 1993 verstorben ist. Obwohl die wichtigsten der über 7.000 Gemälde des Meisters der Berge, wie *Roehrich* wegen seines Lieblingsmotivs, des Himalaya, auch genannt wurde, im New Yorker *Roehrich Museum* ausgestellt sind, finden sich auch in den zwei Räumen der liebevoll eingerichteten Roehrich-Galerie hübsche Exponate. Daneben dokumentieren einige historische Fotos Begegnungen mit *Jawaharlal Nehru* und dessen Tochter *Indira Gandhi.*

Das Museum befindet sich etwa 2 km außerhalb Naggars, vorbei am Schloss, Öffnungszeiten Di–So 10–17 Uhr, Eintritt 20 Rs.

Unterkunft, Essen und Trinken

(Vorwahl: 01902)

●Die allermeisten Besucher wohnen natürlich im altehrwürdigen **HPTDC Castle Hotel** €–€€€ (Tel.: 248316). Das schön gelegene Schloss verfügt leider nur über insgesamt 12 Räume und ist dementsprechend oft ausgebucht. Die Qualität der rustikal eingerichteten, großen Zimmer variiert stark. Die vier Zimmer mit Gemeinschaftsbad scheinen überteuert, dafür sind die DZ mit eigenem Bad und die riesige Suite ihr Geld mehr als wert. Leider lassen dabei jedoch die sanitären Anlagen zu wünschen übrig. Die Dining Hall wirkt zwar wenig einladend, doch das Essen ist recht schmackhaft.

●Sehr viel fürs Geld bekommt man im **Sheetal Guest House** €–€€ (Tel.: 248250) gleich nebenan geboten. Die makellos sauberen Zimmer verfügen über ein hübsches Bad mit Warmwasser sowie Fernseher und einen kleinen Balkon mit schöner Aussicht ins Kullu-Tal. Außerdem gibt es Räume mit Gemeinschaftsbad. Das **Cinderella Restaurant** im Erdgeschoss wirkt zwar etwas steril, ist aber gut.

●50 m entfernt mitten im Ortskern befindet sich die von einem sympathischen Besitzer geleitete **Poonam Mountain Lodge** € (Tel.: 248247). Im Winter kann man sich am gemütlichen Holzofen im Restaurant wärmen, im Sommer ist direkt anschließende Gartencafé das Dorfleben auf sich wirken lassen.

●Eine sehr gute Wahl ist das **Hotel Ragini** €€ (Tel.: 248185) mit sehr hübsch eingerichteten Zimmern, von denen die meisten über einen eigenen Balkon verfügen. Zudem lädt das **Kailash Rooftop Restaurant** zu schmackhaftem Essen mit schönen Aussichten ein.

●Wer eher die italienische Küche bevorzugt, kommt im Garten von **La Purezza** bei Pizza und Pasta zum kleinen Preis auf seine Kosten. Es ist in der Winterzeit geschlossen.

An- und Weiterreise

● Etwa zu jeder Stunde **Busse** von und nach Manali (2 Std.) und Kullu (1,5 Std.).
● Mit dem **Taxi** nach Manali muss man etwa 400 Rs zahlen.

Manali
⤳ II/B2

(ca. 20.000 Einwohner, Vorwahl: 01902)

Wer am Ende einer langen und beschwerlichen Busreise endlich erwartungsfroh im im 1.829 Meter Höhe gelegenen **Haupttouristenort des Kullu-Tals** Manali angekommen ist, wird zunächst wohl eher enttäuscht sein. Diese ehemals neben Shimla und Darjeeling exklusivste *Hill Station* hätte man sich doch eher etwas hübscher vorgestellt. Als hier Ende der sechziger Jahre Ministerpräsident *Jawaharlal Nehru* zweimal einen längeren Erholungsurlaub verbrachte, war sie das wohl auch noch. Doch mit dem rasanten Anwachsen der indischen Mittel- und Oberschicht, für die der in einem Talkessel am Fuße des Rothang-Gebirges gelegene Ort eines der meistbesuchten Urlaubsziele ist, schossen schnell hochgezogene Hotelneubauten wie Pilze aus dem Boden. Inzwischen gibt es allein in Neu-Manali, das Mitte des letzten Jahrhunderts südöstlich des historischen Manali gegründet wurde, über 250 offiziell registrierte Hotels, und unvermindert wird an allen Ecken und Enden weitergezimmert und betoniert. Kein Wunder, dass bei diesem Bauboom der ehemalige Charme des Ortes mehr und mehr auf der Strecke blieb.

Einzig im sich nördlich anschließenden **Old-Manali,** das heute vornehmlich von westlichen Rucksacktouristen besucht wird, lässt sich noch der Charme des „alten" Manali erleben.

Wenn Manali dennoch bei indischen wie westlichen Touristen gleichermaßen beliebt ist, so liegt dies neben der hervorragenden Infrastruktur an der die Stadt einrahmenden pittoresken Landschaft. Die Stadt bietet sich nicht nur als Standort für geruhsame Tageswanderungen in die unmittelbare Umgebung, sondern auch als Ausgangspunkt für mehrtägige Trekkingtouren an. Seit Beginn der bürgerkriegsähnlichen Unruhen in Kashmir Ende der achtziger Jahre kommt Manali als Ausgangsort für die Übergangsfahrt von Nordindien nach Leh in Ladakh zusätzliche Bedeutung zu.

Die Ruhe und Friedfertigkeit zusammen mit dem in der Umgebung reichlich wachsenden Marihuana hat in den letzten Jahren eine immer umfangreicher werdende Aussteigerszene angezogen, die sich vornehmlich in Vaishisht, einem kleinen Dorf 3 km nordöstlich von Manali, angesiedelt hat. Die Verhaltensweise vieler dieser Traveller verärgert die einheimische Bevölkerung.

Sehenswertes

Hadimba-Devi-Tempel

Dieser nach einem etwa eineinhalb Kilometer langen schönen Spaziergang zu erreichende, inmitten eines Pinienwaldes gelegene Holztempel aus dem Jahre 1533, der ein vierstöckiges Pagodendach und überaus reiche und filigrane Holzschnitzereien am Eingangstor aufweist, gilt als eines der bedeutendsten Heiligtümer des Kullu-Tales. Die Verehrung Hadimbas geht auf eine Episode im Mahabharata zurück, wonach *Bhima,* der Anführer der *Pandavas,* an dem Platz, an dem heute der Tempel steht, den furchterregenden Dämonen *Rakshasa* in einer Schlacht tötete und daraufhin dessen Tochter *Hadimba* heiratete – eine interessante Friedensvariante. Die legendäre Bedeutung Hadimbas findet ihren Ausdruck in der besonders herausgehobenen Stellung, die diese Gottheit beim Dussera-Fest in Kullu einnimmt. Alljährlich im Mai ist der Tempel Schauplatz eines großen religiösen Festes.

Gadhan Thekchokling Gompa

Im südwestlichen Teil der Stadt, dort, wo Manali zumindest noch ein wenig seines dörflichen Charakters bewahrt hat, steht das Ende der sechziger Jahre von tibetanischen Mönchen erbaute **Kloster.** An den Außenwänden des bunt bemalten Sakralbaus findet sich eine Liste mit Namen von Tibetern, die

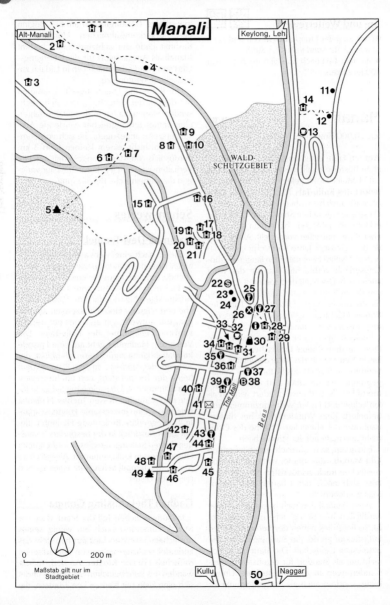

Manali

🏠	1	Veer Paying Guest House
🏠	2	Ashok Mayur Guest House
🏠	3	Log Huts
●	4	HPTDC Club House
▲	5	Hadimba Devi Tempel
🏠	6	Hotel Chetna und Rajhans
🏠	7	Hotel Kalpna
🏠	8	Sunshine Guest House
🏠	9	Pinewood Guest House
🏠	10	Negiis Mayflower Guest House
●	11	Vashisht
●	12	Badeanstalt
◑	13	Phuntsok Coffe House
🏠	14	Vishranti Resort Hotel
🏠	15	Hotel Rothang Manaslu
🏠	16	Hotel Montesque
🏠	17	Hotel Tourist
🏠	18	Apna Cottage Guest House
🏠	19	Hotel Woodrock
🏠	20	Hotel Zarim
🏠	21	Everest Hotel
⑤	22	State Bank of India
●	23	Ambassador Travel
●	24	Superbake Pastry Shop
◐	25	Sa-Ba Restaurant
✕	26	Taxistand
◐	27	Juniper Restaurant
◐	28	Tourist Office
🏠		und Hotel Kunzam
🏠	29	Beas Hotel
🛆	30	Markt
🏠	31	Hotel Chidka
◑	32	Monty Coffee Corner
🏠	33	Hotel Paryot
🏠	34	Hotel Samiru
◐	35	Mayur Restaurant
🏠	36	Sukhiran Guest House
◐	37	Mona Lisa Restaurant
⑧	38	Busbahnhof
🏠	39	Mount View
◐		und Chopstick Restaurant
🏠	40	Hotels Mona Lisa, Hill View, Park View, Himank, Anuy und Tibet
✉	41	Post
🏠	42	Hotels Aroma und Chandan
◐	43	Gozy Restaurant
🏠	44	Hotel Ibex
🏠	45	Hotel Piccadilly
🏠	46	Hotel Snow Drops
🏠	47	Hotel Sunflower
🏠	48	Potala Hotel
▲	49	Tibetanischer Tempel
●	50	Mountaineering Institute

während der Aufstände gegen die chinesischen Besatzer in den Jahren 1987 bis 1989 ihr Leben ließen.

Old Manali

Wie in eine andere Welt versetzt fühlt sich, wer nach einem etwa halbstündigen Fußmarsch vom lauten, hektischen Zentrum des heutigen Manali, das auf eine Ansiedlung der Engländer Mitte des 18. Jh. zurückgeht, zum historischen Manali gelangt. Abgesehen von einigen Billigunterkünften blieb das Dorf von den Errungenschaften der Moderne weitgehend verschont, und so konnte es sich seinen dörflichen Charakter fast vollständig bewahren. Während die meisten Jugendlichen ins untere Manali abgewandert sind, bestimmen die Alten das mittelalterlich anmutende Stadtbild. Hier kann man ermessen, warum Manali noch Mitte der 1960er Jahre zu einer der lieblichsten und schönsten Städte Nordindiens gezählt wurde.

Information

● Das gut organisierte **Touristenbüro** (Tel.: 258116) befindet sich an der Hauptstraße mitten im Stadtzentrum am Hotel Kunzam und ist tgl. von 10 bis 17 Uhr geöffnet. Neben einem ausführlichen Hotelverzeichnis und einer Liste über Taxirouten und Preise gibt es ein großes Schild vor dem Gebäude, auf dem die Buslinien inkl. Abfahrtszeiten und Tarifen angegeben sind.

● Im daneben gelegenen **HPTDC Tourist Marketing Office** kann man u.a. Bustickets kaufen und Hotels buchen.

● In der Saison veranstaltet das *Tourist Office* **Tagestouren** u.a. zum Rohtang-Pass), nach Naggar sowie nach Manikaran und Kullu.

Stadtverkehr

Im Stadtzentrum ist Manali bequem zu Fuß zu besichtigen. Wer sich den ca. halbstündigen **Fußmarsch** nach Old Manali oder nach Vaishisht ersparen will, kann mit einem der vielen gleich neben dem *Tourist Office* auf Kunden wartenden **Jeeps** fahren. Für beide Ziele gilt ein Festpreis von 20 Rs.

Der Norden

Unterkunft

Mehr noch als in anderen Ferienorten in Himachal Pradesh sind die **Hotelpreise** in Manali **saisonabhängig.** Am teuersten ist es zwischen Mitte April und Mitte Juli und vom 1. Oktober bis 15. November. Während man dann für ein Mittelklassehotel bis zu 900 Rs zahlen muss, kann man im gleichen Haus von Dezember bis Februar für 200 Rs übernachten. Allerdings schließen dann viele Hotels auch ganz ihre Pforten. Welche Tarife in der Zwischenzeit verlangt werden, entscheiden die Hotelbesitzer oft von Tag zu Tag neu, entsprechend der jeweiligen Auslastung ihres Hauses. So können die genannten Preise auch nicht mehr als Richtwerte sein. Die meisten Unterkünfte haben nur Doppelzimmer, doch außerhalb der Hauptsaison werden Einzelreisenden meist Ermäßigungen gewährt.

Low Budget

Als einer der Lieblingsferienorte der indischen Mittelschicht ist Manali nicht gerade reich gesegnet mit Billigunterkünften. Die meisten Hotels in dieser Preiskategorie finden sich in Old Manali, etwa 30 Min. Fußweg vom heutigen Stadtzentrum entfernt.

● Wer günstig und gut im Stadtzentrum wohnen möchte, dem sei das **Sukhiran Guest House** € (Tel.: 252178) empfohlen. Für die ordentlichen DZ ein gutes Preis-Leistungs-Verhältnis, besonders, wenn man bedenkt, dass man mitten in der Innenstadt wohnt.

● Einige günstige Hotels liegen in der Gasse, wo sich auch das *Mayur Restaurant* befindet. Bersonders zu empfehlen ist das komfortable, ruhige **Samiru Hotel** €-€€ (Tel.: 252304).

● Im Stadtzentrum selbst ist es noch am ruhigsten und urigsten im Bereich des tibetanischen Klosters. Eines der freundlichen Häuser ist hier das **Hotel Snow Drops** €, wo man sich in angenehmer Atmosphäre einmieten kann.

● Ähnlich empfehlenswert ist das preislich ähnliche **Hotel Sunflower** € (Tel.: 252419).

● Die meisten Hotels zwischen Old Manali und dem Stadtzentrum sind eher der Budget- und Tourist Kategorie zuzuordnen, doch in der Nebensaison kann man gerade hier sehr

schöne Zimmer für ca. 200–250 Rs ergattern. Versuchen sollte man es z.B. einmal im **Everest Hotel** €-€€ (Tel.: 252108) und im **Apna Cottage Guest House** €, wo man in den geräumigen Zimmern mit schönem Badezimmer und TV übernachten kann.

● Das hübsche **Hotel Kalpna** € (Tel.: 252413) liegt zwar recht weit außerhalb am Weg zum Hadimba-Tempel, doch wer den Weg nicht scheut, kann dafür in gemütlichen, großen Zimmern mit Bad und heißer Dusche wohnen. In Manali ein exzellentes Preis-Leistungs-Verhältnis. Die Zimmer im Neubau kosten bis zu 600 Rs.

● Das ca. 3 km nördlich vom Stadtzentrum gelegene Old Manali bietet eine Reihe von speziell auf westliche Rucksacktouristen ausgerichteten Unterkünften. Hier hat sich noch viel vom ursprünglichen mittelalterlichen Ambiente erhalten. Besonders familiär und friedvoll wirken das **Ashok Mayur Guest House** € und das **Veer Paying Guest House** € (Tel.: 252710), beide mit hübscher Veranda inmitten blühender Obstgärten.

● Etwa das doppelte zahlt man in dem relativ neuen **Tourist Nest G.H.** € (Tel.: 253585).

● Fast schon aus dem bescheidenen Rahmen Old Manalis fällt das direkt gegenüber gelegene **Dragon Guest House** €-€€ (Tel.: 252790). Die teureren Zimmer im Obergeschoss bieten sehr schöne Ausblicke in die Umgebung.

Budget

In dieser Preiskategorie steht eine sehr große Auswahl an Unterkünften zur Verfügung. Wer erst gegen Abend ankommt, wird sich wohl zunächst mit einem Zimmer im Stadtzentrum zufriedengeben müssen. Generell vorzuziehen sind jedoch jene Hotels, die nordwestlich hiervon auf dem Weg nach Old Manali liegen, da sich hier zumindest noch ein wenig von der ursprünglich dörflichen Atmosphäre Manalis erhalten hat.

● Die vielleicht beste Wahl in dieser Preiskategorie ist das etwas außerhalb am Fußweg zum Hadimba-Devi-Tempel gelegene **Hotel Chetna** €€-€€€ (Tel.: 252245). Die friedvolle Lage und die sehr schön eingerichteten Zimmer machen den ca. 20-minütigen Fußweg zum Stadtzentrum mehr als wett.

●Eine kleine Gasse gegenüber vom Busbahnhof führt in ein verwinkeltes Viertel, wo sich ein Budget-Hotel an das andere reiht. Fast alle verlangen zwischen 500 und 700 Rs für ein DZ und bieten dafür ordentliche Räume mit TV, Telefon und Badezimmer mit heißer Dusche. Von den vielen Hotels in dieser Kategorie seien hier nur das **Mona Lisa, Hill View, Park View, Himank, Anuy und Tibet** genannt.

●Etwas weiter südlich beim tibetanischen Kloster liegen die beiden sympathischen Hotels **Aroma** (Tel.: 22243) und **Chandan** (Tel.: 22432).

●Allein die Lage des Hotels **Rohtang Manaslu** (Tel.: 252332) auf einem kleinen Hügel inmitten eines herrlichen Gartens lädt zum Verweilen ein. Zudem ist das sehr stilvolle Haus sehr preiswert.

●Empfehlenswert sind auch die zwei rechts der Straße nach Old Manali hinter dem Circuit House gelegenen **Pinewood Hotel** €€-€€€ (Tel.: 252118) und **Negi's Mayflower Guest House**. Beide überzeugen durch eine stilvolle und dennoch legere Atmosphäre.

●Eine angenehme Landhausatmosphäre vermittelt das auf der gegenüberliegenden Straßenseite erbaute **Sunshine Guest House** €€ (Tel.: 252320). Das etwas oberhalb der Straße platzierte Holzhaus mit Veranda und hübschem, kleinem Garten ist genau der richtige Ort, um sich für vergleichsweise wenig Geld in die vergangenen Zeiten des beschaulichen Manali zurückzuversetzen.

●Das **Beas Hotel** €€ (Tel.: 252832) am gleichnamigen Fluss wird vom *Tourist Office* geleitet und vermietet recht ordentliche Zimmer mit Bad und heißer Dusche.

Tourist Class und First Class

●Das moderne, mitten im Stadtzentrum gelegene, von *HPTDC* gemanagte Hotel **Kuzam** €€€ (Tel.: 253197) bietet saubere und gefällige, wenn auch etwas sterile Zimmer.

●Das **Wood Rock** €€€ (Tel.: 252344) ist ein Musterbeispiel für einen optimal an der Landschaft orientierten Hotelneubau. Wäre man auch bei all den anderen Gebäuden des Ortes auf die Idee gekommen, viel Holz und Glas zu verwenden, sähe das Stadtbild heute wesentlich freundlicher aus. Sehr geräumige

und lichte Zimmer mit TV, Telefon und heißer Dusche.

●Sehr empfehlenswert sind die nur wenige Meter entfernten Hotels **Tourist** €€ (Tel.: 252297) und **Zarim** €€€ (Tel.: 252225). Auch hier kann man in friedvoller Atmosphäre schöne Ausblicke auf die umliegenden Berge genießen. Beide Häuser verfügen über Restaurants.

●Die unter der Regie von *Himachal Tourism* stehenden, äußerst luxuriös und mit eigener Küche ausgestatteten **Log Huts** €€€€ (Tel.: 252407) im äußersten Nordwesten Manalis dürften für Familien mit eigenem Auto in Frage kommen.

●Zwei weitere Hotels dieser Preiskategorie finden sich mit dem **Ibex** €€€ (Tel.: 252480) und dem **Piccadilly** €€€ (Tel.: 252113) an der Hauptstraße südlich des Busbahnhofs.

Essen und Trinken

●Ausgezeichnete indische, chinesische und europäische Gerichte in angenehmem Ambiente zu vernünftigen Preisen (Hauptgerichte zwischen 50 und 100 Rs) bei exzellentem Service bietet das **Mayur Restaurant**. Kein Wunder, dass es meist brechend voll mit Travellern ist.

●Ein weiterer Szenetreff ist das **Mona Lisa** auf der anderen Seite der Hauptstraße. Speisekarte und Preise sind ähnlich dem *Mayur*.

●Das **Mount View Restaurant** verdankt seine Popularität nicht nur seiner Lage gegenüber dem Busbahnhof, sondern auch dem leckeren, vornehmlich tibetanischen und chinesischen Essen sowie der gemütlichen Atmosphäre.

●Schmackhafte *Thalis* serviert **Swamiji's Madras Cafe.**

●Das **Sher-e-Punjab** ist – wie fast überall in Nordindien – eine langweilige Einrichtung, aber dafür gibt's leckere, deftige Hausmannskost.

●Neben der angenehmen Atmosphäre eines Gartenrestaurants überzeugt das **Johnson's Cafe** mit leckeren, wenn auch etwas überteuerten Hauptgerichten und hervorragenden Nachspeisen.

●Indische Snacks wie *Samosas* und *Pakoras* sowie hervorragenden Kaffee erhält man im

Der Norden

Monty Coffee Corner schräg gegenüber vom *Tourist Office.*

●In Old-Manali gibt es eine Reihe von sehr netten Gartenrestaurants. Besonders zu empfehlen sind das **Pizza O Live** (natürlich vornehmlich italienische Küche) und das **Shiva Garden Cafe** mit typischem Traveller-Food.

Einkaufen

Weil sie gleichzeitig hübsch, leicht, preiswert, typisch für die Region und auch noch wärmend für kalte Winterabende sind, rangieren **Schals** aus Kullu an erster Stelle der touristischen Souvenirs. Je nach Material, Länge und Qualität kosten sie zwischen 150 und 450 Rs. Sehr beliebtes Mitbringsel sind auch die **Kullu-Kappen** mit ihren sehr hübschen bunten Schärpen, die die Männer des Kullu-Tals tragen. Auch hier variiert der Preis je nach Material und Qualität zwischen 20 und 100 Rs. Zu kaufen gibt es sie überall im Stadtzentrum, vor allem jedoch entlang der Hauptstraße vor dem Busbahnhof und auf einem kleinen Markt direkt hinter demselben.

Weiterreise

Flug

●Der nächste Flughafen befindet sich im 50 km entfernten **Bhuntar** (Angaben unter Kullu bzw. im Anhang).

●**Tickets** können im Reisebüro *Ambassador Travels* neben der *State Bank of India* gekauft werden.

Bus

Tourist Office und **Busbahnhof** liegen kaum 100 m voneinander entfernt. *AC Luxury Coaches* und *Luxury Coaches* starten vom *Tourist Office*, wo man auch die Tickets kauft, und *Ordinary Coaches* vom Busbahnhof. Richtig schön indisch-kompliziert.

Zubetoniert: Manalis Neubauten gewinnen keine Schönheitspreise

●**AC-Busse nach Delhi** (Abf. 6 Uhr, Ank. 22 Uhr) werden nur während der Sommerzeit eingesetzt.

●**Luxury Coaches** nach **Delhi** und **Shimla** fahren ganzjährig. Nachtbusse kosten 50 Rs bzw. 20 Rs mehr. Die Busse nach Delhi stoppen in **Chandigarh.**

●Für all diese Busse besteht eine große **Nachfrage,** sodass man zumindest einen Tag im Voraus buchen sollte. Wegen der schlechten **Straßenverhältnisse** vor allem auf dem Teilstück Manali – Kullu sollte man die hinteren Sitzreihen meiden, da man sonst extrem durchgeschüttelt wird.

●Normale **Direktbusse** fahren, abgesehen von den beiden bisher genannten Zielen, u.a. nach **Kullu, Naggar, Mandi, Dharamsala, Amritsar** und **Pathankot.**

Taxi

●Nach **Kullu** 600 Rs, nach **Leh** 12.000 Rs.

> Generell sollte man bei den privaten Anbietern auf Seriosität achten, da die kurvenreiche, holprige und abschüssige Fahrt von Manali nach Süden sehr materialbelastend und unfallträchtig ist.

Umgebung von Manali

Vaishisht

Dieses malerische, etwa 3 km nordöstlich von Manali an einem Berghang gelegene Dorf ist heute, wie schon erwähnt, durch die Ansiedlung einer recht umfangreichen Hippie-Szene bei der einheimischen Bevölkerung in Verruf geraten.

Die Attraktion des mittelalterlich anmutenden Ortes sind seine **heißen Sulfatquellen,** die direkt am Dorfplatz aus der Erde sprudeln. Zwar ist der Eintritt hier frei, dafür macht die gesamte Anlage einen recht schmuddeligen Eindruck. Gleich links am Ortseingang befindet sich eine speziell für Touristen eingerichtete **Badeanstalt.** Hier steht jedem Gast eine eigene Badewanne zur Verfügung, und man kann zwischen einem *Ordinary* (40 Rs) und einem *Deluxe Bad*

(60 Rs) wählen. Gerade nach einem anstrengenden mehrtägigen Trekking bewirken die heißen Quellen wahre Wunder, und die geplagten Glieder erwachen zu neuem Leben.

Zu Fuß von Manali nach Vaishisht gelangt man am schnellsten, indem man zunächst nach Überquerung des Beas-Flusses der Hauptstraße Richtung Norden folgt. Nach etwa 1,5 km zweigt rechts am *Vishranti Resorts Hotel* ein Fußweg ab, der entlang eines Baches steil nach oben führt. Nach gut 10 Min. stößt man auf die Badeanstalt.

Von Manali nach Leh

Am besten nimmt man den Bus des *Himachal Tourist Office*. Die Fahrt beginnt um 6 Uhr morgens und wird in zwei Tagesetappen bewältigt. Die Busse sind in der Saison einige Tage vorher ausgebucht, man muss sich also rechtzeitig um sein Ticket kümmern. Öffentliche Busse sind zwar deutlich billiger, fahren aber 24 bis 26 Stunden direkt von Manali bis Leh durch, man verpasst also während der Nacht einen Teil dieser grandiosen Strecke. Die Übernachtung in einem Zeltlager erleichtert außerdem die Akklimatisierung.

Die Anstrengungen und das Geschüttel im Bus während der zweitägigen Fahrt über die zweithöchste Gebirgsstraße der Welt werden aber durch unglaublich schöne Ausblicke in dieser faszinierenden Landschaft leicht entschädigt.

Die Straße ist inzwischen einigermaßen gut ausgebaut und hat bis auf einige Passstrecken fast überall Teerauflage. Im Gegensatz zur Strecke Srinagar – Leh ist sie ziemlich wenig von LKW- oder Militärkonvois befahren, man kommt also ziemlich zügig voran.

Die 485 km lange Fahrt quer über die Ketten des Himalaya ist ein unvergessliches Erlebnis. Wo sich früher Karawanen in wochenlangen Märschen zwischen Indien und Zentralasien bewegten, bewältigen Busse die Strecke jetzt mühelos. Diese ehemalige Karawanenroute ist zwar schon seit 1974 für Fahr-

Der Norden

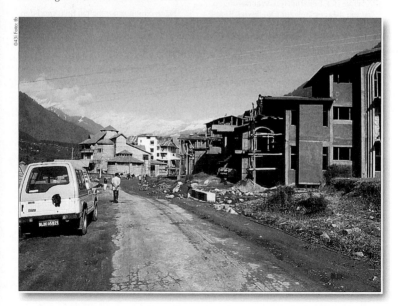

043 Foto: tb

Treks um Manali

(von Jutta Mattausch)

Das anmutige Kullutal mit seinen Flüssen, ausgedehnten Wäldern und den Ausblicken auf schneebedeckte Berge ist eine optimale Umgebung für leichtere Treks. Es gibt etwa ein Dutzend Reiseagenturen in Manali, die alle etwa die gleichen Routen anbieten. Die Preise dafür schwanken aber. Es lohnt sich deshalb, die Büros abzuklappern und genau auflisten zu lassen, welche Leistungen im Preis inbegriffen sind. Recht zuverlässig erscheinen folgende Agnturen:
● **Himalayan Culture + Adventure Tours,** Nac Market, nahe Busstand.
● **Antrek,** Manu Market, beim Hindu-Tempel.
● **Snowbird Adventures,** Manu Market.

Manali – Beaskund

Eine der beliebtesten Wanderungen ist ein 4-Tages-Trek zur Quelle des Beas-Flusses hoch.

1. Tag: Man startet im alten Manali und läuft den Beas-Fluss entlang Richtung Norden. Unterwegs kommt man durch malerische Kulludörfer wie Goshal, Shanag und Burwa. Von Burwa aus wird das Solang-Tal erreicht, wo nach dem Tagesmarsch von 13 km campiert wird.

2. Tag: Von Solang nach Dhunde. Die 8 km lange Wanderung entlang dem rechter Hand gelegenen Beas ist ein leichter, kontinuierlicher Aufstieg. Wer Glück hat, kann hier einen drolligen braunen oder schwarzen Bergbären entdecken. In Dhunde Zelt aufschlagen.

3. Tag: Aufstieg über Bakhartach nach Beaskund (3540 m). Beaskund ist ein wunderschöner Platz, wo während des ganzen Sommers die Wiesen in bunter Blumenpracht stehen. Die Wanderung führt 12 km lang hinauf, und die Spitze ist bis Juni schneebedeckt.

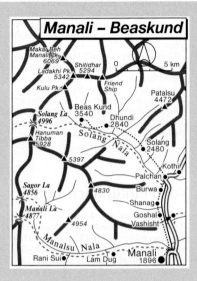

Manali – Beaskund

Makar Beh / Manali Pk. 6069
Ladakhi Pk. 5342
Shitidhar 5294
Kulu Pk. 4
Friend Ship
Patalsu 4472
Beas Kund 3540
Solang La 4996
Dhundi 2840
Hanuman Tibba 5928
Solang Nala
Solang 2480
5397
Kothi
Palchan
Sagor La 4856
4830
Burwa
Shanag
Manali La 4877
Goshal
Vashisht
4954
Manalsu Nala
Rani Sui
Lam Dug
Manali 1896
0 — 5 km

Nach einem Aufenthalt in Beaskund den Rückweg nach Dhunde nehmen und dort übernachten.

4. Tag: Von Dhunde nach Solang und Manali führt ein angenehmer Spaziergang 21 km bergab. Von Solang kann man ein Taxi oder den Bus nach Manali nehmen.

Rundtrek

Der 3-Tages-Trek führt von Manali über Vaishisht zum Bhrigu-See und Golaba und zurück nach Manali. Unterwegs kann man mit viel Glück einen der wenigen in der Gegend lebenden Schneeleoparden entdecken. Keine Angst: Schneeleoparden greifen nicht an. Man muss sich aber leise verhalten, da diese scheuen Tiere, sobald sie Menschen wahrnehmen, sofort fliehen.

1. Tag: Man beginnt am Morgen in Vaishisht und läuft von hier aus zum großen Wasserfall. Nach dem 2,5-stündigen Aufstieg geht es nach einer Atem-

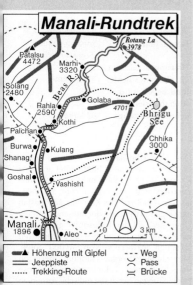

Manali-Rundtrek

Rotang La 3978
Patalsu 4472
Marhi 3320
Solang 2480
Beas R.
Rahla 2590
Golaba 4701
Bhrigu See
Kothi
Palchan
Chhika 3000
Burwa
Kulang
Shanag
Goshal
Vashisht
Manali 1896
Aleo
0   3 km

▲ Höhenzug mit Gipfel --- Weg
═ Jeeppiste ✕ Pass
..... Trekking-Route ✕ Brücke

pause weiter auf die Bergwiese nach Pandu Ropa. Der sechsstündige Aufstieg wird mit einer herrlichen Aussicht belohnt. Campen in Pandu Ropa.

2. Tag: Von Pandu Ropa zum Bhrigu-See (5 Stunden). Nach der indischen Legende soll dort ein Gott namens Bhrigu Rishi meditiert haben. Kurz vor dem Bhrigu-See unterhalb der Schneegrenze findet man viele Bhoj-Patra-Bäume, die in Himachal Pradesh zu Papier verarbeitet werden. Wer noch Lust und Kondition hat, kann vom See zum Bhrigu-Gipfel (4701 m) aufsteigen. Auf dem Rückweg unterwegs in Richtung Golaba das Zelt aufschlagen.

3. Tag: Von Golaba über Kothi nach Manali. Kothi ist ein interessantes Kullu-Bergdorf, das umgeben ist von tiefen Schluchten. Rückweg nach Manali.

zeuge befahrbar, aber erst seit 1988 für Touristen geöffnet.

Während der ersten drei Jahre, in denen Touristen die Straße nutzen durften, standen unterwegs etwa fünf Kontrollposten, an denen man seine Daten in Bücher eintragen musste. Die Behörden wollten sichergehen, dass niemand unterwegs in verbotenes Gebiet nach Lahaul oder Spiti entwischt. Inzwischen wurde die Regelung etwas gelockert, und es gibt nur noch zwei Kontrollen, und zwar in Koksar, 70 km hinter Manali, und in Upshi, ein paar Kilometer vor Leh.

Praktische Tipps

● Die **Straße** ist offiziell vom 15.6. bis 15.9. jeden Jahres **geöffnet,** und nur in dieser Zeit verkehren öffentliche Busse. Private Fahrzeuge können die Straße jedoch, sobald sie schneefrei ist, befahren.

● Der **Rucksack** sollte in einen Plastiksack eingepackt werden, denn das Gepäck wird auf dem Dach verstaut, und im ersten Teil der Fahrt vor dem Rathang-Pass kann es schon einmal regnen.

● Da es bei Ankunft im Übernachtungs-Quartier in Sarchu meist schon dunkel ist, sollte man eine **Taschenlampe** dabei haben. Den **Schlafsack** nimmt man am besten in den Bus mit, dann kann man den Rucksack über Nacht auf dem Busdach lassen.

● Genügend **Proviant** einpacken! Unterwegs gibt es zwar Teehäuser und kleine Restaurants, an denen der Bus öfter anhält. Früchte, Wasser und Knabbereien sollte man aber in Manali kaufen.

● Viele Leute bekommen auf den Passhöhen Kopfschmerzen und **Kreislaufbeschwerden.** Es empfiehlt sich deshalb, Aspirin und Kreislauftabletten im Bus dabei zu haben.

● **Warme Kleidung** in den Bus mitnehmen, da es ziemlich kalt wird, wenn man auf den Pässen aussteigt.

Jammu und Kashmir

Überblick

Fläche:	222.236 km²
Hauptstadt:	Srinagar/Jammu (Sommer/Winter)
Einwohner:	10 Mio.
Bevölkerungsdichte:	45 Ew./km²
Stadtbevölkerung:	24 %
Alphabetisierung:	40 %
Lebenserwartung:	62 Jahre

Das „glückliche Tal" erlebt in diesen Jahren finstere Zeiten. Seit 1989 wütet in ganz Kashmir und besonders in Srinagar ein **Bürgerkrieg** zwischen moslemischen Separatisten, die den Anschluss Kashmirs an Pakistan erzwingen wollen, und der indischen Armee. Über die Zahl der Todesopfer gibt es nur ganz vage Vermutungen – die Separatisten sprechen inzwischen von 30.000 Toten. Menschenrechtsorganisationen beklagen Vergewaltigungen, Folterungen und wahllose Erschießungen durch die indische Armee. In Anbetracht dieser Situation können wir **von einer Reise nach Kashmir nur dringend abraten!** Für den Fall, dass sich die Situation in nächster Zeit beruhigt, geben wir die folgenden Tipps.

Srinagar ⤢ II/A1

Über Srinagar ist von Sonnenuntergang bis -aufgang eine 12-stündige **Ausgangssperre** verhängt. Tagsüber ist der Alltag fast normal, nur nachts sind immer wieder Gewehrsalven zu hören. Ein Urlauber kommentiert die Situation in der Stadt so: „Wenn man sich die Soldaten mit den schussbereiten Gewehren an jeder Ecke wegdenkt, ist es hier recht idyllisch, zumal man praktisch keine weißen Gesichter sieht".

Nur wenige **Touristen** wagen sich aber in diesen Tagen nach Srinagar. Die klassische und bis vor wenigen Jahren einzige Straße von Srinagar nach Ladakh hinauf dürfte da-

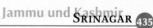

rum als Anreise kaum in Betracht kommen. Wer über Land nach Ladakh will, wird deshalb wahrscheinlich auf die Manali-Route ausweichen.

Sämtliche **Hotels** in Srinagar sind von der Armee besetzt. Man kann nur auf den Hausbooten am Dalsee und am daneben gelegenen Naginsee übernachten, wo es sich in landschaftlich reizvoller Umgebung und abseits der Unruhen angenehm wohnen lässt. Weil das Geschäft flau ist, kosten die Boote nur einen Bruchteil des regulären Preises. Der Nachteil: Der ganze Trupp von kaschmirischen Geschäftsleuten umwirbt geschlossen die paar Touristen, um wenigstens kleine Geschäfte zu machen. Hausbootbesitzer lassen ihre „Beute" nicht vom Boot, mit der Lüge, dass keine *Shikara* (kleines Boot) kommen kann, um die Touristen an Land zu paddeln. Dafür ist das Hausboot voll mit der gesammelten Verwandtschaft, die ihre Souvenirs feilbieten. Das kostet Nerven!

Im **Touristenbüro** haben sich ebenfalls Soldaten häuslich niedergelassen, einen Informationsservice gibt es deshalb nicht.

Die speziellen **Touristenbusse** nach Ladakh sind auch gestrichen. Jedoch kann man am Busbahnhof Tickets für die normale 2-Tages-Fahrt kaufen. Außerdem besteht nach wie vor die Möglichkeit, mit einem LKW zu fahren.

Orientierung

Srinagar wirkt mit seinen Seen etwas verwirrend, zumal der **Dal-See** eigentlich aus drei Seen besteht: Dem großen Dal-See, dem oft überschwemmten Jhelum-Fluss und dem nördlich gelegenen kleinen Nagin-See. Oft ist schwer zu sagen, wo der See beginnt und wo das Land endet, denn der Übergang ist im wahrsten Sinn des Wortes fließend. Einige Hausboote liegen eigentlich an Land, während manche Häuser schon mehr im See stehen.

Der **Jhelum-Fluss** zieht eine Schleife um den Stadtkern und macht das Zentrum durch seinen Zufluss zum Dal-See zu einer Insel. Im Süden dieser „Insel" findet man die Post und ein Stück nordöstlich davon in einem Komplex das derzeit stillgelegte Touristenbüro, Indian Airlines und den Busbahnhof. Auf der „Insel" gibt es Restaurants, Hotels und Läden. Der alte Ortskern liegt im Norden und Nordwesten davon, während sich der moderne Teil Srinagars südlich des Jhelum-Flusses entlangzieht.

Jami Majid

Die Jami Majid ist die bedeutendste **Moschee** der Stadt. Die hölzernen, aus jeweils einem bis zu 12 m langen Stamm gefertigten Säulen und die pagodenartigen, an buddhistische Tempel erinnernden Minarette hinterlassen einen schönen Eindruck. Die Moschee hat eine bewegte Vergangenheit: Sie wurde im Jahr 1385 erstmals von *Sultan Sikander* gebaut und einige Jahre später erweitert – bis sie 1479 zum ersten Mal abbrannte. Nach ihrem Wiederaufbau brannte sie zum zweiten Mal ab und vor 400 Jahren schließlich ein drittes Mal. Unverdrossene Architekten haben die Moschee in ihrer heutigen Form noch einmal aufgebaut.

Hari Parbat Fort

Das auf der Westseite des Dal-Sees gelegene Fort auf dem Sharika-Hügel ist gut von Srinagar aus zu sehen. Es wurde im 18. Jh. von dem afghanischen Gouverneur *Atta Mohammed Khan* erbaut, die Umfassungsmauer hingegen stammt schon aus dem 16. Jh. Besucher dürfen das Fort nicht betreten. Der schöne Spaziergang und die Möglichkeit vielen um das Fort kreisenden Raubvögel aus

Der Norden *(Seitentext)*

Gefahr auch für Touristen!

Spätestens seit dem Kidnapping und der späteren Ermordung von sechs westlichen Individualtouristen in Kashmir sollte auch dem Letzten klar sein, dass Jammu und Kashmir kein Urlaubsparadies ist. Darum sei an dieser Stelle ausdrücklich darauf hingewiesen, dass, solange sich die politische Lage nicht entspannt, vor Reisen in diese Region nur strengstens gewarnt werden kann!

der Nähe zu beobachten, machen den Ausflug trotzdem lohnenswert.

Altstadt

Das Zentrum erstreckt sich vom Dal Gate am südlichen Ende des Dal-Sees nach Norden und Osten. Sehenswert ist die teilweise hölzerne **Moschee Shah Hamadan** am östlichen Flussufer zwischen den Brücken Fateh Kadal und Zaina Kadal. Das obere Stockwerk dieser Moschee ist ganz aus Holz und wird von einem dreistufigen Dach abgeschlossen. Darüber ragt ein ca. 40 m hoher, pyramidenförmiger Turm.

Nishat Bagh

Diese weitläufigsten Gärten der Mogul-Herrscher in Srinagar wurden im 17. Jh. in Terrassen angelegt, zwischen denen ein Bach fließt.

Shalimar Bagh

Ähnlich angeordnet sind die Shalimar-Gärten, die durch einen Kanal mit dem Dal-See verbunden sind. Man kann sich mit der *Shikara* zu den Gärten paddeln lassen. Während der Mogulzeit waren die obersten vier Terrassen für den Herrscher mit seinen Damen reserviert. Heute lassen sich die Kaschmiris hier sonntags mit ihren Picknickkörben nieder. Köstlich sind die Szenen beim Profi-Freilicht-Fotografen auf der Wiese, wo man sich für das Lichtbild in die bereitgestellte traditionelle Kleidung der alten Moguln wirft.

Hazratbal-Moschee

Die glänzende, neugebaute Moschee ist für Moslems ein beliebtes Pilgerziel, da hier ein Haar des Propheten Mohammed aufbewahrt wird. „Ungläubige" Touristen haben von hier eine herrliche Aussicht auf den Dal-See mit schneebedeckten Bergen im Hintergrund. Zu den Füßen der Moschee lag einst der älteste Mogulgarten, den *Akhbar* bald nach seiner Eroberung Kaschmirs (1568) anlegen ließ.

Anreise

Flug:
● Mehrmals täglich fliegt *Indian Airlines* von und nach **Delhi** (5.420 Rs), einmal pro Tag nach **Jammu** (2.240 Rs) und Do und So nach **Leh**; auch *Jet Airways* fliegt tgl. von/nach Delhi. Der Flughafen von Srinagar liegt 15 km außerhalb der Stadt.

Bus:
● Die Fahrt von **Delhi** nach Srinagar dauert zwei Tage mit einer Übernachtung in Jammu. Die Busse haben fast alle Video – an den Karatefilmen und Liebesschnulzen haben jedoch wohl nur die Einheimischen ihre Freude. Von **Jammu** aus fahren viele Busse in unterschiedlichen Klassen.

Unterkunft

Wie lange der Krieg noch dauert und wie er ausgehen wird, ist momentan nicht abzusehen. So lange sich die Situation nicht ändert, ist es überflüssig, Hotels und Guest Houses, die derzeit nicht bewohnbar sind, aufzuzählen. Sollte bis zur nächsten Auflage des Buches Frieden in Srinagar einkehren, wird das natürlich nachgeholt. Für den Fall der Fälle dennoch eine grobe Orientierung:
● Der Dal-See und Nagin-See sind voll von **Hausbooten,** und die Touristen haben derzeit freie Auswahl.
● Einige Hotels stehen entlang dem Boulevard neben dem See, wie das passable **Hotel Heaven Canal,** das **Hotel Boulevard** und das **Hotel Mazda.** Vom Boulevard in der Gagribal-Straße ist das einfache **Tibetan Guest House** angesiedelt.
● Nahe der Zero-Brücke liegt das anständige und gut geführte **Zero Inn.**
● Das größte und eines der luxuriösesten Hotels in Srinagar ist das **Hotel Centaur Lake View** bei Chasma Shahi.

Essen und Trinken

Da die meisten Touristen auf den Hausbooten bei den Familien ihr Essen einnehmen, war das Angebot an Restaurants in Srinagar von jeher nicht sehr groß.
● Am Boulevard gleich nach dem Dal Gate gibt es das gute vegetarische **Shamyana.**

- Eines der besten Restaurants war bisher das neben dem Boulevard gelegene **Lhasa Restaurant** mit einem schönen Garten und gutem chinesisch-tibetischen Essen.
- Ein beliebter Treff war das **Indian Coffee House** im Zentrum. Ein guter Platz zum Plauschen, doch ist die Speisekarte kärglich.
- Auf der anderen Straßenseite bietet das **Hollywood-Café** eine umfangreiche Auswahl an Essen.

Von Srinagar nach Ladakh

Die 434 km lange Straße von Srinagar über Kargil nach **Leh** kann nur während der Sommermonate zwischen Juni und Oktober befahren werden, ist zurzeit jedoch wegen der Situation in Kaschmir für Touristen **nicht befahrbar.** Sie wurde 1962 hauptsächlich unter strategischen Gesichtspunkten gebaut und führt entlang dem alten Karawanenpfad über mehrere bis zu 4.000 m hohe Pässe, durch enge Schluchten und trockene Steinebenen. Zur Zeit der Kamelrouten brauchte man für die Strecke 14 Tage, heute kann sie bequem in zwei Tagen per Bus oder LKW bewältigt werden. Da auf der Straße viele Militärfahrzeuge unterwegs sind und sie streckenweise nur für den Einbahnverkehr geöffnet wird, sind lange Wartezeiten üblich.

Atemberaubende Serpentinen auf einer der spektakulärsten Bergstraßen im Himalaya machen diese Fahrt zu einem Erlebnis. Wer allerdings schwache Nerven hat, sollte nicht zu intensiv die steilen Abgründe hinabsehen, zumal dort unten bisweilen abgestürzte Trucks liegen. Wer die starke Sonneneinstrahlung nicht mag, setze sich auf die linke Seite im Bus – allerdings hat man dort nicht die grandiose Aussicht.

Wenn ein Aufenthalt in Zanskar geplant ist, könnte man ab Kargil zuerst dorthin fahren und danach nach Leh weiterreisen.

Der Norden

Das Kashmir-Problem

Mit dem Problem Kashmir plagt sich die indische Regierung schon seit Beginn ihrer Unabhängigkeit herum. Nach dem Ende der britischen Kolonialherrschaft sollten sich die einzelnen Landesherrscher für den Anschluss ihrer Staaten entweder an die Indische Union oder an das islamische Pakistan entscheiden. Dabei mussten sowohl die geografische Lage als auch die Religion des jeweiligen Landes berücksichtigt werden. Außer bei Kashmir vollzog sich die Separation fast reibungslos.

Das Problem des an Pakistan grenzenden Himalaya-Staates Jammu-Kashmir bestand jedoch im folgenden: Obwohl die Mehrheit der Bevölkerung Moslems waren, wurde Jammu-Kashmir von einem Hindu-Maharaja regiert. Nachdem sich der Maharaja nicht für einen Anschluss an eines der beiden Länder entscheiden konnte, fielen pakistanische Moslems in Srinagar ein. Unter ihrer Bedrohung proklamierte der Maharaja den Anschluss seines Staates an In-

dien – was Pakistan sehr missfiel. Den eingeflogenen indischen Truppen gelang es, den Vormarsch aufzuhalten und die islamischen Krieger in schwere Kämpfe zu verwickeln: Der erste Krieg zwischen Pakistan und Indien war ausgebrochen. 1948 legten die Vereinten Nationen eine Demarkationslinie fest. Der Bergstaat Kashmir wurde damit in einen indisch und einen pakistanisch besetzten Teil gespalten. Dennoch sollten zwischen den beiden Ländern noch zwei weitere Kriege in den Jahren 1965 und 1971 folgen.

Schon seit Jahren ist Srinagar wieder ein Unruheherd. Militante Moslems sickern von Pakistan über die indische Grenze nach Kashmir ein, um in einem Guerillakrieg den Anschluss Kashmirs an Pakistan zu erzwingen. Aktiv sind an dem Krieg gegen die indische Armee nur wenige Moslem-Fundamentalisten aus Pakistan und Kashmir beteiligt. Die Mehrheit der Bevölkerung scheint jedoch keinen Anschluss an Pakistan zu wollen, sondern würde ein unabhängiges Kashmir bevorzugen.

Uttar Pradesh und Uttarakhand

508in Foto: mb

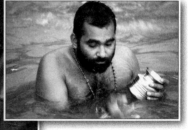

047i Foto: tb

Das Taj Mahal, die marmorne Liebeserklärung von Shah Jahan an seine verstorbene Lieblingsfrau, wurde zum Inbegriff unvergänglicher Liebe. Dass der Mogulherrscher noch 72 weitere Gattinnen hatte, mag einen kleinen Schatten auf die romantische Verklärung des berühmtesten Bauwerks der Erde werfen

Beim rituellen Bad im Ganges

Uttar Pradesh

Überblick

Fläche:	231.255 km²
Hauptstadt:	Lucknow
Einwohner:	166 Mio.
Bevölkerungsdichte:	725 Ew./km²
Stadtbevölkerung:	22 %
Alphabetisierungsquote:	53 %
Lebenserwartung:	60 Jahre

Der ehemals viertgrößte indische Bundesstaat Uttar Pradesh ist 1833 durch die Aufteilung Bengalens entstanden. Im Jahr 2000 wurde aus den beiden Distrikten Kumaon und Garhwal, vormals nordöstlicher Teil von Uttar Pradesh, der neue Bundesstaat Uttaranchal (seit 2007: Uttarakhand) mit der Hauptstadt Dehra Dun.

Den größten Teil Uttar Pradeshs nehmen die fruchtbaren **Flussebenen des Ganges** ein, die seit alters her die Kernräume der Besiedlung des indischen Subkontinents bildeten. Hier drängen sich denn auch die meisten der 166 Mio. Bewohner, die den Bundesstaat zu dem mit Abstand **bevölkerungsreichsten** ganz Indiens machen.

Alle großen Epochen und Herrscher haben hier ihre architektonischen Spuren hinterlassen. Besonders beeindruckend ist die ewige Stadt **Varanasi,** wo sich die Gläubigen durch ein Bad im Ganges die Reinwaschung ihrer Sünden erhoffen. **Sarnath,** der Ort, an dem Buddha die erste öffentliche Predigt nach seiner Erleuchtung hielt, ist Ziel von Buddhisten aus aller Welt. Das **Taj Mahal in Agra** ist nicht nur das großartigste Monument der muslimischen Eroberer, sondern eines der eindrucksvollsten Bauwerke überhaupt – für Viele der Höhepunkt ihrer Indienreise.

Agra

  ↗ V/D3

(ca. 1,3 Mio. Einwohner, Vorwahl: 0562)

Im Grunde unterscheidet sich die ehemalige Hauptstadt der Großmogul zunächst kaum vom typischen Erscheinungsbild nordindischer Großstädte. Lärm, Hektik und Luftverschmutzung prägen die dicht gedrängten Straßen der Altstadt. Auch die am Bahnhof wartenden Rikshafahrer, die einen für eine gesalzene Kommission zu den, wie sie glauben machen wollen, besten und billigsten Unterkünften transportieren wollen, machen die Stadt nicht gerade sympathischer – doch wen interessiert das schon? Es ist eines der berühmtesten Bauwerke der Erde, welches jährlich Millionen in- wie ausländische Touristen nach Agra strömen lässt – das **Taj Mahal**. Wie wohl kein anderes Monument der Erde repräsentiert das Taj sein Ursprungsland.

Für die allermeisten Besucher ist Agra gleichbedeutend mit dem Taj und sie stellen erst vor Ort überrascht fest, dass die Stadt noch viele weitere großartige Monumente einer knapp 200-jährigen muslimischen Herrschaft beheimatet. Hierzu zählt vor allem das nur 2 km vom Taj entfernte **Agra Fort** und das **Grabmal Kaiser Akhbars** im 10 km nördlich gelegenen Sikandra. Doch auch das auf der anderen Seite des Yamuna-Flusses befindliche Grabmal des ehemaligen Finanzministers der Mogul, **Ittimut-ud-Daula,** lohnt einen Besuch.

Ein Muss für jeden Agra-Besucher ist zudem ein Abstecher zu den 40 km entfernt gelegenen Überresten von **Fatehpur Sikri,** jener von Akhbar im 16. Jh. auf einem Felsen errichteten Hauptstadt, die schon recht bald wieder verlassen werden musste.

Wegen seiner großartigen Sehenswürdigkeiten ist Agra zu Recht selbstverständlicher Bestandteil jeder Nordindien-Reise. Abgesehen davon ist es für viele Reisende leider auch ein Ort, den man nur allzu gerne wieder verlässt. Verantwortlich hierfür sind die in Agra besonders ausgeprägten Negativerscheinungen von Touristennepp und die Folgeerscheinungen mangelnder bzw. gänzlich fehlender städtischer Infrastruktur: Dreck allerorten, aufgerissene Straßen, Bettelei und Luftverschmutzung. So sollte man nicht mehr Zeit für Agra einplanen als zur Besichtigung der Sehenswürdigkeiten notwendig sind.

Geschichte

Der Legende nach soll Agra schon als Agrabana im „Mahabharata" Erwähnung finden, doch historische Bedeutung erlangte die Stadt erst 1500, als der Lodi-Kaiser Sikandra sie zu seiner Hauptstadt machte. Wichtigste Stadt des Mogul-Reiches wurde Agra 1566, als Akhbar sich entschloss, seine Hauptstadt von Delhi hierher zu verlegen. Während Delhi die Schwelle zum Norden bildete, von der man das Land gegen Invasoren verteidigen konnte, repräsentierte Agra den Wunsch der Mogul, nach der Festigung ihrer Machtposition nun den Süden des Subkontinents enger an ihre Herrschaft zu binden. Gleichzeitig ließ sich der Zugang zum Zweistromland gegen jeden verteidigen, der über die Ebene von Malwa, die strategische Drehscheibe Indiens, vorstoßen wollte.

Doch die Mogulherrscher fühlten sich in Agra nie so ganz heimisch. Am deutlichsten zeigte sich dies bei Akhbars Enkel Shah Jahan, der zwar mit dem Taj Mahal das großartigste Monument muslimischer Baukunst in Agra errichten ließ, doch gleichzeitig die Grundlage des heutigen Old Delhi schuf, indem er dort die Jamia Masjid und das Rote Fort in Auftrag gab. Wäre er nicht 1658 von seinem Sohn Aurangzeb entthront und gefangen genommen worden, hätte er die Hauptstadt wohl schon damals nach Delhi zurückverlegt.

Nach dem Niedergang der Mogul wurde Agra Mitte des 18. Jh. innerhalb von nur acht Jahren sowohl von den Jats (einem kriegerischen Stamm aus Mittelindien) als auch von den Marathen geplündert, bevor 1803 die Briten die Macht übernahmen.

Sehenswertes

Stadtrundfahrt

●Wer mit dem Taj Express von Delhi anreist, kann bereits im Zug Tickets für die um 10.15 Uhr den Bahnhof passierende **Bustour**

Uttar Pradesh

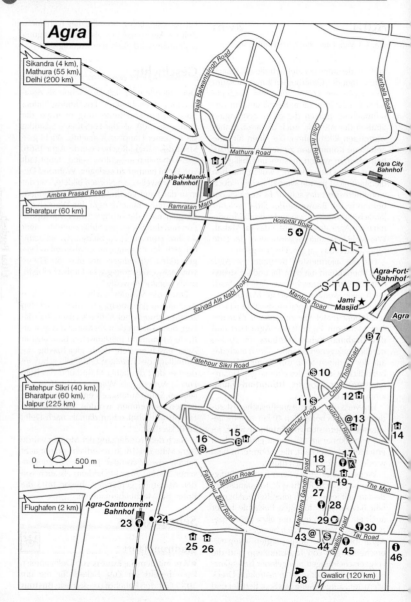

Agra

Sikandra (4 km),
Mathura (55 km),
Delhi (200 km)

Raja Balwantsingh Road

Karbala Road

Chili Int Road

Mathura Road

Agra City
Bahnhof

Raja-Ki-Mandi-
Bahnhof

Ambra Prasad Road

Ramratan Marg

Bharatpur (60 km)

Hospital Road

5

ALT-

Saiyad Ale Nabi Road

Mantola Road

Agra-Fort-
Bahnhof

STADT

Jami
Masjid

Agra

7

Fatehpur Sikri Road

10

Fatehpur Sikri (40 km),
Bharatpur (60 km),
Jaipur (225 km)

Chhipi Thola Road

12

11

@13

Namner Road

Kutchari Road

14

16   15

18   1·7

Mahatma Gandhi Road

19

Station Road

27

The Mall

Flughafen (2 km)

28

Fatehpur Sikri Road

Agra-Canttonment-
Bahnhof

29

30

43 @

23   24

44   45

Taj Road

Gwalior Road

25 26

46

48   Gwalior (120 km)

0   500 m

Uttar Pradesh

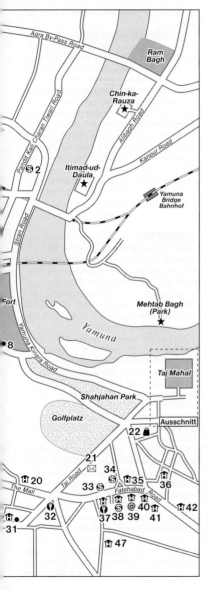

Unterkunft

🏠	1	Tourist Bungalow
🏠	12	Lauries Hotel
🏠	13	Tourists Rest House
🏠	14	Agra Hotel
🏠	15	Hotel Sakura
🏠	19	Agra Ashok Hotel
🏠	20	Hotel Akhbar Inn
🏠	25	Hotels Prem Sagar und Ranjit
🏠	26	Grand Hotel
🏠	31	Hotel Clarks Shiraz
🏠	35	Hotel Howard Park Plaza
🏠	36	Maya Hotel
🏠	37	Hotel Athiti
🏠	38	Hotel Amar
🏠	39	Hotel Ashish Palace
🏠	40	Hotel Mansingh Palace
🏠	41	Hotel Taj View, Mayur Tourist Complex
🏠	42	Hotel Mughal Sheraton
🏠	47	Safari Hotel

Essen und Trinken

🍴	17	Dasaprakash Restaurant
🍴	23	Comesum Multicuisine Food Plaza
🍴	28	Zorba The Buddha
☕	29	Café Coffee Day
🍴	30	Prakash Restaurant
🍴	32	The Only Restaurant
🍴	37	Pizza Hut
🍴	45	Park Restaurant

Sonstiges

💲	2	State Bank of Bikaner & Jaipur
➕	5	S.N. Hospital
🚌	7	Agra-Fort-Busbahnhof
•	8	Eingang und Ticketverkauf Rotes Fort
💲	10	State Bank of India
💲	11	Central Bank of India
@	13	Cyber Point
🚌	15	Busse nach Rajasthan
🚌	16	Igdah Busbahnhof
🎬	17	Meher Cinema
✉	18	Hauptpost (GPO)
✉	21	Postamt
🔒	22	Usmani Cycle Store
•	24	Prepaid Counter für Rikshas und Taxis
ℹ	27	India Tourism
•	31	Indian Airlines, Jet Airways, Lufthansa
💲	33	HDFC ATM
💲	34	State Bank of India
💲	38	LKP Forex, ICICI ATM
@	39	sify-i-way Internet
@	43	sify-i-way Internet
💲	44	UTI ATM, Andra Bank
ℹ	46	Uttar Pradesh Tourism
🚓	48	Polizei

von *Uttar Pradesh Tourism* zu Taj Mahal, Agra Fort und Fatehpur Sikri kaufen. Der Preis beträgt 1600 Rs inkl. aller Eintrittsgelder und einem Guide. Der Ausflug dauert acht Stunden und endet wieder am Bahnhof, sodass man von dort am gleichen Tag (18.55 Uhr) nach Delhi zurückfahren kann. Man kann sein Ticket natürlich auch beim IndiaTourism Office an The Mall, von wo der Bus bereits um 9.30 Uhr startet, oder am Tourist Information Counter am Canttonment-Bahnhof kaufen.

● Es besteht die Möglichkeit, nur den ersten Teil der Tour nach **Fatehpur Sikri** (500 Rs) zu buchen. Auch er startet vom Tourist Office, The Mall, und dauert 4 Std. Diese Tour endet dann vor dem Osttor des Taj Mahal.

● Viele weitere **Rundfahrten innerhalb Uttar Pradeshs** werden angeboten, über die man sich auf der informativen Website www.up-tourism.com informieren kann.

Highlight: Taj Mahal

Rudyard Kipling hatte recht, wenn er sagte, das Taj Mahal liege jenseits jeglicher Beschreibung. Jeder Besucher, der nach Agra kommt, hat das **Mausoleum** wohl schon unzählige Male zuvor auf Fotos, Postern oder im Fernsehen gesehen, doch schließlich kann sich niemand seiner einzigartigen Ausstrahlung entziehen, wenn er durch das Eingangstor tritt.

Das Taj Mahal ist nicht nur das meistbesuchte Bauwerk Indiens, sondern eines der beeindruckendsten der Erde überhaupt. Der fast schon magische Eindruck schwebender Leichtigkeit, die dieses im Grunde so kolossale Monument aus weißem Marmor ausstrahlt, hat viele Betrachter zu lyrischen Vergleichen animiert. „Denkmal unvergänglicher Liebe" ist dabei die wohl meistverwendete Bezeichnung. Sie bezieht sich auf *Shah Jahan,* der das Monument in Erinnerung an seine Lieblingsfrau **Mumtaz Mahal** („die Erwählte des Palastes") erbauen ließ, nachdem diese im Alter von 38 Jahren bei der Geburt ihres 14. Kindes verstarb. Insgesamt 20.000 Arbeiter benötigten 22 Jahre, um diese Liebeserklärung aus Marmor 1653 fertigzustellen.

Obwohl immer wieder europäische Architekten, vor allem aus Frankreich und Italien, als **Baumeister** angeführt wurden, geht man inzwischen davon aus, dass Shah Jahan selbst als Hauptarchitekt fungierte. Die enormen Kosten, die der Bau verschlang, waren für Shah Jahans machthungrigen Sohn *Aurangzeb* ein willkommener Anlass, um den **Sturz seines Vaters** zu legitimieren. Während sich Aurangzeb im Laufe seiner fünfzigjährigen Herrschaft durch seinen fanatischen Feldzug gegen hinduistische Heiligtümer einen wenig glorreichen Nachruf verschaffte, musste sich sein im Roten Fort gefangen gehaltener Vater für die letzten acht Jahre seines Lebens mit dem Blick auf das Taj begnügen.

Eingangstore

Der für das Taj so bezeichnende Eindruck perfekter Harmonie beruht auf einer bis in das kleinste Detail durchgeplanten Abstimmung aller Bauelemente der Gesamtanlage. Farbgebung, Material, Ornamentierung, Größenverhältnisse – nichts blieb dem Zufall überlassen, alles wurde am Prinzip vollkommener Symmetrie orientiert.

Das beginnt bereits bei den drei großen Eingangstoren, die zu einem Innenhof führen, an dessen westlicher Seite sich verschiedene Souvenirläden reihen. Alle drei sind architektonisch und farblich dem Haupteingangstor nachempfunden, welches zur eigentlichen Anlage mit dem Taj Mahal am nördlichen Ende führt. Allerdings ist das heutige **Kupfertor** ein relativ neuer Ersatz für das ehemalige Eingangstor. Dieses bestand aus reinem Silber und war mit 1.100 Nägeln mit Köpfen aus Silbermünzen beschlagen. Nach dem Niedergang der Moguln wurde es neben anderen wertvollen Gegenständen von den Jats, einem lokalen Hindu-Stamm, erbeutet.

Das gewaltige Eingangstor sollte jedoch nicht nur die enormen Schätze innerhalb der Grabanlage schützen, sondern es hatte auch die Aufgabe, die profane Außenwelt von der spirituellen Welt um das Mausoleum herum symbolisch zu trennen. Diesen spirituellen Zweck verdeutlichen auch die **Kalligrafien** an den Außenwänden des Eingangstores, die auf die Bedeutung der sich an das Haupteingangstor anschließenden Gartenanlage hinweisen. Für die aus den wüstenartigen Regionen Asiens stammenden Moguln war der Garten der Inbegriff des Paradieses, und so endet die Inschrift mit dem Vers 89 aus dem Koran, in dem es heißt: „Schließ Dich dem Kreis meiner Diener an und gehe in mein Paradies ein!" Die vermeintlich gleiche Länge der Buchstaben beruht auf einem von den Erbauern verwendeten optischen Trick: Sie verlängerten die Buchstaben proportional zur Entfernung des Betrachters, um den Schein der Harmonie aufrecht zu erhalten.

Der Blick aus dem dunklen Inneren des Eingangstors auf das leuchtend weiße, scheinbar schwebende Taj Mahal gehört zu den unvergesslichsten Eindrücken jeder Indienreise. Gehörte sollte man sagen, muss sich der Besucher doch seit einigen Jahren diesen einzigartigen Augenblick bis zum Schluss aufbewahren, seitdem der Eingang aus Sicherheitsgründen in ein kleines Tor rechts davon verlegt wurde.

Gartenanlage

Zentraler Bestandteil der quadratischen Anlage ist die zwischen Eingangstor und Taj gelegene Gartenanlage. Die zuvor erwähnte Gleichsetzung von „Garten" mit „Paradies" zeigt sich am deutlichsten in der Tatsache, dass im Persischen, der damaligen Amtssprache der Moguln, für beide Begriffe das gleiche Wort verwendet wurde. Das satte Grün der Pflanzen bildet einen gelungenen Kontrast zum Weiß des Taj und zum Blau des Himmels. Besonders der den Garten durchlaufende zentrale **Wassergraben** mit dem sich darin spiegelnden Taj Mahal trägt entscheidend zu dem Eindruck schwereloser Leichtigkeit bei. Gleichzeitig liegt auch diesem Gestaltungsprinzip wieder eine symbolische Bedeutung zugrunde. Während die viergeteilte Gartenanlage (Charbagh) die im Islam „Vollkommenheit" versinnbildlichende Zahl Vier zum Gestaltungsprinzip hat, nimmt die Wasserspiegelung die muslimische Vorstellung auf, das Paradies sei als Spiegelbild der realen Welt anzusehen.

Die in der Mitte des Wassergrabens platzierte **Marmorplattform** dient als begehrter Aussichts- und Fotografierstandort. Hier wurden schon Staatsgäste wie *Heinrich Lübke, Lady Di, Prinz Charles* und *Hillary Clinton* abgelichtet. Heute lassen sich Punjabis, Sikhs, Ladakhis, Rajasthanis, Kashmiris und Tamilen vor der traumhaften Kulisse fotografieren. Das berühmteste Bauwerk Indiens vereint die oft zerstrittenen Völker des Landes zumindest für einen kurzen Moment friedlich miteinander.

Moscheen

Die beiden identischen, das Taj flankierenden Moscheen rahmen mit ihren roten Sandsteinfassaden und den marmornen Kuppeldächern nicht nur das Mausoleum wirkungsvoll ein, sondern korrespondieren wiederum harmonisch mit dem Eingangstor. Nur die westliche der beiden Moscheen kann als solche genutzt werden, da die andere (Jawab) in die falsche Richtung ausgerichtet ist, d.h. nicht nach Mekka. Hier zeigt sich erneut, wie bestimmend das Prinzip symmetrischer Ausrichtung aller Einzelelemente der Gesamtanlage auf das Taj beim Bau der Anlage war, wurde doch die östliche Moschee aus rein ästhetischen Gründen erbaut.

Hauptbau

Das Taj selbst steht auf einer 100 x 100 m hohen Marmorplattform, die an den vier Ecken von 41 m hohen **Minaretten** begrenzt wird. Diese wiederum stehen durch ihre in gleicher Höhe wie beim Hauptbau verlaufenden Simse mit dem Taj optisch in Einklang. Die jeweils 58 m identische Größe der beiden entscheidenden Bauelemente des Mausoleums, der Hauptfassade und der deutlich persische Elemente aufweisenden **Kuppel** unterstreichen ebenso den harmonischen Gesamteindruck wie die entlang der Fassadenverkleidung verlaufenden **Kalligrafien,** ein Stilelement, das bereits beim Haupttor Verwendung fand. Auch hier liegen dem architektonischen Gestaltungsprinzip mehrere symbolische Gedanken zugrunde. So versinnbildlicht der Übergang von der quadratischen Plattform über den oktagonalen Körper des Taj zur runden Kuppel den Übergang

Mythos Taj Mahal – Unbekanntes vom bekanntesten Bauwerk der Erde

Seit seinem Bau vor über 300 Jahren ist das Taj Mahal weltweit zum Inbegriff unvergänglicher Liebe geworden. Diese romantische Verklärung des meistfotografierten und wohl berühmtesten Bauwerks der Erde hat dazu geführt, dass eine Reihe von historischen Tatsachen, die dieses Bild stören könnten, bisher kaum bekannt sind.

So war *Mumtaz Mahal*, die mit bürgerlichem Namen eigentlich *Arjumand Bano* hieß, durchaus nicht die einzige Gemahlin von *Shah Jahan*. Obwohl sie zweifellos seine Lieblingsfrau war, mit der er auch wichtige politische Entscheidungen beriet, hatte er gleichzeitig noch zweiundsiebzig weitere Gattinnen und von mindestens acht von ihnen ebenfalls Kinder. Auch die immer wieder vorgetragene Legende, dass der untröstliche Herrscher nach dem Tod von Mumtaz für zwei Jahre auf jeden Luxus verzichtet und vollkommen zurückgezogen gelebt haben soll, entspricht nicht den Tatsachen. Wein, Weib und Gesang blieben für ihn wie für alle seine Vorgänger die liebsten Beschäftigungen.

Zur Verklärung des Taj gehört auch die immer vorgetragene Behauptung, Shah Jahan habe einen fast identischen Bau aus schwarzem Mamor auf der gegenüberliegenden Seite des Yamuna geplant. So herzerweichend diese Vorstellung auch sein mag – bis heute wurde nicht ein einziger historischer Beleg dafür gefunden.

Während des Baus des Taj Mahal versammelten sich die bekanntesten Musiker und Dichter des Reiches in Agra, um mit Musik, Lesungen und Rezitationen aus dem Koran der Verstorbenen zu gedenken und die Größe Shah Jahans zu preisen. Vor den Toren des Grabmals wurden die Armen gespeist, und an Festtagen sammelte man im Namen der Verstorbenen Geld für soziale Zwecke. An Shah Jahan wird man aber wohl nicht als an einen wohltätigen Monarchen gedacht haben, gab er doch damit nur einen Bruchteil dessen an die Bevölkerung zurück, was er ihr vorher durch eine rigorose Abgabenpolitik abgenommen hatte. Seit mehr als tausend Jahren war es in Indien üblich, dass die Herrscher den Bau eines Tempels, einer Moschee oder eines Grabmals nicht mit ihrem persönlichen Vermögen finanzierten. Shah Jahan ließ den Bau des Taj Mahal zum großen Teil durch Sondersteuern finanzieren, die er den Bürgern aus dreißig Dörfern in der Umgebung von Agra auferlegte.

Der Name *Taj Mahal* wurde wohl erst von den Europäern in Anlehnung an den Ehrentitel der verstorbenen Mumtaz Mahal („Auserwählte des Palastes") gewählt. Bei den Moguln nannte man das Mausoleum *Rauza-i-Munavara* (beleuchtetes Grab).

Neben den 20.000 Arbeitern, unter ihnen allein 500 Schreiner und 300 Schmiede, wurden beim Bau auch Elefanten, Ochsen, Kamele und Esel zum Transport des Materials eingesetzt. Jeder der insgesamt tausend Elefanten zog bis zu 2,5 Tonnen schwere Marmorblöcke vom 300 Kilometer entfernten Makrana bis nach Agra. Allerdings ist nur ein relativ kleiner Teil des Taj aus reinem Marmor. Das Fundament besteht aus Bruchsteinen, der Korpus aus ge-

von der irdischen Welt (Quadrat) zum Himmel (Rund). Die Zahl Acht steht zudem für die acht Stufen des Paradieses. Darüber hinaus erinnert die schneeweiße Kuppel an eine Perle, welche wiederum als Sinnbild für Weisheit und Willen Allahs gilt.

Die architektonischen Ähnlichkeiten zum 100 Jahre zuvor erbauten Grab *Humayuns* in Delhi sind unübersehbar. Den Architekten des Taj Mahals ging es offensichtlich nicht darum, etwas gänzlich Neues zu schaffen, sondern die über Jahrhunderte vorgezeich-

brannten Ziegeln. Dieser Rohbau wurde mit zuvor zurechtgeschnittenen, mit Eisenstiften verzahnten Marmorplatten verkleidet. Während der Bau des eigentlichen Mausoleums bereits nach fünf Jahren vollendet war, dauerte es noch weitere 15 Jahre, bis die beiden seitlich an den Hauptbau angrenzenden Moscheen, die große Gartenanlage und der weiträumige Eingangsbereich vor dem Haupttor fertiggestellt waren.

Nach dem Tod *Aurangzebs* und dem Niedergang der Mogul-Dynastie verkam die Anlage zunehmend. Die Gartenanlage verwahrloste und diente britischen Soldaten als willkommener Ort für Saufgelage. Die eigentliche Gefahr drohte dem Taj in den dreißiger Jahren des 19. Jahrhunderts. *Lord William Bentinck,* der damalige Generalgouverneur der britischen Krone in Indien, hatte einen vermeintlich genialen Gedanken, wie man das Taj finanziell ausnutzen könnte. Die „grandiose" Idee lief darauf hinaus, das Taj, in Einzelteile zerlegt, nach England zu verschiffen und dort zum Verkauf anzubieten. Dass dieses Vorhaben durchaus ernst gemeint war, beweisen die Kräne, die *Bentinck* zur Verwirklichung seines Vorhabens am Taj aufbauen ließ. Wenn nun das vollständige Taj weiterhin in Agra und nicht in Form kleiner Marmorsteine in Hunderten von Vitrinen viktorianischer Wohnzimmer in England zu besichtigen ist, so liegt dies an einem fehlgeschlagenen Pilotprojekt. Die vom zwei Kilometer entfernten Roten Fort demontierten Marmorblöcke fanden in England keine Abnehmer, so dass sich *Bentinck* gezwungen sah, seine kurz vor der Verwirklichung stehende Idee vom Abriss des Taj fallen zu lassen.

0480 Foto: tb

Ob sich darüber auch unser verehrter Alt-Bundespräsident *Heinrich Lübke* gefreut hat, als er in den fünfziger Jahren – wie jeder hohe Staatsgast in Indien – das Taj Mahal besuchte, muss bezweifelt werden. Nachdem er das Eingangstor durchschritten hatte, benötigte er einige Zeit, um seine Eindrücke in Worte zu fassen. Lange mussten die umstehenden Politiker und Journalisten auf seine ersten, sicherlich von Ehrfurcht und Begeisterung geprägten Worte angesichts des großartigen Anblicks warten. Schließlich wandte er sich zu seiner neben ihm stehenden Frau und sagte: „Wilhelmine, Sauerland bleibt Sauerland."

neten Bahnen der indo-islamischen Bautradition zur harmonischen Vollendung zu bringen.

Die zwei Sarkopharge von Shah Jahan und Mumtaz Mahal befinden sich in einer **Gruft** unterhalb des zentralen Hauptraumes. Die beiden zum Verwechseln ähnlichen Grab-

mäler im Hauptraum selbst sind hingegen Kopien, die dort platziert wurden, um zum einen den Bürgern die Verehrung zu ermöglichen, andererseits aber die Distanz zwischen Bürgern und Herrscher zu wahren. Der Kenotaph von Mumtaz liegt übrigens genau im

Uttar Pradesh

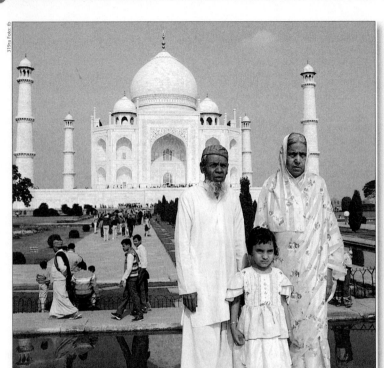

Zentrum, während der ihres Gatten vom Eingang aus gesehen links daneben steht. Das durch die filigran gearbeitete Marmorfenster einfallende diffuse Tageslicht vermittelt dem Besucher zusammen mit dem Echo der Menschenstimmen auch im Inneren jene magische Stimmung, die das Taj auch von außen ausstrahlt.

Millionen ausländischer und indischer Touristen strömen jährlich zum Taj Mahal – für viele der Höhepunkt ihrer Indienreise

Öffnungszeiten und Eintritt

● Das Taj ist **täglich außer freitags** von Sonnenaufgang bis 19.30 Uhr geöffnet. Der Eintritt beträgt **750 Rs.** Vor dem Betreten der Anlage müssen Essen und Kaugummi sowie Zigaretten abgegeben werden. Videofans dürfen nur im Bereich unmittelbar um den Eingang filmen (25 Rs) und müssen danach bis zum Verlassen der Anlage ihre **Kamera** bei der Aufsicht deponieren.

Abends ins Taj

Seit 2004 ist der abendliche Zugang zum Taj Mahal wieder möglich (nachdem er 1986 wegen Sicherheitsbedenken eingestellt wurde). Dies gilt jedoch nur für fünf Tage im Monat, nämlich zur **Vollmondnacht** und jeweils zwei Nächte vorher und nachher. Zudem ist der Zugang nur 400 Personen pro Nacht gestattet, die jeweils in Gruppen von 50 Personen zwischen 20.30 und 0.30 Uhr eingelassen werden. Leider kann das Taj dabei nur aus der Ferne besichtigt werden, man darf also nicht frei auf dem Gelände herumspazieren. Erwachsene zahlen die üblichen 750 Rs, Kinder 500 Rs. Falls Wolken den Mond verdecken, wird der Eintrittspreis natürlich nicht erstattet. Die Karten müssen mindestens 24 Std. vor Einlass an einem der Tickethäuschen gekauft werden. Ob sich das Ganze lohnt, muss jeder selbst entscheiden, hat man doch auch von einigen Dachrestaurants und von der gegenüberliegenden Flussseite (Mehtab Bagh) einen schönen Abendblick aufs Taj.

 Auch wenn der Weg durch das Haupteingangstor mit dem berühmten Blick auf das scheinbar schwebende Taj Mahal zu den berühmtesten Motiven der Erde gehört, so gibt es dennoch einen anderen, kaum minder beeindruckenden Standort, um dieses einzigartige Bauwerk auf sich wirken zu lassen. Hierzu muss man sich auf die östliche Seite des durch Agra fließenden Yamuna gegenüber vom Taj begeben, wo der neue **Mehtab Bagh,** ein gelungener Park im Mughal-Stil, angelegt worden ist (Eintritt 100 Rs). Um dorthin zu gelangen, begibt man sich zunächst zu Fuß, mit dem Fahrrad oder per Riksha über die Eisenbahnbrücke nördlich des Roten Forts und auf der anderen Flussseite Richtung Taj. Hat man sich über Feldwege und Äcker zum Ufer des Flusses auf die **gegenüberliegenden Seite des Taj** vorgearbeitet, wird man für die Anstrengung mit einem **herrlichen Ausblick** in friedvoller Lage belohnt, den man nicht mit Tausenden anderer Besucher teilen muss. Die beste Zeit für einen Ausflug ist wohl der späte Vormittag, da sich dann der häufig auftretende Dunst meist vorzogen hat.

Highlight:
Agra Fort (Rotes Fort)

Während das Taj Mahal den Höhepunkt muslimischer Baukunst in Indien darstellt, repräsentiert das nur 2 km südlich in einer Biegung des Yamuna gelegene Fort wie kaum ein zweites Bauwerk die uneingeschränkte Machtfülle der Mogulherrscher im 16. und 17. Jahrhundert.

Gewaltige Ausmaße besitzen allein schon die über zwanzig Meter hohen, zwölf Meter dicken, von einem Wassergraben umgebenen Doppelmauern, die auf einer Länge von 2,5 km die Festungsanlage umschließen. Der Eindruck einer gigantischen **Trutzburg** spiegelt die Situation Mitte des 16. Jh. wieder. Zu jener Zeit, als **Akhbar,** der bedeutendste aller Mogulherrscher, mit dem Bau des Forts begann, stand die später uneingeschränkte Macht der Mogulun noch auf äußerst wackeligen Beinen. So lag die Hauptaugenmerk der islamischen Eroberer beim Bau ihrer neuen Residenz ganz zwangsläufig auf der Absicherung gegenüber der hinduistischen Bevölkerungsmehrheit.

Baugeschichte

Während das Taj Mahal auf den ersten Blick alle Besucher verzaubert, wirkt die Festungsanlage zunächst eher verwirrend. Im Gegensatz zum Taj, welches innerhalb kurzer Zeit von einem einzigen Herrscher quasi wie aus einem Guss erbaut wurde, ist das Rote Fort während eines Zeitraums von mehr als einem Jahrhundert von mehreren Machthabern errichtet worden. Der Architekturstil der Bauwerke (ursprünglich über 560 auf einem künstlichen Hügel an der Südseite des Yamuna-Flusses) ist so unterschiedlich wie der Charakter der einzelnen Großmogul. Während die von dem in religiösen Fragen äußerst toleranten Akhbar errichteten Bauten christliche, hinduistische, islamische und jainistische Stilelemente vereinen, spiegelt sich in der Architektur seiner Nachfolger der Einfluss der unter ihnen wieder deutlich die Oberhand gewinnenden islamischen Dogmatiker wieder.

Uttar Pradesh

Aus heutiger Sicht noch erstaunlicher als die **gewaltigen Ausmaße** der Paläste, Versammlungshallen, Pavillons und Moscheen ist die Tatsache, dass die architektonischen Kolosse in **Fertigbauweise** hergestellt wurden. Der relativ weiche rote Sandstein wurde bereits im Steinbruch maßgerecht bearbeitet. Danach transportierte man die einzelnen Teile auf Ochsenkarren nach Agra, wo sie in einer Art Baukastensystem zusammengesetzt wurden.

Nachdem Akbhar während seiner 50-jährigen Regentschaft sowohl mit militärischer Härte als auch mit diplomatischem Geschick die Grenzen des Reiches um ein Vielfaches erweitert hatte und die Staatseinnahmen in die Höhe geschnellt waren, zeugen die Bauten seiner Nachfolger von zuvor nie gekanntem **Luxus.** Shah Jahan ließ die meisten von seinem Großvater Akbhar errichteten Gebäude abreißen und durch Marmorpaläste ersetzen, weil sie ihm, wie seine Chronisten vermerkten, „zu bescheiden erschienen". Das war jedoch nur die Grundausstattung zu einer Kulisse, die jeden noch so prächtig ausgestatteten Hollywood-Film zu einem Provinztheater degradiert hätte. So wurden die an sich schon sündhaft teuren Marmorplatten mit Goldmalerei und Einlegearbeiten aus Halbedelsteinen verschönert, offene Plätze und Innenhöfe mit Sonnensegeln aus weißgoldener Seide überspannt, die Böden mit Seidenteppichen ausgelegt, und aus den silbernen Springbrunnen sprühte Rosenwasser.

Das Fort war früher eine eigene, in sich abgeschlossene königliche Stadt mit Tausenden von Bediensteten. Der größte Teil der Gebäude ist heute zerstört und zudem lassen sich die Spuren des **Verfalls,** ähnlich wie beim Roten Fort in Delhi, nicht übersehen: Die meisten Räume stehen leer, der Putz bröckelt von den Wänden, Kellergewölbe entpuppen sich als stinkende Abfall- oder Toilettenräume. Die wichtigsten Gebäudeteile des Forts sind jedoch erhalten geblieben und geben einen guten Eindruck imperialer Architektur während der Mogulherrschaft.

Rundgang

Folgt man dem vom südlichen **Eingangstor** (Amar Singh) steil ansteigenden Hauptweg, gelangt man nach dem Durchqueren einer Gartenanlage zu einem hinter einem Torgebäude gelegenen **Arkadenhof.** An dessen Ostseite befindet sich die öffentliche **Audienzhalle** (Diwan-e-Am), in der die Könige offizielle Empfänge abhielten sowie Petitionen entgegennahmen. Durch die kleine **Juwelenmoschee** (Nagima Masjid) im Norden und den **Basar** (Machi Bhawan), in dem früher die Händler ihre Waren für die Haremsdamen feilboten, führt der Weg zu einer großen **Terrasse,** die einen sehr schönen Blick über den Yamuna und das im Hintergrund gelegene Taj Mahal gewährt. Der kleine, schwarze **Thronsitz Shah Jahans** befindet sich am Ostende.

Südlich hieran schließt sich die aus zwei Räumen bestehende private **Audienzhalle** (Diwan-e-Khas) an, die Shah Jahan 1637 errichten ließ. Hier soll sich auch jener berühmte **Pfauenthron** befunden haben, der schon zur damaligen Zeit zum Inbegriff von märchenhaftem Reichtum, Macht und Verschwendungssucht wurde.

Das Kissen des zwei mal eineinhalb Meter großen, vollständig mit Diamanten bedeckten Throns aus purem Gold war mit 18.000 Perlen und Rubinen bestickt. Zur feierlichen Einsitzung des Möbelstückes in der privaten Audienzhalle trug der Kaiser ein so reich mit Juwelen und Diamanten besetztes Gewand, dass ihn zwei Diener stützen mussten.

Hochmut kommt bekanntlich vor dem Fall, und so wurde Shah Jahan von seinem Sohn *Aurangzeb* wegen seiner Verschwendungssucht abgesetzt und im angrenzenden Saman Burj unter Hausarrest gestellt. Oft muss ihm dabei die trotz der Nähe unüberbrückbare Distanz zu dem kaum einen Kilometer entfernten Taj Mahal unerträglich gewesen sein. „So nah und doch so fern", mögen heute auch viele der Tausende von Touristen denken, die sich täglich in dem kleinen, achteckigen Turm drängeln, in dem Shah Jahan die meiste Zeit seiner achtjährigen Gefangenschaft bis zu seinem Tode verbrachte.

Durch den über und über mit kleinen Spiegeln verzierten **Shish Mahal** und den sehr schönen **Privatpalast Shah Jahans** (Khas Mahal) mit seinen vergoldeten Bengaldächern, der noch einmal eine sehr hübsche Aussicht auf das Taj Mahal bietet, betritt man schließlich mit dem **Jehangir Mahal** den größten privaten Gebäudeteil innerhalb des Komplexes.

Als eines der schönsten Gebäude des Forts gilt die nördlich des Diwan-e-Am gelegene **Perl-Moschee** (Moti Mahal). Leider ist die zwischen 1646 und 1653 erbaute Marmormoschee wegen Restaurationsarbeiten nicht für die Öffentlichkeit zugänglich.

● **Öffnungszeiten:** tgl. Sonnenauf- bis Sonnenuntergang, Eintritt 300 Rs, Foto- und Videogebühr 25 Rs.

Der besondere Tipp: Itimat-ud-Daula

Viele Indien-Touristen mit begrenzter Zeit sehen von Agra nur das Taj Mahal und das Rote Fort, bevor sie nach Jaipur oder Delhi weiterhetzen. Dabei entgeht ihnen mit dem Itimat-ud-Daula ein **Juwel islamischer Architektur** in Indien. Mit seinen filigranen Marmorintarsien übertrifft dieses außerhalb Indiens gänzlich unbekannte Bauwerk die Qualität des weltberühmten Taj bei weitem und ist ein Muss für jeden Agra-Besucher.

3 km nordöstlich des Forts auf der anderen Seite des Yamuna befindet sich dieses kleine quadratische **Mausoleum,** welches trotz seines ganz unverwechselbaren Äußeren deutliche Parallelen zum Taj Mahal erkennen lässt. Erbauen ließ es die Frau *Jehangirs, Nur Jahan* („Licht der Welt"), für ihren Vater *Mirza Ghiyas Beg,* der unter seinem Schwiegervater eine steile politische Karriere durchlief, die ihn sogar zum Premierminister aufsteigen ließ. Als Anerkennung seiner Verdienste trug er den Titel *Itimat-ud-Daula* („Säule des Staates"). Das in einem 165 m² großen, noch von Ghiyas Beg zu seinen Lebzeiten angelegten Garten errichtete Grabmal spiegelt seine staatstragende Bedeutung gebührend wieder.

Dieses erste gänzlich aus **Marmor** errichtete Mogul-Gebäude besticht vor allem durch seine **filigranen Einlegearbeiten** in derselben Pietra-dura-Technik, die zehn Jahre später beim Taj Mahal verwendet wurde. Jeder Zentimeter ist mit stilisierten Blumen,

Preispolitik à la Agra oder wie man Touristen fernhält

In Indien ist man nie vor Überraschungen sicher und das trägt bekanntlich zum Charme des Landes bei. Doch was die Behörden den Taj-Besuchern seit dem Jahr 2000 zumuten, ist nicht wirklich charmant. Quasi über Nacht wurde der **Eintritt für das Taj Mahal** von 15 Rs auf **mehr als das 30-fache** angehoben: 505 Rs (ca. 10 €). Bei allem Verständnis dafür, dass umgerechnet 25 Euro-Cent fast geschenkt waren für eines der beeindruckendsten Monumente der Erde, ging diese Preiserhöhung weit über das vertretbare Ziel hinaus. Dementsprechend heftig fielen die Reaktionen aus. Besonders die ortsansässige Tourismusindustrie befürchtete große Verluste und bombardierte die zuständigen Behörden mit Protestbriefen. Die Reaktion: Der Eintritt wurde noch einmal **um 50 % auf heute horrende 750 Rs** (ca. 15 €) erhöht! Ob damit das Ende der Fahnenstange erreicht ist, weiß zurzeit niemand. Wie die seit der Preiserhöhung deutlich zurückgegangenen Besucherzahlen beweisen, ist der Schuss nach hinten losgegangen und es ist nicht auszuschließen, dass die Preise wieder nach unten korrigiert werden müssen – oder vielleicht auch genau das Gegenteil – in Indien ist man vor Überraschungen nie gefeit ...

Weinkrügen und geometrischen Mustern verziert, so dass man den Eindruck gewinnt, der Marmor diene nur als Einfassung für die Halbedelsteine. Die 1628 nach sechsjähriger Bauzeit fertig gestellte Grabanlage vermittelt den Eindruck, als habe man zunächst die Grundstruktur des Taj Mahal in kleinem Rahmen erproben wollen, bevor man schließlich nach gelungener Generalprobe das Meisterwerk anging. Abgesehen von den wesentlich kleineren Ausmaßen liegt der Hauptunterschied in dem statt der Zwiebelkuppel als Aufsatz verwendeten quadratischen Pavillon, der von einem Bengaldach abgeschlossen

Uttar Pradesh

wird. Dort befindet sich auch der Kenotaph des Verstorbenen und seiner Frau. Die eigentlichen Sarkophage aus orange-gelblichem Marmor finden sich in der zentralen Kammer im Erdgeschoss. Neben den schön verzierten Marmorböden gibt das von außen durch die kunstvoll durchbrochenen Marmorfenster einfallende Licht dem Raum seine sakrale Atmosphäre.

Hat man das eigentliche Grabmal besichtigt, lohnt noch der Gang zum Yamuna-Ufer, von wo sich ein hübscher Blick auf das im Dunst liegende Rote Fort bietet.

●**Öffnungszeiten:** täglich 6–17 Uhr, Eintritt 120 Rs, Video 30 Rs.

Weitere Sehenswürdigkeiten

Chini-ka-Rauza

Einen Kilometer nördlich des Itimat-ud-Daula-Mausoleums steht das von einer großen Kuppel überdachte **Grabmal** für *Afzal Khan,* Premierminister unter Shah Jahan. Der Name Chini-ka-Rauza (Chinesisches Grab)

rührt von den hübschen, die Wände verzierenden Blumenornamenten aus Fayencen her. Das Mausoleum wird zur Zeit renoviert.

Jami Masjid

Die in der Nähe des Roten Forts im Gewimmel der Altstadt gelegene Jami Masjid wurde 1648 nach fünfjähriger Bauzeit eingeweiht. Nicht zuletzt die Verwendung von weißem Marmor weist den Bau als architektonische Hinterlassenschaft der Regierungszeit Shah Jahans aus. Ebenso wie bei der Freitagsmoschee in Delhi lobpreist die am Hauptbogen der Moschee zu sehende Inschrift die Regentschaft des Herrschers.

Information

●Das **IndiaTourism Office** (191, The Mall, Tel.: 2226378, Fax: 2226368, goitoagr@san charnet.in, www.incredibleindia.org) befindet sich gegenüber der Post und ist Mo–Fr von 9 bis 17.30 und Sa von 9 bis 14 Uhr

geöffnet. Über dieses Büro können auch offiziell zugelassene Stadtführer geordert werden (halbtags 280 Rs, ein ganzer Tag schlägt mit 400 Rs zu Buche).

● Das **Uttar Pradesh Tourism Office** (64, Taj Rd., Tel.: 2226431, www.up-tourism.com, tgl. 10–17 Uhr, jeden 2. Sa sowie So geschlossen) liegt ganz in der Nähe des Hotels *Clarks Shiraz*. Im Bahnhof Agra Canttonment (Tel.: 2421204) befindet sich eine rund um die Uhr erreichbare Filiale. Hier kann auch Kontakt mit der Tourist Police aufgenommen werden.

Stadtverkehr

In keiner anderen Stadt Indiens ist das **Schlepperwesen** derart ausgeprägt wie in Agra. Sobald man den Zug verlässt, wird man von Rikshafahrern umstellt, die einen in das für sie lukrativste Hotel fahren möchten, sprich dorthin, wo sie die höchste Kommission kassieren. Am liebsten legen sie unterwegs noch mehrere Stopps bei Marmor- und Juweliergeschäften ein. Es gibt nicht wenige Touristen, denen durch die ständige Anmache der gesamte Aufenthalt verleidet worden ist.

● Unglücklicherweise ist man jedoch zumindest bei der Ankunft auf die **Rikshafahrer** angewiesen, da Agra viel zu weitläufig ist, als dass man die Entfernungen zu Fuß zurücklegen könnte. Dennoch gibt es einige Tricks, um sich die aufdringlichsten unter ihnen vom Halse zu halten. Auf keinen Fall sollte man mit den die Touristen schon auf dem Bahnsteig in Empfang nehmenden Rikshafahrern zum Hotel fahren. Diese sind derart auf Westler spezialisiert, dass sie oft das Vier- bis Fünffache des normalen Fahrpreises verlangen. An der Canttonment-Train-Station sollte man in jedem Fall einen der vor dem Bahnhof befindlichen Prepaid-Schalter für Taxis bzw. Rikshas

nutzen. Auch vom Agra-Fort-Bahnhof zu den Billighotels im Stadtteil Taj Ganj, nur wenige Meter südlich vom Taj Mahal, sollte man mit der Fahrradriksha nicht mehr als 15 Rs zahlen, per Autoriksha maximal 30 Rs. Am besten gibt man *Joney's Place* mitten im Zentrum von Taj Ganj oder bei den östlich des Taj gelegenen Unterkünften das Osttor des Taj Mahal als Fahrtziel an. Von dort ist es nicht mehr weit zu den meisten Hotels dieser Region.

● Die beste Art der Fortbewegung im weitläufigen Agra bieten **Fahrräder,** die im Taj Ganj noch bei einigen Hotels und Fahrradläden, etwa Raja Cycle Store, für ca. 30–40 Rs pro Tag auszuleihen sind. Außerdem entledigt man sich auf diese Weise am elegantesten der ständigen Fragerei der Rikshafahrer: „You want to see a nice carpet shop, Sir?"

● Zum 7 km außerhalb gelegenen **Flughafen** zahlt man mit dem Taxi 140 Rs, mit der Autoriksha ca. 70 Rs. Der Flughafenbus verkehrte zur Recherchezeit nicht mehr.

● Zwischen 6 und 19 Uhr verkehren zwischen Taj Mahal und Agra Fort oder auch östlich zum Shilpgram-Gelände **Elektrobusse,** die von westlichen Touristen umsonst benutzt werden können.

Unterkunft

Die beiden für Touristen interessanten Hotelgegenden sind **Taj Ganj,** sozusagen das Altstadtviertel Agras unmittelbar südlich vom Taj mit einer Ansammlung vieler Billigunterkünfte, und der gesamte sich südwestlich hiervon bis zum Agra-Canttonment-Bahnhof erstreckende Stadtteil, in dem sich vor allem Hotels der mittleren und oberen Kategorie befinden.

Low Budget

Viele der Billigunterkünfte in Taj Ganj sind nur mit Fahrradrikshas zu erreichen, da motorisierte Fahrzeuge wegen der um das Taj gezogenen Bannmeile in diesem Bereich nicht zugelassen sind.

● Vor allem wegen des hervorragenden Service und der Hilfsbereitschaft des das Haus leitenden Bruderpaars und des Personals wird das **Tourists Rest House** €-€€ (Tel.:

Kurz vor dem Taj Mahal erbaut, ist das Mausoleum Itimat-ud-Daula mit den gleichen aufwendigen Intarsien versehen

2363961, Fax: 2250246, dontworrychicken curry@hotmail.com) an der Kutcheri Rd. zwischen Bahnhof und Taj Ganj Area hier zuerst genannt. Auch die sauberen, um einen als Restaurant fungierenden, begrünten Innenhof angelegten AC- (mit TV und teils Kühlschrank) und Non-AC-Zimmer sind preisgerecht, obwohl sie recht dunkel sind. Zudem werden erstaunlich preisgünstige Taxis und Sightseeing-Touren in die Umgebung Agras wie auch durch Rajasthan vermittelt. Flug- und Bahntickets werden ohne Extragebühr besorgt. Da das Haus keine Kommission zahlt, wird es von Rikshafahrern nicht gern angefahren, man muss also darauf bestehen. Vorsicht: Es gibt einige namensähnliche Unterkünfte.

● In Taj-Mahal-Nähe und bei Rucksackreisenden seit vielen Jahren beliebt ist die **Shanti Lodge** €-€€ (Tel.: 2231973). Dabei ist es jedoch weit mehr der wahrlich grandiose Ausblick von der Dachterrasse auf das nahegelegene Mausoleum als die Qualität der z.T. dunklen und muffigen Zimmer, speziell im Untergeschoss des Altbaus, was die Attraktivität des Hauses ausmacht. Die mit Taj-Ausblick sind ihr Geld mehr als wert, wie auch die neuen, nach hinten gelegenen Zimmer.

● Das **Hotel Kamal** €-€€ (Tel.: 2330126, hotel kamal@hotmail.com) nebenan bietet teils recht schöne und geräumige Zimmer mit TV und ebenfalls ein Dachrestaurant mit klasse Ausblick.

● Mit eigenem, sehr schönem Garten ruhig nur wenige Meter vom Osttor des Taj Mahal gelegen und erstaunlich preiswert ist das **Hotel Sheela** €-€€ (Tel.: 2333074, hotelsheela agraindia@yahoo.com, www.hotelsheela agra.com), das vielleicht beste Angebot nahe dem Taj. Alle moskitosicheren Zimmer verfügen über eine kleine Terrasse – ein gutes Hotel.

● Als Ausweichquartier ist das nahe gelegene, moderne **Taj Plaza** €€-€€€ (Tel.: 2232515), wenig weiter östlich, akzeptabel. Zweckmäßige Zimmer mit TV, einige mit Taj-Blick, sind ihr Geld wert.

● Neu ist das saubere **Sheela Inn** €-€€€ (Tel.: 3093437), noch etwas weiter östlich, und eine weitere gute Alternative. Die Zimmer sind eher klein, ein Dachrestaurant ist vorhanden.

> Agra zieht nicht nur Touristen, sondern auch **Betrüger** in Scharen an – wobei das eine das andere bedingt. Vor allem in der billigen Wohngegend beim Taj Ganj treiben sich zwielichtige Gesalten herum, denen es immer wieder gelingt, Individualtouristen zu betrügen. So smart die Männer auf der Straße oder in den Unterkünften auch wirken – man sollte sich auf keinerlei Angebote einlassen. Dies gilt insbesondere bei vermeintlich günstigen Juwelen- oder Marmorkäufen. Mehrere Leser haben auf diese Weise einige Tausend Euro verloren.

● Sehr beliebt ist das beim Westtor gelegene **Hotel Siddharta** € (Tel.: 2330901). Die um einen schönen Garten gruppierten Zimmer sind geräumig, allerdings von unterschiedlicher Qualität, die oberen sind vorzuziehen. Auch ein Dachrestaurant ist vorhanden.

● Weitere empfehlenswerte Unterkünfte im Viertel Taj Ganj sind das **Shahjahan** € (Tel.: 2233071, 23102176) mit sehr unterschiedlichen Zimmern (also umschauen) und tollem Dachausblick und das **Hotel Sikander** € (Tel.: 2330279) in einer kleinen Gasse, die zum Südtor des Taj führt.

● Etwas entfernt von Taj Ganj liegt das gute, aber seltsamerweise wenig belegte **Hotel Safari** €€ (Tel.: 2333029) an der Shamsad Road, sind doch die einzelnen Zimmer geräumig und verfügen über den Luxus eines Badezimmers mit eigener Wanne. Zudem bietet sich vom Dach ein schöner Blick auf das Taj. Auch hier wird keine Kommission gezahlt.

● Nicht weit vom Canttonent-Bahnhof entfernt stehen zwei Unterkünfte an der Station Rd. zur Verfügung: das **Hotel Ranjit** €-€€ (Tel.: 2364446, Fax: 2227510) und das **Prem Sagar** € (Tel.: 2267408) ganz in der Nähe. Beide haben Zimmer mit TV und ein Restaurant, allerdings ist das erste die eindeutig bessere, nur geringfügig teurere Wahl.

Budget

● Von Lesern gelobt wird das freundliche **Maya Hotel** €€-€€€ (Fatehabad Rd. nahe dem Purana Mandi Circle, Tel.: 2332109,

(0)9719107691, magicinmaya@hotmail.com, www.helpfightpoverty.org/docs/maya/maya hotel.html). Das Haus wird von einem Inder und einer Finnin geleitet, die sich für soziale Belange in Indien einsetzt, neben Englisch auch Deutsch und Hindi spricht und fachkundige Tipps nicht nur zu Agra geben kann. Die teils klimatisierten und mit Balkon versehenen Zimmer sind zwar nicht die leisesten, aber gemütlich und sicher mit die saubersten in Agra. Ein gutes AC-Restaurant und Internetzugang sind vorhanden. Auch der mit Kachelmosaik und Blumen geschmückte Dachgarten lädt zum Verweilen und Essen ein. Zudem werden Taxi- und Sightseeingtouren vermittelt.

●Empfehlenswert ist das alteingesessene **Lauries Hotel** €€-€€€ (Tel.: 2364536, lauries hotel@hotmail.com) an der Mahatma Gandhi Road. Das von einem sehr sympathischen Ehepaar geführte Haus mit außergewöhnlich großen Zimmern zwischen großen Rasenflächen und einem ebenfalls großen Swimmingpool (den auch Nicht-Gäste für nur 100 Rs benutzen, wenn er denn mit Wasser gefüllt ist) hat seinen Charme.

●Es ist schade, dass das **Agra Hotel** €-€€€ (Tel.: 2363331, agrahotel@yahoo.co.in), etwas heruntergekommen ist, strahlt das von einem knorrigen, sympathischen Herrn geleitete alte Kolonialgebäude mit großen Zimmern, das seit 1926 als Hotel fungiert, doch immer noch eine recht schöne Atmosphäre aus.

Tourist Class

Die meisten Hotels dieser Preiskategorie sind etwas überteuert und finden sich an der Fatehabad Rd. etwa 1,5 km südlich vom Taj Mahal.

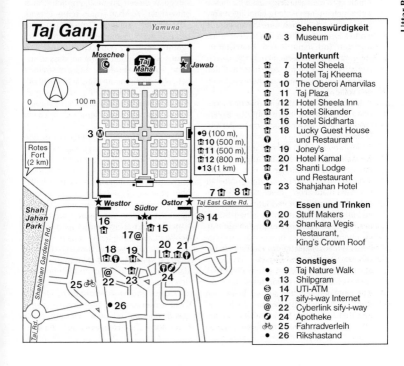

		Sehenswürdigkeit
Ⓜ	3	Museum
		Unterkunft
🏨	7	Hotel Sheela
🏨	8	Hotel Taj Kheema
🏨	10	The Oberoi Amarvilas
🏨	11	Taj Plaza
🏨	12	Hotel Sheela Inn
🏨	15	Hotel Sikander
🏨	16	Hotel Siddharta
🏨	18	Lucky Guest House
❶		und Restaurant
🏨	19	Joney's
🏨	20	Hotel Kamal
🏨	21	Shanti Lodge
❶		und Restaurant
🏨	23	Shahjahan Hotel
		Essen und Trinken
❶	20	Stuff Makers
❶	24	Shankara Vegis Restaurant, King's Crown Roof
		Sonstiges
●	9	Taj Nature Walk
●	13	Shilpgram
Ⓢ	14	UTI-ATM
@	17	sify-i-way Internet
@	22	Cyberlink sify-i-way
❷	24	Apotheke
⛁	25	Fahrradverleih
●	26	Rikshastand

Taj Ganj

Yamuna

Moschee

Taj Mahal

Jawab

0   100 m

Rotes Fort (2 km)

3 Ⓜ

●9 (100 m),
🏨10 (500 m),
🏨11 (500 m),
🏨12 (800 m),
●13 (1 km)

7 🏨   8 🏨

★ Westtor   Osttor ★   Taj East Gate Rd.

Südtor

Shah Jahan Park

Ⓢ 14

16

17@   🏨15

Shahjahan Gardens Rd.

18   20 21

19

25 ⛁   22   23   24

●26

Taj Rd.

●Eine Ausnahme bzgl. Preiswertigkeit bildet das neue **Ashish Palace** €€€ (Fatehabad Rd., Tel.: 2230032), mit gelungen eingerichteten Zimmern mit großem Fernseher und Kühlschrank. Als einziges der hier genannten im unteren Bereich dieser Kategorie angesiedelt, ist es sein Geld allemal wert.

●Der **Mayur Tourist Complex** €€€-€€€€ (Tel.: 2332302, mayur268@rediffmail.com) steht in einer schönen Gartenanlage mit Swimmingpool schräg hinter dem *Taj View Hotel*. Die inzwischen etwas verwohnten AC- und Non-AC-Bungalows bieten etwas zweifelhaften 1970er-Jahre-Charme in einer hübschen Gar-

Akhbar der Große – der geniale Analphabet

Aller Anfang ist schwer – eine Weisheit, die auch für die Großen der Geschichte zutrifft. Als „erhabenes Gicksen" beschrieb der Chronist *Badauni* die Thronrede Akhbars am 14. Februar 1556. Mildernde Umstände wird man allerdings leicht für diesen wenig gelungenen Anfang einbringen können, befand sich doch der damals gerade einmal Dreizehnjährige nach dem unerwarteten Tod seines Vaters *Humayun* im Stimmbruch. Es dauerte nicht lange, bis das „erhabene Gicksen" zur machtvollsten Stimme der gesamten östlichen Welt werden sollte.

Akhbar war von allen islamischen Herrschern Indiens die interessanteste, exzentrischste und widersprüchlichste Persönlichkeit. So vermerkte der hochgelehrte Pater *Monserrate*, dass Akhbar „nicht nur auf erstaunliche Weise über alle Angelegenheiten des Reiches informiert war, sondern darüber hinaus über eine Bildung und über ein Wissen auf allen Gebieten der Philosophie und der Künste verfügte" – wahrlich erstaunliche Fähigkeiten für einen Mann, der Zeit seines Lebens Analphabet war. Abgesehen davon, dass er wie alle Analphabeten ein ausgezeichnetes Gedächtnis besaß, war er ein Büchernarr, der sich täglich aus den 24.000 Bänden seiner Bibliothek vorlesen ließ. Sein besonderes Interesse galt dabei den Schriften anderer Religionen wie dem Hinduismus, Jainismus, Christentum und Judentum. Er lud Gelehrte unterschiedlicher Glaubensrichtungen an seinen

Hof, um mit ihnen zu disputieren. Allmählich gelangte er dabei zu der Überzeugung, dass jede Religion ihre Vorteile hat und dementsprechend nicht eine Einzige für sich das Recht beanspruchen kann, die alleinige Wahrheit zu besitzen. Schließlich entwickelte Akhbar sogar seine eigene, „Din-il-Illahi" (Religion Gottes) genannte Lehre, in der er Elemente verschiedener Religionen vereinte. Wie weit er seiner Zeit voraus war, zeigt die Tatsache, dass in seinem Reich absolute Religionsfreiheit herrschte, während im christlichen Abendland blutige Glaubenskriege den europäischen Kontinent um Jahrhunderte zurückwarfen und religiöse Toleranz generell ein Fremdwort war.

Wenn es jedoch darum ging, die eigene Herrschaft zu erweitern, schlug diese vermeintliche Toleranz in unerbittliche Grausamkeit um. So ließ Akhbar 1568, nachdem er die Truppen Chittorgarhs besiegt hatte, ohne jede Not 30.000 Bauern und Söldner massakrieren, weil diese auf Seiten der besiegten Sissodias von Mewar gestanden hatten. Grundsätzlich jedoch zog er weitsichtige Diplomatie aufwändigen Schlachten vor, zumal er ja wusste, dass sich die muslimische Minderheit auf Dauer nur im Einklang mit der hinduistischen Mehrheit und deren Anführern behaupten konnte. Diese für Akhbar so charakteristische machtpolitische Kalkül war sicherlich auch ein Hauptgrund für seine religiöse Toleranz. Nach dem Motto „Eine Heirat erspart zehn Krie-

tenanlage, zu der auch ein hervorragendes Restaurant gehört. Insgesamt eine noch empfehlenswerte Unterkunft, auch wenn der Service leider oft zu wünschen übrig lässt.

● Architektonisch originell wirkt das staatliche **Hotel Taj Kheema** €€€-€€€€ (Tel.: 2130140) mit seinen in eine begrünte Hügel-landschaft hineingebauten Zimmern und Cottages (die teureren mit Kühlschrank und AC). Leider machen diese oft einen recht ungepflegten Eindruck, doch die ruhige Lage in der Nähe des Osttors sowie die sehr schöne Aussicht auf das Taj Mahal machen das Taj Kheema noch zu einer akzeptablen Adresse.

ge" ehelichte Akhbar insgesamt 17 Töchter von hochrangigen Rajputenfürsten, die als Belohnung höchste militärische Posten und dementsprechend lukrative Einnahmen erhielten. So standen an der Spitze der Mogularmeen, die Hindu-Aufstände niederschlugen und weite Landstriche für Akhbar und seine Nachfolger eroberten, selbst Hindus, welche dafür fürstlich entlohnt wurden. Hauptnutznießer dieser Strategie war der bis dahin recht unbedeutende Maharaja von Amber, *Man Singh*, aus dem Geschlecht der Khachhawas von Amber, der späteren Herrscher von Jaipur. Er verheiratete seine Tochter als erster Rajputenfürst mit Akhbar und stieg damit zum mächtigsten und reichsten Herrscher Rajasthans auf. Die 5.000 Frauen seines Harems, unter ihnen russische Amazonen und über 100 Mädchen aus Abessinien, verbrauchten täglich 500 kg Quark für Gesichtsmasken.

Dank der akribischen Hofschreiber wissen wir, dass Akhbar täglich nur eine Hauptmahlzeit zu sich nahm, die, bevor sie ihm mit dem Siegel des Küchenmeisters im Harem serviert wurde, aus Angst vor Gift dreimal vorgekostet worden war. Im übrigen trank er ausschließlich Gangeswasser und aß leidenschaftlich gern Obst und Eis, welches eigens aus Kashmir angeliefert wurde.

Während seiner monatelangen Reisen musste der Großmogul nicht auf häusliche Annehmlichkeiten verzichten. Die kaiserliche Karawane bestand aus 8.000 Personen, unter ihnen der gesamte Hofstaat und Hunderte Haremsdamen. Damit die hoheitliche Reisegruppe unterwegs auf keinerlei Luxus verzichten musste, wurden Zel-te, Moscheen und Bäder transportiert, und „zweitausend Steinmetze, Bergleute und Steinklopfer sowie zweitausend Erdarbeiter sorgten dafür, das Auf und Ab der Straßen vor seiner Majestät zu ebnen." Allein für den Getreidenachschub waren ständig 98.000 Lastochsen unterwegs, für den Transport der kaiserlichen Siebensachen 100 Elefanten, 500 Kamele, 400 Ochsenkarren und 1.000 Träger.

Finanziert wurde dieser märchenhafte Lebensstil zum einen aus den Steuereinnahmen des in Kronländer und so genannte Dschagirs eingeteilten Reiches. Eine weitere bedeutende Einnahmequelle war der Außenhandel mit Europa. Seide und Edelsteine waren kaiserliches Monopol, bei Gewürzen verdiente Akhbar dreißig Prozent. Um welch enorme Einkünfte es sich dabei handelte, zeigt ein Blick in die Exportstatistik des Jahres 1585, in dem 25.000 Tonnen Pfeffer, 17.000 Tonnen Gewürznelken, Edelsteine für fast zwei Millionen Golddukaten und 27.000 Ballen Seide von Indien nach Europa verfrachtet wurden.

Akhbars langfristig bedeutendste Tat bestand darin, das Mogulreich von einem Militärstaat zu einem zentralistischen Gemeinwesen auf Beamtenbasis umzuwandeln. Als er am 15.10.1605 in Agra starb, hinterließ er nicht nur eines der modernsten und wohlhabendsten Staatswesen der Erde, sondern hatte auch während seiner 50-jährigen Regentschaft eine geistige und religiöse Offenheit praktiziert, wie sie viele Jahrhunderte nicht wieder erreicht werden sollte.

Uttar Pradesh

Den tollen seitlichen Blick von der Rasenfläche lässt sich das Hotel von Nicht-Gästen teuer bezahlen: Sa–Do 100 Rs und Fr gar 200 Rs.

●Eine mindestens ebenso gute Adresse für weniger Geld ist das **Hotel Amar Yatri Niwas** €€€ (Tel.: 2233030-4, amaragra@sancharnet.in) mit sauberen, modern eingerichteten AC-Zimmern.

●Sympathisch, allerdings etwas überteuert ist das von Rasenflächen umgebene **Grand Hotel** €€€-€€€€ (Tel.: 2227513, 2227516) mit Restaurant an der Station Road zwischen Canttonment-Bahnhof und Taj Ganj.

●Das **Hotel Atithi** €€€-€€€€ (Tel.: 2230040, Fax: 2330878, hotelatithi@hotmail.com, www.hotelathiti.com) an der Fatehabad Road bietet klimatisierte, allerdings leicht verwohnte Zimmer mit TV, einige mit Kühlschrank. Ein Swimmingpool ist ebenfalls vorhanden.

●Wer im Atithi keinen Platz findet, kann es im nebenan gelegenen, preislich und qualitativ fast identischen **Hotel Amar** €€€-€€€€ (Tel.: 2331885-9, amaragra@sancharnet.in, www.amarhotel.com) mit Pool versuchen.

First Class und Luxus

●Über Swimmingpool, Fitnessraum und mehrere Restaurants verfügt das große, zentral klimatisierte **Agra Ashok Hotel** €€€€-€€€€€ an The Mall (Tel.: 2361223, moonagra@yahoo.com).

●Ausgesprochen angenehm wohnt man in dem um einen großen Innenhof mit Swimmingpool angelegten **Hotel The Trident** €€€€€ (Fatehabad Rd., Tel.: 2331810/8, agra@trident-hilton.com) – ein gutes Preis-Leistungs-Verhältnis.

●Teuer, dafür aber auch gut ist das mondäne **Mughal Sheraton** €€€€€ (Fatehabad Rd, Tel.: 2331701-26, mughal.sheraton@welcomgroup.com). Im Gegensatz zu vielen anderen Hotels dieser Preiskategorie wirkt es ganz und gar nicht steril, sondern elegant und freundlich.

●Auch der **Mansingh Palace** €€€€€ (Fatehabad Rd., Tel.: 2331771, mansingh.agra@mailcity.com, www.mansinghhotels.com) bietet schön eingerichtete Zimmer sowie einen Swimmingpool zu angemessenem Preis.

●Sehr geschmackvoll eingerichtete, klimatisierte Zimmer sowie einen Pool in einem großen Garten bietet das empfehlenswerte **Taj View** €€€€€ (Tel.: 2232400-18, tajview.agra@tajhotels.com).

●Mit Abstand die luxuriöseste Unterkunft ist das fabelhafte **The Oberoi Amarvilas** €€€€€ (Tel.: 2231515, reservations@oberoi-amarvilas.com) nahe dem Osttor des Taj Mahal, das leicht 6 oder 7 Sterne verdient hat. In eine tolle Architekturlandschaft mit Wandelgängen und Wasserspielen eingebettet, muss für diese absolute Luxusherberge allerdings auch ein kleines Vermögen pro Nacht hingeblättert werden.

Essen und Trinken

●Selbst wer keinen Hunger verspürt, sollte sich nicht die großartige Aussicht vom Dachrestaurant der **Shanti Lodge** entgehen lassen. Ein idealerer Ort, um bei einem kleinen Imbiss oder einem Getränk ein paar Postkarten zu beschreiben und das Taj auf sich wirken zu lassen, lässt sich kaum denken. Gelegentlich sind Händler, die dort eingelassen werden, leider etwas aufdringlich.

●Auch die **Gulshan Lodge** lockt mit ihrem Dachrestaurant. Wer ein wenig vom bunten Leben des Taj Ganj an sich vorbeiziehen lassen möchte, sollte das im Erdgeschoss ansässige Lokal vorziehen.

●Ein alter Favorit speziell fürs morgendliche Frühstück ist **Joney's Place** schräg gegenüber. Geht man nach der Anzahl der dort ansässigen Fliegen, ist es jedoch sicherlich kein Hort der Hygiene.

●Das beste vegetarische Essen in Taj Ganj bekommt man im schön eingerichteten **Shankara Vegis Restaurant.** Wenn die Bob-Marley-Kassettenauswahl etwas variiert würde, wär's ein richtig gutes Lokal.

●Großer Beliebtheit erfreut sich auch das im selben Gebäude gelegene **King's Crown Roof Top Restaurant.**

●**Stuff Makers** im *Hotel Kamal* ist wohl hauptsächlich wegen seiner Taj-Ausblicke vom Dach sowie der gemütlichen Strohdächer zu ebener Erde ein weiterer beliebter Treffpunkt der Traveller-Gemeinde. Das Essen ist typisches Travellerfood und eher durchschnittlich, aber preiswert.

●Angenehm sitzen kann man im **Park Restaurant.** Im Angebot sind neben südindischen Gerichten auch chinesische Speisen. Gegenüber bietet das etwas teurere **Prakash** nord- und südindische sowie bengalische und Punjabi-Küche (freitags geschlossen).

●Ausgezeichnete südindische Gerichte serviert das **Restaurant Dosaprakash** beim Meher Cinema, eine stadtbekannte Adresse.

●Das **The Only Restaurant** an The Mall wird von Indern sehr geschätzt, allerdings ist das Essen durchschnittlich (um 250 Rs pro Hauptgericht), abends ab 19 Uhr oft Live-Musik.

●Ein modernes Café der **Café Coffee Day**-Kette gegenüber dem *Pawan Hotel* bietet cleane Atmosphäre und schnelle Gerichte (Pizza, Burger) und Kuchen inkl. eines Schwarzwälder-Kirsch-Versuchs, Kaffee aus Kolumbien und Ghana sowie Eiscreme – immer gut für einen Snack.

●Im **Pizza Hut** neben dem *Athiti Hotel* gibt's außer dem Restaurant einen Zustellservice (Tel.: 2333051-3) ohne Aufpreis – kein Wunder, sind doch die Pizzas sowieso recht teuer.

●Keinen Blick, dafür aber exzellente Gerichte zu sehr günstigen Preisen bietet das freundliche **Yash Café** direkt neben der Shanti Lodge.

●Noch zu empfehlen ist das ehemals erstklassige, immer noch gute **Zorba the Buddha** im Sadar Bazaar. Das von der *Osho Commune* gemanagte vegetarische Restaurant serviert gesunde Kost und diverse Kräutertees in blumiger Umgebung, ein angenehmer Ort zum Entspannen im eher hektischen Agra.

●Im Agra-Canttonment-Bahnhof sorgt das gute **Comesum Multicuisine Food Plaza** mit *dosas, thalis* und Burgern preiswert Tag und Nacht fürs leibliche Wohl.

Bank

●Neben der **State Bank of India** an der M.G. Rd. (Mo–Fr 10–16 Uhr, Sa 10–13 Uhr) tauschen auch die **Central Bank of India** und die **Andhra Bank** beim *Pawan Hotel* sowohl Bargeld als auch Travellerschecks.

Außerdem besteht bei den letzten beiden die Möglichkeit, für Visa- und Mastercard Geld zu erhalten.

●**ATMs:** nahe dem Taj Mahal von der UTI-Bank (ein weiterer UTI-ATM 100 m rechts vom *Pawan Hotel*) sowie von der ICICI-Bank gegenüber dem *Hotel Howard Park Plaza,* außerdem einer von der HDFC-Bank gegenüber dem *Hotel Athiti* (der außer Visa-, Master-, Maestro- und Cirrus-Karten wie die anderen auch Kunststoff von American Express akzeptiert).

●Außerdem sind mehrere **private Wechselstuben,** z.B. von LKP Forex (bis 20 Uhr, Fr geschl.), zu finden.

Post, Telefon und Internet

●Die **Hauptpost** (Mo–Sa 10–17 Uhr) liegt zentral an The Mall gegenüber von IndiaTourism, Filialen sind im *Clarks Shiraz Hotel* und an der Taj Rd. zu finden.

●Eine Telefon-Minute nach Europa kostet in Agra im **Cyber Point** neben dem *Tourists Rest House* mit 14 Rs am wenigsten, andere wollen auch schon mal mehr oder nennen vor dem Telefonat einen geringeren Preis, als dann tatsächlich zu zahlen ist. Also jedenfalls vorher nach dem Endpreis pro Minute fragen und an der digitalen Anzeige während des Gesprächs kontrollieren.

●Internet kostet durchschnittlich 25–40 Rs/ Std. Schnell sind die diversen Internetcafés der **sify-i-way-Kette** nahe dem Südtor des Taj Mahal, in Sadar Bazaar und an der Mall beim Hotel *Ashish Palace,* die zwischen 22.30 und 23 Uhr ihre Pforten schließen. Auch der *Cyber Point* beim *Tourists Rest House* ist zu empfehlen. Billigere (ab 15 Rs) und langsamere Verbindungen gibt es z.B. an 2, Taj Rd.

Medizinische Versorgung

●Da auch einige der privaten Krankenhäuser Kommission an die Riksha-Fahrer zahlen, sollte man im Falle eines Falles besser ein staatliches Krankenhaus aufsuchen. Hier bieten sich das **S.N. Hospital** (Tel.: 2264428, 2361616) an der Hospital Rd. und das **District Hospital** (Tel.: 2363139, 2361099) an der Kutchery Rd. an.

Feste

● Jedes Jahr vom 18. bis 27.12. findet auf dem so genannten Shilpgram ca. 200 m östlich des Osttors des Taj Mahal das bedeutende **Taj Mahotsala Festival** mit Musik und Tanz (internationale Künstler) statt.

Aktivitäten

● In vielen (nicht nur teuren) Hotels kann man im **Pool** plantschen, man sollte aber telefonisch anfragen, ob er auch gefüllt ist. Die billigste Möglichkeit bietet *Lauries Hotel* mit großem Pool für 100 Rs, die teuerste *Clarks Shiraz* für 450 Rs.

● Östlich des Taj Mahal wurde ein kleiner Naturpark angelegt, in dem sich viele Vogelarten und Schmetterlinge mit dem Taj als Hintergrundkulisse beobachten lassen, der **Taj Nature Walk** ist von 6 bis 18 Uhr geöffnet. Ein kleines Gartenrestaurant gegenüber sorgt fürs Kulinarische.

An- und Weiterreise

Flug

● Indian Airlines (Hotel Clarks Shiraz, 54 Taj Road, Tel.: 2226821, Mo–Sa 10–17 Uhr, Pause 13.15–14 Uhr) fliegt Mo, Mi und Fr von Agra nach **Delhi** (65 US-$), **Khajuraho** (90 US-$) und **Varanasi** (115 US-$). Da die beliebteste Touristenflugroute ganz Indiens während der **Hauptsaison** oft durch große Reiseveranstalter belegt ist, sollte man möglichst lange im Voraus buchen.

● Ebenfalls auf dem Gelände des *Hotel Clarks Shiraz* befinden sich die Büros von **Jet Airways** (Mo–Sa 9–17.30 Uhr, Tel.: 2226527/9, Fax: 2226119) und **Lufthansa** (Mo–Fr 10–18 Uhr, Sa 10–16 Uhr, Tel.: 2226136/9).

Bahn

● Es gibt mit dem **Agra Canttonment** (Tel.: 2364516) und dem **Agra Fort** (Tel.: 2364163,

2364131) zwei Bahnhöfe in Agra, von denen der erste der bedeutendere ist. Hier findet sich auch das **Reservierungsbüro** (Tel.: 2421204), Mo–Sa 8–20 Uhr, Sa 8–14 Uhr.

● Verbindungen sind im Anhang aufgelistet.

Bus

● Nach **Fatehpur Sikri** und **Bharatpur** fahren viele Busse vom Igdah-Busbahnhof (Tel.: 2363588) an der Ajmer Road. Will man zum Keoladeo-Vogelreservat, sollte man schon einige Kilometer vor Bharatpur an der Kreuzung Saras Circle beim *Tourist Bungalow* aussteigen, in dessen Nähe sich der Parkeingang und die meisten Unterkünfte befinden, und nicht bis zum 4 km entfernten Busbahnhof Bharatpur weiterfahren.

Nach **Delhi** (5 Std. zum Busbahnhof Sarai Kale Khan) mit Stopp in **Mathura**. Nach **Jaipur** (5,5 Std.) und **Gwalior** (2,5 Std.) bestehen stündliche Verbindungen, doch bequemer kommt man mit dem Zug voran. Außerdem Busse nach **Khajuraho** (5 und 17 Uhr, 10 Std., 180 Rs).

● Die bequemste Möglichkeit zu Orten in **Rajasthan** (z.B. Jaipur in 6 Std., 165 Rs, AC 250 Rs) zu kommen, bieten die AC-Busse der Golden und Silver Line. Tickets sind am Busbahnhof und im nahe gelegenen *Hotel Sakura* (allerdings mit Aufpreis), von wo die Busse starten, zu erwerben. Ein vorheriger Kauf ist angeraten, da die Busse begehrt sind. Allerdings ist darauf zu achten, dass sie nicht überall halten und teilweise den vollen Fahrpreis bis zur Endstation verlangen, auch wenn man vorher aussteigen will.

● Vom Powerhouse Busstand am Agra Fort fahren Busse nach **Mathura** (2 Std.) über **Sikandra.**

> Wer mit dem Auto oder Taxi von Agra Richtung Fatehpur Sikri fährt, begegnet des öfteren **Tanzbären** am Straßenrand, die speziell für Touristen dort stehen. Man sollte diese Art des Broterwerbs nicht unterstützen, indem man anhält, da die Bären ein recht miserables Leben führen müssen.

Umgebung von Agra

Sikandra   ♫ V/D2/3

Das 10 km nördlich von Agra nahe der Straße nach Mathura gelegene Sikandra geht auf den Lodi-Herrscher *Sikandra Lodi* (1489–1527) zurück, der hier eine neue Hauptstadt errichten wollte. Von seinem ambitionierten Vorhaben ist heute außer einigen Mauerresten so gut wie nichts erhalten geblieben. Dennoch fahren jährlich Tausende von Touristen nach Sikandra, um das prächtige **Grabmal Kaiser Akhbars**, welches in der Mitte einer gepflegten und ummauerten Gartenanlage liegt, zu besuchen.

Man betritt die weiträumige Anlage durch das Südtor. Dieser sehr schöne Bau aus rotem Sandstein mit filigranen Marmoreinlegearbeiten übertrifft das eigentliche Grabmal in seiner künstlerischen Ausgestaltung. Die kunstvollen Kufi-Bänder stammen von *Amanat Khan*, dem gleichen Künstler, der auch für die Kalligrafien des Taj Mahal verantwortlich zeichnete. Ähnlich wie beim Taj wird in die persische Gedichte rezitierenden Spruchbändern auf den Zusammenhang zwischen Garten und Paradies verwiesen. Auffällig sind die vier das Tor an den Eckpunkten flankierenden **Minarette.**

Über eine breite, gepflasterte Allee gelangt man zum vierstöckigen **Mausoleum,** welches mit seiner unorthodoxen Mischung aus unterschiedlichen Stilelementen zunächst etwas verwirrend wirkt. Besoners augenfällig ist der Kontrast zwischen klassisch-islamischen Bögen und den die oberen Stockwerke betonenden offenen Pfeilerhallen, einem typisch hinduistischen Stilelement. Im leider nicht zugänglichen Obergeschoss befindet sich der mit den 99 Namen Allahs verzierte Kenotaph Akhbars. Die sehr eigenwillige Konstruktion des Mausoleums zeigt die für Akhbar so charakteristische Toleranz gegenüber anderen Religionen. Allerdings wurden viele das Gesamtbild prägende Gebäudeteile, wie die Minarette am Eingangstor, nicht von Akhbar selbst, der noch vor der Vollendung seines Grabmals starb, sondern von seinen Nachfolgern errichtet, deren Architekturvorstellungen sich deutlich vom bedeutendsten aller

Moguln unterschieden. Ähnlich einer ägyptischen Pyramide führt ein schmaler Gang zur Gruft mit dem **Sarkopharg** Akhbars. Leider wurden die früher die Wände zierenden Malereien übertüncht, so dass die Grabkammer recht steril wirkt.

● **Geöffnet** ist das Mausoleum tgl. 6 bis 18 Uhr, Eintritt: 110 Rs, Videokamera 25 Rs.

An- und Weiterreise

● Die meisten Touristen besuchen Sikandra im Rahmen der vom Tourist Office in Agra angebotenen **Tagestour.**
● Mit dem **Scooter** sollte man inkl. Wartezeit mit 150 Rs für Hin- und Rückfahrt von Agra rechnen, per **Taxi** sind es ca. 300 Rs.
● Es besteht auch die Möglichkeit, mit einem **Bus** Richtung Mathura vom Agra-Fort-Busbahnhof für 8 Rs nach Sikandra zu gelangen.

Highlight:
Fatehpur Sikri   ♫ V/D3

Sehr treffend hat man die auf einem Felsrücken knapp 40 km südwestlich von Agra gelegene Geisterstadt einmal als imposantes Monument der Macht und gleichzeitig der Ohnmacht des Mogul-Reiches bezeichnet.

Glaubt man der Legende, kam Akhbar nach Sikri, um bei dem oberhalb der Ortschaft auf einem Felsen lebenden Heiligen *Shaikh Salim Chisti* um den Segen für die Geburt eines männlichen Nachfolgers zu bitten. Nachdem sein Wunsch in Erfüllung gegangen war, erkor er die Einsiedelei des Sufis zum Standort einer neuen Hauptstadt des Mogul-Reiches.

Die Bauarbeiten begannen 1571 zunächst mit der Errichtung der 10 km langen Stadtmauer. Die Moschee wurde auf dem höchsten Punkt des Felsens errichtet. Nach einem erfolgreichen Feldzug in Gujarat benannte Akhbar die neue Hauptstadt in Fatehpur („Stadt des Sieges") um.

Doch ebenso abrupt wie die Geschichte Fatehpur Sikris 1571 begonnen hatte, endete sie kaum 15 Jahre später auch wieder. Als

Akhbar für mehrere Jahre als oberster Feldherr unterwegs war und die von Anfang an problematische Wasserversorgung endgültig zusammenbrach, verließ der Hofstaat das ehrgeizige Projekt und verlegte sich nach Lahore im heutigen Pakistan. 1619 kehrte *Akhbars* Sohn *Jehangir* noch einmal für wenige Monate nach Fatehpur zurück, um einer in Agra grassierenden Pest zu entfliehen, und dessen Sohn besuchte mehrfach das Grabmal des Heiligen.

Mit dem Niedergang des Mogul-Reiches geriet Fatehpur Sikri endgültig in Vergessenheit. Nur die Bewohner der unterhalb der Anlage liegenden Ortschaft zogen noch Nutzen aus der Geisterstadt, indem sie die Gebäude als willkommenen Steinbruch für ihre eigenen Häuser zweckentfremdeten.

Rundgang

Mit der **Moschee** im Süden und der etwa 100 m weiter nordöstlich sich anschließenden **Palastanlage** wird Fatepur Sikri in zwei deutlich zu unterscheidende Teile geteilt. In den Innenhof der flächenmäßig größten Moschee Indiens führen zwei Tore, das **Königstor** (Badshahi Dawarza) und das gewaltige, 54 m hohe **Siegestor** (Buland Dawarza), welches Akhbar als eine Art Triumphbogen im Anschluss an den Sieg über die Truppen Ahmedabads in Gujarat im Jahr 1573 errichten ließ. Hat man das über eine breite Freitreppe zu erreichende Siegestor durchquert, fällt der Blick auf das **Marmormausoleum**, welches Akhbar etwa zehn Jahre nach dessen Tod für den Heiligen *Shaikh Salim Chisti* errichten ließ. Das von einem Baldachin aus Ebenholz überwölbte Kenotaph in der zentralen Kammer des Mausoleums wird von eifrig um möglichst hohe Spendengaben bemühte Grabwächter umstanden. Die die Zentralkammer umlaufenden, filigran durchbrochenen Marmorwände und die mit Voluten und Blattwerk verzierten Pfeiler des Portikus zählen zu den schönsten Arbeiten ihrer Art in ganz Indien. Auffallend viele der heute zum Grabmal des Heiligen pilgernden Gläubige sind Frauen, die, dem Beispiel Akhbars folgend, um die Geburt eines Sohnes bitten. Dazu binden sie kleine, bunte Baumwollfä-

den um die Sprossen der Marmorfenster. Für die Ehefrauen in Indien ist dies auch heute noch die zentrale Aufgabe, da sie sonst in den Augen ihrer Männer und deren Familien ihrer wichtigsten Verpflichtung im Leben nicht nachgekommen sind.

Die nach Westen gerichtete Front des Hofes wird von der Freitagsmoschee eingenommen, die mit einer Länge von 90 m und einer Breite von 20 m Mitte des 16. Jh. als die größte Moschee des Mogulreiches galt.

Nachdem man die nordöstlich der Moschee gelegene eigentliche Palastanlage betreten hat, befindet man sich zunächst im **Haremsbereich.** Auf der linken Seite steht der nach der Mutter *Jehangirs* benannte **Jodhbai-Palast**, von dem man annimt, dass er das erste in Fatehpur errichtete Gebäude gewesen ist. Mit seinen hohen Mauern und dem Wächterhäuschen am Eingang erinnert der fensterlose Bau an eine stark gesicherte Festung. Der Zugang zum Hof liegt axial, damit man von außen nicht den Haremsbereich einsehen konnte. In dem hinduistische und muslimische Elemente vereinigenden Bau, der früher über einen Gang mit dem Privatgemächern des Herrschers verbunden war, lebte ein Großteil der über 300 Konkubinen des Kaisers.

Begibt man sich nach Verlassen des um einen großen Innenhof angelegten Baus nach links, so fällt einem das **Haus der Maryam** ins Auge, welches früher wegen seiner prächtigen Wandbemalung „Goldenes Haus" (Sunhara Makan) genannt wurde. Von den meisten einheimischen Führern als Haus der portugiesischen Gemahlin Akhbars beschrieben, die es allerdings nachweislich nie gegeben hat, diente es aller Wahrscheinlichkeit nach als Residenz der Mutter Akhbars. Im Inneren des von einem Pavillon gekrönten Gebäudes lohnen die hinduistische Motive zeigenden Wand- und Deckenmalereien einen Besuch.

Geht man von hier nach links, entlang der Außenmauer des Jodhbai-Palastes, so gelangt man nach etwa 100 m zu dem zweigeschossigen **Haus von Birbal,** welches der französische Autor *Victor Hugo* einmal mit einer überdimensionalen Schmucktruhe verglich. Obwohl der Bau ausschließlich aus Stein errichtet wurde, erweckt die detailgenaue Verzierung der Außenwände durch die hinduistischen Steinmetze den Eindruck, als handele es sich um einen Holzbau. Auch hier finden sich wieder viele Hindu-Elemente wie das Lotosmotiv, die an einer Kette herabhängende Tempelglocke oder ein Wasserkrug. Die Kuppeln über dem Obergeschoss und die Satteldächer über den Eingangsbauten des Untergeschosses sind zweischalig ausgeführt, um eine übermäßige Aufheizung der Räume im Sommer zu vermeiden – eine „raumklimatechnische" Methode, die unter anderem auch im Roten Fort Anwendung fand.

Der Name *Birbal* bezieht sich auf einen Hindu, der am Hofe *Akhbars* großen Einfluss hatte, wiederum ein Beleg für die oft gepriesene Toleranz *Akhbars*. Man nimmt jedoch an, dass nicht er, sondern Haremsdamen das Haus bewohnten.

Anschließend an den Birbal Bhawan findet sich ein u-förmiger Hof, der lange Zeit als Stallung für 200 Pferde und Kamele angese-

hen wurde. Der damit einhergehende Lärm und Gestank sowie die Anwesenheit von Männern in unmittelbarar Nähe zum Haremsbereich erscheint jedoch mehr als ungewöhnlich, und so geht man heute davon aus, dass es sich um die Unterkünfte der weiblichen Bediensten des angrenzenden Harems gehandelt haben muss.

Zurück zum Haus der Maryam sind es nur wenige Meter zum **Panch Mahal,** dem beherrschenden Bauwerk des **königlichen Palastbereiches.** Die insgesamt 176 Säulen des fünfgeschossigen, sich nach oben verjüngenden Gebäudes weisen in ihrer Ornamentierung erneut viele hinduistische und jainistische Stilelemente auf. Vom dritten Stock (die oberen beiden Stockwerke sind gesperrt) dieses ursprünglich zur Entspannung in luftiger und damit kühlender Höhe für die Haremsdamen erbauten Bauwerkes aus bietet sich ein herrlicher Blick über die gesamte Anlage. Von hier aus eröffnet sich dem Betrachter der für die damalige Zeit ungewöhnliche, fast schon revolutionäre Architekturentwurf Akhbars. Die scheinbar alle Begrenzungen

Fatehpur Sikri

237ra Foto: tb

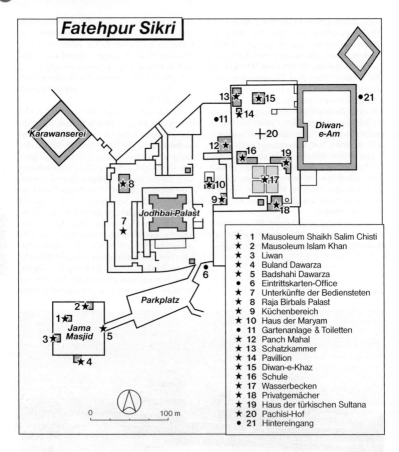

Fatehpur Sikri

Karawanserei

Jodhbai-Palast

Diwan-e-Am

Parkplatz

Jama Masjid

0   100 m

★ 1 Mausoleum Shaikh Salim Chisti
★ 2 Mausoleum Islam Khan
★ 3 Liwan
★ 4 Buland Dawarza
★ 5 Badshahi Dawarza
● 6 Eintrittskarten-Office
★ 7 Unterkünfte der Bediensteten
★ 8 Raja Birbals Palast
★ 9 Küchenbereich
★ 10 Haus der Maryam
● 11 Gartenanlage & Toiletten
★ 12 Panch Mahal
★ 13 Schatzkammer
★ 14 Pavillion
★ 15 Diwan-e-Khaz
★ 16 Schule
★ 17 Wasserbecken
★ 18 Privatgemächer
★ 19 Haus der türkischen Sultana
★ 20 Pachisi-Hof
● 21 Hintereingang

sprengende leichte Anordnung der einzelnen Gebäude bricht mit islamischen wie auch hinduistischen Traditionen und spiegelt so den unabhängigen Geist und selbstbewussten Charakter Akhbars wieder.

Der **Pachisi-Hof,** der wie eine überdimensionale Kopie des gleichnamigen Brettspiels, das der Kaiser hier gespielt haben soll, aussieht, bildet mit dem Wasserbecken an der Südseite den eigentlichen Mittelpunkt der Palastanlage. Der Überlieferung nach spielte

man nicht mit herkömmlichen Holzfiguren, sondern mit Sklavinnen in verschiedenfarbiger Kleidung. Der Hofhistoriker *Abul Fasl* gibt Einblick in die damaligen Spielgewohnheiten: „Zeitweise nahmen mehr als zweihundert Spieler teil, und niemandem war es erlaubt, nach Hause zu gehen, bevor er sechzehn Runden gespielt hatte. Das konnte unter Umständen drei Monate dauern. Wenn einer unter ihnen die Geduld verlor und unruhig wurde, musste er einen Becher Wein trinken."

Die **Privatgemächer** des Kaisers schließen die 175 m lange Hofanlage nach Süden ab. Es bedarf schon einiger Fantasie, um sich den ehemaligen Glanz des dreistöckigen, aus mehreren Gebäudeteilen bestehenden Privatpalastes vorstellen zu können. Wesentlich leichter fällt einem die Vorstellung bei dem vorgelagerten **Wasserbecken Anup Talao.** Auf der durch vier Stege mit dem Ufer verbundenen zentralen Plattform sollen in Vollmondnächten musikalische Darbietungen stattgefunden haben.

Wegen seiner reichen, an das Haus *Raja Birbals* erinnernden Verzierung an Außen- wie Innenwänden verdient auch das am nordöstlichen Ende des Wasserbeckens stehende Haus der türkischen Sultana *Ruqaya Begum* Beachtung.

In der nordwestlichen Ecke der Hofanlage findet sich die königliche **Schatzkammer** (Ankh Micholi), von der die um blumige Geschichten nie verlegenen Chronisten des Mogul-Hofes erzählten, dass hier der Kaiser mit seinen Konkubinen Blinde Kuh gespielt haben soll. Ein großartiges Beispiel der einzigartigen Steinmetzkunst und der religiösen Toleranz Akhbars bietet ein direkt vor dem Bau platzierter Pavillon. Die Blumen-, Girlanden- und Tiermotive des sich vom Dach zu den Säulen windenden *Toranas* sind in bester Jain-Tradition ausgeführt und brauchen den Vergleich mit Dilwara und Ranakpur nicht zu scheuen.

Von außen recht schmucklos und zudem unglücklich proportioniert wirkt der angrenzende **Diwan-e-Khaz.** Um so beeindruckender zeigt sich dafür das Innere des Gebäudes. In der Mitte des zweigeschossigen Raumes erhebt sich eine reich ornamentierte Säule, deren weit ausladender Konsolenring die runde Plattform für den Thron des Kaisers trägt. Schmale Brücken gehen zu den vier Ecken der umlaufenden Galerie. Das Gebäude diente wohl in erster Linie als kaiserliches Studierzimmer, in dem sich der Herrscher zuweilen mit berühmten Philosophen des Reiches austauschte. Die **öffentliche Audienzhalle** mit einem großen Innenhof bildet das nordöstliche Ende der Palastanlage.

Sehr eindrucksvoll ist ein Abstecher auf die Nordseite des Palastes zum **Elephant Tower**, von dem sich ein fantastischer Blick auf die Gesamtanlage sowie die reizvolle Landschaft bietet. Zudem lässt sich hier die Anlage nahezu touristenfrei genießen. Zu erreichen über einen abwärts führenden Weg zum Hathi Pol (Elefantentor) oder indem man einen schmalen Weg östlich des Diwan-e-Am-Hintereingangs um die Anlage herum folgt.

● Der **Eintritt** in die Jama Masjid ist frei, für die Palastanlage sind 250 Rs zu zahlen, Video 25 Rs. Eine einstündige Führung sollte nicht mehr als 85 Rs kosten.

Unterkunft

(Vorwahl: 05613)

● Eine der besten Unterkünfte in Fatehpur Sikri ist das **Hotel Goverdhan Tourist Complex** €-€€ (Tel.: 282643, goverdhan@hotmail. com) mit Garten und sauberen Zimmern mit Heißwasser, die teureren mit TV. Gäste haben 10 Min. Internet tgl. frei. Die Dachterrasse wird zum Restaurant ausgebaut. Ein weiteres Restaurant liegt direkt daneben.

● Ebenfalls in Ordnung ist der staatliche **Gulisham Tourist Complex** €-€€ (Tel.: 282490). Der architektonisch sehr ansprechende Bau, etwa 500 m vom Ort an der Hauptstraße Richtung Agra gelegen, bietet geräumige und gepflegte Zimmer, die teuren mit AC. Das hauseigene Restaurant wirkt recht unpersönlich.

● Wer im Dorf wohnen will, trifft mit dem **Ajay Palace** € (Agra Rd., Tel.: 282950) eine gute Wahl. Die Zimmer sind einfach, teils mit Gemeinschaftsbad, das Dachrestaurant bietet gute Aussichten und gutes Essen. Ganz billig wohnt man im **Ashoka Guest House** € (Tel.: 284904) ganz in der Nähe.

● Das **Maurya Rest House** € (Tel.: 282348) direkt unterhalb des Buland Dawarza bietet kleine Zimmer, teilweise mit Balkon, die billigen mit Gemeinschaftsbad.

An- und Weiterreise

● **Bahn:** Die tgl. vier Züge zwischen **Agra** und Fatehpur Sikri sind nicht zu empfehlen, da oft hoffnungslos überfüllt und verspätet.

● **Bus:** Tgl. sechs Busse vom Igdah-Busbahnhof in **Agra** (1,5 Std.) nach Fatehpur Sikri.

Man sollte darauf achten, einen der kleineren Busse nach Fatehpur Sikri Town zu erwischen, da nur diese nah am Mausoleum halten. Die häufigen Busse zum nur 22 km entfernt gelegenen **Keoladeo-Nationalpark** in **Bharatpur,** Rajasthan (45 Min.), fahren etwa 1 km vom Mausoleum entfernt vorbei. Ein Tipp für Busfahrten zum Keoladeo Nationalpark: Alle Busse von Fatehpur Sikri nach Bharatpur passieren den 500 m vom Eingang zum Vogelpark entfernten *Tourist Bungalow* am Saras Circle, um den sich die meisten Unterkünfte gruppieren. Es empfiehlt sich, bereits dort auszusteigen, da der Busbahnhof von Bharatpur weitere 4 km entfernt ist.

Mathura ↗ V/D2

(ca. 320.000 Einwohner, Vorwahl: 0565)

Als **Geburtsort des Hindu-Gottes Krishna** gilt die Stadt am Fluss Yamuna als eine der sieben heiligsten Pilgerstätten der Hindus. Seit alters her wurde Mathura wegen des hier herrschenden toleranten Klimas von Vertretern unterschiedlichster Religionsgemeinschaften aufgesucht. Neben Hindus und Jains errichteten auch die Buddhisten bedeutende Heiligtümer. So berichtet der chinesische Pilger *Fa Hsien* im 4. Jh. von 20 Klöstern, in denen 3.000 Mönche gelebt haben sollen.

Abgesehen von seiner religiösen Bedeutung kam der Stadt wegen ihrer günstigen geographischen Lage große ökonomische Bedeutung zu, die sie gleichzeitig zu einem der beliebtesten **Beuteobjekt** zahlreicher Eroberer werden ließ. Wenn heute nur noch recht wenig vom ursprünglichen Glanz der Stadt erhalten geblieben ist, so liegt dies an den zahlreichen Brandschatzungen, die die Stadt über sich hat ergehen lassen müssen. So plünderte der afghanische Feldherr *Mahmud-e-Ghazni* während einer seiner zahlreichen Beutezüge im Jahre 1017 viele der äußerst reich ausgestatteten Tempel. Fünf Jahrhunderte später tat es ihm *Sikandar Lodi* gleich. Ende des 17. Jh. ließ der letzte Mogul-Kaiser *Aurangzeb* viele hinduistische Heilig-

tümer niederreißen und errichtete über der Geburtsstätte Krishnas eine Moschee.

Auf diesem historischen Hintergrund erklärt sich auch, warum Mathura heute neben Varanasi und Ayodhya zu einer der Hochburgen des Hindu-Nationalismus geworden ist und viele Moscheen von Polizisten bewacht werden. Die wiederholten Zerstörungen historischer Stätten hatten zur Folge, dass von den einst glorreichen Zeiten heute nur noch wenige architektonische Dokumente erhalten sind.

Sehenswertes

Shri Krishna Janmabhumi Mandir

Unzählige Souvenirhändler mit wunderbar kitschigen Postern des pausbäckig auf einer Wolke schwebenden Krishna drängen sich am Eingang zu diesem wichtigsten **Hindu-Tempel** Mathuras. Im Inneren des direkt an die von *Aurangzeb* errichtete Moschee angrenzenden Heiligtums scharen sich die Gläubigen um jene Steinplatte, die den Ort markieren soll, an dem **Krishna,** die achte Inkarnation Vishnus, als Sohn von *Vasudeva* und dessen Frau *Devaki* geboren wurde. *Kamsa*, dem tyrannischen Herrscher Mathuras und Bruder *Devakis*, war geweissagt worden, das achte Kind seiner Schwester würde ihn töten. Deshalb warf er sie und ihren Mann ins Gefängnis und tötete alle ihre Nachkommen direkt nach der Geburt. Durch ein Wunder konnte Krishna entkommen und bei Pflegeeltern aufwachsen. Später konnte er den Tyrannen selbst beseitigen, musste danach jedoch aus Furcht vor der Rache der Verwandten nach Dwarka im heutigen Gujarat fliehen.

Entlang des Yamuna-Flusses

Neben der Geburtsstätte Krishnas vermittelt ein Spaziergang nördlich der Eisenbahnstrecke am westlichen Ufer des Yamuna noch am ehesten einen Eindruck von der religiösen Atmosphäre dieser heute ansonsten recht hektischen Stadt. Die bedeutendste und meistbesuchte der zahlreichen religiösen Badestätten ist das **Vishram-Ghat.** Hier soll sich Krishna nach der Ermordung *Kamsas* ausgeruht haben. Den direkt daneben gelegenen **Sati Burj** ließ der Sohn des Maharaja von Jaipur in Gedenken an seine Mutter errichten, nachdem sich diese 1571 zusammen mit ihrem verstorbenen Mann auf dem Scheiterhaufen verbrennen ließ und somit zur *Sati* wurde. Weiter nördlich ließ der begeisterte Astrologe *Jai Singh* von Jaipur Ende des 16. Jh. eines seiner insgesamt vier Observatorien erbauen, welches jedoch inzwischen gänzlich verschwunden ist. Einige wenige Überreste blieben von dem **Kausqila-Fort** erhalten, das von seinem Vorgänger *Rajaman Singh* aus Amber erbaut wurde.

Dwarkadish-Tempel und Gita Mandir

Das neben dem Janmabhumi-Tempel bedeutendste Heiligtum der Stadt ist der nach Dwarka, dem späteren Fluchtort Krishnas im heutigen Gujarat, benannte moderne **Dwarkadish-Tempel.** Noch neueren Datums ist der von der Birla-Familie gestiftete **Gita Mandir** am nördlichen Rand der Stadt. Von außen wirkt der moderne Tempel zunächst zwar recht nüchtern, beeindruckend ist jedoch der sogenannte **Gita Stambha**, eine Säule, auf der die gesamten Verse des großen Hindu-Epos *Bhagavadgita* eingraviert wurden – und das sind nicht weniger als 25.000.

Archäologisches Museum

Das inmitten eines Parks unweit des *Tourist Office* gelegene Archäologische Museum zeichnet sich vor allem durch eine ungewöhnlich umfangreiche Sammlung archäologischer Funde aus. Besonders beeindruckend sind die Exponate aus der Gupta- und Kushan-Periode.
● **Geöffnet:** tgl. außer Mo 10–17 Uhr, Eintritt 25 Rs, Kamera 25 Rs.

 Achtung: Die meisten Tempel sind von 11 bis 16 Uhr geschlossen.

Information

● Das **UP Touristenbüro** (Tel.: 2425351) befindet sich beim alten Busbahnhof und ist tgl., außer So und jeden 2. Sa, von 10 bis 17 Uhr geöffnet.

Stadtrundfahrt

● Die recht weit verstreut gelegenen Sehenswürdigkeiten von Mathura, Vrindavan und den teils schwer erreichbaren Ortschaften der Umgebung, die mit Krishna in Verbindung stehen, wie Gokul, Nandgaon, Basana und Govardhan, werden wohl am besten bei einer ganztägigen Stadtrundfahrt (7–19 Uhr, 100 Rs) besucht. Der Bus startet am *UP Tourist Office.*

Stadtverkehr

● Zwischen den beiden Busbahnhöfen sowie dem Bahnhof und der Innenstadt verkehren **Tempos.**
● Vom alten wie vom neuen Busbahnhof mit der **Autoriksha** zum Bahnhof kostet es max. 15 Rs. Per Autoriksha kostet es zum 13 km entfernten Vrindavan etwa 100 Rs.

Unterkunft, Essen und Trinken

● Viel fürs Geld bietet das sympathische **International Guest House** € (Tel.: 2423888) gleich neben dem Shri Krishna Janmabhumi. Einfache, aber saubere DZ mit Bad, teilw. mit Cooler. Gut ist auch das hauseigene vegetarische Restaurant.
● Empfehlenswert ist das nahegelegene **Agra Hotel** €-€€ (Bengali Ghat, Tel.: 2403318) mit schönen Zimmern mit TV und Warmwasser, die teureren sind klimatisiert.
● Das **Modern Hotel** € (Tel.: 2404747) beim alten Busbahnhof bietet akzeptable Zimmer. Das hauseigene Restaurant wirkt etwas unpersönlich, doch davon sollte man sich nicht abhalten lassen. Das Essen ist schmackhaft und recht preiswert.
● Das staatliche Hotel **Mansarovar Palace** €€€ (Tel.: 2408686, mansarovar@vsnl.com) ist

Uttar Pradesh

ein anständiges Mittelklasse-Hotel. Mittelmäßig ist das hauseigene Restaurant.

● Eine Preis- und Qualitätsstufe höher ist das Hotel **Brijwasi Royal** €€€€ (Station Rd., Tel.: 2401224-6, hotelbr@sancharnet.in, www.brijwasiroyal.com) anzusiedeln, dessen klimatisierte Zimmer mit Badewanne teils schöne Ausblicke auf den nahe gelegenen See erlauben. Das angeschlossene, beliebte **Status Restaurant** serviert gute indische Küche, auch die Bar ist einladend.

● Mathuras Top-Hotel ist das zentral klimatisierte **Best Western Radha Ashok** €€€€-€€€€€ (Masani Bypass Rd., Tel.: 2530395, bwradhaashok@yahoo.com) mit schönen Zimmern. Relativ teuer isst man im angeschlossenen Restaurant. Für eine Gebühr von 100 Rs dürfen auch Nicht-Gäste im hauseigenen Swimmingpool im Garten plantschen.

Bank

● Die **State Bank of India** (Station Rd., Mo–Fr 10–16, Sa 10–13 Uhr) wechselt Bares und Reiseschecks.

An- und Weiterreise

Bahn

● Von Mathura bieten sich viele Verbindungen in alle Richtungen. Nach Delhi tgl. über 20 Züge verschiedener Klassen und Preisstufen. Die wichtigsten sind im Anhang gelistet.

Bus

● Vom neuen Busbahnhof (Tel.: 2406468) halbstündige Verbindungen nach **Agra** (1 Std., 30 Rs), **Bharatpur** und **Deeg** (1 Std.), **Alwar** und **Delhi** (3,5 Std., 75 Rs). Die meisten Busse nach **Govardhan** und **Barsana** starten vom alten Busbahnhof.

Vrindavan (Brindaban) ♐ V/D2

(Einwohner: 58.000, Vorwahl: 0565)

Ohne es zu wissen, haben sicher die meisten Indienurlauber irgendwann einmal etwas von dem 13 km nördlich von Mathura gelegenen Ort gesehen. Genauer gesagt, vom Yamuna-Fluss, an dessen westliches Ufer sich das kleine Städtchen anschmiegt. Dieses Ufer ist Schauplatz einer der bekanntesten Szenen der indischen Mythologie. Hier stahl Krishna den Hirtenmädchen (Gopis), während sie im Fluss badeten, ihre Kleider, hier vergnügte er sich mit ihnen in Tanz und Liebesspiel. Diese Szenen sind sicherlich Zigtausende Male in den verschiedensten Ausschmückungen auf Wandmalereien, in Theateraufführungen, Kinofilmen und Comics dargestellt worden. So ist Vrindavan neben Dwarka im äußersten Nordwesten Gujarats, wo Krishna nach der Ermordung des tyrannischen Königs Kamsa lange Jahre im Exil lebte, das **Zentrum der Krishna-Verehrung** in Indien. Folgerichtig steht sich hier das Hauptquartier der Hare-Krishna-Bewegung (International Society for Krishna Consciousness, ISKCON).

Ob es tatsächlich über 4.000 Tempel sind, die zu Ehren des berühmten Hindu-Gottes in Vrindavan erbaut wurden, sei einmal dahingestellt. Auf jeden Fall scheint der Ort geradezu gepflastert zu sein mit Heiligtümern. Viele scheinen jedoch nicht viel mehr zu sein als kümmerliche Überreste alter Größe, weil die meisten Tempel den islamischen Eroberern zum Opfer fielen.

Ein trauriges Zeugnis religiöser Intoleranz und Zerstörungswut legt auch der **Govind-Dev-Tempel** ab. Der 1590 vom Herrscher Jaipurs, Raja Man Singh, zu Ehren Krishnas erbaute Tempel aus rotem Sandstein büßte während der Regierung Aurangzebs drei seiner ursprünglich sieben Stockwerke ein. Wie die meisten Tempel der Stadt, so ist auch dieser zwischen 12 und 15.30 Uhr geschlossen.

Vrindavans größtes Bauwerk ist der 1845 fertiggestellte **Rangayi-Tempel.** Er überrascht durch seine eigentümliche Mischung rajputischer und südindischer Architekturstile sowie einen 15 m hohen goldenen Mast im Sanctotum. Das Tempelinnere ist für Nicht-Hindus verboten.

Weitere sehenswerte Tempel sind u.a. der 1626 erbaute *Radha-Ballabh-Tempel*, der beim Kali Ghat gelegene *Madan-Mohan-Tempel*, der in Stil und Ausführung sehr ähnliche, von einem Ratjputenfürsten aus Shekhawati errichtete *Gopinath-Tempel* sowie der *Bankey Bihari*, die 1921 entstandene Rekonstrukion eines der ältesten Tempel der Stadt.

Die berühmte Stelle, an der Krishna seine Liebesspiele mit den Gopis vollführt haben soll, hat heute viel von ihrer ursprünglichen Schönheit eingebüßt, da der Yamuna durch eine Verlagerung des Flussbetts weit davon entfernt vorbeifließt.

Unterkunft

● Die meistfrequentierte Unterkunft des Ortes ist das **ISKCON Guest House** € (Tel.: 2540022) der *International Society for Krishna Consciousness*. Der einzige Nachteil der sauberen und angenehmen Zimmer sind die brutal harten Betten. Ausgezeichnet ist das vegetarische Restaurant im Erdgeschoss. In der Eingangshalle befindet sich ein Buchladen mit umfangreicher Literatur zur Hare-Krishna-Bewegung.

● Etwas angenehmer wohnt es sich im nebenan gelegenen **MVT Guest House** €€€ (Tel.: 2540050). Das um einen friedvollen Garten angelegte Haus macht einen sehr freundlichen Eindruck, die Zimmer sind nur durchschnittlich. Ausgezeichnet ist das hauseigene Restaurant.

An- und Weiterreise

● Vom Shri-Krishna-Janmabhumi-Tempel und vom Bahnhof in **Mathura** fahren ständig **Tempos** für 6 Rs nach Vrindavan. Mit der **Autoriksha** zahlt man ca. 100 Rs. Eine Tagestour von Mathura per Autoriksha für ca. 300 Rs ist aufgrund des Straßenzustandes nur bei gutem Sitzfleisch angeraten.

Lucknow ⤢ VI/B2

(ca. 2 Mio. Einwohner, Vorwahl: 0522)

Die von Westlern nur recht spärlich besuchte Stadt bietet wie kaum ein anderer Ort Indiens Einblick in die muslimische Herrschaft über Nord-Indien im 18. und 19. Jh. und die dramatischen Ereignisse im Unabhängigkeitskampf. Die von den Nawabs von Lucknow und den sie ablösenden Briten hinterlassenen Bauten gehören zu den interessantesten architektonischen Hinterlassenschaften der Vergangenheit.

Nach dem Niedergang der Moguln beherrschten die **Nawabs von Oudh** seit 1724 für über ein Jahrhundert das Gebiet Nordzentralindiens und erwarben sich den zweifelhaften Ruf, die dekadenteste unter den für ihren ausschweifenden Lebensstil bekannten Herrscherfamilien Indiens zu sein. Noch heute ist die Bezeichnung „Nawab" ein Schimpfwort für Verschwendungssüchtige.

Die Nawabs, die erst mit ihrem vierten Herrscher, *Assaf-ud-Daula*, ihre Herrschaft 1775 von Delhi nach Lucknow verlegten, waren Schiiten, während die Mehrheit der indischen Muslime Sunniten sind.

Lucknow erlebte während der 80-jährigen Nawab-Herrschaft eine einzigartige künstlerische Blütezeit, die sich in großartigen Grab-, Tempel- und Palastbauten ausdrückte und mit ihrer Mischung orientalisch-europäischer Stilelemente der Stadt bis heute ein unverwechselbares Erscheinungsbild verleiht.

Lange konnten sich die **Briten,** die den letzten, dem Schwachsinn verfallenen Nawab, *Wajid Ali Shah*, mitsamt seinen 365 Frauen im Jahre 1856 ins Exil schickten, an ihrem Besitz nicht erfreuen, war doch die Stadt bereits ein Jahr nach ihrer Machtübernahme Schauplatz eines der dramatischsten Ereignisse des indischen Unabhängigkeitskampfes. Über vier Monate wurde die britische Residenz, in der sich 3.000 Menschen verschanzt hatten, während des **Sepoy-Aufstandes** belagert. Die Spuren der damaligen erbitterten Kämpfe sind noch heute deutlich zu erkennen.

Trotz ihrer Größe wirkt die an den Ufern des Gompti, einem Nebenfluss des Ganges,

Uttar Pradesh

gelegene Stadt aufgrund ihrer großangelegten Straßen und weitläufigen Parkanlagen eher provinziell. Allerdings leidet die Stadt speziell während der Wintermonate unter einer selbst für indische Verhältnisse unangenehm hohen Luftverschmutzung. Andererseits bieten die engen Gassen des Basarviertels Aminabad und die luxuriösen Geschäften des modernen Geschäftsviertels Hazratganj gute Einkaufsmöglichkeiten. Zudem ist Lucknow bekannt für seine spezielle, *Dam Pakht* genannte Kochkunst.

Sehenswertes

Stadtrundfahrt

Tgl. von 8.30 bis 14 Uhr veranstaltet das Tourist Office (Tel.: 2212659) vom *Hotel Gomti* aus eine Stadtrundfahrt für 520 Rs pro Person (inkl. aller Eintrittspreise), die bis auf La Martinière alle Sehenswürdigkeiten Lucknows beinhaltet. Für einen kleinen Aufpreis lässt sich der Reiseleiter zuweilen überreden, auch diese etwas außerhalb gelegene Eliteschule anzusteuern. An einigen Hotels und am Bahnhof werden weitere Fahrgäste aufgenommen.

Bara Imambara

Glaubt man allein historischen Berichten, so war es reine Mildtätigkeit, die *Assaf-ud-Daula,* den wohl dekadentesten der Nawaks, dazu veranlasste, den Auftrag zum Bau seines eigenen **Mausoleums** zu geben: So rettete er 25.000 an den Folgen einer Dürreperiode leidenden Menschen das Leben, indem er sie 10 Jahre lang am Bau dieses beeindruckendsten Monuments der Nawab-Periode schuften ließ. Da erfreut es den am Prinzip der Gerechtigkeit orientierten Besucher natürlich, beim Anblick der riesigen Anlage zu sehen, dass der Samariter für diese großartige Tat schließlich mit einem standesgemäßen Grabmal belohnt wurde.

Wie so viele muslimische Bauwerke, so beeindruckt auch die Anlage Bara Imambara (großes Grabmal) vor allem durch die harmonische Zuordnung der einzelnen Gebäudeteile. Das beginnt bereits mit dem heute

außerhalb der eigentlichen Anlage gelegenen Tor (*Rumi Dawarza*), das früher den Durchgang zur äußeren Begrenzung des Grabmals bildete.

Hat man das heutige, dem Hawa Mahal in Jaipur nachempfundene **Eingangstor** durchschritten, weitet sich der Blick über eine gepflegte **Gartenanlage** auf das am Kopfende gelegene eigentliche Mausoleum. Mindestens ebenso auffällig wie das Hauptgebäude selbst ist jedoch die rechts den Park begrenzende, über eine elegante Treppenflucht zu erreichende **Assafi-Moschee,** die allerdings nur Moslems offensteht. Zur Linken, etwas versteckt hinter einer Mauer, findet sich ein hübscher **Stufenbrunnen,** von dessen sieben Stockwerken jedoch nur die oberen vier zu erkennen sind, da die unteren drei unter Wasser liegen.

Das im Inneren sehr schlichte, über 100 Meter lange dreigeschossige **Mausoleum** wird von drei Gewölbehallen gebildet, wobei der zentrale, **Persian Hall** genannte Raum mit den imposanten Ausmaßen von 50 m Länge, 15 m Breite und 16 m Höhe zu den größten seiner Art in der Welt zählen soll. Die eigentliche **Grabstätte Assaf-ud-Daulas** in der Mitte wird einzig durch einen metallenen Zaun markiert und von den meisten Besuchern kaum wahrgenommen.

Von der Außenseite des Gebäudes führt eine schmale Treppe durch ein Labyrinth verwinkelter, dunkler Gänge (weil nur mit Führer zu betreten) zum **Dach** der Imambara, wo sich ein sehr schöner Blick über die Anlage und die dahintergelegene Stadt bietet.

● **Öffnungszeiten:** tgl. 6 bis 17 Uhr, Eintritt 300 Rs.

Chhota (Hussainabad) Imambara

Auch *Muhammed Ali Shah* muss ein von äußerster Mildtätigkeit geleiteter Herrscher gewesen sein, ließ doch auch er, glaubt man den Historikern, sein nur knapp einen Kilometer nordöstlich vom Bara Imambara gelegenes **Mausoleum** zum Wohle seiner unter einer Hungersnot leidenden Bevölkerung erbauen. Dessen Name „Kleines Mausoleum" kann nur als Anspielung auf das tatsächlich noch imposantere Grabmal *Assaf-ud-Daulas* gemeint sein. Imperiale Ausmaße besitzt es

dennoch und ist im übrigen, was seinen Innenraum betrifft, weitaus reicher ausgestattet.

Auch hier gruppiert sich die Anlage um eine von einem zentralen Wassergraben durchzogene **Parkanlage.** Das charakteristische Aussehen verleihen ihr jedoch die beiden den Innenhof flankierenden kleinen **Kopien des Taj Mahal,** in denen die Schwester des Herrschers und deren Ehemann ihre letzte Ruhe fanden. Das Ganze wirkt wie die etwas ins Kraut geschossene Indienphantasie eines westlichen Freizeitparkdirektors.

Einen bunten und etwas verspielten Eindruck macht auch das im Gegensatz zum Bara Imambara reich geschmückte **Innere** des von einer goldenen Kuppel gekrönten Mausoleums. Neben dem auch hier bescheidenen Grabmal des Erbauers finden sich eine Vielfalt großer, von der stuckverzierten Decke hängender Kronleuchter, in vergoldete Rahmen eingefasste Spiegel, hochaufragende Tarsier-Türme aus Sandelholz sowie der reich verzierte Silberthron *Ali Shahs.*
● **Öffnungszeiten:** tgl. 6 bis 17 Uhr.

Der besondere Tipp:
Britische Residenz

An eine gespenstische Filmkulisse für einen Westernfilm erinnern die inmitten eines weitläufigen Parks gelegenen Gebäude – fünf von ursprünglich siebzehn – der im Jahr 1800 für den englischen Statthalter gebauten britischen Residenz. Tatsächlich standen sie während des Sepoy-Aufstandes für vier Monate im Mittelpunkt einer der erbittertsten und langwierigsten Schlachten. Kurz nach Ausbruch der Feindseligkeiten im Jahre 1857 fanden in der von einer hohen Festungsmauer umschlossenen Residenz 3.000 britische Zivilisten Unterschlupf vor den meuternden indischen Soldaten.

Für die nächsten 87 Tage und Nächte stand sie unter ständigem Kanonen- und Gewehrbeschuss. Dann gelang es einer Entsatztruppe der englischen Armee, zu den verzweifelt um ihr Leben Kämpfenden durchzudringen. Allerdings schloss sich jedoch der Belagerungsring danach erneut für weitere zwei Monate, bis die endgültige Befreiung gelang.

Beim Gang durch die von Einschüssen von Kanonenkugeln übersäten Mauern und Kellergewölbe scheinen die dramatischen Ereignisse der damaligen Monate ganz unmittelbar spürbar. Kein anderer Ort Indiens vermittelt einen derart plastischen Eindruck des Unabhängigkeitskampfes gegen die britische Besatzungstruppen wie die Residenz in Lucknow, die genauso erhalten wurde, wie sie zum Zeitpunkt ihrer Befreiung war. Besonders empfehlenswert ist ein Besuch der Ausstellungsräume, in denen anhand von Augenzeugenberichten, Zeichnungen und Fotos die verzweifelte Lage der Eingeschlossenen nachgezeichnet wird.

Eine abendliche **Sound- and Lightshow** erinnert tgl. ab 19.30 Uhr für eine knappe Stunde an die dramatischen Ereignisse rund um dieses Gebäude (Eintritt 25 Rs).
● **Öffnungszeiten** von Sonnenauf- bis Sonnenuntergang, Eintritt 105 Rs, die Ausstellung ist 10–17 Uhr geöffnet.

La Martinière

Französischer Söldner, Major der *East India Company*, Berater der Nawabs von Oudh, Architekt und Geschäftsmann – der Franzose **Claude Martin** war sicherlich einer der schillerndsten in der an sich schon bunten Riege ausländischer Abenteurer in Indien. Nachdem er 1761 im südindischen Pondicherry von den Briten gefangengenommen worden war, wechselte er schnell auf die Seiten seiner vormaligen Erzfeinde und fügte an der Spitze einer britischen Armee den islamischen Eroberern bei Mysore eine empfindliche Niederlage bei. Sein untrüglicher Sinn für politischen Einfluss und wirtschaftlichen Erfolg ließen ihn enge Kontakte zu den neuen Herrschern Nordindiens, den Nawabs von Lucknow, knüpfen. 1776 stieg er schließlich zu deren offiziellem Militärberater auf, ohne dabei seine engen Bande zu den Engländern in Frage zu stellen. Als Geschäftsmann häufte er aus dieser einflussreichen Doppelverbindung ein Vermögen an, wozu nicht zuletzt die von ihm entworfenen Paläste für die genusssüchtigen Nawabs beitrugen.

Diese offenbar keinerlei stilistischen Zwängen unterworfenen Bauten überlebten den

Sehenswürdigkeiten

★ 1 Hussainabad Imambara
★ 2 Wachturm/Uhrturm
★ 3 Lakshman Tila,
ⓒ   Aurangzeb Moschee
★ 4 Bara Imambara
★ 5 British Residency
★ 7 Moti Mahal
★ 9 Shah Najaf Imambara
★ 10 Botanischer Garten
★ 14 Sikandar Bagh
★ 15 Grabmal Saadat Ali Khan
★ 16 Kaiserbagh Palast
★ 17 Grabmal Begam
     Hazrat Mahal
Ⓜ 40 State Museum
★ 42 La Martinière

Unterkunft

🏠 8 Hotel Arif Castle
🏠 11 Hotel Clarks Avadh
🏠 13 Hotel Carlton
🏠 18 Gemini Hotel
🏠 20 Hotel Park Inn
🏠 23 Lakshmi Guest House
🏠 24 Hotel Gomti
🏠 34 Hotel Capoors
🏠 39 Rama Krishna G.H.
🏠 41 Taj Residency
🏠 46 Hotel Niznan Palace
🏠 47 Hotel Charans International
🏠 49 Hotels Dileep und
     Park Avadh
🏠 50 Hotel Meera Mann
🏠 51 Hotels Deep und Raj
🏠 52 Hotel Deep Avadh,
     Peacock House
🏠 56 Hotel Paradise
🏠 57 Hotels Mayur und
     Vishwanath
🏠 59 Hotel Triveni
🏠 60 Hotel Mohan

Essen und Trinken

❶ 11 Falaknuma Restaurant
❶ 18 Spicy Bite Restaurant
❶ 22 Nirula's
❶ 25 Restaurant Ritz Continental
Ⓞ 28 Barista Esspressobar,
❶   Domino's Pizza
❶ 30 JJ Bakers,
Ⓞ   Indian Coffee House

Ⓞ 31 Cafe Coffee Day
❶ 34 Nawab's Restaurant,
Ⓞ   Muman's Royal Café
❶ 37 Restaurants Moti Mahal
     und Mini Mahal, Chowdury
     Sweet House, Chedilal
     Pamprasad Vaish (Eisdiele)

Internet

@ 24 sify-i-way Internet
@ 28 Cybernet
@ 43 sify-i-way Internet
@ 54 sify-i-way Internet
@ 58 sify-i-way Internet

Hussainabad Trust Rd.
★ 1 ★ 2
3 ⓒ ★
4 ★
Sahara Airlines (2 km)
Shahminah Rd.
Nabi Ullah Rd.
Chowk
Subash Marg
6 ⓒ
Ganaprasad.Mar
Asmina
Subash Marg
Guru Govind Singh Marg
Aminbad Rd.
53 Ⓢ 52
54
Haider Kanal
56 59
55 58 @
57 🏠
Kanpur Rd.
Motilal Nehru R
Lucknow Jn.
Amausi
Flughafen (15 km),
Kanpur (60 km)
Mangal Pande Rd.

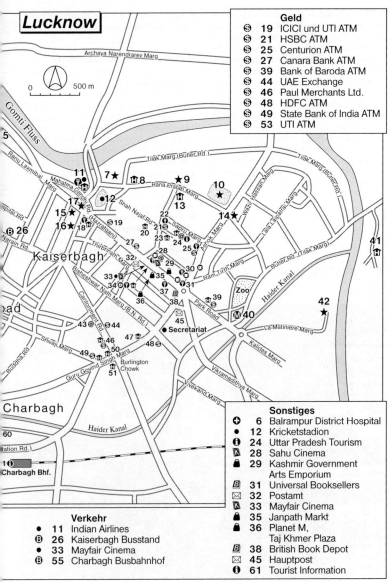

Lucknow

0 — 500 m

Archaya Narendrarev Marg

Gomti Fluss

Tilak Marg (Butler Rd.)

Tilak Marg (Butler Rd.)

Ranu Laxmibai Marg

Mahatma Gandhi Rd.

Shah Najat Rd.

Rana Pratap Marg

Wazir Hassan Marg

Lala Lajpatrai Marg

Butler Rd. (Tilak Rd.)

Thirthrajh Marg

Hazratganj

Sapru Marg

Ashok Marg

Ram Tirth Marg

Bisheshwar Nath Marg (B.N. Rd.)

Cantonment Rd.

Park Road

Haider Kanal

La Matiniere Marg

Kalidas Marg

Shivaji Marg

Guru Govind Singh Marg

Burlington Chowk

Vikramadithya Marg

Vivekand Marg

Kaiserbagh

Narain Rd.

Hospital Rd.

Buddha Rd.

oad

Charbagh

Haider Kanal

60

ation Rd.)

Charbagh Bhf.

Zoo

Secretariat

Uttar Pradesh

Geld

⑨	19	ICICI und UTI ATM
⑨	21	HSBC ATM
⑨	25	Centurion ATM
⑨	27	Canara Bank ATM
⑨	39	Bank of Baroda ATM
⑨	44	UAE Exchange
⑨	46	Paul Merchants Ltd.
⑨	48	HDFC ATM
⑨	49	State Bank of India ATM
⑨	53	UTI ATM

Sonstiges

✚	6	Balrampur District Hospital
●	12	Kricketstadion
ⓘ	24	Uttar Pradesh Tourism
🎞	28	Sahu Cinema
▲	29	Kashmir Government Arts Emporium
📖	31	Universal Booksellers
✉	32	Postamt
🎞	33	Mayfair Cinema
▲	35	Janpath Markt
▲	36	Planet M, Taj Khmer Plaza
📖	38	British Book Depot
✉	45	Hauptpost
ⓘ	61	Tourist Information

Verkehr

●	11	Indian Airlines
⑧	26	Kaiserbagh Busstand
●	33	Mayfair Cinema
⑧	55	Charbagh Busbahnhof

1800 verstorbenen Franzosen und erscheinen ebenso ungewöhnlich wie dessen Lebenslauf. Das schillerndste Beispiel dieser ungestümen Mischung französischer, griechischer, indischer und muslimischer Baustile findet sich mit dem nach ihm benannten **La Martinière College** an den Ufern des Gompti im östlichen Teil der Stadt. Kein Wunder, dass *Rudyard Kipling*, der viele Jahre in Lucknow als Redakteur der damals hoch angesehenen Zeitung *Pioneer* arbeitete, diese einmalige Kulisse in seinem berühmtesten Roman verwandte, indem er seinen Romanhelden Kim hier zur Schule gehen ließ. Sehr viel scheint sich seit jenen Tagen gar nicht verändert zu haben, beherbergt La Martinière auch heute noch eine Eliteschule, die inzwischen jedoch von den Kindern der indischen Oberschicht besucht wird.

Weitere Sehenswürdigkeiten

Der kleine, von einer Mauer umschlossene **Park Sikandar Bagh** an der Rana Pratab Marg im Norden der Stadt wurde in der ersten Hälfte des 19. Jh. von *Wajid Ali Shah* für seine Lieblingsfrau *Sikandar Mahal* angelegt. Teile der Mauer, die kleine Moschee und das Eingangstor, das heute verschlossen ist (zugänglich ist der Park vom Seiteneingang aus), sind noch im Orginalzustand. In diesem Park starben während des Sepoy-Aufstandes bei einem heftigen Gefecht zwischen den Engländern und den indischen Aufständischen zahlreiche Menschen. Der Park ist von Sonnenauf- bis Sonnenuntergang geöffnet.

Auf dem **Zoogelände** ist das **State Museum** (Tel.: 2206158, Di–So 10.30–16 Uhr, Eintritt 50 Rs, Kamera 20 Rs) einen Besuch wert, zumal auch der Tierpark selbst (Di–So 8.30–17.30 Uhr) sehenswert ist, da auf baum-

Die Eliteschule La Martinière

bestandener Fläche eine Vielzahl von Tieren beobachtet werden kann. Im Museum werden Skulpturen, teils aus dem 3. Jh., ausgestellt, unter denen sich viele erstklassige und anmutige Arbeiten der Bildhauerei zu unterschiedlichen Motiven finden, etwa Szenen aus dem Leben Buddhas. Auch der **Botanische Garten,** nicht weit entfernt, lohnt einen Stopp.

Ebenfalls an der Rana Pratab Marg beeindruckt das **Shah Najaf Imambara,** wo das Grab des 1827 gestorbenen *Nawab Gazi-uddin-Haidar* und drei seiner Frauen zu besichtigen ist.

Information

Wenn es nach der Anzahl der Informationsbüros ginge, müsste Lucknow eigentlich eine Touristenhochburg sein, leistet sich die Stadt doch allein drei *Tourist Offices.*

● Das **Uttar Pradesh Tourist Office** befindet sich auf der linken Seite im *Hotel Gomti* (Tel.: 2612659, 2308916, 9.30–19 Uhr, uptourslko @up-tourism.com, www.up-tourism.com). Hier gibt's meist gute Informationen und einen Stadtplan, zudem können Taxi-Anmietungen arrangiert wird. Eine achtstündige Fahrt inkl. 80 km kostet z.B. ab 550 Rs. Von hier startet auch die allmorgendliche Stadtrundfahrt. Eine Filiale befindet sich im Charbagh-Bahnhofsgebäude (Tel.: 2636173), die offiziell tgl. außer So von 8 bis 20 Uhr geöffnet ist.

● Schließlich ist noch das hilfreiche **Regional Tourist Office** (Tel.: 2626205), etwas versteckt in einer kleinen Gasse an der Station Rd., erwähnenswert. Hier kann man sich nach dem Termin für die vor allem im Winter in den Räumen des Rabindralaya-Audito-

Schüler der Eliteschule

Uttar Pradesh

052| Foto: tb

riums stattfindenden Musikveranstaltungen erkundigen.

Stadtverkehr

● **Taxis** verlangen für die Strecke von der Innenstadt zum 14 km außerhalb gelegenen Amausi-Flughafen von westlichen Touristen teure 350 Rs. Es besteht aber auch die Möglichkeit, vom Charbagh-Bahnhof eines der, allerdings meist sehr vollen **Tempos** zu nutzen.
● Vom Bahnhof nach Hazratganj, etwa zur M.G. Road, müssen Touristen per **Fahrrad-/ Autoriksha** etwa 15/30 Rs hinblättern, zum Bara Imambara etwa 30/60 Rs. Per Riksha kostet der halbe Tag etwa 160 Rs, per Taxi 320 Rs.
● **Tempos** sind die zügigsten und billigsten Transportmittel, um sich zwischen den einzelnen Stadtteilen fortzubewegen. Sie verkehren ununterbrochen zwischen dem Charbagh-Bahnhof, Hazratganj, Sikandarbagh (Botanischer Garten), Kaisarbagh (Busbahnhof), Chowk (Imambaras) und Aminabad (Basarviertel). Mehr als 5 Rs sollte man für keine Strecke zahlen. Leider wird's jedoch oft eng.

Unterkunft

Low Budget und Budget

● Das direkt gegenüber vom Bahnhof gelegene Hotel **Mayur** € (Tel.: 2451824) bietet akzeptable Zimmer, teils mit TV und Warmwasser. Die etwas teureren sind den Aufpreis wert.
● Bahnhofsnah, jedoch nicht ganz leicht zu finden, ist das Hotel **Triveni** €-€€ (Munney Lal Dharam Shala Rd., Tel.: 2637634) in einer Parallelgasse zur Station Rd. ruhiger gelegen. Eine hervorragende Adresse dieses Preisbereichs, die billigsten Zimmer mit Gemeinschaftsbad, die teureren mit TV und AC.
● Knapp 2 km vom Bahnhof Richtung Innenstadt finden sich an der Station Road mit dem **Dileep** €-€€€ (Tel.: 2625340, alle teils klimatisierte Zimmer mit eigenem Bad und TV), dem **Raj** €-€€ (Tel.: 2213892) und dem **Deep** €-€€€ (Vidhan Sabha Marg, Tel.:

2636441-6) drei ordentliche, etwa gleich teure Hotels in unmittelbarer Nachbarschaft. Das *Deep* ist besonders zu empfehlen, werden doch neben eigenem Bad und TV auch Balkon und Kühlschrank in den nur wenig teureren Deluxe-Zimmern geboten. Die hinteren Zimmer sind bei allen wegen des Straßenlärms unbedingt vorzuziehen. Ähnliches gilt für das etwas teurere **Ram Krishna Guest House** €€ (Tel.: 2239157) am Ashok Marg, bei dem die gute Lage zur M.G. Rd. der Hauptvorteil ist.
● Einen hervorragenden Gegenwert offeriert das **Park Awadh** €-€€€ (Vidhan Sabha Marg, Tel.: 2635533). Der geringe Aufpreis für die Deluxe-Zimmer ist allemal gut angelegt in diesem teilweise klimatisierten Haus.
● Ein gutes Preis-Leistungs-Verhältnis im Innenstadtbereich bietet das gut geführte **Lakshmi Guest House** €€-€€€ (Tel.: 2200404/ 894), ruhig etwas zurück von der Straße gelegen. Alle geräumigen Zimmer verfügen über AC, TV, große Fenster, Balkon, Kühlschrank und Badewanne.
● In die gleiche Preiskategorie gehört das empfehlenswerte, unmittelbar neben der *State Bank of India* gelegene Hotel **Charans International** €€-€€€ (Tel.: 2227219). Auch das hauseigene *Mehfil Restaurant* ist einen Besuch wert.
● Viel fürs Geld gibt's im Hotel **Naznin Palace** €€-€€€ (Cantonment Rd., Tel.: 2621175, (0)9415013358). Besonders die teureren der teilweise klimatisierten Zimmer sind hervorragend in Schuss, zumal sie mit Balkon, Kühlschrank und TV aufwarten.

Tourist Class

● Das bahnhofsnahe **Mohan Hotel** €€€ (Buddha Rd., Tel.: 2635797, mohanhotel@rediff mail.com) verfügt über mehr als 70 Zimmer ganz unterschiedlicher Qualität, angefangen bei sehr kleinen, dunklen Räumen bis zu akzeptablen AC-Räumen, allerdings überteuert. Das Hotel genießt bei Indern einen guten Ruf, sodass es trotz seiner Größe oft schon vormittags ausgebucht ist. Auch das angeschlossene Restaurant (häufig mit Live-Musik ab 20 Uhr) und die Bar sind beliebt.
● Inzwischen leider etwas verstaubt ist das ehemals nostalgisch schöne **Hotel Carlton**

€€€ (Rana Pratap Marg, Tel.: 2622413). Die 50 geräumigen Zimmer des Anfang des vorigen Jahrhunderts errichteten Prachtbaus sind im Grunde überteuert, da auf Instandhaltung kaum noch wert gelegt wird. Das koloniale Flair des Hotels und der große, ruhevolle Garten mit Restaurant machen diesen Nachteil für Nostalgiker wohl wett.

● Sehr zentral an der M.G. Rd. in Hazratganj gelegen, sind die makellosen, gemütlichen Zimmer des zentral klimatisierten, alteingesessenen **Hotel Capoors** €€€–€€€€ (Tel.: 2623958, capoors@yahoo.com) neben dem Janpath-Markt ein Schnäppchen. Auch das *Nawab's Restaurant* und die Bar im 1. Stock sind einladend. Die beste Wahl dieser Preisklasse, so sollte man reservieren.

● Bahnhofsnah ist das **Vishwanath** €–€€€€ (Tel.: 2450879, vishwanath_04@yahoo.com) am Subash Marg Charbagh eine ordentliche, unspektakuläre Adresse mit sehr unterschiedlichen, teils klimatisierten Zimmern, alle mit TV, von denen die preiswerteren ihren Preis wert, die teuren überteuert sind. Ein gutes Restaurant ist angeschlossen, auch der Service ist gut.

First Class und Luxus

● Eine hervorragende gehobene Mittelklassebleibe zwischen Bahnhof und Hazratganj ist das Hotel **Mera Mann** €€€€ (Station Rd., Tel.: 2638181-4, asha@hotelmeramann.com, www.hotelmeramann.com). Die Zimmer des zentral klimatisierten Zweckhotels sind tiptop, alle mit Kühlschrank, Badewanne und teils mit großen Fensterfronten. Auch das angeschlossene Restaurant mit großer Auswahl und der Service entsprechen dem guten Gesamteindruck.

● Besonders die Zimmer der oberen Stockwerke im günstig zwischen Hazratganj und den meisten Sehenswürdigkeiten im Nordwesten gelegenen Turms des neuen **Gemini Continental** €€€€ (Rani Laxmibai Marg, Tel.: 4011111, welcome@geminicontinental.com, www.geminicontinental.com) erlauben weite Ausblicke über die Stadt in diesem makellosen und teuren Business-Hotel mit gutem Restaurant und umfangreich ausgestatteter Bar. Kein Pool.

● Ein weiteres hervorragendes Business-Hotel ist das **Park Inn** €€€€ (Shahnajaf Rd., Tel.: 2620220, www.parkinnlucknow.com) zu entsprechend hohem Tarif. In den gepflegten Zimmern mit Aussicht ist Internetanschluss vorhanden. Zudem lockt das Dachrestaurant, es fehlt jedoch der Swimmingpool.

● Das Top-Hotel Lucknows ist das mondäne **Taj Residency** €€€€€ (Tel.: 2393939, residency.lucknow@tajhotels.com) im Osten der Stadt. Der luxuriöse, aus Marmor errichtete Prachtbau wurde 1997 eröffnet, es fehlt an nichts.

Essen und Trinken

Eine große Auswahl an Imbissständen, Fast-Food-Läden und Restaurants findet sich vor allem entlang der **Mahatma Gandhi Road** in Hazratganj. Eine Besonderheit Lucknows sind die sogenannten *Chat Houses*. Etwa unseren Cafés vergleichbar, trifft man sich hier, um bei kleinen Mahlzeiten *(chat)* einen Schwatz zu halten.

● Das **Moti Mahal Restaurant** ist eine der beliebtesten Plauschecken am Hazratganj. Etwas versteckt unter einem Snack- und Süßigkeitenladen, ist dieses Restaurant aus gutem Grund bei Einheimischen sehr beliebt, weil die Kebabs, lokalen Köstlichkeiten und Süßspeisen ein Gedicht und sehr preiswert sind. Oft zur Mittagszeit voll, darum früh kommen.

● Die Intelligenz Lucknows trifft sich zum nachmittäglichen Plausch bei scharfen südindischen Snacks im **Indian Coffee House,** das jedoch eine Renovierung nötig hätte. Wer es neumodischer mag, ist im **Café Coffee Day** um die Ecke besser bedient. Hier wird neben Kuchen auch Fast-Food serviert. Köstlichen Kuchen, Torten und Snacks zum Mitnehmen gibt's bei **JJ Bakers** (bis 21.30 Uhr geöffnet) nahe dem *Indian Coffee House.* Leckere Backwaren sind auch im Erdgeschoss des **Baker's Hat** zu haben.

● Pizzas, Burger und *Masala Dosas* gibts im **Spicy Bite** im *Tulsi Theatre Building.*

● Für Freunde der chinesischen Küche sind das **Jone Hing** und das **Hong Kong Restaurant** die richtigen Adressen. Vielseitige, neben chinesischer und Fast-Food-Kost auch indische Küche gibt's im preiswerten Restaurant **Ritz Continental.**

● Berühmt ist Lucknow für sein besonders leichtes und cremiges **Eis,** das sogenannte *Kulfi.* In diversen Eisdielen an der Mahatma Gandhi Road kann man sich der kalten Verführung hingeben. Hier ist **Chedi Lal Ramprasad Vaish** hervorzuheben. Auch die Shakes und Säfte sind köstlich.

● Ausgezeichnete indische und chinesische und viele Geflügelgerichte serviert das neben dem *Capoors* gelegene **Muman's Royal Café.** Auch der angeschlossene Straßenstand für Snacks ist ausgezeichnet.

● Im *Capoors Hotel* serviert das **Nawab's** nicht mal teure, gute Gerichte wie Kebabs und Spezialitäten Lucknows zu Live-Musik ab 20.30 Uhr in gediegener und gemütlicher Atmosphäre.

● Die kulinarische Top-Adresse Lucknows ist jedoch zweifelsohne das **Falaknuma Restaurant** im Obergeschoss des Hotels *Clarks Avadh.* In gediegener Atmosphäre kann man dort bei schöner Aussicht auf die Stadt die in ganz Indien geschätzten *Dam-Pakht-Gerichte* genießen. Bei dieser auf die Nawabs von Oudh zurückgehenden Kochkunst schmoren die Fleischgerichte unter Zugabe feinster Gewürze über mehrere Stunden in einem geschlossenen Tontopf. Das Resultat sind äußerst schmackhafte, jedoch nicht scharfe Gerichte. Tgl. außer So kann man sich im Falaknuma am sehr umfangreichen Mittagsbuffet schadlos halten. Nicht zu empfehlen ist hingegen der **Guffan Coffee Shop** im Erdgeschoss des Hotels.

Bank und Internet

● Die **State Bank of India** am Ashok Marg tauscht Travellerschecks und Cash.

● Schnell und zuverlässig geht es bei **UAE Exchange** (Cantonment Rd., Tel.: 2234312/3, Mo–Sa 9.30–18, So 9.30–13.30 Uhr) vonstatten, die Bargeld und Reiseschecks zu Rupien machen. Hier ist auch Moneygram-Geldtransfer möglich. Auch **Paul Merchants Ltd.** (Cantonment Rd., Tel.: 5543399) hat tgl. geöffnet: 9.30–19.30 Uhr. Hier ist ebenfalls Geldtransfer per *Western Union* möglich.

● **Mayfair Airtravel Services** (Mo–Sa 9.30–18.30 Uhr) wechselt alle üblichen Währungen und operiert mit allen internationalen Kreditkarten.

● Es besteht kein Mangel an **ATMs,** die meisten finden sich an der M.G. Rd. und der Ashok Marg. Die Geldmaschine von *HDFC* an der Darwaja Lal Sampur Marg akzeptiert auch AmEx-Karten.

● Eine Stunde Internet kostet meist 30 Rs. Mehrere Sify-i-way-Internetcafés verfügen über Breitbandanschluss und sind entsprechend schnell, etwa rechts neben dem *Hotel Gompti* im 2. Stock und an der Cantonment Rd. und – nomen est omen – Quicknet beim Hotel *Mera Mann.* Eine recht schnelle Verbindung liefert auch **Cybernet Internet** an der M.G. Rd.

Medizinische Versorgung

● Ein erstklassiges Krankenhaus ist das **Balrampur District Hospital** (Hospital Rd., Tel.: 2224040), zentral am Kaiserbagh-Busbahnhof gelegen.

Einkaufen

● **Aminabad** zwischen Gomti-Fluss und Bahnhof und **Chowk** in der Nähe der Jami Masjid sind die beiden Haupteinkaufsviertel in der Altstadt. In diesen orientalisch anmutenden **Basarvierteln** gibt es vom Hosenknopf bis zu Juwelen alles zu kaufen, und wer sich aufs Handeln versteht (und Fälschungen von Originalen zu unterscheiden weiß), kann sehr gute Geschäfte machen, zumal hier noch kein Touristennepp herrscht.

● Selbst wenn man nichts kaufen will, lohnt ein Besuch des hübschen **Vogelmarktes Nakkhas** im Chowk Bazar.

● Moderne Geschäfte prägen das Viertel **Hazratganj,** vor allem entlang der M.G. Rd. Für Schuhe, Kleider und Musikkassetten ist hier die Auswahl besonders gut. Mehrere Fotogeschäfte bieten einen Schnellservice an und entwickeln Filme in nur einer Stunde.

● Während die Geschäfte in Hazratganj sonntags geschlossen sind, ist in Chowk und Aminabad montags Ruhetag.

●Die sich gegenüberliegenden Buchläden **British Book Depot** und **Universal Booksellers** an der M.G. Rd. haben eine große Auswahl an Fiction, Bildbänden und Postkarten.

Festival

Das alljährlich Ende November bis Anfang Dezember stattfindende **Lucknow Festival** erinnert an die große kulturelle Blütezeit Lucknows unter der Herrschaft der Nawabs von Oudh. Während der zehntägigen Festivitäten bilden die Straßen und Parks der Stadt die Bühne für die Aufführungen traditioneller Mogul-Kunst. Musikveranstaltungen, Tanzvorführungen, Musikgruppen, aber auch Drachenflieger und Hahnenkämpfe gehören dazu. Gerade weil sich kaum westliche Touristen nach Lucknow verirren, wird man um so herzlicher aufgenommen.

An- und Weiterreise

Flug

●*Indian Airlines* (M.G.Rd. im *Hotel Clarks Avadh*, Tel.: 2220927) verbindet Lucknow täglich mit **Delhi** (3.950 Rs) und **Mumbai** (8.995 Rs). Tel. der Information am Amausi-Flughafen: 2436132.

●Die Verbindungen von **Jet Airways** (Tel.: 223961-4, Flughafen: 2434009/10) und **Air Sahara** (7, Karpoorthala Complex, Sahara India Tower, Aliganj, Tel.: 2377675, lkocity@air sahara.net, Flughafen: Tel.: 2437771) sind im Anhang zu finden.

Bahn

In Lucknow gibt es zwei wichtige Bahnhöfe, **Lucknow Junction** ist der wichtigere, von hier starten die meisten Züge. Vom **Charbagh-Bahnhof** nebenan gehen viele Verbindungen nach Kalkutta. Das Reservierungsbüro (Tel.: 2635841, 2636132) links vom Lucknow Junction ist Mo–Sa 8–13 und 14–20, So 8–14 Uhr geöffnet. Schalter 601 für Touristen ist ganz links zu finden. Die wichtigsten Verbindungen sind im Anhang aufgeführt.

Bus

Mit dem Charbagh-Busbahnhof (Tel.: 2450988) gleich neben dem Bahnhof und dem Kaisarbagh (Tel.: 2222503) ca. 2 km nördlich hiervon besitzt Lucknow **zwei Busbahnhöfe**. Richtig kompliziert wird die Sache jedoch dadurch, dass nicht klar zu sein scheint, welche Busse nun von welchem Busbahnhof abfahren. Man muss sich also die Mühe machen, jeweils selbst nachzufragen. Generell sollte man jedoch beachten, dass die vielfältigen Zugverbindungen fast immer schneller und bequemer sind.

●Direktbusse verkehren u.a. nach **Allahabad** (5 Std., Ord./Del. 95/160 Rs), **Delhi** (12 Std., Del. 310 Rs), **Varanasi** (8 Std., Ord./AC 140/230 Rs), **Agra** (7 Std., 180 Rs) und dem indisch-nepalesischen Grenzort Sunauli (11 Std.).

Gorakhpur   ↗ VII/C2

(ca. 600.000 Einwohner, Vorwahl: 0551)

Einzig und allein wegen ihrer Funktion als Umsteigeplatz von Delhi oder Varanasi nach Nepal ist die Stadt von touristischem Interesse. Zu besichtigen gibt es nichts, und so sollte man, wenn irgend möglich, eine Übernachtung vermeiden, zumal einem die sich hier besonders wohl fühlenden Moskitos das Leben schwer machen.

Gewarnt sei hier ausdrücklich vor den jungen Burschen, die einem bereits bei der Ankunft in Gorakhpur **Bustickets** für die Weiterfahrt bis Pokhara bzw. Kathmandu in Nepal aufzuschwatzen versuchen. Dieses „Paketangebot" ist nicht nur erheblich teurer, sondern oftmals auch purer Schwindel, da das Anschlussticket auf nepalesischem Boden oft nicht akzeptiert wird. Schon mehrere Traveller durften auf diese Weise doppelt zahlen. Im Übrigen ist es meist kein Problem, das Ticket für die Weiterfahrt nach Überqueren der Grenze in Nepal zu besorgen.

Uttar Pradesh

Information

- Das **Tourist Office** (Tel.: 2335450) befindet sich in der Park Road und ist tgl., außer So, von 10 bis 17 Uhr geöffnet. Mehr Informationen erhält man in der Zweigstelle im Bahnhof, die umsonst einen Stadtplan aushändigt.

Unterkunft, Essen und Trinken

Die meisten Reisenden bevorzugen die gegenüber dem Bahnhof gelegenen Hotels wegen der Nähe zum Busbahnhof, von dem frühmorgens die Busse zum Grenzort Sunauli abfahren. Bessere Übernachtungsmöglichkeiten befinden sich jedoch im Stadtzentrum. Bei den meisten Hotels gilt das 24-Stunden-Check-Out-System.

- Von den vielen insgesamt wenig überzeugenden Hotels in Bahnhofsnähe ist das **Elora** € (Tel.: 2200647) noch eines der besten. Auch hier sollte man – wie bei den meisten Hotels in dieser sehr lauten Gegend – ein Zimmer nach hinten wählen. Das saubere Schnellrestaurant von **Food Plaza** ist wohl die beste Verpflegungswahl in der Bahnhofsgegend.
- Eine Preiskategorie höher anzusiedeln sind die beiden unmittelbar nebeneinander im Stadtzentrum gelegenen Hotels **Marina** €€ (Tel.: 2337630) und **President** €€ (Tel.: 2337654). Erstklassig ist das *Queen's Restaurant* mit Bar im President. Auch das gegenüber gelegene **Bobi's Restaurant** ist gut.
- Nur wenig außerhalb offeriert das Hotel **Bobina** €€-€€€ (Nepal Rd., Tel.: 2336663, bo bina@ndb.vsnl.net.in) den wohl besten Gegenwert. Saubere, teils klimatisierte Zimmer, guter Service und ein überdurchschnittliches Restaurant mit Bar.

Bank und Internet

- Die **State Bank of India** wechselt Bares und American-Express-Reiseschecks. Im Hotel *Bobina* werden Reiseschecks aller wichtigen Anbieter sowie Bargeld akzeptiert.

- Eine Std. Internetsurfen kostet um 20 Rs, einige Cafés sind um das Hotel President gruppiert.

An- und Weiterreise

Bahn

Gorakhpur liegt am Schnittpunkt mehrerer Bahnlinien, und so bieten sich Anbindungen an alle Städte Zentral- und Nordindiens. Wichtige Verbindungen sind im Anhang aufgelistet.

Bus

- Jeden Tag viele Verbindungen zum 3 Std. entfernten indisch-nepalesischen Grenzort **Sunauli**. Um dort die Anschlussbusse nach **Kathmandu** bzw. **Pokhara** nicht zu verpassen, sollte man möglichst schon mit dem ersten Bus um 5 Uhr fahren.
- **Weitere Verbindungen** bestehen u.a. mit Lucknow (7 Std.), Kushinagar (1.5 Std.) und Patna (7 Std.).
- Busse nach **Varanasi** (6 Std., 110 Rs) fahren vom Katchari-Busbahnhof etwa 1,5 km südlich vom Bahnhof. Per Riksha kostet es ca. 10 Rs von dort zum Stadtzentrum.

Sunauli ↗ VII/C2

Dieses verschlafene Städtchen ist nur als **indisch-nepalesischer Grenzort** von touristischem Interesse. Nepalesische Visa werden rund um die Uhr vom *Immigration Office*, direkt beim unscheinbaren Grenzübergang, ausgestellt. Zweimonatige **Visa** werden auf der nepalesischen Seite für 30 US-$ ausgestellt. Die Bezahlung muss in Dollar erfolgen. Die Grenze ist rund um die Uhr geöffnet, Fahrzeuge werden jedoch nur bis 22 Uhr durchgelassen. Der Grenzübertritt ist meist in weniger als einer Stunde über die Bühne gegangen. Wer noch indische Rupees übrig hat, kann diese problemlos auch auf der nepalesischen Seite ausgeben, da dort die indische Währung praktisch überall akzeptiert wird. Im Übrigen stehen viele *Exchange Offi-*

ces zur Verfügung, bei denen man nepalesische Währung erhält.

Unterkunft

(Vorwahl: 05522)

Für alle, die ihre Anschlussfahrt nach Kathmandu bzw. Pokhara verpasst haben, empfiehlt es sich, **auf nepalesischer Seite** zu übernachten, da dort eine quantitativ wie qualitativ bessere Auswahl zur Verfügung steht.

● Auch wenn es von außen wenig einladend wirkt, ist das **Nepal Guest House** € (Tel.: 208771) eine empfehlenswerte Adresse. Es steht eine ganze Reihe sehr unterschiedlicher Zimmer zur Auswahl. Das große Plus dieser Unterkunft sind die angenehme Atmosphäre und die Dachterrasse. Recht ordentlich ist auch das hauseigene Restaurant.

● Akzeptabel ist noch das staatliche **Hotel Niranjana** €-€€€ (Tel.: 238201), wobei die teureren Zimmer über AC verfügen. Eine Übernachtung im Schlafsaal kostet 50 Rs. Das hauseigene Restaurant ist o.k.

An- und Weiterreise

Wenn irgend möglich, empfiehlt es sich, tagsüber nach Kathmandu bzw. Pokhara zu fahren, da man nur dann das großartige Panorama genießen kann.

● Diverse **private Busgesellschaften** fahren tgl. zwischen 5 und 10 Uhr innerhalb von ca. 12 Std. nach **Kathmandu,** die meisten verlangen um 200 Nepalesische Rs. Die um 15.30 und 20.30 Uhr startenden Nachtbusse benötigen für die Strecke etwa 2 Std. länger. Die Nachtbusse sind nicht zu empfehlen: Sie kosten mehr, brauchen mehr Zeit, und man verpasst die schöne Landschaft.

● Nach **Pokhara** sind es 9 bzw. 10 Std. Tgl. vier staatliche Busse, um 6.30, 7.30, 18.30 und 19.30 Uhr, starten vom 4 km nördlich von Sunauli gelegenen Busbahnhof in Bhairawa. Wegen der großen Nachfrage muss man für diese Busse meist schon einen Tag im Voraus reservieren. Tickets werden an einem Ticketkiosk beim Hotel **Yeti** verkauft.

● Von Bhairawa starten auch die Busse zum 22 km entfernten **Lumbini,** dem Geburtsort Buddhas. Falls man nur diesen Ort in Nepal

besuchen will, sind kostenlose Dreitages-Visa an der Grenze erhältlich.

● Weitere Verbindungen, zeitlich jeweils abgestimmt auf die aus Kathmandu und Pokhara eintreffenden Busse, bestehen von Sunauli nach **Varanasi, Patna** und **Lucknow.** Meist ist aber die Zugfahrt von Gorakhpur bequemer.

● Busse zum 3 Std. entfernten **Gorakhpur,** von wo sich hervorragende Bahnverbindungen bieten, fahren alle halbe Stunde zwischen 5 und 19 Uhr.

● Einige Unterkünfte, wie etwa das *Nepal Guest House,* vermieten **Mietwagen** mit Fahrer für ca. 1.200 Rs pro Tag. Wenn sich Mehrere zusammenfinden, ist dies eine bequeme und gar nicht mal so teure Alternative, um die Reise nach Pokhara oder Kathmandu fortzusetzen.

Allahabad ♐ VI/B3

(ca. 1 Mio. Einwohner, Vorwahl: 0532)

Allahabad, über 2.000 Jahre eine der heiligsten Städte des Landes, ist seit der Unabhängigkeit auf den Rang einer Provinzstadt zurückgefallen. Ihr ursprünglicher Name, *Prayaga,* wird in allen bedeutenden hinduistischen Epen wie dem *Ramayana, Mahabharata* und den *Puranas* erwähnt. Schon Brahma soll hier am Zusammenfluss von Ganges, Yamuna und dem mysthischen Saraswati am Vorabend der Weltschöpfung rituelle Zeremonien abgehalten haben. Überdies gilt die Stadt als der bedeutendste der insgesamt vier Schauplätze der *Kumbh Mela,* des größten Pilgerfestes der Erde. So ist Allahabad einer der wichtigsten hinduistischen **Wallfahrtsorte,** worauf auch sein historischer Name, *Prayaga,* der Opferplatz bedeutet, zurückzuführen ist.

Das heutige Gesicht der Stadt ist jedoch geprägt von der **britischen Herrschaft** der 2. Hälfte des 19. Jh., als Allahabad zur Hauptstadt einer der bedeutendsten Provinzen Britisch-Indiens aufstieg. Sein Regierungs- und Gerichtsgebäude und die breiten, von großen Bäumen gesäumten Alleen verleihen der

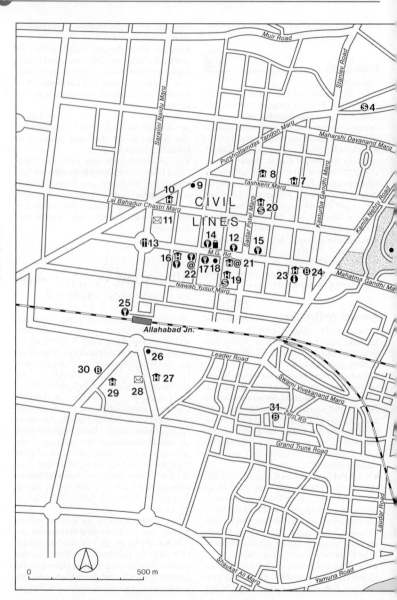

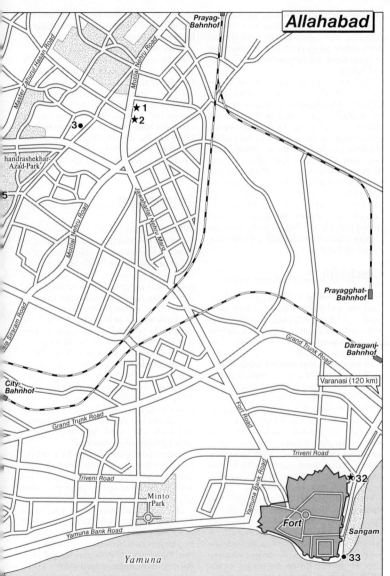

Allahabad

Uttar Pradesh

Prayag-
Bahnhof

Master Zahirul Hasn Road

Motilal Nehru Road

★1
★2

3●

handrashekhar-
Azad-Park

5

Motilal Nehru Road

Jawaharlal Nehru Marg

Prayagghat-
Bahnhof

Grand Trunk Road

Daraganj-
Bahnhof

Bela Siriram Road

City-
Bahnhof

Varanasi (120 km)

Grand Trunk Road

Triveni Road

Fort Road

Triveni Road

Minto
Park

Yamuna Bank Road

★32

Yamuna Bank Road

Fort

Sangam

●33

Yamuna

Stadt dennoch kein unbedingt angenehmes Ambiente, ist sie doch laut und luftverschmutzt. Im Gegensatz zum rund 200 km nordwestlich gelegenen Lucknow bieten sich keinerlei wirklich außergewöhnliche Sehenswürdigkeiten.

Die Gleisanlagen des Bahnhofs von Allahabad dienen als Trennlinie zwischen dem **Chowk** und **Civil Lines,** den beiden markanten Stadtteilen von Allahabad. Während der südlich der Bahnlinien gelegene Chowk mit seinen engen Gassen und dem hektischen Markttreiben die Altstadt von Allahabad bildet, wirkt Civil Lines mit seinen breiten, baumbestandenen Straßen, modernen Geschäften und Hotels eher europäisch. Im Südwesten der Stadt, am Zusammenfluss von Yamuna und Ganges, liegt das Fort. Die parallel zur Bahnlinie verlaufende Grand Trunk Road setzt sich fort als große, über den Ganges führende Brücke und verbindet Allahabad mit Varanasi.

Geschichte

Abgesehen von ihrer uralten Bedeutung als einer der wichtigsten Pilgerorte der Hindus erwähnt sie auch ein chinesischer Pilger Mitte des 7. Jh. n. Chr. als wichtigen Wallfahrtsort für die in jener Zeit noch einflussreiche buddhistische Religion.

Ihr heutiger Name geht auf König *Akhbar* zurück, der ihr 1584 den Namen *Illahabad* verlieh. Zwar befand sich die Stadt schon seit dem 12. Jh. in islamischer Hand, doch erst der bedeutendste aller Mogulherrscher baute sie zu dem nach Agra wichtigsten Stützpunkt des Reiches aus. Das besondere Gewicht, das die **Moguln** der strategisch äußerst günstig gelegenen Stadt beimaßen, kommt u.a. dadurch zum Ausdruck, dass stets Söhne der Großmoguln zu Gouverneuren von Allahabad ernannt wurden.

In den turbulenten Jahren nach dem **Niedergang des Mogul-Reiches** wechselten mit den Marathen, den Pathanen und Nawabs von Oudh die Herrscher Allahabads in schneller Folge. Nachdem schließlich die Stadt im Jahre 1801 an die immer einflussreicher werdenden **Briten** abgetreten wurde, erhoben diese sie in den Stand einer Provinz-

hauptstadt. Nach dem Sepoy-Aufstand war Allahabad Schauplatz der offiziellen Übergabezeremonie Indiens von der *East India Company* an die englische Regierung.

In den folgenden Jahrzehnten wurde die Stadt zu einem Zentrum der **indischen Nationalbewegung.** Hierzu trug sicherlich auch bei, dass Allahabad Heimatort *Jawaharlal Nehrus* war. Obwohl dieser zum ersten Präsidenten Indiens nach der Befreiung aufstieg, verlor die Stadt mehr und mehr an Einfluss. Einzig als Sitz des obersten Gerichtshofes und anerkannte Universitätsstadt konnte sie ein wenig von ihrer ursprünglichen Bedeutung erhalten.

Sehenswertes

Fort

Auffälligstes Monument der 500-jährigen muslimischen Herrschaft über Allahabad ist das etwa 4 km außerhalb des Stadtzentrums oberhalb des Zusammenflusses von Yamuna und Ganges gelegene Fort. 1583 gab *Akhbar* den Auftrag zum Bau dieser Festungsanlage, die mit ihren drei von hohen Türmen flankierten Toren weithin sichtbar ist. Über 45 Jahre dauerte die Fertigstellung und beanspruchte den Staatshaushalt mit der für damalige Verhältnisse riesigen Summe von 25 Mio. Rs.

Mitte des letzten Jahrhunderts entdeckte man im Innern der Anlage eine knapp elf Meter hohe Ashoka-Säule aus dem Jahr 232 v. Chr. Ähnlich wie auf vielen weiteren tausend über das ganze Land aufgestellten Ediktsäulen ließ der König auch auf dieser moralische und rechtliche Belehrungen an seine Untertanen eingravieren.

Leider ist der größte Teil des Forts seit vielen Jahren von der indischen Armee besetzt, und so muss man sich mit dem allerdings auch so beeindruckenden äußeren Anblick begnügen.

Öffentlich zugänglich durch eine kleine Tür in der östlichen Befestigungsmauer ganz in der Nähe des Ufers ist nur kleiner Bereich, in dem sich zwei bedeutende Pilgerziele finden. Zum einen der **Patalpuri-Tempel,** einer der ältesten Heiligtümer ganz Indiens. Dieser wurde ebenso schon von dem chinesischen

Pilger *Hiuen Tsang* erwähnt wie die grauenvollen Selbstopferungen, die sich an dem nicht weit davon entfernt stehenden angeblich unvergänglichen **Banyanbaum Akshai Veta** abgespielt haben sollen. Viele Gläubige sollen sich von den Ästen des Baumes in den Tod gestürzt haben, da sie sich hiervon eine Befreiung aus dem Kreis der Wiedergeburten versprachen. Der heute recht verkümmert erscheinende Baum lässt jedoch den Gedanken aufkommen, dass diese Geschichte eher ins Reich der Fabel gehört.

Anand Bhawan

Das ehemalige Wohnhaus und die **Residenz der Nehrus,** jener Dynastie, die die Geschicke des unabhängigen Indiens bis zum gewaltsamen Tod *Rajiv Gandhis* im Mai 1991 fast ununterbrochen bestimmten liegt etwa 5 km außerhalb der Stadt. Das prachtvolle Gebäude wurde 1985 von *Indira Gandhi* der indischen Regierung geschenkt und in ein **Museum** umgewandelt. Bauherr war *Motilal Nehru,* der seinem Sohn und späteren ersten indischen Ministerpräsidenten *Jawaharlal Nehru* geraten hatte, sich ganz der Politik zu widmen und keine Zeit aufs Geldverdienen zu verschwenden, da er als Jurist selbst an einem einzigen Tag mehr verdiene als sein Sohn in einem ganzen Monat.

Die Erb- und Besitzstreitigkeiten der großen Grundherrn in Allahabad, die zu der Klientel *Motilal Nehrus* gehörten, brachten üppige Honorare, wie ein Blick in die Zimmer des zweigeschossigen Hauses veranschaulicht.

Zu besichtigen gibt es auch den Raum, in dem *Mahatma Gandhi,* der engste Freund und oftmals auch erbittertste Gegner Nehrus, bei einem seiner häufigen Besuche wohnte. Im sehr schönen Garten des Hauses wurde 1979 ein **Planetarium** errichtet, in dem täglich Vorführungen zu sehen sind.

Im nebenan gelegenen **Swaraj Bhawan,** dem Geburtshaus *Indira Gandhis* und bis 1930 Wohnhaus der *Nehrus,* kann man mehrmals täglich, außer montags, einem etwa einstündigen Videovortrag über den indischen Unabhängigkeitskampf beiwohnen.

●**Öffnungszeiten:** tgl. außer Mo 9.30 bis 17 Uhr.

		Legende Stadtplan Allahabad
★	1	Swaraj Bhavan
★	2	Anand Bhavan
●	3	Universität
✚	4	State Bank of India
★	5	Victoria Monument
●	6	Stadion
🏨	7	Hotel Allahabad Regency
🏨	8	Hotel Yatrik,
●		Air Sahara
●	9	SAS Travel
🏨	10	Hotel Ajay International
✉	11	Hauptpost
🍴	12	El Chico
⛪	13	All Saints Cathedral
📖	14	Universal Bookshop,
🍴		Kwality Restaurant
🍴	15	Shamiyana Restaurant,
		Spicy Bite
🏨	16	Hotel Tepso,
🍴		Jade Garden
🍴	17	Kamdhenu Sweets,
		Paradise Sweets,
		Tandoor Restaurant
●	18	Palace Theatre (Kino)
🏨	19	Hotel Kanha Shyam,
✚		ATM
✚	20	ICICI-ATM,
🏨		Hotel Grand Continental
🏨	21	Satyendra Guest House,
		Hotel Samrat,
@		Angelique Cyber
🍴	22	Coffee House,
@		Internet Café
🏨	23	Hotel Ilawart Tourist Bungalow,
ℹ		Uttar Pradesh Tourist Office
Ⓑ	24	Civil Lines Busbahnhof
🍴	25	Food Plaza
●	26	Tempo-Stand
🏨	27	Hotel N.C. Continental
✉	28	Postamt
🏨	29	Hotel Prayag
Ⓑ	30	Leader Road Busstand
Ⓑ	31	Zero Busstand
🛕	32	Hanuman Temple,
★		Ashoka Pillar
●	33	Bootsverleih

Uttar Pradesh

Sangam

An den sandigen Ufern des Zusammenflusses von Ganges und Yamuna unterhalb des Forts versammeln sich alle 12 Jahre, das nächste Mal im Jahr 2001, Millionen von Gläubigen zur **Kumbh Mela,** dem größten Fest der Welt. Zu einem von Astrologen genau festgelegten Zeitpunkt nehmen sie ein rituelles Bad an dieser Stelle, um von ihren Sünden befreit zu werden. In dem berühmten Buch „No Full Stops in India" (s. Literaturhinweise im Anhang) des langjährigen BBC-Korrespondenten *Mark Tully* findet sich ein hervorragend geschriebenes Kapitel über dieses einzigartige Pilgerfest.

Das gleiche Schauspiel religiöser Inbrunst lässt sich jedes Jahr zwischen Januar und Februar wenn auch in wesentlich geringerem Ausmaß erleben, wenn hier die kleine **Magh Mela** stattfindet. Doch auch während der übrigen Zeit des Jahres strahlt der Ort eine schöne Atmosphäre aus.

Eine Fahrt mit einem **Ruderboot** vermittelt besonders morgens und beim Sonnenuntergang eine stimmungsvolle Aussicht auf das

von Pilgern besuchte Ufer und das dahinter steil aufragende Fort. Allerdings sind die mit „Dollarnoten in den Augen" auf westliche Touristen wartenden Bootsführer recht unangenehm beim Aushandeln des Preises, der eigentlich 50 Rs (pro Boot) nicht überschreiten sollte.

Hanuman-Tempel

Der direkt an der Kreuzung zweier Hauptverkehrsstraßen liegende Hanuman-Tempel hebt sich insofern von anderen Heiligtümern zu Ehren des berühmten Affengottes heraus, weil die Gottheit hier ausnahmsweise einmal in liegender Position dargestellt ist. Da die Statue wenige Meter oberhalb des Grundwasserspiegels in den Boden eingelassen wurde, vermuten die Gläubigen, dass jedes Jahr zur Monsunzeit die Wassergottheiten des Ganges dem Gott ihre Ehre erweisen.

Information

● Ein Besuch im **Tourist Office** (tgl. außer So 10 bis 17 Uhr, Tel.: 2601873) im *Hotel Ilawart Tourist Bungalow* an der Mahatma Gandhi Marg ist leider nur wenig hilfreich.

Stadtverkehr

● Ähnlich wie in Lucknow verkehren auch in Allahabad **Tempos,** die die einzelnen Stadtteile miteinander verbinden.
● Die 6 km lange Fahrt vom Allahabad-Junction-Bahnhof zum Fort und Ganges per **Autoriksha** sollte nicht mehr als 30 Rs kosten.
● Wer per **Bahn** ankommt und in den modernen Stadtteil Civil Line will, sollte den nördlichen Hinterausgang des Bahnhofs benutzen.

Unterkunft

Low Budget und Budget

Annehmbare einfache Hotels sind in Allahabad schwer zu finden und recht teuer verglichen mit dem indischen Durchschnitt.
● So gibt es mit dem **Satyendra Guest House** €€-€€€ (Tel.: 25611319) nur eine wirklich

155i Foto: tb

empfehlenswerte preiswerte Unterkunft in Allahabad, nicht leicht zu finden, da im 3. Stock versteckt. Die schön eingerichteten Zimmer mit TV, teils mit AC, sind ihr Geld wert.

●Etwas billiger, aber auch wesentlich weniger Komfort bietet das **Mayur Guest House** €-€€€ (Tel.: 2561262, kohliz@vsnl.com) gleich um die Ecke. Einige der einfachen, nach vorn recht lauten Zimmer, teilweise mit AC und ohne Dusche, sind nicht annähernd moskitosicher, also umschauen.

●Mehr bietet hingegen das **Hotel Tepso** €€-€€€ (Tel.: 2561408/9) nahe dem Bahnhof, allerdings sind auch hier die Zimmer zu teuer. Ein gutes Restaurant ist angeschlossen.

●Noch bedingt empfehlenswert, besonders wenn wegen der von Dezember bis Mitte Januar vermehrt auftretenden Hochzeiten Bettenmangel herrscht, ist das überteuerte staatliche **Hotel Ilawart Tourist Bungalow** €€-€€€ (Tel.: 2601440), wie schon die vorgenannten an der Mahatma Gandhi Marg. Die recht geräumigen und sauberen, aber atmosphärelosen AC- und Non-AC-Zimmer verfügen teilweise über TV. Ein Schlafsaal für 50 Rs und ein Restaurant stehen zur Verfügung. Vorzuziehen sind die der Straße abgewandten Zimmer.

●Im Süden des Allahabad-Jn.-Bahnhofs sind zwei Unterkünfte zu empfehlen, zumal viele der Hotels dort keine Ausländer aufnehmen. Zunächst das nahe dem Bahnhof gelegene **Hotel N.C. Continental** €-€€€ (Tel.: 2652058). Alle Zimmer haben TV, die teuren sind klimatisiert, die nach hinten ruhig genug. Etwas besser in der Ausstattung, bietet das **Hotel Prayag** €-€€€ (Tel.: 2653287) geräumige Zimmer, wobei besonders die teureren in sehr gutem Zustand sind.

First Class und Luxus

Im mittleren und oberen Preissegment herrscht kein Mangel an empfehlenswerten Unterkünften. Die meisten haben einen Swimmingpool, dessen Benutzung für Nicht-Gäste um 200 Rs kostet. Hier eine Auswahl:

●Das gepflegte **Allahabad Regency** €€€€ (16, Tashkent Marg, Tel.: 2601519, hotel_regency@rediffmail.com) mit großem Garten in ruhiger Lage und das **Hotel Yatrik** €€€€-€€€€€ (Tel.: 2601712/4) bieten geräumige und schön möblierte, klimatisierte Zimmer, teils mit Badewanne. Beide haben einen Pool.

●Etwas kühl wirkt dagegen das **Ajay International** €€€€-€€€€€ (Tel.: 2422870), wenn auch alle Ausstattungsmerkmale eines Mittelklassehotels vorhanden sind.

●Alles überragend, nicht nur an Höhe, sondern auch an Qualität und Preis, ist das **Kanha Shyam** €€€€-€€€€€ (Tel. 2560123, info@hotelkanshyam.com, www.hotelkanshyam.com) eine echte Luxusherberge.

Essen und Trinken

●Das **Shamiana** an der Mahatma Gandhi Marg ist bekannt für seine leckeren Nudelgerichte.

●Ganz Eilige sollten zum neuen **Food Plaza** am Junction Bahnhof laufen, denn da bekommen sie ganz schnell Pizzas, Burger und Eiscreme etc. (mit Prepaid-Service). Die AC wird einen dann ganz schnell wieder abkühlen.

●Ganz ähnlich ist die **El Chico Espresso Snack Bar** an der M.G. Marg.

●Das **Machan** mit angeschlossenem Garten bietet sowohl indische wie auch europäische Küche. Allerdings wird hier, wie bei den meisten Restaurants in Allahabad, kein Alkohol ausgeschenkt.

●Wer auf Killer-Driller-Eis steht, der kann seine obskure Lust im **Kwality Restaurant** ausleben. Ansonsten bietet es eher durchschnittliches Essen.

●Das **Coffee House** serviert billige und würzige indische Snacks in einer alten, angenehmen großen Halle, etwa 50 m von der M.G. Marg entfernt.

●Exzellente indische Kost serviert das **Tandoor** an der Mahatma Gandhi Road.

●In Allahabad gibt es erstaunlich viele Pastry und Sweets Shops, man scheint sie dort nötig zu haben. Der beste ist bezeichnenderweise das **Paradise** mit köstlichen Torten und Keksen, etwas zurück an der M.G. Marg gelegen. Weitere empfehlenswerte Süßwarenläden sind einmal vor dem Hotel Grand Continental das **Muffins,** welches auch mit Snacks und Eiscreme lockt, und das **Kamdhenu Sweets** mit Köstlichkeiten für Süßmäuler zum Mitnehmen aufs Hotelzimmer.

Bank, Post und Internet

●Die **Hauptpost** nördlich der All Saints Cathedral ist Mo-Fr 10-17 Uhr geöffnet.
●Die **State Bank of India** (Icachery Rd., Mo-Fr 10-16 Uhr) wechselt Bargeld.
●Von der ICICI-Bank gibt es einen **ATM** für Visa-, Master-, Cirus- und Maestro-Card beim *Hotel Grand Continental*. Ein weiterer steht links neben dem *Kanha Shyam Hotel* für Visa-Card.
●Internet kostet 40 Rs/Std. Ein hinreichend schnelles Café ist das **Angelique Cyber Café**, 50 m zurück von der Hauptstraße nahe dem *Samrat Hotel* zu finden. Ein weiteres findet sich beim Coffee House.

Einkaufen

●Wer neuen Lesestoff braucht, kann es in einem der drei nebeneinander gelegenen **Buchläden** *Universal Company/Gallery/Depot* versuchen, nahe dem *Kwality Restaurant* an der M.G. Marg.

An- und Weiterreise

Flug

●Allahabad wird von *Air Sahara* jeweils Mi, Mi und Fr aus **Ahmedabad, Bangalore, Bhubaneshwar, Delhi, Mumbai** und **Guwahati** (alle mit 1 Stopp) sowie **Kalkutta** und **Lucknow** direkt angeflogen. Das Büro (Tel.: 2608533/5, tgl. 9.30-19 Uhr) befindet sich beim *Hotel Yatrik*.

Bahn

Allahabads Hauptbahnhof ist Allahabad Junction im Stadtzentrum. Allerdings ist speziell bei den Zügen nach Varanasi Vorsicht geboten, da viele dieser Züge vom kleinen Allahabad-City-Bahnhof knapp 2 km westlich vom Hauptbahnhof abfahren. Es gibt einen

Reservierungsschalter im Hauptgebäude und einen kleineren hinter dem *Food Plaza*, beide sind Mo-Sa 8-20 Uhr, So 8-14 Uhr geöffnet.
●Wichtige Verbindungen im Anhang.

Bus

●Vom Busbahnhof Civil Lines neben dem *Tourist Bungalow* bestehen u.a. regelmäßige Verbindungen nach **Lucknow** (5 Std.), **Varanasi** (3,5 Std.) und **Sunauli** (11 Std.).
●Busse nach **Satna** zur Weiterfahrt nach **Khajuraho** fahren vom Leader-Road-Busbahnhof. Doch auch hier gilt wieder, dass die Bahnverbindungen vorzuziehen sind.

Umgebung von Allahabad

Chitrakoot   ♫ VI/B3

Chitrakoot, der „wunderbare Hügel", liegt in einer sehr naturbelassenen Gegend, umgeben von Wäldern und Flüssen. Die Stadt an den Ufern des Mandakini-Flusses ist ein bedeutender **Wallfahrtsort**, da hier nach der indischen Mythologie Rama und Sita elf ihrer vierzehn Jahre im Exil lebten und Brahma, Shiva und Vishnu wiedergeboren wurden. So finden sich vor allem morgens am **Ramghat** viele Pilger und Sadhus ein, um im Angesicht der aufgehenden Sonne ihre Kulthandlungen durchzuführen. Immer wieder ein für Europäer beeindruckendes Schauspiel, doch wer bereits in Varanasi gewesen ist, muss deshalb sicher nicht mehr den recht langen Anfahrtsweg nach Chitrakoot in Kauf nehmen.
●**Anreise:** Es verkehren regelmäßig Busse (ca. 3,5 Std.) vom Zero-Road-Busbahnhof im Südteil Allahabads zum 130 km entfernten Chitrakoot.
●**Unterkunft:** Im staatlichen **Tourist Bungalow** € (Tel.: 05198-224219) in der Nähe des Busbahnhofs gibt's eine Bleibe vom billigen Schlafsaal bis zum klimatisierten Zimmer mit Bad sowie ein akzeptables Restaurant.

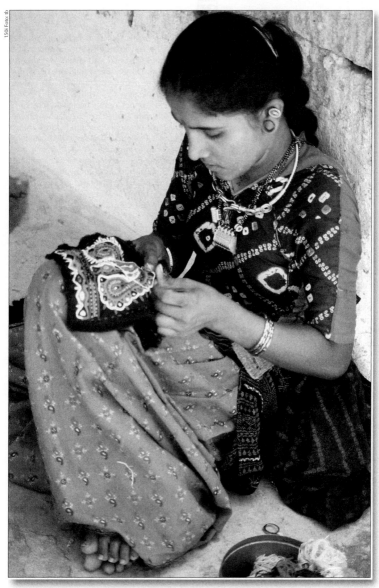

Uttar Pradesh

Highlight:

📷

Varanasi (Benares) ↗ VI/B3

(ca. 1,3 Mio. Einwohner, Vorwahl 0542)

Was Mekka für Moslems und Jerusalem für Juden und Christen, das ist Varanasi für Hindus – die heiligste unter allen Städten. Seit Jahrtausenden strömen Pilger aus allen Teilen des riesigen indischen Subkontinents in diese uralte Stadt an den Ufern des Ganges, um beim allmorgendlichen rituellen Bad von ihren Sünden befreit zu werden oder durch die Totenverbrennungen an den **Ghats** den ewigen Kreislauf der Wiedergeburten zu durchbrechen.

Die einzigartige spirituelle Bedeutung der Stadt führte bereits *Siddharta Gautama*, den Buddha, vor über 2.500 Jahren, kurz nachdem ihm in Bodhgaya die Erleuchtung zuteil geworden war, ins nur zehn Kilometer von Varanasi entfernte Sarnath, um dort mit seiner ersten öffentlichen Predigt das Rad der Lehre in Gang zu setzen. Auch der noch von vielen Hindus verwendete mythologische Name Varanasis, *Kashi*, nimmt Bezug auf die hier angeblich brennende ewige Flamme der Erkenntnis.

Varanasis heutiger Name geht auf seine Lage zwischen Varuna und Asi, zweier Nebenflüsse des Ganges, zurück, der von den Briten als *Benares* missverstanden wurde, eine Verballhornung, die sich dann international verbreitete.

Wohl niemand kann sich der unvergleichlichen Atmosphäre der Stadt entziehen. Kein Ort spiegelt in derart konzentrierter Form die einzigartige Vielfalt und Widersprüchlichkeit des indischen Lebens. Geburt und Tod, unbändige Lebensfreude und meditative Versenkung, von Abfällen und Tierexkrementen übersäte Altstadtgassen und goldverkleidete Tempel, erbärmlich entstellte Bettler und schillernde Saris, offene Scheiterhaufen und heitere Sitarmusik – alles scheint gleichzeitig und auf engstem Raum zu geschehen. Was sich nach westlichem Denken unversöhnlich gegenüberstehen müsste, hier ergänzt es sich zu einer ganz unvergleichlichen Melodie des indischen Lebens. Varanasi ist so bunt,

grell, laut, spirituell und marktschreierisch wie das Land selbst.

Man sollte sich Zeit nehmen, um das zunächst verwirrende Nebeneinander in aller Ruhe auf sich wirken zu lassen. Wer dies tut und vorurteilsfrei hinschaut, hört, riecht und fühlt, wird dem Geist Indiens in der ewigen Stadt näher sein als irgendwo sonst.

Kein Wunder, dass in dieser indischsten aller indischen Städte die neuzeitlichen Probleme des Kontinents besonders krass zutage treten. Der von den Dächern der Altstadt romantisch anmutende Nebel, der sich mystisch über den Ganges legt, ist nichts anderes als ungefiltert in die Luft abgelassene Industrieabgase. Auch die total überfüllten, dreckigen und lauten Straßen der sich nordwestlich der Altstadt zum Bahnhof ziehenden Neustadt, der von Obdachlosen und Bettlern gekennzeichnete Bahnhofsbereich sowie der von Schwermetallen und Fäkalien durchsetzte, kurz vor dem ökologischen Kollaps stehende Ganges verdeutlichen, dass der jahrtausendealte Glanz der Stadt mehr und mehr von den ökologischen Folgen des Industriezeitalters eingeholt wird.

Exemplarisch für ganz Indien erfährt man in dieser Stadt noch, wie unterschiedlichste Dinge gleichzeitig, nebeneinander und übereinander ablaufen und dieses mit einer absoluten Selbstverständlichkeit geschieht. Varanasi lässt den Besucher nie los, begeistert und erschreckt zugleich. Varanasi ist wie Indien, selten einfach, immer faszinierend.

Geschichte

„Benares is older than history, older than tradition, older than legend and looks twice as old as all of them together." Ähnlich wie schon *Mark Twain*, von dem diese Worte stammen, meint man auch heute noch, die zeitlose Atmosphäre Varanasis überall zu spüren. Wie alt die Stadt allerdings wirklich ist, ob sie etwa tatsächlich, wie immer wieder behauptet wird, der älteste ununterbrochen besiedelte Ort des Subkontinents ist, lässt sich letztlich nicht stichhaltig beweisen. Wie so oft haben sich Legendenbildung und Tatsachen über Jahrhunderte in einem derartigen Knäuel mit-

Die Ganges-Ebene

509in Foto: mb

Uttar Pradesh

An den Ghats von Varanasi

einander verwoben, dass die Ursprünge nicht zu entschlüsseln sind.

Es wird angenommen, dass *Buddha* die erste öffentliche Predigt nach seiner Erleuchtung in Sarnath, also in unmittelbarer Nähe zum damals schon bedeutenden hinduistischen Wallfahrtsort Varanasi abhielt. Die Tagebücher zweier chinesischer Pilger aus dem 4. und 7. Jh. n. Chr berichten von hundert Shiva-Tempeln.

Ihre herausragende Bedeutung als heiligster Ort des Hinduismus musste die Stadt seit Ende des 12. Jh. mit wiederholten **Eroberungen und Zerstörungsfeldzügen** der muslimischen Eroberer bezahlen. Den Anfang der über sechshundertjährigen Fremdherrschaft machte der afghanische Feldherr *Muhammed-e-Ghur*, der die Stadt 1196 plünderte und viele hinduistische Heiligtümer zerstörte. Wieder einmal war es der letzte Großmogul *Aurangzeb*, der den traurigen Höhepunkt religiöser Intoleranz setzte, als er Ende des 17. Jh. fast alle hinduistischen Heiligtümer Varanasis zerstören und teilweise auf deren Grundmauern Moscheen errichten ließ.

So stammen die meisten der heutigen Tempel aus dem 18. Jh., als die **Marathen** die Macht übernahmen und Varanasi zu einem Zentrum hinduistischer Erneuerung wurde. Die landesweit hoch angesehene Benares-Hindu-Universität geht in ihren Ursprüngen auf diese Hindu-Renaissance zurück, in der die seit über einem halben Jahrtausend von den muslimischen Eroberern unterdrückte hinduistische Kultur zu neuer Blüte erwachte. Durch den forcierten Ausbau des Eisenbahnnetzes ermöglichten es die **Briten** als die neuen Machthaber Indiens, dass mehr Pilger als je zuvor den heiligen Ort besuchen konnten.

Das Zentrum hinduistischer Kultur und Religion liegt heute inmitten einer der rückständigsten, von Überbevölkerung, Umweltzerstörung und Armut geprägten Regionen Indi-

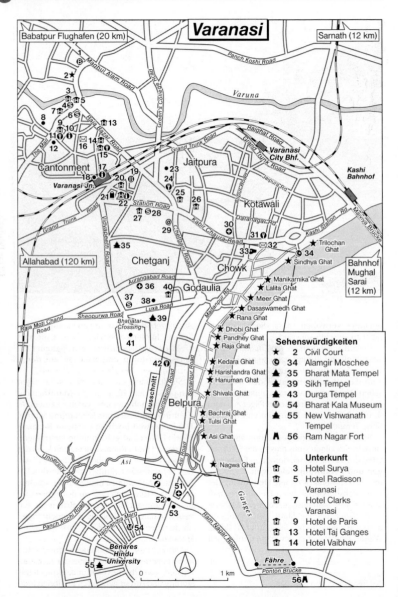

Varanasi

Babatpur Flughafen (20 km)

Sarnath (12 km)

Panch Koshi Road

Varuna

Maqbul Alam Road

Green's College

Rajghat Road

Varanasi City Bhf.

Kashi Bahnhof

Grand Trunk Road

Raja Bazar Road

Jaitpura

Jaipura Rd.

Cantonment

Kotawali

Varanasi Jn.

Station Road

Vidyapeeth Road

Datanagar Rd.

Kashi Station Rd.

Malviya Brücke

Grand Trunk Road

Allahabad (120 km)

Kabir Chauta Road

Chetganj Road

Chetganj

Chowk

Trilochan Ghat

Sindhya Ghat

Bahnhof Mughal Sarai (12 km)

Aurangabad Road

Godaulia

Manikarnika Ghat

Luxa Road

Lalita Ghat

Meer Ghat

Sheopurwa Road

Madenpur Rd.

Dasaswamedh Ghat

Rana Ghat

Raja Moti Chand Road

Bhatiatar Crossing

Dhobi Ghat

Pandhey Ghat

Raja Ghat

Kedara Ghat

Harishandra Ghat

Hanuman Ghat

Shivala Ghat

Ausschnitt

Sonarpura Road

Durgakund Road

Belpura

Bachraj Ghat

Tulsi Ghat

Asi Ghat

Unnesishi Road

Asi

Nagwa Ghat

Panch Kochi Road

Harchandra Marg

Ganges

Ram Nagar Road

Benares Hindu University

Fähre

Ponton Brücke

0   1 km

Sehenswürdigkeiten

★	2	Civil Court
◔	34	Alamgir Moschee
▲	35	Bharat Mata Tempel
▲	39	Sikh Tempel
▲	43	Durga Tempel
Ⓜ	54	Bharat Kala Museum
▲	55	New Vishwanath Tempel
♠	56	Ram Nagar Fort

Unterkunft

🏨	3	Hotel Surya
🏨	5	Hotel Radisson Varanasi
🏨	7	Hotel Clarks Varanasi
🏨	9	Hotel de Paris
🏨	13	Hotel Taj Ganges
🏨	14	Hotel Vaibhav

🛏	15	Hotel India
🛏	20	Hotels Nar India, Plaza Inn
🛏	22	Tourist Bungalow, Hotel Shivam
🛏	25	Hotel Pradeep
🛏	26	Hotel Buddha, Hotel Ajaya
🛏	27	Hotel Best Western
		Hindustan International
🛏	40	Sagar Guest House

Essen und Trinken

❶	11	Restaurant The Garden,
❶		Golden Dragon Restaurant
❶	24	Kamesh Hut Garden Restaurant
❶	31	Soni Rupa Restaurant
❶	42	Sindhi Restaurant

Verkehr

ⓑ	1	Busse nach Sarnath
●	8	Jet Airways, Austrian Airlines
●	12	Indian Airlines
●	14	Sahara Air,
ⓑ		Flughafenbus
ⓑ	19	Busse nach Sarnath
●	53	Autoriksha-Stand

Geld

🏦	3	State Bank of India
🏦	4	LKP Forex
🏦	6	ICICI-Bank-ATM
🏦	28	ICICI-Bank-ATM
🏦	37	HDFC-Bank und ATM

Internet

@	3	Satyam-i-way
@	29	Satyam-i-way

Sonstiges

❶	10	India Tourism Office
✉	16	Postamt
❶	17	Uttar Pradesh Tourism
●	18	Autoriksha Prepaid
🛍	21	Mehrotra Silk Factory
❶	22	India Tourism
●	23	Sanskrit University
✚	30	S.P. Gupta Hospital
✉	32	Hauptpost
🚔	33	Polizei
✚	36	Victoria Hospital
●	38	Foreigner's Registration Office
●	41	Central Hindu College
⊘	50	Apotheke
✚	51	Heritage Hospital
●	52	Hauptzugang zur Benares
		Hindu University

ens. Erneut erscheint Varanasi als Symbol Indiens, repräsentiert es doch eine jahrtausendealte Kulturnation, die sich mit der Bewältigung der Probleme des 20. Jh. mehr als schwer tut.

Sehenswertes

Stadtrundfahrt

● Stadtrundfahrten werden leider von keinem der Tourist Offices mehr angeboten. Es besteht jedoch bei *UttarPradesh Tourism* die Möglichkeit, ein **Taxi mit Guide** zu buchen. Dies kostet für eine siebenstündige Tour inkl. Guide und Bootsfahrt auf dem Ganges bei bis zu 4 Personen 1.400 Rs. Eine Halbtagestour gibt's für 800 Rs. Da man auch vom jeweiligen Hotel abgeholt wird (so es vom Taxi erreichbar ist), eine sinnvolle Sache für Eilige. Zu buchen mindestens einen Tag vorher.

Ghats

An keinem anderen Ort des Subkontinents fühlt man sich der das indische Leben durchdringenden Spiritualität derart nah wie an den Ghats von Varanasi. Die so oft beschriebene und beschworene Seele Indiens ist hier kein abstrakter Begriff, sondern hautnah erlebte Wirklichkeit, besonders frühmorgens, wenn die Pilger ihr rituelles Bad im Angesicht der aufgehenden Sonne nehmen und die zum Fluss führenden Treppen in ein stimmungsvolles Licht gehüllt sind.

Es empfiehlt sich, an einem der Haupt-Ghats wie dem *Dasashwamedh* oder *Manikarnika* eines der dort überall angebotenen **Ruderboote** zu mieten. Für je nach Verhandlungsgeschick und Nachfrage 50 bis 100 Rs pro Stunde und Boot (verlangt werden zu Beginn der Verhandlungen bis zu 20 US-$) kann man während einer ruhigen Fahrt die Ghats aus nächster Nähe betrachten und den Bootsmann dort, wo es einem besonders interessant erscheint, anhalten lassen. Allerdings sollte man vor der Abfahrt genau auf die Abfahrtszeit achten, da einem sonst bei einer auch nur geringen Überziehung der Preis für eine weitere Stunde berechnet wird. Die Bootsleute sind wahre Schlitzohren, und

Uttar Pradesh

man sollte nur den Preis bezahlen, der am Anfang ausgemacht wurde. Lässt man sich von einem Rikschafahrer zum Bootsfahrer begleiten, kassiert dieser Provision, und der Mietpreis steigt dementsprechend.

Die meisten der über 80 das westliche Ufer des Ganges zwischen Varuna und Asi säumenden Ghats sind durch das jedes Jahr schwere Schäden anrichtende Monsun-Hochwasser sowie den hohen Schadstoffgehalt des Ganges in einem baulich **schlechten Zustand.** Varanasi hat drängendere Probleme und benötigt die Gelder für akutere Aufgaben als zur Renovierung der Ghats.

Allerdings bemüht man sich, den knapp 2 km langen Abschnitt **zwischen Dasashwamedh und Manikarnika Ghat** zu erhalten. Gerade in diesem Bereich konzentriert sich eine religiöse Lebensfülle, welche *Arthur Koestler* einmal zu dem äußerst treffenden Vergleich eines „heiligen Irrenhauses" animierte.

Ebenso schillernd und skurril wie das Stück selbst, dass hier allmorgendlich aufgeführt wird, sind seine Haupt- und Nebendarsteller. Dazu gehören die mit ihren golden leuchtenden Messingbehältern zum Fluss strömenden Pilger ebenso wie die wohlbeleibten Brahmanen, die auf ihren kleinen, mit bunten Holzschirmen überspannten Holzplattformen religiöse Dienste anbieten. Weitere Akteure sind die hageren, in tiefer Meditation versunkenen, kaum bekleideten Yogis, die vom bunten Treiben um sie herum gänzlich unberührt zu sein scheinen, die von grauer Asche überzogenen Sadhus, unzählige entlang der Treppen aufgereihte, mit zerrissenen Stoffresten bekleidete Bettler sowie allerlei Scharlatane, die es besonders auf westliche Touristen abgesehen haben. Untermalt wird das Ganze von bunten Gebetsfahnen, dem Geruch von Räucherstäbchen und Scheiterhaufen, den Klängen von Tempelzeremonien. Diese einzigartigen Bilder, Stimmen und Gerüche verschmelzen hier zu einer unvergesslichen Impression des indischen Lebens.

Das bedeutendste der insgesamt über 80 Ghats ist das **Dasashwamedh Ghat,** jene Stelle, an der Brahma als höchster Oberpriester zehn (*das*) Pferde (*ahswa*) geopfert (*medh*) haben soll, um die Menschheit vor einer drohenden Dürre zu retten, und damit den mythologischen Grundstein Varanasis legte. Neben unzähligen kleinen Heiligtümern, die das große Areal dieses meistbesuchten Ghats Varanasis säumen, verdient vor allem der sehr kleine und deshalb häufig übersehene, an der Südseite platzierte **Schrein zu Ehren der Pockengöttin Shitala** Beachtung.

Von den vielen sich südlich anschließenden Ghats, die meist von Regionalherrschern finanziert worden sind, seien hier einige besondere erwähnt. Nach dem **Rana Ghat,** das von der Maharana von Udaipur erbaut wurde, folgt das **Dhobi Ghat.** Dieses ist heute bei weitem nicht mehr so von den Wäschern geprägt wie noch vor ein paar Jahren. Die traditionelle indische Berufs- und Kastengruppe wird sich wegen der zunehmend in den Haushalten benutzten Waschmaschinen neue Beschäftigungsmöglichkeiten suchen müssen.

Am vom Maharaja von Poona finanzierten **Raja Ghat** sind die höchsten Wasserstände der letzten Jahrzehnte mit Farbe an den Häusern markiert. Das von einem Shiva-Tempel beherrschte **Kedara Ghat** fällt mit seiner bunten Bemalung bereits von weitem auf. Der Name dieses vor allem von Bengalen aufgesuchten Ghats verweist auf den über 3.500 m hoch gelegenen Pilgerort am Fuße des Himalaya. Das nach einem mystischen König benannte **Harishandra Ghat** gilt als eines der heiligsten Ghats entlang des Ganges. Hier, wo die Bootsleute auf ihren morgendlichen Rudertouren nach Norden abdrehen, steht eines der **elektrischen Krematorien,** welche in Zukunft an Bedeutung gewinnen werden. Noch werden auch hier die Verstorbenen an den Ufern des Ganges unter freiem Himmel verbrannt.

Oberhalb des **Man Mandir Ghats,** welches sich nördlich an das Dasashwamedh Ghat anschließt, ragt der um 1600 vom Maharaja von Amber erbaute Palast auf. Neben den hier 1710 von *Jai Singh,* dem Gründer von Jaipur, erbauten astrologischen Instrumenten lohnt ein Besuch des Palastes wegen des herrlichen Ausblicks von diversen Balkonen auf den Ganges und das bunte Treiben am Ufer.

Mit seinen zwei weißen Tigern auf der Terrasse und einer Figur *Shivas* als Mahayogi auf dem Dach ist das sich unmittelbar nördlich anschließende Haus eines der markantesten Bauwerke entlang des Flusses. Hier wohnt *Dom Raja*, der oberste **Cremator von Varanasi** und eine der wohlhabendsten Personen der Stadt. Obwohl auch er, wie alle seine Bediensteten (die so genannten *doms*), aus der Kaste der Unberührbaren stammt, gehört er zu den geachtetsten Bürgern von Varanasi.

Nach dem von einem muslimischen Fakir errichteten **Mir Ghat** und einem nepalesischen Holztempel am **Lalitha Ghat,** der mit erotischen Schnitzereien versehen ist, gelangt man zu dem von Touristen am meisten besuchten **Jallahsay Ghat,** einem der beiden **Hauptverbrennungsplätze** Varanasis. Hier werden täglich bis zu 50 Tote eingeäschert, bevor sie den Weg in eine der vielen noch zu durchlaufenden Wiedergeburten antreten. Von einer erhöhten Plattform kann man das archaisch anmutende Treiben beobachten, wobei das hier geltende **absolute Fotografierverbot** unbedingt eingehalten werden sollte. Wer meint, während eines unbeobachteten Moments ein schnelles Foto wagen zu können, wird sich umgehend von den wenig zimperlichen Aufpassern umringt sehen. Diese haben nur darauf gewartet, vom Missetäter auf äußerst aggressive Weise ein hohes Strafgeld zu erpressen. Allzu häufig enden die sich daran anschließenden Verhandlungen in handgreiflichen Auseinandersetzungen. Neben moralischen Bedenken sollte also auch die Sorge um die eigene Sicherheit den Finger vom Auslöser fernhalten.

Bevor der Verstorbene auf den Scheiterhaufen gelegt wird, tauchen die Angehörigen dessen Leichnam (Männer sind von einem weißen Laken bedeckt, Frauen von einem goldenen) ins heilige Gangeswasser. Danach umrundet der älteste Sohn den aufgebahrten Leichnam fünfmal als Symbol der fünf Elemente, bevor er Feuer an den Scheiterhaufen legt. Die eigentliche **Einäscherungszeremonie** dauert etwa drei Stunden, wobei der unverbrannte Brustkorb des Mannes sowie die Hüfte der Frauen schließlich dem Ganges übergeben werden. Die für viele unbezahlbar hohen Kosten dieser Art von Beisetzung

(etwa 3000 Rs), sowie die dadurch entstehenden hygienischen und ökologischen Belastungen lassen immer mehr die elektronischen Verbrennungsanlagen, die am *Harishchandra Ghat*, dem zweiten Krematoriumsghat Varanasis, in Betrieb sind, an Bedeutung gewinnen.

Nur auf natürliche Weise Verstorbene dürfen nach hinduistischem Glauben verbrannt werden, da nur sie die Möglichkeit haben, vom Kreislauf der Wiedergeburt erlöst zu werden. Dies geschieht nach einer festen Rangfolge. Im obersten Bereich des jeweiligen Verbrennungs-Ghat werden Brahmanen verbrannt, in vier weiteren Bereichen nach unten zum Fluss hin die Angehörigen der folgenden Kasten bis zur untersten Ebene der Unberührbaren. Menschen, die auf nicht natürliche Weise zu Tode gekommen sind, etwa durch Unfall, Mord oder Selbstmord, dürfen nicht verbrannt werden, da sie ihren Lebenszyklus nicht vollendet haben. Sie können, um die Möglichkeit der Wiedergeburt in einer möglichst hohen Reinkarnationsform zu haben, im Wasser des Ganges bestattet werden.

Nicht nur die Touristen, sondern auch viele Einheimische setzen das Jallahsay Ghat gleich mit dem direkt daneben gelegenen **Manikarnika Ghat.** Neben einem sehr pittoresken, halb im Fluss versunkenen Ganesha-Tempel findet sich an diesem Ghat, welches zu den heiligsten Varanasis zählt, auch ein kleiner Teich, um dessen Entstehung sich eine hübsche Legende rankt. Danach soll hier Parvati ihren Ohrring verloren haben, woraufhin ihr Gatte Shiva auf der Suche nach dem Schmuckstück mit seinen bloßen Händen ein tiefes Loch in den Boden grub. Die Arbeit beanspruchte den besorgten Gatten derart, dass er die Vertiefung mit seinem eigenen Schweiß ausfüllte.

Goldener Tempel (Vishvanatha Mandir)

Wie die meisten anderen Heiligtümer der jahrtausendealten Stadt, so ist auch dieser berühmteste Tempel Varanasis jüngeren Datums. Nachdem *Aurangzeb* den ursprünglichen Tempel niederreißen ließ, errichtete die *Maharani von Indore* den jetzigen Tempel im

Uttar Pradesh

Jahre 1776 und benannte ihn nach Vishvanath, der Shiva als universellen Herrscher personifiziert. Ebenso wie beim Goldenen Tempel von Amritsar, fungiert auch hier *Maharaja Ranjit Singh* als spendabler Gönner, indem er 1865 das Dach mit 750 kg Gold verkleiden ließ. Reste des ursprünglichen Tempels sind noch an der rückwärtigen Mauer der unmittelbar daneben gelegenen **Gyanvapi-Moschee** zu finden. Besondere Verehrung bei den Pilgern genießt der zum Tempelgelände gehörige **Gyan Kupor,** der Brunnen der Weisheit. Auf dem Grund des Brunnens soll der *Lingam* Shivas verborgen liegen, seit man ihn hier platzierte, um ihn vor *Aurangzeb* in Sicherheit zu bringen. Leider ist der Tempel nur für Hindus geöffnet, und so muss sich der Nichtgläubige mit einem Blick von den benachbarten Häusern begnügen. Das bunte Treiben in den engen und verwinkelten Gassen macht einen Besuch dennoch lohnenswert. Gleiches gilt für die in unmittelbarer Nähe gelegenen **Annapurna-Tempel,** in der Shivas Gemahlin in ihrer Rolle als Ernährerin verehrt wird.

Alamgir-Moschee und Aurangzeb-Moschee

Wie tief die Wunden der sechshundertjährigen muslimischen Fremdherrschaft auch heute noch sind, bezeugen die bewaffneten Soldaten, die diese beiden nördlich des Panshgang Ghat gelegenen Moscheen vor Übergriffen fanatischer Hindus schützen müssen. Beide ließ *Aurangzeb* anstelle von Hindu-Tempeln errichten, die er zuvor niederreißen ließ. Die über 70 m hohen Minarette der Aurangzeb-Moschee überragen weithin sichtbar die Altstadt, was vielen stolzen Hindus gerade in Varanasi ein Dorn im Auge sein muss. Von der oberen Terrasse der weiter unterhalb an den Ufern des Ganges gelegenen Alamgir-Moschee bietet sich ein schöner Ausblick auf Varanasi und die Umgebung.

Durga-Tempel und Tulsi-Manas-Tempel

Etwa 4 km südlich der Altstadt an der Straße Richtung Universität und etwa auf Höhe des Assi-Ghats befinden sich diese beiden unmittelbar nebeneinander gelegenen und doch gänzlich unterschiedlichen Tempel. Der Shivas Gattin in ihrer zerstörerischen Form gewidmete **Durga-Tempel** gilt als einer der heiligsten ganz Varanasis und beeindruckt vor allem durch sein auffälliges, dem nordindischen Nagara-Stil entsprechendes, pyramidenförmig ansteigendes Tempeldach. Die fünf übereinander gestaffelten Dächer werden von einem größeren sechsten Dach überragt und sollen so das Aufgehen der fünf Elemente in den einen Weltschöpfer Brahma symbolisieren. Wegen der vielen hier beheimateten, z.T. äußerst aggressiven Affen ist der Tempel auch unter dem Namen *Monkey Temple* bekannt.

Keiner Hindu-Gottheit, sondern einem berühmten Hindu-Dichter ist der daneben gelegene moderne **Tulsi-Manas-Tempel** gewidmet. *Tulsi Das* war ein berühmter, 1623 verstorbener Hindu-Dichter, der an diesem Platz seine noch heute berühmte Version des *Ramayana*, die so genannte *Ramcharita Manas*, geschrieben haben soll. Die Wände des 1964 erbauten Tempels sind mit Versen und Szenen des Epos verziert. Im 2. Stockwerk des Gebäudes kann man bei der Herstellung von Skulpturen aus dem Ramayanaepos zuschauen.

Benares-Hindu-Universität

The City of Learning and Burning gilt wegen ihrer gut sechs Kilometer südlich der Altstadt gelegenen, 1916 gegründeten Universität als eine der wichtigsten Stätten zum Studium hinduistischer Kultur. In den modernen Gebäuden des fünf Quadratkilometer großen Universitätsgeländes werden klassische Künste wie Musik, Tanz und Philosophie gelehrt. Auf dem Gelände findet sich mit dem *Bharath Kala Bhawan* ein kleines **Museum,** in dessen Räumen u.a. Miniaturmalereien, Skulpturen und Textilkunst gezeigt werden.

Ebenfalls noch zum Universitätsgelände gehörend, doch einen knapp halbstündigen Fußweg vom Eingangstor entfernt liegt der **New-Vishvanath-Tempel.** Er soll eine originalgetreue Kopie des Ende des 17. Jh. von *Aurangzeb* zerstörten Goldenen Tempels sein. Entworfen wurde er vom Gründer der Universität, *Pandit Mahavya*, dessen Philosophie eines reformierten Hinduismus die als künstlich und hinderlich empfundene Kastenordnung ablehnte. Diese tolerante Einstellung kommt dadurch zum Ausdruck, dass hier, im Gegensatz zu den meistem Tempeln Varanasis, alle Gläubigen unabhängig von Religion, Kaste und Hautfarbe willkommen sind. Per Autoriksha vom Dasashwamedh Ghat etwa 50 Rs, vom Junction-Bahnhof etwa 60 Rs.

Ramnagar Fort

Eine kleine Fähre bzw. in der Zeit von November bis Juni eine provisorische Brücke verbindet die vom Universitätsgelände zum Fluss führende Ramnagar-Straße mit der gegenüberliegenden Seite des Ganges, welche vom **Fort der Maharajas von Varanasi** überragt wird. Dieser einer mitteleuropäischen Burg ähnliche Bau wurde teilweise in ein **Museum** umgewandelt. So finden sich hier viele Utensilien ehemaliger Maharajapracht wie silberverzierte *Haudas* (Elefantensitze), vergoldete Sänften, perlmuttbeschlagene Pistolen, Schwerter und Dolche sowie fürstliche Schlafgemächer. Die gesamte Anlage wird aber kaum instandgehalten und wirkt dementsprechend heruntergekommen.
●**Öffnungszeiten:** tgl. 9–12 und 14–17 Uhr.

Information

●Man hat die Wahl zwischen dem **IndiaTourism Office** nordwestlich des Bahnhofs (15B, The Mall, Tel.: 2501784, Mo–Fr 9–17.30 Uhr, Sa und feiertags 9–13 Uhr, So geschlossen) und dem **Uttar-Pradesh-Büro** im Varanasi Jn. (Tel.: 2506670, Mo–Sa 8–20 Uhr, So 10–17 Uhr, oft auch schon früher und noch später), wo sich Herr *Umashankar* (Tel.: (0)9415815205) und seine Mitarbeiter als sehr hilfreich in jeder Lebenslage erwiesen haben und immer gute Ansprechpartner bei der Ankunft in Varanasi sind. Hier ist auch der richtige Ansprechpartner für die Polizei (Tel.: 2506670), die blau uniformierte **Tourist Police.** Während auch die Bediensteten des erstgenannten Touristenbüros sehr auskunftsfreudig und hilfsbereit sind, scheint die Lau-

ne der Angestellten im *Tourist Bungalow* (Uttar Pradesh Tourism, Tel.: 2208162, Mo–Sa 10–17 Uhr, jeden 2. Sa geschlossen, So geschlossen) je nach Tagesform zwischen freundlich und mürrisch zu schwanken. Ein weiterer Informationsschalter befindet sich am **Flughafen.** Beim *IndiaTourism Office* können auch englischsprachige Guides für 280 Rs/4 Std./4 Pers. und 400 Rs/8 Std./4 Pers. arrangiert werden.
●Gut versteckt hat sich das **Foreigner's Regional Registration Office** (Tel.: 2351968, Mo–Fr 10–16 Uhr), an der Luxa Rd., eine kleine Straße bei der Theosophical Society hinein bis zum Ende gehen, dann knapp 50 m rechts.

Stadtverkehr

●Neben Agra und Jaipur besitzt Varanasi die aufdringlichsten und skrupellosesten Rikshafahrer ganz Indiens. Wer zu den Billigunterkünften in der **Altstadt** gefahren werden möchte, gibt als Fahrtziel am besten das Dasashwamedh Ghat an, das Hauptbadeghat direkt am Ganges. Von dort sind es nur wenige Minuten zu den einzelnen Hotels. Eine Fahrt mit der Fahrradriksha vom Bahnhof hierher sollte nicht mehr als 25 Rs kosten, mit der Autoriksha sollte man auf jeden Fall den Prepaid-Schalter auf dem Junction-Bahnhofsvorplatz in Anspruch nehmen.
●**Tempos** verkehren zwischen den einzelnen Stadtteilen und dem Bahnhof entlang festgesetzter Routen. Dies ist die billigste Art, um sich im weitverzweigten Varanasi fortzubewegen, allerdings nur, wenn man wenig oder gar kein Gepäck dabei hat. So kostet die Fahrt vom Südeingang des Bahnhofs nach Godaulia in der Nähe des Dasashwamedh Ghats 3 Rs. Andererseits sind das auch nur 4 Rupien (= 10 Cent) weniger, als wenn man sich zu zweit ein Fahrradriksha dorthin teilen würde.
●Ein **Flughafenbus** zum Preis von 30 Rs pro Person verkehrt vom *Hotel Vaibhav* über das *IndiaTourism Office* und das *Indian Airlines Office* zum 22 km außerhalb gelegenen *Babatpur Airport*, gut eine Stunde vor dem jeweiligen Abflug (ca. 45 Min. Fahrtzeit). Mit

Uttar Pradesh

510in Foto: mb

dem **Taxi** kostet die Fahrt ca. 350 Rs, am Flughafen gibt es eine Prepaid Booth. Wer es mit der **Autoriksha** versuchen will, sollte aus der Stadt zum Flughafen nicht mehr als 160 Rs zahlen, per Taxi 300 Rs. In der Gegenrichtung wird es billiger, die Fahrer spekulieren auf die Kommission der Hotels.

Unterkunft

Vier Hotelzonen lassen sich deutlich unterscheiden. Die nördlich der Bahngleise gelegene **Neustadt** *(Cantonment)* mit ihren weiten Grünflächen, wo sich vornehmlich Hotels der oberen Preiskategorie angesiedelt haben. Im Gebiet **zwischen Bahnhof und Altstadt** finden sich die meisten Mittelklasse-Hotels. Die mit Abstand authentischste Atmosphäre herrscht jedoch in den verwinkelten Altstadtgassen rund um das **Dasashwamedh Ghat** direkt am Ganges. Gab es hier früher fast nur einfache Lodges und Guest

Houses, so sind in letzter Zeit auch einige Zwei- und Drei-Sterne-Unterkünfte hinzugekommen. In der folgenden Hotelbeschreibung werden in der Rubrik „Low Budget" die ersten beiden Hotelzonen unter der Bezeichnung Neustadt zusammengefasst, während die Altstadt gesondert behandelt wird. Schließlich sei das Assi Ghat im Süden erwähnt, an dessen ruhigen Ghat-Straßen in den letzten Jahren viele Hotels aller Preiskategorien entstanden sind. Noch einmal sei an dieser Stelle auf die Praxis der **Rikshafahrer** hingewiesen, möglichst nur solche Hotels anzufahren, von denen sie eine Kommission erhalten.

Low Budget und Budget in der Neustadt

● Ganz ausgezeichnet und die mit Abstand beste Budget-Unterkunft in der Neustadt ist das rechts in einer Seitengasse vom *Hotel Clarks Varanasi* gelegene **Hotel Surya** €-€€€

(A-5 Varuna Bridge, Tel.: 2508466, info@ho telsuryavns.com, www.hotelsuryavns.com) nördlich des Bahnhofs mit einem friedvollen, großen Garten, einem guten, allerdings auch teuren Restaurant, einer Bar und einem schnellen Internetcafé. Sehr gutes Preis-Leistungs-Verhältnis, zumal alle Zimmer über einen Balkon zum Garten verfügen.

● Eine weitere beliebte Unterkunft dieser Preiskategorie im Süden des Junction-Bahnhofs ist der **Tourist Bungalow** €-€€€ (Parade Kothi, Tel.: 2208413, rahitbvaranasi@up-tou rism.com), nur etwa zwei Gehminuten vom Bahnhof entfernt. Bei seiner günstigen Lage und dem begrünten Innenhof sind die Preise noch angemessen. Das *Uttar Pradesh Tourism Office* befindet sich im Gebäude. Eine Bar ist vorhanden, das hauseigene Restaurant ist hingegen kaum zu empfehlen.

● Daneben gibt's im **Hotel Shivam** €€-€€€ (Tel.: 2201055/66) für das nahezu gleiche Geld zwar keine Grünflächen, aber die besseren Zimmer (TV und teils AC) sowie Restaurant und Bar, eine sehr gute Wahl.

● Viel für wenig Geld bietet das **Hotel Buddha** €-€€€ (Tel.: 2204376, 2203686, hotel buddha@rediffmail.com). Das nostalgischschöne Gebäude mit teils klimatisierten Zimmern liegt etwas zurückversetzt von der Hauptstraße und verfügt über ein hübsches Gartenrestaurant. Eine gute Wahl.

Low Budget und Budget in der Altstadt

Die Zahl der in den Altstadtgassen angesiedelten kleinen Guest Houses und Lodges ist derart groß, dass man, wollte man alle aufführen, einen eigenen Stadtführer schreiben müsste. Deshalb kann im Folgenden nur eine Auswahl getroffen werden. Preislich und qualitativ haben alle etwa das gleiche zu bieten. EZ/DZ ohne Bad sind ab 60/80 Rs, mit Bad ab 150/200 Rs zu haben, eine Übernachtung im Schlafsaal kostet ab 50 Rs. Dafür erhält man sehr spartanische, kleine Räume, die aus kaum mehr als einem Bett und einem Ventilator bestehen. Die meisten Touristen nehmen dies jedoch gern in Kauf, wird man dafür doch mit der einzigartigen Altstadt-Atmosphäre entschädigt. Zudem ha-

ben viele Hotels Dachterrassen, von wo sich schöne Ausblicke auf die Altstadt und den Ganges bieten.

● Äußerst günstig für den kleinen Geldbeutel ist das in der Nähe des Narad Ghat gelegene, von einem freundlichen Besitzer geleitete **Shiva Ganga Rest House** € (Tel.: 2450904), jedoch verfügt keines der sauberen Zimmer über ein eigenes Bad.

● Viel fürs wenige Geld gibt's in den nebeneinander und direkt am Ganges gelegenen **Elena** € (Zimmer 1, 2 und 4 mit Ausblick) und das etwas teurere **Ajay Guest House** € (Tel. für beide: 2450970, 3244045, ajayguesthou sevns@yahoo.com, hier haben die meisten gute Aussicht), von denen sich aus den spartanischen Zimmern, manche mit Gemeinschaftsbad, teils sehr schöne Ganges-Aussichten wahrnehmen lassen.

● Eine Ecke teurer, aber wegen der komfortablen Zimmer den Aufpreis wert ist das **Leela Paying Guest House** €-€€€ (Tel.: 2452027, (0)9415355635) direkt am Fluss. Hier gibt's tadellose Zimmer, meist mit Balkon, für einen angemessenen Preis, die teuren mit AC.

● Ebenfalls sehr empfehlenswert, schon wegen des großen Dachrestaurants, ist das **Hotel Sonmony** €-€€€ (Tel.: 2277588, (0)9838181218, rkrajeevyadav@yahoo.com) etwas weiter südlich am Harishchandra Ghat. Die sauberen Zimmer sind ihr Geld wert. Inzwischen gibt's auch ein Internetcafé.

● Speziell die neuen Zimmer in den obersten Stockwerken und auf dem Dach sowie die familiäre Atmosphäre machen das **Modern Vision Guest House** €-€€ (Tel.: 2450007, (0)9935326812) am Pandhey Ghat zu einer guten Wahl, zumal sich vom Dach schöne Ausblicke auf den Ganges genießen lassen.

● Die beiden folgenden Unterkünfte liegen am Manikarnika Ghat. Das preiswerte **Mirsha Guest House** € (Tel.: 2401143, mgh_vns@ sify.com) lässt Ausblicke auf die Verbrennungsstätten zu. Besonders die oberen Zimmer mit Balkon sind gut. Eines der alteingesessenen Häuser ist das **Scindhia Guest House** €-€€€ (Tel.: 2420319, 2393446, scind hiaguesthouse@yahoo.com). Die Räume, teils mit Balkon, wirken zum Teil etwas kühl, doch auch bei dieser Unterkunft bietet die Lage einen großen Vorteil. Allerdings können

Uttar Pradesh

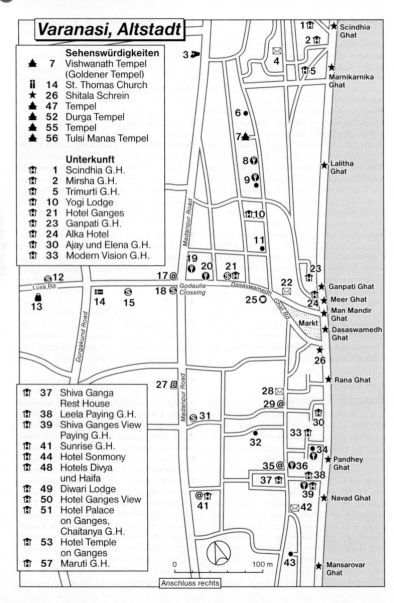

Varanasi, Altstadt

Sehenswürdigkeiten

▲	7	Vishwanath Tempel (Goldener Tempel)
⛪	14	St. Thomas Church
★	26	Shitala Schrein
▲	47	Tempel
▲	52	Durga Tempel
▲	55	Tempel
▲	56	Tulsi Manas Tempel

Unterkunft

🏠	1	Scindhia G.H.
🏠	2	Mirsha G.H.
🏠	5	Trimurti G.H.
🏠	10	Yogi Lodge
🏠	21	Hotel Ganges
🏠	23	Ganpati G.H.
🏠	24	Alka Hotel
🏠	30	Ajay und Elena G.H.
🏠	33	Modern Vision G.H.

🏠	37	Shiva Ganga Rest House
🏠	38	Leela Paying G.H.
🏠	39	Shiva Ganges View Paying G.H.
🏠	41	Sunrise G.H.
🏠	44	Hotel Sonmony
🏠	48	Hotels Divya und Haifa
🏠	49	Diwari Lodge
🏠	50	Hotel Ganges View
🏠	51	Hotel Palace on Ganges, Chaitanya G.H.
🏠	53	Hotel Temple on Ganges
🏠	57	Maruti G.H.

★ Scindhia Ghat
★ Marnikarnika Ghat
★ Lalitha Ghat
★ Ganpati Ghat
★ Meer Ghat
Man Mandir Ghat
★ Dasaswamedh Ghat
★ Rana Ghat
★ Pandhey Ghat
★ Navad Ghat
★ Mansarovar Ghat

Madanpur Road
Luxa Rd.
Durgakund Road
Ghat Rd.
Godaulia Crossing
Dasaswamedh
Markt

0   100 m

Anschluss rechts

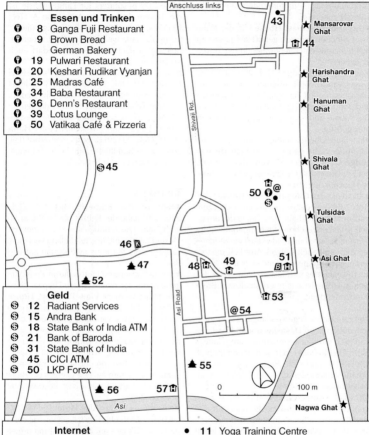

Essen und Trinken
- ❶ 8 Ganga Fuji Restaurant
- ❶ 9 Brown Bread German Bakery
- ❶ 19 Pulwari Restaurant
- ❶ 20 Keshari Rudikar Vyanjan
- ❍ 25 Madras Café
- ❶ 34 Baba Restaurant
- ❶ 36 Denn's Restaurant
- ❶ 39 Lotus Lounge
- ❶ 50 Vatikaa Café & Pizzeria

Geld
- ❺ 12 Radiant Services
- ❺ 15 Andra Bank
- ❺ 18 State Bank of India ATM
- ❺ 21 Bank of Baroda
- ❺ 31 State Bank of India
- ❺ 45 ICICI ATM
- ❺ 50 LKP Forex

Anschluss links

★ Mansarovar Ghat

🏠 44

★ Harishandra Ghat

★ Hanuman Ghat

★ Shivala Ghat

★ Tulsidas Ghat

★ Asi Ghat

Shivaji Rd.

Asi Road

Asi

Nagwa Ghat ★

Uttar Pradesh

Internet
- @ 17 sify-i-way Internet
- @ 29 sify-i-way Internet
- @ 35 The Messenger
- @ 41 sify-i-way Internet
- @ 54 sify-i-way Internet
- @ 50 sify-i-way Internet

Sonstiges
- ⮕ 3 Polizei
- ✉ 4 Postamt
- ● 6 Banaras Yoga School
- ● 9 Banwari Yoga School

- ● 11 Yoga Training Centre
- 🔒 13 mehrere Fotoläden
- ✉ 22 Postamt
- 🅱 27 Universal Book Company
- ✉ 28 Postamt
- ● 32 International Music Centre
- ● 34 Triveni Music Centre
- ✉ 42 Postamt
- ● 43 Jolly Music Centre
- 🎬 46 Abhay Cinema
- ● 50 Tiwani Tours & Travels
- 🅱 51 Harmony Books, Indica Books

sich die überall herumturnenden Affen recht agressiv gebärden.

● Das **Trimurti Guest House** € in der Nähe des Goldenen Tempels gehört seit Jahren zu den beliebtesten Unterkünften in der Traveller-Szene.

● Auch die **Yogi Lodge** € (Tel.: 2392588, yogi lodge@yahoo.com), ebenfalls nördlich des Dasashwamedh Ghat, gehört zu den ältesten und populärsten Billigunterkünften Varanasis. Die Räume sind recht spartanisch, dafür aber preisgünstig.

● Eine gute Übernachtungsmöglichkeit bietet die in der Nähe gelegene **Sri Venkateswar Lodge** € (Tel.: 2392357, venlodge@satyam. net.in). Die saubereren Zimmer haben teilweise Gemeinschaftsbad.

● Klasse ist das **Ganpati Guest House** €-€€€ (Tel.: 2390059, gghouse@satyam.net.in), zentral am Meer Ghat gelegen. Einige der um einen pflanzengeschmückten Innenhof gruppierten, liebevoll und individuell eingerichteten Zimmer haben Ganges-Ausblick, die teureren sind klimatisiert. Eine sehr gute Wahl, auch wegen des freundlichen Managers. Ein weiteres Plus ist das Internetcafé mit Breitbandverbindung.

Mehrere Hotels liegen entlang der stets menschenüberfüllten **Dasashwamedh Road,** die von der Godaulia-Kreuzung zum Ganges führt. Hier befindet man sich mitten im prallen Leben, sind viele Restaurants und Geschäfte angesiedelt und die Anbindung an Bahnhof und Busbahnhof ist wesentlich einfacher als von den links und rechts abzweigenden winzigen Gassen, die selbst für Rikshafahrer zu schmal sind. Auch die Unterkünfte am **Assi Ghat** im Süden sind leicht per Fahrzeug zu erreichen.

● Etwas überteuert ist das ansonsten gute **Hotel Ganges** €€-€€€ (Tel.: 3094005, (0)9935346322, bhataksun@yahoo.com), teilweise klimatisiert.

● Etwas weiter von der Godaulia-Kreuzung entfernt in einer Seitenstraße der Luxa Rd. liegt etwas versteckt das **Sagar Guest House** € (Tel.: 2391290), welches mit seinen tadellos sauberen Zimmern besonders bei häufigen Besuchern und Langzeitgästen beliebt ist.

● Ebenfalls besonders für Langzeitgäste ist die **Triveni Lodge** am Assi Ghat € (Tel.: 2315129, (0)941821033) die richtige Bleibe. Schon für ganz wenig Geld gibt's neben tadellosen Einfachzimmern bei Bedarf auch Kochgelegenheit.

● Mehr Komfort am Assi Ghat gibt's im Hotel **Divya** €€-€€€ (Tel.: 2311305, 5537778, hotel _divya@hotmail.com, www.hoteldivya.com). Die makellosen Zimmer mit TV, die teuren mit AC, sind preisentsprechend. Das Restaurant ist okay. Ähnlich ist das Hotel **Haifa** €€-€€€ (Tel.: 2312960, hotel_haifa@hotmail. com, www.hotelhaifa.com) fast nebenan. Sein Restaurant ist sehr beliebt.

Tourist Class

● Neu ist das **Kamesh Hut** €€€ (Tel.: 2202689) nahe der Kabir Chauba Rd. in Jagath Ganj. Die schnörkellosen Zimmer mit TV sind sauber und teils mit Balkon versehen. Gut auch der Garten sowie Restaurant und Bar.

● Eins der schönsten Hotels dieser Preiskategorie ist das von einem älteren Ehepaar geleitete **Shiva Ganges View P. Guest House** €€€-€€€€ (Tel.: 2450063, saurabha2000@ya hoo.com, www.varanasiguesthouse.com), auch *Red Building* genannt, in einem alten Kolonialgebäude, das gerade mit viel Liebe wieder hergerichtet wurde und mit fantastischen Ausblicken von den sehr schön eingerichteten Zimmern auf den Ganges eines der schönsten Häuser Varanasis ist. Reservierung ist angeraten.

● Nüchterner ist das **Alka Hotel** €€-€€€ (Tel.: 2401681, 2398445, hotelalka@hotmail.com) direkt am Ganges am Meer Ghat mit um einen Innenhof mit Terrasse gruppierten Zimmern. Nicht nur wegen der Lage, sondern auch wegen tadelloser Zimmer, teils mit TV und klimatisiert, eine gute Wahl.

● Das **Temple on Ganges** €€€ (Tel.: 22368640, hotel_temple@hotmail.com, www.hoteltem ple.com) am Assi Ghat mit vegetarischem Restaurant bietet tadellose, große Zimmer, teils mit zwei Fenstern und hübscher Einrichtung.

● Das **Hotel India** €€€-€€€€ (Tel.: 2507593-7, hotelindia@satyam.net.in, www.hotelindiavns.

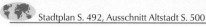

com) an der Patel Nagar Road in der Neustadt ist ein gutes Mittelklassehotel in einer ruhigen Gegend. Ein Restaurant und eine Bar gehören dazu.

● Ebenfalls empfehlenswert ist das sich anschließende **Hotel Vaibhav** €€-€€€ (Tel.: 2345056). Die Zimmer in dem schlichten Neubau sind recht preiswert.

● Auch wegen seines guten Restaurants auf dem Dach empfiehlt sich das **Hotel Pradeep** €€-€€€ (Tel.: 2204963, hotelpradeep@satyam. net.in).

● Das Restaurant **Lotus Lounge** €€-€€€ (Tel.: (0)9838567716) plante zur Recherchezeit, zusätzlich Zimmer anzubieten. Schließt man von der Qualität des Restaurants auf die der Zimmer, sollte sich der Aufenthalt lohnen, alle mit Gangesblick.

First Class und Luxus

● **Palace on Ganges** €€€€€ (Assi Ghat, Tel.: 2315050, palaceonganges@indiatimes.com, www.palaceonganges.com) wirkt etwas steif, ist aber die einzige Herberge mit etwas Luxus an den Ghats. Ein gutes Dachrestaurant rundet das Bild.

● Der große Klotz des **Best Western Hindustan International** €€€€-€€€€€ (Tel.: 2351484, hhivaranasi@satyam.net.in, www.hhihotels. com) ist zwar nicht mehr der jüngste, aber die geschmackvoll eingerichteten Zimmer und der bemühte Service sind ihr Geld wert.

● Die Ehre der traditionsreichsten Nobelunterkunft Varanasis gebührt dem **Hotel Clarks Varanasi** €€€€€ (Tel.: 2501010-20, clarksvns @satyam.net.in). Durch einen modernen Erweiterungsbau hat es jedoch viel vom ehemaligen Charme eingebüßt. Dennoch überzeugt es, wie alle anderen Hotels in dieser Gegend, durch seine ruhige Lage in einer weitläufigen Gartenanlage und bietet mit Swimmingpool, Geschäften und mehreren Restaurants den für diese Preisklasse üblichen Standard.

● Ähnlich in Preis und Leistung sind die beiden anderen Top-Hotels Varanasis, **Taj Ganges** €€€€€ (Tel.: 2503001-19, ganges.va ranasi@tajhotels.com) und **Radisson Hotel Varanasi** €€€€€ (Tel.: 2501515, businesscent re@radissonvns.com, www.radisson.com).

Essen und Trinken

● Von vielen preiswerten Restaurants im Altstadtviertel ist das wegen seines guten und preiswerten Essens und der freundlichen Atmosphäre zu Recht populäre **Denns Restaurant** hervorzuheben.

● Exzellente, fantasievolle Küche, etwa Gazpacho-Suppe, klasse Salate und Hähnchengerichte in erstklassiger Qualtät, machen die neue **Lotus Lounge** am Raja Ghat zur besten Adresse, mindestens in der Altstadt. Gegessen wird in Korbstühlen oder auf Matten mit Dachterrassenblick auf den Ganges in entspannter Atmosphäre, Hauptgericht um 100 Rs.

● Von den zahlreichen entlang der Dasashwamedh Road gelegenen Restaurants sind besonders beliebt das **Temple Restaurant** und das **Chandra Restaurant.** Neben der reichhaltigen Speisekarte, die vom simplen Dhal über *Chinese Fried Rice* bis zum Steak alles abzudecken scheint, ist es vor allem die Aussicht auf das bunte chaotische Treiben in der Dasashwamedh Road von den Balkonen der jeweils im 1.Stock gelegenen Restaurants, die deren Popularität begründen.

● Ein Ruhepol an der hektischen Godaulia Crossing ist das **Phulwari Restaurant,** einen Durchgang wenige Meter von der Kreuzung hinein. Das Freiluftrestaurant, schattig unter Bäumen mit zwei kleinen Tempeln und manchmal einigen wartenden Kühen in der Nähe, serviert auch Pizza aus dem Steinofen.

● Wer es komfortabler mag, kommt im supersauberen und hübsch dekorierten **Keshari Rudikar Vyanjan** (1. Stock) über der Daswaswamedh Ghat Rd. mit langer Speisekarte auf seine Kosten (klasse *thalis* zu 100 Rs).

● Das schönste Restaurant im Norden von Varanasi Jn. ist das **The Garden** gegenüber dem *Tourist Office*. In einem hübschen Garten gelegen, gibt's eine vielseitige Speisekarte, gegessen wird unter Strohdächern.

● Weit mehr Einheimische als Touristen trifft man im **Yelchico Restaurant.** Da das Lokal im Kellergeschoss liegt, kann es naturgemäß nicht mit beeindruckenden Ausblicken aufwarten, doch dafür kann man sich auf das ganz vorzügliche Essen konzentrieren. Besonders lecker sind die diversen Hühn-

Uttar Pradesh

chengerichte. Probieren sollte man z.B. das vorzügliche *Murgh Massallam.* Für diese Spezialität des Hauses muss man zwar 140 Rs zahlen, doch dafür gibt es auch Riesenportion.

●Ebenfalls im Souterrain und dementsprechend aussichtslos ist das im nördlichen Teil der Altstadt gelegene **Ganga Fuji Restaurant,** auch wegen der allabendlichen Konzerte zu empfehlen.

●Im Freien unter Bäumen mit Blick auf den Ganges kann man sich im **Vaatika Café & Pizzeria** am ruhigen Assi Ghat köstliche Pizzas (um 100 Rs), Nudelgerichte sowie Kaffee und Kuchen zum Nachtisch schmecken lassen. Tagsüber stören leider viele Fliegen den Genuss.

Bank

„*You want change money?"* Diese Frage hört man in den Guest Houses und den engen Altstadtgassen immer wieder. **Schwarztausch** ist auch in Varanasi illegal, und zudem sind die angebotenen Kurse nur minimal besser als bei den Banken, wo man noch ein offizielles Umtauschformular erhält.

●Die **State Bank of India** hat in der Innenstadt ganz in der Nähe der Aurangzeb-Moschee eine Filiale. Auch im *Hotel Purya* befindet sich eine Filiale. Sie wechseln Bares und Dollar-Reiseschecks.

●Etwas weiter nördlich findet sich die **Punjab National Bank.** Die Hauptgeschäftsstelle ist in der Rajabaron Road in Cantonment.

●**Bank of Baroda** (Mo–Fr 11–16 Uhr, Sa 11–13.30 Uhr, Durchgang hinein, dann in den 1. Stock) und **Andhra Bank** liegen zentral an der Dasashwamedh Road.

●Als privater Geldwechsler ist **Radiant Services** nahe Godaulia verlässlich. Im Süden am Assi Ghat neben dem *Vatikaa Café* gibt's bei **Forex** gute Raten (Mo–Sa 10–19 Uhr). **LKP Forex** an der Clarks Rd. ist verlässlich, hat aber leicht schlechtere Wechselkurse.

●Geld tauschen kann man auch am **Flughafen,** und zwar zum üblichen Kurs.

●Inzwischen existieren mehrere **ATMs** in Varanasi, am günstigsten für die meisten liegt jener der *State Bank of India* an der Godaulia Crossing. Weitere, etwa der ICICI-Bank, be-

finden sich ca. 100 m südlich des *Hotel Hindustan International,* ein weiterer nördlich der Varanasi Jn. nahe dem *Surya Hotel.* Weitere ATMs finden sich im Stadtteil Kulchera nahe dem Assi Ghat sowie an der Bahragoi-Kreuzung von HDFC, der auch AmEx-Karten anstandslos akzeptiert.

Post, Telefon und Internet

●Die **Hauptpost** etwa 1 km nördlich des Vishvanath-Tempels ist Mo–Fr von 10 bis 18 Uhr geöffnet. Vor dem Postamt sind meist mobile *packing services* positioniert, an denen man seine Souvenirs ordnungsgemäß verpacken und versiegeln lassen kann. Auch in den Gassen der Altstadt sind zwei kleine Postämter versteckt.

●Schneller als beim *Central Telegraph Office* telefoniert man von einem der vielen privaten **Telefonläden** entlang der Dasashwamedh Road. Während Auslandsgespräche meist problemlos über die Bühne gehen, wird man beim Inlandsgespräch zuweilen auf eine Geduldsprobe gestellt.

●Eine Stunde **Internet** kostet überall in den Gassen der Altstadt 20 Rs für mittelmäßige Verbindungen. Schnelle Breitbandverbindungen von *sify-i-way* gibt's nahe der kleinen Postfiliale (Höhe Rana Ghat) sowie an der Kreuzung diagonal gegenüber der St. Thomas Church, am Assi Ghat bei *Tirani Tours & Travels* und beim Hotel *Palace on Ganges,* in der Neustadt beim Hotel *Surya* (30 Rs).

Viele der Internetcafés in der Altstadt brennen die Daten eines Memory-Chips für ca. 60 Rs auf CD.

Medizische Versorgung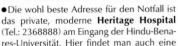

●Die wohl beste Adresse für den Notfall ist das private, moderne **Heritage Hospital** (Tel.: 2368888) am Eingang der Hindu-Benares-Universität. Hier findet man auch eine 24-Std.-Apotheke.

Einkaufen

Beim Thema Einkaufen in Varanasi fallen einem sofort drei Stichworte ein: Sari, Sitar und Schlepper. In den engen Gassen der Altstadt wimmelt es nur so von **Schleppern** (dies können auch Riksha- oder Taxifahrer, sogar Bootsbetreiber sein), die einen selbstverständlich nur zu einer Tasse Tee in ihr Haus einladen wollen. Dass sich selbiges später als Laden entpuppt, versteht sich ebenso von selbst wie die Tatsache, dass man dort mindestens 30 % mehr als üblich bezahlt.

● Die beste Auswahl an **Seidensaris**, für die Varanasi im ganzen Land bekannt ist, findet man im Godaulia- und im Chowk-Viertel. Hier reiht sich ein Geschäft ans andere. Leider ist nicht alles 100 % Seide, was als solche verkauft wird, vielfach sind es Seide-Baumwollmischungen.

● Garantierte Qualität, allerdings zu überhöhten Preisen, findet man im staatlichen **Tantuya/Bengal Emporium** an der Dasashwamedh Road. Das gilt auch für die **Mehrotra Silk Factory** (Tel.: 2435892) nicht weit vom Junction-Bahnhof. Man sollte es beim Namen genau nehmen, da es inzwischen viele namensähnliche Trittbrettfahrer gibt.

● Eines der renommiertesten Seidengeschäfte ist **Silk Corner** im Mint House hinter dem Indian-Airlines-Büro.

● Als Heimatstadt Ravi Shankars und als Zentrum hinduistischer Kultur gilt Varanasi als einer der besten Orte, um **klassische Musikinstrumente** wie Sitar oder Tabla zu kaufen. Die Instrumente lassen sich in einer extra angefertigten Holzbox problemlos nach Hause transportieren.

Zwei empfehlenswerte Musikgeschäfte sind das **Radley Shyam Sharma & Brothers** beim *Sagar Guest House* in der Laxmi Road und das **Ravi Classical Music Centre** in der Dasashwamedh Road.

● In der gleichen Straße gibt es auch viele **Attar Shops,** kleine Läden, die indische Duftöle und Parfüms verkaufen.

● Ein reiches Sortiment gibt's im **Pilgrim Bookcentre** nahe dem Durga-Tempel. Auch der **Nandi Book Shop** im Hotel *Varanasi Ashok* verfügt über eine hervorragende Auswahl an Büchern, Musikkassetten und Post-

karten. Am Assi Ghat versorgen der **Harmony Bookshop** (tgl. bis 20 Uhr) und **Indica Books** vielfältig.

Aktivitäten

● Jeden Mittwoch und Samstag um 20 Uhr veranstaltet das *International Music Centre* in der Khalishpura Road **klassische indische Konzerte.** Der fensterlose Veranstaltungsraum ist zwar recht klein und stickig, doch für 40 Rs Eintritt ist dies eine günstige Gelegenheit, um Sitar, Tabla, Sarod und Santur zu erleben. Unter der gleichen Adresse kann man auch **Musikunterricht** nehmen.

Weitere **Schulen,** die regelmäßig Konzerte (Eintritt meist um 40 Rs) veranstalten und klassische indische Musik (Tabla, Sitar, Sarod, Sarangi, Santoor, Violine etc., auch Gesang) unterrichten (wobei man 100 Rs pro Stunde schon ausgeben sollte) sind u.a. *Jolly Music House* (Chowki Ghat, Tel.: jolly_vns@yahoo.com), *Music Melody House* (Tel.: 3115777) und *Triveni Music Centre* (Tel.: 2452266, trivenimusic@rediffmail.com). Es werden meist auch Yoga, Meditation und Tanz angeboten.

● Im **Yoga-Institut** der Benares-Hindu-Universität kann man ein- oder mehrwöchige Yogakurse belegen. Daneben gibt es noch viele **private Yogalehrer** in der Altstadt, z.B. das *Yoga Training Centre* (sanjivrosy@yahoo.com), das auch Massage- und Reiki-Behandlungen anbietet. Auch das **Maruti Guest House** €-€€ (Tel.: 2312261, marutiguesthouse@yahoo.co.in), nicht weit von Assi Ghat und Universität, lässt besonders Yoga-Interessierte aufhorchen, werden doch neben billigen, aber schönen Zimmern auch Kurse unterschiedlicher Yoga-Richtungen angeboten.

● Die Hotels *Best Western Hindustan International* (hier gibt's noch einen Burger dazu), *Varanasi Ashok, Clark Varanasi* und *Taj Ganges* erlauben auch Nicht-Gästen gegen eine Gebühr um 150 Rs die Benutzung ihres **Swimmingpools.**

An- und Weiterreise

Flug

● *Indian Airlines* (Mint House Motel, Vadunath Marg, Cantonment, in der Nähe des *Hotel de Paris*, Tel.: 2502527/9, am Flughafen: Tel.: 2622090) fliegt Mo, Mi und Fr mit ihrem Ableger *Alliance Air* von **Delhi** (6.630 Rs) über **Khajuraho** (4.195 Rs) nach Varanasi. Eine frühzeitige Buchung für die beliebteste Touristenroute ganz Indiens ist unbedingt erforderlich. Delhi wird auch wie **Mumbai** (7.910 Rs) tgl. direkt angeflogen. Auch *Jet Airways* fliegt tgl. nach Delhi.
● Sehr beliebt sind die Flüge von *Indian Airlines* (Mo, Mi, Fr) und *Jet Airways* (tgl.) nach **Kathmandu** für 75 US-$, die den langen und äußerst anstrengenden Überlandweg ersparen.
● **Air Sahara** (Raja Bazaar Rd., Tel.: 2527872/3) und **Jet Airways** (Tel.: 2506444, 2500395, am Flughafen: 2622544) haben ihre Büros nördlich Varanasi Jn. Im selben Gebäude wie *Jet Airways* sind auch Büros von *Air France, Austrian Airlines, Biman Airlines* und *Gulf Air* untergebracht (Tel. für alle: 2502707, 2504533).

Bahn

Von den drei Bahnhöfen ist **Varanasi Junction** der bedeutendste. Wer von Osten, z.B. Kalkutta und Patna, ankommt und in der Altstadt wohnen möchte, kann bereits am Bahnhof Kashi aussteigen. Das hat den Vorteil, dass man den höchst aufdringlichen Rikshafahrern am Junction-Bahnhof entgeht (hier sollte man immer den Prepaid-Schalter für Taxi und Autoriksha, zwei verschiedene Schalter auf dem Bahnhofsvorplatz, in Anspruch nehmen). Andererseits befindet sich das **Reservierungsbüro im Hauptbahnhof,** und da viele wichtige Bahnverbindungen von Varanasi, z.B. nach Agra, frühzeitig ausgebucht sind, sollte man so schnell wie möglich, am besten gleich nach der Ankunft, die Weiterfahrt buchen. Viele der schnellen Züge passieren Varanasi beim 12 km entfernten **Bahnhof Mughai Sarai** (Tel.: 255703). Dorthin fahren außer Taxis auch Sammeljeeps und Busse (vor dem Bahnhof).

● Nach **Khajuraho** gibt es keine direkte Bahnverbindung, sodass man zunächst per Bahn nach **Satna** fahren muss, um von dort mit dem Bus in 4 Std. weiter nach Khajuraho zu fahren.
● Die wichigsten Verbindungen sind im Anhang aufgelistet.

Bus

Da Varanasi weit von den übrigen Sehenswürdigkeiten in Uttar Pradesh entfernt liegt, fährt man bequemer und sicherer mit der Bahn dorthin.
● Für die bei Touristen beliebte Strecke nach **Khajuraho** gibt es keine Direktverbindung, sodass man zunächst per Bahn nach **Satna** fahren muss, um von dort aus mit dem Bus in 4 Std. weiter nach Khajuraho zu fahren.
● Nach **Haridwar** fährt morgens um 7 Uhr ein Bus (250 Rs).
● Nach **Sunauli**, dem Grenzort zu **Nepal,** verkehrt ein Tag- und ein Nachtbus (9 Std.) vom chaotischen Busbahnhof etwa 500 m östlich des Varanasi-Junction-Bahnhofs.
● Empfehlenswerter sind jedoch die von vielen privaten Busgesellschaften und Hotels angebotenen Fahrten per *Luxury Coach* nach **Kathmandu** bzw. **Pokhara.** Im Preis von 500 Rs ist eine allerdings sehr primitive Übernachtungsmöglichkeit in Sunauli eingeschlossen. Gute Ansprechpartner sind hier *Paul Travels* (Parade Kothi, Tel.: 2208137) und *Nepal Tours Service.*
● Mit dem *Luxury Coach* kommt man ebenfalls nach **Lumbini,** dem Geburtsort Buddhas.

Sarnath

↗ VI/B3

Nur neun Kilometer östlich von Varanasi, der für Hindus heiligsten Stadt Indiens, liegt einer der vier bedeutendsten Orte des Buddhismus. Während der Prinzensohn **Gautama Siddharta** im kleinen Städtchen Lumbini im heutigen Nepal geboren wurde, in Bodhgaya nach einwöchiger Meditation unter dem Bodhi-Baum die Erleuchtung erlangte und in Kushinagar als hochangesehener Buddha (Erleuchteter) starb, hielt er in Sarnath seine **erste öffentliche Predigt** nach der Erleuchtung ab. Die ihm hier vor über 2.500 Jahren zuhörenden fünf Gefolgsleute bildeten die Keimzelle seiner Lehre.

König *Ashoka*, der den buddhistischen Glauben zur Staatsreligion erhob, ließ an diesem geheiligten Ort mehrere **Stupas und Klöster** errichten. Die chinesischen Pilger *Fa Hsien* und *Sian Tsang* berichteten im 5. bzw. 7. Jh. n. Chr. von 1.500 Mönchen, die hier gelehrt und gelebt haben sollen.

Ähnlich wie andere buddhistische Stätten verlor jedoch auch Sarnath gegen Ende der Gupta-Periode Mitte des 1. Jh. n. Chr. mit der allmählichen Zurückdrängung des Buddhismus durch das Wiedererstarken des Hinduismus an Bedeutung. Die Anlage geriet mehr und mehr in **Vergessenheit**, bevor sie schließlich im Jahr 1194 ebenso wie Varanasi von den Truppen *Muhammed-e-Ghurs* fast vollständig zerstört wurde.

Sieben Jahrhunderte vergingen, bis die Überreste im Zuge einer vornehmlich von den Engländern durchgeführten Restaurierung von der sie inzwischen überwuchernden Vegetation freigelegt wurden.

Heute ist Sarnath Ziel Tausender buddhistischer Reisender vornehmlich aus dem asiatischen Ausland, die den Ort im Rahmen organisierter **Pilgerfahrten** besuchen. Naturgemäß ist so aus dem ehemals beschaulichen Ort in den letzten Jahrzehnten ein recht hektisches und geschäftiges Touristenziel geworden. Sicher nicht der richtige Platz, um die von Buddha gelehrten Werte von innerer Ruhe und Friedfertigkeit zu erleben, aber doch allemal einen Tagesausflug von Varanasi wert.

Sehenswertes

Augenfälligsten Mittelpunkt des weitläufigen, gut ausgeschilderten Ruinenfeldes bildet die über 30 m hohe **Dhamekh-Stupa.** Sie markiert die Stelle, an der Buddha seine erste Predigt gehalten haben soll. Der gegenwärtige Bau wird von Archäologen auf das 5. Jh. n. Chr. datiert. Hierauf deuten auch die für die Gupta-Periode typischen Blumenornamente und geometrischen Muster hin, die die Stupa zieren.

Von der ursprünglich daneben gelegenen **Dharmaragika-Stupa** ist kaum etwas erhalten, da sie der *Raja Jagat Singh* von Varanasi als willkommenen Steinbruch für seine eigenen Bauvorhaben zweckentfremdete.

Kaum mehr ist von dem **Tempel** übriggeblieben, der sich ursprünglich westlich von hier befand und in dem *Kaiser Ashoka* während einer seiner Pilgerfahrten gepredigt haben soll. Auch die davor platzierte, einstmals über 20 m hohe Ashoka-Säule strahlt kaum etwas vom Glanz vergangener Tage aus, zumal deren eigentliche Besonderheit, das berühmte **Löwenkapitell,** im benachbarten **Archäologischen Museum** (tgl. außer Fr 10–17 Uhr) ausgestellt ist. Die vier in alle Himmelsrichtungen schauenden Löwen sind heute Teil des indischen Staatswappens und finden sich u.a. auf jedem indischen Geldschein. Neben dem Löwenkapitell stehen in den Räumen des hervorragenden Museums u.a. besonders schöne Buddha-Darstellungen und Skulpturen diverser Hindu-Gottheiten.

Die weiter südlich gelegene, ebenfalls verfallene **Chaukhandi Stupa,** auch aus dem 5. Jh., steht dort, wo Buddha seine ersten Schüler getroffen haben soll. Der Eindruck, dass der aufgesetzte Turm nicht recht passen will, wird dadurch bestätigt, dass er gut 1.000 Jahre später als Denkmal für den Besuch Humayuns hinzugefügt wurde.

Der östlich der Hauptstupa stehende **Bodhi-Baum** wurde 1931 aus einem Ableger des Bodhi-Baums aus Anuradhapura in Sri Lanka gepflanzt, der wiederum vom Originalbaum aus Bodhgaya stammen soll, unter dem *Gautama Siddharta* zum Buddha wurde. Ebenso wie in Bodgaya ließen verschiedene asiatische Nationen wie Japan und Thailand,

Uttar Pradesh

in denen der Buddhismus zur Staatsreligion wurde, in unmittelbarer Umgebung der Ausgrabungsstätte **moderne Tempel- und Klosteranlagen** errichten.
●**Eintritt:** 100 Rs, Video 25 Rs.

Unterkunft, Essen und Trinken

(Vorwahl 0542)
●Die einzige Übernachtungsmöglichkeit bietet der staatliche **Rahi Tourist Bungalow** €-€€€ (Tel.: 2595965) gegenüber der Post mit akzeptablen Zimmern, die teureren mit AC. Auch die umgebenden Rasenflächen sind ansprechend. Im Schlafsaal kostet die Übernachtung 100 Rs. Im angeschlossenen Restaurant sowie an zahlreichen Essensständen entlang der Dharmapal Road, wie etwa dem **Vaishali Restaurant,** das auch Pizza serviert, kann man seinen Hunger stillen. Etwas süd-

licher findet man das **Friends Corner Tibetan Restaurant** mit entsprechender Küche, also meist Nudelgerichte.

An- und Weiterreise

●Für jene, die Sarnath nicht im Rahmen der nachmittäglichen **Stadtrundfahrt** von Varanasi besuchen, bieten sich als billigste Anreisemöglichkeit die an der Straße vor dem Hauptbahnhof von Varanasi nach Sarnath fahrenden **Busse** an. Geregelte Fahrtzeiten existieren nicht, pro Std. fährt etwa ein Bus.
●Etwa alle halbe Stunde machen sich **Tempos** von Godaulia, Civil Court und dem Hauptbahnhof auf den Weg zum 10 km entfernten Sarnath.
●**Autorikshas** berechnen für den einfachen Weg von Godaulia nach Sarnath etwa 70 Rs, Hin- und Rückfahrt mit zweistündiger Wartezeit in Sarnath sollten 170 Rs für 2 Personen, mit dem **Taxi** nicht mehr als 300 Rs kosten.

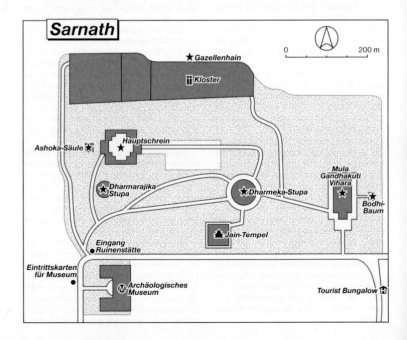

Sarnath

0   200 m

★ Gazellenhain

♟ Kloster

Ashoka-Säule ★

★ Hauptschrein

★ Dharmarajika Stupa

★ Dharmeka-Stupa

Mula Gandhakuti Vihara ★

★ Bodhi-Baum

▲ Jain-Tempel

Eingang
● Ruinenstätte

Eintrittskarten
für Museum
●

Ⓜ Archäologisches Museum

Tourist Bungalow 🏠

Uttarakhand (Uttaranchal)

Überblick

Fläche:	53.483 km²
Hauptstadt:	Dehra Dun
Einwohner:	8,4 Mio.
Bevölkerungsdichte:	157 Ew./km²
Stadtbevölkerung:	22 %
Alphabetisierungsquote:	53 %
Lebenserwartung:	60 Jahre

Uttarakhand entstand im Jahr 2000 als **Abspaltung von Uttar Pradesh,** zunächst unter dem Namen *Uttaranchal.* Am 1. Januar 2007 wurde der Bundesstaat offiziell in Uttarakhand umbenannt. Er erstreckt sich auf 53.483 km², was in etwa der Größe der Schweiz entspricht, und umfasst die Regionen **Garhwal und Kumaon** sowie einen schmalen Streifen der sich nach Süden erstreckenden **Ganges-Ebene.** Uttarakhand grenzt im Norden an Himachal Pradesh und die Volksrepublik China, im Osten an Nepal und im Süden an Uttar Pradesh. Von **Dehra Dun,** der vorläufigen Hauptstadt im Südwesten, sind es bis Delhi etwa 250 km, bis Lucknow etwa 500 km.

Besonders eindrucksvoll sind in Uttarakhand die **Himalayaberge** am Nordrand, die mehrere Gipfel von über sechs- und siebentausend Metern berherbergen. Der Corbett- und Rajaji-Nationalpark komplettieren das Bild und machen Uttarakhand zum bevorzugten Ziel von Naturliebhabern.

In den Bergen im Norden entspringen viele der von den Hindus als heilig verehrten großen Flüsse Indiens, allen voran „Mutter Ganges". So ist das unter dem Namen **Garhwal** bekannte Gebiet im Sommer Ziel Zehntausender Gläubiger, die zu den Quellen der indischen Mythologie pilgern.

Das sich südöstlich hieran anschließende Vorgebirge des Himalaya, die **Kumaon-Region,** war Mitte der 1960er Jahre das Mekka vieler zivilisationsmüder westlicher Pilger, die in den Ashrams von Rishikesh in die Welt östlicher Spiritualität eingeführt wurden. Noch heute zieht die klare Bergluft viele Touristen an. Die *Hill Stations* Nainital und Mussoorie

Uttarakhand

haben viel vom kolonialen Charme behalten. Sie dienten den englischen Kolonialherren in den Sommermonaten als Ausweichregion vor der Hitze der Ebenen.

Große Teile der Distrikte Uttar Kashi, Chamoli und Pithoraghar liegen oberhalb von 3.000 m. Die Gebirgsketten des Himalaya erreichen weit über 7.000 m (Nanda Devi 7.816 m). In 2.000 bis 3.000 m Höhe befinden sich die Distrikte Tehri Garhwal und Almora sowie die südlichen Teile der Hochgebirgsdistrikte. Die Ausläufer des Himalaya umfassen die Distrikte Pauri und Nainital. Die Distrikte Champawat und Bageshwar bilden in den mittleren Höhen die Grenze zu Nepal. Udham Singh Nagar und die Distrikte Haridwar und Dehra Dun liegen bereits in der Ebene, die auch Uttar Pradesh charakterisiert.

In den dünn besiedelten Hochgebirgsregionen lebt ein Großteil der als **Tribals** bezeichneten Bevölkerung. Die dortigen Gesellschaften sind nicht oder nur schwach in Kasten untergliedert, ihre Religion umfasst neben tibetisch-buddhistischen auch hinduistische Elemente. Die Garhwalis und Kumaonis der mittleren Höhenlagen setzen sich großteils aus einheimischen Brahmanen und Rajputen zusammen. Auch in den Flachlandgebieten dominieren Brahmanen und Rajputen, allerdings leben hier vor allem Punjabis (vorwiegend Sikhs) und Bengalis, die nach der Unabhängigkeit und der Teilung zuwanderten.

Uttarakhand ist ein agrarischer Staat, größere Industriebetriebe gibt es nicht. Die **Landwirtschaft** ist überwiegend auf den Eigenbedarf ausgerichtet. 70 % der Felder sind kleiner als ein Hektar, größere Felder und Plantagen finden sich nur in Udham Singh Nagar. In den Höhenlagen dominiert der Anbau von Hirse und verschiedenen Gemüsesorten (Erbsen). Reis lässt sich nur bis etwa 1.800 m wirtschaftlich anbauen.

Besondere Bedeutung besitzen die ausgedehnten **Wälder.** Bis in die 1980er Jahre fielen weite Teile einem als „Timber Mafia" bezeichneten Kartell von Großhändlern und regionaler Bürokratie zum Opfer. Aus Protest gegen den Raubbau entstand 1973 in Garhwal die Chipko-Bewegung, die durch das „Umarmen" von Bäumen versuchte, deren Abholzen zu verhindern. Auf Druck der Bewegung verbot die Zentralregierung schließlich den Holzeinschlag über 1.000 m Höhe, entzog damit aber auch den Einheimischen ihre traditionellen Nutzungsrechte.

Große Hoffnungen für die künftige Entwicklung werden in **Wasserkraftwerke** gesetzt. Am Oberlauf des Vishnuganga und bei Tehri werden bereits seit einigen Jahren Kraftwerke gebaut, die allerdings in der Region ähnlich umstritten sind wie das Staudammprojekt im Narmada-Tal.

Die meisten Einnahmen erwirtschaftet bisher der **Tourismus.** In Garhwal befindet sich neben den Pilgerzielen Gaumukh, Badrinath, Kedarnath und Yamunotri sowie dem religiösen Zentrum Rishikesh auch ein erstes Ski-Resort in Auli. In Kumaon befinden sich mit Almora und Nainital und den Pilgerrouten zum Kailash drei fast ausschließlich von einheimischen Touristen besuchte Attraktionen.

Weniger als drei Viertel der Orte sind mit Strom versorgt, eine Grundschule in maximal drei Kilometern Entfernung ist nur für etwa die Hälfte der Dörfer erreichbar. Auf 100 km^2 kommen 23 km Straßen, die vielfach nur mit Jeeps befahrbar sind.

Die wirtschaftliche Vernachlässigung der Region durch die Regierung in Lucknow, die politische und wirtschaftliche Dominanz durch die dortige Bürokratie und die zugewanderten Großgrundbesitzer sowie die Ausbeutung der Wälder führten Ende der 1960er Jahre zur Entstehung erster regionalistischer Bewegungen. Die langsame und unzureichende Hilfe der Regierung nach dem verheerenden Erdbeben 1991 verstärkte die Entfremdung der Bergbewohner gegenüber der politischen Führung in Lucknow.

Im August 1996 erklärte die Kongress-Regierung unter *Narasimha Rao* ihre Unterstützung für die Aufteilung von Uttar Pradesh und die Schaffung zweier weiterer Staaten. Neben dem Druck der Bevölkerung spielten dabei vor allem strategische Überlegungen zu zukünftigen Mehrheitsverhältnissen eine Rolle sowie die Hoffnungen, dass kleinere Staaten ihre wirtschaftliche Entwicklung besser koordinieren könnten.

Trekking

Aufgrund der einzigartigen Bergregionen unternehmen viele Touristen in den Sommermonaten, etwa von April bis Oktober, Trekkingtouren. Die besten Ansprechpartner für Ausflüge und Bergtouren sind, besonders in den kleineren Orten im Norden des Bundesstaates, die regionalen Büros des GMVN und KMVN, neben weiteren aufgeführten Agenturen. Auch die Websites sind sehr informativ.

●**GMVN** (Garhwal Vandas Nikas Vikam), Hauptbüro in Dehra Dun, s. dort, www.gmvnl.com.

●**KMVN** (Kumaon Vandas Nikas Vikam), Hauptbüro in Nainital, s. dort, www.kmvn.org.

Dehra Dun ⚓V/D1

(ca. 520.000 Einwohner, Vorwahl: 0135)

Die 43 km nördlich von Rishikesh gelegene Hauptstadt von Uttarakhand bezieht ihren besonderen Reiz aus der attraktiven Lage in einem Tal, das im Norden vom Himalaya und im Süden von den Bergen der Shivalik-Kette begrenzt wird. Wie die meisten anderen *Hill Stations* der Briten ist sie heute beliebter **Ferienort** der Inder und lädt zu erholsamen Spaziergängen ein. Berühmt ist Dehra Dun für sein in einem großen botanischen Garten untergebrachtes **Forstwissenschaftliches Institut,** welches weltweiten Ruhm genießt. Schon das riesige, von einem 500 ha großen Park umgebene, elegante Backsteingebäude aus der Kolonialzeit ist den Besuch wert. Das angeschlossene Museum (Tel.: 2759382, tgl. 9.30–17.30 Uhr, www.icfre.com) sollte nicht nur Botaniker faszinieren.

Aus ganz Indien werden die Kinder der indischen Oberschicht auf die vielen hier angesiedelten **prestigeträchtigen Internate** geschickt. Für westliche Touristen bietet der auf 600 m Höhe gelegene Ort darüber hinaus kaum Erwähnenswertes, zumal sich in Dehra Dun in den letzten Jahren mehr der wirtschaftliche Aufbruch Indiens spiegelt als die beschauliche Bergwelt.

Information

●Das **Uttarakhand Tourist Office** (Gandhi Rd., Tel.: 26523217) befindet sich im *Hotel Drona* neben dem Old-Delhi-Busbahnhof, etwa 500 m vom Bahnhof entfernt. Geöffnet Mo bis Sa von 10 bis 17 Uhr.

●**GMVN Tourism** (Garhwal Mandal Vikas Nigram, Rajpur Rd., Tel.: 2749308, 2747898, gmvn@gmvnl.com, www.gmvnl.com, Mo–Sa 10–17 Uhr) veranstaltet als kommerzieller Ableger von Garhwal Tourism viele zwischen 4 und 10 Tagen dauernde Trekking- und Ausflugstouren in Garhwal und vermittelt Uttarakhand-Tourism-Unterkünfte.

Stadtverkehr

●**Autorikshas** vom Busbahnhof oder vom Clock Tower zum Bahnhof kosten 25 Rs. Für längere Strecken von mehreren Kilometern werden 60 Rs verlangt. Mietet man eine Riksha für längere Zeit, sind etwa 100 Rs/Std. zu zahlen, für ein **Taxi** knapp das Doppelte.

●Gut und billig bewegt man sich mit den ständig zwischen Busbahnhof, Bahnhof und Uhrturm pendelnden **Tempos** bzw. **Vikrams** (3 Rs) auf festen Routen.

Unterkunft

Die große Mehrzahl der Hotels findet sich zwischen Busbahnhof und Bahnhof. Eine Ausnahme hiervon bilden die höherklassigen Unterkünfte, welche vornehmlich im Nordwesten an der Straße Richtung Mussoorie angesiedelt sind. Insgesamt ist die Auswahl in der unteren Preiskategorie gering. Die Preise unterliegen starken saisonbedingten Schwankungen.

●Eine überzeugende, preiswerte Herberge in Bahnhofsnähe ist das Hotel **Meedo** €-€€ (Haridwar Rd., Tel.: 2621540). Alle Zimmer mit eigenem Bad und TV, Heißwasser wird per Eimer geliefert.

●Tatsächlich recht entspannend ist das **Hotel Relax** €€-€€€ (Tel.: 2657776), da es nicht wie die meisten anderen Hotels an der lauten Rajpur Rd., sondern an der ruhigeren Court Rd. im Südwesten der Stadt liegt. Alle Zimmer mit Balkon und TV.

Uttarakhand

● Empfehlenswert ist das villenähnliche **Hotel White House** € (Tel.: 2652765). Der von einem hübschen Garten umgebene dreigeschossige Bau verfügt über 12 DZ.

● Ein passables Mittelklasse-Hotel ist das **President** €€€€-€€€€ (Tel.: 2657082) an der Rajpur Rd. mit angeschlossenem Restaurant und zwei besuchenswerten Bars.

● Dehra Duns ehemaliges Top-Hotel, das **Madhuban** €€€€ (Tel.: 2749990), liegt in einer kleinen Seitenstraße der nach Mussoorie führenden Rajpur Road, knapp 4 km vom Stadtzentrum entfernt. Auch Nicht-Gäste können sich im Gym-Raum schinden oder im Health Club und bei einer ayurvedischen Massage nach Voranmeldung erholen.

● Inzwischen wird es vom neuen, eleganten Hotel **Great Value** €€€€-€€€€€ (Rajpur Rd., Tel.: 2744086, 3298038, reservations@great valuehotel.com, www.greatvaluehotel.com) überboten, dessen Name durchaus zutrifft. Mit viel Sinn fürs Detail, mit Marmor und Pflanzen vermitteln die geschmackvollen Zimmer eine gemütliche Atmosphäre in diesem von außen eher kühl wirkenden Hotel.

Essen und Trinken

● Die beste und mit Hauptgerichten um die 100–150 Rs eine eher teure Gaststätte ist das **Udipi Restaurant** an der Lytton Rd. In dem zentralklimatisierten Haus werden indische, chinesische und westliche Gerichte serviert.

● Besonders beliebt bei den gutbetuchten Studenten der vielen Privatschulen Dehra Duns scheinen Fast-Food-Läden wie **Daddy** und **Vegetarian** mit Pizzas und Milchshakes zu sein.

● Eine reiche Auswahl an *dosas* gibt's im freundlichen **Dosas King** an der Rajpur Rd.

● In der Bäckerei **Grand Bakery** beim Basar gibt es leckere Kuchen und Kekse.

● Im neumodischen **Barista** an der Rajpur Rd. werden diverse Kaffeesorten und Snacks offeriert.

● **Kumar Sweets** am Uhrturm lockt mit ebendiesen zum günstigen Preis.

● Chinafans kommen im **Yeti Restaurant** auf den Geschmack, während das **Motimahal** für seine Mughlai-Küche bekannt ist.

Einkaufen

● Faire Preise und herrvorragende Qualität sind die Merkenzeichen des **SARV Handicraft Emporium** (Mo–Sa 10–19 Uhr) in der Rajgir Rd. Obwohl etwas außerhalb im Osten der Stadt gelegen, sollte man sich die fantasievollen Muster der Kleidungsstücke und vielerlei Kunsthandwerk wenigstens mal anschauen, zumal mit den erzielten Gewinnen des SARV arbeitslose Frauen der Bergregion unterstützt werden.

● Das **English Book Depot** (tgl. 9.30–20.30 Uhr) bietet eine günstige Gelegenheit, vor einem eventuellen Trip in die Berge oder in andere abgelegene Regionen seine Reiseliteratur aufzustocken. Auch die Auswahl an CDs und Landkarten ist gut.

Bank

● Neben der **State Bank of India** (Mo–Fr 10–16 Uhr, Sa 10–13 Uhr) wechseln mehrere weitere Geldinstitute Bargeld und Reisescheks. Von vielen **ATMs** entlang der Rajpur Rd. sagt der HDFC-ATM auch bei AmEx-Karten nicht nein.

Post und Internet

● Die **Hauptpost** an der Rajpur Rd. öffnet Mo–Fr 10–18 und Sa 10–12 Uhr ihre Pforten.

● Für einen Touristenort wie Dehra Dun ist die Menge der Internetcafés eher gering und der Preis mit 40 Rs/Std. höher als der Durchschnitt. Ein verlässliches ist **Impression Internet** an der Ghali Rd.

Medizische Versorgung

● Im Falle eines Falles ist das **Doon College Hospital** (General Mahadev Singh Rd., Tel.: 2760330) westlich der Stadt die hoffentlich richtige Adresse.

An- und Weiterreise

Flug:

● *Air Deccan* (Tel.: 1800-4257008, 39008888, www.airdeccan.net) verbindet Dehra Dun tgl. mit **Delhi** vom 24 km entfernten, an der Hauptstraße nach Rishikesh gelegenen Flughafen Jolly Grant.

Bahn:

●Das **Railway Reservation Office** (Tel.: 2622333) ist Mo–Sa 8–20 Uhr, So 8–14 Uhr geöffnet.

●Von und nach **Delhi** tgl. mit dem schnellen und teuren 2018 Shatabdi Exp.: Start in Dehra Dun 17 Uhr, Ankunft New Delhi 22.45 Uhr. Umgekehrt: 2017 Shatabdi Exp., Abf. New Delhi 6.55 Uhr, Ank. Dehra Dun 12.40 Uhr. Billiger geht's mit verschiedenen Zügen, die tgl. außer Di um 6 Uhr in Dehra Dun starten und New Delhi um 13.10 Uhr erreichen. Alle fahren auch über **Haridwar**. Andersherum u.a. der 4309 Ujjaini Exp.: Abf. New Delhi 11.50 Uhr, Ankunft Dehra Dun 19 Uhr.

●Von **Varanasi** der 3009 Doon Exp., Abf. 10.35 Uhr, über **Ayodhya** (ab 14.13 Uhr), **Lucknow** (ab 18.25 Uhr), **Moradabad** (ab 0.35 Uhr), **Haridwar** (ab 4.20 Uhr) bis Dehra Dun (an 6.45 Uhr). Umgekehrt: 3010 Donn Exp., Abfahrt Dehra Dun 20.10 Uhr, Haridwar (an 21.50 Uhr), Lucknow (an 8.15 Uhr), Ayodhya (11.33 Uhr) bis Varanasi (an 16.10 Uhr). Der Zug fährt weiter bis Kalkutta.

Bus:

Die meisten Busse fahren inzwischen vom neuen, 5 km südlich des Zentrums an der Clement Road gelegenen **New Delhi Busstand**. Eine Riksha dorthin kostet 60 Rs, Auch Vikram-Linie 5 (3 Rs) und Stadtbus Nr. 3 fahren dorthin.

●Stündlich Busse von und nach **Delhi** (7 Std., Ord./Del. 130/190 Rs, stündlich zwischen 6.15 und 22.30 Uhr), **Chandigarh** (6 Std., zw. 5.30 und 17 Uhr) und **Nainital** (12 Std., 180 Rs, zw. 5 und 20 Uhr). Halbstündige Verbindungen nach **Haridwar** (2 Std.), **Rishikesh** (1,5 Std., zw. 5 und 19 Uhr) und **Mussoorie** (1,5 Std., zw. 6 und 20 Uhr).

●Wer zum Corbett-Nationalpark fahren will, nimmt die drei frühmorgens (ab 4.30 Uhr) nach **Ramnagar** startenden Busse.

●Täglich ein Bus von und nach **Lucknow** (16 Std., 260 Rs, 13.30 Uhr) und drei nach **Shimla** (9 Std., 180 Rs). Zudem nach **Manali, Dharamsala** und **Uttarkashi**.

Taxi:

●350 Rs kostet es offiziell nach **Mussoorie**, 450 Rs nach **Rishikesh** und 500 Rs nach **Ha-**

ridwar. Eine Fahrt nach **Delhi** schlägt mit 1.600 Rs zu Buche. Die meisten Taxis finden sich vor dem Bahnhof.

Mussoorie   ⤢ V/D1

(ca. 30.000 Einwohner, Vorwahl: 0135)

35 km nördlich von Dehra Dun gelegen, bieten sich vom 1823 als *Hill Station* auserkorenen Mussoorie besonders schöne Ausblicke auf das Himalaya-Massiv und ins Doon Valley, falls die seltenen Lücken in den Wolken dies in der meist kühlen Stadt zulassen. Zum Greifen nahe scheint das höchste Gebirge der Welt vom durch eine Seilbahn mit der Stadt verbundenen **Gun Hill** (Hin- und Rückfahrtticket 50 Rs, zwischen 9 und 20 Uhr). Fast jeder Tourist besucht zumindest einmal diesen außergewöhnlichen Aussichtspunkt, und so reiht sich hier ein Souvenir- und Erfrischungsstand an den nächsten. Etwas geruhsamer sind dagegen die **Spaziergänge** entlang der Mall, der Hauptgeschäftsstraße, und in die landschaftlich hübsche Umgebung. Hier bietet sich ein Ausflug in das etwa 5 km außerhalb der Stadt gelegene **Tibetan Refugee Centre** im Happy Valley an. Bunte Gebetsfahnen, eine Stupa und ein kleiner am Hang gelegener Tempel erinnern an die Zeiten, als hier nach der Flucht aus ihrem Heimatland noch viele Tibeter lebten.

Eine Tagestour führt zu den 15 km nördlich gelegenen, aus insgesamt fünf Wasserfällen bestehenden **Kempti Falls**, einem beliebten Picknickplatz vor allem an Wochenenden.

Information

●Das **Uttarakhand Tourist Office** (Tel.: 2632863, Mo–Sa 10–17 Uhr) befindet sich an der Lower Mall gleich neben der Seilbahn zum Gun Hill.

●GMVN (Tel.: 2631281, Mo–Sa 10–17 Uhr) beim Libarary Bus Stand organisiert kompetent mehrstündige und Tagesausflüge etwa zu den Kempti-Fällen sowie mehrtägige Trekking- und Ausflugstouren und vermittelt Unterkünfte auch in entfernten Regionen des Bundesstaates.

Uttarakhand

Reisebüros und Trekking

●**Trek Himalaya** (Tel.: 2631302, Upper Mall) organisiert kompetent (Mehrtages-)Ausflüge in Bergregionen, nach Har-i-Kund oder zum Gaumukh-Gletscher.

●Wer ein Taxi, auch für mehrtägige Rundfahrten, benötigt, ist bei **Kulwant Travels** (Tel.: 2632717) beim Picture Palace Busstand an der richtigen Adresse.

Unterkunft

Über 100 Hotels buhlen um die Gunst der fast ausschließlich indischen Touristen. Die hier angegebenen **Preise** beziehen sich auf die **Nebensaison** von November bis März. Während der Hauptsaison in den Monaten April bis Juli liegen sie oft um 300 % darüber. **Einzelzimmer** sind äußerst selten.

●Sehr schön ist das familiäre **Hotel Valley View** € (Tel.: 2632324) etwas oberhalb der Mall nicht weit vom *Tourist Office*. Im Garten kann man neben der schönen Aussicht auch die leckeren Kuchen und Kekse aus der hauseigenen Bäckerei genießen. Auch das dem Hotel angeschlossene Restaurant ist zu empfehlen.

●Empfehlenswert und zudem günstig ist auch der von einer sympathischen älteren Dame geleitete, 1880 erbaute Holzbau des **Hotel Broadway** € (Camel's Back Rd., Tel.: 2632243), die Nummer eins bei Rucksackreisenden.

●Den nostalgisch schönen Charme vergangener Größe strahlt das inzwischen etwas heruntergekommene **Hotel Prince** €€-€€€ (Tel.: 2632674) aus, oberhalb der Mall ca. 10 Minuten Fußweg vom Gandhi Chowk entfernt gelegen. Es hat offensichtlich schon glorreiche Zeiten gesehen, doch die geräumigen Zimmer und der tolle Ausblick sind das Geld wert.

●Sehr angenehm wohnt man im gut geführten **Shiva Continental** €€€-€€€€ (Landour Rd., Tel.: 2632174, reservations@shivacon. com, www.shivacon.com), einem intelligent gemachten Mittelklassehotel. Auch das Restaurant mit Außenterrasse ist einladend.

●Gut ist das 1824 erbaute **Kasmanda Palace Hotel** €€€€-€€€€€ (Tel.: 2632424, kasmanda @vsnl.com), zentral an der Mall Rd. und doch ruhig inmitten eines großen Gartens gelegen, ein Geschichte atmendes Heritage Hotel.

●Nostalgiker werden sich im **Hotel Padmini Nivas** €€€-€€€€€ (The Mall, Tel.: 2631093, harshada@vsnl.com, www.hotelpadminini vas.com), einem ehemaligen Ferienhaus des Maharajas von Rajpipla, wohlfühlen, was auch für das hauseigene Restaurant zutrifft.

Essen und Trinken

Die Auswahl an guten Restaurants ist ebenso hoch wie die Preise. Aber das ist man von *Hill Stations* in Indien ja gewohnt.

●Wer nordindische und chinesische Speisen in angenehmem Ambiente mag, sollte das hervorragende **The Tavern** beim Kulfri Bazaar wählen. Zu abendlicher Live-Musik kann edel Lamm, Fisch und Pizza in angenehmem Ambiente verzehrt werden – Mussories Top-Restaurant.

●**Le Chef** und das nahegelegene **Chit Chat** sind Fast-Food-Restaurants mit guten Pizzas und fetten Burgern.

●Teigwaren gibt's in der Bäckerei **Le Suisse** neben dem **Kwality Restaurant.** Im *Kwality* selbst wird indische Schnellküche zu günstigen Preisen serviert.

●Tandoori-Gerichte serviert das Freilufttrestaurant im Hotel **Mall Palace,** scharfe südindische Küche bietet das **Madras Café.**

Bank

●Die besten Raten für Bares und Reiseschecks gibt's bei **Trek Himalaya** an der Upper Mall Rd. Der **UTI-ATM** akzeptiert die wichtigsten internationalen Karten.

Post und Internet

●Das **Postamt** an der Mall auf Höhe des Kulfri Bazaar ist Mo–Sa 9–17 Uhr geöffnet.

●Obwohl kein Mangel an **Internetcafés** besteht, sind die Preise um 50 Rs/Std. noch recht hoch.

An- und Weiterreise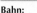

Bahn:

Der nächstgelegene Bahnhof befindet sich in **Dehra Dun.** Wer von dort weiterfahren möchte, kann sein Ticket (mindestens 24 Std.

im Voraus) in der *Northern Railway Booking Agency* in der Nähe der Post kaufen (Mo–Sa 8–11 und 12–15 Uhr, So 8–14 Uhr).

Bus:

● Nach **Dehra Dun** (1,5 Std.) fahren Busse fast stdl. sowohl vom Library- als auch vom Picture-Palace-Busbahnhof.

● Vom Library-Bushalteplatz startet jeden Abend gegen 20 Uhr ein Luxusbus **nach Delhi.** Von diesem Busbahnhof auch gelegentliche Busse nach **Hanuman Chatti** (nahe Yamunotri, 6 Std. Fahrzeit). Von dort starten die Luxusbusse beim Büro von *Uttar Pradesh Tourism.*

● Weitere Verbindungen nach **Rishikesh** (2 Std.) und Haridwar (3,5 Std.).

Taxi:

An beiden Busbahnhöfen warten Taxis auf Kunden. Meist finden sich recht schnell weitere Reisende, die bereit sind, sich den Fahrpreis zu teilen; bei maximal vier Personen eine durchaus überlegenswerte Alternative. Preise sind Verhandlungssache, nach Dehra Dun etwa 350 Rs.

Der besondere Tipp:

Haridwar ↗ V/D1

(ca. 250.000 Einwohner, Vorwahl: 01334)

Seiner geografischen Lage am Übergang des Ganges von den Berghängen des Himalaya in die Ebenen Nordindiens sowie seiner Erwähnung in der hinduistischen Mythologie, wonach hier einer von insgesamt vier Tropfen der Unsterblichkeit *(amrit)* zu Boden gefallen sein soll, verdankt Haridwar seine Bedeutung als einer der wichtigsten Pilgerorte Nordindiens. Alle 12 Jahre (das nächste Mal im Jahr 2010) ist Haridwar Schauplatz der Kumbh Mela, einem der bedeutendsten Pilgerfeste der Erde.

Zusätzliche Bedeutung kommt der Stadt als vielgenutzter Ausgangsort für Pilgerreisen zu den vier heiligen Himalaya-Orten Yamunotri, Gangotri, Kedarnath und Badrinath zu.

Hieraus leitet sich auch der Name Haridwars ab, der soviel wie „Tor zu Vishnu" (Hari = Vishnu) bedeutet. Speziell in der Zeit von April bis Juni ist die Stadt Ziel Tausender Wallfahrer.

Das touristisch quasi im Schatten von Rishikesh gelegene Haridwar sollte der Reisende keinesfalls nur als Durchgangsstation ansehen, hat sich doch eben dadurch in diesem kleinen Ort am Ufer des heiligen Ganges eine so stimmige, von westlichem Tourismus bisher kaum beeinflusste, religiöse Originalität erhalten. Dies gilt besonders für die Region um das Hari-ki-Pauri Ghat und die südlich anschließenden Altstadtgassen. So sollte der Rishikesh-Besucher wenigstens einen Tagesausflug ins nahegelegene Haridwar unternehmen, er wird mit bleibenden Bildern belohnt.

Sehenswertes

Wichtigstes der zahlreichen Badeghats ist das **Hari-ki-Pauri.** Ein Bad im Ganges genau an dieser Stelle verheißt die Befreiung von allen Leiden, und so drängen sich hier die meisten Pilger. Ein Besuch lohnt sich vor allem nach Sonnenuntergang, wenn die Gläubigen kleine, mit Kerzen versehene Opfergaben auf dem Fluss aussetzen. Im Hauptschrein befindet sich ein angeblicher Fußabdruck Shivas. Um das Hari-ki-Pauri Ghat wird man beim Herumschlendern von Geldsammlern einer der Wohlfahrtsorganisationen, etwa *Bharat Scouts & Guides,* angesprochen, teils auch bedrängt, eine Spende zu geben. Dies sollte man tun. Wichtig ist es, die Quittung, die man erhält, zu verwahren, da man sie vorweisen kann, wenn man wieder angesprochen wird (dies wird passieren), damit man dann unbehelligt bleibt.

300 Meter oberhalb der Stadt erhebt sich weithin sichtbar der mit einer Seilbahn erreichbare, nach der Tochter Shivas benannte **Mansa-Devi-Tempel.** Abgesehen von der recht vergnüglichen Seilbahnfahrt (25 Rs für Hin- und Rückfahrt) lohnt ein Ausflug hierhin vor allem wegen des hervorragenden Ausblicks auf Haridwar und die Gangesebene. Für den Rückweg in die Stadt empfiehlt sich jedoch der schöne Fußweg den Berg herab.

Uttarakhand

Weniger auffällig, dafür kulturhistorisch bedeutender ist der 4 km südlich Haridwars gelegene **Tempel Daksha Mahadev.** Der Legende nach soll hier Daksha, Sohn Brahmas und Vater Satis, der ersten Frau Shivas, eine religiöse Zeremonie vollzogen haben, ohne Shiva einzuladen. Sati war über die Missachtung ihres Gatten so verletzt, dass sie sich verbrannte.

Auf halber Strecke zwischen Haridwar und Rishikesh liegt der einem Parkhaus recht ähnliche siebenstöckige **Tempel Bharat Mata.** Der Versuch, die Jahrtausende alte hinduistische Religion mit einer Art postmoderner Architektur zu verbinden, hätte gründlicher kaum misslingen können und ist vielleicht gerade deshalb einen Abstecher wert. Die einzelnen Stockwerke des Betonklotzes sind von unzähligen Hindu-Göttern geschmückt, und der Weg nach oben kann, ganz modern, per Fahrstuhl zurückgelegt werden.

Information

● Ein **Informationsschalter** des *Tourist Office* im Bahnhofsgebäude sollte tgl. außer So und jeden 2. Sa des Monats 8–14 Uhr geöffnet sein. Da der zuständige Angestellte jedoch meist durch Abwesenheit glänzt, muss man sich bei Fragen zum eigentlichen, hilfsbereiten **GMVN-Touristenbüro** (Mo–Sa 10–17 Uhr, Tel.: 2424240) begeben, welches auf Höhe der Lalta-Rao-Brücke an der Hauptstraße zwischen dem Bahnhof und dem Hauptbadeghat liegt. Hier wird auch bei Interesse an Trekking und am Rajaji-Nationalpark weitergeholfen.

● Das **Uttarakhand Tourist Office** (Tel.: 265304) im staatlichen *Ravi Motel*, etwa 200 m nördlich des Busbahnhofs (Mo–Sa 10–17 Uhr), ist mit seinem jungen Team sehr bemüht und damit die beste Informationsquelle. Hier darf man umsonst im Internet surfen.

Reisebüros und Trekking

● Bei **The Navigator Wildlife & Nature Tours** (Tel.: 266755, (0)9897626363, www. thenavigator.biz, leothenavigator@yahoo. com) wird man umfassend beraten. Jeepsafaris und Ausflüge, etwa in die näheren und

auch ferneren Nationalparks, zu den Pilgerorten im Norden oder nach Ladakh, werden den Wünschen entsprechend individuell ausgestaltet. Genaueres auf der informativen Website.

Stadtverkehr

● Entlang der Hauptstraße zwischen Bahnhof, Busbahnhof und Badeghats verkehren **Tempos.**
● Mit der **Autoriksha** kostet die 2 km lange Strecke etwa 25 Rs, mit der **Fahrradriksha** 15 Rs.

Unterkunft

Die Preise steigen in der Saison von Mai bis Oktober auf teils über das Doppelte des sonst Üblichen, was natürlich nicht für die Ashrams gilt. Die hier angebenen Preise beziehen sich auf die Nebensaison.

Ashrams:

In mehreren Ashrams sind auch westliche Besucher willkommen. Hier wird meist einfache Bleibe zum kleinen Preis oder auf Spendenbasis sowie einfache indische Kost geboten. Natürlich sind die strikten Regeln des Zusammenlebens und Meditierens unbedingt zu beachten, ansonsten übernachtet man besser in den Hotels der Stadt.

● Im großen **Shanti Kund Ashram** (Tel.: 260602 260403, www.awgp.org) an der Rishikesh Rd. ist besonders die schöne, parkartige Gartenanlage attraktiv, die meisten Zimmer haben eigenes Bad. Sadhana-Meditation sowie frühmorgendliche Mantras gehören zum Tagesablauf.

● Im gegenüber liegenden **Mohyal Ashram** (Tel.: 261336) lockt ebenfalls der Garten. Hier ist die Unterbringung vom Schlafsaal bis zu Mittelklassezimmern €–€€ wesentlich komfortabler und muss wie das Essen bezahlt werden. Hatha-Yoga-Unterricht kostet 150 Rs/Std., Minimum zwei Personen. Die Regeln sind etwas weniger strikt als in den anderen Ashrams.

● Einige weitere Ashrams, die westliche Besucher aufnehmen, sind der **Ma Anandmayee Ashram** (Tel.: 246575, 247200), etwa 3,5 km südlich von Haridwar, und der große **Prem**

Uttarakhand

Religiöse Zeremonie

Nagar Ashram (Tel.: 246345, premnagar@vs
nl.com) an der Railway Rd., ebenfalls im Süden Haridwars.

Hotels:

● Im untersten Preisbereich sind **Inder Kutir** €
(Niranjani Akhara Rd., Tel.: 226336) mit Einfachzimmern mit Bad, einem Sitzareal auf
dem Dach und kleinen Terrassen sowie das
Hotel Mansarovar € (Tel.: 220623), eine Seitenstraße nahe der Shiva-Statue hinein, die
besten Optionen. Die einfachen und sauberen Zimmer, teils mit Balkon im *Mansarovar,*
sind ihr Geld wert. In der gleichen Straße findet sich mit dem **Hotel Panama** €-€€ (Tel.:
227506) eine weitere gute Billigwahl. Besonders die hellen Zimmer mit Balkon im oberen
Stockwerk sind günstig.

● Eine Preis- und Qualitätsstufe höher ist das
neue **Hotel Samrat** €€-€€€ (Tel: 227380), eine Seitengasse nördlicher, anzusiedeln. Makellose Zimmer mit TV in guter Lage sind her-
ausragend.

● Besonders die nahe Lage zu den Altstadtgassen und dem Hari-ki-Pauri Ghat sind die
hervorstechenden Merkmale des **Hotel Om
Deluxe** €-€€€ (Railway Rd., Tel.: 226639,
224075) mit sauberen Zimmern mit TV.
Nach hinten ist es nicht so laut.

● Etwas versteckt in den Altstadtgassen, noch
näher am Hari-ki-Pauri Ghat, ist das zentral
klimatisierte, freundliche **Hotel Alpana** €€€
(Lower Bazaar, Tel.: 224567) ein erstklassiges
Mittelklassehotel in günstiger Lage.

● Empfehlenswert ist auch das **Hotel Midtown** €€-€€€ (Railway Rd., Tel.: 227507, hotel
midtown@gmail.com). Hervorragend in
Schuss sind die teils klimatisierten Zimmer
mit TV.

● Wer eine architektonisch sehr gelungene
Unterkunft in schöner Lage am Fluss mit einem meditativen Angebot verbinden möch-

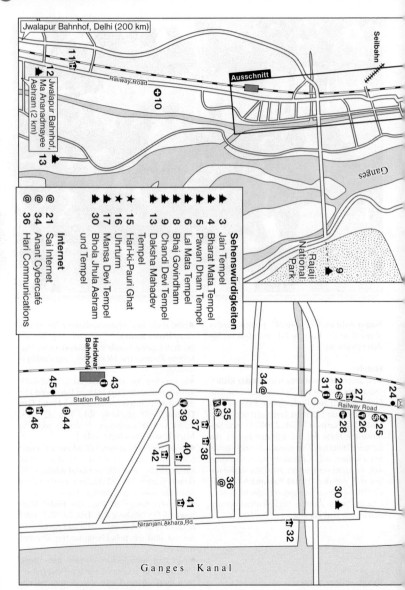

Jwalapur Bahnhof, Delhi (200 km)

Seilbahn

Ausschnitt

Railway Road

+10

Jwalapur Bahnhof, Ma Anandmayee Ashram (2 km)

11
12
13

Ganges

Rajaji National Park

9

Sehenswürdigkeiten

3 Jain Tempel
4 Bharat Mata Tempel
5 Pawan Dham Tempel
6 Lal Mata Tempel
8 Bhaj Govindham
9 Chandi Devi Tempel
13 Daksha Mahadev Tempel
15 Hari-ki-Pauri Ghat
16 Uhrturm
17 Mansa Devi Tempel
30 Bhola Jhula Ashram und Tempel

Internet

21 Sai Internet
34 Anant Cybercafé
36 Hari Communications

Haridwar Bahnhof

43
45

Station Road

39
37
35
40
38
42
41
44
46
36
34
31
29
27
24
28
26
25
30
32

Railway Road

Niranjani Akhara Rd.

Ganges Kanal

Uttarakhand

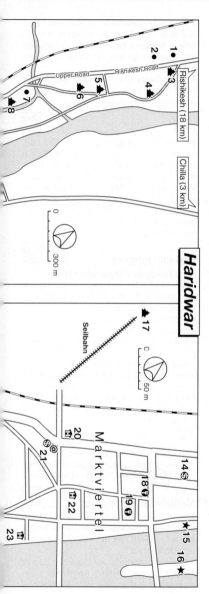

Haridwar

Rishikesh (18 km)
Chilla (3 km)

Upper Road
Rishikesh Road

Seilbahn

Marktviertel

Unterkunft

- 1 Mohyal Ashram
- 2 Shanti Kunj Ashram
- 7 Jai Rann Ashram
- 11 Hotel Le Grand
- 12 Prem Nagar Ashram
- 20 Hotel Om Deluxe
- 22 Hotel Alpana
- 23 Hari Ganga
- 27 Hotel Midtown
- 30 Bhola Jhula Ashram
- 32 Inder Kutir
- 37 Hotel Samrat
- 38 Sri Balaji Hotel
- 40 Hotel Mansarovar
- 41 Hotel Swagat
- 42 Hotel Panama
- 46 Ravi Motel

Geld

- 14 Bank of India ATM
- 21 Sai Forex
- 25 Canara Bank
- 29 Central Bank of India
- 35 State Bank of India ATM

Essen und Trinken

- 18 Jahanvi Motiwala Bhoj
- 19 Billigrestaurants
- 26 Shivalik Restaurant
- 28 Chotiwala
- 39 Big Ben Restaurant

Sonstiges

- 10 Rishikul Ayurvedic Hospital
- 24 Foreigner's Regional Registration Office, Hauptpost
- 25 Apotheken
- 31 GMVN Tourist Office
- 35 The Navigator Nature Tours, Wildlife & Kino
- 43 Tourist Office
- 44 Busbahnhof
- 45 Jeep Booking Offices
- 46 Uttaranchal Tourism

te, dürfte sich im **Bhaj-Govindam** €€€ (Tel.: 261682) im Norden an der Bhimgoda-Brücke wohl fühlen. Man wohnt in kleinen, teils klimatisierten, gemütlichen Bungalows direkt am Ganges. Im Preis sind Yoga-Lektionen enthalten.

● Ein sehr gutes Preis-Leistungs-Verhältnis bietet das nüchterne **Hotel Le Grand** €€€ (Tel.: 2429250). Die geräumigen, sauberen und gut ausgestatteten Zimmer machen die wenig ansprechende Lage des Hauses etwa 1,5 km südlich der Stadt wett.

● Die mit Abstand schönste und stilvollste Herberge in Haridwar ist das in ein Luxushotel umgebaute, über 110 Jahre alte Haveli **Hari Ganga** €€€€€ (Tel.: 226443, (0)9412074416, hariganga@sancharnet.in, www.leisurehotels.in/haridwar) direkt am Gangesufer und mit eigenem Zugang zum Fluss. Dem Haus entsprechend dekorierte und möblierte Zimmer, die Terrasse zum Fluss sowie Dampfbad und ayurvedische Massage machen das Wohnen in idealer Lage zum Fest.

Essen und Trinken

Alkohol und Fleisch sind in dieser Pilgerstadt tabu!

● Ziel der meisten westlichen Touristen ist das **Big Ben Restaurant** im Hotel *Ganga Azure*. Hier kann man sich gemütlich in die Polster schmiegen und eines der guten Gerichte (indisch, continental, chinesisch) von der vielseitigen Speisekarte genießen. Für feine Ohren könnte das Vergnügen jedoch durch die meist dudelnde Popmusik bis (hinab) zu Modern Talking leicht versalzen schmecken.

● Sehr gut isst man im **Chotiwala** gegenüber vom *Tourist Office*. Besonders zu empfehlen sind dort die leckeren *thalis*.

● **Sindh Dugh Bhandar** ist ein typisches, von außen nichtssagendes, einfaches Kantinenrestaurant an der Railway Rd., das köstliche *thalis,* Curries und Süßspeisen zu sehr geringen Preisen bietet.

● In den vielen einfachen Restaurants südlich des Hari-ki-Pauri Ghat lässt sich gute indische Küche zu kleinem Preis genießen. Etwas gehobener ist es eine Gasse vom Wasser entfernt im **Jahanvi Motivala Bhoj.**

● Eine große Auswahl an Speisen, von Pizzas und *thalis* bis zu Eiscreme, gibt es im sehr beliebten **Mohan's Fast Food** an der Railway Road, nur wenige hundert Meter vom Bahnhof entfernt.

● Das nahegelegene **Shivalik Restaurant** bietet neben *thalis* eine breite Palette indischer und chinesischer Gerichte.

Bank

● Bei der **Canara Bank** an der Railway Rd. werden Mo–Fr 10–15 und Sa 10–12 Uhr Bares und Reiseschecks zu Rupien gemacht.

● An der Hauptstraße auf Höhe des Clocktower nimmt der **ATM** der *State Bank of India* Visa- und Mastercard. Näher am Busbahnhof, ist der ATM der *State Bank of India* neben dem Kino *Chitra Talkies* nur für Visakarten zuständig.

Post und Internet

● Das **Foreigner's Registration Office** (Mo–Fr 10–17 Uhr, Tel.: 242980) und die **Hauptpost** (Mo–Sa 10–18 Uhr) findet man nebeneinander an der Railway Rd.

● Internetcafés sind noch rar gesät im eher selten von westlichen Touristen besuchten Haridwar. Eine schnelle Breitbandverbindung mit guter Ausstattung gibt's bei **Sai Forex** schräg gegenüber dem *Om Hotel* (40 Rs/Std., etwa 11–21 Uhr außer Mi). Hier ist auch effizienter Geld- und Reiseschecktausch *(LKP Forex Franchise)* möglich. Zudem lässt sich der Besitzer, falls man in der Bredouille steckt, auch zu Hause stören (Tel.: (0)9837120188).

Eine schmale Straße hinter dem *Big Ben Restaurant* finden sich nach etwa 100 m zwei weitere, jedoch recht langsame Internetcafés, **Hari Commications** ist eines davon.

Medizische Versorgung

● Ein traditionsreiches Krankenhaus mit guter Reputation ist das **Rishikul Ayurvedic Hospital** (Tel.: 249401) an der Railway Rd. etwas südlich der Stadt.

● An der Hauptstraße auf Höhe der *Canara Bank* gibt's gleich mehrere **Apotheken** nahezu nebeneinander. Die *Milap Medical Hall* verkauft neben der üblichen Medizin auch ayurvedische Produkte.

An- und Weiterreise

Bahn:

Das *Rail Reservation Office* im Bahnhof ist Mo–Fr 8–20 und Sa 8–14 Uhr geöffnet.
●Der 4310/4318 Dehra Dun-Ujjain/Indore Exp. benötigt nur gut 5,5 Std. von Haridwar nach **New Delhi:** Haridwar ab 7.35 Uhr, New Delhi an 13.10 Uhr (tgl. außer Mo, Do). Als Nachtzug bietet sich der 4042 Mussoorie Exp. an: Haridwar ab 23.20 Uhr, Delhi an 7.20 Uhr. Eine weitere schnelle Verbindung bietet der 2018 Shatabdi Exp: Haridwar ab 18.13 Uhr, New Delhi an 22.45 Uhr.
●Nach **Jodhpur** der 4887A Haridwar Jodhpur Link Exp.: Abf. 19.05 Uhr, über **Bikaner** (an 11.10 Uhr), Ank. Jodhpur 16.50 Uhr.
●Nach **Lucknow** der 3010 Doon Exp.: Haridwar ab 22.15 Uhr, Lucknow an 8.15 Uhr. Von aus Lucknow weitere 7,5 Std. nach **Varanasi.** Der Zug startet um 20.25 Uhr in Dehra Dun. Andere Richtung 3009 Doon Exp.: Abf. Varanasi 10.35 Uhr, über Lucknow (ab 18.25 Uhr), **Moradabad** (Corbett-Nationalpark, ab 0.35 Uhr), Ank. Haridwar 4.20 Uhr.
●**Rishikesh** und **Dehra Dun** sind schneller per Bus zu erreichen.

Bus:
●Stündlich fahren Busse nach **Delhi** (7 Std.), **Rishikesh** (45 Min.) und **Dehra Dun** (2 Std.). Von dort gibt es auch Anschlussverbindungen nach **Mussoorie.** Volvo-Luxusbusse nach Delhi 295 Rs, Abfahrt 13 Uhr.
●Mehrere Busse tgl. nach **Agra** (11 Std.), **Shimla** (12 Std.), **Nainital** (8 Std.) und **Ramnagar** (Corbett-Nationalpark) (6 Std.) und **Chandigarh.**
●Nach **Chilla,** nahe dem Eingang des Rajaji-Nationalparks, fahren ab 7 Uhr halbstündig Busse. Der letzte zurück nach Haridwar verlässt Chilla um 16 Uhr.
●Busse in die **Bergregionen** starten vom Busbahnhof vor dem *Ravi Motel.* Die Abfahrtszeiten sind bei GMOU (Tel.: 227037) zu erfahren.
●Privatanbieter fahren u.a. nach **Gangotri** (500 Rs) und **Nainital** (300 Rs).

Taxi/Minibus:

Der Taxistand (Tel.: 227338) direkt gegenüber dem Busbahnhof bietet Fahrten zu den umliegenden Orten an. Die Fahrpreise hängen aus, doch sind diese in Zeiten geringer Nachfrage durchaus verhandelbar. Einige Preisbeispiele: Rajaji-Nationalpark 200 Rs, Dehra Dun 600 Rs, Rishikesh 460 Rs, Delhi 2.200 Rs, Shimla/Chandigarh 3.000 Rs, Gangotri 4.000 Rs.

Rajaji-Nationalpark ⤢ V/D1

Der Rajaji-Nationalpark bei Haridwar erstreckt sich über eine Fläche von 820 km². Das waldreiche Gebiet beherbergt neben Sambahirschen und anderem Wild deren selten gesehene Jäger, Leoparden, Bären und Tiger sowie über 300 Vogelarten. Vor allem findet man hier eine große Zahl **wilder Elefanten,** etwa 500 Tiere.

12 km nordöstlich von Haridwar bei Chilla ist der Eingang zum Wildpark, der sich bis hinab nach Haridwar auf der östlichen Uferseite des Ganges erstreckt.

Beim *Forest Ranger's Office* am Eingang des Parks werden **Elefantenausritte** arrangiert. Sie kosten 400 Rs pro Elefant mit bis zu vier Sitzplätzen. Hier heißt es: Wer zuerst kommt, reitet zuerst. Da die Zahl der Elefanten limitiert ist, kann es zu Engpässen kommen.

Dieses Problem besteht nicht, wenn man sich für eine **Jeepsafari** entscheidet. Diese starten ebenfalls am Parkeingang, Preis pro Jeep 600 Rs plus 100 Rs für den Wagen selbst. Sie fassen bis zu acht Personen, dann ist es jedoch reichlich eng. Innerhalb des Parks sind Aussichtstürme, ursprünglich für Jäger gebaut, ideale Beobachtungsposten für die Wildtiere.
●**Eintritt** p.P. für drei Tage 350 Rs, Kamera 50 Rs, Video atemberaubende 5.000 Rs. Der Park ist offiziell vom nur 15. November bis 15. April geöffnet. Mithilfe des GMVN-Büros in Haridwar sowie *The Navigator Wildlife & Nature Tours* gibt's jedoch eine Chance, auch außerhalb dieser Zeiten Touren in den Park zu unternehmen.

Uttarakhand

Unterkunft

● Eine akzeptable Bleibe am Parkeingang ist das **Chilla Guest House** €-€€€ (Tel.: 0138-226678). Die teuren Zimmer sind klimatisiert, das angeschlossene Restaurant serviert gute Qualität zu kleinem Preis.

● In weiteren Einfachunterkünften um den Parkeingang, etwa **Forest Rest House** (Tel. des Direktors des *Rajaji National Park Office:* 0135-2611669) oder **Saryananayan Rest House,** gibt's leider keine Verpflegung. Teilweise sind sie auch einige Kilometer vom Parkeingang entfernt.

An- und Weiterreise

● Regelmäßige **Busverbindungen** (1 Std. Fahrzeit, 10 Rs) zwischen Chilla und Haridwar. Der erste Bus startet in Haridwar um 7 Uhr, der letzte um 14 Uhr. Die letzte Rückfahrt nach Haridwar ist um 16 Uhr möglich.

● Per **Taxi** kostet die Fahrt nach Chilla etwa 350 Rs.

Rishikesh   ↗ V/D1

(ca. 85.000 Einwohner, Vorwahl: 0135)

Ob Lucy in the Sky with Diamonds nach wie vor über dem Himmel von Rishikesh schwebt, ist zwar nicht bekannt, doch der **Geist der 1960er Jahre,** als hier die Beatles von ihrem Guru *Maharishi Mahesh Yogi* in die Welt östlicher Spiritualität eingeführt wurden, ist auch heute noch sehr präsent in Rishikesh, 43 km südlich von Dehra Dun. Der Ansturm zivilisationsmüder Westler ist über die Jahre derart angewachsen, dass sich Meditationszentren und Ashrams aneinanderreihen, und so rühmt sich Rishikesh nicht zu Unrecht als **„the Yoga Capital of the world".**

Die Suche nach einer Alternative zum kommerziellen Westen ist zum Big Business geworden. Dies gilt zumindest im 2 km nördlich des eigentlichen, wenig attraktiven Ortskerns gelegenen Stadtteil Muni-ki-Reti, in dem sich **hinduistische Tempel und Ash-**

rams an den Ufern des Ganges in bunter Folge abwechseln.

Neben den dort besonders zahlreichen Sadhus bestimmt vor allem in den Monaten September und Oktober, wenn die Yoga-Saison ihren Höhepunkt erreicht, das Rot der Sanyassins das Bild. Das zunehmende Interesse vieler Europäer an der Weisheit des Ostens hat indische Spiritualität während der letzten Jahrzehnte zu einem blühenden Geschäftszweig Rishikeshs werden lassen.

Trotz aller Kommerzialisierung und dem Bau neuer Hotels und Ashrams wirkt Rishikesh keineswegs überlaufen und ist immer noch ein hervorragender Ort, um Medita-tion, Yoga und hinduistische Philosophie zu studieren an den tief in den Fels geschliffenen Ufern des Ganges.

Rishikesh zieht sich entlang den **Ganges-ufern,** wobei sich der weitaus größere Teil auf der Westseite des Flusses erstreckt. Die eigentliche Stadt befindet sich auf der südlichen Westseite und ist eine typische indische, pulsierende Kleinstadt. Hier finden sich die meisten Geschäfte und die Infrastruktur wie Bahnhof, Busbahnhof, Post und Krankenhaus. Weiter bergauf entlang der Hauptstraße nach Norden schließen sich die Ashrams auf beiden Flusseiten an. Sie werden durch zwei **Fußgängerhängebrücken** verbunden, die Shivanand Jhula und etwas weiter nördlich die Lakshman Jhula, um die sich die meisten Unterkünfte gruppieren. Auf der Ostseite des Flusses verläuft das Leben wesentlich geruhsamer und entspannter. Hier finden sich mehrere, teils recht große Strände am Gangesufer, wenn er nicht gerade Hochwasser führt.

Rishikesh mit der Lakshman Jhula

Uttarakhand

Sehenswertes

In der ansonsten uninteressanten Innenstadt lohnt neben dem von hohen Mauern umgebenen, dem Bruder Ramas gewidmeten **Bharat Mandir** nur das **Triveni Ghat** einen Besuch. Besonders nach Sonnenuntergang, wenn viele Inder kleine, mit Räucherstäbchen und Kerzen bestückte Blumengestecke auf dem Ganges aussetzen, strahlt der von Tempeln flankierte Ort eine sehr friedvolle Atmosphäre aus.

Auffälligste Bauwerke im Norden der Stadt sind die beiden den Ganges überspannenden **Hängebrücken Shivanand Jhula und Lakshman Jhula.** Am östlichen Ufer der letztgenannten stehen zwei in ihrer orange roten Bemalung weithin sichtbare elf- bzw. dreizehngeschossige **Tempel.** Von beiden bietet sich eine schöne Aussicht, wobei der Aufstieg zur Spitze von zahlreichen Verkaufsständen und bunten Skulpturen zahlloser Hindu-Gottheiten gesäumt wird.

Sehr angenehm und empfehlenswert ist der etwa 30-minütige **Fußweg** entlang des östlichen Gangesufers zwischen den beiden nur von Fußgängern und Zweirädern zu passierenden Brücken. Besonders am späten Nachmittag vermitteln die Strahlen der untergehenden Sonne zusammen mit den hier sehr zahlreichen Sadhus eine Atmosphäre meditativer Ruhe und Friedfertigkeit. Die meiste Zeit des Jahres gibt der Ganges auf dieser Flussseite herrliche **Strände** frei, die zum Entspannen einladen.

Information

● Das freundliche **UP-Tourist Office** (Tel.: 2430209) ist leider recht weit außerhalb an der Ausfallstraße nach Haridwar gelegen. Es ist hilfsbereit und tgl. außer So 10 bis 17 Uhr geöffnet.

● Wer, wie die meisten Touristen, im Stadtteil Muni-ki-Reti wohnt, kann sich die lange Anfahrt sparen, da man alle notwendigen Informationen an der **Rezeption des Tourist Bungalow** erhält. Auch **Red Chilli Adventure** und **GMVL** (siehe Trekking) sind behilflich.

Stadtverkehr

● **Tempos** verbinden das Stadtzentrum mit dem ca. 3 km nördlich gelegenen Stadtteil Muni-ki-Reti (8 Rs). Man kann auf Handzeichen zusteigen. Die Fahrer versuchen immer, horrende Extrasummen zu verlangen, besonders, wenn kein Inder mehr mitfährt. Hierauf sollte man sich nicht einlassen.

● Vom Bahnhof bis zum *Tourist Bungalow* kostet es mit der **Autoriksha** ca. 35 Rs.

● Ein **Taxi** von der Lakshman Jhula zum Busbahnhof im Ortskern kostet 150 Rs.

Unterkunft

Eine kaum überschaubare Menge an vorwiegend auf Rucksacktouristen zugeschnittenen Billigherbergen lassen dem Reisenden die meiste Zeit des Jahres die freie Auswahl. Zudem bieten fast alle Ashrams für Kursteilnehmer Unterkunftsmöglichkeiten verschiedener Qualität. Auf der Ostseite des Ganges wohnt man in nahezu dörflicher Umgebung wesentlich ruhiger als auf der Westseite. Das Angebot an Luxushotels ist gering. Zu beachten ist, dass in der Hauptpilgersaison zwischen April und Juni die Hotelpreise z.T. erheblich ansteigen, wenn sich von Rishikesh aus Zigtausende zu den 400 km nördlich gelegenen Wallfahrtsstätten am Fuße des Himalaya aufmachen.

Low Budget und Budget:

● Auf einer *High Banks* genannten Erhebung im Norden des Ortes gruppieren sich auf kleiner Fläche mit viel Baumbestand acht Unterkünfte, die in ihrem jeweiligen Preissegment, meist Budget, alle viel zu bieten haben. Die wenigsten Rupies sind beim einfachen, aber gemütlichen **Mount Valley Mama Cottage €** (Tel.: 2436833) für die Einfachzimmer mit Bad zu zahlen. Der **Bhandari Swiss Cottage €-€€** (Tel.: 2432939) ist eine hervorragende Unterkunft in der unteren Preiskategorie. Die Zimmer, die teureren klimatisiert, sind sauber, alle mit Terrasse in friedvoller Lage. Auch das hauseigene Restaurant mit vielseitiger Speisekarte und das Internetcafé sind vor allem bei Backpackern beliebt.

• Kein Wunder, dass der Erfolg die Besitzer dazu veranlasst hat, ganz in der Nähe ein **New Bhandari Swiss Cottage** €-€€€ (Tel.: 2435322, www.newbhandariswisscottage. com) zu eröffnen. Dem höheren Preis entsprechend, sind die teils klimatisierten Zimmer mit Fernseher hier komfortabler und freundlicher. Gleich ist die friedvolle Atmosphäre inmitten eines hübschen Gartens und die hauseigene Bäckerei. Die stimmigste Bleibe auf dem Hügel ist das **High Bank Peasant's Cottage** €€-€€€ (Tel.: 2431167). Auf verschiedenen Terrassenebenen lädt das Areal zum Relaxen in gemütlichen Korbmöbeln ein. Die teils ganz neuen, komfortablen Zimmer mit Balkon sind makellos. Das Restaurant und der Dachgarten komplettieren einen hervorragenden Gesamteindruck in diesem freundlichen Haus.

• Am Hügel sind das **Osh Resort** € (Tel.: 2436841) und das **Saras Paying Guest House** € zwei sehr abgeschieden gelegene Billigherbergen in lauschiger Grünlage. Die Zimmer sind bei beiden gut in Schuss.

• Schön und günstig an der Lakshman Jhula gelegen mit Ganges-Blick ist das **Hotel Ishan** €-€€€ (Tel.: 2431534) mit sauberen Zimmern, die teureren sehr geräumig, mit Balkon und TV sowie mit besserem Ausblick auf den Fluss – eine gute und beliebte Adresse. Das Restaurant hat die gleiche Qualität.

• Auf der östlichen Flussseite bieten die wenigen Zimmer, teils mit Gemeinschaftsbad, des **Aggarwal Guest House** € (Tel.: 2433435) ebenfalls Gangesblick. Auch hier ist die Nähe zur Hängebrücke günstig, zudem überzeugt die familiäre Atmosphäre. Nicht weit entfernt, sind die vorderen Balkonzimmer des **Hotel Divya** € (Tel.: 2435998, 2434938, divyanew@yahoo.com) ein hervorragender Deal. Je höher, desto besser der Blick.

• Südlicher machen das **Hotel Raj Palace** €€-€€€ (Tel.: 2440079) mit hellen, durchweg sauberen Zimmern mit Balkon, teils mit AC und TV, sowie das nahegelegene, etwas preiswertere **Hotel Brijwasi Palace** €-€€ (Tel.: 2440071) mit ähnlicher Ausstattung das beste Angebot in ruhiger Lage.

Tourist Class:

• Der staatliche **Rishilok Tourist Complex** €€-€€€ (Tel.: 2430373, yatra@sancharnet.in) liegt sehr ruhig, aber auch abgelegen etwas oberhalb der Hauptstraße in einem kleinen Waldgebiet und verfügt über einen hübschen Garten und ein passables Restaurant.

• Wer Wert auf mehr Luxus legt, findet mit dem **Great Ganga** €€€-€€€€ (Tel.: 2438252, www.thegreatganga.com) eine entsprechende Adresse auf Höhe der Shivanand Jhula. Tolle Ausblicke vom Balkon und ein erstklassiges Restaurant – eine herrvorragende Mittelklassebleibe.

• Inzwischen eine große Anlage mit immer noch gemütlichen, teils klimatisierten Zimmern mit klasse Gangesblick aus den großen Fenstern, offeriert das **Lakshman Jhula Devine Resort** €€-€€€€ (Tel.: 2442128/9, (0)9837019693, laxman_jhula_resort@yahoo.com) Komfort. Auch Zusatzangebote wie ayurvedische Massage und das Terrassenrestaurant untermauern den guten Gesamteindruck.

• Äußerst angenehm wohnt man im 2 km südlich des Zentrums am Ganges errichteten **Hotel Ganga Kinare** €€€ (Tel.: 224316). Einige der sehr geschmackvoll eingerichteten Zimmer (alle AC) bieten einen schönen Blick auf den Fluss.

First Class und Luxus:

• Wirklichen Luxus gibt's im 18 km nördlich Rishikeshs gelegenen **Ananda Spa** €€€€€ (Tel.: 01378-227500, sales@anandaspa.com, www.anandaspa.com). Im mit Preisen überhäuften Resort auf riesiger Fläche mit Swimmingpool, Golfplatz, Fitnessanlagen und allen erdenklichen Annehmlichkeiten wird besonderer Wert auf Wellnessbehandlung gelegt. Eine Luxusadresse zu Luxuspreisen.

• Nicht ganz so luxuriös, aber komfortabel genug ist das schöne, 23 km nördlich von Rishikesh platzierte **Glasshouse** €€€€-€€€€€ (Badrinath Rd., Tel.: 01378-269224) mit hübschen Zimmern und Cottages in einer gepflegten Gartenanlage in völliger Ruhe zu wesentlich moderateren Preisen.

Uttarakhand

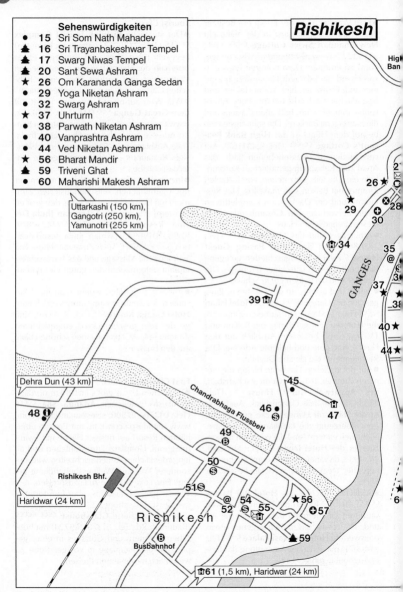

Rishikesh

Sehenswürdigkeiten

- 15 Sri Som Nath Mahadev
- ▲ 16 Sri Trayanbakeshwar Tempel
- ▲ 17 Swarg Niwas Tempel
- ▲ 20 Sant Sewa Ashram
- ★ 26 Om Karananda Ganga Sedan
- 29 Yoga Niketan Ashram
- 32 Swarg Ashram
- ★ 37 Uhrturm
- 38 Parwath Niketan Ashram
- 40 Vanprashtra Ashram
- 44 Ved Niketan Ashram
- ★ 56 Bharat Mandir
- ▲ 59 Triveni Ghat
- 60 Maharishi Makesh Ashram

Uttarkashi (150 km),
Gangotri (250 km),
Yamunotri (255 km)

GANGES

Dehra Dun (43 km)

Chandrabhaga Flussbett

Haridwar (24 km)

Rishikesh Bhf.

Rishikesh

Busbahnhof

61 (1,5 km), Haridwar (24 km)

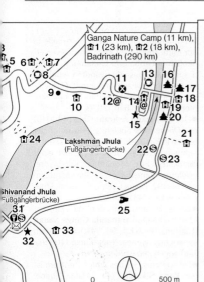

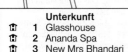

Uttarakhand

🏠 39 Rishilok Tourist Complex
🏠 41 Green Hotel
🏠 42 Hotel Raj Palace
🏠 43 Hotel Brijwasi Palace
🏠 47 Ganga Resort
🏠 55 Hotel Baseera
🏠 61 Hotel Ganga Kinare

Essen und Trinken
🍵 8 From From Coffee Shop
🍵 13 Devrai Coffee Corner
🍵 27 Madras Café
🍴 31 Restaurants Chotiwala
und Laxmi Hotel
🍴 36 Green Italian Food

Verkehr
● 9 Red Chilli Adventures
✪ 11 Taxi Booking Office
mit Preistafel
✪ 28 Taxi Booking Office
🚌 49 Yatri Busstand

Geld
💲 22 Bureau de Change
💲 23 Ganga Forex
💲 31 State Bank of India ATM
💲 36 Geldwechsler
💲 46 Indian Overseas Bank, UTI ATM
💲 50 Bank of Baroda ATM
💲 51 State Bank of India + ATM
💲 54 Punjab National Bank Forex

Internet
@ 12 Riverain Cyber Café
@ 14 Him Ganga Tours & Travels
@ 35 Blue Hill Travels
@ 52 Internetcafé

Sonstiges
⚑ 25 Polizei
✉ 27 Post
✚ 30 Maharishi Makesh Yogi
Ayurvedic Clinic
✉ 31 Postamt
● 45 Garwhal Himalayan Explorations
● 46 GMVN Trekking and
Mountaineering Division
ℹ 48 Uttaranchal Tourism
● GMNV Yatra Office
✉ 55 Hauptpost
✚ 57 Nirmal Ashram Hospital

Unterkunft
🏠 1 Glasshouse
🏠 2 Ananda Spa
🏠 3 New Mrs Bhandari
Swiss Cottage
🏠 4 Mount Valley Mama Cottage,
Mrs Bhandari Swiss Cottage
🏠 5 High Banks Peasant Cottage
🏠 6 Osh Resort, Saras Paying G.H.
🏠 7 Gayatri Resorts
🏠 10 Lakshman Jhula Devine Resort
🏠 14 Ishan Hotel
🏠 18 Jaipur Inn
🏠 19 Aggarwhal House
🏠 21 Hotel Divya
🏠 24 OGS Tourist Home,
Ganga Beach Resort
🏠 33 Shiva Resorts, Hotel Rajdeep
🏠 34 Great Ganga

Meditationskurse

Über 20 **Ashrams** haben sich inzwischen in der *Yoga Capital of the World* angesiedelt, und trotz der gerade in letzter Zeit immer lauter werdenden Kritik an der zunehmenden Kommerzialisierung scheinen die meisten westlichen Studenten mit den angebotenen Kursen sehr zufrieden zu sein. Viele bleiben für mehrere Monate oder kommen regelmäßig seit Jahren in den Hauptmonaten September und Oktober aus Europa, Amerika und zunehmend auch aus Japan. Die Meinungen darüber, welcher Ashram die besten Kurse anbietet, sind ebenso vielfältig wie das Angebot selbst.

Empfehlenswert ist es, sich bei schon länger in Rishikesh wohnenden Schülern über die in den jeweiligen Ashrams durchgeführten Kurse zu informieren. Außerdem sollte man zunächst einmal an einigen Übungen teilnehmen, bevor man sich für einen Kurs entscheidet. Die meisten Zentren bieten diese Möglichkeiten.

Bei allen Unterschiedlichkeiten gelten in den meisten Ashrams doch ähnliche **Verhaltensvorschriften.** Hierzu zählen unter anderem Rauch- und Alkoholverbot, das Vermeiden von unnötigem Lärm, zurückhaltende Kleidung, vegetarische Ernährung sowie das Verbot, öffentlich Zärtlichkeiten auszutauschen. Die Meditations- und Yogakurse finden meist frühmorgens gegen 5 Uhr und nach Sonnenuntergang gegen 20 Uhr statt.

Während einige Ashrams, wie etwa *Ved Niketan,* feste **Kursgebühren** berechnen (600 Rs für 2 Wochen, 1.000 Rs pro Monat), sind sie bei anderen frei, doch wird bei Kursende eine Spende erwartet. Fast alle Ashrams verfügen über eine eigene **Küche,** in der meist sehr einfache Thali-Gerichte zubereitet werden.

●Mit etwa 120 Zimmern ist der **Ved Niketan** (Tel.: 2430279, vishwaguru@vsnl.net.in, www.vishwaguru.com) der größte und einer der von Westlern meistbesuchten Ashrams Rishikeshs. Die um einen zentra-

len Innenhof mit der Meditationshalle in der Mitte angelegten Zimmer variieren erheblich in Größe und Einrichtung, wobei die dem Ganges zugewandten wohl die besten sind. Einzelzimmer mit Gemeinschaftsduschen kosten 70 Rs, Doppelzimmer mit eigenem Bad 150 Rs.

●Der **Shivanand Ashram** (Tel.: 2430040) der *Divine Light Society* gilt als einer der besten in Riskikesh. Um an den Kursen teilnehmen zu dürfen, bedarf es jedoch einer mindestens zwei Monate vor Kursbeginn erfolgten Anmeldung (PO Shivanandanagar 249192, District Tehri, Garhwal, Uttaranchal, Fax: 2431190).

●Etwas komfortabler sind die Zimmer (250 Rs) im **Omkarananda Ganga Sadan** (Lakshman Jhula Rd., Tel.: 2430763), in dem einwöchige Iyengar-Yoga-Kurse (100 Rs/Tag) angeboten werden.

●Ein weiteres viel besuchtes Zentrum ist das **Yoga Niketan** (Tel.: 2430227, info@yoganiketanashram.org, www.yoganiketanashram.org) etwas oberhalb der Hauptstraße. Hier wird ein Tagessatz von 250–400 (AC) Rs berechnet, Kursgebühren sowie drei Mahlzeiten pro Tag inbegriffen. In der vielleicht schönsten Ashram-Anlage sind die geräumigen Zimmer mit Bad in den Flachbungalows im grünen Garten ein Ort der Entspannung. Die Mindestaufenthaltsdauer liegt hier bei 15 Tagen.

●Die recht komfortablen Zimmer im **Sant Seva Ashram** (Tel.: 2430465) am östlichen Gangesufer sind begehrt (150–450 Rs), also sollte man frühzeitig buchen. Auch Anfänger sind zu den Morgenkursen von 8.20 bis 10.30 Uhr und abends von 17 bis 19 Uhr willkommen (100 Rs).

●Der auf der Ostseite des Flusses ganz im Süden gelegene Ashram von **Maharishi Makesh Yogi,** in dem die Beatles mehr oder weniger Erleuchtung fanden, ist seit dem Tod des Maharishi dem Verfall ausgesetzt. Das zunehmend verwilderte Gelände wird von einer eher mürrischen Wache patrouilliert, sodass eine Besichtigung in den meisten Fällen jäh unterbrochen wird.

Essen und Trinken

Ebenso wie in Haridwar gibt es im Pilgerort Rishikesh **weder Alkohol noch Fleisch**.

● Exzellent, wenn auch optisch wenig appetitanregend ist das **Chotiwala** auf der östlichen Seite der Shivanand Jhula. Spezialität des Hauses sind die sehr schmackhaften *thalis* für 40 Rs. Inzwischen ist es jedoch sehr touristisch geworden.

● Warum das angrenzende Restaurant im **Laxmi Hotel** trotz ähnlich guter Küche fast immer gähnend leer steht, ist ein Rätsel.

● Etwas weiter flussabwärts ist das neue **Green Italian Food** eine exzellente Adresse für das Genannte.

● Wegen seines bunten Angebots an westlichen (vor allem italienischen) und indischen Gerichten zu günstigen Preisen ist das **Neelam Restaurant,** in einer kleinen, von der Haridwar Rd. abzweigenden Gasse gelegen, ein bei westlichen Reisenden besonders beliebter Treffpunkt.

● Der ideale Platz, um bei einem Kaffee und Backwaren den schönen Ausblick zu genießen, ist **Devraj Coffee Corner** gleich bei Lakshman Jhula.

● Empfehlenswert ist auch das **Daana Paani Restaurant** im *Hotel Baseera*.

● Ebenfalls gut isst man in dem *Gangotri Hotel* angeschlossenen **Bhoj Hotel**.

Bank

● Die **State Bank of India** (Mo–Fr 10–14 und 15–16, Sa 10–13 Uhr) wie auch die kleine Filiale der **Punjab National Bank** (Mo–Fr 10–14, Sa 10–12 Uhr) an der Hauptstraße und die **Indian Overseas Bank** (gleiche Öffnungszeiten) wechseln Bargeld und Reiseschecks.

● Auf der Ostseite des Ganges sind **Ganga Forex** und das **Bureau de Change** fast daneben für Bargeld, Reiseschecks und Visa- und MasterCard (3 % Gebühr) zuständig.

● Von wenigen **ATMs** ist der von der UTI-Bank im Ortskern zuständig für die meisten Kreditkarten.

Post und Internet

● Die **Hauptpost** ist im Ortskern an der Ghat Rd. Hierher können auch postlagernde Sendungen geschickt werden, Postal Code: 249201. Eine Zweigstelle auf der Ostseite des Ganges findet sich neben dem *Chotiwala Restaurant.*

● Eine Stunde Surfen kostet meist zwischen 20 und 30 Rs. Viele Hotels und Guest Houses haben ihre eigene Internet-Verbindung. Auch **Om Telecoms** beim *Hotel Ishan* und **Blue Hill Travels** sind zuverlässig. Bei **Red Chilli Adventures** (bis 21 Uhr) sind die Breitbandverbindungen schnell (30 Rs/Std.). Die gibt's auch im *Riverain Café & Cyberzone.*

Medizinische Versorgung

● Das **Nirmal Ashram Hospital** (Tel.: 2430942, 2432215) im Ortskern nahe dem Ganges macht einen guten Eindruck. Hier gibt's auch eine rund um die Uhr geöffnete Apotheke.

Reisebüros und Trekking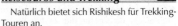

Natürlich bietet sich Rishikesh für Trekking-Touren an.

● Das hellwache Team von **Red Chilli Adventure** (Tel.: 2434021, (0)9412056021, info@ redchilliadventure.com, www.redchilliadventure.com, bis 21 Uhr geöffnet) an der Lakshman Jhula Rd. organisiert Ausflüge, Trekking-Touren in die nahe und ferne Umgebung sowie Rafting und Angelsafaris sehr kompetent. Von hoher Qualität ist auch die informative Website.

● Der staatliche Anbieter **GMVN Trekking and Moutaineering Division** (Tel.: 2431799, Mo–Sa 10–17 Uhr, www.gmvnl.com) unternimmt unterschiedlichste Touren für ca. 700 Rs pro Tag und Teilnehmer (inkl. Guide, ein Träger ca. 500 Rs). Auch Pauschalangebote (ab 3 Personen) sind möglich.

● **GMVN Yatra Office** (Dharwala Bypass Rd., Tel.: 2431793) ist für Rafting-Touren etwa vom 40 km entfernten Kaudiyala zuständig. Für eine 12 km lange Strecke auf dem Ganges werden 400 Rs pro Person verlangt. In Kaudilaya steht mit dem *GMVN Rafting Camp* eine Unterkunft zur Verfügung. Gebucht wird beim *GMVN Yatra Office* in Rishikesh.

● Das alteingesessene **Garhwal Himalayan Explorations** (Tel.: 2433478, (0)9937055578, himalayas@vsnl.com, www.garhwalhimalay as.com) am Kailash Gate bietet Touren von 9 bis 21 Tagen an. Rafting schlägt mit 350 Rs für Halbtagestouren und 550 für einen ganzen Tag zu Buche. Mehrere weitere Anbieter stehen zur Verfügung.

An- und Weiterreise

Flug:
●Vom 16 km entfernten Flughafen Jolly Grant zwischen Rishikesh und Dehra Dun fliegt *Air Deccan* (Tel.: 1800-4257008, 39008888, www.airdeccan.net) tgl. nach **Delhi.**

Bahn:
Das computerisierte Reservierungsbüro im Bahnhof (Mo–Fr 8–20 Uhr, So bis 14 Uhr) verkauft Tickets für alle Verbindungen, nicht nur für Züge ab Haridwar.
●Züge nach **Haridwar** (tgl. 4) sind nicht zu empfehlen, da sie für die 24 km bis zu 1,5 Std. benötigen. Busse sind fast doppelt so schnell.

Bus:
Rishikesh hat zwei Busbahnhöfe, der wichtigere **Main Bus Stand** befindet sich im Ortszentrum.
●Vom etwas außerhalb gelegenen Yatri Busstand fahren Busse nach **Hanuman Chatti** (8 Std.), **Joshimath** (10 Std.), **Gangotri, Badrinath, Kedarnath** (12 Std.) und **Uttarkashi** (7 Std.). Alle starten zwischen 3 und 9 Uhr morgens.
●Vom Main Busstand alle 30 Minuten Verbindungen mit **Haridwar** (45 Min.), **Dehra Dun** (1,5 Std., 5–22 Uhr) und stündlich nach **Delhi** (7 Std., 6–22.30 Uhr). Ein Luxusbus zum Kashmiri Gate in Delhi kostet 200 Rs, Abfahrt 13.30 Uhr.
●Morgens um 8 Uhr ein Direktbus nach **Ramnagar** zum Eingang des **Corbett-Nationalparks.**
●Weitere Direktbusse nach **Nainital** (9 Std.) und **Shimla** (11 Std.).
●Während der Hauptsaison von April bis Juli fahren tgl. regelmäßig Busse vom Yatra-Busbahnhof zu den **Pilgerorten im Himalaya.**

Taxi:
●An mehreren *Taxi Booking Offices*, etwa nahe der Lakshman Jhula oder im Ort an der Kreuzung Haridwar Rd./Ghat Rd. hängen die offiziellen Festpreise aus. Einige Beispiele: **Haridwar** (400 Rs), **Dehra Dun** (600 Rs), **Mussoorie** (1.000 Rs) und **Ranikhet** (Corbett-Nationalpark, 3.800 Rs). Eine wesentlich günstigere Alternative sind die vom Busbahnhof abfahrenden **Sammeltaxis** zu den oben genannten Städten der Umgebung.

Highlight:
Corbett-Nationalpark ⟋ V/D1

Ob es als gelungene Idee zu bezeichnen ist, den bekanntesten Nationalpark Indiens nach einem britischen Großwildjäger zu benennen, bleibt dahingestellt. Immerhin muss man *Jim Corbett* zugute halten, dass er sich in fortgeschrittenem Alter zum Naturbewahrer wandelte und so im Jahr 1936 entscheidenden Anteil an der Gründung dieses ersten Nationalparks Indiens hatte. Inzwischen ist der vom Ramnaga-Fluss durchzogene Park von ursprünglich 256 auf 521 km² Gesamtfläche angewachsen und eines der meistbesuchten Tierreservate Indiens.

Seine geografische Lage im Übergangsbereich von dem Himalayavorgebirge zur Gangesebene beschert dem Reservat eine **außergewöhnliche Tiervielfalt.** Affen, Schakale, Wildschweine, Elefanten, Krokodile und Wild gehören zu den am häufigsten zu beobachtenden Lebewesen. Seit der Ramnagar im Jahr 1974 trotz ökologischer Bedenken zu einem See aufgestaut wurde, wodurch ein Teil des Lebensraums der Elefanten verlorenging, haben sich über **500 verschiedene Vogelarten** angesiedelt und machen das Reservat für Vogelliebhaber zum interessantesten Park Indiens.

Corbetts herausragende Stellung unter den Nationalparks beruht jedoch in erster Linie auf den hier lebenden über 130 **Tigern.** Kein anderes Tierreservat Indiens weist eine derartig hohe Besiedlungsdichte dieser äußerst scheuen Wildkatzen auf. *Project Tiger*, die großangelegte Aktion zur Rettung des Tigers, wurde hier 1973 ins Leben gerufen. Aufgrund von 2006 bekannt gewordenen Manipulationen der Populationszahlen in vielen Tigerreservaten Indiens sind jedoch die Zahlen keinesfalls gesichert.

Aufgrund des im Park vorherrschenden dschungelartigen Waldes und hohen Grases sind die Nationalparks von Sasan Gir und Rathambore allerdings weitaus geeigneter zur Tigerbeobachtung. Die größten Chancen, einen Tiger zu sichten, bestehen noch in den Monaten März bis Juni, wenn sich die Tiere am Ende der Trockenzeit an den wenigen verbliebenen Wasserstellen konzentrieren.

Doch selbst für den Fall, dass man bei den jeweils etwa zweistündigen **Elefantenausritten** morgens um 7 Uhr und abends um 15 Uhr (100 Rs pro Person) keinen Tiger zu Gesicht bekommen sollte, lohnt ein Besuch des Parks wegen seiner landschaftlichen Schönheit allemal.

Uttarakhand

Von Ramnagar nach Dhikala

Zwei Dinge gibt es vor allem zu beachten, bevor man sich auf den Weg nach Ramnagar macht, dem Ort am Eingang zum Nationalpark, in dem sich zunächst alle Besucher beim dortigen *Reception Centre* anmelden müssen.

● Zum einen sollte man es vermeiden, während der **Hauptreisesaison** von November bis Mai an einem Freitag oder Samstag anzureisen, da dann meist alle Unterkunftsmöglichkeiten in Dhikala, dem Zentrum im Parkinneren, belegt sind. Eine **Voranmeldung** ist in jedem Fall sehr zu empfehlen.

● Zweitens gilt es Ramnagar bis spätestens 14 Uhr zu erreichen, da der **einzige Bus** von Ramnagar ins 53 km entfernte Dhikala um 15.30 Uhr losfährt. Da man vorher noch zur Anmeldung und Eintrittsgebühr sowie die Übernachtung in Dhikala im *Reception Office* von Ramnagar bezahlen muss, ohne die man nicht in den Park eingelassen wird, sollte man Ramnagar keinesfalls „auf der letzten Drücker" erreichen. Verpasst man den Bus, muss man bis zum nächsten Tag warten und in Ramnagar übernachten.

● Zwar kann man auch dort individuell einen **Jeep** mieten und so den Park erkunden, doch das ist mit ca. 30 Euro pro Tag nicht gerade billig.

Information und Eintritt

● Bei der Anmeldung im **Reception Office** (Tel.: 05945-2853189) etwa 50 m oberhalb des Busbahnhofs von Ramnagar im *Tourist Bungalow* wird einem mit der Bezahlung der Eintrittsgebühr eine sehr informative Broschüre zum Corbett-Nationalpark ausgehändigt. Geöffnet tgl. 8–13 und 15–17 Uhr.

● In Dhikala befindet sich eine gut ausgestattete **Bücherei,** in der man sich ausgiebig

Im Corbett-Nationalpark

über Indiens Tierwelt informieren kann. Darüber hinaus werden gelegentlich abends auf einer Leinwand neben dem Restaurant **Videofilme** zu tierspezifischen Themen vorgeführt.

●Die **Eintrittsgebühr** beträgt für die ersten 3 Tage pro Person 350 Rs, danach für jeden weiteren Tag zusätzlich 175 Rs. Ein Guide verlangt 125 Rs. Gebühr für einen **Fotoapparat** wird nicht erhoben, will man **Videoaufnahmen** machen, sollte man aber vorher seinen Kontostand überprüfen: saftige 5.000 Rs!!!

●Der Park ist vom 15.6.-15.11. wegen Unpassierbarkeit der Straßen infolge des Monsuns **geschlossen.**

Unterkunft

(Vorwahl: 05945)

In Ramnagar

●Der erstaunlich gute **Tourist Bungalow** €€-€€€ (Tel.: 251225) hat recht geräumige Zimmer. Ein Bett im Schlafsaal ist für 90 Rs zu haben.

●Gut ist auch das **Hotel Everest** €-€€ (Tel.: 251099) beim Busbahnhof.

●Der geschäftstüchtige Besitzer des **Govind Restaurants** (Tel.: 251614) fängt die meisten Individualtouristen schon bei der Ankunft am Busbahnhof ab, um ihnen die Wartezeit auf den Bus nach Dhikala, der direkt vor der Haustür abfährt, zu verkürzen. Er vermietet auch einige sehr einfache, geräumige Zimmer €.

●Etwa 5 km weiter nördlich entlang der Hauptstraße Richtung Ranikhet finden sich mit dem **Quality Inn Corbett Jungle Resort** €€€€€ (Tel.: 251230), der **Tiger Tops Corbett Lodge** €€€€ (Tel.: 251957) und dem **Claridges Corbett Hideway** €€€€€ (Tel.: 251959) drei Luxusherbergen, in denen man sich in elegant eingerichteten Bungalows (inkl. drei Mahlzeiten) wie ein ehemaliger britischer Kolonialherr verwöhnen lassen kann. Das *Tiger Tops* verfügt über einen Swimmingpool.

In Dhikala

●Als billigste Übernachtungsmöglichkeit im Park bieten sich die **Log Huts** an. Das sind

zwei nebeneinander gelegene Schlafsäle mit jeweils 24 Betten, wobei jeweils drei Betten übereinanderliegen. Nicht gerade luxuriös, dafür mit 140 Rs pro Person relativ preiswert. Die sanitären Anlagen in einem Extragebäude verfügen über Warmwasser.

●Deutlich teurer sind die **Tourist Hutment** €€€ mit jeweils drei Betten pro Zimmer. Bettwäsche und Decken werden für 30 Rs extra ausgehändigt.

●Fast schon luxuriös sind die **Forest Rest Houses** €€€€, schöne Holzbungalows mit stilvollen Möbeln und einer großen Veranda.

Essen und Trinken

●Die zwei **Restaurants** Dhikalas verfügen zwar über eine begrenzte Auswahl, doch die einzelnen Gerichte schmecken gut.

An- und Weiterreise

Von Dhikala nach Ramnagar

●Der einzige öffentliche **Bus** von Dhikala nach Ramnagar fährt um 9 Uhr los, also bleibt genügend Zeit, um vorher noch am Elefantenausritt um 7.00 Uhr teilzunehmen.

Bahn von und nach Ramnagar

Ramnagars Bahnhof liegt etwa 1,5 km vom Stadtzentrum entfernt.

●Von Ramnagar, dem nächstgelegenen Ort, existiert eine Nachtverbindung nach **Delhi:** 5014 Corbett Park Link Exp, Abf. Ramnagar 21.10 Uhr, Ank. Delhi 4.45 Uhr. Andere Richtung: 5013 Corbett Park Link Exp., Abf. Delhi 22.45 Uhr, Ank. Ramnagar 4.50 Uhr. Auf jeden Fall sollte man seine Verbindung so wählen, dass man bis ca. 14 Uhr in Ramnagar eintrifft.

●Ramnagar, der Eingang zum Park, liegt an der Strecke **Moradabad – Ramnagar.** Vier Züge pro Tag legen die 79 km lange Strecke in 2,5 Std. zurück. Moradabad selbst liegt an der Breitspurbahn Delhi – Lucknow – Varanasi, und so bieten sich in beiden Richtungen weitere gute Verbindungen von dort.

●Kommt man über **Moradabad,** bietet sich (neben Bussen) bestenfalls der 4265 BSB

DDN Exp. zur Weiterfahrt nach Ramnagar an: Abf. Moradabad 4.10 Uhr, Ank. Ramnagar 6.15 Uhr. Andere Richtung: 5014 ARMR-CARV Link Exp., Abf. Ramnagar 21.10 Uhr, Ank. Moradabad 22.45 Uhr.
● Weitere Verbindungen von Moradabad finden sich im Anhang.

Bus von Ramnagar

● Direktverbindungen nach Delhi und **Rishikesh** (6 Std.), **Haridwar, Nainital** (5 Std.) und **Lucknow** (9 Std.).
● Nach **Nainital** kann man jedoch auch erst mit einem der vielen Busse von Ramnagar nach **Haldwani** fahren und dort die restlichen knapp 30 km mit dem Sammeltaxi (40 Rs pro Person) bzw. einem Anschlussbus zurücklegen.

Nainital ⚓ VI/A1

(ca. 42.000 Einwohner, Vorwahl: 05942)

Klare Bergluft, angenehmes Klima, hübsche Kolonialstilgebäude, eine Kurpromenade, ein Kricketplatz sowie hervorragende Aussichten auf die Himalayaberge – das auf knapp 2.000 m Höhe gelegene Nainital weist alle Attribute einer klassischen *Hill Station* auf. Seine landschaftlich äußerst reizvolle Lage am Ufer eines kleinen Sees (*tal*), eingekesselt von sieben dicht bewaldeten Bergen, lässt Erinnerungen an einen Schweizer Ferienort aufkommen. Die relativ bequeme Anbindung an Delhi hat diesen 1841 von dem Engländer *Barron* gegründeten Ort zu einem der beliebtesten **Sommerferienziele** der indischen Mittel- und Oberschicht werden lassen. Jeder einzelne der in der Hochsaison von Mitte April bis Juli eintreffenden ca. 7.000 Reisenden gibt während seines durchschnittlich dreitägigen Aufenthalts etwa 3.000 Rs aus, sodass die meisten Einwohner ihr Geld am Tourismus verdienen.

Doch ähnlich wie in Manali, treten die Schattenseiten dieses ökonomischen Erfolgs immer offener zutage. Vom Lockruf des schnellen Geldes angelockt, werden immer neue Hotels den bereits bestehenden hinzugefügt, die den natürlichen Charme des Ortes mehr und mehr in den Hintergrund drängen. Dennoch ist Nainital einer der angenehmsten Bergkurorte Indiens, in dem man für einige Tage Abstand vom Lärm und der Hektik der Großstädte gewinnen kann.

Nainital ist in den nordwestlichen Bereich oberhalb des Sees, **Mallital** (Kopf des Sees), und den südlichen Bereich **Tallital** (Fuß des Sees) unterteilt. Beide Teile verbindet die Mall Road. Der wichtigere Busbahnhof findet sich in Tallital, Unterkünfte liegen in beiden Stadtteilen und auch entlang der Mall.

Naini-See

Nicht nur seinen Namen, sondern auch seine Bedeutung als beliebter Touristenort verdankt der Ort dem kleinen, in der Mitte gelegenen See. Kein Wunder, dass sich um ihn eine **Legende** rankt, die wieder einmal Shivas Frau Sati zum Mittelpunkt hat. Nachdem sie sich selbst auf dem Scheiterhaufen verbrannt hatte, sammelte ihr untröstlicher Gatte die verbliebenen Überreste aus der Asche und begab sich damit auf Pilgerreise durch das ganze Land. In seiner Verzweiflung ließ Shiva einige Körperteile an Orten fallen, die heute als heilig gelten. Einer davon ist der Naini-See, in dem angeblich das Auge Satis verborgen liegt.

Bei dem nicht gerade überwältigenden Freizeitangebot Nainitals bietet der See eine willkommene Gelegenheit zu einer geruhsamen **Ruderbootfahrt** (120 Rs pro Std., Tretboote etwa 80 Rs). Der alte *Nainital Boat Club* weist zwar immer noch mit einem Schild *Members Only* auf seine Exklusivität hin, das kann jedoch nicht darüber hinwegtäuschen, dass er seine frühere Bedeutung als Mittelpunkt des gesellschaftlichen Lebens inzwischen eingebüßt hat. Seine hübsche Lage direkt am See sowie die Bar und die Bücherei vermitteln aber immer noch einen Eindruck vom Flair vergangener Tage. Für rund 200 Rs kann auch der gewöhnliche Tourist eine *Temporary Membership* erlangen.

Seilbahn zum Snow Peak

Zu Fuß, auf dem Rücken eines Pferdes oder in einer Gondel gelangt man zum Gip-

Uttarakhand

fel des 2.270 Meter hoch gelegenen Snow Peak. Die billigste Variante – zu Fuß – dauert gut eine Stunde, auf dem Pferderücken (60 Rs) dauert es nur halb so lang. Auf dem Weg nach oben passiert man ein hübsches **tibetanisches Kloster**. Mit der Seilbahn fährt man gerade 4 Minuten (65 Rs für Hin- und Rückfahrt, das Ticket hat nur einstündige Gültigkeit, die einfache Fahrt kostet 40 Rs.).

Von oben bietet sich bei schönem Wetter eine spektakuläre Aussicht, sowohl auf den wie einen blauen Diamanten zwischen den Bergen schimmernden Naini-See als auch auf das faszinierende Panorama des Himalaya. Hat man Glück, kann man Indiens ehemals höchsten Berg (inzwischen kam mit der Annexion Siklims der 8.579 m hohe Kanchenjunga hinzu), den Nanda Devi (7.817 m), zum Greifen nah heranholen.

St. John's Church

Ein gut 20-minütiger Fußweg führt zur 1847 von den Briten errichteten Kirche. Die meisten Grabsteine auf dem benachbarten Friedhof tragen das Datum 1880, jenes Jahr, in dem ein verheerender Erdrutsch große Teile des Ortes unter sich begrub.

Information

●Einen auffällig großzügigen Eindruck machen die Räumlichkeiten des **Uttarakhand Tourist Office** (Tel.: 235337, Mo–Sa 10–17 Uhr) an der Mall etwa auf halber Strecke zwischen Mallital und Tallital. Schade nur, dass die Belegschaft scheinbar im Tiefschlaf vor sich hin schlummert und ausländische Besucher offenbar als Ruhestörung empfindet. Die informative Broschüre über Nainital sollte man aber entlocken können.

Reisebüros und Trekking

●Engagierte Bergsteiger des **Nainital Mountaineering Club** (Tel.: 235051) in Mallital leiten gekonnt ein etwa dreistündiges Klettertraining (200 Rs) im Westen der Stadt und geben fachkundigen Rat für Trekking-Touren.
●**KMVN Parvat Tours** (Tel.: 235656, 236374, kmvn@yahoo.com, www.kmvn.org) in Tallital vermittelt Unterkünfte, auch in abgeschiede-

nen Regionen des Kumaon, und organisiert mehrtägige Trekking-Touren.
●Mehrere Reiseagenturen, wie **Hina Tours** (Tel.: 235860) und **Darshan Travels** (Tel.: 235035), beide an der Mall zwischen Mallital und Tallital, offerieren ein- oder mehrtägige Busausflüge, etwa nach Raniketh (1 Tag, 250 Rs) oder Kausani (2 Tage, 500 Rs). Ein Halbtagesausflug zu den Seen der Umgebung kostet 125 Rs.

Stadtverkehr

●Entlang der knapp 2 km langen Mall zwischen Mallital und Tallital flitzen blankgeputzte **Fahrradrikshas** für einen festgesetzten Preis von 6 Rs von einem Ende zum anderen. Während der Hauptsaison ist die Nachfrage oft so groß, dass man für einige Minuten Schlange stehen muss.

Unterkunft

In Nainital kann man sich manchmal des Eindrucks nicht erwehren, der Ort bestünde aus nichts anderem als Hotels. Dennoch kann es in den Monaten Mai bis Juli vorkommen, dass alle 5.000 Betten belegt sind. Die hier angegebenen Preise beziehen sich auf die Nebensaison von Mitte November bis Mai. Während des Diwali- bzw. Dussera-Festes steigen die Tarife allerdings um das 2–3-Fache. Im untersten Preissegment ist die Auswahl gering.

Low Budget und Budget:
●Etwas oberhalb der Mall liegt das gute **Prashant** €€ (Tel.: 235347) mit schönen Zimmern, meist mit einem kleinen Balkon, der sich für eine Siesta mit Blick auf den Naini-See anbietet.
●Ausgesprochen viel fürs Geld erhält man im **Kohli Cottage** €€ (Tel. 236368) in Mallital, etwa 5 Min. Fußweg vom Kricketplatz entlang der Bazaar-Straße. Alle Zimmer in dem von einem sehr freundlichen Sikh geführten Hotel sind geräumig und sehr gepflegt. Von den im Obergeschoss gelegenen Räumen lässt sich ein schöner Panoramablick genießen. Wenn man zudem bedenkt, dass alle EZ/DZ über Warmwasser verfügen, sind die Preise sehr günstig.

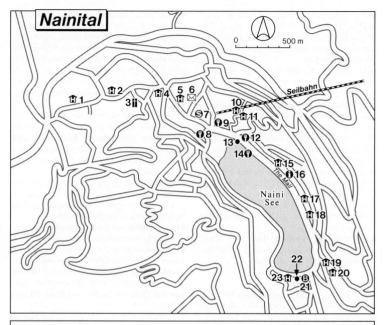

🏠	1	Vikram Vintage Inn	❶	12	Restaurants Heritage,
🏠	2	Swiss Hotel			Embassy und
⛪	3	St. John's Church			Purohit
🏠	4	Holiday Inn	●	13	Nainital Boat Club
🏠	5	Hotel Kohli Cottage	❶	14	Kwality Restaurant
✉	6	Post	🏠	15	Grand Hotel
💲	7	State Bank of India	ℹ	16	Tourist Office
❶	8	Restaurant Shere-Punjab	🏠	17	Alka Hotel
❶	9	Restaurants New Capri	🏠	18	Evelyn Hotel
		und Machan	🏠	19	Hotel Lake View
🏠	10	Hotels Baseera,	🏠	20	Hotel Prashant
		Satkar und	ⓑ	21	Busbahnhof
		Madhuban	●	22	Railway Booking Office
🏠	11	Hotel City Heart	🏠	23	Sarovar Tourist Rest House

Tourist Class:

● Das Flair der Kolonialzeit atmet das altehr-würdige **Grand Hotel** €€€ (Tel.: 235406). Die schön eingerichteten und geräumigen, aller-dings auch schon deutlich den Zahn der Zeit reflektierenden Zimmer werden in der Ne-bensaison mit 50 % Nachlass vermietet.

● Eine der besten Unterkünfte in dieser Preis-kategorie ist das **Hotel City Heart** €€€-€€€€

(Tel.: 235228, cityhearthotel@rediffmail.com, www.cityhearthotel.netfirms.com). Neben den geräumigen, sauberen und hellen Zim-mern, meist mit Balkon, trägt die relaxte At-mosphäre zur Beliebtheit bei Travellern bei. Die teureren Räume verfügen über eine sehr schöne Aussicht. Wer sich in die billigeren einmietet, kann sich dafür auf der schönen Dachterrasse ausruhen.

●Empfehlenswert ist auch das nahegelegene **Evelyn Hotel** €€€-€€€€€ (The Mall, Tel.: 2352457) in viktorianischem Stil. Besonders von den oberen Balkonzimmern klasse Ausblicke auf den See.

●Architektonisch äußerst gelungen ist das direkt an der Mall gelegene **Alka Hotel** €€€€ (Tel.: 235220, info@alkahotel.com, www.alkahotel.com). Jeder einzelne der 50 Räume ist individuell gestaltet. Die verschiedenen Ebenen und Terrassen des Hotels erreicht man über kleine Treppen und Brücken. Das Ganze macht einen verspielten und zugleich gepflegten Eindruck.

●Viel kolonialen Touch bietet das 1910 errichtete **Swiss Hotel** €€€ (Tel.: 236013). Zwar würde eine Renovierung nicht schaden, doch für alle, die es lieber etwas nostalgischer als modern mögen, ist dies genau der richtige Ort.

●Das **Vikram Vintage Inn** €€€€ (Tel.: 236177) ist ein weiteres der vielen Mittelklassehotels oberhalb des Malli-Tals.

First Class und Luxus:

●Ehemals ein Palast, ist das **Palace Belvedere** €€€€€ (Tel.: 237434, www.welcomheritagehotels.com) in Mallital ein weiteres Schmuckstück aus kolonialer Vergangenheit. Das 1897 erbaute Haus schmückt seine Wände mit Tierhäuten, der Service ist hervorragend. Das Haus ist jedoch nicht luxuriös, sondern eher mit dem Wort *komfortabel* passend beschrieben.

●Nainitals Tophotel ist das moderne, 2006 renovierte **Manu Maharani** €€€€€ (Tel.: 237341, manumaharani@vsnl.com), hoch über den Bergen Mallitals gelegen. Die luxuriösen Zimmer bieten herrliche Ausblicke. Das *Kumaon Restaurant* serviert erstklassige Qualität und auch die gemütliche *Viceroy Bar* sind bei entsprechend gefüllter Börse einen Besuch wert. Wie bei allen anderen Nobelhotels in dieser Region werden auch hier die Gäste bei Anruf unentgeltlich vom Busbahnhof ab geholt.

Essen und Trinken

Neben vielen guten Hotelrestaurants wie etwa im **Alka** finden sich einige empfehlenswerte Lokale an der Mall.

●Ganz ausgezeichnet ist z.B. das **Kwality,** das einzige direkt am See gelegene Restaurant der Stadt. Die Inneneinrichtung vermittelt zwar eher den Charme eines Waschsalons, doch dafür sind die indischen Gerichte sehr schmackhaft und der Service freundlich.

●Authentische tibetanische Küche gibt's im preiswerten **Sona Chowmein Corner** in Mallital.

●Wer sich noch nicht für die Art des Essens entschieden hat, findet bei der reichhaltigen Speisekarte des **Sakley's Restaurant and Pastry Shop** in Mallital sicher etwas, werden doch z.B. Lamm, Krabben, chinesische Küche und diverse Kuchen serviert.

●Das **Heritage** gilt als das beste chinesische Restaurant Nainitals, während das angrenzende, alteingesessene **Embassy** mit vielseitiger Speisekarte durchschnittlich ist.

●Das **Purohit** wiederum, gleich daneben, bietet gute vegetarische Kost.

●Eine reiche Auswahl an indischen, chinesischen und westlichen Speisen bietet das **Machan Restaurant** an der Mall in Mallital gleich gegenüber vom Bootsverleih. Die meisten Gerichte kosten zwischen 40 und 110 Rs.

●Für Fast-Food-Freunde gibt es im **Nanak** teure Pizzas und Burger.

●Das **Sher-e-Punjab** im Basarviertel von Mallital hat einfache indische Kost für wenig Geld.

●Ganz ausgezeichnet ist das **Pahun Restaurant,** das sich unter anderem auf lokale Küche spezialisiert hat.

●Die **Bar des Nainital Boat Club** entstammt noch den Kolonialzeiten. Obwohl eine Mitgliedsgebühr (150 Rs/Tag) zu zahlen ist, lohnt die tolle Atmosphäre und das große zusätzliche Angebot einen Aufenthalt.

Bank und Post

●Die **State Bank of India** (Mo-Fr 10-16 Uhr, Sa 10-13 Uhr) wechselt Bares und Reiseschecks. Zudem gibt's dort einen ATM für mehrere internationale Kreditkarten.

●Die **Hauptpost** ist in Mallital, eine Zweigstelle in Tallital, beide Mo-Sa 10-17 Uhr.

Sonntagsausflug:
rudern auf dem Naini-See

Medizinische Versorgung

●Das **PD Pandey Government Hospital** (Tel.: 235012) ist in Mallital nahe der Mall Rd.

An- und Weiterreise

Bahn:

●**Tickets** für Züge nach Varanasi vom 35 km südlich von Nainital gelegenen Kathgodam-Bahnhof können bis spätestens 16 Uhr am Tag vor der Abfahrt im *Railway Booking Office* (Mo–Sa 9–12 und 14–17, So 9–14 Uhr) beim Busbahnhof in Tallital gekauft werden.

●Von Nainital zum Kathgodam-Bahnhof verkehren regelmäßig **Busse und Sammeltaxis.** Ein Taxi kostet etwa 250 Rs.

●Nach **Delhi** am besten mit dem 5014 Ranikhet Exp.: Abfahrt 20.40 Uhr, Ank. Delhi 4.10 Uhr, umgekehrt: 5013 Ranikhet Exp., Abfahrt Delhi 22.40 Uhr, Ankunft Kathgodam 5.45 Uhr.

●Der 3020 Bagh Exp. verlässt Kathgodam um 21.55 Uhr und erreicht **Lucknow** um 5.50 Uhr des nächsten Morgens. In umgekehrter Richtung fährt der Zug (Nr. 3019) um 0.30 Uhr in Lucknow ab und erreicht Kathgodam um 9.30 Uhr.

Bus:

●Direktverbindungen mit **Delhi** (11 Std.) und **Lucknow** (9 Std.), **Rishikesh** und **Dehra Dun** (10 Std., Morgenbusse) und **Haridwar** (8 Std. Morgenbusse). Häufige Verbindungen mit **Haldwani,** 40 km südlich von Nainital. Um nach Almora, Kausani oder Raniketh zu gelangen, zunächst nach **Bhowali** (20 Min. Fahrzeit). Von dort viele Verbindungen zu den genannten Zielen.

●Von **Agra** muss man in Bareilly umsteigen.

●Von **Ramnagar** aus gibt es nur einen Direktbus (5 Std., 7 Uhr) tgl., dafür aber viele nach Haldwani, wo in Richtung Ramnagar umgestiegen werden kann.

Taxi:

●Sammeltaxis fahren ständig vom Busbahnhof in Mallital zum Bahnhof nach **Kathgodam** und nach **Haldwani.** Der Preis von 250 Rs pro Fahrzeug kann durch max. 5 Personen geteilt werden. Nach **Almora** und **Ramnagar** 500 Rs, nach Kausani 1.200 Rs.

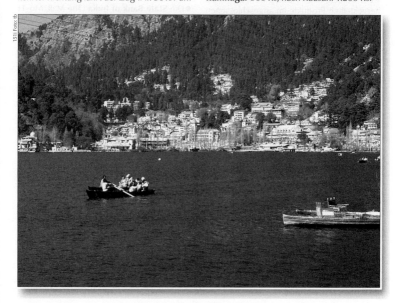

151/ Foto: tb

Almora ↗ VI/A1
(ca. 35.000 Einwohner, Vorwahl: 05962)

Wie so viele andere *Hill Stations* zieht sich auch das 1.250 m hoch gelegene Almora entlang eines Gebirgsgrates und über zahlreiche Hügel. Anders als bei fast allen anderen *Hill Stations* jedoch gehen die Ursprünge des kleinen Ortes bis weit vor die Ankunft der britischen Kolonialherren zurück. Schon im 6. Jh. wurde es als Hauptstadt des kleinen Chand-Fürstentums gegründet. Aus dieser Zeit finden sich in der Umgebung noch einige Hindu-Heiligtümer wie der **Chitai-Tempel** (6 km) und der **Kasar-Devi-Tempel** (8 km, am besten mit dem Jeep zu erreichen). Davon abgesehen bietet der Ort die für Bergkurorte typischen Annehmlichkeiten wie Ruhe und frische Luft und lädt zu Bergwanderungen mit schönen Aussichten auf die Himalayaberge ein.

Etwa 3 km nordöstlich vom Almora ist die **Panchachuli Weavers Factory** (10–17 Uhr), in der von Frauen Schals und Teppiche gewebt werden, einen Ausflug wert, zumal die hergestellten Produkte im angeschlossenen Laden gekauft werden können. Die Fabrik nahe der Bageshwar Rd. kann zu Fuß (Richtung Bageshwar, dann dem „Panchachuli"-Schild folgen) oder per Taxi (etwa 100 Rs für Hin- und Rückfahrt) erreicht werden. Das angebundene Geschäft im Dorf ist weniger gut bestückt.

Das kleine **Folklore-Museum** im Ortszentrum ist ebenfalls einen Besuch wert.

Information

● Das **Uttarakhand Tourist Office** an der Upper Mall Rd. (Tel.: 230180) ist Mo–Sa 10–17 Uhr behilflich.

Trekking

● Für Trekking-Touren in der herrlichen näheren und ferneren Umgebung, etwa zum Pindari- oder Milam-Gletscher, sind **Discover Himalaya** (Tel.: 236890, discoverhimalaya@sancharnet.in) und **High Adventure** (Tel.: 232277, highadventure@rediffmail.com) nebenan, beide an der Mall, die richtigen Adressen.

Unterkunft, Essen und Trinken

● Eine ganz eigene Atmosphäre herrscht im **Kailas Hotel** €-€€ (Tel.: 230624) nahe der Mall. Schon für wenig Geld gibt's hier teils recht kleine Zimmer und gute Küche.

● **Hotel Sikhar** €-€€€ (Tel.: 230253) mitten im Stadtzentrum offeriert eine große Zahl an Zimmern unterschiedlicher Qualität, die teureren mit Balkon und TV. Ein Bett im Schlafsaal ist für 70 Rs zu haben. Auch das hauseigene Restaurant ist recht gut.

● Wer es etwas luxuriöser liebt, der steige im **Hotel Konark** €€ (Tel.: 231217) in der Nähe der *State Bank of India* ab. Hübsch sitzt es sich im angeschlossenen Café.

● Das **Soni Restaurant** an der Mall ist zwar nicht unbedingt eine Gaststätte, die man als gemütlich bezeichnen würde, dafür sind die einheimischen Speisen, auch Huhn und Hammel, lecker und für Almora-Verhältnisse preiswert.

Bank und Post

● Die **State Bank of India** (The Mall, Mo–Fr 10–16 Uhr, Sa 10–13 Uhr) wechselt nur Reiseschecks von American Express und Thomas Cook, kein Bargeld.

● Das **Postamt**, auch an der Mall, öffnet Mo–Fr 10–17 Uhr und Sa 10–13 Uhr seine Pforten.

An- und Weiterreise

Bahn:
● Die nächstgelegene Bahnstation ist **Kathgodam**, von wo Züge nach Lucknow fahren. Züge nach Agra fahren in **Lalkua** ab (siehe Nainital).

Bus/Taxi:
● Direktverbindungen bestehen von den Busbahnhöfen des KMOU wie von UP Roadways u.a. nach Bhowali kurz vor **Nainital** (2 Std.), **Ranikhet** (2 Std.), **Kausani** (2,5 Std.). Regelmäßige Verbindungen u.a. nach **Rishikesh, Shimla, Chandigarh** und **Agra** bestehen von **Haldwani**, 4 Std. per Bus südlich von Almora. Per gemeinsamem Jeep dorthin kostet es etwa 80 Rs p.P. (Taxi um 600 Rs).

●Will man sich selbstständig zu den Gletscher-Treks aufmachen, muss man für den 6 Std. entfernten **Pindari-Gletscher** den Morgenbus um 7.30 Uhr nach Song besteigen. Mit dem Taxi kostet die Fahrt etwa 700 Rs. Nach Munsyari zum **Milam-Gletscher** ist die Fahrt lang (11 Std.), deshalb sollte man das Taxi oder den Jeep vorziehen.

●*Lion Tours* (Tel.: 230860) an der Mall offeriert eine Luxusbus-Nachtverbindung für 280 Rs (11 Std., Start um 19 Uhr) nach **Delhi.**

Kausani

(ca. 4.000 Einwohner, Vorwahl: 05962)

Zum Greifen nahe scheinen die Himalayagipfel im 53 km nördlich von Almora gelegenen Kausani. Schon *Mahatma Gandhi* ließ sich 1929, als er einige Monate im Anasakti Ashram des 1.890 m hohen Ortes verbrachte, von der friedvollen Stimmung Kausanis inspirieren. Eine der beliebtesten Wanderungen führt zum 14 km entfernten **Tempel von Baijnath,** einem Hindu-Heiligtum aus dem 12. Jh.

Unterkunft, Essen und Trinken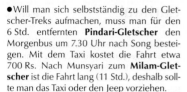

●Empfehlenswerte Unterkünfte sind u.a. die bei Rucksacktouristen beliebte **Uttaranchal Tourist Lodge** €€ (Tel.: 258012) beim Busbahnhof mit großen Zimmern mit Bad und teils Balkon sowie das **Amar Holiday Home** €€-€€€ (Tel.: 284115). Das moderne **Hotel Krishna Mount View** €€€€-€€€€€ (Anasakti Ashram Rd., Tel.: 245008) ist eine Luxusherberge mit den entsprechenden Standards. Die Zimmer der oberen Etagen haben Balkon und Kühlschrank. Alle drei verfügen über hauseigene Restaurants.

●Schöne Aussichten machen das **Hill Queen Restaurant** (Anasakti Ashram Rd.) zum beliebtesten der Stadt. Hier gibt's auch ein Internetcafé (40 Rs/Std.)

An- und Weiterreise

●Direkte Busverbindungen bestehen u.a. nach **Almora** (stdl., 2 Std., 45 Rs), **Ranikhet** (3,5 Std.) und **Nainital** (6 Std.).

Ranikhet VI/A1

(ca. 20.000 Einwohner, Vorwahl 05966)

Auch diese pittoreske *Hill Station* auf 1.829 m Höhe wirbt mit klarer Luft und schönen Aussichten, u.a. auf den Nanda Devi, Indiens zweithöchsten Berg. Neben einigen hübschen Wanderungen durch unberührte Natur u.a. zum 7 km entfernten **Khula-Devi-Tempel** kann man sich die Zeit mit einer Runde Golf auf dem spektakulär gelegenen **Golfplatz** vertreiben. Für eine Tagesgebühr von 30 Rs wird man für seine Runde mit einem grandiosen, 300 Kilometer weiten Panoramablick auf den Himalaya entschädigt.

In der von einer Wohlfahrtsorganisation geleiteten **KRC Shawl and Tweed Shop & Factory** in einer ehemaligen Kirche an der Mall arbeiten die Witwen von Armeeangehörigen. Die Produkte können natürlich gekauft werden.

Information

●Das **Uttarakhand Tourist Office** (Tel.: 220227) beim Busbahnhof ist Mo–Sa 10–17 Uhr geöffnet.

Unterkunft, Essen und Trinken

●Das **Hotel Rajdeep** €-€€ (Tel.: 220017) am Busbahnhof mit angeschlossenem vegetarischem Restaurant bietet sehr preisgünstige und noch akzeptable Zimmer.

●Nostalgiker werden das **West View Hotel** €€€ (Tel.: 220261) im Süden der Stadt lieben. In diesem ehemaligen Anwesen eines Maharajas stehen allerdings nur DZ zur Verfügung. Herrlich sitzt es sich bei einem Tee im großen Garten des Hauses.

●Eine gute Wahl ist auch das **Hotel Meghdoot** €€-€€€ (Tel.: 220475) an der Mall. Mit

Uttarakhand

seinen großen Räumen, der angenehmen Atmosphäre und dem vorzüglichen hauseigenen Restaurant mit pflanzenbestückter Veranda bietet es ein gutes Preis-Leistungs-Verhältnis

● Neu und modern ist das **Ranikhet Inn** €€€ (Sadar Bazar, Tel.: 221929, www.ranikhetinn. com). Die eher kleinen, sauberen Zimmer mit Parkettboden haben Balkon und klasse Ausblicke. Auch das Restaurant mit indischer Küche und Pizza kann empfohlen werden.

● Am Busbahnhof geht's im **Mayur Restaurant** schnell zum kleinen Preis.

Bank, Post und Internet

● Die **State Bank of India** am Sadar Bazaar (Mo–Fr 10–16, Sa 10–13 Uhr) wechselt nur Reiseschecks (nur US-$).

● Am Sadar Bazaar finden sich wenige **Internetcafés** für teure 50 Rs/Std.

● Das **Postamt** an der Mall ist Mo–Fr 9–17 Uhr geöffnet.

An- und Weiterreise

● Vom Busbahnhof UP Roadways im Osten des Ortes drei Nachmittagsverbindungen nach **Delhi** (12 Std., 190 Rs). Nach **Ramnagar** stdl. Verbindungen (4,5 Std., 70 Rs), morgens um 8.30 nach **Haridwar** (10 Std., 170 Rs). Für **Nainital** zum 10 km entfernten Bhowali (von dort viele Busse bis zum Ziel).

● Direkte Busverbindungen vom KMOU Busstand im Westen des Ortes u.a. nach **Almora** (2 Std., 40 Rs) und **Kausani** (3,5 Std.).

● Privatanbieter wie *Hina Tours* (Tel.: 220214) am Sadar Bazaar verkaufen Tickets für eine **Luxus-Nachtverbindung nach Delhi** (250 Rs, 12 Std., Abfahrt 18.30 Uhr).

Garhwal ♫ III/C3

Wie keine andere Region Indiens symbolisieren die **Pilgerzentren** nördlich von Rishikesh die für den Hinduismus so kennzeichnende Verehrung von heiligen Natursymbolen wie Bergen, Flüssen und Seen. Ganz selbstverständlich werden sie als heilig betrachtet, spielen sie doch in den religiösen Mythen und Legenden eine zentrale Rolle. Durch einen Besuch dieser Orte kann man nicht nur um die Erfüllung von diesseitsorientierten Wünschen wie etwa einer Heirat oder der Geburt eines Sohnes bitten, sondern trägt damit auch ganz entscheidend zur Verbesserung seines *Karmas* bei, was nach der hinduistischen Philosophie mit der Wiedergeburt auf einer höheren Daseinsstufe im nächsten Leben belohnt wird.

So bedeuten die Tausende von Schritten, die auf dem Weg zu den im Schatten der **Himalayaberge** gelegenen Pilgerorten zurückgelegt werden müssen, einen kleinen Schritt auf dem langen Weg ins Nirvana.

Auch für westliche Reisende kann es ein äußerst beeindruckendes Erlebnis sein, sich den Tausenden von Wallfahrern anzuschließen, die sich in den Sommermonaten von Rishikesh und Haridwar zunächst per Bus auf den Weg zu den Pilgerorten machen.

Allerdings muss man sich darüber im klaren sein, dass sowohl die **Übernachtungssituation** als auch die **sanitären Verhältnisse** oft problematisch sein können. Nicht umsonst wird von den Behörden für den Besuch der heiligen Stätten in Yamunotri, Gangotri und Kedarnath eine Cholera-Impfung vorgeschrieben. Oftmals muss man in äußerst spartanischen *Dharamsalas* (Pilgerherbergen) übernachten, da die wenigen Hotels lange im voraus ausgebucht sind. Deshalb empfiehlt es sich, möglichst frühzeitig ein Zimmer in den staatlichen *Tourist Bungalows* vorzubuchen.

Dies tut man am besten beim **Garhwal Mandal Vikas Nigam,** einem speziell für Pilgerorte zuständigen Büro in Rishikesh (Tel.: 0135-2431783/93, yatra@gmvnl.com). Da die Preise der einzelnen Hotels extrem starken Schwankungen unterliegen, sollte man sich auch diesbezüglich genauer in Rishikesh erkundigen. Der GMVN bietet zwischen April und November 4- bis 14-tägige sogenannte **Char-Dam-Rundfahrten** zu den im folgenden Abschnitt beschriebenen Pilgerorten per Bus und Auto an, die in Delhi und Rishikesh starten. Genaueres hierzu unter www.gmvnl.com/newgmvn/tour.

Gangotri
↗ III/C3

In grauer Vorzeit, als Indien noch nicht vom Ganges durchströmt wurde, unterwarf sich der sagenhafte *König Bagirata* jahrelangen Opferhandlungen, bis er schließlich von Shiva erhört wurde, der ihm die Erfülllung eines Wunsches gestattete. *Bagirata* erbat sich, „dass die Erde besprengt werde mit heiligen Wassern als Himmelsstrom des Ganga". Shiva versprach ihm die Erfüllung seiner Bitte, doch damit „der plötzliche Fall der starken Ganga die Erde nicht in ihren Grundfesten erschüttere, werde ich die Göttin Ganga auf meinem Haupte heruntertragen". So segneten die drei Quellflüsse der Ganga das Land in einem weiten Umkreis, Götter und Göttinnen schritten an ihrer Seite und alles jubelte über das Glück der Erde.

Aus dieser Sage erklärt sich die Heiligkeit des 265 km nordöstlich von Rishikesh auf 3.046 m Höhe gelegenen Pilgerortes Gangotri, soll doch ganz in der Nähe der heiligste der drei **Quellflüsse des Ganges** entspringen. Am rechten Ufer des nach dem legendären König benannten **Bagirati,** der Gangotri durchfließt, findet sich ein der Flussgöttin Ganga gewidmeter Tempel. Dieses recht unscheinbare Heiligtum ist während der Sommermonate Ziel Zigtausender Gläubiger. Von hier pilgern die meisten von ihnen zum 19 km entfernten Gaumukh, wo die eigentliche Quelle des Bagirati entspringt. Sie wird dort von mehreren Gletschern gespeist.

In drei Tagen sind Ausflüge zu einer der Quellen des Ganges bei **Gaumukh** (zurück über Bhojbasa) in knapp 3.800 m Höhe und 14 km von Gangotri entfernt zu absolvieren (Übernachtung auf dem Hin- und Rückweg im *GMVN Tourist Bungalow,* s.u.), in dessen Nähe auch der imposante Gaumukh-Gletscher zu bestaunen ist.

Anreise

● Während der Pilgersaison wird Gangotri mehrfach von **Haridwar** (11 Std.) und **Rishikesh** (10 Std.) und Uttarkashi (6 Std.) mit dem Bus angefahren.

Unterkunft

● Als Unterkunft bietet sich u.a. der **GMVN Tourist Bungalow** €-€€€ (Tel.: 01377-222221) mit Schlafsaal und etwas höherklassigen Zimmern an.

Kedarnath
↗ III/C3

Der auf 3.584 m Höhe gelegene, im 8. Jh. erbaute **Shiva-Tempel** von Kedarnath genießt bei den Hindus wegen des darin platzierten *Jyotir Lingam* besondere Verehrung und zieht jährlich mehr als 100.000 Gläubige an. Die meisten verbinden die Pilgerfahrt nach Kedarnath mit einem Besuch des 5 km entfernten **Gandhi Sarovar,** einem See, in den 1948 ein Teil der Asche des ermordeten *Mahatma Gandhi* gestreut wurde.

Anreise

● Von **Haridwar** (9 Std.) und **Rishikesh** (8 Std.) geht es zunächst per Bus nach **Gaurihund** (auch dort bietet ein *GMVN Tourist Bungalow* €-€€ einfache Bleibe, Tel.: 01364-269202; heiße Quellen in Gaurihund laden zum Baden ein), von wo die restlichen 15 km zu Fuß zurückgelegt werden müssen. Will man von Gaurihund in die östlichen Gebiete Garhwals, nach Badrinath oder Joshimath, muss der Bus in Rudraprayag gewechselt werden.

● Ab Mai fliegt *Pawan Hans* (Tel.: 01364-256825, in Rudraprayag: 01364-233901/2) jeden Morgen zwischen 6.30 und 11.10 Uhr, natürlich abhängig von den jeweiligen Wetterverhältnissen, von Agastya Muni, 17 km von Rudraprayag entfernt, per **Helikopter** nach Kedarnath (Flugzeit 45 Min., 4 Flüge tgl., Gepäck ist nur limitiert zugelassen). Bei der Sicherheit dieses Anbieters gibt's aber einige Bedenken.

Uttarakhand

Unterkunft

●In Kedarnath kann man im **GMVN Tourist Bungalow** €-€€€ (Tel.: 01364-7210, Schlafsaal und höherklassige Zimmer mit Bad) nahe dem Tempel einfache Herberge finden.

Yamunotri

Das 3.165 m hoch gelegene Yamunotri wird als Quellort des den Indern heiligen **Yamuna-Flusses** verehrt, obwohl der Fluss eigentlich aus dem nahegelegenen Kalind-Parvat-Gletscher entspringt. Bei dem meist eisigen Temperaturen verwundert es nicht, dass die den Tempel von Yamunotri umgebenden **heißen Quellen** sich bei den durchgefrorenen Pilgern großer Beliebtheit erfreuen.

Yamunotri ist der am wenigsten touristisch erschlossene Pilgerort. **Pilgertreks** dorthin starten von **Hanuman Chatti,** 14 km entfernt, wo im *GMVN Tourist Bungalow* €-€€€ einfache Herberge genommen werden kann. Von Hanuman Chatti ist Yamunotri auch über **Janki Chatti** (vierstündige Wanderung, Unterkunft vom *GMVN* €-€€) erreichbar. Von dort am nächsten Tag weitere zwei Stunden nach Yamunotri. 1 km von Yamunotri entfernt entspringt der Yamuna-Fluss, dessen Quelle jedoch nur von trainierten Bergsteigern erreicht werden kann.

Anreise

●Von Rishikesh (10 Std.), Dehra Dun (8 Std.) und Mussoorie (6 Std.) bestehen **Busverbindungen** nach **Hanuman Chatti.** Von dort führt ein 14 km langer **Pilgerpfad** über Janki-bai Chatti zum 600 m höher gelegenen Quellendorf Yamunotri.

Unterkunft

●Sehr einfache Hotels, von denen viele nur während der Pilgersaison geöffnet sind, und ein **GMVN Tourist Bungalow** €-€€ stehen zur Verfügung.

Badrinath ⤴ III/C3

Der kleine, auf einer Höhe von 3.100 m in der Nähe der tibetanischen Grenze gelegene Ort ist wohl der meistbesuchte der vier Pilgerorte und scheint geradezu mit Tempeln übersät zu sein. Das von schneebedeckten Himalayabergen überragte Badrinath liegt am Zusammenfluss von Rishi Ganga und Alahananda und gehört, neben Puri im Osten, Dwarka im Westen und Kanyakumari im Süden, zu den vier geografischen Grenzorten Indiens, mit deren Besuch der Gläubige hohe religiöse Verdienste erwirbt.

Der Haupttempel Badrinaths ist Shiva geweiht. Ähnlich wie in Yamunotri, sprudelt auch hier eine **heiße Quelle,** der von den Gläubigen spirituell reinigende Kraft nachgesagt wird. Sehenswert ist auch der 150 m hohe **Vasudhara-Wasserfall,** 4 km entfernt.

Anreise

●Badrinath ist der am einfachsten zu erreichende Pilgerort. Während der Pilgersaison

058i Foto: tb

fahren mehrere Tages- und Nachtbusse in ca. 11 Std. vom 300 km entfernten **Rishikesh** den Ort an.

Unterkunft, Essen und Trinken

● Außerhalb der Hauptsaison im Mai/Juni sind Zimmer in den vielen einfachen Hotels wie dem **GMVN Tourist Bungalow** €-€€ schon für 100 Rs zu bekommen.

● Die beste Bleibe ist wohl das **Govind Sewa Sadam** €-€€ (Tel.: 01381-222408).

● Das vegetarische **Vijay Lakshmi Restaurant** sorgt fürs leibliche und das **Hard Rock Café** fürs „geistige" Wohl.

Valley of Flowers und Hemkund-See

Ausgangspunkt für den Besuch des 1931 von dem britischen Bergsteiger und Botaniker *Frank Smythe* entdeckten Blumentals und des heiligen Sees der Sikhs, Hemkund, ist das 22 km südlich von Badrinath gelegene **Govindghat,** wo mehrere Einfach-Unterkünfte zur Verfügung stehen. Von dort führt ein gut ausgebauter, 15 km langer Pfad ins 3.000 m hoch gelegene **Ghangria** (auch *Govindham* genannt). Für den etwa siebenstündigen Aufstieg stehen Träger fürs Gepäck (etwa 300 Rs) und Ponys bereit (325 Rs). Übernachtung ist in Ghangria, etwa im *GMVN Tourist Bungalow,* möglich. Da es nachts sehr kalt werden kann, sollte man sich genügend Decken geben lassen. Auch das *Hotel Priya* ist akzeptabel. Der Abstieg zurück nach Govindham dauert etwa 4 Stunden.

In Ghangria gabelt sich der Weg. Entlang der nordwestlich abzweigenden Route erreicht man nach 3 km das auf einer Höhe von 3.400 bis 3.700 m gelegene **Valley of Flowers.** Das Tickethäuschen befindet sich nur etwa 1 km von Ghangria entfernt, von wo es zum Tal noch weitere 2 km sind. Das 2 km lange und gut 4 km breite Tal wurde 1981 zum Nationalpark deklariert (Eintritt 350 Rs für die ersten drei und 175 Rs für jeden weiteren Tag, 6–18 Uhr geöffnet, letzter Zugang um 15 Uhr), es ist im Juli und August

mit unzähligen Blumen übersät. Vor dem Hintergrund der schneebedeckten Himalayariesen bietet sich dem Tagesausflügler von Ghangria (Camping im Park ist verboten) ein einzigartiges Bild. Der Genuss wird durch den Umstand beeinträchtigt, dass während der üppigsten Blütezeit im Juli/August auch die heftigsten Monsunregen niedergehen, was naturgemäß auch die Wanderungen erschwert.

Den 4.329 m hoch gelegenen **Hemkund-See** erreicht man über den von Ghangria nach Norden führenden Pilgerweg. Obwohl nur 6 km lang, benötigt man gut 3 Stunden, weil der Weg sehr steil ansteigt. Da der See im heiligen Buch der Sikhs, dem *Guru Granth Sahib*, als Meditationsort des *10. Guru Govind Singh* Erwähnung findet, wird er im Juli/August von unzähligen Sikh-Pilgern aufgesucht. Auch hier erleichtern Ponys den Aufstieg (325 Rs).

An- und Weiterreise

● Govindghat kann während der Pilgersaison mit einem der vielen täglichen **Direktbusse von Rishikesh und Haridwar** erreicht werden. Die Fahrtdauer beträgt 10 bis 11 Std.

Zum 20 km entfernten **Badrinath** fahren Busse (1 Std. Fahrzeit) und Sammel-Jeeps (um 50 Rs). Auch nach **Joshimath** (1 Std.) bestehen regelmäßige Bus- und Jeepverbindungen, von wo viele weitere Anschlüsse möglich sind.

0591 Foto: tb

Der Nordosten

060i Foto: tb

061i Foto: tb

Buddhistische Kinder in Westbengalen

Leben auf der Straße in Kalkutta

Der Golghar in Patna,
ein Kornspeicher aus der Kolonialzeit

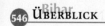

Bihar

Überblick

Fläche:	94.163 km²
Hauptstadt:	Patna
Einwohner:	83 Mio.
Bevölkerungsdichte:	517 Ew./km²
Stadtbevölkerung:	15 %
Alphabetisierungsquote:	40 %
Lebenserwartung:	58 Jahre

Allein bei der Erwähnung des Namens winken die meisten Inder resigniert ab. Nein, von Bihar, dem neuntgrößten Staat Indiens mit 83 Mio. Einwohnern, will man lieber nichts hören. Bihar ist der Verlierer der indischen Geschichte, und Verlierergeschichten hört man auch in Indien nicht gern.

Einige Fakten: In Bihar, genauer im kleinen Ort Bodhgaya, entstand vor über 2.500 Jahren der **Buddhismus,** als *Gautama Siddharta* nach siebentägiger Meditation unter dem Bodhi-Baum die Erleuchtung zuteil wurde.

Nur wenige hundert Jahre später vereinte der große Maurya-Herrscher **Ashoka** von seiner Hauptstadt Pataliputra, dem heutigen Patna, aus einen Großteil des indischen Subkontinents unter seiner Herrschaft. Durch seine großzügigen Kloster- und Universitätengründungen machte *Ashoka* Bihar zu einem der bedeutendsten Zentren des Buddhismus. Noch im 6. Jh. sollen sich Tausende von Studenten an der Universität von Nalanda in die buddhistische Lehre vertieft haben. Das nahe gelegene Rajgir gilt den **Jains** als heilig, weil hier ihr Religionsstifter *Mahavir* lange gelebt haben soll.

Heute scheint Bihar alle **negativen Aspekte** Indiens auf sich zu vereinen: die höchste Bevölkerungsdichte, die höchste Kindersterblichkeit und eine der höchsten Analphabetenraten. Über 60 % der Bevölkerung leben unter der Armutsgrenze. Überdies hat Bihar den Ruf, der korrupteste Bundesstaat Indiens zu sein und eher von mafia-ähnlichen Organisationen denn von Politikern regiert zu werden.

Auch auf der Beliebtheitsskala westlicher **Touristen** rangiert Bihar eher am unteren Ende. Außer den buddhistischen Stätten von

Bodhgaya, Nalanda und Rajgir gibt es tatsächlich nicht viel zu sehen. Zudem sorgen Separatistengruppen wie die Naxaliten und maoistische Splittergruppen immer wieder für Unruhe in Bihar, auch die Fortbewegung, zumindest nach Einbruch der Dunkelheit, ist wegen vorkommender Überfälle nicht ganz ungefährlich. So wird das Armenhaus Indiens auch in Zukunft nicht viel mehr sein als eine Durchgangsstation auf der viel bereisten Route von Kalkutta nach Kathmandu in Nepal.

Am 2. August 2000 wurde der südliche Teil von Bihar nach einer kontroversen Debatte des indischen Parlaments abgespalten, daraus entstand der neue Bundesstaat Jharkhand.

Patna   ⚓ VII/C3

(ca. 1,3 Mio. Einwohner, Vorwahl 0612)

Vom ehemaligen Glanz Patnas, der ehemals unter dem Namen *Pataliputra* bekannten Hauptstadt Bihars, ist heute kaum etwas erhalten. Nicht großartige Tempelanlagen, Ausgrabungsstätten und Paläste bestimmen das Bild dieser ehemaligen Hauptstadt des Maurya- und Gupta-Reiches, sondern verstaubte, dreckige und laute Straßen.

So dient diese sich über 10 km am Südufer des Ganges entlangziehende **Hauptstadt Bihars** den meisten Reisenden nur als Zwischenstation auf dem Weg ins 100 km südlich gelegene Bodhgaya sowie als Ausgangspunkt der Überlandreise nach Kathmandu in Nepal. Trotz des wenig einladenden Erscheinungsbildes bietet Patna mit einigen interessanten **Museen**, einem ungewöhnlichen **Reissspeicher** sowie der Geburtsstätte des 10. Sikh-Guru *Gobind Singh* einige interessante Sehenswürdigkeiten.

Geschichte

Ihre exponierte Lage am Hochufer des Ganges inmitten einer großen fruchtbaren Ebene prädestinierte das heutige Patna von alters her als Zentrum dieser Region. Anfang des 5. Jh. verlegte der Herrscher des Magadha-Reiches, *Ajatashatru,* seine Hauptstadt vom nahe gelegenen Rajgir hierher und verlieh ihr den Namen Pataliputra. Unter dem Maurya-Herrscher *Chandragupta* und vor allen Dingen während der Regierungszeit *Ashokas* bildete Pataliputra das **kulturelle und politische Zentrum ganz Nordindiens.** *Ashoka* regierte während dieses goldenen Zeitalters der indischen Geschichte, wie es noch heute genannt wird, das erste indische Großreich und verbreitete von hier aus den buddhistischen Glauben in Indien und südostasiatischen Ländern.

Mit dem Wiedererstarken des Hinduismus und dem damit einhergehenden Zurückdrängen des Buddhismus verlor auch Pataliputra an Bedeutung. Der größte Teil der alten Königsstadt wurde durch eine verheerende Überschwemmungskatastrophe im Jahre 750 n. Chr. zerstört. Mitte des 16. Jh. konnte die Stadt unter ihrem neuen Namen *Atsumibad* noch einmal für kurze Zeit an die glorreichen früheren Jahre anknüpfen, als sie der afghanische Feldherr *Sher Shah*, nachdem er *Humayun* besiegt und damit der Mogul-Herrschaft in Indien den endgültigen Todesstoß versetzt hatte, zu seiner Hauptstadt machte.

Nach der Schlacht von Baksar im Jahre 1764 fiel die Stadt an die **Briten.** Unter ihrer Herrschaft entstand die östlich an die historische Altstadt anschließende Neustadt mit der großen Rasenfläche, dem Gandhi Maidan, als Mittelpunkt. Seit 1912 ist Patna die Landeshauptstadt Bihars.

Sehenswertes

Mahavir Mandir

Der unmittelbar vor dem Hauptbahnhof von Patna platzierte Tempel Mahavir Mandir entspricht mit seiner modernen Bauweise und der abendlichen bunten Neonbeleuchtung sicherlich nicht dem, was man sich unter einem klassischen indischen Tempel vorstellt. Wegen der den ganzen Tag über sehr regen religiösen Aktivitäten der Tausende von Gläubigen lohnt ein Besuch des dem Affengott *Hanuman* geweihten Gotteshauses dennoch. Im Übrigen machte der Tempel

1998 landesweit Schlagzeilen, als hier zum ersten Mal in der indischen Geschichte ein Unberührbarer zum obersten Tempelpriester ernannt wurde.

Golghar

Diesen 29 m hohen, südlich des Maidan gelegenen halbkugelförmigen Bau ließ der englische Kolonialbeamte *Captain John Garstin* 1786 errichten. Er sollte als **Kornspeicher** dienen, um eine Wiederholung der Hungerkatastrophe von 1760 zu verhindern. Wegen schwerwiegender Konstruktionsmängel wurde er in seiner ursprünglich vorgesehenen Funktion jedoch kaum genutzt. Dafür ist er heute das wohl meistbesuchte und -fotografierte Bauwerk Patnas. Von seiner Spitze, zu der sich eine außen um das Gebäude verlaufende Treppe hinaufwindet, belohnt ein prächtiger Blick auf die Stadt und den Ganges den Aufstieg.

Har Mandir Takht

Der Löwe von Punjab, *Maharaja Ranjit Singh*, ließ diesen palastähnlichen, dreigeschossigen **Marmortempel** Anfang des 20. Jahrhunderts zu Ehren des 10. Gurus der Sikhs, *Govind Singh*, errichten, der 1660 in Patna geboren wurde und die Sikh-Gemeinde in einen religiösen Kampfbund umwandelte. Dieses nach dem Goldenen Tempel von Amritsar bedeutendste Heiligtum der Sikhs beherbergt heute auch ein **Museum,** in dem neben verschiedenen Portraits der Sikh-Heiligen und heiligen Schriften auch persönliche Gegenstände *Govind Singhs*, des letzten Gurus der Sikh-Gemeinde, zu sehen sind.
● **Öffnungszeiten:** tgl. außer Mo 10–17 Uhr.

Patna Museum

Dieses bedeutendste Museum Patnas an der Buddha Marg beherbergt schöne Steinskulpturen der Maurya- und Gupta-Periode, Terrakottafiguren, tibetanischen Tankhas und andere archäologische Funde. Auch ein 200 Millionen Jahre altes Baumfossil, mit 16 m Länge das angeblich längste der Welt, befindet sich hier. Zudem rühmt sich das Museum mit den angeblichen Überresten der

Asche Buddhas. Für diesen Teil des Museums werden 100 Rs Eintritt verlangt.
● **Öffnungszeiten:** tgl. außer Mo 10 bis 16.30 Uhr.

Kumrahar

5 km in Richtung Altstadt vom Bahnhof entfernt, unmittelbar an der stark befahrenen Umgehungsstraße, finden sich in einer Parkanlage die archäologischen **Überreste des historischen Pataliputra,** der ehemaligen Hauptstadt *Chandraguptas* und *Ashokas*. Ob es sich bei den archäologischen Funden aber tatsächlich um Teile der ehemaligen Palastanlage *Ashokas* oder doch nur um Verwaltungs- und Militärgebäude handelt, ist bis heute umstritten. Insgesamt lohnt sich ein Besuch nur für eingefleischte Archäologen, da vom ehemaligen Prunkstück der Anlage, der von 80 Holzsäulen getragenen Audienzhalle, nur die Grundmauern erhalten geblieben sind. Selbst diese sind nicht das ganze Jahr über sichtbar, da sie sich während und kurz nach der Regenzeit in einem Teich verbergen.
● **Öffnungszeiten:** tgl. außer Mo 9–17 Uhr, Eintritt 100 Rs.

Kund Baksh Oriental Library

Benannt nach dem bibliophilen *Kunda Baksh*, der die meisten Ausstellungsobjekte zusammentrug, zeigt diese 1900 gegründete Bibliothek am Ashok Raj Path eine wertvolle Sammlung arabischer und persischer Schriften, Miniaturmalereien und als Kuriosität eine nur wenige Zentimeter große Koranausgabe. Schmuckstück der gesamten Ausstellung sind jedoch die einzigen Bücher, die vor der Brandschatzung der maurischen Universität von Cordoba im Jahre 1236 während der spanischen Rekonquista gerettet werden konnten.
● **Öffnungszeiten:** tgl. außer Fr 9–17 Uhr.

Information

● Eine merkwürdige Logik: Obwohl kaum von Touristen besucht, leistet es sich India-Tourism, gerade in Patna zwei ihrer fähigsten Mitarbeiter zu „verstecken". In ihrem **Tourist**

Office (Mo–Fr 9.30–18 Uhr, Sa bis 13 Uhr, Tel.: 2348558, 2345776, goitopat@bih.nic.in, zudem noch auf der „falschen", weil touristisch uninteressanten nördlichen Seite an der Kankarbagh Rd. im Sudama Palace Bldg. im 3. Stock gelegen) wird man ausgezeichnet beraten sowie mit informativen Papieren zu Bihar und Jharkhand versorgt. Zur Recherchezeit wurde über einen Umzug nachgedacht, also vorher anrufen.

●Offiziell in der Zeit von Oktober bis März organisiert das **Bihar Tourist Office** (Gardiner Rd. im Hotel *Kautilya Vihar*, Tel.: 2225411, bihar.bih.nic.in) jeweils Sa und So Tagesausflüge nach Rajgir, Nalanda und Pawapuri. Abf. 8 Uhr vom *Tourist Bungalow*, Preis 200 Rs. In der Realität finden sich jedoch nur während der Pilgermonate Januar/Februar genügend Interessenten, sodass die Touren auch tatsächlich durchgeführt werden. Die Filiale an der Fraser Rd. ist wirkungslos, zudem gibt's Büros am Bahnhof und am Flughafen.

Stadtverkehr

●**Taxis** berechnen für die Fahrt zum 8 km außerhalb gelegenen Flughafen etwa 150 Rs.
●Zwischen dem Bahnhof und dem Gandhi Maidan Busterminal verkehren regelmäßig **Tempos.**
●Vom Bahnhof zum Maidan per **Autoriksha** sollte man nicht mehr als 30 Rs zahlen, per **Fahrradriksha** sind 20 Rs ausreichend.

Unterkunft

Low Budget und Budget

●Saubere Zimmer mit Bad und TV zu günstigem Preis sind in den drei direkt nebeneinander gelegenen Hotels an der Station Rd., **Hotel Nand** €-€€€ (Tel.: 2322026, hotel_nand@hotmail.com), **Maharaja Inn** €-€€€ (Tel.: 2321292) und **Magadh** €-€€€ (Tel.: 2321278) das nahezu identische Angebot. Alle verfügen auch über AC.
●Direkt am Bahnhofsvorplatz ist das **Anand Regency** €€-€€€ (Tel.: 2223960, 2223148) perfekt für Durchreisende platziert. Gute, teils klimatisierte Zimmer, Restaurant und Bar komplettieren das Angebot.

●Ein gutes Preis-Leistungs-Verhältnis bietet das in einer Seitengasse von der Fraser Rd. gelegene **Hotel President** €€-€€€ (Tel.: 2220600, 2209200) mit sauberen, geräumigen Zimmern, zum Teil mit AC.
●Empfehlenswert ist das **Garden Court Club** €€€ (Tel.: 22049323, 30962292) an der S.P. Verma Rd., alle tadellosen Zimmer mit AC. Auch das hauseigene, begrünte Dachrestaurant trägt zur Popularität des Hauses bei.

Tourist Class und First Class

●Schnörkellos und preiswert präsentiert sich das zentral gelegene **Hotel Windsor** €€€ (Exhibition Rd., Tel.: 2212428, info@hotelwindsorpatna.com, www.hotelwinsorpatna.com), eine gute Adresse. Alle angenehm möblierten Zimmer mit AC. Auch das hervorragende *Bellpepper Restaurant* und das Internetcafé (25 Rs) im Haus sind Pluspunkte. Man sollte reservieren.
●Ähnlich gut ist man im zentral klimatisierten **Hotel Sarvodaya** €€€ (Station Rd., Tel.: 2322411-3, hotelsarvodaya@yahoo.co.in) aufgehoben. Besonders die Deluxe-Zimmer, u.a. mit Kühlschrank und nur wenig teurer, sind lohnenswert. Auch hier ist ein gutes Restaurant angeschlossen.
●Das **Hotel Chanakya** €€€€ (Chand Patel Marg, Tel.: 2220590-6, chanakya2@sancharnet.in, www.hotelchanakyapatna.com) beim *BSTDC Kautilya Vihar* ist ein gutes Hotel der oberen Mittelklasse.
●Patnas Tophotel, das **Maurya Patna** €€€€€ (Tel.: 2203040-59, maurya@maurya.com, www.maurya.com) beim Gandhi Maidan, verfügt über die üblichen Annehmlichkeiten dieser Preiskategorie. Nicht-Gäste dürfen für 250 Rs im Gartenpool plantschen.
●Nicht nur weil es über den schöneren Pool verfügt, sondern auch wegen der ruhigeren Lage bietet das Hotel **Pataliputra Ashok** €€€€-€€€€€ (Tel.: 2226270) ein besseres Preis-Leistungs-Verhältnis.

Essen und Trinken

Mehrere der aufgeführten Hotels verfügen über z.T. sehr gute Restaurants.
●Zu nennen ist hier vor allem das Dachrestaurant im **Garden Court Club.** Eine Vielzahl

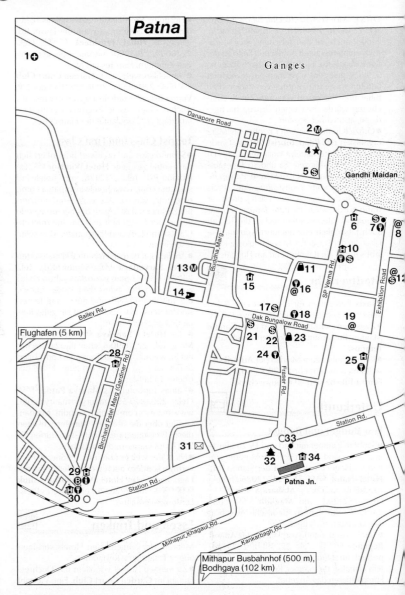

Patna

Ganges

Danapore Road

Gandhi Maidan

Buddha Marg

SP Verma Rd.

Exhibition Road

Bailey Rd.

Flughafen (5 km)

Dak Bungalow Road

Birchand Patel Marg (Gardiner Rd.)

Fraser Rd.

Station Rd.

Station Rd.

Patna Jn.

Mithapur, Khagaul, Rd.

Karkarbagh, Rd.

Mithapur Busbahnhof (500 m),
Bodhgaya (102 km)

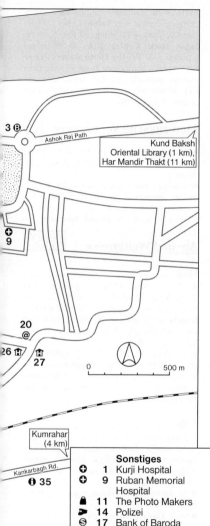

Der Nordosten

Sehenswürdigkeiten
- Ⓜ 2 Gandhi Museum
- ★ 4 Golghar
- Ⓜ 13 Patna Museum
- ▲ 32 Mahavir Mandir

Unterkunft
- 🏨 6 Maurya Patna
- 🏨 10 Garden Court Club
- 🏨 15 Hotel President
- 🏨 25 Hotel Windsor
- 🏨 26 Hotels Nand, Mahraja Inn und Magadh
- 🏨 27 Hotel Sarvodaya
- 🏨 28 Hotel Pataliputra Ashok
- 🏨 29 Hotel Kautilya Vihar
- 🏨 30 Hotel Vinayak
- 🏨 34 Hotel Anand Regency

Essen und Trinken
- 🍴 7 Bollywood Treats
- 🍴 10 Garden Court Club
- 🍴 16 Rajasthan Restaurant
- 🍴 18 Narkali Restaurant, New Pal Sweet Home
- 🍴 24 Restaurants Bansi Vihar und Family Fair
- 🍴 25 Bellpepper Restaurant
- 🍴 30 Restaurant Samarat

Verkehr
- Ⓑ 3 Gandhi Maidan Busbahnhof
- ● 7 Indian Airlines
- Ⓑ 29 Bihar Tourism Busse nach Gaya und Bodhgaya
- ● 33 Autorikshastand

Geld
- Ⓢ 5 State Bank of India
- Ⓢ 7 Canara Bank ATM
- Ⓢ 10 ICICI ATM
- Ⓢ 12 UAE Exchange, State Bank of India ATM
- Ⓢ 21 idbi ATM
- Ⓢ 22 UTI ATM

Internet
- @ 8 sify-i-way Internet
- @ 12 Cyber Zone
- @ 16 Jagat Trade Centre
- @ 19 sify-i-way Internet
- @ 20 Cyber World

Sonstiges
- ➕ 1 Kurji Hospital
- ➕ 9 Ruban Memorial Hospital
- 📷 11 The Photo Makers
- 🚓 14 Polizei
- Ⓢ 17 Bank of Baroda
- 📷 23 Kodak Express Photo
- ➊ 29 Bihar Tourism
- ✉ 31 General Post Office
- ➊ 35 India Tourism

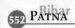
von Gerichten in schönem Ambiente zu allerdings auch recht hohen Preisen. Die meisten Gerichte kosten zwischen 100–200 Rs.

●Lobenswert ist auch das klimatisierte **Rajasthan Restaurant** im *Hotel Rajasthan*, mit dem besten vegetarischen Essen der Stadt. Wie so oft in indischen Lokalen, ist es jedoch im Innern derart dunkel, dass man eine Taschenlampe mitnehmen sollte.

●Nicht allzu weit vom Bahnhof entfernt, gibt's im klimatisierten **Bansi Vihar** (leckere nord- und südindische sowie chinesische Kost) und im **Family Fair** nebenan (*punjabi*, *tandoori* und Eis) gute Qualität zu günstigen Preisen.

●Nicht weit vom Gandhi Maidan ist das **Bollywood Treats** (13–22 Uhr) ein supercleanes AC-Fast-Food-Restaurant mit Snacks, Burgern, Torten und Eisgenuss bei Bollywood Muzak.

●Die feinste Adresse der Stadt ist das **Samarat** an der Chand Patel Marg im *Hotel Chanakya*. Hervorragende Küche in feinem Ambiente, Hauptgericht um 200 Rs.

●Kulinarisch wie atmosphärisch ebenfalls exquisit geht es im **Narkali Restaurant** an der Ecke der Frazer Road zur Dak Bungalow Road zu. In dem gänzlich mit bunt verzierten Spiegeln eingerichteten Lokal fühlt man sich ein wenig wie ein Maharaja beim Festmahl.

Bank und Internet

●Der effizienteste Ort zum Geld- und Reiseschecktausch ist wohl **UAE Exchange** (Mo–Sa 9.30–18 Uhr, So 9.30–13.30 Uhr) an der Exhibition Rd. Hier ist auch schneller Geldtransfer aus dem Heimatland möglich. Auch bei der **State Bank of India** (Mo–Fr 10.30–16, Sa bis 13.30 Uhr) am Gandhi Maidan bekommt man zuverlässig für Währung und Reiseschecks Rupien. Nahe an den Travellerhotels an der Station Rd. ist ein ICICI-ATM, zentral positioniert ist der UTI-ATM. Der ATM der *idbi Bank,* nicht weit entfernt, sagt auch zu AmEx-Plastik nicht nein.

●Günstig gelegen zu mehreren Travellerhotels, ist das **Cyber World** an der Station Rd. sehr fix und preiswert (20 Rs/Std). Schnell sind auch alle Internetcafés der **sify-i-way-**

Kette (siehe Stadtplan) mit Breitbandverbindungen. Zentral liegt **Yahoo Cyber** im Lokmanyak Bhawan (1. Stock, 20 Rs). Auch im **Jagat Trade Centre** gibt's Breitbandgeschwindigkeit. Bei **The Photo Makers** (Fraser Rd.) werden kompetent Fotos von digitaler Vorlage gedruckt und der Memorychip auf CD (50 Rs) gebrannt. Natürlich gibt's auch anderes Fotozubehör.

Medizinische Versorgung

●Das **Kurji Hospital** im Nordwesten der Stadt (Tel.: 2262516, 2262540) ist eine gute Adresse.

●Günstiger gelegen und auch okay ist das Ruban **Memorial Hospital** südlich des Gandhi Maidan, Notfallnummer: 2320446/04. Dort ist auch eine **24-Std.-Apotheke.**

An- und Weiterreise

Flug

●*Indian Airlines* (Gandhi Maidan, Tel.: 2226433, am Flughafen 2223199, 2223199) fliegt täglich von Patna nach **Delhi** (7.490 Rs), **Ranchi** (3.780 Rs) und **Mumbai** (11.330 Rs). Auch *Jet Airways* hat eine tägliche Verbindung nach Delhi.

●*Air Sahara* (Tel.: 2232722, 2661109, Flughafen: 2228307) fliegt nach **Varanasi** und **Kalkutta,** *Necon Air* (Fraser Rd., Dak Bungalow Chowk, Tel.: 2220322) verbindet tgl. mit **Kathmandu** (90 US-$).

Bahn

Das *Reservation Office* im Bahnhofsgebäude ist Mo–Sa von 8 bis 20 Uhr, So bis 14 Uhr geöffnet. Schalter 7 ist der Tourist Counter. Mehrere Halbstundenbreaks (11.30, 14 und 16.30 Uhr) stören.

●Die **wichtigsten Verbindungen** sind im Anhang aufgelistet.

●Nach **Gaya** bestehen zwar Direktverbindungen, doch wegen der äußerst ungünstigen Abfahrts- und Ankunftszeiten legt man die Strecke besser mit dem Bus zurück.

Bus/Taxi

Vom neuen **Mithapur-Busbahnhof** (bekannt als *New Bus Stand*) im Süden der Stadt starten ununterbrochen Busse zu allen größeren Orten Bihars und Uttar Pradeshs. Mit staatlichen Bussen bestehen stündliche Verbindungen nach **Gaya** (55 Rs) und **Rajgir** (4 Std., 65 Rs). Um nach **Nalanda** zu gelangen, muss man zunächst nach Bihar Sharif fahren (2,5 Std.) und dort in einen Anschlussbus umsteigen. Morgenbusse um 8 Uhr nach **Ranchi** (10 Std., 170 Rs). Für weiter entfernt gelegene Ziele sind jedoch die bequemeren Züge vorzuziehen.

●Eine Ausnahme hierbei bilden die Busse zum **indisch-nepalesischen Grenzort Raxaul**. Abends um 20 Uhr ein Bus (8 Std., 95 Rs) vom Gandhi Maidan Bus Stand. Privatanbieter fahren morgens mit Deluxe-Bussen neben dem New Bus Stand ab (250 Rs) nach Raxaul.

●Tgl. um 7 und 14 Uhr starten recht komfortable Busse von *BiharTourism* am *Hotel Kautilya*, die (mit Zwischenstation in Gaya) **Bodhgaya** 3 Stunden später erreichen – die angenehmste Art, preiswert (60 Rs) nach Bodhgaya zu gelangen. Tickets können, am besten einige Zeit vor Abfahrt, bei *BiharTourism* gekauft werden. Von *IndiaTourism* und *BiharTourism* können Taxis und Minibusse, etwa nach **Nalanda und Rajgir,** vermittelt werden, Preis 6 Rs pro Kilometer plus 100 Rs pro Person.

●Ein **Tagesausflug per Taxi** nach Rajgir und Nalanda inkl. aller Kilometer sollte für bis zu 4 Personen etwa 1.500/2.000 Rs (non AC/ AC) kosten.

Umgebung von Patna

Vaishali

Ebenso wie Rajgir ist auch dieser 55 km nördlich von Patna gelegene Ort ein von Jains und Buddhisten gleichermaßen viel besuchter Pilgerort. Während die **Jains** ihn als Geburtsort ihres Religionsstifters *Vardhamana Mahavir* verehren, wallfahren viele **Buddhisten** nach Vaishali, weil Buddha hier während seiner Jahre als Bettelmönch dreimal Station gemacht haben soll. Zudem war Vaishali hundert Jahre nach dem Tod Buddhas Schauplatz des zweiten buddhistischen Konzils, an dem über 700 seiner Anhänger teilgenommen haben sollen.

Außer einer allerdings sehr schönen, von einem Löwenkapitell gekrönten **Ashokasäule,** die der große Maurya-Kaiser im 4. Jh. v. Chr. errichten ließ, sowie den spärlichen Überresten einer Stupa gibt es jedoch nicht viel zu sehen.

●**Anreise:** Direkte **Busverbindungen** bestehen nach Patna (2 Std.) und Muzaffarpur.

●**Unterkunft:** Übernachten kann man im staatlichen **Tourist Bungalow** € (Tel.: 289425) oder dem besseren **Hotel Amrapali Vihar** € (Tel.: 06225-229982) mit Balkonzimmern, teils zum See.

Der besondere Tipp: Sonepur Fair

Zur gleichen Zeit wie der berühmte Kamelmarkt in Pushkar findet alljährlich im 25 km nördlich von Patna gelegenen Sonepur eines der sehenswertesten Feste Nordindiens statt. Während sich jedoch in Pushkar Tausende von Touristen und etliche Kcamerateams aus aller Welt einfinden, kann man die westlichen Besucher in Sonepur an einer Hand abzählen. Gerade dieser gänzlich unverfälschte Charakter des **größten Tiermarktes Asiens,** bei dem vom kleinen Vogel bis zum ausgewachsenen Elefanten eine einzigartige Auswahl an Lebewesen zum Kauf angeboten wird, macht die Faszination des *Sonepur Fair* aus. Auch in Sonepur gibt es unzählige Schausteller, Gaukler und Akrobaten, die die Zigtausenden von farbenfroh gekleideten Landbewohnern unterhalten.

Seinen Abschluss findet das Fest in der *Kartika Purnima* genannten **Vollmondnacht** im November, wenn die Pilger am Zusammenfluss von Ganges und Gandaki baden, um von ihren Sünden reingewaschen zu werden.

Das **BSTDC Tourist Office** in Patna (Tel.: 2225411) bietet nur zur Zeit des Festes Unterkunft verschiedener Qualität.

Raxaul ⤢ VII/C2

Das ansonsten uninteressante Raxaul wird hier nur wegen seiner Rolle als **Grenzort zu Nepal** erwähnt. Eigentlich ist der laute, dreckige Ort nur der eine Teil der Doppelstadt, deren anderer Teil, **Birganj,** auf nepalesischem Boden liegt.

Unterkunft

● Wer hier hängen bleibt, findet im **Hotel Kaveri** € (Main Rd., Tel.: 221148) die beste, wenn auch einfache Bleibe.
● Auch das **Shivam Hotel** € (Tel.: 224552), ebenfalls an der Main Rd., ist akzeptabel.

An- und Weiterreise

● Busse nach **Patna** starten frühmorgens, die achtstündige Fahrt kostet 90 Rs. Zudem existieren Zugverbindungen nach **Hajipur** (5202 Raxaul Hajipur Exp., Abf. 5.30 Uhr, Ank. 10.10 Uhr), nicht weit von Patna entfernt, **Kalkutta** (3022 Mithila Exp., Abf. 10 Uhr, Ank. 5 Uhr) und **Gorakhpur** (5273 Satyagraha Exp., Abf. 10.25 Uhr).
● Vom Bahnhof Raxaul Bazaar zur **indischnepalesischen Grenze** kostet eine Riksha etwa 10 Rs. Die Grenze ist auf indischer Seite durchgehend, auf nepalesischer Seite jedoch nur von 5.30 bis 21 Uhr geöffnet. Von der Grenzstation zum ersten Ort auf nepalesischer Seite, Birganj, ist wieder eine Riksha empfehlenswert, 10 Rs. Von Birganj regelmäßige Busverbindungen nach **Kathmandu** und **Pokhara,** jeweils ca. 8 Std. Fahrtzeit, zwischen 200 und 450 nepalesische Rs, je nach Komfort des Busses.

Nalanda ⤢ VII/C3

Heute ein unscheinbares Dorf wie hunderttausend andere, war Nalanda einst das **geistige Zentrum** Indiens. Ausgangspunkt bildete ein von *Ashoka* gegründetes Kloster, aus dem sich über die Jahrhunderte eine der größten und bedeutendsten Universitäten der Erde entwickelte. Der chinesische Missionar *Xuan Zhang* berichtete im 7 Jh. n. Chr. von über 2.000 Lehrern und 10.000 Studenten aus Indien sowie vielen anderen asiatischen Ländern. Gelehrt wurden neben Mathematik, Medizin und Astronomie vor allen Dingen buddhistische Philosophie, Theologie und Literatur. So gingen von hier bedeutende Impulse für die buddhistische Lehre in ganz Asien aus.

Nach einer Blütezeit zwischen dem 6. und 9. Jh. n. Chr. verlor Nalanda jedoch mit dem Erstarken des Hinduismus zunehmend an Bedeutung, bevor es im 12. Jh. von den muslimischen Eroberern zerstört wurde.

Besichtigung

Erst Anfang dieses Jahrhunderts wurden die schon fast vergessenen Überreste der ehemals weitläufigen Anlage freigelegt. Neben den eigentlichen Universitätsgebäuden fanden sich auch Überreste der ursprünglichen Klosteranlage sowie Stupas und Tempel, die von *Ashoka* und anderen Herrschern, die die Universität großzügig unterstützten, errichtet wurden. Die Gebäude sind durch einen zentralen, von Nord nach Süd verlaufenden Weg unterteilt, wobei die Klosteranlagen östlich und die Tempel westlich von ihm zu finden sind.

Das im wörtlichen Sinne herausragende Monument der insgesamt nur noch spärlich erhaltenen Überreste ist der **Tempel Nr. 3,** der als Tempel jedoch kaum zu erkennen ist, da der monumentale Backsteinbau das Resultat einer mehrmaligen Überbauung eines wesentlich älteren Heiligtums darstellt. Erhalten blieben drei der ehemals vier Ecktürme sowie einige Nischen, in denen sich einstmals Buddha-Figuren fanden. Von der über einen breiten Treppenaufgang zu erreichenden Spitze des Tempels bietet sich ein schöner Ausblick über die sich im Norden ausbreitende Anlage.

Archäologisch am interessantesten jedoch ist das **Kloster (Vikara) Nr. 1,** mit dem sich um einen zentralen Innenhof gruppierenden Wohnraum der Studenten sowie einem steinernen Sockel, der als Podium der Professoren gedeutet wird. Der Eintritt zu den Ruinen liegt bei 100 Rs, geöffnet ist von 9 bis 17 Uhr.

Gegenüber dem Eingang zur Ausgrabungsstätte liegt das kleine **archäologische Museum** (tgl. außer Fr 10–17 Uhr) mit einer schönen Sammlung buddhistischer und hinduistischer Bronzefiguren, Steininschriften, Tongefäßen und Münzen. Zwei große Terrakottafässer aus dem 1. Jh. finden sich in einem Innenhof hinter dem Museum.

Das 1951 errichtete **Centre of Buddhist Studies** dient unter Anknüpfung an die frühere Bedeutung Nalandas zu wissenschaftlichen Studien der Pali-Literatur.

Unterkunft, Essen und Trinken

● Einfache **Übernachtungsmöglichkeiten** stehen nur in wenigen einfachen Herbergen, die renoviert werden müssten, zur Verfügung, wie dem **Public Works Department Rest House** €, also besser in Rajgir nächtigen. Fürs leibliche Wohl sorgen einige **Essensstände** am Eingang zum Ausgrabungsgelände.

An- und Weiterreise

Für die genauen Abfahrts- und Ankunftszeiten der beiden tgl. Züge nach Rajgir und Patna siehe Rajgir, Weiterreise.

● Von **Patna** zunächst per Bus in drei Std. (stündliche Verbindungen) nach **Bihar Sharif,** dort umsteigen in den Bus nach **Rajgir,** der im Dorf Nalanda anhält. Von dort sind es mit Tonga oder Trekker noch einmal 3 km zur Ausgrabungsstätte (20 Rs).

Rajgir   ☄ VII/C3

(ca. 35.000 Einwohner, Vorwahl 06112)

Auch diese 100 km südöstlich von Patna gelegene Stadt lässt heute kaum etwas von ihrer ehemaligen historischen Bedeutung erahnen. Dabei war sie nicht nur die **ehemalige Hauptstadt des Magadha-Reiches,** bevor sie *Ajatashatru* im 5. Jh. nach Pataliputra, das heutige Patna, verlegte, sondern gilt Jains wie Buddhisten gleichermaßen als **heiliger Ort.** *Mahavir,* der Begründer der Jain-Religion, soll 14 Jahre in der Stadt gelebt haben, die auch als Geburtsort des 20. Furtbereiters, *Munisawata,* angesehen wird. Viele buddhistische Pilgergruppen legen in Rajgir einen Zwischenstopp auf ihrem Weg ins 50 km südlich gelegene Bodhgaya ein, weil *Buddha* in der Regenzeit in Rajgir gelebt haben soll und das erste buddhistische Konzil nach seinem Tod hier tagte.

Schließlich ist der Ort wegen seiner **heißen Quellen,** besonders bei unter Rheuma- und Herzbeschwerden leidenden Indern, ein beliebter Kurort.

Ähnlich wie in Nalanda sollte man sich von den **archäologischen Überresten** der ehemaligen Magadha-Hauptstadt nicht allzu viel erwarten. Bis auf die Grundmauern des Gefängnisses, in dem *Ajatashatru* seinen Vater *Bhimbesa* festsetzte, und den Ruinen eines Klosters, das *Bhimbesa* zu Ehren Buddhas, der ihn persönlich zum Buddhismus bekehrte, errichten ließ, gibt es kaum etwas zu sehen. Noch dürftiger sind die Überreste der insgesamt 26 Jain-Tempel, die auf den die Stadt umgebenden felsigen Hügeln erbaut wurden.

Hauptanziehungspunkt vornehmlich japanischer Reisegruppen ist die etwa 5 km südlich der Stadt auf dem so genannten Geierhügel errichtete und 1969 eingeweihte **Shanti Stupa.** Die Fahrt mit der Seilbahn (Hin- und Rückfahrt 20 Rs, 8–13 und 14–15 Uhr) trägt gerade bei den indischen Touristen mindestens ebenso zur Attraktion bei wie die Stupa selbst. In dem etwas oberhalb der Stupa gelegenen Tempel lassen sich zuweilen buddhistische Zeremonien verfolgen. Etwa auf halbem Weg zwischen Stadt und Seil-

Der Nordosten

bahn liegt am Fuße des Hügels, wo das erste buddhistische Konzil stattfand, der rosafarbene **Laxminarian-Tempel** mit den heißen Quellen.

Stadtverkehr

Zur Besichtigung der recht weit voneinander entfernten Sehenswürdigkiten bieten sich **Tongas** an. Sie sollten – saisonabhängig – um die 150 Rs für einen halben Tag kosten.

Unterkunft, Essen und Trinken

Aufgrund der Bedeutung als Pilger- und Kurort stehen verhältnismäßig viele Übernachtungsmöglichkeiten zur Verfügung. Während der **Hauptreisemonate** Dezember und Januar steigen die hier genannten Preise um das bis zu Dreifache. Einzelzimmer sind fast nirgends vorhanden. Wegen des dort herrschenden Lärms sind die an der Kreuzung beim Busbahnhof gelegenen Hotels weniger empfehlenswert.

● Hübsch gelegen ist das sympathische **Hotel Rajgir** €–€€ (Tel.: 255266) mit einem schönen Innenhof und passablen Zimmern, deren Preise je nach Größe, Lage und Ausstattung variieren. Gut und billig isst man im angeschlossenen **Amber Restaurant.**

● Etwas außerhalb des Dorfes, zurückversetzt von der Straße in Richtung der heißen Quellen, befindet sich das einfache, aber sehr schön um einen bepflanzten Innenhof gebaute **Siddhart Hotel** €–€€ (Tel.: 255616).

● Nicht schlecht ist der **Tourist Bungalow Gautam Vihar** €€ (Tel.: 255273). Wie meistens in staatlichen Hotels wirkt das Personal reichlich desinteressiert, doch dafür sind die Zimmer sauber und geräumig, und das Hotel liegt in einer schönen Gartenanlage. Das in einem Extragebäude untergebrachte Restaurant vermittelt die Atmosphäre einer Lagerhalle.

● Eine Klasse für sich ist das luxuriöse, speziell für die gutbetuchten japanischen Pilger ganz im fernöstlichen Stil errichtete **Indo Hokke Hotel** €€€€ (Tel.: 255245, centaur@sanchar net.in). Fantastische Ausblicke von den Balkonzimmern und das japanische Badehaus

lassen den schwärmenden Gast entspannen. Wer es sich leisten kann, sollte sich an den frischen Spezialitäten des japanischen **Lotus Restaurant** laben. 400 Rs pro Person muss man für diese kulinarische Köstlichkeit allerdings schon veranschlagen.

● Das **Green Restaurant** gegenüber den heißen Quellen serviert beste indische Kost für Nichtvegetarier.

An- und Weiterreise

● Zwei **Zugverbindungen** (8.10 und 15.10 Uhr) tgl. mit Stopp in Nalanda (um 8.26 und 15.23 Uhr) nach Patna (Ankunft 11.10 bzw. 18.20 Uhr). Von Patna (Abf. 7.13 und 9 Uhr) über Nalanda (Abf. 10.04 und 11.35 Uhr) nach Rajgir (Ank. 10.30 bzw. 11.50 Uhr).

● **Busse** von und nach Bihar Sharif mit Stopp in Nalanda Village und nach Gaya (2,5 Std.) verkehren regelmäßig vom Busbahnhof. Leider sind die **Sammeljeeps** nach Nalanda (8 Rs) völlig überladen, sodass dies nur für wenige eine Option sein dürfte.

Pawapuri

Der Gründer des **Jainismus,** *Mahavir,* wirkte und starb um 500 v. Chr. in Pawapuri. So ist Pawapuri eines der wichtigsten Pilgerzentren Indiens für die Anhänger dieser Glaubensrichtung. Hauptattraktion des Ortes ist der **Jalmandir,** ein Marmortempel inmitten des Lotus-Sees. Dieser soll dadurch entstanden sein, dass große Mengen des den Verbrennungsort *Mahavirs* umgebenden Bodens als Ersatz für seine Asche ausgeschaufelt wurden, welche die Trauernden eigentlich mitnehmen wollten.

An- und Weiterreise

● Pawapuri ist per **Sammeljeep** von Nalanda und Bihar Sharif erreichbar. Außerdem besteht **Zugverbindung nach Patna.**

Gaya   ↗ VII/C3

(ca. 390.000 Einwohner, Vorwahl 0631)

Die nach Patna zweitgrößte Stadt Bihars gilt als einer der bedeutendsten Pilgerorte des Landes, da laut hinduistischer Mythologie eine hier abgehaltene Bestattung dem Toten den direkten Eintritt in den Himmel verspricht. Zentrum der Wallfahrt ist der Vishnupad-Tempel an den Ufern des Falgu, den Ende des 18. Jahrhunderts die Maharani *Ahalya Bai* von Indore errichten ließ, die auch den Bau des Goldenen Tempels von Varanasi initiierte. Offiziell ist der Tempel zwar nur für Hindus geöffnet, doch gegen ein kleines Trinkgeld wird auch westlichen Touristen zuweilen der Zutritt gewährt. Einen schönen Ausblick über die Stadt bietet der über rund 250 Treppen zu ersteigende **Brahmayuni-Hügel,** dessen Gipfel von mehreren Tempeln bestanden wird.

Ansonsten bietet der staubige und recht unansehnliche Ort jedoch keinerlei Sehenswürdigkeiten, und so dient er den allermeisten Touristen auch nur als Durchgangsstation auf dem Weg nach Bodhgaya.

> ⚠ Wer erst spät abends ankommt, sollte lieber eine **Übernachtung in Gaya** einplanen, da es auf der Strecke Gaya – Bodhgaya in den letzten Jahren wiederholt zu nächtlichen **Überfällen** kam. Auch in Gaya selbst ist das Verlassen der Unterkunft nach Einbruch der Dunkelheit nicht zu empfehlen.

Information

●Die Angestellten des **Bihar State Tourist Office** (Mo–Sa 8–20 Uhr, Tel.: 2420155) im Bahnhofsgebäude sind sehr hilfsbereit.

Stadtverkehr

●10–15 Rs kostet es mit der **Fahrradriksha** sowohl vom Bahnhof zum Gaurakshini-Bushalteplatz, von wo die Busse nach Rajgir abfahren, als auch zum Katcheri-Autoriksha-

stand für die Weiterfahrt nach Bodhgaya. Maximal 10 Rs sollten es zum Bushalteplatz in Gandhi Maidan sein.

Unterkunft, Essen und Trinken

●Direkt gegenüber vom Ausgang des Bahnhofsvorplatzes stößt man auf das **Ajatsatru Hotel** €–€€ (Tel.: 2434584-66) mit passablen, aber lauten Zimmern (z.T. mit AC). Stark frequentiert wird das **Sujata Restaurant.**

●In der neben dem Ajatsatru abzweigenden kleinen Seitenstraße gibt's mehrere einfache und ruhiger gelegene Unterkünfte, von denen das alte, aber saubere und gemütliche **Hotel Akash** € (Laxman Sahay Rd., Tel.: 2222205) den besten Eindruck macht – mit Dach zum Relaxen.

●Wesentlich teurer ist das versteckt am Ende einer Zufahrt an der Station Rd. gelegene **Hotel Siddharta International** €€–€€€€ (Tel.: 2436243/52, hotlesiddharta1@rediffmail.com, www.rajgir-residency.com). Das Haus beherbergt auch das sehr gute *Kapila Restaurant.*

●Den besten Gegenwert der Stadt offeriert das **Hotel Vishnu International** €€–€€€ (Swarajayapur Rd., Tel.: 2431146). In diesem recht neuen Hotel sind die teilweise klimatisierten Zimmer mit TV makellos. Der Service ist gut, auch die Dachterrasse ist einladend.

Bank

●Im Bahnhof gibt's einen ATM der **State Bank of India,** der nur Visa-Karten akzeptiert.

Post und Internet

●Im 1. Stock des *Hotel Gautam* an der Station Rd. ist ein **Internetcafé** bis etwa 20 Uhr geöffnet. Mehrere weitere finden sich an der Swarajayapur Rd. (20 Rs). Neben dem Gautam ist das **Postamt.**

An- und Weiterreise

Bahn:

Das Reservierungsbüro im Bahnhof ist Mo–Sa 8–20, Sa bis 14 Uhr geöffnet (14 Uhr Pause). Gaya liegt an der Breitspurstrecke Kalkutta – Delhi, und so gibt es viele Direktverbindungen. Genaueres im Anhang.

Der Nordosten

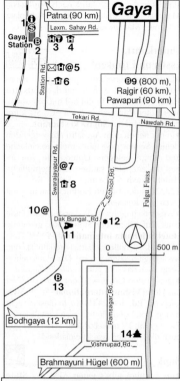

Gaya

- Patna (90 km)
- Laxm. Sahay Rd.
- Gaya Station
- Station Rd.
- 9 (800 m), Rajgir (60 km), Pawapuri (90 km)
- Tekari Rd.
- Nawdah Rd.
- Swarajapur Rd.
- School Rd.
- Falgu Fluss
- Dak Bungal. Rd.
- Ramsagar Rd.
- Bodhgaya (12 km)
- Vishnupad Rd.
- Brahmayuni Hügel (600 m)
- 0   500 m

❶	1	Bihar Tourism,
⑤		State Bank of India ATM
Ⓑ	2	Abfahrt der Bihar Tourism Busse nach Patna/Bodhgaya
🏨	3	Hotel Ajasatru,
❾		Sujata Restaurant
🏨	4	Hotels Akash und Swagat
✉🏨	5	Postamt, Hotel Gautam,
@		Internetcafé
🏨	6	Hotel Siddharta International
@	7	World Net
🏨	8	Hotel Vishnu International
Ⓑ	9	Gaurakshini Busbahnhof
@	10	Internetcafé
➤	11	Polizei
•	12	Autorikshastand
Ⓑ	13	Gandhi Maidan Busbahnhof
🔺	14	Vishnupad Tempel

Bus:

● Vom Busbahnhof *Gandhi Maidan* fahren stündlich Busse zum 3 Std. entfernten **Patna** (50 Rs) und zum 7 Std. entfernten **Ranchi** (110 Rs).

● Alle 2 Std. starten Busse nach **Bodhgaya.** Gegen 7.30 und 14.30 Uhr passieren, aus Bodhgaya kommend, recht komfortable Busse von *BiharTourism* den Bahnhofsvorplatz von Gaya (knapp halbstündiger Aufenthalt) auf dem Weg nach Patna. In der Gegenrichtung aus Patna fahren sie gegen 9.30 und 16.30 Uhr durch Gaya. Falls noch ein Platz frei ist, wird man mitgenommen.

● Wer nach **Rajgir** (2,5 Std., 40 Rs) bzw. **Nalanda** (jeweils etwa stündliche Verbindungen) will, muss sich zum Gaurakshini-Halteplatz auf der anderen Seite des Faiju-Flusses begeben.

● Für alle **weiter gelegenen Ziele** sind Züge vorzuziehen, da man dann sein von Bodenwellen geschütteltes Rückgrat ein wenig schonen kann – Bihars Straßen sind in einem ähnlich katastrophalen Zustand wie der Bundesstaat selbst.

Tempo/Autoriksha:

● Vom Kacheri-Autoriksha-Halteplatz aus fahren mindestens alle halbe Stunde Sammelrikshas/Tempos (10 Rs) zum 13 km entfernten **Bodhgaya.** Wer seine eigene Autoriksha mietet, muss für die Fahrt je nach Verhandlungsgeschick etwa 80 Rs, für ein Taxi etwa das Doppelte zahlen. Die Fahrer der Sammelrikshas, die auch auf Handzeichen Fahrgäste mitnehmen, wenn noch Platz ist, sind Schlitzohren und versuchen häufig, wenn der letzte indische Fahrgast auf dem Weg nach Bodhgaya das Fahrzeug verlassen hat, von westlichen Touristen den Preis für eine Einzelriksha schon vor Erreichen Bodhgayas einzutreiben oder alternativ damit zu drohen, dass man das Gefährt verlassen müsse. In jedem Fall sollte man erst bei Erreichen Bodhgayas zahlen.

Bodhgaya   ↗ VII/C3

(ca. 30.000 Einwohner, Vorwahl 0631)

Der weltweit **heiligste Ort der Buddhisten** liegt nicht etwa in einem klassischen buddhistischen Land wie Sri Lanka, Myanmar (Burma) oder Thailand, sondern in Indien, wo heute weniger als 1 % der Bevölkerung buddhistischen Glaubens ist. Bodhgaya heißt der kleine Ort, in dem der Prinzensohn *Siddharta Gautama* in einer Vollmondnacht des Jahres 483 v. Chr. nach siebentägigem Meditieren unter dem Bodhi-Baum vollkommene Einsicht in das Gesetz des Lebens erlangt haben soll und damit zum Buddha („der Erleuchtete") wurde.

Der Geburtsort einer der bedeutendsten Weltreligionen ist jedes Jahr Ziel indischer wie ausländischer buddhistischer Pilger. Anders als die meisten buddhistischen Ausgrabungsstätten, zeichnet sich Bodhgaya durch eine echte religiöse Atmosphäre aus. Den Höhepunkt der Pilgersaison bildet der Monat Dezember, wenn der *Dalai Lama* und mit ihm Tausende seiner tibetanischen Landsleute nach Bodhgaya kommen und die Stadt für wenige Wochen zum *Little Lhasa* wird.

Bodhgaya strahlt eine sehr friedliche Atmosphäre aus, und so entschließen sich viele für einen längeren Aufenthalt, obwohl die Hauptsehenswürdigkeiten problemlos an einem Tag zu erleben sind. Auch einige Orte der Umgebung sind interessant, so die Pragbodhi-Höhlen in den Dungeshwari-Bergen oder das Dorf Sujata mit einigen kleinen Tempeln auf der anderen Flusseite.

Mahabodhi-Tempel und Bodhi-Baum

Hauptanziehungspunkt aller Besucher Bodhgayas ist der 55 m hohe, pyramidenförmig aufragende *Mahabodhi-Tempel*. Im Innern des siebenstufigen Heiligtums befindet sich eine riesige vergoldete Buddha-Statue. Bis heute ungeklärt ist, wer der ursprüngliche Erbauer des Tempels ist. Angeblich soll an gleicher Stelle *Kaiser Ashoka* eine Stupa zu Ehren Buddhas errichtet haben.

Historisch nachgewiesen ist ein Tempel ähnlichen Ausmaßes bereits aus dem 7. Jh., sodass davon ausgegangen werden kann, dass der Mahabodhi-Tempel das Resultat zahlreicher Veränderungen über einen Zeitraum von mehr als einem Jahrtausend darstellt.

Ein groß angelegtes Restaurationsprojekt leitete der burmesische König ein, nachdem er anlässlich einer Pilgerreise im Jahre 1881 den Tempel in völlig verwahrlostem und halb verfallenem Zustand vorfand. Während die Außenseiten des Tempels zierenden Buddha-Figuren neueren Datums sind, stammen die insgesamt 85 das Heiligtum umlaufenden, mit schönen Relief-Rosetten versehenen Sandsteinpfeiler zum Teil noch aus der Shunga-Periode (2. Jh. v. Chr.) und stellen somit die ältesten Relikte des ursprünglichen Tempels dar.

Der an der Westseite des Tempels gelegene **Bodhi-Baum** mit seinen bunten Gebetsfahnen befindet sich an der gleichen Stelle, an der einst der ursprüngliche Bodhi-Baum gestanden haben soll, unter dem Buddha Erleuchtung gefunden hat. Der heutige Baum ist ein Ableger des Bodhi-Baums aus Anuradhapura in Sri Lanka, der wiederum vom Originalbaum abstammen soll. Das vor dem Baum platzierte kleine Podest markiert die Stelle, an der Buddha während seiner siebentägigen Meditation gesessen haben soll.

Diese ist nur eine von insgesamt sieben im Tempelbezirk gelegenen heiligen Stellen, die Bezug auf besondere Vorkommnisse während Buddhas Aufenthalt nehmen. Hierzu gehört neben einem **Fußabdruck Buddhas** auch der südlich gelegene **Makalindasee** mit der in der Mitte aufragenden Kobrastatue. Entsprechend der buddhistischen Mythologie, brach während Buddhas sechsten Meditationstages ein Unwetter aus. Um ihn vor den enormen Wassermassen und Windstürmen zu schützen, schraubte eine Kobra ihren Körper unter den in tiefer Versenkung sitzenden Buddha und breitete ihren Kopf schützend über ihm aus. Die vielen den Tempelbezirk schmückenden Stupas mit ihren Buddha-Figuren wurden von unzähligen Pilgern aus aller Welt errichtet.

Anschließend an den Tempel ist der neue, baumbestandene **Meditation Park** mit Meditationshütten, Pavillons und einem See einen beruhigenden Abstecher wert.

Der Nordosten

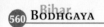
●**Öffnungszeiten des Tempels:** 5–21 Uhr, Eintritt frei, Kamera/Handykamera/Video 20/300/500 Rs, www.mahabodhi.com. Am Eingang kann das sogenannte *Electronic Guidance System* (20 Rs) ausgeliehen werden.

Klöster und Meditationszentren

Alle bedeutenden buddhistischen Nationen haben in unmittelbarer Nähe zum Mahabodhi-Tempel Klöster im repräsentativen Stil ihres Landes errichtet. So findet sich in diesem kleinen Ort eine wohl einmalige Ansammlung verschiedener Stilrichtungen von Sri Lanka bis Japan und von Bhutan bis China. Doch was auf den ersten Blick besonders reizvoll erscheinen mag, erweist sich oftmals als sterile Angelegenheit. Der an sich recht gut gemeinte Versuch, die einheimische Architektur so detailgenau wie möglich zu kopieren, lässt viele Gebäude recht deplatziert erscheinen. Auffälligstes Beispiel hierfür ist das 1957 anlässlich des 2.500. Geburtstags Buddhas errichtete thailändische Kloster. Abgesehen von einigen Ausnahmen – hier ist vor allem das 1934 erbaute, zweigeschossige tibetanische Kloster mit seiner großen Gebetshalle zu nennen – strahlen die meisten kaum religiöse Atmosphäre aus und dienen meist nur als Fotokulisse für Reisegruppen, die hier einen kurzen Zwischenstopp einlegen.

Eine weitere, vielversprechende Ausnahme scheint das neue, thailändische **World Buddhist Meditation Centre** (Tel.: 2200845, 2200257) südlich des Mahabodhi-Tempels zu werden, das sich zur Recherchezeit noch im Bau befand. Hier wird die Arannavasi-Tradition (Wald-Tradition, im Gegensatz zur Gamavasi-/Stadt-Tradition) des Buddhismus gelehrt.

●Das **Root Institute of Wisdom Culture** (Tel.: 2200714, rootinstitue@vsnl.com, www.rootinstitute.com) liegt leicht außerhalb südwestlich des Ortes. Die meisten Interessierten belegen den achttägigen Meditationskurs, der für 4.000 Rs Unterkunft, Verpflegung und Kurse abgedeckt. Das liebliche Gartenareal spricht offenbar vorwiegend westliche und fernöstliche Menschen an. Dreimal die Woche werden in der Hauptsai-

Sehenswürdigkeiten
▲ 24 Mahabodhi-Tempel und Bodhibaum
★ 25 Makalinda Teich
▲ 33 Thailändischer Tempel
▲ 39 Tibetischer Tempel
▲ 40 Indosan Nipponji Tempel
★ 42 Buddha Statue

Unterkunft
● 1 Burmesisches Kloster
🏠 3 Deep Guest House
🏠 4 Sheetal Guest House
🏠 5 Rahul Guest House, Shanti Guest House
🏠 10 Kirti Guest House
🏠 18 Mahayana Guest House
🏠 27 Hotel Lotus Nikko
🏠 29 Hotel Embassy
🏠 30 Royal Residency
🏠 34 Hotels Sujata und Shashi International
● 35 Tibetisches Kloster
● 37 Kloster
🏠 41 Hotel Uruvela International

Essen und Trinken
❶ 2 Restaurants Old Pole Pole und Original Pole Pole
❶ 11 Fujaji Green Restaurant
◎ 12 Madras Coffee House
❶ 13 Kalyan Restaurant
❶ 19 Restaurants Om und Gautam
❶ 31 Siddharta Restaurant

Bodhgaya Road

🏠 30

Bodhgaya International Meditation Centre (4 km), Flughafen Gaya (8 km), Gaya (12 km), Patna (104 km)

● 38

Verkehr
🅑 9 Busparkplatz,
● Preistafel für Taxis
● 15 Archant Tours, Travels & Forex
🚲 28 Raja Cycles
● 32 Bahnreservierungsbüro

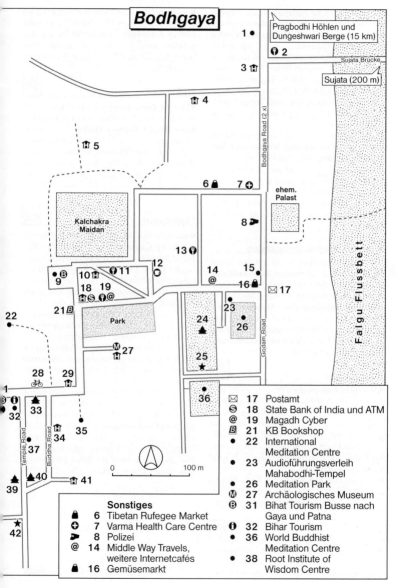

Der Nordosten

Bodhgaya

1 •

Pragbodhi Höhlen und
Dungeshwari Berge (15 km)

2

Sujata Brücke

Sujata (200 m)

3

4

5

Bodhgaya Road (2 x)

6   7

ehem.
Palast

8

Kalchakra
Maidan

13

14
@

15

16   17

9

10   11

12

18   19

21

23

Park

24

26

22

25

M 27

28   29

36

Falgu Flussbett

Godam Road

31   32

33

35

Temple Road   Buddha Road

34

37

39   40   41

42

0   100 m

Sonstiges

☐ 17 Postamt
⑤ 18 State Bank of India und ATM
@ 19 Magadh Cyber
Ⓑ 21 KB Bookshop
•   22 International
        Meditation Centre
•   23 Audioführungsverleih
        Mahabodhi-Tempel
•   26 Meditation Park
Ⓜ 27 Archäologisches Museum
Ⓑ 31 Bihat Tourism Busse nach
        Gaya und Patna
❶ 32 Bihar Tourism
•   36 World Buddhist
        Meditation Centre
•   38 Root Institute of
        Wisdom Centre

Sonstiges
6   Tibetan Rufegee Market
7   Varma Health Care Centre
8   Polizei
14 Middle Way Travels,
    weitere Internetcafés
16 Gemüsemarkt

son Kurse auch für Außenstehende angeboten. Genaueres auf der informativen Website.

● Beim **International Meditation Centre** (Tel.: 2200707) am westlichen Stadtrand ist der Zugang und das Verlassen der das ganze Jahr hindurch veranstalteten Kurse immer möglich (Minimum 100 Rs/Tag als Spende). Ebenfalls gut zum Hineinschnuppern: Im japanischen **Indosan-Nipponji-Tempel** gibt's tgl. um 6 und 17 Uhr einstündige Meditationssessions.

● Wer intensivere Kurse bevorzugt, ist im **Bodhgaya International Vippassana Meditation Centre** (Tel.: 220437), etwa 4 km westlich Bodhgayas, gut aufgehoben. Hier werden zweimal monatlich anspruchsvolle, zehntägige Kurse veranstaltet. Auch dieses Zentrum wirtschaftet auf Spendenbasis, eine Mindestspende von 100 Rs/Tag wird erwartet.

Weitere Sehenswürdigkeiten

Etwas groß geraten ist die auf den ersten Blick imposante, 25 m hohe **Buddha-Statue** im Südwesten des Dorfs, die 1989 vom *Dalai Lama* eingeweiht wurde (7–12 u. 14–17 Uhr).

Das **Archäologische Museum** (Tel.: 2200739, tgl. außer Fr 10–17 Uhr) zeigt eine Sammlung von Buddha-Statuen, die in der Umgebung gefunden wurden. Kamera und Video sind nicht erlaubt.

Information

● Das **BiharTourism-Büro** (Mo–Sa 10–17 Uhr, Tel.: 2200672, (0)9431442547) beim *Hotel Siddharta Vihar* ist zwar bemüht, aber nicht immer sachkundig, man scheint eher auf asiatische Pilgerreisende denn auf europäische Individualtouristen eingestellt zu sein. Auch die Öffnungszeiten werden nicht ganz so genau genommen.

● Ein bemühter **privater Guide** für Bodhgaya und die nähere Umgebung ist *Banwari* (Tel.: (0)9234776243, banwari_bodhgaya@yahoo. com).

Stadtverkehr

● Alle Wege im kleinen Dorf sind problemlos zu Fuß zu machen, ansonsten kann man auf **Fahrradrikshas** für 10–15 Rs zurückgreifen.

● An mehreren Ständen in Bodhgaya wie etwa dem *Karak Cycle Store* oder *Raya Cycles* können **Fahrräder** für meist 50 Rs/Tag ausgeliehen werden, eine hervorragende Fortbewegungsart auch für die Ziele der näheren Umgebung.

Einkaufen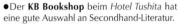

● Der **KB Bookshop** beim *Hotel Tushita* hat eine gute Auswahl an Secondhand-Literatur.

● Der **Tibetan Refugee Market** (Oktober bis Januar) ist eine hervorragende Gelegenheit, sich mit warmer Kleidung für einen evtl. anstehenden Trip in die Berge auszurüsten. Zudem tut man ein gutes Werk, da die Gewinne der tibetischen Gemeinde zugute kommen.

Unterkunft

● Stark von Rucksachtouristen frequentiert ist das **Deep Guest House** € (Bodhgaya Rd., Tel.: 2200463) an der nördlichen Ausfallstraße des Ortes. Ordentliche Zimmer, teils mit Gemeinschaftsbad sind okay. Leider ist die Straße ab frühmorgens recht laut. Geräuschempfindliche finden sie in dort abzweigenden Gasse mit dem **Sheetal Guest House** € (Tel.: 2200433) eine ruhige und angenehmere Adresse, zumal ein Dachgarten lockt.

● Ein weiterer Favorit in dieser Preiskategorie ist das billige und zentral platzierte **Welcome Guest House** € (Tel.: 2200377, brajeshbodh gaya@rediffmail.com) beim beliebten *Om Restaurant*. Die etwas teureren Zimmer in dieser sauberen Bleibe haben TV und Balkon.

● Hinter dem großen Kalchakra Maidan liegt das **Rahul Guest House** €-€€ (Tel.: 2200709) etwas abgelegen, macht diesen kleinen Nachteil aber durch seine makellosen Zimmer und die Terrasse zur freien Ebene wett. Das **Shanti Guest House** € (Tel.: 2200129)

Thailändischer Tempel in Bodhgaya

nebenan ist eine etwas billigere, einfachere, aber gute Ausweichadresse.

●Eine Qualitäts- und Preisstufe höher ist das **Kirti Guest House** €-€€€ (Tel.: 2200744, (0)9431223016, kirtihouse744@yahoo.com) in zentraler Lage eine klasse Bleibe. Die billigsten der geräumigen Zimmer haben Gemeinschaftsbad, die teureren sind teils klimatisiert und mit Balkon versehen.

●Weitere, allerdings sehr spartanische Übernachtungsmöglichkeiten in Gartenumgebung bieten einige der in Bodhgaya ansässigen **Klöster,** wobei das bhutanesische € (Tel.: 2200710, (0)9431085440) und das burmesische besonders populär sind. Gäste sind allerdings nur dann willkommen, wenn sie sich an die strikten Benimmregeln im Kloster halten, wozu u.a. der Verzicht auf Nikotin und Alkohol sowie das Tragen dezenter Kleidung gehören. Das Areal des thailändischen **World Buddhist Meditation Centre** € (Tel.: 2200845, 2200257) südlich des Mahabodhi-Tempels war zur Recherchezeit noch im Rohbau, verspricht aber hervorragend zu werden.

●Erstaunlich preiswert ist das **Hotel Embassy** €€-€€€ (Tel.: 2200711/99, (0)9431225041, embassyhotelbodhgaya@yahoo.com). Saubere Zimmer, alle mit TV, viele mit Balkon, mehrere klimatisiert in günstiger Lage sind empfehlenswert. Fast preis- und qualitätsgleich ist das **Uruvela International** €€-€€€ (Tel.: 2200236, (0)9431279530) im Südwesten des Ortes.

●Das **Hotel Sujata** €€€€-€€€€€ (Tel.: 2200481, hotel_sujata@yahoo.com, www.hotelsujata.com) an der Straße zum tibetanischen Kloster ist eines der besten Mittelklassehotels.

●Bodhgayas beste höherklassige und nicht sonderlich teure Unterkunft ist das herausragende **Mahayana Guest House** €€€-€€€€€ (Tel.: 2200756, mahayanagt@yahoo.com) in der Nähe des Mahabodhi-Tempels. Mahlzeiten sind im Preis enthalten. Die wenig teureren Deluxe-Zimmer verfügen über bessere Ausstattung und sind den Aufpreis wert. Auch das vegetarische Restaurant ist gut.

●Neu ist das makellose, klimatisierte **Hotel Tokyo Vihar** €€€€ (Tel.: 2201141, 2200820, hoteltokyovihar@rediffmail.com, www.hotel

515in Foto: mb

Der Nordosten

Bihar

tokyovihar.com), eine hervorragende Mittelklassebleibe am westlichen Rand Bodhgayas. Alle Zimmer sind klimatisiert und haben TV und Balkon. Qualitativ nicht weit von den nachfolgenden entfernt, aber billiger.

● Im luxuriösen **Lotus Nicco** €€€€-€€€€€ (Tel.: 22007090-2, lotusnikko_bodhgaya@yahoo. com) mit eigenem Zufahrtsweg hinter dem archäologischen Museum ist ein innenarchitektonisch sehr gelungenes Hotel. Hier gibt's auch riesige Suiten für bis zu 4 Personen. In der Nebensaison wird ein Preisnachlass von 30 % gewährt, dennoch ist es reichlich teuer.

● 2002 fertiggestellt, ist das **Royal Residency** €€€€€ (Dumuhan Rd., Tel.: 2200124, 2201156, theroyalresidency@yahoo.co.in, www.theroy alresidency.net/bodhgaya) eine mit vielen Holzschnitzereien und Marmor gestaltete Luxusherberge.

Essen und Trinken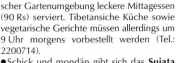

Während das Essensangebot für die meiste Zeit des Jahres nicht gerade breit gestreut ist, ändert sich das mit der Ankunft des *Dalai Lama* und seiner tibetanischen Landsleute im Januar/Februar schlagartig. Auch kulinarisch wird dann Bodhgaya zum *Little Lhasa*. Ansonsten muss man sich mit den zahlreichen **Essensständen** an der Hauptstraße oder den bei Travellern beliebtesten *Om Cafe* oberhalb des Mahabodhi-Tempels begnügen.

● Eine Gasse gegenüber dem Tempeleingang hinein, ist das Freiluftrestaurant **Kalyan** unter hohen Bäumen eine sehr einladende Adresse mit vielfältiger Speisekarte.

● Sehr beliebt bei Travellern sind die Restaurants **Gautam** und **Om** an der Bodhgaya Rd. gegenüber dem Parkeingang mit typischer Travellerkost. Hier kommt man schnell mit anderen Rucksackreisenden ins Gespräch.

● Wer besonders preiswert speisen möchte, wird im **Madras Coffee House** rustikal und ausschließlich indisch bedient.

● Viele Zeltrestaurants in Bodhgaya, natürlich ohne Aussicht, servieren Traveller- und auch tibetanische Küche. Einer der besseren Vertreter dieser Sparte ist das **Fuyija Green Restaurant** beim Kalchakra Maidan. Gut besucht sind auch die Zeltrestaurants **Old Pole**

Pole und **Original Pole Pole** im Norden des Dorfs.

● Etwas außerhalb im Restaurant des **Root Institute of Wisdom Culture** werden in hübscher Gartenumgebung leckere Mittagessen (90 Rs) serviert. Tibetansiche Küche sowie vegetarische Gerichte müssen allerdings um 9 Uhr morgens vorbestellt werden (Tel.: 2200714).

● Schick und mondän gibt sich das **Sujata Restaurant,** doch leider bewegen sich nur die Preise auf ähnlich hohem Niveau.

Bank

● Die **State Bank of India** (Mo–Fr 10.30–16 Uhr, Sa 10.30–13.30 Uhr) und mehrere private Wechsler wie **Middle Way Travels** und **Archant Forex** (tgl. bis 21 Uhr) mit guten Wechselkursen tauschen Bargeld und Reiseschecks. Der **ATM** des erstgenannten Geldinstituts akzeptiert die meisten internationalen Kreditkarten.

Post und Internet

● Das **Postamt** beim Gemüsemarkt ist Mo–Fr 10–15 und Sa bis 13 Uhr geöffnet.

● Recht schnell sind die Internetcafés von **Shivam Tours & Travels** und das **Magadh Cybercafé** (30 Rs/Std.) im Shopping Complex gegenüber dem Botanischen Garten. U.a. beim Letztgenannten werden Fotos des Kamera-Chips für 50 Rs auf CD gebrannt. Auch beim Gemüsemarkt finden sich mehrere fixe Surfplätze.

Medizinische Versorgung

● Die Notaufnahme des kleinen **Verma Health Care Centre** (Tel.: 2201101) an der Verbindungsstraße ist durchgehend erreichbar, die Praxis von **Dr. Mirsha** ist 6.30–8.30 und 18.30–20.30 Uhr geöffnet.

● Im Dorf stehen einige **Apotheken** bereit.

An- und Weiterreise

Beim Tourist Office ist ein **Reservierungsbüro für Bahnreisen** in ganz Indien zuständig (Mo–Fr 10–14 Uhr).

● **Sammelrikshas** vom Autoriksha-Stand gegenüber der Post fahren regelmäßig nach

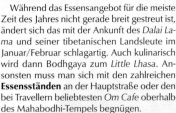

Gaya (10 Rs). Mit der eigenen Autoriksha kostet die Fahrt je nach Verhandlungsgeschick 70–100 Rs.

● Reguläre **Busse** verkehren nach einem relativ undurchsichtigen Zeitplan zwischen Patna, Gaya und Bodhgaya. So verlässt man sich am besten auf die vor dem staatlichen *Hotel Siddharta Vihar* um 7 und 14 Uhr startenden Busse von BiharTourism, die neben natürlich teureren Taxis die beste Verbindung nach Patna (über Gaya) sind. Tickets (60 Rs) sollte man am besten vor Abfahrt in der Lobby des Hotels kaufen.

● Zwei Preistafeln im Dorf (siehe Stadtplan) zeigen die offiziellen **Taxipreise**, die bindend sind. Leider meiden die Taxifahrer diese Orte wie der Teufel das Weihwasser, da sie lieber einen weit höheren Preis mit den Touristen aushandeln. Man sollte auf die dort angegebenen Preise bestehen. Abhängig vom Fahrzeugtyp kosten 4/8/12 Std. inkl. 35/60/75 km ab 375/675/900 Rs (für einen nicht klimatisierten Ambassador, modernere bzw. klimatisierte Marken sind etwa ein Drittel teurer). Jeder weitere Kilometer schlägt mit 6,50–11 Rs (je nach Fahrzeugtyp) zu Buche. Weiteres auf den Preistafeln am Ort.

Umgebung von Bodhgaya

Sujata

Zwei kleine **Tempel** beim Dorf Sujata auf der gegenüberliegenden Flussseite werden gern zusammen mit einer **Stupa** besucht, deren Backsteine jedoch in der Vergangenheit eher als Baumaterialreservoir dienten denn als Sehenswürdigkeit und die entsprechend heruntergekommen sind. Benannt wurde das Dorf nach einer Tochter des Dorfvorstehers, die Buddha auf seinem Weg von den Pragbodhi-Höhlen nach Urevela zum Bodhi-Baum Milchreis nach langer Fastenzeit gab. Die Stupa wurde *Sujata* zu Ehren erbaut. Zurzeit wird das 11 m hohe Denkmal, das wohl zwischen dem 8. und 10. Jh. errichtet wurde, wieder in den Ursprungszustand zurückgeführt. Der Weg durchs Dorf und das meist trockene Flussbett ist ansprechender als die Tempel und die Stupa selbst.

Pragbodhi-Höhlen

Ein schöner Tagesausflug führt über Straßen zu den Pragbodhi-Höhlen (*Pragbodhi =* „Vorstufe der Erleuchtung") in den **Dungeshwari-Bergen** (so werden die Höhlen oft auch *Dungeshwari Caves* genannt) am Flüsschen Phalgu, etwa 15 km von Bodhgaya entfernt. Hier soll Buddha der Legende nach sechs Jahre als Asket gelebt und meditiert haben, bevor er, vom Ergebnis enttäuscht, über Sujata nach Uruvela, dem heutigen Bodhgaya, wanderte und Erleuchtung fand. An einer der Höhlen, die Buddha als Unterschlupf gedient haben sollen, wird ein kleiner Tempel von tibetanischen Mönchen instandgehalten. Da nur wenige Touristen den Ausflug unternehmen, sind einige Bettler und herumturnende Affen natürlich sehr anhänglich. Steigt man von den Höhlen etwa auf halber Berghöhe bis zum Gipfel hinauf, wird man mit herrlichem Rundumblick entschädigt.

Da es noch an einer Brückenverbindung über den Mohane-Fluss mangelt, ist das eigentlich gar nicht mal weit entfernte Pragbodhi, in dessen Nähe die Höhlen liegen, nur recht umständlich über Gaya per Bus und natürlich auch per Riksha (ca. 200 Rs inkl. Wartezeit und Rückfahrt), Taxi (ca. 600 Rs für Hin- und Rückfahrt inkl. Wartezeit) oder selbst organisiertem Motorradtaxi (für etwa 100 Rs) zu erreichen. Eine weitere Möglichkeit, die man am besten mit einem Guide unternimmt, den man in Bodhgaya organisiert, ist per Autoriksha nach Khiryama (ca. 6 km) und von dort auf einem etwa 45-minütigen Marsch durch kleine Dörfer zum Fuß des Berges. Der Aufstieg zu den Höhlen dauert etwa 15 Minuten. Besonders für die letzte Variante sollte man sich mit genügend Wasser (2 l) und Snacks eindecken.

Der Nordosten

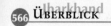

Jharkhand

Überblick

Fläche:	74.677 km²
Hauptstadt:	Ranchi
Einwohner:	27 Mio.
Bevölkerungsdichte:	338 Ew./km²
Stadtbevölkerung:	15 %
Alphabetisierungsquote:	54 %
Lebenserwartung:	58 Jahre

Am 2. August 2000 wurde der Bundesstaat Bihar nach einer kontroversen Debatte des indischen Parlaments aufgeteilt: in Bihar im Norden und Jharkhand im Süden. Was bereits Mitte des 19. Jh. begann, war endlich Wirklichkeit geworden: Jharkhand alag prant – ein separater Unionsstaat Jharkhand. Bereits 1950 hatte sich mit der *Jharkhand Party* eine parlamentarische Kraft gebildet, die für die in Jharkhand besonders zahlreich vertretene **Adivasi-Bevölkerung** einen eigenen Unionsstaat bilden wollte.

Die Bewegung zur Schaffung Jharkhands erlebte viele Höhen und Tiefen. Bei der Reorganisation der indischen Unionsstaaten in den 1950er und 60er Jahren fanden die Forderungen der Jharkhandis keine Berücksichtigung. Auch in den 1960er Jahren wurden weiterhin große Waldgebiete abgeholzt, Dämme errichtet, Landstriche zu Gunsten von Kohlegruben oder Minen enteignet und nach einem imperialistischen Raubbau verkarstet zurückgelassen. Viele Industrie-Projekte konnten nur realisiert werden, weil Tausende Adivasi-Familien umgesiedelt und ihre Dörfer zerstört wurden.

Entschädigungszahlungen für die 6,5 Millionen vertriebenen Adivasi gab es oftmals nur auf dem Papier. Auf die Umwelt und damit auch auf den Lebensraum der Adivasi wurde selten Rücksicht genommen. Das trug spätestens seit Anfang der 1970er Jahre zur politischen Radikalisierung bei. Die Jharkhand-Bewegung begann, Streiks zu organisieren und durch die Blockade von Überlandstraßen und Eisenbahnverbindungen die Ausfuhr von Rohstoffen und Industriegütern zu behindern.

Insbesondere unter der Landbevölkerung kam es zur Verbreitung linker Ideologien. Die „Linksparteien" unterstützten zudem die Adivasi-Völker bei ihren Forderungen nach Autonomie. Erst der Wahlsieg der BJP-geführten *National Democratic Alliance* auf nationaler Ebene im Jahr 1999 ebnete endgültig den Weg zur Selbstbestimmung.

Am östlichen Rand Zentralindiens gelegen, erstreckt sich Jharkhand über eine Fläche von 74.677 km². Im Norden grenzt dieser jüngste der 28 indischen Unionsstaaten an Bihar, von dem er abgespalten worden war. Im Osten wird er begrenzt von Westbengalen, im Süden von Orissa und im Westen von Chhattisgarh und Uttar Pradesh. Jharkhand setzt sich aus den Regionen Palamu (im Westen), Santhal Pargana (dem nordöstlichen Flügel) und dem ca. 540 Millionen Jahre alten Hochland Chotanagpur zusammen. Dieser Sammelbegriff für die Plateaus von Ranchi, Hazaribagh und Kodarma umfasst über 85 % des Territoriums. Es ist mit seinen ca. 65.500 km² eine der mineralienreichsten Regionen Indiens. Die größte der Hochebenen, die von Ranchi,

liegt auf einer durchschnittlichen Höhe von 700 m. Das gesamte Plateau ist von zahlreichen Flüssen durchzogen. Durch die Erosion gibt es einzelne Berge und isolierte Bergketten.

Zum Zeitpunkt der letzten Volkszählung im Jahr 2001 hatte Jharkhand knapp über 27 Millionen Einwohner, die durchschnittliche Bevölkerungsdichte beträgt 338 Menschen je km². Der Anteil der ehemals als **Unberührbare** bezeichneten Bevölkerungsgruppe, der Dalits, liegt bei 15–20 %. Mit ca. 27 % gehört mindestens ein Viertel der Einwohner zur indigenen Bevölkerung, den Adivasi. Die **Alphabetisierungsquote von 54 %** – bei Frauen unter 40 % (!) – ist nach der des Bruderstaates Bihar die zweitniedrigste aller indischen Unionsstaaten, wo im Mittel 65 % lesen und schreiben können.

Das immer noch stark feudal geprägte Jharkhand ist einer der ärmsten Staaten Indiens. Das jährliche durchschnittliche Pro-Kopf-Einkommen liegt weit unter dem nationalen Einkommensdurchschnitt von ca. 20.000 Rupien. Das spiegelt sich in der sehr

Der Nordosten

318aj Foto: tb

schlechten Infrastruktur wieder. So verfügt beispielsweise weniger als ein Viertel aller Dörfer über Elektrizität. Trinkwasser ist ein sehr knappes Gut. Auch in den elektrifizierten Gegenden sind täglich mehrstündige **Stromausfälle** gewöhnlich. Der größte Teil der Bevölkerung lebt von der **Landwirtschaft.** Trotz der niedrigen Löhne, hoher Arbeitslosigkeit und der weit verbreiteten Armut ist insbesondere die Chotanagpur-Region mit ihrer landesweit höchsten Konzentration an Mineralien industriell äußerst bedeutsam. Der Großteil der indischen Kohlevorkommen liegt in Jharkhand.

Betla-Nationalpark

Die einzige wirkliche Attraktion Jharkhands ist der Betla-Nationalpark. Im 180 km westlich der Hauptstadt Ranchi gelegenen, gut 1.000 km² großen Reservat fand 1932 die erste Erhebung von Tigerpopulationen in Indien statt. So ist der faszinierende Naturschatz auch einer der ersten, der Teil des Project Tiger wurde. Neben **Tigern,** deren Zahl nach Bekanntwerden der Fälschung der Populationszahlen beim Project Tiger nicht mehr als gesichert angenommen werden kann, ist der Park einer der besten Orte in Indien, wilde **Elefanten** zu Gesicht zu bekommen. Ihre Zahl wird auf über 200 geschätzt. Zudem ist der Nationalpark Heimat von **Leoparden, Bisons** und vielerlei Wildarten, die von leicht wackeligen Aussichtstürmen erspäht werden können.

Im Reservat leben acht Stämme der **Urbevölkerung** in etwa 200 Dörfern.

●**Öffnungszeiten:** Der Park ist das ganze Jahr über geöffnet, die beste Besuchszeit ist jedoch zwischen Oktober und März anzusetzen, da zu anderer Zeit große Hitze bzw. der Monsun den Besuch erschweren. Der **Eintritt** am Parkeingang (Tel.: 06562-222650) beträgt 80 Rs pro Fahrzeug (mit obligatorischem Guide für 20 Rs, ohne den der Park nicht betreten werden darf), Kamera 50 Rs, Video 300 Rs. Im Park werden etwa einstündige **Elefantenausritte** angeboten, die mit 100 Rs pro Elefant (mit bis zu 4 Sitzplätzen) recht preiswert sind. Dies ist die naturgemäßeste Art, um den Tieren besonders nah zu kommen. Auch **Jeepsafaris** (200 Rs pro Stunde) können am Parkeingang arrangiert werden.

Unterkunft

●Die wenigen Unterkünfte um den Parkeingang sind großteils recht einfach, wie etwa das **Tourist House** € mit Schlafsaal.
●Die beste Wahl ist das ebenfalls staatliche **Hotel Van Vihar** €-€€€ (Tel.: 06567-226513). Meist geräumige, saubere und helle Zimmer mit Bad, einige mit Balkon sind preisgerecht. Auch das billige Restaurant und der Garten sind einladend.

An- und Weiterreise

Die Anreise ist recht problematisch, da der Park nur per langer Bus- oder Taxifahrt erreicht werden kann. Auch die **Sicherheitslage** des Bundesstaates stellt ein Problem dar, sodass von der An- oder Abreise nach Einbruch der Dunkelheit eher abzuraten ist. Genauere Informationen hierzu sollte man vor Ort, etwa beim Eingangsbüro des Parks, in Erfahrung bringen.

●Fünf **Busse** fahren täglich die etwa eine Stunde entfernte Ortschaft **Daltenganj** an. Von dort regelmäßige Verbindungen zum weitere sechs Stunden entfernten Ranchi.

Westbengalen

Überblick

Fläche:	88.752 km²
Hauptstadt:	Kalkutta
Einwohner:	82 Mio.
Bevölkerungsdichte:	923 Ew./km²
Stadtbevölkerung:	28 %
Alphabetisierungsquote:	62 %
Lebenserwartung:	60 Jahre

Das koloniale Bengalen erlitt nach der Unabhängigkeit Indiens 1947 ein ähnliches Schicksal wie der Punjab im Nordwesten Indiens. Auch hier wurde die Trennungslinie zwischen Indien und Pakistan mitten durch das Staatsgebiet gezogen. Der westliche Teil bildete mit der Hauptstadt Kalkutta (in Indien Kolkata genannt) einen Teil der Indischen Union, das mehrheitlich von Moslems bewohnte Ostbengalen wurde Pakistan zugeschlagen. Mit der Unabhängigkeitserklärung *Mujibur Rahmans* im Jahr 1971 entstand hieraus der souveräne Staat Bangladesch.

Kaum ein anderer Bundesstaat Indiens weist ein derart unterschiedliches Landschaftsbild auf wie das lang gezogene, 88.000 km² große Bengalen. Der südliche Teil des Landes wird vom flachen Gangesdelta geprägt, während der Norden von den Bergen des Himalaya überragt wird. Am deutlichsten spiegeln sich diese krassen Gegensätze in den beiden Städten Kalkutta und Darjeeling wider. Während die Hauptstadt Westbengalens mit Massenelend, hoffnungslos überfüllten Straßen und Luftverschmutzung alle Negativbilder Indiens auf sich zu vereinen scheint und viele Touristen entsetzt den Rücken kehren, lockt das 600 km nördlich gelegene Darjeeling mit seiner idyllischen Bergwelt, klaren Luft und friedfertigen Atmosphäre jährlich Zigtausende von Besuchern an.

Allerdings drohte auch dieses Touristenparadies im Wirbel gewalttätiger Auseinandersetzungen unterzugehen, als Mitte der 1980er Jahre eine terroristische Untergrundorganisation in ihrem Kampf für ein unabhängiges Gurkha-Land Gewalt und Schrecken verbreitete. 1989 wurde jedoch ein Friedens-

Der Nordosten

abkommen geschlossen, welches entgegen aller ursprünglichen Skepsis die Lage wieder normalisiert hat. Darjeeling und Kalkutta bilden auch die mit Abstand meistbesuchten Ziele Westbengalens. Daneben lohnt jedoch auch ein Besuch des Sunderbans-Nationalparks, eines Mangrovensumpfgebietes mit weit verzweigten Wasserwegen im Gangesdelta südlich von Kalkutta. Die hierfür notwendige Sondergenehmigung ist problemlos in Kalkutta zu erhalten.

Kalkutta (Kolkata) ↗ XIV/B2

(ca. 13 Mio. Einwohner, Vorwahl 033)

„Warum nicht ein Gedicht über einen Haufen Scheiße schreiben, wie Gott ihn fallen ließ und Kalkutta nannte. Wie es wimmelt, stinkt und lebt und immer mehr wird." Günther Grass, von dem diese Worte stammen, ist nicht der einzige, den die ehemalige Hauptstadt Britisch-Indiens an seine ästhetischen, moralischen und psychischen Grenzen geführt hat.

Schon der erste Generalgouverneur Kalkuttas, *Robert Clive*, sah in ihr den verdorbensten Ort der ganzen Welt. *Mahatma Gandhi* bezeichnete sie als *„die Pestbeule Indiens"*, *Rajiv Gandhi* sah in ihr eine *„sterbende Stadt"*, und auch für den indisch-karibischen Schriftsteller *V.S. Naipaul* ist Kalkutta eine Stadt ohne Zukunft, wenn er schreibt: *„Alle ihre Leiden sind Leiden des Todes. Ich kenne eigentlich keine andere Stadt, die noch hoffnungsloser wäre."*

Oh, Kalkutta! Bereits die Erwähnung dieses Namens erweckt Bilder von Hunger, Krankheit, Elend und Tod. Kalkutta kann den zweifelhaften Ruf für sich in Anspruch nehmen, die Stadt mit dem weltweit schlechtesten Image zu sein. Die ehemals modernste Stadt Indiens ist zum Elendsviertel des Subkontinents verkommen.

Einst von den Briten für maximal eine Million Menschen geplant, platzt der Albtraum Kalkutta (in Indien: *Kolkata*) heute aus allen Nähten. Innerhalb von 30 Jahren wuchs die **Einwohnerzahl** von 4,4 Mio. im Jahre 1961 auf heute über 13 Mio. Nicht nur das allge-

06|2| Foto: tb

meine Bevölkerungswachstum, sondern durch die zunehmende Landflucht verarmter Bauern lassen Kalkutta ständig anwachsen. Vor allem nach der Teilung Indiens 1947 und nach dem indisch-pakistanischen Konflikt von 1971 zogen Millionen Schutz-, Brot- und Arbeitssuchender in die Stadt.

Gleichzeitig damit vollzog sich der wirtschaftliche Niedergang der Stadt. Die dramatischen Folgen dieser brisanten Mischung aus Bevölkerungsexplosion und ökonomischer Talfahrt begegnen einem heute auf Schritt und Tritt. Mit Delhi gehört Kalkutta zu den sieben Städten der Erde mit der schlimmsten **Luftverschmutzung.** Das mörderische, schwül-heiße Klima zusammen mit der abgasgeschwängerten Luft hat dazu geführt, dass fast die Hälfte aller Bürger an Bronchitis, Lungenentzündung, offener Tuberkulose und anderen Atemwegserkrankungen leiden. Bleihaltig wie die Luft ist auch das **Trinkwasser,** da die Rohre des städtischen Wassernetzes noch aus dem vorigen Jahrhundert stammen. Allerdings sind eh nur die Hälfte aller Einwohner ans Netz angeschlossen. **Kanalisation** gibt es nur im Stadtzentrum, sodass jedes Jahr zur Monsunzeit die Straßen mit von Exkrementen durchsetztem Hochwasser überspült werden. Da regt das jeden Tag mehrmals zusammenbrechende **Stromnetz** inzwischen schon niemanden mehr auf.

Am bedrückendsten sind jedoch die Folgen der **hoffnungslosen Überbevölkerung.** Auf einem Quadratkilometer drängeln sich mehr als 30.000 Menschen. Zwei Drittel der Bevölkerung Kalkuttas leben in offiziellen, von der Regierung anerkannten Slumgebieten, den so genannten *Bustees.* Sie hausen in primitiven Hütten aus Lehm, Wellblech und alten Holzkisten. Das in den Slums oft eng geknüpfte Netz sozialer Bindungen und zumindest einige wenige sanitäre Einrichtungen lassen diese Menschen jedoch zu den Privilegierten zählen. Darunter kommen die *Squatters,* die als wilde Siedler unter erbärmlichen Verhältnissen in aus Stoff und Plastikplanen gefertigten Behausungen leben, die sie für die Nacht an Hauswänden aufschlagen. Am dreckigsten im wahrsten Sinne des Wortes geht es jedoch den knapp eine Million Menschen, die außer einem Blechnapf allenfalls eine dreckverkrustete Bastmatte besitzen. Auf Gehsteigen, in Hauseingängen, unter Ochsenkarren, neben Abfallbergen und offenen Kanälen, zwischen Ratten und räudigen Hunden fristen sie ihr Dasein. Lärm, Gestank, Massenarmut und das bekannt hitzköpfige Temperament der Bengalis haben Kalkutta zu einem brodelnden Hexenkessel werden lassen.

Und dennoch, trotz alledem und vielleicht gerade deshalb: Kalkutta hat seine wunderbaren Seiten. Der tägliche Überlebenskampf, der tägliche Blick in den Abgrund lässt die Bewohner um so mehr jeden Tag als einzigartig erleben. Kalkutta, diese Albtraumstadt, sie scheint vor **Lebenslust** geradezu zu beben. Optimismus, Vitalität, Humor, Kreativität kennzeichnen die Lebensphilosophie der Bengalis, und man meint diese Lust am Leben, im Angesicht der Katastrophe, geradezu physisch zu spüren. Nirgendwo in Indien wird so ausgelassen gefeiert und gelacht, so intensiv und kontrovers debattiert. *Was Bengalen heute denkt, tut morgen ganz Indien,* heißt ein indisches Sprichwort. Die Heimat des ersten indischen Nobelpreisträgers, *Rabindranath Tagore,* die Stadt der Philosophen *Ramakrishna, Vivekananda* und *Sri Aurobindo,* Hochburg der indischen Intellektuellen und Revolutionäre gilt als Kultur- und Kunstmetropole des Subkontinents. Nirgendwo werden mehr künstlerisch ambitionierte Filme gedreht, mehr Literaturzeitschriften gedruckt und gelesen, gibt es so viele Theater. Egal, wie oft Kalkutta in den letzten Jahrzehnten auch schon der Untergang vorhergesagt wurde, die Bengalis sind stolz auf ihre Hauptstadt. So stolz übrigens, dass man sogar Prügel bekommen kann, wenn man es wagt, Elendsszenen aufzunehmen.

Kalkutta ist Indien im Brennspiegel, alle Schönheiten und Scheußlichkeiten finden sich hier auf engstem Raume. Gerade westli-

Der Nordosten

In Kalkutta lebt eine
Million Menschen auf der Straße

Zwischen Hoffen und Bangen – Armut in Indien

„Die Abschaffung von Armut, Unwissenheit, Krankheit und die Schaffung von Chancengleichheit" hatte *Jawaharlal Nehru* in seiner berühmten Rede „Trust with Destiny" einen Tag vor der Unabhängigkeit am 15. August 1947 zu den wichtigsten Aufgaben der Zukunft gezählt. 60 Jahre später scheint Indien von diesem Ziel weiter entfernt zu sein als je zuvor.

Von den weltweit rund 1,3 Milliarden Armen leben etwa 40 Prozent auf dem indischen Subkontinent. Fast jeder dritte Inder wird von der Regierung als arm eingestuft. Obwohl es seit der Unabhängigkeit gelungen ist, ein stabiles demokratisches System aufzubauen, das Pro-Kopf-Einkommen um ein Vielfaches zu steigern und die Lebenserwartung deutlich zu erhöhen, gehören **Massenarmut** und **äußerste soziale Ungleichheit** bis heute zu den Grundcharakteristika der indischen Gesellschaft.

Von der etwa eine Milliarde Menschen zählenden indischen Bevölkerung hat über die Hälfte keinen Zugang zu sanitären Einrichtungen, fast ein Viertel keinen Zugang zu sauberem Trinkwasser. Millionen Erwachsene sind Analphabeten. Gesundheitliche Grundversorgung ist für einen Großteil der Inder nicht gegeben und die Unterernährung besonders bei Kindern ist nach wie vor groß.

Die überwiegende Mehrheit der Armutsbevölkerung lebt **auf dem Land.** Aufgrund der schwachen infrastrukturellen Ausstattung ländlicher Gebiete mit Schulen, Gesundheits- und Energieversorgung sowie Kommunikation und wegen mangelnder Beschäftigungsmöglichkeiten bleibt hier einem großen Teil der Menschen der Zugang zu fundamentalen Entwicklungschancen verwehrt. Bemerkenswerterweise ist die Mehrheit der Armen in Indien tatsächlich erwerbstätig. Rund 40 Prozent dieser so genannten „working poor" sind aber

Landarbeiter, die selbst kein eigenes Land besitzen, weitere 45 Prozent arbeiten als Kleinbauern. Ihre Arbeits- und Beschäftigungsverhältnisse sind weder durch Arbeitsgesetzgebung noch durch soziale Sicherungsmaßnahmen geschützt und die Einkommen in diesen Erwerbszweigen extrem niedrig. Da in vielen Fällen noch nicht einmal der gesetzliche Mindestlohn gezahlt wird, verdienen viele trotz harter Arbeit nicht genug, um von ihrem kärglichen Lohn zwei Mahlzeiten pro Tag zu bezahlen. Dies gilt insbesondere für die in Indien besonders von Diskriminierung betroffenen Frauen. Häufig liegt deren Lohn bei gleicher Arbeit bis zu 40 Prozent unter dem der Männer.

Angesichts fehlender Alternativen nehmen instabile, zeitlich befristete Beschäftigungsverhältnisse mit extrem niedrigen Löhnen zu. **Landflucht** ist häufig die einzige Möglichkeit, um den Arbeitsmarktproblemen zu entkommen, was wiederum die Auflösung traditioneller Bindungen zur Folge hat. Wer auf dem Land am Rande des Existenzminimums über die Runden kommen muss, wird – zumindest teilweise – von dem über Jahrhunderte gewachsenen sozialen Kontext der dörflichen Gemeinschaft aufgefangen. Dagegen führt die **soziale Entwurzelung** im „Dschungel der Großstadt" fast immer zu wesentlich krasseren Lebensumständen.

Vor dem Hintergrund der Größe und Heterogenität Indiens ist es wenig überraschend, dass es enorme **regionale Unterschiede** in der Verteilung von Einkommen und Armut gibt. Mit 55 Prozent weist der Bundesstaat Bihar den höchsten Anteil von Menschen auf, die unterhalb der Armutsgrenze leben. Den zweiten und dritten Platz in dieser wenig schmeichelhaften Rangliste nehmen Orissa (48 %) und Madhya Pradesh (45 %) vor dem bevölkerungsreichsten Staat Uttar Pradesh (41 %) ein. Zusammen mit Rajasthan (27 %) formen diese fünf Bundesstaaten den Armutsgürtel Nordindiens. Die hier genannten Bundesstaaten weisen auch bei anderen Indikatoren wie der Alphabetisierungsquote, der Kindersterblichkeit und der Unterernährung die höchsten Zahlen auf. Auf der anderen Seite ist es in den vier Bundesstaaten Punjab, Haryana, Andhra Pradesh und Kerala gelungen, den Anteil der Armutsbevölkerung um 40 Prozent zu reduzieren. Der überdurchschnittlich hohe Anteil von *Dalits*, den früheren Unberührbaren, und Ureinwohnern *(Adivasi)* an der Armutsbevölkerung belegt, dass Armut auch heute noch eng mit der **sozialen Hierarchie des Kastensystems** verbunden ist.

Trotz aller Erfolge privater Initiativen zur Bekämpfung sozialer Benachteiligung können die Lebensbedingungen der Armen letztlich nur durch eine Politik der indischen Regierung verbessert werden, die konsequent den Bedürfnissen der Unterschichten verpflichtet ist.

chen Besuchern fällt es schwer, all die **Widersprüchlichkeiten** zu akzeptieren. Doch wer sich dieser Stadt unvoreingenommen stellt, anstatt ihr angewidert den Rücken zu kehren, der kann auch viel über sich selbst erfahren. So gilt für die Stadt mehr noch als für Indien insgesamt: Kalkutta ist, was jeder einzelne daraus für sich macht. Ob man es liebt oder hasst, es lässt niemanden unberührt.

Geschichte

Man muss wahrlich kein Historiker sein, um beim Spaziergang durch die von viktorianisch-neogotischen Bauten geprägte Innenstadt Kalkuttas zu erkennen, dass die heutige Hauptstadt Westbengalens eine **dominant britische Ansiedlung** ist. Es war die Heilung der schwerkranken Tochter *Shah Jahans*, die dem britischen Arzt *Gabriel Boughton* 1636 das Monopol auf den freien Handel in Bengalen einbrachte, doch schon nach dem Amtsantritt *Aurangzebs* im Jahr 1658 mussten die Briten sich für die nächsten drei Jahrzehnte wieder aus Bengalen zurückziehen.

Job Charnock, Gouverneur der *East India Company* für Bengalen, war es, unter dessen Führung sich **britische Kaufleute** im August 1690 erneut bei dem kleinen Dorf Kalikata ansiedelten. Mit dem Bau von **Fort William** sechs Jahre später setzten sie gleichzeitig den Grundstein für die spätere Hauptstadt Britisch Indiens. Nachdem die *East India Company* 1698 vom Hofe *Aurangzebs* offiziell das Plazet für die Abwicklung ihrer Handelsgeschäfte bekommen hatte, begann für die Stadt am Hooghly eine scheinbar unaufhaltsame ökonomische Blütezeit.

Diese wurde jedoch 1756 abrupt unterbrochen, als der *Nawab von Murshidabad* die Handelsniederlassung eroberte. Doch schon im folgenden Jahr konnten die Briten unter *Robert Clive* ihre alte Vormachtstellung nicht nur wiederherstellen, sondern sogar erheblich ausbauen, als sie bei der entscheidenden **Schlacht vor Plassey** die Franzosen, ihre alten Konkurrenten um die Vorherrschaft auf dem indischen Subkontinent, entscheidend besiegten. Dabei schlug man zwei Fliegen mit einer Klappe, weil es gelang, den *Nawab*

Der Nordosten

von Murshidabad, der sich mit den Franzosen verbündet hatte, gefangen zu nehmen.

Von nun an waren die Engländer die unangefochtenen Herrscher Indiens. Das alte Fort wurde abgerissen und durch ein neues, wesentlich größeres ersetzt. Seit 1774 mit *Warren Hastings* der erste Generalgouverneur von der britischen Krone eingesetzt wurde, war Kalkutta nicht nur das **ökonomische,** sondern auch das **politische Zentrum** des Subkontinents. Unter der straffen Führung *Hastings* entwickelte sich die *East India Company* von einer Handelsgesellschaft zu einer perfekt organisierten, quasi-staatlichen Institution, die die Ausbeutung Indiens professionell vorantrieb. Erneut begann eine bis ins 20. Jh. anhaltende Phase wirtschaftlicher Prosperität, die auch durch den Sepoy-Aufstand 1857 (der Kalkutta nicht betraf) und die darauffolgende direkte Unterstellung Indiens unter die englische Krone nicht erschüttert wurde. Die meisten der kolonialen Prachtbauten Kalkuttas stammen aus dieser Zeit.

Dennoch entschlossen sich die Briten im Jahr 1911, die **Hauptstadt nach Delhi** zu verlegen. Neben der geografischen Randlage Kalkuttas waren hierfür vor allem die immer häufigeren, oft gewalttätigen Aufstände der indischen Unabhängigkeitsbewegung verantwortlich, die bei den seit jeher politisch engagierten Bengalen große Sympathie genoss. So schmerzlich dieser politische Rückschlag auch war, ökonomisch hatte er zunächst keinerlei negative Auswirkungen.

Der dramatische **wirtschaftliche Niedergang** Kalkuttas begann mit der Teilung Indiens 1948. Neben dem Punjab hatte Bengalen mit der Hauptstadt Kalkutta am meisten zu leiden, weil die Grenze zwischen Indien und dem neu geschaffenen Ost-Pakistan den Bundesstaat in der Mitte zerteilte. Tausende von Moslems und Hindus schlachteten einander auf offener Straße ab, und Hunderttausende hinduistischer **Flüchtlinge** aus dem nun muslimischen Ost-Pakistan stellten das damals schon übervölkerte Kalkutta vor schier unlösbare Probleme. Verschärft wurde die Lage dadurch, dass die **Juteproduktion,** eines der wirtschaftlichen Standbeine Kalkuttas, praktisch wegbrach, weil die Juteanbaugebiete in Ost-Pakistan lagen. Als schließlich

auch noch Kalkuttas **Hafen,** in den fünfziger Jahren noch einer der umsatzstärksten der Erde, zunehmend versandete, der politische **Extremismus** immer mehr zunahm und die Kommunisten die Macht übernahmen, wanderte ein Großteil der großen Unternehmen ins ruhigere Mumbai ab, das nun endgültig die wirtschaftliche Führungsrolle in Indien übernahm. Kalkuttas Abstieg zum Schmuddelkind, um das man peinlich berührt einen großen Bogen macht, war perfekt.

Sehenswertes

Stadtrundfahrt

●*West Bengal Tourism*, 3/2 BBD Bagh (Tel.: 22485917) veranstaltet tgl. außer Mo von 8.30 bis 17.30 Uhr mit einer Mittagspause um 13 Uhr für 150 Rs eine **Ganztagesfahrt** zu folgenden Zielen: BBD Bagh, Indian Museum, Belur Math, Kali-Tempel, Dakshineswar und Jain-Tempel sowie National Library, Vidyasagar Setu, St. Paul's Cathedral, Netaji Bhawan und Esplanade. Eher für Kinder ist die City Fun Tour gedacht. Weitere Ausflüge zu Kalkuttas Kirchen oder eine Flussfahrt nach Belur finden nur am Wochenende statt.

Orientierung

Trotz seiner enormen Ausdehnung lässt sich das auf einer Länge von ca. 10 km am Ufer des Hooghly entlangziehende Kalkutta in einige wenige, leicht überschaubare Viertel unterteilen. **Howrah** am westlichen Ufer ist der größte der zahlreichen **Bahnhöfe** Kalkuttas und gleichzeitig der Stadtteil mit einigen der schlimmsten **Slumgebiete** Asiens.

Von hier führt die berühmte **Howrah-Brücke** zu den östlichen Stadtteilen mit dem auch heute noch stark von der britischen Kolonialgeschichte geprägten **historischen Stadtkern** am **BBD Bagh,** dem früheren Dalhousie Square. Hier befinden sich die meist in beeindruckenden Kolonialbauten untergebrachten Ämter und Behörden wie das *General Post Office,* das bengalische *Tourist Office,* das *Railway Booking Office* und AmEx.

Südlich schließt sich die weitläufige Rasenfläche des **Maidan** an. Abgeschlossen wird

der Maidan vom **Victoria Memorial,** einem der beeindruckendsten Kolonialbauten ganz Indiens.

Östlich zum Maidan und hiervon getrennt durch die J. Nehru Road, die jeder nur unter ihrem ursprünglichen Namen Chowringhee Road kennt, erstreckt sich das **Chowringhee-Viertel,** in dem sich die meisten Hotels, Restaurants, Banken, Reisebüros und das *Indian Museum* angesiedelt haben. Hier befindet sich auch der **New Market,** Kalkuttas bekanntester Einkaufsmarkt und die **Sudder Street** mit den meisten Low-Budget-Unterkünften. Am südlichen Ende von Chowringhee, etwa auf Höhe des Victoria Memorial, befindet sich das recht gute Touristenbüro.

Von hier sind es weitere knapp 2 km Richtung Süden zum Stadtteil **Khaligat** mit dem berühmten Kali-Tempel und dem von Mutter Teresa gegründeten Sterbehaus. Kalkuttas zweiter bedeutender Bahnhof, **Sealdah,** von wo aus die meisten Züge Richtung Norden und Nordosten fahren, befindet sich 2 km östlich vom BBD Bagh an der Chandra Bose Road.

Vom BBD Bagh zum Victoria Memorial

Als **historisches Regierungsviertel** könnte man den um einen künstlich angelegten See und nach drei bengalischen Freiheitskämpfern (*Benoy, Badal* und *Dinesh*) benannten **BBD Bagh** bezeichnen. Hier schlug das koloniale Herz Indiens. Jeder Stein der typisch viktorianischen Verwaltungsgebäude, die den früheren Dalhousie Square umsäumen, legt Zeugnis vom Glanz vergangener Tage ab.

Besonders beeindruckend ist dabei die auf der Westseite gelegene, 1868 erbaute **Hauptpost,** ein gewaltiger, 67 m hoher Kuppelbau. Früher stand hier das alte Fort, welches sich bis zum Fluss erstreckte. An der Nordseite der Hauptpost soll sich das „Schwarze Loch" befunden haben, welches als Schauplatz eines bis heute unvergessenen Kriegsverbrechens in die Geschichte Kalkuttas eingegangen ist. In der Nacht vom 20. auf den 21. Juni 1756 sollen, nachdem die Truppen des Nawab von Murshidabad, *Suraj-ud-Daula,* die Stadt gestürmt hatten, 146 britische Gefangene in eine winzige, über 40 °C heiße Zelle des ehemaligen Forts gepfercht worden sein. Am nächsten Morgen hatten gerade 23 von ihnen die Marter überlebt. Ein Jahr später musste *Suraj-ud-Daula* für seine Gräueltaten selbst mit dem Leben bezahlen, als ihn die Briten gefangen nahmen und hinrichteten.

Das fast die gesamte Nordseite des Platzes einnehmende **Writer's Building** war Wohn- und Arbeitsplatz für die Beamten der East India Company. Der schmucklose, rote Back-

Der Nordosten

Neue Straßennamen

Ebenso wie in Mumbai hat man in Kalkutta in den 1980er Jahren viele alteingesessene, noch aus der Kolonialzeit stammende Straßennamen in indische Namen umbenannt. Dies führt immer wieder zu Verwirrung, weil sie bei den Einheimischen bis heute meist noch unter ihren alten Namen bekannt sind. Hier einige der wichtigsten Beispiele:

alter Name	neuer Name
Ballygunge Store Rd.	Gurusday Rd.
Bowbazar St.	Bepin Behary Ganguly
Buckland Rd.	Bankim Ch Rd.
Chowringhee Rd.	Jawaharlal Nehru Rd.
Harrington St.	Ho Chi Minh Sarani
Harrison Rd.	Mahatma Gandhi Rd.
Kyd St.	Dr. M. Ishaque Rd.
Lansdowne Rd.	Sarat Bose Rd.
Lower Chitpur Rd.	Rabindra Sarani
Lower Circular Rd.	Acharya Jagadish Chandra Bose Rd.
Machuabazar St.	Madan Mohan St. & Keshab Sen St.
Mirzapore St.	Suryya Sen St.
Theatre Rd.	Shakespeare Sarani
Wesseley St.	Rafi Ahmed Kidwai Rd.
Wellington St.	Nirmal Chunder St.

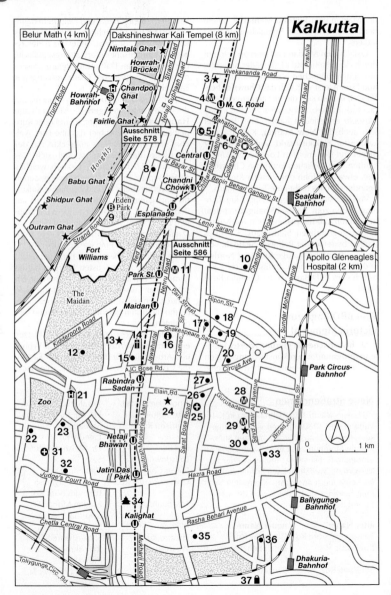

Kalkutta

Belur Math (4 km) | Dakshineshwar Kali Tempel (8 km)

Nimtala Ghat ★

Howrah-Brücke

Strand Road

Vivekananda Road

3 ●

Netaji Subhash Road

4 Ⓜ Ⓤ M. G. Road

1 Ⓗ
Ⓢ Chandpol Ghat ★
Howrah-Bahnhof
2 ●

Fairlie Ghat ★

Trunk Road

Hooghly

Ausschnitt Seite 578

Mahatma Gandhi Road

Ⓒ 5 ●
6 Ⓜ Ⓤ
7 Ⓒ

College Str.

Chittaranjan Avenue

Central Ⓤ

Lal Bazar St.

8 ●

Bepin Behari Ganguly St.

Chandni Chowk Ⓣ

Babu Ghat ★

Shidpur Ghat ★

Eden Park Ⓑ
9 ●

Esplanade Ⓤ

Lenin Sarani

Outram Ghat ★

Strand Road

Fort Williams

The Maidan

Red Road

Ausschnitt Seite 586

10 ●

Chandra Bose Road

Sealdah-Bahnhof ▨

Apollo Gleneagles Hospital (2 km)

Park St. Ⓜ 11

Nehru Road

Maidan Ⓤ

Ripon.Str.

17 ● 18 ●
19 ●

Park Street

Camac. Str.

Jawaharlal

Kidderpore Road

13 ★
12 ●
14 ▥
15 ● 16 ●

Shakespeare Sarani

20 ●

AJC Bose Rd.

Circus Ave.

Dr. Sunder Mohan Avenue

Park Circus-Bahnhof ▨

Rabindra Sadan Ⓤ

Zoo

Ⓗ 21

22 ●
23 ●

31 Ⓒ
32 ●

Netaji Bhawan

Jatin Das Park Ⓤ

Judge's Court Road

Elain.Rd.

27 ●
26 ●
24 ★
25 Ⓒ

Sarat Bose Road

Gurusadam

28 ●
Ⓜ
29 Ⓜ
30 ●

Seyd Amir Ali Avenue
Broad.Str.
Rifle.Str.

33 ●

Asutosh Muckerjee Marg

Mukhari Road

Hazra Road

34 ♠
Kalighat Ⓤ

Chetla Central Road

Rasha Behari Avenue

Ballygunge-Bahnhof ▨

35 ●

36 ●

0   1 km

Dhakuria-Bahnhof ▨

Tollygunge Circ. Rd.

37 ▯

Sehenswürdigkeiten

★   3   Tagore House
Ⓜ   4   Marble Palace
        Rabindra Bharati Museum
ⓒ   5   Naghoda Moschee
Ⓜ   Asutosh Museum
Ⓜ 11   Indian Museum
★ 13   Victoria Memorial
ⅱ 14   St. Paul´s Cathedral
Ⓜ 28   Birla Industrial &
        Technical Museum
Ⓜ 29   Centre of International
        Modern Art,
★   Birla Mandir
▲ 34   Kali Tempel

Unterkunft

🏨   1   Railway Yatri Niwas
🏨 21   Hotel Taj Bengal

Verkehr

Ⓑ   9   Busbahnhof
•   27   Druk Air

Sonstiges

Ⓢ   2   UTI ATM,
Ⓞ   Food Plaza
•   6   Calcutta University,
Ⓞ   7   Indian Coffee House
•   8   BBD Bagh
•   10   Mutter Theresas Missionshaus
•   12   Calcutta Race Course &
        Polo Ground
•   15   Academy of Fine Arts
ⓘ 16   India Tourism Office
•   17   Survey of India
•   18   Konsulat Myanmar
•   19   The South Park Cementary
•   20   Konsulat Bangladesch
•   22   Konsulat Nepal
•   23   Nationalbibliothek
•   24   Netaji Bhawan
Ⓞ 25   Wockhardt Medical Centre
•   26   Manipur Govt. Office
•   30   Mizoram Govt. Office,
Ⓞ 31   Woodlands Hospital
•   32   Konsulat Deutschland
•   33   Konsulat Thailand
•   35   Birla Academy of Art & Culture
•   36   Ramakrishna Mission
▯ 37   Dakshinapan Shopping Centre

steinbau spiegelt die nüchterne Sachlichkeit, mit der nur wenige tausend Beamte das riesige Indien regierten. Heute beherbergen die Räumlichkeiten verschiedene Ministerien der Regierung Westbengalens.

Kaum 100 m südlich des BBD Bagh erhebt sich auf der rechten Seite der West Council House Street die **St. John's Church.** Auf historische Spurensuche kann man sich auf dem romantisch überwucherten **Friedhof** des Gotteshauses begeben, wo sich die Grabstätten berühmter britischer Persönlichkeiten befinden. Eines der prunkvollsten ist das achteckige Mausoleum des Stadtgründers *Job Charnock.* Recht bescheiden nimmt sich dagegen die Grabstätte des später in seiner Heimat als Kriegsverbrecher angeklagten *Warren Hastings* aus. Der in Erinnerung an die Tragödie des „Schwarzen Lochs" bis zur Unabhängigkeit bei der Hauptpost platzierte Obelisk steht heute in einer Ecke des Friedhofs.

Wiederum nur wenige Meter weiter Richtung Süden entlang der Hauptstraße finden sich mit dem **Rathaus** (*Town Hall*) und dem einen Häuserblock weiter westlich gelegenen **Gerichtshof** (*High Court*) zwei weitere typische Kolonialgebäude. Das imposante, 55 m hohe Gerichtsgebäude wurde 1872 nach den Plänen des Rathauses von Ieper in Flandern erbaut. Ebenfalls äußerst beeindruckend, für die Öffentlichkeit jedoch leider nicht zugänglich ist der auf der anderen Straßenseite in einer schönen Gartenanlage gelegene Sitz des ehemaligen Gouverneurs von Bengalen, der **Raj Bhawan.**

Weiter entlang der Hauptstraße stößt man schließlich auf einen hübschen, kleinen Park, der von dem riesigen *Kalkutta Cricket Ground,* einem Stadion für internationale Kricketspiele, geradezu erdrückt zu werden scheint. Der **Eden Park** war zur Kolonialzeit ein beliebter Treffpunkt der High Society. Die pittoreske weiße **Pagode** inmitten des Sees stammt ursprünglich aus Burma (heute Myanmar) und wurde hier 1856 platziert.

Hinter dem Park erstreckt sich der **Maidan,** eine riesige Rasenfläche, die man weder als Park noch als Platz bezeichnen kann, denn sie wäre groß genug, um einer Kleinstadt Platz zu bieten. Paradox wirkt diese gigantische Platzverschwendung gerade im

Der Nordosten

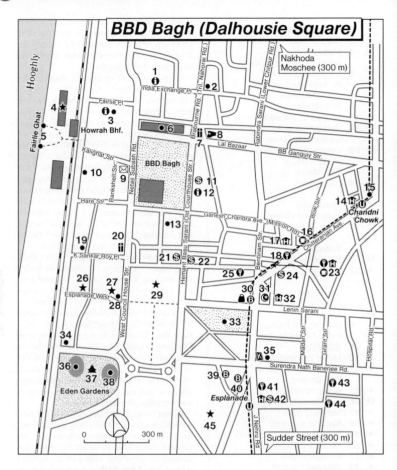

BBD Bagh (Dalhousie Square)

Hooghly

Nakhoda Moschee (300 m)

Fairlie Pl.

Howrah Bhf.

Fairlie Ghat

Kalighat Str.

Netaji Subash Rd.

Bankshall Str.

Hare Str.

BBD Bagh

Lal Bazaar

BB Ganguly Str.

Brabourne Rd. (Tril Nathoral Rd.)

Rabindra Sarani (Lower Chitpur Rd.)

Ganesh Chandra Ave. (Mission Rd.)

Bentinck Str.

Bow Str.

Chittaranjan Ave.

Chandni Chowk

Hemant Basu Sarani (Old Courthouse Str.)

K. Sankar Roy Pl.

Esplanade West

West Council House Str.

Lenin Sarani

Madan Str.

Grant Str.

Hospital Rd.

Surendra Nath Banerjee Rd.

Eden Gardens

Esplanade

J Nehru Rd.

Sudder Street (300 m)

0   300 m

Zentrum einer Stadt, in der weit mehr als ein Viertel der zumeist ja recht großen Familien qualvoll zusammengedrängt in einem einzigen Zimmer vegetieren muss und rund eine Million Menschen kein anderes Zuhause besitzt als die Straße. Bis Mitte des 19. Jh. konnte der 4 km lange, bis 2 km breite Maidan seine lebensspendende Funktion als grüne Lunge der Stadt allerdings noch weitaus besser erfüllen, war er doch bis dahin noch von dichtem Dschungel überwuchert. 1857 ließen ihn die Briten roden, um Platz und freies Schussfeld für das neue **Fort Williams** zu schaffen, nachdem sich das alte ein Jahr zuvor beim Überfall des Nawabs von Murshidabad als unzureichend erwiesen hate. 23 Jahre dauerte es, bis das sternförmige, an den Hooghly reichende Fort Williams 1781 eingeweiht werden konnte. Ironie des Schicksals: Seit seiner Fertigstellung ist von den Mauern

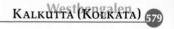

Sehenswürdigkeiten		●	15	Indian Airlines
★	4	Millenium Park I und II	Ⓑ	30	Minibusse zum
ⅱ	7	Kirche			Dum Dum Flughafen
ⅱ	20	St. John's Church	●	33	Straßenbahndepot
★	26	High Court	Ⓑ	39	priv. Busgesellschaften
★	27	Kolkata Panorama	Ⓑ	40	Esplanade Busbahnhof
★	29	Raj Bhawan			
☪	31	Tipu Sultan Moschee		**Geld**	
▲	37	Burmesische Pagode	Ⓢ	11	HDFC ATM
★	45	Sahid Minar	Ⓢ	21	American Express Bank

Sehenswürdigkeiten
- ★ 4 Millenium Park I und II
- ⅱ 7 Kirche
- ⅱ 20 St. John's Church
- ★ 26 High Court
- ★ 27 Kolkata Panorama
- ★ 29 Raj Bhawan
- ☪ 31 Tipu Sultan Moschee
- ▲ 37 Burmesische Pagode
- ★ 45 Sahid Minar

Unterkunft
- 🏨 14 Hotel Broadway
- 🏨 17 Hotel Embassy
- 🏨 23 Central Guest House
- 🏨 32 Hotel Majestic
- 🏨 42 Hotel Peerless Inn

Essen und Trinken
- ☕ 16 Mission Café
- 🍴 18 Anand Restaurant
- 🍴 23 Chung Wah Restaurant,
- ☕   Indian Coffee House
- 🍴 25 Amber Hotel
- 🍴 41 Indra Mahal
- 🍴 43 Aminia Lodge,
  Paris Bar & Restaurant
- 🍴 44 Nizam's Restaurant

Verkehr
- ● 3 Rail Reservation Office
- ● 5 Fährablegestelle Jetty I und II
  nach Howrah und Babu Ghat
- ● 10 Rail Reservation Office II
- ● 15 Indian Airlines
- Ⓑ 30 Minibusse zum
  Dum Dum Flughafen
- ● 33 Straßenbahndepot
- Ⓑ 39 priv. Busgesellschaften
- Ⓑ 40 Esplanade Busbahnhof

Geld
- Ⓢ 11 HDFC ATM
- Ⓢ 21 American Express Bank
  (kein Geldwechsel) und ATM
- Ⓢ 22 State Bank of India ATM
- Ⓢ 24 UTI ATM
- Ⓢ 42 HSBC ATM

Sonstiges
- ❶ 1 Uttar Pradesh Tourism
- ● 2 Tea Board India
- ❶ 3 Foreign Tourist Bureau
- ● 6 Writer's Building
- ➤ 8 Polizei
- ✉ 9 General Post Office (GPO)
- ❶ 12 West Bengal Tourist Bureau
- ● 13 Central Telegraph Office
- ● 19 New Secretariat
- ● 28 Town Hall
- 🔒 30 KC Das
- ● 34 Andaman & Nicobar
  Govt. Office
- ● 35 Central Cottage Emporium,
- 🎬   Metro Cinema
- ● 36 Netaji Stadion
- ● 38 Calcutta Cricket Ground

Der Nordosten

der für damalige Verhältnisse mit 2 Mio. Pfund gigantisch teuren Verteidigungsanlage kein einziger Schuss abgegeben worden. Heute dient der Maidan sowohl als beliebter Spiel- und Übungsplatz für Jogger, Turner, Akrobaten und Cricket-Fans wie auch als Picknickplatz für Familien, Weideplatz für Kühe und – öffentliche Toilette.

Spötter haben das den Maidan im Süden abschließende **Victoria Memorial** (tgl. außer Mo 10–16.30 Uhr, Eintritt 150 Rs, Sound- und Lightshow um 19.15 Uhr in Englisch) als Missgeburt aus einer Vereinigung von Taj Mahal, Sacre Coeur und Capitol in Washington bezeichnet. Kein schlechter Vergleich. Das schmucklos schlichte Writer's Building entspricht sicher weit eher der britischen Mentalität als dieser 60 m hohe, marmorne Prunkbau. Vielleicht ist dies ja der Grund für den grimmigen Gesichtsausdruck, den die

Bronzestatue *Queen Victorias* vor dem Denkmal an den Tag legt – *certainly not amused* würden die Briten wohl dazu sagen.

Andererseits hatten die Kolonialherren tatsächlich allen Grund, sich selbst zu feiern, schließlich hatte sich ihre moderne, bürgerliche Nüchternheit dem feudalen Geist indischer Herrscher als überlegen erwiesen. So ist das *Victoria Memorial* auch eher ein *Victory Monument*, ein imposantes Spiegelbild imperialen Selbstverständnisses. Um so erstaunlicher, ja fast schon absurd erscheint es da, dass der 1921 nach 15-jähriger Bauzeit von *König George V.* eingeweihte Bau einzig und allein aus den Privatschatullen indischer Fürsten und Kaufleute finanziert worden sein soll.

Im Innern des vom englischen Architekten *Sir William Emerson* im pompösen Neo-Renaissance-Stil gestalteten Prunkbaus finden sich in 25 Sälen über 3.500 Ausstellungsstücke zur britischen Kolonialherrschaft in Indien. Die Palette der **Museumsobjekte** reicht von Waffen über Schmuck bis zu riesigen Portraitgemälden nahezu aller britischen Kolonialbeamten von Rang und Namen, vom Klavier der Königinmutter über historische Zeichnungen, Aquarelle und Grafiken bis zu Originalverträgen der East India Company aus dem 18. Jh. – eine Fundgrube für Historiker. Darüber hnaus bieten sich hervorragende Ausblicke auf den weitläufigen Maidan.

Vielleicht am beeindruckendsten ist jedoch die Gelassenheit und Selbstverständlichkeit, mit der die Inder sozusagen das Siegesmonument einer Kolonialmacht pflegen, die Indien immer nur als Selbstbedienungsladen verstanden hat. Hier spiegelt sich erneut jenes dem westlichen Denken so fremde Geschichts- und Zeitverständnis der Inder, für die eine 300-jährige Fremdherrschaft mit all ihren Schlachten und Blutvergießen nicht mehr ist als ein leichter Wellengang auf dem jahrtausendealten Ozean der indischen Kultur und Geschichte.

●**Geöffnet** ist das Victoria Memorial tgl. außer Mo von 10 bis 15.30 (Okt.–März) bzw. 10 bis 16.30 Uhr (April–Sept.). Der Eintritt beträgt 150 Rs. Die tgl. außer Mo veranstaltete *Sound & Light Show* (20 Rs, 19.15 und 20 Uhr (Okt.–Feb., März–Sept. 30 Min. später) mit Ereignissen aus der Kolonialgeschichte lohnt einen Besuch.

St. Paul's Cathedral

Weniger imperiales Imponiergehabe als vielmehr Heimweh zu Mutter Britannien spiegelt die östlich vom Victoria Memorial gelegene Kathedrale. Die 61 m hohe, 1847 im gotischen Stil errichtete Kirche besticht vor allem mit ihren sehr schönen Glasfenstern, in denen sich speziell nachmittags das einfallende Licht auf faszinierende Weise bricht. Das Ostfenster ist ein Geschenk des Domkapitels von Windsor aus der dortigen St. George's Chapel.

●**Öffnungszeiten:** tgl. 9–12 und 15–18 Uhr, Gottesdienst So um 7.30, 8.30 und 18 Uhr.

Birla-Planetarium

Das nur wenige Meter weiter nördlich gelegene Birla-Planetarium (Tel.: 22231516) ist eine der vielen Stiftungen der ursprünglich aus Rajasthan stammenden Industriellenfamilie. Dreimal täglich finden in dem inzwischen ein wenig baufälligen Planetarium, einem der größten der Erde, Vorführungen in Bengali, Hindi und Englisch (13.30 und 18.30 Uhr) statt. Da die Zeiten häufig wechseln, bitte vor Ort erfragen. Eintritt Erwachsene/Kinder 20/10 Rs.

Kali-Tempel

Die ganze Widersprüchlichkeit des Monstrums Kalkutta vereint auch die **Schutzgöttin und Namenspatronin** der Stadt: *Kali.* Der ihr geweihte Tempel steht etwa 2 km südlich der St. Pauls' Cathedral und ist das wichtigste Hindu-Heiligtum der Stadt. *Kali,* eine andere Erscheinungsform *Durgas,* die den zerstörerischen Aspekt *Parvatis* darstellt, wird mit einer blutroten Zunge und einem Kranz von Menschenschädeln um den Hals als schwarze Schreckensfigur dargestellt. Sie tanzt, heißt es in der indischen Mythologie, auf den Totenäckern, so, wie ihr Gemahl *Shiva* einmal

Marktszene

am Ende dieses Weltzeitalters auf den Trümmern der Erde tanzen wird. Aber hinter diesem grausamen Antlitz der Göttin soll sich gleichzeitig das Urbild der liebenden Mutter verbergen.

Der destruktiven Seite dieser Göttin müssen täglich Opfergaben dargeboten werden, um ihre Begierde zu besänftigen. So ist der stets von Menschenmassen umgebene, 1809 an der Stelle eines wesentlich älteren Heiligtums errichtete Tempel täglich Schauplatz blutiger Tieropferungen. Das Tempelinnere ist zwar nur für Hindus zugänglich, doch auch so bekommt der Besucher einen Eindruck von der faszinierenden Atmosphäre religiöser Inbrunst, die am Tempelbereich herrscht.

Kali Ghat, der Stadtteil, in dem der Kali-Tempel beheimatet ist, hieß früher Kalikata, woraus die Briten dann Kalkutta machten. Eine linguistische Verballhornung, die sich dann später, wie schon bei Varanasi, durchsetzte.

● **Öffnungszeiten:** 5–15 und 16–22 Uhr.

Botanischer Garten

Ein idealer Ort, um dem Moloch Kalkutta zu entfliehen, ist der über 100 ha große Botanische Garten (tgl. 7–17 Uhr), der sich auf einer Länge von etwa 1 km entlang des westlichen Hooghly-Flusses erstreckt. Die 1787 von der *East India Company* gegründete Anlage profitiert von dem für die Menschen so mörderischen feucht-heißen Wetter Kalkuttas, da so eine enorme Vielfalt subtropischer Pflanzen und Bäume gedeihen kann. Hauptattraktion ist ein 250 Jahre alter **Banyan-Baum,** angeblich der größte der Erde. Sein Wirtsbaum ist zwar längst eingegangen, der weiteren Ausdehnung des urtümlich anmutenden Riesenbaumes scheint dies jedoch keinen Abbruch zu tun. Bescheidener, dafür nicht minder sehenswert ist das **Palmenhaus** in der Mitte des Gartens.

● Mit den **Bussen** Nr. 55 und 56 ist der Park von Chowringhee aus zu erreichen. Stressfreier hingegen ist eine **Bootsfahrt** entlang des Hooghly von Chandpol und Babu Ghat.

Der Nordosten

516n Foto: mb

Zoologischer Garten

Mit 16 ha wesentlich kleiner als der Botanische Garten, dafür näher am Stadtzentrum südlich des Victoria Monuments gelegen, ist der Zoo eine weitere Rückzugsmöglichkeit für Großstadtgeplagte. Zu sehen gibt es vor allem indische Tiere, aber auch einige von anderen Kontinenten. Während manche von ihnen in relativ weitläufigen Gehegen gehalten werden, vegetieren andere stumpf in viel zu kleinen Käfigen vor sich hin.
● **Öffnungszeiten:** tgl. außer Di 9 bis 17 Uhr.

South Park Cementary

Und noch ein Refugium für Zivilisationsgeplagte, sogar inmitten der Stadt: Vier kleine, nebeneinander gelegene **englische Friedhöfe** an der Park Street sind ein herrlicher Ruheort, verbunden mit dem morbiden Charme des untergegangenen britischen Raj. Die Inschriften der z.T. imposanten Grabdenkmäler erzählen manch traurige Geschichte vom einsamen Tod fern der Heimat. Tragikomisch mutet hingegen das Schicksal der unglückseligen *Rose Aylmer* an, die allein deshalb aus dem Leben schied, weil sie ihrer Ananas-Sucht nicht widerstehen konnte.

Howrah-Brücke

Bis 1994, als nach über 20-jähriger Bauzeit eine zweite Brücke etwas weiter südlich fertig gestellt wurde, war die 1943 eröffnete Howrah-Brücke die einzige Verbindung der Industrievororte im Westen mit dem Zentrum. Mit ihrer massiven Stahlkonstruktion ist sie zum Wahrzeichen Kalkuttas geworden. Durch dieses Nadelöhr zwängen, schieben und drängeln sich täglich bis zu 50.000 Fahrzeuge und eine halbe Million Menschen, womit sie die **meistbenutzte Brücke der Welt** ist.

Jeden Morgen und Abend lässt sich am jeweiligen Ende der Brücke, umgeben von ohrenbetäubendem Hupen, pechschwarzen Abgaswolken, kaum zu ertragendem Gestank, dem Gebimmel unzähliger Fahrradklingeln und dem Stimmengewirr Tausender von Fußgängern ein einzigartiges Schauspiel erleben: Zwischen uralten Straßenbahnen, Ochsengespannen, Heerscharen von Rad- und Motorrollerfahrern, Rikshawallahs und

zum Bersten gefüllter, windschiefer, zweigeschossiger Omnibusse ziehen und schieben unter äußerster Kraftanstrengung schweißgebadete und ausgemergelte Tagelöhner völlig überladene Handkarren. Zu beiden Seiten der Fahrbahn bewegt sich, einem Bienenschwarm gleich, eine unübersehbare Menschenmenge, aus der die im Laufschritt Körbe, Koffer, Stangen und Möbelstücke auf ihren Köpfen balancierenden Kulis herausragen – eine Parabel auf das von Ausdauer, Mühsal und ständiger Wiederkehr geprägte indische Leben.

Unbedingt besuchen sollte man auch den auf der östlichen Seite unterhalb der Brücke gelegenen **Blumenmarkt** sowie die dahinter zum Wasser führenden **Ghats** mit ihren zahlreichen Pilgern und Sadhus.

Beim Spaziergang durch die verwinkelten, winzigen, zu beiden Seiten mit kleinen, vollgestopften Geschäften flankierten **Altstadtgassen,** die von der Howrah-Brücke nach Osten verlaufen, lässt sich hautnah die drangvolle Enge und Vitalität Kalkuttas erleben.

Nakhoda-Moschee

Diese zwischen BBD Bagh und Howrah Bridge gelegene größte Moschee Kalkuttas überragt mit ihren beiden 47 m hohen Minaretten die Gassen des Altstadtviertels. Erbaut wurde sie 1921 in Anlehnung an das Grabmal König *Akhbars* in Agra. Bis zu 10.000 Gläubige sollen in der Moschee mit den auffälligen Zwiebelkuppeldächern Platz finden.
● **Öffnungszeiten:** 5-12 Uhr.

Digambara-Tempel

Dieser etwa 4 km nordöstlich des Stadtzentrums gelegene Tempel ist *Shitalnathia*, dem 10. Furtbereiter des Jainismus, gewidmet. Stifter und Bauherr des 1867 errichteten, inmitten eines schönen Gartens gelegenen Heiligtums war ein äußerst vermögender Juwelier, der u.a. den Vizekönig zu seinen Kunden zählte. So findet sich im Tempel eine schier unübersehbare Anzahl von bunten Gläsern, Spiegeln, Kristallen und Halbedelsteinen. Ein faszinierend verwirrender optischer Eindruck.
● **Öffnungszeiten:** tgl. 6–12 und 15–17 Uhr.

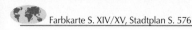

Belur-Tempel

12 km nördlich der Stadt, auf der Westseite des Hooghlys, findet sich dieses 1899 von *Swami Vivekananda* gegründete **Zentrum der internationalen Ramakrishna-Bewegung.** *Ramakrishna Paramahansa* gründete Mitte des 19. Jh. eine kulturelle und religiöse Bewegung, die sich, von Bengalen ausgehend, über ganz Indien und darüber hinaus ausdehnte. Diese Erneuerung des Hinduismus predigte äußerste Toleranz gegenüber allen Religionen. Architektonisch spiegelt der Haupttempel der weiträumigen Anlage diese Glaubensphilosophie wider, indem er als eine Kombination aus hinduistischem Tempel, Moschee und christlicher Kirche gestaltet wurde.
●**Öffnungszeiten:** tgl. 6.30 bis 12 Uhr und 15.30 bis 20 Uhr.

Auf der anderen Seite des Flusses, bei der etwas nördlich den Hooghly überspannenden Balby-Brücke, liegt der von zwölf Shiva-Tempeln umgebene **Dakhineshwar-Kali-Tempel.** Hier diente *Ramakrishna* eine Zeitlang als Priester.

Indian Museum

Wie kaum ein anderes Gebäude Kalkuttas, vermittelt das an der Einmündung zur Sudder Street gelegene Indian Museum den Charme des untergegangenen britischen Kolonialreiches. Imperiale Dimensionen weist schon die 93 m lange Fassade mit ihren opulenten Säulenportalen auf.

Alle bedeutenden **Zeit- und Stilepochen** Indiens sind in diesem 1875 eröffneten größten Museum Indiens ausgestellt – eine verwirrende Vielfalt. Der Bogen spannt sich von der Ur- und Frühgeschichte Indiens, z.B. der Harappa-Kultur im Indus-Tal (3. bis 2. Jahrtausend v. Chr.) über die berühmten Ediktsäulen *Ashokas* (3. Jh. v. Chr.), den großartigen hinduistischen Nagara-Baustil mit vorzügliche Beispielen aus Khajuraho und Orissa (1. Jh. n. Chr.) bis zur zoologischen und botanischen Abteilung.

Unübersehbar deutlich sind aber auch die immer drängender werdenden Probleme des Indian Museum. Die Ausstellungsräume sind z.B. oft derart dunkel, dass man eine Gruben-lampe bräuchte, um die einzelnen Objekte zu erkennen; einige Ausstellungsstücke sind derart vernachlässigt, dass außer einer dicken Staubschicht kaum etwas zu erkennen ist. Schließlich ist der Besucherandrang speziell an Wochenenden derart gewaltig, dass man sich in den viel zu kleinen Räumen eher auf einer Sportveranstaltung denn in einem Museum wähnt. Vorsicht ist zudem vor Taschendieben geboten.
●**Öffnungszeiten:** tgl. außer Mo 10–17 Uhr, Eintritt: 150 Rs, Kamera 50 Rs, Video nicht erlaubt, Taschen müssen vor Betreten am Eingang abgegeben werden.

Weitere Museen

●**Academy of Fine Arts:** Cathedral Road; tgl. außer Mo 15–18 Uhr.
●**Asutosh Museum:** Spezialisiert auf Kunst aus Bengalen. College Street, auf dem Gelände der Kalkutta University. Mo–Fr 10.30–16.30, Sa 10.30–15 Uhr.
●**Birla Industrial and Technological Museum:** Im Garten eine hübsche botanische Abteilung, sonst vorwiegend Industriekultur. 19A, Gurusaday Road. Tgl. außer Mo 10–17.30 Uhr.
●**Birla Academy of Art and Culture:** Textilkunst, Gemäldeabteilung (vor allem Bilder von *R. Tagore*). Interessant vor allem die Wechselausstellung moderner indischer Künstler. 109, Southern Avenue. Tgl. außer Mo 16.30–20 Uhr.
●**Nehru Children Museum:** 94/1, J. Nehru Road. Tgl. außer Mo 11–19 Uhr.
●**Kolkata Panorama:** Multimedia Museum in der Town Hall mit interaktiven Installationen und Ausstellungsstücken aus den letzten 500 Jahren der bengalischen Geschichte (Tel.: 22483085), tgl. außer Mo 11–17 Uhr geöffnet, Eintritt 100 Rs.
●**Marble Palace Rabindra Bharati Museum:** Der in einem riesigen Garten gelegene Prachtbau des märchenhaft reichen bengalischen Kaufmanns *Mullik* erinnert von außen wie innen an den legendären Lebensstil verschwenderischer Rajputenherrscher. Ob Kitsch oder Kunst, ein Fest fürs Auge ist das kunterbunte Sammelsurium aus Marmorsäulen, Statuen, Kristallen und Gemälden (u.a.

Der Nordosten

von *Rubens*) allemal. Nähe Mohan Avenue. Tgl. außer Mo und Do 10–16 Uhr, Besuchserlaubnis beim *Tourist Office* erhältlich.

Festivals

● Das fünftägige **Durga Puja Festival** (in anderen Landesteilen als zehntägiges Dussera-Festival gefeiert) im Oktober auf den Straßen Kalkuttas zu Ehren der zehnarmigen Göttin Durga ist eines der farbenprächtigsten und ausgelassensten überhaupt. Die unzähligen Erscheinungsformen der Göttin werden dargestellt und am letzten Tag im Hooghly versenkt. Während des Festes veranstaltet *West Bengal Tourism* spezielle Touren, die teilweise auch nachts stattfinden.

● Das **Diwali-Fest,** das Festival der Lichter (immer 21 Tage nach Durga Puja), ehrt die Göttin Kali mit zahllosen Öllampen, Fackeln und Feuerwerk.

● Ende Januar/Anfang Februar findet auf dem Maidan-Gelände die **Calcutta Book Fair** statt, welche von vielen weiteren Veranstaltungen wie der *Arts and Handicrafts Fair* oder Ausstellungen über das ländliche Bengalen begleitet wird.

● Alljährlich vom 20. bis 25. Januar wird die **Dover Lane Music Conference** veranstaltet. Es wird klassische indische Musik aufgeführt. Genaueres zu all diesen Festen erfährt man im *West Bengal Tourism Centre*.

Information

● Das **IndiaTourism Office** (4 Shakespeare Sarani, Tel.: 22825813, indtour@cal2.vsnl.net. in), etwa auf Höhe des Victoria Memorial gelegen, ist eines der besten Touristenämter ganz Indiens. Die meist freundlichen und hilfsbereiten Mitarbeiter erstellen auf Anfrage einen Computerausdruck zu fast allen touristisch interessanten Orten Indiens, in dem die wichtigen Informationen wie Hotels und Sehenswürdigkeiten aufgeführt sind. Geöffnet ist es Mo–Fr von 9 bis 18 Uhr und Sa von 9 bis 13 Uhr.

● **West Bengal Tourism** (3/2 BBD Bagh, Tel.: 22485917, 22488271/2, wbtdc@cal2.vsnl. net.in, www.wbtourism.com) gegenüber der

Hauptpost ist Mo–Fr 10.30–16 Uhr, Sa 10.30–13 Uhr geöffnet. Dieses Büro veranstaltet zu mehreren Terminen in der Saison Mehrtagesausflüge zu den Sunderbans, wobei die dreitägige Variante zu empfehlen ist, da man bei der Zweitagestour die meiste Zeit mit Busfahren zubringt. Außerdem Touren nach Darjeeling, Himachal Pradesh, Sikkim, Bhutan und sogar in den Süden Indiens und spezielle Angebote während des Durga-Puja-Festes im Oktober. Hier werden auch Taxis und Minibusse vermittelt (1. Stock, Tel.: 22485168, Mo–Fr 10.30–16.30 Uhr und Sa 10.30–13 Uhr). Ein Ambassador kostet etwa 60 Rs/Std. sowie 7 Rs pro Kilometer. Neuere Modelle bzw. klimatisierte Fahrzeuge sind 25–40 % teurer. Auch Stadtführer werden vermittelt.

● Beide Informationsstellen haben **Filialen am Flughafen,** West Bengal Tourism zusätzlich am Howrah-Bahnhof (Tel.: 26602518, Mo–Sa 7–19 Uhr, So 7–12.30 Uhr).

● Bei jeder der genannten Adressen erhält man das Heftchen *Calcutta This Fortnight* mit zahlreichen kulturellen **Veranstaltungshinweisen.**

● Viele **Bundesstaaten** unterhalten in Kalkutta ihr eigenes *Tourist Office*. Die genauen Adressen sind im Adressteil am Ende des Kapitels zu finden.

Stadtverkehr

Wer am Howrah-Bahnhof ankommt, gelangt am schnellsten mit einer der alle 15–20 Minuten abfahrenden **Fähren** am unterhalb des Bahnhofs gelegenen Chandpol Ghat auf die andere Uferseite zum Fairlie Ghat. So spart man sich die zeitaufwendige Überquerung über die Howrah-Brücke und kommt in den Genuss einer schönen Flussfahrt. Dies gilt natürlich auch in umgekehrter Richtung. Von mehreren Ablegestellen am Fairlie Ghat starten die Fähren etwa zwischen 8 und 20 Uhr, 5 Rs.

● Zwischen dem *Indian Airlines Office* und dem 16 km außerhalb gelegenen **Dum Dum Airport** (der inzwischen zwar in *Netaji Subhas Chandra Basu Airport* umbenannt wurde, aber von den meisten Einwohnern der Stadt immer noch beim alten Namen genannt wird) fährt zurzeit kein **Flughafenbus.** Da diese Verbindung aber zeitweise bestand, sollte man sich jedoch im örtlichen Touristenbüro erkundigen, ob inzwischen wieder ein Bus fährt. Mit dem **Taxi** liegt der Festpreis bis in die Stadt zur Sudder Street oder zum Oberoi Hotel bei ca. 250 Rs pro Taxi. Teilt man sich das Taxi mit anderen Mitreisenden, so ist man zum gleichen Preis wie beim Flughafenbus dabei. Bei Ankunft am Fughafen in Kalkutta sollte man ausschließlich mit den im voraus zu bezahlenden Taxis vom Prepaid-Taxistand nehmen. Ganz Sparsame können die Strecke auch mit dem öffentlichen **Bus** Nr. 237 oder 79B für 9 Rs oder dem schnelleren Kalyana Express Bus zurücklegen. Will man zum Flughafen, sollte man vor dem *KC Das Sweet Shop* (stadtbekannt) in eine dieser Linien zusteigen. Zudem fahren vom BBD Bagh aus die rotbraunen Minibusse 184 (Fahrzeit 45 Min., Fahrpreis 10 Rs, Endziel Birati, von dort kurze Rikshafahrt) und 151 zum Flughafen.

●Kalkutta verfügt über ein recht umfangreiches innerstädtisches **Busnetz.** Wer die chronische Überfüllung und die gerade in Kalkutta große Gefahr, von Langfingern erleichtert zu werden, nicht scheut, kann z.B. für 1.40 Rs vom Howrah-Bahnhof zur Sudder Street, Ecke Indian Museum fahren.

Wer am Howrah-Bahnhof ankommt, gelangt am schnellsten mit einer der alle 15–20 Minuten abfahrenden **Fähren** vom direkt am Bahnhof gelegenen Chandpol Ghat auf die andere Uferseite zum Fairlie Ghat. So spart man sich die zeitaufwendige Überquerung der Howrah-Brücke und kommt zudem in den Genuss einer schönen Flussfahrt.

●Das berühmt-berüchtigte heißblütige Temperament der Bengalen scheint nirgendwo derart ausgeprägt zu sein wie bei Kalkuttas **Taxifahrern.** Deshalb lässt man sich am besten auch gar nicht auf eine Diskussion über das Einschalten des Taxameters ein: Eine Fahrt von Howrah Station zur Sudder Street kostet 55 Rs vom außerhalb des Bahnhofs gelegenen Prepaid-Taxistand (zum Dum

Airport 170 Rs). Während der Hauptverkehrszeiten, wenn die Nachfrage das Angebot an Taxis weit übersteigt, wird jedoch der doppelte Preis verlangt und gezahlt. Falls man doch einmal einen Heiligen als Fahrer erwischt haben sollte, der die Uhr anstellt, muss der angezeigte Preis verdoppelt werden. Inzwischen gibt's auch Bestellservice, etwa bei *Blue Arrow Taxi,* Tel.: 13658, oder *Taxi Refusal,* Tel.: 22155000.

●Immer noch sind in Kalkutta die **von Menschen gezogenen Rikshas,** eine für Kurzstrecken recht praktische Fortbewegung, im täglichen Gebrauch. Diese für westliche Gemüter zunächst recht befremdliche Art des Transports soll schon seit mehreren Jahren verboten werden, da sie nach Ansicht der Stadtoberen den Verkehrsfluss bremst. Auch aufgrund der Proteste der vielen Menschen, die hiermit nach Abzug der Gebühr für die meist nur gemieteten Gefährte ihren kärglichen Lebensunterhalt verdienen, ist es bisher nicht dazu gekommen. Zwar zahlen westliche Touristen immer eine weit höhere Beförderungsgebühr als Einheimische, es ist aber immer noch spottbillig.

●Die herrlich antiquierten **Straßenbahnen** Kalkuttas, die eher an fahrende Ölsardinendosen erinnern, eignen sich besser als Fotomotive denn als Fortbewegungsmittel. Seit Jahren kursieren Gerüchte, dass sie abgeschafft werden sollen. Ein Nostalgietrip von Howrah Station zum Indian Museum kann bis zu 2 Std. dauern.

●Es ist einer der für Indien so charakteristischen Widersprüche, dass jener Ort, der weltweit für den Zusammenbruch urbanen Lebens steht, als erste Stadt des Landes über eine **U-Bahn** verfügte. Noch erstaunlicher ist deren hervorragender Zustand. Verglichen mit dem üblichen Verkehrschaos, fühlt man sich in den sauberen, vollklimatisierten und mit Fernseher ausgestatteten U-Bahn-Stationen wie in eine andere Welt versetzt. Obwohl die Preise etwa dreimal so hoch sind wie für die öffentlichen Busse – und damit für Westler immer noch extrem billig – sind die Züge zur Rush-Hour meist gerammelt voll. Von den beiden fertig gestellten Teilabschnitten dürfte der südliche von Esplanade nach Tollygunge mit Stopps u.a. in der Nähe von

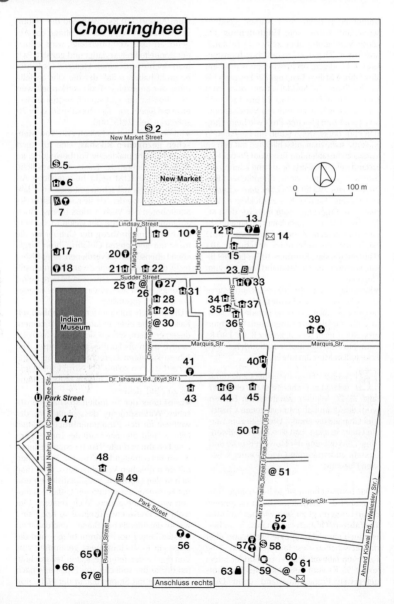

Chowringhee

New Market Street

⑤ 2

⑤ 5

🏠● 6

New Market

0   100 m

🅚 🕻 7

🏠17

⑤ ●18

Lindsay Street

🏠 9   10●   12 🏠   🕻🔒   ✉ 14   13

🏠 15

20 🕻

21🏠   🏠 22

23 *B*

Sudder Street

25🏠 @   🕻 27   🏠🕻33

26   🏠 28   🏠31   34🏠   🏠🏠37

🏠 29   35🏠

@ 30   36   39

🏠 ✚

Chowringhee Lane

Stuart Lane

Hartford Lane

Madge Lane

Marquis Str.   Marquis Str.

Indian Museum

41   40🏠

🕻

Dr. Ishaque Rd. (Kyd Str.)

🕻 Park Street   43🏠   44🏠*B*   45🏠

● 47

50 🏠

48

🏠

B 49

@ 51

Park Street

Jawarhalal Nehru Rd. (Chowringhee Str.)

Russell Street

Mirza Ghalib Street (Free School Rd.)

Ripon Str.

Ahmed Kidwai Rd. (Wellesley Str.)

52

🕻 ●

65 🕻   56   57🕻   ⑤ 58

🕻   60   61

● 66   59   @

67@   63🔒   ✉

Anschluss rechts

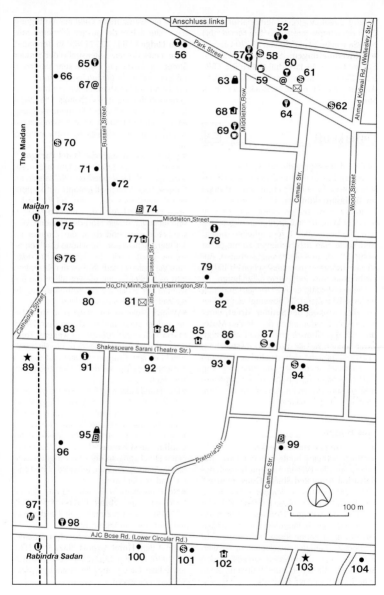

Der Nordosten

Sudder Street, Victoria Memorial und Kali Ghat der interessantere sein. Die Metro fährt Mo–Sa von 8–20 und So von 15–20 Uhr.

●**Autovermietungen:** *Avis Rent A Car,* im *Oberoi Grand,* 15 Jawarhal Nehru Rd. (Tel.: 22492323), *A-1 Roger Travel & Tours,* 13, G.C. Avenue, oder *Europcar,* 6. Stock, 75 C, Park Street.

Unterkunft

Während in Kalkutta die Auswahl an hervorragenden Kolonialstil- und First-Class-Hotels sehr groß ist, besteht ein chronischer **Mangel an Billigunterkünften.** Da überdies viele Zimmer der Low-Budget-Hotels, speziell während der Wintermonate, von freiwilligen Helfern, die bei Mutter Teresa arbeiten, belegt sind, sollte man sich bemühen, zu möglichst früher Stunde in Kalkutta anzukommen. Ansonsten bekommt man meist schon ab 10 Uhr ein bedauerndes *Sorry, we're full* zu hören.

Die mit Abstand größte Hotelansammlung findet sich im Stadtteil Chowringhee und hier vor allem entlang der **Sudder Street,** einer kleinen Straße, die neben dem Indian Museum von der Chowringhee Road abzweigt. Zwar kennen sie alle Taxi- und Rikshafahrer, doch es empfiehlt sich, das Indian Museum als Fahrtziel anzugeben, da man sich von dort selbstständig, d.h. ohne den auf Kommission spekulierenden Chauffeur, auf Zimmersuche begeben kann.

Low Budget

●Jeden Morgen zur Eincheckzeit um 10 Uhr sammelt sich eine bunte Mischung von Travellern aus aller Welt im Eingangsbereich des **Salvation Army Red Shield Guest House** € (Tel.: 22861659) in der Sudder Street, um eines der Betten im Schlafsaal (60–65 Rs) oder in einem der wenigen Doppelzimmer zu ergattern. Das große Plus dieser alten Traveller-Hochburg ist neben ihren Preisen der sehr saubere Zustand der einzelnen Räume. Allerdings machen viele Betten, speziell in den Schlafsälen (zwischen 3 und 9 Betten), einen sehr durchgelegenen Eindruck.

●Wer ein wenig mehr Geld zur Verfügung hat, sollte sich in der ausgezeichneten **Modern Lodge** € (Tel.: 22524960) in der Stuart Lane, einer kleinen Seitenstraße der Sudder Street, einquartieren. Für die sehr sauberen, ruhigen und recht geräumigen Zimmer, teils mit Gemeinschaftsbad, bieten ein hervorragendes Preis-Leistungs-Verhältnis. Die Dachterrasse ist, speziell gegen Sonnenuntergang, ein beliebter Treffpunkt, an dem man sich ein wenig vom Hexenkessel Kalkutta erholen kann.

●Sehr beliebt ist auch das **Hotel Paragon** € (Stuart Lane, Tel.: 22522445) gegenüber. Allerdings sind die fensterlosen Schlafsäle im Erdgeschoss derart vollgestopft mit klapprigen Bettgestellen, dass selbst 65 Rs hierfür noch zu viel sind. Auch die sanitären Anlagen sind nicht gerade ein Hort der Hygiene. Wesentlich besser sind dafür die Zimmer im 1. Obergeschoss und die schöne Dachterrasse, die ebenso wie die der *Modern Lodge* zum Verweilen einlädt. Neben der Rezeption gibt es Schließfächer, die vor allem die Bewohner der Schlafsäle zur Aufbewahrung ihrer Wertsachen benutzen sollten.

●Wenige Meter weiter an der Ecke Stuart Lane/Sudder Street findet sich mit dem **Hotel Maria** € (Tel.: 22520860) ein weiterer Treffpunkt der Rucksackreisenden. Preislich entspricht es dem *Paragon,* qualitativ ist es etwa zwischen *Paragon* und der *Modern Lodge* einzuordnen.

●Das **Hotel Palace** €-€€ (Chowringhee Lane, Tel.: 22526214) ist eine klasse Billigwahl in derselben Ecke. Die sauberen Zimmer sind alle mit Außenfenstern und TV ausgerüstet.

●Mit die beste Wahl dieser Preisklasse ist das **Capital Guest House** €-€€ (Tel.: 22520598), einen Durchgang an der Chowringhee Lane hinein. Saubere Zimmer, teilweise ohne Fenster, sind ihr Geld wert.

●Noch etwas mehr für nahezu das gleiche Geld gibt's im **Hotel Galaxy** €-€€ (Tel.: 22524565), große Zimmer mit TV, die oberen sogar mit viel Tageslicht.

●Wer am Flughafen übernachten möchte, hat mit dem **Hotel Airport Plaza** €-€€ (Tel.: 25118307) eine gute und für diese Ecke selten billige Gelegenheit in einfachen, aber sauberen Zimmern.

Sehenswürdigkeiten

★	89	Birla Planetarium
Ⓜ	97	Nehru Children's Museum
★	103	Niznam Palace

Unterkunft

🏠	6	The Oberoi Grand
🏠	9	Hotel Lindsay
🏠	12	CKT Inn
🏠	15	Ashreen Guest House
🏠	17	YMCA
🏠	21	Lytton Hotel
🏠	22	Fairlawn Hotel
🏠	25	Salvation Army Red Shield Guest House
🏠	28	Hotel Palace
🏠	29	Capital Guest House
🏠	31	Central Guest House
🏠	33	Super Guest House
🏠	34	Hotel Maria
🏠	35	Hotel Paragon
🏠	36	Hotel Galaxy
🏠	37	Modern Lodge
🏠	43	East End Hotel
🏠	44	Hotel Aafreen International
🏠	45	Hotel Crystal
🏠	48	Hotel The Park
🏠	50	Hotel Classic
🏠	68	YWCA
🏠	77	Hotel Old Kenilworth
🏠	84	The Kenilworth Hotel
🏠	85	The Astor Hotel
🏠	102	Hotel Hindustan International

Essen und Trinken

🍴	7	Lighthouse Bar
🍴	13	Princess Bar & Restaurant
🍴	18	Jong's & Zarang Restaurant
🍴	20	Khelsea Restaurant
🍴	27	Restaurants Blue Sky und Zurich
🍴	33	Super Guest House
🍴	41	Hong Kong Restaurant
🍴	52	China Bistro
🍴	56	Barista Espressobar
🍴	57	Restaurants Blue Fox und Bar B Q
🍴	59	The Tea Table
🍴	60	Sky Room
🍴	64	Waldorf Restaurant
🍴	65	Restaurant Teej
🍴	69	Peter Cat, Café Coffee Day
🍴	98	Haldiram's

Verkehr

•	6	Avis Rent a Car
Ⓑ	44	Busbüro für Busse nach Bangladesch
•	52	Biman und Emirates Airlines
•	56	Jet Airways

•	73	British Airways, Royal Nepal Airlines
•	75	Cathay Pacific, KLM
•	83	Swiss International Airways
•	94	Eastern Travels
•	96	Air India
•	101	Singapore Airlines
•	104	Thai Airways, Alitalia

Geld

🏧	2	ICICI und SBI ATM
🏧	5	HSBC ATM
🏧	61	Pheroze Framrose
🏧	62	Srei Forex
🏧	58	LKP Forex
🏧	70	State Bank of India
🏧	76	SBI ATM
🏧	87	Travellers Express Club, Thomas Cook
🏧	94	ICICI ATM
🏧	101	UTI ATM

Internet

@	26	Netfreaks
@	30	Enternet
@	51	sify-i-way Internet
@	60	sify-i-way Internet
@	67	sify-i-way Internet

Sonstiges

🎬	7	New Empire Cinema
•	10	West Bengal Emporium
🔒	13	Kathleen's Confectionary
✉	14	Postamt
📖	23	Bookland
➕	39	Peerless Hospital und Apollo Gleneagles Hospital Praxen
•	40	Gulshan Palace, DHL Büro
•	47	Asiatic Society
📖	49	Oxford Books
✉	61	Postamt
🔒	63	Flury's Swiss Confectionary, Music World
•	66	American Cultural Centre
•	71	Sikkim Govt. Office
•	72	Assam Govt. Office
📖	74	Classic Books
ⓘ	78	Sikkim Touirst Information Centre
•	79	Globe Travels & Forex
•	80	British High Commission
✉	81	Postamt
•	82	US Konsulat
•	86	Nagaland Gov. Office
•	88	DHL
ⓘ	91	India Tourism
•	92	Aurobindo Bhawan
•	93	Tripura Govt. Office
🔒📖	95	Emani Market, Landmark Bookshop
•📖	99	British Council & Library
•	100	Foreigner's Regional Registration Office

Westbengalen

Der Nordosten

Budget

●Das **Super Guest House** €€-€€€ (Free School Rd., Tel.: 22520995, super_guesthouse@hotmail.com) macht seinem Namen alle Ehre, gibt's hier doch mit supersauberen und recht großen, klimatisierten Zimmern mit TV und Kühlschrank sehr viel fürs Geld.

●Etwas versteckt in einer Gasse, die von der Sudder Street abgeht, ist das **Ashreen Guest House** €€-€€€ (Tel.: 22520889, ashreen_guesthouse@yahoo.com) eine ruhige, saubere Bleibe in zentraler Lage.

●Eine klasse Budget-Wahl ist das **Gulshan Palace** €€-€€€ (Tel.: 22520432/3, gulshan_int@vsnl.net). Gemütlich ausgestattete, teils klimatisierte Zimmer mit TV in zentraler Lage sind empfehlenswert.

●Überraschend preiswert sind die sauberen Zimmer des neuen **Aafreen International** €€-€€€ (Marquis St., Tel.: 22520098) südlich der Sudder Street. Die gemütlichen Zimmer haben alle TV, die klimatisierten zudem noch einen Kühlschrank.

●Mehrere ansprechende, nahezu preisgleiche Hotels in einem Gebäudekomplex nur wenige Meter östlich des touristischen Zentrums um die Sudder Street in der Marquis Street sind nicht nur eine gute Ausweichmöglichkeit. Das beste ist das neue **Al Ayla** €€-€€€, dessen teilweise klimatisierte Zimmer mit Kühlschrank und TV ausgestattet sind. Auch das **Hotel Samrat** €€-€€€ (3. Stock, Tel.: 22520276/7, hotel_samrat@vsnl.net) und das **Tennis International** €€-€€€ sind gut.

●Eine ansprechende Wahl ist das **Hotel Crystal** €€-€€€ (Kyd St., Tel.: 30225763, 22266400, hcrystal@vsnl.net) in der KYD Street. Die teureren der recht kleinen, aber sauberen Zimmer sind klimatisiert.

●Wer der dichten, aber auch recht hektischen Atmosphäre der Sudder Street den Rücken kehren möchte, dem stehen drei recht ordentliche Hotels etwas weiter südlich im Bereich der Dr. M. Ishaque Road zur Verfügung. Zunächst das **Classic Hotel** €-€€€ (Tel.: 22290256), die billigeren Zimmer haben teils Gemeinschaftsbad, während die teuren mit AC ausgestattet sind. Als zweites das **East End Hotel** € (Tel.: 22298921), ein altes, nichtsdestotrotz sauberes und gut geführtes Haus.

●Um das BBD Bagh wohnen nur wenige westliche Reisende, sind die Preise doch höher als um die Sudder Street. Für das empfehlenswerte **Central Guest House** €-€€ (Tel.: 22374876) an der Chittaranjan Avenue (Eingang von der Prafulla Sarkar St.) gilt dies nicht. Die zweckmäßigen Zimmer sind sauber.

●Das **Rail Yatri Niwas** €€ (Tel.: 26601742) am Howrah-Bahnhof bietet saubere, preiswerte und teils klimatisierte Zimmer. Im Schlafsaal werden 100 Rs verlangt. Allerdings darf man hier nur übernachten (und zwar nur eine Nacht), wenn man ein Zug- bzw. Flugticket für den nächsten Tag vorweisen kann.

Tourist Class

●Auch im hervorragenden **Hotel Emirates** €€€ (Dr. M. Ishaque Rd., Tel.: 22178487) ist man bestens aufgehoben, die nichtklimatisierten Zimmer sind jedoch zu teuer. Zimmer mit Fenster bevorzugen.

●Wer mehr im kolonialen Herzen Kalkuttas wohnen möchte, sollte das gute **Hotel Majestic** €€€ (4C Madan St., 22126518, majestic2002@vsnl.com) nördlich des New Market versuchen. Die meisten anderen Hotels in diesem Teil der Stadt sind überteuert.

●Das zentral klimatisierte **C.K.T. Inn** €€€ (12, Lindsay Street, Tel.: 22520130) bietet saubere und gepflegte Zimmer mit TV. Da oft voll, ist eine Reservierung angeraten. Das Mobiliar aus den 1980er Jahren ist etwas gewöhnungsbedürftig.

●Allein der Name **Great Eastern Hotel** €€€-€€€€ (13, Old Court House, Tel.: 22482311, geh@vsnl.com) lässt bei Asienfans das Herz höher schlagen. Das 1840 erbaute Hotel im Kolonialstil hat noch sehr viel Atmosphäre. Da wirken die unübersehbaren Alterserscheinungen eher sympathisch als störend.

●Das **Old Kenilworth Hotel** €€€€ (7, Little Russel Street, Tel.: 22825325), welches zur besseren Unterscheidung seines direkt nebenan gelegenen Namensvettern auch nach seinem Besitzer Purdy's Inn genannt wird, ist ein weiteres jener herrlich nostalgischen Kolonialstilhotels. Es darf sich der größten Zimmer aller Hotels in Kalkutta rühmen, die zudem alle über einen schönen Balkon verfügen. Durch die kürzliche Renovierung wieder eine klasse Adresse.

●Eine günstige Alternative bietet das **Hotel Rutt Deen** €€€-€€€€ (21B, Loudon Street, Tel.: 22475240).

First Class und Luxus

●Ein Klassiker unter den Kolonialhotels ist das **Fairlawn Hotel** €€€€-€€€€ (13A, Sudder Street, Tel.: 22521510, fairlawn@cal.vsnl.net. in, wwwfairlawnhotel.com). Seit über 45 Jahren bemüht sich der Besitzer, die Zeit des britischen Raj nicht untergehen zu lassen. Das Hotel hat aber etwas an Eleganz verloren, die Räumlichkeiten wirken leicht schmuddelig, die Zimmerpreise beinhalten die Mahlzeiten. Die originell ausstaffierten Bediensteten scheinen auch eher eine Touristenattraktion zu sein. Auf einen Tee im gepflegten Garten vorbeizuschauen lohnt aber allemal.

●Obwohl es mit der Atmosphäre des *Fairlawn* in keiner Weise mithalten kann, ist das **Lytton Hotel** €€€€ (Tel.: 22491872-9, lytton @giascl01.vsnl.net.in, www.lyttonhotelindia. com) nebenan die wohl beste Wahl des oberen Preissegments in der Sudder Street. Neben klasse Zimmern gibt's zwei vielseitige Restaurants und eine Bar. Der geringe Aufpreis für die Deluxe-Zimmer sollte auf jeden Fall hingeblättert werden, sind sie doch viel geräumiger und haben Balkon.

●Das charmante Schmuckkästchen **The Astor Hotel** €€€€ (Shakespeare Sarani, Tel.: 30521100, 22829957, astor@cal3.vsnl.net.in, www.astorkolkata.com) ist eine sehr gemütliche und stilvolle Adresse in zentraler Lage mit Bar und Restaurant (Preise inkl. Frühstück).

●So unscheinbar das **Oberoi Grand Hotel** €€€€ (15, Chowringhee Road, Tel.: 2249 2323, reservations@oberoi-cal.com) von außen auch wirken mag, von innen entpuppt es sich als ein äußerst stilvolles Hotel, welches auch heute noch als die renommierteste Unterkunft Kalkuttas gilt. Neben den insgesamt vier Restaurants und zwei Bars beeindruckt vor allem der schöne, von Palmen umstandene Swimmingpool. Allerdings ist der Spaß mit selbst für die billigsten Zimmer auch nicht ganz billig.

●Die unangefochtene Stellung des *Oberoi* versucht ihm das Super-Luxus-Hotel **Taj Bengal** €€€€€ (34B, Belvedere Road, Alipore, Tel.: 22233939, trn.calcutta@tajhotels.com) streitig zu machen. Mit Swimmingpool, vier Restaurants, Fitnessräumen, Business Centre und einem Wasserfall im Foyer.

●Noch etwas teurer ist das am südlichen Ende des Maidan gelegene **Hotel The Park** €€€€€ (Tel.: 22493121, resv.cal@theparkhotels. com): modern gestylte Zimmer mit der üblichen Ausstattung dieser Preisklasse, mehrere Restaurants und ein Pool im Haus.

●Das **Hotel Airport Ashok** €€€€€ (Kalkutta Airport, Tel.: 5119111-29) ist eine gute Adresse für jene mit dicker Brieftasche, die nur für eine Nacht zwischen zwei Flügen in Kalkutta sind oder einen frühen Weiterflug nicht verpassen wollen.

Essen und Trinken

Kalkutta ist kulinarisch eine der besten Adressen des Landes und braucht sich, was Qualität und Quantität der vorhandenen Restaurants betrifft, nicht hinter Delhi und Mumbai zu verstecken. Die Bengalen gelten als die Gourmets Indiens. Die meisten Restaurants und Cafés haben sich im Bereich der Sudder Street angesiedelt.

●Von morgens bis abends gefüllt mit Individualreisenden ist das vollständig renovierte **Blue Sky Café,** Sudder Street, Ecke Chowringhee Lane (6.30–22.30 Uhr). Neben hervorragenden und preiswerten Snacks wie gefüllten Toasts (*jaffles*), Fruchtjoghurt, frischen Fruchtsäften und hervorragendem Kaffee gibt's hier die aktuellsten Informationen aus der Traveller-Szene. Der Service in dem klimatisierten Restaurant ist sehr effizient.

●Ist das *Blue Sky Café* wieder einmal bis auf den letzten Platz belegt, so sollte man es 10 m weiter im **Zürich Restaurant** versuchen. Preise und Speisen sind ähnlich, dafür ist es hier um einiges ruhiger und die freundliche Bedienung sowie die wesentlich bessere Bestuhlung sind weitere Vorteile.

●Das gleiche Publikum und sehr viele Einheimische essen im **Khalsa Restaurant** in der kleinen Gasse schräg gegenüber vom *Salvation Army Guest House.* Die Atmosphäre erinnert zwar an eine Bahnhofsvorhalle, dafür

Der Nordosten

sind die indischen Gerichte sehr schmackhaft und spottbillig.

● Das **Khawaja Restaurant** ist zwar meist ziemlich leer, dennoch gibt's gute, vielseitige Küche zum kleinen Preis auf bequemen Polstermöbeln.

● Etwas teurer und gediegener isst man im klimatisierten **Shamiana Bar & Restaurant** in der Free School Street.

● Das beste am *Hotel Lindsay* in der Lindsay Street ist das Dachrestaurant **Jharokha** im 10. Stock, eines der wenigen in Kalkutta.

● Weitere empfehlenswerte Restaurants in dieser Ecke sind das **Restaurant Mogul Durbar,** das **Gypsy Fast Food** und das **Khwaja.**

● Die sehr beliebte Filiale der **Haldiram-Kette** (Ecke Chowringhee / BJC Bose Rd.) serviert vielseitiges Fast-Food indischer und westlicher Prägung in guter Qualität.

● **The Princess** in der Free School Street bietet eine große Auswahl indischer, chinesischer und europäischer Gerichte.

● Suchtgefahr besteht beim Betreten von **Kathleen's Confectionary** direkt neben The Princess. Das Angebot an köstlichen Kuchen und Keksen ist derart verlockend, dass man meist viel mehr kauft als beabsichtigt – und am nächsten Tag garantiert wieder da ist.

● Gute Thai-Gerichte gibt's im **Waldorf Restaurant** in der Mirza Ghalibh Street.

● **Nizam's** am New Market, Ecke Minerva Cinema, gilt als eines der besten Restaurants für die schwere, fleischhaltige Mughlai-Küche.

● Vegetarier sollten einmal das vorzügliche **Anand Restaurant** an der Chittaranjan Avenue besuchen. Ambiente wie Essen sind hier gleich appetitanregend und zudem für die gebotene Qualität sehr preiswert.

● In unmittelbarer Nähe findet sich mit dem **Chung Wah Restaurant** das beste unter den zahlreichen chinesischen Lokalen Kalkuttas. Auch hier überzeugt die urige Inneneinrichtung sowie die reichhaltige Speisekarte mit Hauptgerichten um die 50 Rs.

● Weitere empfehlenswerte chinesische Restaurants sind das **Hongkong** und das **Golden Dragon,** beide an der Mirza Ghablibh Street.

● Nicht nur wegen der hervorragenden, südindischen Snacks und des guten Kaffees, sondern auch als Treffpunkt der für Debattierlust und linkes Gedankengut bekannten Intellektuellen Kalkuttas ist das in der Nähe der Universität gelegene **Indian Coffee House** einen Besuch wert.

● Unter Einheimischen gilt das vollklimatisierte **Amber Restaurant** (11, Waterloo Street) in der Nähe des *Great Eastern Hotel* als eines der besten Lokale Kalkuttas. Neben der vorzüglichen indischen Küche (Hauptgericht ca. 50 Rs) ist es sicherlich auch die große Auswahl an alkoholischen Getränken, die den guten Ruf des Hauses begründet. Als Nachtisch sollte man eine der zahlreichen Eissorten probieren.

● Im Howrah-Bahnhof versorgt das neue **Food Plaza** mit typischer, großteils westlicher Fast-Food-Kost.

Gehobene Preisklasse

Die meisten teureren Restaurants finden sich entlang der Park Street. Mehrere dieser Lokale bieten Live-Musik, die dann von jedem Gast mit einem bis zu hundertprozentigen Aufschlag auf die Rechnung bezahlt wird. Vorher erkundigen!

● Im **Sky Room Restaurant** fühlt man sich unter der als nachtblauer Himmel konstruierten Decke, aus der es elektronisch funkelt, wie in einem Raumschiff. Das Essen ist ebenso vorzüglich wie der Service, auch wenn die Ober am Ende der kulinarischen Weltraumreise etwas zu offensichtlich auf ein fürstliches Trinkgeld spekulieren.

● Über eine angenehme Atmosphäre verfügt auch das vollklimatisierte **Tandoor Restaurant** im 1. Stock der 43, Park Street. Neben indischer Küche werden auch einige europäische Gerichte wie Spaghetti serviert.

● Weitere empfehlenswerte Restaurants entlang der Park Street sind das **Blue Fox,** das **Bar-B.Q.** und das **Peter Cat.**

● Wer das Flair von Rajasthan vermisst, findet es im **Teej Restaurant** (tgl. 10–15 und 19–22.30 Uhr), einem äußerst bunt, detailliert und überladen bemalten, dekorierten und möblierten Restaurant – natürlich mit rajasthanischer Küche.

● Sehr schön sitzt man abends im Gartenrestaurant des **Astor Hotel,** wo man sich am Barbecue-Büfett laben kann.

● Äußerst stilvoll geht es im Restaurant des altehrwürdigen **Fairlawn Hotel** in der Sudder

Street zu. Mit einem Gong werden die Tagesmenüs zu genau festgesetzten Zeiten von den in Uniformen gekleideten Obern serviert. Nach dem Essen lädt der hübsche Garten des Hotels zu einem entspannenden Bier oder Tee ein.

● Mit einem künstlichen Wasserfall macht das **Jong's & Zarang Restaurant** in der Sudder Street einen leicht pompösen Eindruck. Hier speist und zeigt sich die Oberschicht. Das mit Preisen ausgezeichnete, zweigeteilte Restaurant serviert im einen Teil hervorragende indische und im anderen ebensolche chinesische, thailändische und japanische Gerichte (um 250 Rs), ebenso teuer wie schmackhaft.

Cafés

● Berühmt sind die Bengalen für ihre Vorliebe für Süßes. Im **Indra Mahal** an der Chowringhee Road in der Nähe des *Oberoi Hotel* gibt es eine riesige Auswahl.

● Genauso aussichtslos ist der Fall beim **Nahoum,** der zweiten exzellenten Bäckerei in der Lindsay Street beim New Market.

● **Flurys Swiss Confectionery** in der Park Street ist der richtige Ort, um seinen Afternoon-Tea oder einen der vielen Kaffees mit köstlichem Gebäck in gepflegter Atmosphäre zu genießen.

● Eine billigere Variante von *Flurys* ist der diagonal gegenüber gelegene **The Tea Table,** zwar mit weniger Auswahl, aber sehr angenehm zum Sitzen und den Flaneuren Zuschauen (Mo 10–18 Uhr, sonst 7–20 Uhr). Weniger stilvoll, jedoch okay ist das **Café Coffee Day** neben dem *Peter Cat.*

Bank

● **Thomas Cook** (Travelex, Tel.: 22830467) hat sein Büro am 196 Shakespeare Sarani (Tel.: 22830467, Mo–Sa 9.30–18 Uhr).

● Im Bereich der Sudder Street gibt es eine Reihe offizieller **Geldwechsler,** wo man schnell und zuverlässig wechseln kann.

● **TT Forex** (Mo–Fr 9.30–18.30 Uhr, Sa bis 14.30 Uhr) und **Globe Travels & Forex** (Ho Chi Minh Sarani, Mo–Fr 10–18 Uhr) wechseln effizient südlich der Park Street.

● Klasse Wechselraten gibt's bei **Srei Forex** (Tel.: 22178729), etwas versteckt an der 77 Park Street im 2. Stock über dem Paragon-Spielwarenladen, der zunächst zu durchqueren ist. Mo–Fr 10–18 Uhr, Sa 10–14.30 Uhr.

● Beim **Travellers Express Club** (20, Mirza Ghalibh Street, Tel.: 22522867, 10–19 Uhr) kann man sonntags Geld wechseln. Hier ist auch Geldüberweisung möglich.

● Die meisten Banken haben inzwischen auch einen **ATM** (Geldautomaten), sodass kein Mangel besteht. Ein ATM, der neben Visa-, Master-, Maestro- und Cirruskarten auch AmEx-Karten akzepziert, ist am BBD Bagh bei West Bengal Tourism von der HDFC-Bank. Auch im Howrah-Bahnhof steht ein ATM der State Bank of India bereit.

Post, Telefon und Internet

● Der imposante Kuppelbau des **General Post Office** Office (Netaji Subash Rd., Tel.: 22201451) liegt an der Westseite des BBD Bagh. Der Schalter für **postlagernde Sendungen** ist Montag bis Samstag von 8 bis 20 Uhr geöffnet. Obwohl er einen gut organisierten Eindruck macht, sollte man auch hier unter dem Anfangsbuchstaben des Vor- und des Nachnamens nachschauen. Wer im Chowringhee-Viertel wohnt, kann genauso gut das nahe gelegene **New Market Post Office** an der Mirza Ghalibh Street aufsuchen.

● Eine **weitere Postfiliale** ist in der Park Street.

● **DHL,** günstig an der Camac Str. in Chowringhee gelegen, ist Mo–Sa von 8 bis 21 Uhr geöffnet.

● Das **Central Telegraph Office** (8, Red Cross Place) liegt an der Südseite des BBD Bagh.

● Telefongespräche von den **privaten Telefonläden** nach Europa kosten 11 Rs/Min. Während Ferngespräche meist problemlos über die Bühne gehen, bedarf es bei innerstädtischen Gesprächen gelegentlich mehrerer Anläufe. Eine **Telefonauskunft** in Englisch bietet die Nummer 1952.

● Internet kostet in Kalkutta meist zwischen 20 und 30 Rs/Std. Schnelle Verbindungen gibt's bei **Netfreaks** neben dem Red Shield Salvation Army Bldg. und bei **Enternet** (Tel.:

Der Nordosten

22175268, tgl. 11–22 Uhr) an der Chowring-hee Lane. Recht leer, aber auch fix ist das **Cyberia Internet** beim Aafreens Tower. Schnell sind auch alle Surfstuben von **sify- und satyam-i-way.**

Special Permits

● **Sondergenehmigungen für Sperrgebiete** wie die Nordostprovinzen oder Sikkim, sowie Visumverlängerungen (nur mit guter Begründung) können im *Foreigners Regional Registration Office* (237, Acharya J.C. Bose Rd., Tel.: 22837034, 22473300/1, Mo–Fr 10.30–17 Uhr) beantragt werden. Pass nicht vergessen! Leider ist es des Öfteren vorgekommen, dass freiwillige Helfer von Mutter Teresa keine Visumverlängerung erhielten, sodass es sich empfiehlt, auf eine diesbezügliche Angabe zu verzichten.

Medizinische Versorgung

● Empfohlen wird das **Wockhardt Medical Centre** (2/7, Sarat Bose Rd., Tel.: 24754320, 24749164), 8–20 Uhr geöffnet.
● Nicht weit von der Sudder Street können in einer kleinen Praxis (Marquis Street, Tel.: 22520573, ein Ableger der großen *Peerless Hospitals*) kleinere Malaisen behandelt werden. Sie ist Mo–Do 10–20 Uhr, Fr und Sa bis 18 Uhr geöffnet. Das Haupthaus ist natürlich durchgehend erreichbar, Notfallnummer: 24622462. Auch ein Arzt des **Apollo Gleneagles Hospital** (58, Chanel Circular Rd., Tel.: 23585211) hat hier im 1. Stock, Zi. 121, seine Außenstelle, Tel.: 22520222, (0)9830141314).
● Weitere Auskünfte erteilt das **Deutsche Konsulat** (s.u.).

Einkaufen

● Der **New Market** ist eine Mischung aus Überbleibseln des 1988 abgebrannten Hogg Market und feschen neuen Geschäften. Zweifellos ist dies immer noch eine der besten Einkaufsadressen der Stadt. Vom Sari bis zum Fernseher wird alles angeboten.

> Man sollte sich auf die auf Touristen spezialisierten **Schlepper,** die sich oft als *Tourist Guides* ausgeben, nicht einlassen. Wer mit ihnen ein Geschäft aufsucht, zahlt von Anfang an 30 % mehr. Überhaupt gelten die Ladeninhaber als besonders gerissen, und so ist der New Market auch als **Cheater Market** bekannt. Also aufgepasst und kräftig handeln!

● Wer sich erst einmal in aller Ruhe eine Übersicht über die große Palette an kunsthandwerklichen Produkten verschaffen möchte, sollte ins **Central Cottage Industries Emporium** (7, Chowringhee Road) gehen. Die Festpreise sind zwar höher als im Landesdurchschnitt, doch dafür ist die Qualität hervorragend, und niemand drängt einen zum Kauf.
● Von den vielen *Government Emporiums* der einzelnen Bundesstaaten sei hier nur das für seine besonders schöne Seide bekannte **West Bengal Emporium** in der 7/1, Lindsay Street genannt.
● Die **Lindsay Street** ist eine der besten Einkaufsstraßen, in der sich in den letzten Jahren immer mehr teure Luxusläden angesiedelt haben. Man sollte sich ruhig einmal in einem der eleganten Modegeschäfte umschauen: Modern geschnittene Seidenhemden, die in Europa nicht unter 60 Euro zu haben sind, kosten hier kaum mehr als umgerechnet 15 Euro.
● Auch die Geschäfte entlang der **Chowringhee Road** sind speziell abends immer gut gefüllt mit den konsumfreudigen Vertretern der indischen Mittelschicht. Vielfach gelten dort Festpreise.
● Einen Besuch lohnen auch die wie Pilze aus dem Boden schießenden **Schuhgeschäfte,** wo gute Halbschuhe schon für 15 bis 20 Euro zu bekommen sind.
● **Schuh-** und **Lederwarengeschäfte** finden sich auch in der Bentinck Street in BBD Bagh.
● Zahllose z.T. sehr gut bestückte **Buchläden** liegen entlang der Mirza Ghalibh Street, etwa der *Bookland Bookstall.* Bei einigen von ihnen kann man auch seine ausgelesene Reiselektüre in Zahlung geben. Mehr als 100 Rs selbst für begehrteste Bestseller sind aber meist nicht drin. Die beste Adresse für Litera-

tur ist allerdings *Oxford Books* an der Park Street. Auch der *Landmark Bookshop* im Emani Shoppers City an der Lord Sinha Rd. ist gut bestückt. Wer politisch interessiert ist, findet im *Seagull Bookstore* (www.seagullin dia.com, Shyama Prasad Muckerjee Rd.) reiche Auswahl.

● Eine große Auswahl unterschiedlichster Musikrichtungen findet sich bei **Music World** an der Park Street.

Nützliche Adressen

Konsulate

● **Bangladesch,** 9, Circus Avenue, Tel.: 22475208/9
● **Bhutan,** 48, Tivoli Rd., Pramotesh Barua Sarani, Tel.: 22241301
● **Deutschland,** 1, Hastings Park Road, Tel.: 24791141/2
● **Nepal,** 1, National Library Av., Tel.: 2479-1224/1103/1085
● **Niederlande,** Mangalam B, 2. Stock, 24, Hemanta Basu Sarani, Tel.: 24424979
● **Österreich,** 10 Camac St., Industry House, 12. Stock, Tel.: 22822476, 22871769-2
● **Schweiz,** c/o Titagarh Ind. Ltd., 113, Park Street, 10. Stock, Tel.: 22265557, 22295542/3
● **Thailand,** 18B, Mandeville Gardens, Tel.: 24407836, 24403220

Touristenämter der einzelnen Bundesstaaten

● **Andaman & Nicobar Islands Information Centre,** 3A, Auckland Place (2. Stock), Tel.: 22831932, 22475084
● **Arunachal Pradesh Information Centre,** Block CE-109, Sektor 1, Salt Lake-64
● **Assam Information Centre,** 8, Russel Street, Tel.: 22295094
● **Bihar Tourist Information Centre,** 26B, Camac Street, (1.Stock), Tel.: 22803304
● **Gujarat Tourism,** 1, R.N. Mukherjee Road, Martin Burn Building, Tel.: 22101879
● **Himachal Pradesh Tourism,** 1/1A, Princep Street, Tel.: 22370597
● **Jammu & Kashmir Tourist Information Centre,** 12, J. L. Nehru Road, Tel.: 22285791

● **Madhya Pradesh Information Centre,** 230A, A.J.C. Bose Road, Chitrakoot Bldg., Tel.: 22475855
● **Meghalaya Information Office,** 120 Shantipalli, EM Bypass, Tel.: 24411932-5
● **Mizoram Information Centre,** Mizoram House, 24, Old Ballygunge Road, Tel.: 24615887
● **Nagaland Information Centre,** 13, Shakespeare Sarani, Tel.: 22825247
● **Orissa Tourist Information Centre,** Utkal Bhavan, 55, Lenin Sarani, Tel.: 22164556
● **Rajasthan Tourist Information Centre,** 2 Ganesh Chandra Avenue, Tel.: 22159740
● **Sikkim Tourist Information Centre,** 1, Middleton Street, Tel.: 22815328
● **Tripura Information Centre,** 1, Pretoria Street, Tel.: 22825703
● **Uttar Pradesh Tourist Information Centre,** 12 ANSC Bose Rd., Tel.: 22485917

Fluggesellschaften

● **Air France,** Chitrakoot Bldg., 230A, A.J.C. Bose Rd., Tel.: 22837977/822408646
● **Air India,** 50, Chowringhee Rd., Tel.: 2282 1187, 22822356-9, am Flughafen: 25119031, salesai@cal.vsnl.net.in
● **Austrian Airlines,** 2/7 Sarat Bose Rd., Vasundgara Bldg., Tel.: 24745091, 24853868
● **Bangladesh Biman,** 55B, Mirza Ghalib St., Tel.: 22276001, am Flughafen: 25118787
● **British Airways,** 16, Camac St., L&T Chambers, Tel.: (0)983177470, am Flughafen: 25118262
● **Cathay Pacific Airways,** 1, Middleton Street, Tel.: 22403211
● **KLM,** 1, Middleton St., Tel.: 22830151-3
● **Lufthansa,** 30A/B, Chowringhee Rd., Tel.: 22299365, www.lufthansa-india.com
● **Royal Nepal Airways,** 41, Chowringhee Road, Tel.: 22888534
● **Singapore Airlines,** 1, Lee St., Tel.: 22809898
● **Swiss International Airlines,** 46C, Chowringhee Rd., Everest Bldg., Tel.: 22884643/4
● **Thai Airways International,** 229 AJC Bose Rd., Crescent Towers, Tel.: 22801630, am Flughafen: 25118189

Der Nordosten

An- und Weiterreise

Flugverbindungen ins Ausland

●Viele Traveller kommen einzig und allein aus dem Grund nach Kalkutta, weil es hier **die mit Abstand billigsten Tickets** in Indien gibt. Speziell im Bereich der Sudder Street finden sich zahllose Büros, die sich mit Supersonderangeboten nur so überbieten. Die meisten Traveller zieht es nach Thailand. So muss man auf die heiß begehrten Billigtickets **Kalkutta – Bangkok** (ca. 100 US-$) schon mal 1 bis 2 Wochen warten. Wer mehr ausgeben kann, bekommt sein Ticket meist innerhalb von zwei bis drei Tagen.

Von absoluten Billigangeboten, die deutlich unter den in der Sudder Street verlangten Preisen liegen, sollte man jedoch die Finger lassen, da sich dahinter meist eine Mogelpackung verbirgt, bei der nur der Verkäufer gewinnt. Flugscheine kauft man besser nicht bei einem dubiosen Anbieter auf der Straße oder in einer Agentur, die aus gerade mal einem klapprigen Schreibtisch in einem Häusereingang besteht.

●Sehr beliebt bei Travellern sind die Flüge mit *Indian Airlines* (Di, Fr, So) bzw. *Bangladesh Biman* nach **Dhaka** (Dacca) (43 US-$) und **Chittagong** (55 US-$) sowie mit *Indian Airlines* (Mi, Fr, So) bzw. *Royal Nepal Airways* nach **Kathmandu** (100 US-$) und mit *Indian Airlines* tgl. nach Bangkok.

●Viele andere Billiggesellschaften, wie z.B. *Aeroflot*, bieten für 400 US-$ **Flüge nach Europa.**

●Die sehr effiziente **Hauptgeschäftsstelle von Indian Airlines** (Tel.: 22113135, 22114433) befindet sich in 39, Chittaranjan Avenue und ist tgl. von 9 bis 17 Uhr geöffnet. Ausländer werden an einem speziellen *Tourist Counter* schnell bedient. **Filialen** befinden sich u.a. im *Hotel Hindustan* in der A.J.C. Bose Road (Tel.: 2446606), im *Great Eastern Hotel* in der Old Court House Street (Tel.: 2280073) und am *Dum Dum Airport* (Tel.: 25119433, 22204433), wo das Büro sogar rund um die Uhr geöffnet ist. Eine von 19 Uhr bis 9 Uhr morgens verfügbare Rufnummer ist Tel.: 22116869.

Inlandsflüge

●*Indian Airlines* (Airlines House, Chittaranjan Av., Tel.: 22110730, 22114433, -1407, am Flughafen: 25119433) fliegt von Kalkutta u.a. nach **Ahmedabad** (2x wöchentl., 13.540 Rs), **Bagdogra** (zur Weiterfahrt nach Darjeeling; 5.255 Rs), Bangalore (14.700 Rs), **Bhubaneshwar** (tgl., 4.720 Rs), **Chennai** (tgl., 12.520 Rs), **Delhi** (tgl., 11.085 Rs), **Gaya** (Mi, 5.100 Rs), **Guwahati** (tgl., 4.850 Rs), **Hyderabad** (tgl., 12.020 Rs), **Mumbai** (tgl., 11.070 Rs) und **Shillong** (5.300 Rs), nach **Port Blair** (Andaman Islands, tgl., 12.500 Rs) sowie zu allen Hauptstädten der Nordostprovinzen.

●Das **Jet-Airways-Büro** (Tel.: 22292227, 22292214) in 18D, Park Street, Stephan Court, ist täglich von 6 bis 22 Uhr geöffnet, die Flughafen-Filiale (Tel.: 25119894/5) auch nachts. Viele Ziele wie *Indian Airlines*. Zudem werden Pune und Guwahati angeflogen.

●Abflugzeiten und Preise einiger privater Fluggesellschaften, die **Kalkutta** anfliegen, sind telefonisch zu erfragen oder den jeweiligen Websites (s. Kapitel „Reisetipps A–Z: Verkehrsmittel) zu entnehmen: *Sahara Airlines* (2A Shakespeare Sarani, Tel.: 25119545, 5130187), *Air Deccan* (Tel.: 9331677008), *Spice Jet* (Tel.: 1600-1803333), *Kingfisher* (Tel.: 1600-1800101).

Bahn

Kalkutta besitzt mit dem **Howrah** (Tel.: 26607410/1) auf der westlichen Seite des Hooghly und dem **Sealdah** (Tel.: 23503535-7) im Osten der Stadt **zwei große Bahnhöfe.** Bis auf die Züge Richtung Darjeeling und in die Nordostprovinzen fahren fast alle Züge vom *Howrah.* Beide Bahnhöfe sind Tummelplätze für **Taschendiebe**, deshalb sollte man besonders aufmerksam auf seine Wertsachen achten.

Das **Ticket** kauft man am besten im *Foreign Tourist Bureau* (6, Fairlie Place), da nur dort *Foreign Tourist Quota* angewendet werden. Das bedeutet, dass der ausländische Tourist selbst bei vollen Zügen fast immer noch einen Platz zugewiesen bekommt. Obwohl die Bediensteten recht professionell arbeiten, sind Wartezeiten von einer Stunde durchaus möglich. Es gilt, möglichst früh, am besten noch kurz vor Öffnung, da zu sein. Gleich beim Eintritt nehme man sich ein an einem der Schalter auszufüllendes Leerformular, auf dem handschriftlich schon die eigene Wartenummer eingetragen ist. Diese wird dann aufgerufen. Öffnungszeiten: Mo-Sa von 10 bis 17 Uhr (13 bis 13.30 Uhr Mittagspause), So 10 bis 14 Uhr. Wer mit Rupien bezahlen will, muss seine Wechselquittung vorlegen. **Weitere Railway Reservation Offices** befinden sich u.a. gleich nebenan und in 14, Strand Road und an der U-Bahn-Station Tollygunge. Diese sind länger geöffnet, meist 8–20 Uhr, es kommt allerdings nicht die *Tourist Quota* zum Einsatz.

Der *Railway Reservation Desk* am Flughafen ist leider meist nicht besetzt, falls doch, bietet sich hier eine gute Möglichkeit, gleich nach der Ankunft ein Zugticket für seine Weiterreise zu kaufen.

● **Verbindungen** siehe Tabelle im Anhang.

Bus

Züge sind in fast allen Fällen den längeren und unkomfortablen Busfahrten vorzuziehen.

● Einzig von oder nach **New Jalpaiguri** und **Puri** fahren einige wenige Traveller per Bus. Vom Busbahnhof Esplanade kostet die 12-stündige Fahrt nach Jalpaiguri 250 Rs, mit einem nächtlichen AC-Luxusbus 700 Rs.

● Im Bereich um die Sudder Street fahren Luxusbusse mehrerer privater Anbieter tgl. nach **Dacca in Bangladesch.** Der Preis liegt meist bei 580 Rs im klimatisierten Volvo-Luxusbus. Zu buchen etwa bei *Shohagh Paribahan* (Tel.: 22520757) oder *Silk Line* (Kyd St., Tel.: 22274433, (0)9830193044). Die Busse des Letztgenannten starten allerdings bei der *Bangla Desh High Commission.*

● **Medi Trips Carriers** (3A, Auckland Place, Tel.: 30988048) verbindet mit Puri und Bhubaneshwar (8 Std.) in klimatisierten Luxusbussen.

Umgebung von Kalkutta

Der besondere Tipp:
Sunderbans-Schutzgebiet   ↗ XIV/B3

Die Sunderbans („schöne Wälder"), seit 1997 Welterbe der UNESCO, sind eine faszinierende amphibische Welt aus Kanälen, Mangrovenwäldern, Inseln und kleinen Dörfern. Sie liegen im **Mündungsgebiet** der drei wasserreichen Flüsse Ganges, Brahmaputra und Meghua.

Das sich über 10.000 km² erstreckende Delta befindet sich zu etwa einem Drittel auf indischem Territorium und zu zwei Dritteln in Bangladesch. Das nur wenige Meter über dem Wasserspiegel liegende Gebiet, von dem 1973 eine 1.130 km² große Kernzone zum Nationalpark erklärt wurde, gerät immer wieder durch Naturkatastrophen wie Überschwemmungen und Wirbelstürme sowie durch menschentötende **Tiger** in die Schlagzeilen. Hiervon sind jedoch so gut wie nie ausländische Touristen betroffen, die nur in ganz geringer Zahl die beschwerliche Anreise auf sich nehmen, dafür um so häufiger die einheimische Bevölkerung.

Insbesondere die Honigsammler, die sich oft tief in das Mangrovendickicht hineinwagen, um das kostbare Gut zu ernten, werden immer wieder Opfer der ca. 250 bengalischen Tiger, die das weitverzweigte Gebiet auf Beutesuche durchkämmen. Jährlich bis zu 20 Sammler müssen ihren Beruf mit dem Leben bezahlen.

Trotz dieser größten Tigerpopulation aller indischen Nationalparks ist es äußerst unwahrscheinlich, einen der bengalischen Königstiger zu Gesicht zu bekommen. Wesentlich größer sind die Chancen, eines der **Beutetiere des Tigers** wie Axishirsche, Wildschweine und Rhesusaffen zu erspähen. Typische **Wassertiere,** die gelegentlich beobachtet werden können, sind Fischotter, Krokodile, Wasserschlangen und Schildkröten.

Letztlich ist es jedoch nicht so sehr die Tierwelt als die geruhsame **Bootsfahrt,** die die eigentliche Faszination der Sunderbans ausmacht. Insbesondere nach dem brodelnden Kalkutta wähnt man sich hier in einer anderen Welt. Beste Besuchszeit für den Nationalpark ist zwischen September und März.

●**Anreise:** Jeder, der die Sunderbans besuchen möchte, benötigt hierfür eine **Sondergenehmigung,** die gebührenfrei und zumindest für indische Verhältnisse relativ unbürokratisch unter folgender Adresse zu erhalten ist: *Forest Department* (Tel.: 033-22488271/3), G Block, Top Floor, Writer's Building, BBG Bagh, Kalkutta.

Die bequemste Art, die Sunderbans zu bereisen, bieten die vom *West Bengal Tourist Office* angebotenen zwei- oder dreitägigen **Touren per Boot** zum Preis von 1.300/2.100 Rs. Allerdings wird vielfach beklagt, dass die Hin- und Rückfahrt derart lange dauert, dass viel zu wenig Zeit für die eigentliche Parkbesichtigung zur Verfügung steht. So sollte man die dreitägige Variante vorziehen.

Sehr zeitaufwendig und umständlich ist die **individuelle Anreise** von Kalkutta, dafür kann man dann aber auch so lange bleiben, wie es gefällt. Man sollte frühmorgens aufbrechen. Am einfachsten per Bus oder Bahn von Kalkutta ins 54 km entfernte Canning und von dort per Boot nach Sajnekhali, dem Zugangsort zu den Sunderbans.

Ansonsten vom Babu Ghat in Kalkutta per Bus in 3 Std. nach Sonakhali, der erste Bus startet um 6.30 Uhr. Von dort fahren etwa stündlich Boote in 1,5 Std. nach Gosava (10 Rs). Um 13 Uhr startet von hier ein weiteres Boot nach Sajnekhali, dem Parkeingang. Verpasst man diese Verbindung, muss man eine Fahrradriksha nach Pakhiraca nehmen (45 Min.) und von dort nach Sajnekhali übersetzen. Der täglich letzte Bus von Sonakhali zurück nach Kalkutta startet um 16.30 Uhr.

●**Eintritt und Transport:** Private **Motorboote** liegen am Steg vor dem Rasthaus in Sajnekhali und warten auf Touristen. Zu der Tagesgebühr von 900 Rs pro Boot (450 Rs für eine vierstündige Fahrt) müssen noch 200 Rs für den vorgeschriebenen Führer und 50 Rs für die Boots-Zufahrtserlaubnis hinzugerechnet werden. Der **Eintrittspreis** von 15 Rs pro Tag und die Kamera-/Videogebühr von 10/300 Rs müssen am *Visitors Centre* (Tel.: 03218-5528) in Sajnekhali bezahlt werden.

●**Unterkunft:** Als einzige Übernachtungsmöglichkeit steht die **Sajnekhali Tourist Lodge** €-€€ (Tel.: 03218-236560) in Sajnekhali zur Verfügung. Wenn man bedenkt, dass der Preis ein Frühstück und eine Hauptmahlzeit beinhaltet, erscheint das Angebot verlockend. Leider macht das ganze Haus einen heruntergekommenen Eindruck und es wäre zu wünschen, dass diesem sehr reizvollen Ziel eine akzeptable Unterkunft hinzugefügt werden könnte.

Eine weitaus schönere Unterkunft ist das **Sunderban Tiger Camp** €€€-€€€€€ (Tel.: 033-22298606, (0)9331092632, info@sunderbantigercamp.com, www.sunderbantigercamp.com) in Dayapur. Gewohnt wird in komfortablen Hütten, Zelten und Cottages, diese sind teilweise klimatisiert. Im Preis inbegriffen sind neben Unterkunft und Verpflegung die Bootstouren in den Sunderbans, der Guide und die An- und Abreise. Start (um 7 Uhr morgens, ab August um 8.30 Uhr) ist vor dem *Priya Cinema* im Süden Kalkuttas per Luxusbus und im weiteren Verlauf per Boot. Die Kosten müssen vor der Abreise bezahlt werden. Mehr Informationen gibt's auf der detaillierten Website.

Vishnupur ⟋ XIV/A2

Zwischen dem 16. und 19. Jahrhundert war das 152 km nordwestlich von Kalkutta gelegene Vishnupur als Hauptstadt des kleinen Königreiches *Mallabhum* die Kunst- und Kulturmetropole der Region. Auffälligste Monumente jener Zeit sind mehrere **Terrakotta-Tempel,** die vornehmlich im 17. Jahrhundert erbaut wurden. Besonders die Verzierung der Außenwände der Tempel mit Kacheln, die mit Szenen aus den großen Hindu-Epen *Ramayana* und *Mahabharata* bemalt sind, verleihen den Sakralbauten einen ganz eigentümlichen Charakter. Am auffälligsten sind der pyramidenförmig ansteigende Ras-Mancha-Tempel sowie der Jar-Bangla- und der Madan-Mohan-Tempel wegen ihrer besonders reichen Kachel-Ornamentierung. Außer den Tempeln gibt es noch einige, allerdings recht bescheidene Überreste des ehemaligen **Forts** zu besichtigen. Bekannt ist Vishnupur auch für seine **Töpferwerkstätten** sowie die hier produzierten **Saris.**

●**Unterkunft** (Vorwahl 03244): Neben einigen Billigunterkünften um die beiden Bahn-

höfe wie dem **Lali Hotel** €–€€ und dem **Hotel Ashok** €–€€ bietet sich vor allem die ordentliche **Tourist Lodge** €–€€ (Tel.: 252013) als Übernachtungsmöglichkeit an.

●**An- und Weiterreise:** Zwischen Vishnupur und Kalkutta verkehren tgl. 3 Busse (Fahrtzeit 4,5 Std.).

Malda/
English Bazaar ⤢ XIV/B1

(ca. 3 Mio. Einwohner, Vorwahl 03512)

Die Stadt am Zusammenfluss von Kalindri und Mahananda teilt sich in das historische Old Malda, einst ein wichtiger Hafen des islamischen Königreiches von Pandua, und das 1771 von den Engländern gegründete English Bazaar, ein bedeutendes Textilzentrum jener Tage. Touristisch sind beide Stadtteile uninteressant, doch die Stadt bietet sich als Ausgangsort für Touren in die nahe gelegenen alten Königsstädte von **Gaur** und **Pandua** an.

Unterkunft

●Da wohl fast alle Touristen per Bahn an- und abreisen und maximal eine Nacht bleiben, bieten sich die passablen **Railway Retiring Rooms** für 150 Rs (DZ) bzw. 50 Rs (Schlafsaal) an. Gut und billig kann man im *Refreshment Room* des Bahnhofes essen.

●Das **Purbanchal** €–€€ (Tel.: 266183) ist die beste Budget Wahl in Malda, die teureren Zimmer mit TV und AC. Dem Haus ist ein Restaurant angeschlossen.

●Ruhiger ist das **Pratapaditya** €–€€€ (Tel.: 26810) an der Station Rd., nicht weit vom Bahnhof, mit unterschiedlichen Zimmern, die teurere Mittelklasse hat AC.

An- und Weiterreise

Bahn:
Malda liegt an der Hauptbahnlinie Kalkutta – New Jalpaiguri und alle Züge entlang dieser Route halten hier.

●Die beste Verbindung bietet der 3453 Gour Exp.: Abf. **Kalkutta Sealdah** 22.15 Uhr, Malda an 6.15 Uhr. Umgekehrte Richtung der

5658 Kanchenjunga Exp: Abf. Malda 12.35 Uhr, Kalkutta an 19.20 Uhr am Sealdah-Bahnhof.

●Von **Delhi** (Abf. 23.40 Uhr) aus benötigt der 4056 Brahmaputra Mail mit Stopps u.a. in **Allahabad** (Abf. 8.50 Uhr), **Mughal Sarai** (Varanasi, 11.40 Uhr) und **Patna** (15 Uhr) 24,5 Std., Ank. in **Malda** 0.30 Uhr. Von **Varanasi** auch der 3414/3484 Farrakka Exp.: Abf. 15.30 Uhr, über Patna (ab 20.50 Uhr) nach Malda, Ank. 7.30 Uhr am nächsten Morgen.

●Nach **New Jalpaiguri** (für Darjeeling) z.B. der 5657 Kanchenjunga Exp: Abf. 13.55 Uhr, Ank. 18.20 Uhr. Dieser Zug startet in Kalkutta (Sealdah) um 6.45 Uhr.

Bus:
●Direktbusse fahren u.a. von und nach **Siliguri** (6 Std., 90 Rs) und **Kalkutta** (10 Std., 120 Rs).

Umgebung von Malda

Gaur ⤢ XIV/B1

Heute nicht viel mehr als ein ausgedehntes **Ruinenfeld**, war das 16 km südöstlich von Malda gelegene Gour mit einer kurzen Unterbrechung für über drei Jahrhunderte die **bedeutendste Stadt Westbengalens.**

Schon unter den hinduistischen Pala- und Sena-Dynastien fungierte sie als Hauptstadt, doch ihre große Zeit begann unter dem islamischen Herrscher *Bakhtiyar Khalji,* der Gour im Jahr 1200 eroberte. Von 1338 bis Anfang des 15. Jh. musste sie zwar die Vorherrschaft ans benachbarte Pandua abgeben, doch danach erstrahlte sie unter dem Namen *Jannatabad* wieder im alten Glanz. 1575 fielen fast alle Bewohner der Stadt einer verheerenden Pestepidemie zum Opfer. Als *Akhbar* die Stadt ein Jahr später seinem Großreich einverleibte, war die große Zeit Gours beendet.

Den besten Überblick über die weitverzweigte Ausgrabungsstätte verschafft man sich vom 26 m hohen, im 16. Jh. erbauten **Firuz Minar.** Etwas nördlich hiervon erstreckt sich die 1526 von *Sultan Nasrath Shah* errichtete **Moschee Bara Sona.** Mittelpunkt der

Anlage ist das großflächige **Fort** mit einer Länge von 1,5 km. Eine der insgesamt fünf Moscheen innerhalb der Fortmauern ist die **Qadam-Raisul-Moschee,** die über einem Fußabdruck Mohammeds errichtet worden sein soll. In der Nähe des kleinen östlichen Zugangstores zum Fort steht die **Chamhatti-Moschee,** die, obwohl stark beschädigt, im Inneren einige hübsche Einlegearbeiten aufweist.

●**Anreise:** Aufgrund der Abgeschiedenheit und Weitläufigkeit der Anlage empfiehlt sich ein Ausflug per **Autoriksha** von Malda aus. Allerdings muss man, inklusive Wartezeit zwischen Hin- und Rückfahrt, mit 200 Rs für einen Halbtagesausflug rechnen. **Per Taxi** kostet es etwa 450 Rs.

Pandua

Nachdem er zuvor das 30 km südlich gelegene Gour besiegt hatte, erklärte der afghanische Feldherr Fakhr-ud-din 1338 das kleine Pandua zur Hauptstadt seines Königtums. Die in den folgenden Jahrzehnten fertiggestellten Bauten, wie die imposante, 150 m lange und 80 m breite **Adina-Moschee,** wurden vielfach auf den Mauern alter Hindu-Heiligtümer errichtet. Das **Grabmal Sikander Shahs,** der die Stadt in der zweiten Hälfte des 15. Jh. regierte, findet sich innerhalb der mit schönen Steinmetzarbeiten geschmückten Moschee. Nicht weit von hier steht die **Grabstätte Ghiyath-ud-Dins** (1389–1396), die den interessanten Namen „Mausoleum der 100.000 Rupien" trägt.

●**Anreise:** Da sich die wichtigsten Ausgrabungsobjekte alle entlang der Hauptstraße, 18 km nördlich von Malda, gruppieren, kann man sich mit jedem der von Malda Richtung Norden fahrenden **Busse** in Pandua absetzen lassen.

Siliguri und New Jalpaiguri ⤢ VIII/A2

(ca. 400.000 Einwohner, Vorwahl 0353)

Die beiden Städte sind ohne erkennbare Grenze entlang der Tenzing Norgay Rd. (auch als Hill Cart Rd. bekannt) zusammengewachsen. Selbst für indische Verhältnisse ist dieser an der Schnittstelle zwischen der nordindischen Tiefebene und Sikkim, Darjeeling und den Nordostprovinzen gelegene Ort laut, staubig und hektisch. Durch ihre exponierte geografische Lage hat sich die Stadt in den letzten Jahren zu einem scheinbar endlos expandierenden **Handels- und Verkehrsknotenpunkt** entwickelt, durch den sich eine Karawane hupender und stinkender Busse und Lkws quält.

Leider führt kein **Weg nach Darjeeling** an Siliguri vorbei, und so sieht die Stadt täglich viele Touristen, die nichts anderes im Sinn haben, als diesen ungemütlichen Ort so schnell als möglich wieder zu verlassen. Ein Unterfangen, welches sehr allzuoft mit unliebsamem Stress verbunden ist, versuchen doch die um die Not der Touristen wissenden Riksha- und Taxifahrer, soviel Profit wie möglich aus der Situation zu schlagen. Drum sei schon hier auf die Prepaid-Schalter am Bahnhof und das aushängende Preisschild für Rikshas vor dem Tenzing-Norgay-Busbahnhof hingewiesen.

Information

●Das **West Bengal Tourist Office** (Tel.: 2511979, Mo–Fr 10–17 Uhr) befindet sich an der Hill Cart Rd. Zusätzlich stehen dem Reisenden zwei **Filialen** mit Schaltern am Bahnhof New Jalpaiguri und dem Bagdogra-Flughafen mit Rat und Tat zur Seite.

●Im **Sikkim Tourist Information Centre** (Hill Cart Rd., Tel.: 2512646, 2251264, Mo–Sa 10–16 Uhr) etwas weiter südlich werden auch Permits für den Besuch Sikkims ausgestellt. Wer morgens mit Pass und großem Foto im Büro erscheint, sollte in den meisten Fällen kurz vor Schließung seine Besuchserlaubnis ausgehändigt bekommen. Eine weitere, sehr hilfsbereite Informationsstelle von

Sikkim Tourism (Tel.: (0)9832017545, Mo–Sa 8–19.45 Uhr) findet sich etwas zurückversetzt am Bahnsteig 1 des Bahnhofs New Jalpaiguri.

●Das freigebige **Assam Tourism** (Mo–Fr 10–16 Uhr) findet sich an der Pradhan Nagar Rd., die von der Hill Cart Rd. abzweigt.

Stadtverkehr

● Zwischen dem Bahnhof von New Jalpaiguri und dem Tenzing-Norgay-Busbahnhof verkehren **Autorikshas** (70 Rs, vor beiden genannten Bahnhöfen sind bindende Preisschilder angebracht), **Taxis** (150 Rs) und **Busse** (4 Rs). Wer sich für eine **Fahrradriksha** (30 Rs) entscheidet, sollte sich im Klaren sein, dass man sich und vor allem den Fahrer einer ca. 45-minütigen Tortur entlang einer staubigen, stark befahrenen Straße und das bei meist glühender Hitze aussetzt.

●Vom **Flughafen Bagdogra** zum 12 km entfernten Siliguri sind es gut 200 Rs mit dem Taxi.

Unterkunft, Essen und Trinken

Für jene, die ihre Anschlussverbindungen verpasst haben und deshalb in Siliguri übernachten müssen (einen anderen Grund wird es ja wohl kaum geben), stehen auf der ca. 8 km langen Strecke zwischen den beiden Bahnhöfen mehrere Dutzend Hotels und Lodges zur Auswahl.

●Nur 5 Min. vom New-Jalpaiguri-Bahnhof liegt das sehr empfehlenswerte **Hotel Holydon** €-€€ (Tel.: 2691335, hotelholidon@sify. com) mit ganzen Reihe ganz unterschiedlicher Zimmer. Gut ist auch das angrenzende *Miami Restaurant* mit leckeren chinesischen und scharfen südindischen Gerichten.

●Gegenüber dem Busbahnhof ist das **Delhi Hotel** € (Tel.: 2516918) eine akzeptable, aber recht laute Bleibe. Die Straße nebenan beim Hotel hinein, dann links, liegen mehrere weitere Unterkünfte in einer ruhigen Gasse, von denen die **Nirwana Lodge** €€-€€€ (Tel.: (0)9832014001) mit sauberen Zimmern mit Bad und TV, die teureren klimatisiert, den besten Eindruck macht. Auch das **Mount View Hotel** €-€€ (Tel.: 2515919) ist eine preis-

entsprechende Adresse mit recht großen Zimmern mit TV, die teureren klimatisiert.

●Schmackhafte Punjabi-Kost serviert das Restaurant von **Shere-e-Punjab** gegenüber dem Busbahnhof.

●Besser und dementsprechend teurer ist die staatliche **Mainak Tourist Lodge** €€-€€€ (Tel.: 2430986, das von einer schönen Gartenanlage umgeben ist.

●Das beste Preis-Leistungs-Verhältnis am Platz hat der neue, weiße Klotz des Hotels **Conclave** €€€ (Tel.: 2516144, hotelconclave@ rediffmail.com) an der Hill Cart Rd., etwa 500 m südlich des Tenzing-Norgay-Busbahnhofs. Die mit viel Holz angenehm gestalteten Zimmer sind erstaunlich preiswert. Das gilt auch für das gute **Eminent Restaurant.**

●Eine recht komfortable Übernachtungsmöglichkeit bietet das moderne **Hotel Sinclairs** €€€€ (Tel.: 2517674). Zu den Annehmlichkeiten des gut 1 km nördlich vom Busbahnhof gelegenen Hotels gehört u.a. ein Swimmingpool. Teuer und gut ist auch das angeschlossene Restaurant.

●4 km östlich von Siliguri ist das **Hotel Cindrella** €€€€€ (Sevoke Rd., Tel.: 2544130, www.cindrellahotels.com) die luxuriöseste Bleibe dieser Region. Im großen, parkartigen Garten lockt der Pool, auch Sauna und Tennisplatz gehören dazu.

Bank und Internet

●Die **State Bank of India** (Hill Cart Rd., Mo–Fr 10–15.30, Sa bis 13 Uhr) wechselt Bargeld und Travellerschecks von American Express und Thomas Cook.

●Mehrere **ATMs** finden sich an der Hill Cart Rd., zwei von der UTI Bank, beim *Manila Hotel* und beim *Kalimpong Jeepstand,* sowie südlich vom Tenzing-Norgay-Busbahnhof von der Centurion Bank.

●Mehrere Internetcafés an der Hill Cart Rd., etwa **Cyber Space** beim *Hotel Vinayak* oder 400 m nördlich gegenüber dem Busbahnhof **Net-n-Net** (30 Rs/Std.).

An- und Weiterreise

Flug:
●*Indian Airlines* (Dr. Ambedkar Market Complex, 2. Stock, Mo–Sa 10–13, 14–16.30 Uhr,

Der Nordosten

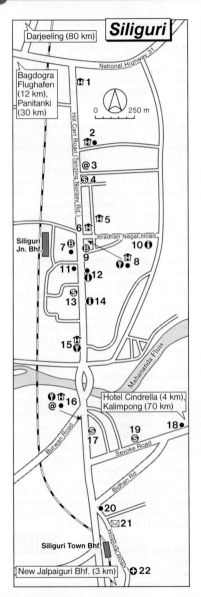

Siliguri

Unterkunft

🏠 1 Hotels Sinclairs und Central Plaza
🏠 2 Mainak Tourist Lodge
🏠 5 Nirwana Lodge, Hotel Apsara
🏠 6 Hotel Mount View
🏠 8 Delhi Hotel
🏠 15 Hotel Conclave
🏠 16 Hotel Vinayak

Essen und Trinken

🍴 8 Shere-e-Punjab Restaurant
🍴 15 Eminent Restaurant
🍴 16 Restaurant Pamm

Verkehr

• 2 Indian Airlines
🚍 7 Tenzing Norgay Busbahnhof, Darjeeling und Kurseong Jeepstand
• 8 TSA
🚍 9 India Tourism Luxusbus nach Kolkata
• 11 Rikshastand und Preistafel
• 12 Sikkim National Transport Terminal
• 16 Jet Airways
• 18 Kalimpong Jeepstand
• 20 Bahnreservierungsbüro

Geld

💲 4 UTI Bank ATM
💲 13 Centurion Bank ATM
💲 17 State Bank of India
💲 19 UTI Bank ATM

Internet

@ 3 NetnNet
@ 16 Cyber Space

Sonstiges

ℹ 10 Assam Tourism
• 11 Rikshastand und Preistafel
ℹ 12 Sikkim Tourist Information Centre
ℹ 14 West Bengal Tourist Office
✉ 21 Hauptpost
✚ 22 Sadar Hospital

Tel.: 2511509, -1401, am Flughafen: 2551192, -1402) fliegt vom 13 km südwestlich gelegenen **Flughafen Bagdogra** Do und Sa nach **Kalkutta** (5.255 Rs) und nach **Guwahati** in Assam (Mo und Fr, 3.575 Rs) und tgl. außer Mi und So nach Delhi (11.085 Rs). *Jet Airways* (im Hotel *Vinayak*, Tel.: 2435876/7, am Flughafen: 2551589) fliegt tgl. nach Delhi und Kalkutta und 4x wöchentl. nach Guwahati. Die Fluggesellschaften setzen zu den jeweiligen An- und Abflugzeiten einen Bus von und nach Darjeeling ein.

●Vom Bagdogra-Flughafen verbindet eine **Hubschrauber-Verbindung** täglich in 30 Minuten mit **Gangtok** (1.500 Rs). Tickets gibt's bei TSA (Tel.: 2531959) gegenüber dem Tenzing-Norgay-Busbahnhof.

Bahn:
●Ein **Reservierungsbüro** (Tel.: 2537333), in dem Tickets für Züge von allen drei Bahnhöfen in Siliguri gekauft werden können, befindet sich in der Nähe der Hauptpost an der Straße nach Kalimpong. Mo–Sa 8–20 Uhr (11.30 Uhr Mittagspause), So 8–14 Uhr. Natürlich gibt's Tickets auch im Bahnhof New Jalpaiguri.

●Von **Kalkutta** aus fährt der 5959 Kamrup Exp.: Abf. Kalkutta 17.35 Uhr, Ank. New Jalpaiguri 6.15 Uhr. Von dort aus geht es weiter mit dem 1 D Pass: 7.30 Uhr ab New Jalpaiguri, Darjeeling in 15.50 Uhr. Oder dem 2343 Darjeeling Mail: 22.05 Uhr ab Kalkutta Sealdah, New Jalpaiguri an 8.00 Uhr. Von hier aus gibt es eine **direkte Verbindung nach Darjeeling** mit dem 3 D Pass: New Jalpaiguri ab 9 Uhr, Siliguri ab 9.30 Uhr, Darjeeling an 15.15 Uhr.

●Von **Delhi** aus der 2506 North East Exp.: Abf. New Delhi 6.40 Uhr, Ank. in New Jalpaiguri am nächsten Tag um 8.15 Uhr. Der Zug hält u.a. in Allahabad (Abf. 15.55 Uhr.), Mughal Sarai (Abf. 18.10 Uhr) bei Varanasi und Patna (22 Uhr). Der Zug fährt weiter bis Guwahati in Assam. In umgekehrter Richtung der gleiche Zug (Nr. 2505): Abf. New Jalpaiguri 16.50 Uhr, New Delhi an 19.30 Uhr (am nächsten Tag). 5x wöchentl. der schnelle 2424 Rajdhani Exp.: New Delhi ab 14 Uhr, New Jalpaiguri an 10.50 Uhr. Umgekehrt (Zug-Nr. 2423): Mo, Do und Fr Abf. New Jal-

paiguri 13.10 Uhr, Ank. New Delhi 10.10 Uhr. Auch diese Schnellzüge verbinden mit Guwahati.

●Der **Toy Train** fährt (falls er fährt) zweimal tgl., um 7.15 Uhr und 9 Uhr, von **New Jalpaiguri** nach Darjeeling und benötigt für die knapp 90 km lange Strecke 6,5 Std. Der Zug hält auch in Siliguri Town und Siliguri Junction.

Bus:
●Die Busfahrt von Siliguri **nach Darjeeling** ist sicher weit weniger romantisch als die Fahrt mit dem *Toy Train,* dafür jedoch mit 3,5 Std. erheblich schneller. Tagsüber etwa stündlich starten Busse vom Tenzing-Norgay-Busbahnhof. Die Minibusse (65 Rs) und Gemeinschaftsjeeps (85 Rs) der privaten Anbieter fahren häufiger und auch abends noch von den unmittelbar davor ansässigen Büros ab.

●Nach **Gangtok** (5 Std., 75 Rs), der Hauptstadt Sikkims, setzt *Sikkim National Transport* von seinem Büro an der Hill Cart Road schräg gegenüber dem Tenzing-Norgay-Busbahnhof Busse (8.30, 10 und 13.30 Uhr) ein.

●*IndiaTourism* startet tgl. um 19.30 Uhr von einem kleinen Extrastand gegenüber dem Tenzing-Norgay-Busbahnhof mit einem AC-Luxusbus nach **Kalkutta** (12 Std., 295 Rs), eine komfortable Variante. Der Bus kann per Telefonat (Mobilnummer: (0)9832095984) vorreserviert werden. In diesem Fall muss man mindestens eine halbe Stunde vor Abfahrt des Busses dort erscheinen, sonst wird der Sitzplatz anderweitig vergeben.

●Auch mehrere sogenannte Rocket-Busse der *Calcutta State Transport Corporation (CSTC)* verkehren zwischen 12 und 22 Uhr zwischen Siliguri und **Kalkutta** (12 Std., 235 Rs, Tickets an Counter 10 des Tenzing-Norgay-Busbahnhofs), ebenso lange dauert die Fahrt nach **Patna** und **Bihar.**

●Busse **nach Darjeeling** fahren auch **vom Flughafen Bagdogra.** Beim dort ansässigen Tourist Office nachfragen und sich nicht von anders lautenden Angaben der Taxifahrer verwirren lassen!

●Zur indischen **Grenzstadt Panitanki** starten etwa halbstündig Busse zur einstündigen Fahrt vom Busbahnhof. Die Grenze ist von indischer Seite durchgängig, von nepalesischer Seite jedoch nur von 7 bis 20 Uhr geöffnet. Vom ersten Ort in Nepal, Karkarbhitta, sind es noch einmal 13 Std. Fahrtzeit bis **Kathmandu** (530 Nep. Rs).

Taxi/Jeep:
● Gemeinschaftsjeeps nach **Darjeeling** (3 Std.) zum Preis von 80 Rs pro Person warten vor den Bahnhöfen auf Kundschaft. Eine zusätzliche Ausgabe, die sich angesichts der oftmals überfüllten Minibusse durchaus lohnt. Taxi exklusiv: 600 Rs. In den ebenfalls dort startenden Minibussen kostet die Fahrt 65 Rs.
● **Von Bagdogra nach Darjeeling** kostet die Fahrt mit dem Taxi (bis 5 Pers.) um 280 Rs.
● Sammeltaxis/Jeeps nach **Kalimpong** starten am Kalimpong Jeepstand an der Sevoke Rd., (2,5 Std Fahrtzeit, 75 Rs). Nach **Gangtok** starten Jeeps (110 Rs, 4 Std.) vom Sikkim National Transport (SNT) Terminal südlich des Tenzing-Norgay-Busbahnhofs.

Oft gibt es Scherereien mit Taxis, die man gleich nach der Ankunft am Bahnhof in New Jalpaiguri gebucht hat. Spezielle Vorsicht ist geboten, wenn die Fahrer einen Vorschuss von 100–200 Rs für Benzin verlangen. Oft fahren sie nur ins 8 km entfernte Siliguri, wo man aufgefordert wird, in ein anderes Taxi nach Darjeeling umzusteigen – den Vorschuss ist man dann los. Deshalb empfiehlt es sich, zunächst per Taxi oder Riksha von New Jalpaiguri nach Siliguri zu fahren und dort ein Taxi nach Darjeeling zu buchen, zumal die Auswahl dort auch größer ist.

Darjeeling ⤢ VIII/A2

(ca. 110.000 Einwohner, Vorwahl 0354)

Darjeeling legt Wert darauf, mehr zu sein als eine Teesorte. Zwar genießt der Ort weltweite Berühmtheit wegen des in seiner Umgebung angebauten **Spitzentees,** doch in Indien selbst ist er mindestens ebenso beliebt als die neben Shimla bekannteste Hill Station des Landes. Die Ähnlichkeit zwischen diesen beiden Orten ist denn auch unübersehbar. Beide wurden in den ersten Jahrzehnten des letzten Jahrhunderts von den Briten als Erholungsort für ihre während der Sommermonate unter der Hitze und Schwüle der Tiefebene leidenden Kolonialbeamten gegründet. Nach der indischen Unabhängigkeit lösten Mitglieder der indischen Oberschicht die ehemaligen Kolonialherren ab, wobei in den letzten Jahren die immer zahlreicher werdenden Mitglieder der oberen Mittelschicht das Bild bestimmten. Speziell nach dem Ausfall Kashmirs als Ferienziel konzentrieren sich seit Beginn der neunziger Jahre immer mehr Urlauber auf diese Orte. Die damit zwangsläufig einhergehenden Folgeerscheinungen wie oftmals hässliche Hotelneubauten und steigende Preise bilden die Kehrseite dieses Touristenbooms.

Auf 2.134 Metern Höhe gelegen, zieht sich Darjeeling über mehrere Kilometer entlang eines steilen Berghanges, wobei die indisch geprägten **Geschäftsviertel** und der alte Bahnhof die unteren Stadtteile kennzeichnen, während die ehemaligen Villen der britischen Kolonialherren standesgemäß die attraktiven Viertel der **Oberstadt** bilden. Ein dicht verwinkeltes, kaum überschaubares Netz von steil aufsteigenden Straßen, Gassen und Treppen verbindet die einzelnen Stadtteile.

Wie es sich für eine ehemalige Hill Station gehört, besitzt auch Darjeeling eine Promenade, die den Mittelpunkt des gesellschaftlichen Lebens bildet. Hier sind auch die meisten der alten, heute oft in Hotels umgewandelten Kolonialbauten zu finden. Die Stadt lockt nicht nur mit ihrem **angenehmen Klima,** sondern auch mit hervorragenden Ausblicken auf die angrenzenden Himalaya-Berge, wobei die klarste Sicht in der Zeit von

Mitte März bis Mitte September herrscht. Danach kann es mit Temperaturen um den Gefrierpunkt empfindlich kühl werden.

Während der **Hauptreisezeit** zwischen März und Juni sowie Oktober und November, wenn die Stadt während des Diwali-Festes von bengalischen Urlaubern fest im Griff gehalten wird, steigen die Hotelpreise z.T. um das Drei- oder Vierfache.

Eine Hauptattraktion Darjeelings ist der **Toy Train,** dessen winzige Dampflokomotive die 2.000 Höhenmeter aus dem Tiefland entlang einer landschaftlich äußerst reizvollen Strecke in über acht Stunden Fahrt zurücklegt. Eine weitere Attraktion ist der besonders hohe Anteil von **Bergstämmen aus dem Himalaya,** die der Stadt einen ganz besonderen Stempel aufdrücken. Die meisten dieser von den Briten Ende des vorherigen Jahrhunderts für den Teeanbau ins Land geholten Arbeitskräfte stammen aus Nepal und folgen dem buddhistischen Glauben.

Ihre Anwesenheit war auch Grund für das Aufflammen **blutiger Auseinandersetzungen,** die den Tourismus zwischen 1986 und 1988 fast völlig zum Erliegen brachten. Die einheimische Bevölkerung wehrte sich gegen die von ihr beklagte Überfremdung. Die militante *Gurkha National Liberation Front (GNLF)* lieferte sich einen erbitterten Guerillakampf mit der indischen Zentralregierung um einen autonomen Staat Gurkha-Land. 1988 wurde dem Blutvergießen schließlich am Verhandlungstisch ein Ende bereitet, indem der Region eine **größere Autonomie** zugesprochen wurde. Zur Überraschung vieler erwies sich der Frieden nicht als trügerisch, und man kann nur hoffen, dass eine ähnliche Verhandlungslösung am Ende der zahlreichen anderen bis heute andauernden Konflikte Indiens steht.

Wer die einzigartige Mischung aus britischem Flair, buddhistischen Klöstern, hinduistischen Tempeln, nahen Bergmassiven und schönen Teelandschaften erlebt hat, wird verstehen, warum Darjeeling zu Recht Wert darauf legt, mehr zu sein als eine, wenn auch weltberühmte, Teesorte.

Sehenswertes

Stadtrundfahrt

●Das *DGAHC Tourist Office* und mehrere private Anbieter veranstalten u.a. zwei dreistündige **„Seven-Point-Touren"** (9.30 und 14 Uhr, mit Zoo, *Himalayan Mountaineering Institute, Tibetan Refugee Self-Help Centre* und mehreren Aussichtspunkten) für 70 Rs sowie eine **Ganztagestour nach Mirik** (140 Rs). In der Hauptsaison werden auch Tagesausflüge nach **Gangtok, Kalimpong** und zum **Tiger Hill** (Start 4 Uhr morgens, bis 7.30 Uhr) mit Sonnenaufgängen etwa über dem Kanchenjunga durchgeführt. Ob die Touren stattfinden, hängt allerdings davon ab, ob die jeweilige Mindestteilnehmerzahl erreicht wird.

●Wer eigenständig unterwegs sein will, muss für ein **Taxi** etwa 500 Rs für den halben Tag veranschlagen.

Tiger Hill

Darjeelings Hauptattraktion, der Exkursion zum Tiger Hill, kann sich kein Tourist entziehen. Zu nachtschlafender Stunde, morgens um 4.30 Uhr, macht sich ein Konvoi laut knatternder Jeeps (70/110 Rs einfache Fahrt/ hin- und zurück) auf den Weg zu diesem ca. 11 km südlich von Darjeeling gelegenen Berg, von dessen 2.590 m hohem Gipfel sich ein wunderschöner **Sonnenaufgang über dem Himalaya** erleben lässt. Nur wenige sind es, die sich das Naturschauspiel, welches sich allmorgendlich vor allem über dem

Statt Hin- und Rückfahrt zum Tiger Hill mit dem Jeep zu fahren, empfiehlt es sich, nach Sonnenaufgang den **Rückweg zu Fuß** zurückzulegen. Dabei kann man nicht nur das **Goom-Kloster** besuchen, sondern auch noch Einblick in das Leben der Dörfer entlang des Weges gewinnen. So kommt man in aller Gemütlichkeit vormittags wieder in Darjeeling an, wo man sich den Rest des Tages in einem der schönen Dachterrassenrestaurants bei einem Tee entspannen kann.

Der Nordosten

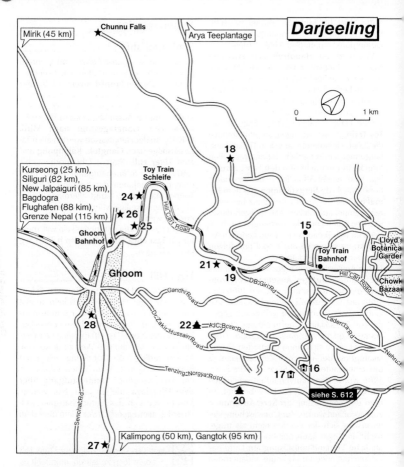

Darjeeling

Mirik (45 km)

Chunnu Falls

Arya Teeplantage

0   1 km

18

Kurseong (25 km),
Siliguri (82 km),
New Jalpaiguri (85 km),
Bagdogra
Flughafen (88 kim),
Grenze Nepal (115 km)

Toy Train
Schleife

24
26
25

Hill Cart Road

Ghoom
Bahnhof

15

Toy Train
Bahnhof

Lloyd's
Botanica
Garder

Ghoom

21
19

DB-Giri-Rd

Hill Cart Road

Chowk
Bazaar

Gandhi-Road

Dr-Zakir-Hussain-Road

22   AJC-Bose-Rd

Laden-la-Rd

Nehru

28

Tenzing-Norgya-Road

17   16

siehe S. 612

20

Senchal-Rd

Kalimpong (50 km), Gangtok (95 km)

27

Kanchenjunga, dem drittgrößten Berg der Erde, entfaltet, entgehen lassen. Das einzigartige Farbenspiel, wenn das gewaltige Bergmas-
siv sich langsam rot, dann rosa und schließlich gelb färbt, ist das frühe Aufstehen und
die empfindliche Kälte allemal wert. Bei guter
Sicht ist, winzig klein, auch die Spitze des
Mount Everest sichtbar. Am Berg selbst stehen zahlreiche Essens- und Teestände zur
Verfügung.

Yigacholing-Kloster

Von den zahlreichen **buddhistischen
Klöstern** in der Umgebung Darjeelings ist
dieses 8 km südlich der Stadt nahe Ghoom
gelegene Kloster das wohl interessanteste.
Von außen wirkt es zwar mit seinen Beton-
mauern wenig einladend, doch die Offenheit
und Herzlichkeit der Novizen sowie die
schöne Meditationshalle mit einer Statue des
kommenden Buddhas, Maitreya, lohnen auf

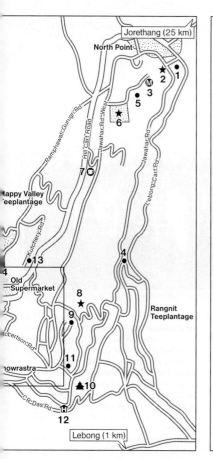

Sehenswürdigkeiten

★	2	Schneeleoparden Aufzuchtstation
Ⓜ	3	Himalayan Moutaineering Institute und Museum
★	6	Himalayan Zoological Park
★	8	Raj Bhawan
▲	10	Bhutia Busta Kloster
★	18	Burdwan Maharaja's Palace
▲	20	Aloobari Buddhist Monastery
★	21	Druk Sangak Choling Gompa
▲	22	Japanische Friedenspagode
★	23	Gorkha Kriegsdenkmal
★	24	Gorkha War Memorial
★	25	Samten Choling Gompa
★	26	Ghoom Buddhist Monastery, Yika Choling Gompa
★	27	Tiger Hill
★	28	Phin Choling Gompa

Unterkunft

🏨	12	Mall Guest House
🏨	16	Triveni Guest House
🏨	17	Aliment Guest House, Koko Mendho

Sonstiges

●	1	Passenger Ropeway
●	4	Tibetan Refugee Self Help Centre
●	5	Himalayan Nature Interpretation Centre
◉	7	Hot Stimulation Cafe
●	9	Darjeeling Gymkhana Club
●	11	Hayden Hall
●	13	District Magistrate Office
➦	14	Polizei
●	19	Tenzing Norgay House

Der Nordosten

jeden Fall einen Besuch. Mit dem Fotoapparat sollte man allerdings, vor allem während der Zeremonien, äußerst zurückhaltend umgehen und außerdem eine kleine Spende vor Verlassen des Klosters zurücklassen.

Gleiches gilt für das etwa 1 km nördlich von Chowrastra gelegene **Bhutia-Busta-Kloster,** welches ursprünglich in Sikkim beheimatet war. 1879 wurde es in Darjeeling angesiedelt und bildet mit seiner bunten Bemalung und dem Kanchenjunga im Hintergrund ein pittoreskes Fotomotiv.

Zoo

So ziemlich das genaue Gegenteil artgerechter Tierhaltung stellt leider Darjeelings Zoo dar. In den viel zu kleinen Käfigen fristen Tierarten wie der Pandabär und der sibirische Tiger ein äußerst kümmerliches Dasein. Da-

Tiger Hill: warten auf den Sonnenaufgang

bei sollte nicht verschwiegen werden, dass auch die nicht gerade als tierlieb zu bezeichnende Verhaltensweise einiger indischer Besucher das Los der Tiere zusätzlich erschwert.

●**Öffnungszeiten:** täglich außer Do 8.30 bis 16 Uhr.

Himalayan Mountaineering Institute and Museum

Wesentlich erfreulicher ist ein Besuch dieses unmittelbar an den Zoo angrenzenden Instituts (Tel.: 2254087), welches von Sherpa *Tenzing Norgay* bis zu seinem Tod im Jahre 1986 geleitet wurde. Eine Statue zu Ehren des Mannes, der zusammen mit *Sir Edmund Hillary* als Erster den Mount Everest bestiegen

hat, steht neben dem Hauptgebäude. Das **Mountaineering Museum** zeigt eine ebenso interessante wie kuriose Sammlung diverser Exponate aus der Geschichte des Bergsteigens. Das im angrenzenden Raum untergebrachte **Everest Museum** dokumentiert die nach langen und leidvollen vorhergehenden Versuchen 1953 letztlich erfolgreiche Ersteigung des höchsten Berges der Erde. Dem Institut ist ein kleines Restaurant angeschlossen.

●**Öffnungszeiten:** täglich außer Do 8.30–16 Uhr. Eintritt für Zoo und das Institut 100 Rs. Zwischen März und September werden teils sehr anspruchsvolle Kletter-, Trekking- und Kanutouren zu festen Terminen veranstaltet. Da die Nachfrage groß ist, sollten sich Interessierte mehrere Monate vorher anmelden.

Passenger Ropeway

Nicht weit vom Bergsteigermuseum steht **Indiens erste Seilbahn,** die die Stadt mit dem bei Indern äußerst beliebten Picknickplatz *Singla Bazaar* am Fuße des Tals verbindet. Die sich während der etwa 8 km langen Strecke bietenden Ausblicke machen die Fahrt zu einem echten Erlebnis, doch leider legen Stromausfälle das gesamte System allzu oft lahm. Im *Tourist Office* kann man nachfragen, ob die Anlage in Betrieb ist.

Tibetean Refugee Self Help Centre

Wie in anderen Städten mit einem hohen Anteil **Tibetern,** die 1953 zusammen mit dem *Dalai Lama* nach Indien geflüchtet sind, so existiert auch in Darjeeling ein gut organisiertes **Selbsthilfezentrum.** Neben sozialen Einrichtungen wie Krankenstation und Altersheim finden sich hier Werkstätten, in denen die traditionellen Kunsthandwerke Tibets – wie Teppichknüpferei, Holzschnitzerei und Lederverarbeitung – ausgeübt werden. Der Verkauf der dabei erzeugten Artikel sichert nicht nur den Arbeitern ein geregeltes Einkommen, sondern erhält auch traditionelle Herstellungsverfahren, die im Zeitalter der modernen Massenproduktion kaum überlebensfähig wären. Die Preise sind zwar kaum niedriger als in der Stadt, doch dafür bietet sich hier die Möglichkeit, beim Herstellungsprozess zuzuschauen. Es herrscht die für Tibeter so charakteristische freundliche Atmosphäre, und die Aussicht kann man ebenfalls genießen.

Happy Valley Tea Estate

Ihrer günstigen Lage nur etwa 20 Gehminuten vom Bahnhof entfernt verdankt es diese Plantage, dass sie die meistbesuchte der insgesamt über 70 **Teeplantagen** Darjeelings ist.

Ein Hauptgrund für die weltweit geschätzte Qualität des Darjeeling-Tees ist das hier angewandte so genannte „orthodoxe Verfahren", welches speziellen Wert auf sanfte Verarbeitungsmethoden legt. Dabei werden die Blätter nach dem Pflücken (nur die Triebe und die beiden jüngsten Blätter finden Verwendung) während eines etwa 15-stündigen Welkverfahrens auf dem Rost ausgelegt und durch eine Turbine luftgetrocknet. Danach erfolgen die genau aufeinander abgestimmten Schritte des Rollens, Siebens und Fermentierens. Gegen ein geringes Trinkgeld kann man sich die Verarbeitungsprozesse von einem Angestellten der Fabrik erklären lassen.

Als beste Sorten gelten die gleich zu Beginn der Saison gepflückten *First Flush* (April/Mai) und *Second Flush* (Juni/Juli). Besonderer Wert wird im Happy Valley auf den chemiefreien Herstellungsprozess gelegt, wobei der sehr freundliche und auskunftsbereite Manager der Anlage nicht verhehlt, dass dabei auch der Druck der deutschen Aufkäufer, eine große Rolle gespielt hat. Die Plantagen Darjeelings produzieren jährlich etwa 10 Mio. kg Tee, was etwa einem Viertel der Gesamtproduktion Indiens entspricht. Ein Besuch der Plantage und Fabrik lohnt jedoch nur von April bis November, da während der übrigen Zeit die Produktion ruht. Eine kleine Spende nach der informativen Führung ist sicher angebracht.

● **Geöffnet:** tgl. außer Mo 8–16 Uhr.

Toy Train

Eisenbahnfans strömen aus der ganzen Welt nach Darjeeling, um einmal mit diesem berühmten Zug mit zwei Fuß Spurbreite zu fahren, der korrekt *Darjeeling Himalayan Railway* heißt. Immer noch sind die schnaubenden Dampfloks aus den Anfangsjahren, die nicht mehr als **10 km pro Stunde** schaffen, in Betrieb. Man kann u.a. nach **Siliguri** und **New Jalpaiguri** (6,5 Std., 80/88 km), **Ghoom** (30 Min., 6 km) und Kurseong (1,5 Std., 31 km) fahren. Abfahrtszeiten ab Darjeeling: 9.15 Uhr sowie zusätzlich 16 Uhr für die beiden letzten Ziele. Die erste Klasse kostet etwa das Fünffache der zweiten. Außerdem gibt's tgl. 4 sogenannte Joyrides zwischen 10 und 13.40 Uhr nach Ghoom und zurück (240 Rs). Da diese in der Hauptsaison stark frequentiert sind, sollte man sein Ticket mindestens einen Tag vorher kaufen.

Weitere Sehenswürdigkeiten

Im zwischen Bahnhof und Teeplantagen gelegenen **Botanischen Garten** (täglich 6–17 Uhr, Tel.: 2252358) findet sich eine repräsentative Auswahl der Flora der Himalaya-Region, wobei besonders die Orchideenabteilung Interesse verdient.

Erinnerungen an Nepal ruft der unterhalb des Bahnhofs platzierte **Dhjiredam-Tempel**

Der Nordosten

Trekking in Darjeeling

Die Region nordöstlich von Darjeeling in Richtung Sikkim gehört zu den beliebtesten Trekkinggebieten im indischen Himalaya. Entsprechend gut ist die Infrastruktur, vor allem entlang der Hauptwanderwege. **Übernachtungsmöglichkeiten** stehen überall zur Verfügung. Allerdings kann es während der Monate April/Mai und Oktober/November, wenn die meisten Trekker unterwegs sind, zu Engpässen, sodass man auf jeden Fall einen Schlafsack mitnehmen sollte.

Sehr gute **Informationen** aus erster Hand finden sich im Gästebuch der Jugendherberge sowie im *DGHC (Darjeeling Gorkha Hill Council) Tourist Office* und in dessen sehr informativem Heft „Himalayan Treks". Dort erhält man auch gute **Trekkingkarten.** Unter Verwaltung von *DGHC* stehen auch die Berghütten (40 Rs pro Übernachtung mit Bettzeug) an den Wanderrouten. Schlafsäcke sowie Daunenjacken und andere Ausrütung kann billig z.B. bei *Adventure Sports Office* beim *DGHC Lowis Jubilee Complex* in der SK Pal Rd. ausgeliehen werden. Neben dem im Folgenden aufgeführten Trek gibt es noch viele weitere interessante, auch mehrwöchige Wander- und Kletterrouten, die man im Übrigen auch organisiert über eine der zahlreichen in Darjeeling ansässigen Trekkingagenturen erkunden kann. Einige der besten sind unter „Information und Reisebüros" aufgelistet.

6-Tage-Trek:
Darjeeling – Rimbik – Darjeeling

1. Tag: Busfahrt (5 Std.) zum 2.286 Meter hoch gelegenen Rimbik

2. Tag: 5-stündige Wanderung von Rimbik nach Raman auf 2.560 Meter Höhe

3. Tag: 7-stündiger, z.T. sehr steiler Anstieg nach Phalut (3.600 Meter), von wo sich ein großartiger Ausblick auf den Kanchenjunga und bei klarem Wetter bis zum Mt. Everest genießen lässt.

4. Tag: Von Phalut nach Sandakphu (3.636 Meter) geht es zunächst steil bergab, bevor wieder ein steiler Aufstieg folgt. Erneut wird man hierfür mit einer herrlichen Aussicht belohnt.

5. Tag: Die Rückkehr zum über 1.000 Meter tiefer gelegenen Rimbik dauert ca. 6 Stunden.

6. Tag: Rückfahrt nach Darjeeling

---

wach. Dieser auffälligste Hindu-Tempel der Stadt wurde dem Pashupatinath-Tempel bei Kathmandu, in dem Vishnu in seiner Erscheinung als Beschützer der Tiere verehrt wird, nachempfunden.

Über 40.000, z.T. jedoch reichlich verstaubt wirkende Beispiele aus der Pflanzen- und Tierwelt der Himalaya-Region präsentiert das **Natural Historical Museum** (tgl. 10–16, Mi bis 13 Uhr).

Im großen Klotz der **Gorkha Ranga Manch Bhawan** findet in der Hauptsaison eine Vielzahl kultureller und unterhaltender Veranstaltungen statt. Über das aktuelle Programm informiert das *DGAHC Tourist Office*.

Im *Nightingale Park* werden in der Saison ab etwa 16.30 Uhr **Tanzvorführungen** dargeboten.

Information und Reisebüros

● Das **DGAHC Tourist Office** (Darjeeling Gorkha Autonomous Hill Council, Tel.: 2255351, Jawahar Rd. West, April bis Juli 9–18.30 Uhr, Nebensaison Mo–Sa 10–16.30 und So 10–13 Uhr) nicht weit vom Chowrastra entfernt ist eine hilfsbereite und kompetente Informationsquelle. Hier werden auch Rundfahrten, Trekking-Touren und Rafting (Schwierigkeitsgrad II bis IV) nahe Kalimpong angeboten. Filialen befinden sich am Bahnhof und am Flughafen Bagdogra.

● Das **West Bengal Tourist Bureau** im *Hotel Bellevue* in Chowrastra (Tel.: 2254102, www.westbengaltourism.com/darjeeling, So und

Di–Fr 10–16.30 Uhr) ist, falls geöffnet, äußerst hilfsbereit. Hier erhält man neben Stadtplan (5 Rs) und Hotelliste auch Informationen zu Sikkim sowie eine gute Broschüre über Trekking-Routen in der Umgebung.

- **Clubside Tours & Travels** (Tel.: 2254646/7, amit@clubside.in, www.clubside.in, eine Gasse oberhalb der Post hinein) hat große Erfahrungen bei der Organisation von Trekking- und anderen Touren nach individuellen Wünschen in Westbengalen, Assam und Sikkim. Die Beratung ist sehr ausführlich.
- **Himalayan Travels** (Tel.: 2252254, (0) 9434209847, Gandhi Rd.) ist ebenfalls ein alteingesessener Tourorganisator mit viel Erfahrung.
- Die vielleicht verlässlichste Adresse, ein Taxi oder einen Jeep mit Fahrer zu mieten, ist **Juniper Tours & Travels** (Tel.: 2252095, (0)9434143458, juniper@sancharnet.in), zentral an der Laden La Rd. gelegen. Hier gibt's auch Flugtickets für *Buddha Air, Yeti Air* und *Air Deccan.*

Unterkunft

Wie alle *Hill Stations* in Indien verfügt auch Darjeeling über eine schier unübersehbare Fülle an Hotels, deren **Preise** je nach der Jahreszeit extremen Schwankungen unterliegen. Von Mitte März bis Mitte Juli und noch einmal während des Dussera-Festes im September/Oktober ist der Ort proppevoll mit gut betuchten Urlaubern aus Kalkutta, und entsprechend teuer ist die Übernachtung. In den kalten Wintermonaten von November bis Februar bekommt man dafür ein gutes Mittelklassehotel zum Preis einer Low-Budget-Unterkunft. Allerdings schließen viele Hotels außerhalb der Saison auch ganz. Generell gilt die Regel, dass die Hotels entlang der beiden Hauptstraßen Nehru Road und Laden La Road am teuersten sind. Je weiter man sich von der Innenstadt nach Südosten entfernt, desto billiger wird es. Entsprechend der vorwiegend gehobenen Klientel Darjeelings ist die Zahl der Billigunterkünfte allerdings verhältnismäßig klein. Die im Folgenden genannten Unterkünfte stellen nur eine sehr kleine Auswahl dar, wobei sich die **Preisangaben** auf die Hauptsaison beziehen.

Low Budget und Budget

- Populär ist das **Triveni Guest House** € (Tel.: 2253878). Die eher spartanischen Zimmer wurden zur Recherchezeit gerade renoviert. Zudem lockt der günstige Preis, die nette Travelleratmosphäre und der schöne Ausblick vom angeschlossenen Restaurant. Nicht weit entfernt ist das **Koko Mendho** € (Tel.: 2256346) sehr preiswert, gemütlich und familiär.
- Ganz in der Nähe findet sich das sehr freundliche **Aliment Restaurant & Hotel** € (Tel.: 2255068, alimentweb@sify.com). Wie es der Name schon vermuten lässt, handelt es sich in erster Linie um ein – übrigens vorzügliches – Restaurant, welches über einige schlichte und saubere Zimmer verfügt.
- Eine süße Billigunterkunft ist das Hotel **Long Island** € (Tel.: 2252043, (0)9434467743). Einfache, aber saubere Zimmer, teils mit Gemeinschaftsbad, in familiärer Atmosphäre und ein hübsches Restaurant machen es zur allerersten Wahl dieser Kategorie.
- Eine Qualitätsstufe höher ist das **Guest House Andy's** €-€€ (Zakir Hussain Rd., Tel.: 2253125) anzusiedeln. Geräumige, saubere Zimmer und der Dachgarten mit Rundumblick locken.
- Schon die Tatsache, dass sie meist ausgebucht ist, spricht für die **Maple Tourist Lodge** €-€€ (Tel.: 2252813). Saubere Zimmer, teils mit Gemeinschaftsbad, und ein wenig koloniale Atmosphäre sind offenbar gefragt.
- Besonders in der Nebensaison sind nur die Zimmer mit Balkon nach vorn im **Vinayak Hotel** €€ (Tel.: 2255807) ein hevorragendes Angebot. Das gilt auch für das **Hotel Shangri La** €€ (Nehru Rd., Tel.: 2255419, (0) 9434212335), dessen drei sehr große Zimmer mit TV, viel Holz und großen Fenstern zum Tal in dieser Zeit sehr günstig sind.
- Eine der höchstgelegenen Bleiben Darjeelings ist das **Silver Casade** €€-€€€ (Tel.: 2253436). Dementsprechend klasse Ausblicke sind sowohl von den Zimmern, teils mit Balkon, wie auch vom Dachgarten zu genießen.
- Neu sind sowohl das **Travellers Inn** €€€ (Zakir Hussain Rd., Tel.: 2258497, (0)9832041901) als auch das **The Grace Inn** €€€ (Tel.: 2258106, (0)9832092902), beide

Der Nordosten

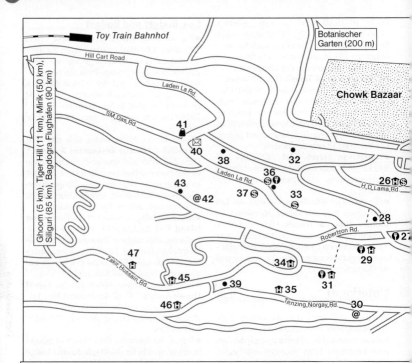

Toy Train Bahnhof

Botanischer Garten (200 m)

Hill Cart Road

Laden La Rd.

SM.Das.Rd.

Chowk Bazaar

Ghoom (5 km), Tiger Hill (11 km), Mirik (50 km), Siliguri (85 km), Bagdogra Flughafen (90 km)

41

40

38

32

Laden La Rd.

43

@42

36

37

33

26

H.D.Lama.Rd.

28

Robertson Rd.

27

47

Zakir.Hussain.Rd.

45

34

39

35

29

31

46

Tenzing.Norgay.Rd.

30

@

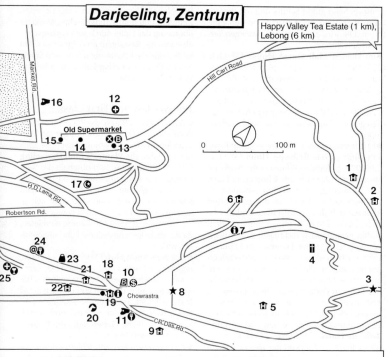

Darjeeling, Zentrum

Happy Valley Tea Estate (1 km), Lebong (6 km)

Hill Cart Road

Market Rd.

16

12

Old Supermarket

15 • 14 13

17

H.D.Lama Rd.

Robertson Rd.

0   100 m

1

2

6

7

4

24

23

25

21 18 10

22 Chowrastra

19

20

11

8

5

3

9

CR.Das Rd.

Der Nordosten

Verkehr

- **13** Busbahnhof, Taxi Unions, Jeeps nach Siliguri, Gangtok
- **14** Kasturbi Tours & Travels, Diamond Treks & Tours & Travels
- **15** Jeeps nach Siliguri
- **19** Indian Airlines
- **28** Juniper Tours & Travels
- **38** Clubside Tours & Travels
- **43** Himalayan Travels

Geld

- **10** State Bank of India ATM
- **26** LKP Forex
- **33** ICICI ATM
- **36** ICICI ATM
- **37** State Bank of India und ATM

Internet

- @ **24** Internetcafe
- @ **30** Cyber Point
- @ **42** Computel Centre

Sonstiges

- **7** DGAHC Tourist Office
- **10** Oxford Bookstore
- **11** Polizeiposten
- **12** District Hospital
- **16** Polizei
- **19** West Bengal Tourism
- **20** Pferdeställe
- **23** DAS Photo
- **25** D & DMA Hospital
- **32** Hill Cart Rd. Jeepstand
- **36** Foreigner's Registration Office
- **39** Sendemast
- ⊠ **40** Hauptpost
- **41** Ring Mall

entsprechend gut in Schuss und mit Restaurant, aber ohne viel Aussicht von den Zimmern. Die wird aber von der jeweiligen Terrasse gewährt.

●Im kleinen **Mall Guest House** €€€ (Tel.: 2259154, (0)973124255, plama56@yahoo.com) mit sauberen Zimmern zum Tal und gutem Restaurant ist der morgendliche, meist nicht von Wolken getrübte, fantastische Blick auf das Kanchenjunga-Massiv aus den großen Panoramafenstern wohl kaum zu toppen.

●Eine hervorragende Adresse in dieser Preiskategorie ist das **Bellevue Hotel** €€€ (Tel.: 2254075, pulger@rediffmail.com) direkt im Herzen der Altstadt am Chowrastra-Platz. Der Zahn der Zeit hat an diesem altmodisch schönen Kolonialhotel, in dessen großen Räumen sich das *Tourist Office* und das *Indian Airlines Office* befinden, offensichtlich kräftig genagt, doch das macht es nur noch sympathischer. Selbst Low-Budget-Reisende sollten sich überlegen, ob sie für die schönen Zimmer, welche alle über Warmwasser verfügen und recht preiswert sind, nicht einmal etwas tiefer ins Portemonnaie greifen wollen.

●Ist das *Bellevue,* wie meistens in der Hauptsaison, belegt, bietet sich als Ausweichadresse das direkt oberhalb erbaute **Main Olde Bellevue Hotel** €€-€€€ (Tel.: 2254178) an. Es wird von einem Mitglied der gleichen tibetischen Familie geleitet, die auch für das *Bellevue* verantwortlich ist. Auch hier stehen große, leicht angegraute Zimmer mit TV zur Verfügung.

●Viel Charme haben auch die vier Zimmer des **Classic Guest House** €€€ (Tel.: 2254120, rajn_classic@hotmail.com) direkt unterhalb des Chowrastra. Die großen Zimmer mit Balkon und TV sind zwar leicht angegraut, doch machen dies die schöne Einrichtung und die tollen Ausblicke in diesem alten Kolonialhaus mehr als wett.

●Zentral und gemütlich wohnt man auch im **Pineridge Hotel** €€-€€€ (Tel.: 2254074), ebenfalls ein renommiertes Kolonialhotel, gegenüber vom *Bellevue,* mit großen Holzdielen-Zimmern mit TV zum Garten.

●Eine sehr empfehlenswerte Unterkunft ist auch das **Hotel Dekeling** €€-€€€ (Tel.: 2254159, www.dekeling.com) in der Gandhi Rd. Neben den gemütlich eingerichteten Zimmern und dem sympathischen Manager überzeugt das Hotel durch sein vorzügliches tibetanisches Restaurant im Erdgeschoss. Am besten sind die Eckzimmer der oberen Stockwerke. Wenn es richtig kalt wird, gibt's ne Wärmflasche gratis.

Tourist Class und First Class

●Wie der Billard-Raum, die Bücherei und die Portraits britischer Würdenträger an den Wänden unschwer erkennen lassen, ist auch der 130 Jahre alte **Planter's Club Darjeeling** €€€€-€€€€€ (Tel.: 2254349) oberhalb der Nehru Road ein sympathisches Relikt der britischen Kolonialzeit. In diesem ehemaligen Sitz des *Tea Planters Club* sollte man sich allerdings nur in die im 1. Stock gelegenen, etwas teureren, großen VIP-Räume einmieten, da die im Erdgeschoss dunkel und ungemütlich wirken.

●Das **New Elgin Hotel** €€€€ (Tel.: 2254226, elginl@elginhotels.com) an der H.D. Lama Road ist wieder eines jener altmodisch schönen Unterkünfte, die man vornehmlich in *Hill Stations* findet. Trotz seines gesegneten Alters wirken die Räume sehr hell und freundlich. Der herrliche Garten lädt zum Relaxen beim Afternoon-Tea ein.

●Zu den besonders empfehlenswerten Unterkünften zur Kolonialzeit gehört das herrliche **Mayfair Hill Resort** €€€€€ (Tel.: 2256376, hillresort@mayfairhotels.com) gegenüber dem *Government House.* Herrlich möblierte Zimmer und viel Blumenschmuck machen den Aufenthalt behaglich. Nach dem Motto „the best of both worlds" kann man hier nicht nur den Charme der „guten alten Zeit" genießen, sondern auch alle Annehmlichkeiten der Neuzeit (wurde der ehemalige Maharajapalast doch aufwendig renoviert).

●Das oberhalb des Chowrastra Place auf dem Observatory Hill in einer ausgedehnten Parkanlage gelegene **Windamere Hotel** €€€€€ (Tel.: 2254041, reservations@windamereho tel.net, www.windamerehotel.com) ist nicht nur unbestritten das schönste Hotel Darjeelings, sondern würde auch in jedem Buch über die romantischsten Kolonialhotels

Indiens Aufnahme finden. Der Eindruck, dass hier mit dem Abzug der Briten die Zeit stehen geblieben ist, wird auch dadurch bestätigt, dass sich die Besitzer standhaft weigern, neuzeitliche Errungenschaften wie Fernsehen und Zentralheizung einzuführen, um den authentischen Charakter ihres 1862 erbauten Hauses zu bewahren. So kann man sich in den herrlich antiquierten Räumen bei Kaminfeuer und Wärmflasche oder auf der Terrasse bei English Breakfast und herrlicher Aussicht nostalgischen Erinnerungen an die gute alte Zeit hingeben. Wenn möglich, sollte man sich in einen der insgesamt 27 Bungalows oberhalb des Hauptgebäudes einmieten. Im Preis sind alle Mahlzeiten plus *morning tea* enthalten.

Essen und Trinken

● Zum Frühstück gibt's keine bessere Adresse als die **Keventers** an der Nehru Road. Wer kann schon den herrlichen Käse-Schinken-Sandwiches oder den Milchshakes widerstehen, wenn gleichzeitig auch noch die herrliche Aussicht von der Dachterrasse genossen werden kann?

● Wesentlich stilvoller isst man im großen Speisesaal des **Glenary's,** einem klassischen Kolonialstilgebäude mit Aussicht am oberen Ende der Nehru Road. Ob nun zum Frühstück, zur *Tea Time* mit Kuchen oder zum Dinner mit vorzüglichen Hauptgerichten. Nicht auslassen sollte man die köstlichen Kuchen, das braune Brot und den frischen Käse in der Bäckerei.

● Für Liebhaber der indischen Küche gibt es in Darjeeling keine bessere Adresse als das **Park Restaurant** im südlichen Bereich der Laden La Rd. Die vorzüglichen Gerichte lassen einen sogar die grauselig kitschige Inneneinrichtung vergessen.

● Ausschließlich tibetische Kost in erstklassiger Qualität wird im **Kunga Restaurant** an der Gandhi Rd. kredenzt. Auch im beliebten **Devekas Restaurant** werden neben chinesischer Küche, Pizza und Burgern tibetische Gerichte serviert.

● Die Terrasse des **Star Dust Restaurants** ist der ideale Ort, um bei südindischen Snacks das bunte Leben am Chowrastra an sich vorbeiziehen zu lassen.

● Wen es zur Abwechslung mal wieder nach chinesischem Essen gelüstet, der sollte das **New Embassy Restaurant** im *Hotel Valentino* aufsuchen.

● Eine große Auswahl indischer, chinesischer und westlicher Gerichte bietet das **Kanikas Restaurant** in der H.D. Lama Rd.

● Wer in der Nähe der Jugendherberge wohnt und den langen Weg ins Stadtzentrum scheut, sollte das sehr gute und preiswerte **Aliment Restaurant** versuchen. Das vornehmlich tibetanische Gerichte servierende Lokal ist ein Treffpunkt der Traveller-Szene.

● **Hasty Tasty,** eine Fast-Food-Kette, die sich immer mehr in Indien ausbreitet, bietet vegetarische Snacks zu günstigen Preisen. Ebenfalls zu empfehlen sind der „kleine Bruder" nebenan, das **Frank Ross Café.**

● Wer sich auf dem langen Weg vom oder zum Zoo ein wenig ausruhen möchte, dem sei das **Hot Stimulation Café** empfohlen. Für „Hot Stimulation" sorgt weniger das nur durchschnittliche Essen, dafür jedoch die schönen Aussichten in die Umgebung.

● Will man seinen Drink in kolonialer Atmosphäre schlürfen, kommt man dem in der **Bar des Planter's Club Darjeeling** schon recht nahe.

Einkaufen

● Die Nehru Road südlich des Chowrastra-Platzes ist während der Hauptreisezeit von **Souvenirständen** flankiert, an denen meist tibetische Flüchtlinge von dicken, wärmenden Socken zu 30 Rs bis zum *Thanka* für 100 US-$ alles verkaufen. Es versteht sich, dass bei der Menge der angebotenen Waren die wenigsten der kunsthandwerklichen Souvenirs tatsächlich, wie immer wieder versichert, antik sind. Überhaupt sollte man nicht den Fehler begehen, zu glauben, dass alles, was von den Straßenständen angeboten wird, billiger ist als in den Läden.

● So lohnt es sich, allein zur Orientierung, zunächst einmal im **West Bengal Emporium** an der Nehru Road vorbeizuschauen. Dort gelten Festpreise, und das Angebot an Kunsthandwerk und Antiquitäten (garantiert echt) ist reichhaltig.

●Wer an Tibet-Teppichen interessiert ist und diese nicht im **Tibetan Refugee Self Help Centre** gekauft hat, findet hervorragende und relativ preisgünstige Exemplare in der **Haydan Hall** in der Laden La Road gegenüber der *State Bank of India.*

●Von den zahlreichen guten Buchläden Darjeelings ist der seit 1925 am Chowrasta ansässige **Oxford Bookshop**, u.a. mit hervorragenden Bildbänden über den Himalaya, der beste. Hier gibt es auch indische Tageszeitungen, die jedoch meist zwei Tage alt sind.

●Bei **DAS Studio** werden qualitativ gute Fotoausdrucke hergestellt. Auch Analogfotografen werden hier gut bedient. Zum CD-Brennen der digitalen Fotos geht man besser in eines der entsprechend ausgerüsteten Internetcafés, ist es doch bei DAS noch recht teuer.

Special Permit

Die 15 Tage gültige Reiseerlaubnis für den Besuch Sikkims erhält man normalerweise problemlos innerhalb von einem Tag. Zunächst muss man beim **Office of District Magistrate** (ODM, Tel.: 2254233, Mo–Fr 11–13 und 14.30–16 Uhr) in der Hill Cart Rd. ein Formular ausfüllen und abstempeln lassen, welches man sich vom **Foreigners Regional Registration Office** (Tel.: 2254278, tgl. 10–17.30 Uhr) an der Laden La Road ein weiteres Mal abstempeln lassen muss. Dann geht es zurück zum ODM, wo einem das zusätzliche Permit in den Pass gestempelt wird. Ob die kostenfreie, etwa 1,5-stündige Prozedur inzwischen, wie angekündigt, vereinfacht wurde, erfragt man am besten im Tourist Office. Wer sie sich ersparen will, lässt sich das Sikkim Permit schon beim Visumantrag in Europa einstempeln!

Post, Bank und Internet

●Die **Hauptpost** (Mo–Fr 9–17 Uhr, Sa und So sind nur Briefmarken erhältlich und können Speed-Post-Pakete verschickt werden) in der Laden La Rd. verfügt über Post Restante

und hat einen recht verlässlichen Paket-Service.

●Die **State Bank of India** in der Laden La Rd. (Mo–Fr 10–16 Uhr, Sa 10–13 Uhr) wechselt Bargeld und Reiseschecks von AmEx und Thomas Cook. Zwar sind pro Transaktion 100 Rs fällig, es werden jedoch auch gute Wechselkurse offeriert und alles verläuft erstaunlich fix und unbürokratisch. **LKP Forex** im Hotel *Seven Seventeen* hat zwar nicht die besten Raten, aber dafür jeden Tag bis 21 Uhr geöffnet. Die **ATMs** der SBI am Chowrasta sowie einer der **ICICI-Bank** in der Laden La Rd. akzeptieren die wichtigsten internationalen Kreditkarten bis auf AmEx.

●Von den vielen Internetcafés des Ortes (meist 30 Rs/Std.) sind das **Computel Centre** (8–20 Uhr) und **Cyber Planet** in der Zakir Hussain Rd. mit Breitbandverbindungen schnelle Vertreter. CD-Brennen kostet inkl. Silberscheibe meist 50 Rs, etwa bei **Inet Cybercafé**.

Polizei und Medizinische Versorgung

●Eine kleine **Polizeistation** (Notfallnummer: 2254422, 2252520) findet sich am südöstlichen Ende des Chowrasta.

●Eins der besten Krankenhäuser der Stadt ist das private **Yuma Hospital.** Zentraler ist das kleine **D&DMA Planter's Hospital** (Tel.: 2254337, Notfallnr.: (0)93324900262).

●Das **Tibetan Medical & Astro Institute** (HD Lama Rd., Tel.: 2254735) ist für Alternativmedizin die beste Adresse, tgl. außer Do 9–13 und 14–16 Uhr, Mi 9–13 Uhr.

Reiten und Pferderennen

●Vorsicht ist bei den zahlreichen **Ponyvermietern** am Chowrasta geboten. Dies nicht nur, weil sie den Touristen mehr als die üblichen 40 Rs für eine Stunde berechnen, sondern vor allem, weil sie am Ende auch noch einen *Guiding fee* von manchmal 20 Rs verlangen. Also aufpassen!

●In den Monaten von September bis Oktober sowie März, April und Mai finden auf der hübschen Lebong-Rennstrecke, der höchsten Pferderennbahn der Erde, **Galopprennen** statt. Genaue Termine kann man beim *Tourist Office* erfragen.

An- und Weiterreise

Flug

● **Indian Airlines** (Hotel Bellevue, Chowrastra, Tel.: 2254230/1, Mo–Fr 10–17.35 Uhr, Flughafen: 0353-2551192) fliegt vom 90 km südlich gelegenen Flughafen **Bagdogra.** Nähere Angaben siehe unter Siliguri-Weiterreise.

● **Air Deccan** fliegt von Bagdogra nach Guwahati, Kalkutta und Delhi.

● Das Tourist Office bietet eine **Busverbindung** zum Bagdogra-Flughafen an, allerdings erst ab zwölf Personen, was selten eintrifft. Falls der Bus nicht von Darjeeling nach Bagdogra gefahren ist, steht er natürlich auch nicht für die Gegenrichtung nach Darjeeling zur Verfügung.

● Ein **Prepaid-Taxi** von Bagdogra zum Busbahnhof in New Siliguri kostet 280 Rs, von dort weiter per Bus oder Jeep nach Darjeeling.

● Die gesamte, etwa 2,5-stündige Fahrt vom Flughafen nach Darjeeling kostet mit dem **Taxi** etwa 1.200 Rs für bis zu 4 Personen. In umgekehrter Richtung kann dies auch über das *DGAHC Tourist Office* vermittelt werden.

Bahn

● Der berühmte **Toy Train** fährt ab in New Jalpaiguri um 7.30 Uhr, Ank. in Darjeeling um 15.50 Uhr (1 D Pass), und ab New Jalpaiguri um 9.00 Uhr, Darjeeling an 17.15 Uhr (3 D Pass). In umgekehrter Richtung: Abf. Darjeeling 8.25 Uhr, Ank. New Jalpaiguri 16.20 Uhr (4 D Pass), Abf. Darjeeling 9.10 Uhr, Ank. New Jalpaiguri 17.30 Uhr (2 D Pass).

● Wer mit dem Bus vom **Busbahnhof in Siliguri** weiterfahren möchte, sollte am dortigen Bahnhof aussteigen, wo der Spielzeugzug jeweils 45 Minuten vorher hält.

● Bezüglich der **Weiterfahrt von New Jalpaiguri** Richtung Kalkutta und Varanasi/Delhi finden sich nähere Informationen im entspre-

517m Foto: mb

chenden Kapitel An- und Weiterreise bzw. im Anhang.

● Das **Reservierungsbüro** am Bahnhof in Darjeeling ist tgl. 8–14 Uhr geöffnet (pünktlich und kommentarlos werden die Rolläden auch dann heruntergelassen, wenn noch einige Kunden in der Schlange stehen), um 11 Uhr wird eine Pause gemacht.

Bus

● Vom reichlich chaotischen Bazaar-Busbahnhof bestehen fast stündliche Verbindungen nach **New Jalpaiguri/Siliguri** (4 Std.) und **Kalimpong** (2 Std.). Neben den staatlichen Bussen stehen diverse private Busgesellschaften zur Auswahl.

Der Toy Train fährt in Darjeeling ein

Der Nordosten

Blick auf das Kanchenjunga-Massiv

●Nach **Gangtok,** der Hauptstadt Sikkims, fahren 4 Busse täglich: 2 morgens und 2 gegen Mittag (5 Std.). Außerdem ein Bus von *Sikkim Nationalised Transport (SNT)* vom Büro an der Laden La Rd. 32 um 13 Uhr. Da die Nachfrage sehr groß ist, sollte man sich für die Strecke rechtzeitig im unterhalb des Hauptpostamtes an der Laden La Road gelegenen Büro ein Ticket besorgen.
●Ins nahe **Rimbik** in beiden Richtungen nur eine tägliche Busverbindung um 13 Uhr.
●Weitere Direktbusse fahren nach **Kalkutta** (19 Std.), **Patna** (18 Std.) und **Guwahati** (20 Std.).
●Nach **Kathmandu und Pokhara in Nepal** verkaufen viele private Anbieter Tickets (ca.

650 Rs). Diese Paketangebote beinhalten eine Busfahrt nach Siliguri, von wo die Weiterfahrt in einem anderen Bus zur indisch-nepalesischen Grenze erfolgt. Nach Überschreiten der Grenze wartet im nepalesischen Grenzort Kakarbhitta der Bus nach Kathmandu bzw. Pokhara. An der Grenze ist ein Visum mit einmaliger Einreiseberechtigung für 1700 Rs (bzw. 30 US-$) in bar zu erwerben.

Dies stellt sich in der Realität leider allzu oft als sehr ärgerliches Unterfangen heraus, da auf nepalesischer Seite der in Darjeeling gekaufte Fahrschein nicht anerkannt wird. Deshalb empfiehlt es sich, in Darjeeling nur bei einem renommierten Reisebüro wie z.B. *Assam Valley Tours & Travels* gegenüber vom Hauptpostamt zu kaufen. Da jedoch auch hier nicht hundertprozentig für eine reibungslose Fahrt garantiert werden kann, sollte man sich überlegen, die Strecke individuell zurückzulegen: Zunächst von Darjeeling nach Siliguri, dann an den Grenzort Paniktani, dann von Kakarbhitta, dem ersten Ort auf nepalesischer Seite, nach Kathmandu oder

Pokhara. Zwischen den einzelnen Orten bestehen vielfältige Verbindungen, außerdem ist es so billiger.

Taxi/Jeep/Minibus

Mehrere Taxiorganisationen bieten ihre Dienste an, etwa nach Siliguri oder Gangtok. Die meisten haben ihre Büros rund um den Busbahnhof, etwa *United Taxi Services,* die nach Siliguri fahren.

● Eine interessante Alternative zu den strapaziösen Busfahrten bieten die gegenüber vom Busbahnhof an der Hill Cart Rd. in Richtung Kalimpong, Siliguri und Sikkim abfahrenden Taxis und Jeeps. Die Festpreise für die jeweiligen Fahrtziele hängen aus. Nach **Rimbik** kostet es per Jeep/Minibus 90/80 Rs, nach **Siliguri** (knapp 3 Std. per Jeep, Abfahrt zwischen 6 und 18 Uhr etwa halbstündig) 81/65 Rs. Per Jeep nach **Kalimpong** (Abf. zwischen 7 und 15 Uhr) sind 70 Rs zu berappen, nach **Gangtok** (*Subhayatra Taxi Syndicate,* etwa halbstündig zwischen 6.30 und 15 Uhr) 120 Rs.

● Der sogenannte *Joy Ride* nach **Ghoom** kostet recht teure 240 Rs. Der **Toy Train** verlässt Darjeeling 4-mal tgl. während der Hauptsaison. Das Eisenbahnmuseum in Ghoom ist ein Muss für Fans der rollenden Kolosse.

Kalimpong ♪ VIII/A2

(ca. 45.000 Einwohner, Vorwahl 03552)

Der Weg ist das Ziel. Diese für ganz Indien zutreffende Reisephilosophie gilt ganz besonders für den Ausflug zum 52 km östlich von Darjeeling gelegenen Kalimpong. Die Strecke führt zunächst über Ghoom hinunter ins Tal zum Testa-Fluss, bevor sich die kurvenreiche Straße während der letzten 16 km wieder auf 1.250 Meter Höhe windet. Während der dreistündigen Fahrt bieten sich wunderschöne Aussichten auf die von Bergwäldern und Teeplantagen geprägte Landschaft.

Kalimpong selbst gruppiert sich ähnlich wie Darjeeling entlang mehrerer Bergkämme, wobei die einzelnen Hauptstraßen durch kleine Gassen und Treppen miteinander ver-

bunden sind. Hauptattraktion dieser geschäftigen Stadt ist neben zwei etwas außerhalb des Ortes liegenden **buddhistischen Klöstern** der jeweils Mittwoch und Sonnabend stattfindende **Markt**. Obwohl sich die feilgebotenen Waren kaum vom Angebot in Darjeeling unterscheiden, kann man einen ganzen Nachmittag damit verbringen, die aus der näheren Umgebung herbeiströmenden **Bergbewohner** in ihren unterschiedlichen Trachten zu beobachten. Ansonsten bietet die Stadt jedoch nichts Außergewöhnliches.

Information und Reisebüros

● Das **DGAHC Tourist Reception Centre** (DB Giri Rd., Tel.: 252992) ist hilfsbereit. Auch die Website hilft weiter: www.kalimpong.org. Zudem werden hier Trekking-Touren und Rafting angeboten.

● Individuell gestaltete Ausflüge und Touren in die Berge der Umgebung sowie nach Darjeeling und Sikkim sind mit **Gurudongma Tours & Travels** (Rinkingpong Rd., Tel.: 255204, www.gurudongma.com, gurutt@satyam.net. in) möglich. Auch Angel-, Mountainbike-, Rafting- und natürlich Trekking-Ausflüge werden individuell ausgearbeitet.

Unterkunft

Wie üblich in indischen Städten, gruppieren sich auch in Kalimpong viele Billigunterkünfte um den Busbahnhof.

● Ein ausgezeichnetes Preis-Leistungs-Verhältnis bietet die **Bethlehem Lodge** €–€€ (David Gas Bldg, Tel.: 255185, nereus@yahoo.com) in der Reshi Rd. für die sehr sauberen Zimmer mit Bad.

● Eine gute Wahl ist auch das freundliche **Gompu's Restaurant und Hotel** €€€ (Damber Chowk, Tel.: 255818, popugompu@re diffmail.com). Neben den ordentlichen Zimmern trägt sicherlich auch das sehr gute Restaurant im Erdgeschoss dazu bei, das hier für Traveller die Adresse Nr. 1 in Kalimpong ist.

● Die sympathischen Besitzer der **Deki Lodge** €–€€€ (Tel.: 255095, (0)9434329695, dekilodge@hotmail.com) an der Tripai Road vermieten einfache, dafür blitzsaubere Zimmer, die teureren und neuen mit Warmwasser bieten etwas Komfort.

●Empfehlenswert ist auch die hübsche **Shangri La Tourist Lodge** €€ (Main Rd., Tel.: 255230) gleich am Ortsanfang. Den meisten Busfahrern ist das alte Holzhaus ein Begriff, und so kann man sich, von Darjeeling kommend, hier absetzen lassen. Von der Hauptstraße sind es nur wenige Meter entlang eines Trampelpfades.

●Ein gutes Preis-Leistungs-Verhältnis bietet das direkt daneben gelegene **Drolma Hotel** €€-€€€ (Tel.: 255968). Die geschichtsträchtige alte Villa bietet 11 stilvolle Zimmer sowie im Nebengebäude einfache Zimmer mit Gemeinschaftsbad.

●Verhältnismäßig neu ist das **Cloud 9** €€€ (Rinkingpong Rd., Tel.: 259554), eine angenehme, mit viel Holz ausgestattete, gemütliche Mittelklassebleibe mit gutem Restaurant.

●Ausgesprochen stilvoll wohnt man im **Kalimpong Park Hotel** €€€-€€€€ (Tel.: 255304, parkhotel@sify.com, www.indiamart.com/kalimpongparkhotel), dem ehemaligen Sommerpalast des Maharajas von Dinajpur. Wer die Kolonialstil-Atmosphäre genießen will, sollte sich allerdings nur im Haupthaus und nicht in dem dahinter errichteten Neubau einquartieren.

●Schön, inmitten einer Gartenanlage mit herrlichem Blick auf das Kanchenjunga-Massiv, liegt das koloniale **Himalayan Hotel** €€€-€€€€ (Tel.: 254048, himalayanhotel@gmail.com). Hier, nur wenige hundert Meter vom Stadtzentrum entfernt, fühlt man sich in jene Zeit zurückversetzt, als Kalimpong noch ein kleines, verschlafenes Himalaya-Fürstentum war. Wer es sich leisten kann, sollte hier Quartier beziehen, denn dieser friedvolle Ort ist sein Geld allemal wert.

●Das zurzeit beste Hotel der oberen Preisklasse ist das ausgezeichnete **Silver Oaks** €€€€€ (Rinkingpong Rd., Tel.: 266296, silveroaks@elginhotels.com). Das alte, von einem großen Garten umgebene Kolonialgebäude wurde aufwendig renoviert und vereint den Charme des Raj mit allen Annehmlichkeiten der Neuzeit.

Essen und Trinken

●Unter dem gleichen Management wie das gleichnamige Restaurant in Darjeeling lädt auch das **Glenary's** in Kalimpong zu Snacks und Backwaren ein.

●Das **Gompu's Restaurant** im gleichnamigen Hotel serviert gute und preiswerte tibetanische und bhutanesische Gerichte und ist somit bei Einheimischen wie Travellern gleichermaßen beliebt.

●Vegetarier sollten das **Punjab Restaurant** ausprobieren.

●Für preiswertes und recht leckeres indisches Essen empfiehlt sich das **Tripti Hotel.**

●Das **China Garden Restaurant** im gleichnamigen Hotel und das **Mandarin Restaurant** sind zwei typische China-Restaurants in der Innenstadt.

An- und Weiterreise

●Von und nach **Siliguri** (50 Rs) fahren stündlich Busse, die die Strecke in 2,5 Std. zurücklegen. Zwei Busse tgl. nach **Gangtok** (7.30 und 13.30 Uhr, 3 Std., 60 Rs). Auch *Sikkim Nationalised Transport* fährt tgl. diese Strecke, Start um 13 Uhr. Außerdem fahren Jeeps der *Kalimpong Mainline Taxi Driver's Welfare Organisation* regelmäßig u.a. dorthin (80 Rs, 2,5 Std.) und nach Siliguri (70 Rs).

●Zwischen Kalimpong und **Darjeeling** verkehrt nur ein Bus pro Tag (Abf. Darjeeling 8.00, 30 Rs), und der ist derart langsam und überfüllt, dass man die 2,5 Stunden dauernde Fahrt mit einem der am Busbahnhof bereit stehenden Jeeps, etwa mit *Kalimpong Motor Transport*, für 60 Rs pro Person vorziehen sollte.

Wer lieber mit eigenem Jeep (mit Fahrer) fahren möchte, zahlt nach Gangtok 1.000 Rs, nach Siliguri und Darjeeling 600 Rs.

●*Sikkim Nationalised Transport* und mehrere private Gesellschaften setzen Busse zum 4 Stunden entfernten **Gangtok** ein.

●Beim *Kalimpong Railway Out Agency* (Mani Rd., Tel.: 259954) ist eine limitierte Menge **Bahnticktes** nach New Jalpaiguri zu kaufen.

Sikkim

Überblick

Fläche:	7.096 km²
Hauptstadt:	Gangtok
Einwohner:	545.000
Bevölkerungsdichte:	77 Ew./km²
Stadtbevölkerung:	11 %
Alphabetisierungsquote:	62 %
Lebenserwartung:	59 Jahre

Dem wie ein Puffer zwischen Nepal im Westen, Tibet im Norden und Bhutan im Südosten gelegenen Sikkim ging lange Zeit der legendäre Ruf voraus, eines dersagen sagenumwobenen Himalaya-Königreiche zu sein, in dem Berggötter, Natur und Menschen noch in Einklang und Harmonie miteinander lebten. Hierzu trug sicherlich auch die Tatsache bei, dass das ehemalige Königreich aufgrund seiner schwer zugänglichen Lage nur äußerst selten von ausländischen Touristen besucht wurde. Auch heute noch benötigen Touristen eine **Sondergenehmigung,** um in das 7.200 km² kleine Sikkim reisen zu dürfen. Diese ist zwar problemlos erhältlich (Genaueres siehe unten), doch die grenznahen Gebiete nach Nepal und Tibet sind darin nicht eingeschlossen.

Die **Ureinwohner** Sikkims waren die im 13. Jh. aus Assam eingewanderten animistischen Lepschas, die von der Jagd und dem Ackerbau lebten. Schon sehr bald gerieten sie in Konflikt mit **tibetanischen Einwanderern,** die schließlich die Bevölkerungsmehrheit bildeten und 1641 mit dem vom *Dalai Lama* eingesetzten *Dhunchoo Numgyal* den ersten König Sikkims stellten. Anfang des 18. Jh. mussten die Tibeter bei mehreren Kleinkriegen gegen die Bhutanesen empfindliche Territorialverluste ihres ursprünglich auch Darjeeling und Kalimpong umfassenden Königreiches hinnehmen. Nach weiteren Kriegen gegen die von Nepal eindringenden Gurkhas schloss Sikkim schließlich einen Schutzvertrag mit der *East India Company* ab, der die Sicherheit des Königreiches garantierte. Seit die **Briten** das Land 1861 zu ihrem

Der Nordosten

Protektorat erklärt hatten, verlor der Raja von Sikkim zunehmend an Einfluss.

Unter Billigung der Engländer setzte Ende des letzten Jh. eine massive **Einwanderung von Nepalesen** ein, die die Kolonialherren bei der Kultivierung des bis dahin weitgehend brachliegenden Landes einsetzten. Die in dieser Zeit begonnene Abholzung der dichten Bergwälder Sikkims zur Schaffung von Weide- und Ackerland ist heute so weit fortgeschritten, dass das Land, ähnlich wie Nepal, unter den ökologischen Folgen schwer zu leiden hat. Der weitere Zustrom nepalesischer Einwanderer, die schließlich 75 % der Bevölkerung stellten, führte Ende der sechziger Jahre zu schwerwiegenden, ethnisch begründeten Zusammenstößen.

Nachdem es 1973 zu einem **Putschversuch** der Nepalesen gegen den König gekommen war, ließ die indische Regierung eine Volksabstimmung durchführen, in der sich 97 % der Bevölkerung für den **Anschluss Sikkims an Indien** aussprachen. Seit 1975 bildet Sikkim den 22. Staat der Indischen Union. Seither befindet sich auch mit dem im Westteil Sikkims gelegenen, 8.579 m hohen **Kanchenjunga** der nach dem Mount Everest und dem K2 dritthöchste Berg der Erde auf indischem Staatsgebiet.

Um den nach wie vor latent vorhandenen ethnischen und wirtschaftlichen Spannungen zwischen den einzelnen Bevölkerungsgruppen, von denen Isich 28 % zum Buddhismus und 60 % zum Hinduismus bekennen, den Boden zu entziehen, hat die indische Regierung in den letzten Jahren große Summen zur **Verbesserung der Infrastruktur** ins Land gepumpt. Die wirtschaftliche Entwicklung des Landes zusammen mit ethnischen Spannungen und massiven Umweltzerstörungen haben das Gesicht des ehemaligen Shangri La sichtbar verändert. So ist es kein Wunder, dass die regierende *Sikkim Democratic Front (SDF)* sich den **Schutz der Umwelt** auf ihre Fahnen geschrieben hat und die indienweit schärfsten Umweltschutzbestimmungen hat Gesetz werden lassen. Auch das Pflücken von Blumen ist beispielsweise verboten. Die geschäftige Hauptstadt Gangtok ist sicherlich ebensowenig ein zweites Kathmandu wie Sikkim *Little Nepal* ist. Dennoch bietet Sikkim für all jene, die nicht die Möglichkeit zum Besuch Nepals haben, eine schöne Alternative sowie die Möglichkeit zu ausgedehnten Bergwanderungen und dem Besuch beeindruckender buddhistischer Klöster.

Special Permits

Für den Besuch Sikkims ist eine **Sondergenehmigung** notwendig. Diese gilt jeweils für 15 Tage und ist dreimal, also auf höchstens 60 Tage, verlängerbar. Sie ist entweder bei der Visumbeantragung im Heimatland oder bei den **Foreigner's Registration Offices** in Delhi (Tel.: 011-26711443, RK Puram, Sector 1, East Block 8, 2. Stock), Kalkutta (Tel.: 033-22473301, AJC Bose Rd.) und Mumbai (Tel.: 022-22620446, Sayed Badrudin Rd., CID Annexe Bldg., 3. Stock) sowie in Darjeeling im **Office of District Magistrate** (Tel.: 0354-2254266, Hill Cart Rd.) erhältlich. Neben dem Reisepass sind zwei Passfotos vorzulegen. Kommt man eigenständig per Auto nach Sikkim, ist ein *Permit* auch in Rangpo, einem Grenzort zu Westbengalen, in der *Rangpo Tourist Lodge* (Tel.: 03592-240818, tgl. 7–19 Uhr) zu bekommen.

Visumverlängerungen sind kostenfrei im *Foreigner's Registration Office* in Gangtok (Kazi Rd., Tel.: 03592-223041, Mo–Fr 10–16, Sa bis 12 Uhr) bei Vorlage des Reisepasses und des ablaufenden Visums erhältlich. Eine informative und detaillierte Informationsquelle bzgl. *Special Permits* ist die offizielle Website Sikkims: www.sikkim.nic.in/homedept/index2.htm, unter „Inner Line Permits".

Will man Trekking-Touren in anderen Regionen Sikkims unternehmen, sind evtl. *Restricted Area Permits (RAP)* bzw. *Protected Area Permits (PAP)* erforderlich, die nur von registrierten Reiseagenturen für mindestens vier Personen erhältlich sind. Die Website liefert zudem gute Informationen zum Bundesstaat, auch das Formular für die Visumsverlängerung kann heruntergeladen werden.

Gangtok ♫ VIII/A2

(ca. 30.000 Einwohner, Vorwahl: 03592)

Die **Hauptstadt Sikkims** zieht sich auf einer Höhe von etwa 1.600 m entlang eines Grates mit sehr schönen Ausblicken auf das Kanchenjunga-Massiv. Wer jedoch, wie viele Touristen, von Gangtok erwartet, so etwas wie eine kleinere Ausgabe von Kathmandu zu sein, wird sicherlich enttäuscht werden. Die Stadt erlebte in den letzten Jahren einen enormen wirtschaftlichen Aufschwung, der ihr Erscheinungsbild nicht gerade zum Vorteil verändert hat. Nicht verwinkelte Altstadtgassen mit mittelalterlichen Tempeln und bunten Basaren bestimmen das Bild, sondern gesichtslose Neubauten.

So tut man gut daran, seine Erwartungen nicht allzu hoch anzusetzen und die Hauptstadt Sikkims eher als Ausgangspunkt für den Besuch der schönen **buddhistischen Klosteranlagen** (in denen Fotografierverbot besteht) in der Umgebung zu betrachten. Wegen der guten Fernsicht bilden die Monate November bis Februar die beste Reisezeit, doch dann wird es dann mit Nachttemperaturen um den Gefrierpunkt auch empfindlich kühl.

Sehenswertes

Stadtrundfahrt

In den Monaten von Oktober bis Dezember und Februar bis Mai veranstaltet das *Tourist Office* tgl. jeweils zwei Stadtrundfahrten. Während die **Morgentour** von 9.30 bis 12.30 Uhr alle Sehenswürdigkeiten in der Stadt sowie der näheren Umgebung beinhaltet (70 Rs), führt die **Nachmittagstour** von 13.30 bis 17.30 Uhr (85 Rs) zum Orchidarium und zum Kloster Rumtek. Die Vormittagstour lohnt sich eigentlich nur für jene, die in ihrer Zeit sehr begrenzt sind. Ansonsten kann man alle angefahrenen Ziele auch problemlos und zudem stressfreier zu Fuß oder mit öffentlichen Verkehrsmitteln erreichen.

Tsuk La Khang

Dieser bedeutendste **buddhistische Tempel** Gangtoks diente früher als königliches Gotteshaus. Im Innenhof des sehr schönen Gebäudes wurden die Könige inthronisiert und die Hochzeiten des Herrscherhauses feierlich abgehalten. In der mit hübschen Wandgemälden verzierten Gebetshalle finden sich beeindruckende Buddha- und Bodhisattva-Darstellungen. Trotz eines vor dem Eingang platzierten Verbotsschildes darf der Tempel nach vorheriger Bitte bei einer der wachhabenden Personen besichtigt werden. Unbedingt einzuhalten ist jedoch das Fotografierverbot.

● Die genauen Termine der hier im Januar jedes Jahres stattfindenden spektakulären **Maskentänze** sind beim *Tourist Office* zu erfahren.

Namgyal Institute of Tibetology und Orchideenpark

Das etwa 4 km südlich des Stadtzentrums gelegene, im traditionellen Stil erbaute Institut stellt eine Art **tibetanischer Universität** dar. In einer der weltweit umfangreichsten **Bibliotheken** mit Literatur über tibetanische Kultur und den Mahayana-Buddhismus können sich in- wie ausländische Studenten mit den jahrtausendealten Traditionen dieses in seinem Ursprungsland vom Untergang bedrohten Volkes beschäftigen. Darüber hinaus sind hervorragende Beispiele tibetanischer Kunst zu sehen wie etwa die wunderschönen Seidenthankas und Götterstatuen.

Umgeben ist das Institut von einem sehr schönen Park, in dem es über 500 verschiedene **Orchideenarten** zu bewundern gibt. Die Hauptblütezeiten sind April bis Mai und Dezember bis Januar, doch auch im Übrigen Jahr blühen stets mindestens zweihundert Arten.

● **Öffnungszeiten:** tgl. außer So 10–14 Uhr.

Pondrul Chörten

Einen halben Kilometer oberhalb des Instituts steht, umgeben von heiter im Wind flatternden bunten Gebetsfahnen, ein äußerst fotogener, von 108 Gebetsmühlen umgebe-

Der Nordosten

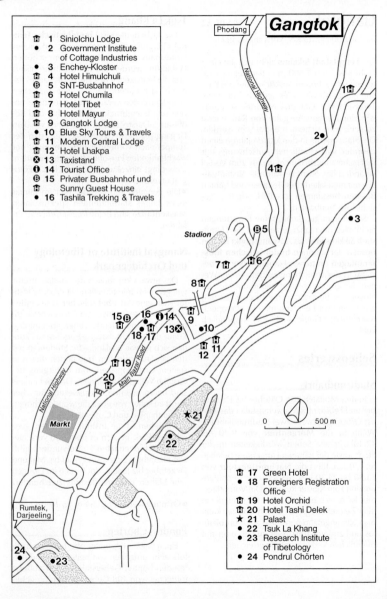

Gangtok

Phodang

National Highway

🏠	1	Siniolchu Lodge
●	2	Government Institute of Cottage Industries
●	3	Enchey-Kloster
🏠	4	Hotel Himulchuli
Ⓑ	5	SNT-Busbahnhof
🏠	6	Hotel Chumila
🏠	7	Hotel Tibet
🏠	8	Hotel Mayur
🏠	9	Gangtok Lodge
●	10	Blue Sky Tours & Travels
🏠	11	Modern Central Lodge
🏠	12	Hotel Lhakpa
✕	13	Taxistand
ℹ	14	Tourist Office
Ⓑ	15	Privater Busbahnhof und
🏠		Sunny Guest House
●	16	Tashila Trekking & Travels

Stadion

🏠	17	Green Hotel
●	18	Foreigners Registration Office
🏠	19	Hotel Orchid
🏠	20	Hotel Tashi Delek
★	21	Palast
●	22	Tsuk La Khang
●	23	Research Institute of Tibetology
●	24	Pondrul Chörten

Main Bazar Road

National Highway

Markt

Rumtek, Darjeeling

0   500 m

ner, weißer Chörten, dessen goldene Spitze von vielen Stellen in der Stadt zu sehen ist. Daneben befindet sich ein Kloster mit einer Statue *Padmasambhavas* in seiner Manifestation als *Guru Snang Sid Zilzon.*

Enchey-Kloster

Dieses kleine, recht unscheinbare Klostergebäude liegt etwa 4 km außerhalb der Stadt in einem Wäldchen. Das 200 Jahre alte Kloster ist Sitz der **Nyingmapa-Sekte,** der ältesten der vier Hauptrichtungen des tibetanischen Buddhismus. Besonders lohnenswert ist ein Besuch im Dezember, wenn das Enchey-Kloster Schauplatz ritueller Tänze ist.

Government Institute of Cottage Industries

Wer am Kauf von im typischen Sikkim-Stil hergestellten Teppichen, Decken, Tüchern und geschnitzten Möbeln interessiert ist, sollte sich im etwa 5 km nördlich Gangtoks gelegenen staatlichen Verkaufsladen umschauen.
●**Öffnungszeiten:** tgl. außer So und jeden 2. Sa im Monat 9–15.30 Uhr

Damovar-Seilbahn

Die zweigeteilte neue Seilbahn startet am *Nangyal Institute of Tibetology* und führt über den Namnang Jeepstand zum Zielpunkt, der Ridge. Für die Auf- und Abfahrt zu herrlichen Ausblicken müssen 50 Rs bezahlt werden. Tgl. 9.30–17.30 Uhr zu benutzen.

Information

Die Angestellten des **Sikkim Tourist Information Centre** (M.G. Marg, Tel.: 201634, 225647) können tgl. außer So 9–16 Uhr aufgesucht werden, sind aber vorwiegend an geschäftlichen Unternehmungen interessiert. Mehr Hilfe erfährt man durch das an vielen Kiosken erhältliche „Now Travelmate".

Reiseagenturen

Von den vielen Agenturen, die **Trekking-Touren** oder andere Ausflüge in Sikkim anbieten, seien einige empfohlen. Natürlich ist entspre-

chende Kleidung und Ausrüstung unerlässlich. Die meisten bieten zudem **Rafting, Biking und Bergsteigen** sowie **Yak-Ausflüge** etwa zum Tschangu-See in 4.000 m Höhe an. Einige der Ziele in Gangtok sind ohne professionelle Führung kaum erreichbar. Viele der Reisebüros organisieren außerdem einen Ausflug zum erst vor kurzem für Touristen eröffneten Nathula-Pass an der chinesischen Grenze in knapp 5.000 m Höhe, 55 km von Gangtok entfernt. Auch auf dieser Tour wird der Tschangu-See besucht.
●**Yak & Yeti Travels** (National Highway, Himachuli Complex, Tel.: 201319, 286676, visit sikkim@yahoo.com, www.yaknyeti.com, www.summitsikkimhimalaya.com), eine hervorragende Adresse.
●**Modern Treks & Tours,** M.G. Marg (Tel.: 204670).
●**Tashila Trekking & Travels,** National Highway 31 A (Tel.: 222979).
●**Blue Sky Tours & Travels,** M.G. Marg, Tourism Bldg. (Tel.:205113, blueskytourism@yahoo.com).

Unterkunft

An Übernachtungsmöglichkeiten mangelt es sicher nicht, doch viele der im Innenstadtbereich speziell um die Mahatma Gandhi Road angesiedelten Hotels genügen kaum niedrigsten Ansprüchen. Angesichts der während der Wintermonate oftmals eisigen Temperaturen sollte man sich vor dem Einchecken erkundigen, ob heißes Wasser zur Verfügung steht. Über zentralgeheizte Zimmer verfügen nur wenige Hotels. Die aufgeführten Preise gelten für die Hochsaison. In der Nebensaison sollten Abschläge bis zu 50 % möglich sein.

Low Budget und Budget

●Sehr beliebt in der Rucksackszene wegen seiner relaxten Atmosphäre ist die an der Tibet Rd. gelegene **Modern Central Lodge** €
(Tel.: 204670, info@modernhospitality.com). Die Zimmer (die billigeren ohne Aussicht und Bad) sind allerdings recht bescheiden. Das hauseigene Lokal mit seinen leckeren Gerichten zu kleinen Preisen ist einer der beliebtesten Traveller-Treffpunkte.

●Seit vielen Jahren beliebt ist das **Green Hotel** €-€€ (Tel.: 223354) oberhalb des Busbahnhofs an der Mahatma Gandhi Road. Die Zimmer der unteren Preisklasse haben nur ein Gemeinschaftsbad, die teureren ein eigenes Bad und eine heiße Dusche. Das Restaurant im Erdgeschoss ist ein vielbesuchter Treffpunkt. Besser ist jedoch das gegenüber gelegene *House of Bamboo* mit leckeren chinesischen und tibetanischen Gerichten.

●Sehr beliebt ist auch das **Hotel Orchid** € (Church Rd., Tel.: 223151) mit hauseigenem Restaurant im Obergeschoss. Die nach vorn gelegenen Zimmer sind den fensterlosen auf der Rückseite vorzuziehen.

●Eine akzeptable Adresse ist auch das **Hotel Lhakpa** € (Tibet Rd., Tel.: 203002). Eine Übernachtung in den einfachen EZ/DZ (die billigeren nur mit Gemeinschaftsbad) ist für zwei Nächte o.k. Für einen Aufpreis von 10 Rs wird ein Eimer heißes Wasser bereitgestellt. Auch im *Lhapka* befindet sich ein Restaurant.

●Eines der besten Preis-Leistungs-Verhältnisse in dieser Preiskategorie bietet die **Travel Lodge** €€ (Tel.: 203858) an der Tibet Road. Das gut geführte Haus verfügt über saubere, geräumige Zimmer.

Tourist Class und First Class

●Ein Schnäppchen ist das **Golden Pagoda** €€€-€€€€ (Tel.: 226928, goldenpagoda@rediffmail.com, www.hotelgoldenpagoda.com) an der M.G. Marg. Die eher kleinen Zimmer sind hervorragend in Schuss und mit fantastischem Ausblick gesegnet. Auch das angeschlossene Restaurant bestätigt den hohen Standard.

●Ausgezeichnet ist das **Mintokling** €€€ (Secretariat Rd., Banu Path, Tel.: 204226, mintokling@hotmail.com). Die umgebaute alte Villa am Stadtrand liegt etwa 10 Min. zur Haupteinkaufsstraße, ist um einen schönen Garten herumgebaut und überzeugt vor allem durch die Lage und die ruhige Atmosphäre.

●Architektonisch äußerst gelungen ist das im traditionellen tibetanischen Stil erbaute **Hotel Tibet** €€€€-€€€€ (Paljar Stadium Rd., Tel.: 222523, 202523, 203468, htltibt@yahoo.com, www.sikkiminfo.net/hoteltibet) neben der Post. Die beheizten und sehr hübschen Zimmer mit TV sind gemütlich eingerichtet. Man sollte nach den rückwärtigen Zimmern fragen, da der Blick auf den Kanchenjunga von dort am beeindruckendsten ist. Das hauseigene *Snow Lion Restaurant* mit Bar gilt als das beste Restaurant der Stadt. Für ca. 100–200 Rs pro Gericht hat man die Auswahl zwischen indischen, tibetischen und japanischen (!) Speisen.

●Ähnlich dem *Hotel Tibet* wurde auch das **Hotel Tashi Delek** €€€€ (Tel.: 202991, 222038, www.hoteltashidelek.com) an der Mahatma Gandhi Road im traditionellen tibetischen Baustil errichtet. Neben seiner äußerst gelungenen architektonischen Gestaltung und den schönen Zimmern überzeugt es durch sein sehr freundliches Personal und ein vorzügliches Dachrestaurant, von dem sich neben den kulinarischen Genüssen eine tolle Fernsicht genießen lässt.

Essen und Trinken

●Neben den zuvor genannten Hotelrestaurants sei das hervorragende **Blue Sheep Restaurant** oberhalb des Tourist Office genannt. Es überzeugt durch sein angenehmes Ambiente und seine vorzüglichen indischen und chinesischen Gerichte.

●Wer den etwa 3 km weiten Weg zur neuen Seilbahn nicht scheut, wird im **Little Italy** mit erstklassigem Essen aus eben jenem Land verwöhnt (100–150 Rs pro Hauptgericht). In der angeschlossenen Bar lässt sich das Mahl abrunden.

●Hervorragende fleischlose Küche ist das Markenzeichen des **Parivar Restaurant** an der M.G. Rd.

Post, Bank und Internet

●Die **Hauptpost** an der P.S. Rd. ist verlässlich, auch bzgl. Paketverschickung und Postempfang (Post restante).

●Die **State Bank of India** (M.G. Rd, Mo-Fr 10–14 und 15–16, Sa 10–13 Uhr) wechselt Bargeld und Reiseschecks von Thomas Cook und American Express. Dies ist auch in einigen höherklassigen Hotels zu schlechteren

Raten möglich. Man sollte sich vor einem Trip in die Berge schon hier mit genügend Barem versorgen. Der **ATM** der UTI Bank ist für die meisten internatonalen Karten zuständig. Die ATMs der idbi- und HDFC-Bank nehmen auch AmEx-Kunststoff.

● Es herrscht kein Mangel an **Internetcafés** mit mittelmässiger Geschwindigkeit zu meist 40 Rs/Std.

Polizei und Medizinische Versorgung

● Die **Polizei** ist an der Ecke Church Rd./ National Highway 31A beheimatet (Tel.: 202033).
● Ein akzeptables Krankenhaus ist das **STNM Hospital,** auch am National Highway (Tel.: 203774).

An- und Weiterreise

Flug

● Bei der Agentur **Silk Route Tours & Travel** oberhalb des *Green Hotel* (Tel.: 203354) können Tickets von *Indian Airlines* (tgl. außer So nach Delhi, teils auch mit *Alliance Air,* sowie 3x wöchentlich nach Kalkutta und Guwahati) und *Jet Airways* (Delhi und Kalkutta tgl., Guwahati 4x die Woche) für Flüge vom 14 km südwestlich von Siliguri gelegenen **Flughafen Bagdogra** gebucht werden.

Der Flughafen in Bagdogra wird mit dem Helikopter von **Sikkim Helicopter Service** (30 Min., 1.500 Rs) um 10 Uhr angeflogen, wenn es genügend Interessenten gibt.

Bahn

● Der nächstgelegene Bahnhof ist New Jalpiguri. Mo–Sa 8–13 und So bis 12 Uhr können am computerisierten **Bahnschalter** (Tel.: 202016) beim SNT Busstand Tickets gekauft werden.

Bus

● *Sikkim Nationalised Transport* setzt tgl. zehn Busse nach **Siliguri** (4,5 Std., 90 Rs, zwischen 6 und 13.30 Uhr) ein, einen morgens um

7 Uhr nach **Darjeeling** (7 Std.) und zwei (8.30 und 13.30 Uhr) nach **Kalimpong** (4 Std., 80 Rs) sowie nach **Kakarbittha** an der Grenze zu Nepal (4,5 Std. 140 Rs).
● Auf jeden Fall sollte man sein **Ticket** zumindest einen Tag vor der Abfahrt im *Advanced Booking Office* am Busbahnhof (tgl. 9.30–12 und 13–14 Uhr) kaufen, da die Nachfrage das Angebot bei weitem übersteigt.
● Abgesehen von den hier genannten Abfahrten, gibt es noch eine ganze Reihe weiterer Verbindungen mit **privaten Busgesellschaften,** die alle vom Private Bus Stand starten.
● Wer von Gangtok nach Siliguri fährt, um von dort mit der Bahn weiterzufahren, sollte sich jedoch vorher erkundigen, ob zwischen der Ankunftszeit seines Busses und der Abfahrtszeit seines Zuges genügend Zeit bleibt, um **von Siliguri zum Bahnhof in New Jalpaiguri** zu gelangen. Das ist oft, gerade bei den am frühen Nachmittag von Gangtok abfahrenden Privatbussen, nicht der Fall. Im Übrigen sollte man genügend zeitlichen Spielraum für die immer wieder auftretenden Verspätungen einplanen.

Jeep/Taxi

Generell kommt man mit den am privaten Busbahnhof (31 A National Highway) bereitstehenden Jeeps schneller und bequemer voran als per Bus.
● Private Minibusse und **Jeeps** fahren am *Private Bus and Taxi Stand* (National Highway 31) nach Siliguri (4 Std., 110 Rs), Darjeeling (5 Std., 120 Rs), Kalimpong (3,5 Std., 80 Rs). Jeeps nach West-Sikkim starten vom *Namgang Jeepstand* auf halber Strecke der Seilbahn. Ab 7 Uhr morgens meist 30-minütige Verbindungen z.B. nach Pelling (5 Std., 150 Rs), Yuksom (4 Std., 150 Rs) und Geyzing (4 Std., 110 Rs).

Jeeps nach Rumtek (1 Std., 30 Rs) fahren von der Lal Market Rd. zwischen 8 und 18 Uhr. Jeeps Richtung Norden können am *North Jeep Stand* etwa 3 km außerhalb bestiegen werden, nach Phensang (1 Std., 30 Rs), oder Phodong (2 Std., 50 Rs).
● **Taxis** verlangen für die Fahrt nach Siliguri 1.600 Rs, nach Darjeeling 1.500 Rs und nach Kalimpong 1.400 Rs.

Der Nordosten

Kloster Rumtek   ↗ VIII/A2

Der Sitz des aus dem 11. Jh. stammenden **Kagyu-pa-Ordens** ist heute so etwas wie das Vorzeigekloster ganz Sikkims. Es gibt wohl kaum einen Besucher, der diese 24 km südöstlich von Gangtok gelegene Anlage nicht besichtigt. Tatsächlich ist es das optisch beeindruckendste aller Klöster des Landes, und die Mönche haben sich trotz des täglichen Besucherandrangs viel von ihrer natürlichen Freundlichkeit bewahrt. Erbaut wurde es erst Anfang der sechziger Jahre nach der Besetzung Tibets durch die Chinesen. Architektonisch ließ es das Oberhaupt der Kagyupa-Sekte, *Gyalwa Karmapa*, der hier bis zu seinem Tode 1982 regierte, als originalgetreue Kopie des Heimatklosters in Tibet errichten. Besonders augenfällig sind neben der vergoldeten und mit Türkisen verzierten Stupa die religiösen Malereien.

Zweimal im Jahr ist Rumtek Schauplatz berühmter tibetischer **Maskentänze.** Im Dezember/Januar, wenn beim Winterfest der Sieg des Guten über das Böse gefeiert wird, und während des Sommerfestes im Mai/Juni, wenn Legenden aus dem Leben *Padmasambhavas* erzählt werden, finden sich neben vielen Einheimischen und Touristen auch Kamerateams aus der ganzen Welt ein. Exakte Termine gibt's beim Touristenbüro.

Weitere knapp 3 km oberhalb von Rumtek finden sich zur Linken **zwei weitere Klöster,** von denen eines Mitte der 1980er Jahre restauriert wurde.

Unterkunft, Essen und Trinken

(Vorwahl: 03592)

● Das **Sangay Hotel** € (Tel.: 252238) hat spartanische, aber saubere Zimmer (Gemeinschaftsbad). Elektrizität ist vorhanden, funktioniert jedoch meist nicht.

● Gegenüber vom Eingang zum Kloster liegt das **Kunga Delek Hotel** € und Restaurant.

● Eine gute Wahl ist das **Sungay Guest House** € (Tel.: 252221) mit Garten, wobei die hübschen DZ mit Bad und Balkon den recht spartanischen EZ vorzuziehen sind. Einheimi-

sche wie auch westliche Gerichte können serviert werden.

● Wesentlich angenehmer wohnt man im 5 km von Rumtek entfernten **Martam Resort** €€-€€€ (Tel.: 223314). Die gelungene Anlage liegt beim Dorf Martam. Im Preis sind drei Mahlzeiten enthalten. Das Hotel organisiert auch Pferde-Safaris in die Umgebung.

● Rumteks neuestes Hotel ist das schicke, direkt unterhalb des Klosters erbaute **Shambala Mountain Resort** €€€€ (Tel.: 252240, beno va@rediffmail.com). Das hauseigene vegetarische Restaurant serviert indische, chinesische und westliche Küche.

An- und Weiterreise

● Nur ein **Bus** tgl. verkehrt zwischen Gangtok und dem 26 km entfernten Rumtek und das auch noch zu einer äußerst ungünstigen Zeit. Da er Gangtok erst um 16.30 Uhr verlässt und am nächsten Morgen um 8 Uhr von Rumtek zurückfährt, müssen all jene, die diese Transportmöglichkeit wählen, in Rumtek übernachten.

● Alternativ besteht die Möglichkeit, in Gangtok ein **Taxi** für einen Tagesausflug zu mieten zu Kosten von etwa 400 Rs. Sammeljeeps vom *Lal Bazaar Jeep Stand* sind etwa billiger.

● Schließlich wird das Kloster auch bei einem der **Tagesausflüge** des *Tourist Office* von Gangtok aus besucht.

Klöster Phodang und Labrang

Entlang einer windungsreichen Schotterstraße vorbei am **Tashi View Point** mit hervorragender Aussicht auf das Kanchenjunga-Gebirge (links sitzen) führt der Weg in Richtung des 35 km nördlich von Gangtok gelegenen **Phodang-Klosters,** eines der sechs wichtigsten ganz Sikkims. Man sollte den Busfahrer bitten, einen an der Abzweigung aussteigen zu lassen, von wo der Fußweg nach etwa 15 Minuten zum Kloster führt.

Das zweigeschossige, relativ neue Gebäude wirkt zwar weitaus weniger spektakulär als *Rumtek*, strahlt dafür jedoch auch eine wesentlich ruhigere Atmosphäre aus. Zuweilen ist die Haupthalle verschlossen, doch einer der anwesenden Mönche zeigt einem gerne die sehr schönen **Wandmalereien** im Innern des Klosters. Eine kleine Spende ist in diesem Fall allerdings angebracht.

Weitere 30 Minuten und 2,5 km weiter bergauf liegt, verwunschen an einen Wald angrenzend, das wesentlich ältere **Labrang-Kloster**, welches jedoch nicht mehr von Mönchen bewohnt ist. Wer mit öffentlichen Verkehrsmitteln unterwegs ist und noch am gleichen Tag von Phodang nach Gangtok zurückfahren möchte, dem bleibt nur äußerst wenig Zeit für den Abstecher nach Labrang. Besser ist es in diesem Fall, eine Übernachtung vor Ort einzuplanen.

Unterkunft

(Vorwahl: 03592)

●Einfach, aber ordentlich ist das Hotel **New Northway** € (Tel.: 262844) mit sauberen Zimmern (Gemeinschaftsbad).

●Komfortabler und dementsprechend auch etwas teurer wohnt man im **Yak & Yeti Hotel** € (Tel.: 262929), 2 km oberhalb der Abzweigung zum Kloster.

An- und Weiterreise

●Um nach Phodang zu gelangen, muss man einen der drei tgl. um 8.00, 14 und 16 Uhr von Gangtok **Richtung Mangan** startenden Busse besteigen. Auch hier ist eine Reservierung am Morgen des gleichen Tages empfehlenswert, da Mangan ein von Einheimischen stark frequentiertes Reiseziel ist. Auf dem Rückweg passieren die von Mangan kommenden Busse die Hauptstrecke unterhalb des Phodang-Klosters etwa gegen 10 und 16 Uhr. Die Fahrtdauer beträgt ca. 2 Std.

●Per **Taxi** bzw. **Jeep** kostet der Tagesausflug von Gangtok nach Phodang 60 Rs, falls genügend Passagiere zusammenkommen. Sonst muss man mit 400 bis 500 Rs für einen exklusiv gemieteten Jeep rechnen.

Kloster Phemayangtse bei Genzing   ♫ VIII/A2

Das von schneebedeckten Bergen umgebene, wunderschön gelegene Phemayangtse-Kloster ist die Heimat des **Nyingmapa-Ordens**, einer der traditionsreichsten Sekten des tibetanischen Buddhismus. Ursprünglich Anfang des 18. Jh. erbaut, wurde es durch verschiedene Erdbeben des Öfteren fast vollständig zerstört und musste so mehrfach wiederaufgebaut werden. Auch hier finden normalerweise im Februar **Maskentänze** statt, über deren genaue Termine das Touristenbüro in Gangtok Auskunft erteilt.

Unterkunft, Essen und Trinken

(Vorwahl: 03592)

●Das dem Kloster am nächsten gelegene **Hotel Mt. Pandim** €€-€€€ (Tel.: 250756) ist mit Aussicht auf den Kanchenjunga gleichzeitig mit Abstand die teuerste Übernachtungsmöglichkeit der Region. Man sollte sich die Zimmer vorher ansehen, weil die Qualität stark variiert. Auch das Restaurant im Haus ist nicht gerade preiswert.

●Im 2 km von Pemayantse entfernten Pelling bietet sich das **Hotel Garuda** €-€€ (Tel.: 258319) als billige Unterkunft an. Die Zimmer sind zwar nicht gerade als luxuriös zu bezeichnen, doch dafür überzeugt das Hotel durch ein gutes Restaurant und sehr freundliches Personal.

●Als Ausweichmöglichkeit bietet sich das 100 m bergauf gelegene **Hotel Kabur** € (Tel.: 258504) an, mit passablen Räumen und einem angeschlossenen Restaurant.

●Eine gute und teure Wahl ist das staatliche **Sikkim Tourist Centre** €€-€€€ (Tel.: 258556). Alle Zimmer haben Bad mit Warmwasser. Im Preis sind zwei Mahlzeiten enthalten.

●Eine bessere Wahl ist das direkt beim Busbahnhof gelegene **Hotel Phamrong** €€ (Tel.: 258218, mailphamrong@yahoo.com). Alles macht einen gepflegten und professionellen Eindruck. Sehr gut ist auch das hauseigene Restaurant mit einer großen Auswahl an Gerichten zwischen 50 und 130 Rs.

Der Nordosten

●Steigt man wieder ab nach Lower Pelling, gibt das freundliche **Alpine Restaurant** mit *momos* und Nudelgerichten eine willkommene Einkehrmöglichkeit ab.

An- und Weiterreise

●Zwei **Busse** tgl. machen sich um 7 und um 13 Uhr auf die 6-7 Std. lange Fahrt von Gangtok nach **Genzing.** Auch hier ist eine frühzeitige Reservierung unbedingt ratsam. Zurück nach Gangtok geht es normalerweise um 8 und um 14 Uhr von Genzing, doch diese offiziellen Zeiten scheinen sehr unzuverlässig, deshalb sollte man noch einmal vor Ort nachfragen.
●Von Genzing **nach Siliguri** 1 Bus tgl. um 7 Uhr.

●Um nach **Darjeeling** zu gelangen, muss man zunächst um 8 oder um 10 Uhr nach **Jorethang** fahren (2 Std.) und von dort in weiteren 2 Std. mit Sammeltaxi (50 Rs pro Person) nach Darjeeling. Privatanbieter fahren die Strecke nach Darjeeling (5 Std., 150 Rs) natürlich direkt, etwa *Simvo Tours & Travels* (Tel.: 258548, gegenüber dem *Garuda Hotel*). Des weiteren nach Gangtok und Siliguri.

Der Kanchenjunga in Sikkim ist mit 8.579 m der dritthöchste Berg der Erde

Nordostprovinzen

Überblick

Wie ein Fremdkörper wirken die nur durch einen äußerst schmalen Landkorridor mit Indien verbundenen nordöstlichen Provinzen. Tatsächlich sind sie es auch. Die große Mehrzahl der insgesamt fast 40 Mio. Einwohner der sieben Staaten gehören zahlreichen **Stammesverbänden** an, die sich in ihrer Kultur und Religion deutlich vom Rest Indiens unterscheiden. Sehr darauf bedacht, an ihren Lebensformen festzuhalten, wehren sie sich gegen jede allzu starke Bevormundung aus dem fernen Delhi. Dort wiederum ist man ängstlich darum bemüht, die Zügel in dieser sensiblen Grenzregion fest in der Hand zu halten. Zu keinem der die Nordostprovinzen nahezu einschließenden Länder – Tibet, sprich China, Bangladesch und Myanmar (Burma) – pflegt Indien als freundschaftlich zu bezeichnende Beziehungen.

Die ethnischen und territorialen Gegebenheiten dieser sieben 1947 aus dem kolonialen Assam hervorgegangenen Staaten Assam, Arunachal Pradesh, Nagaland, Meghalaya, Manipur, Mizoram und Tripura trugen von Anfang an den Keim für schwerwiegende **Probleme mit der indischen Zentralregierung** in sich. Schon in den sechziger und siebziger Jahren hatten sich diverse Untergrundorganisationen gebildet, die mit terroristischen Gewaltanschlägen für die **Unabhängigkeit** ihrer Region kämpften, so etwa die *Tripura National Volunteers*. Mehrfach wurde von der indischen Regierung die umstrittene *President's Rule* angewendet, d.h. die Landesregierung abgesetzt, und der Unionsstaat der Zentralregierung untergeordnet.

Zur Eskalation der Gewalt kam es jedoch erst Mitte der achtziger Jahre durch den Zustrom Zigtausender von Bangladeschis, die vor den Repressalien und den wirtschaftlichen Nöten in ihrem Heimatland flüchteten. Zwischen der um ethnische Identität und wirtschaftliche Privilegien fürchtenden einheimischen Bevölkerung und den **Immigranten** bauten sich immer bedrohlichere Spannungen auf, die sich schließlich 1983 in regelrechten Massakern entluden. Tausende von Menschen wurden auf offener Straße abgeschlachtet.

Der Nordosten

Als dann auch noch die neu gegründete *United Liberation Front of Assam (ULFA)* der indischen Armee in ihrem Kampf für ein **unabhängiges Assam** empfindliche Niederlagen zufügte und 1991 erneut Zigtausende von Flüchtlingen, diesmal aus Myanmar (Burma), nach Mizoram, Meghalaya und Nagaland flohen, schien die gesamte Region in Aufruhr. Zwar versucht Delhi nicht nur mit politischen Mitteln, die Situation unter Kontrolle zu bekommen, doch ein Ende der Unruhen ist noch lange nicht absehbar.

In den letzten Jahrzehnten ist es nur wenigen **ausländischen Touristen** gestattet worden, die Nordostprovinzen zu besuchen, kam es doch noch 1999 fast täglich zu Bombenanschlägen auf öffentliche Einrichtungen und auch Bahnhöfe. Ein Besuch wäre also selbst dann, wenn er offiziell gestattet würde, nicht ungefährlich.

Special Permits

Guwahati, der Kaziranga- und Manas-Nationalpark, Shillong und einige andere Gebiete können jedoch seit kurzem **eigenständig besucht werden.** So sind für Assam, Meghalaya und Tripura zurzeit keine *Restricted Area Permits (RAP)* für die Einreise erforderlich, für die anderen Bundesstaaten des Nordostens ist dies jedoch notwendig. Zudem darf dorthin nur in Gruppen ab vier Personen eingereist werden. Da es teils recht aufwendig ist, die Permits zu erhalten, ist es ratsam, diese Bundesstaaten mittels einer von einem Reisebüro organisierten **Gruppenreise** durchzuführen, zumal sachkundige Reiseagenturen besser zu den teils abgelegenen Volksstämmen und Sehenswürdigkeiten finden.

Will man dennoch auf eigene Faust reisen, wende man sich an das *Ministry of Home Affairs* in Delhi, das zuständig für die Ausstellung der *Permits* ist. Man sollte sie frühzeitig, mindestens einen Monat vorher, beantragen, da die Bearbeitung einige Zeit dauern kann. Die Permits sind 10 Tage gültig und erlauben das Reisen in den darin angegebenen Gebieten. Weiß man schon vor der Abreise, wann genau man die entsprechenden Gebiete besucht, ist auch eine Erlaubnis bei der jeweiligen Botschaft im Heimatland erhältlich. Bei

einer organisierten Tour werden diese Formalitäten vom Reisebüro erledigt.

Über die zeitweise schwierige **Sicherheitslage** in Teilen der Nordostprovinzen kann man sich bei der zuständigen indischen Vertretung erkundigen:

● für **Arunachal Pradesh:** in Delhi, Tel.: 011-23013915; Kalkutta, Tel.: 033-23341243; Guwahati, Tel.: 0361-2452859.

● für **Mizoram:** in Delhi, Tel.: 011-23016101; Kalkutta, Tel.: 033-24757887; Guwahati, Tel.: 0361-2529411.

● für **Manipur:** in Delhi, Tel.: 011-23344026; Kalkutta, Tel.: 033-21747087; Guwahati, Tel.: 0361-2540707.

● für **Nagaland:** in Delhi, Tel.: 0112301712 3; Kalkutta, Tel.: 033-22820725; Guwahati, Tel.: 0361-2338426.

● Weitere Informationsstellen sind die **Websites** der Assam Tribune (www.assamtribune. com) oder der Nordostprovinzen (www.re diff.com/news).

Assam ♫ VIII/B2

Mit 78.000 km² ist Assam zwar nur der zweitgrößte Staat der Nordostprovinzen, beheimatet jedoch mit über 25 Mio. Menschen knapp Dreiviertel der Gesamtbevölkerung. Weltweiten Ruf genießt der hier angebaute Spitzentee, der 60 % der gesamten indischen **Teeproduktion** ausmacht. Langfristig ökonomisch bedeutender dürften jedoch die umfangreichen **Ölfunde** sein, die hier in den 1980er Jahren gemacht wurden. Insgesamt verfügt Assam allein schon wegen seiner strategisch zentralen Lage als Nadelöhr zum Rest Indiens über eine gut entwickelte Infrastruktur.

Touristisch am interessantesten sind die beiden **Wildreservate** Kaziranga und Manas in diesem vom Brahmaputra durchzogenen Bundesstaat, die fast 80 % der weltweiten Nashornpopulation beheimaten. Die beste Besuchszeit für Assam ist zwischen November und April.

Guwahati (Gauhati) ♐ VIII/B2

(ca. 820.000 Einwohner, Vorwahl: 0361)

Ähnlich wie etwa Gangtok, die Hauptstadt Sikkims, hat auch Guwahati einen rasanten ökonomischen Aufschwung erlebt, der sich deutlich im Stadtbild niederschlägt. Innerhalb von nur 10 Jahren stieg die Einwohnerzahl der Stadt um 188 %, eine selbst für indische Verhältnisse außergewöhnliche Steigerungsrate. Der hiermit einhergehende Bauboom hat Guwahati nicht gerade schöner werden lassen. Zwar weist die am östlichen Ufer des Brahmaputra gelegene Metropole einige hübsche Tempel auf, doch mehr als maximal zwei Tage braucht man sich nicht aufzuhalten.

Stadtrundfahrt

● Jeden Mittwoch und Sonntag veranstaltet *Assam Tourism* eine um 9 Uhr beginnende fünfstündige Stadtrundfahrt für 90 Rs.

Sehenswertes

Hübsch gelegen auf einer bewaldeten Insel inmitten des Brahmaputra liegt der Shiva geweihte **Umananda-Tempel.** Das über eine Fähre (10 Rs, vom Kacheri Ghat an der M.G. Rd.) zu erreichende Heiligtum ist jedes Jahr im März Ziel von Tausenden von Pilgern, die hier zu Ehren des Gottes ein nächtliches Fest feiern. Um das Tempeltor warten zahme Goldanguren auf eine Gabe der Besucher.

Der etwas außerhalb auf dem Chitrachal-Hügel gelegene **Navagrah-Tempel** erinnert an Guwahatis frühere Bedeutung als Zentrum der Astrologie in Indien. Im Innern sind die neun Planeten durch neun große Monolithen dargestellt.

Der berühmteste Tempel der Stadt, der **Kamakshya,** ein wichtiges Zentrum des Tantra, steht auf dem Nilachall-Berg, zehn Kilometer außerhalb. Sein Ursprung findet sich in der hinduistischen Mythologie, wonach die Yoni (weibliches Geschlechtsteil) Satis nach ihrem Tode hier zu Boden gefallen sein soll, während ihr trauernder Ehemann Shiva sie auf einer Pilgerreise durch Indien trug. Heilige Orte, die sich auf diese Legende zurückführen lassen, finden sich über ganz Indien

verstreut. Ab Juni zelebriert die Ambuchbachi Mela mit tantrischen Ritualen und Tieropfern das Ende des Menstruationszyklus' der Göttin. Ziegen und Büffeln werden vor dem Tempel die Köpfe abgeschlagen.

Das **Assam State Museum** (tgl. außer Mo 10–16.30 Uhr, Eintritt 5 Rs, Kamera 20 Rs, Video 250 Rs) lohnt den Besuch, es zeigt Skulpturen, Gemälde und archäologische Funde des Nordostens.

Der staatliche **Zoo/Botanische Garten** (tgl. außer Fr 8–16.30 Uhr), Eintritt 50 Rs, Kamera/Video 20/200 Rs) lohnt eigentlich nur einen Besuch, wenn man keine Gelegenheit findet, die beiden großen Tierschutzparks von Assam zu besuchen. Das Areal liegt etwa 5 km südöstlich, ist also recht weit vom Zentrum entfernt (per Riksha etwa 100 Rs).

Information

● **IndiaTourism** hat sein Büro (GL Publication Complex, Tel.: 2546158, 2547407, indtour@ asm.nic.in) 2 km südlich, es ist damit recht weit vom Zentrum entfernt, G.S. Road, Mo bis Fr 9–17 und Sa 9–13 Uhr.

● Günstiger platziert ist das **Assam Tourist Office** (Tel.: 2547102, Mo–Fr 10–16.15 Uhr, jeden 2. Sa bis 17 Uhr von Mai bis Oktober, www.assamtourism.org) im *Tourist Lodge* in der Station Road. Hier gibt es u.a. nähere Auskünfte über Anfahrt und Unterbringung im Manas-Nationalpark, für den man sich zudem vorher anmelden muss.

● Auch **am Flughafen** haben beide Organisationen ein Informationsbüro (Tel.: 2544475).

Reiseagenturen

● Ein Zweitagesausflug zum Kaziranga-Nationalpark veranstaltet **Traveller's Point** (Tel.: 2604018, ansässig in der *Tourist Lodge* am Bahnhof), wenn sich genügend Interessierte zusammenfinden. Preis ab 2.000 Rs inkl. Parkeintritt und Elefantenausritt. Weitere Ausflugstouren in Assam und nach Meghalaya sind möglich.

● **Jungle Travels India** (GN Bordoloi Rd., Tel.: 2602186, 2660890, www.jungletravelsindia. com, ecotours@jungletravelsindia.com) ist eine hervorragende Adresse für Touren zu Volksstämmen in Arunachal Pradesh, Naga-

Der Nordosten

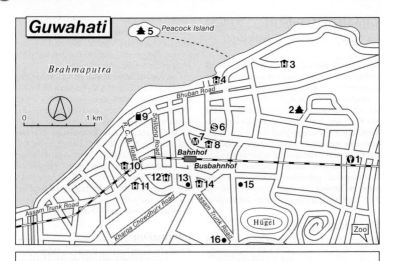

❶ 1	Paradise Restaurant	
▲ 2	Navagarh Tempel	
⛩ 3	Hotel Belle Vue	
⛩ 4	Hotel Brahmaputra Ashok	
▲ 5	Umananda-Tempel	
⑤ 6	ANZ-Bank	
Ⓜ 7	Assam State Museum	
⛩ 8	Tourist Bungalow und Assam Tourism	
🏠 9	Markt	
⛩ 10	Dynasty Hotel	
⛩ 11	Hotel Samrat	
⛩ 12	Hotel Raj Mahal	
● 13	Indian Airlines	
⛩ 14	Hotel Nandan	
● 15	Stadion	
● 16	Woodlands	

land und Mizoram, für Trekking, Fischen und Rafting sowie Luxusbootsfahrten auf dem Brahmaputra. Genaueres auf der informativen Website.

Unterkunft

● Die **Tourist Lodge** €-€€ (Tel.: 2544475) befindet sich ganz in der Nähe des Bahnhofs und einfache, saubere Balkonzimmer, die teureren klimatisiert. Im Gebäude ist auch ein *Tourist Office* sowie ein Restaurant angesiedelt.

● Das Hotel **Samrat** €-€€ (Tel.: 2541657) in der A.T. Road ist wegen seiner geräumigen und sauberen Zimmer das beste Hotel in der unteren Preisklasse.

● Das größte Plus des empfehlenswerten **Hotel Nandan** €€€-€€€€ (Tel.: 2540855, 2634797, www.nandan.com) in der G.S. Rd. ist seine zentrale Lage beim Bus- und Zugbahnhof. Zudem findet sich im Haus ein ausgezeichnetes indisches Restaurant.

● Etwas außerhalb im Nordosten der Stadt, dafür in sehr schöner Lage am Brahmaputra-Fluss liegt das gute **Hotel Belle Vue** €€€ (Tel.: 2540847-50).

● Zentral gelegen ist das Hotel **Raj Mahal** €€€-€€€€ (Tel.: 2511602-4). Alle Zimmer in dem modernen Bau haben AC.

•Das zentral an der S. S. Rd. gelegene **Hotel Dynasty** €€€€-€€€€€ (Tel.: 2510496, 2516021, dynasty_hotel@sify.com) bietet komfortable Zimmer. Es befinden sich ausgezeichnete chinesische und indische Restaurants im Erdgeschoss.

•Nach wie vor eines der Spitzenhotels von Guwahati ist das sehr hübsch am Brahmaputra gelegene **Brahmaputra Ashok** €€€€ (M.G. Rd., Tel.: 2602281-4). Man wohnt in hellen, geräumigen Zimmern (man sollte sich eines mit Blick auf den Fluss aussuchen) und kann in einem der hervorragenden, aber mit Preisen zwischen 170 und 350 Rs für ein Hauptgericht auch nicht gerade billigen Restaurants des Hauses speisen.

Essen und Trinken

•Wer einmal die ganz eigenständige Küche des Nordostens probieren möchte, findet kein besseres Lokal als das **Paradise Restaurant** in der GN Bordoloi Rd.

•Am Sukreswar Park, M.G. Rd., sticht das von AssamTourism gemanagte **Jolporee** allabendlich in See bzw. auf den Brahmaputra (50 Rs). Leider stechen beim Abendessen (ca. 100 Rs) auf dem Schiff auch die Mücken, also vorsorgen.

•Mit Brahmaputra-Ausblick kann im **JB's** an der M.G. Rd. delikate vegetarische indische Küche sowie Salate und Kuchen genossen werden.

Post, Bank und Internet

Bargeld sollte schon in Guwahati beschafft werden, wenn man weiter in die Nordostprovinzen reisen will, da dies andernorts recht schwierig ist.

•Die **State Bank of India** (M.G, Rd., Mo–Fr 10–14 und 15–16 Uhr) wechselt Bargeld und Reiseschecks. Der angeschlossene ATM akzeptiert die meisten internationalen Karten. Auch die **HSBC Bank** an der GN Bordoloi Rd. hat einen Geldautomaten.

•Die **Hauptpost** findet sich nahe der M.G. Road auf Höhe der *State Bank of India*.

•Eine Stunde Internetsurfen kostet meist 20 Rs. Von mehreren Gelegenheiten sei **Web Net** genannt, zentral beim Telegraph Office gelegen.

Polizei und Medizinische Versorgung

•Die **Polizei** hat ihr Hauptbüro an der H.B. Road, Tel.: 2540138.

•Im Notfall ist das **Guwahati Medical College Hospital** (Tel.: 2529457), etwa 5 km südlich der Stadt, wohl die beste Adresse.

An- und Weiterreise

Flug:

Der **Flughafen** Lokpriya Gopinath Bordoloi (Tel.: 2452859) ist 25 km von Guwahati entfernt. Ein Prepaid-Taxi kostet 300 Rs.

•*Indian Airlines* (G.S. Rd., etwa 4 km südlich vom Zentrum in Ganeshgiri, Dispur, Tel.: 2264400) fliegt tgl. von und nach **Kalkutta** (4.855 Rs), **Delhi** (13.290 Rs), **Agartala** (3.540 Rs), **Aizawl** (4.925 Rs), **Bagdogra** (3.575 Rs, 3x wchtl.), **Dimapur** (3.820 Rs), viermal die Woche nach **Imphal** (4.055 Rs).

•*Jet Airways:* G.N. Bordoloi Rd., Tel.: 2668255, 2520202, am Flughafen: Tel.: 2840130.

•*Air Sahara:* G.S. Rd., Tel.: 2548676

•Außerdem steht ein **Helikopter-Service** zur Verfügung: nach Shillong (30 Min., 850 Rs), Tura (50 Min., 1.130 Rs), Itanagar (75 Min., 2.700 Rs).

Bahn:

•Die günstigste Verbindung von **Delhi** über **New Jalpaiguri** bietet der 2506 North East Exp., der New Delhi um 6.40 Uhr verlässt und (über New Jalpaiguri Abf. 8.35 Uhr) am nächsten Tag um 16.40 Uhr im 1.926 km entfernten Guwahati eintrifft. In umgekehrter Richtung der 2505: Abf. Guwahati 9.20 Uhr, über New Jalpaiguri (Ank. 16.30 Uhr), New Delhi an am nächsten Abend um 19.30 Uhr.

•Von **Kalkutta** aus bietet sich der 5959 Kamrup Exp. an, der um 17.35 Uhr in Kalkutta startet und über New Jalpaiguri (Abf. 6.35 Uhr) um 16.15 Uhr im 991 km nordöstlich gelegenen Guwahati einfährt. Dieser Zug fährt weiter bis Dimapur und Dibrugarh. Umgekehrte Richtung der 5960: Abf. Guwahati 7.45 Uhr, über New Jalpaiguri (Ank. 16.55 Uhr), Kalkutta an 6.30 Uhr.

Bus/Taxi/Jeep:
● Die meisten Verbindungen starten am **ASTC Paltan Bazaar Busstand** (Tel.: 2544709, 2730410). Busse zu allen größeren Städten im Nordosten, wie z.B. Shillong in 3,5 Std., Dimapur und Kohima (Nagaland, 8/9 Std.), Itanagar (Arunachal Pradesh, 12 Std.), Imphal (Manipur, 16 Std.). Auch nach Siliguri

regelmäßige Verbindungen (13 Std.), dorthin komfortabler natürlich per Bahn. Auch private Busgesellschaften verkehren auf diesen Strecken. Verlässlich sind *Network Travels* (Tel.: 2522007), *Assam Valley* (Tel.: 2631843) und *Royal Tours & Travels* (Tel.: 2519094), alle an der G.S. Rd.
● Ein *Taxi (Sumo)* nach Shillong kostet gut 1.000 Rs.
● Vor dem *Paltan Bazaar Busstand* starten **Sammeljeeps** und Minibusse nach Shillong (90/125 Rs).

Die Verlierer des Fortschritts – Indiens Ureinwohner vom Aussterben bedroht

2001, bei der letzten offiziellen Volkszählung, wurden knapp 60 Millionen Inder (7 % der Gesamtbevölkerung) unter der Rubrik *Adivasi* (wörtl.: erste Siedler) aufgeführt. Hinter diesem Sammelbegriff verbirgt sich eine Vielzahl austro-asiatischer und drawidischer Stämme, deren Vorfahren den indischen Subkontinent bewohnten, lange bevor sie vor über 3.500 Jahren von den aus Zentralasien einwandernden Indoariern aus ihren angestammten Siedlungsgebieten vertrieben wurden.

Heute leben sie weit verstreut und meist in kleinen Gruppen in nahezu allen Regionen des Landes. Auffällig ist jedoch, dass die **Siedlungsschwerpunkte** dieser Ureinwohner vornehmlich dort liegen, wo sich noch größere zusammenhängende Waldgebiete erhalten haben. Besonders signifikant ist dies in den Nordostprovinzen, wo sie vielfach weit über die Hälfte der Gesamtbevölkerung stellen.

Während die Ureinwohner im Nordosten vornehmlich mongolischer Abstammung sind, ist das ausgedehnte Hügelgebiet westlich von Kalkutta Heimat vieler drawidischer Ethnien. Die *Gond* und *Bhil,* zwei der größten Stammesvölker, leben im zerklüfteten Hochland des Dekhan in Zentralindien. Die West- und Ostghats sind die

Rückzugsgebiete drawidischer und weddischer Waldbewohner.

Bei aller ethnischen und geografischen Differenzierung verbinden doch all diese Stammeskulturen einige **auffällige Gemeinsamkeiten,** die sie gleichzeitig deutlich von der Hindu-Bevölkerung unterscheiden. Im Selbstverständnis der Ureinwohner ist die Natur nicht in erster Linie ein Rohstofflieferant, den die Menschen ausbeuten dürfen, sondern Sitz der Götter, den diese den Erdbewohnern quasi treuhänderisch zur Pflege übergeben haben. Dementsprechend werden alle Lebewesen als gleichberechtigte Partner in einem auf Gemeinschaft gegründeten System behandelt. Da die Wirtschaft der Stammesangehörigen auf Selbstversorgung angelegt ist, werden Überschüsse in Form von Festmahlzeiten und Opfergaben unter der Dorfgemeinschaft verteilt. Ob nun bei der Rodung eines Waldstückes zum Erschließen einer neuen Ackerfläche, beim Sammeln von Waldfrüchten, bei der Treibjagd, beim Hüttenbau oder dem täglichen Wasserholen – alles geschieht in größeren Gruppen und unter gegenseitiger Hilfestellung.

In dieser gänzlich auf Gemeinschaft basierenden Ordnung sind die trennenden Kastenschranken der hinduistischen Gesell-

Umgebung von Guwahati

Sualkuchi

Wer an Kunsthandwerk interessiert ist, sollte sich einen Ausflug zum 32 km entfernten Sualkuchi nicht entgehen lassen, ist das Dorf doch eines der größten **Webzentren** der Welt. In den Fabriken wird die berühmte, natürlich-goldene **Muga-Seide** verarbeitet. Der ganze Ort ist zugepflastert mit Geschäften, in denen man beim Weben zuschauen

und die Produkte dieser speziellen Handarbeit kaufen kann.

●**Anreise:** Regelmäßige Busverbindungen vom *Kacheri Busstand* in Guwahati nach Sualkuchi, 1,5 Std. Fahrtzeit.

Hajo

Dieser kleine, etwa 30 km von Guwahati entfernte Ort am **Nordufer des Brahmaputra** wird von den drei großen Religionen Hinduismus, Buddhismus und Islam als heilig

schaft unbekannt, und auch die Frauen genießen eine wesentlich gleichberechtigtere Stellung; so ist etwa die Wiederverheiratung nach dem Tode des Ehemannes erlaubt und auch das im Übrigen Indien so viel Unheil anrichtende Mitgiftsystem wird nicht praktiziert.

Doch an der Schwelle zum 2. Jahrtausend ist die Welt der *Adivasi* **vom Aussterben bedroht.** Im zunehmend harten Konkurrenzkampf um Land, Kapital und Bildung stehen die seit Jahrtausenden unterdrückten Ureinwohner zunehmend auf verlorenem Posten. Je schneller Indien zu einer mächtigen Industrienation wächst, desto mehr Adivasi-Land fällt Bergwerken, Staudämmen, Industriekomplexen und Abholzunternehmen zum Opfer.

So hat die Mehrzahl der Ureinwohner längst ihre traditionellen Lebensgrundlagen verloren und schlägt sich als rechtlose Landarbeiter oder Kulis in den Slums der Großstädte durchs Leben. Statt Wurzeln und Beeren sammeln sie heute Papier- und Plastikfetzen. Am Ende der jahrtausendealten Geschichte von Diskriminierung, Vertreibung und Ausbeutung, von Armut, Krankheit, Unwissenheit und Alkohol steht schließlich auch der Verlust ihrer kulturellen Identität. Im täglichen Überlebenskampf der anonymen Großstädte gleichen sie sich gezwungenermaßen zunehmend der Hindubevölkerung an und verlernen schließlich sogar ihre eigene Sprache.

Im offensichtlichen Widerspruch zu dieser Entwicklung heißt es in Artikel 46 der indischen Verfassung: *„Der Staat soll mit besonderer Aufmerksamkeit die schulischen und wirtschaftlichen Interessen der schwächeren Gesellschaftsgruppen vertreten, insbesondere die der registrierten Kasten und Stämme und sie vor sozialer Ungerechtigkeit und allen Arten von Ausbeutung schützen."*

Tatsächlich besitzt Indien, was den Schutz von Minderheiten betrifft, eine der besten Verfassungen der Erde. So wurden den Ureinwohnern und den so genannten Unberührbaren, die auf der untersten Stufe der Gesellschaftspyramide stehen, spezielle Privilegien eingeräumt. Im Staatsdienst, im Parlament und an Schulen und Universitäten werden ihnen entsprechend ihrem Anteil an der Gesamtbevölkerung Plätze freigehalten. Doch, wie so oft in Indien, erweisen sich diese wohlgemeinten Gesetze in der Realität als Papiertiger, weil sie die betroffenen Gruppen nicht vor der unverminderten ökonomischen, sozialen und kulturellen Benachteiligung bewahren können und so letztlich die Wurzeln des Übels unangetastet lassen.

Der Nordosten

0671 Foto: tb

verehrt. Während Hindus und Buddhisten im *Hayagriba Madhava Mandir* im Dorfzentrum beten, begeben sich Muslime auf den Berg oberhalb der Stadt, um sich in der Poa-Mecca-Moschee ihrem Gott würdig zu erweisen.
● **Anreise:** Hajo wird regelmäßig von Bussen aus Guwahati angefahren, 1 Std. Fahrtzeit.

Highlight:
Kaziranga-Nationalpark ⌕ IX/C2

Das 430 km² große, zu zwei Dritteln mit bis zu fünf Meter hohem Elefantengras bedeckte Gebiet am Ufer des breiten Brahmaputra wurde 1974 zum Nationalpark erklärt. Weltweiten Ruhm genießt es als letztes Refugium für das einhörnige Rhinozeros, von dem etwa 1.500 Tiere, d.h. 25 % des Weltbestandes, hier leben. Anfang dieses Jahrhunderts galt das **Panzernashorn** bereits als ausgestorben. Wegen seines Horns, von dem sich schlaffe

Männer bereits verloren geglaubte Wirkungen versprechen, steht es bei Wilderern ganz oben auf der Abschussliste. Trotz etwa 100 bewaffneter Wildhüter muss immer noch durchschnittlich ein Tier pro Woche mit dem Leben bezahlen. Diese Zahl wird durch die Geburtenüberschüsse jedoch wieder ausgeglichen.

Es ist keine Seltenheit, dass man bei den etwa einstündigen Elefantenausritten (jeweils frühmorgens um 5.00 und 6.30 Uhr sowie ein Nachmittagsausritt um 15.30 Uhr, sie müssen beim *Kaziranga Tourist Complex* (Tel.: 03776-268095) am Eingang zum Park gebucht werden) bis zu 20 Nashörner zu Gesicht bekommt. Ein wunderschönes Bild, speziell im Winter, wenn sich der Nebel in der höher steigenden Sonne rasch auflöst und den Blick auf die schneebedeckten Himalayaberge freigibt.

Der Park bietet daneben u.a eine Heimat für über 600 Elefanten, 700 Arnis (Wildbüffel) und 50 Tiger, die man jedoch wegen der hohen Vegetation nur äußerst selten zu Gesicht bekommt. Aus eben diesem Grunde sind auch die Beobachtungsausflüge auf dem Elefantenrücken denen im gepolsterten Autositz vorzuziehen. Nur hoch zu Elefant bietet sich der notwendige Überblick, um die beeindruckende Tierwelt und Landschaft zu genießen. Der Preis von 750 Rs pro Ausritt ist allerdings unverschämt hoch. Das gleiche gilt für die knapp zweistündige Rundfahrt mit dem Jeep, für die 500 Rs verlangt werden.

Der Kaziranga-Nationalpark (5.30–13 und 14–15.30 Uhr) bleibt während der **Monsunzeit** von Ende April bis Anfang November geschlossen, da das Gebiet dann wegen der extrem hohen Niederschläge (zwischen Mai und September durchschnittlich 1.600 mm) und wegen des über die Ufer tretenden Brahmaputra unpassierbar ist.

●Der **Eintrittspreis** beträgt 250 Rs zuzügl. 150 Rs für einen am Parkeingang bereit stehenden Jeep, der zum *Tourist Complex* zum Start der Elefantenausritte befördert, 500 Rs Kamera- und happige 1.000 Rs Videogebühr.

Unterkunft

(Vorwahl: 03776)

Generell muss man sich bei einem Besuch des Kaziranga-Nationalparks auf recht bescheidene Unterkünfte einrichten. Die im Folgenden aufgeführten befinden sich in der Nähe des Parkeingangs.

●Am billigsten wohnt man in der **Kunjaban Lodge** € und der **Bonoshree Lodge** €. Beide bieten einfache, doch für ein paar Nächte akzetable EZ/DZ mit angeschlossenem Badezimmer und Ventilator. Für einen Zuschlag von 150 Rs bekommt man Zimmer mit AC. Beide sind über die *Bonani Lodge* zu buchen.

●Mindestens eine Klasse besser ist die **Bonani Lodge** €€ (Tel.: 2662423). Die Zimmer sind zwar auch nicht besonders einladend, doch dafür gefällt die friedvolle Atmosphäre in dieser alten Villa mit umlaufendem Garten. Das angeschlossene Restaurant serviert indische Küche.

●Angenehm wohnt es sich in der **Aranya Lodge** €€ (Tel.: 262429), wobei man die etwas teureren Bungalows den Zimmern, alle mit Balkon bzw. Terrasse zum Garten, vorzie-

hen sollte. Recht gut ist das angeschlossene Restaurant, die Getränkeauswahl der Bar ist beschränkt – es gibt nur Bier.

●Eingangsnah, sind die 14 Cottages des **Bonhabi Resort** €€€-€€€€ (Tel.: 262575-675, (0)9954420986, bonhabi_resort@yahoo.com, www.bonhabi.com) mit viel Grün drumherum gemütlich. Das Resort bietet auch mehrtägige Ausflugstouren in den Nationalpark.

●Die 4 km östlich des Parkeingangs gelegene **Wild Grass Lodge** €€€€€ (Tel.: 262085, (0)9954416945, wildgrasskaziranga@gmail.com) ist die einzige wirklich ausgezeichnete Unterkunft. Man hat die Wahl zwischen Zimmern im Hauptgebäude, Bungalows und komfortabel eingerichteten Zelten in gepflegter Gartenumgebung mit Swimmingpool zu entsprechend hohem Preis. Natürlich werden Ausflüge in den Park angeboten. Von Guwahati aus ist über das dortige Büro (M.G. Rd.) der Transfer arrangierbar, Tel.: 0361-2546827.

An- und Weiterreise

Abzuraten ist von den in Guwahati angebotenen Ausflügen, da man von den 2 Tagen die meiste Zeit im Bus verbringt.

Manas-Tigerreservat   ∂ VIII/B2

Das 1973 zum Tigerschutzgebiet erklärte, 2.800 km² große Reservat (www.manassam.org) mit einer Kernzone von 360 km² gilt als einer der landschaftlich schönsten, weil abwechslungsreichsten Tierparks ganz Nordindiens. Geprägt wird die im Norden von Bhutan begrenzte Naturoase durch die sie von Nord nach Süd durchlaufenden Flüsse Manas und Behi. Insgesamt 19 vom Aussterben bedrohte Säugetierarten bevölkern Manas, wobei die Chancen, einen **Tiger** zu sichten, ähnlich wie in Kaziranga sehr gering sind. Eine besondere Attraktion stellen die **Goldlanguren** dar, äußerst scheue, fast ausschließlich in hohen Bäumen lebende Affen. Die Gesamtzahl dieser erst 1953 entdeckten Tiere wird zurzeit auf 700 bis 800 geschätzt.

Nach Kaziranga und Chitwan in Nepal besitzt Manas mit etwa 90 Tieren das drittgrößte Vorkommen an **Panzernashörnern.** Besonders reichhaltig ist die **Vogelwelt** mit Nashornvögeln, Webervögeln und **Pelikanen.** Diese sind besonders im östlichen Teil des Parks (Kaklabari) vertreten. Eine weitere Attraktion bildet die Zeit der **Orchideenblüte** in den Monaten Mai und Juni.

Die klimatisch angenehmste Besuchszeit für den Park ist zwischen November und März. Während der **Monsunmonate** Juni bis September bleibt der Park zur Sicherheit geschlossen.

● Ähnlich wie in Kaziranga finden morgens und abends **Elefantenausritte** statt. Eine weitere Möglichkeit zur Tier- und Landschaftsbeobachtung bieten von der Parkverwaltung durchgeführte **Bootsausflüge.**

● **Eintritt:** 250 Rs p.P., Fahrzeug 300 Rs.

> ⚠ Weil der Park als Unterschlupf für die um Unabhängigkeit von Assam kämpfenden **Bodo-Rebellen** genutzt wird, rät das Tourist Office von einem Besuch ab. Über den aktuellen Stand der Dinge erkundige man sich vorher bei der **Parkverwaltung** in Barpeta Rd., Tel.: 03666-261413, abhijitrabha@hotmail.com, oder bei **Smiling Tiger** in Barpeta Rd., Tel.: 03666-260288, 261413.

Unterkunft

Da der Kernbereich des Reservats (Mothanguri) recht schlecht mit dem östlichen, vogelreichen Gebiet (Kaklabari) verbunden ist, ist ein zweigeteilter Besuch des Parks angeraten, wenn man beide sehen will.

● Einfache Übernachtungsmöglichkeiten bieten sich dem Besucher in der **Manas Tourist Lodge** € sowie im **Monthanguri Forest Bungalow** €. Für beide ist eine vorherige Anmeldung beim *Tourist Office* in Guwahati erforderlich (dort erhält man auch nähere Informationen über die recht umständliche und zeitaufwendige Anfahrt zum Nationalpark vom 176 km entfernten Guwahati), bei der Parkverwaltung oder *Smiling Tiger* (s.o.).

Einige Forest Lodges in Barpeta Rd. und Bansbari können ebenfalls über die Parkverwaltung oder *Smiling Tiger* gebucht werden.

● Etwas mehr Luxus gibt's in der **Bansbari Lodge** €€€-€€€€€ (in Bansbari, für die Kernzone, Tel.: 0361-2602223, 2540995).

● Für den östlichen Teil des Reservats liegt das **Manas Jungle Camp** € (Tel.: 033-24550917) günstiger.

An- und Weiterreise

● Der nächstgelegene Bahnhof ist **Barpeta Rd.,** etwa 40 km vom Parkeingang entfernt. Dieser ist durch den 5960 Kamrup Exp. mit **Guwahati** verbunden: Abf. 7.45 Uhr in Guwahati, Ank. in Barpeta Rd. um 10.15 Uhr.

● **Jungle Travels India** (siehe Guwahati, Reisebüros) organisiert Ausflüge zum Manas-Tigerreservat.

086i Foto: tb

Meghalaya ⚹ VIII/B3

Der sich im Süden an Assam anschließende Bundesstaat Meghalaya („Ort der Wolken") mit 2,3 Mio. Einwohnern, der 1972 bei der Abspaltung von Assam entstand, findet sich in fast jedem statistischen Standardwerk, da hier mit dem 56 km südlich der Hauptstadt Shillong gelegenen Cherrapunjee der **regenreichste Ort der Erde** liegt. Bei einer durchschnittlichen Niederschlagshöhe von 1.150 cm jährlich sitzt hier niemand auf dem Trockenen. Es versteht sich, dass auch in den übrigen Regionen Meghalayas die Verdurstungsgefahr recht gering ist. Das Klima scheint auch Blumen zu bekommen, gibt es in diesem mit gut 22.000 km² eher kleinen Bundesstaat doch **über 300 Orchideenarten**. *Scotland of the East* wird der an der Grenze zu Bangladesch liegende Staat oft genannt. Das hat jedoch nicht nur klimatische, sondern auch religiöse Gründe, da schottische Missionare unter der hier besonders zahlreichen Stammesbevölkerung reichlich Zulauf hatten.

Shillong ⚹ VIII/B3

(ca. 140.000 Einwohner, Vorwahl 0364)

Im Vergleich zu Guwahati wirkt die Hauptstadt Meghalayas trotz ihrer Bevölkerungszahl von über 140.000 Einwohnern geradezu dörflich. Große Sehenswürdigkeiten gibt es zwar nicht zu bewundern, doch die 1496 m hoch gelegene ehemalige *Hill Station* bietet dafür eine angenehme Atmosphäre, schöne Aussichten und Ausflüge in die Umgebung. Bis 1972, dem Jahr der Abspaltung Meghalayas von Assam, war Shillong die Hauptstadt ganz Assams.

Shillong ist bekannt für seine vielen Parkanlagen, die zu schönen Spaziergängen einladen. So der **Botanische Garten** mit dem daneben gelegenen **Ward-See** in der Stadtmitte. Einer der schönsten ist der 2 km außerhalb des Zentrums gelegene **Lady Hydari Park** (*Ka Pan Nongliat Park*, tgl. außer Mo 8–17 Uhr, Eintritt 5 Rs, Kamera 10 Rs, Video 1.000 Rs) mit einem angeschlossenen kleinen **Zoo**. Nicht weit entfernt lockt der **Crino-**lene-Wasserfall mit Freiluftschwimmbecken (10 Rs).

Wenn es mal wieder regnet, bietet sich ein Besuch im **State Museum** an, in dem die lokale Kultur unter besonderer Berücksichtigung der hier besonders zahlreichen Bergstämme in Form von Trachten, Haushaltswaren, Schmuck u.a. dargestellt wird. Die hübsche **St. Paul's Cathedral** ist eine der ältesten christlichen Kirchen im Nordosten.

Einen herrlichen Ausblick über die Stadt und die immergrüne Umgebung bietet sich vom 1960 m hohen **Shillong Peak**. Der 10 km außerhalb gelegene Berg ist am einfachsten per Taxi für ca. 500 Rs (Hin- und Rückfahrt inkl. Wartezeit) zu erreichen. In gleicher Richtung etwas weiter entfernt, sind die imposanten **Elephant Falls** (zwischen 9 und 16 Uhr zu besichtigen) einen Abstecher wert.

Information und Rundfahrten

● **Meghalaya Tourism** (Jail Rd., Tel.: 2226054, www.meghalayatourism.com) befindet sich gegenüber dem Busbahnhof und ist Mo bis Sa 7.30–18 Uhr, So 7.30–12 Uhr geöffnet. **Stadtrundfahrten** (120 Rs) starten nur bei Mindestteilnehmerzahl, sind aber lohnend. Dasselbe gilt für einen Ausflug zum nassesten Ort der Welt, **Cherrapunjee** (150 Rs, Start 8 Uhr morgens).

● **IndiaTourism** hat sein Büro an der Tirot Singh Sylem Rd. (Tel.: 2225632, goitoslg@shillong.meg.nic.in, Mo–Fr 9.30–17.30 Uhr, Sa 10–14 Uhr) am Police Bazaar.

● Beim Taxistand an der Kacheri Rd. können **Maruti-Minibusse** gechartert werden. Für halbtägige Stadtrundfahrten werden um 500 Rs, für einen Ausflug nach Cherrapunjee etwa 1.300 Rs verlangt.

Unterkunft, Essen und Trinken

● Das unter der Leitung von *Meghalaya Tourism* stehende **Orchid Hotel** €–€€ (Tel.: 224933) bietet ordentliche und für das recht teure Pflaster Meghalaya preiswerte Zimmer.

● Qualitativ ähnlich, dafür zentraler gelegen und zudem günstiger ist das **Hotel Neo** € (Tel.: 224363) an der GS Rd.

Der Nordosten

●Das beste am **Hotel Broadway** € (Tel.: 226996) ist sein angeschlossenes, beliebtes Restaurant (indisch, chinesisch, thailändisch). Die Zimmer sind etwas klein geraten, aber für ein paar Nächte o.k.

●Saubere, wenn auch etwas sterile Räume vermietet das Hotel **Pine Borough** €€ (Tel.: 220698).

●Das beste Mittelkassehotel Shillongs ist das moderne **Centre Point** €€€ (Tel.: 225210) an der GS Rd., ganz in der Nähe des Police Bazaar. Mit den geräumigen, sauberen und hellen Zimmern bietet es ein ausgezeichnetes Preis-LeistungsVerhältnis. Ausgezeichnet ist zudem das angeschlossene **Restaurant La Galerie**, in dem vorzügliche indische und chinesische Speisen in italiensichem Ambiente serviert werden.

●Shillongs Tophotel ist das altehrwürdige, Anfang des 20. Jh. erbaute **Pinewood Hotel** €€€-€€€€ (Tel.: 223146, pwhotel@neline.com). Die sehr geräumigen, noch den Charme des Raj ausstrahlenden Zimmer sind, zumindest die billigeren, überteuert. So sollte man dem kleinen Aufpreis für die Executive-Zimmer in Kauf nehmen. Das hauseigene Restaurant mit seiner gemütlichen Atmosphäre und englischer Küche (Roastbeef etc.) lohnt einen Besuch.

●Alle genannten Hotels verfügen über ein hauseigenes Restaurant. Darüber hinaus kann man seinen Hunger u.a. am Police Bazaar im **Kiron's** stillen.

●Das ganz in der Nähe des Tourist Office gelegene **Eee Cee Restaurant** bietet preisgünstige und schmackhafte indische und chinesische Küche.

Post, Bank und Internet

●Die **State Bank of India** an der Kacheri Rd. wechselt Bargeld und Reiseschecks Mo–Fr 10–16 und Sa 10–13 Uhr.

●Ganz in der Nähe findet sich die **Hauptpost.**

●Die schnellste Internetverbindung gibt's im LDB Bldg. an der GS Rd. bei **Cyberzone** (30 Rs/Std.).

An- und Weiterreise

●**Indian Airlines** (über *Shaba Travels* im Hotel *Magnum* am Police Bazaar Point, Tel.: 2226222, 2223015, Flughafen: 2577271) verbindet vom 35 km nördlich von Shillong gelegenen Flugplatz (ca. 300 Rs per Taxi) tgl. mit **Kalkutta** (5.400 Rs).

●Vom **MTC-Busbahnhof** stündliche Verbindungen mit Guwahati (4 Std., 60 Rs). Außerdem Busse für Ziele innerhalb Meghalayas wie Cherrapunjee (1,5 Std., 20 Rs) und Jowai (2,5 Std., 30 Rs). In weitere Nordostprovinzen wie nach Sichar (10 Std.), Dimapur (15 Std.), und Agartala (17 Std., 320 Rs) verkehren Nachtbusse. Komfortablere Busse zu diesen Zielen schickt *Network Travels* (Tel.: 222747) beim Police Bazaar auf die Piste.

●Für Eilige hat **Pawan Hans Helicopter Service** (Tel.: 2223129) tägliche Verbindungen nach Guwahati. Hier hat jedoch die Sicherheit nicht immer die höchste Priorität. Das Büro findet sich im Gebäude von *Meghalaya Transport Corporation* an der Jail Rd. Hier steht auch ein computerisiertes **Bahnreservierungsbüro** zur Verfügung.

Cherrapunjee ⚼ VIII/B3

Das 56 km von Shillong entfernte, auch *Sohra* genannte Städtchen ist mit 1.200 cm (!) Niederschlag der regenreichste Ort der Erde. So sind neben dem hübschen Khasi-Markt die **Wasserfälle** der Umgebung die eigentliche Attraktion. Die größten sind der Nohkalikai Fall und die Nohsngithiang-Fälle, 5 km südlich von Cherrapunjee, naturgemäß besonders imposant während und nach der Regenzeit von Mai bis Oktober.

Etwas weiter südlich ist das **Mawsmai-Höhlensystem** mit Stalagmiten und Stalagtiten nicht nur für geologisch Interessierte beeindruckend. Verfolgt man diese Straße weiter bis Dawki, gelangt man zum **Thang Kharang Park** (tgl. 8.30–16.30 Uhr), der herrliche Ausblicke über das anschließende Bangladesch erlaubt.

An- und Weiterreise

 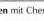

●Regelmässige **Busverbindungen** mit Cherrapunjee von Shillong.

Weitere Bundesstaaten

Arunachal Pradesh ⇗ IX/C-D1

Der mit 84.000 km² größte Bundesstaat im Nordosten, Arunachal Pradesh (1,1 Mio. Einwohner, Hauptstadt Ittanagar), ist eines der abgelegensten Gebiete Indiens. Der nur sehr **schwer zugängliche Gebirgsstaat** wird im Norden von Tibet, im Süden vom Brahmaputra, im Westen von Bhutan und im Osten von Myanmar (Burma) begrenzt. So bildet er ein ideales Rückzugsgebiet für die schon von den indo-arischen Einwanderern vor Jahrtausenden aus der fruchtbaren Gangesebene verdrängte **Stammesbevölkerung.** Über 20 verschiedene Ethnien haben sich in dieser wilden und unverdorbenen Provinz angesiedelt. Die unberührte Natur bietet zudem vielen seltenen Vögeln, Elefanten, Schneeleoparden, Pandas und Moschusochsen Schutz.

Nagaland ⇗ IX/C-D2

Auch die mit 17.000 km² zweitkleinste Provinz im Nordosten (2 Mio. Einw.) verfügt über ein buntes Kaleidoskop unterschiedlicher **Stammeskulturen.** Die Missionierung der schottischen Priester fiel hier auf besonders fruchtbaren Boden, bekennen sich doch 80 % der Bevölkerung zum christlichen Glauben. Hierin ist auch die für indische Verhältnisse hohe Alphabetisierungsrate begründet. Landschaftlich ähnelt es mit seinen zerklüfteten Bergen, wilden Flüssen und der artenreichen Fauna der nördlichen Nachbarprovinz Assam.

Kohima, die auf 1.500 m Höhe gelegene Hauptstadt, war im 2. Weltkrieg Schauplatz einer erbitterten Schlacht, als die Briten die vordrängenden Japaner besiegten. Unglücklicherweise markierte dies nicht das Ende gewalttätiger Auseinandersetzungen, gilt doch Nagaland auch heute wieder als eine der unruhigsten Regionen Indiens.

Manipur ⇗ IX/C3

Das südlich von Nagaland gelegene Manipur (2,4 Mio. Einwohner, 22.327 km²) gilt als eine der traditionsreichsten Regionen des indischen Subkontinents, existiert die Hauptstadt **Imphal** der Legende nach schon seit 309 v. Chr. Das Panorama der dichten Bergwälder vor dem Hintergrund schneebedeckter Berge hat Manipur den Beinamen „Schweiz Indiens" eingetragen.

Rund zwei Drittel der auch hier mehrheitlich **christlichen Bevölkerung** sind in der Forstwirtschaft beschäftigt. Berühmt in ganz Indien sind die **traditionellen Tänze** Manipurs.

Mizoram ⇗ XV/D1-2

Das Land der Bergmenschen (*Mizo:* Bergmensch, *Ram:* Land) an der Grenze zu Myanmar und Bangladesch ist mit rund 900.000 Einwohnern die bevölkerungsärmste Nordostprovinz (21.081 km², Hauptstadt Aizawl). Weit über 80 % der Bergmenschen sind christlichen Glaubens. Wegen seiner ungewöhnlich vielfältigen Flora gilt Mizoram als Paradies für Botaniker.

Tripura ⇗ XV/C1-2

Die mit 10.500 km² kleinste Nordostprovinz wird fast völlig von Bangladesch umschlossen. Die meisten der insgesamt 3,2 Mio. Einwohner gehören auch hier unterschiedlichen **Stämmen** an.

Eine üppige Vegetation, durchsetzt mit romantischen Seen, und eine noch sehr vielfältige Tierwelt bieten ideale Voraussetzungen, um sich in unberührter Natur und klarer Luft von der Hektik indischer Großstädte zu erholen, zumal die Hauptstadt Tripuras, Agartala, kaum eineinhalb Flugstunden von Kalkutta entfernt liegt. Um so bedauerlicher, dass ausländische Touristen so gut wie nie eine Einreiseerlaubnis bekommen.

Der Nordosten

0698 Foto: tb

Orissa und Madhya Pradesh

070i Foto: tb

071i Foto: tb

Der Jahaz Mahal in der
Festungsstadt Mandu

Der Sonnentempel von Konark

Erotische Skulpturen in Khajuraho –
im prüden Indien massenhaft besucht

Orissa

Überblick

Fläche:	155.707 km²
Hauptstadt:	Bubaneshwar
Einwohner:	37 Mio.
Bevölkerungsdichte:	237 Ew./km²
Stadtbevölkerung:	14 %
Alphabetisierungsquote:	54 %
Lebenserwartung:	58 Jahre

Der sich südlich von Bihar und Westbengalen erstreckende Bundesstaat Orissa wird auf ganz besondere Weise von allen Seiten von der Natur abgeschirmt. Im Osten vom Meer, im Westen von den schwer zu durchdringenden, steil aufragenden Bergen des Ost-Ghats und der Hochebene von Dekhan, und im Norden und Süden überschwemmen große, reißende Flüsse das Land.

Während sich die Mehrzahl der insgesamt 37 Mio. Bewohner um die Flusstäler und Niederungen mit der Hauptstadt Bhubaneshwar in der Mitte konzentriert, leben die in Orissa besonders zahlreichen **ethnischen Minderheiten** vornehmlich in den unwirtlichen und schwer zugänglichen Bergregionen. Während diese ihren Lebensunterhalt mehr schlecht als recht mit Jagd und primitiver Feldarbeit verdienen, beheimatet das Land gleichzeitig mit dem vor allem mit deutscher Entwicklungshilfe in den sechziger und siebziger Jahren aus dem Boden gestampften **Rourkela-Werk** eine der modernsten und größten Stahlfabriken der Erde. Speziell in der Küstenregion um Puri entwickelt sich in den letzten Jahren der **Tourismus** zu einem immer lukrativeren Wirtschaftszweig.

Die naturgegebene Abschirmung Orissas, zusammen mit regelmäßig auftretenden Überschwemmungen der Küstenregion und den alljährlich das Land heimsuchenden, verheerenden Unwettern, brachte es mit sich, dass es kaum je einem **Eroberer** gelang, seine Herrschaft über Orissa langfristig aufrechtzuerhalten, es sei denn, er begnügte sich mit einer mehr oder weniger symbolischen Oberhoheit und überließ lokalen Machthabern die eigentliche Regierungsgewalt. Hierin liegt auch der Grund, weshalb der 1.565 km² große Staat bis heute so viel an eigenständiger und urtümlicher Kultur bewahren konnte.

Selbst Kaiser *Ashoka,* der das ursprünglich in Orissa beheimatete Kalinga eroberte und dem Erdboden gleichmachte (und danach aus lauter Reue ob der von seinen Truppen angerichteten Gräueltaten zur friedfertigen Religion des Buddhismus konvertierte), konnte seine Herrschaft nur zeitweise ausüben. Nach seinem Tode 232 v. Chr. zerfiel Orissa wieder in viele kleine Fürstentümer, bis es im 4. Jh. n. Chr. noch einmal vom Gupta-Herrscher *Samudragupta* erobert und vereinigt werden konnte. Ab dem 7. Jh. setzte erneut eine Zergliederung ein, bis die Provinz von den Moguln erobert wurde. Doch auch sie übten eine eher indirekte Herrschaft aus, indem sie als ihre Statthalter die Khurda-Dynastie einsetzten, die sich zudem mehr und mehr von Delhi löste. Nach dem Niedergang der Moguln im 18. Jh. folgten zunächst die Marathen als neue Machthaber, bevor die Briten auch in Orissa als die neuen Herren auftraten. Doch auch sie beschränkten sich auf die für den Seehandel lukrative Küstenregion, während sie das Hinterland ihnen ergebenen Lokalfürsten überließen. Nachdem sie Orissa zunächst in die *Presidency of Bengal* eingegliedert hatten, erhielt es 1936 den Status einer eigenständigen Provinz mit der Hauptstadt Cuttack. 1950 wurde die Hauptstadt ins traditionsreiche Bhubaneshwar verlegt.

Hauptattraktionen für die Touristen sind die **Tempelanlagen von Bhubaneshwar,** die kilometerlangen **Strände** im friedvollen **Puri** und der **Sonnentempel von Konark.** Alle liegen nicht mehr als 1,5 Busstunden auseinander. Einen Abstecher lohnt auch der bisher kaum von Touristen besuchte **Chilka-See** mit seiner Lagunenlandschaft, in der Tausende von Vögeln beheimatet sind. Immer größerer Beliebtheit erfreuen sich in den letzten Jahren die von diversen Agenturen in Bhubaneshwar angebotenen Exkursionen zu Orissas **Adivasi-Stämmen.**

Bhubaneshwar ↗ XIX/C2

(ca. 650.000 Einwohner, Vorwahl: 0674)

Bhubaneshwar nach dem Gott *Tribhubaneshwar,* dem „Schöpfer der Drei Welten" benannt, seit 1950 **Hauptstadt Orissas,** ist im ganzen Land unter dem Beinamen *Temple City of India* bekannt. Von den einst angeblich über 7.000 **Tempeln** sollen heute immerhin **noch 500 erhalten** sein. Fast alle stammen aus dem 8. bis 12. Jh. und sind dem Nagara-Baustil zuzuordnen, der zu jener Zeit in Nordindien vorherrschte. Sein charakteristisches Merkmal ist der steil über dem Tempel aufsteigende, von unzähligen Skulpturen geschmückte Tempelturm *(Shikhara).* Ebenso wie die großartigen Tempel von Khajuraho in Madhya Pradesh sind sie steingewordenes Zeugnis einer höfischen Kultur, in der Frömmigkeit, Herrschaftsanspruch und Lebenslust zugleich ihren Ausdruck gefunden haben. Trotz ihres Alters von fast eineinhalb Jahrtausenden faszinieren die Skulpturen auch heute noch durch ihre scheinbar unverbrauchte Frische. Obwohl der wichtigste Tempel nur für Hindus zugänglich ist, stehen viele weitere, kaum weniger beeindruckende Tempel auch dem westlichen Besucher offen. Im Unterschied zum weitab jedweder größeren Stadt gelegenen Khajuraho sind die Tempel in Bhubaneshwar Schauplatz bunten religiösen Treibens.

Von einem einzigen großen Freilichtmuseum kann jedoch nur im südöstlichen Teil der Stadt die Rede sein, wo sich die meisten der Tempel um den heiligen See Bindu Sagar gruppieren. Ansonsten droht die Stille und Friedfertigkeit der Tempelanlagen von der Hektik und den Neubauten der sich rasant ausbreitenden Stadt mehr und mehr in den Hintergrund gedrängt zu werden. So ist Bhubaneshwar wohl nur für Tempelinteressierte einen Besuch wert.

Sehenswertes

Stadtrundfahrt

●**Orissa Tourism** (Lewis Str., Tel.: 2431515) bietet tgl. außer Mo von 9 bis 17 Uhr eine **Ta-**

Orissa, Madhya Pradesh

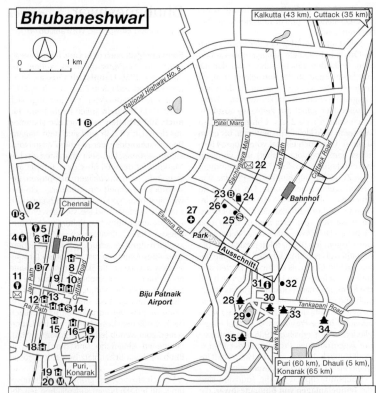

Bhubaneshwar

0 — 1 km

Kalkutta (43 km), Cuttack (35 km)

National Highway No. 5

Patel Marg

Sachivalaya Marg

Jan Path

Cuttack Road

Chennai

Ekamra Rd.

Bahnhof

⊠ 22

23 Ⓑ �🔒 24
26 ●
27 ✚
25 Ⓢ●

Park

Ausschnitt

Bahnhof

Jan Path

Cuttack Road

Raj Path

Biju Patnaik
Airport

31 ❶ ● 32
30
28 ▲
29 ●
33 ▲
34 ▲
35 ▲

Tankapani Road

Lewis Rd.

Puri, Konarak

Puri (60 km), Dhauli (5 km),
Konarak (65 km)

Ⓑ	1	Baramunda Bus Station
❶	2	Udayagiri-Höhlen
❶	3	Kandagiri-Höhlen
❶	4	Bubavanashree Vegetarian Restaurant
❶	5	Brown & Cream, Hare Krishna Restaurant
🏨	6	Hotel Keshari, Hotel Richi
Ⓑ	7	Local Busstand
🏨	8	The Eden
🏨	9	Tourist Guest House
🏨	10	Hotels Bhagwat Niwas und Padma
❶⊠	11	Suruchi Food Plaza, Postamt
🏨	12	Tourist Guest House
🏨	13	Hotel Bhubaneshwar
🏨	14	Sevashraya Hotel, Hotel Sahara Net4U, UTI-ATM
Ⓢ		
🏨	15	Hotel Sishmo
🏨	16	Hotel Swagat
❶	17	India Tourism Office
🏨	18	Hotel Kalinga Ashok
🏨	19	Panthaniwas Tourist Bungalow
Ⓜ	20	Orissa State Museum und Tribal Museum of Man
⊠	22	Post
Ⓑ	23	Alter Busbahnhof
🔒	24	Markt
Ⓢ●	25	State Bank of India, Polizei
●	26	Indian Airlines
✚	27	Krankenhaus
▲	28	Vaital-Tempel
●	29	Bindu Sagar
▲	30	Mukteshwara-Tempel
❶	31	Orissa Tourism
●	32	Orissa Handicraft Emporium
▲	33	Rajarani-Tempel
▲	34	Brahmeshvara-Tempel
▲	35	Lingaraja-Tempel

gestour ab dem *Panthaniwas Tourist Bungalow* an, die alle bedeutenden Sehenswürdigkeiten innerhalb der Stadt sowie die Höhlen von Khandagiri und Udayagiri, die Ashoka-Ediktsäule in Dhauli und den Nandankanan-Zoo beinhaltet. Wer sich diesem Parforceritt anschließen möchte, ist mit 110 Rs dabei.

● Eine **weitere Tagestour** beinhaltet Konark, Pipli und Puri für 125 Rs. Zu buchen unter Tel.: 2431515 im **OTDC Bus Office** an der Lewis Rd.

● Reisebüros bieten Ausflüge in die Umgebung, so zu Nationalparks und Ethnien an. Es werden so genannte **Tribal Tours,** etwa zu den Adivasi, durchschnittlich sechstägige Ausflüge meist südwestlich von Bhubaneshwar, veranstaltet, die auch ein Trekking im Dschungel beinhalten. Durchschnittlich kosten diese Touren etwa 60–70 US-$ p.P. inkl. Unterkunft, Verpflegung und Transport. Stellvertretend sei **Swosti Travels** (Tel.: 2535773, Janpath) genannt.

Lingaraja-Tempel

Mit seinem 45 m hohen Tempelturm beherrscht der bedeutendste Tempel Bhubaneshwars weithin sichtbar die Stadt. An dem von einer hohen Mauer umgebenen Heiligtum wurde jahrhundertelang gearbeitet, wobei die ersten Bauelemente aus dem 7. Jh. stammen. Der Tempelturm ist so fein gestaltet, dass er trotz seiner gewaltigen Masse sehr elegant wirkt. Umstellt ist der reich verzierte, an der Spitze von 12 Löwenskulpturen gekrönte Haupttempel von über 50 kleinen Tempeln.

Gewidmet ist der Lingaraja dem Namensgeber der Stadt, dem Gott *Tribhubaneshwar.* Wie das faszinierend vitale Treiben mit der für Indien so typischen Mischung aus Frömmigkeit und Kommerz beweist, ist der Lingaraja eine äußerst lebendige Kultstätte. Leider ist der Zutritt nur Hindus gestattet, und so müssen sich die westlichen Touristen mit dem Blick von einer an der Nordseite errichteten Plattform begnügen.

● Die sich als Tempelpriester ausgebenden Geldeintreiber auf dem Aussichtspunkt sind oft unangenehm aufdringlich und wollen einen zu großen **Spenden** animieren. So enttäuscht sie auch sein mögen: 10 Rs sind mehr als genug.

Mukteshwara-Tempel

Bestes Beispiel des frühen Nagara-Baustils und neben dem Lingaraja-Tempel schönstes Bauwerk der Stadt ist der aus der Mitte des 9. Jh. stammende Mukteshwara-Tempel. In seinem **Skulpturenreichtum** übertrifft er noch den Haupttempel Bhubaneshwars. Davon abgesehen hat er den für westliche Besucher entscheidenden Vorteil, auch für Nicht-Hindus frei zugänglich zu sein. So kann man sich aus nächster Nähe von der einzigartigen Erzählfreude gefangen nehmen lassen, der die Steinmetze in den Friesen und an den Säulen freien Lauf ließen. Hindugötter wie Shiva, Parvathi und Ganesha, Tiere wie Krokodile, Schlangen oder Affen, vollbusige Tänzerinnen, eng umschlungene Liebespaare oder das einfache Volk – die ganze Vielfalt der so reichen hinduistischen Vorstellungswelt tritt einem hier in ungeheurer Frische entgegen. Besonders deutlich wird dies in vermeintlichen Randfiguren, bei denen die Bildhauer sich nicht an tradtitionelle Vorschriften halten mussten und so nach Lust und Laune arbeiten konnten. Der sehr schöne Torbogen *(Torana)* vor dem Tempel erinnert mit seinen deutlich buddhistischen Einflüssen an die von *Ashoka* errichtete Stupa von Sanchi in Madhya Pradesh mit den sie umlaufenden vier *Toranas.*

Raja-Rani-Tempel

Auch dieser von einem Garten umgebene Tempel beeindruckt durch die Detailgenauigkeit der Darstellungen. Leider sind jedoch viele der Skulpturen stark beschädigt. Was dieses von je zwei Tempelwächtern auf jeder Seite flankierte Heiligtum aus dem 11. Jh. von anderen Tempeln Bhubaneshwars unterscheidet, ist seine **ungewöhnliche Architektur.** Die den 18 m hohen Hauptturm umgebenden kleineren *Shikharas* finden sich so bei keinem anderen Tempel der Stadt. Eintritt 100 Rs.

Orissa, Madhya Pradesh

Vaital-Tempel

Im Inneren dieses tantrischen Tempels findet sich eine Abbildung *Durgas* in Form der achtarmigen *Chamunda*. Die die Nischen des Tempels ausfüllenden Liebespaare gelten als die ersten **erotischen Skulpturen** Orissas. Während das Dach der Vorhalle eingestürzt ist, erhält der Hauptturm des Heiligtums sein charakteristisches Aussehen dadurch, dass er nicht, wie beim Nagara-Stil üblich, pyramidenförmig bis zur Spitze aufsteigt, sondern von einem Flachdach abgeschlossen wird.

Neben den hier beschriebenen gibt es zahlreiche weitere besuchenswerte Tempel in Bhubaneshwar. Eine sehr detailreiche Beschreibung der einzelnen Sehenswürdigkeiten bietet das vom *Archaeological Survey of India* herausgegebene Buch, welches den Titel der Stadt trägt.

Bindu Sagar

Fast alle der berühmteren sowie unzählige kleinere Tempel Bhubaneshwars gruppieren sich um diesen kleinen, künstlich angelegten **Teich**. Seine besondere Verehrung beruht auf dem Glauben, dass er mit Wassern aller heiligen Flüsse und Seen Indiens aufgefüllt wurde. Kein Wunder also, dass dem See mit einem kleinen Pavillon in der Mitte besondere Heilkräfte zugesprochen werden und er somit das Ziel zahlreicher Pilger ist.

Orissa State Museum und Tribal Museum of Man

Der Tempelbereich um den Bindu-Sagar-See erscheint zwar wie ein belebtes öffentliches Freilichtmuseum, doch wer sich näher mit der Kunst und Kultur Orissas beschäftigen will, für den sind diese beiden unmittelbar nebeneinandergelegenen Museen der richtige Ort. Das **State Museum** beherbergt u.a. eine Münz- und Waffensammlung, alte Palmblattmanuskripte und Skulpturen aus dem hinduistischen Mittelalter. Hervorragende Einblicke in die äußerst vielfältige Stammeskultur Orissas bietet das **Tribal Museum of Man.**

●**Öffnungszeiten:** tgl. außer Mo 10–17 Uhr. Das *State Museum* ist Mo, das *Tribal Museum* So geschlossen.

Information

●Das staatliche **IndiaTourism Office** (B-21, BJB Nagar, Tel.: 2432203, goitobhub@ori.nic. in) in der Nähe des *State Museum* ist Montag bis Freitag von 10 bis 18 Uhr geöffnet.
●**Orissa Tourism** (Jayadev Marg, Tel.: 2431299, Mo–Sa 10–17 Uhr, www.orissa-tourism.com) befindet sich wenige Meter vom *Panthaniwas Tourist Bungalow* entfernt und unterhält weitere Filialen am **Flughafen** (Tel.: 2534006) und am **Bahnhof** (Tel.: 2530715). Öffnungszeiten: Mo–Fr sowie jeden 2. Sa 10–17 Uhr.

Stadtverkehr

●Vom nur 4 km außerhalb gelegenen **Flughafen** kostet es per Taxi zum Tourist Bungalow ca. 100 Rs (verlangt werden jedoch bis zu 150), mit der Riksha ca. 80 Rs, Fahrradriksha ca. 30 Rs. Nachteil: Da die Rikshas nicht bis zur Abfertigung fahren dürfen, muss der letzte halbe Kilometer gelaufen werden.
●Mit der **Fahrradriksha** vom Tourist Bungalow zum Tempelbereich um den Bindu Sagar sollte es eigentlich nicht mehr als 20 Rs kosten, doch auch hier wird von den Fahrern meist der doppelte Preis verlangt.
●Im *Tourist Office* liegt eine Liste aus, in der die genau festgelegten **Taxipreise** für Ziele in der Umgebung wie Dhauli oder Udayagiri eingesehen werden können.
●Vom neuen, 5 km außerhalb gelegenen Baramunda Busbahnhof ins Stadtzentrum fahren sowohl **Busse** als auch **Rikshas** (60 Rs) und **Fahrradrikshas** (35 Rs).

Unterkunft

Low Budget

●Das beste Preis-Leistungs-Verhältnis in dieser Kategorie bietet das **Hotel Bhagwat Niwas** €–€€€ (Cuttack Rd., Tel.: 2311345). Die sauberen Zimmer verfügen über Bad und TV, teils AC.
●Viel fürs Geld bietet das **Hotel Padma** € mit seinen Schlafsaalbetten.
●Empfehlenswert ist das **Sevashraya Hotel** €–€€ mit geräumigen, sauberen Zimmern,

teils mit AC. Generell sollte man wegen des Straßenlärms die nach hinten gelegenen Zimmer vorziehen. Schlafsaal vorhanden.

●Gut ist auch das **Hotel Bhubaneshwar** €-€€€ (Tel.: 2313245) nicht weit vom Bahnhof. Einfache Zimmer mit Bad und Cooler sowie AC-Zimmer sind ihr Geld wert.

●Direkt am Bahnhof ist das **Hotel Richi** €-€€ (Tel.: 2534619) zu empfehlen.

●**The Eden** €-€€ (Tel.: 2313978) vermietet ordentliche Zimmer, ebenfalls bahnhofsnah.

●Ähnlich in Preis und Leistung ist das **Hotel Payal** €-€€€ (Tel.: 2370371), hier gibt's zusätzlich AC-Zimmer.

●Geräumige Zimmer zu vernünftigen Preisen vermietet das **Hotel Swagat** €-€€ (Tel.: 2313879) in der Cuttack Rd.

Budget

●Der **Panthaniwas Tourist Bungalow** €€-€€€ (Lewis Rd., Tel.: 2432314) ist wegen seiner Lage in der Nähe zum Tempelbezirk um den Bindu Sagar, der relativ geräumigen Zimmer sowie der Tatsache, dass die Stadtrundfahrten von hier starten, eine interessante Adresse. Negativ zu bewerten ist jedoch, dass nur DZ zur Verfügung stehen (die teuren mit TV und AC), der überholungsbedürftige Zustand und die unverständlich frühe Check-Out-Zeit von 8 Uhr morgens.

●Ein gutes Preis-Leistungs-Verhältnis bietet das **Hotel Sahara** €-€€€ (Tel.: 2311081) in der Budha Nagar 76. Egal, für welches der insgesamt 25 Zimmer man sich entscheidet, alle sind ausgesprochen groß und sauber und verfügen über TV, manche weiterhin über AC und einen hübschen Balkon.

●Eine sehr gute Wahl ist das freundliche **Tourist Guest House** €€ (Tel.: 2331765).

Tourist Class und First Class

●In unmittelbarer Bahnhofsnähe liegt das recht nüchterne, aber gute **Hotel Keshari** €€€-€€€€ (Tel.: 2501094).

●Mehrfach empfohlen wurde das ruhig gelegene **The Garden Inn** €€€€€ (Tel.: 2514120). Auch das hauseigene Restaurant ist sehr gut.

●Ganz hervorragend ist das architektonisch gelungene Hotel **Sishmo** €€€€-€€€€€ (Tel.: 2433600) im Stadtzentrum. Das stilvolle, erst

vor kurzem renovierte Haus, das von einer Kopie des Rades vom Sonnentempel in Konark geziert wird, bietet einen Swimmingpool (100 Rs für Nicht-Gäste) und ein gutes Dachrestaurant.

●Nicht weit von hier steht das gute **Hotel Kalinga Ashok** €€€€-€€€€€ (Tel.: 2431055). Die elegant eingerichteten Zimmer verfügen alle über AC.

●U.a. mit Swimmingpool, Tennisplatz und Fitnessclub wartet Bhubaneshwars Tophotel, das **The Trident** €€€€€ (CB-1, Nayapalli, Tel.: 2301010), auf.

Essen und Trinken

●Die meisten der genannten Hotels verfügen über hauseigene Restaurants. Zu überzeugen weiß hier u.a. das preisgünstige **Maloki Restaurant** mit schmackhaften indischen Gerichten im *Panthaniwas Tourist Bungalow.*

●Gute Kritiken bekommt das **Leisure Time** im Hotel *The Garden Inn.* Die Speisekarte reicht von indisch über kontinental bis chinesisch. Die Preise für ein Hauptgericht liegen zwischen 40 und 120 Rs.

●Ausgezeichnet ist das vegetarische **Hare Krishna Restaurant** beim Hauptbahnhof mit köstlichen Gerichten zwischen 40 und 80 Rs.

●Ganz in der Nähe bietet das saubere **Buvanashree Vegetarian Restaurant** gute *thalis* und *dosas.* Das **Brown & Cream** schräg gegenüber serviert ebenfalls dem Namen entsprechende süße Köstlichkeiten und Burger.

●Sehr schön sitzt und isst man auf der Dachterrasse des **Hotels Shismo.**

Bank

●Die **State Bank of India** am Raj Path wechselt recht unkompliziert Bargeld und Travellerschecks, auch Visa-Card-Besitzer werden bedient. Auch einige große Hotels sind für Bargeld zu bestenfalls durchschnittlichen Raten ihren Gästen gegenüber wechselbereit.

●Viele **ATMs,** z.B. von der ICICI-Bank (beim *Pen Hospital* nahe dem Bahnhof), dort sind auch weitere der idbi- sowie der HDFC-Bank, die auch AmEx-Karten akzeptieren, und ein **UTI-ATM** beim *Hotel Pushpak* vorhanden.

Post und Internet

● Die **Hauptpost** befindet sich westlich vom Bahnhof an der Sachivajaya Marg. Hier können postlagernde Sendungen empfangen werden.

● Von den zahlreichen Internetcafés in Bhubaneshwar scheint **Net4U** am Raj Path beim *Hotel Sahara* am schnellsten.

An- und Weiterreise

Flug

● *Indian Airlines* (Unit 1, Raj Path, Bapuji Nagar, Tel.: 2530544, Flughafen: 2534472) fliegt tgl. von Bhubaneshwar nach **Delhi** (174 US-$) und **Mumbai** (186 US-$), 3- bzw. 4x wöchentlich nach **Chennai** (138 US-$) und **Hyderabad** (111 US-$).

Bahn

● **Wichtige Verbindungen** sind im Anhang aufgelistet.

Bus

● Vom modernen New Bus Stand 5 km westlich des Zentrums starten die meisten Langstreckenbusse wie z.B. ins 437 km entfernte **Kalkutta** (140 Rs, 11 Std.), **Konark** (20 Rs, 2 Std.), **Bulgaon** (Chilka See, 30 Rs, 3 Std.) und **Berhampur** (55 Rs, 5 Std.).

● Die schnellste Busverbindung nach **Puri** (1,5 Std.) bieten die außerhalb des wesentlich näher zum Zentrum gelegenen *Old Bus Stand* abfahrenden Minibusse.

● Wer einen der recht seltenen Minibusse nach **Konark** verpasst, sollte zunächst mit einem der Busse nach Puri bis **Pipli** fahren und dort in einen der häufigen Busse nach Konark steigen.

Taxi

● Wer am Flughafen ankommt und Bhubaneshwar umgehen will, kann mit den dort wartenden Taxis für 500 Rs direkt weiter nach **Puri bzw. Konark** fahren.

Umgebung von Bhubaneshwar

Die nachfolgenden Ziele können im Rahmen einer vom Touristenbüro in Bhubaneswar angebotenen **Tagestour** zum Preis von 125 bzw. 190 Rs (AC-Bus) besucht werden (siehe Stadtrundfahrt).

Udayagiri- und Khandagiri-Höhlen ☞ XIX/C2

Die ca. 10 km südwestlich von Bhubaneshwar in einen Felsenhügel gehauenen Höhlen gelten als bedeutende Zeugnisse frühjainistischer Kunst in Indien. Die meisten der früher wohl als Klosterstätten dienenden Höhlen entstanden während der Regierungszeit König *Kharavelas* (168–153 v. Chr.), einem Anhänger der Jain-Religion.

Der **Udayagiri** ist der interessantere der beiden direkt gegenüber gelegenen Hügel. Hier finden sich allein 16 der insgesamt 18 Höhlen, wobei die **Jaia Vijaya** am Fuße des Hügels mit ihrem sehr schönen Bodhi-Baum-Relief über dem Eingang beeindruckt. Geht man von hier weiter nach rechts, führt der Weg entlang der **Choti Hathi Gufa** mit einem Elefantenrelief und mündet schließlich in einen rechteckigen Platz, der zu drei Seiten vom zweistöckigen **Rani-Gufa-Komplex** (Königinnenhöhle) begrenzt wird. In den insgesamt 8 Zellen finden sich noch einige Steinreliefs, die u.a. Tänzerinnen und Tänzer sowie religiöse Kulthandlungen erkennen lassen.

Kehrt man zum Haupteingang zurück, führt eine Treppe zur von außen schlichten **Hathi Gufa** (Elefantenhöhle). Im Innern findet sich unter der Decke eine 117-zeilige Inschrift, die die Lebensgeschichte König *Kharavelas* glorifiziert.

Geht man von hier wiederum nach rechts, erreicht man nach wenigen Metern die reich geschmückten **Ganesh-Höhlen,** in der die Steinmetze vor allem Szenen aus dem höfischen Leben verewigten. Beachtung verdient auch die **Bagh Gufa** wegen ihres originellen Eingangstores in Form eines Tigers.

Die meisten Gebäude des auf der gegenüber gelegenen Straßenseite befindlichen **Khandagiri** sind neueren Datums. Einzig die **Ananta-Höhle** reicht mit ihrem sehr schönen

Eingangsbogen und den filigran gearbeiteten Blumen- und Tiermotiven im Innern an die Qualität der Höhlen auf dem Udayagiri heran. Von dem die Spitze des Khandagiri krönenden **Parasvanatha-Tempel** bietet sich ein beeindruckender Panoramablick bis zum Lingaraja-Tempel im Zentrum von Bhubaneshwar. Der Eintritt zu den Höhlen beträgt 100 Rs. Sie sind tgl. 6–18 Uhr geöffnet.

● **Anreise:** Man kann die Höhlen zwar als Teil der vom *Tourist Office* durchgeführten **Stadtrundfahrt** besuchen, doch bleibt dann für die Besichtigung nur wenig Zeit. Besser man nimmt einen der zahlreichen von Bhubaneshwar nach Cuttack fahrenden **Busse** und steigt an der Abzweigung zu den Höhlen aus. Von dort sind es nur noch wenige Minuten zu Fuß. Mit einer **Autoriksha** sollte man ca. 50–60 Rs veranschlagen.

Dhauli   ↗ XIX/C2

Eine strahlend weiße **Friedenspagode** erhebt sich seit Anfang der siebziger Jahre über jenem Berg, an dessen Fuß *Ashoka* um 260 v. Chr. seine berühmten **Felsedikte** einmeißeln ließ. Nachdem er zuvor Zehntausende von Menschen bei der Eroberung Kalingas hatte abschlachten lassen, konvertierte der große Maurya-Herrscher zum Buddhismus und predigte die Lehre von Friedfertigkeit und Sanftmut. *Alle Menschen sind meine Brüder,* heißt es u.a. in einer der Inschriften, die erfüllt sind von Scham und Schuldgefühlen gegenüber seinen früheren Taten.

● **Anreise:** Problemlos, da alle Busse nach **Puri** und **Konark** die Abzweigung zu den Felsedikten an der Daya Bridge, 8 km südlich von Bhubaneshwar, passieren. Dort aussteigen und die restlichen 3 km zu Fuß zurücklegen. Von Bhubaneshwar hin und zurück mit der Autoriksha inklusive Wartezeit solllte man 150–200 Rs veranschlagen.

Puri   ↗ XIX/C2

(ca. 160.000 Einwohner, Vorwahl: 06752)

Die 60 km südöstlich von Bhubaneshwar am Golf von Bengalen gelegene Stadt ist bei indischen Pilgern, bengalischen Touristen und westlichen Rucksackreisenden gleichermaßen beliebt. Gerade diese Mischung aus tiefer Religiosität, indischer Mittelstandskultur, westlich-alternativen Einflüssen sowie urtümlichem Dorfleben kennzeichnet den eigentlichen Reiz dieser meistbesuchten Stadt Orissas. Als eine der vier die geografischen Eckpunkte Indiens markierenden Städte gilt Puri neben Badrinath im Norden, Dwarka im Westen und Rameshwaram im Süden als eine der heiligsten Stätten der Hindus. Hauptanziehungspunkt von täglich Tausenden von Pilgern ist der gewaltige Jagannath-Tempel. Er gilt als einer der meistbesuchten und vermögendsten Tempel ganz Indiens.

Während die Pilger ununterbrochen, 365 Tage im Jahr, nach Puri strömen, beschränkt sich die Badesaison auf die Monate Oktober bis Februar. Der scheinbar endlose feinsandige **Strand** zieht sich östlich der Stadt in Richtung Konark. Nach Goa und Kerala ist Puri der beliebteste Badeort für westliche Rucksacktouristen, und dementsprechend hat sich hier vor allem im östlichen Abschnitt eine gut entwickelte Freizeitindustrie mit billigen Hotels und an westlichen Essgewohnheiten ausgerichteten Restaurants entwickelt.

Jedes Jahr im Juni/Juli ist Puri mit dem **Rath Yatra** Schauplatz einer der großartigsten **Prozessionen** Indiens. Auf riesigen, bis zu 14 m hohen Wagen mit jeweils 16 über 2 m hohen Rädern werden dann die Kultbilder des im Haupttempel verehrten Gottes *Jagannath,* seines Bruders *Balbhadra* und seiner Schwester *Subhadra* von Hunderten von Menschen an dicken Seilen durch die Stadt gezogen.

Sehenswertes

Jagannath-Tempel

Kaum ein anderes Heiligtum Indiens beherrscht das Bild seiner Heimatstadt derart

Orissa, Madhya Pradesh

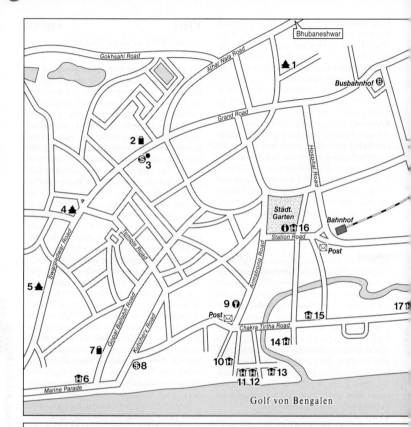

- ▲ **1** Buddhiswara Tempel
- ▯ **2** Government Bhang Shop
- ⑤ **3** ICICI-ATM,
- ● Orissa Art Emporium
- ▲ **4** Jagannath Tempel
- ▲ **5** Baba Lokanath Tempel
- 🏨 **6** Hotel Puri
- ▯ **7** Souvenirgeschäfte
- ⑤ **8** State Bank of India
- ❶ **9** Chung Wah Restaurant
- 🏨 **10** Panthaniwas Tourist Bungalow
- 🏨 **11** Hotels Ripose und
- Golden Palace
- 🏨 **12** Mayfair Beach Resort
- 🏨 **13** Hotels Vijoya International
- und Samudra
- 🏨 **14** Youth Hostel
- 🏨 **15** BNR
- ❶ **16** Orissa Tourism,
- 🏨 Hotel Padma
- 🏨 **17** Hotel Love&Life
- 🏨 **18** Hotel Dreamland
- @ **19** Nanako Internet Café
- 🏨 **20** Hotel Shankar International,
- @ Juggernauth Infotech
- 🏨 **21** Holiday House

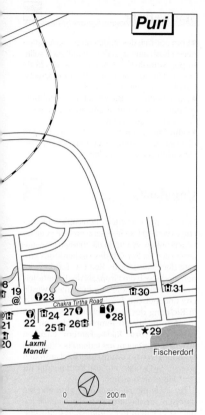

♥ 22 Peace und Xanadu Restaurant
♥ 23 Harry's Restaurant
🏠 24 Z Hotel
🏠 25 Hotels Nilambu
und Leo's Castle
🏠 26 Hotel Sapphire International
♥ 27 Xanadu Restaurant
♥ 28 Raju's Restaurant,
▪ Loknath Bookshop,
● Tribe Tours
★ 29 Dalmia Athiti Vikar
🏠 30 Hotel Garden Resort
🏠 31 Hotel Sri Balajee

prägnant wie der riesige, dem Herrn des Universums gewidmete Jagannath-Tempel in Puri. Mit seinem 59 m hohen Tempelturm ist er nicht nur der optische Mittelpunkt der Stadt, sondern auch ein entscheidender Wirtschaftsfaktor. Abgesehen von unzähligen Devotionalienhändlern, Hotel- und Restaurantbesitzern, soll die Tempelverwaltung allein 6.000 Menschen beschäftigen, die die vielfältigen Tempeldienste verrichten. Es gibt Schätzungen, wonach etwa 20.000 Menschen von den gewaltigen Einnahmen durch die täglich zu Tausenden eintreffenden Pilger profitieren. Die immensen Bareinnahmen investiert die Tempelverwaltung u.a. in Ländereien, und sie gilt somit als einer der größten Grundbesitzer Orissas. Selbst der fanatische *Aurangzeb* wollte sich diese Einnahmequelle nicht entgehen lassen und ließ das Heiligtum als eines der wenigen hinduistischen Bauwerke unberührt.

Vor dem östlichen Haupteingang des von zwei Mauerringen umgebenen, fast 50.000 m² großen Tempelbezirks steht auf einem ursprünglich aus Konark stammenden Pfeiler ein *Garuda,* das Tragtier Vishnus. Im Inneren des von etwa 100 kleinen Tempeln umgebenen Haupttempels findet sich der in Form eines groben Holzidols ohne Arme und Beine verehrte Gott *Jagannath.* Der Tempel dieser Inkarnation Vishnus darf nur von Hindus betreten werden. Leider bietet sich selbst vom Dach der benachbarten Raghunandan-Bibliothek (zugänglich von 9 bis 13 und 16 bis 20 Uhr), dem besten Aussichtspunkt, nur ein bescheidener Blick auf die Tempeldächer.

Strände

Dass nicht alles Gold ist, was glänzt, trifft auch auf die Bilderbuchstrände von Puri zu. Bei näherem Hinschauen entpuppen sich die auf den ersten Blick scheinbar makellosen Strandabschnitte nicht nur als beliebte öffentliche Toiletten, sondern auch als Trockenplatz für Fischernetze. Beides hinterlässt, wie sich denken lässt, unverkennbare Duftnoten. Besonders heimgesucht wird der Bereich um das Fischerdorf. Die als natürliche Spülung dienende Flut kann da nur bedingt zur Schadensbegrenzung beitragen. Die meisten Touristen bevorzugen den etwa 2 km östlich des

Dorfes beginnenden Strandabschnitt, der sich dort zwar keimfrei, dafür jedoch auch schattenlos präsentiert.

 Besondere Vorsicht ist wegen der gefährlichen **Strömung** geboten, für die Puri berüchtigt ist. Jährlich muss eine erschreckend hohe Anzahl in- wie ausländischer Touristen mit dem Leben dafür bezahlen, dass sie die allseits bekannten Gefahren unterschätzt haben. Auf die sich als Bademeister anbietenden Einheimischen ist im Notfall meist kein Verlass. Als besonders gefährlich gilt der Strandabschnitt um die Jugendherberge, da durch den hier ins Meer einfließenden Kanal unberechenbare Strömungen entstehen.

Information

●Das **Tourist Office** (Tel.: 222664) liegt an der Station Road. Eine – zumindest offiziell – 24 Std. lang geöffnete Filiale befindet sich am Bahnhof. Bei beiden ist man hilfsbereit.

Das *Tourist Office* veranstaltet tgl. außer Mo einen zwölfstündigen **Tagesausflug** vom *Hotel Panthabhavan* (Abf. 7 Uhr, Preis 120 Rs), der folgende Ziele beinhaltet: Pipli, Konark, Bhubaneshwar, Nandankanan, Dhauli, Udayagiri/Chandagiri. Sinn macht eine solche gedrängte Tour wohl nur für Leute, die sehr wenig Zeit zur Verfügung haben. Ansonsten ist man gut beraten, die Sehenswürdigkeiten auf eigene Faust zu besuchen.

●Außerdem werden von Privatanbietern neben **Ausflügen** nach Konark, Chilka Lake und Bhubaneshwar auch **mehrtägige Touren** zu Dörfern der Urbevölkerung angeboten. Die Preise (ca. 400 US-$ pro Person für eine sechstägige Tour) beinhalten alle Kosten für Transport, Unterkunft und Verpflegung. Empfohlene Veranstalter sind z.B. das teurere *Heritage Tours* (Tel.: 223656, heritagetours @hotmail.com) im *Mayfair Beach Resort* und *Om Travels* (C.T. Rd., Tel.: 224174).

Stadtverkehr

●Vom nördlich des Stadtzentrums gelegenen neuen Busbahnhof zu den Strandhotels sollte es per **Autoriksha** nicht mehr als 20–25 Rs kosten. Der gleiche Preis gilt für die Strecke Bahnhof – Jagannath-Tempel.

●Innerstädtische **Busse** fahren vom Busbahnhof zum Bahnhof und zum Jagannath-Tempel in zügiger Folge.

●**Fahrräder** können für ca. 20 Rs pro Tag in diversen Unterkünften und speziellen Verleihstellen gemietet werden.

Unterkunft

Dem buntgemischten Publikum entsprechend verfügt Puri über eine breite Palette an Unterkünften. Während die meisten Individualtouristen im Bereich des Fischerdorfes entlang der Chakra Tirtha Road (C.T. Rd.) wohnen, findet sich die Großzahl der Pilgerhotels bzw. Mittelklassehotels für betuchtere westliche und indische Touristen westlich hiervon in Richtung des historischen Ortszentrums mit dem Jagannath-Tempel. Auf keinen Fall sollte man den Riksha-Fahrern Glauben schenken, die einem mit fadenscheinigen Begründungen das gewünschte Hotel ausreden wollen. Sie wollen nur die Kommission für „ihr" Hotel einstreichen.

Für jene, die zu zweit oder zu mehreren anreisen, empfiehlt es sich, das Gepäck zunächst in einem der zahlreichen Cafés entlang der Chakra Tirtha Road abzustellen und dann die in Frage kommenden Hotels beim Fischerdorf zu inspizieren. Der Großteil ist auf relativ engem Raum konzentriert, sodass hierfür keine längeren Wege in Kauf genommen werden müssen.

Die im Folgenden genannten **Preise** beziehen sich auf die Hauptreisezeit von Oktober bis Februar. Während der übrigen Monate des Jahres sollten, je nach Verhandlungsgeschick, Ermäßigungen bis zu 30 % im Bereich des Möglichen liegen. Beachten sollte man die in vielen Hotels geltende unchristliche **Check-Out-Zeit** von 7 oder 8 Uhr.

Low Budget

● Eine der besten Unterkünfte dieser Preiskategorie ist das alteingesessene **Z Hotel** €-€€ (Tel.: 222554, www.zhotelindia.com). Das atmosphärereiche ehemalige Herrscherhaus bietet helle, geräumige Zimmer, teils mit Gemeinschaftsbad, teils mit Seeblick. Ein zusätzliches Plus dieses äußerst empfehlenswerten Hauses sind die schöne Gartenanlage, die zum Sonnenbaden einlädt, und die Dachterrasse, von der sich ein schöner Seeblick bietet.

● Ebenfalls empfehlenswert mit sauberen Zimmern, manche mit weitem Seeblick ist das nicht weit von hier gelegene **Sapphire International** €-€€ (Tel.: 226488).

● Schön ist das gemütliche, um einen Innenhof angelegte **Hotel Sri Balajee** €-€€ (Tel.: 223388). Eine Übernachtung in den saubereren Zimmern lohnt, obwohl der Besitzer übermäßig geschäftstüchtig ist.

● Beliebt ist das zwischen Chakra Tirtha Road und dem vorgelagerten Fischerdorf gelegene **Sagar Saikate** €-€€ (Tel.: 223253). Trotz seines fernöstlich klingenden Namens war es früher eine englische Kolonialvilla, die noch viel von ihrem ursprünglichen Charme bewahrt hat. Sicherlich eine stilvolle Unterkunft, doch eine Renovierung stünde dem schon reichlich Verfallserscheinungen aufweisenden Gebäude gut zu Gesicht. An den Matratzen zu riechen, schadet nicht vor dem Einchecken.

● Eine gute Wahl ist das etwas von der Straße zurückversetzte **Hotel Dreamland** € (Tel.: 224122). Das Haus vermittelt mit seinem schmuckvollen Garten eine angenehme Atmosphäre und die Zimmer machen einen ordentlichen Eindruck.

● Eine gute Wahl in dieser Preiskategorie ist das **Holiday House** €-€€ (Tel.: 223782, holiday_house@hotmail.com) an der C.T. Rd. Die preislichen Unterschiede werden von dem Ausblick vom Zimmer bestimmt.

● Einen knappen Kilometer weiter westlich entlang der *Marine Park* reihen sich die fast ausschließlich von indischen Pilgerreisenden frequentierten Hotels wie das trotz seiner Größe oft ausgebuchte **Hotel Puri** €-€€ (Tel.: 222114, www.purihotelindia.com).

Budget

● Das große Plus des großen Kastens **Shankar International** €-€€€ (Tel.: 223637) ist seine Lage in unmittelbarer Nähe zum Meer. Die Zimmer im Haupthaus sind zweckmäßig und sauber, die neu erbauten, hübsch eingerichteten Apartments mit TV bieten viel fürs Geld. Ein recht gutes Restaurant ist angeschlossen.

● Ein gutes Preis-Leistungs-Verhältnis bietet das **Hotel Samudra** €€-€€€ (Tel.: 222705). Strandnähe sowie luxuriöse Zimmer, meist mit Seeblick-Balkonen, sprechen für das typische Mittelklassehotel.

● Wer weniger Wert auf Strandnähe, aber viel auf hervorragende Zimmer für wenig Geld legt, ist im **Hotel Padma** €€ beim Tourist Office bestens aufgehoben.

● Trotz seiner wenig ansehnlichen Fassade bietet das **Vijoya International** €€-€€€ (Tel.: 222702) eine Reihe recht guter Zimmer.

● Gleiches gilt für die ansonsten sehr guten Hotels **Repose** €€ (Tel.: 223376) und **Golden Palace** €€ (Tel.: 223192) in unmittelbarer Nähe zum *Tourist Bungalow*. Beide Strandhotels haben Zimmer mit Meerblick sowie gute, zur Seeseite gelegene Restaurants.

Tourist und First Class

● Auf der westlichen Seite des Kanals findet sich der unmittelbar am Meer gelegene **Panthaniwas Tourist Bungalow** €€-€€€€ (Tel.: 222740). Das moderne Gebäude verfügt über eine große Anzahl recht guter Zimmer (alle mit TV, teils AC, keine EZ). Störend wirken jedoch die an diesem Strandabschnitt besonders aufdringlichen Verkäufer sowie die speziell hier deutlich zutage tretende Wasserverschmutzung.

● Hervorragend ist das altehrwürdige **BNR** €€€-€€€€ (Tel.: 222063), eines jener nostalgisch schönen Hotels, in denen noch die Atmosphäre längst vergangener Zeiten lebendig zu sein scheint. Das gilt allerdings nur für die Räume im alten Trakt, während die AC-Zimmer im Neubau weit weniger Charme ausstrahlen.

● Ganz hervorragend ist auch das im Westen an einem Privatstrand gelegene Haus **Coco**

Palms €€€€ (Tel.: 222638, 223751) mit sehr eleganten und großen AC- und Non-AC-Zimmern.

●Ausgezeichnet ist der sehr ansprechend gestaltete **Mayfair Beach Resort** €€€€-€€€€€ (Tel.: 227800-10). Der Neubau liegt direkt am Meer und bietet großzügig gestaltete Zimmer mit eigener Terrasse. Die Bungalows in einer schönen Gartenanlage mit Swimmingpool sind etwas teurer.

●Puris Tophotel ist das 8 km östlich des Ortes in Richtung Konark erbaute **Toshali Sands Resort** €€€€€ (Tel.: 223571, 223888) mit luxuriösen AC-Bungalows. Ein Swimmingpool sowie ein hervorragendes Restaurant gehören auch dazu.

Essen und Trinken

Harry's Cafe, Peace Restaurant, Pink House – die Namen der kleinen Restaurants im westlichen Stadtteil spiegeln die Beliebtheit dieser Gegend bei Rucksackreisenden wider. Dementsprechend gibt's hier typisches Traveller Food wie Pfannkuchen und Müsli, doch auch an köstlichen Fischgerichten zu günstigen Preisen kann man sich laben.

●So bekommt man z.B. im **Peace Restaurant** leckeren gebratenen Fisch mit Gemüse serviert, und während der Fangzeit von Oktober bis Januar gibt es köstliche Hummer.

●Beliebte Treffpunkte in der Travellerszene sind auch **Raju's Restaurant** und das **Micky Mouse Restaurant.** Hervorzuheben ist vor allem das Gartenrestaurant **Xanadu** – ein idealer Ort, um unter einem der vielen Bäume die Seele baumeln zu lassen. Besonders nachmittags sind die köstlichen Apfelstrudel der kulinarische Renner.

●Wem es nach einigen Tagen mal wieder nach authentisch indischem Essen gelüstet, der ist allerdings besser in der Altstadtgegend aufgehoben. Zwei gute Adressen sind das **Sonali Restaurant** und das vegetarische **Raj Restaurant** an der Grand Road.

●Chinafans sollten dem **Chung Wah** im Hotel *Lee Garden* einen Besuch abstatten. Die meisten Gerichte kosten zwischen 80 und 120 Rs.

●Das zurzeit beste Restaurant Puris ist das ausgezeichnete **Wilgrass** an der VIP Rd., ganz in der Nähe des Chung Wah. Neben den leckeren Gerichten (westliche wie einheimische) ist es die schöne Atmosphäre inmitten eines hübschen Gartens, die zum Verweilen einlädt.

●Stilvoll geht es im Restaurant des **BNR** zu, wo ein vorzügliches Menü mit vier Gängen mit 250 Rs zu Buche schlägt.

Einkaufen

Puri ist ein exzellenter Ort, um für Orissa typisches Kunsthandwerk wie ornamentierte Muscheln, Ketten, Steinskulpturen und Holzschnitzereien zu kaufen.

●Auch hier ist das staatliche **Handicraft Emporium** der beste Ort, um sich einen Überblick und – anhand der dort geltenden Festpreise – einen Anhaltspunkt für das Feilschen an den Straßenständen zu verschaffen.

Bank und Internet

●Die **State Bank of India** an der Kreuzung C.T. Rd./Kutchery Rd. wechselt Bargeld und Travellerschecks. Etwas ungünstig gelegen an der Grand Rd. ist der **ICICI-ATM.** Ein weiterer der UTI-Bank ist im *Puri Hotel.*

●Der durchschnittliche Internetpreis pro Std. beträgt 30 Rs. Das mitten im Hotelbereich gelegene **Nanako** wie auch **Juggernaut Infotech** beim *Shankar International* sind fix.

An- und Weiterreise

Bahn

●Während der Pilgersaison von Oktober bis Januar sollte man sein **Ticket** so früh als irgend möglich buchen, da dann die Züge oft bis zu 10 Tage im voraus ausgebucht sind. Wer sich im *Booking Office* des Bahnhofs vergeblich um einen Fahrschein bemüht hat, sollte sein Glück beim zweiten Reservierungsbüro an der Grand Road gegenüber der Polizei versuchen, da dort oft noch Restplätze zur Verfügung stehen.

●Nach **Kalkutta** fährt der Puri-Howrah Exp. um 19 Uhr und erreicht (über Bhubaneshwar, an 20.45 Uhr) sein Ziel um 5.25 Uhr. Umgekehrte Richtung: der 8409 Sri Jaganath Exp., Abf. Kalkutta 18:35 Uhr, Ank. 5.05 Uhr

●Von **Mughal Sarai** bei Varanasi fährt tgl. der 2802 Purushottam Exp. um 10.55 Uhr. Er erreicht Puri um 6.30 Uhr. Umgekehrt fährt er um 21.05 Uhr in **Puri** ab, erreicht Mughal Sarai um 16.40 Uhr (über Bhubaneshwar, an 22.30 Uhr, und Gaya, an 13.38 Uhr).

●Von und nach **Bhubaneshwar** fährt man schneller und unkomplizierter mit dem Bus. Für Reisen in den Süden Richtung **Chennai** muss man ab Bhubaneshwar oder Khurda Road fahren.

●Wer von Süden anreist, braucht nicht bis Bhubaneshwar zu fahren, sondern kann bereits im näher gelegenen **Khurda Road** aussteigen und von dort per Bus nach Puri weiterreisen.

Bus

●Vom Busbahnhof an der Grand Road häufige Abfahrten u.a. nach **Bhubaneshwar** (1,5 Std.), **Konark** (1 Std.), **Khurda Road** (1,5 Std.) und **Barkul** (4 Std.).

●Viele weitere **private Busgesellschaften** starten bzw. halten an der Kreuzung Grand Road/Hospital Road.

●Nach **Kalkutta** sind die bequemeren Züge vorzuziehen.

Konark   ♫ XIX/C2

(ca. 15.000 Einwohner, Vorwahl: 06758)

„Unweit vom Jagannath befindet sich ein der Sonne gewidmeter Tempel. Seine Baukosten entsprechen den gesamten Provinzeinnahmen von 12 Jahren. Selbst der kritischste Besucher ist vom Anblick dieses Tempels überwältigt." Daran hat sich bis heute nichts geändert, steht doch der kamerabewaffnete Tourist des 20. Jh. genauso fasziniert und staunend vor dem **Sonnentempel** von Konark wie der Chronist Kaiser *Akhbars,* der diese Zeilen Mitte des 16. Jh. niederschrieb. Das Monument gilt nicht nur als das Juwel unter den Sakralbauwerken Orissas, sondern als einer der großartigsten Tempel ganz Indiens.

Die meisten Besucher besichtigen Konark im Rahmen eines eintägigen Ausflugs von Puri oder Bhubaneshwar aus. Die dabei zur Verfügung stehende Zeit reicht zwar zur ausführlichen Besichtigung des Tempels, doch erst wenn die Touristen sich am späten Nachmittag wieder auf die Rückreise begeben haben, kann sich die friedvolle Stimmung des Ortes entfalten. Besonders beeindruckend wirkt die Anlage auch zwischen 18 und 21 Uhr, wenn die Tempel angestrahlt werden. Eine Übernachtung in einem der allerdings noch wenigen Hotels ist deshalb sehr zu empfehlen.

Sonnentempel (Black Pagoda)

Wie üblich im mythenumwobenen Indien rankt sich eine **Legende** um die Entstehungsgeschichte. Danach wurde *Samba,* der schöne Sohn *Krishnas,* von seinem Vater mit Lepra geschlagen, weil er seiner Stiefmutter heimlich beim Bade zugeschaut hatte. Erst einige Zeit später erfuhr *Krishna,* dass sein Sohn das Opfer einer Intrige geworden war. Die missgünstige Schlange *Naga* hatte *Samba* in eine Falle gelockt, nachdem dieser sie zuvor wegen ihres hässlichen Äußeren gehänselt hatte. Der einzige Rat, den der untröstliche *Krishna* seinem Sohn geben konnte, war der, sich an den Sonnengott *Surya* zu wenden, welcher auch als Heiler von Krankheiten verehrt wurde. Zwölf Jahre dauerte es, bis *Surya* seine Bitten erhörte und ihn durch ein Bad im Meer von Konark von seinen Leiden befreite. Aus Dankbarkeit ob seiner wundersamen Heilung ließ *Samba* an jener Stelle den Sonnentempel errichten. Besonders originell ist diese Legende nicht, dient sie doch in nur leicht abgewandelter Form an vielen anderen Orten Asiens zur Überhöhung von Bauwerken.

Bis heute ungeklärt ist, warum gerade hier und zu welchem Zweck dieses archaisch anmutende Monument errichtet wurde. Fest steht nur, dass König *Narasinhadeva* den Tempel Mitte des 13. Jh. erbauen ließ. Nach wie vor wird gerätselt, warum das Heiligtum nur kurze Zeit als Kultstätte genutzt wurde. Einige Archäologen bezweifeln, ob es über-

Orissa, Madhya Pradesh

haupt je zu Ende gebaut wurde, da der sandige Grund die gewaltige Masse kaum je hätte halten können.

Auf jeden Fall setzte der **Zerfall** schon im 14. Jh. ein, und das Hauptgötterbildnis wurde in den Jagannath-Tempel von Bhubaneshwar umplatziert. Im Laufe der Jahrhunderte stürzte der ursprünglich wohl 80 m hohe Tempelturm ein, und der Tempelsockel wurde unter den Sandmassen begraben. Dies sollte sich später als großer Glücksfall erweisen, wurden hierdurch doch die großartigen Steinreliefs konserviert. Nachdem der Tempel schließlich auch noch als lokaler Steinbruch herhalten musste, legten erst die Briten Anfang des 19. Jh. der weiteren Zerstörung einen Riegel vor. Erst ein Jahrhundert später begann dann das *Archaeological Survey of India hier* mit groß angelegten Ausgrabungs- und Renovierungsarbeiten.

Neben seinen kolossalen Ausmaßen und seiner extrem reichen Ornamentierung ist es die bei keinem anderen Tempel Indiens verwendete **Grundkonstruktion,** die den außergewöhnlichen Ruf des Sonnentempels begründet. Das Heiligtum ist in Form eines von sieben Pferden gezogenen 24-rädrigen Prozessionswagens für den Sonnengott *Surya* gestaltet.

Der obere Teil des Sonnentempels wurde entsprechend dem Nagara-Baustil gestaltet, der auch der Architektur der beiden anderen großen Tempel Orissas in Bhubaneshwar und Puri zugrunde liegt. Konark ist nicht nur der jüngste der drei, sondern gilt auch als krönender Abschluss des Baustils. Während der Hauptturm inzwischen eingefallen ist, blieb der Tempelvorbau erhalten. Um einen weiteren Einsturz zu verhindern, wurde das Fundament bei den Restaurationsarbeiten zum größten Teil mit Füllmaterial aufgeschüttet. Nördlich und südlich wird der Tempel von einer Gruppe von Steinelefanten flankiert.

Die mit Abstand faszinierendsten Einzelelemente der Anlage sind die riesigen fast 3 m hohen **Wagenräder,** die den Sockel des Tempels umgeben. Jeder Zentimeter dieser achtspeichigen Räder ist mit filigranen Motiven übersät. Der Eindruck von kolossaler Größe und gleichzeitiger Feinheit der einzelnen Ornamente gehört zum Beeindruckends-

ten, was die Tempelbaukunst in Indien je hervorgebracht hat.

Daneben und darüber gruppieren sich vom Sockel bis zur Spitze des Tempels Tausende von **Skulpturen,** die in einer einzigartigen Formenfülle den ganzen Mikrokosmos der hinduistischen Welt widerspiegeln. Götter, Musiker, Tänzer, Tiere, Blumen und immer wieder Liebespaare zelebrieren die Vielfalt und Faszination des Lebens. Obwohl über 7 Jh. seit dem Bau vergangen sind, scheinen die Figuren nichts von ihrer ursprünglichen Vitalität eingebüßt zu haben.

Ein ehemals über dem Eingang des Vorbaus platzierter Schrein befindet sich heute in einem Tempel außerhalb der Anlage. Der Name, **Navagraha Mandir** (9 Planeten-Schrein), bezieht sich auf die in ihm platzierten Skulpturen.

Empfehlenswert sind die am Eingang auf Touristen wartenden lokalen Führer, die einem die einzelnen Figuren im Detail erklären können. Man sollte jedoch nur die offiziellen guides nehmen, da diese meist wesentlich geschulter sind als die ohne Lizenz. Preis pro Stunde 50 Rs.

Das alljährlich vom 1. bis 5. Dezember beim Tempel stattfindende **Konark Festival** ist berühmt. Es werden Odissi-Tänze und -Musik sowie Tempelrituale, oft vor dem abends beleuchteten Tempel, zur Aufführung gebracht.

Ein weiteres Fest ist das **Magha Mela** (Sonnenfestival, im Januar/Februar), bei dem Pilger vor Sonnenaufgang ein rituelles Bad im Meer nehmen, um von dort zum Tempel zu wallfahren. Die genauen Daten sind im *Tourist Office* zu erfahren.

Unterkunft, Essen und Trinken

● Die **Konark Lodge** € (Tel.: 236502) an der Biegung der von Puri kommenden Straße ist von den Billigunterkünften entlang der den Tempel umgebenden Ringstraße eine der besten. Viel sollte man allerdings nicht erwarten. Nur die DZ haben eigenes Bad.

● Ganz ähnlich in Preis und Leistung ist **Sunrise Lodging** € (Tel.: 236403) 200 m weiter südlich.

●Direkt gegenüber vom Eingang zum Tempel steht der **Panthaniwas Tourist Bungalow** € (Tel.: 235831) mit Garten und ordentlichen Zimmern, teils mit AC. Ebenso populär wie das Hotel selbst ist das dem Haus angegliederte *Gitanjali Restaurant*.

●Ein Tipp vieler Traveller ist die ruhige, an der Straße zum Meer gelegene **Labanya Lodge** € (Tel.: 235824), wobei sich besonders die Dachterrasse großer Beliebtheit erfreut, die Zimmer sind einfach, teils mit Gemeinschaftsbad.

●Empfehlenswert ist auch das **Yatri Niwas** € (Tel.: 236820) mit schönem Garten und teils klimatisierten Zimmern mit TV.

●Einige weitere, recht gute **Restaurants** und Essensstände finden sich beim Bushalteplatz und gegenüber des *Tourist Bungalow*.

An- und Weiterreise

Konark kann zusammen mit Puri im Rahmen der vom *Tourist Office* in Bhubaneswar angebotenen **Ganztagstour** zum Preis von 110 bzw. 170 Rs (AC-Bus) besucht werden.

●Wer von **Puri** nach Konark fährt, sollte bei der Ankunft schon am *Tourist Bungalow* beim Tempeleingang aussteigen, da er sonst vom Busbahnhof hierher zurückwandern muss. Für die Weiterfahrt empfiehlt es sich jedoch, zur Bushaltestelle zu gehen, da man nur dort eine Chance erhält, einen Sitzplatz in den fast immer hoffnungslos überfüllten Bussen zu ergattern.

●Zwischen Konark und **Puri** (1 Std.) bzw. **Bhubaneshwar** (1,5 Std.) verkehren tgl. bis zu 20 Busse.

Chilka-See ⚓ XIX/C2

Diese gut 100 km südwestlich von Bhubaneshwar gelegene Lagune wird kaum von Touristen besucht, obwohl sie landschaftlich reizvoll ist und zudem ein kleines Paradies für Ornithologen darstellt. Jedes Jahr zwischen Dezember und März ist der über 1.000 km² große, von zahlreichen Inseln bedeckte See Ziel Tausender von Zugvögeln, die hier ihr Winterquartier aufschlagen. Richtig für diejenigen, die eine Alternative zum immer geschäftiger werdenden Puri suchen.

Unterkunft

●Im 6 km entfernten Barkul unterhält *Orissa Tourism* den nicht gerade berauschenden **Panthaniwas Tourist Bungalow** €€–€€€ (Tel.: 06756-220488). Auch AC-Zimmer mit TV sind im Angebot.

●Wesentlich schöner wohnt man in dem hübschen **Rambha Panthaniwas Tourist Bungalow** €–€€€ (Tel.: 06810-257346) im kleinen Rambha, 30 km südlich von Barkul, mit Zimmern mit Balkon und TV direkt am See. Spezialität des hauseigenen Restaurants sind die vorzüglichen Fischgerichte.

●Das **Satapada Yatri Niwas** € (Tel.: 06752-262077) ganz in der Nähe des Busbahnhofes ist für seinen Preis ganz ansprechend. Zimmer mit Seeblick buchen.

An- und Weiterreise

●Die von Orissa Tourism von seinem Büro in **Puri** angebotene **Ganztagestour** nach Chilika zum Preis von 90 Rs ist kaum empfehlenswert, weil man so die friedvolle Stimmung der Landschaft um den See nicht wirklich genießen kann.

●**Rambha** und **Balugaon** liegen an der Bahnstrecke Madras – Khurda Road – Kalkutta. Der Tirupati Howrah Exp. fährt tgl. außer Mo und Di von Rambha (Abf. 13.06 Uhr) über Balugaon (13.31) und Bhubaneshwar (15.50) nach **Kalkutta.** Von und nach **Chennai** sind es ca. 7,5 Std.

●Von und nach **Barkul** bestehen regelmäßige **Busverbindungen** mit Bhubaneshwar (2,5 Std.), Puri (4 Std.) und Berkanpur (1,5 Std.).

Orissa, Madhya Pradesh

Madhya Pradesh

Überblick

Fläche:	308.209 km²
Hauptstadt:	Bhopal
Einwohner:	61 Mio.
Bevölkerungsdichte:	196 Ew./km²
Stadtbevölkerung:	25 %
Alphabetisierungsquote:	48 %
Lebenserwartung:	57 Jahre

Der 308.000 km² große indische Bundesstaat liegt zentral inmitten des Subkontinents. Geprägt wird er vom zerklüfteten **Hochland des Dekhan,** welches seit alters her die natürliche geografische Schwelle zwischen den Flussebenen des Nordens und den Küstenregionen bildete. Wem es gelang, diese natürliche **Barriere** zu überwinden, hatte Zugriff auf den Gewinn bringenden Seehandel. So war hier eine heiß umkämpfte Region, in der viele der großen Eroberer der indischen Geschichte ihre Spuren hinterlassen haben. Hierzu gehörte auch *Ashoka* (274–232 v. Chr.), der große Maurya-Kaiser und Förderer des Buddhismus, der in Sanchi, heute einer der Hauptattraktionen Madhya Pradeshs, den Grundstein für die buddhistischen Anlagen legte.

Zwischen 930 und 1050 n. Chr. regierten im Norden des historisch als *Mahra* bekannten Madhya Pradesh die *Chandellas* und errichteten die einzigartigen Tempelanlagen von Khajuraho. In den nächsten sechs Jahrhunderten lieferten sich Hindus und Moslems erbitterte Schlachten, um den **Zugang zur Westküste,** dem heutigen Gujarat, zu kontrollieren. Letztlich erwies sich jedoch das Hochland von Dekhan mit seiner zerklüfteten Landschaft für die Moguln immer wieder als unüberwindliche Hürde bei dem Versuch, ihre Herrschaft auch auf den Süden des Subkontinents auszuweiten.

Diese nur schwer zu durchdringenden, dünn besiedelten Regionen haben Madhya Paradesh auch zu einem idealen Rückzugsgebiet der vor den indo-arischen Eroberern geflüchteten **dravidischen Urbevölkerung** werden lassen. Noch heute lebt hier ein besonders hoher Anteil dieser offiziell als *Sche-*

duled Tribes bezeichneten Stammesgruppen, die zu den benachteiligsten Schichten der indischen Gesellschaft zählen. Hieraus erklärt sich auch die mit 52 % hohe Analphabetenrate und der mit 75 % sehr hohe Anteil der Landbevölkerung.

Die flächenmäßige **Ausdehnung** und geologische Zerklüftung der Provinz bringt es auch mit sich, dass die einzelnen Sehenswürdigkeiten oftmals weit auseinander und zudem auch noch in abgelegenen Regionen liegen.

Hier ist neben Khajuraho im Norden und dem Kanha-Nationalpark im Südosten vor allem die spektakulär auf einem aus der Ebene aufragenden Tafelberg gelegene Festungsstadt von Mandu im Südwesten von Madhya Pradesh zu nennen. Weit weniger aufwendig, weil nur knapp 1,5 Zugstunden südlich von Agra gelegen, ist der Besuch der imposanten Festungsanlage von Gwalior.

Die Hauptstadt von Madhya Pradesh, Bhopal, die wegen des Giftgasunglücks von 1984 weltweit traurige Berühmtheit erlangte, gehört ebenso wie die nur wenige Kilometer entfernten buddhistischen Stätten von Sanchi zu den weiteren Sehenswürdigkeiten dieses indischen Herzlandes.

Neuer Bundesstaat Chhattisgarh

Im November 2000 wurde der **östliche Teil von Madhya Pradesh abgespalten,** wodurch der neue Bundesstaat Chhattisgarh entstand, einer der ärmsten ganz Indiens. Die Bevölkerung (21 Mio.) besteht überwiegend aus Adivasis. Raipur ist Hauptstadt des 135.194 km² großen Staates, der keine besonderen Sehenswürdigkeiten zu bieten hat.

Gwalior　　　*♫* V/D3

(ca. 840.000 Einwohner, Vorwahl: 0751)

Als „eine Stadt aus Tausendundeiner Nacht, eine zwischen Traum und Wirklichkeit schwebende Stadt, Stätte des Zaubers und der Zauberei", wie sie noch Anfang dieses Jahrhunderts der Italiener *Luchiano Margrini* beschrieb, wird der Reisende diese in äu-

ßersten Nordwesten Madhya Pradeshs gelegene Stadt heute kaum erleben. Zwar verfügt sie über eine schöne Altstadt, doch bestimmt inzwischen die wenig beeindruckende Neustadt das Bild der in den letzten Jahren schnell gewachsenen **Metropole.**

Dass Gwalior dennoch eine der meistbesuchten Städte Madhya Pradeshs ist, hat es seinem gewaltigen, auf einem Tafelberg gelegenen **Fort** mit den darin befindlichen Tempeln und Palästen zu verdanken. Der imposante Anblick des über 100 m aus der Ebene herausragenden Sandsteinfelsens mit seinen Ausmaßen von 2 km Länge und bis zu 850 m Breite faszinierte schon den Mogulkaiser *Babur,* der es die Perle unter allen Festungsanlagen Hindusthans nannte. Ein Großmogul belässt es selbstverständlich nicht bei dieser Schwärmerei, und so eroberten seine Truppen die Stadt kurz darauf.

Neben dem Fort lohnen noch der Ende des 19. Jahrhunderts von den Scindia-Herrschern erbaute **Jai-Vilas-Palast** und die schönen **Grabmonumente** zweier Muslim-Heiliger in der Altstadt einen Besuch.

Wer sich bei einem Besuch Gwaliors auf diese Hauptsehenswürdigkeiten beschränken will, kann die Stadt innerhalb eines Tagesausfluges von Agra aus bereisen bzw. als Zwischenstopp auf dem Weg dorthin.

Geschichte

Gwalior erinnert nicht nur durch den riesigen, die ganze Stadt überragenden Tafelberg stark an die Heldenstadt Chittorgarh in Rajasthan. Beiden gemeinsam ist auch eine höchst abwechslungsreiche Geschichte voller Siege und Niederlagen. Und natürlich wird auch die Entstehungsgeschichte Gwaliors genau wie die Chittorgarhs mit einer **Legende** verherrlicht, um die besondere Bedeutung der Stadt herauszustellen. Danach soll im 8. Jh. der an Lepra erkrankte Fürst *Suraj Sena* aus dem Geschlecht der Kachchapaghata während eines Jagdausflugs auf dem Tafelberg Gopalgiri durch einen ihm vom Einsiedler *Gwalipa* dargebotenen Schluck Wasser geheilt worden sein. Aus Dankbarkeit legte er auf dem Gopalgiri den Grundstein für eine neue, nach dem Einsiedler benannte

Orissa, Madhya Pradesh

Stadt. Der Eremit verlieh ihm den Namen *Suraj Pal* und weissagte ihm, dass sein Geschlecht so lange an der Macht bleiben würde, wie es den Beinamen *Pal* tragen würde. Über 400 Jahre taten sie genau dies, doch als der 84. Thronfolger seinen Namen in *Tej Karan* änderte, so endet dieses schöne Märchen, bedeutete dies das Ende der Kachchapaghatas von Gwalior.

Historisch erwiesen ist die Besiedelung des Felsens seit Ende des 14. Jh., als die **Tomar-Rajputen** Gwalior zum Zentrum ihres Fürstentums machten. Unter *Raja Man Singh* (1486–1516), dem einflussreichsten Herrscher des Geschlechts, auf den auch der Bau des bedeutendsten Palastes innerhalb des Forts zurückgeht, konnte 1505 der Angriff der muslimischen Eroberer aus Delhi noch einmal zurückgeschlagen werden, doch 1516 musste sich sein Sohn nach einjähriger Belagerung dem 30.000 Mann starken Heer *Ibrahim Lodis* unterwerfen.

Für die nächsten 250 Jahre blieb die Festung unter **muslimischer Herrschaft,** bis sie nach deren Niedergang Mitte des 18. Jh. von den von Süden aufkommenden **Marathen** eingenommen wurde. In den folgenden Jahren stritten diese mit den Jats und den Briten in erbittert geführten Schlachten um diesen strategisch bedeutenden Ort. 1805 schließlich wurde Gwalior vertraglich an das Marathen-Geschlecht der **Scindias** überantwortet, wobei jedoch die Briten die machtpolitischen Fäden in der Hand behielten.

Noch einmal 50 Jahre später, während des **Sepoy-Aufstands,** stand Gwalior im Mittelpunkt der indischen Geschichte, als hier die *Rani von Jhansi* auf Seiten der meuternden Truppen des Maharajas von Scindia gegen die Briten kämpfte und als Mann verkleidet in vorderster Front ums Leben kam. Ein Denkmal im Stadtzentrum erinnert an diese Freiheitskämpferin.

Das Fort

Es empfiehlt sich, mit der **Besichtigung** am Südwesteingang des Forts zu beginnen, um dann am Ende des Rundgangs die Festung beim Man-Singh-Palast zu verlassen und während des Abstiegs in die Altstadt noch das archäologische Museum zu besuchen.

Man sollte für den gesamten Rundweg etwa drei Stunden berechnen und berücksichtigen, dass es auf dem weitläufigen Areal der Festungsanlage keinerlei Verpflegungsmöglichkeiten gibt.

Eine der eindrucksvollsten Sehenswürdigkeiten der Anlage begegnet dem Besucher bereits während des steilen Aufstiegs vom Okawahi-Tor zum eigentlichen Fort. Zu beiden Seiten entlang der Straße stehen in verschiedenen Nischen aus dem Fels geschlagene, bis zu 17 m hohe, nackte **Jain-Skulpturen,** die die Verkörperungen der 24 Furtbereiter des Jainismus darstellen sollen. Von den insgesamt fünf um den gesamten Berghügel verteilten Gruppen sind die den Südwesteingang flankierenden die beeindruckendsten, weil am besten restaurierten. Schon kurz nach ihrer Errichtung im 15. Jh. ließ der Großmogul *Babur* diese Götzenbilder, wie er sie nannte, zerstören. Doch die Jains ließen sie in den nächsten Jahrzehnten wieder aufbauen.

Hat man das letzte Tor zum Fort passiert und wendet sich nach rechts, sieht man schon von weitem einen 30 m hohen Turm. Der **Teli-ka-Mandir** wurde im 9. Jh. erbaut und ist architektonisch wohl das interessanteste Bauwerk der gesamten Anlage. Während das 9 m lange Elefantenrückendach ein typisch südindisches Stilelement darstellt, folgt die reiche Dekoration der Außenwände indo-arischen und damit nordindischen Traditionen. Der über dem 10 m hohen Eingang platzierte Garuda weist den Tempel als ein Vishnu-Heiligtum aus.

Schräg gegenüber liegt der **Suraj Kund,** aus dessen Wasser dem legendären *Suraj Sena* eine wundersame Heilung zuteil geworden sein soll.

Vorbei an einem Sikh-Tempel (*Gurudwara*) führt ein Weg auf der östlichen Seite des Forts Richtung Norden zu den beiden direkt nebeneinander gelegenen **Sas-Bahu-Tempeln.** Der größere dieser beiden Ende des 11. Jh. erbauten Vishnu-Tempel erreicht eine Höhe von 30 m, und beide gefallen durch ihre schönen Verzierungen.

Noch weiter in Richtung Norden gelangt man zur eigentlichen, aus fünf Gebäuden bestehenden Palastanlage. Der zwischen 1486

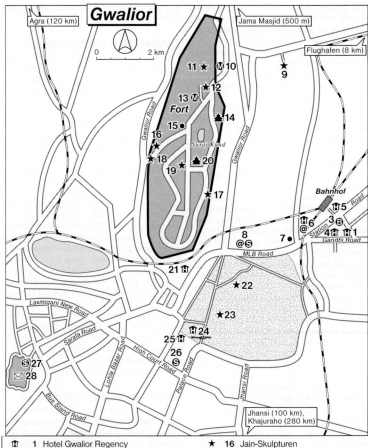

Gwalior

Agra (120 km)

Jama Masjid (500 m)

Flughafen (8 km)

Gwalior Road

Fort

Suraj Kund

Bahnhof

Station Road

Gandhi Road

MLB Road

Laxmiganj New Road

Sarala Road

Lohia Bazar Road

High Court Road

Palace Road

Jhansi Road

Bus Stand Road

Jhansi (100 km),
Khajuraho (280 km)

☰	1	Hotel Gwalior Regency	★	16	Jain-Skulpturen
Ⓑ	3	Busbahnhof	★	17	Jain-Skulpturen
☰	4	Tansen Tourist Bungalow & Tourist Office	★	18	Urwahi-Tor
☰	5	Hotels Safari & India	★	19	Teli-ka-Mandir
☰@	6	Hotel Shelter, Gwala Cyber Zone	♠	20	Sikh-Tempel
●	7	Indian Airlines	☰	21	Regal Hotel
Ⓢ@	8	idbi-Bank-ATM, Cyber Guru	★	22	Moti Mahal
★	9	Gräber von Mohammed Gau und Tansen	★Ⓜ	23	Jai Vilas Palace, Scindia Museum
Ⓜ	10	Archäologisches Museum	☰	24	Usha Kiran Palace Hotel
★	11	Jehangir Mahal & Shah Jahan Mahal	☰	25	Hotel Surya
★	12	Man-Singh-Palast, Chatarbhuj Mandir	Ⓢ	26	idbi-Bank-ATM
Ⓜ	13	Archäologisches Museum	Ⓢ	27	State Bank of India
♠	14	Sas-Bahu-Tempel	✉	28	Hauptpost
●	15	Scindia-Internat			

Orissa, Madhya Pradesh

und 1516 von *Raja Man Singh* erbaute **Man Mandir** fällt sofort als der bedeutendste Palast ins Auge. Seine 20 m hohen Rundtürme mit der blauen Kachelverzierung und Tiermotiven verleihen dem 1881 restaurierten Palast ein ganz ungewöhnliches Äußeres, das ihn deutlich von allen anderen Palästen Indiens unterscheidet. Um so überraschender wirkt dann jedoch die totale Leere im Palastinneren. Die beiden unterirdischen Geschosse, die eigentlich als Refugien gegen die gleißende Sonne gebaut worden waren, wurden während der Mogul-Herrschaft zu Folterkammern umfunktioniert. So ließ *Aurangzeb* in einem der gruseligen Räume seinen Bruder nach fünfjähriger Gefangenschaft ermorden.

Die weiter nördlich und westlich gelegenen Paläste sind ohne besondere Bedeutung. Vom unmittelbar neben dem Palast gelegenen **Hathika Pol** (Elefantentor) führt ein steiler, holpriger Weg durch insgesamt fünf Tore in die Altstadt hinab.

Lohnenswert ist noch ein Besuch des kurz vor dem Almagiri-Tor gelegenen **Archäologischen Museums**. Es ist im von *Man Singh* im 15. Jh. für seine Lieblingsfrau errichteten *Gujari Mahal*, dem „Palast der Armreifen", untergebracht. Im sehr schönen Innenhof und den sich daran anschließenden 24 Galerien findet sich eine umfangreiche Skulpturensammlung hinduistischer, buddhistischer und jainistischer Figuren. Da die Beschriftung der einzelnen Objekte sehr zu wünschen übrig lässt, lohnt der Kauf des kleinen, vom *Archaeological Survey of India* herausgegebenen Büchleins, in dem die einzelnen Skulpturen näher beschrieben werden.

● **Öffnungszeiten:** täglich von 8 bis 17 Uhr, der Eintritt zum Fort beträgt 5 US-$.

Lohnenswert ist auch der Besuch der jeden Abend um 19.30 Uhr in englischer Sprache beim Amphitheater des Man-Singh-Palastes gezeigten **Sound and Light Show.** Hier wird die wechselvolle Geschichte des Forts nacherzählt. Eintritt hierzu 150 Rs. Insektenspray nicht vergessen!

Ein weiteres **archäologisches Museum** befindet sich schräg gegenüber des Man Mandir und zeigt einige schöne Skulpturen und Friese.

● **Öffnungszeiten:** tgl. außer Mo 10–17 Uhr (beide Museen).

Jai-Vilas-Palast und Museum

Von außen wie innen äußerst bizarr wirkt der 1874 von den Scindias von Gwalior erbaute Palast in der Neustadt Laskar. Der Versuch des italienischen Architekten, eine Kopie des Buckingham Palace zu erstellen, ergab eine amüsante Mischung aus viktorianischen und Renaissance-Stilelementen.

Wie viele Rajputen-Paläste ist auch dieser unterteilt in die Privaträume der heute noch hier wohnenden Scindia-Familie, ein Hotel und ein Museum, welches 35 der insgesamt 500 Räume des Palastes einnimmt. Neben einigen sehr schönen Exponaten verschiedener Miniaturmalschulen bietet auch dieser Palast das Beispiel einer Fürstenfamilie, die ihre politische Bedeutungslosigkeit mit unvorstellbarem Luxus zu übertünchen versuchte.

Beispiele gibt es genug: juwelenbesetzte Schuhe der Maharani, zwei 3,5 t schwere Kronleuchter im mit Goldfarbe bemalten, 35 mal 22 m großen Gästesaal oder auch eine silberne Miniatureisenbahn, die, mit Whisky und Süßigkeiten beladen, entlang einer 20 m langen Trasse über den mit Staatsgästen besetzten Tisch fuhr und immer dann automatisch anhielt, wenn die Whiskyflasche geöffnet wurde – Hollywood lässt grüßen.

● **Öffnungszeiten:** tgl. 9.30 bis 16.15 Uhr, Eintritt 180 Rs, Foto/Video 25/75 Rs.

Weitere Sehenswürdigkeiten

Etwa 2 km östlich des Forts befindet sich das **Grabmal** des von *Babur* hochverehrten Heiligen **Mohammed Gauz.** Mit seinen gewaltigen Ausmaßen von 30 m Seitenlänge und dem imposanten, früher von außen gänzlich mit blauen Fliesen verkleideten Kuppeldach wirkt der quadratische Bau wie eine Palastanlage. Auf dem gleichen Gelände findet sich mit dem wesentlich kleineren **Grab von Akhbars Hofsänger Tansen** ein zweites schönes Beispiel früher Mogul-Architektur. Das Kauen der Blätter des neben dem Grabmal stehenden Tamarindenbaumes soll der Stimme angeblich jene Lieblichkeit verleihen, die die Lieder *Tansens* auszeichnete. Anlässlich des gewöhnlich im November/Dezember hier stattfindenden Musikfestivals, zu dem Hunderte von Sängern aus ganz Indien sich hier in Gwalior versammeln, dürfte der Baum wohl kahl gefressen werden.

Information

●Das **Tourist Office** (Tel.: 2340370) befindet sich in den Räumen des *Hotel Tansen* und ist tgl. außer Sa und So von 10 bis 18 Uhr geöffnet. Eine von 8 bis 17 Uhr geöffnete **Filiale** steht dem Reisenden am Bahnhof zur Verfügung.

Stadtverkehr

●Taxis berechnen für die Fahrt zum 12 km außerhalb gelegenen **Flughafen** etwa 250 Rs.
●Mit dem **Scooter** sowohl vom Zug- wie vom Busbahnhof zum Südeingang des Forts je nach Verhandlungsgeschick 30 bis 40 Rs.
●Im großflächigen Gwalior pendeln **Tempos** zwischen den Bahnhöfen sowie dem *Indian Airlines Office* am Tansen Marg, dem Stadtteil Laskar und dem Nordausgang des Forts in unregelmäßigen Abständen hin und her.

Unterkunft

Low Budget:
●Von den vielen wenig einladenden Unterkünften am Bahnhof erscheint das **India Hotel** €-€€ (Tel.: 2341983) einigermaßen akzeptabel, wobei die teureren Zimmer über AC verfügen.
●Gleiches gilt für das neben dem *India* erbaute **Hotel Safari** € (Tel.: 2340638).
●Das populäre **Regal Hotel** € (Tel.: 2331469) kann mit seiner Dachterrasse unterhalb des Tafelberges locken. Die Qualität der Zimmer ist wie bei den zuvor genannten Unterkünften eher bescheiden, doch für eine Nacht speziell in den AC-Räumen akzeptabel.
●Eine gute Adresse in der unteren Preiskategorie ist das saubere, gut geführte **Surya Hotel** €€ (Tel.: 2331183).

Budget und Tourist Class:
●Einen gepflegten Eindruck macht das in einer ruhigen Wohngegend etwa 1,5 km vom Busbahnhof entfernte Hotel **Tansen Tourist**

Bungalow €€-€€€ (Tel.: 2340370) an der Gandhi Road. Die von einem großen Garten umgebenen Zimmer sind ihr Geld wert.
●Ein passables Mittelklassehotel in der Nähe des Bahnhofs ist das gegenüber vom Indian-Airlines-Büro gelegene **Hotel Shelter** €€€ (Tel.: 2326209).
●Noch besser ist das elegante und vergleichsweise preisgünstige **Hotel Gwalior Regency** €€€ (Tel.: 2340670, www.nivalink.com/gwaliorregency) beim New Bus Stand. Mit einem Fitnessclub, Swimmingpool, Restaurant und Coffee Shop bietet es den Standard eines sehr guten Mittelklassehotels.
●Weniger Luxus, dafür mehr Stil bietet das neben dem Jai-Vilas-Palast gelegene **Usha Kiran Palace Hotel** €€€€ (Tel.: 2323993). Für Liebhaber alter Maharaja-Paläste ist dies sicherlich die schönste Unterkunft Gwaliors, doch im Grunde sind die zwar hübschen, aber zweifelsohne nicht herausragenden Zimmer dem Gebotenen entsprechend zu teuer. Aber wie fast immer bei Maharaja-Palästen ist der große, das Hotel umgebende Garten eine Oase der Ruhe. Sehr gelobt wird auch die neue Wellness-Abteilung des Jiva Spa.
●Die beste Unterkunft Gwaliors ist das schicke, zentral klimatisierte **Central Park** €€€€ (Tel.: 2232440, www.thecentralpark.net). Das moderne Business-Hotel bietet mit seinen geschmackvoll eingerichteten Zimmern, Pool, Gym und mehreren Restaurants sehr viel fürs Geld.

Essen und Trinken

●Von den zahlreichen einfachen Lokalen in der Bahnhofsgegend ist das **Indian Coffee House** im *Hotel India* der beste Ort, um in angenehmer Atmosphäre und bei leckeren kleinen Mahlzeiten den Hunger und die Wartezeit zu vertreiben.
●Leckere einheimische Gerichte zu günstigen Preisen (Hauptgerichte 40–70 Rs) in angenehmem Ambiente serviert das **Anand Bhoj** an der Station Rd. Ganz ähnlich und dementsprechend empfehlenswert ist das **Dawat Restaurant** an der MLB Rd.
●Eine gute Wahl ist das **Blue Fox** im Hotel *Shelter*. Nomen est Omen, beeindruckt es

doch durch sein trendiges, ganz in Blau gehaltenes Inneres. Die schmackhaften einheimischen wie europäischen Gerichte kosten zwischen 40 und 120 Rs.

● Gut isst man auch im **Tansen Tourist Bungalow** und im **Hotel Regency.** Dort hat der Coffee Shop sogar 24 Std. geöffnet.

● Gut und relativ preiswert ist das **Volga Restaurant** im *Surya Hotel,* nicht weit vom Usha Kiran Palace.

● Das Restaurant im **Usha Kiran Palace** bietet schmackhafte indische Gerichte zu überhöhten Preisen. Allerdings sitzt es sich im Garten unter Bäumen angenehmer als in jeder der zuvor genannten Gaststätten.

Bank

● Die **State Bank of India** am Bada Chowk wechselt Bares und Travellerschecks, die beiden ATMs der **idbi-Bank** (High Court Rd., MLB Rd.) akzeptieren alle wichtigen internationalen Kreditkarten.

An- und Weiterreise

Flug:
● *Indian Airlines* (Tansen Marg, Barrar, Tel.: 2326872) fliegt Gwalior zurzeit nicht an. Geplant sind Flüge nach Delhi, Indore, Bhopal und Mumbai.

Bahn:
Die Bahn ist das beste Transportmittel, um von Gwalior weiterzureisen, da kaum eine andere Stadt Zentralindiens über derart vielfältige Verbindungen verfügt, die wichtigsten sind im Anhang zu finden.

Bus:
Wer trotz der hervorragenden Bahnverbindungen mit dem Bus weiterreisen möchte, dem bieten sich vom New Bus Stand zahlreiche Möglichkeiten.

● Regelmäßige Verbindungen bestehen u.a. mit **Agra** und **Jhansi** (je 3 Std., 60 bzw. 50 Rs), **Shivpuri** (2,5 Std., 40 Rs), **Ujjain** (11 Std., 200 Rs), **Indore** (12 Std., 245 Rs) und **Bhopal** (11 Std., 190 Rs).

● Tgl. 3 Direktbusse fahren morgens in 9 Std. über **Jhansi** zum 275 km entfernten **Khajuraho** (160 Rs).

Das Narmada-Staudammprojekt – Symbol für den zukünftigen Weg Indiens

Kaum ein anderes Thema hat die indische Innenpolitik über die letzten 20 Jahre derart beherrscht und ist derart kontrovers diskutiert worden wie das Staudammprojekt entlang des Narmada-Flusses im Nordwesten Indiens. „Narmada" wurde zu einem Schlagwort in der Debatte um den zukünftigen Entwicklungsweg, zu einem Symbol des Widerstands gegen die Großprojekte im Namen der Modernisierung, die von Regierungen im Einklang mit multinationalen Konzernen im Eiltempo vorangetrieben werden, zum Nutzen der Mittel- und Oberschicht und zu Lasten der Mittel- und Sprachlosen.

Der **Narmada-Fluss** entspringt im Osten von Madhya Pradesh und fließt von dort auf einer Länge von über 1.300 km nach Westen, wo er in der Nähe von Bharuch ins Arabische Meer mündet. Für viele gläubige Hindus ist er ein **heiliger Fluss,** weshalb er von unzähligen Tempeln und Schreinen gesäumt ist.

Ein System von 30 großen und mehreren Hundert kleineren Staudämmen soll den Narmada und seine Zuflüsse in eine abgestufte Folge von **Staubecken** verwandeln. Hinzu kommt ein mehrere Tausend Kilometer umfassendes **Kanalsystem,** das vor allem die jedes Jahr von schweren Dürreperioden heimgesuchten Trockengebiete von Gujarat sowie Teile Maharashtras und Rajasthans **mit Wasser versorgen** soll. Schließlich soll die **Elektrizitätsgewinnung** etwa 1,5 % des gesamtindischen Bedarfs decken. Ein wahrlich gigantisches Projekt, mit dessen Planung bereits in den 1950er Jahren begonnen wurde. Herzstück ist der **Sadar-Sarovar-Staudamm,** der bei einer Höhe von 138 m und einer Länge von 1,2 km einen gigantischen Stausee entstehen lassen soll: über 200 km lang und 15 km breit.

Von den Befürwortern des Projekts wird in erster Linie der wirtschaftliche Nutzen angeführt. Demnach könnte mit den Narmada-Wassern genug Brachland landwirtschaftlich nutzbar gemacht werden, um 20 Mio. Menschen zu ernähren. Außerdem ließe sich die Versorgung mit Elektrizität und Trinkwasser nachhaltig verbessern. Diese Annahmen beruhen jedoch auf Schätzungen, die keineswegs gesichert sind. Darüber hinaus lässt sich bereits jetzt erkennen, dass der überwiegende Teil des Wassers im relativ wohlhabenden Einflussbereich der Metropolen Surat, Vadodara und Ahmedabad verbraucht werden. Dementsprechend würde der Großteil des zur Verfügung stehenden Wassers gar nicht zu der als Hauptnutznießer auserkorenen armen Landbevölkerung gelangen.

Auch die **ökologischen Folgen** des Projektes bereiten Anlass zur Sorge. Schon heute hat sich die Wassermenge unterhalb der Staumauer des Sadar Sarovar um die Hälfte reduziert, sodass Meerwasser in den Fluss eindringt, was die Versalzung fruchtbaren Ackerlandes zur Folge hat.

Ebenso umstritten sind die sozialen Folgen und hier insbesondere die **Umsiedlungspraxis** der Staudammbetreiber. Das Projekt macht die Umsiedlung von einer halben Million Menschen notwendig und hat Auswirkungen auf weitere 15 Mio., die als Kleinbauern, Landarbeiter, Fischer und Bootsleute unmittelbar von der Ökologie des Tales abhängen. In den meisten Umsiedlungsdörfern ist die Bodenqualität, die Versorgung mit Trinkwasser und Brennholz sowie die Verkehrs- und Marktanbindung derart schlecht, dass sich viele ehemals relativ wohlhabende Kleinbauern ins Narmada-Tal zurückziehen, wo sie als landlose Gelegenheitsarbeiter leben.

Besonders negativ sind die Auswirkungen für die in dieser Region zahlreichen **Ureinwohner.** Diesen ohnehin schon am Rande der Gesellschaft lebenden Adivasi wurde mit der Überflutung und der Zerstö-

rung der Wälder nicht nur die materielle Grundlage entzogen, sondern auch ein Teil ihrer kulturellen Identität geraubt, da sie den Wald als Heimat ihrer Ahnen verehren. Erschwerend kommt hinzu, dass die meisten von ihnen aufgrund fehlender individueller Landbesitztitel keine Entschädigung beantragen können. Als Folge dieser materiellen und kulturellen Enteignung leben viele nun in den Slums der Großstädte.

Mitte der 1970er Jahre kämpfte zunächst die von den unmittelbaren Folgen betroffene lokale Bevölkerung gegen das Projekt. Die Bewegung, die sich dem gewaltlosen Widerstand im Gandhischen Sinne verschrieben hatte, weitete sich, seit Mitte der 1980er Jahre die Weltbank das Projekt mit 50 Millionen Dollar unterstützt, zu einer **landesweiten Protestaktion** aus. Der Staatsapparat reagierte mit wachsender Repression, um die wirtschaftlichen Interessen der Staudamminvestoren zu schützen. Immer mehr friedliche Protestaktionen wurden durch Militär- und Polizeieinsatz beendet – sogar Tote waren zu beklagen.

Nicht zuletzt dadurch und durch die geschickte Nutzung des Internets weitete sich der Protest über die nationalen Grenzen hinaus zu einer **globalen Widerstandsbewegung** aus. Umwelt- und Menschenrechtsorganisationen aus Europa, Nordamerika und Japan spannten ein globales Netzwerk. Durch das immer größer werdende mediale Interesse verstärkte sich der Druck auf die indische Regierung und die Investoren. Als der 1992 veröffentlichte Morse-Bericht offiziell die planerischen Mängel offenlegte, sah sich die Weltbank entschlossen, die noch verbliebenen Gelder in Höhe von 170 Millionen Dollar vorläufig einzufrieren. 1995 schließlich wurde der über Jahre praktizierte gewaltlose Widerstand sowie die beispiellose internationale Solidaritätskampagne mit dem vom obersten Gerichtshof Indiens verfügten Baustopp mit einem international aufsehenerregenden Erfolg belohnt.

Wie sich bald zeigen sollte, war dies jedoch nur ein kurzlebiger Erfolg.

Shivpuri ↗V/D3

Die ehemalige Sommerresidenz der Scindias von Gwalior strahlt auch heute noch viel von der beschaulichen Ruhe vergangener Tage aus. Hauptattraktion sind die inmitten sehr gepflegter Mogul-Gärten stehenden **Marmorgrabstätten der Scindia-Dynastie.** Besonders die beiden sich gegenüberliegenden *Chattris* des Maharajas von Gwalior, *Rao Scindia,* und seiner Mutter, *Maharani Sakhya Rayi Scindia,* wirken mit ihren Sikhara-Türmen, Mogul-Pavillons, durchbrochenen Wänden und auf freistehenden Säulen platzierten viktorianischen Lampen wie verspielte kleine Paläste. Speziell wenn die Grabstätten nachts angestrahlt werden, vermitteln sie einen äußerst romantischen Eindruck.

Ebenfalls sehr harmonisch wirkt der auf einem kleinen Hügel erbaute, pinkfarbene **Madhav-Vilas-Palast,** die Sommerresidenz der Scindias. Von den das Gebäude an allen vier Ecken begrenzenden Türmchen bietet sich ein schöner Blick auf Shivpuri und die Umgebung.

Idyllische Ruhe strahlt auch der nahe legene, 156 km² große **Madhav-Nationalpark** aus, der vor allem von Antilopen, Sambarhirschen, Gazellen und Rehen bewohnt wird.

Anreise

● Shivpuri ist mit mehreren **Direktbussen** tgl. von **Gwalior** aus zu erreichen. Die 100 km lang Fahrt dauert ca. 3 Std.

Unterkunft

● Von den vielen Hotels der Stadt seien nur das hübsche **Chinkara Motel** €-€€ (Tel.: 07492-221297) in traditionellem Baustil an der Agra Mumbai Road erwähnt sowie das staatliche **Tourist Village** €€-€€€ (Tel.: 233760). Leider liegt es 5 km außerhalb des Stadtzentrums. Von den 19 Zimmern sind 5 klimatisiert.

Jhansi ↗VI/A3

(ca. 460.000 Einwohner, Vorwahl: 0517)

Verwaltungstechnisch gehört diese Stadt eigentlich noch zu Uttar Pradesh, doch in ihrer Funktion als meistbenutzter **Umsteigeplatz nach Khajuraho** wird sie an dieser Stelle erwähnt. *Madhya Pradesh Tourism* setzt vom Bahnhof von Jhansi, der an der Hauptbahnlinie Delhi – Mumbai liegt, einen speziell für Touristen betriebenen AC-Bus ein, der die Strecke nach Khajuraho in 4,5 Std. bewältigt. So ist Jhansi einer jener Orte, von denen die Touristen nur das Bahnhofsgelände zu sehen bekommen.

Man verpasst dabei kaum etwas, denn von der jedem indischen Schulkind geläufigen **Vergangenheit** spiegelt sich im heutigen Stadtbild kaum etwas wider. 1863 war der Maharaja von Jhansi gestorben, ohne einen männlichen Nachkommen zu hinterlassen. Die Briten nahmen dies zum Anlass, das kleine Fürstentum unter ihre Herrschaft zu stellen. Damit war jedoch die Ehefrau des Maharajas ganz und gar nicht einverstanden, sah sie sich doch als legitime Nachfolgerin ihres Gatten. Als 1857 der Sepoy-Aufstand ausbrach, nahm die **Maharani von Jhansi** die Rebellion als willkommene Gelegenheit, um an der Spitze eines Heeres den Briten eine empfindliche Niederlage zuzufügen. Nachdem die britische Armee die Stadt jedoch ein Jahr später zurückeroberte, floh die indische Jeanne d'Arc mit ihren treuesten Anhängern nach Gwalior, wo sie am 17. Juni 1858, in vorderster Front als Mann verkleidet starb.

Information

● Sowohl **Uttar Pradesh Tourism** als auch **Madhya Pradesh Tourism** unterhalten Informationsbüros am Bahnhof. Offiziell sind beide von 8 bis 18 Uhr geöffnet. Besser ist das **Uttar Pradesh Tourist Office** (Tel.: 2441267, Mo–Fr 10–17 Uhr) im *Hotel Veerangana.*

Stadtverkehr

● Vom Bahnhof zum ca. 4 km entfernten Busbahnhof sollte man per Autoriksha etwa 30 Rs zahlen. Mit dem Tempo: 5 Rs.

Unterkunft, Essen und Trinken

●Die beste Adresse im unteren Preisbereich ist das **Hotel Samrat** € (Shivpuri Rd., Tel.: 2444943), etwa 1 km vom Bahnhof entfernt.
●Nur etwa 10 Gehminuten vom Bahnhof entfernt, am Sardari Lal Market, liegt das etwas heruntergekommene, aber akzeptable **Hotel Prakash** €-€€€ (Tel.: 2331911 oder 2445826) mit Swimmingpool.
●**Srinath Palace** €€-€€€ (Tel.: 2445555) an der Station Rd. mit klimatisierten Zimmern und Restaurant ist gleich weit vom Bahnhof entfernt und bietet mehr Komfort.
●Nostalgisch schön ist das **Jhansi Hotel** €€€-€€€€€ (Tel.: 2470360), ein altes Kolonialhotel an der Shivpuri Rd. Gut ist auch das Restaurant.
●Den meisten Komfort bietet das **Hotel Sita** €€-€€€ (Tel.: 2442956) ebenfalls an der Shivpuri Rd., ein gut geführtes Mittelklassehotel mit Zimmern inklusive TV, dennoch überteuert.
●Kulinarisch ist man in Jhansi am besten im **Holiday Restaurant** am Sadar Bazaar aufgehoben: einheimische und chinesische Gerichte zu günstigen Preisen (30–50 Rs) sowie angenehme Atmosphäre.

Bank und Internet

●Die **State Bank of India** wechselt Bargeld aller Art, aber nur AmEx-Travellerschecks.
●Von wenigen **Internetcafés** scheint das beim *Hotel Sita* mit teuren 50 Rs/Std. noch am besten.

An- und Weiterreise

Bahn:
●Jhansi liegt an der Hauptbahnlinie Delhi – Agra – Bhopal – Mumbai bzw. Allahabad – Varanasi – Patna, und so bieten sich tgl. zahlreiche Zugverbindungen in alle bedeutende Städte Zentralindiens an. Seine Anfahrt sollte man zeitlich so planen, dass man rechtzeitig in Jhansi eintrifft, um mit dem um 11 Uhr vom Bahnhof nach **Khajuraho** abfahrenden Luxusbus mitfahren zu können.
●Von **Delhi** aus bietet sich z.B. der superschnelle Luxuszug Shatabdi Exp. an: Abf. De-

lhi 6.00 Uhr, **Agra** an 7.55 Uhr, **Gwalior** an 9.15 Uhr, Jhansi an 10.24 Uhr. Bei eventuellen Verspätungen wartet der Bus nach Khajuraho.
●**Weitere Verbindungen** im Anhang.

Bus:
●Zwei Deluxe-Busse um 5.30 Uhr und um 11 Uhr vom Bahnhof Jhansi nach **Khajuraho** benötigen 4,5 Std. und kosten 90 Rs. Tickets gibt's auf Bahnsteig 1 beim Schalter von Madhya Pradesh Tourism. Weitere Busse nach Khajuraho fahren mittags vom Bahnhof ab. Sind diese weg, kann man per Bus bis Bamitha und von dort die letzten 11 km per Jeep oder Riksha weiterfahren.
●Die meisten der **von Khajuraho** kommenden Busse halten auch ca. 100 m vom Bahnhof entfernt.
●Vom chaotischen Busbahnhof Jhansis bieten sich weitere Direktverbindungen, z.B. nach **Delhi, Agra** und **Gwalior,** doch all diese Orte sind bequemer per Bahn zu erreichen.

Tempo:
●Für die 18 km lange Fahrt nach **Orcha** bieten sich die an der Straße vor dem Busbahnhof abfahrenden Tempos als zügige, aber volle Verkehrsmittel an.

Der besondere Tipp:
Orcha ⌧ VI/A3

(ca. 9.000 Einwohner, Vorwahl: 07680)

Orcha teilt das Schicksal manch anderer Städte, die sozusagen im Windschatten bedeutenderer Sehenswürdigkeiten liegen und deshalb nur selten von ausländischen Besuchern bereist wurden. Auch wenn zunehmend mehr Touristen in diesem lieblichen Ort anhalten, fahren nach wie vor täglich Hunderte von Touristen auf ihrem Weg von Jhansi nach Khajuraho nichts ahnend nur wenige Kilometer an dem geschichtsträchtigen Ort vorbei. Doch vielleicht trägt gerade das zum unverfälschten Charme dieses mittelalterlichen Städtchens am Ufer des Betwa-Flusses bei. Heute erscheint es kaum vorstellbar, dass Orcha vor gut 450 Jahren Mittelpunkt eines der bedeutendsten Regionalreiche Zentralindiens war.

Gegründet wurde Orcha 1531 von *Raja Rudra Pratap Singh,* dem Anführer des Rajputen-Clans der Bundelas. Auf dem Höhepunkt der Macht standen die Bundelas unter *Bir Singh Deo,* dem Enkel *Pratap Singhs.* Dieser war einer der engsten Weggefährten des Mogul-Prinzen *Salim,* und als dieser 1605 als Nachfolger *Akhbars* zum *Kaiser Jehangir* aufstieg, begann auch das goldene Zeitalter Orchas. *Jehangir* zeichnete seinen alten Jugendfreund, der ihm zuvor in vielen Schlachten zur Seite gestanden hatte, mit vielfältigen, lukrativen Privilegien aus. Nach dem Tod *Jehangirs* 1627 fiel *Bir Singh Deo* allerdings bei dessen Nachfolger *Shah Jahan,* dem die Machtfülle des Rajputenfürsten ein Dorn im Auge war, recht bald in Ungnade. Vom Heer des damals erst sechzehnjährigen Sohnes *Shah Jahans,* dem späteren Kaiser *Aurangzeb,* wurde *Bir Singh Deo* aus Orcha vertrieben und später ermordet.

Sehenswertes

Bedeutendstes architektonisches Zeugnis der Regierungszeit *Bir Singh Deos* ist der anlässlich des Besuches *Kaiser Jehangirs* errichtete **Jehangir Mahal.** Vom obersten Stockwerk des hoch aufsteigenden Palastes, der mit seinen vielen kleinen *Chattris* und Balkonen einen verspielten Eindruck macht, bieten sich sehr schöne Ausblicke auf Orcha und die Umgebung.

Schmuckstück des neben dem Palast und dem darin untergebrachten Schlosshotels (*Sheesh Mahal*) gelegenen **Raj Mahal** sind dessen Wandmalereien mit sehr schönen Naturszenen und höfischen Motiven. Die Türen dieser ehemaligen Residenz *Madhukar Shahs,* des Vorgängers *Bir Singh Deos,* sind meist verschlossen, doch ein Wärter wartet nur darauf, Touristen für ein Trinkgeld herumzuführen.

Den **Raj Pravin Mahal** unterhalb des Jehangir Mahal, der von einem hübschen Garten umgeben ist, ließ *Raja Indraman* 1672 für seine Lieblingsfrau *Raj Pravin* bauen.

Im Reich der Legende wird man wohl die Geschichte ansiedeln dürfen, wonach Kaiser *Akhbar* von deren Schönheit so angetan war, dass er sie in seinen Hof nach Delhi lud, um ihr seine Verehrung zu gestehen. *Raj Pravin* soll sich jedoch dem Werben *Akhbars* verwehrt haben und schließlich treu zu ihrem Ehemann nach Orcha zurückgekehrt sein. Von Erzählungen dieser Art wimmelt es geradezu in der regionalen Geschichtsschreibung Indiens, denn sie dienen immer wieder gern als Anlass, das Hohelied der ihrem Mann bis in den Tod treu ergebenen indischen Frau anzustimmen.

Auch mit dem **Dinman-Herauls-Palast** verbindet sich eine Legende. Danach soll der hier für eine Zeit residierende Sohn *Bir Singh Deos* Selbstmord begangen haben, um seine Unschuld in einer ihm zur Last gelegten Affäre mit der Frau seines Bruders zu beweisen – in Indien immer eine Geschichte, aus der Helden geboren werden. So gilt dem Unglücklichen auch heute noch die Verehrung als Märtyrer in vielen Tempeln der Region.

Einen Besuch lohnen auch die etwas abseits vom Palast gelegenen **Sommergärten** (*Phul Bagh*) sowie die sehr romantisch an den Ufern des Betwa-Flusses stehenden, insgesamt 14 *Chattris* der Herrscher von Orcha.

Der bedeutendste Tempel Orchas stammt aus dem 16. Jh. und ist auch heute noch Ziel Tausender Gläubiger. Der **Ram-Raja-Tempel** war ursprünglich ein Palast, in dem die Gattin des Herrschers von Bundela ein Bildnis Ramas platzieren ließ, welches sie von der Wallfahrt aus Ayodhya mitgebracht hatte. Als die Statue später in einen Tempel überführt werden sollte, erwies sie sich jedoch als zu schwer für den Transport, und so verblieb sie heute in dem Palast.

Der ursprünglich zur Aufbewahrung des Rama-Bildnisses errichtete **Chaturburj-Tempel** überragt die Stadt und steht auf einer Plattform, die über eine steile Treppe zu erreichen ist. Der von hohen Mauern umgebene, festungsartige Tempel liegt am Ende eines Schotterweges und ist in seinen drei Hallen mit ursprünglich sicher schönen, inzwischen jedoch leider sehr beschädigten Wandmalereien geschmückt.

Im Erdgeschoss des *Sheesh Mahal* kann man sich für eine Gebühr von 50 Rs (plus 500 Rs Pfand) einen Walkman ausleihen und

sich so eine Stunde lang durch die diversen Paläste führen lassen. Eine lohnende Ausgabe.

Unterkunft, Essen und Trinken

●Wer für wenig Geld angenehm wohnen möchte, sollte gleich bei den ersten beiden Hotels anhalten, die auf der Straße von Khajuraho auf der linken Seite auftauchen. Das **Deep Regency** €-€€ (Tel.: 252076) bietet blitzblanke, freundliche Zimmer in netter Atmosphäre. Die Zimmer nach hinten sind vorzuziehen. Eine gute Wahl ist auch das in unmittelbarer Nähe gelegene **Ganpati Guesthouse** €€ (Tel.: 252765).

●Schlichte saubere, aber recht dunkle Zimmer mit Gemeinschaftsbad bietet das kleine

Der Jehangir-Palast in Orcha

Hotel Mansarovar € (Tel.: 252076) an der Hauptkreuzung im Ortskern.

●Eine bessere Wahl ist das gleich daneben gelegene **Shri Mahant Guest House** € (Tel.: 2527150), wobei besonders der hauseigene Balkon zum Entspannen einlädt.

●Am stilvollsten nächtigt man natürlich in den insgesamt acht Zimmern des im Jehangir Mahal Palace untergebrachten Hotels **Sheesh Mahal** €€€-€€€€ (Tel.: 252624). Bedenken sollte man allerdings, dass die günstigeren Zimmer etwas muffig riechen. Richtiggehend fürstlich, allerdings auch reichlich teuer wohnt man in den beiden angebotenen Suiten. Insgesamt strahlt das Hotel eine angenehme Atmosphäre aus, auch wenn der Service im hauseigenen Restaurant manchmal recht schleppend wirkt.

●Mehr fürs Geld bieten die am Flussufer gelegenen, sauberen Bungalows im **Betwa Cottages** €€-€€€ (Tel.: 252618) inmitten einer hübschen Gartenanlage.

●Schön wohnt man im **Orcha Resort** €€€-€€€€ (Tel.: 252759). Die sich im Besitz eines Marmorhändlers aus Agra befindliche Anlage liegt stilvoll neben den Chattris der Herrscher von Orcha und strahlt nicht zuletzt wegen der Nähe zum Betwa-Fluss eine friedvolle Atmosphäre aus. Ein weiteres Plus ist der hauseigene Pool. Klagen wegen mangelnder Hygiene gab es jedoch bzgl. des hauseigenen Restaurants.

● Neben den bereits genannten Hotelrestaurants bietet das **Betwa Tarang** im Ortszentrum eine große Auswahl einheimischer und internationaler Gerichte.

An- und Weiterreise

● Zwischen Orcha und dem Busbahnhof von **Jhansi** bestehen regelmäßige Bus- und Tempoverbindungen. Mit der Riksha ca. 100–150 Rs.

● Wer von **Khajuraho** nach Orcha reisen will, braucht nicht bis Jhansi zu fahren, sondern kann bereits an der von der Hauptstrecke zwischen Jhansi und Khajuraho nach Orcha abzweigenden Straße aussteigen und dort in die häufig vorbeifahrenden Busse oder Tempos umsteigen.

Highlight:

Khajuraho ⟋ XII/B1

(ca. 20.000 Einwohner, Vorwahl: 07686)

Wer die beschwerliche und langwierige Anreise zu diesem weitab aller Hauptverkehrswege gelegenen Ort hinter sich gebracht hat, befindet sich an einer der bedeutendsten kulturhistorischen Stätten ganz Indiens. Das heute so verschlafen wirkende Städtchen inmitten recht trostloser Landschaft war ab dem 7. Jh. **Hauptstadt des Chandela-Reiches.** Diese Rajputenfamilie beherrschte von hier aus große Teile Zentralindiens. Auf dem Höhepunkt ihrer Macht errichteten die Chandelas zwischen 950 und 1080, also innerhalb nur eines Jahrhunderts, insgesamt über 80 **Tempel,** die als die bedeutendsten Beispiele indo-arischer Architektur in Indien gelten.

Der Weg zu den von einer gepflegten Parklandschaft umgebenen Bauten der westlichen Gruppe entwickelt sich zu einem **Lehrpfad der klassischen indischen Architekturgeschichte.** Um sie gegenüber der profanen Welt hervorzuheben, wurden die Tempel auf einer hohen Plattform platziert. Alle sind in Ost-West-Richtung ausgerichtet, dabei zeigt der Eingang nach Osten, zur aufgehenden Sonne. Exemplarisch lässt sich der innerhalb von nur einem Jahrhundert (950–1050) vollzogene Wandel des *Shikhara* genannten Tempelturmes vom einfachen und einteiligen zur komplizierten geometrischen Form des mehrteiligen *Shikhara* nachvollziehen.

Die **großen Tempel** des hier in perfekter Ausformung zu bewundernden nordindischen Nagara-Stils verfügen mit einer kleineren *(Mandapa)* und einer Haupthalle *(Mahamandapa)* sowie einem Portikus *(Andramandapa)* und einem schmalen Vorraum *(Antarala)* vor der Kultzelle über mehrere dem Hauptturm vorgelagerte Räume. Um das Sanktuarium verläuft ein im Uhrzeigersinn zu begehender, schmaler Umwandelungsgang *(Pradakshina)*. Die ornamentalen und figürlichen Darstellungen um die Plattformen und Außenwände der Tempel herum sind in ihrer hierarchischen Anordnung ein Spiegelbild des Universums. Von der Basis bis zur Spitze finden sich Lotosblätter, Floralmuster, amphibische Tiere und Fabelwesen, Tiere wie Elefanten, Pferde und Löwen, Menschen, gottähnliche Herrscher und Götterdarstellungen. Der für die Steinmetze besonders leicht zu bearbeitende weiche Sandstein wurde aus dem 80 km entfernten Panna herbeigeschafft.

Vor allem ihr einmaliger **Skulpturenreichtum** hat den Ruhm der Tempel begründet. Wie in einem Kaleidoskop mittelalterlichen Lebens ziehen auf den die Tempel umlaufenden Relieffriesen und der die Dächer überdeckenden Einzelskulpturen (Tänzer, Musiker, Bauern, Könige, Götter, Krieger, Elefanten, Kühe und tausend andere Motive) am staunenden Auge des Betrachters vorbei. Khajuraho repräsentiert eine Bauform, in der die Skulpturen nicht nur dekorative Funktion haben, sondern integraler Bestandteil der Tempel sind.

Was letztlich jedoch jährlich Zehntausende von Besuchern anlockt, sind die in unvergleichlicher Detailgenauigkeit dargestellten **erotischen Szenen**. Leider wird dabei vollkommen übersehen, dass die Darstellungen körperlicher Vereinigung nur einen geringen Teil der Plastik Khajurahos ausmachen. Das lustvolle Über-, Unter- und Nebeneinander der offenkundig höchst engagierten Darsteller zeugt von ebenso reicher Phantasie wie von fast schon olympiareifer Akrobatik. Oft ist ein zweiter Blick erforderlich, um herauszufinden, wer mit wem und wie. Die Darstellung erotischer Szenen im Hinduismus ist an sich gar nichts Unübliches, doch nirgends geschieht es mit derselben Exzessivität wie in Khajuraho.

Dabei steht die dargestellte unerschrockene Offenheit **in krassem Widerspruch zum prüden Indien von heute**. So werden von den sittenstrengen Indern auch die haarsträubendsten Erklärungen konstruiert, um die „zügellosen Ausschweifungen" in einem anderen Licht erscheinen zu lassen. Ungewollt komisch wirkt die allerdings sehr ernsthaft vorgetragene These, die erotischen Skulpturen an den Außenwänden der Tempel sollten das Gotteshaus vor Blitzeinschlag schützen. Die mit erhobenem Zeigefinger vorgetragene Ermahnung, die dargestellten Liebespaare sollten den Besucher vor Betreten des Tempelinneren im wahrsten Sinne des Wortes plastisch vor Augen führen, dass man allen fleischlichen Gelüsten zu entsagen habe, um zum eigentlichen Sinn des Lebens, dem Göttlichen, vorzudringen, zeugt hingegen von jener körperfeindlichen indischen Sexualmoral, die das Resultat einer unglücklichen Verbindung von orthodoxem Hinduismus und puritanischem Viktorianismus ist.

Dabei ist die Darstellung von Liebespaaren ein bedeutender Aspekt der im Hinduismus tief verwurzelten **vorarischen Fruchtbarkeitskulte**. Danach wird in der sexuellen Ekstase das Göttliche und damit das letztendliche Ziel eines jeden Lebewesens erfahren. So sind die Gesichter der Liebenden auch nicht von Anspannung, sondern von einer fast schon weltentrückten Ruhe und Gelassenheit gekennzeichnet. Von der im schmucklosen Inneren des Tempelturmes ruhenden Götterstatue geht die Kraft aus, die sich an den Außenwänden des Tempels zum Tanz des Lebens steigert. Die Vereinigung ist hier kein in erster Linie körperlicher Akt, sondern eine religiöse Form der Gotteserfahrung. Khajuraho zelebriert in geradezu triumphaler Weise die allen archaischen Religionen eigene sinnliche Erfahrung der körperlichen Vereinigung als **spirituellem Akt**.

Besichtigung

Die über ein Gebiet von etwa 20 km² verteilt stehenden Tempel werden entsprechend ihrer Lage in je eine westliche, östliche und südliche Gruppe unterteilt.

Die westliche Gruppe

In dieser umzäunten und gepflegten, mit Bougainvillea bepflanzten Parkanlage befinden sich die schönsten und besterhaltenen Tempel Khajurahos. Ein asphaltierter Rundweg führt vom Eingang entlang der einzelnen Heiligtümer, die hier im Uhrzeigersinn beschrieben werden.

Mit dem **Lakshmana-** und dem **Varaha-Tempel** finden sich auf der linken Seite des Weges zunächst zwei weiger bekannte Tempel. Unmittelbar neben dem *Vishnu* in seiner Inkarnation als Eber geweihten Varaha-Tempel steht außerhalb der Umzäunung der **Matangeshvara-Tempel**. Obwohl einer der schlichtesten Tempel Khajurahos, ist er der am meisten verehrte. Hierhin ziehen die Wallfahrer, um für die Erfüllung ihrer großen und kleinen Bitten zu beten, bevor sie sich auf die Weiterfahrt machen.

Der auffälligste der vier unmittelbar beim Eingang platzierten Tempel ist jedoch der **Lakshmana-Tempel**. Obwohl als einer der ersten der Anlage erbaut (zwischen 930 und 950), ist der 30 m hohe Tempel als einziger in seiner ursprünglichen Form erhalten geblieben, d.h. auch mit den vier begrenzenden Eckschreinen und wird damit dem Panchayatana-Typus zugeordnet. Geweiht ist es *Lakshman*, einem Halbbruder *Ramas*, der siebten Inkarnation *Vishnus*. Besonders beeindruckend sind die den Eingang zur Cella schmückenden Steinmetzarbeiten, in denen *Vishnu* vierarmig und mit Menschen-, Eber- und Löwenkopf dargestellt ist. Sehr schön

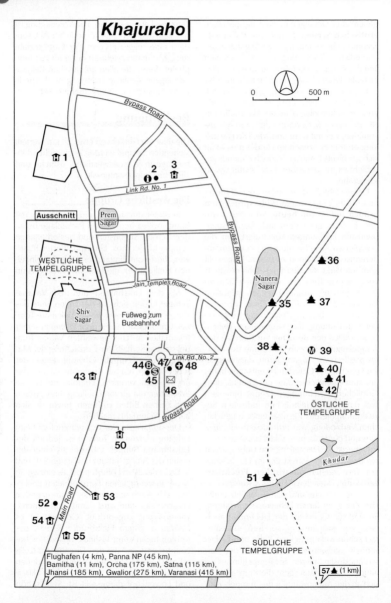

Khajuraho

0   500 m

Bypass Road

🏛 1

2 ❶ ● 3 🏛

Link Rd. No. 1

Prem Sagar

Ausschnitt

WESTLICHE TEMPELGRUPPE

Shiv Sagar

Jain Temples Road

Fußweg zum Busbahnhof

Bypass Road

Nanera Sagar

▲ 36

▲ 35 🌲 37

38 ▲

Ⓜ 39

▲ 40
▲ 41
▲ 42

ÖSTLICHE TEMPELGRUPPE

Link Rd. No. 2

44 Ⓑ 47 ● ✚ 48
● Ⓢ
45

43 🏛

✉ 46

Bypass Road

🏛 50

Khudar

51 ▲

52 ●

🏛 53

54 🏛

🏛 55

Main Road

SÜDLICHE TEMPELGRUPPE

Flughafen (4 km), Panna NP (45 km), Bamitha (11 km), Orcha (175 km), Satna (115 km), Jhansi (185 km), Gwalior (275 km), Varanasi (415 km)

57 ▲ (1 km)

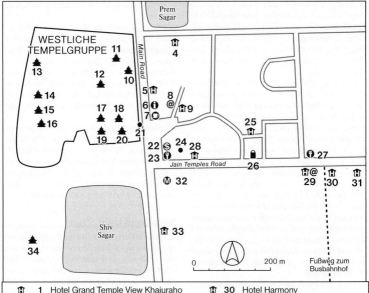

🏨	1	Hotel Grand Temple View Khajuraho
❶	2	MadhyaPradesh Tourism,
●		Chandela Cultural Centre
🏨	3	Hotel Payal
🏨	4	Hotel Casa Di William
🏨	5	Hotel Siddharth
❶	6	India Tourism Office
◐	7	Raja's Café
@	8	Internet Café
🏨	9	Yogi Lodge
▲	10	Nandi Tempel
▲	11	Vishvanath Tempel
▲	12	Parvati Tempel
▲	13	Chitragupta Tempel
▲	14	Devi Jagadamba Tempel
▲	15	Mehadeva Tempel
▲	16	Kandariya Tempel
▲	17	Lakshmana Tempel
▲	18	Lakshmi Tempel
▲	19	Mantangesvara Tempel
▲	20	Varah Tempel
●	21	Eingang westl. Tempelgruppe
⑤	22	State Bank of India
❶	23	Madras Coffee House
●	24	Maharaja Memorial
🏨	25	Hotel Marble Palace
∎	26	Gemüsemarkt
❶	27	Mediterrano Italian Chef
🏨	28	Hotel Royal Chandela
🏨@	29	Hotel Jain, Krishna Cybercafé
🏨	30	Hotel Harmony
🏨	31	Hotels Zen und Surya
Ⓜ	32	Archäologisches Museum
🏨	33	Hotel Shanti
▲	34	Causant Yongini Tempel
▲	35	Brahma Tempel
▲	36	Vamuna Tempel
▲	37	Javari Tempel
▲	38	Ghantari Tempel
Ⓜ	39	Jain Museum
▲	40	Adinath Tempel
▲	41	Parsvanath Tempel
▲	42	Shantinath Tempel
🏨	43	Hotel Sunset View
Ⓑ	44	Busbahnhof,
●		Bahnreservierungsbüro
⑤●	45	Canara Bank, Arzt
⊠	46	Hauptpost
●	47	Polizei
✚	48	Krankenhaus
🏨	50	Hotel Jass Trident
▲	51	Duladeo Tempel
●	52	Indian Airlines
🏨	53	Hotel Chandela Taj,
●		Jet Airways
🏨	54	Hotel Usha Bundela
🏨	55	Holiday Inn
▲	57	Chaturbiya Tempel

Orissa, Madhya Pradesh

auch die den Sockel umlaufenden Friese mit ihrer Vielzahl an dargestellten Szenen. Für besonderes Interesse sorgt dabei ein abgebildeter Reitersmann, der die Liebe zu seinem Pferd allzu wörtlich nimmt, während die umstehenden Personen entsetzt die Hände vors Gesicht schlagen.

Der nördlich hiervon auf einer Plattform zusammen mit zwei weiteren Tempeln gelegene 31 m hohe **Kandariya-Mahadev-Tempel** gilt als der schönste Khajurahos und ragt schon von weitem deutlich sichtbar aus der Parklandschaft heraus. Seine harmonischen Proportionen, die ihn trotz seiner Größe nie klobig wirken lassen, wie auch die ungemein anmutigen Skulpturen machen ihn zum Schmuckstück der gesamten Anlage. Nicht weniger als 872 Figuren zieren die Innen- wie Außenseite des Tempels, die meisten von ihnen annähernd einen Meter hoch. Besonders am Hauptturm und den ihn umgebenden 84 kleinen Türmchen scheint fast jeder Zentimeter mit Göttern, Musikern und Fabelwesen sowie grazil sich beugenden Frauenkörpern bedeckt zu sein.

Vom daneben stehenden **Shiva-Schrein** sind nur noch spärliche Überreste erhalten. Dafür zeugt der auf dem gleichen Sockel gelegene **Devi-Jagadambi-Tempel** noch einmal von den außergewöhnlichen künstlerischen Fähigkeiten der Chandela-Steinmetze. Dieser ursprünglich *Vishnu,* später *Kali* geweihte Tempel ist kleiner als der Mahadev, doch für viele übertrifft er diesen noch in der Feinheit der erotischen Darstellungen.

Als Nächstes folgt der nicht mehr zur Dreiergruppe gehörende **Chitragupta-Tempel,** der als einziger dem Sonnengott *Surya* gewidmet ist. Im Allerheiligsten findet sich eine sehr schöne Abbildung *Suryas,* der auf einem von sieben Pferden gezogenen Wagen zu sehen ist.

Auf dem Weg zurück zum Eingang steht links der *Shiva* geweihte **Vishvanath,** eines der schönsten Bauwerke der Anlage. Zwei von Löwen bzw. Elefanten flankierte Aufgänge führen auf den Tempelsockel, auf dem gegenüber dem Tempeleingang ein Nandi-Bulle steht. In der Vielfalt und Detailgenauigkeit seiner Skulpturen ähnelt er stark dem Kandariya Mahadeva, hat aber überdies noch zwei

seiner ursprünglich vier Eckschreine vorzuweisen.

Ebenfalls noch zur Westgruppe zählt der etwa 300 m südwestlich des Parks gelegene **Causant Yongini,** der älteste Tempel Khajurahos. Als einziger liegt er in Ost-West-Ausrichtung und wurde nicht aus Sandstein, sondern aus Granit erbaut. Nur noch 35 der ehemals 64 (*chausath*) Kultzellen der *Yoginis, der* Dienerinnen der Göttin *Kali,* sind erhalten geblieben.

●**Öffnungszeiten:** Sonnenauf- bis Sonnenuntergang. Eintritt: 5 US-$ bzw. 250 Rs, Videokamera: 25 Rs. Es besteht die Möglichkeit, sich einen Walkman mit lohnenswerten Informationen zu den einzelnen Tempeln auszuleihen, Preis 50 Rs. Die hohe Kaution von 500 Rs wird häufig nicht verlangt.

Sound and Light Show

Allabendlich um 19 Uhr wird innerhalb des Areals der westlichen Tempelgruppe die sehr informative Sound and Light Show aufgeführt. Es werden Szenen aus der viertausendjährigen Geschichte Khajurahos dargestellt. Eintritt 200 Rs.

Archäologisches Museum

Wer noch einmal einen Blick aus nächster Nähe auf die einzigartigen Skulpturen Khajurahos werfen möchte, sollte das schräg gegenüber vom Eingang zur westlichen Gruppe platzierte archäologische Museum aufsuchen.

●Das Museum ist täglich außer Fr von 10 bis 17 Uhr **geöffnet.** Die Eintrittskarte zur Westgruppe beinhaltet bereits die **Gebühr** für den Besuch des Museums – dennoch versucht das Personal zuweilen, westlichen Besuchern ein Extra-Eintrittsgeld abzuknöpfen.

Östliche Gruppe

Diese aus insgesamt sieben Tempeln bestehende Gruppe kann in zwei Sektionen unterteilt werden: Drei zusammenhängende, von einer Tempelmauer umschlossene Jain-Tempel sowie vier verstreut um das Dorf Khajuraho in der Landschaft stehende Heiligtümer.

Sowohl der **Brahma-** als auch der **Vamana-Tempel** können trotz einiger schöner Skulpturen wohl nur wegen ihrer altersbedingten Patina erfreuen. Anders der kleine **Javari-Tempel**, der mit seinen außergewöhnlich schönen Steinreliefs und seinen in überdachten Nischen sitzenden Götterfiguren deutlich an den zur gleichen Zeit erbauten Sas-Bahu-Tempel im Fort von Gwalior erinnert. Südlich hiervon, auf der anderen Seite des Dorfes, befinden sich die Ruinen des **Ghantai-Tempels,** bei dem die mit Glöckchen und Ketten skulptierten Säulen ins Auge fallen.

Die drei von einer hohen Mauer umgebenen, eng aneinander stehenden Jain-Tempel **Parswanath, Adinath** und **Shantinath** bilden das Zentrum der östlichen Gruppe. Größter dieser drei und einer der schönsten Khajurahos ist dabei der Daswanath-Tempel. Neben den erotischen Darstellungen sind es hier vor allem die verschiedenen Göttergestalten, die gefallen. Besonders auffällig sind die vielen hinduistischen Götterfiguren.

Südliche Gruppe

Die beiden einzelnen, südlich der Jain-Tempel gelegenen Tempel gehören der Spätphase Khajurahos an und lassen den Glanz und Skulpturenreichtum der übrigen Bauwerke weitgehend vermissen. Besonders deutlich zeigt sich dies bei dem **Duladeo-Tempel.** Die einzelnen Figuren dieses 1150 entstandenen Heiligtums strahlen bei weitem nicht die für Khajuraho so charakteristische Leichtigkeit und Lebendigkeit aus. Etwa 2 km weiter südlich, jenseits des Khudar-Flusses, befindet sich der **Chaturbija-Tempel,** das einzige Heiligtum Khajurahos ohne jegliche erotische Darstellung. Im Innern steht eine knapp 3 m hohe Shiva-Figur.

Information

● Es gibt gleich mehrere *Tourist Offices* in Khajuraho. Das **IndiaTourism Office** (Tel.: 272347, goito@sancharnet.in) befindet sich etwa 50 m vom Eingang zur westlichen Tempelgruppe entfernt und ist Mo–Fr von 9 bis 17.30 Uhr geöffnet.

● **Madhya Pradesh Tourism** (Tel.: 274051) hat ein Büro nördlich des Dorfes im Arts and Tribal Museum und einen Ableger am Busbahnhof (Tel.: 274163). Beide sind Mo bis Sa 10–17 Uhr, gelegentlich auch So geöffnet. Eine weitere Filiale befindet sich am Flughafen.

Stadtverkehr

● Das Kommissionsgeschäft treibt in Khajuraho besonders prächtige Blüten, und so wird man schon bei der Ankunft am Busbahnhof von vielen Rikshafahrern in Beschlag genommen, die einen zu ihren Hotels fahren wollen. Man sollte ihrem z.T. recht aufdringlichen Werben eine klare Absage erteilen, da fast alle Hotels problemlos **zu Fuß** zu erreichen sind und man so die Kommission spart.

● Durchaus überlegenswert ist hingegen eine **Rikshafahrt** vom 5 km außerhalb gelegenen **Flughafen,** die eigentlich nicht mehr als 50 Rs kosten sollte. **Taxis** berechnen für die gleiche Strecke etwa 140 Rs. Viel zu teuer, aber darunter geht gar nichts.

● Die beste Art, um die diversen, recht weit verstreut liegenden Tempelgruppen zu erkunden, ist, sich ein **Fahrrad** auszuleihen. Man bekommt es für 20–30 Rs pro Tag an verschiedenen Stellen im Ortszentrum und in einigen Hotels.

Unterkunft

Bedenkt man, dass Khajuraho nicht viel mehr als ein kleines Nest mit mehreren Tempeln ist, so verfügt die Stadt über eine erstaunliche Anzahl von Hotels aller Preiskategorien. Dementsprechend stark schwanken auch die Zimmerpreise. Die Hotelbesitzer scheinen ihre Tarife jeweils täglich entsprechend der Auslastung ihres Hauses neu festzulegen. Einzige Ausnahme hiervon sind die drei staatlichen Hotels.

Low Budget

● Etwas versteckt um einen kleinen Platz liegt die **Yogi Lodge** € (Tel.: 274158) mit großen, sauberen Zimmern, Dachterrasse, Tempelblick sowie billigem Restaurant. Die beste Billigwahl der Stadt.

●Einen guten Eindruck macht das **Hotel Zen** €-€€ (Tel.: 274228, oshozen62@hotmail.com) mit blumenbestücktem Garten und Internetcafé, welches sich im Besitz eines Tempelführers befindet. Besonders die teils klimatisierten und mit TV versehenen Zimmer der oberen Etagen sind zu empfehlen, das Restaurant ist allerdings überteuert.

●Sehr zu empfehlen ist das sich dem *Hotel Zen* anschließende **Hotel Surya** €-€€ (Tel.: 274145, hotel_surya2001@yahoo.co.in). Auch hier haben einige der teils sehr geräumigen Zimmer Balkone mit schöner Garten- und Fernaussicht.

●Das Hotel **Jain** € (Tel.: 272352) hat zwar keinen Garten, aber speziell die drei Balkonzimmer nach hinten sind billig und bieten sich zum Blick-Schweifenlassen perfekt an. Die restlichen Zimmer sind nichts Besonderes.

●Im recht ansprechenden Gebäude des **Hotel Sunset View** €-€€ (Tel.: 274077) lohnen besonders die etwas teureren, sehr großen und ruhigen Balkonzimmer nach hinten mit weitem Ausblick.

●Mehr als preiswert sind die hübsch möblierten Zimmer (die klimatisierten haben auch TV) des **Hotel Shanti** €-€€ (Tel.: 274560) gegenüber dem Shivsagar Lake.

●Beim *Maharaja Memorial* findet sich das **Royal Chandela** € (Tel.: 274582), dessen große Balkonzimmer mit Marmorboden uneingeschränkt empfohlen werden können. Auch ein Dachrestaurant sowie Internetcafé sind vorhanden.

Budget

●Sicher eine der besten Unterkünfte dieser Preisklasse ist der **Marble Palace** €-€€ (Tel.: 274353, palacemarble@hotmail.com) hinter dem *Gole Market*, der seinem Namen alle Ehre macht. Die z.T. sehr großen und geschmackvoll eingerichteten Zimmer sind teils mit Badewanne versehen, die oberen haben gute Aussicht.

●Eins der besten Hotels an der Jain Temples Road ist das gepflegte **Hotel Harmony** €-€€ (Tel.: 274238, hotel_harmony@yahoo.

com) mit hellen und hübsch möblierten Zimmern, teils klimatisiert, alle mit Balkon und TV. Besonders empfehlenswert sind die im 2. Stock gelegenen Räume mit schönem Ausblick auf den hauseigenen Garten. Yoga und Massage möglich.

●Viel Platz bieten die teils klimatisierten und mit Badewanne versehenen Zimmer, alle mit TV, des **Hotel Siddharth** €€-€€€ (Tel.: 274627, hotelsiddharth@rediffmail.com). Das direkt gegenüber den Tempeln gelegene Hotel bietet vom Dachrestaurant entsprechend schöne Aussicht auf diese.

●In einer schönen Gartenanlage liegt das leicht verschlafene **Hotel Payal** €€-€€€ (Tel.: 274064/76), ein Flachbau mit bunter Bemalung. Das Gebäude macht einen gepflegten und sympathischen Eindruck und verfügt über ein recht gutes Restaurant. Man sollte jedoch darauf achten, dass man nicht neben dem lauten Generatorraum wohnt.

●In der Gasse, die hinter dem Tourist Office rechts abzweigt, liegt das passable **Casa di William** €€-€€€ (Tel.: 274244, hotelcasadiwiliam@hotmail.com) mit Dachrestaurant.

Tourist Class und First Class

Ein Bauboom bei den Hotels der oberen Preiskategorie hat in den letzten Jahren ein Überangebot entstehen lassen. Davon profitieren die Touristen, weil die Besitzer, abgesehen von den absoluten Spitzenzeiten wie über Weihnachten und Neujahr oder zum Tanzfestival, sich gezwungen sehen, bis zu 30 % Rabatt gewähren zu müssen. Alle der folgenden Unterkünfte haben Swimmingpool, für dessen Benutzung Nicht-Gäste meist 150 Rs hinblättern müssen.

●**The Grand Temple View Khajuraho** €€€€ (Tel.: 274024/42, khajuraho@bharathotels.com), einzige First-Class-Herberge nördlich der Tempel, wartet mit schön möblierten und geräumigen Zimmern mit Badewanne und Kühlschrank sowie Terrasse vor jedem Raum auf.

●Empfehlenswert, wenn auch nicht überragend sind die im Süden Khajurahos angesiedelten Unterkünfte, wie das etwas abgeschottete **Jass Trident Hotel** €€€€-€€€€€ (Tel.: 272344) und Hotel **Chandela Taj** €€€€€ (Tel.:

272355). Beide bieten den für diese Preisklasse üblichen Service wie Kühlschrank im Zimmer, Fitnessclub, mehrere Restaurants und Souvenir-Shop.

●Um einen gepflegten Garten angelegte AC-Zimmer bietet das **Usha Bundela** €€€€–€€€€€ (Tel.: 272386/7, ushabundela@hotmail.com, www.ushashriramhotels.com).

●Die empfehlenswerteste Luxusherberge Khajurahos ist wegen schön eingerichteter, klimatisierter Zimmer sowie sehr gutem Restaurant, Tennisplatz und Joggingbahn das **Holiday Inn** €€€€€ (Tel.: 272304, hjrtshiw@sancharnet.in) schräg gegenüber.

Essen und Trinken

Fast alle Restaurants haben sich, um die Gunst der zahlreichen Touristen buhlend, an der Hauptkreuzung beim Eingang zur westlichen Tempelgruppe angesiedelt. Die meisten werben mit *Spezialized in Italian, Chinese and Continental Food,* und dementsprechend kommt auch oft eine undefinierbare Mischung heraus, die es allen recht machen will. All diese Restaurants sind verglichen mit dem touristischen Durchschnitt stark überteuert, dies gilt auch für die den Hotels angeschlossenen Restaurants.

●Eine lobenswerte Ausnahme ist das einfache, aber freundliche **Madras Coffee House** im Zentrum. Hauptsächlich indische Gerichte und etwas Traveller-Kost zu kleinen Preisen sind zu empfehlen.

●Auch das **Raja's Café,** eine kleine Institution Khajurahos, seit über 20 Jahren von einer Schweizerin geleitet, wartet mit angemessenen Preisen und gutem Essen auf. Der Innenhof unter großen Bäumen ist der inoffizielle Treffpunkt sowohl der Einheimischen als auch der nach einem Schweiß treibenden Tempelbesuch nach einem kühlenden Getränk dürstenden Touristen. Besonders schön sitzt es sich auf der Dachterrasse mit Blick auf die Tempelanlage. Hier können auch staatlich geprüfte Guides für die Tempelanlagen gebucht werden.

●Der große Renner sind die überteuerten Roof-Top-Restaurants, von denen sich speziell abends ein romantischer Ausblick auf die angestrahlten Tempel bietet. Hierzu gehören u.a. das **Maharaja Terrace Restaurant,** das **Cafe Lake View** und das **Bella Vista Restaurant.**

●Eine gute Aussicht und passables italienisches Essen bietet das Restaurant **Mediterrano Italian Chef.**

●Ähnlich ist das **Terrazza Roof Garden Restaurant,** wobei man hier neben Pizza und Pasta auch nordindische Gerichte bestellen kann.

●Kulinarisch die besten Adressen sind die Restaurants in den Top-Hotels der Stadt, wie dem **Jass Oberoi** und dem **Chandela Taj.** Allerdings ist diese Schlemmerei auch nicht gerade billig. Besonders hervorzuheben sind die vorzüglichen indischen Speisen im **Restaurant Gautam** des *Holiday Inn.*

Feste und Veranstaltungen

Zwei bedeutende Festivals werden alljährlich in Khajuraho veranstaltet:

●Zum Ersten das alteingessensene, sieben Tage andauernde **Khajuraho Dance Festival** mit Prominentenpräsenz Ende Februar/Anfang März. Eintritt pro Tag: 200 Rs.

●Zum Zweiten das gewöhnlich im Dezember stattfindende **Musik- und Tanzfestival Lok Ranyan,** das auf der Freifläche zwischen Busbahnhof und Dorf gefeiert wird. Hier werden Gesangs- und Tanzdarbietungen mit Künstlern aus dem gesamten asiatischen Raum aufgeführt sowie Kunsthandwerk gezeigt und verkauft. Dieses Fest findet alljährlich statt, der Eintritt ist frei.

●Das **Kandariya Art & Culture** ist ein recht komfortabler, klimatisierter Veranstaltungsort, in dem jeden Abend um 19 Uhr und 20.30 Uhr eine einstündige Vorführung von Tänzen der verschiedenen Regionen Indiens dargeboten wird (250 Rs). Danach wird man in den angeschlossenen Verkaufsladen gebeten.

Bank

●Die **State Bank of India** (Mo–Fr 10–17 Uhr, Mittagspause 14.30–15 Uhr, Sa 10–14.30 Uhr) mitten im Dorf wechselt Bargeld und Travellerschecks.

●Die **Canara Bank** beim Busbahnhof (Mo–Fr 10–14 Uhr, Sa 10–12 Uhr) gibt Geld nur auf Visa- und Mastercard, wechselt hingegen kein Bargeld oder Travellerschecks.

Post und Internet

●Die **Post** beim Busbahnhof ist Mo–Sa von 9 bis 17 Uhr geöffnet. Der Paketdienst steht nur bis 14 Uhr zur Verfügung.
●Eine Minute Internet kostet 40 Rs/Std. Schnell genug ist das **Cybercafé** im ersten Stock gegenüber der *Yogi Lodge* und **Krishna Cybercafé**.

Medizinische Versorgung u. Polizei

●Das **Krankenhaus** Khajurahos ist etwa 150 m östlich vom Busbahnhof gelegen. Neben dem Busbahnhof finden sich ein **homöopathischer Arzt** und ein **Arzt für klassische Medizin** (Tel.: 274274, tgl. 8–14, 17–21 Uhr).
●Auch die **Polizei** (Tel.: 274032) ist bahnhofsnah zu finden.

An- und Weiterreise

Flug

●Zurzeit fliegt *Indian Airlines* (Tel.: 274035, 272587, tgl. 10–17.30 Uhr, Mittagspause 13–14 Uhr) tgl. von **Delhi** (72 US-$) über **Agra** (60 US-$) nach Khajuraho und weiter nach **Varanasi** (60 US-$) und genauso zurück.
●*Jet Airways* (auf dem Gelände des Hotel Royal Chandela, Tel.: 274406-8, tgl.: 9.30–17.30 Uhr) verbindet Khajuraho tgl. über Varanasi mit Delhi.

Bus und Bahn

Die beiden nächstgelegenen Bahnhöfe sind **Jhansi** (172 km) und **Satna** (117 km).
●Für all jene, die von Delhi, Agra oder Gwalior anreisen, hat *Madhya Pradesh Tourism* eine Bahn-/Busverbindung eingerichtet, die die Anreise von Delhi auf 10 Std. begrenzt. Zunächst geht es mit dem superschnellen AC Shatabdi Exp. von **New Delhi** (Abf. 6 Uhr) über **Agra** (Abf. 8 Uhr) und **Gwalior** (Abf. 9.18 Uhr) nach **Jhansi** (Ank. 10.24 Uhr). Dort wartet der Bus am Bahnhof, der um 11 Uhr in knapp 5 Std. nach Khajuraho fährt.
●Um an einem Tag von **Varanasi** nach Khajuraho zu gelangen, muss man zunächst vom Busbahnhof nach **Mughal Sarai**, wenige Kilometer von Varanasi entfernt, um 8.30 Uhr mit dem Howrah Mumbai Mail (über Allahabad, Abf.: 11.45 Uhr) nach **Satna** fahren (Ank. 14.25 Uhr). Der letzte Bus nach Khajuraho (4 Std.) fährt von dort um 16.30 Uhr ab, also hat man genügend Zeit, sich per Riksha (10 Rs) zum 2 km entfernt gelegenen Busbahnhof zu begeben.
●Verpasst man den letzten Bus **in Satna,** kann man auch mit einem der vielen Busse nach **Bamitha** fahren und von dort die letzten Kilometer per Jeep oder Taxi zurücklegen.
●Der vom *Busbahnhof* eingesetzte **Bus** (140 Rs) fährt um 11 Uhr von Khajuraho aus innerhalb von 4,5 Std. zum Bahnhof nach **Jhansi**. Dort hat man um 17.55 Uhr Anschluss an den Shatabdi Exp., der in nur 4,5 Std. über **Gwalior** (18.55 Uhr) und **Agra** (20.18 Uhr) nach **Delhi** rast.
●Wem diese Variante zu kostspielig ist, der kann auch mit zwei normalen **Bussen** am frühen Morgen von Khajuraho nach **Jhansi** fahren (5.30 und 7.30 Uhr, 110 Rs, diese und viele spätere auch weiter bis Gwalior) und von dort einen der vielen weiteren Züge zur Weiterfahrt benutzen.
●Wer von Khajuraho nach **Varanasi** oder **Jabalpur** weiterreisen möchte, muss sich zunächst mit einem der tgl. 6 Busse (zwischen 7.30 und 15.30 Uhr, der 15-Uhr-Bus fährt weiter bis Varanasi, 14 Std., 220 Rs) nach **Satna** (ca. 4 Std., alle Busse nach Satna fahren auch über Panna) begeben. Von dort fahren zahlreiche Züge in 7 bis 8 Std. nach Varanasi (z.B. der 1093 Mahanagri Exp., der 19.45 Uhr in Satna abfährt und Varanasi über Allahabad (Ank. 0.30 Uhr um 4.30 Uhr erreicht.) und in 3 Std. nach Jabalpur (z.B. 3201 Rajendranagar Lokmanyak Tilak Exp., Abf. in Satna 11.45 Uhr).

● Masochisten seien die **Direktbusse** von Khajuraho nach **Agra** (11 Std.), **Bhopal** (12 Std.) und vor allem **Indore** (16 Std.) empfohlen.

● Am Busbahnhof hat ein computerisiertes **Reservierungsbüro** (Tel.: 274416) für Bahntickets Mo–Sa 8–12 und 14–17 Uhr geöffnet.

Taxi

● Für all jene, die nicht auf den Pfennig achten müssen, bieten Taxis eine interessante Alternative. So zahlt man etwa für die Fahrt nach **Jhansi** 1.500 Rs. Kann man die Kosten mit zwei oder drei Mitreisenden teilen, eine echte, weil bequeme und gar nicht mal teure Alternative.

Umgebung von Khajuraho

Panna-Nationalpark   ↗ XII/B1

Dieses 60 km östlich von Khajuraho gelegene, 540 km² große Waldgebiet wurde 1981 zum Nationalpark erklärt und kann zwischen November und Juni im Rahmen eines Tagesausflugs besucht werden. Wer den Aufwand und die Kosten nicht scheut, wird dafür mit unverdorbener Landschaft und evtl. mit dem Anblick einiger Hirsche und Bären belohnt. (1.200 Rs per Jeep bis zu sechs Personen von Khajuraho, Verpflegung und Guide müssen extra bezahlt werden. Möglich ist auch ein Pauschalpaket für 2.500 Rs pro Tag für zwei Personen, u.a. im *Raja Café* zu buchen.)

● Der **Eintritt** in den Nationalpark kostet 150 Rs pro Tag. Hinzu kommen 900 Rs für das Fahrzeug und den Fahrer und 25/200 Rs für Foto-/Videokamera.

● Als Unterkunft bietet sich das 3 km vom Park entfernte **Giles Tree House & Jungle Camp** €€ (Tel.: 07732-275220 oder Tel. des *Raja Café* in Khajuraho: 07686-272307) sowie die allerdings überteuerte **Ken River Lodge** €€€€ (Tel.: 07732-275235) an.

Raneh Falls

19 km nördlich von Khajuraho im Ken River gelegen, kann der **Raneh-Wasserfall** bewundert werden. Dort sind auch Boote aus-

zuleihen (70 Rs). Etwas weiter kann eine **Krokodilfarm** besichtigt werden. Zu erreichen per Riksha (ca. 200 Rs) oder Jeep/Taxi. Der Eintritt zum Wasserfall beträgt 70 Rs, wer Fotos machen will, zahlt 50 Rs, für Video 200 Rs, ein Guide kostet 50 Rs.

Satna   ↗ XII/B1

(ca. 230.000 Einwohner, Vorwahl 07672)

Satna ist nur als **Verbindungsort nach Khajuraho** (117 km entfernt) von touristischer Bedeutung. Der Bahnhof liegt ca. 3 km vom Busbahnhof entfernt (ca. 30 Rs mit der Fahrradriksha, 40 Rs mit der Autoriksha). Das Tourist Office (Mo–Sa 10–17 Uhr) im Bahnhofsgebäude ist nicht hilfreich, da man dort nicht einmal die richtigen Abfahrtszeiten der Busse nach Khajuraho kennt.

Unterkunft

● Direkt gegenüber dem Bahnhof findet sich das für eine Nacht akzeptable, weil saubere, wenn auch laute **Mahamaya Hotel** €-€€ (Tel.: 233470).

● Nahe dem Busbahnhof sind zwei akzeptable Unterkünfte zu nennen, beide haben auch AC-Räume: einmal das billigere **Rajdeep Hotel** €-€€€ (ca. 100 m vom Busbahnhof entfernt) und das etwas teurere und bessere **Hotel Savera** €€-€€€ (Tel.: 225231) mit gutem Restaurant, weitere ca. 50 m entfernt.

● Schließlich sei noch das auf halbem Weg zwischen Bahnhof und Busbahnhof gelegene, staatliche **Hotel Baruth** €-€€ genannt.

An- und Weiterreise

Bus und Bahn

● **Direkte Bahnverbindungen** gibt es zu vielen Städten Nordindiens, Genaueres im Anhang.

● Der erste **Bus nach Khajuraho** fährt um 6.30 Uhr, der letzte um 16.30 Uhr (ca. alle 2 Std., 70 Rs, 5 Std. Fahrtzeit). Die Strecke ist durch Bauarbeiten in einem teilweise katastrophalen Zustand. Wenn man Pech hat, wird das Fahrvergnügen durch kurz vor dem Auseinanderfallen stehende Busse nicht gesteigert. Das Busticket sollte deshalb schon vorher am Ticketschalter gekauft werden, da man dann, wenn noch frei, einen Sitzplatz zugewiesen bekommt, was besonders nach einer langen vorherigen Bahnfahrt wichtig ist.

Taxi

●Ein Taxi **nach Khajuraho** schlägt, je nach Verhandlungsgeschick, mit etwa 900 bis 1.100 Rs zu Buche, AC ca. 1/3 teurer.

Jabalpur und Marble Rocks ♫ XII/B2

(ca. 1,2 Mio. Einwohner, Vorwahl: 0761)

Jabalpur kann auf eine recht lange Geschichte zurückblicken und besitzt heute als Sitz wichtiger Verwaltungseinrichtungen sowie als Militärstützpunkt überregionale Bedeutung. Touristisch ist die Stadt jedoch nur als Ausgangspunkt für den Besuch der 22 km entfernt gelegenen Marmorschlucht des Narmada-Flusses, einer der meistbesuchten Sehenswürdigkeiten Madhya Pradeshs, von Bedeutung. Andere Besucher benutzen die Stadt auch als Ausgangspunkt für die 200 km entfernt gelegenen Nationalparks Kanha und Bandhavgarh.

Information

Besonders jene Reisenden, die vom Jabalpur zum Kanha-Nationalpark weiterreisen wollen, sollten sich an das im Bahnhofsgebäude beheimatete **Tourist Office** (Tel.: 2322111, geöffnet 7–21 Uhr) wenden, um dort eine der staatlichen Unterkünfte zu buchen. Zwar gilt die Regel, dass man eigentlich nur bis spätestens vier Tage im voraus buchen darf, doch das wird normalerweise nicht allzu eng gesehen. Falls doch, sollte man nachfragen, welche Unterkünfte zur Verfügung stehen. Eine vorherige Buchung empfiehlt sich auch für den *Tourist Bungalow*

bei den Marble Rocks, da dort nur 4 Zimmer sind.

Stadtverkehr

●Die meisten der hier genannten Hotels liegen alle in zu Fuß zu bewältigender Distanz zum Bus- und Zugbahnhof, sodass man sich bei der Ankunft gar nicht erst in die Klauen der hier besonders geldgierigen Rikshafahrer zu begeben braucht. Die etwa 4 km lange Strecke zwischen den beiden Bahnhöfen sollte mit der **Autoriksha** maximal 30 Rs kosten. Fahrräder werden zum Preis von 20–30 Rs pro Tag vermietet.

Unterkunft, Essen und Trinken

●Eine empfehlenswerte Unterkunft in unmittelbarer Nähe zum Busbahnhof ist das ordentliche und preisgünstige **Hotel Park** €.

●Von ähnlicher Qualität, aber noch etwas billiger ist das etwa 600 m nördlich vom Busbahnhof gelegene **Hotel Mayur** € (Tel.: 2310035) mit sauberen Zimmern für wenig Geld.

●Etwas weiter nördlich findet sich das passable **Sharda Hotel** € (Tel.: 227119).

●Das Hotel **Siddharta Napier** €-€€ (Tel.: 227580) ist ein gutes Mittelklassehotel zwischen den beiden Bahnhöfen am Russell Crossing.

●Liebhaber alter Kolonialhotels sollten sich im stilvollen **Jackson's Hotel** €€-€€€ (Tel.: 2323412) einquartieren. Dabei sollte man sich nicht von dem wenig einladenden Äußeren abhalten lassen. Die Zimmer sind groß und sauber, es funktioniert alles, das Personal ist freundlich und das Essen im hauseigenen Dachterrassenrestaurant hervorragend.

●Weniger stilvoll, aber ebenfalls ruhig wohnt man im modernen, von *Madhya Pradesh Tourism* geleiteten **Hotel Kalchuri** €€-€€€ (Tel.: 2321491). Auch hier gibt es ein gutes Restaurant.

●Ganz ähnlich in Preis und Leistung ist das ebenfalls staatliche **Ashok Hotel** €€-€€€ (Tel.: 2322267) in der Nähe des Busbahnhofs.

●Etwas teurer und besser ist das **Hotel Rishi Regency** €€€ (Tel.: 2323261) gegenüber *State Bank of India*. Das Zayaha Restaurant im Erd-

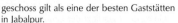

geschoss gilt als eine der besten Gaststätten in Jabalpur.

●Eine gute Wahl ist das **Hotel Krishna** €€-€€€ (Tel.: 2328984): saubere Zimmer, ein Swimmingpool sowie das sehr gute hauseigene *Haveli Restaurant.*

●Das gepflegte **Hotel Samdariya** €€€-€€€€ (Tel.: 2316800) in der Nähe des Siddharta Napier vermietet komfortable Zimmer, die teureren mit AC. Hervorragende vegetarische Kost wird im Hotelrestaurant *Woodlands* serviert.

●Ganz ähnlich in Preis und Leistung ist das **Prestige Princess** €€€-€€€€ (Tel.: 2627550) am Russel Chowk.

An- und Weiterreise

●Für die **wichtigsten Bahnverbindungen** siehe Anhang.

●Außer vom **Kanha-Nationalpark** aus (tgl. zwei Direktbusse, Abfahrt um 7 und 11 Uhr) ist die An- und Weiterreise per Zug vorzuziehen.

●Täglich gibt es mehrere Busverbindungen nach **Allahabad** und **Khajuraho** (je 11 Std.), **Bhopal** und **Varanasi** (je 12 Std.). Die um den Busbahnhof gruppierten privaten Busgesellschaften sind dem staatlichen *MP State Transport* wegen der deutlich besseren Busse vorzuziehen und preislich ähnlich.

Marble Rocks ⊿ XII/B2

Hunderte von Souvenirshops und Tausende von vornehmlich indischen Besuchern machen deutlich, dass die 22 km westlich von Jabalpur gelegene Marmorschlucht eine der wichtigsten Touristenattraktionen Madhya Pradeshs ist. Zweifelsohne ist der Anblick der aus dem glasklaren Wassern des Narmada-Flusses herauswachsenden und sich in ihnen spiegelnden schneeweißen **Marmorfelsen** äußerst beeindruckend, doch durch den Andrang der unzähligen Touristen geht die den Ort eigentlich auszeichnende friedvolle Atmosphäre nur allzu oft völlig verloren. Dies gilt insbesondere für Vollmondnächte und an den Wochenenden.

Hierauf sind auch die oftmals gänzlich widersprüchlichen Bewertungen westlicher Touristen zurückzuführen. Es kommt halt ganz darauf an, zu welchem Zeitpunkt man das Naturschauspiel aufsucht. Wer unter der Woche die Marble Rocks besucht, ist fast immer von der natürlichen Schönheit und angenehmen Stimmung des Ortes angetan. Speziell am Abend, wenn die Marmorfelsen angestrahlt werden und ein Großteil der Touristen schon wieder auf dem Weg nach Hause ist, entfaltet die eineinhalb Kilometer lange Marmorschlucht ihren ganzen Charme.

Die beste Möglichkeit, um die verschiedenen Felsformationen zu erleben, bieten die vielen **Ruderboote,** die den ganzen Tag über vom Landesteg am Fuße der Marmorschlucht ablegen. Im Preis von 20 Rs pro Person ist auch eine Tonbanderklärung (auf Englisch) zu den einzelnen Sehenswürdigkeiten inbegriffen. Wer sein eigenes Boot möchte, kann eines für 225 Rs mieten.

Unterkunft

●Als einziges Hotel in der Nähe zum Marmorfelsen steht das sehr gelungene, von *Madhya Pradesh Tourism* geleitete **Motel Marble Rocks** €€ (Tel.: 0761-283424) mit nur vier Zimmern zur Verfügung. Wegen der begrenzten Bettenzahl des stilvollen Hauses empfiehlt es sich, bereits beim *Madhya Pradesh Tourism Office* am Bahnhof in Jabalpur vorzubuchen. Dem Hotel ist ein gutes Restaurant angeschlossen.

An- und Weiterreise

●Zwischen Jabalpur und Bhedaghat, dem Ort, bei dem die Marble Rocks liegen, verkehren ständig **Tempos** (12 Rs) und **Busse.** **Autorikshas** berechnen für die Hin- und Rückfahrt inkl. zweistündiger Wartezeit 170 Rs, **Taxis** 350 Rs.

Orissa, Madhya Pradesh

Madhya Pradesh

Kanha-Nationalpark ♫ XII/B2

Dieses bekannteste Tierschutzgebiet Zentralindiens wird oft als *Kipling Country* bezeichnet, weil einige Episoden aus seinem berühmten Dschungelbuch hier angesiedelt sein sollen. Ironischerweise entspricht das weitgehend von trockenem Laubwald geprägte Gebiet ganz und gar nicht den üblichen Vorstellungen von einem echten indischen Dschungel. Verwundern kann dies kaum, wenn man weiß, dass *Kipling* sein Dschungelbuch in Amerika schrieb.

Sei's drum, auf jeden Fall zählt das 175 km südöstlich von Jabalpur gelegene Tierreservat zu einem der lohnenswertesten Reiseziele in Madhya Pradesh. Das 1955 zum Nationalpark erklärte Gebiet wurde 1973 dem *Project Tiger* angeschlossen und ist mit einer Kernzone von 940 km² einer der größten Nationalparks Indiens. Seit Beginn des *Project Tiger* hat sich die Population von 43 auf heute offiziell 110 Tiger vergrößert.

Doch auch andere Tiere, wie etwa der Leopard, der Gaur und der Sambarhirsch profitierten von den Schutzmaßnahmen. Besonders bemerkenswert ist dies beim **Gaur,** dem größten Wildrind der Erde, dessen Bestand durch die Rinderpest ernsthaft gefährdet schien. Heute soll die Population wieder auf über 600 Exemplare angewachsen sein, womit Kanha einer der besten Orte ist, um dieses mächtige Tier, das nahezu 1.000 kg auf die Waage bringt, zu beobachten.

Ein anderes Tier, um dessen Erhalt sich der Kanha Nationalpark große Verdienste erworben hat, ist der **Barasingha** oder Zackenhirsch. Nachdem seine Zahl Anfang der siebziger Jahre auf unter 70 Exemplare gefallen war, leben heute wieder über 500 Tiere im Park.

Man sollte also auch in Kanha nicht den Fehler begehen, einzig unter der Maxime der **Tigerbeobachtung** anzureisen, da man damit sein Blickfeld unnötig einengt und die äußerst vielfältige Schönheit der Tier- und Pflanzenwelt aus den Augen verliert. Allerdings ist die Chance, einen dieser Könige der Wildnis leibhaftig erleben zu dürfen, in Kanha besonders groß.

Mehr noch als in der relativ großen Verbreitung der Tiger liegt der Grund hierfür in der in Kanha praktizierten **Tiger Show.** Bei diesem äußerst professionell organisierten Unternehmen durchkämmen *mahouts* in aller Frühe mit ihren Elefanten das Gebiet und finden meist aufgrund ihrer jahrelangen Erfahrung recht bald einen Tiger. Per Sprechfunk melden sie dann ihre Position nach Kanha, von wo sich die dort wartenden Touristen mit dem Jeep in die Nähe fahren lassen. Dort stehen Reitelefanten bereit, auf denen die restlichen Meter bis zum Tiger zurückgelegt werden. Die Tiger haben sich derart an dieses alltägliche Ritual gewöhnt, dass sie meist an ihrem Platz verweilen und die Show geduldig über sich ergehen lassen. Hat man die obligatorischen Fotos geschossen, geht's schnell wieder zurück zur Straße, wo schon die nächsten Touristen darauf warten, den scheinbar gar nicht so wilden Raubkatzen in die Augen zu schauen.

Die Tiger-Show ermöglicht es vielen Menschen, die zuvor in den anderen Nationalparks vielleicht vergeblich gesuchten Tiger zu Gesicht zu bekommen. Andererseits geht der Reiz eines mehrstündigen Elefantenausritts fast völlig verloren. Außerdem bekommt man den Tiger immer nur für ganz kurze Zeit zu sehen.

Die Show ist allerdings nicht gerade billig. Für einen sechs Personen Platz bietenden Jeep und den kurzen Elefantenritt wird man um die 900 Rs veranschlagen müssen. Da die Nachfrage nach Fahrzeugen in der Hauptsaison zuweilen höher als das Angebot ist, sollte man sich gleich bei der Ankunft in Khatia oder Kisli einen Platz reservieren. Im Übrigen sollte man nicht vergessen, warme Kleidung mitzunehmen. Sonst zittert man speziell am frühen Morgen nicht vor Aufregung, sondern wegen der empfindlichen Kälte, was einem die Tour verderben kann.

Information

● In Khatia, Mukki und Kanha gibt es drei sehenswerte **Visitor Centres,** in denen der Besucher in hervorragenden Ausstellungen über Indiens Tierwelt im Allgemeinen und den Kanha-Nationalpark im speziellen infor-

miert wird. **Geöffnet** sind sie jeweils von 7 bis 12.30 Uhr und von 16 bis 18 Uhr.

● Der Nationalpark bleibt während der **Regenzeit** vom 1. Juli bis 31. Oktober **geschlossen.**

Unterkunft, Essen und Trinken

Aufgrund der sehr großen Nachfrage empfiehlt es sich, speziell an Wochenenden für die drei erstgenannten Unterkünfte, eine **Vorbestellung** beim *Tourist Office* in Jabalpur vorzunehmen. Fast alle Unterkünfte befinden sich entlang der Straße von Jabalpur zum Hauptparkeingang bei Kisli. Man sollte sich vom Busfahrer exakt an der richtigen Stelle absetzen lassen, da man ansonsten einen Großteil der lang gezogenen Strecke zu Fuß zurücklegen muss.

● Beim Haupteingangstor in Kisli befinden sich die beiden von *Madhya Pradesh Tourism* geleiteten Unterkünfte *Tourist Hostel* und *Baghira Log Huts*. Das **Tourist Hotel** €€ verfügt über drei Schlafsäle mit jeweils acht Betten. Ein guter Preis, wenn man bedenkt, dass darin drei (vegetarische) Mahlzeiten enthalten sind und man im angeschlossenen Bad heiß duschen kann. Die **Baghira Log Huts** €€€ erscheinen dagegen für die allerdings recht schönen Zimmer überteuert. Mahlzeiten sind im Preis nicht inbegriffen, doch das hauseigene Restaurant bietet recht gute und preiswerte Kost. Reservieren muss man bei den Madya-Pradesh-Touristenämtern in Bhopal (Tel.: 0755-2778383).

● Ebenfalls von *Madhya Pradesh Tourism* betrieben wird das **Jungle Camp** €€ (inkl. aller vegetarischen Mahlzeiten) in Khatia. Über die Qualität der 18 Zimmer hört man allerdings äußerst unterschiedliche Kommentare. Diese Unterkunft ist den beiden in Kisli vorzuziehen, weil hier mehr Jeeps zur Verfügung stehen, was gerade während der Hauptsaison von großem Vorteil sein kann. Außerdem kann man eventuelle Wartezeiten mit einem Besuch im sehr informativen *Khatia Visitor Centre* überbrücken.

● Eine der besten Unterkünfte im unteren Preisbereich ist das private **Motel Chandan** € (Tel.: 2777220), ebenfalls am Khatia Gate.

Dem Haus ist ein Restaurant angeschlossen.

● Über ein Restaurant verfügt auch der **Machan Complex** € (Tel.: 277257). Ansonsten muss man sich auf sehr einfache Zimmer sowie einen Schlafsaal einstellen.

● Ein hervorragendes Preis-Leistungs-Verhältnis bietet das **Mogli Resort** €€€ (Tel.: 277228). Hübsche Bungalows, eine friedvolle Lage und das sehr freundliche Personal machen es zu einer der empfehlenswertesten Unterkünfte im Nationalpark.

● Luxuriös wohnt und speist man im **Kipling Camp** €€€€ (Tel.: 07636-256418, 277219, www.kiplingcamp.com), der besten Unterkunft Kanhas. Im zunächst exorbitant hoch erscheinenden Preis sind alle Mahlzeiten sowie die Parkexkursion mit dem Jeep und dem Elefant enthalten. Voranmeldung ist unbedingt erforderlich.

● Anmelden muss man sich auch für die sehr schönen Bungalows des 6 km von Kisli entfernten **Indian Adventures** €€€€€. Hier sind alle Mahlzeiten und Parkausflug inklusive. Wer mehr als 10 Tage im voraus buchen will, muss dies unter folgender Adresse tun: *Indian Adventures,* 257 SV Road, Bandra, Mumbai 400050, Tel.: 26406399). Weniger als 10 Tage im voraus über *Chadha Travels* im *Jackson's Hotel* in Jabalpur (Tel.: 2322178).

● Wesentlich billiger wohnt man in den Bungalows des nahegelegenen **Krishna Jungle Resort** €€€ (Tel.: 277207). Zu buchen über das *Krishna Hotel* in Jabalpur.

● Die **Kanha Safari Lodge** €€€ ist die einzig passable Unterkunft im allerdings ungünstig, weil 36 km von Khatia entfernten Mukki.

An- und Weiterreise

● Täglich drei Direktbusse verbinden den Ort mit **Jabalpur.**

Bandhavgarh-Nationalpark ♫ XII/B1

Wie viele andere Nationalparks in Indien, ging auch dieses 190 km nordöstlich von Jabalpur in der Vindhya-Bergkette gelegene Tierreservat aus dem ehemaligen Jagdgebiet eines Maharajas hervor. Erst 1968, als das Gebiet zum Nationalpark erklärt wurde, nahm die **Jagd auf den Tiger** ein Ende. Wie zahlreich die Tiger in dieser Region früher einmal gewesen sein müssen, lässt sich daraus ablesen, dass 1923 und 1924 insgesamt 144 dieser Wildkatzen offiziell erlegt wurden. Heute schätzt man ihre Zahl in der 105 km² großen Kernzone des insgesamt 449 km² großen Parks auf etwa 55 Tiere, auch die Zahl der Leoparden ist wieder auf über 20 Tiere angestiegen, sodass die Chance, eine Raubkatze zu Gesicht zu bekommen, inzwischen recht hoch ist. 1951 nahm man in der Nähe des Bandhavgarh den bisher letzten in freier Wildbahn gesichteten weißen Tiger gefangen. Wer sich das legendäre Tier einmal näher betrachten möchte, kann dies in der inzwischen zu einem Hotel umgebauten ehemaligen *Hunting Lodge* des Maharajas in Tala tun. Keine Angst, da der Tiger inzwischen ausgestopft ist, hat er einiges von seiner früheren Gefährlichkeit verloren.

Im hohen, dichten Gras der Sumpfwiesen, welche große Teile des Parks bedecken, lassen sich die Tiger einerseits recht schwer ausmachen. Da jedoch in Bandhavgarh, ebenso wie im von wesentlich mehr Touristen besuchten Kanha-Nationalpark, Elefanten für die **Tiger-Show** eingesetzt werden, ist auch hier die Chance recht groß, einen Tiger zu Gesicht zu bekommen. Ob diese Art der „Wildkatzen-Präsentation" allerdings gefällt, steht dabei auf einem anderen Blatt.

Wer etwas mehr Zeit zur Verfügung hat, sollte sich die Besteigung des auf einem abfallenden Plateau gelegenen uralten **Forts** nicht entgehen lassen. Die hierfür erforderliche Genehmigung kann problemlos vom Manager des *Jungle Camps* in Tala eingeholt werden.

● **Jeeps** können für 500 Rs (insgesamt 6 Personen) am Parkeingang in Tala gemietet wer-den. Hinzurechnen muss man noch den Eintrittspreis (200 Rs p.P.), für den Jeep (100 Rs), die Kosten für den obligatorischen Führer (90 Rs) und für Kamera/Video von 25/200 Rs. Schließlich kommen noch 300 Rs pro Person hinzu für einen Elefanten, der einen in nächste Nähe zu den Tigern bringt.

● **Madhya Pradesh Tourism** hat ein Informationsbüro in der *White Tiger Lodge* (Tel.: 265308).

● Bandhavgar bleibt während der **Regenzeit** von Juli bis Oktober **geschlossen.**

Unterkunft

(Vorwahl: 07627)

Die Auswahl an Übernachtungsmöglichkeiten ist gering und beschränkt sich auf den kleinen Ort **Tala** am Parkeingang.

● Die beste Billigunterkunft ist das passable **Kum Kum House** € (Tel.: 265324) mit insgesamt 10 geräumigen Zimmern.

● Weitere, allerdings qualitativ wenig überzeugende Billigunterkünfte sind das Hotel **Baghela** € (Tel.: 265342) und die **Tiger Lodge** € (Tel.: 265364), welche allerdings über ein gutes hauseigenes Restaurant im Erdgeschoss verfügt (*thalis* für 30 Rs).

● Das beste Preis-Leistungs-Verhältnis bietet die von *Madhya Pradesh Tourism* geleitete **White Tiger Lodge** €€€ (Tel.: 265308). Die Lage direkt am Fluss, in dem die Elefanten gebadet werden, könnte nicht besser sein, und auch die sauberen und geräumigen Zimmer sind ihr Geld wert. Hierzu kommt ein gutes Restaurant und ein freundliches Personal. Wer sich das nicht entgehen lassen möchte, sollte auf jeden Fall vorbuchen: entweder direkt anrufen oder über das *Tourist Office* am Bahnhof in Jabalpur.

● Falls die *White Tiger Lodge* ausgebucht sein sollte, bietet sich als akzeptable Alternative zu ähnlichem Preis das **Tiger's Den Resort** €€€ (Tel.: 265353, tigerden_mp@hotmail.com) an.

● Auch in Bandhavgarh besteht die Möglichkeit, in einem ehemaligen Maharaja-Palast zu übernachten, und zwar in der **Bandhavgarh Jungle Lodge** (Tel.: 07627-265307/17). Das Vergnügen muss man sich allerdings auch leisten können – im Preis von 130 US-$ pro

Tag und Person sind alle Mahlzeiten und eine Parkbesichtigung im Jeep und per Elefant enthalten. Eine Voranmeldung ist erforderlich unter Tel.: 033-6853760, Fax: 6865212.

An- und Weiterreise

Bandhavgarhs Abgeschiedenheit gestaltet die Anreise äußerst umständlich. Über die aktuellen An- und Abfahrtszeiten erkundigt man sich am besten beim *Tourist Office* in Jabalpur. Von Tala fahren Jeeps (1 Std., 20 Rs pro Person) zum nächstgelegenen Bahnhof in Umaria.

● Mehrere Züge fahren tgl. in 1,5 bis 2 Std. von **Jabalpur** nach **Katni**, von wo man mit einem Anschlusszug in weiteren 1,5 Std. nach **Umaria** gelangt. Von hier ist es noch einmal 1 Std. mit dem Bus oder Jeep zum Parkeingang nach **Tala.**

Bhopal   ⚲ XII/A2

(ca. 1,5 Mio. Einwohner, Vorwahl: 0755)

Bhopal – wer würde bei der Erwähnung dieses Namens nicht sogleich an jenes **Giftgasunglück** denken, durch welches die Stadt zu weltweit trauriger Berühmtheit gelangte. Als am Morgen des 2. Dezember 1984 über 4.000 Tonnen hochgiftigen Methylisocyanats auf die Slums rund um die Pflanzenschutzmittel produzierende Fabrik des amerikanischen Chemiemultis *Union Carbide* niedergingen, bedeutete dies für Tausende von Menschen den sofortigen Tod. Doch für viele andere war es erst der Beginn einer qualvollen Zukunft. Noch heute leiden und sterben Tausende an den Folgeschäden dieses indischen Hiroshima.

Die Einwohner Bhopals werden verständlicherweise immer noch nicht allzu gerne an dieses traurige Datum erinnert und verweisen stattdessen auf die lang zurückreichende **Geschichte** Bhopals. Gegründet wurde die Stadt im 11. Jh. unter dem Namen Bhojapal von *Raja Bhoja,* der auch die beiden Seen, die heute das Stadtbild prägen, angelegt haben soll. Während der Mogul-Herrschaft war Bhopal eine der bedeutendsten Provinzen des Reiches. Nach dem Tode *Aurangzebs* wurde die Stadt zwischen 1709 und 1740 von dem afghanischen Präfekten *Dost Mohammed* regiert. Mangels männlicher Nachkommen wurde sie 1819 bis 1926 von weiblichen Regentinnen geführt. Als nach der Unabhängigkeit die britischen Zentralprovinzen mit ihren vielen Fürstentümern zum Bundesstaat Madhya Pradesh zusammengeschlossen wurden, machte man Bhopal zur **Hauptstadt** des neuen Staates.

Die eigenwillige Mischung aus jahrhundertelanger muslimischer Vergangenheit, moderner Verwaltungshauptstadt und Industriemetropole verleiht der Stadt ein sehr vielschichtiges und interessantes **Erscheinungsbild.** Die Altstadt mit der hoch aufragenden Taj-ul-Masjid und ihren geschäftigen Gassen wird mit der von modernen Verwaltungsgebäuden und breiten Alleen geprägten Neustadt durch die zwei künstlich angelegten Seen verbunden. Zusammen mit zwei herausragenden Museen verdient Bhopal, mehr zu sein als nur ein Zwischenstopp zu den buddhistischen Sehenswürdigkeiten von Sanchi.

Sehenswertes

Taj-ul-Masjid

Als eine der größten **Moscheen** Indiens überragt sie mit ihren zwei Minaretten und drei weißen Kuppeln die gesamte Stadt. Wie viele weitere historische Gebäude Bhopals, wurde die Moschee während der Regierungszeit der Fürstin *Shah Jehan* erbaut. Als diese im Jahre 1901 starb, waren die Bauarbeiten unvollendet und konnten erst 1971 wiederaufgenommen werden.

Jama Masjid und Moti Masjid

Ebenfalls in der Altstadt, nicht weit von den Taj-ul-Masjid entfernt, liegen diese beiden im 19. Jh. erbauten **Moscheen.** Zwei goldene Spitzen krönen die 1837 von *Qudsia Begum* erbauten Jama Masjid. Ihre Schwester *Jehan* ließ im Jahre 1860 die der Großen Moschee in Delhi ähnliche Moti Masjid errichten.

Orissa, Madhya Pradesh

Bhopal ist überall –
Umweltzerstörung in Indien

Seit dem 2. Dezember 1984, als mehrere Tausend Menschen an den Folgen eines Giftgasunglückes in einer zum amerikanischen Großkonzern *Union Carbide* gehörenden Chemiefabrik im zentralindischen Bhopal starben, wurde auch der westlichen Öffentlichkeit klar, dass Indien in der Rangliste der umweltgefährdeten Nationen einen der vordersten Plätze einnimmt. Die wahre **ökologische Katastrophe,** auf die das Land seither mit riesigen Schritten zuläuft, ist hingegen viel unspektakulärer und findet auch kaum noch Erwähnung in der internationalen Presse. Es sind die sich täglich wiederholenden Hunderte von kleinen Bhopals, die wesentlich mehr Unheil anrichten als das „Hiroshima Indiens", wie es von der Presse schnell werbewirksam tituliert wurde.

Die Hauptursachen für die rasante Zerstörung der natürlichen Lebensgrundlage Indiens sind das nach wie vor ungehemmte **Bevölkerungswachstum** und die zunehmende **Industrialisierung.** Hinzu kommt eine stetige Verwestlichung weiter Teile der Gesellschaft, die ein gesteigertes Konsumdenken nach sich zieht. Den Kern dieser fatalen Entwicklung hatte der große Mahner *Mahatma Gandhi* bereits 1928 erkannt, als er seine Landsleute eindringlich warnte: „Gott behüte uns davor, dass Indien sich je nach westlichem Vorbild industrialisiert. Der ökonomische Imperialismus eines kleinen Insel-Königreiches (England) hält heute die Welt in Ketten. Falls eine ganze Nation von 300 Millionen Menschen den gleichen Weg gehen sollte, würde sie die Welt kahl fressen wie Heuschrecken."

Auf welch fatale Weise Gandhis Prophezeiung seitdem, währenddessen sich die indische Bevölkerung verdreifacht hat, Realität geworden ist, beweist allein die Tatsache, dass an den einstmals dschungelüberwucherten Hügeln des Himalaya heute unter 2.000 Meter praktisch kein Baum mehr wächst. Der ständig größer werdende Energiebedarf der immer mehr werdenden Menschen, für die das **Feuerholz** des Waldes die einzige Energiequelle darstellt, hat hier tatsächlich alles kahl gefressen. Seit der Unabhängigkeit hat das Land über die Hälfte seines Waldes verloren, was etwa der Fläche der ehemaligen DDR entspricht. Jedes Jahr verwandelt sich ein Prozent der indischen Landmasse in Wüste.

Als die größten Umweltsünder erweisen sich dabei vor allem die zwischen 200 und 400 Millionen frei umherstreunenden **Rinder** des Landes, die auf ihrer nimmermüden Suche nach Essbarem selbst das zarteste Pflänzchen nicht unverschont lassen.

Zudem kommen auf jeden Baum, der neu gepflanzt wird, 30 bis 40, die illegal gefällt werden. Hier zeigt sich auf exemplarische Weise, wie wenig die im Grunde vorbildlichen Umweltschutzgesetze der indischen Verfassung in der Praxis wert sind, da die unterbezahlten Forstbeamten für ein entsprechendes Schmiergeld von den großen Holzfirmen nur allzu gern beide Augen bei der **illegalen Abholzung** in ihrem Distrikt zudrücken.

Geht die Entwicklung im selben Tempo weiter, wird es in absehbarer Zeit keinen einzigen Wald mehr in Indien geben. Hieraus erklärt sich auch, dass jedes Jahr während der Monsunzeit Hunderte, oft Tausende von Menschen in den **Flutwellen reißender Ströme** ertrinken, da die Wassermassen nicht mehr von Wäldern zurückgehalten und reguliert werden. Zudem werden jedes Jahr etwa sechs Millionen Tonnen **Humus weggeschwemmt,** die doppelt soviel Nährstoffe enthalten wie die gesamte Düngemittelproduktion des Landes. So wird kultivierbarer Boden unfruchtbar – und das in einem Land, dessen Bevölkerungszahl jährlich um 18 Mio. wächst.

In der Landwirtschaft ist mit der Einführung der Grünen Revolution in den sechziger Jahren ein explosionsartiger Anstieg von **Pestiziden,** wie zum Beispiel

NO HIROSHIMA
NO BHOPAL
WE WANT TO LIVE

MEMORIAL DEDICATED TO THE VICTIMSV OF THE GAS
DISASTER CAUSED BY THE MULTINATIONAL KILLER UNION
CARBIDE ON 2&3 DECEMBER 1984
NAGARIK RAHAT AUR PUNARVAS COMMITTEE
SCULPTURE BY RUTH WATERMAN/SANJAY MITRA

DDT, festzustellen, die im Westen schon lange verboten sind. Es sind jedoch gerade europäische Unternehmen, die sich mit dem Verkauf dieser Giftstoffe in Indien eine goldene Nase verdienen.

Der Himmel über den Großstädten, in die immer mehr verarmte Landarbeiter umsiedeln, wird speziell während der Wintermonate fast ständig durch eine dicke graue **Smogwolke** verdeckt. Mit zunehmendem Alter leiden die meisten Großstädter unter Bronchitis und Asthma. Delhi und Kalkutta gehören nach einer Untersuchung der Weltgesundheitsorganisation zu den fünf Städten der Erde mit der größten Luftverschmutzung. So entspricht das Einatmen der Luft in Kalkutta dem Rauchen von täglich 15 Zigaretten.

Problemlos ließen sich noch weitere Beispiele dieser Art anführen. Doch das Leid der Millionen von Armen, die am meisten unter den Umweltsünden zu leiden haben, ist nicht spektakulär genug, um im täglichen Wettlauf um die verkaufsträchtigste Schlagzeile konkurrieren zu können.

Anfang der neunziger Jahre erregte Indien mit dem zunächst von der Weltbank massiv unterstützten **Narmada-Projekt** wieder internationales Aufsehen. Bei diesem gigantischen Bauvorhaben sollen bis Mitte des 21. Jh. insgesamt 30 große und mehr als 100 kleine **Staudämme** in den Narmada-Fluss, der sich durch die Staaten Gujarat, Madhya Pradesh und Maharashtra windet, hineinbetoniert werden. Allein durch die Errichtung des Sadar-Sarovar-Dammes, mit dessen Bau 1987 begonnen wurde, würden 35.000 Hektar Wald und Ackerland überflutet und 300.000 Menschen müssten umgesiedelt werden. Besonders hart betroffen hiervon sind die in dieser Region überproportional vertretenen Ureinwohner, für die das Land nicht nur ihre einzige Lebensgrundlage darstellt, sondern auch als Sitz ihrer Ahnen und Götter verehrt wird. Aufgrund massiver Proteste zahlreicher internationaler Naturschutz- und Menschenrechtsorganisationen stellte die Weltbank zwar ihre Zahlungen ein, doch die indische Regierung ist fest entschlossen, das Mammutprojekt in eigener Regie fortzuführen.

Verglichen mit den Milliarden von Dollar, die hierfür aufgebracht werden müssen, verdeutlichen die 100 Rupien, mit denen der staatliche Forschungspreis zum Schutze des Waldes ausgestattet ist, mehr als alle Worte, wie wenig den Verantwortlichen der Umweltschutz wert ist, wenn es darum geht, Indien mit aller Gewalt zu den führenden Industrienationen der Erde aufschließen zu lassen.

Orissa, Madhya Pradesh

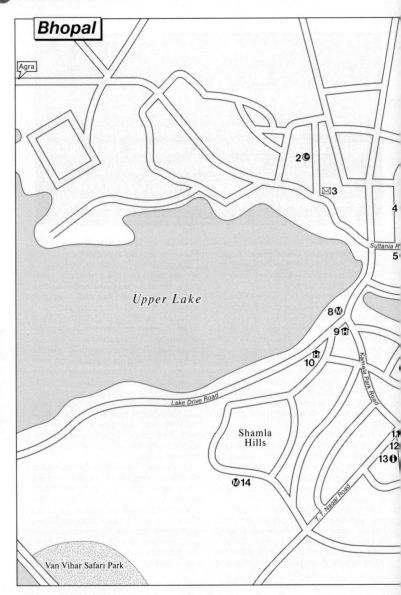

●	1	Union Carbide
☾	2	Taj-ul-Masjid
⊠	3	Hauptpost
☾	4	Jama Masjid
☾	5	Moti Masjid
🏨	6	Hotel The Residency
Ⓜ	7	Birla-Museum
▲		& Lakshmi-Narayan-Tempel
Ⓜ	8	Bharat Bhawan
🏨	9	Hotel Lake View Ashok
🏨	10	Hotel Jehan Numa Palace
⑤	11	Allahabad Bank
◒	12	Indian Coffee House
❶	13	MP Tourism & Indian Airlines
Ⓜ	14	Museum of Man
Ⓜ	15	Archäologisches Museum

Bharat Bhawan

Namen wie *Bauhaus, Mies van der Rohe* und *Miró* kommen einem als erstes beim Anblick dieses bedeutendsten **Museums zeitgenössischer Kunst** in Indien in den Sinn – alles Vertreter moderner Kunst, die man wohl kaum mit Indien in Verbindung bringt. Doch gerade die perfekte Integration dieser Museumsanlage mit ihren modernen Flachbauten, großen Glasflächen und aus der Gartenlandschaft aufsteigenden, naiv-bunt bemalten Betonkuppeln vor dem Hintergrund der silbrig schimmernden Seen macht die Faszination dieses hervorragenden Kunsthauses aus. Eine optisch gelungenere Synthese aus Tradition und Moderne, als sie hier dem bekanntesten zeitgenössischen Architekten Indiens, *Charles Correa*, gelungen ist, lässt sich kaum vorstellen.

Das Bharat Bhawan ist das Zentrum moderner Kunst in Indien und genießt internationales Ansehen. Die ganze Palette moderner Kunst, von Tanz über Musik, Malerei, bis hin zur Videokunst wird hier ausgestellt und dargeboten. Im Übrigen war Bharat Bhawan (Haus Indiens) der erste Ort, wo die Künste

Orissa, Madhya Pradesh

der verschiedenen Ethnien einen gleichberechtigten Rang eingeräumt bekamen und besonders gefördert wurden. Eine Fotoausstellung zeigt Bilder weltberühmter Künstler und Politiker, die das Kulturzentrum anlässlich der vielen Vorstellungen und Ausstellungen besuchten.
● **Öffnungszeiten:** tgl. 14 bis 20 Uhr.

Rashtriya Manav Sangrahalaya

Ganz in der Nähe des Bharat Bhawan und ebenfalls im Nobel- und Villenviertel des Shamla-Hügels, mit schönem Blick auf See und Altstadt, befindet sich dieses sehr interessante, Anfang der neunziger Jahre eröffnete **Freilichtmuseum.** Der ambitionierte Versuch, die über 450 verschiedenen Ethnien Indiens in ihren verschiedenen Kulturen und Lebensweisen darzustellen, ist gelungen. Besonders beeindruckend ist die umfangreiche Rekonstruktion traditioneller Wohnhäuser der vielfältigen Stammeskulturen Indiens.

Man kann die einzelnen Ansiedlungen zu Fuß besichtigen. Da das Gelände jedoch sehr weitläufig ist, macht es durchaus Sinn, sich eine Autoriksha zu mieten, sodass man seine Energien für die eigentliche Besichtigung der nach verschiedenen Regionen unterteilten Dörfer spart.
● **Öffnungszeiten:** tgl. 10 bis 20 Uhr.

Van-Vihar-Safaripark

Nicht weit vom *Museum of Man* liegt dieser über 400 ha große **Zoo,** dessen Besuch wohl eher für Einheimische als für westliche Reisende von Interesse sein dürfte. Es sind u.a. Löwen, Tiger, Leoparden und Krokodile zu besichtigen.
● **Öffnungszeiten:** tgl. außer Di 7–11.30 und 16–18 Uhr, Eintritt 100 Rs.

Birla-Museum und Lakshmi-Narayan-Tempel

Der ockerfarbene **Lakshmi-Narayan-Tempel** ist im Grunde ein recht gewöhnlicher Hindu-Tempel und insofern von nur geringem Interesse, doch der Blick von dem den Tempel umgebenden Garten auf die im Tal liegende Altstadt lohnt dennoch einen Besuch.

Direkt daneben befindet sich das kleine, aber sehr feine **Birla-Museum,** benannt nach der Industriellenfamilie aus Gujarat, auf deren Konto im wahrsten Sinne des Wortes Hunderte anderer Museen- und Tempelbauten in ganz Indien gehen. Der zweigeschossige Rundbau beherbergt in vier getrennten Nischen **archäologische Funde,** vornehmlich aus Bhopal und der näheren Umgebung. Neben den z.T. hervorragend erhaltenen Vishnu- und Shiva-Skulpturen aus dem 6. bis 13. Jh. ist die Bhimbethka-Halle von besonderem Interesse. In ihr werden Felsmalereien aus den erst 1952 entdeckten Höhlen von Bhimbethka gezeigt.
● **Öffnungszeiten:** tgl. 10 bis 17 Uhr.

Union-Carbide-Fabrik

Die Stätte eines der größten Unglücke der modernen Industriegeschichte ist sicherlich nicht als Sehenswürdigkeit im üblichen Sinn zu betrachten. *Hang Anderson* (Direktor der Fabrik) und *Carbide Killer* sind nur einige der Graffitis, die voller Zorn und Trauer auf die Mauern des weitläufigen Geländes aufgesprüht wurden. Das Areal selbst ist nicht zugänglich und die Fabrik seit mehreren Jahren geschlossen, doch die Überlebenden der Katastrophe, von denen noch heute Zehntausende unter den Folgewirkungen leiden, wohnen nach wie vor in den angrenzenden Slums. Ein kleines Denkmal mit der Aufschrift *„No Hiroshima, no Bhopal, we want to live"* steht umzäunt und einsam wie ein trauriges Mahnmal für eine Katastrophe, die aufgezeigt hat, wie wenig Menschenleben wert ist, wenn es um das große Geld geht.

Information

● Freundlich sind die Bediensteten des **Touristenbüros** im Bahnhofsgebäude (tgl. 8–17 Uhr geöffnet).
● Sparen kann man sich hingegen die lange Anfahrt zur Hauptgeschäftsstelle von **Madhya Pradesh Tourism** im 4. Stock des Gangotri-Gebäudes in T.T. Nagar (Tel.: 2774289). Niemand scheint sich dort zuständig zu füh-

len, und selbst von einem Stadtplan scheint man noch nie etwas gehört zu haben. Nur etwas ergiebiger ist die Filiale im staatlichen *Hotel Palash*.

Stadtverkehr

●Nach der Ankunft am Bahnhof sollte man, um größere Umwege zu vermeiden, den Ausgang auf Gleis 4 und 5 nehmen. So gelangt man auf kürzestem Wege zur Hotelgegend um die Hamidia Rd.

●Ein **Taxi** von einem der vielen Hotels an der Hamidia Road zum 16 km entfernten **Flughafen** sollte nicht mehr als 190 Rs kosten.

●Zwischen Hamidia Road, Busbahnhof und Neustadt verkehren häufig **Tempos.**

●Relativ billig sind **Autorikshas.** So kostet z.B. eine Fahrt vom Bahnhof zum *Hotel Panchanan* in der Neustadt nicht mehr als 40 Rs. Mit etwa dem gleichen Betrag sollte man zum *Bharat Bhawan* rechnen.

Unterkunft

Die meisten der insgesamt über 50 Hotels Bhopals reihen sich entlang der Hamidia Road zwischen Bahnhof und Busstand und sind problemlos zu Fuß zu erreichen. Da die Hamidia eine extrem stark befahrene und damit laute und luftverpestete Straße ist, sollte man die in den Seitengassen angesiedelten Unterkünfte vorziehen.

Low Budget

●Einfache, aber saubere Zimmer zu vernünftigen Preisen vermietet das **Hotel Ranjit** €-€€ (Tel.: 2533511, ranjit_bpl@sancharnet.in). Diese wohl beste der ganz billigen Unterkünfte Bhopals verfügt über ein hervorragendes Restaurant.

●Direkt gegenüber vom *Hotel Ranjit* zweigt eine kleine Gasse von der Hamidia Road ab, an der sich mehrere recht gute Hotels befinden. Gleich an der Ecke steht das schöne **Hotel Richa** €€ (Tel.: 2536073).

●Als Nächstes folgt auf der linken Seite das ebenfalls empfehlenswerte **Hotel Shrimaya** €-€€ (Tel.: 275454).

●Das hervorragende **Hotel Jyoti** €€ (Tel.: 2536838) hat gepflegte, teils mit AC versehene Zimmer. Es bietet viel fürs Geld, zumal es schön ruhig liegt. Kein Wunder, dass es oft bereits um 10 Uhr ausgebucht ist.

●Gut und erstaunlich preiswert ist das komfortable und schön eingerichtete **Hotel Shivalik Gold** €€ (Tel.: 25362001, Fax 2536101).

Budget

●Das direkt neben dem *Shivalik* platzierte **Hotel Taj** €-€€€ (Tel.: 2533162) wirkt zwar von innen mit seinen dunklen Fluren etwas kühl, doch die Zimmer machen einen angenehmen Eindruck.

●Gleich teuer, jedoch besser ist das sehr empfehlenswerte **Hotel Surya** €-€€€ (Tel.: 2741701) mit liebevoll gestalteten Zimmern.

Tourist Class

●Ein gutes Mittelklassehotel mit Restaurant und Swimmingpool ist **The Residency** €€€ (208, Zone 1, MP Nagar, Tel.: 2556001).

●Ohne Pool, ansonsten die wohl beste Unterkunft der mittleren Preisklasse in Bhopal ist das **Hotel Sonali** €€€ (Tel.: 2533880).

●Ganz standesgemäß befinden sich die besten Hotels Bhopals im Nobelviertel Shamla Hills. Das stilvollste ist das **Jehan Numa Palace Hotel** €€€€ (Tel.: 2540100), ein ehemaliger Palast.

●Ein in ganz Indien Seinesgleichen suchendes Haus mit eigenem Pool ist das **Noor-Us-Sabah-Palace** €€€€-€€€€€ (Tel.: 2749101). Es wurde in den zwanziger Jahren im Bauhausstil von einem lokalen Maharaja für seine älteste Tochter errichtet.

●Das moderne **Lake View Ashok** €€€ (Tel.: 2541600) bietet hervorragende Ausblicke auf den See und ein ausgezeichnetes Restaurant.

Essen und Trinken

●Sehr gut und dementsprechend stark besucht ist das Restaurant im **Hotel Jyoti.** Wen die eiskalte Klimaanlage und die schummerige Atmosphäre nicht abhalten, kann dort vorzüglich und preiswert vegetarisch essen.

Orissa, Madhya Pradesh

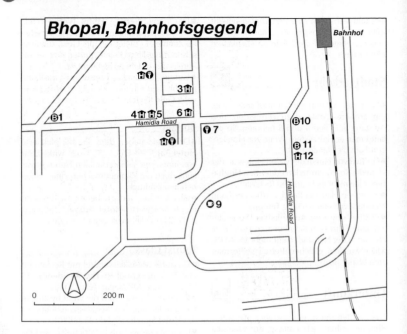

Bhopal, Bahnhofsgegend

Bahnhof

Hamidia Road

Hamidia Road

0 — 200 m

●Äußerst romantisch sitzt man im gleich oberhalb des Upper Lake platzierten **Wind & Waves Restaurant.** Das Essen ist nur durchschnittlich, doch speziell abends ist dies der ideale Ort für ein kühles Bier.

●Sehr schön kann man drinnen wie draußen im **Bagicha Restaurant** sitzen und die allerdings nicht gerade billigen Grillspezialitäten des Hauses probieren. Hervorragend munden auch die diversen süßen Nachspeisen. Den einzig bitteren Nachgeschmack hinterlassen die allzu aufdringlich auf ein saftiges Trinkgeld erpichten Ober.

●Im gleich nebenan gelegenen **Dragon Chinese Restaurant** darf man auch mit Messer und Gabel essen.

●Sehr gelobt wurde das in der Neustadt gelegene **New Inn Restaurant,** wo ausgezeichnete indische und chinesische Gerichte zu günstigen Preisen serviert werden.

●Tagsüber bietet sich das **Indian Coffee House** für eine kleine Zwischenmahlzeit an.

●Ganz vorzüglich und mit romantischem Ausblick auf den Bhopal-See speist man im **Hotel Lake View Ashok** und im **Shahnama Restaurant** des *Jehan Numa Palace Hotel.* Mit 130–200 Rs für ein Hauptgericht muss man hier selbstverständlich tiefer in die Tasche greifen.

Bank und Internet

●Geldwechsel und Reisescheckstausch ist im 1. Stock der **State Bank of India,** T.T. Nagar in der Neustadt, möglich. In derselben Ecke um die New Market Rd. finden sich auch ATMs der **UTI- und idbi-Bank** für die wichtigsten Kreditkarten.

●In derselben Ecke findet sich unter anderem **Thunderball** (20 Rs/Std.) beim *Indian*

⊕	1	Busbahnhof
🏠	2	Hotel und
⊙		Restaurant Jyoti
🏠	3	Hotel Shrimaya
🏠	4	Hotel Shivalik
🏠	5	Hotel Taj
🏠	6	Hotel Richa
⊙	7	Restaurant Bagicha
🏠	8	Hotel und
⊙		Restaurant Ranjit
⊝	9	Indian Coffee House
⊕	10	Busse in die Innenstadt
⊕	11	Minibusse nach TT Nagar
🏠	12	Hotel Surya

Coffee House zum Internetsurfen oder das **Computera** in Busbahnhofsnähe.

An- und Weiterreise

Flug

●*Indian Airlines* (Bhadbhaba Rd., TT Nagar, Tel.: 2770480) fliegt tgl. von Bhopal nach **Delhi** (84 US-$), **Mumbai** (93 US-$) und **Indore** (42 US-$).

Bahn

●Die **wichtigsten Verbindungen** stehen im Anhang.
●Fünf Züge starten tgl. Richtung **Sanchi,** doch haben diese häufig Verspätung, deshalb sind Busse vorzuziehen.

Bus

●Aufgrund der hervorragenden Bahnverbindungen macht speziell für längere Strecken die Weiterfahrt mit dem Bus wenig Sinn. Auch der zweimal täglich um 8.30 und um 14.30 Uhr vom Bahnhof in 4 Std. nach **Indore** fahrende AC-Luxusbus von *Madhya Pradesh Tourism* bildet da keine Ausnahme, da die alle halbe Std. vom Busbahnhof nach Indore fahrenden Linienbusse nur 1 Std. länger benötigen, dafür jedoch statt 150 nur 57 Rs kosten.
●Problemloser und schneller gelangt man mit dem Bus nur nach **Sanchi,** da die Züge sich oft verspäten. Wichtig ist es, einen der allerdings häufig fahrenden Direktbusse zu erwischen (1,5 Std.), da andere Busse oft weite Umwege fahren und doppelt so lange unterwegs sind.

Umgebung von Bhopal

Bhimbethka

1952 entdeckte man in einem felsigen Waldgebiet rund 40 km südlich von Bhopal eine archäologische Rarität erster Güte: rund 40 **steinzeitliche Wandmalereien** in über 700 Höhlen. Die ältesten der vornehmlich in Rot und Weiß gemalten Szenen werden auf über 12.000 Jahre geschätzt und zählen somit zu den ältesten Spuren menschlichen Lebens in Indien. Umso bemerkenswerter ist deren z.T. erstaunlich guter Zustand. Als Motive dienten den Künstlern Bilder des täglichen Lebens: Feste, Tiere, Jagdszenen sowie lokale Gottheiten und Landschaften.
●**Anreise:** Aufgrund der abgelegenen Lage sind die Höhlen nur per **Taxi** zu erreichen, wofür in Bhopal 750 Rs für eine Tagestour verlangt werden.

Orissa, Madhya Pradesh

Pachmarhi   ⚐ XII/A2

Nur sehr wenige westliche Besucher machen sich auf den recht langen Weg zum 210 km südöstlich von Bhopal in einem lieblichen Tal gelegenen Pachmarhi. Schade eigentlich, denn *Madhya Pradeshs only Hill Station* auf 1.057 m Höhe, die 1857 von dem Engländer *Captain Forsyth* entdeckt wurde, ist ein äußerst friedvoller Ort mit kleinen britischen Reminiszenzen wie etwa dem Postamt und der Kirche. Zudem gibt es Gelegenheit zu ausgiebigen Wanderungen bei klarer Luft in die von Wasserfällen, Felsenhöhlen, lieblichen Flüssen und Seen geprägte Umgebung. Wer sich einmal hierher „verirrt" hat, ist meist völlig eingenommen von der friedvollen Atmosphäre inmitten einer der schönsten Mittelgebirgslandschaften Indien und bleibt deutlich länger als ursprünglich geplant.

Jedes Jahr im Februar ist Pachmarhi Ziel Tausender von Sadhus, die zu dem von ihnen als heilig angesehen **Shiva-Tempel** pilgern, der oberhalb des Ortes auf dem Mahadeo-Hügel steht. Die den Ort kennzeichnende Synthese aus landschaftlicher Idylle und spiritueller Atmosphäre erinnert ein wenig an Mt. Abu in Rajasthan.

Anreise

●Von Bhopal aus fahren tgl. vier **Busse** in 6 Std. nach Pachmarhi. Mindestens genauso schnell und zudem bequemer ist es jedoch, zunächst einen der jede Stunde nach Piparja startenden Busse zu nehmen und die restlichen 50 km von dort per **Gemeinschafts-Jeep** (50 Rs pro Person) zurückzulegen.

Unterkunft

(Vorwahl: 07578)

Insgesamt stehen über 40 Unterkünfte zur Verfügung.

●Sehr empfehlenswert sind das **New Hotel** € (Tel.: 252017) an der Mahadeo Road mit Zimmern im Hauptgebäude sowie freistehenden Bungalows, das beim Busbahnhof gelegene **Holiday Homes** € (Tel.: 252099) und das Kolonialhotel **Amaltas** €€ (Tel.: 252098).

●Besonders hervorzuheben ist auch das Kolonialhotel **Satpura Retreat** €€€€ (Tel.: 252097). Trotz seines bautechnisch nicht einwandfreien Zustandes ist es wegen seiner schönen Lage inmitten eines gepflegten Gartens die vielleicht empfehlenswerteste Unterkunft vor Ort.

Highlight:
Sanchi   ⚐ XII/A2

Mit seinen knapp 7.000 Einwohnern macht das 70 Kilometer nordöstlich von Bhopal gelegene Städtchen selbst – auf den ersten Blick – einen recht verlorenen Eindruck, und man wird sich fragen, was diesen Ort so besuchenswert erscheinen lässt. Sanchis Geheimnis lüftet sich nach der Besteigung des am Ortsrand gelegenen, etwa 90 Meter hohen Felsenhügels. Die **Stupa von Sanchi** gehört zu den bedeutendsten und schönsten buddhistischen Stätten der Erde. Außerdem lässt die überaus entspannte Atmosphäre der abseits der Haupttouristenrouten gelegenen Ausgrabungsstätte den Besucher sich die friedliebende Lehre des Buddhismus auf besonders anmutige Weise vergegenwärtigen. Unbedingt sehenswert!

Von oben bietet sich ein **beeindruckender Panoramablick** über die Umgebung, die in ihrer Unberührtheit nichts ahnen lässt vom Leben, welches hier vor zwei Jahrtausenden pulsierte. Zu jener Zeit war der nahe gelegene, heute unscheinbare Ort Vidisha eine der mächtigsten Städte des Großreiches von Kaiser *Ashoka,* der den Buddhismus im 3. Jh. v. Chr. zur Staatsreligion erklärt hatte.

Die ersten Gebäude von Sanchi entstanden schon mit Beginn der Ausbreitung der buddhistischen Lehre in Indien im 4. Jh. v. Chr. Doch erst unter *Ashoka* begann die wirkliche Bedeutung Sanchis. Über die Jahrhunderte wurden den zu Beginn errichteten Stupas weitere Tempel, Säulen und Klöster hinzugefügt, bis mit dem Niedergang der buddhistischen Lehre im 8. Jh. n. Chr. die Anlage für ein Jahrtausend in Vergessenheit geriet. Erst 1818 wurde die Stätte wiederentdeckt und bei den letzten Restaurationsarbeiten im Jahre 1936 auch die Überreste der Klosteranlage.

Die Kultstätte von Sanchi ist einer jener Orte, denen man mehr Zeit widmen sollte, als zur reinen Besichtigung eigentlich notwendig wäre. Anstatt in einer Stunde die Sehenswürdigkeiten abzuhaken, sollte man sich mindestens einen ganzen Tag nehmen, um die friedliche Atmosphäre dieses Ortes aufzunehmen.

Sehenswertes

Stupa 1

Ausgang und Mittelpunkt der gesamten Anlage ist die Stupa 1, deren Grundstein wohl schon von Kaiser *Ashoka* gelegt wurde. Seine heutige Form und Größe, mit rund 37 Metern Durchmesser und einer Höhe von 17 Metern, erhielt dieses schlichte, bildlose Bauwerk während der Shunga-Epoche im 2. Jh. v. Chr. Nach der Wiederentdeckung der Anlage im 19. Jh. richteten Archäologen und Schatzsucher im Innern der Stupa erhebliche Schäden an. Im Gegensatz zu den Stupas 2 und 3 fanden sich jedoch keinerlei Gegenstände.

Die Stupa als die klassische Form buddhistischer Architektur symbolisierte modellartig den Kosmos. Während die steinerne Halbkugel selbst die Erdkugel darstellt, symbolisiert die daraus hervorwachsende Spitze mit den drei übereinander liegenden *Chattras* und dem umlaufenden Steinzaun die Weltachse mit dem Himmel und dem Wohnsitz der Götter.

Vier Tore (Toranas)

Umgeben ist die Stupa 1 von einem **Steinzaun,** wobei die jeweils nach den vier Himmelsrichtungen ausgerichteten Eingangstore zu einem Prozessionsgang führen, der auf halber Höhe die Stupa umgibt und den Kreislauf der Gestirne symbolisieren soll – und dementsprechend im Uhrzeigersinn umgangen werden sollte. Diese massiven, jeweils etwa 10 Meter hohen, *Toranas* genannten Zugänge, auf deren Pfeilern und Querbalken in

Steinreliefs Leben und Wirken Buddhas dargestellt sind, gelten als die großartigsten Ausdrucksformen buddhistischer Kunst in ganz Indien und machen die eigentliche Bedeutung der Stadt Sanchi aus.

Wenn es noch eines Beweises dafür bedurft hätte, dass auch stumme Zeugen sprechen können – die **Reliefs** von Sanchi würden ihn liefern. Auf den langen Balken der Tore und den senkrechten Pfeilern wird pausenlos erzählt; jeder Zentimeter ist mit Steinreliefs verziert. Sinnbild reiht sich an Sinnbild, Ereignis an Ereignis. Die Einheit der Schöpfung, die keinen Unterschied zwischen Mensch und Tier, Pflanzen und Gegenständen kennt, tritt einem hier in ihrer ganzen, ungebrochenen Lebensfülle entgegen.

Neben Göttern, Geistern und Dämonen faszinieren vor allem die von den Bildhauern in einzigartiger Detailgenauigkeit aus dem Sandstein gehauenen **Alltagsszenen.** Wie in einem Bildband nimmt der Besucher teil am dörflichen Leben von vor fast 2000 Jahren. Da ziehen Festtagsprozessionen und Fußgänger am Auge des Betrachters vorbei, wir sehen einen Bauern beim Pflügen und eine Hausfrau beim Wasserholen und Kochen. Dies alles sind Szenen, wie man sie im „Ewigen Indien" auch heute noch in fast jedem Dorf erleben kann. Gleichzeitig offenbart sich in den Reliefs eine Lebensfreude, die im auffälligen Gegensatz zu der (falschen) westlichen Darstellung der buddhistischen Philosophie als Lehre des Leidens steht.

Angesichts des Bilderreichtums übersieht man leicht, dass jener, dem die gesamte Anlage gewidmet ist, nämlich der Religionsstifter selbst, nirgends abgebildet ist. Zu jener Zeit wurde **Buddha,** der jede Art von persönlicher Verehrung nach seinem Tode untersagt hatte, nicht in Menschengestalt, sondern **symbolisch dargestellt.** Die vier wichtigsten Stationen seines Lebens (Geburt, Erleuchtung, erste öffentliche Predigt und Tod) werden durch die immer wiederkehrenden Symbole Lotosblume, Bodhibaum, Rad und Stupa versinnbildlicht.

Am **Osttor** ist der Abschied Buddhas, hier symbolisiert als Pferd, vom Elternhaus und der Aufbruch seiner Suche nach dem wahren Sinn des Lebens dargestellt. Szenen von

Orissa, Madhya Pradesh

Buddhas Geburt und von *Ashoka* als frommen Buddhisten finden sich auf den Reliefs des **südlichen Toranas,** welche als das älteste der vier gilt. Die sieben verschiedenen Inkarnationen Buddhas finden sich am **westlichen** Tor, wobei man das Verbot der figürlichen Darstellung umging, indem man ihn dreimal als Stupa und viermal als Baum darstellte. Eines der meistverwendeten Symbole der buddhistischen Kunst, das Rad des Lebens, krönt das **Nordtor,** das besterhaltene der vier *Toranas.* Gleichzeitig ist es das am reichsten und abwechslungsreichsten gestaltete Tor, wobei vor allem, wie schon am Westtor, Szenen aus seinen verschiedenen Inkarnationen dargestellt werden.

Stupas 2 und 3

Neben der Hauptstupa wurden im Laufe der Jahrhunderte noch unzählige weitere Stupas errichtet. Allein acht sollen von Kaiser *Ashoka* stammen. Keine der heute noch erhaltenen reicht in Größe oder künstlerischer Bedeutung an Stupa 1 heran. Einige sind nicht mehr als kleine runde Steinhügel. In **Stupa 3,** welche um 150 v. Chr. entstand, fand ein britisches Ausgrabungsteam 1853 Reliquien von zwei Schülern Buddhas. In Kolonialmanier schafften sie die Objekte nach England, wo sie in einem Londoner Museum ausgestellt wurden, ehe sie 100 Jahre später wieder an ihren Ursprungsort zurückgebracht wurden.

Die etwas abseits gelegene und am besten auf dem Rückweg in die Stadt zu besichtigende **Stupa 2** hat zwar keine Toranas, doch sehenswert ist der die Stupa umgebende Steinzaun mit seinen sehr schönen Tier- und Blumenreliefs.

Ashokasäule

Große Kunst gilt bekanntlich im eigenen Land oft nicht viel. Dieser Tatsache fiel im letzten Jahrhundert auch eine der vielen von *Ashoka* während seiner Regierungszeit zur Belehrung und Ermahnung seiner Untertanen aufgestellten Säulen zum Opfer, als sie von einem ahnungslosen Bauern als Zuckerrohrpresse zweckentfremdet wurde. Die Überreste dieser Steinsäule finden sich direkt neben dem Südtor der Hauptstupa.

Weitere Gebäude

Neben den hier näher beschriebenen Stätten finden sich noch weitere Überreste ehemaliger Tempel und Klöster innerhalb der Anlage. So stößt man unmittelbar gegenüber dem Südtor auf zwei **Tempel** aus der Gupta-Zeit, von denen jedoch nur noch einige Säulen stehen geblieben sind. Nur noch die Grundmauern sind auch von den beiden **Klosteranlagen** östlich und westlich des Haupttores zu erkennen. Kunsthistoriker datieren ihre Entstehungszeit in die Endphase der buddhistischen Lehre in Indien, da sie schon deutlich hinduistische Bauelemente aufweisen.

Archäologisches Museum

Am Fuß des Hügels findet sich ein Museum, in dem eine Vielzahl von Funden aus Sanchi zu bewundern sind, unter anderem ein Löwenkapitell *Ashokas.*

Wer an weiteren Informationen zu der Gesamtanlage und zu ihren einzelnen Bauwerken interessiert ist (die den Rahmen dieses Buches sprengen würden), sollte sich das kleine Heftchen *Archaeological Survey of India* kaufen, das am Museumseingang erhältlich ist.

● **Öffnungszeiten:** tgl. außer Fr 10–17 Uhr. Der Eintrittspreis zur Ausgrabungsstätte beträgt 5 US-$ bzw. 250 Rs und beinhaltet auch den Eintritt zum Archäologischen Museum.

Sanchi ist zu jeder Tageszeit einen Besuch wert. Am friedvollsten und spirituellsten ist die Atmosphäre jedoch zum **Sonnenaufgang** auf dem Gelände des Archäologischen Museums. Wer sich dieses eindrucksvolle Erlebnis nicht entgehen lassen möchte, erwirbt sein Ticket sicherheitshalber bereits am späten Nachmittag zuvor. Gleichzeitig sollte man die Bediensteten darauf aufmerksam machen, dass Selbiges auch zum Sonnenaufgang am nächsten Morgen Gültigkeit besitzt.

Langweilig ist nur der Name: Stupa 1

Unterkunft, Essen und Trinken

(Vorwahl: 07482)

●Von den in Sanchi zur Verfügung stehenden Unterkünften sind die beiden von *Madhya Pradesh Tourism* geleiteten Häuser die besten. Die ca. 200 m vom Ortskern entfernte **Travellers Lodge** €-€€ (Tel.: 262723) liegt sehr ruhig inmitten einer Gartenanlage und bietet hübsche, geräuminge Zimmer. Gut ist das angeschlossene Restaurant, wenn auch die Bedienung, wie so oft in staatlichen Unterkünften, eher gemächlich vonstatten geht.

●Die **Tourist Cafeteria** €-€€ (Tel.: 266743) an der Straße vom Bahnhof zum Felsenhügel ist in erster Linie ein Restaurant, in dem vor allem Tagesausflügler aus Bhopal einkehren. Dem modernen Flachbau angeschlossen sind jedoch zwei makellos saubere und hübsche Zimmer.

●Sehr billig und für den Preis empfehlenswert sind die zwei Zimmer der **Jaiswal Lodge** € (Tel.: 266610).

●Äußerst spartanisch, dafür sauber sind die um einen hübschen begrünten Innenhof angelegten Räume des **Sri Lanka Mahabodhi Society Guest House** € nur wenige Meter vom Bahnhof entfernt. Da der Eingang meist unbesetzt ist, sollte man bis zum Innenhof durchgehen und nach dem Verwalter fragen. Es gibt nur ein Gemeinschaftsbad.

Bank und Internet

●Geld kann man in der **Canara Bank** unweit vom Bahnhof wechseln, ein **Internetcafé** gibt's beim Busbahnhof.

An- und Weiterreise

Bahn und Bus

●Sanchi liegt an der Bahnlinie **Delhi – Mumbai**, doch die meisten Züge rauschen an Sanchi vorbei, ohne dort zu halten. Fahrgäste der **ersten Klasse** besitzen jedoch das Privileg, den Zug extra für sich hier stoppen zu

Orissa, Madhya Pradesh

lassen. Es versteht sich, dass der Schaffner von diesem Wunsch früh genug informiert werden sollte.

● Die tgl. fünf zwischen **Bhopal** und Sanchi verkehrenden **Züge** benötigen für die 46 km lange Strecke knapp 1 Std. und sind damit schneller als die etwa jede Std. fahrenden Busse. Da die Züge jedoch von weither anreisen und auf der Fahrt meist Verspätungen von bis zu 3 Std. ansammeln, sind **Busse** vorzuziehen. Man sollte allerdings darauf achten, einen der Direktbusse (1,5 Std.) zu nehmen, da jene über Raisen doppelt so lange unterwegs sind.

● Nach **New Delhi** fährt der 1057 DR Amritsar Exp., Abf. 15.37 Uhr, über **Jhansi** (an 20.10 Uhr), **Gwalior** (an 21.52 Uhr), **Agra** (an 23.45 Uhr), Ank. in New Delhi 4.35 Uhr, der Zug fährt weiter bis **Amritsar** (an 16.50 Uhr).

Umgebung von Sanchi

Vidisha   ♪ XII/A2

Das nur 10 km nordöstlich von Sanchi gelegene Vidisha war während der Gupta-Periode eine der bedeutendsten Städte der Region. In den Ruinen eines hier im 2. Jh. v. Chr. erbauten Tempels haben Archäologen die früheste Verwendung von Zement als Baumaterial in Indien nachgewiesen. In der Zeit vom 10. bis 12. Jh. n. Chr., als die Stadt von islamischen Eroberern regiert wurde, erlangte sie erneut Bedeutung.

In den Räumen des **archäologischen Museums** von Vidisha könnne Objekte aus der Blütezeit besichtigt werden.

Udayagiri-Höhlen

Von Vidisha, welches problemlos von Sanchi aus mit dem Bus zu erreichen ist, kann man mit einer Tonga oder Autoriksha (20 Rs hin und zurück) zu den 21 in einen Sandsteinfelsen gehauenen Höhlen von Udayagiri fahren, die, wie Steininschriften belegen, aus dem 4. und 5. Jh. stammen. Besonderes Interesse verdienen die beiden mit **Jain-Inschriften** versehenen Höhlen 1 und

20 sowie die Höhle 5, die Vishnu in seiner Inkarnation als Eber zeigt, der auf einem seiner Stoßzähne die Erdgöttin Prithvi in die Lüfte erhebt.

Ujjain   ♪ XI/D2
(ca. 440.000 Einwohner, Vorwahl: 0734)

Dieser von westlichen Touristen kaum besuchte Ort ist für die Hindus einer der heiligsten Städte ganz Indiens. Seine Bedeutung beruht auf der Legende von der Suche nach dem Trank der Unsterblichkeit (Amrit), der nach jahrelangen vergeblichen Versuchen schließlich vom Sohn des Himmelsgottes Indra gefunden wurde. Verkleidet als Krähe flog er, verfolgt von den Dämonen, die ihm den Nektar entreißen wollten, um die Erde, bis er nach zwölf Tagen das Paradies erreichte. Während der wilden Verfolgungsjagd fielen vier Tropfen des wertvollen Trankes auf die Städte Haridwar, Nasik, Prayag (das heutige Allahabad) und Ujjain.

Alle zwölf Jahre findet an diesen vier Orten mit der **Kumbh Mela** das größte Pilgerfest Indiens statt. Im Mai 1992 drängten sich über 10 Millionen Gläubige an den Ghats des Shipra-Flusses, an dessen östlichem Ufer sich diese Stadt erstreckt.

Geschichte

Aufgrund ihrer strategisch bedeutenden Lage an der Haupthandelsroute von Norden nach Malwa war die Stadt seit altersher heiß umkämpft, und so kann sie auf eine wechselvolle Geschichte zurückschauen. Ausgrabungen förderten über **4000 Jahre alte Siedlungsreste** zutage, und schon im 6. Jh. v. Chr. soll sie unter dem Namen Awantika in buddhistischen Texten erwähnt sein. Im 9. Jh. n. Chr., als die **Paranas** die Kontrolle über das Malwa-Reich erlangten, machten sie Ujjain zeitweilig zu ihrer Hauptstadt.

Als jedoch der letzte Parana-Herrscher, Siladitja, von muslimischen Herrschern aus Mandu gefangen genommen wurde, begann eine Zeit des **Niedergangs,** die 1234 mit der

Eroberungs Ujjains durch *Altamish* und der Zerstörung vieler Tempel einen traurigen Höhepunkt erreichte.

Unter *Akbhar* wurde eine neue Stadtmauer mit vier Eingangstoren errichtet, von der aber kaum noch etwas erhalten geblieben ist. Nach dem Niedergang der Moguln wurde *Maharaja Jai Singh* im Jahr 1730 Gouverneur von Malwa und ließ in Ujjain eines seiner insgesamt fünf Observatorien erbauen.

Als schließlich die Scindias, die neuen Herrscher, ihre Verwaltungshauptstadt Anfang des 19. Jh. nach Gwalior verlegten, begann der wirtschaftliche Niedergang der Stadt, von dem sie sich scheinbar bis heute nicht erholt hat.

Sehenswertes

Mahakaleshwar-Tempel

Dieser große, in eine Senke hineingebaute **Shiva-Tempel** ist der bedeutendste der zahlreichen Tempel Ujjains und bildet den Mittelpunkt der religiösen Verehrung während der Kumbh Mela. Hauptanziehungspunkt der Gläubigen ist der so genannte *Lyotir Lingam,* einer von insgesamt zwölf Shiva-Lingams in ganz Indien, von dessen Verehrung sich die Pilger besonders starke Heilkräfte versprechen. Wie die meisten der insgesamt 84 Tempel Ujjains ist auch auch der Mahakaleshwar mehrfach zerstört worden, so 1234 beim Einfall des türkischen Feldherrn *Altamish.* Die letzte Restauration, der die heutige Tempelanlage zugrunde liegt, erfolgte durch die Scindias Anfang des 19. Jahrhunderts.

Bade Ganeshji-Ka-Mandir

Nur wenige Meter vom Mahakeleshwar-Tempel an der Straße, die rechts vom Eingang am Tempel hinunterführt, liegt dieser in seiner Buntheit und Verspieltheit für den Hinduismus typische kleine Tempel. Im Eingangsbereich sitzt der bei den Indern äußerst beliebte Glücksgott Ganesha mit seiner roten Hose, goldenen Gewändern und dem rosaroten Elefantenkopf mit riesigen Ohren. Dies ist jedoch erst der Auftakt eines wahren Panoptikums bunt-schriller Hindu-Götter, die im Tempelinneren auf einen warten.

Gopal Mandir

Dieser wunderschön inmitten der Innenstadt gelegene, von Marktständen umgebene **Krishna-Tempel** entstand im 19. Jh. unter den Scindias. Mit seinem das Gebäude beherrschenden Kuppeldach, seinen Marmoreinlegearbeiten und den silberbeschlagenen Türen im Inneren ist er ein hervorragendes Beispiel marathischer Architektur. Die Silbertür im Innern des Tempels soll ursprünglich im Sonnentempel von Sommnath in Gujarat installiert gewesen sein, von wo sie von *Mahmud-e-Ghazni* nach Afghanistan überführt wurde, bis sie schließlich über Lahore in Pakistan im 19. Jh. ihren vorerst letzten Bestimmungsort in Ujjain erreichte.

Observatorium (Vedh Shala)

Im Süden der Stadt liegt das von Maharaja *Jai Singh* während seiner Regierungszeit als Statthalter von Malwa im Jahre 1733 errichtete Observatorium. Von den insgesamt fünf Sternwarten, die dieser begeisterte Astronom errichten ließ (die übrigen vier stehen in Jaipur, Delhi, Mathura und Varanasi) ist diese eine der wenigen, die noch heute in Gebrauch ist. Auch wenn es bei weitem nicht vergleichbar mit den beiden Meisterwerken *Jai Singhs* in Delhi und Jaipur ist, so lohnt sich doch aufgrund der romantischen Lage an den Ufern der Shipra ein Besuch.

Ramghat

Vom Gopal Mandir kommend führt ein abschüssiger Weg durch die schönen Altstadtgassen zu der auf beiden Seiten von vielen **Badeghats** umgebenen Shipra. Das meistbesuchte und größte ist das von unzähligen weißgetünchten Tempeln umgebene Ramghat. Auch wenn die Atmosphäre am Ganges in Varanasi viel spektakulärer ist, so zeigt sich doch auch hier ein buntes, friedvolles Treiben von Pilgern, Badenden, Wäscherinnen und Sadhus.

Orissa, Madhya Pradesh

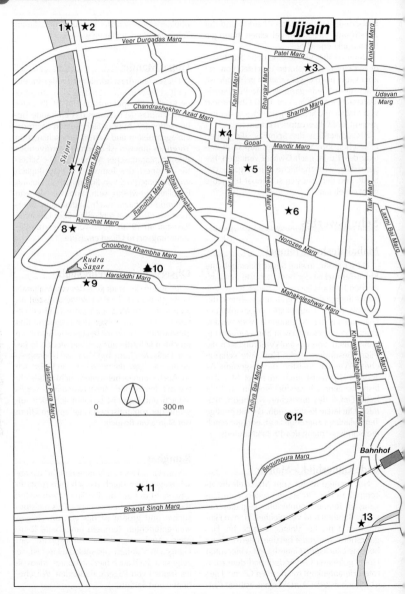

Ujjain

Map labels:
- 1 ★ ★ 2
- Veer Durgadas Marg
- Patel Marg
- ★ 3
- Kamri Marg
- Bhargav Marg
- Udayan Marg
- Chandrashekher Azad Marg
- Sharma Marg
- ★ 4
- Gopal
- Mandir Marg
- Shipra
- ★ 7
- Sidhasen Marg
- Raja Bhau Mahakal
- Ramghat Marg
- Jawahar Marg
- ★ 5
- Shreepal Marg
- ★ 6
- Tilak Marg
- Laxmi Bai Marg
- Ramghat Marg
- 8 ★
- Norozee Marg
- Choubees Khambha Marg
- Rudra Sagar
- ▲ 10
- Harsiddhi Marg
- ★ 9
- Mahakaleshwar Marg
- Jaising Pura Marg
- Ahilya Bai Marg
- Khawaja Shahjahan Tiwari Marg
- Tilak Marg
- 0   300 m
- ©12
- Bahnhof
- Begumpura Marg
- ★ 11
- Bhagat Singh Marg
- ★ 13
- Ankpat Marg

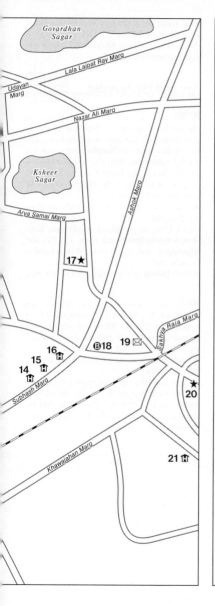

★ 1 Chakra Teertha
★ 2 Anandeshwar Mahadev
★ 3 Metangeshwar Mahadev
★ 4 Gopal Mandir
★ 5 Chattri Chowk
★ 6 Rajsthaleshwar Mahadev
★ 7 Ramghat
★ 8 Harsiddhi Mandir
★ 9 Mahakaleshwar Mandir
▲ 10 Bade Ganeshji
★ 11 Begum ka Rauza
☾ 12 Khwaza Shakeb Ki Masjid
★ 13 Observatorium
🏨 14 Hotel Chandragupta
🏨 15 Hotel Rama Krishna
🏨 16 Hotel Surya
★ 17 Gandhi-Statue
Ⓑ 18 Busbahnhof
✉ 19 Hauptpost
★ 20 Uhrturm
🏨 21 Hotel Shipra

Orissa, Madhya Pradesh

Information

- Bei dem sehr informativen **Tourist Office** im Bahnhofsgebäude (tgl. 8–18 Uhr) erhält der Reisende gegen eine Gebühr von 20 Rs einen aufwendigen Faltplan, auf dessen Rückseite detailliert die Geschichte und die einzelnen Sehenswürdigkeiten der Stadt beschrieben werden.

Stadtverkehr

- Mit der **Autoriksha** zum *Shipra Hotel* sollte man keinesfalls mehr als 10 Rs zahlen, ins Stadtzentrum zum Gopal Mandir sind es höchstens 25 Rs. Am Bahnhof und Busbahnhof gibt es ein Prepaid-System mit festgelegten Preisen. Man sollte sich jedoch vor Fahrtantritt vergewissern, dass auch wirklich das gewünschte Ziel verstanden wurde, da sich die Tour andernfalls oft zu einer nerven- und zeitaufreibenden Odyssee entwickelt.

Unterkunft

- Freundlich präsentiert sich das **Surya Hotel** € (Tel.: 2560747), auf das man gleich nach Verlassen des Bahnhofsgebäudes stößt. Die meisten Zimmer sind mit einem Teppich ausgelegt, alle sind sehr sauber.
- Gut, allerdings etwas teurer ist das neben dem *Surya Hotel* gelegene **Rama Krishna Hotel** € (Tel.: 2557021). Empfehlenswert ist das hauseigene vegetarische Restaurant.
- Das **Hotel Chandragupta** € (Tel.: 225500) fällt etwas ab, ist aber dennoch recht passabel. Direkt neben dem Hotel befindet sich mit dem *Chanakya* das beste Restaurant der Stadt.
- Das von *Madhya Pradesh Tourism* verwaltete **Hotel Shipra** €€-€€€ (Tel.: 2551495) ist zweifelsohne die schönste Unterkunft Ujjains. Sie liegt in einer ruhigen Wohngegend und verfügt über 30 sehr angenehme Zimmer, die klimatisierten wesentlich teurer. Vorzüglich ist auch das hauseigene Restaurant. Um direkt nach Ankunft am Bahnhof zum Hotel zu gelangen, sollte man den Ausgang am Bahnsteig Nr. 7 benutzen.

- Ein typisches indisches Mittelklasse-Hotel ist das **Surana Palace** €€€€ (Tel.: 2530045) an der G.D.C. Dashera Maidan Rd. mit angeschlossenem Restaurant.

An- und Weiterreise

Bahn

- Um nach **Gujarat** und **Mumbai** zu gelangen, muss man zunächst mit dem Bus in das nur 30 km entfernte **Nagda** fahren, von wo aus tgl. zahlreiche Züge Richtung Südwesten rattern. So z.B. der Jaipur Mumbai Exp. (Abf. 21 Uhr), der am nächsten Morgen um 8 Uhr Mumbai Central erreicht.
- Nagda (Abf. 8.35 Uhr) ist auch der Ausgangsort für die Bahnfahrt nach **Kota** (Ank. 11.30 Uhr), nach **Sawai Madhopur/Ranthambore-Nationalpark** (Ank. 13 Uhr) und **Bharatpur** (Ank. 15.30 Uhr) mit dem Golden Temple Mail.
- Nach **Indore** gelangt man schneller per Bus.

Bus

- 12 Busse tgl. fahren nach **Bhopal** (4 Std.) und **Indore** (2 Std.). Nicht viel weniger sind es nach **Nagda,** der Bahnstation für Züge Richtung Gujarat und Mumbai.
- Nach **Mandu** kommt man nur mit Umsteigen in **Indore.**
- Nach Rajasthan gelangt man am schnellsten mit dem morgendlichen Direktbus nach **Kota** (7–8 Std.). Von dort problemlos Verbindungen u.a. nach Bundi, Chittorgarh und Udaipur.

Indore   ↗ XI/D2

(ca. 1,7 Mio. Einwohner, Vorwahl: 0731)

Trotz zweier Paläste und eines ungewöhnlichen Tempels hat die Stadt selbst touristisch recht wenig zu bieten. Aufgrund ihres umfangreichen Hotelangebotes bietet sie sich jedoch als Ausgangspunkt für den Besuch der 80 Kilometer südwestlich gelegenen alten **Festungsstadt Mandu,** eine der Hauptsehenswürdigkeiten Madhya Pradeshs, an. Falls möglich, sollte man jedoch gleich nach Mandu weiterfahren, da dort sowohl die Sehenswürdigkeiten als auch die entspannte Atmosphäre viel mehr zum Verweilen einladen.

Indore ist ein typisches Beispiel für jene sich seit etwa Mitte der achtziger Jahre rasant entwickelnden Millionenstädte, deren Gesicht deutlich von der immer umfangreicher werdenden kaufkräftigen indischen Mittelschicht bestimmt wird. Einkaufszentren, Fast-Food-Restaurants und Motorroller bestimmen das Bild dieser weitläufigen Stadt. Der auffällige **Wohlstand** rührt zum einen von der Textilindustrie, die hier eines ihrer Produktionszentren hat, und zum anderen vom nahe gelegenen „Detroit Indiens", Pitampur, wo viele der großen indischen Motorenwerke beheimatet sind.

Zwar war Indore schon unter dem ursprünglichen Namen *Indrishwar* Teil des Gupta-Reiches, doch historische Bedeutung erlangte die Stadt erst, seit sie 1753 unter die Herrschaft des Gründers der Holka Dynastie, *Maharao,* geriet. Ende des 18. Jh. wurde sie für einige Jahrzehnte von einer Frau, *Akalji Bai,* regiert, die bis zu ihrem Tode in Indien zahlreiche bedeutende Tempel errichten ließ, so unter anderen 1777 den berühmten Goldenen Tempel in Varanasi. Eine Statue ihr zu Ehren befindet sich heute im Zentrum der Stadt vor dem Rajwada-Palast. In der Zeit der britischen Herrschaft, zu deren verlässlichsten Partnern die Holkar-Dynastie zählte, diente Indore als Hauptquartier der britischen Truppen in Zentralindien.

Orissa, Madhya Pradesh

Sehenswertes

Rajwada-Palast

Im Zentrum der Altstadt, umgeben von den verwinkelten Gassen des Basarviertels, steht der siebenstöckige **Palast der Holkar-Könige**. Von den insgesamt drei großen Feuersbrünsten, die das Gebäude innerhalb seiner 200-jährigen Geschichte heimsuchten, richtete das letzte im Jahr 1984 die größten Schäden an, sodass heute kaum mehr als die Vorderfront des Palastes, in dem die städtische Behörden Platz gefunden haben, erhalten ist. Auf der Rückseite des Palastes führen freilaufende Treppen ins oberste Stockwerk, von wo aus man einen schönen Ausblick auf die Altstadt hat. Auf dem kleinen, von Palmen umgebenen Vorplatz findet sich eine schöne Statue der Maharani *Akalji Bai.*

Lal Bagh Palace

Wesentlich mehr als im Rajwada-Palast gibt es in dem im Südwesten der Stadt gelegenen Lal-Bagh-Palast zu sehen. Das 1921 inmitten einer schönen Parkanlage eingeweihte Schloss beherbergt all jene für die Verschwendungssucht der Maharajas so typischen Objekte wie riesige Empfangssäle, von deren Decken gewaltige Kronleuchter hängen, goldverzierte Bilderrahmen, Tigertrophäen und marmorne Springbrunnen.
●**Öffnungszeiten:** tgl. außer Mo 10–17 Uhr, Kamera/Video 10/50 Rs.

Kanch Mandir

In Gehdistanz zum Rajwada-Palast, inmitten des Kajuri-Basars, befindet sich der von außen recht unscheinbare und damit leicht zu verfehlende **Jain-Tempel** Kanch Mandir, auch bekannt unter dem Namen seines Erbauers *Hukanchand Mandir.* Wände, Türen, Geländer und vor allem die drei Statuen des Gründers der Jain-Religion, *Mahavira,* sind über und über mit Millionen bunter Mosaikspiegel verziert. Nur zu schade, dass dieser Raum mit seinen imposanten Lichtspiegelungen und den zahllosen Gemälden, auf denen den Sündern ihre im Jenseits zu erwartenden Strafen drastisch vor Augen geführt werden, nicht fotografiert werden darf.
●**Öffnungszeiten:** tgl. außer Mo 10–17 Uhr.

Chattris

Die **Gräber** der ehemaligen Holkar-Dynastie stehen heute etwas verlassen an den Ufern des Saraswati-Flusses. Zum Teil überwuchert von der tropischen Natur und eingebettet in die romantische Flusslandschaft bilden die kleinen Pavillons eine schöne Kulisse für einen abendlichen Spaziergang. Am beeindruckendsten und auffälligsten ist dabei das Grabmal *Maharao Holkar I.,* des Gründers der Holkar-Dynastie, während das *Chattri* der großen Maharani *Akalji Bai* sehr bescheiden ausfällt.

Bada-Ganapati-Tempel

Dieser Tempel am westlichen Ende der M.B. Rd. bezieht seine Berühmtheit aus der 8 m hohen, knallbunten **Ganesha-Statue** im Inneren: Weltrekord!

Information

●Das **Tourist Office** (Tel.: 2528653) befindet sich im Gebäude des *Tourist Bungalows.* Das Hauptinteresse der Bediensteten scheint darin zu bestehen, den Touristen weit überteuerte mehrtägige Touren nach Mandu aufzuschwatzen. Auch für eine sehr informative Broschüre, den *Indore City Guide,* verlangt man statt 15 Rs, den eigentlichen Preis, bis zu 30 Rs. Tgl. 8–17 Uhr.
●Wer, wie wohl die meisten Besucher, **nach Mandu weiterreisen** möchte, sollte bereits beim *Tourist Office* in Indore ein Zimmer vorbestellen, da vor Ort oft alles ausgebucht ist.

Stadtverkehr

●Eine Taxifahrt zum 9 km außerhalb gelegenen **Flughafen** sollte nicht mehr als 250 Rs kosten. Autorikshas verlangen um die 100 Rs.
●**Autorikshas** sind billig, und so lohnt es kaum, auf die entlang der innerstädtischen Hauptstraßen verkehrenden **Tempos** zurückzugreifen, zumal Indores Straßennetz recht

unübersichtlich ist. Vom Bahnhof zum Rajwada Palast in der Altstadt kostet es ca. 15 Rs. Erfreulich viele Rikshafahrer schalten bereitwillig den Taxameter ein. Da die meisten jedoch kaum ein Wort Englisch sprechen, sollte man sich genau versichern, dass sie das gewünschte Fahrtziel auch wirklich verstanden haben.

Unterkunft

Indore ist ein Beispiel für jene Städte, in denen es sich lohnt, etwas mehr Geld für eine der reichlich vorhandenen und qualitativ hervorragenden Budget-Unterkünfte auszugeben, als sich die Nacht in schäbigen Billighotels um die Ohren zu schlagen. Zwar verfügt die Stadt über zwei gute Low-Budget-Unterkünfte, doch diese sind oftmals schon am frühen Vormittag belegt. Nicht einlassen sollte man sich auf die um die Bahnhofsgegend schleichenden **Schlepper,** von denen sich einige unangehm aufdringlich verhalten.

Low Budget

●Eines der besten der vielen Billighotels ist das direkt unterhalb einer monströsen Hochstraße gelegene **Hotel Payal** € (Tel.: 2478460). Das kleine Haus macht einen gepflegten Eindruck und verfügt über saubere, schöne Zimmer, die sehr preisgünstig sind. Dieses Preis-Leistungs-Verhältnis hat sich herumgesprochen, und so ist das *Payal* jeden Tag frühzeitig belegt.

●Ganz o.k. ist das **Hotel Neelam** € (Tel.: 2466001) mit etwas klein geratenen, aber ansonsten ordentlichen Zimmern.

●Akzeptabel ist das **Hotel Ashoka** € (Tel.: 2465991) gegenüber vom *Saraswate Bus Terminal* mit recht ordentlichen Zimmern. Wegen der unermüdlich abfahrenden Busse sollte man ein der Straße abgewandtes Zimmer wählen.

Budget und Tourist Class

●In dieser Kategorie hat man die Auswahl zwischen einer Reihe sehr ansprechender Hotels. Sicherlich nicht das beste, aber dennoch von den meisten Touristen gewählt, ist der **Tourist Bungalow** €€ (Tel.: 2521818) an der R.N. Tagore Road. Der moderne Flach-

bau liegt etwas versteckt hinter einem größeren Gebäude.

●Viel fürs Geld bietet das moderne **Hotel Surya** €€-€€€ (Tel.: 2517701) 100 m weiter gelegen.

●Das **Samrat Hotel** €€-€€€ (Tel.: 2433889) an der Mahatma Gandhi Road macht nicht nur von außen einen komfortablen Eindruck, sondern entpuppt sich auch von innen als ein vorzügliches Hotel, das man eigentlich in einer ganz anderen Preisklasse vermuten würde. Dennoch lockt das Hotel seine Gäste mit für den gebotenen Standard äußerst günstigen Preisen. Ähnlich in Preis und Leistung ist das **Hotel President** €€€ (Tel.: 2528866) an der RNT Rd.

●Abgesehen von seiner etwas ungünstigen Lage 5 km außerhalb ist das **Sayaji Hotel** €€€€ (Tel.: 2552121) eine hervorragende Adresse. Dem Preis entsprechend bietet es neben den modern und stilvoll eingerichteten Zimmern einem Swimmingpool und einen Health Club.

First Class

●Fast schon mondän wirkt das hoch aufragende **Hotel President Planet** €€€€ (Tel.: 2452001) an der RNT Road. Die 73 Suiten haben allen Komfort, dazu bieten sich die Sauna, das Fitnesscenter und das vorzügliche Restaurant zur körperlichen und kulinarischen Erholung an.

●Indores Top-Adresse ist das mondäne Fünf-Sterne-Hotel **Fortune Landmark** €€€€€ (Tel.: 2557700). Das an die Meghdoot-Gärten angrenzende Haus verfügt über drei Restaurants, einen Health Club und einen Swimmingpool.

Essen und Trinken

Das kulinarische Angebot ist hervorragend, speziell entlang der Mahatma Gandhi Road, wo vom Fast Food über vegetarische *Thali* bis zur meist fleischhaltigen Mughlai-Küche alles zu haben ist.

●Köstliche Rajasthan-Thalis sind die Spezialität des **Status Restaurant.** Mittags kann man sie unter freiem Himmel neben einem Springbrunnen einnehmen.

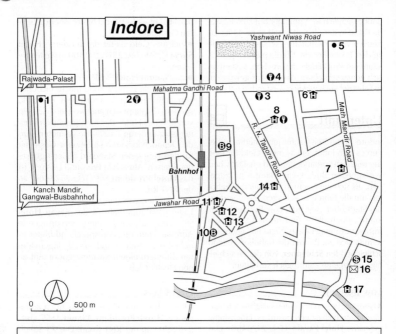

- **1** MP State Emporium
- **2** Indian Coffee House
- **3** Ding Dong
- **4** Status Restaurant
- **5** Indian Airlines
- **6** Hotel Samrat
- **7** Hotel Surya
- **8** Tourist Bungalow
- und Restaurant Apsara
- **9** Private Busgesellschaft
- **10** Sarwate Busbahnhof
- **11** Hotel Payal
- **12** Hotel Neelam
- **13** Hotel Ashoka
- **14** Hotel President
- **15** State Bank of India
- **16** Post
- **17** Hotel Fortune Landmark

● Leckere chinesische Gerichte serviert das **Restaurant Atithi** an der Mahatma Gandhi Road oberhalb des Bata-Schuhgeschäftes.

● Für alle, die es lieber südindisch scharf mögen, ist das **Ding Dong,** ebenfalls an der Mahatma Gandhi Road, oder das **Indian Coffee House** die richtige Adresse.

● Als eines der besten vegetarischen Restaurants der Stadt gilt das **Apsara** vor dem *Tourist Bungalow,* wo man abends stilvoll im Freien speisen kann.

● Sehr gut isst man auch in den Restaurants des **Surya** und des **Samrat Hotels.**

Bank

● Nicht weit von der Hauptpost findet sich die **State Bank of India,** die für Bares und Reiseschecks zuständig ist.
● **ATMs** gibt's von der *Centurion Bank* (Tagore Rd.) und *UTI-Bank* (Yeshwant Niwas Rd., auch AmEx-Karten).

An- und Weiterreise

Flug

● *Indian Airlines* (Racecourse Rd., Tel.: 2431594, Flughafen: 2620758) fliegt tgl. nach **Bhopal** (42 US-$), **Delhi** (96 US-$) und **Mumbai** (66 US-$).
● **Jet Airways** (Tel.: 2544590-2, Flughafen: 2620454) findet sich gegenüber Indian Airlines.

Bahn

● Das **Reservierungsbüro** schräg gegenüber vom Bahnhof hat Mo–Sa 8–20 Uhr und Sa 8–14 Uhr geöffnet.
● **Wichtige Bahnverbindungen** im Anhang.

Bus

● Indore besitzt mit Sarwate und Gangwal zwei etwa 1,5 km auseinander gelegene **Busbahnhöfe.**
● Von Sarwate fahren alle halbe Stunde Busse nach **Ujjain** (1,5 Std.) und **Bhopal** (5 Std.).
● Eine Std. schneller und wesentlich komfortabler gelangt man mit dem jeden Morgen um 8 Uhr vom *Tourist Bungalow* abfahrenden **AC-Luxusbus nach Bhopal** – zum Preis von 200 Rs.
● Zur Festungsstadt **Mandu** gibt es tgl. drei Direktbusse um 8 und 12 Uhr von Gangwal und um 15 Uhr vom *Sarwate Bus Stand.* Die Fahrtdauer beträgt 4 Stunden.
● Kaum länger ist die Alternativroute mit Umsteigen (1,5 Std.) in **Dhar,** wohin etwa jede Stunde von Sarwate Busse starten. Von Dhar sind es dann noch einmal gut 2 Std.
● Nach **Rajasthan** und **Gujarat** gelangt man am bequemsten mit einer der vielen vor dem Bahnhof ansässigen privaten Busgesellschaften, die Luxusbusse über Nacht einsetzen.

Mandu   ♫ XI/C2
(ca. 9.000 Einwohner, Vorwahl: 07292)

*Shadiabad, „Stadt der Freude" wurde Mandu von seinen islamischen Eroberern genannt – eine auch heute, 500 Jahre später, noch sehr zutreffende Bezeichnung, ist doch der von nur wenigen Individualtouristen besuchte Ort eines der schönsten Ziele in Zentralindien. Kulturhistorisch hochinteressante Bauwerke inmitten einer sowohl spektakulären als auch lieblichen Landschaft sowie eine **ruhige Atmosphäre** abseits der ausgetretenen Touristenpfade machen den außergewöhnlichen Reiz Mandus aus. Wem es gelingt, sich in einem der schön am See gelegenen Bungalows des *Tourist Cottage* einzumieten, der bleibt meist mehrere Tage – ein herrlicher Ort, um die Seele baumeln zu lassen.*

Die verlassene Festungsstadt liegt auf einem 20 km² großen Felsplateau, das 700 m hoch aus einer grandiosen Landschaft emporragt. Um diesen romantischen Ort mit seinen weiträumigen Palästen, Moscheen, Tempeln, Seen und Bädern ranken sich unzählige Legenden. Obwohl beliebtes Ziel vor allem italienischer und französischer Pauschaltouristen, wirkt die Stadt gerade wegen ihrer Weitläufigkeit nie überfüllt, und so finden sich genügend Orte und Plätze, um die friedvolle Atmosphäre Mandus zu erleben.

Die beste **Reisezeit** für den Besuch Mandus sind die Monsunmonate Juli bis September, wenn die üppige Natur an den moosüberwucherten Palästen und den prall gefüllten Seen besonders zur Geltung kommt.

Geschichte

Aufgrund seiner hervorragenden natürlichen Gegebenheiten wurde das Felsplateau schon frühzeitig zu Verteidigungszwecken genutzt, so im 11. Jh. vom Gründer Bhopals, *Raja Bhoja.* **Historische Bedeutung** erlangte es jedoch erst mit Beginn des 15. Jh., als der Gouverneur von Malwa, *Dilawar Khan,* den Zusammenbruch des Sultanats von Delhi nutzte, um hier sein eigenes Reich zu gründen.

Seit sein Sohn *Hoshang Shah* die Hauptstadt des als strategische Drehscheibe Mittel-

indiens heiß umkämpften Malwareiches von Dhar nach Mandu verlegte, erlebte die Stadt eine wechselvolle Geschichte. Während der dreißigjährigen Regierungszeit *Hoshang Shahs* entstanden mit der großen Moschee und seinem imposanten Grab zwei der auffälligsten Bauwerke Mandus.

Nachdem *Mahmud Kalji* 1436 durch die Ermordung von *Hoshangs* Sohn an die Macht gekommen war, konsolidierte er während seiner 35jährigen Regierungszeit, die durch viele erfolgreiche Schlachten gegen die umliegenden Fürstentümer gekennzeichnet war, die Stellung Mandus.

Sein Sohn und Nachfolger, *Giyas-ud-Din,* erlangte weniger wegen seiner militärischen Erfolge Berühmtheit, sondern vielmehr aufgrund seines überdurchschnittlich großen Harems, der angeblich bis zu 15.000 Frauen umfasst haben soll. Der offensichtlich recht rüstige Herr, der im Alter von 80 Jahren von seinem Sohn vergiftet wurde, fand neben seinen privaten Verpflichtungen noch genügend Zeit, mit dem Jahaz Mahal und dem Hindola Mahal zwei der bedeutendsten Gebäude Mandus errichten zu lassen.

Mit der Ermordung *Giyas-ud-Dins* begann Anfang des 15. Jh. der **Niedergang** Mandus als eigenständigem Königreich. Nachdem es 1526 von *Bahadur Shah,* dem Gouverneur Gujarats, eingenommnen worden war, wechselten in den folgenden Jahrzehnten noch mehrmals die Eroberer, bis schließlich 1561 *Akhbars* Truppen der Unabhängigkeit Mandus endgültig ein Ende setzten, indem sie es in das Mogul-Reich integrierten. Zwar wurden in den folgenden Jahrhunderten noch einige kleinere Gebäude hinzugefügt, doch als nach dem Niedergang der Mogul-Herrschaft Anfang des 18. Jh. die neuen Herrscher Mandus, die Marathen, die Hauptstadt Malwas wieder nach Dhar zurückverlegten, verkam die einstmals stolze Festung mehr und mehr zu einer Geisterstadt.

Sehenswertes

Die meisten der während des goldenen Zeitalters Mandus zwischen 1401 und 1526 entstandenen Gebäude lassen sich drei Gruppen zuordnen: die unmittelbar an die drei Haupttore im Norden angrenzende so genannte königliche Enklave, die Gebäude innerhalb des Dorfes Mandu sowie im äußersten Süden der so genannte Rewakund-Komplex.

Die königliche Enklave

Wer unmittelbar nach der Durchquerung der drei Haupttore im Norden in die Straße nach rechts, d.h. nach Westen, abbiegt, stößt auf den größten zusammenhängenden Gebäudekomplex Mandus, der gleichzeitig das eigentliche politische Machtzentrum der Festungsstadt darstellte. Hier residierten, regierten und repräsentierten die Herrscher des Malwa-Reiches.

Spektakulärstes Gebäude ganz Mandus ist der **Jahaz Mahal** (Schiffspalast), der aufgrund seiner eigenwilligen Ausmaße von 110 m Länge, aber nur 15 m Breite sowie seiner Lage inmitten zweier künstlicher Seen tatsächlich an ein riesiges, steinernes Schiff erinnert. Erbaut wurde er im 15. Jh. vom lebensfrohen *Giyas-ud-Din*, dem er nicht nur als Quartier für seinen riesigen Harem diente, sondern auch als Kulisse für seine vornehmlich in Vollmondnächten abgehaltenen rauschenden Feste, für die Mandu im ganzen Reich bekannt war.

Nördlich davon schließt sich der **Hindola-Palast** an, aufgrund seiner charakteristisch geschwungenen Pfeilerkonstruktion auch schwingender Palast genannt. Über eine große Rampe konnte der König, auf einem Elefanten sitzend, in dieses wohl vornehmlich als riesige Empfangshalle dienende Gebäude einreiten.

Westlich davon liegt eine unterirdische Anlage, die mit einem sehr schön gestalteten **Tiefbrunnen** (*Champa Baori*) und seinen Bademöglichkeiten während der heißen Sommermonate Abkühlung bot.

Die Gebäude im Dorf

Unmittelbar im Zentrum des kleinen Dorfes, umgeben von einem kleinen, lebhaften Markt, befinden sich drei Bauwerke, die alle Mitte des 15. Jh. entstanden. Das bestimmende Gebäude ist die 1451 erbaute **Jami Masjid,** welche als eines der schönsten Beispiele afghanischer Architektur in Nordindien gilt. Über einen Treppenaufgang gelangt man durch eine Eingangshalle in einen großen Innenhof, an dessen Ende die von drei großen, harmonisch nebeneinander platzierten Kuppeln überdachte Freitagsmoschee liegt.

Direkt daneben schließt sich das **Grabmal** des 1435 verstorbenen *Hoshan Shah* an, angeblich Indiens erstes Marmorgebäude überhaupt. Auch hier wieder betritt man das Gebäude durch einen Kuppelvorbau, dessen schöne Innenverzierungen deutlich hinduistische Einflüsse erkennen lassen. Das von einem quadratischen Kuppelbau überdachte Grab befindet sich auf einer erhöhten Plattform im Innenhof.

Direkt gegenüber der Moschee finden sich auf der anderen Straßenseite die spärlichen Überreste einer ehemaligen **Koranschule** (*Ashrafi Mahal*), die *Mahmud Kalji* später zu seinem **Mausoleum** erweitern ließ, und eines ursprünglich siebengeschossigen **Siegesturms,** den *Mahmud Shah* anlässlich eines erfolgreichen Feldzuges gegen die Herrscher von Chittorgarh errichten ließ. Von der über die Freitreppe zu erreichenden ehemaligen Eingangshalle des Mausoleums bietet ein sehr schöner Blick auf die gegenüberliegende Freitagsmoschee sowie das kleine Dorf Mandu.

Rewakund-Komplex

Folgt man der asphaltierten Straße vom Dorf Richtung Süden, vorbei an Sagar Talao zur Rechten, so erreicht man nach etwa dreieinhalb Kilometern den so genannten Rewakund-Komplex, benannt nach einem kleinen heiligen **See,** der auch heute noch für die Bewohner der nahe liegenden Ansiedlung Mittelpunkt des sozialen Lebens ist. Ihm gegenüber befinden sich die Überreste des um einen großen Innenhof angelegten **Baz-Baha-**

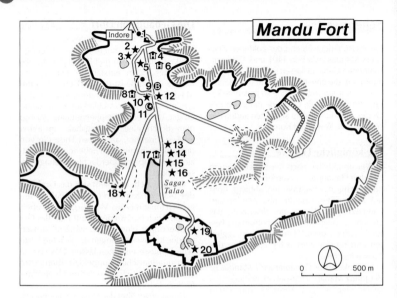

Mandu Fort

Indore

Sagar Talao

0   500 m

dur-Palastes. Die Bezeichnung dieses sowohl rajputische als auch Moguleinflüsse aufweisenden Gebäudes ist insofern irreführend, als er nicht von *Baz Bahadur,* dem letzten einigermaßen unabhängigen Herrscher von Mandu, der 1561 von *Akhbar* vertrieben wurde, errichtet wurde, sondern schon etwa fünfzig Jahre zuvor von *Nasir-ud-Din,* jenem Herrscher, der seinen lebenslustigen Vater *Giyas-ud-Din* im Alter von 80 Jahren vergiften ließ.

Einen weiteren Kilometer steilen Anstiegs Richtung Süden bedarf es, um zum romantischsten Ort Mandus zu gelangen, dem **Rupmati-Pavillon,** um dessen Entstehung sich eine schöne Legende rankt. Danach soll *Baz Bahadur* diesen palastähnlichen Bau als Ausdruck seiner hingebungsvollen Liebe zu seiner Lieblingsfrau und Hofsängerin *Rupmati* errichtet haben. Als jedoch die Truppen *Akhbars* 1561 in Mandu einmarschierten, und *Baz Bahadur* die Flucht gelang, wählte *Rupmati* aus treuer Liebe zu ihrem Ehemann den Freitod, anstatt in die Hände des sie begehrenden *Akhbar* zu fallen. Schade nur, dass

längst nachgewiesen ist, dass die Gebäude schon lange vor *Baz Bahadurs* Regierungszeit errichtet wurden ...

Stadtverkehr

● Am besten und billigsten (außer zu Fuß), erkundet man die weitläufige Gegend mit im Zentrum auszuleihenden **Fahrrädern** für 30 Rs pro Tag.
● Ansonsten findet man eventuell eine **Autoriksha,** die für eine drei- bis vierstündige Tour etwa 150–200 Rs kostet.

Unterkunft

Wer besonders in der Hauptsaison zwischen November und Januar nicht schon von Indore aus ein Zimmer in einem der beiden von *Madhya Pradesh Tourism* geleiteten Hotels vorgebucht hat, läuft Gefahr, mit einer der wenigen anderen, sehr einfachen Unterkünfte vorlieb nehmen zu müssen.

- **1** Eingangstor
- ★ **2** Hindola Mahal
- ★ **3** Champa Baoli
- ⬠ **4** Hotel Rupmati
- ★ **5** Jahaz Mahal
- ⬠ **6** Traveller's Lodge
- **7** Archaeological Rest House
- ⬠ **8** Hotel Maharaja
- Ⓑ **9** Busbahnhof SADA
- ★ **10** Hoshan Shahs Grabmal
- ⓒ **11** Jami Masjid
- ★ **12** Ashrafi Mahal
- ★ **13** Darya Khan's Grab
- ★ **14** Malik Mughith
- ★ **15** Hati Mahal
- ★ **16** Dai-ka Mahal
- ⬠ **17** Tourist Cottages
- ★ **18** Nil-Kanth-Palast
- ★ **19** Baz-Bahadur-Palast
- ★ **20** Rupmatis Palast

An- und Weiterreise

Taxi

●Am bequemsten, aber auch am teuersten besucht man Mandu von **Indore** aus per Taxi. Für 950 Rs (plus 200 Rs für den Fall einer Übernachtung) kann man eines der beim Bahnhof auf Kunden wartenden Taxis mieten. Bekommt man 3 oder 4 Personen zusammen, ist dies eine überlegenswerte Möglichkeit, zumal dann auch das Transportproblem in Mandu selbst gelöst ist.

Bus

●Andernfalls kann man von **Indore** einen der tgl. sechs Direktbusse nehmen oder zunächst in 1,5 Std. bis **Dhar** fahren und von dort in die stdl. Richtung Mandu startenden Busse umsteigen. Umgekehrt gilt das gleiche, wobei die beiden einzigen Direktbusse nach Indore um 7.30 und 17 Uhr von Mandu losfahren. Sicherheitshalber sollte man diese Zeiten vor Ort noch einmal überprüfen.

●Das **Hotel Maharaja** € (Tel.: 263288) ist eine sehr einfache Unterkunft mit schlichten Räumen und Gemeinschaftsbad. Der Preis hängt gleichermaßen von der Nachfrage wie auch vom Verhandlungsgeschick ab.

●Die von *Madhya Pradesh Tourism* geleitete **Traveller's Lodge** €-€€ (Tel.: 263221) ist ein akzeptables Hotel mit acht Zimmern.

●Mit Abstand am schönsten wohnt man in den 20 idyllisch und ruhig oberhalb des Sagar Talao gelegenen **Tourist Cottages** €€-€€€ (Tel.: 263221). Sehr zu empfehlen ist auch das Essen im hauseigenen Freiluftrestaurant.

●Das in der Nähe des Eingangs zur *Royal Enclave* gelegene **Hotel Rupmati** €€-€€€ (Tel.: 263270) bietet neben den staatlichen Unterkünften die beste Übernachtungsmöglichkeit in Mandu. Schön sitzt es sich auch auf der Terrasse des hauseigenen Restaurants.

Essen und Trinken

●Preiswert und nicht schlecht isst man im **Khalsa Restaurant** und im **Relax Point Restaurant,** beide im Ortszentrum gelegen.

Westküste

076i Foto: tb

011is Foto: tb

Goa: Arbeit auf dem Reisfeld

So bunt wie eindrucksvoll:
der Swaminarayan-Tempel in Bhuj

Alltäglicher Anblick in den Städten –
frei herumlaufende Kühe

Gujarat

Überblick

Fläche:	196.024 km²
Hauptstadt:	Gandhinagar
Einwohner:	51 Mio.
Bevölkerungsdichte:	260 Ew./km²
Stadtbevölkerung:	38 %
Alphabetisierungsquote:	69 %
Lebenserwartung:	64 Jahre

Ein Blick auf die Karte genügt, um zu erkennen, dass sich Gujarat, das mit 1.965.000 km² gut halb so groß ist wie die Bundesrepublik, in drei deutlich voneinander zu unterscheidende Regionen aufteilen lässt: das östliche Kernland mit der größten Stadt des Landes, Ahmedabad, die hiervon duch den Golf von Cambay getrennte Halbinsel Kathiawar (auch Saurashtra genannt) und im Nordwesten die an Pakistan grenzende Rann von Kutch. Entsprechend den unterschiedlichen klimatischen und geografischen Bedingungen ist Gujarat eine der landschaftlich abwechselungsreichsten Regionen ganz Indiens.

Die **Rann von Kutch** (auch Kachch) mit ihrer karstigen, flachen Trockenlandschaft grenzt im Norden an die Wüste Thar in Rajasthan und bildete über Jahrhunderte ein ideales Rückzugsgebiet für nomadisierende Stämme Zentralasiens.

Die **Halbinsel Kathiawar** wird durch die Gebirgszüge der Aravalli-Berge um Junagadh und die Palmenstrände von Diu geprägt. Hier ist im Gegensatz zur Rann von Kutch, wo aufgrund der geringen Niederschläge nur Viehwirtschaft betrieben werden kann, eine bescheidene Agrarwirtschaft möglich. Die größte Niederschlagsmenge fällt während des Südwestmonsuns von Juli bis September auf den Westteil Gujarats, wo u.a. Baumwolle und Tabak angebaut werden.

Sollten jedoch durch die Fertigstellung des allerdings weltweit heftig umstrittenen Sardar-Sarovar-Staudammes, des größten Bauvorhabens der Erde, auch die **östlichen Landesteile** bewässert werden können, wären die sich dann ergebenden landwirtschaftlichen Nutzflächen um ein Vielfaches ertragreicher als die Region um Ahmedabad. Doch selbst wenn das Jahrhundertbauwerk letztlich nicht fertig gestellt würde, ändert das nichts daran, dass der gut 200 km lange Küstenstreifen zwischen Surat und Ahmedabad sich zu einem der bedeutendsten Industriezonen Indiens entwickeln wird. Die umfangreichen Öl- und Mineralfunde der letzten Jahrzehnte zusammen mit der hier traditionell besonders starken Baumwoll- und Zuckerrohrindustrie machen diese Region bereits heute zu einer der wirtschaftlich prosperierendsten ganz Indiens.

Schon die europäischen **Kolonialmächte** Portugal, England, Holland und Frankreich hatten die ökonomische Bedeutung dieses Küstenabschnittes erkannt, als sie hier im 16. und 17. Jh. ihre ersten Handelsniederlassungen errichteten. Ebenso wie zuvor die Moguln machten sie sich die vorzügliche geografische Lage zunutze, um die im Landesinneren erworbenen Schätze an Seide, Baumwolle oder Juwelen in den Vorderen Orient und nach Europa zu verschiffen.

Surat war der bedeutendste Handelshafen der Moguln, und noch bis vor 200 Jahren war die Stadt weitaus größer als Mumbai, das seinen Siegeszug zur ökonomischen Metropole Indiens erst Mitte des 19. Jh. antrat. Das heutige Gujarat war dann auch zusammen mit der Maharashtra für vier Jahre Teil des Bundesstaates Mumbai, der 1960, die ethnischen und sprachlichen Besonderheiten berücksichtigend, in zwei separate Landesprovinzen aufgeteilt wurde.

Obwohl Gujarat im Grunde verkehrgünstig auf der Strecke von Mumbai nach Delhi liegt, besuchen immer noch relativ wenige Touristen diese Region Indiens. Das ist erstaunlich und schade zugleich, bieten doch vor allem die Halbinsel Kathiawar und die Rann von Kutch eine ganz außergewöhnlich vielfältige Palette an **Sehenswürdigkeiten.**

Dabei spannt sich der Bogen von der südeuropäisches Ambiente ausstrahlenden, ehemaligen portugiesischen Kolonie Diu mit ihren schönen Palmenstränden über den Sasan-Gir-Nationalpark, dem letzten Rückzugsgebiet der asiatischen Löwen, bis zur romantischen Wüstenstadt Bhuj, die ein wenig ans märchenhafte Jaisalmer in Rajasthan erinnert.

Wer abseits der Touristenpfade ein faszinierendes Stück Indien erleben will, für den ist Gujarat noch ein echter Geheimtipp.

Alkoholfreie Zone

Wer auf ein Bier bzw. andere **alkoholische Getränke** nicht verzichten will, sollte sich vor dem Überschreiten der Grenze noch einen entsprechenden **Vorrat** anlegen. Gujarat, die Heimat der Jains, ist ein *„dry state"*, das heißt, dass es alkoholische Getränke, außer in dem ehemals portugiesischen Kolonie Diu, nirgends zu kaufen gibt. Im Übrigen ist das Konsumieren von Alkohol **in der Öffentlichkeit verboten.**

Ahmedabad ↗ X/B2

(ca. 4,5 Mio. Einwohner, Vorwahl: 079)

Lang, lang ist es her, dass Ahmedabad in der Mitte des 16. Jh. in einem Atemzug mit den schönsten Städten Indiens genannt wurde. Heute sind es die weit in den Himmel ragenden Schornsteine der insgesamt weit über 60 Textilfabriken, die das Bild der Stadt prägen. Das *Manchester of the East*, wie diese riesige **Industriemetropole** oft genannt wird, hätte in einem Wettbewerb um die lauteste und hektischste Stadt Indiens beste Siegeschancen. So produzieren die Bürger etwa 600 Gramm Müll pro Person und Tag, ein Müllentsorgungs- oder Recyclingsystem existiert nicht, die Luftverschmutzung erreicht kritische Werte. Darüber hinaus ist die auch heute noch stark muslimisch geprägte Stadt immer wieder Schauplatz gewalttätiger Auseinandersetzungen zwischen Hindus und Moslems.

Dennoch lässt sich eine sehr vitale Grundstimmung spüren und die meisten der angereisten Touristen sind positiv überrascht von der lebensvollen Kraft, die diese sechstgrößte Stadt Indiens ausstrahlt. Außerdem ist Ahmedabad für kunsthistorisch Interessierte eine Reise wert. Nirgendwo sonst finden sich derart vorzügliche Beispiele des **indo-sarazenischen Baustils,** in dem die Verschmelzung

Westküste

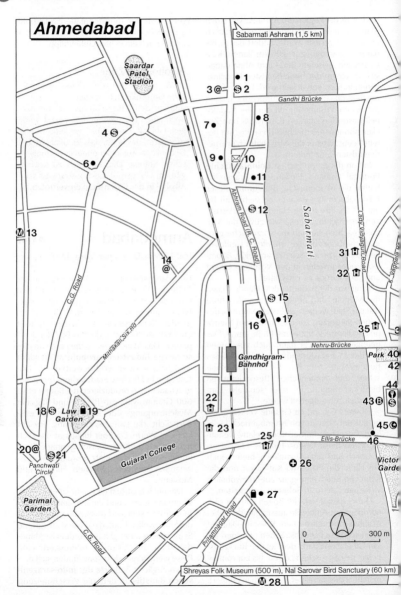

Ahmedabad

Sabarmati Ashram (1,5 km)

Saardar Patel Stadion

1
3 @ Ⓢ 2
Gandhi Brücke

7 ●
● 8

9 ● ⊠ 10

4 Ⓢ

6 ●
● 11

Ⓜ 13

Abhram Road (R. C. Road)

Ⓢ 12

Sabarmati

14 @

31 🏠
32 🏠

Ⓢ 15

16 ℗ ● 17

35 🏠

Nehru-Brücke

C.G. Road

Mithakali-Six-Rd.

Gandhigram-Bahnhof

Park 40
42

44

43 Ⓑ Ⓢ

18 Ⓢ *Law Garden* 🏠 19

22 🏠

45 Ⓖ
46

23 🏠

25 🏠

Ellis-Brücke

20 @ Ⓢ 21

Panchwati Circle

Gujarat College

✚ 26

Victor Garde

Parimal Garden

🏠 ● 27

C.G. Road

Prijamnagar Road

0   300 m

Shreyas Folk Museum (500 m), Nal Sarovar Bird Sanctuary (60 km)

Ⓜ 28

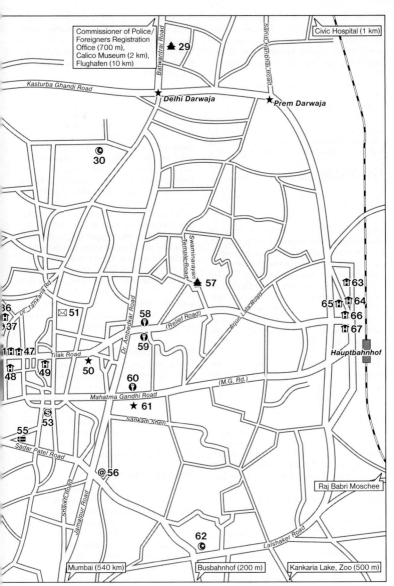

Commissioner of Police/
Foreigners Registration
Office (700 m),
Calico Museum (2 km),
Flughafen (10 km)

▲ 29

Batwantrai Road

Sardar Haribhai Road

Civic Hospital (1 km)

Kasturba Ghandi Road

★ Delhi Darwaja

★ Prem Darwaja

ⓒ 30

Swaminarayan Temple Road

▲ 57

Dr. Tankaria Rd.

🏠 63

65 🏠 🏠 64

Arjun Lala Road

🏠 66

✉ 51

58

(Relief Road)

🏠 67

36
🏠 37

Dr. Ambedkar Road

59

Hauptbahnhof

🏠 47

Tilak Road

★ 50

60

(M.G. Rd.)

🏠 48   🏠 49

Mahatma Gandhi Road

★ 61

Ⓢ 53

Sankadi Sheri

55

Sardar Patel Road

Shaikh Road

Jamalpur Road

@ 56

Raj Babri Moschee

62 ⓒ

Mumbai (540 km)   Busbahnhof (200 m)   Kankaria Lake, Zoo (500 m)

Lalshaker Road

Westküste

zweier so grundsätzlich unterschiedlicher Stilrichtungen wie der hinduistischen und der muslimischen ihren höchst reizvollen Ausdruck findet. Leider haben einige Bauten beim Erdbeben 2001 mehr oder weniger gelitten.

Darüber hinaus befinden sich in der Neustadt auf der Westseite des Sabmarti-Flusses mehrere hochmoderne, im Stil der europäischen Bauhaustradition errichtete Geschäfts- und Museumsbauten, in denen sich der Erfolg Ahmedabads als eines der Zentren des modernen indischen Kapitalismus spiegelt.

Geschichte

Ahmedabad verdankt seine Gründung einem Feldherrn, der als Eroberer kam und sich in der reichen Küstenniederung festsetzte. Sultan *Ahmed Shah II.*, Führer des von Delhi unabhängig gewordenen Sultanats Gujarat, gründete die Stadt 1411 am strategisch wichtigen Übergang über den Fluss Sabmarti, um den von Norden heranziehenden Eroberern die Küstenniederung, welche die Machtbasis des Sultanats bildete, zu versperren. Aufgrund ihrer hervorragenden geografischen Lage gewann die Stadt schnell an ökonomischer Bedeutung. Zur Regierungszeit des Gründerenkels *Mahmud Degara* (1458–1517) galt die Stadt als eine der wohlhabendsten ganz Indiens. Mit der Eroberung durch *Akhbars* Truppen, der zwei grausame Feldzüge vorangegangen waren, verlor das Sultanat zwar seine Unabhängigkeit, doch blieb Ahmedabad als Provinzhauptstadt weiterhin von Bedeutung.

Während der Marathenherrschaft geriet die Stadt mehr und mehr in Vergessenheit. Und hätten es die Briten nach ihrer Annektion im Jahre 1817 nicht recht bald zu einem bedeutenden Textilzentrum ausgebaut, dann wäre vielleicht Vadodara zur bedeutendsten Stadt dieser Region aufgestiegen.

Sehenswertes

Stadtrundfahrt

● Stadtrundfahrten werden derzeit nicht angeboten, jedoch bietet sich die Möglichkeit, die Altstadt per pedes unter fachkundiger Leitung zu erlaufen. **Municipal Corporation** (Tel.: 9824032866) startet um 8 Uhr eine Wanderung ab dem Swami-Narayan-Tempel durch die engen Altstadtgassen (Dauer ca. 2,5 Std., 50 Rs).

Jami Masjid

Diese 1423 vom Stadtgründer *Ahmed Shah II.* erbaute Moschee gilt als eine der schönsten ganz Indiens. Durch die Verwendung von Säulen aus zerstörten Hindu-Tempeln und die Ausführung der Bauarbeiten durch hinduistische Handwerker ist diese **Freitagsmoschee** ein besonders schönes Beispiel des indo-sarazenischen Baustils. Die 64 x 29 m große Gebetshalle wird von 260 Säulen gestützt und ist in 16 Quadrate unterteilt, von denen jedes von einer Kuppel gekrönt wird. Die sehr elegant und harmonisch wirkende Moschee ist leicht zu übersehen, da die Minarette während eines verheerenden Erdbebens im Jahre 1818, dem große Teile der Stadt zum Opfer fielen, einstürzten (auch das Beben von 2001 hat Schäden verursacht). Direkt östlich an die Moschee grenzen die Gräber des Stadtgründers sowie seines Sohnes und Enkelsohnes.

Rani-Sipri-Moschee

Trotz der Jami Masjid gilt diese kleine, etwas südwestlich des Stadtzentrums gelegene Moschee als das schönste Sakralbauwerk Ahmedabads. Auch *Masjid Enajira* (Juwel einer Moschee) genannt, soll sie 1514 von der Frau des Sultans *Mahmud Degaras* gestiftet worden sein, nachdem dieser seinen Sohn hatte töten lassen. Das Grabmal der Stifterin befindet sich direkt neben der Moschee.

Sidi-Saiyit-Moschee

Diese von einem ehemaligen Hofherrn *Ahmeds I.* erbaute Moschee war früher Teil der alten Stadtmauer und bildet heute eine Insel inmitten des tosenden Verkehrs am Ende der Tilak Road, unmittelbar vor dem Übergang zur Nehru-Brücke. Von außen wirkt sie zwar recht klein und unscheinbar, doch das auf ihrer Rückseite befindliche durchbrochene Fenster gilt wegen seiner filigran gearbeiteten

Legende Stadtplan Ahmedabad

●	1	Jet Airways, Cathay Pacific
❸	2	idbi-Bank-ATM
@	3	Dishnet The Hub
❸	4	ICICI-Bank-ATM,
●		Green Channel Travels
●	6	Wall Street Finances
●	7	High Court
●	8	Punjab Travels
●	9	Air India
⊠	10	Postamt
●	11	Gujarat Tourism Büro
❸	12	HDFC-Bank-ATM, Gujari
Ⓜ	13	Lalbhai Dalpathai Museum
@	14	Growth Cyber Café
❸	15	Bank of Baroda
❶	16	McDonald's,
		Copper Chimney,
		Gwalia's ATM
●		City Gold Cinema
●	17	Shiv Cinema
❸	18	HSBC-ATM
▮	19	Nachtmarkt
@	20	Interscape Cyber Café
❸	21	SCGB-Bank-ATM
⌂	22	Hotel Sabar Inn
⌂	23	Kanak Hotel
⌂	25	Hotel The Pinnacle
✚	26	V.S. Hospital
▮	27	Shefali Shopping Centre,
●		Punjab Travels
Ⓜ	28	City Museum, Kite Museum
♠	29	Hathee Singh Jain Tempel
☾	30	Rani Rupmati Moschee
⌂	31	Quality Inn Rivera
⌂	32	Cama Hotel
⌂	35	Hotel Ambassador
⌂	36	Hotel Serena
❸	37	Central Bank of India
●	38	Indian Airlines
☾	40	Sidi-Sayit-Moschee

⌂	41	Hotel The House of M.G.,
		Hotel Good Night,
❶		Restaurants The Green
		House und Agashiye
❸	42	United Bank of India
Ⓑ	43	Lokaler Busbahnhof
❸	44	State Bank of India,
❶		Trupti Restaurant
☾	45	Ahmed-Shah-Moschee
●	46	SEWA Organisation
⌂	47	Hotels Metropole,
		Comfort,
●		Relief Cinema
⌂	48	Hotel Relax
⌂	49	Hotels Balwas und Kozar
★	50	Teen Darwaja
⊠	51	Postamt
❸	53	Bank of India (inkl. ATM)
▮▮	55	CNI Church
@	56	Cyberpoint
♠	57	Swami-Narayan-Tempel
❶	58	Chetna Restaurant
❶	59	Havmor Restaurant
❶	60	Sanman Restaurant
★	61	Jama Masjid
☾	62	Rani-Sipri-Moschee
⌂	63	Hotel Ritz Inn
⌂	64	Hotel Shakunt
⌂	65	Moti Mahal Guest House
⌂	66	Hotel Alka
⌂	67	Hotel A-One

baumförmigen Motive als eines der Meisterwerke indischer Marmorarbeit. Eine Holzkopie befindet sich sogar im Victoria Albert Museum in London.

Neben den hier genannten gibt es noch zahlreiche weitere besuchenswerte Moscheen, so die **Ahmed-Shah-Moschee,** die kurz nach der Gründung der Stadt im Jahre 1414 vermutlich an der Stelle eines ehemaligen Hindu-Tempels errichtet wurde, und die **Sidi-Bashir-Moschee** gleich neben dem Bahnhof mit ihren berühmten Minaretten, die zum Schutz vor Erdbeben schwingend konstruiert wurden.

Calico-Textilmuseum

Die Stadt, die ihre Stellung als einer der größten Industriemetropolen Indiens in allererster Linie der Baumwollverarbeitung verdankt, beheimatet auch eines der weltweit bedeutendsten Textilmuseen (Tel.: 27868172). Herausragende Exponate dieses äußerst besuchenswerten, 1949 erbauten Museums etwa 4 km nördlich der Stadt gelegenen sind die riesigen sakralen Tempelwandbehänge sowie eine wunderschöne Sammlung dekorativer Mogul-Zelte. Das das Museum umgebende Shahi Bagh Garden ist zudem einer der ganz wenigen Ruhe ausstrahlenden Orte im sonst so brodelnden, hektischen Ahmedabad.
● **Öffnungszeiten:** tgl. außer Di 10.30–12.30 und 14.30–16.30 Uhr. Besichtigung nur im Rahmen eines geführten Rundgangs: tgl. 10.45 und 14.45 Uhr. Zu erreichen ist das Museum außer mit der Autoriksha (ca. 30 Rs) mit Bus Nr. 101, 102 und 105.

Shreyas Folk Museum

In modernen Räumlichkeiten bei ausgezeichneten englischen Erklärungen bietet dieses an der westlichen Stadtgrenze gelegene Museum einen hervorragenden Einblick in das **Kunsthandwerk** Gujarats, besonders der Halbinsel Kathiawar. Gezeigt werden u.a. kunstvolle Kostüme, Handwerks- und Haushaltsgeräte, Schmuck, Musikinstrumente und antike, geschnitzte Möbel.
● **Öffnungszeiten:** tgl. außer Mi 10.30–17.30 Uhr, Eintritt 45 Rs, Tel.: 26743755.

Teen Darwaja

Ein beeindruckender Torbogen findet sich im Herzen der Altstadt. Der von *Ahmed Shah* erbaute, stark ornamentierte, dreibögige Teen Darwaja diente dem Herrscher als Zugang zum Maidan Shahi (Royal Square) und um die Prozessionen vom Palast zur Jami Masjid zu verfolgen. Heute ist er der Zugang zur Altstadt.

Sabarmati-Ashram (Gandhi-Ashram)

Sieben Kilometer nördlich des Stadtzentrums, idyllisch am Westufer des Sabmati-Flusses gelegen, gründete *Mahatma Gandhi* 1915 kurz nach seiner Rückkehr aus Südafrika seinen Ashram. Trotz der Proteste seiner Freunde und Gönner, die das Anwesen finanziert hatten, nahm er die von ihm *Harijans* (Kinder Gottes) genannten Unberührbaren in seine Gemeinschaft mit auf. Von hier startete er auch 1930 seinen Salzmarsch, eine der berühmtesten und wirkungsvollsten Aktionen der indischen Unabhängigkeitsbewegungen. *Gandhis* bescheidenes, nur mit einer Bettrolle, einem Schreibpult und einem Spinnrad ausgestattetes Wohnquartier wurde so wie zu seinen Lebzeiten erhalten. Darüber hinaus sind in der stilvoll eingerichteten Gedenkstätte mit großformatigen Fotos wichtige Aktionen des Unabhängigkeitskampfes dokumentiert. Im Übrigen ist die reich ausgestattete Bibliothek für Gandhianer eine unerschöpfliche Quelle.
● **Geöffnet** ist der Ashram tgl. von 8.30 bis 18.30 Uhr. Tgl. um 19 Uhr findet eine ca. einstündige Filmvorführung (Sound & Light Program) statt (So, Mi, Fr jeweils in Englisch), in der die bedeutendsten Stationen in Gandhis Leben dokumentiert sind. Zu erreichen ist der Ashram außer mit Riksha (ca. 30 Rs) oder Taxi (ca. 50 Rs) auch mit den Buslinien 90/6, 80/9, 13/1 und 13/2 von der Ashram Rd.

SEWA

Die 1972 gegründete **Frauenorganisation** SEWA (Self-Employed Women's Association) hat sich zum Ziel gesetzt, Frauen am Wirtschaftsprozess teilhaben zu lassen und damit unabhängig Geld verdienen zu können, die sonst keine Chance dazu hätten. In einem geschlossenen Wirtschaftskreislauf ist ein Teil der Frauen für die Herstellung der Waren (wie Tontöpfe, Webwaren und indische Zigaretten), eine zweite Gruppe für den Verkauf auf der Straße und in Geschäften und eine dritte für die Organisation zuständig.

Außerdem werden Informationsmaterialien wie Filme und Bücher produziert, um die Ziele von SEWA – die Stärkung der **Selbstständigkeit indischer Frauen** in den ländlichen Gebieten – zu propagieren. Für weitergehende Infomationen steht das *SEWA Reception Centre* (Tel.: 25506444, www.sewa. org) an der Ostseite der Ellis Bridge zur Verfügung. Es ist für Besucher von 10 bis 20 Uhr geöffnet. Außerdem werden hier Gebrauchsgegenstände aus eigener Produktion verkauft.

Navratni Dance Festival

Um den Monatswechsel September/Oktober wird in Gujarat Navratni gefeiert, ein „neunnächtiges" Tanzfestival zu Ehren des Gottes Durga, das zum Dussehra Festival hinführt. Jede Nacht sind Straßen und Plätze von herausgeputzten Tänzern, die sich bis in die Morgenstunden in Trance tanzen, und Menschenmassen gefüllt.

Makar Sakranti

In den großen Orten Gujarats, also auch in Ahmedabad, wird jedes Jahr vom 12.–14. Januar das Makar Sakranti Kite Fest veranstaltet. Tausende bunter **Papierdrachen** füllen den Himmel, es herrscht eine ausgelassene Stimmung in der Stadt. Auch Wettbewerbe finden statt. Für weitere Informationen stehen *Gujarat Tourism* und www.gujaratkitefest.com zur Verfügung.

Information

●Das etwas ungünstig westlich des Sabarmati-Flusses gelegen, ansonsten vorzügliche Büro von **Gujarat Tourism** (Tel.: 26589172, 6589683, www.gujarattourism.com) ist aus-

kunftsfähig für nahezu alle Orte Gujarats. Auch Stadtpläne von Ahmedabad sowie eine gute Straßenkarte von Gujarat werden verteilt. Selbst vielen Rikshafahrern ist das *Tourist Office* kein Begriff, und deshalb fragt man am besten nach dem *HK House* an der Ashram Road, in dem es beheimatet ist. Es werden auch jeweils **fünftägige Touren** innerhalb Gujarats (die wichtigsten Stationen: Rajkot, Jamnagar, Dwarka, Porbandar, Somnath, Sasan Gir, Junagadh, Palitana, Shatrunjaya Hill mit Jain Templen und Lothal) für 2.000 Rs inkl. Unterkunft sowie nach Nordgujarat und Rajasthan (die wichtigsten Stationen: Udaipur, Chittogarh, Halighat, Nathawara, Ranakpur, Mt. Abu und Modhera) für 2.500 Rs inkl. Unterkunft angeboten. Weitere Rundfahrten sowie Taxitouren und Stadtrundgänge werden vermittelt.

●**Öffnungszeiten:** tgl. außer So von 10.30 bis 17.30 Uhr.

●Kurz erwähnt werden soll noch der für einwöchige Luxusrundreisen von Delhi aus eingesetzte **Kolonialzug The Royal Orient,** der Teile Gujarats und Rajasthans anfährt. Näheres siehe im Kapitel „Praktische Reisetipps A–Z: Verkehrsmittel").

Stadtverkehr

●Ahmedabads **Rikshafahrer** haben einen sehr schlechten Ruf. Sie fahren auch mit Meter, allerdings ist darauf zu achten, dass er bei Fahrtbeginn auf „0" steht. Auch das Ablesen scheint nicht immer einwandfrei zu laufen. So verlangen sie vom Bahnhof zur Hotelgegend um die Nehru-Bridge 30 Rs – Einheimische zahlen für die gleiche Strecke maximal 10 Rs. Vom Busbahnhof sind es normalerweise nicht mehr als 8 Rs, zum **Flughafen** sollten es eigentlich nicht mehr als 100 Rs sein, doch werden auch bis zu 140 Rs verlangt. Mit dem Taxi kostet die Fahrt ca. 150 Rs. Auch die oft vollen Buslinien 104 und 105 fahren zum Flughafen, am besten am Lal-Darwaja-Busbahnhof einsteigen.

●**Autovermietung** ist bei *Mukesh Travels* (Tel.: 2460373, 2408881), *ABS Travels* (Tel.: 26577477) oder *BK Travels* (Tel.: 2444028) möglich.

Westküste

Unterkunft

Bis auf einige Hotels beim Bahnhof finden sich die meisten Unterkünfte in der Nähe der Sidi-Saiyad-Moschee am westlichen Ende der sehr lauten und abgasgeschwängerten Tilak Road. Die Auswahl an auch nur einigermaßen akzeptablen Low-Budget-Unterkünften ist äußerst gering. Falls möglich, sollte man diese Kategorie meiden.

Low Budget

● Wie alle Unterkünfte dieses Preisbereichs ist das **Hotel Relax** €-€€ (Tel.: 25506002) beim Lal Darwaja überholungsbedürftig, aber eben auch billig. Außerdem haben viele der teils klimatisierten Zimmer Fenster.

● Ähnliches lässt sich vom **Hotel A-One** € (Tel.: 22149823) am Bahnhof sagen, dessen Name jedoch heftig übertreibt. Die Einzelzimmer sind spottbillige Verschläge zum Schlafen (Gemeinschaftsbad), die Doppelzimmer etwas komfortabler.

Budget

● Die beste Unterkunft des umfangreichen Budget-Bereichs ist das **Hotel Pinnacle** €-€€€ (Tel.: 26589904-7). Makellose Zimmer, alle mit TV, manche mit Badewanne und AC, bieten den besten Gegenwert der Stadt. Es liegt zwar auf der Westseite des Sabarmati, aber immer noch in Gehdistanz zur Altstadt.

● Beim Bahnhof wohnt sich's im gepflegten **Hotel Shakunt** €-€€€ (Tel.: 22144515) angenehm. Alle Zimmer verfügen über Warmwasser, TV, einige mit überteuertem AC. Nachteil: keins der Zimmer hat ein Fenster. Wer die große Dachterrasse zu einer gemütlichen Nachmittagssiesta nutzen möchte, sollte sich vorher mit Ohropax und Gasmaske ausrüsten. Einen gepflegten Eindruck macht auch das nur zwei Gehminuten weiter westlich gelegene, ebenfalls teils klimatisierte **Moti Mahal Guest House** €€-€€€ (Tel.: 22121881-4).

● Eine gute Wahl am Bahnhof ist das **Sabar Inn** €-€€€ (Tel.: 22114400-3). Besonders die billigen, nicht klimatisierten, aber tadellosen Zimmer mit großem Fenster und TV gibt's für einen Spottpreis. Auch ein Restaurant ist angeschlossen.

● Günstig gelegen und besser, als es von außen den Anschein hat, ist **Hotel Serena** €€ (Tel.: 25510136). Saubere Zimmer mit TV, manche mit Badewanne sind preiswert. Zimmer nach hinten wählen wegen der lauten Straße.

● Qualitativ ähnlich und dem Preis entsprechend wohnt man im **Hotel Good Night** €€-€€€ (Tel.: 25506866) und im **Hotel Comfort** €€ (Tel.: 25503014/5): saubere Zimmer mit TV in zentraler Lage.

● **Hotel Metropole** €-€€€ (Tel.: 25507988/9) an der Relief Rd. liegt zentral. Die einfachen, saubaren Zimmer mit TV sind preiswert.

● Ebenfalls zentral liegt **Hotel Balwas** €€-€€€ (Tel.: 25506385) mit hellen Zimmern mit TV sowie teilweise AC und Balkon (allerdings zur lauten Relief Rd).

● Ähnlich ist das nicht weit entfernte **Hotel Kozar** €€-€€€€ (Tel.: 25510555, kozar@hotel kozar.com). Die teils klimatisierten und mit großen Fenstern versehenen, allerdings nur durchschnittlich möblierten Zimmer sind gut in Schuss.

● Besonders die nach hinten gelegenen Zimmer mit Fenster und ohne AC sind ein guter Gegenwert im auch ansonsten nicht schlechten **Hotel Alka** €€-€€€ (Tel.: 25500830) am Hauptbahnhof.

● Verglichen mit dem Hexenkessel rundum die Relief Road fühlt man sich im **Toran Tourist Bungalow** €€-€€€ (Tel.: 27559342) in eine andere Welt versetzt. Ruhe und Friedfertigkeit bestimmen die Atmosphäre der neun gegenüber dem Gandhi-Ashram errichteten Zimmer, von denen jedes über einen eigenen Balkon verfügt. Für Unterkunft beim *Gandhi Ashram* ist auch das *Tourist Office* behilflich.

Tourist Class

● Die beste Wahl mindestens dieser Preiskategorie bietet das Mittelklassehotel **Ritz Inn** €€€-€€€€ (Tel.: 22123842, ritzinn@rediffmail. com) beim *Kapasia Bazaar* in Bahnhofsnähe. Klasse eingerichtete Zimmer, alle mit großem Fernseher und zentral klimatisiert, von den oberen Etagen mit gutem Ausblick sowie ein gutes vegetarisches Restaurant zu einem fairen Preis.

●Das alteingesessene **Ambassador Hotel** €€€ (Tel.: 25502490, www.am bassadorahme dabad.com) kann zwar immer weniger mit den eleganten Hotels, die hier während der letzten Jahre erbaut worden sind, konkurrieren, doch dafür überzeugt es nach wie vor mit seinem sehr freundlichen Personal, geräumigen und sauberen Zimmern und zivilen Preisen.

First Class und Luxus

●Mein persönlicher Favorit ist das mitten im Zentrum gelegene **The House of M.G.** €€€€-€€€€€ (Tel.: 25506946, customercare@ houseofmg.com, www.houseofmg.com). Dieses Boutique-Hotel wartet mit zehn unterschiedlich geschnittenen und individuell eingerichteten Zimmern auf, einige mit Hängeschaukeln und Balkon. Besonders gelungen in diesem prächtigen und verwinkelten Kolonialbau sind die so genannten Veranda-Suiten. Reservierung ist dringend angeraten. Weiterer Vorteil: das schöne *Green House* sowie das ebenfalls gute Dachrestaurant *Agashiye* im Haus.

●Von einigen teureren Hotels westlich der Ellis Bridge ist das **Hotel Kanak** €€€€ (Tel.: 26468822) nahe dem *Gujarat College* eine gute Wahl für jene, die komfortabel wohnen möchten, ohne die First-Class-Preise zahlen zu wollen. Geräumige, hübsch möblierte Zimmer mit AC, Kühlschrank und Badewanne zu vernünftigem Preis.

●Von mehreren hochklassigen Hotels in der Khanpur Rd. bietet das **Cama Park Plaza** €€€€€ (Tel.: 225601234, camaparkad1@san charnet.in, www.camahotels.com) das beste Preis-Leistungs-Verhältnis. Alle Zimmer verfügen über AC, TV, Badewanne, die meisten über Balkon, auch Garten mit Swimmingpool und Liquor Shop sind vorhanden. Etwas seltsam wird's einem, wenn man von den Luxuszimmern aus die direkt vor diesen Hotels gelegenen Slums am Flussufer besichtigt.

●Preiswert ist das zentralklimatisierte **Quality Inn Rivera** €€€€-€€€€€ (Tel.: 25601111, www.qualityinnrivera.com) für die geräumigen und „pieksauberen" Zimmer, alle mit Badewanne. Weitere Vorteile sind das freundliche Personal, der kleine Garten und das gute hauseigene Restaurant.

●Das in der Nähe des Flughafens gelegene **Taj Residency Unmed** €€€€-€€€€€ (Tel.: 22864444, residency.ahmedabad@tajhotels. com), natürlich mit Pool, überzeugt, wie alle Hotels dieser Kette durch das ausgezeichnet geschulte Personal und die ansprechende Architektur des Hauses.

Essen und Trinken

Ahmedabad ist bekannt für seine ebenso schmackhaften wie preiswerten vegetarischen *thalis* und *dosas*.

●Eines von vielen Thai-Restaurants ist die **Gopi Dining Hall** in der Ashram Rd.

●Für Dosa-Liebhaber bietet sich das **Sankalp Restaurant** in der Ashram Rd. an. Im Übrigen gibt es auch hier schmackhafte Thalis.

●Etwa auf halber Strecke zwischen Bahnhof und Nehru Bridge findet sich neben dem *Krishna-Kino* das für seine exzellenten *Thalis* stadtbekannte **Chetna Restaurant.** Tatsächlich ist es bei den Gujaratis derart beliebt, dass man zu den Hauptspeisezeiten zuweilen Schlange stehen muss, um einen Platz zu ergattern. Das Warten lohnt jedoch auch, zumal die *Thalis* sehr preisgünstig sind.

●Das schräg gegenüber gelegene **Havmor Restaurant** ist ideal für eine kleine Zwischenmahlzeit wie *Samosas* oder *Pakora* sowie einen erfrischenden Milchshake.

●Mit dem **Green House** und dem **Agashiye** befinden sich zwei der besten Restaurants Ahmedabas im gleichen Haus. Ganz unbescheiden nennt sich *The House of M.G.* eines der besten Hotels der Stadt. Tatsächlich handelt es sich hierbei um ein prachtvolles historisches Gebäude. Auf dem Dach findet sich das vorzügliche *Agashiye*, jeweils mit *fixed lunch* (195 Rs) und *dinner* (295 Rs). Die täglich wechselnden Gerichte in diesem geschmackvoll eingerichteten Dachrestaurant sind ihr Geld wert. Das im Untergeschoss befindliche Gartenrestaurant des *Green House* serviert köstliche Vor- und Nachspeisen. Entweder als Dessert nach dem *Agashiye* zu empfehlen oder als eigenständiges Abendessen, indem man gleich mehrere dieser um 50 Rs billigen Köstlichkeiten verspeist – man gönnt sich ja sonst nichts.

Westküste

● Gut für einen Zwischenstopp ist das **Trupti Restaurant,** wo man auch an der Straße sitzen kann. *Masala dosas* und Fast-Food sind preiswert.

● Südindische Kost bekommt man im **Sanman Restaurant** an der Gandhi Road gegenüber der Jami Masjid serviert. Wer sich bei den meist recht scharf gewürzten Gerichten die Zunge verbrennt, sollte als Feuerlöscher einen der köstlichen *Lassis* probieren. Abkühlung kann man sich auch in der oberen AC-Etage verschaffen.

● Gegen Abend werden entlang der Gandhi Road auf der Höhe des Hotels *Ashiana* viele muslimische **Essensstände** aufgebaut, die sehr leckere Fleisch- und Fischgerichte anbieten. Manche Speisen sind allerdings in den fettigen Soßen kaum zu erkennen.

● **Gwalia's ATM** ist kein Geldautomat, sondern ein brandneues, stylisches Selbstbedienungsrestaurant mit Kuchen und Torten, Pudding (auch kiloweise) und Eiscreme. Im selben riesigen City-Gold-Komplex an der Ashram Rd. ist auch **McDonald's** zu finden. Im 7. Stock des Gebäudes bietet das vegetarische **Copper Chimney** (Tel.: 26589630) von 12–15 und 19–23 Uhr gute nord- und südindische Küche.

● Eine gute Mischung indischer, chinesischer und europäischer Gerichte serviert das **Sheeba Restaurant** in der C.G. Road.

● Eines der „In-Restaurants" für die westlich orientierte Mittel- und Oberschicht ist das in der C.G. Rd. gelegene **Tomatos.** In diesem – wie die Geschäftsleitung stolz verkündet – „only American Diner Restaurant in India" gibts alles, vom *Alloo Ghobi* über Nachos bis zu Pizza.

● Wem der Appetit mal wieder nach westlichem Essen steht, dem sei das **Paramount** empfohlen. Allerdings zahlt man hier auch nicht weniger als im **Silver Leaf,** einem der beiden AC-Restaurants im *Cama Hotel.*

● Eine kleine Insitution ist das **Vishalla** knapp 10 km südlich des Zentrums. Man nimmt die

Handkarren – immer noch ein alltägliches Bild auf Indiens Straßen

landestypischen Gerichte auf dem Boden sitzend ein. Mittagessen 125 Rs, Abendessen 180 Rs.

Medizinische Versorgung

●Im Falle von Krankheit- bzw. Unfall stehen u.a. die staatlichen Krankenhäuser **Civil Hospital** (Tel.: 22683721/2) und **Sterling Hospital** (Gurukul Rd., Tel.: 27485767, Notfallnr.: 27418282) zur Verfügung.

Bank

●Von den vielen Möglichkeiten, in Ahmedabad Geld zu tauschen, ist eine der besten die **Bank of Baroda** (Mo–Fr 10.15–15.30 Uhr, Sa 10.15–13.30 Uhr, Foreign Exchange rechts im Nebengebäude), die auch Visa-, Master-, Maestro-Karten akzeptiert (1 % Gebühr).

●**Thomas Cook** (Travelex) befindet sich in der C.G. Rd. in dem neuen Supermal-Gebäude (Mo–Sa 9.30–17.30 Uhr). Ebenfalls in der C.G. Rd. im *Surya Complex* gelegen ist die Filiale des für gute Raten bekannten **UAE-Xchange** (Mo–Sa 9.30–18 Uhr, So 9.30–13.30 Uhr, Tel.: 26442139).

●Außerhalb der üblichen Geschäftszeiten können im **Photoshop** (Tel.: 27540237) mit LKP-Forex-Lizenz im *Agrawal Centre*, Ashram Rd., Geld und Reiseschecks gewechselt werden, allerdings sind die Raten etwas unterdurchschnittlich.

●Nicht weit entfernt an einer Tankstelle findet sich der **ICICI-ATM** für die meisten internationalen Kreditkarten bis auf AmEx, ein weiterer von ICICI ist im Bahnhofsgebäude zu finden. ATMs, die auch AmEx-Karten akzeptieren, sind der **HDFC-** und **idbi-ATM,** beide westlich der Gandhi Bridge an der Ashram Rd.

Internet

●Erstaunlicherweise existieren nicht sehr viele Internetcafés, besonders im Altstadtbereich. Ein gutes ist das etwas östlich Richtung Busbahnhof souterrain gelegene **Cyber Point.** Sehr schnell ist das der Kette **Dishnet The Hub** (tgl. 9–22 Uhr) mit guter Ausrüstung. Es

liegt westlich des Sabarmati-Flusses, 50 m in einer kleinen Gasse von der Ashram Rd. (Hinweisschild beachten). Hier ist auch Netto-Phone-telefonieren (7,25 Rs nach Europa) möglich.

Einkaufen

Kein Wunder, dass die **Textilhauptstadt Indiens** ein hervorragender Ort zum Kauf von äußerst kunstvoll verzierten Saris, Schals, Bettüberwürfen und Wanddecken ist.

●Qualitativ ausgezeichnete traditionelle und moderne Damenmode bietet das edle **Bandhej** im Erdgeschoss des *Shree Krishna Complex.*

●Wesentlich uriger geht es an unzähligen Ständen des **Law Garden Night Market** auf der westlichen Seite des Sabarmati-Flusses zu. Nach Sonnenuntergang findet sich hier eine große Auswahl an vor allem aus dem Runn of Kutch stammenden, spiegelverzierten Decken und anderen kunsthandwerklichen Produkten West-Gujarats.

An- und Weiterreise

Flug

●*Indian Airlines* (Relief Rd. an der Nehru Bridge, tgl. 10–13 und 14–17.15 Uhr, Tel.: 22869233, 25503061, Flughafen Tel.: 22850376, 6–13 und 14–21.30 Uhr) fliegt täglich nach **Mumbai** (88 US-$), **Delhi** (121 US-$), **Bangalore** (175 US-$) und **Vadodara** (49 US-$) sowie mehrmals wöchentlich nach **Kalkutta** (177 US-$), **Hyderabad** (139 US-$) und **Jaipur** (97 US-$).

●**Jet Airways** (Tel.: 27543304-10, am Flughafen: 22868307/8) an der Ashram Rd. ist 10–18.30 Uhr geöffnet.

●Telefonnummern anderer Fluggesellschaften: **British Airways** (26431188), **Air France** (6442391), **Air India** (Premchand House, Ashram Rd., 26585633/44), Flughafen: 2867237), **Cathay Pacific Airways** (27545421/2), **Gulf Air** (26440101), **KLM** (26577677), **Kuwait Airways** (2465848), **Lufthansa** (26445443), **Singapore Airlines** (2461335), **Swiss** (26568143), **Emirates** (26447193).

Westküste

Guiarat

Bahn

Der Schalter Nr. 6 im rechts vom Kalupur-Hauptbahnhof gelegenen **Booking Office** verkauft Touristen-Tickets, und dementsprechend schnell und effizient wird man selbst dann bedient, wenn man noch einen Fahrschein für den gleichen Tag benötigt. Auch im Gandhigram-Bahnhof westlich der Ashram Rd. werden Tickets verkauft. Beide sind 8–20 Uhr geöffnet.
● **Verbindungen** siehe Tabelle im Anhang.

Bus

● Vom *Long Distance Bus Stand* (Auskunfts-Tel.: 25463360/82) fahren ständig Busse zu allen größeren Orten Gujarats wie z.B. **Vadodara, Surat, Rajkot** und **Bhavnagar** sowie Orten im südlichen **Rajasthan** und westlichen **Madhya Pradesh**. Zwar ist man mit dem Bus oftmals schneller am Ziel als per Zug, doch dafür ist diese Art des Reisens auch erheblich anstrengender.
● Wer sich dennoch für die Busreise entschließt, sollte die **privaten Busgesellschaften** wie z.B. *Punjab Travels* (Tel.: 26569200), die insgesamt vier Filialen in Ahmedabad betreiben, vorziehen.
● Ins nur 100 km südlich gelegene **Vadodara** (2,5 Std.) sind allerdings die alle halbe Std. vom Busbahnhof abfahrenden Express-Busse der Bahn vorzuziehen, da sich die oftmals von weither anreisenden Züge um mehrere Stunden verspäten.
● Einige **Busfahrtzeiten:** Bhuj (7 Std.), Diu (nur ein Bus um 8 Uhr), Mumbai (13 Std.), Indore (10 Std.), Bhavnagar und Rajkot (4,5 Std.), Palitana (7 Std., ein Bus um 7 Uhr), Mt. Abu und Udaipur (beide 6 Std., 100/110 Rs, Bussteig 5), Jodhpur und Ajmer (11 Std.).

Umgebung von Ahmedabad

Sarkhej

Die im nur 8 km südlich vom Zentrum, im Stadtteil Sarkhej, um einen künstlichen See angelegte **Mausoleen** islamischer Herrscher und Heiliger finden bei Kunsthistorikern besonders deshalb Beachtung, weil sie in fast reinem Hindu-Stil erbaut wurden. Deutlich wird diese Eigentümlichkei z.B. durch das Fehlen des für die islamische Architektur so typischen Bogenelements. Alle Grabstätten Sarkhejs stammen aus dem 15. Jh.

> ✏ Bevor man seine Reise von Ahmedabad aus in die **ländlichen Gebiete** Gujarats antritt, sollte man genügend indische Rupien in **Bargeld** bei sich haben, da es nur in ganz wenigen größeren Städten möglich ist, Traveller-Cheques, egal, von welchem Geldinstitut, zu wechseln. Eine Bargeldauszahlung auf Kreditkarte ist so gut wie nirgends möglich.

Gandhinagar   ♐ X/B2

Nachdem der alte Bundesstaat Mumbai 1960 in Gujarat und Maharashtra aufgeteilt wurde, meinten die Politiker die Notwendigkeit einer völlig neuen, am Reißbrett geplanten **Hauptstadt** erkannt zu haben. So entstand 25 km nordöstlich der alten Hauptstadt Gujarats, Ahmedabad, die Reißbrettmetropole Gandhinaghar. Während ihr großes Vorbild, Chandigarh, zumindest grandios misslungen und insofern durchaus einen Besuch wert ist, stellt Gandhinagar nur eine billige Kopie dar. Einzig der neu errichtete, riesige **jainistische Marmortempel** lohnt einen Abstecher.
● **Anreise:** Wenigstens halbstündig pendeln meist total überfüllte Busse zwischen Ahmedabad und Gandhinagar. Taxis verlangen 150 Rs für die einfache, 250 Rs für die Hin- und Rückfahrt.

Vogelschutzgebiet Nalsarovar   ♐ X/B2

Das 65 km südwestlich von Ahmedabad gelegene, 130 km² große Vogelschutzgebiet mit seinem seichten See ist im Winter Ziel zahlreicher nordischer Zugvögel. Insgesamt wurden bisher 250 Vogelarten beobachtet, wobei die Ansammlungen der großen Flamingos ganz besonders auffällig sind. Der durchschnittlich nur 60 cm tiefe See trocknet in extremen Dürrejahren vollständig aus.

Landschaftlich ist die Umgebung allerdings recht reizlos. Unangenehm sind die bei westlichen Touristen besonders geldorientierten Bootsführer. 20 Rs pro Person und Stunde – mehr sollte es nicht kosten. Mit viel Verhandlungsgeschick kann man die Bootsleute aber auch deutlich herunterhandeln. Um allerdings nahe genug an die weit vom Uferrand siedelnden Flamingos heranzukommen, benötigt man allerdings für Hin- und Rückfahrt 4 Stunden. Während der Wochenenden sollte man das Vogelschutzgebiet meiden, weil es dann von Tausenden von Tagesausflüglern heimgesucht wird.

●**Unterkunft und Anreise:** Übernachten kann man im **Forest Rest House** € (Tel.: 23723500) direkt am Seeufer, wobei jedoch eine Anmeldung bei *Gujarat Tourism* in Ahmedabad empfehlenswert ist. Von dort werden auch organisierte **Tagesausflüge** durchgeführt. Mit dem **Taxi** muss man für die Hin- und Rückfahrt mindestens 1.000 Rs zahlen.

Lothal

Archäologisch sind die Ausgrabungen dieser ehemaligen Hafenstadt 80 km südwestlich von Ahmedabad von allergrößter Bedeutung. Im 3. vorchristlichen Jahrtausend war sie Hauptumschlagplatz für Waren in den Vorderen Orient. Heute ist die ca. 7,5 ha große Anlage wichtigstes Zeugnis der **Harappa-Kultur** auf indischem Boden. Archäologen haben deutliche Parallelen zu den beiden großen, von einem strengen Ordnungsprinzip gekennzeichneten Städten der Indus-Kultur, Mohenjo Daro und Harappa, festgestellt. Allerdings dürfte sich ein Ausflug zu dem Ruinenfeld nur für archäologisch besonders Interessierte lohnen, da außer einigen Mauerresten und Brunnenanlagen nicht viel zu sehen ist.

●**Anreise:** Jeden Morgen fährt um 7 Uhr ein Direktbus innerhalb von 3 Stunden von Ahmedabad nach Lothal. Dort angekommen, kehrt er nach 30 Minuten zurück nach Ahmedabad. Da es in Lothal keine Unterkünfte gibt, muss man sich per Anhalter oder zu Fuß 3 km zurück zur Nationalstraße begeben und einen der zahlreichen dort passierenden Busse nach Ahmedabad anhalten.

Der besondere Tipp:
Modhera und Patan ♫ X/B1

Beide Orte zählen nicht nur für kunsthistorisch Interessierte zu den schönsten Zielen Nordwestindiens. Von westlichen Touristen nur ganz selten besucht, bieten sie sich als ideale Ausflugsziele für all jene an, die einmal abseits ausgetretener Touristenpfade **kunsthistorische Schätze** erster Güte entdecken möchten. Beide Ziele können problemlos miteinander verbunden werden und sind am besten per Mietwagen von Ahmedabad aus zu besuchen.

Modhera ist nach Konark in Orissa der **bedeutendste Sonnentempel Indiens.** Der große Solanki-König *Bhimdur* ließ ihn 1026 errichten. Nur wenige Jahre nach seiner Fertigstellung wurde er vom afghanischen Feldherrn *Mahmud-e-Ghazni* fast vollständig zerstört. Abgesehen vom Dach der Haupthalle sind heute jedoch die Hauptbauelemente restauriert. Schmuckstück des an einem von Stufen gesäumten See gelegenen Tempels ist seine Tanzhalle mit den sehr schön dekorierten Säulen und Decken. Auch der sich östlich anschließende Haupttempel entfaltet an seinen Außenwänden die für die hinduistische Baukunst so kennzeichnende Vielfalt figürlicher Darstellung. Jeder Zentimeter scheint übersät mit einer atemberaubenden Fülle an Götterfiguren, Tierprozessionen, Musikanten und Blumenornamenten. Jeweils in der dritten Januarwoche findet das dreitägige **Uttarath-Tanzfestival** auf dem Tempelgelände statt.

●**Unterkunft und Anreise:** Es gibt keine Hotels, doch kann man im Notfall im **PWD Rest House** übernachten. Ein **Direktbus von Ahmedabad** bewältigt die 80 km lange Strecke in knapp 3 Std. Falls man diesen verpasst, kann man zunächst mit einem der vielen Busse oder Züge nach **Mahesana** fahren, von wo aus es relativ viele Anschlussbusse nach Modhera gibt.

Die etwa 25 km nördlich von Modhera gelegene Ortschaft **Patan,** heute ein völlig unscheinbares Dorf, war unter dem Namen *Anahillavada* für annähernd sechs Jahrhunderte **Hauptstadt der Solanki-Dynastie.** Zwischen dem 8. und 14. Jh. wurde hier eine

Westküste

Vielzahl von Tempeln und Stufenbrunnen erbaut. Die meisten sind heute aufgrund zahlreicher muslimischer Raubzüge zerstört.

Auch der Mitte des 11. Jh. von *Udaymati,* der Frau des Solanki-Königs *Bhimdeva,* errichtete **Rani-Ki-Stufenbrunnen** lag bis in die sechziger Jahre des 20. Jh. unter einer Schicht aus Lehm begraben. Nach jahrelangen, aufwendigen Restaurationsarbeiten durch das *Archaeological Survey of India* erstrahlt er inzwischen wieder in seinem alten Glanz und gilt als der schönste Stufenbrunnen Indiens. Der 64 m lange, 20 m breite, in Ost-West-Richtung ausgelegte Brunnen begeistert – wie der Sonnentempel von Modhera – durch die überwältigende Zahl und Detailgenauigkeit der dargestellten Skulpturen und Friese. Vom Eingang bis zum 27 m tiefer gelegenen Grund sind Torbögen, Pfeiler, Querbalken und Korridore in einem geradezu überwältigenden Gestaltungseifer von den Steinmetzen verziert worden. Wie so häufig bildet die ganze Vielfalt des hinduistischen Pantheons den Rahmen für Prozessionen und Szenen aus dem Mahabaratha und Ramayana sowie für tierische und pflanzliche Darstellungen. Besonders beeindruckend ist der Blick vom Grund aufwärts durch den sich nach oben verjüngenden Brunnen zum sonnendurchfluteten Dach.

●**Unterkunft:** Das staatliche **Toran Tourist Bungalow** ist eine ganz reizende Unterkunft in unmittelbarer Nähe zum Rani-Ki-Vav. Neben der lieblichen Lage inmitten eines großen Parks mit alten Bäumen machen das sehr bemühte Personal und die sehr gute, typisch indische Küche den Aufenthalt zu einem echten Vergnügen.

Vadodara (Baroda) ⚐ X/B2

(ca. 1,7 Mio. Einwohner, Vorwahl: 0265)

The City of gardens, palaces and festivals mit ihren breiten Straßen, groß angelegten Parks, hübschen Seen und auffälligem Wohlstand verbreitete einmal eine angenehme Atmosphäre. Hierzu trägt sicher auch heute noch das Klima toleranter Offenheit bei, welches

die **Universitätsstadt** ausstrahlt. Inzwischen allerdings ist die drittgrößte Stadt Gujarats durch die hier wie in kaum einer anderen Stadt Indiens deutlich zutage tretenden Erscheinungen des wirtschaftlichen Aufschwungs in ihrer alten Form kaum noch erkennbar. Sie ist übersät mit **Shopping Malls und Bürogebäuden;** die wenigen alten Gebäude wirken exotisch.

Zu Beginn der **Geschichte** Vadodaras stand ein Kuhhirte. Als die Marathen im 18. Jh. nach Norden in das Gebiet des dahinsiechenden Mogul-Reiches vordrangen, zeichnete sich besonders der Heerführer *Gaekwad* (was Kuhhirt bedeutet) durch Mut und Weitsicht aus. Er gründete schließlich sein eigenes Fürstentum mit der Hauptstadt Baroda. Das kleine Fürstentum stieg sehr schnell zu einem der mächtigsten und reichsten Territorialreiche ganz Indiens auf. Schließlich wurde Baroda sogar Mitglied jenes erlauchten Klubs von fünf Fürstentümern, denen bei offiziellen Anlässen 21 Schuss Salut gewährt wurden.

Bis zuletzt blieben die *Gaekwads* sehr auf ihre Unabhängigkeit bedacht und waren eines der wenigen nordindischen Fürstentümer, die die indischen Nationalisten in ihrem Unabhängigkeitskampf gegen die britischen Kolonialherren unterstützten. Zum Wohlstand der Stadt trugen neben der zukunftsorientierten Politik der *Gaekwads* allerdings auch die umfangreichen Ölvorkommen bei, die in den sechziger Jahren vor der Küste Vadodaras entdeckt wurden.

Sehenswertes

Savaji Bagh, Baroda-Museum und Universität

Der von einem Fluss durchzogene, inmitten der Stadt gelegene, große **Savaji-Park** mit seinem kleinen Zoo, der mit vielerlei Vogelarten, Löwen, Schlangen, Affen und Krokodilen einen Besuch lohnt (tgl. außer Do 9–18 Uhr, Eintritt 10 Rs; die Eintrittskarte muss an drei verschiedenen Eingängen des segmentierten Zoos vorgezeigt werden, also aufbewahren), Kindereisenbahn und der Möglichkeit zum Elefantenreiten ist vor allem abends ein be-

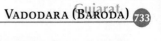

liebter Freizeitpark. Beim Haupteingang steht das mit seiner zylindrischen Form und großen Glasflächen futuristisch anmutende **Sardar-Vallabhajaj-Pahel-Planetarium.** Im Innern macht es jedoch einen eher antiquierten Eindruck. Um 17 Uhr gibt's eine Vorführung in Englisch, am Dienstag ist das Planetarium geschlossen.

Das **Baroda-Museum** (10–17.30 Uhr, Eintritt 200 Rs, Fotografieren verboten) inmitten des Parks ähnelt mit seiner imposanten Größe eher einem Palast denn einem Museum. Mit seiner fast schon erdrückenden Vielfalt an Skulpturen, Textilien, archäologischen Funden und Gemälden gilt es als eines der besten Museen ganz Indiens. Besonderen Ruf erlangte es durch seine Gemäldegalerie mit Werken europäischer Meister. Das Haus wurde lange Jahre von dem deutschen Kunsthistoriker *Hermann Goetz* geleitet.

Auf dem weiträumigen, direkt an den Savaji-Park angrenzenden **Universitätsgelände** fällt besonders die 1880 erbaute **Kunstakademie** mit ihrem 53 m hohen Kuppeldom auf.

Maharaja-Fateh-Singh-Museum

Auf dem Gelände des riesigen, für die Öffentlichkeit nicht zugänglichen Laxmi-Vilas-Palastes steht das Maharaja-Fateh-Singh-Museum. Ausgestellt werden beeindruckende Teile der **Kunstsammlung** der Herrscher von Vadodara. Neben Gemälden indischer und fernöstlicher Künstler finden sich auch Exponate solch berühmter europäische Maler wie Raphael und Tizian.

●**Geöffnet** ist das Museum des Maharajas täglich außer Mo 10.30–17.30 Uhr, Eintritt 20 Rs.

Westküste

Sieht aus wie ein Palast:
die Universität

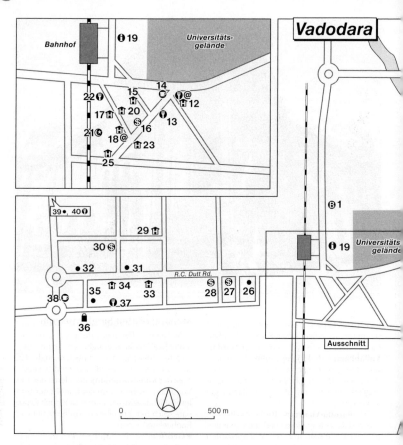

Information

●Das hilfsbereite **Gujarat Tourism Office** (Tel.: 2427489) befindet sich leider recht weit von der Touristengegend um den Hauptbahnhof entfernt, im Narmada Bhavan, C-Block, in der Jail Road. Geöffnet ist es tgl. außer So und jeden 2. und 4. Sa im Monat von 10.30 bis 18 Uhr.

●Wesentlich günstiger gegenüber dem Bahnhof gelegen, wird vom **Municipal Tourist Office** (Tel.: 2794456, tgl. 10–17 Uhr) hauptsächlich eine tgl. außer Do stattfindende Stadtrundfahrt vermittelt (mind. 10 Pers., 50 Rs). Als Informationsquelle ist *Gujarat Tourism* vorzuziehen.

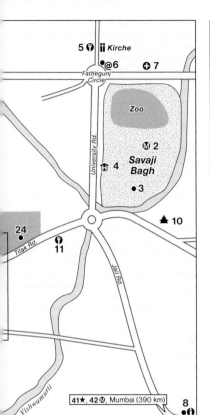

ⓑ	1	Busbahnhof
ⓜ	2	Baroda Museum & Art Gallery
•	3	Planetarium
🏠	4	Revival Hotel
❶	5	Rangoli Restaurant
•@	6	Indian Airlines, net-i-land
✚	7	Narhari Hospital
❶	8	Gujarat Tourism,
•		Polizei (Narmada Bhavan)
•	9	Gefängnis
▲	10	Kir Mandir
❶	11	Havmoor und Vanity Restaurants
❶	12	The Rajputana,
@		Shyam Cyber,
🏠		Hotel Aditi
❶	13	Kalyan Restaurant, Pizzeria Meo
☕	14	Café Coffee Day
🏠	15	Hotel Vikram
Ⓢ	16	ICICI-ATM
🏠	17	Hotel Ambassador
🏠	18	Hotel Jal Sagar,
@		Jal Cyber Café
❶	19	Municipal Tourist Office
🏠	20	Hotels Surya und Apsara
☪	21	Moschee
❶	22	Quick Bite
🏠	23	Rainbow Hotel
•	24	Kunstakademie
🏠	25	Phoenix Complex, Hotel Alpha
•	26	Thomas Cook
Ⓢ	27	State Bank of India
Ⓢ	28	Dena Bank
🏠	29	Express Alkapuri Hotel
Ⓢ	30	HDFC-ATM
•	31	Concorde Building (idbi-ATM)
•	32	Panorama Building (viele Fluggesellschaften)
🏠	33	Express Hotel
🏠	34	Welcomhotel Vadodara
•	35	DHL
🛒	36	Adam's Supermarket
❶	37	Sheels Restaurant
☕	38	Barista Espressobar
•	39	Air India
❶	40	Pizza Hut
★	41	Laxmi Vilas Palace
ⓜ	42	Maharaja Fathesingh Museum

Stadtverkehr

• Zum 6 km außerhalb gelegenen **Flughafen** muss man, da kein Bus fährt, mit 200 Rs für eine Taxifahrt (ohne AC) rechnen. Mit der Riksha sind's etwa 80 Rs.

• Vom *Local Bus Stand* direkt vor dem Bahnhof fahren ständig **Busse** entlang der Tilak Road **Richtung Altstadt**.

●Etwa 30 Rs kostet die **Rikshafahrt** vom Bahnhof zum Maharaja-Fateh-Singh-Museum.

Unterkunft

Mehrere qualitativ und preislich sehr unterschiedliche Hotels gruppieren sich in Sayajigunj entlang zweier Seitenstraßen, die nur ca. 150 m vom Bahnhof entfernt von der Tilak Road abzweigt. Weitere Mittelklassehotels finden sich an der A.C. Dutt Road bzw. deren Seitenstraßen.

Low Budget

●Ordentlich, wenn auch eher spartanisch, sind die Zimmer im **Hotel Vikram** € (Tel.: 2361918), dem besten dieser Preisklasse, geleitet von einem netten Manager.
●Das **Chandra Mahal** € (Tel.: 5521719) ist eine über 80 Jahre alte Villa mit einer hübschen Holzveranda und einem freundlichen älteren Herrn als Besitzer. Die Zimmer mit TV sind sauber, einige haben sogar Balkon.

Budget

●Wer 100 bis 150 Rs mehr ausgeben kann, hat die Wahl zwischen einer Vielzahl guter Budget-Hotels. An erster Stelle muss hier das hervorragende, zentral gelegene **Jal Sagar** €€-€€€ (Tel.: 2361110) genannt werden, mit sauberen, hübsch möblierten Zimmer mit TV, teils mit Ausblick.
●Noch annehmbar fürs Geld ist das **Hotel Ambassador** €-€€ (Tel.: 2327417). Zwar sind die Zimmer etwas verwohnt, doch ihre Größe und der Preis machen sie noch empfehlenswert.

Tourist Class

●Klasse Zimmer mit TV und viel Platz, die teureren mit AC, machen das **Hotel Alpha** €€-€€€ (Tel.: 2363555) im *Phoenix Complex* zur besten Wahl dieser Preisklasse.
●Viel fürs Geld bietet auch **Hotel Aditi** €€€-€€€€ (Tel.: 2361188, hoteladiti@yahoo.co. in, www.hoteladiti.com): schön möblierte, teils klimatisierte Zimmer, die teureren recht geräumig, mit TV, von den oberen Etagen mit weiten Ausblicken.

●Das **Surya Hotel** €€-€€€€ (Tel.: 2361261, sales@hotelsurya.com, www.hotelsurya.com) wirkt insgesamt freundlich und bietet eine Vielzahl unterschiedlicher Zimmer, die meisten mit AC und TV.
●Recht billig sind die Zimmerpreise im guten **Rainbow Hotel** €€-€€€ (Tel.: 2363040/2), wobei sich in dem im 7. Stock des *Commerce Centres* beginnenden Hotel weite Ausblicke genießen lassen.

First Class und Luxus

●Ein gutes Preis-Leistungs-Verhältnis in dieser Kategorie bietet das **Express Alkapuri** €€€-€€€€€ (Tel.: 2337899, reservation@express world.com, www.expressworld.com). Hübsch eingerichtete Zimmer mit Badewanne und ein Garten sind ihr Geld wert.
●Dagegen fällt das **Express Hotel** €€€€-€€€€€ (Tel.: 2337001) der gleichen Gruppe in der R.C. Dutt Road, mit Alkoholshop sowie einer tollen Konditorei, doch deutlich ab.
●Besonders durch seine Lage an der Westseite des Savaji Bagh ist das **Revival Hotel** €€€€ (Tel.: 2793535, revivalhotel@pobox.com, www.revivalhotel.com) hervorzuheben, einige der geräumigen Zimmer haben von großen Fensterfronten Ausblicke in den Park.
●Vadodaras Tophotel ist das **WelcomHotel Vadodara** €€€€€ (Tel.: 2330033, welcomho tel.vadodara@welcomgroup.com) in der R.C. Dutt Rd. mit toll möblierten, zentral klimatisierten Zimmern mit Badewanne, im besten Sinne gemütlich. Auch ein Pool (nur für Gäste), Health Club, Sauna und weitere für diese Preisklasse typische Einrichtungen sind vorhanden.

Essen und Trinken

●Köstliche vegetarische *Thalis* sind die Spezialität des **Kansaar** gegenüber dem *Apsara Hotel*. Bei 30–40 Rs für ein *Thali* verwundert es nicht, dass das vorzügliche Lokal vor allem von gut betuchten Indern aufgesucht wird.
●Eine ähnliche Klientel findet sich auch im guten Restaurant des **Surya Hotel**.
●Universitätsnah ist das nischenartig angelegte **The Rajputana** ein begehrtes, recht preiswertes Studentenrestaurant.

●Die studentische, westlich orientierte Jugend trifft sich ebenfalls im **Kalyan Restaurant,** wo man bei Popmusik an Barhockern Fast-Food mampfen kann. In dieselbe Kategorie fällt das **Quick Bite.**

●Wie immer neumodisch und hauptsächlich auf die gleiche Kundschaft ausgerichtet ist die Filiale von **Cafe Coffee Day** mit leckeren Kuchen und Snacks, zentrumsnah.

●Die **Pizzeria Meo** in Sayajigunj ist meist gut gefüllt mit Angehörigen der indischen Mittelschicht. Die Pizzen sind hervorragend, auch das üppige Abendbüffet an den Wochenenden ist ausgezeichnet. **Pizza Hut** findet sich auf dem Weg Richtung Flughafen.

●Mit ca. 100 bis 150 Rs pro Hauptgericht ist man im guten und vielseitigen **Rangoli Restaurant** (Tel.: 2794040) dabei, etwas nördlich des Fateh Ganj Circle gelegen, welches auch eine Freiluftterrasse auf dem Dach zu bieten hat.

●Recht bekannt für gute *thalis* ist das **Sheels** in der parallel zur R.C. Dutt Rd. verlaufenden Jetalpur Rd. Nicht weit entfernt findet man eine **Barista Espressobar.**

●Eher traditionell indische Küche servieren das **Vanity** und das **Havmor Restaurant.**

●**Café und Konditorei** im Foyer des *Hotel Express* hat äußerst verlockende Torten (auch zum Mitnehmen) für Süßmäuler.

●Das *Vanity* ist geradezu umzingelt von **Eissalons,** z.B. **Gelate Ria** und **Dollops.**

●Frisch gepresste **Fruchtsäfte** gibt's vor allem entlang der Tilak Road vom Bahnhof bis zur Ecke *Vanity Restaurant.*

Bank

●Schnell und zuverlässig wechselt die **Bank of Baroda** (Mo–Fr 10–15 Uhr) Travellerschecks und Bargeld. **Thomas Cook** (Travelex, Mo–Sa 9–18 Uhr) an der R.C. Dutt Rd., **UAExchange** (Mo–Sa 9.30–18 Uhr, So 9.30–13 Uhr) im *Panorama Complex* mit guten Wechselkursen und Öffnungszeiten sowie die **State Bank of India** (Mo–Fr 11–16 Uhr, Sa 11–13 Uhr) erfüllen den gleichen Zweck für alle Reiseschecks und Bargeld ohne Kommission.

●In Sayajigunj findet sich ein **ICICI-Bank-ATM** (ein weiterer im Bahnhofsgebäude) für

die wichtigsten Kreditkarten außer AmEx. Der **idbi-ATM** im *Concorde Building* und der von **HDFC,** 100 m eine Seitenstraße an der R.C. Dutt Rd. hinein, nehmen auch diese.

Internet

●Von den zahlreichen Internetcafés im Sayajigunj-Bereich ist das **Jal Cyber Café** eines der besten (30 Rs/Std.).

●Außerdem: **Cyber Universe** im Phoenix Complex.

●Am Fateh Ganj Circle im Norden neben *Indian Airlines* bietet sich **net-i-land** (20 Rs/Std.) an.

Einkaufen

●Für Selbstversorger ist der **Adam's Supermarket** (tgl. 10–20.30 Uhr) in der parallel zur R.C. Dutt Rd. verlaufenden Jetalpur Rd. eine gute Adresse: nach westlichem Vorbild gestaltet und blitzblank.

Medizinische Versorgung

●Das **Narhari Hospital** (Tel.: 2794413) befindet sich 100 m östlich des Fateh Ganj Circle.

An- und Weiterreise

Flug

●*Indian Airlines* (University Road, Fateh Ganj Circle, Tel.: 2794747/8, Flughafen: 2483262) fliegt tgl. nach **Mumbai** (76 US-$), **Vadodara** (82 US-$), **Ahmedabad** (49 US-$) und **Delhi** (133 US-$).

●Die Büros der folgenden nationalen und internationalen **Fluggesellschaften** (meist 9.30–18 Uhr, Sa 9.30–13.30 Uhr) finden sich fast ausnahmslos im *Panorama Complex* am westlichen Ende der R.C. Dutt Rd.: **Air India** (Tel.: 2354889, 2354797), **Air France** (Tel.: 2337450), **Cathay Pacific Airways** und **Austrian Airlines** (Tel.: 2359137, 2335250), **Gulf Air** (Tel.: 2337550), **Jet Airways** (Tel.: 2330770-2, Flughafen: 2483938), **Korean Airlines / Royal Nepal Airlines** (Tel.:

2355547), **Kuwait Airways** (Tel.: 2337550), **Lufthansa** (Tel.: 2331314), **Singapore Airlines** (Tel.: 2335771).

Bahn

● Das **Reservierungsbüro** am Bahnhof ist von 8 bis 20 Uhr geöffnet. Wichtige Verbindungen sind im Anhang aufgelistet.

Bus

● Vom Busbahnhof (Auskunftstel.: 2794700, 2794293) 400 m nördlich des Bahnhofs bestehen sehr gute Verbindungen zu fast allen Städten **Gujarats** sowie ins nördliche **Maharashtra** und den Westen von **Madhya Pradesh.** Züge sind jedoch fast immer bequemer und schneller.

● Eine Ausnahme bilden näher gelegene Ziele wie z.B. **Ahmedabad.** Oftmals verspäten sich die von Mumbai über Vadodara nach Ahmedabad fahrenden Züge um mehrere Stunden. Anstatt zu warten, macht es mehr Sinn, einen der alle halbe Stunde fahrenden Express-Busse zu nehmen, die mit nur einem Stopp in 2,5 Std. nach Ahmedabad fahren.

Umgebung von Vadodara

Champaner

Die 47 km nordöstlich von Vadodara auf dem 762 m hohen Pavagadh-Hügel gelegene ehemalige **Rajputen-Festung** Champaner kann auf eine recht ereignisreiche Geschichte zurückschauen. 1484 wurde sie von *Sultan Mahmud Begara* aus Ahmedabad erobert, der es unter dem Namen Muhammadabad zu seiner neuen Hauptstadt erklärte. 1533 wurde sie dann von *Großmogul Humayun* nach einer mehrmonatigen Belagerung eingenommen und geplündert. Durch die Zurückverlegung der Hauptstadt nach Ahmedabad war Champaners Blütezeit von nur knapp 50 Jahren beendet.

Die nach dem Vorbild der berühmten Freitagsmoschee von Ahmedabad errichtete **Jami Masjid** steht am Fuße des Pavagadh-Hügels. Ein etwa zweistündiger Fußweg führt an den Überresten der alten Festungsanlage, die etwa auf halber Höhe des Berges zu finden

ist, vorbei zum **Bahavani-Devi-Tempel,** der den Gipfel des Pavagadh krönt.

● **Anreise:** Tgl. zwei **Direktbusse** fahren morgens in 1,5 Std. von Vadodara nach Champaner. Alternativ kann man zunächst mit einem der vielen Busse nach **Habol** fahren, von wo es nur noch 7 km nach Champaner sind. Der letzte Bus zurück nach Vadodara fährt um 20.30 Uhr ab. Mit dem **Taxi** hin und zurück von Vadodara muss man mit 600 Rs inklusive Wartezeit rechnen.

● **Unterkunft:** Übernachtung ist u.a. im **Hotel Champaner** €-€€ (Tel. 02676-245641) möglich.

Dabhoi Fort   ♪ XI/C2

Das aus dem 13. Jh. stammende Dabhoi Fort, 29 km südöstlich von Vadodara gelegen, ist berühmt für seine außergewöhnlichen **Festungstore,** die mit ihrer reichen Ornamentierung, vornehmlich mit Szenen aus den Ramayana, als die schönsten ganz Indiens gelten. Als prachtvollstes der vier Tore gilt das östliche Hira- (Diamant-) Tor. Halbstündlich fahren Busse (auch private) nach Dabol, der letzte ca. um 19 Uhr zurück.

Dakor

Der 80 km nördlich von Vadodara problemlos per Bahn zu erreichende Ort beherbergt mit dem **Ranchodrai-Tempel** ein hoch angesehenes Krishna-Heiligtum. Speziell im Oktober/November, wenn hier das Erntedankfest *Sharad Purnima* begangen wird, ist Dakor Ziel Tausender von Besucher.

Bharuch (Broach)   ♪ X/B2

(ca. 160.000 Einwohner, Vorwahl 02642)

Nur ganz wenige Touristen verirren sich in diese 70 km südlich von Vadodara gelegene Stadt. Kaum jemand wird beim Anblick dieser verschlafen wirkenden Stadt auf den Gedanken kommen, dass sie bis vor 200 Jahren eine der wichtigsten **Hafenstädte** Westindiens war. Schon in den Aufzeichnungen eines griechischen Händlers aus dem 1. Jh. n. Chr.

wird die Stadt unter dem Namen *Barygarza* als bedeutender Umschlagplatz für Waren aus Indien, die von hier über den Orient bis zum Mittelmeer verschifft wurden, erwähnt. Nach bewegter Geschichte unter abwechselnden Herrscherhäusern, der Zerstörung durch die Truppen *Aurangzebs* im Jahre 1660 und dem Wiederaufbau durch die Marathen vereinnahmten es Ende des 18. Jh. schließlich die Engländer und bauten es als Exporthafen für ihre Textilprodukte aus. Mit dem Aufstieg Mumbais zur Hafen- und Finanzmetropole nahm es mit dieser stolzen Vergangenheit jedoch ein recht schnelles Ende.

Sehenswertes

Eine eher melancholische Stimmung kommt beim Gang durch die engen, verfallenden **Altstadtgassen** Bharuchs auf: Hier scheint man sich mit dem Schicksal unwiederbringlich vergangener Größe abgefunden zu haben. Am ehesten kann man sich noch die ehemalige Bedeutung der Stadt vorstellen, wenn man von der hohen Mauer des im 11. Jh. von den Holländern erbauten **Forts** auf den breit und träge dahinfließenden Narmeda schaut. Von wo aus früher die großen Handelsschiffe, vollbeladen mit Baumwolle, Seide, Porzellan und Gewürzen, auf den Weg in den Orient und nach Europa geschickt wurden, liegen heute morsche Fischkutter ungenutzt am breiten Ufer.

Im **Sadar Manzil**, einer wunderschönen, aus dem 16. Jh. stammenden Villa, direkt neben dem Clocktower und einer 145 Jahre alten katholischen Kirche gelegen, fühlt man sich um Jahrhunderte zurückversetzt. Der über achtzigjährige, sehr freundliche Besitzer, Herr *Sadar Heeddercei*, führt einen nur zu gern durch die mit Jagdtrophäen, Porzellan, Plüschsofas, Bücherschränken und unzähligen Wanduhren vollgestopften Räume. Dass hier die Zeit trotz der dicken Staubschicht, die sich wie Patina über die alten Möbel gelegt hat, nicht stehen geblieben ist, beweist eine alte Standuhr, die der Besitzer stolz präsentiert: Nach 300 Jahren geht sie immer noch auf die Minute genau.

Stadtverkehr

● Zwischen Bahnhof und Altstadt pendeln **Tempos** und **Busse** in reger Folge. Mit der **Autoriksha** sind es für die gleiche Strecke maximal 20 Rs.

Unterkunft

● Sehr einfach, aber freundlich und sauber ist das **Relief Guest House** € (Tel.: 233283) schräg gegenüber vom Bahnhof.
● In einer kleinen Gasse hinter dem *Relief Guest House* befindet sich das **Hotel Classic** €€ (Tel.: 232264) mit großen, ruhigen Zimmern, wobei die teureren über AC verfügen.
● Das **Hotel Bharatpur Palmland** €€€ (Tel.: 233378), etwa 300 m vom Bahnhof Richtung Altstadt an der Station Rd. gelegen, ist das einzige Mittelklassehotel der Stadt. Das hauseigene Restaurant ist die einzige erwähnenswerte kulinarische Adresse, die Bharuch vorzuweisen hat.

An- und Weiterreise

Bahn:
● Man hat die Auswahl zwischen 13 Zügen, die tgl. auf ihrer Fahrt zwischen Delhi und Mumbai in Bharuch anhalten. Mit Expresszügen braucht man nach **Vadodara** 1 Std., nach **Kota** 9 Std. (2953 August Kranti Rajdhani Exp., Abf. 22.05 Uhr, weiter nach Delhi), nach **Bharatpur** 17 Std. und **Delhi** 18 Std. (2925 Pashim Exp., Abf. 16.47 Uhr), und bis **Mumbai** 5 Std. (z.B. 2954 Rajdhani Exp., Abf. 5.32 Uhr oder billiger in 8 Std.: 9024 Janata Exp., Abf. 12.55 Uhr). Nach **Ahmedabad** sind es 3,5 Std. (z.B. 9109 Gujarat Queen Exp., Abf. 6.54 Uhr).
● Der 2961 Avantika Exp. bietet die beste Verbindung nach **Madhya Pradesh** und benötigt nach **Indore** gut 10 Std., Abf. Bharuch um 17 Uhr.

Bus:
● Aufgrund der vielfältigen Bahnverbindungen benutzen nur wenige Touristen den Bus. Ins nahegelegene **Vadodara** könnte jedoch eine Busfahrt von Vorteil sein, da die von Mumbai Richtung Vadodara fahrenden Züge oft mit 1 bis 2 Std. Verspätung in Bharuch eintreffen.

Westküste

Bhavnagar ♺ X/B2

(ca. 530.000 Einwohner, Vorwahl: 0278)

Die 1723 gegründete **Hafenstadt** ist wegen der ansässigen Baumwoll- und petrochemischen Industrie ein bedeutender regionaler Handelsplatz. Obwohl der sich deutlich in Altstadt und Neustadt unterteilende Ort keinerlei bedeutende Sehenswürdigkeiten aufzuweisen hat, stranden hier immer wieder einige Touristen, die auf ihrem Weg zum nur 50 km entfernt gelegenen Jain-Pilgerort Palitana den letztmöglichen Anschluss verpasst haben.

Wirklich lohnenswert ist ein Spaziergang durch die engen **Altstadtgassen**, in denen sich noch einige alte Holzhäuser und sehr viel typisches indisches Leben erhalten haben. Über die Wartezeit ebenso hinweghelfen kann der Aufstieg zu dem auf einem Hügel gelegenen **Takhdeshwar-Tempel.** Interessant ist dort weniger der Shiva-Tempel selbst als die schöne Aussicht auf die Bucht und den Hafen.

Nur für echte Gandhi-Fans bietet sich noch der Besuch im **Ghandi Smriti** an. *Mahatma Ghandi* war für einige Jahre Schüler im College Bhavnagar, und aus diesem Anlass wurde eine umfangreiche fotografische Sammlung zu seinen Ehren angelegt.

● **Öffnungszeiten:** tgl. außer Mo 9–12.30 und 14.30–18.30 Uhr.

Unterkunft

Wenn möglich, sollte man recht frühzeitig in Bhavnagar eintreffen, da die meisten Hotels bereits gegen Mittag ausgebucht sind.

● Sehr unterschiedliche Leserbeurteilungen ruft das freundliche **Hotel Mini** € (Tel.: 2512915) auf der rechten Seite der Station Road vom Bahnhof hervor. Lange Zeit die einzig wirklich empfehlenswerte Billig-Unterkunft der Stadt, sollte man sich die Zimmer zunächst anschauen, bevor man sich einmietet. Angeschlossen ist ein einfaches Lokal, welches günstige und leckere *Thalis* serviert.

● Das **Vrindavan Hotel** € (Tel.: 2519149) und das **Sheetal Hotel** € (Tel.: 2428360) sind zwei sehr einfache Unterkünfte mitten im Stadtzentrum. Beide liegen versteckt in einem Hinterhof, nahe beieinander und sind für eine Nacht evtl. o.k.

● Mit dem **Jubilee Hotel** €€€ (Tel.: 2420045) und dem **Blue-Hill** €€€ (Tel.: 2426951) sind zwei professionell geführte Mittelklassehotels in sehr ruhiger Lage zu finden. Das *Blue Hill* ist zentral klimatisiert und bietet freundlich eingerichtete Zimmer mit Telefon, heißer Dusche und Satellitenfernsehen. Besonders empfehlenswert sind die Zimmer mit Balkon zum angrenzenden Park. Das gleiche gilt für das etwas preiswertere *Jubilee.* Beide Hotels verfügen über ausgezeichnete Restaurants.

● Etwas günstiger und kaum schlechter wohnt man in dem mitten im Stadtzentrum gegenüber vom Busbahnhof gelegenen **Hotel Apollo** €€-€€€ (Tel.: 2425252).

● Mit seinen sauberen, recht geräumigen Zimmern, dazu zwei guten Restaurants und einem Internetcafé bietet das **Sun'n Shine** €€€ (Tel.: 2516131) das beste Preis-Leistungs-Verhältnis der Mittelklasse-Hotels.

● Inmitten eines Parks mit frei umherlaufenden Pfauen steht die ehemalige Maharaja-Residenz **Nilambag Palace** €€€€ (Tel.: 2424241). Das von der *WelcomGroup* gemanagte Hotel verlangt für seine stilvollen, allerdings z.T. renovierungsbedürftigen Räume reichlich viel fürs Gebotene. Während es immer wieder Klagen über das wenig zuvorkommende Personal gibt, erhält das hauseigene Restaurant trotz der gesalzenen Preise gute Kritiken.

● Etwas außerhalb an der Straße nach Palitana liegt das sehr gute **Bageecha – The Restaurant.** Neben dem angenehmen Ambiente in dem geschmackvoll eingerichteten Gartenrestaurant überzeugen die schmackhaften einheimischen Gerichte mit Preisen zwischen 50 und 120 Rs.

An- und Weiterreise

Flug:

● Zum 5 km außerhalb gelegenen Flughafen sind es ca. 80 Rs per Autoriksha und 120–140 per Taxi. *Indian Airlines* (Diwanpara Rd., Tel.: 2426503) fliegt Di, Do und Sa für 76 US-$ nach **Mumbai.** An den übrigen Tagen fliegt *Gujarat Airways.*

Bahn:
● Nichts für Eilige, dafür umso mehr für Eisenbahnromantiker sind die tgl. drei innerhalb von 2 Std. von und nach **Palitana** schnaufenden Lokomotiven.
● Von und nach **Ahmedabad** sind es 5,5 Std. mit dem Shetrunji Exp. bzw. in Gegenrichtung nach **Rajkot, Junagadh** und **Veraval.**

Bus:
● Zwischen **Palitana** und Bhavnagar verkehren tgl. etwa 10 Busse. Die Fahrt dauert 1,5 Std.
● Nach **Una** (5 Std.), wenige Kilometer von Diu entfernt, fahren insgesamt 7 Busse.
● Von und nach **Ahmedabad** dauert es 6 Std.

Umgebung von Bhavnagar

Der besondere Tipp:
Hafen von Alang

Das ca. 45 km von Bhavnagar entfernte Alang am Golf von Cambay ist ein faszinierender Ort. Auf einer Länge von 4–5 km werden am dortigen Strand 70 % der ausrangierten **Hochseeschiffe** der Erde **demontiert.** Gigantische Supertanker, Container- und Kriegsschiffe werden in Handarbeit von ca. 20.000 Arbeitern Tag und Nacht mit Gasbrennern in handliche Teile zerlegt.

Um diese unvergleichliche Szenerie aufs Foto bannen zu können, muss man sich eine teure **Zugangs-** und eine **Fotoerlaubnis** in Bhavnagar unter folgender Adresse ausstellen lassen: Port Officer *Mr. Mathur,* Gujarat Maritime Board, New Port Bhavnagar 5, Tel.: 0278-293020, oder in Ahmedabad beim *Gujarat Port Trust* (Tel.: 079-3238346). Die Zugangserlaubnis kostet 25 US-$, eine Fotoerlaubnis weitere 50 US-$. Einige Leser schrieben allerdings, dass sie (offenbar mit viel Glück) auch ohne diese Erlaubnis hineingekommen sind, was allerdings keineswegs sicher ist. Um nach zeit- und kostenaufwendiger Anreise nicht in Alang im wahrsten Sinne des Wortes vor verschlossener Tür zu stehen, sollte man sich unbedingt vor der Abreise in Bhavnagar versichern, dass man auch tatsächlich Zutritt erhält.
● **Anreise:** Gute Busverbindungen von Bhavnagar, Tagesausflug per Taxi ca. 400–500 Rs.

Highlight:
Palitana ↗ X/B3
(ca. 52.000 Einwohner, Vorwahl: 02848)

Shatrunjaya

Die Besteigung des knapp 600 m hohen, den Pilgerort Palitana überragenden Shatrunjaya (Sieg über den Feind), einer der vier **heiligsten Berge der Jains,** zählt nicht nur geografisch zu den Höhepunkten einer Reise durch Gujarat.

Der Aufstieg erfolgt über einen ca. 3,5 km langen, mit 3.000 Stufen versehenen **Pilgerweg,** der ungefähr 2 km nördöstlich des Zentrums von Palitana beginnt. Man sollte mit dem etwa 1,5-stündigen Aufstieg früh morgens beginnen, da wegen der Mittagshitze schon mancher Pilger auf halber Strecke umkehren musste. Da während des Weges keinerlei Verpflegungsmöglichkeiten zur Verfügung stehen, sollte man sich mit genügend Trink- und Essbarem eindecken, zumal zeitlich – wenn auch die beiden Tempelberge besichtigt werden – etwa vier Stunden zu veranschlagen sind. Für jene, die sich die Mühen des Aufstiegs ersparen wollen, um den Berg mit seiner einzigartigen Vielfalt an Tempeln ausgeruht besichtigen zu können, empfehlen sich die am Fuße des Berges auf Kunden wartenden **Träger** (ca. 300 Rs). Vier Einheimische benötigen bis zum Tempeleingang etwa zwei Stunden, um den an zwei Bambusholmen hängenden Sitz *(doli),* in dem der Getragene im Schneidersitz ausharrt, nach oben zu tragen.

Der Blick auf die zwei Gipfel des Tempelberges, die, wie bei allen **Jain-Heiligtümern** üblich, von einer hohen Mauer umschlossen werden, öffnet sich erst kurz vor Erreichen des Zieles. Hat man eines der beiden Eingangstore durchschritten, scheint einen die verwirrende Vielzahl von Hallen, Kuppeln, Dächern und Terrassen zunächst zu erschlagen. Insgesamt sind es 836 Marmortempel, die hier im Laufe von neun Jahrhunderten errichtet wurden. Schon im 4. Jh. sollen die ersten erbaut worden sein, und im Laufe der Jahrhunderte entstanden einige hundert weitere, die aber größtenteils von den muslimischen Eroberern im 14. und 15. Jh. zerstört wurden. So sind die meisten der Tempel kaum mehr als vier Jahrhunderte alt, wobei der im linken (nördlichen) Bezirk gelegene Haupttempel dem ersten der insgesamt 24 Furtbereiter gewidmet ist und aus dem 12. Jh. stammen soll.

Das scheinbar systemlose Nebeneinander der vielen hundert Sakralbauten folgt durchaus einem genau durchdachten Plan. Insgesamt stehen auf den verschiedenen Ebenen der beiden Gipfel neun Haupttempel, die von vielen kleineren umstellt sind.

Dem wichtigsten Grundsatz ihrer Religion, dem Tötungsverbot *(ahimsa)* folgend, tragen viele der in weiße Gewänder gekleideten Gläubigen einen Mundschutz, um das Einatmen von Insekten zu vermeiden. Die Tausenden kleiner Jain-Figuren, die einen aus ihren silbrigen Augen mit merkwürdig entrücktem Blicken anstarren, verbreiten eine geheimnisvolle Aura. Über verschiedene Freitreppen kann man auf die Dächer und Kuppeln klettern und den einzigartigen Gesamtanblick

der vor dem tiefblauen Himmel weiß schimmernden Marmorlandschaft genießen. Hier wird auch der letzte Besucher verstehen, warum nach 19 Uhr alle Menschen, auch die Priester, den ummauerten Gipfel verlassen müssen – die Götter wollen unter sich bleiben. Am Eingang wird eine **Kameragebühr** von 40 Rs erhoben.

Stadtverkehr

●Vom Busbahnhof und den beiden Hotels sind es ca. 3 km bis zum Fuße des Shatrunajaya. Wer sich seine Kräfte für den Aufstieg sparen möchte, kann sich mit einer **Pferdekutsche** oder einer **Riksha** für ca. 30 Rs hinfahren lassen.

Unterkunft, Essen und Trinken

Abgesehen von den vielen *Dharamsalas,* die allerdings normalerweise keine westlichen Touristen aufnehmen, stehen nur zwei Unterkünfte zur Verfügung.

0771 Foto: tb

●Die billigere der beiden ist das **Hotel Shravak** € (Tel.: 252428), direkt gegenüber dem Busbahnhof, mit relativ großen Zimmern, TV und einem Schlafsaal. Leider sind die Zimmer nicht moskitosicher. Neben dem Hotel findet sich ein ständig von hungrigen Pilgern belagertes Lokal.

●Ein ganzes Stück teurer, dafür aber auch erheblich besser ist das knapp 200 m entfernte, von *Gujarat Tourism* geleitete **Shrinath Guest House** €–€€ (Tel.: 252327, ehemals *Hotel Sumeru*). Es bietet geräumige, saubere und ruhige Zimmer mit Balkon oder Schlafsaalbetten. Im vegetarischen Restaurant kann man sich für den kraftraubenden Aufstieg stärken.

●Weitere provisorische **Essenstände** gibt es zuhauf am Fuße des Shatrunjaya.

●Gelobt für ihre schmackhaften und preiswerten *thalis* wurde vor allem die **Solnali Dinig Hall.**

An- und Weiterreise

Bahn:
●Drei Loks schnauben in 2 Std. von und nach **Bhavnagar.** Von dort geht's in 6 Std. im Shetrunji Exp. weiter nach **Ahmedabad** bzw. in Gegenrichtung nach **Rajkot, Junagadh** und **Veraval.**

Bus:
●1,5 Std. dauert es von Palitana nach **Bhavnagar.**

●Zum 220 km entfernten **Ahmedabad** ist man knapp 5 Std. unterwegs.

●Zwei Direktbusse nach **Una** (5 Std.) in der Nähe von **Diu** verlassen Palitana um 5.30 und 13.30 Uhr. Wer den Bus verpasst, muss sich in 4 Etappen bis Diu durchboxen. Zunächst 1,5 Std. bis **Talaja,** von dort geht's in 1 Std. nach **Malwa,** wieder umsteigen und in 2 Std. nach Una.

Keine Spur von Massentourismus am Strand von Diu

Insel Diu   ⤢ X/A-B3

(ca. 24.000 Einwohner, Vorwahl: 02875)

Obwohl nur durch einen knapp hundert Meter breiten Kanal vom Festland getrennt, meint man beim Betreten der 11 km langen und 3 km breiten Insel, auf einen anderen Kontinent geraten zu sein. Beim Wandern durch die durch das Fort im Osten und die Reste der Stadtmauer im Westen begrenzte Altstadt fühlt man sich tausende Kilometer weiter westlich in ein portugiesisches Provinznest versetzt. Herausragende Sehenswürdigkeiten gibt es nicht zu bewundern, doch beim Bummel über den von **Kolonialbauten** umgebenen kleinen Platz mit seinen Cafés, kleinen Läden und Reisebüros und durch die verwinkelten, hügeligen Gassen mit ihren leuchtend pastellfarben gestrichenen alten Kolonialvillen, vorbei am bunten Markt, katholischen Friedhöfen und einer strahlend weißen Kirche kommt ein beschwingtes Urlaubsgefühl auf, das bei vielen Urlaubern dazu geführt hat, dass ihr Abstecher nach Diu wesentlich länger ausfiel als ursprünglich geplant.

Geschichte

Dieses heute so verschlafen wirkende Tropenparadies war über Jahrhunderte Streitobjekt von Rajputen, Türken, Arabern, Parsen und Portugiesen, ehe es die Inder 1961 in einer Militäraktion unter ihre Herrschaft brachten.

Bevor es im 14. Jh. von den Ottomanen erobert wurde, regierten die zwei Rajputenklans der Chandas und Vaghelas hier. Für die Türken war die Insel, neben ihrer strategischen Bedeutung, auch ein wichtiger Handelsplatz. Nachdem die Parsen auf ihrer Flucht vor den Moslems aus Persien im Jahre 1503 mit ihren Schiffen auf der Insel landeten, doch schon drei Jahre später Richtung Mumbai weiterzogen, war es die Bedeutung Dius als Handelsplatz, die das Interesse der aufstrebenden Seemacht **Portugal** weckte. Waren sie noch 1531 bei ihrem ersten Eroberungsvesuch gescheitert, brachten sie das 38 km² kleine Eiland drei Jahre später unter

Westküste

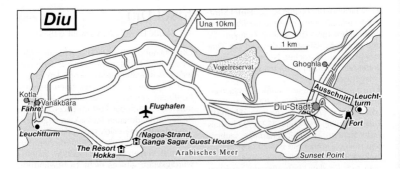

ihre Kontrolle und sicherten ihre Stellung durch einen offiziellen Vertrag mit dem Mogul-Herrscher *Humayun,* der sie zur Abstellung von 500 Soldaten verpflichtete.

Für über 400 Jahre unterstand Diu nun dem portugiesischen Gouverneur von Goa, und obwohl es 1670 von Arabern aus Mascat geplündert wurde, brachte es den Kolonialherren vor allem als Ausfuhrhafen für Opium hohe Gewinne.

1961 schließlich ließ *Nehru* gleichzeitig in Goa, Daman und Diu Truppen einmarschieren und machte so der jahrhundertelangen Fremdherrschaft ein Ende.

Sehenswertes

Es wurde bereits erwähnt – Dius eigentlicher Reiz vermittelt sich weniger durch spektakuläre Sehenswürdigkeiten, als vielmehr durch ein Klima gelassener Freundlichkeit.

Für die meisten indischen Touristen ist es jedoch ein Relikt aus portugiesischen Zeiten, welches Dius Hauptattraktivität ausmacht: der freie **Alkoholausschank.** Gerade im „trockenen" Gujarat übt das auf viele eine fast schon magische Anziehungskraft aus.

Beim nachmittäglichen Spaziergang lohnt ein Besuch der beiden oberhalb der Altstadt gelegenen katholischen **Kirchen St. Thomas** und **Francis of Assisi.** Besonders die auf einer Anhöhe stehende St. Thomas Church vermittelt mit ihrem strahlenden Weiß vor dem tiefblauen Himmel einen majestätischen Anblick. Vom Portal des im gotischen Stil errichteten Gotteshauses bietet sich ein wunderschöner Fernblick auf die Altstadt und das sich dahinter ausbreitende Meer.

Das von drei Seiten vom Meer umspülte **Fort** ließen die Portugiesen zwischen 1535 und 1541 errichten. Beim Bummel über die mit verrosteten Kanonen besetzten Verteidigungsmauern sollte man jedoch auf die zuweilen unerwartet sich auftuenden tiefen Löcher achten.

Strände

Seitdem eine neu erbaute Straße auch den Zugang zu anderen Stränden erleichtert hat, ist der 8 km südlich gelegene Palmenstrand von Nagoa nicht mehr der einzig interessante Ort für ein paar erholsame Strandtage. Das Erstaunlichste an diesem in einer lang gezogenen Bucht gelegenen Strand ist seine scheinbare Unberührtheit: Auf den ersten Blick vermag man überhaupt keine Unterkunft auszumachen.

Der etwas gräulich wirkende Strand kann zwar mit den meisten Stränden in Goa nicht konkurrieren, und die Wasserströmungen sind an einigen Stellen nicht ungefährlich, doch dafür hat man hier noch viel Platz für ausgiebige Strandwanderungen über die Dünen zu anderen kleinen Buchten und wird nicht von stampfenden Disco-Klängen am Einschlafen gehindert. Wer es noch etwas ruhiger möchte, sollte etwa 20 Minuten weiter westlich wandern, wo man zum noch fast gänzlich unerschlossenen, allerdings auch nahezu schattenfreien Gomptimata-Strand gelangt. Wesentlich näher zur Stadt liegen die Strände von Jallandhar und Chakratirth sowie der sehr schöne Sunset Point.

Information

● Im **Tourist Office** (Tel.: 252653, Mo–Sa 9.30–13.30 und 14.30–18 Uhr) auf halber Strecke zwischen der Festlandsbrücke und dem Stadtzentrum gelegen, erhält man auf Anfrage die genauen Abfahrtszeiten der staatlichen Busse von Diu und Una sowie eine ebenso aufwendige wie überflüssige Hochglanzbroschüre über Diu und Daman, in der man u.a. die Telefonnummern des stellvertretenden Hafenmeisters nachlesen kann.

Unterkunft

● Was könnte es Schöneres geben, als in einer Kirche mit herrlichen Ausblicken auf die Stadt und den azurblauen Ozean zu wohnen – zu sehr erschwinglichen Preisen? Das **Hotel Sao Tome Retiro** €-€€ (Tel.: 253137) in der St.-Thomas-Kirche macht es möglich. Die Zimmer sind eher spartanisch, dafür geräumig, das vom sehr freundlichen Manager und seiner Familie zubereitete Essen ist köstlich und so bleiben die meisten länger als geplant.

● Das an der Straße Richtung Fort erbaute **Hotel Sanman** €€€ (Tel.: 252342) ist eine der empfehlenswertesten Unterkünfte Dius. Sehr angenehm sitzt es sich besonders abends auf der zur See gewandten Veranda oder dem Roof-Top-Restaurant.

● Etwas steril, dafür sehr sauber und günstig ist das **Hare Krishna Guest House** € (Tel.: 252213) mit einer Reihe ganz unterschiedlicher Räume, wobei die teureren über einen Balkon verfügen.

● Zwischen dem Fort und dem Ortszentrum finden sich mit dem **Hotel Alishan** €€€ (Tel.: 252340, Fax: 252190) und dem **Apana Guest House** €€€ (Tel.: 253650, Fax: 252309) zwei recht gute Hotelneubauten mit allerdings etwas überteuerten Preisen. Beide Unterkünfte verfügen über gute Restaurants.

● Das ganz in der Nähe platzierte Hotel **Pensao Beira Mar** €-€€€ (Tel.:253031) ist eine in ein Hotel umgewandelte, alte portugiesische Villa mit großen, allerdings recht abgewohnten Zimmern und einem hübschen Dachrestaurant.

● Mehrfach von Lesern empfohlen wurde das **Uma Shakti Hotel** €€€ (Tel.: 252150) in der Nähe des Gemüsemarktes mit großen, teils klimatisierten Zimmern mit TV sowie Dachrestaurant und Bar.

● Die beiden besten Hotels in Diu sind die etwas oberhalb des Ortskerns gelegenen Hotels **Samrat** €-€€ (Tel.: 252354) und **Ankur** €-€€ (Tel.: 252388). Zwei gute und freundliche Mittelklassehotels mit angenehmen und sauberen Zimmern.

Die **folgenden Unterkünfte** befinden sich entweder auf dem Weg nach oder am Strand von Nagoa, 8 km westlich von Diu-Stadt:

● Sehr mondän kommt das **Hotel Kohinoor** €€€€ (Tel.: 252209) gleich außerhalb der Stadtgrenze auf dem Weg zum Nagoa-Strand daher. Alle Zimmer und Villen sind um einen Swimmigpool arrangiert, das angeschlossene Restaurant bietet vorzügliche Gericht zu recht hohen Preisen.

● Das 1998 eröffnete **The Resort Hokka** €€-€€€ (Tel.: 253036) setzte den Trend für die in den Folgejahren erbauten Mittelklasse-Hotels zwischen Diu und dem Nagoa-Strand. Das von einem bemühten Manager geleitete Resort verfügt über zehn einfache Zimmer mit angegliedertem Bad und kleiner Terrasse sowie drei weiteren Räumen mit Gemeinschaftsbad, allerdings sind sie nicht moskitogeschützt. Zu der Anlage gehören außerdem ein hübsch angelegter Innenhof mit Palmen sowie im hinteren Bereich ein Platz mit Hängematten zum „Seele-Baumeln-Lassen".

● Das **Ganga Sagar Guest House** €€ (Tel.: 252249) am Nagoa-Strand bietet ähnlichen Standard.

● Nicht nur preislich ein bis zwei Kategorien höher anzusiedeln ist das ausgezeichnete, ganz in der Nähe gelegene **Radhika Beach Resort** €€€ (Tel.: 252553). Die 42 schön gestalteten Zimmer gruppieren sich um den hübschen Pool. Insgesamt die beste Unterkunft am Nagoa-Strand, zumal auch das

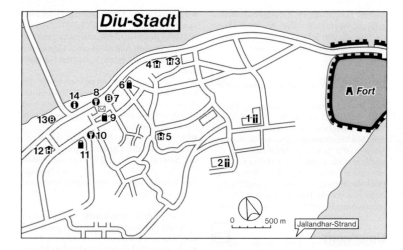

Diu-Stadt

Fort

Jallandhar-Strand

0   500 m

hauseigene Restaurant mit seinen hervorragenden, wenn auch nicht gerade billigen Fischgerichten einen Besuch lohnt.

● Nach wie vor eine der beliebtesten Traveller-Unterkünfte am Nagoa Beach ist das verwinkelte, direkt am Strand gelegene **Ganga Sagar Guest House** €-€€ (Tel.: 252249). Keines der um einen Innenhof angelegten Zimmer vefügt über ein eigenes Badezimmer, doch das tut der Attraktivität der alten Villa keinen Abbruch, zumal die sanitären Anlagen mehrmals am Tag gesäubert werden. Die Räume im 1. Stock sind denen im Erdgeschoss wegen der besseren Aussicht vorzuziehen.

Essen und Trinken

● Dius Attraktivität für Freunde flüssiger Nahrung steht in umgekehrtem Verhältnis zu seinem kulinarischen Angebot. Während man fast an jeder Straßenecke über eine Bar stolpert, finden sich nur sehr wenige empfehlenswerte Restaurants.

● Eines der besten ist das klimatisierte **Deepee Restaurant** im Stadtzentrum. Die Speisekarte hält sich zwar in Grenzen, doch dafür schmecken die einzelnen Gerichte, ob nun

Spaghetti, Chicken Curry oder Käsesandwich, sehr lecker.

● Eine große Auswahl und dazu günstige Preise bietet das gute **Aarti Restaurant** in der Nähe der Bibliothek.

● Besonders angenehm speist man im Gartenrestaurant des **Apana,** wo es ausgezeichneten frischen Fisch in Mega-Portionen und eine große Vielfalt einheimischer wie westlicher Gerichte für wenig Geld gibt.

● Leckere Fischgerichte und indische Speisen zu erstaunlich günstigen Preisen, und das in angenehmer Atmosphäre, bietet das Restaurant des **Resort Hokka** am Nagoa-Strand.

● Köstliche Fischgerichte sind die Spezialität des Restaurants im **Hotel Samrat.**

● Leckere kleine Gerichte und eine nette Atmosphäre bietet das **Jay Shankar Restaurant** am Jallandhar Beach.

● Hervorragend sind die Lassis des **Cocktail-Lassi-Standes** im Zentrum von Diu.

● Ein schöner Ort zum Relaxen und die Aussicht und ein köstliches Fischgericht Genießen ist das Freiluftrestaurant **Night Heron Restaurant** in Fudam auf dem Weg von Diu-Stadt zum Nagoa Beach. Die meisten Gerichte kosten zwischen 70 und 150 Rs.

● Das gleiche, allerdings ohne Essen, gilt für das direkt am Meer gelegene **Sea Village Re-**

	1	St. Paulis
	2	St. Francis of Assisi
	3	Hotel Sanman
	4	Hotel Alishan und Apana Guest House
	5	Hotels Samrat und Ankur
	6	Gemüsemarkt
	7	Bus- und Riksha-Halteplatz
	8	Restaurant Deepee, Post
⊠		Post
	9	Basarviertel
	10	Aarti Restaurant
	11	Fischmarkt
	12	Hare Krishna Guest House
	13	Privater Busbahnhof
	14	Tourist Office

sort. Als Unterkunft wenig geeignet, bietet sich die Terrasse am Nachmittag für ein Bier oder einen Cocktail an.

Bank und Internet

●Es empfiehlt sich bereits vor Ankunft Geld zu wechseln, da die Kurse in Diu unter denen auf dem Festland liegen.
●Diverse **Internetcafés** im Bereich des Basarviertels und des Zentrums um die Hauptpost bieten Service für etwa 30–40 Rs pro Stunde an.

Fortbewegung auf Diu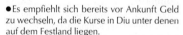

●Schmucke **Autorikshas** warten am Bushalteplatz und im Stadtzentrum. Die sonst in Indien übliche Feilscherei fällt hier Gott sei Dank einmal weg, da es zu allen Zielen auf der Insel Festpreise gibt, die von den Fahrern auch korrekt eingehalten werden. Nach Una zahlt man ca. 100 Rs.
●Eine gute Alternative bieten die in einigen Läden im Stadtzentrum für 20–30 Rs pro Tag vermieteten **Fahrräder. Motorräder** sind für 100 Rs pro Tag auszuleihen.

An- und Weiterreise

Flug

●**Jet Airways** (Tel. am Flughafen: 253542, 255030) fliegt So–Fr für 163 US-$ (one way) von und nach **Mumbai** (über Porbander). Tickets gibt es beim *Oceanic Travel* am Gandhi Bhavan direkt im im Stadtzentrum. Da stets eine große Nachfrage nach den nur 18 zur Verfügung stehenden Plätzen pro Flugzeug herrscht, muss man sich unbedingt frühzeitig anmelden.

Bahn

●Vom 8 km entfernt gelegenen **Delvada** fährt tgl. um 6.30 Uhr eine Dampflok (Zug-Nr. 364) in gut 4 Std. nach **Veraval.**
●Um 14 Uhr startet ein Zug (Zug-Nr. 351) in 3,5 Std. zum **Sasan-Gir-Nationalpark,** nochmals 3,5 Stunden später erreicht man **Junagadh.**

Bus

●Wesentlich zahlreichere Busverbindungen als von Diu selbst bestehen vom 10 km entfernten **Una,** wohin tgl. 8 Busse von Diu fahren. Allerdings gibt's auch einige Direktverbindungen von Diu zu weiter entfernt gelegenen Städten wie **Ahmedabad, Rajkot** oder **Porbandar.** Eine Liste mit den aktuellen Abfahrtszeiten liegt im *Tourist Office* aus.
●Darüber hinaus bieten viele **private Busgesellschaften,** deren Büros in Dius Stadtzentrum liegen, vielfältige Verbindungen zu fast allen größeren Städten **Kathiawars.**
●*Goa Travels* setzt tgl. um 10.30 Uhr einen Luxusbus nach **Mumbai** (22 Std.) ein.

Veraval   X/A3

(ca. 140.000 Einwohner, Vorwahl: 02876)

Das an der Südseite Kathiawars gelegene Veraval war in der ersten Hälfte dieses Jahrtausends die bedeutendste Hafen des indischen Subkontinents für die Pilgerfahrt nach Mekka. Heute hat Veraval immer noch einen umsatzstarken Fischereihafen, doch touris-

Westküste

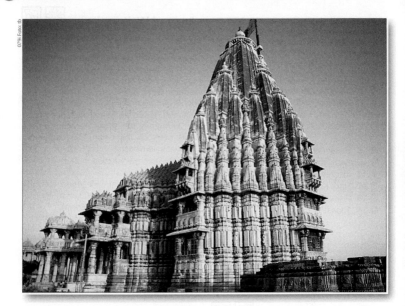

tisch ist es nur als Ausgangspunkt für die 6 km südlich gelegene Tempelanlage von Somnath interessant.

Auf der Fahrt dorthin passiert man zunächst mit dem imposanten **Junagadh-Tor,** das uralte, einzige noch erhaltene Stadtor des historischen Somnath.

Etwas weiter entlang des Weges lohnt unbedingt eine Besichtigung des **Hafens von Veraval,** um beim Bau der an die Anfänge der Seefahrt erinnernden Holzsegelschiffe (*Dhau*) zuzuschauen. Viele der größeren *Dhaus* fahren noch heute in den Mittleren Osten. Angesichts der sich bietenden zahllosen Fotomotive ist es wirklich ein Jammer, dass im Hafen *for security reasons,* wie einem die Arbeiter mit ernster Miene erzählen, das Fotografieren verboten ist.

Der viel geschundene Sonnentempel

Somnath   ⤢ X/A3

Der malerisch etwas erhöht am Meer liegende **Tempel von Somnath,** einer der zwölf heiligsten Shiva-Tempel Indiens, spiegelt mit seiner äußerst ereignisreichen Vergangenheit die für die indische Geschichte so prägende, jahrtausendealte Feindschaft zwischen Moslems und Hindus. Seine Ursprünge reichen weit in die mythische Vergangenheit zurück. So soll er zunächst vom Mondgott aus Gold, danach aus Silber, schließlich aus Stein erbaut worden sein. Historische Quellen belegen den unvorstellbaren Reichtum des Heiligtums um die Jahrtausendwende. So berichtet ein arabischer Reisender in seinen Reisenotizen von nicht weniger als 2.000 Brahmanen, 500 Tänzerinnen und 300 Musikern, die die Kulthandlungen durchführten.

Nicht zuletzt diese Berichte waren es, die den afghanischen Feldherrn *Mahmud-e-Ghazni,* der als Prototyp des mordenden und brandschatzenden islamischen Eroberers in die indische Geschichte eingegangen ist, im

Jahre 1024 zur Eroberung der Tempelstadt veranlassten. Seine Chronisten berauschten sich am Bild *der Ungläubigen, die er wie einen Teppich auf dem Boden als Speise für wilde Tiere* hingestreckt habe. *Mahmuds* Truppen hätten so viel Beute und Gefangene gemacht, *dass die Finger müde wurden, sie zu zählen.*

Dies war jedoch erst der Anfang einer Kette von sechs weiteren islamischen Zerstörungen, denen jeweils die Wiedererrichtung durch hinduistische Gläubige folgte. Der letzte muslimische Feldzug erfolgte 1706 durch den fanatischen *Aurangzeb*, der die Tempelanlage völlig zerstören ließ. Diesmal dauerte es fast 250 Jahre, bis das Heiligtum auf Anordnung von *V. Patel*, im Freiheitskampf die rechte Hand *Gandhis* und später Indiens erster Innenminister, wiederaufgebaut wurde. Ihm zu Ehren wurde auf dem Tempelvorplatz eine große Statue errichtet.

Von der ursprünglichen Schönheit des Tempels ist heute, obwohl er nach Originalplänen wieder aufgebaut wurde, leider nicht viel übrig geblieben. Trotz seiner schönen Lage wirkt der Tempel merkwürdig steril. Nur gegen Abend, wenn sich viele Pilger auf der den Tempelbezirk vom Meer trennenden Mauer zusammenfinden, um der untergehenden Sonne zu huldigen, meint man, die spirituelle Kraft des Ortes zu spüren. Im Allerheiligsten steht einer der insgesamt nur zwölf *Jyotir Lingams*, jenem Fruchtbarkeitssymbol, welches Shivas führende Stellung unter allen indischen Göttern symbolisieren soll.

Entlang einer kleinen Gasse rechts vom Tempeleingang, gelangt man zum leider reichlich vernachlässigt wirkenden **Museum,** in dessen Innenhof u.a. Originalbauteile der verschiedenen Somnath-Tempel zu sehen sind.

● **Öffnungszeiten:** tgl. außer Mi und Fr 9–12 und 15–18 Uhr.

Stadtverkehr

● Zwischen den beiden knapp 2 km auseinander liegenden **Bahnhöfen** verkehren Tempos. Mit der Autoriksha sind es ca. 10–15 Rs.

● Zum 5 km entfernten **Somnath** fahren die an ihrer blau-weißen Lackierung zu erkennenden Busse. Nach zähem Handeln kostet die Rikshafahrt 30 Rs.

Unterkunft

Wie üblich in indischen Provinzstädten, konzentrieren sich auch in Veraval fast alle Hotels um die beiden Bahnhöfe, wobei die Auswahl insgesamt mäßig ist.

● Mehr fürs Geld erhält man in dem in einer kleinen Seitengasse gegenüber vom Busbahnhof gelegenen **Hotel Satkar** €-€€ (Tel.: 240000). Die geräumigen Zimmer sind für eine Nacht o.k.

● Etwa 200 m vom Busbahnhof entlang der Hauptstraße Richtung Clock Tower findet sich das gute **Hotel Rajdhani** €€ (Tel.: 243281). Man hat die Auswahl zwischen einer Reihe ausnahmslos angenehmer und sehr sauberer, teils klimatisierter Zimmer.

● Abgesehen von seiner ungünstigen Lage ca. 2 km westlich vom Stadtzentrum bietet das staatliche **Toran Tourist Bungalow** €€ (Tel.: 246588) wegen der sauberen, geräumigen und ruhigen Zimmer (jene mit Seeblick und Balkon wählen!) ein ausgezeichnetes Preis-Leistungs-Verhältnis.

● An der Veraval Junagadh Rd. liegt mit dem **Park** €€€ das beste Hotel der Stadt (Tel.: 241984, hotelpark@nivalink.com). Es hat ein Business Centre und einen Pool und wirbt u.a. mit „Camp Fires".

Essen und Trinken

● Abgesehen von einigen **Imbissständen** am Bahnhof und Busbahnhof bieten sich nur wenige Lokale an.

● Im **Hotel Satkar** kann man leckere und magenfüllende *Thalis* für 25 Rs zu sich nehmen.

● Ganz hervorragend, wenn auch etwas düster, ist das in einer kleinen Seitengasse vor dem *Rajdhani Hotel* gelegene **Sagar Restaurant.** Die äußerst schmackhaften, rein vegetarischen Gerichte in dem klimatisierten Lokal sind mit durchschnittlich 20 Rs recht preiswert.

● Gute *Thalis* bekommt man im nahegelegenen **Prakash Dinig Hall.**

An- und Weiterreise

Bahn:

● Zwei Dampfloks machen sich täglich um 9.15 und 15 Uhr auf den etwa 90-minütigen Weg zum **Sasan-Gir-Nationalpark.**

● Vier Stunden benötigt ein von Veraval um 16.15 Uhr abfahrender Zug für die 100 km nach **Delvada,** 8 km von **Diu** entfernt.

● Der 9945 Girnar Exp. verlässt Veraval um 19.30 Uhr und erreicht **Ahmedabad** mit Zwischenstopp u.a. in **Junagadh** (21.10 Uhr) am nächsten Morgen um 6.05 Uhr. Umgekehrt verlässt der 9946 Ahmedabad um 21.45 Uhr.

● Der Veraval-Rajkot Mail (Abf. Veraval 11.30 Uhr) fährt in 5,5 Std. über **Junagadh** nach **Rajkot.**

Bus:

● Zum **Sasan-Gir-Nationalpark** fahren jeden Morgen um 6.45 und um 10.30 Uhr Busse (1,5 Std.), zwei weitere am Nachmittag.

● Nach **Porbandar** (3 Std.) und **Una** (2 Std.) sowie **Junagadh** (2 Std.) und **Rajkot** (4 Std.) kann man neben den zahlreichen staatlichen Bussen auch die vor dem Busbahnhof auf Gäste wartenden privaten Minibusse benutzen.

● Nach **Diu** sind die privaten Busgesellschaften vorzuziehen, da die meisten bis auf die Insel fahren und nicht nur bis **Una,** 10 km vor Diu auf dem Festland.

Highlight:

Sasan-Gir-Nationalpark

⚲ X/A3

Für jeden Gujarat-Urlauber ist der Besuch dieses landschaftlich besonders reizvollen und, was die Beobachtung von Wildtieren betrifft, hochinteressanten Nationalparks ein absolutes Muss. Das 1412 km² große, trockene und hügelige Waldgebiet, etwa 40 km von der Küste des Indischen Ozeans entfernt, ist das letzte **Rückzugsgebiet des asiatischen Löwen.** Die ursprünglich aus Griechenland über Kleinasien, die Arabische Halbinsel, Irak, Iran und Afghanistan nach Indien eingewanderten Tiere waren derart beliebte Jagdobjekte, dass 1884 der letzte Löwe außerhalb des Gir Forest erlegt wurde. Im Park selbst konnten sie nur deshalb überleben, weil die herrschenden Nawabs von Junagadh sie weitgehend von der Jagd verschonten und

pro Jahr nur wenige Tiere zum Abschuss freigaben. Während um die Jahrhundertwende nur noch gut ein Dutzend Löwen gezählt wurde, lebten Ende der neunziger Jahre in der 1969 zum Nationalpark erklärten Kernzone von 259 km² wieder über 300 Exemplare.

Dieser Erfolg der Tierschützer ging allerdings zu Lasten der Maldharies, den alteingesessenen Büffelzüchtern der Region. Durch das Verbot, Vieh im Nationalpark zu weiden, ist für sie das Land heutzutage knapp geworden. Viele von ihnen wurden umgesiedelt, andere müssen immer häufiger mit ansehen, wie ihre Tiere von den Löwen, die auf der Suche nach Beute den Park verlassen, erbeutet werden. Schließlich gibt es immer wieder Fälle, in denen Bewohner der angrenzenden Dörfer von Löwen angegriffen und getötet werden.

Neben den Löwen (sie sind an Menschen gewöhnt und lassen die fotobewehrten Touristen bis auf 10–15 Meter heran) leben im Park ebenso viele Leoparden und Hyänen. Während die Leoparden selbst auf die Jagd gehen, kommen den Streifenhyänen und Goldschakalen die vielen Beutereste der Wildkatzen zugute. Weitere häufig anzutreffende Tiere sind u.a. Axishirsche, Gazellen, Antilopen und Wildschweine. Außerdem wurden über 300 Vogelarten gezählt.

Parkeintritt 230 Rs, zur Safari unbedingt schon um 6 Uhr am Schalter sein, Fotoerlaubnis 230 Rs. **Jeep** mit zwei Sitzreihen für je drei Leute inkl. Fahrer und Führer 650 Rs. Allerdings wird am Ende der Fahrt, speziell, wenn ein Löwe gesichtet wurde, was besonders in den Monaten Februar bis Juni recht häufig der Fall ist, ein ordentliches Trinkgeld erwartet.

Sehr gelobt wurde ein Fahrer namens *Miners,* dessen offenen Maruti-Geländewagen man jeden Morgen gegen 6.15 Uhr beim dann noch geschlossenen *Forest Office* buchen kann.

> 🔊 Da es gerade während der Wintermonate von November bis Februar in den frühen Morgenstunden auf Temperaturen unter 10 °C abkühlen kann, empfiehlt sich die Mitnahme eines **Pullovers.**

Special Permit

● Bevor man sich auf Safari begibt, muss man sich ein Permit für 5 US-$ (gültig für drei Tage) bei der *Sinh Sadan Forest Lodge* besorgen.

Unterkunft, Essen und Trinken

Wer nicht im Schlafsaal übernachten möchte, sollte sich speziell an Wochenenden **frühzeitig anmelden,** da nur zwei Unterkünfte zur Verfügung stehen.

● Die **Sinh Sadan Forest Lodge** €€-€€€€ (Tel.: 285540) ist ein hübscher, weiß getünchter Gebäudekomplex inmitten eines gepflegten Gartens. Allerdings sind die einfachen, aber geräumigen DZ weit überteuert. Mehrere Individualtouristen haben die Erfahrung gemacht, dass das Personal die Reisenden lieber im Schlafsaal der benachbarten *Sasan Gir Lodge* unterbringt und Zimmer als ausgebucht deklariert, die tatsächlich leer stehen. Es kann sich also durchaus lohnen, beharrlich nachzufragen, ob sich denn nicht doch noch eine Übernachtungsmöglichkeit in einem der DZ auftut. Überteuerte Speisen werden im hauseigenen Restaurant serviert.

● Gleich gegenüber vom Eingang zur *Sinh Sadan Lodge* findet sich das passable **Rajeshri Guest House** €-€€ (Tel.: 285740). Einfache Gerichte werden serviert.

● Ähnlich in Preis und Leistung ist das nur etwa 100 m entfernte **Hotel Umag** €€ (Tel.: 285728). Auch hier steht ein hauseigenes Restaurant zur Verfügung.

● Die etwa 200 m entfernte **Sasan Gir Lodge** €€€€ (Tel.: 285521) ist ebenfalls gut in die Landschaft integriert. Das von der Taj-Gruppe gemanagte Haus bietet sehr schöne Zimmer mit Balkon und ein gutes Restaurant.

● Angestellte der Parkverwaltung vermieten **Privatzimmer** mit Bad und Balkon für 150–200 Rs.

An- und Weiterreise

● Zwei **Züge** tgl. fahren um 11.53 und um 15.57 Uhr in 2 Std. nach **Veraval.**
● Um 17.33 Uhr startet eine **Lok** nach **Junagadh,** wo sie um 20 Uhr einläuft.
● Über die genauen An- und Abfahrtszeiten der Sasan Gir auf dem Weg von und nach

Veraval (1,5 Std.) und **Junagadh** (2 Std.) passierenden **Busse** (bis zu 8 x tgl.) informiert man sich am besten im *Sinh Sadan Bungalow* oder in einer der Teestuben am Busstand.

Der besondere Tipp:

Junagadh   ↗ X/A3

(ca. 170.000 Einwohner, Vorwahl: 0285)

Für die meisten der wenigen Touristen, die die inmitten von Berghügeln gelegene Stadt besuchen, ist sie nicht viel mehr als eine Zwischenstation auf dem Weg zum 70 Kilometer entfernten Sasan-Gir-Nationalpark. Das ist schade, ist Junagadh doch mit dem sehr weiträumigen, die Stadt überblickenden Fort, einzigartigen Grabbauten aus dem 18. Jh., dem nahe gelegenen Girnar-Hügel, einem der vier heiligen Berge der Jains, den historisch bedeutenden Ashoka-Inschriften sowie mit seiner mittelalterlich anmutenden Altstadt die sehenswerteste Stadt Gujarats.

Geschichte

Obwohl die historische Bedeutung des Ortes durch den Fundort der Ashoka-Inschriften aus dem 3. Jh. v. Chr. nachgewiesen ist, wurde die heutige Stadt wohl erst Ende des 11. Jh. unter dem Namen Uparkot von einem Ratjputenclan gegründet. Nach der Eroberung durch den Sultan von Gujarat im Jahre 1472 wurde sie in Mustafabad umgetauft und das Fort zu einer mächtigen Anlage ausgebaut. 1748 machte sich der Statthalter vom Sultanat Gujarat unabhängig und regierte von nun an als *Nawab Bahadur Khan* eigenständig sein kleines Reich. 1947 widersetzte sich der letzte Nawab der Eingliederung in den indischen Bundesstaat und forderte statt dessen den Anschluss an Pakistan. Mit diesem reichlich kühnen Wunsch mochten sich jedoch weder seine mehrheitlich hinduistischen Untertanen noch die indische Regierung anfreunden, und so blieb ihm letztlich nichts anderes als die überstürzte Flucht ins Exil.

Westküste

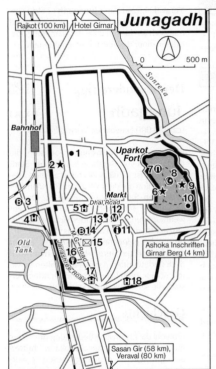

Junagadh

- **1** Gerichtsgebäude
- ★ **2** Mahabad Maqbara
- Ⓑ **3** Bahnhof für Fernbusse
- 🏨 **4** Hotel Anand
- 🏨 **5** Relief Hotel
- ★ **6** Kanonen
- Ⓘ **7** Buddhistische Höhlen
- Ⓒ **8** Jami Masjid
- ★ **9** Stufenbrunnen
- **10** Wasserreservoir
- ❶ **11** Tourist Office
- Ⓜ **12** Durbar Hall Museum
- **13** Diwan Chowk
- Ⓑ **14** Lokaler Busbahnhof
- ✉ **15** Post
- Ⓞ **16** Restaurant Swati
- 🏨 **17** Hotels Madhvanti und Ashiana
- 🏨 **18** Hotel National

Rajkot (100 km) | Hotel Girnar | 0 — 500 m | Sonreka | Bahnhof | Uparkot Fort | Markt | Dhal Road | M.G. Road | Junashree Road | Old Tank | Ashoka Inschriften Girnar Berg (4 km) | Sasan Gir (58 km), Veraval (80 km)

Sehenswertes

Uparkot

Am Ende der etwa 2 km steil aufsteigenden schmalen Dahl-Straße, die auf beiden Seiten von vielen kleinen Geschäften flankiert wird und so allein schon eine mehrstündige Entdeckungsreise wert wäre, gelangt man durch das Westtor in die von hohen Mauern umschlossene **Festung** (Eintritt stolze 2 (!) Rs). Wären da nicht die auf die Stadt gerichteten riesigen Kanonen, so würde man sich in der weitläufigen von Gärten und Buschwerk überzogenen Anlage wohl eher in einer hoch gelegenen Parkanlage wähnen.

Kleine Pfade führen zu den einzelnen Sehenswürdigkeiten, die Ausdruck über die bewegte Vergangenheit dieser Festungsanlage geben.

Auf über 1.500 Jahre schätzt man das Alter der zweigeschossigen, **buddhistischen Meditationshöhle** im Nordwesten der Anlage. Während der Restaurationsarbeiten wurde das Dach entfernt, sodass die aus mehreren Räumen und Hallen bestehende Höhle nach oben offen ist. Auf der unteren Etage finden sich sechs Säulen, deren angeblich kunsthistorisch bedeutende Gravierungen jedoch wohl nur von Fachleuten als solche zu erkennen sind (den separaten Eintritt von 100 Rs kann man sich also sparen).

Oberhalb und etwas nördlich der Höhlen liegen die Ruinen der 1472 vom König von Gujarat aus den Überresten eines ehemaligen Hindu-Tempels erbauten **Jami Masjid** (Freitagsmoschee).

Der weiche, leicht zu bearbeitende Sandstein, auf dem das Fort erbaut wurde, eignete sich neben dem Bau von Höhlen auch vorzüglich zum Bau der gerade in Gujarat so kultivierten **Stufenbrunnen**. Im Osten der Anlage finden sich zwei sehr schöne Beispiele hierfür: der so genannte **Adi Chadhi**, dessen verschiedene Ebenen über lange Treppenfluchten zu erreichen sind, sowie der **Naughan** mit seiner schönen Wendeltreppe. Neueren Datums und nach wie vor in Gebrauch sind die beiden großen Wasserreservoirs im Südosten des Forts, von denen man einen sehr schönen Blick auf den Girnar hat.

Wieder in der Nähe des Westtors angelangt, sind zwei riesige, 1531 in Ägypten gegossene **Kanonen** zu bewundern. Die größere der beiden, die von einem Schutzgitter umgebene, über 5 Meter lange Nehlam-Kanone, soll während der Schlacht um Diu von den Türken eingesetzt worden sein.

Mahabad Maqbara

Diese im südlichen Teil der Stadt gegenüber dem Gerichtsgebäude gelegenen **Gräber** der Nawabs von Junagadh als „hervorragende Beispiele islamischer Architektur" zu bezeichnen, ist kunsthistorisch gesehen sicherlich zutreffend, doch beim westlichen Besucher werden sich beim Anblick dieses knallbunten Gebäudes mit seinen geschwungenen Minaretten und freilaufenden Wendeltreppen sicherlich auch Assoziationen an Disneyland einstellen. Leider sind diese zwischen 1878 und 1892 entstandenen Mausoleen stark renovierungsbedürftig. Man kann nur hoffen, dass sich ein Spender findet, der die einzigartigen Gebäude vor dem Verfall bewahrt.

Durbar-Hall-Museum

Inmitten der schönen Altstadt am Diwan Chowk fällt der ehemalige Palast der Nawabs neben den übrigen prächtigen mittelalterlichen Gebäuden kaum auf. Auch hier wurden Teile des Palastes in ein Museum umgewandelt, in dem sich die üblichen Ausstellungsstücke wie Jagdtrophäen, Portraitgemälde, umfangreiche Waffen- und Münzsammlungen sowie mehrere Sänften finden. Am interessantesten erscheint noch die Fotogalerie, die den letzten Nawab, umgeben von seinen so heiß geliebten Hunden, zeigt. Der Museumseingang befindet sich auf der Rückseite des Palastes.

● **Öffnungszeiten:** tgl. außer Mi und jeden 2. und 4. Sa von 9 bis 12 und 15 bis 18 Uhr, Eintritt 50 Rs.

Ashoka-Inschrift

Etwa ein Kilometer nördlich der Stadt auf der Straße zum Girnar-Berg wurden 1822 in einem großen Granitblock Inschriften des ersten, gesamtindischen *Kaisers Ashoka* aus dem 3. Jh. v. Chr. entdeckt. Wie schon seine über ganz Indien verteilten Ediktsäulen dienten auch diese Pali-Inschriften zur moralischen Belehrung seiner Untertanen. Es finden sich u.a. Verbote zur Tötung von Tieren zu Opferzwecken, Ermahnungen zu religiöser Toleranz und Harmonie und die Aufforderung zum Leben in Einklang mit der buddhistischen Lehre. Weitere in Sanskrit verfasste Inschriften wurden u.a. 450 n. Chr. von *Chandragupta*, dem König des Maurya-Reiches, hinzugefügt. Zum Schutz vor Umwelteinflüssen wurde der Granitblock überdacht.

● **Anreise:** Am einfachsten und billigsten fährt man für 5 Rs mit Bus Nr. 3 vom Busbahnhof.

Girnar-Berg

Neben dem Shatrunjaya bei Palitana, Mount Abu in Rajasthan und dem Shamesjikara in Bihar gehört der Girnar zu den vier heiligen Bergen der Jains. Auf ihm wird u.a. dem *Nemiantah*, dem 22. *Tirthankara* (Furtbereiter) gehuldigt, der dort ins Nirvana eingegangen sein soll.

Man sollte mit dem **Aufstieg** am frühen Morgen beginnen und für den gesamten Ausflug von Junagadh einen vollen Tag veranschlagen. Von unten erscheint der Berg extrem steil, doch über die gut ausgebauten, mehr als 7.000 Stufen ist der Gipfel in gut

Westküste

zwei Stunden zu erreichen. Nachdem man ein kleines Wäldchen durchquert hat, beginnt der eigentliche Aufstieg beim *Damodawar Kund,* einem heiligen, künstlich angelegten Teich. Entlang des Weges finden sich immer wieder kleinere Erfrischungsstände, welche nicht nur von den Pilgern und Touristen als willkommene Rastplätze wahrgenommen werden, sondern auch von den gerade hier besonders zahlreichen Affen als idealer Beuteplatz auf ihrer nimmermüden Suche nach Essbarem. Bevor man den ummauerten Tempelbezirk auf etwa 700 m Höhe erreicht, gilt es noch eine sehr spektakuläre, eng an der Felswand gelegene Stelle zu passieren.

Wichtigster und ältester der insgesamt sechzehn Marmortempel ist der nach dem 22. Furtbereiter benannte **Nemiantah-Tempel.** Sein schwarzes Kultbild findet sich im Innersten des Heiligtums. Hinter diesem Haupttempel steht ein **Dreifachtempel** aus dem Jahre 1177, in dessen Mittelschrein *Maliantha,* der 19. Furtbereiter, verehrt wird. Es bedarf eines weiteren halbstündigen steilen Anstiegs, um zum **Gipfelheiligtum,** dem der hinduistischen Weltenmutter *Amber Mata* gewidmeten Tempel, zu gelangen. Hierher pilgern besonders viele jung verheiratete Paare, da sie sich von der Anbetung im Tempel eine glückliche Ehe versprechen. Verheiratet oder nicht, der letzte Anstieg zum Gipfel lohnt sich für alle, da der Ausblick für alle Mühen entschädigt.

● **Anreise:** mit Bus Nr. 4 vom Busbahnhof in Junagadh für 6 Rs.

Information

● Das **Tourist Office** am Diwan Chowk gegenüber dem Eingang zum Museum ist tgl., außer Mo und jeden 2. und 4. Sa, von 10 bis 18 Uhr geöffnet. Für Individualreisende mehr Informationen bietet jedoch die Rezeption des Hotels Relief.

Stadtverkehr

● Vom *Local Bus Stand* gegenüber vom Hauptpostamt fahren morgens früh ab 5 Uhr tgl. ca. acht **Busse** zum Girnar-Hügel. Auf dem Weg dorthin kann man bei der an der Straße gelegenen Ashokasäule aussteigen.

● Mit dem **Scooter** zahlt man ca. 40 Rs.

● Das *Hotel Relief* und ein kleiner gelber Bretterverschlag schräg gegenüber dem Bahnhof vermieten für 20 Rs pro Tag **Fahrräder.**

Unterkunft

● Sauber und angenehm ist das **Hotel National** €€ (Tel.: 2627891) am Kalwa Chowk mit recht geräumigen Zimmern. Insgesamt trotz der Hellhörigkeit und der nachts taghell durch die von außen leuchtenden Neonröhren „erleuchteten" Zimmer die beste Unterkunft in Junagadh. Gut ist auch das hauseigene AC-Restaurant.

● Wegen seiner zentralen Lage an der Dhal Road ist das ordentliche **Relief Hotel** €-€€ (Tel.: 2620280) die beliebteste Unterkunft für Traveller. Allerdings hat dieser Erfolg in den letzten Jahren den Besitzer etwas bequem werden lassen. So versucht man immer wieder, zunächst die teureren Zimmer zu vermieten mit dem Hinweis, dass die preiswerteren belegt seien. Oftmals stellt sich später heraus, dass dies nicht zutrifft. Positiv zu vermerken sind jedoch neben der optimalen Lage auch die an der Rezeption ausliegenden Broschüren über Junagadh und Umgebung sowie der Fahrradverleih im Haus.

● Im gleichen Gebäude befinden sich die Hotels **Madhvanti** €-€€ (Tel.: 2620087) und **Ashiana** € (Tel.: 2620299) an der Jayshree Rd. Beide sind nichts Besonderes, doch für eine oder zwei Nächte in Ordnung.

● Sollten sowohl das *Hotel National* als auch das *Relief Hotel* belegt sein, bietet sich als Ausweichmöglichkeit das überteuerte und zudem recht laute **Hotel Anand** €€ (Tel.: 2622657) an der Eisenbahnstrecke gegenüber vom *Long Distance Bus Stand* an.

● Wegen seiner ungünstigen Lage, ca. 3 km nördlich des Stadtzentrums, ist das sonst gute **Hotel Girnar** €-€€ (Tel.: 2621201) nur bedingt empfehlenswert. Die recht geräumi-

Zeigt Flagge: das Zentrum von Junagadh

gen Zimmer verfügen zum Teil über Balkon und AC.

Essen und Trinken

● Die Auswahl an guten Restaurants ist nicht gerade berauschend. Eines der besten, allerdings mit Gerichten zwischen 60 und 90 Rs auch verhältnismäßig teuer, ist das klimatisierte Restaurant im **Hotel National.**

● Leckere vegetarische Gerichte serviert das im 1. Stock eines unscheinbaren Gebäudes an der Straße vom Kalwa Chowk zum *Hotel Vaibhav* gelegene **Swati.**

● Freunde vegetarischer Kost sollten das **Santoor Restaurant** an der MG Rd. In der Nähe des Kalwa Chowk aufsuchen. Authentisch-indische Speisen zu günstigen Preisen (30–70 Rs) bei freundlichem Service sprechen für sich.

● Speziell in der Zeit von November bis Januar sollte man die an vielen **Straßenständen** angebotenen Mangomilchshakes probieren, die zu den besten Indiens zählen.

An- und Weiterreise

Bahn

● Das **Reservierungsbüro** am Bahnhof ist von Mo bis Sa 8–13 und 15–20 Uhr, So 8–14 Uhr geöffnet.

● Der 9945 Girnar Exp. (Abf. 21.23 Uhr) fährt in 9 Std. zum 380 km entfernten **Ahmedabad.**

● Der Veraval-Rajkot Exp. benötigt nach **Rajkot** (Abf. 13.30) und in umgekehrter Richtung nach **Veraval** (Abf. 11.15 Uhr) knapp 3 Std.

● Zum **Sasan-Gir-Nationalpark** fährt tgl. eine Dampflok um 6.10 Uhr in 2,5 Std. Sie fährt bis **Delvada** (Diu) weiter (Ank. 13.05 Uhr).

Bus

● Häufige Direktverbindungen vom *Long Distance Bus Stand* oder mit einem der vielen davor auf Kunden wartenden Privatbusse bestehen u.a. nach **Porbandar** (3 Std.), **Rajkot** (2 Std.), **Veraval** und **Una** (2,5 Std.).

ÖRGÖ Foto: tb

Westküste

●Zum **Sasan-Gir-Nationalpark** gibt es tgl. 4 Verbindungen. Fahrtdauer 2 Std.

●Nach **Bhuj** fährt kein Direktbus. Zunächst nach Gandhidam und von dort aus weiter nach Bhuj, Gesamtdauer ca. 9 Std.

●Viele Büros der **privaten Busgesellschaften** befinden sich auch beim Kalwa Chowk.

Porbandar ♪ X/A2

(ca. 140.000 Einwohner, Vorwahl: 0286)

Der beißende Geruch von getrocknetem Fisch und die Abgase der Industrieschornsteine machen diesen diese für Gujarat typische Provinzstadt nicht gerade zu einem Muss auf der touristischen Landkarte. Wenn sich dennoch immer wieder einige Westler hierher verirren und der Name der Stadt wohl allen Indern ein Begriff ist, so liegt dies daran, dass hier am 2. Oktober 1869 **Mahatma Gandhi** das Licht der Welt erblickte.

Kirti Mandir

Eine schöne Marmorstatue auf einem hohen Sockel, *Mahatma Gandhi* in seiner typischen, auf einem Stock gebeugten Haltung, nur mit Sandalen und Umwurf bekleidet, findet sich am Ende der Mahatma Gandhi Road auf einem kleinen, von schönen alten Häusern umstellten Platz.

Wer von hier nach rechts abbiegt und nach etwa 50 m durch einen Mauereingang tritt, befindet sich in einem kleinen, mit Marmorkacheln ausgelegten Innenhof, vor sich den hässlichen Protzbau der **Mahatma Gandhi Memorial Hall**. Die anlässlich der Einweihung 1956 angebrachten Gedenktafeln lassen erkennen, dass es hierbei mehr um die Selbstdarstellung der bei der Einweihungsfeier anwesenden Politiker ging, als um die Ehrung Gandhis. Das links daran anschließende Geburtshaus Gandhis *(Kirti Mandir)* wirkt neben dem architektonischen Monstrum fast verloren. Die 17 Räume des 215 Jahre alten, dreigeschossigen Geburtshauses sind bis auf drei Portraitgemälde von Mahatma Gandhi und seinen Eltern unmöbliert. Wäre da nicht die Swastika an der Stelle, wo *Gandhi* das

Licht der Welt erblickte, so bliebe die historische Bedeutung dieses Gebäudes völlig im Dunkeln. Tatsächlich vermitteln die Gandhi-Gedenkstätten in Mumbai, Delhi und Ahmedabad einen interessanteren Einblick in Leben und Werk des Politikers und Philosophen, und so scheint mir ein Abstecher nach Porbandar auch nur für echte Gandhianer lohnenswert.

Stadtverkehr

●Von der Railway Station zum Stadtzentrum entlang der Mahatma Gandhi Road sollte man mit dem **Scooter** nicht mehr als 15 Rs und mit der **Fahrradriksha** maximal die Hälfte zahlen.

Unterkunft, Essen und Trinken

Egal in welcher Preiskategorie, die Auswahl an auch nur geringen Maßstäben gerecht werdenden Unterkünften ist äußerst dürftig.

●Das einzig einigermaßen empfehlenswerte Low-Budget-Hotel der Stadt ist das nur wenige Meter vom Hauptausgang des Bahnhofs entfernte **Shree Kandhli Krupa Guest House** €-€€ (Tel.: 2246655).

●Die einzig wirklich empfehlenswerte Unterkunft von Porbandar ist das **Moon Palace** €-€€€ (Tel.: 2241172). Besonders die teureren Räume sind ihr Geld wert. Ein gutes und zudem überraschendes Restaurant ist angeschlossen.

●Das **Flamingo Hotel** €€ (Tel.: 2242996) an der Mahatma Gandhi Road gehört noch zu den besten Adressen Porbandars. Angeschlossen ist ein beliebtes Restaurant mit einer großen Auswahl an indischen und chinesischen Gerichten (40–90 Rs).

●Ähnlich ist das **Restaurant Swagat** an der MG Rd. mit einer recht großen Auswahl an nordindischen und chinesischen Speisen.

●Einzig das sehr schön am Chowpatty Beach im Südwesten Porbandars gelegene Hotel **New Oceanic** €€-€€€ (Tel.: 22640717) vermittelt ein angenehmes und wohnliches Ambiente. Es ist von einem hübschen Garten umgeben und bietet von der großen Terrasse schöne Ausblicke aufs Meer.

An- und Weiterreise

Flug:

Die Autoriksha zum Flughafen kostet ca. 30 Rs. *Gujarat Airways* fliegt mehrmals wöchentlich über **Vadodara** für 163 US-$ nach **Mumbai.** Die gleiche Kombination bietet *Jet Airways* an. Zu buchen über *Thankys Tours & Travels* (Tel.: 2244344).

Bahn:

●Die beste Verbindung nach **Mumbai** bietet der 9216 Saurashtra Exp. (Abf. 20.00 Uhr), der die 960 km lange Strecke mit Stopps in **Jamnagar** (2,5 Std.), **Rajkot** (4,5 Std.), **Ahmedabad** (10 Std.), **Vadodara** (14 Std.) und **Bharuch** (16 Std.) in 23,5 Std. zurücklegt.

●Mi und Do fährt der 2905 Porbandar Howrah um 6.30 Uhr dieselbe Strecke bis **Ahmedabad.**

Bus:

●Vom Busbahnhof wie auch mit privaten Busgesellschaften, die ihre Büros alle entlang der Mahatma Gandhi Road in der Nähe des Flamingo Hotels haben, bieten sich Direktverbindungen u.a. nach **Junagadh** (3 Std.), **Rajkot** (5 Std.), **Veraval** (3 Std.) und **Dwarka** (je 4 Std.). Die meisten Veraval-Busse fahren weiter bis **Diu.**

Dwarka   ⇗ X/A2

(ca. 30.000 Einwohner, Vorwahl: 02892)

„Dwarka is different from India and the rest of the world", sagte mir mein Rikshafahrer *Bhagat,* nachdem er mir zwei Stunden lang jeden Winkel seiner Heimatstadt gezeigt hatte und sich schließlich entschieden weigerte, auch nur eine Rupie anzunehmen. *Friendship,* nicht Geld sei für ihn wichtig, antwortete er mir auf meine wiederholt vorgetragene Bitte, doch wenigstens sein verfahrenes Spritgeld ersetzen zu dürfen. Auch meinen Hinweis, er habe schließlich fast einen ganzen Nachmittag für mich geopfert, ließ er nicht gelten: *„We have plenty of time here!"*

Nach zwei weiteren Tagen in dieser kleinen, am äußersten Nordwestzipfel Kathiawars gelegenen Stadt konnte ich Bhagat in der Beurteilung seiner Heimatstadt nur zustimmen: eine solch angenehme und friedvolle Stadt findet sich nur äußerst selten.

Es ist wohl der Geist **Krishnas,** des lebensfroh verspielten Hindu-Gottes, der sich hier widerspiegelt. Der Legende nach soll er, vor der Rache der Angehörigen des Königs *Kamsa,* den er zuvor getötet hatte, aus seiner Hauptstadt Mathura fliehend, in Dwarka vor 3.400 Jahren seine neue Hauptstadt gegründet haben. Unzählige Tempel sind ihm gewidmet, und im August/September strömen Zehntausende von Pilgern zum Janmashtami-Fest nach Dwarka, um den Geburtstag Krishnas zu feiern.

Dwarka, neben Mathura, Ujjain, Ayodhya, Hardwar, Varanasi und Kanchipuram eine der sieben großen **Pilgerstätten** Indiens, ist aber auch ganzjährig Anziehungspunkt von Pilgergruppen. Selbst für diejenigen, die schon mehr als genug Tempel gesehen haben, ist die Stadt aufgrund ihrer heiter gelassenen Atmosphäre einen Besuch wert.

Dwarkandish-Tempel

„Stadt der Tempel" wird Dwarka ob seiner enormen Anzahl von Hindu-Tempeln auch genannt. Der Dwarkanadish-Tempel, den wichtigsten und größten von allen, soll Krishna innerhalb nur einer Nacht errichtet haben. Der fünfgeschossige, von 60 Säulen getragene Tempelturm ist weithin sichtbar und bildet neben dem Leuchtturm das Wahrzeichen Dwarkas. Obwohl der Tempel wie viele weitere in Dwarka offiziell nur für Hindus zugänglich sein soll, hatte ich nach der Eintragung meines Namens in ein Gästebuch freien Zutritt.

●**Öffnungszeiten:** tgl. 9–12 und 17–21 Uhr.

Weitere Tempel

Viele weitere Tempel liegen direkt an der **Küste** bzw. sind ihr vorgelagert und können, wenn überhaupt, nur bei Ebbe erreicht werden. Der Legende nach sollen sie aus Überresten der bei Krishnas Tod im Meer versunkenen Stadt erbaut worden sein. Weitere für die Hindus bedeutende Tempel befinden sich auf der dem Festland vorgelagerten **In-**

Westküste

Zwischen Anspruch und Wirklichkeit – Mahatma Gandhis Lehre von der Gewaltlosigkeit

Keine Stadt in Indien, in der nicht eine Hauptverkehrsstraße nach ihm benannt wäre, kein Tag, an dem nicht irgendwo im Lande eine Statue von ihm eingeweiht würde, und vor allem keine Sonntagsrede eines Politikers, in der er nicht erwähnt wird. Mahatma Gandhi, „der nackte Fakir", wie ihn *Winston Churchill* einst auf Grund seines nur spärlich bekleideten Äußeren abschätzig nannte, ist nicht nur der meistverehrte und meistzitierte Politiker Indiens, sondern weltweit zu einem Symbol für Gewaltlosigkeit und Bescheidenheit geworden.

Man kann sich jedoch des unguten Gefühls nicht erwehren, dass mit der Mythisierung Gandhi nur von der Tatsache abgelenkt werden soll, dass der Vater der Nation mit seinen Lehren schon zu Lebzeiten gescheitert war. Er selbst war einer der Ersten, die dies erkannt hatte, als er im Juli 1946 sagte: „Ich weiß, Indien ist nicht mehr auf meiner Seite. Ich habe nicht genug Inder von der Wahrheit der Gewaltlosigkeit überzeugt."

Bertrand Russells Kommentar „das unabhängige Indien hat Gandhi zu einem Helden gemacht und alle seine Lehren ignoriert" hat die Diskrepanz zwischen Anspruch und Wirklichkeit am treffendsten beschrieben.

Wie vergänglich Personen und Ideen im politischen Leben Indiens sein können, zeigt ein Rückblick auf das Jahr 1915. Damals warteten Tausende von Indern im Hafen von Mumbai erwartungsfroh auf die Rückkehr des am 2. Oktober 1869 in dem Hafenstädtchen Porbandar geborenen *Mohandas Karmachand Gandhi*. Der Sohn eines einflussreichen und wohlhabenden Politikers war 1895 nach einem vierjährigen Jurastudium in England als Rechtsanwalt ei-

nes Handelshauses seiner Heimatstadt nach Südafrika gegangen. In den folgenden 20 Jahren hatte er sich dort als Führer seiner gegen die Rassendiskriminierung kämpfenden Landsleute einen weit über die Grenzen Südafrikas hinausgehenden Namen gemacht. So war er bei seiner Rückkehr bereits ein Held, und viele Inder glaubten, in ihm endlich den lang ersehnten Retter aus über 500-jähriger Fremdherrschaft gefunden zu haben.

Tatsächlich stand er auch sehr bald an der Spitze der indischen Unabhängigkeitsbewegung gegen die britischen Kolonialherren, die er durch seine Aktionen des **gewaltlosen Widerstandes** mehr und mehr in die Defensive drängte. Besondere Berühmtheit erlangte hierbei sein legendärer Salzmarsch, bei dem ihm 1930 Hunderttausende seiner Landsleute in einem beispiellosen Triumphzug durch die Wüsten Gujarats zum Meer folgten, um mit dem dort gewonnenen Salz den symbolischen Sieg über das britische Salzmonopol zu feiern.

Kaum war die **Unabhängigkeit** errungen, wurde der Traum vom freien, selbstbestimmten Indien zum Albtraum. Millionen von Hindus und Moslems schlachteten sich auf offener Straße mit Äxten und Messern ab, und in den Wochen nach dem 15. August 1947, dem Tag der Unabhängigkeit, „floss mehr Blut als Regen", wie es ein Reporter der *New York Times* formulierte.

Hier bewahrheitete sich auf fatale Weise die von Gandhi immer wieder vertretene These, dass der politischen Freiheit die ethisch-moralische Freiheit jedes einzelnen vorausgehen müsse. Zur Einübung dieses von aktiver Nächstenliebe, Gewaltlosigkeit und materieller Enthaltsamkeit geprägten Lebensstils, für den er den Begriff **Satyagraha** (Festhalten an der Wahrheit) prägte, gründete er den noch heute bestehenden Satyagraha-Ashram in Ahmedabad. Entschieden wandte er sich auch gegen die Diskriminierung der Unberührbaren, die er in den Ashram integrierte und den Namen **Harijans** (Kinder Gottes) verlieh. Hier zeigt sich, dass Gandhis eigentliches Interesse viel mehr soziales Engagement als die große Politik war. So nahm er am Tag der Unabhängigkeit auch bezeichnenderweise nicht an den offiziellen Feierlichkeiten teil, sondern diente weitab von Delhi in einem kleinen Dorf den Armen.

„Experimente mit der Wahrheit" nannte er programmatisch seine Autobiografie, wohl wissend, dass sein Weg zuweilen mit Irrtümern gepflastert war. Aus heutiger Sicht gehört hierzu sicherlich auch seine **Verklärung des indischen Dorflebens,** wenn er z.B. dazu aufforderte „alles zu verlernen: Eisenbahnen, Telegrafen, Krankenhäuser, Advokaten, Doktoren, all dies muss verschwinden; und die so genannten besseren Kreise müssen bewusst, gläubig und gezielt das einfache Bauernleben lernen, im Wissen, dass dieses Leben das wahre Glück bringt."

Sein langjähriger Weggefährte und Indiens erster Ministerpräsident *Jawaharlal Nehru* erteilte dieser Verklärung des indischen Dorflebens eine klare Absage: „Gandhi denkt immer nur in Kategorien von persönlichem Heil, während in unserem Denken das Wohl der Gesellschaft zuoberst steht. Es genügt ihm, die Herzen zu verändern. Das ist eine rein religiöse Haltung zum Leben und seinen Problemen. Mit Politik, Ökonomie und Soziologie hat das nichts zu tun."

sel Okha. Auf einer zweimal täglich durchgeführten, fünfstündigen Bus- Bootsfahrt können diese und weitere auf dem Weg liegende Tempelstätten besichtigt werden.

Leuchtturm

Einen sehr beeindruckenden Blick auf die Stadt und ihre wunderschöne Lage am Meer bietet der Leuchtturm, der zwischen 16 und 18 Uhr für Touristen geöffnet ist.

Unterkunft, Essen und Trinken

●Die große Auswahl an geräumigen und sauberen Zimmern sowie das freundliche Personal und die korrekten Preise machen den staatlichen **Toran Tourist Bungalow** €€ (Tel.: 234031) zur besten Unterkunft Dwarkas.

●Eine der besten Billig-Unterkünfte ist das **Hotel Guru Prerna** €-€€€ (Tel.: 24042211, guruprerna@nivalink.com) gegenüber vom Bhadrakali-Tempel. Für die blitzblanken und geräumigen Zimmer (die teureren mit AC) bietet das Haus ein hervorragendes Preis-Leistungs-Verhältnis. Abgesehen vom Manager spricht niemand im Hause Englisch. Das angeschlossene *Sharanam-Restaurant* serviert südindische und Punjabi-Gerichte.

●Im gleichen Besitz ist das mitten im Stadtzentrum gelegene **Darshan Hotel** €-€€ (Tel.: 24042211). Eine Übernachtung in den ebenso schlichten wie ordentlichen Räumen ist für paar Nächte o.k.

●Gleich am Ortseingang findet sich das rustikale **Meera** €-€€ (Tel.: 234031) mit einfachen und nicht immer sauberen Zimmern. Meiden sollte man die im Erdgeschoss neben der großen Küche gelegenen Räume. Im angeschlossenen Restaurant scheint sich halb Dwarka an den sehr preiswerten und schmackhaften *Thalis* zu laben.

An- und Weiterreise

Bahn:
●Der 9006 Saurashtra Mail fährt von Dwarka (Abf. 12.15 Uhr), mit Stopp u.a. in **Jamnagar,** (an 14.50 Uhr), **Rajkot** (17.10 Uhr), **Wankaner** (18.20 Uhr), **Ahmedabad** (22.25 Uhr)

Westküste

und **Vadodara** (0.45 Uhr), in 20 Std. nach **Mumbai.** In der umgekehrten Richtung startet er (Zug-Nr.: 9005) in Mumbai um 20.25 Uhr, Ahmedabad (ab 5.45 Uhr), Wankaner (ab 9.55 Uhr), Rajkot (ab 11.10 Uhr), Hapa (ab 12.55 Uhr), Jamnagar (ab 13.15 Uhr), Ank. in Dwarka um 16.25 Uhr.

Bus:
● Direktbusse verkehren u.a. zwischen Dwarka und **Jamnagar** (3,5 Std.), **Rajkot** (6 Std.) und **Porbandar** (2,5 Std.).

Jamnagar ♫ X/A2

(ca. 450.000 Einwohner, Vorwahl: 0288)

Früher muss das von den Jadeja-Rajputen gegründete Jamnagar einmal eine schöne Stadt gewesen sein, wurde es doch um den Ramnal-See mit dem malerisch in dessen Mitte gelegenen Lakotha-Fort und der Kotha-Bastion angelegt. Von seinem histoischen Kern scheint es sich jedoch heute ungeordnet in alle Richtungen auszubreiten und vermittelt den Eindruck einer aufstrebenden, wenig ansehnlichen Industriestadt. Dennoch bietet die Stadt einige hübsche Sehenswürdigkeiten, die einen kurzen Zwischenstopp eventuell lohnen.

Kotha-Bastion und Lakotha-Fort

Malerisch und scheinbar uneinnehmbar in der Mitte des Ranmal-Sees liegen die ehemals als Zeughaus genutzte Kotha-Bastion sowie das zum **Museum** umgebaute Lakotha-Fort. Gezeigt werden Skulpturen und Töpferwaren aus Kathiawar, alte Manuskripte, Inschriften und eine Münzsammlung.
● **Geöffnet** täglich außer Mi 9–12 und 15–18 Uhr.

Bala-Hanuman-Tempel

Einen Besuch lohnt auch der an der Südostseite des Sees gelegene Bala-Hanuman-Tempel, in dem seit dem 1. August 1964 24 Stunden täglich – jahrein, jahraus – die heiligen Worte *Shri Ram, Jai Ram, Jai Jai Ram*

(„Sieg dem erlauchten Rama") von Priestern rezititert werden. So hat es denn auch das unbedeutende Jamnagar zu einem Eintrag im Guiness-Buch der Rekorde gebracht. Das Viertel um den Tempel erwacht am Abend, wenn sich hier viele Inder an den Essensständen zusammenfinden und am Seeufer promenieren.

Sansani-Tempel

Für westliche Vorstellungen recht seltsam geht es im Sansani-Tempel im Norden der Stadt zu. Einen Tempel dieser Art gibt es wohl nur in Indien, handelt es sich doch um einen kleinen Park mit unzähligen farbenfrohen Gipsfiguren, die höchst unterschiedliche Personen darstellen. Von Gandhi über Nehru, Jesus und Buddha bis zu Shiva und Parvati spannt sich der Bogen. Ist man am Ende dieser bunten Skulpturenwelt angelangt, steht man vor einem kleinen, unscheinbaren Gebäude, welches sich bei näherem Hinschauen als ein mit modernster Technik ausgestattetes Krematorium entpuppt.

Stadtverkehr

● Vom weit außerhalb gelegenen **Flughafen** ins Stadzentrum sollte man per **Scooter** nicht mehr als 80 Rs zahlen, mit dem **Taxi** maximal das Doppelte. Vom Busbahnhof in der Innenstadt mit dem Scooter zahlen Einheimische höchstens 15 Rs, zum neuen Bahnhof etwa 30 Rs.

Unterkunft

● Saubere, helle und geräumige Zimmer machen das recht zentral beim Teen Batti Chowk gelegene **Hotel Kirti** €€ (Tel.: 2557121) zur besten Wahl in der unteren Preiskategorie.
● Auch das **Hotel Ashiana** €-€€€ (Tel.: 2559110) im 4. Stock des hässlichen *New Super Market* ist eine gute Billig-Adresse. Das Hotel ist nicht leicht zu finden, zumal man in dem Durcheinander von Reklamewänden kein Hotelschild ausmachen kann. Am besten, man fragt einen der vielen Ladenbesitzer, die es alle kennen. Die Qualität der Zimmer schwankt entsprechend der sehr unterschiedlichen Preise.

●Im gleichen Gebäude, aber ein Stockwerk tiefer befindet sich das einfache, aber passable **Jyoti Guest House** € (Tel.: 2271155).
●Ähnlich in Preis und Ausstattung ist das auf der gegenüberliegenden Straßenseite gelegene **Shital Guest House** € (Tel.: 2274228).
●Ein passables Hotel ist das **Dreamland** €–€€ (Tel.: 2557598). Die Räume sind einfach, aber o.k., wobei die teureren über AC verfügen. Dem Hotel angeschlossen ist ein sehr populäres Restaurant.
●Das **Hotel President** €€–€€€ (Tel.: 2558491, president@wilnetonline.net), Jamnagars renommiertestes Innenstadthotel, hat schöne, teils mit Balkon versehene und klimatisierte Zimmer, alle mit TV. Angeschlossen ist das gute *7 Seas Restaurant.*
●Preislich nur geringfügig teurer, doch wesentlich stilvoller ist das etwa auf Höhe der *Ayurvedic University* gelegene **Hotel New Aram** €€–€€€ (Tel.: 276525). Wie man allerdings auf die Idee kommen konnte, diese schöne alte Villa knallig bunt anzumalen, bleibt mir ein Rätsel.
●Beim 3 km außerhalb gelegenen Busbahnhof stehen mit den Hotels **Kama** €€ (Tel.: 277778) und **Aarti** €€–€€€ (Tel.: 278220), beide mit teils klimatisierten Zimmern, sowie dem **Hotel Minal** €–€€ drei passable Unterkünfte zur Verfügung.

Essen und Trinken

●Trotz seines Namens ist das **Hotel Swati** ein Restaurant, zudem eines der besten der Stadt. Serviert werden ausgezeichnete vegetarische Gerichte zu vernünftigen Preisen (um die 40–90 Rs).
●In der gleichen Ecke finden sich mit dem **Kalpana** und dem **Rangoli** zwei weitere recht gute indische Restaurants.
●Reichlich düster, doch ansonsten sehr empfehlenswert ist das **Seven Sea Restaurant** im 1. Stock des *Hotel President.* Die Vielfalt und Qualität der Gerichte (50–120 Rs) ist ausgezeichnet.
●Eine große Auswahl sowohl nord- und südindischer Gerichte als auch einiger westlicher Speisen serviert das populäre **Madras Hotel** (20–60 Rs), 100 m nördlich vom Teen Bhatti Chowk.

●Leckere und preiswerte Snacks bekommt man allabendlich an den **Garküchen** beim *New Super Market* und dem gegenüber gelegenen Kino.

An- und Weiterreise

Flug:
●*Indian Airlines* (Indra Mahal, Bhind Bhanjan Road, Tel.: 2550211) fliegt tgl. für 97 US-$ von und nach **Mumbai.**

Bahn:
●Der 9006 Saurashtra Mail verbindet Jamnagar u.a. mit **Dwarka** (3,5 Std.), **Rajkot** (2,5 Std.), **Ahmedabad** (7,5 Std.), **Vadodara** (11 Std.) und **Mumbai** (17,5 Std.). Umgekehrt fährt der Zug (Nr. 9005) um 20.25 Uhr in Mumbai los.

Bus:
●Busse nach **Rajkot** (2,5 Std.) fahren alle halbe Std., weitere Direktverbindungen bestehen nach **Junagadh** (4,5 Std.), **Dwarka** (3,5 Std.) und **Ahmedabad** (7,5 Std.).
●Nach **Bhuj** fährt man besser zunächst nach **Rajkot** und von dort aus weiter.

Rajkot   ♪ X/A2

(ca. 1,1 Mio. Einwohner, Vorwahl: 0281)

Ebenso wie das 90 Kilometer nordöstlich gelegene Jamnagar hat auch die ehemalige Hauptstadt des kleinen Fürstentums Kathiawar touristisch recht wenig zu bieten und ist nicht viel mehr als ein Zwischenstopp auf dem Weg in die Wüstenstadt Bhuj. Wer den langen Überlandweg dorthin vermeiden will, sollte den von Mumbai kommenden, in Rajkot zwischenlandenden Indian-Airlines-Flug nutzen, der die Strecke in einer halben Stunde bewältigt.

Kaba Gandhi no Delo

Im Jahre 1876 wurde *Gandhis* Vater *Karamchand (Kaba) Gandhi* zum Chefminister des Fürstentums Saurashtra ernannt, und so zog er mit seiner Familie von Porbandar nach Rajkot. *Mahatma Gandhi* verbrachte hier ei-

Westküste

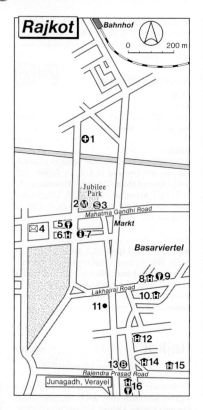

Rajkot Bahnhof

0 — 200 m

- ✚ 1 Krankenhaus
- Ⓜ 2 Watson Museum
- Ⓢ 3 Bank of India
- ⊠ 4 Post
- ❶ 5 Havmor Restaurant
- 🏨 6 Galaxy Hotel
- ❶ 7 Tourist Office
- 🏨 8 Himalaya Guest House
- ❶ 9 Rainbow Restaurant
- 🏨 10 Anand und Mehul Guest House
- ● 11 Indian Airlines
- 🏨 12 Jayshree Guest House
- Ⓑ 13 Busbahnhof
- 🏨 14 Hotel Samrat
- 🏨 15 Hotel Jayson
- 🏨 16 Hotel Tulsi
- ❶   und Kanchan Restaurant

Jubilee Park

Mahatma Gandhi Road

Markt

Basarviertel

Lakhajiraj Road

Rajendra Prasad Road

Junagadh, Verayel

nen Großteil seiner Jugend, bevor er 1888 zum Studium nach England aufbrach. Das in den Gassen der Altstadt nur schwer zu findende **Haus der Familie Gandhi** wurde 1969, zum hundertsten Geburtstag Gandhis, in ein Museum verwandelt. Der Reiz des Museums liegt aber vor allem darin, Einblick in ein die Lebensbedingungen der indischen Oberschicht widerspiegelndes Haus zu bekommen.

Watson Museum

Der Eingang zu diesem skurrilen Museum wird von zwei Löwen flankiert. Nach dem Motto *You name it, we have it* wird hier um

das im Erdgeschoss original wiederaufgebaute Wohnzimmer des *Colonel Watson* herum eine offenbar von keinen Hemmungen gebremste Auswahl an Objekten gezeigt: ein römischer Diskuswerfer aus Marmor, Gemälde aus dem 19. Jh., verschiedene Turbanformen, Vögel, Schlangen, Affen, Krokodile (alle ausgestopft), Musikinstrumente, Hirschgeweihe, eine Miniatureisenbahn aus Silber, historische Fotos von *Gandhi*, eine Münzsammlung und, als Höhepunkt, *Queen Victoria* in Marmor, in voller Lebensgröße auf einem Thron sitzend, mit Blechkrone, Zepter und Weltkugel. Ihr gequälter Gesichtsausdruck allein ist die 3.300 Pfund wert, die dieses 1899 erstellte Kunstwerk gekostet haben soll. Die an den Wänden zu lesende Ermahnung *Please walk slowly!* ist allerdings überflüssig, kommt doch angesichts dieser zweifellos außergewöhnlichen Ausstellung niemand auf die Idee, die nötige Aufmerksamkeit vermissen zu lassen ...

●**Öffnungszeiten:** tgl. außer Mo 10–17 Uhr.

Information

●Da Rajkot nur von wenigen Touristen besucht wird, hat man das **Tourist Office** (Tel.: 234507) folgerichtig im 1. Stock hinter der *State Bank of Saurashtra* versteckt. Geöffnet ist es tgl. außer So und jeden 2. und 4. Sa von 10 bis 18 Uhr.

Unterkunft

●Es fällt schwer, von den zahlreichen Billigunterkünften Rajkots wie den Guest Houses **Jayshree** €, **Anand** € oder **Mehul** € auch nur eines zu empfehlen. Alle sind ebenso bescheiden wie preiswert und kommen wohl nur für jene in Frage, die tatsächlich jeden Paise doppelt umdrehen müssen, bevor sie ihn ausgeben.

●Etwas über dem Durchschnitt liegen vielleicht **Jyoti Guest House** € (Tel.: 225472) und **Hotel Yash** € (Tel.: 223574).

●Am ehesten wird man sich wohl noch in dem zwar auch äußerst spartanischen, dafür jedoch freundlichen und saubereren **Himalaya Guest House** € (Tel.: 222880) wohl fühlen können. Die Unterkunft befindet sich oberhalb des Eingangs zu einer Einkaufspassage in der Lakhajraj Road.

●Ganz vorzüglich ist das im 4. Stock eines recht unansehnlichen Bürogebäudes an der Jawahar Road gelegene **Galaxy Hotel** €€–€€€ (Tel.: 222904). Mit seinem sehr professionellen und freundlichen Personal sowie den supersauberen und geräumigen Zimmern ist es das beste Mittelklassehotel Rajkots.

●Empfehlenswert ist das **Hotel Kavery** €€–€€€ (Tel.: 239331) mit seinen komfortablen AC-Zimmern.

●Ein Tipp wegen seiner günstigen, sauberen und geräumigen Zimmer ist das **Hotel Samrat International** €€–€€€ (Tel.: 222269) an der Karanpara Rd. hinter dem Busbahnhof.

●Zwei weitere Mittelklassehotels mit günstigeren Tarifen sind das **Tulsi** €€ (Tel.: 231731) und das **Jayson** €€–€€€ (Tel.: 226404).

Essen und Trinken

●Das zurzeit angesagteste Restaurant der Stadt ist das **Spices** im 2. Stock des *Gymkhana Building*. Es macht den Eindruck, als sei es direkt aus Mumbai oder Delhi importiert worden und richtet sich mit seiner modernen Einrichtung, dem freundlichen Service und der scheinbar alle Gerichte der Erde umfassenden Speisekarte an die inzwischen auch in Rajkot stark vertretene Mittelschicht. Die Preise liegen zwischen 50 und 110 Rs.

●Gutes indisches und chinesisches Essen serviert das **Havmor Restaurant** in der Nähe des *Galaxy Hotels*.

●Für Freunde scharfer südindischer Gerichte ist das **Rainbow Restaurant** in der Nähe des *Himalaya Guest Houses* die richtige Adresse.

●Das **Kanchan Restaurant** im *Hotel Tulsi* gilt als eines der besten vegetarischen Lokale der Stadt.

Bank

●Die **State Bank of India** wechselt Bargeld und Travellerschecks. Auch einige Hotels wechseln Bares. Am westlichen Ende der Lakhajraj Rd. akzeptiert die ICICI-ATM die wichtigsten internationalen Kreditkarten bis auf AmEx.

An- und Weiterreise

Flug:

●*Indian Airlines* (Angel Chambers, Dhebar Rd., Tel.: 2234122, 2227916) fliegt tgl. nach **Mumbai** (85 US-$) und **Vadodara** (82 US-$). Zu den Abflugzeiten wird ein **Flughafenbus** vom *Indian Airlines Office* eingesetzt. *Jet Airways* (7-8 Bilkha Plaza, Kasturba Road, Tel.: 2442930) bietet täglich Flüge von und nach **Mumbai**.

Bahn:

●Der 9006 Saurashtra Mail verbindet Rajkot (Abf. 17.10 Uhr) u.a. mit **Ahmedabad** (Ank. 22.25 Uhr), **Vadodara** (0.45 Uhr) und **Mumbai** (8.10 Uhr). Umgekehrt der 9005: Abf.

Westküste

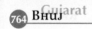

Mumbai 20.25 Uhr, über Ahmedabad (ab 5.45 Uhr), **Wankaner** (9.55 Uhr), Ank. Rajkot 10.40 Uhr, weiter nach **Hapa, Jamnagar, Dwarka** und **Okha.**

● Nach **Bhuj** fährt der 9501 Anand Exp. (Abf. 16.45 Uhr) in knapp 7 Std. (über Wankaner und Gandhidham). Umgekehrt fährt der Zug um 5.35 Uhr los.

● Mehrere Verbindungen tgl. nach **Ahmedabad,** so der 1463/1465 Rajkot Jabalpur Exp.: Abf. 14 Uhr, Ank. 18.25 Uhr.

Bus:

● Direktbusse vom Busbahnhof oder von den Büros der direkt dahinter ansässigen privaten Busgesellschaften fahren u.a. von und nach **Ahmedabad** (5 Std.), **Junagadh** und **Jamnagar** (2,5 Std.), **Dwarka** (6 Std.), **Diu** (8 Std.) **Mumbai** (14 Std.) und **Bhuj** (6 Std.).

Taxi:

● Für 40 Rs kann man mit Sammeltaxis, die beim Busbahnhof auf Kunden warten, nach **Junagadh** fahren.

Umgebung von Rajkot

Tarnetar

Jedes Jahr im August/September ist dieser kleine Ort, 65 km nordöstlich von Rajkot, Schauplatz eines Festes, welches mit seiner Buntheit und Ausgelassenheit zu einem der schönsten ganz Nordindiens zählt. Der in erster Linie als Heiratsmarkt dienende **Tarnetar Fair** geht in seinem Ursprung auf den im Stadtzentrum gelegenen **Trilocana-Shiva-Schrein** zurück, der dem dritten Auge Shivas gewidmet ist. Der Legende nach soll Shiva dieses magische Auge hervorgezaubert haben, als seine geliebte Parvati ihm im Spiel beide Augen zuhielt.

Wankaner ⤿ X/B2

Der knapp 40 Kilometer nördlich von Rajkot gelegene Ort wäre keiner weiteren Erwähnung wert, wäre da nicht jenes verwunschene **Schloss** des Maharajas von Wankaner. Auf den ersten Blick traut man seinen Augen nicht, wirkt der 1907 eingeweihte

Prachtbau doch wie eine – je nach Charakter und Gemütslage des Betrachters – gelungene, kitschige oder grauenvolle Mischung griechisch-römischer, gotischer und indischer Stilelemente. Das Schloss ist in ein luxuriöses Heritage-Hotel (*The Palace Wankaner* €€€€-€€€€€, Tel.: 02828-20000/3) mit Swimmingpool umgebaut worden. Unter anderem werden Pferdesafaris angeboten.

Gäste des Maharajas wohnen im **Royal Oasis** €€€€ (Tel.: 02828-20001), dem zauberhaften Gästehaus. Ebenfalls von palaststähnlichen Ausmaßen und im Empire-Stil erbaut, steht das Herrscherhaus inmitten eines großen Gartens mit alten Bäumen und vielen Vögeln. Zum Dinner wird man in den Palast gefahren und speist mit dem Maharaja persönlich. Gerade weil alles ein wenig operettenartig, an der Zeit vorbei und voller Wehmut über vergangene Pracht und Herrlichkeit wirkt, ist es ein einzigartiges, wenn auch nicht gerade billiges Erlebnis.

Bhuj ⤿ X/A2

(ca. 120.000 Einwohner, Vorwahl 02832)

„Jaisalmer Gujarats" wurde die einzige größere Stadt dieses östlichsten Teils Gujarats bis zu den verheerenden Folgen des Erdbebens vom Januar 2001 oft genannt. Tatsächlich gibt es auffällige Parallelen zwischen beiden Städten. Weit entfernt von der nächsten größeren Stadt, muss man anstrengende, stundenlange Busfahrten durch scheinbar menschenleere Einöden auf sich nehmen, bevor Bhuj wie eine **Oase** inmitten der Wüste auftaucht. Die Wüste macht erst vor den sie umgebenden Stadttoren halt.

Beide Städte waren früher bedeutende Handelszentren an den Karawanenrouten zwischen Afghanistan und dem Indischen Ozean. Doch mit der zunehmenden Bedeutung der Seefahrt, dem Aufstieg Mumbais als führender Wirtschaftsmacht und schließlich der Teilung Indiens im Jahre 1947, die die alten Handelsrouten zerschnitt, verloren sie endgültig ihre einstmalige wirtschaftliche Bedeutung. Die gleiche geografische Lage, die

Westküste

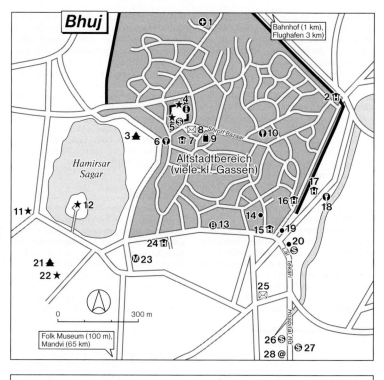

✚	1	Krankenhaus	
🏠	2	Hotel Annapurna	
▲	3	Swaminarayan Tempel	
★	4	Aina Mahal,	
❶		Tourist Office	
★	5	Prag Mahal,	
Ⓢ		State Bank of India	
❶	6	Shree Restaurant	
🏠	7	City Guest House	
✉	8	Postamt	
▮	9	Gemüsemarkt	
❶	10	Green Hotel	
★	11	Sharad Bagh Palast	
★	12	Rajendra Park	
Ⓑ	13	Busbahnhof	
●	14	Fahrradverleih	

🏠	15	Hotel Anam
🏠	16	Ratrani Hotel
🏠	17	Hotel Prince
❶	18	Nilam Hotel
●	19	Indian Airlines
●	20	Jet Airways,
Ⓢ		UAExchange
▲	21	Neue Swaminarayam Tempel
★	22	Chattris
Ⓜ	23	Kutch Museum
🏠	24	VRP Lodge
✉	25	Hauptpost
Ⓢ	26	ICICI-ATM
Ⓢ	27	State Bank of India
@	28	Cyber Com

einst ihrem Wohlstand zugrunde gelegen hatte, führte nun dazu, dass sie, scheinbar vergessen im äußersten Westen der Union liegend, von der übrigen wirtschaftlichen Entwicklung ausgeschlossen blieben.

Doch noch einmal sollte die so wechselhafte indische Geschichte das Schicksal beider Städte entscheidend beeinflussen. Die zunehmenden Spannungen zwischen Indien und Pakistan, die sich schließlich in den beiden Bruderkriegen 1965 und 1971 entluden, rückte auf einmal wieder die strategische Bedeutung dieser beiden Außenposten an der Grenze zum Erzfeind ins Bewusstsein. So beherbergen heute beide Städte wichtige Luftwaffenstützpunkte, und die dadurch einfließenden Gelder haben nicht unbeträchtlich zu ihrem wirtschaftlichen Aufschwung in den letzten Jahren beigetragen.

Doch bei allen Gemeinsamkeiten zeigen sich sowohl in der historischen Entwicklung als auch im heutigen Stadtbild deutliche Unterschiede, sodass jede der beiden Städte ihren ganz eigenen, spezifischen Charakter besitzt. Zwar kann Bhuj nicht mit den großartigen Kaufmannshäusern Jaisalmers aufwarten, dafür aber ist die Stadt vom Massentourismus bisher kaum berührt worden.

Das **verheerende Erdbeben** vom Januar 2001 hat besonders Bhuj schwere Schäden zugefügt. Das alte Bhuj ist mit dem Erdbeben verschwunden. Nicht mehr die engen, verwinkelten Gassen, wo die Zeit seit Jahrhunderten stehen geblieben zu sein schien, sondern moderne Zweckbauten prägen das Stadtbild.

Sehenswertes

Prag Mahal

Nachdem man den von massiven Mauern umgebenen **Palastbereich** durch das Haupttor betreten hat, ragt zur Linken ein sandsteinfarbener Palastbau auf. Im Innern des im vorigen Jahrhundert erbauten Prag Mahal (Palast des Prag) befinden sich heute zum größten Teil Verwaltungsgebäude und eine Filiale der *State Bank of India*. Mit der Durbar Hall und dem Glockenturm kann nur noch der mittlere Bereich besichtigt werden. Dien-

te die riesige **Durbar Hall** früher als Gerichtssaal, so bietet sie heute mit den über 50 sorgfältig auf dem Boden aufgereihten Jagdtrophäen ein makaberes Beispiel für die Schieß- und Geltungssucht der Maharajas, deren Porträts die Wände der ansonsten gänzlich leeren Halle „schmücken".

Unbedingt lohnenswert hingegen ist der Aufstieg zum Glockenturm, bietet sich einem doch von hier ein sehr schöner Rundblick auf Bhuj und die umgebende Wüstenlandschaft. ●**Geöffnet** ist der Palast täglich von 9 bis 12 und 15 bis 18 Uhr, Eintritt: 10 Rs, Kamera 30 Rs, Video 100 Rs.

Aina Mahal

Verlässt man den Prag Mahal nach links und überquert den Innenhof, so gelangt man zu dem im 18. Jh. erbauten Aina Mahal (Spiegelpalast), in dessen Eingangsbereich sich auch das Touristenbüro befindet. Dieser kleine, im traditionellen Stil erbaute Palast gehört zu den schönsten Maharaja-Palästen Indiens, vor allem weil er einen ganz eigenen, sympathisch altmodischen Baustil repräsentiert und sich damit wohltuend von den oftmals überbordenden Riesenpalästen in Rajasthan unterscheidet. Eine wunderschöne, mit filigranen Einlegearbeiten verzierte Elfenbeintür ist sicherlich eines der schönsten Einzelstücke.

Herausragender Mittelpunkt der gesamten Palastanlage ist jedoch zweifelsohne die so genannte **Spiegelhalle**. Ein architektonisches und handwerkliches Meisterstück in Planung und Ausführung, spiegelt sie gleichzeitig im wahrsten Sinne des Wortes die ungezügelte Verschwendungssucht der Maharajas. Die Marmorwände zieren vergoldete, reich ornamentierte Spiegel, und als Beleuchtung dienen gleichfalls vergoldete, von der Decke hängende Kerzenhalter, deren Glas aus Venedig importiert wurde. Der eigentliche Clou des Spiegelpalastes besteht darin, dass er, abgesehen von einem schmalen Gang entlang der Wände, ein Wasserbecken mit Springbrunnen beherbergt. In der Mitte des mit aus China importierten Fliesen ausgelegten Pools befindet sich ein nur über eine schmale Brücke zu erreichender Marmorthron. So bildete die Spiegelhalle ein ideales Refugium

gegen die unbarmherzige Hitze und den alles durchdringenden Staub des Sommers.
● Der Palast ist tgl. außer Fr von 9 bis 12 und 15 bis 18 Uhr geöffnet.

Sharad-Bagh-Palast

Außerhalb der Altstadt, im Südwesten, liegt ein weiterer Palast, in dem der letzte Maharaja von Bhuj wohnte. Auf der Rückseite des Gebäudes, das an eine neoklassizistische Villa in Italien erinnert, ist der Sarg aufgebahrt, in dem der 1991 in London verstorbene Maharaja nach Bhuj überführt wurde. Neben den üblichen Porträtgemälden und Fotos von Männern, die sich am Ende einer Safari mit stolzgeschwellter Brust, die abgeschossene Beute zu Füßen, bewundern lassen, finden sich kleine Souvenirs aus Norwegen und Chile, wo der Maharaja als Botschafter Indiens fungierte. Interessanter als der eigentliche Palast dürfte jedoch die ihn umgebende wunderschöne **Parkanlage** sein. Bevor der Palast vor 150 Jahren erbaut wurde, lag hier der erste Botanische Garten Gujarats. Für jeden, der einmal etwas Abstand von der quirligen Altstadt sucht, ist dies ein geradezu idealer Ort – zumindest dann, wenn einen die von den Palmen hängenden Fledermäuse nicht gruselig stimmen.

Chattris

Die **Grabstätten** der letzten Herrscher von Bhuj befinden sich auf einer kleinen Anhöhe südlich des Sees. Die meisten Kuppelbauten sind verfallen, doch im Innern des kürzlich restaurierten größten Pavillons findet sich ein höchst interessantes und makabres Steinrelief. In der Mitte thront der Herrscher stolz auf seinem Pferd. In pyramidenförmiger Abstufung, gemäß ihres Ranges im Harem, flankieren ihn seine Konkubinen, die sich mit ihm auf dem Scheiterhaufen verbrennen lassen mussten.

Der besondere Tipp: Swaminarayana-Tempel

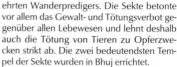

Die Swaminarayana-Sekte gründete sich Mitte des 19. Jahrhunderts aus den Anhängern eines in ganz Gujarat als Heiliger verehrten Wanderpredigers. Die Sekte betonte vor allem das Gewalt- und Tötungsverbot gegenüber allen Lebewesen und lehnt deshalb auch die Tötung von Tieren zu Opferzwecken strikt ab. Die zwei bedeutendsten Tempel der Sekte wurden in Bhuj errichtet.

Der 1879 zwischen Palastanlage und See erbaute **alte Tempel** unterteilt sich in den eigentlichen Tempelbereich und die Wohn- und Schlafquartiere der etwa 180 Mönche, die hier ständig lebten, bevor sie in den neuen Tempel im Süden der Stadt umzogen. Der fast vollständig aus Holz erbaute, dreigeschossige Tempel mit seinen bunt bemalten Holzschnitzereien weist selbst für indische Verhältnisse ungewöhnliche Vielfalt an Einzelskulpturen auf. Die rechte der beiden überaus reich verzierten Eingangstüren führt in den Innenbereich mit insgesamt vier Heiligtümern, in denen der Sektengründer *Shrijee Swaminarayana* sowie Krishna mit seiner Frau Radha verehrt werden. Auf dem Dach, das man über eine Holztreppe im Innenhof erreicht, ist eine Solaranlage installiert, die die Tempelanlage mit Strom versorgt – Tradition und Moderne, Religion und Wissenschaft sind hier kein Widerspruch, sondern ergänzen einander sinnvoll. Während Frauen diesen Bereich nicht betreten dürfen, sind Männer im gegenüber gelegenen, nicht so kunstvoll ausgearbeiteten Frauentempel zugelassen.

Mit vier *Swastikas* auf dem marmorglänzenden Kuppeldach ist der 1992 nach siebenjähriger Bauzeit fertig gestellte **neue Swaminarayan-Tempel** in der Nähe der *Chattris* weithin sichtbar. Die ganze Vielfalt des indischen Götterhimmel spiegelt sich in dem in vier ringförmigen Kreisen mit unzähligen Bildern unterteilten Kuppeldach. Auch hier fasziniert wieder die einzigartige Erzählfreude auch wenn Tempel atmosphärisch gegenüber dem von den Mönchen und Gläubigen belebten alten Swaminarayana-Tempel auffallend ruhig wirkt.
● **Öffnungszeiten** beider Tempel: tgl. von 9 bis 12 und 17 bis 21 Uhr.

Kutch Museum

Neben dem *Shreyas Folk Museum* in Ahmedabad bietet das 1877 vom Gouverneur

Westküste

von Mumbai, *Sir James Ferguson,* gegründete Kutch Museum den besten Einblick in die reiche und vielfältige Kunst dieser Region im äußersten Westen Indiens. Zum Teil vorzügliche einführende Erläuterungen verdeutlichen den historischen und soziokulturellen Hintergrund der einzelnen Abteilungen. Obwohl einzelne Ausstellungsobjekte einen etwas angestaubten Eindruck machen, sind die meisten wohl überlegt ausgewählt und repräsentieren jeweils wichtige Aspekte in der Kultur von Kutch. Besonders interessant ist die anthropologische Abteilung, die einen Einblick in die außergewöhnlich vielfältige ethnische Zusammensetzung dieser Halbinsel gibt. Ebenso wie der Sarah-Bagh-Palast wurde auch dieses Museum während des Erdbebens erheblich beschädigt. Über den aktuellen Stand der Restaurierungsarbeiten muss man sich vor Ort erkundigen.

● **Geöffnet** tgl. außer Mi und jeden 2. und 4. Sa 9–11.30 und 15–17.30 Uhr.

Information

● Das **Tourist Office** (Tel.: 220004, tgl. außer Sa 9–12 und 15–17.30) befindet sich im Aina Mahal und wird vom überaus freundlichen und hervorragend informierten Herrn *Pramod J. Jethi* geleitet. Er organisiert auch Touren in die Umgebung.

Stadtverkehr

● Vom **Bahnhof** zum *City Guest House* im Altstadtkern sollte es per Riksha eigentlich nicht mehr als 25 Rs kosten, doch reiche Europäer kommen selten unter 30 Rs davon. Zähes Verhandeln ist also gefordert.

● Das gleiche gilt für die Fahrt zum 5 km außerhalb gelegenen **Flughafen.** 50/120 Rs vom Stadtzentrum mit Riksha/Taxi sollte ein Richtwert sein.

Unterkunft

● Von den vielen gespenstisch wirkenden Billigunterkünften in Bhuj kann ich keines guten Gewissens empfehlen. Am ehesten kommen wohl noch das **Ratrani Hotel** € (Tel.: 222388)

und die **VRP Lodge** € (Tel.: 221388) in der Nähe des Busbahnhofes in Frage.

● Eines der beliebtesten Hotels der Rucksackszene ist das freundliche und saubere **City Guest House** € (Tel.: 221067). Als einzige Unterkunft der Stadt steht es im Herzen der Altstadt ganz in der Nähe des Palastes. Zwar verfügen nur zwei DZ über ein eigenes Bad, doch die sanitären Anlagen machen einen hygienischen Eindruck. Da das Hotel im Gewirr der Altstadtgassen nur schwer zu finden ist, sollte man sich entweder bei der Ankunft in Bhuj mit dem Scooter hinfahren lassen oder nach dem Aina Mahal fragen, in dessen Nähe es sich befindet.

● Falls das *City Guest House* belegt sein sollte, bietet sich als einzige Alternative in dieser Preisklasse das freundliche **Hotel Annapurna** € (Tel.: 220831, hotelannapurna@yahoo. com) an. Zwar sind die Zimmer (teilweise Gemeinschaftsbad) nicht gerade luxuriös, doch dafür gibt sich der freundliche Besitzer alle Mühe, seine Gäste zufrieden zu stellen. Zudem befindet sich im Erdgeschoss ein preiswertes und gutes Restaurant.

● In der Nähe des Indian-Airlines-Büros an der Station Road steht das empfehlenswerte **Hotel Anam** €€ (Tel.: 221390), eines der beiden Mittelklassehotels in Bhuj. Die teureren Räume verfügen über AC.

● Teurer, aber auch um einiges komfortabler präsentiert sich das ausgezeichnete **Hotel Prince** €€-€€€ (Tel.: 220370), ebenfalls an der Station Road. Alle Zimmer in diesem professionell geleiteten, freundlichen Haus verfügen über Warmwasser und TV. Ein gutes Preis-Leistungs-Verhältnis.

Der Swaminarayana-Tempel ist fast vollständig aus Holz gebaut

Essen und Trinken

● Eines der besten und zudem recht preisgünstigen Restaurants befindet sich **oberhalb der VRP Lodge** beim Busbahnhof. Mittags wie abends ist es immer gut gefüllt mit vielen Indern, die sich entweder an dem vorzüglichen *Thali* oder einem der vielen anderen Gerichte der sehr umfangreichen Speisekarte laben.

● Exzellente *Thalis* sind auch die Spezialität des **Hotels Annapurna.** Für jene, die im *City Guest House* in der Altstadt wohnen, liegt das **Green Hotel** mit allerdings eher durchschnittlichem Essen am nächsten.

● Ein hübsches Plätzchen, um das bunte Treiben am Swaminarayana-Tempel an sich vorbeiziehen zu lassen, ist das **Shree Restaurant.**

● Ausgezeichnet isst man im klimatisierten Restaurant des **Hotel Anam.**

● Das **Hotel Prince** serviert als eines der ganz wenigen Lokale der Stadt auch Fleischgerichte.

● Das **Nilam Hotel** serviert vegetarische nordindische und chinesische Gerichte.

Bank und Internet

● Die **State Bank of India** (Hospital Rd.) und das für gute Raten bekannte und auch sonntags geöffnete UAExchange (Lal Tekari) wechseln Bares und Travellerschecks, UAExchange akzeptiert auch Kreditkarten. Gegenüber der State Bank of India gibt's einen **ICICI-ATM** für alle wichtigen Kreditkarten außer AmEx.

● Ebenfalls in diesem Teil der Stadt finden sich die meisten Internetcafés, wobei **Cyber Com** im Jaysomnath Complex (25 Rs/Std.) recht fix ist.

An- und Weiterreise

Flug

● *Jet Airways* (Station Rd., Tel.: 253671-4) fliegt für 136 US-$ nach **Mumbai.** Da sich die Abflugzeiten aufgrund des intensiven Flugbetriebs auf dem angrenzenden Militärflughafen oft um mehrere Stunden verschieben, sollte man aktuell nachfragen.

082) Foto: tb

Westküste

Bahn

●Mehrere **Reisebüros** am Busbahnhof besorgen für eine Gebühr von ca. 30 Rs Fahrkarten vom Bahnhof. Da man so die 30 Rs teure Hin- und Rückfahrt mit dem Scooter zum Bahnhof spart, ist dies eine durchaus sinnvolle Investition. Wer es selbst machen will: Das **Reservierungsbüro** ist von 8 bis 20 Uhr, So von 8 bis 14 Uhr geöffnet.

●Von **Mumbai** bietet sich der 9031 Kutch Exp. (Abf. 17.10 Uhr) über **Vadodara** (ab 23.55 Uhr) an (Ank. Bhuj 10.05 Uhr); umgekehrt der 9602 Nagari Exp.: Abf. in **Bhuj** 20.30 Uhr, über **Ahmedabad** (an 4.10 Uhr), **Vadodara** (6.40 Uhr), **Bharuch** (8.22 Uhr), Ank. **Mumbai Central** um 13.45 Uhr.

●Von **Ahmedabad** u.a. 9601 Nagari Exp.: Abf. 0.05 Uhr, Ank. in Bhuj 8.15 Uhr. Umgekehrt 9602 Nagari Exp.: Abf. Bhuj 20.30 Uhr, Ank. 4.10 Uhr.

●Von allen anderen Städten Kathiawars geht es schneller per Bus.

Bus

●Zu allen **größeren Städten Kathiawars** und auch nach **Ahmedabad** (8 Std.) und **Mumbai** (16 Std.) fahren Direktbusse. Die privaten Busgesellschaften befinden sich alle beim Busbahnhof.

●Wer nach **Jaisalmer** in Rajasthan fahren möchte, muss sich zunächst auf die 12-stündige Reise nach Barmer begeben (1 Bus täglich um 14 Uhr). Von dort sind es noch einmal 3 Stunden per Bus.

Mandvi   ↗ X/A2

Das 60 km südwestlich von Bhuj gelegene Mandvi, eine pittoreske, mittelalterlich anmutende Hafenstadt, ist ein Tipp für all jene, die einige Tage Ruhe und Erholung abseits ausgetretener Touristenpfade suchen. Mandvi hat zwei lang gezogene **Strände,** von denen der rechts hinter dem Ort gelegene besonders attraktiv ist. Zu ihm kommt man, indem man am Leuchtturm, an mehreren Windrädern und am so genannten „Sunset Point" vorbei geht. Zwar verbringen die im ersten Abschnitt busweise herangekarrten Inder die Zeit ihres kurzen Aufenthalts am Strand mit Kamel- und Pferderitten, doch etwas weiter findet sich genügend ruhiger Platz zum genüsslichen Sonnenbaden. Sehr schön ist auch der links vom Hauptort abgehende Strand, doch wird man dort recht häufig von Einheimischen „begafft".

Für 20 bis 30 Rs kann man überall **Fahrräder** mieten, um Ausflüge in die Umgebung oder zu einsamen Strandabschnitten zu unternehmen. Für jene, die eine längere Tour nicht scheuen, empfiehlt sich ein Ausflug nach **Tundavand,** wo die dort lebenden Rabari, eine alte Kameltreiber-Kaste, sehr interessante Behausungen im traditionellen Baustil errichtet haben.

Unterkunft

(Vorwahl: 02834)

●Als beste Übernachtungsmöglichkeit mitten im Ort bietet sich das gepflegte **Maitri Guest House** € (Tel.: 20183) an. Schlafsaal 20 Rs.

●Das **Rukmavati** € (Tel.: 20558) gleich am Anfang des Ortes ist ein zu einem Guest House umgewandeltes ehemaliges Krankenhaus.

Essen und Trinken

●Ausgezeichnete und günstige *Thalis* gibt es im **Osho Restaurant.** Zum Frühstück empfehlen sich die leckeren Omeletts.

Mumbai (Bombay)

Überblick   ↗ XVI/A2

(ca. 16,5 Mio. Einwohner, Vorwahl: 022)

Lumpige zehn Pfund Jahresgebühr waren der britischen Regierung die sieben moskitoverseuchten Inseln wert, die sie 1668 an die East India Company verpachteten. Auf ihnen steht heute Bombay bzw. Mumbai, wie die Stadt seit 1981 hochoffiziell heißt. Heute würde man für das Geld gerade mal ein paar Quadratzentimeter der Straßen bekommen, von denen man sagt, sie seien mit Gold gepflastert.

Der Aufstieg der heutigen **Hauptstadt Maharashtras** vom unbedeutenden Fischerdorf zum Finanz-, Handels- und Industriezentrum Indiens erscheint tatsächlich so märchenhaft wie einer der 150 abendfüllenden Kinofilme, die jährlich in den Studios von Mumbai gedreht werden. Diese glorifizieren das süße Leben in Mumbai und locken damit jugendliche Ausreißer und Armuts-Migranten aus allen Ecken des Landes in die Stadt. Bollywood, wie Mumbai oft scherzhaft genannt wird, hat sich zum Hollywood am Arabischen Meer gemausert.

Neue Straßennamen

Erschwert wird die Orientierung vielfach dadurch, dass in den letzten Jahren viele der noch aus der Kolonialepoche stammenden Straßennamen indisiert wurden. Die neuen Namen wurden jedoch bisher von der Bevölkerung kaum angenommen. Hier einige der wichtigsten Beispiele:

Alter Name	Neuer Name
Colaba Causeway Rd.	Shahid Bhagat Singh
Flora Fountain	Hutatma Chowk
Fort Street	Walchand Hirachand Marg
Marine Drive	Netaji Subhash Chandra Bose Marg
Rampart Row	K. Dubash Marg
Strand Road	P.J. Ramchandani Marg
Warden Road	Bhulabhai Desai Road

Westküste

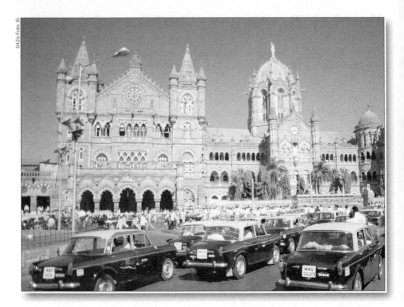

Viele Bewohner verweisen aber lieber darauf, dass die Stadt nicht nur den größten Flughafen, sondern auch den umschlagkräftigsten Hafen des Landes beherbergt, in dem 50 % aller indischen Exportwaren verladen werden. Nebenbei besitzt die Stadt eine der größten Textilindustrien der Welt – auch wenn mittlerweile viele Werke aus Kostengründen aus der Stadt verlegt werden. Besonders stolz ist man darauf, dass ein Drittel der gesamten Einkommensteuern Indiens in Mumbai erwirtschaftet werden. Die Silhouette der kühn in den Himmel ragenden Glas- und Betontürme, der Bürogebäude am Nariman Point, dem „Manhattan Mumbais", ähnelt mehr und mehr der von Singapur oder Hongkong. „Money Makes the World Go Round" heißt hier die Devise und viele träu-

Einer der schönsten Bahnhöfe der Welt:
Victoria Terminus

men unverdrossen den Traum „Vom Tellerwäscher zum Millionär". Ihre Heroen sind nicht mehr Rama, Krishna oder Hanuman, sondern Helden der Kinowelt wie *Shah Rukh Khan, Amitabh Bachchan* oder *Sanjay Dutt.*

Doch genauso wie die **Glamourwelt** der Filmindustrie wegen ihrer tiefen Verstrickung mit der Unterwelt Mumbais in letzter Zeit tiefe Risse bekommen hat, treten die Schattenseiten dieser rücksichtslosen Ellbogengesellschaft immer deutlicher zutage. Während die wenigen Privilegierten in ihren luxuriösen Villen auf dem Malabar Hill die Aussicht auf die Skyline genießen, fristen gleichzeitig Millionen anderer ein Leben am Rande des Existenzminimums. Über die Hälfte der Stadtfläche gilt heute schon als **Slumgebiet.** Zwei Millionen Einwohner verfügen über keine Toilette – die daraus resultierenden hygienischen Verhältnisse lassen sich unschwer erahnen. Hinzu kommt die nach Delhi und Kalkutta höchste **Luftverschmutzung** Indiens, teilweise verursacht durch die in den Außenbezirken angesiedelten Industrieunterneh-

men. Der besonders stark betroffene Vorort Chembur wird oft zynisch als Gas Chamber (Gaskammer) bezeichnet.

Obwohl Mumbai mit seinen ca. 16,5 Mio. Einwohnern schon jetzt zu einer der dicht besiedeltsten Städte der Erde zählt, strömen nach wie vor täglich Hunderte von Zuwanderern aus dem Hinterland in die City of Gold, um ihren Anteil am großen Kuchen zu erhaschen. Prognosen für das Jahr 2020 sagen eine Bevölkerung von alptraumhaften 25 Millionen voraus. Mit dem **Bevölkerungswachstum** ist der Boden inzwischen zum teuersten Gut geworden. Mumbais verfeindete Mafia-Banden kämpfen heute weniger um Anteile am Drogen- und Prostitutionsgeschäft als um profitträchtige Makler-Deals.

Mumbai gleicht in den letzten Jahren zunehmend einem Dampfkessel, der jeden Moment zu explodieren droht. Gewalt und Friedfertigkeit, Glanz und Elend, prachtvolle Strandvillen und erbärmlich stinkende Slums – sie alle liegen auf Tuchfühlung beieinander. Die Atmosphäre einer jungen, zukunftsorientierten Stadt in einem Land, das in jahrtausendealten Traditionen wurzelt – all diese Widersprüche machen Mumbai zu einer fesselnden Metropole. Genauso wenig, wie New York Amerika repräsentiert, ist Mumbai ein treffendes Spiegelbild der indischen Wirklichkeit. Doch wer die Stadt nicht gesehen hat, hat ein faszinierendes Stück Indien nicht gesehen.

Orientierung

Mumbai wirkt zunächst recht unüberschaubar, doch im Innenstadtbereich lässt sich die Stadt in drei leicht voneinander zu unterscheidende Bezirke unterteilen. **Colaba** ist der Stadtteil im Süden, in dem sich mit dem **Gateway of India** und dem Taj Mahal Intercontinental Hotel zwei der berühmtesten Wahrzeichen Mumbais befinden. Zwischen der direkt hinter dem Hotel verlaufenden Mereweather Road und dem Colaba Causeway, der Haupteinkaufsstraße Colabas, haben sich die meisten Billighotels sowie viele Restaurants angesiedelt.

Nördlich an Colaba schließt sich **Mumbai Fort** an, so benannt, weil hier früher das alte Fort stand. Hier finden sich die meisten der großartigen Kolonialbauten aus dem letzten Jahrhundert wie die Universität, das Postamt, Victoria Terminus und Churchgate sowie zwei der drei großen Bahnhöfe der Stadt. Von Süd nach Nord wird Mumbai Fort von einer großen Rasenfläche durchzogen, dem so genannten Maidan, der heute vornehmlich als Cricket-Übungsplatz Verwendung findet.

Westlich an Mumbai Fort schließt sich **Back Beach** an, jener Bereich, der erst Anfang dieses Jahrhunderts durch gewaltige Landaufschüttungen entstand. Abgeschlossen wird er heute vom Meer durch den imposanten sechsspurigen Marine Drive. Das südliche Ende dieser Prachtstraße wird vom Nariman Point beherrscht, einem großen, kreisrunden Platz mit vielen modernen Wolkenkratzern wie dem Air-India-Gebäude oder dem Oberoi Hotel.

Der Marine Drive führt weiter nördlich zum Chowpatty Beach und dann im Halbkreis weiter zum Malabar Hill, dem Wohnviertel der Oberschicht. Mumbai Central, der dritte Großbahnhof Mumbais, liegt ca. 2,5 km nördlich vom Chowpatty Beach. Der Sahar International Airport befindet sich 30 km nördlich des Stadtzentrums.

Geschichte

Niemand wäre 1537, als die **Portugiesen** in der so genannten „Treaty of Bassein" sieben Inseln vom Sultan von Gujarat zugesprochen bekamen, auf die Idee gekommen, hier einen Hafen zu errichten. Dazu waren die Verbindungen zum Hinterland einfach zu ungünstig. Die sich unmittelbar im Osten anschließenden Berge der West-Ghats schienen unüberwindbar, zumal kein Fluss diese Gebirgskette durchbrach.

Ganz anders war dies beim nur 250 km nördlich gelegenen **Surat**, dem bedeutendsten Hafen des Mogul-Reiches. Das Tal des Tapi-Flusses, an dem Surat liegt, verband die Stadt mit den Niederungen Gujarats. Zudem

Mehrunissas Klagen werden nicht erhört – Mumbai vertreibt seine Slumbewohner

Mehrunissa steht inmitten der Überreste von dem, was sie vor ein paar Stunden noch ihr Zuhause genannt hat. Umgeknickte Metallpfosten, aufgeschichtete Backsteine, zerbrochene Holzlatten, zerfetzte Pappkartons, verbeulte Kochtöpfe, zersplitterte Spiegel übersäen den lehmigen Boden. Toiletten, Waschmaschinen, Videorekorder, Kühlschränke und Lampen sucht man hingegen vergebens. Solche Selbstverständlichkeiten der westlichen Überflussgesellschaften sind Lichtjahre entfernt von den Lebensbedingungen der indischen Slumsiedlung, in der *Mehrunissa* die letzten zwölf Jahre mit ihrem Mann und ihren vier Kindern in einer Einzimmerhütte gewohnt hat. Sie beschimpft die Männer mit ihren Abrissmaschinen: „Warum haben sie uns nicht gewarnt, als wir hier unsere Hütten aufgebaut haben? Wo sollen wir nun hingehen, wo sollen unsere Kinder übernachten?" Ihr Wehklagen ist ebenso verzweifelt wie laut, doch Gehör findet es in dieser Stadt der Spekulanten und Profiteure kaum.

Rechtlich gesehen, sind die Slumbewohner in der Tat im Unrecht, siedeln sie doch auf städtischem Grund und Boden, den sie weder mieten noch ihr Eigentum nennen. Tatsächlich sind sie jedoch die Unschuldigsten in einer typisch indischen Geschichte aus Betrug, Täuschung und Korruption, in der letztlich immer die Skrupellosesten und Mächtigsten den größten Nutzen ziehen. Slums sind in einer derart übervölkerten Stadt wie Mumbai „big money". Die sogenannten „Slumlords" bauen, nachdem sie Polizei und lokale Politiker bestochen haben, auf freien Flächen, die sie in kleine Parzellen unterteilen, primitivste Hütten. Diese verkaufen sie an die Ärmsten der Armen zu Preisen zwischen 50.000 und 300.000 Rs. Eine Goldgrube, wenn man bedenkt, dass bis zu 1.000 Hütten in einer solchen Siedlung errichtet werden. Selbst der Abriss ist Teil der Rechnung, wird die Siedlung danach doch wieder aufgebaut und die Hütten können erneut verkauft werden.

Slums und sogenannte Shantytowns sind seit Jahrzehnten selbstverständlicher Teil des Stadtbildes von Mumbai. Bereits 1976 wurden in einer offiziellen Statistik zwei Millionen der damals 5,9 Mio. Einwohner als Slumbewohner geführt. 30 Jahre später leben nach wie vor ca. 50 % der heute 16,5 Mio. Einwohner in Armensiedlungen. Viele sind Zuwanderer aus den ärmsten Bundesstaaten Indiens wie Uttar Pradesh, Bihar und Andhra Pradesh. Entgegen eines weit verbreiteten Vorurteils sind die meisten nicht arbeitslos, sondern verrichten einfache, schlecht bezahlte Jobs als Bauarbeiter, Lastenträger, Rikshafahrer, Wäscher, Lumpensammler, Kindermädchen, Gemüseverkäufer und Haushaltshilfe. Bei den geringen Einkommen und den für indische Verhältnisse extrem hohen Mieten bleibt ihnen keine andere Wahl, als in zusammengeschusterten Hütten zu wohnen.

Die meisten Häuser in den älteren Slumsiedlungen Mumbais wie Dharavi, Byculla und Khar sind aus Backstein und Zement errichtet. Kaum ein Haus verfügt über eigenen Wasseranschluss oder Toilette. Eine der besten Beschreibungen der Lebensbedingungen in diesen Siedlungen hat der Schriftsteller *Rohinton Mistry* in seinem großartigen Roman „Im Gleichgewicht der Welt" vorgelegt.

Dennoch zählen die Bewohner noch zu den Privilegierten gegenüber den Millionen, die in aus Sperrholz und Pappkartons zusammengeschusterten Hütten entlang der Bahnlinien leben. Ganz zu schweigen von den etwa 5 %, die gänzlich auf der Straße wohnen. 60 % der 1.200 km des städtischen Straßennetzes verwandeln sich in der Nacht in Schlafstätten.

Die Shantytowns sind ein Schandfleck in den Augen der ehrgeizigen Politiker und Stadtplaner, die Mumbai in den nächsten Jahren auf einer Stufe mit Shanghai und Tokyo sehen. Wenn Geschäftsleute vor ihrer Landung auf dem Santa-Cruz-Flughafen über ein Meer von Plastik- und Blechdächern fliegen, sehen sie ein urbanes Geschwür, das ihnen den Traum von einem angenehmen, sicheren und gesunden Alltag zum Albtraum verkommen lässt.

Als am 26. Dezember 2004 der Tsunami große Teile der südostindischen Küste verwüstete, waren auch die begüterten Bürger Mumbais von den Fernsehbildern zerstörter Siedlungen erschüttert und spendeten Millionen für die obdachlosen Fischer. „Doch für den menschengemachten Tsunami, die Zerstörungsaktion, die gleichzeitig unter ihren Fenstern ablief, hatten sie kein Auge", sagt ein Beamter der Slum-Behörde. „Im Gegenteil, sie begrüßten diese."

Über 100.000 dieser Ansiedlungen sind in der größten Abrissaktion in der Geschichte Mumbais dem Boden gleichgemacht worden. In der chronisch unter Platzmangel leidenden Stadt verschärft sich ein Konflikt mit erheblichem Gewaltpotenzial. Auf der einen Seite stehen Städteplaner, Immobilienmakler, Firmeninhaber und Politiker mit ihren durchaus gerechtfertigten Forderungen nach Bauland für neue, moderne Siedlungen, Industrieansiedlungen und die Erweiterung und Modernisierung des Schienen- und Straßennetzes. Auf der anderen Seite die täglich über 2.000 vor dem Hunger und der Armut ihrer Heimatdörfer flüchtenden Dorfbewohner, die auf ihrer Suche nach einer besseren Zukunft in die vermeintliche Traumstadt flüchten. Ihre einzigen Verbündeten sind einige Journalisten sowie Menschenrechtsorganisationen, die allerdings oftmals im Ausland mehr Gehör finden als in Indien selbst.

Zwar gibt es bereits einige Neubausiedlungen in den Außenbezirken für die aus ihren Hütten vertriebenen Bewohner. Doch so sehr lokale Politiker und die Presse auf diese in der Tat lobenswerten Maßnahmen hinweisen, so kann dies doch nicht darüber hinwegtäuschen, dass es sich dabei um kaum mehr als den berühmten Tropfen auf den heißen Stein handelt. Dies umso mehr, als selbst von offizieller Seite nicht bestritten wird, dass durch die Abrissaktionen ein abschreckendes Beispiel für mögliche neue Zuwanderer gegeben werden soll. Das traurige Beispiel *Mehrunissas* und der Millionen anderer Slumbewohner, die über Nacht ihr gesamtes bescheidenes Hab und Gut verlieren, für welches sie Jahre gearbeitet haben, wird noch viele Worte des Bedauerns und der Trauer in Büchern, Zeitungen und bei einigen auf Wahlstimmenfang befindlichen Politikern finden – wirklich helfen tut ihnen letztlich niemand.

Westküste

war die Hauptstadt Delhi über das Plateau von Malwa leicht zu erreichen. Jedes Jahr verließen Hunderte von voll beladenen Schiffen die Stadt und nahmen Kurs auf Arabien. Das begann sich allmählich zu ändern, als Surat auf dem Höhepunkt der Mogul-Macht unter *Aurangzeb* im Jahre 1664 vom Marathen-Führer *Shivaji* gebranntschatzt wurde. Mehr und mehr erwiesen sich nun Surats Vorteile als Nachteile. Die guten Verbindungen zum Hinterland bedeuteten nämlich auch, dass die Stadt für die vom Osten anrückenden Eroberer, die es auf die enormen, für den Export im Hafen gelagerten Schätze abgesehen hatten, leicht zugänglich war. Hinzu kam, dass die Groß-Moguln keine Kriegsflotte von Bedeutung besaßen.

Mumbais Hafen hingegen ließ sich ebenso leicht gegen das Hinterland abschirmen, wie er gegen Angriffe von See zu verteidigen war. Die **Briten** waren 1661 durch die Mitgift *Katharina von Braganzas,* die König *Charles II.* geheiratet hatte, in den Besitz der sieben Inseln gekommen. Sie boten den reichen Kaufleuten Surats in Mumbai ihren Schutz an. Langsam, aber stetig entwickelte sich nun die kleine Provinz, die den Namen **Bombay Presidency** trug. 1787 wurde der Hauptsitz der East India Company, die das Gebiet für einen Jahresbetrag von 10 Pfund von der britischen Regierung gepachtet hatte, von Surat nach Mumbai verlegt.

Der große Durchbruch zur unangefochtenen **Handelsmetropole** Indiens ließ jedoch noch gut eineinhalb Jahrhunderte auf sich warten. Zwei Ereignisse waren letztlich für den Erfolg verantwortlich. 1854 wurde die erste **Eisenbahnverbindung** von Mumbai nach Pune (Poona) fertig gestellt. Deren weiterer Ausbau ermöglichte es nun, die für die zukünftige wirtschaftliche Entwicklung so zentrale Anbindung ans Hinterland und damit die Versorgung mit Rohstoffen, vor allem Baumwolle, sicherzustellen.

Als zweiter Glücksfall für Mumbai sollte sich der amerikanische Bürgerkrieg erweisen. Da die britische **Textilindustrie** nun ihren Bedarf in Indien statt in Amerika deckte, stieg die bis dahin noch am Anfang stehende Baumwollindustrie Mumbais innerhalb kürzester Zeit zur größten Indiens auf. Heute ist Mumbai eines der bedeutendsten Textilzentren der Erde.

1862 wurde der weiteren wirtschaftlichen Expansion ein in wörtlichem Sinn solides Fundament gelegt, als durch ein gewaltiges **Landgewinnungsprojekt** die sieben Inseln zu einer einzigen verbunden wurden. Von nun an stand dem märchenhaften Aufstieg zu Indiens führender Handels- und Industriemetropole nichts mehr im Wege.

Sehenswertes

Stadtrundgang durch das koloniale Mumbai

Gateway of India

Beginnen wir unseren Rundgang an jener geschichtsträchtigen Stelle, an der 1911 mit König *George V.* zum ersten Mal ein britischer Monarch den Boden des indischen Kaiserreiches betrat. Der zu seiner Begrüßung in aller Eile errichtete Pavillon aus weißem Gips wurde später durch den Gateway of India, das heutige **Wahrzeichen Mumbais,** ersetzt. Der 1924 eingeweihte, 26 m hohe **Triumphbogen** strahlt immer noch viel vom imperialen Selbstbewusstsein jener Tage aus. Gleichzeitig repräsentiert er wie kaum ein anderes Bauwerk Indiens das letztliche Scheitern der Kolonialmacht, verließen doch nur 23 Jahre später die letzten britischen Truppen durch eben diesen Torbogen Indien.

Im kleinen angrenzenden **Park** steht das Reiterstandbild des Marathen-Fürsten *Shivaji* (1627–1680), der zum Führer des Widerstandskampfes gegen die Mogul-Herrschaft aufstieg und heute als Idol nationaler Eigenständigkeit verehrt wird. Schräg gegenüber befindet sich das Denkmal des Hindu-Reformers und Mitbegründers der Ramakrishna Mission *Swami Vivekananda.*

Besonders gegen Abend, wenn sich neben den Souvenirverkäufern und kleinen Garküchen Hunderte von Einheimischen einfinden, bildet das angestrahlte Gateway of India einen der beliebtesten Treffpunkte Mumbais.

Übrigens auch für Taschendiebe ein lukrativer Arbeitsplatz, also Vorsicht!

Taj Mahal Intercontinental

Überragt wird der „indische Triumphbogen" vom **renommiertesten Hotel Indiens,** dem Taj Mahal Intercontinental. Bauherr war der indische Industrie-Mogul *J.R. Tata,* der sich, nachdem man ihm den Zugang zu einem Hotel mit dem Hinweis „For Europeans only" verwehrt hatte, kurzerhand entschloss, das beste Hotel Mumbais zu errichten. Das Vorhaben ist ihm mehr als gelungen. Die Luxusherberge mit ihren unzähligen Restaurants und Bars, Swimmingpool, Fitnessclub und Business Centre ist nicht nur das berühmteste Hotel Indiens, sondern weltweit eines der renommiertesten überhaupt. Dem Charme des 1903 eröffneten Gebäudes konnte auch der Bau des 1973 hinzugefügten 20-geschossigen Erweiterungsbaus nichts anhaben. Allerdings hat dadurch das unmittelbar davor platzierte Gateway of India viel von seiner einstmals imposanten Ausstrahlung eingebüßt.

Colaba Causeway

Folgt man der vom Gateway of India nach Nordwesten verlaufenden Chetrapati Shivaji Marg, vorbei am Government Emporium mit einer der umfangreichsten Paletten an Kunsthandwerk ganz Indiens, gelangt man nach knapp 100 m zum Wellington Circle. Die von hier nach Süden abzweigende **Shahid Bhagat Singh Road** (bekannter unter ihrem früheren Namen Colaba Causeway) entwickelt sich vornehmlich nach Sonnenuntergang, wenn hier unzählige Straßenhändler auf den schmalen Bürgersteigen ihre Verkaufsstände aufbauen, zu einem vielbesuchten **Night Market.** Das Angebot ist stark auf den Touristengeschmack zugeschnitten und die Preise sind bei weitem nicht so günstig, wie es einem die cleveren Verkäufer weismachen wollen. Die bunte Mischung aus Restaurants, Kneipen, Geschäften, Straßenverkäufern und Touristen aus aller Welt macht den Colaba Causeway zu einem der beliebtesten **Einkaufs- und Flanierboulevards** der Metropole.

Wer mehr am echten indischen Leben als an Shopping interessiert ist, sollte den Colaba Causeway Richtung Süden wandern. Je weiter man sich vom Touristenviertel zwischen Wellington Circle und Arthur Bunder Rd. entfernt, desto bunter und „ländlicher" werden die Eindrücke. Besonders der Bereich um den so genannten **Sassoon Dock** und den **Colaba Market,** ca. 1,5 km südlich des Wellington Circle, bietet einen spannenden Einblick in die Enge und Vitalität des täglichen Lebens im Hexenkessel Mumbais.

Prince of Wales Museum (Chatrapati Shivaji Maharaj Vastu Sanghralaya)

Nur wenige Meter nordwestlich des Wellington Circle befindet sich der Eingang zu dem in einem Park gelegenen Prince of Wales Museum (Tel.: 22844519, 22844484. Fax: 22045430, powm@vsnl.com). Das 1923 eröffnete Gebäude zählt neben dem Indian Museum in Kalkutta und dem National Museum in Delhi zu den drei bedeutendsten des Landes. Der im indo-sarazenischen Stil errichtete Bau beherbergt u.a. eine Textil- und eine Waffensammlung, Elfenbeinschnitzereien und eine kleine Abteilung nepalesischer Kunst. Berühmt sind vor allem die ausgestellten **Miniaturmalereien** sowie die **archäologische Abteilung.** Die vielen kunsthistorischen Epochen werden auf speziellen Hinweisschildern fachkundig erläutert, die Ausstellungsstücke machen fast durchweg einen gepflegten Eindruck.

●**Öffnungszeiten:** Di–So 10 bis 18 Uhr, Eintritt: 300 Rs (inkl. Audioguide), Kamera 30 Rs, Video 200 Rs, Tel.: 23757943.

Jehangir Art Gallery

Im gleichen Park befindet sich mit der 1952 erbauten Jehangir Art Gallery eine der wichtigsten Stätten **zeitgenössischer Kunst** in Indien. Ergänzend zu den überwiegend älteren Ausstellungsobjekten des Prince of Wales Museum rundet ein Besuch der Galerie das Bild indischer Kunst der letzten drei Jahrhunderte ab.

●**Öffnungszeiten:** tgl. 11 bis 19 Uhr, Tel.: 22843989.

Westküste

Universität

Folgt man der am Museum entlang führenden Mahatma Gandhi Road Richtung Norden, steht auf der linken Seite die 1874 vom englischen Architekten *Sir Gilbert Scott* im französischen Stil erbaute Universität. Der imposante Prachtbau wird von dem sich 80 m hoch über der Universitätsbibliothek erhebenden **Rajabai-Turm** überragt. Zu Zeiten der britischen Kolonialherrschaft wurde in dem Uhrturm viermal am Tag „God save the Queen" gespielt.

Direkt neben der Universität schließt sich der 1879 in venezianischem und neogotischem Mischstil errichtete Bau des **Obersten Gerichtshofes** (High Court) mit seiner 170 m langen Fassade an.

Flora Fountain

Die Mahatma Gandhi Road öffnet sich nun zu einem länglich ovalen Platz. Wegen der **Wasserfontäne** in Form einer Blume in seiner Mitte, die zu Ehren des von 1862 bis 1867 in Mumbai regierenden Gouverneurs *Sir Bartle Frere* errichtet wurde, hieß der Platz zunächst Flora Fountain. In Erinnerung an die Opfer des Kampfes um einen unabhängigen Bundesstaat Maharasthra benannte man ihn in den sechziger Jahren in **Hutatma Chowk** (Märtyrer-Platz) um. Im Volksmund ist er jedoch wegen der vielen hier ansässigen Banken und internationalen Firmen auch unter dem Namen **Piccadilly Circus** bekannt.

Veer Nariman Road

Die von hier nach Westen verlaufende Veer Nariman Road führt entlang dem Telegrafenamt und unzähligen auf den Bürgersteigen aufgebauten **Bücherständen,** die von Hitlers „Mein Kampf" über „Was Sie schon immer über Sex wissen wollten" bis zum neuesten Ikea-Katalog eine ungewöhnliche Angebotsvielfalt aufweisen, zu einer lang gezogenen, unbebauten Rasenfläche, die sich nördlich und südlich der Straße erstreckt. An der westlichen Seite des heute vornehmlich

Universität und Oberstes Gericht

04ós Foto: tb

als Cricket-Platz und öffentliche Toilette dienenden **Maidan** fällt das sehr schöne **Railway Administration Building** gegenüber der **Churchgate Station** auf, von der täglich Hunderttausende mit Vorortzügen in die nordwestlichen Stadtteile Groß-Mumbais pendeln.

Victoria Terminus

Kehrt man zurück zur Flora Fountain und folgt der Dadabhai Naoroji Road entlang weiterer schöner Kolonialbauten, gelangt man nach etwa einem Kilometer in Richtung Norden zum stets menschen- und autoüberfüllten **Nagar Chowk.** Optisch beherrscht wird er vom Victoria Terminus, einem der meistbenutzten und architektonisch **beeindruckendsten Bahnhöfe der Welt.** Der über und über verzierte, braune Sandsteinbau aus dem Jahre 1888 gilt als der schönste Bau viktorianischer Gotik in Indien. Nur knapp 100 m östlich des Victoria Terminus schließt sich das nicht minder beeindruckende **Hauptpostamt** (GPO) an.

Wer will, kann hier den Stadtrundgang durchs koloniale Mumbai beenden, indem er über die gegenüber vom GPO nach Süden verlaufende Mint Road, vorbei am **Horniman Circle,** einem hübschen, kleinen Park und der **Town Hall,** die eine der größten Bibliotheken Indiens beherbergt, nach Colaba und zum Gateway of India zurückkehrt.

Rathaus

Wer noch weiter auf den Spuren des kolonialen Mumbai wandeln möchte, sollte sich das gegenüber dem Victoria Terminus gelegene Rathaus (Municipal Corporation Building) nicht entgehen lassen. Der im orientalisch-gotischen Mischstil erbaute Prachtbau wirkt mit seinem 71,50 m hohen Turm ebenso imponierend wie das Bahnhofsgebäude. Den Mittelgiebel des Rathauses krönt in vier Metern Höhe eine Frauenstatue.

Kunstakademie

Nördlich hinter dem Rathaus und dem Pressehaus der Times of India steht die **Sir Jamsetjee Jeejeebhoy School of Art.** Diese 1857 gegründete Kunstakademie wurde von *J. Lockwood Kipling,* dem Vater *Rudyard Kiplings,* geleitet.

Crawford Market

Am nördlichen Ende der Dadabhai Road, Ecke Tilak Marg, liegt der Crawfort Market (Mahatma Phule Market), einer der faszinierendsten Orte ganz Mumbais. Stunden könnte man damit verbringen, durch die von vielen Jahrzehnten des Handelns gezeichneten **Markthallen** zu schlendern und sich von den Farben, Formen und Düften von Obst, Gemüse, Gewürzen, lebenden Vögeln und Fisch verführen zu lassen. Gelegentlich wird man am Haupteingang auf der Südwestseite am Uhrturm von Männern angesprochen, die wohl eine Art Eintrittsgeld kassieren wollen oder sich als Führer anbieten, was ein Versuch ist, dem unwissenden Touristen etwas Geld abzuknöpfen. Dieses Spiel lässt sich umgehen, indem man durch den nordöstlichen Hintereingang von der D.N. Rd. aus den Markt betritt, wo man nicht belästigt wird.

Der besondere Tipp: Basarviertel

Wer auf den Geschmack gekommen ist, sollte sich in das nördlich und westlich an den Crawford Market anschließende Basarviertel mit seinem Gewirr enger Gassen begeben, wo die verschiedenen Handwerkszünfte ihren Sitz haben. Besonders faszinierend ist dabei der an der Mauhana Shankatali Road in der Nähe der Ali Road gelegene **Chor Bazaar** (Diebesbasar). Hier wird nahezu alles verscherbelt, von antiken Möbelstücken über wertvolles Chinaporzellan bis zur Rolex, die vom Handgelenk eines reichen Touristen auf verschlungenen Wegen hierher gelangte. Damit man in den engen, stets von Menschen gefüllten Gassen nicht selbst Opfer des Diebesmarktes wird, sollte man seine Wertsachen stets aufmerksam im Auge behalten.

In unmittelbarer Nähe zum Chor Bazaar, an der Abdul Rahman Street, steht der von einem großen, heiligen Teich umgebene, der Schutzgöttin Mumbais gewidmete **Mumba-**

Westküste

devi-Tempel. Ursprünglich befand sich der Tempel dort, wo heute der Victoria Terminus steht. 1737 musste er jedoch der Erweiterung des alten Forts weichen. Der heutige Tempel soll aus dem Jahre 1753 stammen.

Beeindruckend ist etwas südlicher das quirlige Gassenviertel rund um die alles überragende Jamia Masjid, westlich des Crawford Market. Im **Cloth Market,** in dem nichts als Stoffe feilgeboten werden, kann man sich für wenig Gerld und viel Erlebnis ein **Kleidungsstück schneidern lassen.** Zunächst sucht man sich einen Stoff aus und bezahlt ihn. Dann wird man zu einem Schneider geführt, der einem daraus das gewünschte Kleidungsstück nach Maßabnahme meist am selben, spätestens zum nächsten Tag näht.

Vom Nariman Point zum Malabar Hill

Nariman Point

Steht das Gateway of India für die Kolonialgeschichte Mumbais, so spiegeln die Glitzerfassaden der Luxushotels und Verwaltungsgebäude am Nariman Point die nachkoloniale Erfolgsgeschichte der Stadt. Auffälligstes Gebäude dieses „Manhattan Mumbais", wie es stolz genannt wird, ist das **Oberoi,** ein Superluxushotel, welches mit seinen beiden Türmen den Himmel der Metropole beherrscht.

Marine Drive

Etwas weiter nördlich entlang des Marine Drive, der imponierenden sechsspurigen Küstenstraße, findet sich das moderne **Air-India-Hochhaus.** 1993 wurde es durch einen von insgesamt sechs Sprengsätzen, die innerhalb nur weniger Minuten im Stadtzentrum explodierten, erheblich beschädigt. Alle Prachtbauten entlang der Marine Drive oder Netaji Subash Chandra Bose Marg, wie Mumbais berühmteste **Promenadenstraße** heute heißt, seit sie in den achtziger Jahren zu Ehren des Freiheitskämpfers umbenannt wurde, stehen auf einer Landmasse, welche erst 1940 künstlich aufgeschüttet wurde.

Allabendlich zum Sonnenuntergang ist der Marine Drive ein beliebter Treffpunkt der Bewohner, die schlendernd den Sonnenuntergang genießen. In letzter Zeit finden sich auch mehr und mehr gesundheitsbewusste Inder zum abendlichen Walken ein.

Taraporewala Aquarium

Etwa 1,5 km weiter nördlich an der Marine Drive lohnt das 1951 eröffnete Taraporewala Aquarium mit einer Vielfalt an exotischen Meerestieren einen Besuch.
●**Öffnungszeiten:** Di–Sa von 11 bis 20 Uhr, So von 10 bis 20 Uhr.

Chowpatty Beach

Von hier ist es nicht mehr weit zur Chowpatty Beach, die sich in einem Halbbogen vor der Marine Drive erstreckt. Sonnenanbeter und Wasserratten sind hier allerdings fehl am Platze, da der Strand ebenso wie die See gleichermaßen verdreckt sind. Dafür ist Chowpatty besonders gegen Abend, vor dem Hintergrund der hell erleuchteten Skyline, ein stimmungsvoller Ort, an dem sich Hunderte von Indern einfinden. Erfrischungsstände, Karussells und Gaukler vertreiben ihnen die Zeit.

Historische Bedeutung erlangte Chowpatty, weil hier während des indischen Unabhängigkeitskampfes viele große Demonstrationen stattfanden, an denen mehrere Hunderttausend Menschen beteiligt waren. Auch heute noch wird er von den Parteien als Schauplatz ihrer Wahlveranstaltungen genutzt.

Jedes Jahr im September finden sich Tausende ein, um **Ganesh Chaturhi,** den Geburtstag des beliebten Elefantengottes, zu zelebrieren. Dabei werden kunstvoll bemalte, oft meterhohe Tonskulpturen Ganeshas nach Abhaltung ausgiebiger Kulthandlungen im Meer versenkt.
●*H2O Watersports* (Tel.: 23677546, sailing @h2osports.biz) veranstaltet zwischen 10 und 22 Uhr am Strand z.B. **Speedboat- und Motorboot-Fahrten** (125 bzw. 60 Rs p.P.) und Rundfahrten (150 Rs p.P. am Tag und 200 Rs abends) in die Bucht. Außerdem werden Wasser- und Jetski sowie Windsurfen angeboten.

Malabar Hill

Die Marine Drive setzt sich, hinter Chowpatty nach Westen abbiegend, in der Walkeshwar Road fort, die über die steil aufsteigende Bal Gangadhar Kher Marg zum Malabar Hill führt, einer **Landzunge,** die wie ein Daumen ins Meer hinausragt. Malabar Hill ist so etwas wie das Beverly Hills Mumbais, da hier in frischer Seebrise die oberen Zehntausend der Stadt ihren Reichtum mit **herrschaftlichen Villen** zur Schau stellen.

Kamala Nehru Park

Die besten Ausblicke auf Chowpatty und Marine Drive bieten die auf der Spitze des Berges gelegenen Hanging Gardens und der Kamala Nehru Park. Der 1952 angelegte Park ist eine Art **Freizeitpark** für Kinder und wurde nach der Frau des ersten indischen Ministerpräsidenten benannt.

Hanging Gardens und Türme des Schweigens

Die direkt gegenüber gelegenen, über einem Wasserreservoir errichteten Hanging Gardens (neuer Name Pherozeshah Mehta Gardens) gewähren einen Blick in Richtung der Türme des Schweigens, jenem **Bestattungsort,** wo die Parsen ihre Toten den Vögeln zum Fraß vorlegen. Die in der Luft kreisenden Geier sind allerdings das einzige, was man von der Bestattungszeremonie zu Gesicht bekommt, da die Türme selbst durch dichte Bäume vor den neugierigen Blicken Fremder verdeckt sind. Ein Modell kann im Prince of Wales Museum besichtigt werden. Der Grund für diese Bestattungsmethode ist das oberste Gesetz der Parsen, welches besagt, dass die Reinheit der Elemente nicht durch die Bestattung von Toten in der Erde oder ihre Verbrennung beschmutzt werden soll (s. „Menschen und Kultur: Religionen").

Raj Bhavan und Walkeshwar-Tempel

Am Ende der Landzunge des Malabar Hill steht Raj Bhavan, einst herrschaftliche Residenz des britischen Gouverneurs und heute **Sitz des Gouverneurs** von Maharashtra.

Der ganz in der Nähe gelegene Walkeshwar-Tempel, ein beliebter **Wallfahrtsort** der Hindus, stammt aus dem Jahre 1715. Er war ursprünglich im 11. Jh. erbaut, danach jedoch mehrfach zerstört worden. Glaubt man der Legende, so soll der Tempelteich entstanden sein, als Rama einen Pfeil in den Boden schoss, um seinen Durst zu löschen.

Haji Ali's Tomb

Der Pavillon zum Andenken an *Haji Ali,* der während einer Pilgerfahrt nach Mekka ertrank, liegt äußerst pittoresk auf einer Felsenklippe mitten im Meer. Zu erreichen ist er nur während der Ebbe über einen ca. 100 m langen **Damm,** der zu beiden Seiten von erbarmungswürdig aussehenden Bettlern gesäumt wird, die auf eine milde Gabe der täglich Tausenden von Pilgern hoffen.

Mani Bhawan

In der schattigen Labarnum-Gasse liegt das hübsche, dreigeschossige Haus mit vorspringenden Holzbalkonen, in dem **Mahatma Gandhi** während seiner zahlreichen Besuche in Mumbai zwischen 1917 und 1934 wohnte. Heute befindet sich in den Räumlichkeiten ein **Museum,** in dem neben berühmten Utensilien wie etwa dem Spinnrad und den Sandalen auch beeindruckende Fotos über den indischen Unabhängigkeitskampf zu sehen sind.
●**Öffnungszeiten:** tgl. 9 bis 18 Uhr, Tel.: 23805864.

Victoria Gardens, Zoo und Victoria and Albert Museum

Vor allem am Wochenende sind die gepflegten, weitläufigen Victoria Gardens im Norden von Central Mumbai mit dem auf dem Areal befindlichen Zoo ein beliebtes und dementsprechend überlaufenes **Ausflugsziel.** Der Zoo beherbergt u.a. Tiger, Leoparden, Elefanten, Affen und Zebras.

Das Victoria and Albert Museum (seit einigen Jahren heißt es offiziell Dr. Bha Daji Lad Museum) befindet sich ebenfalls auf dem Gelände der Victoria Gardens und lohnt u.a. wegen einer sehr anschaulichen Fotoausstellung zur **Stadtgeschichte** einen Besuch.

Westküste

●**Öffnungszeiten:** Der Zoo ist von Sonnenaufgang bis Sonnenuntergang geöffnet, das Museum (Tel.: 23757943) 10.30–16.30 Uhr. Beide sind Mi geschlossen.

Mahalaxmi Dhobi Ghat

Wer einmal sehen möchte, was mit seiner Wäsche passiert, nachdem er sie morgens im Hotel abgegeben hat, dem sei geholfen. Im Mahalaxmi Dhobi Ghat, dem „**Ufer der Wäscher**" im Stadtteil Mahalaxmi, wringen, prügeln und malträtieren Hunderte von *dhobis* die ganze Wäsche Mumbais. Die Wäscher arbeiten jeweils in nebeneinander gelegenen, von niedrigen Zementmauern umgebenen kleinen Parzellen, an denen das zum Waschen benötige Wasser vorbeifließt. Der beste Ausblick auf das Treiben bietet sich von einer Brücke an der vorbeiführenden Hauptstraße.

Zur Anfahrt nimmt man einen Vorortzug von der Churchgate Station bis zum Bahnhof Mahalaxmi. Der Zug sollte ein Slow Train sein, da die meisten Expresszüge Mahalaxmi ohne Halt durchfahren. Die Dhobi Ghats liegen direkt an der Ostseite des Bahnhofs.

Es herrscht **Fotografierverbot!** Vorsicht: Personen, die sich als „Government Officials" ausgeben, behaupten, dass gegen Zahlung von 100 Rs an sie die Erlaubnis zu erhalten sei.

Praktische Tipps

Information

●Das **India Tourism Tourist Office** (Tel.: 22033144/5, 22083263, indiatourism@vsnl.com, www.tourismofindia.com) im 1. Stock in 123, Maharshi Karve Road, direkt gegenüber der Churchgate Station, ist eines der besten Informationsbüros ganz Indiens. Neben einem übersichtlichen Stadtplan erstellen die freundlichen Bediensteten auf Anfrage auch aktuelle Computerausdrucke zu fast allen touristisch interessanten Orten Indiens. Geöffnet ist es Mo–Fr von 8.30 bis 18 Uhr, Sa und an Feiertagen von 8.30 bis 14 Uhr. **Filia-**

len befinden sich am nationalen (Tel.: 26156920) und internationalen Flughafen (Tel.: 26829248). Staatlich geprüfte Stadtführer können unter Tel.: 22036854 gebucht werden.

●**Maharashtra Tourism Office (MTDC)** am Nariman Point (Express Towers, 9. Stock, Tel.: 22024482, www.maharashtratourism.gov.in, webmaster@maharashtratourism.gov.in) und in den CDO Hutments, Madame Cama Rd. (Tel.: 22026713), veranstaltet neben Stadtrundfahrten, die hier beginnen (s.u.), diverse mehrtägige Rundreisen zu Zielen in Maharashtra.

●„**Mumbai – This Fortnight**" ist ein hervorragendes Heftchen mit einer Fülle von Informationen über Mumbai. Neben Hotel- und Restaurant-Adressen finden sich u.a. Einkaufstipps, Flugpläne, wichtige Adressen von Botschaften und Fluggesellschaften sowie ein Veranstaltungskalender.

Stadtverkehr

Verbindungen zu den Flughäfen

Flughafenbusse:
●**Busse vom nationalen zum internationalen Flughafen** verkehren alle 15 Min. Kann man ein Weiterflugticket vorweisen, ist die Fahrt umsonst, ansonsten kostet sie 20 Rs.
●Der von vielen Individualtouristen benutzte Flughafenbus vom Air-India-Gebäude am Nariman Point zum nationalen Flughafen Santa Cruz und weiter zum internationalen Flughafen Sahar ist **eingestellt worden.**

Taxi:
●Taxipreise vom **internationalen Flughafen Sahar** nach Colaba sollten per Prepaid-Taxi nicht mehr als 350 Rs betragen, für zwei oder mehr Personen natürlich etwas mehr. Vom Flughafen in die Stadt muss das Ticket an einem Schalter beim Ausgang bezahlt werden. Nach Bezahlen des Festpreises erhält man eine Quittung, welche einem speziellen Taxi zugewiesen ist. Die ganze Prozedur hat den Vorteil, dass einem die übliche Feilscherei um den Fahrpreis erspart bleibt. Auch bei den Prepaid-Schaltern gibt es schwarze Schafe, die zunächst sehr viel mehr verlangen.

●Billiger, wenn auch nur nach ausgiebigem Verhandeln, kommt in die Stadt, wer sich nach der Ankunft vom „Arrival-" zum **„Departure-Terminal"** begibt und dort eines der sonst leer in die Stadt fahrenden Taxis anhält. Allerdings sind hier die Fahrer besonders „commission-minded" , das heißt, sie wollen einen unbedingt in ein Hotel ihrer Wahl fahren.

●Will man zum Abflug aus der Innenstadt (Colaba) zum Flughafen, ist dies auch bei Verhandlungsgeschick in der Saison schwer unter 300 Rs zu haben, während man davor und danach, selbst zur Nachtzeit, leicht für 250 Rs ein Taxi bekommt.

Da insbesondere die Flüge von Mumbai nach Europa häufig überbucht sind und die oft chaotischen Zustände am Flughafen zusätzlich für Verzögerungen sorgen, empfiehlt es sich unbedingt, spätestens **drei Stunden vor Abflug** am Schalter **einzuchecken.** Wenn man bedenkt, dass die Fahrt von der Innenstadt zum Flughafen mindestens eine Stunde dauert und die Maschinen nicht selten mit Verspätung abfliegen, muss man von der Abfahrt vom Hotel bis zum ersten Essen im Flugzeug sechs bis acht Stunden rechnen. Wer die enorm hohen Preise für Essen und Trinken am Flughafen nicht zahlen möchte, sollte sich einen **kleinen Snack** bzw. eine **Flasche Wasser** bereits vorher kaufen.

S-Bahn/Autoriksha:

●Eine der billigsten und zudem schnellsten Möglichkeiten, von der Innenstadt Richtung Flughafen zu gelangen: Zunächst von Churchgate in etwa 40 Min. mit einem der ständig zwischen 4.30 und 24 Uhr verkehrenden **Vorortzüge** Richtung Ville Parle oder Andheri (5 Rs) und von dort mit einer der bereitstehenden Autorikshas für ca. 20–30 Rs weiter zum Flughafen. Allerdings sollte man bei dieser „Sparvariante" nicht außer Acht lassen, dass ein mit zwei oder drei Personen geteiltes Taxi letztlich nicht allzu viel teurer kommt als die mit wesentlich mehr Mühe verbundene Alternative.

Autoriksha

●Autorikshas sind **nur in den Vororten** erlaubt und so für Touristen als Transportmittel praktisch ohne Nutzen. Wer sie dennoch benutzt, muss den angezeigten Fahrpreis mit acht multiplizieren, wenn überhaupt mit Taxameter gefahren wird.

Taxi

●Aufgrund ihrer Quasi-Monopolstellung im Innenstadtbereich sind die insgesamt 40.000(!) Taxis das neben Bussen meistbenutzte Transportmittel Mumbais. Tagsüber schalten die meisten Fahrer ohne Murren den **Taxameter** ein, eine für Indien ganz ungewöhnliche Erfahrung. Bei Fahrtende sollte man sich jedoch nicht zu früh über den angezeigten Fahrpreis freuen, da dieser mit dem Faktor 14 multipliziert werden muss. 2,50 Rs auf der Uhr kosten also schließlich 30 Rs. Jeder Taxifahrer muss eine Umrechnungstabelle, die so genannte *Taxi Tarif Card,* bei sich führen und auf Verlangen vorzeigen. Vom Gateway of India zum Victoria Bahnhof zahlt man ca. 20 Rs, zum Malabar Hill etwa 60–70 Rs.

Von 22 bis 6 Uhr wollen die meisten Fahrer einen **Nachtzuschlag** (ca. 25 %) herausschlagen und sind kaum bereit, mit Uhr zu fahren. Dann gilt es also wieder, zäh zu verhandeln.

Blaue AC-Taxis, die so genannten **Cool-Cabs,** sind um ca. 30 % teurer und können auch unter Tel.: 28246216, 28227006, 9820329118 angefordert werden. Ihre Taxameter zeigen den korrekten Preis an.

Bus

●Mumbai besitzt das beste innerstädtische Busnetz ganz Indiens. Die äußerst pittoresken, dunkelroten **Doppeldeckerbusse** sind meist in einem relativ guten Zustand und zudem auch nur während der Hauptverkehrszeiten typisch indisch vollgestopft. Dennoch sollte man sich vor den zahlreichen **Taschendieben** in Acht nehmen, da ansonsten die Fahrt letztlich wesentlich teurer ausfällt als gedacht. Die meisten Strecken kosten kaum mehr als maximal 2 Rs. Ein kleines Heftchen, in dem alle 300 (!) verschiedenen Routen

Westküste

aufgeführt sind, gibt es an vielen Kiosken zu kaufen.

● Einige für Touristen interessante **Routen** sind die Linien 1, 6-Ltd., 7-Ltd., 103 und 124 vom Victoria-Bahnhof nach Colaba. Vom Mumbai-Central-Bahnhof fahren die Busse Nr. 43, 70, 124, 125 nach Colaba. Von Colaba über den Chowpatty Beach zum Malabar Hill fahren u.a. Linien 106 und 108.

● Mit **Ltd.- (Limited Stops) Bussen** kommt man schneller ans Ziel, da sie seltener halten.

● Wer mit dem Zug am **Mumbai-Central-Bahnhof** ankommt bzw. von dort losfährt, kann mit einem der alle 5 Min. von und nach Churchgate fahrenden Busse ins Stadtzentrum fahren. Der Preis ist im Bahnticket enthalten. Allerdings gilt auch hier: Vorsicht vor Langfingern!

Stadtrundfahrt

● Tägliche regelmäßige Stadtrundfahrten werden nur von **privaten Anbietern** veranstaltet. Diese haben ihre Verkaufsschalter nahe dem Gateway of India.

● **Maharashtra Tourism** (Nariman Point, Tel.: 22024482, 22026713) veranstaltet nur noch eine Abendtour (19 bis 20.30 Uhr), die die wichtigen Sehenswürdigkeiten passiert. Abfahrt 19 Uhr am Gateway of India, wo in der Ticketbude von Maharashtra Tourism Karten gekauft werden können.

● An Wochenenden und Feiertagen werden einstündige **Open-Deck-Tours** angeboten, die um 19 Uhr und um 20.30 Uhr im Innenstadtbereich wichtige angestrahlte Sehenswürdigkeiten passieren (70 Rs).

● Skepsis ist bei den von **privaten Anbietern** in der Nähe des Gateway of India offerierten Stadtrundfahrten angebracht. Die Erklärungen sind häufig nur in Hindi und die Eintrittspreise müssen während der Fahrt extra bezahlt werden.

● Wesentlich billiger erlebt die Stadt, wer mit einem **Doppeldeckerbus** der Linien 132 oder 133 fährt.

● Stadtrundgänge zu den wichtigsten Sehenswürdigkeiten im Stadtbereich werden von **The Bombay Heritage Walks Society** auf Anfrage an Sonntagen (außer während der Monsunzeit) durchgeführt. Details: Tel.: 22810123, 23690992, heritagewalks@hotmail.com. Auch eine **Zout** zu den Docks wird jeden ersten Sonntag im Monat angeboten, Start am Lion Gate an der S.B. Singh Rd.

● Jeden Sonntag (außer in der Monsunzeit) wird eine einstündige Bahnfahrt nach Thane im **historischen Heritage Train**, einer alten Dampflok, mit einem kurzen Aufenthalt und Rückfahrt veranstaltet. Abfahrt in Mumbai CST um 15.35 Uhr, Rückkehr um 18 Uhr, 100 Rs Non-AC, 200 Rs AC. Die Tickets sind an den Bahnhöfen Mumbai CST und Thane erhältlich.

Unterkunft

Mumbai ist zweifellos eine der interessantesten Städte Indiens, doch für viele Reisende mit schmalem Geldbeutel entwickelt sich die Unterkunftssuche oft zu einem Alptraum. Es wäre auch nicht untertrieben zu behaupten, in der Stadt bestünde ein **Mangel an Billigunterkünften**. Faktisch gibt es so gut wie gar keine. Ein auch nur einigermaßen akzeptables Doppelzimmer unter 300 Rs zu ergattern, ist so gut wie unmöglich, und dementsprechend werden die beiden Preiskategorien Low Budget und Budget im Folgenden auch zusammengefasst.

Auf die wenigen preiswerten Unterkünfte stürzen sich jeden Morgen neben westlichen Travellern auch viele afrikanische und arabische Touristen. Wer in den Monaten Oktober bis März nach 12 Uhr mittags in Mumbai eintrifft, kann seine Hoffnung auf ein billiges Zimmer für die kommende Nacht gleich be-

---

Offiziell heißt Mumbais berühmteste Meile inzwischen Netaji Subash Chandra Bose Marg, doch die Einheimischen nennen die Uferpromenade nach wie vor Marine Drive oder auch Queen's Necklace, „Halsband der Königin" – wegen der nach Sonnenuntergang sichelförmig aufleuchtenden Lichter der Luxushotels und Apartments

graben. Erreicht man die Stadt morgens per Flugzeug, sollte man bereits am Flughafen eine **telefonische Zimmerreservierung** vornehmen. Auf die Bediensteten des Tourist Office ist dabei allerdings nur wenig Verlass, da diese meist versuchen, Touristen in den teuren Hotels unterzubringen, wo sie Kommission kassieren. Besser ist es also, selber anzurufen. Auch die meisten Taxifahrer möchten sich gern einige Rupien hinzuverdienen, indem sie Touristen zu einem Luxushotel chauffieren. Insofern sollte man ihren Hinweisen, dass das gewählte Hotel abgebrannt sei, auch keine Bedeutung beimessen.

Auch die im Folgenden genannten Tarife sind mit Vorsicht zu genießen, da sich die Preisspirale unaufhörlich dreht. 20 % Zuschläge pro Jahr sind fast schon die Regel. Hinzu kommt, dass viele Billigunterkünfte im Stadtteil Colaba luxusrenoviert werden, sodass man auf einmal vor einem 3- oder 4-Sterne-Hotel steht. Reist man zu zweit und möchte sich in einem Zimmer in Colaba hinter dem *Taj Hotel* einquartieren, wo viele Billig- und Mittelklassehotels liegen, empfiehlt es sich, das Gepäck unter Aufsicht der einen Person in einem Café abzustellen, während der andere sich unbeschwert auf die Suche machen kann. Viel Glück dabei!

Low Budget und Budget

In Colaba:

● Wie heiß begehrt das von der Heilsarmee (Salvation Army) betriebene **Red Shield Hostel** €-€€€ (30, Mereweather Rd, Tel.: 22841824, red_shield@vsnl.net) ist, davon kann man sich jeden Morgen zur Check-in-Zeit um 10 Uhr ein Bild machen, wenn eine Traube von Individualtouristen sich um eines der wenigen Betten bemüht. Tatsächlich sind besonders die sauberen Schlafsäle für 135 Rs pro Person (incl. Frühstück) die billigste Übernachtungsmöglichkeit, die es in Mumbai gibt. Einige geräumige Doppel- und Dreibett-Zimmer (AC, nur Gemeinschaftsbad) stehen ebenfalls zur Verfügung, der wesentlich höhere Preis beinhaltet drei obligatorische Mahlzeiten. Ein kleiner Balkon und der Aufenthaltsraum sind beliebte Treffpunkte für

04Sis Foto: tb

Westküste

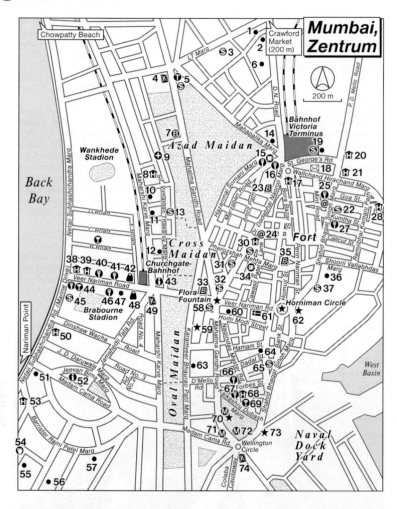

die bunte Mischung von Travellern aus aller Welt. Die *safe deposit lockers* (Schließfächer) zum Preis von 3 Rs pro Tag (+ 50 Rs Pfand) sollten vor allem die benutzen, die im Schlafsaal übernachten. Am besten ist man schon um 9.30 Uhr da, dann steigen die Chancen, in dieser einzigen guten Gewissens zu emp-

fehlenden Low-Budget-Unterkunft Mumbais unterzukommen.

● Für Mumbai-Verhältnisse gar nicht mal schlecht ist das klapprige **Carlton Hotel** €-€€€ (12, Mereweather Road, Tel.: 22020642), wo neben EZ/DZ auch Drei- und Vierbett-Zimmer zur Verfügung stehen. Verglichen mit

Sehenswürdigkeiten

★	59	High Court
ii	61	St. Thomas Cathedral
★	63	Universität, Rajabai Tower
Ⓜ	70	Prince of Wales Museum,
★		Max Mueller Bhawan
Ⓜ	71	National Gallery of Modern Art
Ⓜ	72	Jehangir Art Gallery
★	73	Lions Gate

Unterkunft

🏠	8	West End Hotel
🏠	17	Hotel City Palace
🏠	20	Hotel Manama
🏠	21	Railway Hotel,
		Hotel Tourist International
🏠	25	Hotel Oasis
🏠	28	Grand Hotel
🏠	30	Hotels Benazeer und
		Residency
🏠	38	Ambassador Hotel
🏠	39	Chateau Windsor Hotel
🏠	50	Hotel Marine Plaza
🏠	53	Oberoi und Oberoi Towers
🏠	68	Hotel Lawrence

Essen und Trinken

❶	15	Essensstände,
◒		Café Coffee Day
❶	16	McDonald's
❶	25	Shere-e-Punjab Restaurant
❶	27	Café Universal
◒	34	Mocambo Cafe
❶	40	Shiv Sagar Restaurant
❶	41	Purohit's, Indian Summer
❶	44	Not Just Jazz By The Bay,
❶		The Pizzeria
❶	46	Gaylord
❶	66	Restaurant Trishna
❶	67	Restaurants Silk Route
		und Chetana
❶	69	Restaurants Copper Chimney,
❷		Bombay Blue und Noodle Bar

Verkehr

•	1	Büros privat. Busanbieter
Ⓑ	7	Busabfahrt Privatanbieter
•	10	Qatar Airways
•	12	Korean Air
•	19	Railway Reservation Office
•	47	British Airways
•	51	Air India und Indian Airlines
•	56	Sahara Airlines

Geld

⑤	3	HDFC ATM
⑤	13	UTI ATM
⑤	19	UTI ATM
⑤	22	UAE Exchange
⑤	30	Citibank ATM
⑤	31	Thomas Cook
⑤	32	American Express Bank
		und ATM
⑤	37	Reserve Bank of India
⑤	45	Centurion Bank ATM
⑤	58	HSBC ATM
⑤	65	Pheroze Framroze
⑤	5	ICICI ATM

Internet

@	24	Wembley Cyber
@	25	Nikhil Computer Centre

Sonstiges

•	2	Foreigner's Registration
		Office
🎞	4	Metro Cinema
⛽	5	Tankstelle
•	6	Planet M
➕	9	Bombay Hospital
•	11	Alliance Francaise
•	14	Stadtverwaltung, Rathaus
✉	18	Hauptpostamt (GPO)
🅱	23	Bookzone
🅱	33	Buchstände
🅱	35	Strand Book Stall
•	36	The Mint Hochhaus
🛒	42	Suryodaya Supermarket
❶	43	IndiaTourism
🛍	48	Asiatics Department Store
🎞	49	Eros Cinema
❶	52	Maharashtra Tourism
◐	54	National Theatre of
		Performing Arts (NTPA)
•	55	Deutsches und
		Israelisches Konsulat
•	57	Britisches und Kanadisches
		Konsulat, British Council
		Library
•	60	Konsulat Sri Lanka
•	62	Town Hall,
		State Central Library,
		Asiatic Society of
		Bombay Library
•	64	Börse
🎞	74	Regal Cinema

Westküste

gleichwertigen Unterkünften in anderen Städten zweifelsohne überteuert, doch dafür herrscht in dem alten Holzbau eine angenehme Atmosphäre und vom Wäscheservice bis zum Bus- und Flugticketverkauf bietet der geschäftstüchtige Manager eine Menge Extras an.

● Akzeptabel sind die billigen Zellen und kleinen Zimmer, teils mit Gemeinschaftsbad, der **Maria Lodge** €€-€€€ (Tel.: 22854081), manche mit Fenster.

● Die besten Angebote dieser Preisklasse machen **Hotel Kishan** und **Aga Beg's P. Guest House** €-€€€ (12, Walton Street, Tel.: 22832886 (Kishan), 22842227, 56356758 (Aga Beg's). Besonders die teilweise neuen Zimmer des Aga Beg in den oberen Etagen mit sehr sauberen, schön eingerichteten Zimmern, die billigen mit Gemeinschaftsbad, sind preiswert.

● Drei Hotels übereinander befinden sich im Kamal Mansion, eine kleine Gasse an der Arthur Bunder Rd. hinein: im 2. Stock das **Sealord** €€-€€€ (Tel.: 22845392) mit einfachen DZ inkl. TV, AC und Fenster Richtung Hafenbecken sowie Badezimmer, außerdem fensterlose DZ ohne TV. Darüber liegt das **India Guest House** €€-€€€ (Tel.: 22833769). Das Gemeinschaftsbad ist annehmbar sauber. Recht laut, aber für eine Nacht wohl o.k. Einen Stock höher liegt das beste der drei Hotels, das **Sea Shore** €€€ (Tel.: 22874237/ 38) Räume mit sauberem Gemeinschaftsbad. Die Zimmer mit Fenster haben einen schönen Blick zum Hafenbecken.

● Eine weitere einfache Billigunterkunft ist das **Tourist Home** €€ (Tel.: 22840307) in der Apollo Bunder Rd. (1. Stock), nicht weit entfernt. Einfache, fensterlose Zimmer mit Bad sind eine akzeptable Alternative, wenn die anderen billigen voll sind.

Nähe Victoria Terminus/Fort-Bereich:
Eine ganze Ansammlung passabler Hotels drängt sich im Bereich der Kreuzung von S.B. Singh Road und P.D. Mello Road in unmittelbarer Nähe zum Hauptpostamt, kaum zehn Gehminuten vom Victoria Terminus entfernt.

● Das **Hotel Manama** €€€-€€€€ (221/5, P.D. Mello Rd., Tel.: 22613412, hotelmanama@mtnl.net.in) ist dem leicht billigeren **Hotel**

Oasis €€-€€€ (276, S.B. Singh Road, Tel.: 22697887, hotel oasis@satyam.net.in) vorzuziehen, weil die Zimmer (mit AC) wesentlich heller und etwas geräumiger ausfallen.

● Akzeptabel ist das **Hotel Tourist International** €€-€€€ (Walchand Hirachand Marg, Tel.: 22619770), die meisten Zimmer mit TV, die billigeren mit Gemeinschaftsbad.

● Ein Tipp ist das **Hotel Lawrence** €€ (K. Dubash Marg, 3. Stock, Tel.: 22843618, 56336107) am Südende des Fort-Bereichs in einer kleinen Seitengasse am Prince of Wales Museum (beim Restaurant Chetana 50 m in die abzweigende Gasse). Spartanische, aber saubere Zimmer, teils mit Gemeinschaftsbad, sind für die Lage preiswert. Nicht vom Treppenhaus abschrecken lassen.

● IndiaTourism kann **Unterkunft in Familien** ab 500 Rs aufwärts vermitteln.

Tourist Class

● Das in der Nähe des *Strand Hotel* gelegene **Hotel White Pearl** €€€-€€€€ (Tel.: 22885316, Fax: 22852147) vermietet einfache, für Mumbai-Verhältnisse günstige Zimmer, wobei die klimatisierten teuer und teurer sind.

● Eine gute Wahl ist auch das in der Walton Str. gelegene Hotel **Cowies** €€€-€€€€ (Tel.: 22840232) mit AC-Zimmern in einem villaähnlichen Gebäude.

● Die Zimmer im **Bentley's Hotel** €€€ (Tel.: 22841474, 22882890, bentleyshotel@hotmail.com) sind zwar nicht billig, aber sehr stilvoll, teils mit schönem Mobiliar und Balkon, doch für Mumbai recht preiswert und deshalb meist ausgebucht.

● Ein hervorragender Ableger des *Bentley's* ist **Bed & Break Fast** €€€ (Henry Rd., Tel.: 22881706) in einer alten Villa nicht weit entfernt. Große Zimmer mit dunklem Holzmobiliar, oft mit geschlossenem Balkon, sind erstaunlich preiswert, zumal das Frühstück im Preis enthalten ist.

● Zentral in Colaba gelegen ist das gut geführte und klimatisierte **Garden Hotel** €€€€ (Tel.: 22841476, gardenhotel@hotmail.com) mit zweckmäßigen Zimmern und einem Dachrestaurant.

● Weitere Hotels in Colaba mit ähnlichen Zimmerpreisen sind das **Hotel Crystal** €€€€

(Shahid Bhagat Singh Road, Tel.: 22020673) und das **Whalley's Guest House** €€€€ (41, Mereweather Road, Tel.: 22834206).

● Supersaubere Zimmer in zentraler Lage in einem von sehr freundlichen und ehrlichen Bediensteten geführten Haus und das zu relativ günstigen Preisen – all das bietet das **Chateau Windsor Hotel** €€€€-€€€€€ (Tel.: 22044455, info@cwh.in, www.chateauwindsor.com) in der Veer Nariman Rd. neben dem *Ambassador Hotel*.

● Eine sehr gute Wahl ist das **Suba Palace** €€€-€€€€ (Tel.: 22020636, info@hotelsubapalace.com, www.hotelsubapalace.com) in der Battery Rd. ganz in der Nähe des Gateway of India. Nicht nur die zentrale Lage, sondern auch die attraktiv gestalteten Räume dieses AC-Hotels sind ihr Geld wert.

● Besonders seine günstige Lage direkt gegenüber dem Victoria Terminus (1. Stock, eine leicht zu übersehende Treppe hinauf) machen das **Hotel City Palace** €€€-€€€€ (Tel.: 22615515, www.hotelcitypalace.com) zu einer Empfehlung. Die Zimmer, alle mit TV, sind recht klein und nicht billig, trotzdem meist ausgebucht.

● Eine gute Wahl ist das **Hotel Benazeer** €€€-€€€€ (Tel.: 22611725, 56338106) mitten im quirligen Zentrum des Forts mit sauberen AC-Zimmern. Auch das fast preisgleiche **Residency Hotel** €€€-€€€€ (Tel.: 56670555, 22615500, residencyhotel@vsnl.com) ganz in der Nähe ist in Ordnung.

● Das **Railway Hotel** €€€-€€€€ (Tel.: 30222300-5, railwayhotel@hotmail.com, www.hotelrailway.com) hat hinreichend saubere, nicht sonderlich große AC-Zimmer mit TV und wird hier wegen seiner Lage in V.T.-Nähe erwähnt.

● Die vielleicht beste Adresse dieser Preiskategorie ist das **YWCA** €€€-€€€€ (Tel.: 22025053, ywcaic@mtnl.net.in, Seiteneingang, 1. Stock). Sehr ordentliche Zimmer mit Frühstück sind ein Schnäppchen für diese Lage, was leider dazu führt, dass man ohne längerfristige Reservierung kaum die Chance hat, eins der begehrten Zimmer zu ergattern. Natürlich sind auch männliche Wesen willkommen.

First Class

● Besonders die exklusive Lage am Marine Drive machen die beiden im gleichen Haus (145 A, Marine Drive) untergebrachten Hotels **Sea Green** €€€€ (Tel.: 56336525, 22822294, mail@seagreenhotel.com, www.seagreenhotel.com) und **Sea Green South** €€€€ (Tel.: 22821613, 56336535, mail@seagreensouth.com, www.seagreensouth.com) erwähnenswert. Die klimatisierten Zimmer sind jedoch recht teuer fürs Gebotene.

● Das **Regent Hotel** €€€€ (8, Best Road, Tel.: 22871853/4, Fax: 22020363, hotelregent@vsnl.com) steht an der Stelle der früheren Traveller-Hochburgen *Stiffles* und *Rex*. Eine Übernachtung in dem stilvoll renovierten Haus ist nicht billig, doch dafür wohnt man zentral und in angenehmen Zimmern (AC).

● Trotz einer Rundumerneuerung vermittelt das nostalgisch schöne **Grand Hotel** €€€€ (17, Sprott Road, Ballard Estate, Tel.: 22618211, grandh@bom3.vsnl.net.in, grand hotelbombay.com) immer noch viel von jener vergangenen Zeit, als die Touristen der großen Überseedampfer an Land gingen. Das aufpolierte Holzmobiliar in den kleinen Räumen und die marmornen Badezimmer verbreiten eine gemütliche Atmosphäre. Ein weiteres Plus sind die freundlichen Bediensteten und die Tatsache, dass hier fast immer Zimmer frei sind.

● Wer mehr Geld zur Verfügung hat, sollte sich in eines der drei guten, direkt nebeneinander platzierten Hotels am Ende der P.J. Ramchandani Marg, der früheren Strand Rd., einquartieren. Das teuerste und beste dieser Reihe ist **Shelley's Hotel** €€€€ (Nr. 30, Tel.: 22840229, 28400270, Fax: 22840385). Alle Zimmer verfügen über ein eigenes Bad, Fernseher und AC. Dieses und das altehrwürdige **Strand Hotel** €€€-€€€€ (Tel.: 22882222, strandh@vsnl.com, www.hotelstrand.com) werden unter der Hausnummer 25 geführt. Preislich fast identisch ist das darüber (3. und 4. Stock) gelegene **Hotel Harbour View** €€€€ (Tel.: 22821089, www.viewhotelsinc.com). Außerdem gibt's ein tolles Dachrestaurant mit Hafenblick, der auch aus vielen der Zimmer zu genießen ist. Alle Zimmer mit AC, TV, Kühlschrank, viele haben (allerdings kleine) Balkone.

Westküste

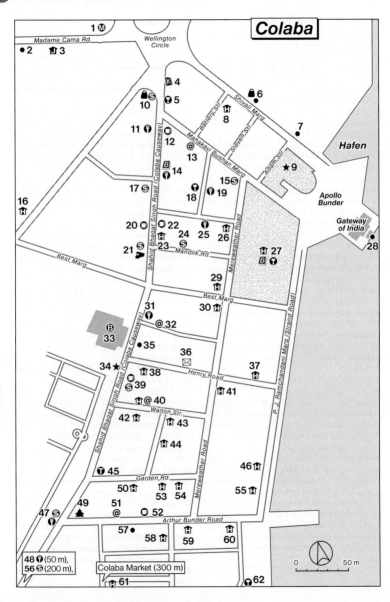

Mumbai (Bombay)

Colaba

Madame Cama Rd.
Wellington Circle
Shivaji Marg
Battery Str.
Steven Str.
Adam Str.
Hafen
Mahakavi Bushan Marg
Apollo Bunder
Gateway of India
Shahid Bhagat Singh Road (Colaba Causeway)
Best Marg
Mandlik Rd.
Mereweather Road
Best Marg
P. J. Ramchandani Marg (Strand Road)
Henry Road
Walton Str.
Garden Rd.
Merewether Road
Arthur Bunder Road
Colaba Market (300 m)

48 (50 m),
56 (200 m),

0   50 m

Sehenswürdigkeiten

Ⓜ	1	National Gallery of Modern Art
★	9	Shivaji Statue
★	19	Bade Miyan
★	34	Cottage Industries Emporium
⛰	49	Tempel

Unterkunft

🏨	3	YWCA
🏨	8	Suba Palace, The Gordon House
🏨	16	Hotel Taj President
🏨	23	Hotels Causeway und Apollo
🏨	26	Carlton Hotel
🏨	27	Taj Mahal Intercontinental
🏨	29	Hotel Regent
🏨	30	Salvation Army Red Shield Hotel
🏨	37	Hotel Prossers
🏨	38	Bed and Break Fast
🏨	40	Hotel Oliver
🏨	41	Whalley's Guest House
🏨	42	Hotel Cowies
🏨	43	Hotel Kishan & Aga Bheg
🏨	44	Bentley's Hotel
🏨	46	Hotels Strand und Harbour View
🏨	50	Ascot Hotel
🏨	53	Godwin Hotel
🏨	54	Garden Hotel
🏨	55	Shelley's Hotel
🏨	58	Maria Lodge
🏨	59	Tourist Home
🏨	60	Hotels Sea Shore, Sealord, India Guest House
🏨	61	Fariyas Hotel

Essen und Trinken

❶	5	Barista Espressobar, Sportsman Express
❶	11	Majestic Restaurant
O	12	Café Mondegar
❶	14	McDonald's
❶	18	Gokul Bar
O	20	Olympia Coffee House
O	22	Café Leopold
❶	25	Laxmi Vilas Restaurant
❶		Insomnia Bar & Nightclub
❶	31	Restaurants Piccadilly, Kamat
O	39	Café Churchill

❶	47	Theobrome
❶	48	Kailash Parbat Restaurant
O	52	Basilico Restaurant
❶	62	Athena (Nachtclub)

Verkehr

•	2	Jet Airways
•		Gujarat Tourism
•	7	Ticketverkaufsbude Elephanta Island und Mandwa, MTDC
•	28	Bootsabfahrt nach Elephanta und Mandwa
Ⓑ	33	Colaba Bus Depot
•	35	Cashpoint

Geld

Ⓢ	10	Citibank ATM
Ⓢ	15	HDFC Bank und ATM
Ⓢ	17	Bank of Baroda und ATM
Ⓢ	21	Canara Bank,
Ⓢ	24	State Bank ATM
Ⓢ	39	Euridike Forex
Ⓢ	47	ICICI ATM, Thomas Cook Forex
Ⓢ	56	ATM's UTI-Bank und State Bank of India

Internet

@	13	Internetcafé
@	32	sify-i-way Internetcafé
@	40	Internet Cafe
@	51	Cyberzone

Sonstiges

🅺	4	Regal Cinema
🄰	6	Central Cottage Emporium
🄰	10	Bandar Supermarkt
Ⓑ	14	Search World Bookshop
➤	21	Polizei
Ⓑ	24	Nalanda Bookshop
✉	36	Postamt
❶	45	Tankstelle
•	57	Barista Creme

Westküste

● Wer es vorzieht, in der Gegend um den Churchgate-Bahnhof in der Nähe des Nariman Point zu wohnen, dem sei das sehr gute **Astoria Hotel** €€€ (4, J.T. Road, Tel.: 2221514) empfohlen.

● Nur für den Fall, dass die bisher genannten Unterkünfte belegt sein sollten, seien die direkt nebeneinander gelegenen Hotels **Ascot** €€€-€€€€ (Tel.: 22872105, Fax: 22046449), **Godwin** €€€€-€€€€€ (Garden Rd., Tel.: 22872050, Fax: 22871592) und **Garden** €€€-€€€€ (Tel.: 22841476, Fax: 22044290) in der Garden Rd. genannt. Alle drei sind akzeptable Mittelklassehotels, doch selbst für Mumbai-Verhältnisse überteuert.

Luxus

● Das legendäre, 1903 erbaute **Taj Mahal Hotel** und **Taj Mahal Intercontinental** €€€€€ (Apollo Bunder, Tel.: 56653366, Fax: 56650300, tmhresv.bom@tajhotels.com) galt lange Zeit als eines der zehn besten Hotels der Welt. Wenn auch nicht mehr das modernste, so ist es doch immer noch das renommierteste Hotel Indiens, was jeden Abend die Einfahrt von Mercedes', BMWs und Rolls Royces belegt. Im Foyer tummelt sich eine V.I.P.-Parade aus „Bollywoods" Filmstars, arabischen Scheichs und Singapore-Airlines-Stewardessen – tatsächlich filmreif. Selbst wer nicht das nötige Kleingeld besitzt, um in einem der 650 Zimmer zu nächtigen, sollte sich diese Sehenswürdigkeit nicht entgehen lassen. Eintrittsbedingung ist jedoch ordentliche Kleidung.

● Leicht überteuerte, doch mit allen Annehmlichkeiten dieser hohen Preisklasse ausgestattete Zimmer in bester Lage bietet das **The Gordon House** €€€€€ (Tel.: 22871122, www.ghhotel.com, dutymanager@ghhotel.com) nahe dem Gateway of India. Ein gutes Restaurant ist vorhanden, zwei weitere auf dem Dach (eine Seltenheit in Mumbai) sind geplant.

● Hypermodern gibt sich das mit seinem gläsernen Doppelturm steil aufragende **Oberoi/Oberoi Towers** €€€€€ (Nariman Point, Tel.: 56325757, Fax: 22043133, reservations@oberoi-mumbai.com, www.oberoihotels.com). Kann das Taj den Titel des renommiertesten Hotels Indiens für sich beanspruchen, so ist das Oberoi zweifelsohne die luxuriöseste Nobelherberge von Mumbai. Allein die sehr elegant gestaltete Eingangshalle mit dem Shopping-Komplex lohnt einen Besuch. Ebenso wie im Taj gehören Swimmingpool, unzählige Spezialitätenrestaurants, Business- und Health Centre, Sauna und Diskothek zu dem über 1.000 Betten verfügenden Doppelkomplex.

● Eine interessante Alternative, weil preiswerter und dennoch „Five-Star", wohnt man im guten **Hotel Taj President** €€€€€ (Tel.: 56650808, Fax: 56651201, president.mumbai@tajhotels.com) in der Cuffe Parade, ganz in der Nähe des World Trade Centre. Allerdings sind die EZ zum Teil recht klein. Mit vorzüglichem Thai-Restaurant.

● Das freundliche **Fariyas Hotel** €€€€€ (25, Off Arthur Bunder Road, Tel.: 22042911, Fax: 22834992, info@fariyas.com, www.fariyas.com) bot lange Zeit wegen seiner privaten Atmosphäre eine Alternative für jene, die sich in den riesigen Bettenburgen nicht wohl fühlen. Nach wie vor ist es ein gutes Hotel, doch mit den inzwischen deutlich gestiegenen Preisen nur noch bedingt empfehlenswert, zumal einige Zimmer recht klein geraten sind.

● Wegen seiner zentralen Lage bietet das alteingesessene **Ambassador Hotel** €€€€€ (Tel.: 22041131, ambassador@vsnl.com, www.ambassadorindia.com) an der Veer Nariman Rd. mehr fürs Geld.

● Trotz seines bescheidenen Äußeren ist das **Hotel Marine Plaza** €€€€€ (Tel.: 22851212, Fax: 22828585, hotelmarineplaza@vsnl.com, www.sarovarparkplaza.com) eines der luxuriösesten Hotels der Innenstadt. Neben den makellosen Zimmern und dem freundlichen Personal gefällt die Lage direkt am Marine Drive ganz in der Nähe des Nariman Point.

Protzbauten: Gateway of India und Taj Mahal Intercontinental

Flughafen-Hotels

● Wer die Nacht in der Nähe des Flughafens verbringen will, dem stehen eine ganze Reihe von Hotels zur Verfügung. Die meisten finden sich in unmittelbarer Nähe zum Inlandsflughafen Santa Cruz, im Bereich der Nehru Rd. Im Folgenden kann nur eine kleine Auswahl genannt werden, wobei die Qualität in Relation zu den aufgeführten Preisen steht. Insgesamt gilt, dass man den Standortvorteil recht teuer bezahlen muss, da alle Flughafen-Hotels, verglichen mit dem gebotenen Standard, deutlich über dem ohnehin schon sehr hohen Preisniveau in der Innenstadt liegen. So erhält man für etwa 1.800 bis 2.000 Rs kaum mehr als ein bescheidenes Zimmer.

● Zunächst seien die **Airport Restrooms** €€-€€€ (Tel.: 26156500 oder Flughafenauskunft: 26156600) am Santa-Cruz-Flughafen (Terminal 1B) genannt, die allerdings nur für Gäste mit Anschluss-Flugticket innerhalb von 24 Std. Unterkunft gewähren und häufig ausgebucht sind.

● In der Preisklasse von 1.800 bis 2.000 Rs für ein Doppelzimmer befinden sich u.a. folgende Hotels: **Airlink** (Tel.: 26184220, Fax: 26105186, unversal@bom5.vsnl.net.in, hotelairlink.com), **Jayshree** (Tel.: 26183232, Fax: 261544511), **Ashwin** (Tel.: 28300845, Fax: 28367258) und **Airlines International** (Tel.: 26260714, Fax: 26160717, airlines@gol denswan.com).

● Noch einmal 500 Rs mehr für ihre AC-Räume verlangen die Hotels **Atithi** (77, Nehru Rd., Tel.: 26116124, Fax: 26111998, atithi@bom8.vsnl.net.in) und **Transit** (Tel.: 26128882, Fax: 26105785, transit@vsnl.com), beide in einer Seitengasse der Nehru Rd.

● Das **Bawa International** €€€€€ (Tel.: 26113636, Fax: 26107096, bawaintl@vsnl.com) ist ein hervorragend geführtes Hotel. Im Haus befindet sich auch das Avalon, „the best Discotheque having perfect Police licence", wie das Management betont ...

● Ausgezeichnet ist das Fünf-Sterne-Hotel **The Orchid** €€€€€ (Tel.: 26164040, Fax: 26164141, www.orchidhotel.com). Beim Bau wurde besonderer Wert auf die Verwendung natürlicher Materialien gelegt, woraus sich die Bezeichnung „Asia's first certified eco-

Westküste

friendly 5 Star Hotel" ableitet – warum einfach, wenn's auch kompliziert geht.

●Wer es sich in der Nähe des internationalen Flughafens gut gehen lassen möchte, sollte sich im **The Leela** €€€€€ (Tel.: 56911234, Fax: 56911212, leela@theleela.com) einquartieren. Swimmingpool, vier Restaurants, drei Bars und Tennisplätze sorgen neben den an- und abfliegenden Flugzeugen dafür, dass keine Langeweile aufkommt.

●Gleich neben dem Inlandsflughafen Santa Cruz steht das **Tulip Star** €€€€€ (Tel.: 26113040, Fax: 26116343, www.tulipstar. com), ein hässlich grauer Rundbau mit Lärmschutz.

Essen und Trinken

Mumbai hat mit Abstand die größte Auswahl an Restaurants in Indien. An jeder Straßenecke warten gleich mehrere Gaststätten auf Kunden. Die hohe Anzahl beruht auf der ungeheuren Zahl von Pendlern in der Stadt, die oft 4, 5 oder 6 Stunden täglich aufwenden müssen, um zwischen Wohnort und Arbeitsstätte hin- und herzufahren. Für ein Essen zu Hause bleibt vielen gar keine Zeit. Außerdem hat Mumbai eine solide Mittel- und Oberschicht, deren Mitglieder es sich leisten können, gepflegt zu speisen.

In Colaba und am Nariman Point

●Eines der preiswertesten und beständig besten Restaurants in diesem Stadtteil ist das winzige und enge **Laxmi Vilas** (Navroji Forunji Rd., neben Oxford University Press). Das Essen ist typisch südindische (vegetarische) Udipi-Küche (benannt nach ihrem Herkunftsort in Karnataka), mit sehr guten *masala dosas* und lohnenswerten *thalis* zu 12 Rs.

●Etwas weiter südlich am Colaba Causeway liegt das **Kamat**. Neben vegetarischer südindischer Küche gibt es auch sehr gute nordindische Gerichte sowie magenfüllende *thalis*. Das immer gut besuchte Restaurant hat zwei Stockwerke, das obere mit AC.

●Neben dem Kamat hat das kleine **Restaurant Piccadilly** eine weit größere Speisekarte, als es den Anschein hat, z.B. gutes Schawarma und viele weitere Köstlichkeiten. Vorsicht bei den grünen Chilis!

●Das **Hotel Majestic** (Colaba Causeway) ist ein langgedienter Favorit in Colaba, zumindest bei Leuten, die extrem auf den Geldbeutel achten müssen. In dem großen, anspruchslosen Speisesaal gibt es recht gute *thalis* zum Niedrigpreis von 18 Rs.

●Braucht man nach schweißtreibendem Wandern in den Gassen des Fort-Bereichs eine Pause, ist das im Herzen des Forts nahe Flora Fountain gelegene **Mocambo Café** eine erstklassige, nicht ganz billige und klimatisierte Adresse für einen Snack inkl. Pizza, Steak und Lamm, einer recht umfangreichen Weinkarte und vielen reizvollen, teils geladenen Torten wie etwa Irish-Bailey-Walnuss-Torte.

●Die **Sportsbar Express** mit Poolbillard ist eine In-Bar, in der man mit einem Bier oder Cocktail – auch härterer Stoff ist zu haben – bei meist guter Rockmusik den Tag ausklingen lassen kann. Abends ist deren Pegel jedoch oft recht hoch.

●Das **Kailash Parbat** (Shahid Bhagat Singh Rd., Ecke 1st Pasta Lane), eines von mehreren vegetarischen Restaurants im südlichen Colaba, genießt seit Jahren einen ausgezeichneten Ruf bei den Einheimischen, von Touristen scheint es jedoch noch nicht entdeckt worden zu sein. Es befindet sich ca. 500 m südlich des *Regal Cinema*, an der Hauptstraße durch Colaba. Serviert wird die vegetarische Küche der Sindhis, der aus Pakistan eingewanderten Händlerkaste. Das Essen ist preiswert und köstlich, dementsprechend ist es mittags und abends gerammelt voll. Eine Mahlzeit für zwei Personen dürfte ca. 50–100 Rs kosten.

●Das 1871 gegründete **Café Leopold** (Shahid Bhagat Singh Rd.) mitten im Herzen von

Churchgate Station

Colaba ist *der* Traveller-Teffpunkt, obwohl niemand genau weiß, warum. Hier trifft man Leute, denen man zuletzt vor mehreren Monaten in Dharamsala, Varanasi, Puri, Bangkok oder auf Bali begegnet ist. Durchsetzt wird die Traveller-Gemeinde von afrikanischen Seeleuten, die irgendwie hängen geblieben sind, Arabern mit unislamischen Absichten und zunehmend auch von Einheimischen.

Das Essen des Leopold ist allerdings von wechselhafter Qualität und zudem teuer. Es scheint aber genügend Leuten zu schmecken, der Laden ist immer total voll. Außerdem gibt es Bier, das hier zu jeder Tageszeit in Strömen zu fließen scheint. Zapfenstreich ist erst um 24 Uhr, relativ spät für Mumbai. Die im Obergeschoss befindliche Disco (Eingang über Seitenstraße Nawroji F Rd.) ist meist noch länger geöffnet.

● Das ca. 100 m weiter nördlich an der gleichen Straße (etwas südlich des Wellington Circle) gelegene **Café Mondegar** hat ein ähnliches Ambiente. Die Atmosphäre ist hier noch etwas ausgelassener, was wohl nicht zuletzt an der ständig dudelnden Jukebox

liegt. Allerdings hört man in letzter Zeit des öfteren Klagen darüber, dass die Ober hier wie auch im *Leopold* recht unfreundlich werden, wenn man nur für einen Drink hereinschaut, ohne etwas essen zu wollen, und man mehr oder weniger sanft zum Gehen aufgefordert wird.

● Schräg gegenüber dem Leopold wartet ein weiteres Irani-Restaurant auf, das **Olympia Coffee House,** das sehr gemütlich eingerichtet ist. Kulinarisch geht es eher deftig zu, da die diversen Mughlai-Speisen oft scharf und fettig sind.

● Ein neues, recht angesagtes Restaurant am Colaba Causeway ist das **Café Churchill,** billiger als *Leopold,* mit ähnlichem Angebot. Es ist sehr klein, deshalb meist voll.

● Eine weitere Alternative zum teuren *Leopold,* wenn auch nur etwas billiger, ist das keine 100 m südlich gelegene **Food Inn** (9.30–0.30 Uhr) mit vielseitiger Karte: *sea food,* Sandwiches, Pizza, Nudeln, Milchshakes, Chicken, *tandoori.*

● Das gepflegte **Basilico** in der Arthur Bunder Rd. wird für seine italienische und indi-

049is Foto: tb

sche Küche gelobt (z.B. Gnocchi in Koriander-Limetten-Pesto). Für ein Hauptgericht sollte man um 200 Rs veranschlagen, außerdem gibt's zum Frühstück frische Baguettes, Croissants und Espresso.

● In ganz Mumbai bekannt für seine ausgezeichneten Barbecue-Gerichte ist **Bade Miyan** in der Tulloch Rd., einer kleinen Gasse zwischen *Gateway of India* und *Café Leopold*. Dabei handelt es sich um ein jeden Abend ab 19 Uhr neu aufgebautes Open-Air-Restaurant, welches aus nicht viel mehr als ein paar aufgestellten Tischen besteht. Neben den vorzüglichen und zudem günstigen Gerichten gefällt hier die lockere Stimmung, die bis spät in die Nacht andauern kann.

● Wer danach noch in einer vor allem von Indern besuchten, rauchigen und stimmungsvollen Kneipe sein Glück suchen will, sollte das schräg gegenüber angesiedelte **Gokul** aufsuchen, wo auch kleinere, leckere Snacks, die auf einer Tafel angeschrieben stehen, serviert werden.

● Gute und preiswerte nordindische Kost ohne viel Schnickschnack bietet das in der Nawroji-F. Rd. gelegene Restaurant **New Apollo.**

● Das **Golden Gate** (Amarchand Mansion, Madame Cama Rd., Tel.: 22026306, 22027989), rechts neben dem *YWCA International Guest House* gelegen, bietet sowohl Fleisch- als auch vegetarische Gerichte. Sie sind allesamt sehr gut, vor allem leicht zubereitet. Zwei Personen müssen bei vegetarischen Gerichten mit mindestens 400 Rs rechnen, bei Fleischkost mit ca. 600 Rs.

● Das **Shamiana,** der Coffee Shop im Erdgeschoss des Taj Mahal Hotel, ist eine alteingesessene Institution in Colaba, in der sich der luxusgewöhnte Geschäftsmann ebenso einfindet wie der knausernde Low-Budget-Traveller, der einmal 5-Sterne-Luft schnuppern möchte. Halbwegs dezente Kleidung ist allerdings anzuraten. Das *Shamiana* ist rund um die Uhr geöffnet.

● Nicht ganz so gelungen eingerichtet, aber auch viel billiger ist das empfehlenswerte **Nosh,** gleich neben dem *Regal Cinema* am Colaba Causeway.

● Nebenan lockt eine kühle Filiale von **Barista Espressobar** mit Fensterfronten und diversen Kuchen, Snacks und Kaffeesorten. Ein Ableger hiervon ist **Barista Creme** im südlichen Colaba an der Arthur Bunder Rd.

● Fast-Food-Freunde kommen im **McDonald's** am Colaba Causeway zu ihrem Recht, weitere Ableger gibt's u.a. gegenüber dem Victoria Terminus.

● Das **Theobroma,** ein gemütliches, kleines Café auf der ruhigeren Seite des Colaba Causeway, lockt mit köstlichen Kuchen und diversen Kaffees zum Nachtisch.

● *Sachin Tendulkar,* Indiens Cricket-Superstar der letzten 10 Jahre, hat offensichtlich derart viel Geld verdient, dass Mumbais Liebling in sein eigenes, nach ihm benanntes Restaurant **Tendulkar's** investiert hat. Das edel, aber auch unterkühlt eingerichtete Etablissement ist auf die junge Oberschicht Mumbais zugeschnitten und versucht diverse Elemente zu vereinen. Die Küche (indisch, europäisch) ist gut und mit Preisen um die 350 Rs für ein Hauptgericht der Klientel entsprechend teuer.

● Selbstversorgern seien schließlich zwei in der letzten Zeit entstandene Supermärkte nach westlichem Muster ans Herz gelegt: in Colaba am Wellington Circle der **Sahakari Bandar Supermarket** und der **Suryodaya Market** beim Bahnhof Churchgate.

Im Fort

Wegen der vielen Büros in der Gegend weist der Stadtteil Fort ein Riesenangebot an guten Restaurants auf. Zur Mittagspause sind sie gerammelt voll und schließen spätestens um 21 Uhr. Sonntags bleiben sie ganz geschlossen.

● Eines der besten Restaurants im Viertel ist das vegetarische **Vaibhav** (Mahatma Gandhi Rd.). Besonders gut sind die Paneer-Gerichte, aber auch alles andere ist von höchster Qualität. Kostenpunkt ca. 100–150 Rs für zwei Personen.

● Gleich links nebenan liegt das **Rasraj,** leicht zu erkennen an seinem apfelförmigen Eingang. Es gibt ein großes Sortiment an Fruchtsäften und Milchshakes, dazu aber auch sehr gute Snacks. Zwei Personen kommen mit 50–100 Rs für eine Mahlzeit samt Fruchtsäften aus.

●Das hübsche, im Stil eines Schweizer Chalets errichtete **Ankur** in der von der M.P. Shetty Rd. abgehenden Tamarind Lane gilt als die beste Adresse für Fischgerichte im Stil der Südwestküste. Man sollte für ein Gericht mindestens 300 Rs veranschlagen.

●In der Gasse hinter dem Rasraj und Vaibhav gibt es zahlreiche weitere preiswerte und gute Restaurants, so z.B. **Dwarka, Gokul, Milan Coffee House, Amrapali** und das besonders empfehlenswerte **Welcome Hindu Restaurant** (ca. 100 m von Flora Fountain entfernt). Außer dem Amrapali sind alle genannten Restaurants vegetarisch.

●Klasse renoviert ist das 1921 eröffnete, gediegene **Café Universal** (Tel.: 22613985), nicht weit vom Victoria Terminus. Das für seine Sizzler-Gerichte berühmte Restaurant in der SBS Singh Rd. hat zudem Steak, Geflügel und chinesische Küche sowie ein umfangreiches alkoholisches Angebot. Abends meist gerammelt voll mit Einheimischen – ein gutes Zeichen.

●Gleich sechs Restaurants nahezu nebeneinander, alle in der K. Dubash Marg nördlich des Prince of Wales Museum, müssten jeden Gaumen befriedigen. Hinsichtlich Ambiente und Preis sind alle auf die Klientel des sich nördlich anschließenden Bankenviertels ausgerichtet. Man muss bei den meisten mit 300–500 Rs für ein Hauptgericht rechnen. Das zwar gelungen, aber auch etwas „glatt" gestaltete **Joss** serviert außer hervorragenden Fisch- und Fleischgerichten auch Vegetarisches mit Tofu. Alteingesessen ist das **Chetana**, etwas weiter östlich an derselben Straße, das besonders bei Gujaratis und Rajasthanis beliebt ist, da die vegetarische Küche ihrer Heimat serviert wird. Mittags gibt es die leicht süßen Gujarati-Thalis zu 120 Rs, bei denen bis zum Abwinken nachgefüllt wird. Das **Copper Chimney** (Tel.: 22041661, 2244468) bietet exklusive Mughlai-Küche. Zwei Personen müssen bei vegetarischen Gerichten mit ca. 400 Rs rechnen, ansonsten mit ca. 600 Rs. An Wochenenden empfiehlt sich eine Vorbestellung. Etwa zum halben Preis der vorher genannten (um 150 Rs pro Hauptgericht) kann man im **The Silk Route** chinesische Küche, aber auch Fischgerichte speisen. Auch einen Zustell-Service gibt's,

Tel.: 23826633. Die modern-glatt gestaltete **Noodle Bar** serviert thailändische und italienische (viel Geflügel), **Bombay Blue** indische Küche.

●Noch weiter östlich am K. Dubash Marg befindet sich das ausgezeichnete **Khyber** (Tel.: 2272227-8, 2271605, 2273973). Schon das Interieur ist äußerst stilvoll, das ganze Ambiente erinnert an den Speisesaal eines Maharaja-Palastes. Auf der umfangreichen Speisekarte finden sich exquisite Gerichte, alles ist von höchster Qualität, dazu kommt ein freundlicher und unaufdringlicher Service. Sehr empfehlenswert! Das Restaurant ist oft ausgebucht – gelegentlich von Filmstars, die hier exklusive Parties zelebrieren. Telefonische Voranmeldung ist anzuraten.

●Genau gegenüber vom Khyber, im gleichen Haus wie die Jehangir Art Gallery, befindet sich das **Samovar**. Es ist weniger für seine exquisite Küche bekannt, denn als Treffpunkt Mumbais Intellektueller. Die Snacks wie *samosa* und *roti kebab* sind sehr gut.

●Das vielleicht beste Restaurant für Meeresfrüchte und Fisch in Mumbai befindet sich etwas versteckt zwischen Flora Fountain und dem GPO. Das **Bharat** (Mint Rd., Tel.: 22618991) spezialisiert sich auf die traditionellen Seafood-Gerichte von Mangalore, die als besonders schmackhaft gelten. An Wochenenden ist telefonische Voranmeldung ratsam. Ca. 150–300 Rs für zwei Personen.

Am Victoria Terminus

●Das kleine, aber sehr gute und saubere **Shivala Restaurant** (Walchand Hirachand Marg) liegt schräg gegenüber Victoria Terminus Station. Es gibt vegetarische Gerichte wie *masala dosas* und sehr gute *thalis* (15 Rs), Fruchtsäfte und *vegetable burgers,* alles sehr preiswert und lecker. Zwei Personen kommen ab 50 Rs zu einem vollen Magen.

●In einer kleinen Seitenstraße parallel zur Dadabahai Naoroji Road, ca. 100 m westlich Victoria Terminus, befindet sich das **Vitthal,** Mumbais berühmtestes Restaurant für *bhelpuri* und *pani puri* – die typischen Mumbai-Snacks, die mit Minz- und Tamarinden-Soße serviert werden. Ca. 50–100 Rs für zwei Personen.

Westküste

0476 Foto: tb

Am Crawford Market

●Genau gegenüber dem Crawford Market (Mahatma Phule Market) ist Mumbais bekanntester Fruchtsaftladen, **Badshah Cold Drink Annexe**, angesiedelt. Es gibt zahlreiche Fruchtsäfte und Milchshakes, dazu sehr gute, hausgemachte Eiscremes und Obstsalate.

●In der quirligen Marktstraße links neben dem *Badshah Cold Drink Annexe* versteckt sich das kleine **Rajdhani Restaurant,** bekannt in der Gegend für seine guten und reichhaltigen, süß-scharfen Gujarati-Thalis (45 Rs).

●Auf der dem Markt gegenüber liegenden Straßenseite der D.N. Rd. ist das **Abhiruchi Restaurant** eine akzeptable Adresse für eine schnelle Zwischenmahlzeit.

An der Churchgate Station

●Wenn es um die Relation Qualität/Preis geht, gibt es nicht viele Restaurants, die das **Samrat** (Prem Court, Jamshetji Tata Rd.), ca.

300 m südlich der Churchgate Station, überbieten können. Das gemütlich eingerichtete Lokal bietet vegetarische nordindische und Gujarati-Küche, dazu einen sehr aufmerksamen und effizienten Service. Unter anderem stehen typische Gujarati-Gerichte auf der Speisekarte, die es fast nirgendwo anders gibt, z.B. *patra.* Die beliebten Gujarati-Thalis im Samrat sind äußerst reichhaltig. Ansonsten kostet eine volle Mahlzeit etwa 150–300 Rs.

●An der Veer Nariman Road wartet das **Gaylord** auf. Es gibt einige gute westliche Gerichte und Backwaren, aber auch nordindische *thalis.* In dem Vorbau an der Straße lässt es sich recht gut sitzen und das Straßengeschehen beobachten.

●**The Pizzeria,** in attraktiver Lage an der Ecke Veer Nariman/Marine Drive, bietet genau das, was der Name verspricht.

●Das **Purohit's,** ein vegetarisches Restaurant an der Veer Nariman Rd., erfreut sich besonders mittags bei Geschäftsleuten großer Beliebtheit. Die einzelnen Gerichte kosten zwischen 75 und 100 Rs.

●Wenige Meter weiter im gepflegten **Indian Summer** gibt es vegetarische und nichtvegetarische Gerichte (um die 200 Rs). Hier wird tgl. zwischen 12 und 15.30 Uhr ein Mittagsbuffet für 300 Rs kredenzt.

●Wiederum nur wenige Schritte weiter wartet das rein vegetarische **Shiv Sagar.** Alles schmeckt vorzüglich und der Service ist effizient und unaufdringlich. Im Restaurant gibt es auch Alkoholausschank. Ab ca. 150 Rs für eine Mahlzeit pro Person.

●In der Umgebung der Churchgate Station besteht auch kein Mangel an preiswerteren Restaurants. In der Seitenstraße gleich links neben dem Bahnhof liegt das ordentliche **Satkar,** in der Maharishi Karve Road an der Ostseite des Bahnhofs das ebenso gute **Sahyadri;** noch eine Seitenstraße weiter östlich, in der V. Thakersey Road, finden sich die preiswerten **Sanman, Suruchi** und **Balwas.**

Veer Nariman Road

Bank

- **Thomas Cook** an der D.N. Road nördlich des Flora Fountain (Mo–Sa 9.30–19 Uhr) wechselt verlässlich und schnell. Eine für die meisten Touristen günstig gelegene Filiale mit langen Öffnungszeiten (Mo–Sa 9–19.30, So 10–16 Uhr) findet sich am Colaba Causeway.
- Ebenso verlässlich ist **UAE Exchange** an der SB Singh Rd. Auch hier werden am Sonntag zwischen 9.30 und 13.30 Geld und Reiseschecks zu etwas besseren Raten zu Rupien gemacht. Bei beiden vorgenannten ist auch schneller elektronischer Geldverkehr aus dem Ausland möglich.
- Ebenfalls am Colaba Causeway findet sich der **Cashpoint.**
- Zuletzt sei **Pheroze Framrose** am südöstlichen Rand des Fort-Bereichs genannt.
- Auch an den **Flughäfen** gibt es zuverlässige Geldwechselstuben, u.a. von *Thomas Cook*. Dennoch sollte man bei allen das Nachzählen nicht vergessen.
- An Geldautomaten (in Indien **ATMs** genannt) herrscht kein Mangel. Mehrere sind in den Stadtplänen verzeichnet. Die der HDFC-Bank nehmen neben den üblichen internationalen Kreditkarten auch American Express.

Post

- Das imposante **General Post Office (GPO)** liegt direkt neben dem Victoria-Bahnhof am Nagar Chowk. Schalter Nr. 2 für postlagernde Sendungen ist Mo–Sa von 9 bis 18 Uhr, feiertags von 11 bis 17 Uhr geöffnet.
- Das **Paketpostamt** findet sich rechts hinter dem Hauptgebäude in einem Hinterhof, zu dem man über die P.D. Mello Road gelangt. Geöffnet ist es Mo–Sa 10 bis 16.30 Uhr. Auf dem Bürgersteig vor dem GPO kann man sein Paket von den dort platzierten Schreibern ordnungsgemäß verpacken, versiegeln und beschriften lassen. Auch die notwendigen Formulare erhält man hier. Der Service kostet je nach Größe des Pakets und Verhandlungsgeschick zwischen 20 und 50 Rs.
- Im Gebäude vom Sea Green South Hotel gibt's ein 24 Std. geöffnetes **DHL** (Tel.: 22881360) zum Pakete verschicken.

- Ein weiteres, nicht so überlaufenes **Postamt** liegt an der Henry Road.
- Die Postämter in den beiden **Flughäfen** sind offiziell rund um die Uhr geöffnet. Besetzt sind sie, zumindest am Santa Cruz Airport, durchaus nicht immer.

Telefon und Internet

- Anstatt sich der umständlichen Bürokratie des **Central Telegraph Office** an der Veer Nariman Road auszusetzen, telefoniert man schneller und preiswerter von einem der vielen privaten **Telecommunication Offices** in Colaba. Hier werden derzeit 11 Rs/Min. nach Europa verlangt. Das nur gelegentlich mögliche Net-to-Phone-Verfahren kostet nur 4 Rs/Min.
- Die überall vorhandenen **Internetcafés**, besonders in Colaba dicht gesät, verlangen durchschnittlich 20–30 Rs für die Stunde Surfen und 10 Rs für den E-Mail-Check. Schnelle Breitbandverbindungen gibt es durch jene der Sify-i-way-Kette in Colaba, die Al Allana Rd. neben dem *Piccadilly Restaurant* hinein (1. Stock, 40 Rs/Std., hier ist auch billiges Net-to-phone-Telefonieren möglich). Auch im Fort-Bereich gibt's mehrere Surfmöglichkeiten. Schnell sind z.B. *Nikhil Connections* (bis nach Mitternacht geöffnet) und *Wembley Cybercafé* (1. Stock, durch ein Geschäft hindurch) an der D.N. Rd.

Medizinische Versorgung

- Das empfehlenswerteste Krankenhaus Mumbais und gleichzeitig eines der besten ganz Indiens ist das **Breach Candy Hospital** (Tel.: 23633651, 23671888) an der Bhullabhai Desai Rd. Näher an Colaba und Fort ist das **Bombay Hospital** (Tel.: 22067676, Marine Lines) nördlich Churchgate.
- An **Apotheken** besteht kein Mangel, sowohl am Colaba Causeway wie auch im Fort- und Bazaar-Gebiet. Lange geöffnet ist Kemps im Taj Mahal Hotel. Viele Apotheken nahe den Krankenhäusern, z.B. Royal Chemists (Tel.: 25340531) beim Bombay-Hospital, sind 24 Std. geöffnet.

Westküste

Konsulate

- **Consulate General of Germany,** „Hoechst House", 10. Stock, Nariman Point, 193 Backbay Reclamation, Tel.: 022-22832422, Fax: 22025493, www.germanconsulatemumbai.org.
- **Consulate General of Austria,** 26, Maker Chambers VI, Nariman Point, Tel.: 022-22874758, Fax: 22870502.
- **Consulate General of Switzerland,** 102 Maker Chambers IV, 10. Stock, 222, Jamnalal Bajaj Marg, Nariman Point, Tel.: 022-22884563-64-65, Fax: 22856566, www.eda.admin.ch/india_dlh/e/home/consulate.html.
- **Singapur,** Maker Chamber IV, Jamnalal Bajaj Marg, Nariman Point (Tel.: 22043205-9).
- **Sri Lanka,** Sri Lanka House, 34, Homi Modi Street, Fort (Tel.: 22045861).
- **Thailand,** 33, Dr. Purandure Marg, Chowpatty. (Tel.: 23631404).

Visumverlängerung

- Wer sein Visum verlängern muss, begibt sich, adrett gekleidet und mit Pass, Wechselquittungen, vier Fotos und viel Geduld ausgerüstet, in den 3. Stock des **Foreigner's Regional Registration Office** (Tel.: 22620446, Sayed Badruddin Rd.) beim Deputy Commissioner of Police gegenüber dem Crawford Market (Mo–Fr 10.30 bis 12.30 und 13.30 bis 15.30 Uhr). Dort schlägt die indische Bürokratie gnadenlos zu. Trotz aller doppelt und dreifach auszufüllenden Formulare sollte man immer schön freundlich bleiben, sonst dauert es doppelt so lange. Normalerweise sollte man eine Visumverlängerung am nächsten Tag bekommen.

Einkaufen

Staatliche Geschäfte

- Wie in Delhi und Kalkutta, so bietet sich auch dem Neuankömmling in Mumbai mit dem staatlichen **Central Cottage Industries Emporium** an der C. Shivaji Marg, nur etwa 200 m vom Gateway of India entfernt, ein idealer Ort, um sich einen Überblick über die ganze Vielfalt des indischen Kunsthandwerks zu verschaffen. Die Auswahl an prächtigen Seidenstoffen, Möbeln, Teppichen, Götterstatuen, Schmuck und vielem mehr ist einzigartig. Die Festpreise liegen über dem Landesdurchschnitt, doch dafür ist alles von garantierter Qualität und man kann sich in aller Ruhe ohne Anmache von Schleppern umschauen. Zudem wird auf Wunsch alles nach Hause geschickt.
- Auch die meisten **indischen Bundesstaaten** unterhalten in Mumbai Geschäfte.

043is Foto: tb

Gateway of India

Basare

Weit weniger geordnet, dafür orientalisch-lebendig geht es auf den verschiedenen Basaren zu, für die Mumbai berühmt ist. Hier muss man handeln, was das Zeug hält (mit den Preisen im Government Emporium hat man einen ersten Anhaltspunkt) und zudem sollte man im Menschengewimmel seine Wertsachen gut verwahren.

● Dies gilt besonders für den **Chor Bazaar** neben der Grant Road. Dieser Diebes- und Flohmarkt ist besonders für Antiquitäten und Lederwaren bekannt.

● Im **Javeri Bazaar** in der Nähe des Crawford-Marktes finden sich unzählige Schmuck- und Juwelengeschäfte. Ein faszinierendes Viertel auch für jene, die nicht über das nötige Kleingeld verfügen.

● Viele Straßenstände öffnen gegen Sonnenuntergang entlang des Colaba Causeway, speziell im Bereich von Wellington Circle bis Best Street. Verkauft wird hier alles, was für Touristen interessant sein könnte: Schuhe, Kleidung, Souvenirs u.Ä. Die Preise sind meist hoch, die Qualität schlecht: keine gute Kombination. Eine Ausnahme bilden allerdings oftmals Hemden, die schon für 50 Rs zu haben sind.

Buchläden

● Ganz ausgezeichnet bestückt ist der **Nalanda Bookshop** im Taj Mahal Intercontinental. Von anspruchsvoller Wissenschaftsliteratur über internationale Bestseller und aktuelle Zeitungen aus aller Welt, Postkarten, Musikkassetten, CDs bis hin zu Kalendern findet sich alles. Das Geschäft ist bis Mitternacht geöffnet und so kann man im rund um die Uhr geöffneten Coffee Shop des Hotels gleich ein wenig in der neu erstandenen Lektüre schmökern.

● Mumbais bekannteste Adresse für Bücherkauf ist neben dem vorgenannten der **Strand Book Stall** (Sir P. M. Rd., Tel.: 22661719, strandbookstall@vsnl.com, www.strandbook stall.com) östlich vom Flora Fountain. Eine hervorragende Auswahl, schnelle Bestellung sowie hohe Preisabschläge auch auf neue Titel zeichnen ihn aus.

● Mumbais wohl größter Buchladen ist **Crossword** (Tel.: 24920253) in Breach Candy, 22, Bhulabhai Desai Road (nahe Mahalaxmi-Tempel). Es gibt jede Menge englischsprachige Romane, Reiseliteratur, Sachbücher etc. Während das Crossword jeden Tag von 10 bis 20 Uhr geöffnet hat, ist der **Shankar Book Stall** im Abubaker Mansion neben dem Regal Cinema sonntags geschlossen.

● Eine sehr gute Auswahl besonders für aufwendige Bildbände verschiedener Themenbereiche sowie Prosa, Reisebücher und Magazine findet sich im nahe gelegenen **Search Word Bookshop** am Colaba Causeway.

● Zum Schluss sei die **Magna Book Gallery** im Sassoon Bldg. (MG Rd., 2. Stock) wegen des sehr vielfältigen Angebots erwähnt.

Weitere Einkaufstipps

● Modische und gut verarbeitete **Schuhe** kauft man am besten in einem der vielen Läden entlang des Colaba Causeway. Wer mehr Geld ausgeben kann, sollte **Wing Son Chinese Shoemaker,** um die Ecke vom Regent Cinema, aufsuchen.

● **Antiquitätensammler** sollten sich in einem der vielen Geschäfte in Colaba und im Bereich der W. Hirachand Road in der Nähe der Hauptpost umschauen. Beim Kauf beachte man die Ausfuhrverbote (s. „Vor der Reise").

● Ein Riesenangebot an qualitativ hochwertigen Waren hält das **Oberoi Shopping Center** neben dem Oberoi Hotel bereit. Auf drei Etagen gibt es zahllose Geschäfte mit Lederwaren, Schuhen, Kleidung, Schmuck, Handwerksartikeln, Teppichen, Edelsteinen, alten Uhren und alten Grammophonen. Eine tolle Auswahl zu immer noch erträglichen Preisen.

● Weniger Ambiente versprüht der staatliche **Khadi Bazar,** der noch aussieht, als hätten die Briten gerade erst Indien verlassen. In dem alten Gebäude an der Dadabhai Naoroji Road (nahe American Express) werden Handwerks- und Textilartikel aus ganz Indien angeboten.

● Mumbai gilt als einer der besten Plätze Indiens, um **Musikinstrumente** zu kaufen. Zwei empfehlenswerte Adressen sind das **Hiro Music House** in der Sir Phirozshah Road und das **Rhythm House Private,** Rampart

Westküste

Row, gegenüber dem Max Mueller Bhawan. Hier gibt's neben Instrumenten auch eine hervorragende Auswahl klassischer indischer Musik wie auch indischer und westlicher Rock- und Popmusik.

●Wer sich mit Musikhören begnügt, findet die größte Auswahl an indischer Musik im **Asiatics Department Store,** dem größten und modernsten Kaufhaus der Stadt, gegenüber dem Churchgate-Bahnhof.

●Eine Reihe von **Fotoläden** liegt entlang der D.N. Road, zwischen Victoria Terminus und Flora Fountain.

●Will man **orientalische Düfte,** etwa als Souvenir, erstehen, ist man im Insha Allah Mahsa Allah (Ecke Best Marg/Colaba Causeway) gut, weil recht preiswert, bedient und beraten.

Kultur und Unterhaltung

Kulturelle Veranstaltungen

●Das **National Centre of Performing Arts** (Tel.: 22833737, www.tata.com/ncpa, Tickets von 50–300 Rs) am Nariman Point ist einer der in ganz Indien bestangesehenen Veranstaltungsorte im Bereich Theater, Ballett und Musik. National wie international bekannte Künstler treten hier auf. Eine gute Gelegenheit, um eine Aufführung von internationalem Format zu einem Bruchteil des in Europa üblichen Preises zu sehen.

Genauere Informationen über Ort und Zeit finden sich im beim Tourist Office alle zwei Wochen ausgegebenen Veranstaltungskalender und im Internet.

●Englischsprachige Theateraufführungen finden im **Nehru Centre** (Tel.: 24933340, www.nehrutheatremumbai.com) und im **Prithvi Theatre** (Tel.: 26149546, www.prithvi theatre.org) am Juhu Beach (hier auch Stücke in Hindi) statt.

●Bei **Not Just Jazz By The Bay** (Eintritt 150 Rs, Tel.: 22851876) am Marine Drive treten genau dem Namen entsprechende Bands auf: meist Jazz, aber auch Blues, Rock und Popmusik an den meisten Abenden der Woche.

Kino

In letzter Zeit suchen Bollywood-Produzenten in den Guest Houses, vorwiegend in Colaba, gelegentlich **Komparsen aus westlichen Ländern** für ihre Filmproduktionen. Interessierte können neben einem kleinen, bei mehreren Tagen Beschäftigung auch größeren Lohn einen interessanten Einblick in die Produktionsbedingungen indischer Filme gewinnen.

●Das **Regal Cinema** (Tel.: 22021017, Tickets 80–150 Rs) am Wellington Circle, Ecke Colaba Causeway, zeigt internationale Kinofilme (meist Hollywood Style) in englischer Version.

●**Eros Cinema** (Tel.: 22030303) gegenüber Churchgate zeigt neben Bollywood-Streifen englischsprachige Filme.

Discos

●In mehreren der First-Class-Hotels wie dem Oberoi und dem Taj Mahal Intercontinental gibt's Nobeldiskotheken, etwa das **Insomnia** (Tel.: 22023366) im Taj, in denen sich die Yuppie-Generation Mumbais trifft. Wer da, wo die Erfolgreichen sich selbst feiern, nicht fehlen will, zahlt 600 Rs Eintritt (1.000 Rs am Wochenende, um 300 für Cocktails) und muss ganz trendy sein.

●Auch im **Athena** im südlichen Colaba (Tel.: 22028699, Minoo Desai Marg) trifft sich die junge Schickeria bei House-Music (bis zu 1.000 Rs am Wochenende, sehr viel weniger in der Woche).

●Das In-Lokal der nicht ganz so Betuchten ist derzeit das **Razzberry Rhinoceros** im Juhu Hotel. In dieser Mischung aus Pub und Disco trifft sich Mumbais westlich beeinflusstes Jungvolk. An manchen Abenden treten Bands auf.

Erholung

●Weniger cool, dafür aber sehr entspannend ist ein Tag im **Breach Candy Club** (Tel.: 23674381) an der Bhulabhai Desai Road in der Nähe des Haji Ali's Tomb. Ein besserer Ort, um sich unter Palmen, auf einem Liegestuhl am Swimmingpool vom brodelnden Mumbai zu erholen, lässt sich kaum denken. Mit 100 (Mo–Fr), 150 (Sa) und 300 (So) Rs ist der Spaß allerdings auch nicht billig. Geöffnet ist von 7 bis 23 Uhr, beim Einlass muss man den Ausweis vorlegen.

Weiterreise

Flug

Mumbai ist zwar immer noch das Ziel von weit mehr nationalen und internationalen Flügen als etwa Delhi und Kalkutta, doch erstaunlicherweise kein guter Ort, um billige Flugtickets zu kaufen. Mit 450 US-$ nach Europa muss man schon rechnen, und auch in andere asiatische Länder wie Thailand ist es mit 250–300 US-$ nicht billig. Hier Adressen von **Reisebüros,** die sich als relativ preiswert und zuverlässig erwiesen haben:

- **Transway International,** Pantaky, 3. Stock, 8 Maruti Cross Lane, Fort, Tel.: 22626066, Fax: 22664465.
- **Space Travel,** Nanaboy Mansion, 4. Stock, Sir P.M. Road, Mumbai 400001, Tel.: 22663258.
- **Students Travel Information Centre** (STIC), 6 Maker Arcade, Cuffe Parade, Mumbai 400005, Tel.: 2211431.

Fluggesellschaften:
- **Aeroflot,** Tulsiani Chambers, Nariman Point, Tel.: 22821682/3, 22856648.
- **Air France,** Maker Chambers VI, Nariman Point, Tel.: 22025021, Flughafen: 26828555
- **Air India,** Air India Building, Nariman Point, Tel.: 22024142, Reservierung internationaler Flüge: Tel.: 22876464, Flughafen: 28318097/8
- **Austrian Airlines,** Adresse siehe *Jet Air,* Tel.: 2029050.
- **Bangladesh Biman,** Firuzara, M. Karve Rd., Churchgate, Tel.: 22824732, 22824580, Flughafen: 26828957.
- **British Airways,** 202, Vulcan Insurance Building, B Veer Nariman Rd., Tel.: 22820888, Flughafen: 26828806.
- **Cathay Pacific Airways,** Bajaj Bhavan, Nariman Point, Tel.: 22029561, Flughafen: 26828551.
- **Deccan Airlines,** Tel.: 9892577008 (mobil), indienweite Sammelnummer 080-39008888, www.airdeccan.net.
- **Emirates Airlines,** Mittal Chambers, Nariman Point, Tel.: 22875566, Flughafen: 26829323.
- **Gulf Air,** Maker Chambers V, Nariman Point, Tel.: 22021626.
- **Indian Airlines,** Air India Building, Nariman Point, Tel.: 22023031, Reservierungen: Tel.: 22830832, Flughafen: 26829328, www.indian-airlines.nic.in.
- **Jet Air Ltd.,** (Vertreter für Air Canada, Austrian Airlines, Phillipine Airlines, Royal Jordan Airlines), gl. Adr., Tel.: 22823080, 22022779.
- **Jet Airways,** Amarchand Mansion, Madam Cama Rd., Tel.: 22855788, 22837555, Flughafen: 26156666.
- **Kingfisher Airlines,** Tel.: 56499393, indienweit: 01600-1800 101 (gebührenfrei), www.flykingfisher.com.
- **KLM,** 712 Acme Plaza, 7. Stock, Andheri-Kurla Rd., Tel.: 56975959, Flughafen: 26828607
- **Lufthansa,** Express Towers, 4. Stock, Nariman Point, Tel.: 56301940, 56301933, Flughafen: 26829898.
- **Malaysian Airlines,** Atlanta Building, Nariman Point, Tel.: 22370678.
- **Royal Nepal Airlines,** 222 Maker Chamber V, Nariman Point, Tel.: 22836197.
- **Air Sahara,** Tulsiani Chambers, Nariman Point, Tel.: 22836000, Flughafen: 26828799.
- **Singapore Airlines,** Taj Mahal Hotel, Apollo Bunder, Tel.: 22022747.
- **Sri Lankan Airlines,** 12-D Raheja Centre, Nariman Point, Tel.: 22872210, 22823288, Flughafen: 26828965.
- **Swiss,** Hoechst House, 1. Stock, 193 Nariman Point, Tel.: 22872210, Flughafen: 26828751.
- **Thai International,** World Trade Centre, Cuffe Parade, Tel.: 22187468.

Indian-Airlines-Büros:
Indian Airlines hat sein Hauptbüro im Air India Building am Nariman Point. Der Ticketschalter ist von 9 bis 19 Uhr geöffnet. Wer in Colaba wohnt, kann jedoch auch das Indian Airlines Office im Taj Mahal Hotel benutzen. Weitere Indian-Airlines-Büros befinden sich an den beiden Flughäfen sowie im Centaur Hotel am Juhu Beach.

Westküste

Flugziele von Indian Airlines:
- **Ahmedabad:** 75 US-$
- **Aurangabad:** 75 US-$
- **Bhavnagar:** 75 US-$
- **Bhopal:** 130 US-$
- **Bhuj:** 100 US-$
- **Delhi:** 175 US-$
- **Goa:** 85 US-$
- **Gwalior:** 160 US-$
- **Indore:** 90 US-$
- **Jaipur:** 155 US-$
- **Jamnagar:** 105 US-$
- **Jodhpur:** 150 US-$
- **Kalkutta:** 230 US-$
- **Lucknow:** 250 US-$
- **Rajkot:** 75 US-$
- **Udaipur:** 125 US-$
- **Vadodara:** 70 US-$
- **Varanasi:** 235 US-$
- Auf einigen stark frequentierten Inlandsstrecken fliegt auch **Air India,** deren Tickets auch in den Indian-Airlines-Büros gekauft werden können. Diese Flüge starten nicht vom nationalen Santa Cruz Airport, sondern vom **internationalen Flughafen Sahar!**
- Auch zahlreiche private Fluggesellschaften unterhalten Verbindungen innerhalb des ganzen Landes mit Mumbai, so etwa der Billigflieger **Deccan Air,** dessen Tickets übers Internet, in Reisebüros, per telefonischer Buchung und über einige Geldwechselbüros wie UAE Exchange gekauft werden können. Ganz neu am Markt ist **Kingfisher** (Ziele derzeit: Bangalore, Chennai, Delhi, Goa und Hyderabad).

Bahn

- In Mumbai gibt's mit dem Victoria Terminus (V.T.), Mumbai Central und Churchgate **drei große Bahnhöfe,** wobei nur die ersten beiden von Fernzügen angefahren werden. Im Victoria Terminus fahren die Fernzüge im östlichen, die Nahverkehrszüge im westlichen Bereich des Gebäudes ab. Mumbai Central befindet sich nicht in der Innenstadt, sondern im Norden.
- Tickets für alle Züge sind sowohl im modernen **Reservation Office von Central Railway** im Victoria Terminus (CST, das Reservierungsbüro befindet sich im östlichen Teil des Gebäudes, tgl. 8–20, So 8–14 Uhr, Touristenschalter ist Nr. 52 im 1. Stock, Treppe hinauf und geradeaus) als auch im **Western Railway Booking Office** zu kaufen. Letzteres befindet sich im selben Gebäude wie *India Tourism* (Touristenschalter Nr. 28, 1. Stock, Mo–Sa 9.30–16.30 Uhr).

Man kann sich grundsätzlich an jedem Schalter anstellen, nachdem man die in Kästen bereitliegenden **Reservierungsformulare** ausgefüllt hat (genauere Informationen im Kap. „Reisetipps A–Z: Verkehrsmittel"). Man sollte jedoch die Touristenschalter vorziehen, da es hier meist schneller geht und zudem die **Tourist-Quota-Tickets** verkauft werden, die auf ein speziell für Touristen reserviertes Kontingent an Karten zurückgreifen, was bei viel befahrenen Strecken, etwa nach Goa, ein unschätzbarer Vorteil ist. Speziell bei diesem Fahrtziel sollte man sein Ticket in jedem Fall einige Tage vor Zugabfahrt erstehen, um einen Platz zu ergattern. **Auskunft-Tel.: 134.**
- Täglich fünf Direktverbindungen nach **Goa,** davon zwei vom Victoria Terminus. Oftmals sind diese Verbindungen ausgebucht, sodass ein möglichst frühzeitiger Fahrkartenkauf unbedingt erforderlich ist.
- Noch ein **Tipp:** Wer mit dem Zug am Bahnhof **Lokmanyak Tilak** ankommt (z.B. aus Gokarna), muss von dort entweder mit dem Taxi (die Fahrer fallen beim Aussteigen in Heerscharen über Touristen her) in die City fahren oder er fährt mit einem Vorortzug vom ca. 1 km entfernten Kurla-Bahnhof in die Innenstadt, mit Gepäck auch nicht ohne Umstand. Darum es ratsam, aus dem überregionalen Zug bis Lokmanyak Tilak schon vorher in **Thane** auszusteigen (falls der Zug dort hält) und von dort per Vorortzug ins Zentrum weiterzufahren. So erspart man sich den langen Fußweg von Lokmanyak Tilak bis Kurla-Bahnhof bzw. die Taxifahrt.
- Wichtige **Verbindungen** sind im **Anhang** aufgelistet.

Bus

- Die **staatlichen Überlandbusse** starten vom riesigen, unübersichtlichen **State Transport Terminal** gegenüber vom Mumbai-Central-Bahnhof, Bellasia Road. Organisation scheint hier ein Fremdwort zu sein, englische Hinweisschilder sind auch nur selten zu finden.

Buchungen bis zu 30 Tage im Voraus können tgl. zwischen 8 und 23 Uhr in den Büros der einzelnen, dort ansässigen staatlichen Busgesellschaften vorgenommen werden. Am häufigsten von Reisenden frequentiert sind die Strecken nach Pune (Poona) in Maharashtra (3½ Std.) und Aurangabad (12 Std.) sowie nach Goa (15 Std.).

● Eine bessere, wenn auch teurere Alternative bieten die von Maharashtra Tourism (CDO Hutments, Madame Cama Rd.) am Nariman Point eingesetzten **Deluxe-Busse** nach Maharashtra und Goa. Mit 350 bis 650 Rs zahlt man zwar etwas mehr als vom Busbahnhof, doch dafür spart man sich die lange und kostenaufwendige Anfahrt dorthin. Aus dem gleichen Grund buchen die meisten Individualtouristen ihre Bustickets gleich in den jeweiligen Hotels in Colaba.

● Auch viele Privatanbieter fahren nach Goa. Bewährt hat sich z.B. Paulo Travels (Tel.: 26452624, 26433023, www.paulotravels. com), ca. 13 Std., 800 Rs *(sleeper),* 700 Rs *(seater).*

Insel Elephanta

Der Ausflug zu der 10 km östlich vom Gateway of India gelegenen Insel Elephanta mit ihren acht Felsenhöhlen gehört zum Standardprogramm jedes Mumbai-Besuches. Falls irgend möglich, sollte man die ca. 7 qkm große Insel jedoch an Wochenenden und Feiertagen meiden, da sie dann von Tausenden picknickfreudiger Städter heimgesucht wird.

Den Namen erhielt die Insel, als im 16. Jh. die Portugiesen dort landeten und beim Dorf Gharapuri einen riesigen **Steineleanten** vorfanden. Allzu großen Respekt schien ihnen das Tier jedoch nicht eingeflößt zu haben, denn in den nächsten Jahrzehnten nutzten sie die Felsentempel ausgiebig als Schießanlage. Trotz aller Restaurierungsmaßnahmen wurde der Anlage dadurch ein nicht wieder gutzumachender Schaden zugefügt.

Heute legen die Touristenboote an einem künstlich geschaffenen Landungssteg im Norden der Insel an, von wo ein steiler Weg entlang unzähliger Souvenirstände zum Zentrum der im 7. Jh. erbauten **Höhlentempel** führt.

Das meistbesuchte Heiligtum ist der ca. 50 x 50 m große **Mahesha-Felstempel.** Dieser am reichsten ausgestattete Shiva-Tempel beeindruckt neben seinen überlebensgroßen, detailreichen Skulpturen besonders durch die von ihm ausgehende geheimnisvolle Atmosphäre, die durch das von drei Seiten einfallende Licht verursacht wird. Es erhellt die einzelnen Shiva-Darstellungen äußerst effektvoll. Zu sehen ist Shiva u.a. in seiner androgynen Form als Ardhanarishvara, in der er und seine Gemahlin Parvati in einer Gestalt vereint sind. Andere Skulpturengruppen zeigen ihn als tanzenden Shiva Nataraja oder als meditierenden Shiva Yogishvara. Im Allerheiligsten steht ein fast meterhohes *lingam,* der Shiva symbolisierende Phallus, bewacht von acht fast vier Meter großen Türwächtern.

Es lohnt sich, auch noch die anderen Tempelhöhlen zu besuchen und dies mit einem kleinen Inselrundgang zu verbinden. Wer nicht so gut zu Fuß ist, kann mit einem Mini-Train vom Bootsausstieg zum Höhleneingang fahren (6 Rs).

● Der **Eintritt** zu den Sehenswürdigkeiten von Elephanta beträgt 250 Rs, montags geschlossen.

Anreise

● **Ausflugsboote** vom Apollo Bunder neben dem Gateway of India fahren täglich (außer während der Monsunzeit) zwischen 9 und 14.30 Uhr etwa alle halbe Stunde. Die Überfahrt dauert etwa eine Stunde. Die letzte Rückfahrt von Elephanta startet um 17 Uhr. Ein Rückfahrtticket ohne Führer kostet 110/90 Rs (lux./economy), Kinder 75/60 Rs.

Westküste

Goa

Überblick ⤢ XX/A1-2

Goa	
Fläche:	3.702 km²
Hauptstadt:	Panaji
Einwohner:	1,4 Mio.
Bevölkerungsdichte:	378 Ew./km²
Stadtbevölkerung:	60 %
Alphabetisierungsquote:	77 %
Lebenserwartung:	63 Jahre
Tel.-Vorwahl für Goa:	0832

Goa im Internet:
● www.goa-tourism.com, www.goa tourism.org (beide offzielle Internetseiten von GoaTourism) und teilweise auch www.goa-world.com sind einige von vielen informativen Internet-Seiten zu Goa.
● Eine Übersicht über die kulturellen Veranstaltungen des jeweiligen Monats sowie viel weiteres Informatives vermittelt das monatlich erscheinende Heft „Find All Goa" (10 Rs), das auch im Internet unter www.findall-goa.com vertreten ist.

Goa ist zwar der kleinste indische Bundesstaat, gleichzeitig jedoch nach Rajasthan der am meisten von Ausländern besuchte. Jene, die nicht direkt aus Europa einfliegen, kommen ins „gelobte Land", um sich an den insgesamt fast 100 km langen Sandstränden von ihren bisherigen Reisestrapazen zu erholen. Ein besserer Ort lässt sich hierfür wahrlich kaum denken, zumal Goa weit mehr zu bieten hat als nur Sonne, Sand und Meer.

Zwar wurde die 451-jährige **Kolonialherrschaft der Portugiesen** 1961 mit dem Einmarsch indischer Truppen beendet und 70 % der Einwohner sind Hindus, dennoch prägt das **mediterrane Flair** nach wie vor die Atmosphäre. Hierzu tragen nicht nur die weiß gekalkten christlichen Kirchen, die portugiesisch anmutenden Häuserfassaden und der alljährliche Karneval bei, sondern auch die auffallend selbstbewussten, westlich gekleideten Frauen und die im übrigen Indien ganz unübliche Vorliebe für alkoholische Geträn-

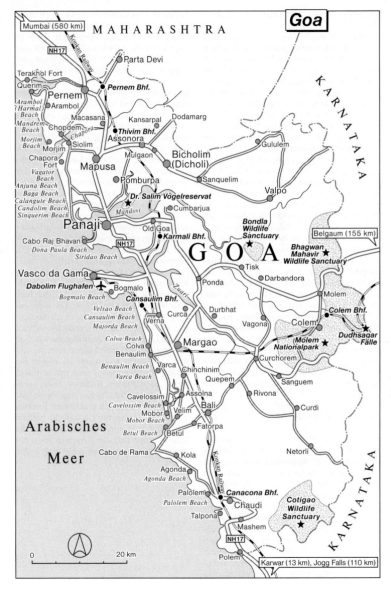

Goa

MAHARASHTRA

Mumbai (580 km)

NH17

Parta Devi

Terakhol Fort
Querim
Pernem Bhf.
Pernem
Arambol (Harmal) Beach
Arambol
Macasana
Kansarpal
Dodamarg
Mandrem Beach
Chopdem
Chapora
Thivim Bhf.
Assonora
Morjim Beach
Morjim
Siolim
Mulgaon
Bicholim (Dicholi)
Gululem
Chapora Fort
Vagator Beach
Mapusa
Pomburpa
Sanquelim
Valpo
Anjuna Beach
Baga Beach
Calangute Beach
Candolim Beach
Sinquerim Beach
Dr. Salim Vogelreservat
Mandovi
Cumbarjua
Panaji
Old Goa
G O A
Bondla Wildlife Sanctuary
Belgaum (155 km)
Cabo Raj Bhavan
NH17
Karmali Bhf.
Bhagwan Mahavir Wildlife Sanctuary
Dona Paula Beach
Siridao Beach
Tisk
Vasco da Gama
Ponda
Darbandora
Dabolim Flughafen
Bogmalo
Bogmalo Beach
Cansaulim Bhf.
Molem
Velsao Beach
Curca
Durbhat
Colem Bhf.
Cansaulim Beach
Verna
Vagona
Colem
Dudhsagar Fälle
Majorda Beach
Molem Nationalpark
Colva Beach
Colva
Margao
Benaulim
Curchorem
Benaulim Beach
Varca
Chinchinim
Varca Beach
Quepem
Sanguem
Cavelossim
Assolna
Rivona
Curdi
Cavelossim Beach
Mobor
Velim
Bali
Mobor Beach
Fatorpa
Betul Beach
Betul
Arabisches
Cabo de Rama
Kola
Netorli
Meer
Agonda
Agonda Beach
Palolem
Canacona Bhf.
Palolem Beach
Chaudi
Cotigao Wildlife Sanctuary
Talpona
Mashem
KARNATAKA
NH17
Polem
Karwar (13 km), Jogg Falls (110 km)

Konkan Railway

0   20 km

Westküste

ke, welche zudem auch noch äußerst preiswert sind.

Insgesamt macht Goa im Verhältnis zum restlichen Indien einen geradezu wohlhabenden Eindruck; Slums und Bettler auf den Straßen sind eine Seltenheit und 75 % der Bevölkerung sind des Lesens und Schreibens mächtig. Hinzu kommt die landschaftliche Schönheit: Mit tiefgrünen Reisfeldern, lieblichen Palmenhainen und den sich im Osten anschließenden, dschungelbewachsenen Bergen der West-Ghats erscheint Goa wie ein **klassisches Tropenparadies.**

Wie so häufig waren es auch hier Individualtouristen, die dieses traumhafte Fleckchen Erde „entdeckten" – genauer gesagt die Blumenkinder der 60er Jahre. Wenn es ihnen im Herbst in Kathmandu zu kalt wurde, zogen sie 1.000 km weiter nach Süden, um bei psychedelischer Musik und dem problemlos zu konsumierenden Marihuana den Erleuchtungsweg fortzusetzen. Schnell haftete Goa der Ruf des **skandalträchtigen Hippieparadieses** an, was natürlich sofort die Aufmerksamkeit der internationalen Medien auf sich zog. Was folgte, waren indische Touristen, die die nackten Hippies beobachten wollten und westliche Pauschaltouristen, die das auch wollten, aber nicht zugaben.

Später kamen die inzwischen erwachsen und wohlsituiert gewordenen ehemaligen Hippies und schließlich deren Kinder, die Goa zu einem weltweiten Zentrum der **Techno-Szene** machten. Kein Wunder, dass es inzwischen ein wenig voll geworden ist.

Auf die negativen Auswirkungen dieses **touristischen Massensturmes** für die einheimische Kultur und Umwelt ist in den letzten Jahren zu Recht vielfach hingewiesen worden. So ist wohl kein Bundesstaat Indiens so durchsetzt mit **Korruption** wie Goa. Polizisten zahlen hohe Bestechungssummen, um hierher versetzt zu werden, da die Möglichkeiten für illegale Nebeneinnahmen im von reichen Touristen besuchten Goa immens sind und auch gern wahrgenommen werden. Auch das gelassene Lebensgefühl der Goaner hat unter dem Jahrzehnte andauernden Geldfluss der westlichen Touristen schon leichten Schaden genommen. Was dabei meist unerwähnt blieb, ist Goas einzigartige

Fähigkeit, dieses kunterbunte Gemisch unterschiedlicher Nationen, Kulturen und Lebensstile problemlos zu beherbergen. Goas Erfolgsgeheimnis besteht bis heute gerade darin, dass hier jeder für sich bleiben, jeder nach seiner Fasson glücklich werden kann.

Zweifelsohne hatte diese Entwicklung einige negative Begleiterscheinungen wie steigende Preise und hässliche Hotelneubauten zur Folge, doch die Behauptung, Goa stände vor dem touristischen Kollaps, ist völlig irreführend. Noch immer gibt es unzählige einsame Buchten, in denen man ungestört baden und seine Ruhe finden kann. Die Hippies von einst haben sich an die weniger erschlossenen Strände im äußersten Norden wie etwa Arambol zurückgezogen, die Bettenburgen der Pauschaltouristen stehen in Candolim, Calangute und Baga, die inzwischen zahm gewordenen Individualtouristen lassen in Benaulim und Palolem die Seele baumeln und die Techno-Szene hat sich in Anjuna, Chapora und Vagator angesiedelt.

Einmal in der Woche trifft sich diese Multi-Kulti-Truppe auf dem berühmten **Flohmarkt von Anjuna,** inzwischen zusätzlich durch **Ingo's Nightmarket** bereichert**.** Die Inder bestaunen die Westler, umgekehrt gilt das Gleiche und beide zusammen ergötzen sich am schrillen Äußeren und Auftreten der Hippies. Bei aller Unterschiedlichkeit vereint sie das, was Goa auch in Zukunft zu einem der attraktivsten Reiseziele Asiens machen wird: Sonne, Sand, Palmen, köstliches Essen, reichlich zu trinken, (noch) günstige Preise und die seit Jahrhunderten praktizierte Toleranz und Leichtlebigkeit der Goaner, die hoffentlich unter dem andauernden Ansturm der Touristen und den damit verbundenen Begleiterscheinungen keinen weiteren Schaden nimmt.

Allgemeine Reisetipps

An- und Weiterreise

Flug

Der 29 km südlich der Bundeshauptstadt Panaji gelegene **Dabolim-Flughafen** wird täglich sowohl von Indian Airlines und allen privaten Fluggesellschaften als auch von Charterflügen internationaler Airlines von Europa angeflogen. Indian Airlines bietet weitere Direktverbindungen mit Mumbai (3.760 Rs, mehrmals tgl.), Kochi und Chennai (5.420/5.950 Rs, Di, Sa), Bangalore (4.551 Rs, tgl.), Kozhikode (4.260 Rs, Mo, Mi, Fr), Chennai (5.960 Rs, Di, Sa) und Delhi (10.310 Rs, tgl.), Air India mit Thiruvananthapuram (Trivandrum).

Angaben zu privaten Airlines sind der Tabelle im Anhang zu entnehmen. Alle hier genannten Telefonnummern der **Fluggesellschaften** beziehen sich auf deren Büros am Dabolim-Flughafen: Air India (Tel.: 2542444), Indian Airlines (Tel.: 22428282/3, Flughafen: 2542445/7), Deccan Air (Tel.: 2542379/80, 080-39008888 , www.airdeccan.net), Jet Airways (Tel.: 2540029, 2438792, Flughafen: 2542026/7), Sahara Airlines (Tel.: 2541211). Die meisten besitzen jedoch auch Filialen in Panaji. Die an allen größeren Badeorten wie Colva, Benaulim und Calangute ansässigen **Reisebüros** verkaufen die Flugtickets im Übrigen ohne Aufpreis, da sie die Kommission von den jeweiligen Fluggesellschaften kassieren. So kann man sich die Fahrt nach Panaji ersparen.

Ankunft am Flughafen:

Nach Verlassen des Flugzeugs sind zunächst die üblichen Prozeduren wie Passkontrolle und Kontrolle der *Embarcation Card* und natürlich Gepäckeinsammeln und -durchleutung zu überstehen, was mehr als eine Stunde Wartezeit bedeuten kann. In der Ankunftshalle steht eine **Wechselstube** der State Bank of India bereit (schleppender Service), die zu den tagesüblichen Kursen tauscht. Das Nachzählen des Geldes nicht vergessen und Aushändigung der Quittung verlangen!

Die vor dem Flughafen bereitstehenden **Taxis** sind nach einem genau festgelgten System organisiert. Der Fahrgast muss die Tickets an einem **Prepaid-Schalter** bei der Eingangshalle kaufen. Obwohl die Preise für die einzelnen Ziele festgelegt sind und auf einer aushängenden Tafel eingesehen werden können, versuchen die Ticket-Verkäufer häufig, den ahnungslosen Neuankömmlingen überhöhte Tarife zu berechnen. Also aufgepasst und im Zweifelsfalle auf die offiziellen, aushängenden Preise bestehen! Hat man seinen Fahrschein erhalten, wird einem das Taxi mit der entsprechenden, auf dem Ticket vermerkten Taxi-Nummer zugeteilt. Man sollte diese Nummer jedoch sicherheitshalber mit der Ticket-Nummer vergleichen, da man ansonsten am Ende der Fahrt noch einmal bezahlen muss, wenn man ins falsche Taxi gestiegen ist.

Bahn

Die beiden bedeutendsten Bahnhöfe Goas sind die in **Margao** (Tel.: 2712790, 2712940) und **Vasco da Gama** (Tel.: 2501223). Tickets können entweder dort oder im 1. Stock des Kadamba-Busbahnhofs in Panaji (Tel.: 2285798), in Reisebüros (gegen Aufpreis, durchschnittlich 50 Rs pro Ticket) oder den kleineren, etwas von den touristischen Zentren entfernt gelegenen Bahnhöfen an der Konkan Railway (Thivim, Tel.: 2298682, Karmali, Tel.: 2285798, u.a.) gebucht werden.

Seit der Einweihung der Konkan Railway hat sich die Fahrtdauer **von Goa nach Mumbai** von 24 auf jetzt 12 Stunden reduziert. Da die drei täglich auf der Strecke verkehrenden Züge jedoch fast immer über Wochen ausgebucht sind, ist es gerade für Westler sehr schwierig einen Sitzplatz zu ergattern. **Frühzeitige Buchung ist** unbedingt erforderlich.

Die wichtigsten Bahnverbindungen sind im Anhang unter „Madgaon" und „Vasco da Gama" zu finden.

Bus

Von allen größeren Städten Goas wie Panaji, Margao, Vasco da Gama und Mapusa bestehen direkte Busverbindungen nach **Mumbai** und in die größeren Städte der Nach-

Westküste

barstaaten **Maharashtra** und **Karnataka.** Genaueres siehe Ortsbeschreibungen.

Man hat die Wahl zwischen der staatlichen **Kadamba-Busgesellschaft** und sehr vielen **privaten Anbietern,** die ihre Büros fast alle in unmittelbarer Nähe der örtlichen Busbahnhöfe haben. Die privaten sind zwar etwas billiger, doch muss man diesen Preisvorteil fast immer mit unsäglichen Videovorführungen im Bus bezahlen, die einem jeglichen Schlaf rauben. In den Kadamba-Bussen ist man dieser Marter meist nicht ausgesetzt, doch sicherheitshalber sollte man sich beim Ticketkauf danach erkundigen. Die Fahrt nach **Mumbai** dauert gewöhnlich 14–16 Stunden, wobei mehrstündige Verspätungen leider immer wieder vorkommen. Die meisten Busse starten abends gegen 18 Uhr, sodass man Mumbai am nächsten Morgen erreicht. Die Fahrt per *luxury bus* kostet ca. 350 Rs, mit einem luxuriösen Volvo-AC-Bus bis zu 700 Rs.

Verkehrsmittel in Goa

Bus

Alle Strände und Städte Goas sind mit den staatlichen Kadamba-Bussen untereinander verbunden. Darüber hinaus gibt es noch zahlreiche private Busgesellschaften, die um die Gunst der Kunden buhlen. Die Wartezeiten betragen selten mehr als eine halbe Stunde. Da die Fahrpläne auf den Busbahnhöfen und die Hinweisschilder an den jeweiligen Bussen meist in Englisch sind, fällt die Orientierung relativ leicht. Genaue Verbindungsinformationen gibt's in den jeweiligen Abschnitten zu An- und Weiterreise.

Taxi

Taxi- und auch Riksha-Fahren ist in Goa, verglichen mit den anderen Bundesstaaten Indiens, teuer, für westliche Verhältnisse aber immer noch billig. Als Faustregel für Taxis gilt: pro erstem Kilometer sind 12 Rs (AC 16 Rs), für die folgenden 8 Rs zu zahlen. Nach

Ōfósis Foto: tb

22 Uhr ist ein Nachtaufschlag von 100 Rs, nach 23 Uhr von 200 Rs fällig. Die Rückfahrt zum Ausgangsort muss auch dann, und zwar zur Hälfte, bezahlt werden, wenn das Taxi leer zurückfährt (dies gilt auch für Rikshas). Hinzu kommen noch kleine Zuschläge für größere Gepäckstücke und im Bedarfsfall Übernachtungs- oder Wartezeitzuschläge. Eine sechsstündige Fahrt inkl. 80 km kostet 900 Rs, mit AC-Taxis müssen 400 Rs mehr berappt werden.

Gelegentlich gibt es, wie etwa am Flughafen Dabolim oder am Bahnhof von Margao, Prepaid-Schalter, die das Feilschen um den Preis unnötig machen. Hier einige der **Prepaid-Preise** (für AC gut ein Drittel mehr) für die wichtigsten Verbindungen in Goa, die auch als Grundlage für das Aushandeln des Fahrpreises andernorts in Goa dienen können, wenn keine Prepaid-Möglichkeit besteht:

● **Arambol** von/nach: Mapusa 280 Rs, Margao 900 Rs, Palolem 1300 Rs, Pernim Bahnhof 220 Rs

● **Benaulim/Colva** von/nach: Margao Bahnhof 150 Rs, Anjuna 1.300 Rs

● **Chapora/Vagator** von/nach: Anjuna 70 Rs, Arambol 120 Rs, Arpora 80 Rs, Dabolim-Flughafen 250 Rs

● **Dabolim Flughafen** von/nach: Arambol 750 Rs, Benaulim/Colva 500 Rs, Varca 600 Rs

● **Fort Aguada/Candolim** von/nach: Margao 1.000 Rs

● **Margao** von/nach: Anjuna 480 Rs, Benaulim/Colva 130 Rs, Agonda/Palolem 480 Rs

● **Palolem** von/nach: Agonda 150 Rs, Chapora/Vagator 850 Rs

● **Panaji** von/nach: Arambol 500 Rs, Benaulim/Colva 600 Rs, Margao 480 Rs, Varca 850 Rs

● **Varca** von/nach: Betalbatim 400 Rs, Cabo da Rama 900 Rs, Margao 400 Rs

● **Vasco da Gama** von/nach: Margao 400 Rs, Panaji 350 Rs

Die schnellste Form der Fortbewegung sind die **Taxi-Motorräder,** deren Fahrer erstaunliche Mengen von Gepäck zuladen können. Diese Alternative ist speziell für Einzelreisende vom Preis her interessant, die sich eine Taxifahrt nicht mit anderen teilen können oder wollen. Für eine Fahrt vom Bahnhof in Margao bis Colva oder Benaulim, 6 km entfernt, werden 40 Rs verlangt. Der offizielle Preis beträgt hingegen nur 4 Rs für den ersten und 2 Rs für die folgenden Kilometer. Erkennbar sind sie an den gelben Kotflügeln. Auch viele Privatleute nutzen diese Möglichkeit, etwas hinzuzuverdienen, allerdings oft zu noch überhöhteren Preisen. **Rikshas** (offizieller Preis: 8 Rs für den ersten und jeweils 5 Rs für die folgenden Kilometer) verlangen bis 80 Rs für die Fahrt. Auch diese Art der Fortbewegung ist gerade während der Saison für Touristen weit teurer als im übrigen Indien, der Meter wird so gut wie nie eingeschaltet. Will man den Preis auch nur in die Nähe des im restlichen Indien für westliche Touristen üblichen herunterhandeln, wird man weggeschickt.

Mietmotorrad

Nirgendwo sonst in Indien ist es derart unkompliziert, ein Motorrad auszuleihen, wie in Goa. Dementsprechend viele Westler knattern mit **Motorrollern** oder Motorrädern (die legendären Enfields sind nur noch selten im Angebot, meist sind es heutzutage japanische Fabrikate) durchs friedvolle Tropenparadies oder humpeln mit Gipsbeinen durch die Gegend – wenn sie Glück haben, denn jedes Jahr treten mehrere Motorrad-Liebhaber die Heimreise in einer hölzernen Kiste an. Man sollte also schon über Erfahrung verfügen, um die auftretenden Gefahren zu meistern.

Die meisten Motorräder weisen zum Teil erhebliche **technische Mängel** auf, sodass eine genaue Überprüfung vor Fahrtantritt unbedingt zu empfehlen ist. Nicht nur aufgrund der teils **schlechten Straßenverhältnisse,** sondern auch wegen der immer wieder unvermittelt über die Straße laufenden Kinder und Tiere ist eine möglichst **zurückhaltende Fahrweise** unbedingt zu empfehlen – dies gilt insbesondere nach Eintreten der Dunkel-

Sehen und gesehen werden
auf dem Flohmarkt von Anjuna

Westküste

heit. Außerdem sind die meist vor und in Ortschaften in die Straße eingebauten Speedbreaker manchmal kaum oder nur sehr spät zu erkennen, was zu Unfällen führen kann. Bei Unfällen sind Ausländer fast immer die Schuldigen – unabhängig davon, ob sie tatsächlich die Verursacher waren. Zudem sollte man wissen, dass **kaum eines** der vermieteten Motorräder **versichert** ist. Das bringt nicht nur zusätzliche Probleme bei Unfällen, sondern auch bei den häufigen **Motorraddiebstählen.**

Die durchschnittlichen **Tagespreise** für Motorroller liegen bei ca. 170 Rs/Tag und 1.000 Rs/Woche bzw. für Motorräder bei 300 Rs/Tag und 1.500 Rs/Woche während der Saison. Außerhalb dieser Zeiten und für langfristige Anmietung sollten natürlich je nach Verhandlungsgeschick mehr oder weniger hohe Rabatte ausgehandelt werden.

Mietwagen

Von mehreren Firmen ist **Hertz** (Padmavati Towers, 18th June Rd. in Panaji, Tel.: 0832-235975, 223998) oder **Wheels** (Tel.: 2224304, 2226891) und **Joey's Car Rentals** (Tel.: 2228989), beide ebenfalls in Panaji, zu empfehlen. In Candolim hat sich **Vailankanni Car Rentals** (Tel.: 276568, 9822101598, mobil, vailankanni@yahoo.co.in, 800 Rs/Tag inkl. 80 km) als zuverlässig bewährt. Am Flughafen in Dabolim: **Sai Service Rent a Car** (Tel.: 2541644). Auch **GoaTourism** kann das Anmieten von Autos oder Minibussen mit Fahrer arrangieren (Tel.: 2226515, 2224132, gtdcorp@sancharnet.in).

Saison und Preise

Egal, für welchen Strand man sich entscheidet, in der **Weihnachtszeit** von Mitte Dezember bis Mitte Januar ist es vielerorts schwierig, noch ein freies Zimmer zu ergattern. Während dieser vier Wochen wird Goa nicht nur von vielen Zehntausenden europäischen Touristen heimgesucht, sondern zunehmend auch von vielen Indern. Kein Wunder, dass dann die Hotelpreise in die Höhe schnellen. Die genannten Zimmerpreise beziehen sich auf die „normale" Saison von An-

fang Oktober bis Mitte November bzw. Mitte Januar bis März. Davor und danach sind hohe Abschläge auszuhandeln.

Sicherheit

Gerade in den billigeren Unterkünften sollte man seine Wertsachen gut verstauen, da dort besonders viel **gestohlen** wird. Türen wie Fenster sollte man immer mit seinem **eigenen Vorhängeschloss** absichern. Auch nachts ist Vorsicht geboten, da viele Traveller bei offenem Fenster schlafen und die Langfinger mit Stangen die Wertsachen aus der Wohnung angeln. Deshalb empfiehlt es sich, alles, was einem lieb und teuer ist, möglichst weit vom Fenster zu deponieren. Wer seine Wertsachen mit zum Strand nimmt und während des Badens unbeaufsichtigt lässt, ist selbst Schuld.

Nacktbaden

Nacktbaden ist an allen Stränden Goas **verboten.** Einige Reisende scheint dies nicht zu interessieren (indische Voyeure umso mehr) und so kommt es immer wieder zu unschönen Szenen, wenn einige von ihnen am „Tatort" von der Polizei verhaftet werden. Was früher eher als Kavaliersdelikt galt, muss heute mit **saftigen Geldstrafen** teuer bezahlt werden. Doch eigentlich sollte jedem auch so klar sein, dass man im zugeknöpften Indien die Moralvorstellungen der Einheimischen nicht mit Füßen treten sollte.

Konsulate

●In Panaji findet sich die **Vertretung der Bundesrepublik Deutschland** (Tel.: 2235526, 9822131850, mobil, CMM Building) in der Rue de Querim in Panaji (Mo–Do 10–12 und 15–17 Uhr, Fr 10–12 Uhr). Das Honorarkonsulat sollte eher morgens oder nach telefonischer Rücksprache aufgesucht werden, da nachmittags gelegentlich kein hilfsfähiges Personal mehr da ist.

●Eine **österreichische Vertretung** gibt es in Vasco da Gama im 3. Stock des Salgaonkar

House in der Dr. F.L. Flores Rd. (Tel.: 2513811/6, 2403802, Fax: 2510112).

● Für Visaverlängerungen mit gutem Grund wende man sich in Panaji an das **Foreigner's Registration Office** (Tel.: 2426545) bei der Polizei nahe dem Azad Maidan.

Panaji ↗ XX/A1

(Einwohner: ca. 100.000)

Seit die Portugiesen ihre Residenz Mitte des 18. Jh. vom kaum zehn Kilometer entfernten Alt-Goa hierher verlegten, hat sich **Panjim,** wie Panaji gemeinhin ausgesprochen wird, zur **bedeutendsten Metropole Goas** gemausert.

Die erste schriftliche Erwähnung findet Panjim im 11. Jh. als Gebiet, welches von den Kadamba-Königen regiert wurde. *Yusuf Adil Shah* war es, der der Stadt durch den Bau seiner Sommerresidenz Ende des 15. Jh. zu politischer Bedeutung verhalf. Lange konnte er sich an seinem Prachtbau nicht erfreuen, wurde seine Dynastie doch bereits 1510 von den portugiesischen Truppen unter der Führung von *Alfonso de Albuquerque* geschlagen. Aufgrund der strategischen Bedeutung entschloss sich Albuquerque zum Ausbau der Stadt. Damit war der Grundstein für die über 400-jährige Kolonialherrschaft der Portugiesen gelegt. Dennoch stand Panjim für die nächsten 100 Jahre noch im Schatten von Alt-Goa. Erst als die Bewohner wegen der dort grassierenden Epidemien die Flucht ergriffen und die Vizekönige ab 1759 von Panjim aus regierten, stieg sie zur bedeutendsten Stadt Goas auf. 1843 wurde sie auch offiziell zur neuen **Hauptstadt von Portugiesisch-Indien** erklärt.

Heute bildet die am südlichen Ufer des Mandovi-Flusses erbaute Stadt das politische, kulturelle und wissenschaftliche Zentrum Goas. Die meisten westlichen Touristen passieren Panaji nur auf ihrem Weg zu den diversen Stränden bzw. zur Erledigung administrativer Dinge, doch lohnt der Ort durchaus eine Besichtigung.

Trotz der rasanten Entwicklung hat Panaji viel vom mediterranen Charme der Anfangsjahre bewahrt, als es nur ein unbedeutender Vorort Alt-Goas war. Speziell in den engen Altstadtgassen des östlichen Teils der Stadt mit seinen verwitterten Häuserfassaden, windschiefen Balkonen und unzähligen Kneipen und Cafés fühlt man sich in eine schläfrige portugiesische Provinzstadt versetzt.

Stadtrundgang

Wie in fast allen größeren Städten Goas befindet sich auch im Zentrum von Panjim mit dem **Municipal Garden** ein begrünter, rechteckiger Park. Von der südöstlichen Ecke des Stadtparks sind es nur etwa 100 m zur Kirche **Our Lady of Immaculate Conception** (Kirche unserer lieben Frau der unbefleckten Empfängnis), der bedeutendsten Sehenswürdigkeit der Stadt. Die von Palmen flankierte Barockkirche mit ihrer schneeweißen Fassade und der weit ausladenden Treppenanlage wurde 1619 errichtet. Im Inneren entpuppt sich das von außen so imposante Gotteshaus als einschiffiger Saalbau. Von den insgesamt vier Altären gefällt besonders der Hauptaltar mit einer Darstellung des Abendmahls und den Skulpturen der Heiligen Peter und Paul. Die Statue der verehrten Frau von Fatima wird jedes Jahr am 13.10. in einer feierlichen Prozession auf einer Sänfte zum Bischofssitz getragen. Tausende von Gläubigen können dann ihre mit Perlen und Edelsteinen besetzte Goldkrone sehen.

Von der Kuppe des hinter der Kirche ansteigenden Hügels bietet sich ein schöner Blick über die pittoresk zwischen dem Mandovi und den dicht bewachsenen Hügeln des Umlandes gelegene Stadt.

Folgt man der links von der Kirche verlaufenden Straße Richtung Norden, gelangt man zum **Secretariat,** dem zweiten beeindruckenden Bau der portugiesischen Periode. Dieses profane Pendant zur Kirche steht an jener Stelle, an der ursprünglich *Yusuf Adil Shah* Ende des 15. Jh. seinen Palast erbaut hatte. Nachdem dieser bei der Eroberung durch die Truppen Albuquerques zum großen Teil zerstört worden war, ließen ihn die Portugiesen wieder neu errichten. Als

Westküste

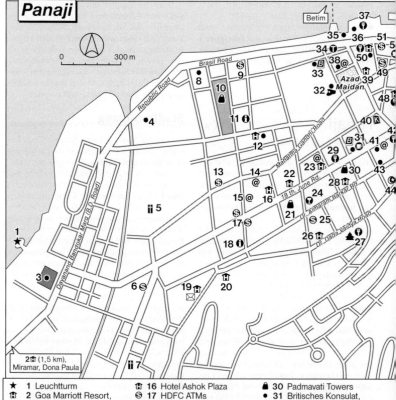

Panaji

0 — 300 m

Betim

Brasil Road

Republic Road

Dayanand Bandokar Marg (B.D. Road)

Mahatma Gandhi Road

18 th. June Rd.

Dr. Atmaram Borkar Rd.

Dr. Dada Vaidya Road

Azad Maidan

2 (1,5 km), Miramar, Dona Paula

★	**1** Leuchtturm	🏨 **16** Hotel Ashok Plaza	▲ **30** Padmavati Towers
🏨	**2** Goa Marriott Resort, Miramar Residency	⑤ **17** HDFC ATMs	● **31** Britisches Konsulat,
●	**3** Kala Academy	❶ **18** Tamil Nadu Tourism	◐ Café Hema,
●	**4** Old Goa Medical College	🏨 **19** Hotel Palacio de Goa,	ⓑ Broadway Book Centre
		✉ Postamt	● **32** Foreigner's Registration
ⅱ	**5** Dom Bosco Church	🏨 **20** Hotel Samrat	Office, Polizei
⑤	**6** UTI ATM	▲ **21** Supermarkt	● **33** Braganza Institute,
ⅱ	**7** St. Inez Church	🏨 **22** Keni's Hotel	ⓑ Central Library
●	**8** Indian Airlines	@ **23** Log Inn,	❶ **34** Tankstelle
⑤	**9** American Express, Thomas Cook, UAE Exchange, DHL	🏨 Hotel Check Inn	● **35** Joey's Car Rental
		❾ **24** Aces Pub	● **36** Shipping Terminal
		⑤ **25** ICICI ATM	❾ **37** Restaurant Quarterdeck
▲	**10** Markt	🏨 **26** Hotel Mayfair, Hotel Embassy	●@**38** MGM Tours, Internetcafé
❶	**11** GTDC		🏨 **39** Hotel Park Plaza
🏨	**12** Hotel Delmon, Sahara Airlines	♣ **27** Mahalakshmi Tempel,	🝙 **40** Kino National
●		❾ Goenchin Restaurant, A Pastelaria	❾ **41** Restaurant Moti Mahal,
⑤	**13** idbi ATM	🏨 **28** Hotel Nova Goa	@ Coozy Nook
@	**14** sify-i-way	❾ **29** Shere-e-Punjab Rest., Safkar Restaurant	❾ **42** Domino's Pizza
@	**15** Dishnet The Hub		● **43** Central Telegraph Office
			◖ **44** Jama Masjid

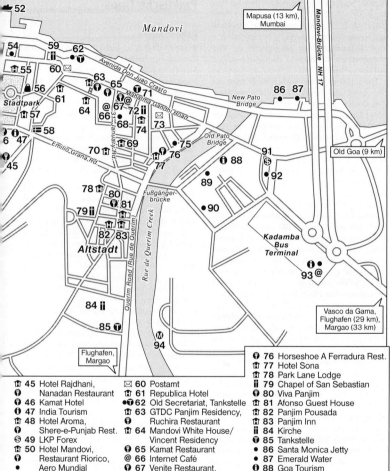

45 Hotel Rajdhani,
Nanadan Restaurant
46 Kamat Hotel
47 India Tourism
48 Hotel Aroma,
Shere-e-Punjab Rest.
49 LKP Forex
50 Hotel Mandovi,
Restaurant Riorico,
Aero Mundial
51 State Bank of India
52 Casino Goa/Caravela
53 Café Coffee Day
54 High Court
55 Hotel Garden View
56 Mr. Baker 1922
57 Hotel Manvin's
58 Immaculate
Conception Church
59 Abbé Faria Church

60 Postamt
61 Republica Hotel
62 Old Secretariat, Tankstelle
63 GTDC Panjim Residency,
Ruchira Restaurant
64 Mandovi White House/
Vincent Residency
65 Kamat Restaurant
66 Internet Café
67 Venite Restaurant,
Shruti Communications
68 Konkan Tours & Travels
69 Elite Guest House
70 Ovran's Guest House
71 Tankstelle
72 Kirche
73 Hauptpost
74 Udupi Boarding & Lodging
75 Deutsches Konsulat,
Andra Pradesh Tourism

76 Horseshoe A Ferradura Rest.
77 Hotel Sona
78 Park Lane Lodge
79 Chapel of San Sebastian
80 Viva Panjim
81 Afonso Guest House
82 Panjim Pousada
83 Panjim Inn
84 Kirche
85 Tankstelle
86 Santa Monica Jetty
87 Emerald Water
88 Goa Tourism
89 Jet Airways
90 Alitalia
91 UTI ATM
92 Paulo Travels
93 Railway Reservation Office,
Tourist Office, Internetcafé
94 Government State Museum
Bus- und
Bahnreservierungsbüros,
Tourist Office, Internetcafé

Idalco-Palast diente er zunächst den aus Portugal anreisenden Würdenträgern als Gästehaus. Ab 1759 residierten hier die Vizekönige. Heute dient er als Sitz der Legislative – viele Limousinen mit gelangweilt auf ihre Vorgesetzten wartenden Chauffeuren stehen auf dem Vorplatz.

Etwa 100 m weiter östlich stößt man auf die etwas merkwürdige Skulptur eines Mannes, dessen ausgestreckte Hände in dramatischer Geste auf eine ihm zu Füßen liegende Frauenfigur weisen. Dabei handelt es sich um ein 1945 aufgestelltes **Denkmal** zu Ehren des Goaners *Josè Custodia de Faria* (1756–1819). Die schillernde Persönlichkeit erlangte als Theologe, Mediziner, Hypnotiker und Politiker zunächst in Goa und später in Europa Berühmtheit.

Für viele Besucher die eigentliche Sehenswürdigkeit Panajis ist die **Altstadt** mit den nach wie vor stark von der portugiesischen Kolonialzeit geprägten Stadtteilen Fontainha und Sao Tomè. Beim Bummel durch die verwinkelten, zum Teil noch mit Kopfsteinpflaster ausgelegten Gassen mit neoklassizistischen Villen wähnt man sich eher in einer portugiesischen Provinzstadt als an der Westküste Indiens. Das schwül-heiße Klima nagt an den Fassaden der mit hübschen **Holzbalkonen** ausgestatteten Häuser, doch das unterstreicht noch den morbiden Charme des Viertels.

Neben den alten **Kirchen,** wie der im Zentrum auf einem Hügel errichteten Church of our Lady of Immaculate Conception und der Chapel of San Sebastian im Altstadtviertel Fontainhas, lohnt auch der Besuch des **State Museum of Goa** (Mo–Fr 10–17 Uhr, www.goamuseum.nic.in, Eintritt frei). Auch der 1817 zu Ehren Lakshmis, der Frau Vishnus, erbaute **Mahalakshmi-Tempel** ist sehenswert. Wer es eher bunt und lebendig mag, sollte den ebenso farbenfrohen wie lautstarken städtischen **Markt** besuchen.

Praktische Tipps

Information

● Ganz hilfreich ist **IndiaTourism** im blauen Communicade Bldg. (1. Stock, Tel.: 2224132, Mo–Fr 10.30–18 Uhr, Sa 10.30–13 Uhr) am Municipal Garden, wenn man insistiert. **GoaTourism** im Patto Tourist Home (Dr. Alvares Costa Rd., Tel.: 2438750/1, 2226515, goa tour@goa.nic.in, www.goa-tourism.com, Mo–Fr 9.30–17 Uhr sowie jeden 2. Sa) in Busbahnhofsnähe dagegen macht einen lethargischen Eindruck. Beide verfügen über Filialen am Interstate Bus Terminus (Tel.: 225620) und am Flughafen (Tel.: 2541644).

Stadtrundfahrten

● Das Büro von **GoaTourism** in Patto wie auch in der Panaji Residency bietet eine Vielzahl von Ausflugstouren an. Dazu zählen Ganztagestouren (9.30–18 Uhr, 120 Rs) in den Süden Goas (Old Goa, Dona Paula Bay, Margao, einige Tempel) und in den Norden (140 Rs, gleiche Zeiten, nach Mapusa, mehrere Strände, Fort Aguada, Hindu-Tempel in Narva und ein Handicraft Emporium). Auch eine interessante Tour nach Old Goa, zum Dudhsagar-Wasserfall und zu einem Hindu-Tempel (500 Rs inkl. Mittagessen, Mi und So 9–18 Uhr) sowie weitere Ausflüge werden angeboten. Ein neunstündiger Tagesausflug u.a. nach Dudhsagar (mit Panaji, Old Goa und Tambdi Surla Temple) wird von GoaTourism (Tel.: 2224132) Mi und So von Panaji und Calangute aus für 500 Rs bzw. 600 Rs (AC) inkl. Mittagessen angeboten (Start 9 Uhr bei der GTDC Panaji Residency).

Bootsfahrten

Eine schöne Möglichkeit, den Sonnenuntergang zu erleben, bieten die von diversen Veranstaltern offerierten Bootsfahrten auf dem **Mandovi-Fluss.** GoaTourism (GTDC, außer in ihrem Tourist Office z.B. im Hotel Panaji Residency vertreten, Tel.: 2227103) startet vom Santa Monica Jetty gleich neben den Mandovi-Brücken. Um 18 und 19.15 Uhr starten etwa einstündige Fahrten (100 Rs), bei denen eine infernalisch laute Liveband die vornehmlich indischen Gäste malträtiert. Eigentlich ist diese „Lärmbelästigung" eine Zumutung, liegt doch der Reiz einer solchen Fahrt in der friedvollen Abendstimmung. Außerdem gibt's **Full Moon Cruises** (natürlich zu Vollmond, 2 Std., 150 Rs), eine **Goa by Night Tour** (140 Rs, 18.30–21.30 Uhr, Ziele: Dona Paula Bay, Adil-Shah-Palast, mehrere Kirchen und Tempel und natürlich Kreuzen die Schiffe auf dem Mandovi-Fluss) sowie weitere Touren. Ähnliche Angebote offerieren auch viele der privaten Anbieter wie Emerald Waters (Tel.: 2431192). Diese bieten auch **Delfinausfahrten** (500 Rs, Abfahrten zwischen 10 und 13 Uhr) und **Backwater-Cruises** an inkl. Mittagessen und Getränken (1.000 Rs).

Stadtverkehr

● Die Innenstadt ist problemlos zu Fuß zu erwandern. Ansonsten bewegt man sich am besten mit einer der zahlreichen **Motorrikshas**. Da die Fahrer so gut wie nie die Uhr einschalten, muss eisern verhandelt werden. Von der Innenstadt zum Kadamba-Busbahnhof sollte man maximal 20 Rs zahlen. Nach Calangute muss man mit 200 Rs rechnen, etwa 150 mehr nach Colva und Benaulim.

● Für die etwa 45-minütige Taxifahrt zum 29 km südlich von Panaji gelegenen **Dabolim-Flughafen** sind es ca. 350 Rs. Günstiger, allerdings auch wesentlich zeit- und nervenaufreibender ist die Fahrt zunächst mit einem öffentlichen Bus zum ganz in der Nähe des Flughafens gelegenen Vasco da Gama und von dort weiter mit Bus oder Motorriksha. Auf die Flughafenbusse, die unter anderem vom Indian Airlines Office an der Dr. D. Bandodkar Rd. abfahren sollen, ist leider kein Verlass.

Unterkunft

Low Budget und Budget:
● Von vielen billigen Unterkünften, vorwiegend im Bereich der Altstadt angesiedelt, ist das **Mandovi White House** €-€€€ (Tel.: 2223928, mobil: 9422444515, 5552003@yahoo.com), welches auch unter dem Namen *Vincent Residency* firmiert, eine schöne Wahl. Die von einem älteren, sehr freundlichen Besitzer gemanagte Villa hat 6 teils

recht große Zimmer, manche mit Balkon und TV, die alle etwas runtergekommen sind, aber viel Charme besitzen und sauber und billig sind. Reservierung empfohlen, Gepäckaufbewahrung ist gegen Entgelt möglich.

● Ganz billig, aber auch sehr einfach sind die Räume des **Udupi Boarding & Loadging** € (Tel.: 2228047), alle Zimmer mit Gemeinschaftsbad, ein Restaurant ist angeschlossen.

● Ebenfalls billig und auch nicht gerade sauber, aber mit eigenem Bad versehen und teils mit Balkon mit weiten Ausblicken aufwartend, sind die leicht runtergekommenen Zimmer des **Elite Guest House** € (31st of January Rd., Tel.: 2422093).

● Recht gut ist für etwas mehr Geld das **Ovran's Guest House** €-€€ (Tel.: 2426128) in derselben Straße. Die vorderen Zimmer haben Balkone und TV und sind geräumig. Die nach hinten gelegenen, billigeren sind sehr viel einfacher, alle mit eigenem Bad.

● Eine gute Wahl ist auch das **Hotel Embassy** €€ (Tel.: 2226019). Alle Zimmer mit Bad und TV sind gut in Schuss.

● Um den Municipal Garden im Stadtzentrum findet sich eine Vielzahl von Unterkünften verschiedener Qualität und Preislage. Am billigsten ist das **Hotel Garden View** €€ (Tel.: 2227844). Nicht ganz saubere Zimmer, teils mit AC und Balkon mit weitem Blick, sind dennoch den Preis wert. Das nahe gelegene, etwas teurere **Hotel Aroma** €€-€€€ (Tel.: 2228311, butterchicken@shere-e-punjab.com) hat auch bessere Zimmer.

● Auf der gegenüber liegenden Seite des Municipal Garden sind ab dem 4. Stock weite Blicke aus den Zimmern des **Hotel Manvin's** €€-€€€ (Tel.: 2228305, manvins@sancharnet. in, www.goamanvins.com) möglich, dessen AC-Zimmer jedoch zu teuer sind. Schön ist der Dachgarten.

● Weitere akzeptable Unterkünfte dieser Preiskategorie sind in der Dr. Dada Vaidya Rd. **Rohma Hotel** €€ (Tel.: 226174) sowie **Keni's Hotel** €€ (Tel.: 2224581, Fax: 2435227) und **Check Inn** €€ (Tel.: 2228477, Fax: 2224127), beide in der 18th June Rd.

Tourist Class:
● Von einer freundlichen Besitzerin wird das Kolonialhaus des **Afonso Guest House**

€€-€€€ (Tel.: 2222359) in der Altstadt geleitet, sehr hübsch möblierte Zimmer, alle mit angeschlossenem Bad und einem einladenden Dachgarten, auf dem neben Softdrinks auch Frühstück serviert wird. Alles zu einem moderaten Preis, was eine Resevierung notwendig macht.

● Etwas südlich des Municipal Garden gibt's im **Rajdhani Hotel** €€€ (Tel.: 2225362) einwandfreie Zimmer in zentraler Lage, aber mit wenig Atmosphäre, teils weite Ausblicke von den Zimmern. Das angeschlossene AC-Restaurant Nandan im Erdgeschoss serviert ausgezeichnete vegetarische Gerichte. Besonders empfehlenswert sind die Gujarati-Thali.

● Ganz ähnlich in Preis und Leistung ist das gute **Ashok Plaza** €€€ (Tel.: 2427875/6, Fax: 2435679) in der 18th June Rd.

● Eine gute Adresse ist das **Hotel Mayfair** €€€ (Tel.: 2223817) in der Dr. Dada Vaidya Rd., die eher kleinen Zimmer mit TV zum Garten sind wegen der ruhigeren Lage vorzuziehen.

● Sehr schön ist das große, alte **Palacio de Goa** €€€ (Tel.: 2424289, 2426742, plcedgoa@ sancharnet.com, www.goa4business.com/ hotels/hotelpalaciofr.com), an den Hang gebaut. Viel Atmosphäre und tolle Ausblicke in den zum Mandovi ausgerichteten, einwandfreien, teils klimatisierten Zimmern, alle mit TV und Balkon.

● Ein gutes Mittelklassehotel ist das **Delmon** €€€-€€€€ (Tel.: 2226846/7, delmon@sanchar net.in, www.alcongoa.com). Alle hübsch möblierten Zimmer mit großem TV und Schreibtisch, auch die sehr geräumigen AC-Zimmer sind hervorragend in Schuss.

Luxus:
● Die Kolonialvilla des **Panjim Inn** €€€-€€€€€ (31th of January Rd., Tel.: 2226523, panjim inn@sancharnet.in, www.panjiminn.com) in der Altstadt besitzt viel Charme mit seinen wuchtigen geschnitzten Holzmöbeln, Kühlschrank, TV und jeweils eigener großer Terrasse. Es ist oft ausgebucht, deshalb sollte man reservieren. Das ganz in der Nähe befindliche **Panjim Pousada** €€€€€, eine alte Kolonialvilla unter gleicher Leitung, ist noch gediegener, allerdings auch teurer. Auch ein hübsches begrüntes Hofrestaurant gibt's.

● Einen ausgezeichneten Gegenwert, nicht nur im oberen Preisbereich, bietet das zentral gelegene **Hotel Nova Goa** €€€€ (Tel.: 2226231-7, novagoa@sancharnet.in, www. hotelnovagoa.com). Zwar nicht das teuerste, aber sicherlich vom Komfort her das beste der Stadt, wobei die Deluxe-Zimmer nur unwesentlich teurer sind, aber wesentlich mehr Komfort bieten. In punkto Service und Restaurant ist es ebenfalls von hoher Qualität, auch ein Swimmingpool ist vorhanden.

● Das ehemalige Tophotel der Stadt, **The Mandovi** €€€€-€€€€€ (D.B. Marg, Tel.: 2426270-3, mandovi_goa@sancharnet.in, www.hotelmandovigoa.com) hat höhere Preise, ist aber immer noch in Ordnung. Die Zimmer sind jedoch inzwischen in die Jahre gekommen.

Essen und Trinken

● Einige der besten Restaurants der Stadt befinden sich in Hotels. Zu nennen ist hier u.a. das Doppelhotel Golden Nova/Nova Goa, in dessen Räumen mit dem **Shivrak** (vegetarisch), dem **Macao** (chinesisch) und dem **Lotus** (goanisch und westlich) gleich drei sehr gute Lokale zur Auswahl stehen.

● Sehr beliebt speziell wegen seiner ungewöhnlich reichhaltigen Frühstückskarte ist das **Chit Chat,** ein Open-air-Restaurant auf dem Dach des Tourist Hotel.

● Das **Riorico-Restaurant** im Mandovi Hotel gilt als beste Adresse für authentisch goanische Küche.

● Nicht nur wegen seiner gediegenen Inneneinrichtung zählt das **Venite Restaurant** in der Altstadt mit seinen kleinen Balkonen zur Gasse im 1. Stock zu den beliebtesten Adressen der Altstadt. Goanische, indische und vor allem italienische Gerichte sind gleichermaßen lecker. Das gemischte Publikum verleiht dem Ort eine angenehm entspannte Atmosphäre, sodass er sich auch ideal für ein nachmittägliches Bier, einen Wein oder härteren Stoff anbietet.

● Etwas versteckt, eine kleine Gasse hinter dem Alonso Guest House hinein, liegt das hübsche **Viva Panjim** mit traditioneller goanischer Küche. Die Tische in kolonialer Atmosphäre an der Altstadtgasse sind abends immer voll belegt.

●Das **Horseshoe A Ferradura** an der Rue de Querim (mittags und abends ab 19 Uhr geöffnet) serviert portugiesische Küche (100–150 Rs pro Hauptgericht) wie auch Fischgerichte (200–500 Rs). Zudem ist die Auswahl an Weinen, Cocktails und harten Alkoholika umfangreich.

●Das kleine **Kamat Restaurant,** auch in der Altstadt an der Dr. Joao De Castro Rd. im 1. Stock (7–22 Uhr geöffnet), ist zwar nicht besonders hübsch, aber authentisch und serviert köstliche *dosas* und *thalis* sowie weitere indische Gerichte schnell, zu kleinem Preis und bei freundlichem Service.

●Gute Küche in gepflegter Atmosphäre bietet das Restaurant **Moti Mahal** in der 18th June Rd. Hauptgerichte in dem AC-Restaurant kosten zwischen 70 und 100 Rs.

●Für China-Fans, die nicht auf den Cent zu achten brauchen, empfiehlt sich das hervorragende **Goenchin Restaurant,** das unter dem Management des Mandovi-Hotels steht.

●Ideal für einen süßen Nachtisch ist die angrenzende Bäckerei **A Pastelaria.**

●Bei **Café Coffee Day,** zentral an der MG Rd. im 1. Stock mit beliebter Terrasse, gibt's wie immer bei dieser Kette verschiedene Kaffees, Kuchen, Torten und kleine Snacks.

●Das **Shere-e-Punjab** im 1. Stock des Hotels Aroma ist bekannt für seine feine nordindische Küche, wobei u.a. die Tandoori-Gerichte zu empfehlen sind.

●Ähnlich, nicht nur was die Namensgebung betrifft, ist das **New Punjab Restaurant** in den Municipal Gardens mit deftiger nordindischer Kost.

●Das **Safkar Restaurant** neben dem Shere-e-Punjab im 1. Stock mit vielseitiger Speisekarte (Punjabi-, südindische und chinesische Küche sowie Eis und Fruchtsäfte) macht einen guten Eindruck.

●Ein großes Freiluftrestaurant am Mandovi unter Bäumen ist das **Quarterdeck.** Es serviert Multicuisine-Küche.

●**Mr Baker 1922** am Municipal Garden wartet mit köstlichem Kuchen, Gemüsetaschen und anderen Gebäck-Versuchungen auf, einige Tische laden zum Kaffee ein. 8–13 und 15.30–19.45 Uhr.

●Für eine schnelle Pizza zwischendurch bietet sich **Domino's Pizza** (11–23 Uhr) beim Muncipal Garden an. Es gibt auch einen Zustellservice (Tel.: 1600-111-123).

Kultur und Unterhaltung

●Klassische indische Musik und Tanz sowie Theateraufführungen und Kunstausstellungen finden regelmäßig in der **Kala Academy** in Campal (Tel.: 2223280, www.kalaacademy.org, Dr D Bandodkar Rd.) statt. Informationen zu den Veranstaltungen entweder dort, in den Tageszeitungen oder im Booklet „Find All Goa" (10 Rs).

●Ende November findet im Stadtteil Campal das zweitägige **Goa Heritage Festival** mit klassischem Tanz und Musik sowie Ständen mit südindischem Essen statt.

●Wer gern zockt, sollte das **Kasino-Schiff MV Caravela** besuchen, das gegenüber dem Mandovi Hotel an der Panaji Jetty allabendlich unter dem Namen *Casino Goa* (Tel.: 2234044) in See sticht. Im Preis (Mo–Do 1.000 Rs, Fr–So 1.200 Rs) sind Spielchips im Wert von 400 Rs und Getränke enthalten. Die 4.200 Rs für die Dinner Cruise können komplett in Form von Chips am Roulettetisch verspielt werden.

Bank

●Gleich drei sehr effiziente Wechselstuben in einem Gebäude sind selten, aber in Panaji Fakt. Mit **American Express** (Tel.: 2228557, Mo–Fr 9.30–18.30, Sa 9.30–14.30 Uhr), **Thomas Cook** (Tel.: 2221312, Mo–Sa 9.30–18 Uhr) und **UAE Exchange** (Tel.: 2422961, Mo–Sa 9.30–18 Uhr, So bis 13 Uhr, hier werden auch Flugtickets z.B. von Deccan Air verkauft) in der Dayananad Bandodkar Marg hat man die Auswahl. Alle haben auch einen schnellen Geldtransfer-Service aus dem Ausland.

●Auch **LKP Forex** (MG Rd., Mo–Sa 9.30–19 Uhr), im Magnum Centre, nicht weit entfernt, ist verlässlich.

●Von vielen **ATMs** in der Stadt akzeptieren die beiden der HDFC-Bank (18th June Rd.) und der idbi-Bank neben Visa-, Visa Electron-, Master-, Maestro- und Cirrus-Card auch AmEx-Karten.

Post und Internet

● Die **Hauptpost** befindet sich in der Nähe der Pato-Brücke. Der Poste-Restante-Schalter ist Mo–Sa 9.30–13 und 14–17.30 Uhr geöffnet.

● Ein **DHL/FedEx-Büro** (tgl. 9–18 Uhr, D.B. Marg) ist im gleichen Gebäude wie AmEx und Thomas Cook untergebracht.

● Von vielen Internetcafés sind in der Altstadt nur eher langsame und teure zu finden, während im Stadtzentrum schnellere und bessere aufwarten. Da ist einmal **sify-I-way** mit Breitbandverbindungen zu nennen, das rund um die Uhr geöffnet ist, das kleinere im Erdgeschoss nur bis 18 Uhr. Außerdem gibt's mit **Dishnet The Hub** eine weitere sehr verlässliche und schnelle Verbindung (Seiteneingang, 3. Stock, 9.30–19 Uhr, Restzeit wird beim nächsten Mal verrechnet). Beide kosten nur 25 bzw 20 Rs die Stunde. Auch **Log Inn** (1. Stock, 9–23 Uhr, 30 Rs) neben dem Hotel Check-Inn ist mit DSL-Verbindung fix. Zuletzt sei das Internetcafé am Busbahnhof erwähnt (8–19 Uhr).

Medizinische Versorgung

● Das **Government Hospital** an der Avenida Dom Joao Castro hat keinen guten Ruf und sieht auch entsprechend aus. Wesentlich besser ist das **Apollo Victor Hospital** in Margao oder auch das **Goa Medical College** (Tel.: 2223010, 2223658) in Bambolim, 7 km südlich von Panaji.

Reisebüros

Von den zahlreichen Anbietern drei Adressen, die sich über die Jahre als zuverlässig erwiesen haben:

● **Aero Mundial,** Hotel Mandovi, Dr. D. Bandodkar Rd. (Tel.: 2223773).

● **MGM International Travels,** Mamai Camotin Building (Tel.: 22251509).

● **Paulo Travels,** Cardoza Bldg., nahe dem Busbahnhof, Tel.: 2438531, www.paulotravels.com.

An- und Weiterreise

Flug:

Indian Airlines, Air Sahara und die etwas teurere, weil mit komfortableren Flugzeugen operierende Jet Airways, fliegen mehrfach täglich vom 29 km südlich gelegenen **Dabolim Airport** nach Mumbai. Speziell während der großen Feste wie Weihnachten/Neujahr, Divali und Deepavali sollte man frühzeitig reservieren. Obwohl die meisten Airlines dann Zusatzflüge anbieten, sind die Maschinen häufig bereits über Wochen im Voraus ausgebucht. Wer kein Ticket ergattert hat, kann es auch mit Stand-By am Flughafen probieren. Versuchen sollte man auch die zweimal wöchentlich (Mo, Do) von Air India eingesetzten Airbusse. Außerdem werden von allen Dreien tgl. Delhi, Kalkutta, Lucknow (Air Sahara via Delhi) und Ahmedabad (Jet Airways via Mumbai) angeflogen.

● **Indian Airlines,** Dempo Building, Dr. D. Bandodkar Rd. (Tel.: 2428181/282, Mo–Sa 10–17, So 10–15 Uhr, um 13 Uhr Mittagspause), Dabolim-Flughafen: Tel.: 2542444.

● **Air India** (Tel.: 2431100-2), 3 km südwestlich des Stadtzentrums im Bezirk Campal im Colwalkar Centre, Flughafen: Tel.: 2541445.

● **Air Sahara,** General Bernhard Guedes Rd., Tel.: 2230237, Flughafen: Tel.: 2541211.

● **Deccan Airways,** Tel.: 2438950/2, Flughafen: Tel.: 2542379/80.

● Das Büro von **Jet Airways** (Sesa Chor, Patto Plaza, Mo–Sa 9–18 Uhr, Tel.: 2438792) ist ganz in der Nähe von GoaTourism zu finden; am Flughafen: tgl. 9.30–17.30 Uhr, Tel.: 2540026/9).

● **MGM Tours & Travels** am Azad Maidan wie auch **Alitalia** (eine kleine Gasse nahe dem Busbahnhof hinein) verkaufen Tickets des Billiganbieters Deccan Air. Ebenso **Globe Trotters** (Tel.: 2438950-2, gtigoa@sanchar net.in).

Bahn:

● Das **Railway Reservation Office** (Tel.: 2285798) befindet sich im 1. Stock des Kadamba-Busbahnhofs und ist Mo–Sa von 9 bis 11.30 und 13.30 bis 17 Uhr geöffnet, So zwischen 9 und 14 Uhr.

Bus:

Die staatlichen Busgesellschaften von Goa (Tel.: 2438034-7), Maharashtra (Tel.: 2438253) und Karnataka (Tel.: 2438256) operieren vom **Kadamba-Busbahnhof,** 1 km östlich des Zentrums im Stadtteil Patto.

Abgesehen von den staatlichen Bussen gibt es noch eine Vielzahl von **privaten Anbietern,** deren Büros im Umkreis des Kadamba-Busbahnhofs liegen (etwa Paulo Tours & Travels, etwas nördlich nahe dem Kadamba-Busbahnhof, Tel.: 2438531, www.paulotravels.com, und Konkan Tours & Travel, 31st January Rd., Tel.: 5620338, 5641397). Tickets können entweder dort oder über Reisebüros und Guest Houses gebucht werden. Besonders häufig werden von ihnen die Städte Bangalore, Hampi, Mumbai und Pune angefahren. Zum Einsatz kommen so genannte Luxusbusse, nach Mumbai und Bangalore inzwischen auch komfortable und teurere AC-Volvo-Busse, die fast ausschließlich nachts fahren – nicht unbedingt empfehlenswert, da die Unfallgefahr dann besonders hoch ist und einem zudem das Erlebnis der Überlandfahrt bei Tageslicht entgeht. Der Busbahnhof der privaten Anbieter befindet sich unmittelbar neben den Mandovi-Brücken.

● Die in vielen Unterkünften angebotenen „Super-Deluxe-Sleeping-Busse" nach Hampi sind bei weitem nicht so attraktiv wie es auf den ersten Blick erscheint. Super Deluxe sind oft nur die Preise, während die mit einzelnen Kabinen versehenen Busse häufig einen äußerst klapprigen Eindruck machen. Zum Schlafen kommt man in den Hühnerkäfigen, wenn überhaupt, nur sporadisch, zumal man sie sich fast immer mit einem Mitreisenden teilen muss.

● Wesentlich angenehmer ist es, einen der beiden täglich fahrenden Direktbusse um 9.30 oder 10.30 Uhr nach **Hospet** zu nehmen und von dort mit einem Lokalbus die letzten 13 km nach **Hampi** weiterzufahren. Falls die Hospet-Busse ausgebucht sind, kann man ohne großen Zeitverlust zunächst bis Hubli fahren, von wo es jede Stunde Verbindungen nach Hospet gibt.

● Inzwischen kann man recht komfortabel mit dem Bus nach **Mumbai** fahren: Sowohl die staatlichen als auch private Anbieter fahren für 600 Rs mit Volvo-AC-Luxusbussen mit liegeplatzähnlichen Sitzen bzw. Betten in der Nacht.

> ⚠ Wenn möglich, sollte man sich dennoch die 500 km lange **Busfahrt nach Mumbai** ersparen. Die 15–18-stündige Fahrt über holprige Straßen und die Pässe der West-Ghats gehört zu den unangenehmsten Strecken Indiens. Da fast immer nachts gefahren wird, kommt man nicht nur total gerädert, sondern auch noch durchgefroren in Mumbai an (also unbedingt warme Kleidung einpacken). Ein weiteres Problem sind die wahnsinnigen Fahrer, die schon so manchen bösen Unfall zu verantworten haben.

● Zu den größeren Städten Goas wie **Vasco da Gama, Margao, Old Goa, Calangute** und **Mapusa** (von dort etwa alle 20 Min. Busse nach Arambol, 10 Rs, über Siolim, Chopdem, Madrem) gibt es mindestens alle halbe Stunde Abfahrten vom Kadamba-Busbahnhof. Wer zu den südlichen Stränden Goas reisen möchte, muss jeweils nach Margao und dort umsteigen.

● Kommt man am **Karmali-Bahnhof** an, sollte man zunächst per Motorradtaxi/Riksha für 30/50 Rs bis zum 4 km entfernten **Old Goa** fahren und von dort mit den nahe dem Kreisverkehr haltenden, häufig fahrenden Bussen bis Panaji (12 km, 6 Rs) weiterfahren.

Taxi:

● Für einen Ausflug nach **Old Goa** per Motorradtaxi bzw. Taxi sind 50 bzw 170 Rs zu berappen. Eine Taxifahrt nach Old Goa mit Wartezeit zur Besichtigung und Rückfahrt kostet um 300 Rs, je nach Verhandlungsgeschick. Zum **Flughafen** sollten nicht mehr als 350 Rs gezahlt werden. Nach **Margao** kostet es mit dem Taxi 480 Rs, mit der Riksha 150 Rs.

Westküste

Highlight:
Old Goa

♫ XX/A1

Ein „Muss" für jeden kunsthistorisch Interessierten ist ein Besuch von Alt-Goa, der glanzvollen **Hauptstadt der portugiesischen Kolonie** 9 km östlich von Panaji. Kein anderer Ort Indiens vereint eine derartige Vielzahl großartiger **portugiesischer Bauwerke,** wobei die meisten in der Blütezeit der Machtentfaltung von der Mitte des 16. bis zur Mitte des 17. Jh. errichtet wurden.

Handelsmetropole und Erzbistum

Reisende wie *Duarte Barbosa* berichten Anfang des 16. Jh. von einer wohlhabenden Stadt mit reichen Kaufmannshäusern, Gärten und Basaren, in denen Händler verschiedenster Nationen prächtige Geschäfte machten. Bei dieser äußerst lukrativen mittelalterlichen Form des Import/Export brachten Schiffe aus Hormus, Mekka und Aden arabische und persische Pferde, die sie unter hohen Gewinnen an die Herrscher der im Hinterland angesiedelten Regionalreiche verkauften. Besonders die Machthaber des Vijayanagar-Reiches von Hampi erwiesen sich als ebenso interessierte wie zahlungskräftige Kunden. Zurück ging es voll beladen mit den Schätzen des Orients wie **Gewürzen, Reis, edlen Stoffen und Edelsteinen.** Die Geschäfte liefen so prächtig, dass jedes Jahr über 1.000 Schiffe zwischen Goa, Java, Macao, Japan, China, der arabischen Halbinsel und Portugal verkehrten. Schnell wurde aus Velha Goa, dem alten Goa, das Dourada, das Goldene Goa, das als Hauptsitz des portugiesischen Übersee-Imperiums der Krone allein schon durch die Hafenzölle beträchtliche Gewinne brachte.

Zu jener Zeit sollen bis zu 300.000 Menschen in der **heute fast unbewohnten Stadt** gelebt haben, womit sie seinerzeit größer war als London oder Lissabon. Goa wurde Sitz des Vizekönigs und Erzbistum. Religiöse Orden wie die **Franziskaner** und die **Jesuiten** zog es in die aufstrebende Kolonie. Das „Goldene Goa" wurde in einem Atemzug mit Lissabon und Rom genannt. Andere sahen in ihr sogar die glanzvollste Metropole jener Zeit, wie das seinerzeit berühmte Zitat belegt: „Wer Goa gesehen hat, braucht nicht mehr nach Lissabon zu fahren". Portugals Nationaldichter *Luis Vaz de Camões* betitelte es als „la Senhora de todo o Oriente", als die „Herrin des ganzen Orients".

„Abstieg" zum Weltkulturerbe

Strukturelle sowie innen- und außenpolitische Veränderungen führten jedoch dazu, dass der so hell strahlende Stern Goas langsam an Kraft verlor. Für diesen „komentenhaften Abstieg" von einer der bedeutendsten Städte der Welt zu einer **„Geisterstadt"** gab es vielfältige Gründe. Sie reichten vom Untergang des Vijayanagar-Reiches von Hampi, einem der bedeutendsten Handelspartner, über mehrere **Cholera- und Pestepidemien,** die die Bevölkerung allein im Jahr 1635 halbierten, bis hin zu militärischen Niederlagen gegen die **Marathen** und später die **Engländer.**

Ende des 17. Jh. lebten nur noch 20.000 Einwohner in Alt-Goa, 1759, als die Hauptstadt nach Panaji verlegt wurde, waren es nur noch 2.000. Die ehemaligen Patrizierfamilien waren nach dem Zusammenbruch derart verarmt, dass sie sich gezwungen sahen, ihre Villen als Baumaterial zu verkaufen. So kann es auch nicht verwundern, dass von den Profanbauten aus der großen Zeit Goas heute nichts mehr erhalten ist. Dafür zeugen die 1986 zum **Weltkulturerbe** erklärten **Kirchen und Klöster,** von denen viele in den letzten Jahren aufwendig restauriert wurden, von jener Zeit, als Goa eine der wohlhabendsten Städte der Erde war.

Stadtrundgang

Triumphbogen

Beginnen wir unseren Stadtrundgang sozusagen an königlicher Stelle. Das Ufer des Mandovi mit dem dort angesiedelten Hafen war jener Ort, von wo der Vizekönig die Stadt betrat. Zu seinen Ehren wurde ein Jahrhundert nach der Entdeckung des Seeweges nach Indien durch **Vasco da Gama** der Triumphbogen der Vizekönige erbaut. Der

1954 restaurierte Torbogen ist das Einzige, was von der Prachtstraße, die vom Ufer ins Stadtzentrum führt, noch erhalten ist. Die **Statue** des berühmten Seefahrers in einer Nische desselben blickt zum Meer, während auf der Rückseite die heilige **Katharina von Alexandria** über ihren römischen Peiniger triumphiert. Interessant ist dabei die Darstellung des Peinigers, welcher als Mohr zu erkennen ist – eine eindeutige Anspielung auf den Sultan von Bijapur, dessen Truppen 1510, am Namenstag der heiligen Katharina, von den portugiesischen Truppen unter dem Befehl *Alfonsos de Albuquerque* aus Goa vertrieben wurden.

Reste des Adil-Shah-Palastes

Wenige Meter südwestlich führt ein kleiner Fußweg zu einem links des Weges zu erkennenden **Tor.** Dabei handelt es sich um das einzige Relikt des einst hier errichteten Adil-Shah-Palastes. Der 1820 zerstörte Palast diente nach Abzug der Shah-Truppen bis 1695 als Residenz des portugiesischen Gouverneurs von Goa.

St.-Cajetan-Kathedrale

Am Ende des Weges steht man vor der 1661 nach 11-jähriger Bauzeit fertig gestellten St.-Cajetan-Kathedrale. Das nach dem Ordensgründer der Theatiner, *Cajetano da Thiene*, benannte Gotteshaus lässt in der Fassadengestaltung deutliche Ähnlichkeiten mit **St. Peter in Rom** erkennen. Dies gilt insbesondere für die korinthischen Säulen und Pilaster, den Portikus und die Fenster- und Türlaibungen.

Sé-Kathedrale

Wieder zurück zur einstigen Prachtstraße und von dort ca. 100 m weiter Richtung Südwesten, steht man vor der Sé-Kathedrale, die im 17. Jh. als größte Kirche Asiens galt. Es dauerte über 100 Jahre, bis der 1563 in Auftrag gegebene Prachtbau fertig gestellt war. Als architektonisches Vorbild diente die allerdings wesentlich kleinere **Kathedrale von Portalegre** in Portugal. 1776 wurde einer der

beiden Glockentürme bei einem Blitzeinschlag zerstört.

Einen interessanten Kontrast im Inneren des dreischiffigen Kirchengebäudes mit je vier Seitenkapellen bilden die sich von den weißen Wänden abhebenden, reich verzierten und vergoldeten Altäre. Einen besonderen Blickfang bietet der Hochaltar mit Darstellungen aus dem Leben der heiligen Katharina.

St.-Francis-Kirche

Die sich südwestlich anschließende St.-Francis-Kirche wurde 1661 erbaut. Das von außen unscheinbare Gebäude entpuppt sich im Inneren durch seine **barocke Ausgestaltung** als kunstvoll ausgestattetes Gotteshaus. Besonders beeindruckend sind dabei der vergoldete Hochaltar und die ihn flankierenden Gemälde, auf denen die Lebensstationen des heiligen Franziskus dargestellt sind. Stimmungsvoll wirkt die in den letzten Jahren aufwendig restaurierte Kirche, wenn das durch die Fenster einfallende Licht das Innere in eine sakrale Atmosphäre taucht.

Direkt anschließend an die St.-Francis-Kirche wurde der **Franziskaner-Konvent** erbaut, der heute das **Museum des Antikendienstes** beherbergt. Anhand der zahlreichen Exponate wird die abwechslungsreiche Geschichte Goas anschaulich nachgezeichnet. Hier kann man auch das vom Archaeological Survey of India herausgegebene Büchlein „Old-Goa" erwerben, in dem die einzelnen Gebäude detailliert beschrieben werden.

Statue Luiz Vaz de Camões

Verlässt man den Bereich um die Sé-Kathedrale und überquert die große Rasenfläche Richtung Bon-Kirche, passiert man die 1960 dort platzierte Statue von *Luiz Vaz de Camões*. Mit seiner imposanten Statur, dem rüstungsähnlichen Anzug und der Positionierung auf einem hohen Sockel erscheint der bekannteste **portugiesische Dichter** des 16. Jh. zunächst wie ein Feldherr. Die Schriftrolle in seiner rechten Hand soll sein Hauptwerk „Os Lusiades" darstellen, aus dem er mit großer Emphase vorliest und das ihn als Literaten zu erkennen gibt. Die **„Lusiaden"** sind

Westküste

ein Hohelied auf die portugiesische Eroberung und Kolonisierung Goas und glorifizieren den Sieg des Christentums über die „Heiden".

Basilika Bom Jesus

Die Basilika Bom Jesus gilt als die bedeutendste Kirche Goas. Das 1605 nach 11-jähriger Bauzeit fertig gestellte Gotteshaus birgt die sterblichen Überreste des **heiligen Franziskus Xavier.** Der 1506 in Navarra geborene Schüler von *Ignatius von Loyola* erreichte am 6.5.1542 Goa und bekehrte innerhalb kürzester Zeit Tausende von Menschen, die meisten davon allerdings in Kerala. Seine **Missionierungstätigkeit** weitete er auf andere asiatische Länder wie Japan und das heutige Malaysia aus. Bei seinem Versuch nach China zu segeln, um auch dort das Christentum zu verbreiten, starb er am 3.12.1552 auf der kleinen Insel Sancian vor der Küste Kantons. Als sein Leichnam zwei Jahre später nach Goa überführt wurde, strömten Tausende von Gläubigen zusammen, um von ihm Abschied zu nehmen.

1622 wurde der bei der Verbreitung der christlichen Lehre in seinen Methoden wenig zimperliche *Francisco Xavier* von *Papst Gregor dem XV.* heilig gesprochen. Seit 1636 liegen seine **Gebeine** in einem schmuckvollen **Silberreliquiar,** das von goanischen Silberschmieden hergestellt wurde. Der Sarkophag wurde 1698 von dem toskanischen Herzog *Cosmas III.* Medici gestiftet. Alle zehn Jahre (das nächste Mal im Jahr 2004) werden die Gebeine Xaviers den Gläubigen gezeigt. 1994 kam eine halbe Million Menschen nach Alt-Goa, um den nach wie vor hoch verehrten Heiligen zu sehen.

Das Innere der auf einem kreuzförmigen Grundriss stehenden Kirche wird vom **vergoldeten Holzaltar** beherrscht. Die **Wandgemälde** zeigen Szenen aus dem Leben des Heiligen Xavier.

Konvent der hl. Monika

Der zwischen 1606 und 1627 erbaute Konvent der hl. Monika galt einst als das größte **Nonnenkloster** Asiens. Der dreigeschossige Gebäudekomplex ist nur nach Voranmel-

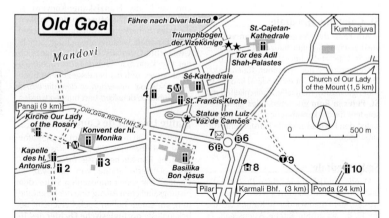

Ⓜ	1	Museum of Christian Art	
⛪	2	Augustinisches Kloster	
⛪	3	Convent & Church of St. John	
⛪	4	St. Katharinen Kapelle	
Ⓜ	5	Archäologisches Museum	
Ⓑ	6	Bushaltestellen	
✉	7	Postamt	
🏛	8	Old Goa Heritage View	
☎	9	Tankstelle	
⛪	10	St. Francis Xavier Kirche	

dung zu besuchen, da er noch heute als Nonnenkloster für verschiedene Kongregationen dient.

Königliche Kapelle

Die 1543 fertig gestellte Königliche Kapelle des hl. Antonius ist dem Nationalhelden Portugals geweiht. Der heutige Bau geht auf umfangreiche Erweiterungsarbeiten Ende des 19. Jh. zurück.

Kirche Our Lady of the Rosary

Die Mitte des 16. Jh. eingeweihte Kirche Our Lady of the Rosary weist eine ungewöhnliche Mischung unterschiedlicher Stilrichtungen auf. Von außen der **manuelischen Bauweise** verhaftet, finden sich im Inneren deutliche Anklänge an die **Spätgotik.** Ein Besuch lohnt aber auch wegen der schönen Lage und dem sehr beeindruckenden Blick, der von hier über den Mandovi und die tropische Vegetation bis nach Panaji reicht.

Unterkunft

Die meisten besuchen Old Goa im Rahmen eines Tagesausflugs, deshalb nur eine Unterkunft für die wenigen, die hier auch übernachten wollen.

● Das **Old Goa Heritage View** €€ (Tel.: 2285122) südöstlich des Kreisverkehrs bietet einfache, teils klimatisierte Zimmer mit Bad.

Anreise

● Old Goa wird etwa alle 15 Minuten vom Kadamba-Busbahnhof in Panaji aus per **Bus** (staatliche wie private) angefahren (12 Rs). Busse von Old Goa nach Panaji halten nahe dem Kreisverkehr.

● Goa-Tourism in Margao und Panaji offeriert tägliche **Ausflugstouren** nach Old Goa, meist in Verbindung mit anderen Sehenswürdigkeiten. Alle größeren Reiseagenturen verkaufen Tagesausflüge.

● Ein **Taxi** von Panaji nach Old Goa kostet 170 Rs.

Mapusa ♫ XX/A1

(Einwohner: ca. 35.000)

Mapusa, das umgangssprachlich Mapsa ausgesprochen wird, hat kaum Sehenswürdigkeiten zu bieten. Einzig der jeden Freitag abgehaltene **Wochenmarkt** lohnt sicherlich einen Besuch. Wegen der Bedeutung als wirtschaftliches und verkehrstechnisches Zentrum des Nordens von Goa versorgen sich viele der in privaten Unterkünften wohnenden Individualtouristen aus Anjuna und Chapora in den örtlichen Geschäften oder nutzen die Direktbusse, die von hier Richtung Mumbai fahren.

Wer in der dritten Woche nach Ostern in der Umgebung weilt, kann das **Fest zu Ehren Unserer Wundertätigen Frau** besuchen. Mittelpunkt des farbenfrohen Spektakels, zu dem auch ein großer Jahrmarkt gehört, ist die ursprünglich 1594 von den Franziskanern erbaute Kirche Our Lady of Miracles.

Information

● Hilfsbereit ist der Leiter von **GoaTourism** (Tel.: 2262390), etwas versteckt hinter dem Mapusa Residency einen Durchgang hinein, 9.30–17.45 Uhr (13–14 Uhr Mittagspause) geöffnet. Der Schalter in der Lobby des Mapusa Residency verkauft **Sightseeing-Touren** innerhalb Goas (siehe Panaji).

Unterkunft, Essen und Trinken

Die meisten werden nicht in Mapusa übernachten, darum nur drei akzeptable Möglichkeiten in Busbahnhofsnähe:

● Die **GTDC Mapusa Residency** €€-€€€ (Tel.: 2262794) hat gute Zimmer im oberen Preisbereich (Deluxe), während die unwesentlich billigeren Standardzimmer verwohnt sind. Alle verfügen über TV, nach hinten ist es sogar recht ruhig. Falls man im riesigen hauseigenen Restaurant den Kellner entdecken sollte, kann man dort auch essen.

● Im unteren Preisbereich bietet das freundliche **Hotel Vilena** €-€€ (Tel.: 2263115, 260650) viel. Keine 5 Fußminuten vom Busbahnhof entfernt an der Straße Richtung

Westküste

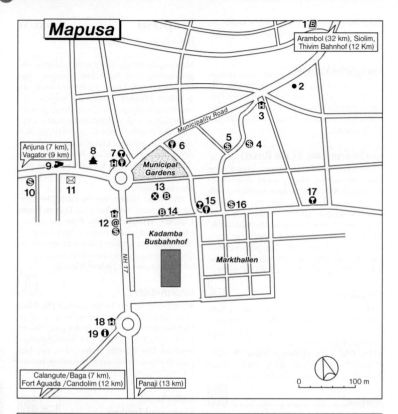

Mapusa

Arambol (32 km), Siolim,
Thivim Bahnhof (12 Km)

Municipality Road

Anjuna (7 km),
Vagator (9 km)

Municipal
Gardens

Kadamba
Busbahnhof

Markthallen

NH 17

Calangute/Baga (7 km),
Fort Aguada /Candolim (12 km)

Panaji (13 km)

0   100 m

𝐵	1	Other India Bookstore	@	12	Sify-i-way,
•	2	Municipal Council	Ⓢ		UTI-ATM,
🏛	3	Hotel Vilena	🏛		Hotel Braganza
Ⓢ	4	Corporation Bank ATM	✗	13	Taxi-/Riksha-/
Ⓢ	5	Centurion Bank ATM	Ⓑ		Minibus-Parkplatz
❶	6	Hotel Vrindavan	Ⓑ	14	Private Busgesellschaften
🏛	7	Hotel Satyaheera,	❶	15	Betsy Bar &
❶		Ruchira Bar &	❶		Restaurant
❶		Restaurant	Ⓢ	16	State Bank of India
♠	8	Maruti Tempel			und ATM
➤	9	Polizei	❶	17	The Pub
Ⓢ	10	ICICI Bank ATM	🏛	18	GTDC Mapusa Residency
✉	11	Hauptpost	❶	19	Goa Tourism Büro

Arambol gelegen, haben die Zimmer teilweise eigenes Bad, auch TV ist möglich, außerdem gibt's ein Dachrestaurant.

● Wer es luxuriöser möchte, sollte sich in Mapusas Top-Hotel, dem **Satyaheera** €€€ (Tel.: 2262849), einquartieren. Sehr angenehm sitzt es sich in dem im obersten Stock befindlichen **Ruchira Restaurant**. Von hier oben sieht die an sich hässliche Stadt sogar ganz ansehnlich aus. Zu essen gibt es indische und chinesische Gerichte.

● Die **Betsy Bar & Restaurant** serviert sowohl vegetarische wie nichtvegetarische Kost.

Bank, Internet

● Bargeldwechsel und Reisescheckeinlösung ist in der **State Bank of India,** busbahnhofsnah, im 1. Stock von 10 bis 13.45 Uhr, Sa von 10 bis 12 Uhr möglich.

● Beim Braganza Hotel gegenüber dem Busbahnhof gibt's einen **UTI-ATM** und ein schnelles **Sify-i-way-Breitband-Internetcafé** (10–22 Uhr). Ein weiterer ATM ist an der Straße nach Arambol den Berg hinauf zu finden, ebenfalls nicht weit vom Busbahnhof entfernt. Beide nehmen alle wichtigen Kreditkarten außer AmEx.

An- und Weiterreise

Vom **Kadamba-Busbahnhof** im Stadtzentrum zahlreiche Verbindungen zu allen größeren Städten der Umgebung sowie innerhalb Goas.

● Alle Busse, die von **Mumbai** nach Goa (und natürlich auch umgekehrt) fahren, passieren Mapusa. Für Reisende, die zu den nördlichen Stränden wie Arambol, Calangute, Vagator oder Anjuna wollen, empfiehlt es sich, bereits hier auszusteigen, da man sonst bis Panaji fährt und danach die gleiche Strecke wieder zurück. Die meist gegen 18 Uhr in Panaji startenden Busse nach Mumbai nehmen hier etwa eine halbe Stunde später Fahrgäste auf.

● Die meisten **Reisebüros** für Busreisen sind aufgereiht an der Nordseite des Busbahnhofs, dort z.B. Paulo Travels (Tel.: 2250424) und Konkan Tours & Travels.

● Alle im Folgenden genannten Fernziele fahren abends los (nach Mumbai zusätzlich

morgens um 7 Uhr). Auf den langen Strecken können jedoch nur die AC-Volvo-Verbindungen empfohlen werden, da Fahrten mit den einfacheren Bussen ziemlich anstrengend sind und besser per Bahn bewältigt werden. Nach **Mumbai** (14 Std., 700 Rs, Sleeper, AC Volvo Luxury Bus), **Hospet** (Hampi, 10 Std., 500 Rs, Semi-Deluxe Sleeper), Bangalore (12 Std., 700 RS, AC Volvo Luxury Bus, Sleeper), **Pune** (10 Std., 300 Rs, Semi-Deluxe, Sleeper).

● **Verbindungen innerhalb Goas:** Mindestens alle 20 Min. fahren staatliche Busse nach Panaji, nach Margao (zu diesen beiden Zielen verkehren nahezu preisgleich auch Privatanbieter, die seltener halten, teilweise ohne Halt bis Panaji durchfahren), Chapora (via Anjuna und Vagator) sowie Arambol alle 30 Min. (einige auch weiter bis Querim und zur Fähre nach Terakhol), Mandrem (25 Min.) und Morjim (30 Min.).

● Busse nach **Thivim Dorf** (von dort nochmals 6 km zum Bahnhof) fahren alle 10 Min. Riksha bzw. Taxi zwischen Mapusa und Thivim, dem mit 12 km Entfernung nächstgelegenen **Bahnhof der Konkan Railway,** kosten etwa 150 bzw 220 Rs.

● Wer mit der **Motorriksha** von Mapusa nach Calangute oder Anjuna fahren möchte, muss dafür um die 60 Rs berappen. Mit dem **Taxi** wird es etwa doppelt so teuer, dafür kann man es aber auch mit mehreren Mitreisenden teilen, sodass es im Endeffekt eventuell sogar billiger kommt. Per Taxi nach Panaji 150 Rs, zum Flughafen Dabolim bei Vasco da Gama 550 Rs .

Arambol

Das etwas abgeschieden im Norden Goas nahe der Grenze zu Maharashtra gelegene Arambol mit seinem kilometerlangen Sandstrand Richtung Süden war ehemals ein Geheimtipp der Travellerszene, hat aber über das letzte Jahrzehnt immer mehr **Rucksacktouristen** angezogen und ist heute dementsprechend, besonders im nördlichen Bereich des Strand-Ortes vor den Klippen, mit Guest Houses, Restaurants, Reisebüros, Internet-

Westküste

cafés sowie kleinen Läden und Verkaufsständen gepflastert. Weiter nach Süden Richtung Mandrem wird es immer ruhiger und menschenleerer. Fast jeder Tourist und Anwohner ist mit einem knatternden Motorroller (Scooter) oder Motorrad unterwegs. Es gibt zwar keine Hotelburgen in Arambol, mit der Abgeschiedenheit ist es aber vorbei. Dennoch ist Arambol schon wegen seines fantastischen kilometerlangen Sandstrands immer noch ein angenehmer Urlaubsort für Backpacker.

Auch in Aramabol ist es nach Sonnenuntergang unerlässlich, eine **Taschenlampe** dabei zu haben: an vielen schlecht beleuchteten Stellen, etwa ums Kliff, an abgelegenen Wegen oder wegen der gelegentlich auftretenden Stromausfälle.

Unterkunft

Wie häufig an Goas Stränden gibt's auch in Arambol in direkter Strandnähe viele, fast identische **Bambushütten** für durchschnittlich 300 Rs/Tag in der Hauptsaison (zu anderen Zeiten sind hohe Abschläge auszuhandeln). Diese Art Unterkünfte werden hier nur beschrieben, wenn sie etwas mehr als die Grundaustattung bieten. Luxusunterkünfte sucht man in Arambol vergebens.

● Zehn Bambushütten um den als Restaurant fungierenden, mit Palmen bestandenen Innenbereich gibt's im **Residensea Guest House** €-€€ (Tel.: 5629629, pkresidensea_37 @hotmail.com), teils mit Gemeinschaftsbad, recht hübsch und nahe dem Zentrum, aber etwas überteuert.

● Einfache Bambushütten und Zimmer mit angeschlossenem Bad bietet das **Hill Top Guest House** €€ (Tel.: 9822581968, mobil), alle haben einen unschlagbaren Blick über Felsen und Meer.

● Das den halben Hügel über dem Kliff einnehmende, aus einzeln stehenden, doppelstöckigen kleinen Häusern mit jeweils sechs Zimmern bestehende **Om Ganesh Guest House** €€ (Tel.: 2292488) hat einfache Zimmer mit tollem Blick von den Terrassen/Balkonen über Felsen und Meer zu bieten, kei-

ne schlechte Wahl. **Sunny Guest House** €€ (Tel.: 3094265), umrahmt vom vorherigen, bietet nahezu dasselbe etwas weiter unten am Hügel.

● Am Beginn des nächsten, sich nördlich hinter den Klippen anschließenden Strandes besteht die bisher einzige Unterkunft, das **Sweetlake Huts & Restaurant** € (Tel.: 9822138947, 9822131374, mobil), aus einfachen, den Hang hinaufgebauten Bambushütten auf Stelzen mit kleinen Balkonen davor, alle mit Gemeinschaftsbad.

● Trotz seiner Nähe zum geschäftigen Kernbereich liegt das versteckt gelegene (eine kleine Gasse hinein) **Rudresh Guest House** €-€€ (Tel.: 2292634) recht ruhig und ist besonders bei Langzeitlern beliebt. Die billigeren Zimmer haben Gemeinschaftsbad.

● Ebenfalls ganz dicht am Trubel, aber mit hübschen Zimmern mit Terrasse zum schönen Garten wirkt **Luciano's Guest House** €-€€ idyllisch.

● Die Zimmer des **Padmavati Holiday Home** €-€€ (Tel.: 2292334) sind geräumig, alle mit Terrasse um einen Garten angelegt, eine gute Billigwahl.

● Im südlichen, ruhigeren Strandbereich von Arambol, 100 m zum Strand, ist zunächst das gute **Ave Maria Guest House** €-€€ (Tel.: 297674, 297724, avemaria@satyam.net.in) mit sauberen Zimmern mit Bad zu nennen. Oft ausgebucht, deshalb ist Reservierung angeraten.

● Nutznießer der Beliebtheit des Ave Maria ist das **St. Anthonys** € gleich um die Ecke, das die Überzähligen in sauberen Zimmer mit Terrasse gern aufnimmt.

● Als einzigste Unterkunft Arambols bietet das daneben gelegene, rosafarbene **Vailannkanni Guest House** €€-€€€ etwas mehr Komfort. Der um einen Innenhof gruppierte Komplex hat einfachere Zimmer ohne Meerblick bis zu sehr sauberen mit AC und Balkon zu bieten.

● Noch etwas weiter südlich, etwa 100 m hinter dem Strand unter Palmen, finden sich einige schöne Guest Houses für Ruhesuchende. An erster Stelle sind hier das preiswerte **Ivon's Holiday Calm Guest House** € (Tel.: 2292672, 9822127398, mobil) und das ebenso saubere **God's Gift Guest House** €€

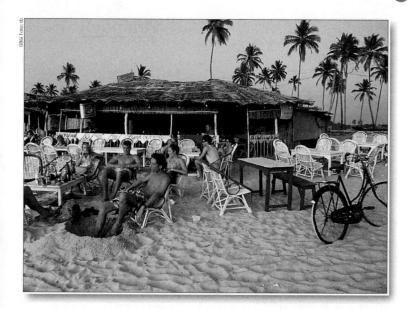

086/ Foto: tb

Westküste

(Tel.: 2292391) mit Balkonzimmern und Kochnische gleich nebenan zu nennen. Die oberen Zimmer des Ivon's haben Balkon mit Palmenblick, das teurere und komfortablere God's Gift hat außerdem ein Restaurant.

●Ganz in der Nähe hat **Luigi's Guest House** € (Tel.: 5621792) einfache und ganz billige Zimmer für Leute, die sehr auf ihr Budget achten müssen. Teils mit Gemeinschaftsbad.

●Einen unschlagbaren Standort direkt am Strand unter Schatten spendenden Bäumen hat das **Horizon Residency** €€ (Tel.: 9822982768, mobil). Ebenfalls südlich des Trubels gelegen sind die zwar etwas windschiefen, aber erstaunlich komfortablen und geräumigen Hütten mit Bad sehr begehrt, also vorbestellen. Auch *deposit service* und guter Service sind hervorzuheben.

●Das neue, von einem Italiener geführte **Samsara** €-€€ (Tel.: 9822688471, mobil, samsara_arambol@hotmail.com) auf einem Sandhügel am Strand verfügt außer über et-

was eng gebaute, aber ganz gemütliche Bambushütten mit Gemeinschaftsbad noch über einige gemauerte Zimmer mit Bad und ein hervorragendes Restaurant mit italienischer Küche und Fischgerichten.

●Noch weiter südlich, zwischen Arambol und Madrem, sehr ruhig gelegen und deshalb gern für Yogakurse genutzt, ist das preiswerte **Regy's Guest House** € (Tel.: 2292190) eine angenehme, kleine, saubere und strandnahe Unterkunft, alle Zimmer mit eigenem Bad.

Essen und Trinken

An Restaurants besteht wahrlich kein Mangel in Arambol. Fast alle haben das übliche Travellerfood, die meisten auch Fisch und chinesische sowie italienische Küche im Angebot.

●Ab 20 Uhr immer brechend voll sind die Strandrestaurants am Ende der Beach Road wie **21 Coconuts Inn,** wohl weil die meisten

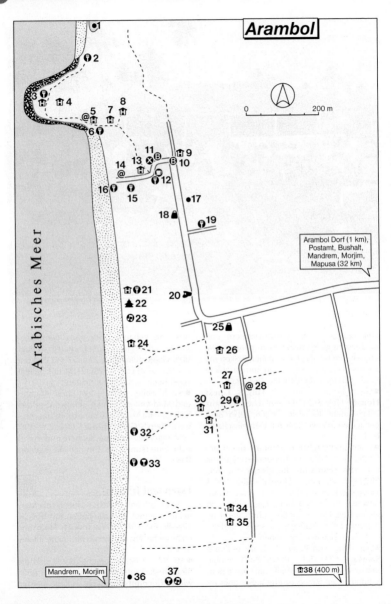

Arambol

Arabisches Meer

Arambol Dorf (1 km), Postamt, Bushalt, Mandrem, Morjim, Mapusa (32 km)

Mandrem, Morjim

0   200 m

- **1** Süßwassersee
- **2** Sweetlake Huts & Restaurant
- **3** Outback Restaurant,
  Om Ganesh Naik's
  Guest House
- **4** Om Ganesh Guest House,
  Sunny Guest House
- @ **5** Valentino's Cybercafé,
  Sky King Guest House
- **6** Restaurants Smile of Buddha
  und Rice Bowl
- **7** Residensea Huts
- **8** Rudresh Guest House
- **9** Padmavati Holiday Home
- **10** Busse nach Mapusa,
  Mandrem
- **11** Taxi-/Riksha-/
  Minibus-Parkplatz
- **12** Loeki's Café & Restaurant
- **13** Famala Hotel
- @ **14** Internet Café
- **15** Fellini Restaurant
- **16** 21 Coconuts Inn
- **17** Dr. Milton
- **18** Supermarkt
- **19** Double Dutch
- **20** Polizei
- **21** Samsara
- **22** Tempel
- **23** Coco Loco
- **24** Horizon Residency
- **25** Kiosk
- **26** Mother Mary Guest House
- **27** Ave Maria Guest House
- @ **28** Internet Café
- **29** Breakfast Restaurant
- **30** Vailannkanni Guest House
- **31** St. Anthony's Guest House
- **32** Full Moon Restaurant
- **33** Liquid Sky
- **34** God's Gift Guest House,
  Ivon's Guest House,
- **35** Luigi's Guest House
- **36** Surfclub
- **37** Surf Club
- **38** Regy's Guest House

nach dem Heruntersteigen vom Motorrad zu bequem sind, noch einige Schritte zu tun.

●Am Nordende des Strandes mit Strandblick ist besonders das **Smile of Bhuddha** in angenehmer Lage und mit guter Küche zu nennen, auch das nebenan gelegene **Rice Bowl** ist in Ordnung. Einige dort haben einen Pool-Billard-Tisch.

●Das alteingesessene und gute **Fellini,** wie auch das Folgende mit hauptsächlich italienischer Küche und Fischgerichten, streitet sich mit dem neuen, von einem Italiener geführten **Samsara** am Strand auf einem Sandhügel um den Titel für das beste Tiramisu Goas. Beide sind empfehlenswert.

●Kaum zu schlagen ist die tolle Lage des **Outback Restaurant** über den nördlichen Kliffs mit entsprechendem Ausblick zum Meer. Das Essen ist durchschnittlich gut.

●Durch seine frischen Croissants, diverse Müslis und die leckeren Kuchen und Torten unter Palmen ist das **Double Dutch** ein idealer Frühstücksort.

●Etwas südlich des Trubels liegt das **Full Moon** direkt am Strand mit Travellerkost, Fischgerichten und dem idealen Sunset-View.

●Zwei kleine **Supermärkte** an der Hauptstraße stehen für Selbstversorger bereit.

Post, Bank, Internet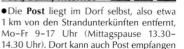

●Die **Post** liegt im Dorf selbst, also etwa 1 km von den Strandunterkünften entfernt, Mo–Fr 9–17 Uhr (Mittagspause 13.30–14.30 Uhr). Dort kann auch Post empfangen werden (Poste Restante Code: 403524).

●Die meisten der sehr vielen **Reisebüros** offerieren auch Geld- und Reisescheckaustausch, aber nicht zu Superkursen, wie sich denken lässt. Ansonsten muss man sich zur **State Bank of India** in Mapusa bemühen (siehe dort).

●Keins der besonders im nördlichen Bereich des Ortes zu findenden, massenhaft vorhandenen Internetcafés ist in punkto Geschwindigkeit hervorzuheben, vielleicht das **Valentino's** (10–23 Uhr) im Blue Fin Guest House am Strande wegen des guten Equipments. Alle verlangen 40 Rs/Std. Im Valentino's können auch für 60 Rs (inkl. CD) Digitalfotos von Memory-Cards gebrannt werden.

Westküste

Sport und Unterhaltung

● Jeden Mittwochmorgen starten Boote zum **Anjuna-Flohmarkt.** Die Fahrt kann bei Wellengang recht nass werden und dauert etwa 90 Minuten, Tickets zum Preis von 200 Rs für Hin- und Rückfahrt sollten vorher, etwa beim Welcome Restaurant am Strand, gekauft werden.

● Vielerorts, so etwa im **Loeki's** an der Beach Road wie auch im **Liquid Sky** am Strand, wird regelmäßig, meist abends ab 19 bis 20 Uhr, **Live-Musik** zum besten gegeben.

● **Paragliding** (Tel.: 9822580104, mobil) ist bei entsprechenden Windverhältnissen von den Klippen im Norden möglich und mit 1.200 Rs für 15–20 Min. nicht billig. Interessierte sollten sich beim Sweet Lake Huts melden. Es sind keine Vorkenntnisse notwendig (Tandemflüge).

● Der **Surfclub,** etwa 1 km südlich des touristischen Kerns, von zwei Deutschen gemanagt (Tel.: 9850475241, 9822867570, airam bol2000@yahoo.de), verleiht Kite-Ausrüstung und bietet auch Lehrstunden für 800 Rs pro Stunde.

● Weitere 200 m südlich hinter den ersten Dünen gibt's im neuen **Surf Club** (flyingfish barbados@hotmail.com) mit Bar und Disco einen **Open-Air-Club** mit Techno- und Rock- oder auch Bluesmusik. Dienstags und freitags jeweils Party mit Live-Musik und Buffet (100 Rs Eintritt). Auch das umfangreiche Getränkeangebot (diverse Weine und Whiskey-Sorten, Cocktails etc.) und eine lange Speisekarte machen diesen neuen, gelungenen Club zu einem sicheren Tipp.

● Vielerorts werden **Yoga-Kurse** angeboten, etwa beim Double Dutch. Um sich einen Überblick zu verschaffen, ist auch das dortige Schwarze Brett von Nutzen.

Notfälle

● Einen **Polizeiposten** gibt's am Anfang der Beach Road.

● **Dr. Milton,** ein ayurvedischer Arzt, der auch Notfälle vorbehandelt sowie den Transport zum Krankenhaus organisieren kann, ist ebenfalls an der Beach Road zu finden (Sprechzeiten von 8 bis 22 Uhr, Notfall-Tel.: 9422593470, 9822688538, 24 Std.).

An- und Weiterreise

● Die vielen **Reisebüros** des Ortes verkaufen nationale und internationale Flug- und Bahntickets, Letztere mit goatypisch recht hohen Aufschlägen von 100 Rs für eine Person und 75–50 Rs pro Ticket ab zwei Personen.

● **Bus:** Der Bushalt nach Mapusa befindet sich im eigentlichen Dorf, etwa 1 km vom touristischen Bereich entfernt gegenüber dem Postamt. Es fahren alle 30 Minuten Busse von dort ab. In die Gegenrichtung nach Querim und zur Fähre nach Terakhol sehr viel seltener, die meisten der halbstündig aus Mapusa kommenden Busse fahren weiter nach Pernem.

● **Taxi:** An der Strandstraße zwischen den Verkaufshütten gibt's einen Parkplatz mit stets auf Kunden wartenden Taxis und Minibussen. Ein Taxi nach Panaji kostet 400 Rs, zum Flughafen Dabolim 700 Rs. Weitere Taxipreise finden sich am Anfang des Goa-Kapitels unter „Taxi".

Fort Aguada und Candolim

Der nördliche Teil von Goas Küste, fast durchgängig von Sandstrand gesäumt, wird im Süden von Fort Aguada abgeschlossen. Fort Aguada auf der Panaji gegenüber liegenden Mündungsseite des Mandovi-Flusses wurde 1612 von den Portugiesen erbaut, um die damalige 10 km landeinwärts/flussaufwärts gelegene Hauptstadt Old Goa vor Angriffen feindlicher Flotten von See aus zu schützen. Das gut erhaltene Fort, auf dem mehrere Süßwasserquellen entspringen, die in früherer Zeit den aus Übersee anlandenden Seefahrern sehr willkommen waren, ist wegen der schönen Ausblicke einen Besuch wert.

Der nahe dem alten gelegene neue **Leuchtturm** steht tgl. zwischen 16 und 17.30 Uhr Besuchern offen. Im östlich dem Fort über dem Mandovi gelegenen **Aguada-Gefängnis** sitzen hauptsächlich wegen Drogendelikten verurteile Gefangene, auch Westler, ein.

Seit Ende der 1970er Jahre wird der nördlich dem Fort sich anschließende **Sinquerim**

Beach als einer der ersten Goas für betuchte Touristen erschlossen. Nördlich des Sinquerim Beach schließt sich der hauptsächlich von Pauschaltouristen aus England und Skandinavien frequentierte **Candolim Beach** an. In den vergangenen zehn Jahren wurden viele mehrgeschossige Hotelburgen errichtet, die das Goa-typische Feeling natürlich nicht gerade befördern. Entsprechend der hier vertretenen Klientel ist der **Ort Candolim** außer mit Unterkünften übersät von Läden und Verkaufsständen für Kunsthandwerk, Kitsch und Beachwear sowie Freiluftcafés und Restaurants. Auch die Strände sind gepflastert mit Sonnenliegen und -schirmen, Paragliding und Jetski werden angeboten. Goa-typische Erscheinungen wie Fischerboote oder goanische Architektur gehen in diesem Touristencocktail unter. Allerdings finden sich etwas zurück von den zumeist strandnahen Auswüchsen einige hübsche und verhältnismäßig preiswerte Unterkünfte und alte Kolonialvillen.

Unterkunft

Bei der Beschreibung der Unterkünfte wird von Nord nach Süd vorgegangen.

● Eine einfache, billige und freundliche Unterkunft ist das **Lobo's Guest House** € (Tel.: 2279165) im eher ruhigen Dorfbereich mit großer Veranda.

● Das gegenüber gelegene **Manuel's Guest House** €-€€ (Tel.: 2277729) ist etwas billiger und mit einfacheren, kleineren, aber saubereren Zimmern ausgestattet.

● Im Norden des Dorfs findet sich mit dem **Julia Guest House** €€ (Tel.: 2277219) eine für seinen Preis komfortable Unterkunft mit Garten. Die ineinander übergehenden Zimmer haben Parkettboden und Balkon. Auch der Strand ist nah.

● Direkt am Strand, auch im nördlichen, ruhigeren Dorfbereich gibt's im bunten **D'Mello** €-€€€ (Tel.: 2277395) mit Garten eher kleine Zimmer und einen Gemeinschaftsbalkon als abendlichen Treffpunkt.

● Das leicht teurere, aber auch bessere **Dona Florina** €€-€€€ (Tel.: 2275051, donaflorina@sify.com) ist schon wegen des Panoramablickes übers Meer sein Geld wert.

● Nur wenig südlicher am Strand ist das **Shanu Guest House** €€-€€€ (Tel.: 2276899) preisähnlich, die großen Zimmer im Anbau sind vorzuziehen.

● **Sea Shell Inn** €€-€€€ (Tel.: 2776131) schräg gegenüber der Canara Bank an der Hauptstraße ist nicht nur wegen der blitzsauberen Zimmer, sondern auch wegen Freiluftrestaurant und *deposit service* ein guter Deal. Nur etwas teurer ist das **Casa Sea Shell** €€-€€€ (Tel.: 2479879, seashellgoa@hotmail.com) neben der Nossa-Senora-da-Buona-Successa-Kirche, 200 m südlich. Große Zimmer mit Bad und hilfsbereites Personal.

● Die Straße südlich der genannten Kirche hinein bis zum Strand, erreicht man das **Tidal Ware** €€-€€€ (Tel.: 2276884, newmanwarren@rediffmail.com). Schöne Zimmer mit Seeblick, im neuen Trakt zudem einige kleine Apartments mit Kochnischen überzeugen.

● Saubere Zimmer mit Bad in Strandnähe und ein gemütlicher Garten machen das backsteinerne **Tropicana Beach Resort** €€ (Tel.: 2277732) zu einer exzellenten Wahl. Ist dieses voll, kann man es im fast nebenan gelegenen **Diorio's Guest House** €€ (Tel.: 2279164), nur etwas teurer, in familiärer Atmosphäre versuchen.

● Das **Pretty Petal Guest House** €€-€€€ (Tel.: 2276184) ist eine große Villa, ebenfalls mit großem Garten und ebensolchen Zimmern. Die teureren haben Balkon, AC und Kühlschrank.

● Die familiengeführte **Villa Ludovico** €€ (Tel.: 2479684), ein typisch goanisches Haus, hat gemütliche Zimmer mit Bad, auch Frühstück wird serviert.

● Das wunderbar restaurierte, ganz im Süden nahe beim Fort gelegene **Marbella Guest House** €€€-€€€€ (Tel.: 2479551) ist eine alte portugiesische Kolonialvilla. Geräumige Zimmer mit wunderschönem Dekor und altem, mit Schnitzereien verziertem Holzmobiliar in ruhiger Umgebung – was will man mehr.

● Topadressen sind natürlich die drei Fünf-Sterne-Luxusresorts (alle €€€€€) der Taj-Gruppe (www.tajhotels.com, reservations.goa@taj hotels.com). Einmal das **Taj Holiday Village** (Tel.: 2276044, village.goa@tajhotels.com) am Sinquerim Beach, innerhalb der Außenmauern des Alten Forts das **Taj Aguada**

Westküste

Beach Resort (Tel.: 2276201) mit auf großer Fläche verteilten so genannten Chalets, mehreren Swimmingpools, große Wassermengen verschlingenden Rasenflächen und sonstigen in dieser Preisklasse üblichen Annehmlichkeiten. Darüber thront das ebenfalls florareiche (und wasserfressende), etwa noch mal doppelt so teure **Aguada Hermitage** mit Einzelbungalows im jeweils eigenen Garten.

Essen und Trinken

Die Palette an Restaurants ist in Candolim so vielfältig wie die der Unterkünfte. Von einfachen Strandrestaurants bis zu edlen Speisetempeln (wo meist entsprechende Garderobe erwartet wird) ist für jeden Geschmack etwas dabei.

●Eins der vielen Strandrestaurant fällt wegen des hervorragenden und vielseitigen Angebots aus dem üblichen Rahmen. Bei **Pete's Shack** gibt es frische Salate italienischer Art (Mozzarella, Olivenöl etc.), Sizzler und Seefrüchte.

●Im goanischen Landhaus des **Stonehouse** werden Fleisch- und Fischgerichte zu Bluesmusik bei gedämpftem Licht und zu angenehmem Preis serviert. Im südlichen Candolim an der Hauptstraße.

●Hervorragend in Ambiente und Küche ist auch das **Santa Lucia,** ein italiensches Restaurant nur wenig südlicher.

●Die lange Speisekarte des **Sheetal** umfasst neben hervorragender Mughlai-Küche auch Huhn, Hammel und Vegetarisches, serviert von Obern in traditioneller Garderobe.

●Im Holzkohleofen werden die Tandoori-Gerichte im Restaurant des **Casa Sea Shell** zu moderaten Preisen gebrutzelt. Auch nordindische, chinesische und westliche Gerichte gibt's.

●Freunde der thailändischen Küche sind bei Chefkoch *Chawee* im **Oriental** bestens aufgehoben (ca. 500 Rs für ein Hauptgericht). Kochkurse inkl. 5-Gänge-Menu sind am Mo Nachmittag möglich.

●Gourmets kommen im Toprestaurant des Taj Aguada, dem **Caravella,** auf ihre nicht geringen Kosten. Hervorragende Köche zaubern Träume aus Fisch in kolonialen Fortrui-

@	1	Online World
🔒	2	Lawande Centre
⌂	3	Julia Guest House
○	4	After Eight
⌂	5	Dona Florina Guest House
⌂	6	D'Mello Guest House
⌂	7	Shanu Guest House
⌂	8	Pete's Shack, Villa Felix
⌂	9	Diorio's Guest House
⌂	10	Manuel's Guest House, Lobo's Guest House
⬅	11	Vailankanni Car Rentals
🔒	12	Markthalle
✚	13	Bosio Convent Hospital
○	14	Moonlight Bar & Restaurant
○	15	Sheetal Restaurant
⌂	16	Pretty Petal Guest House
•	17	John's Boat Tours
✉	18	Postamt
Ⓢ	19	Canara Bank
⌂	20	Sea Shell Inn
@	21	The Web
○	22	Dom Francisco
•	23	Health Centre
⌂	24	Tidal Wave
Ⓢ	25	UTI-ATM
○	26	Oriental Restaurant
⛪	27	Nossa Senhora de Buono Successo Kirche
⌂	28	Casa Sea Shell
Ⓑ	29	Busse nach Panaji
○	30	Amigo
Ⓢ	31	State Bank of India
○	32	Stonehouse
○	33	Restaurant Santa Lucia
○	34	Melodious Waves
⌂	35	Villa Ludovico
○	36	10 Downing Street
⌂	37	Taj Holiday Village
Ⓑ	38	Bushalt
⌂	39	Fort Aguada Beach Resort, Caravella Restaurant, Aguada Hermitage
○	40	Marbella Guest House
•	41	Helipads
★	42	Neuer Leuchtturm
★	43	Alter Leuchtturm
•	44	Gefängnis
⛪	45	Church of St. Lawrence

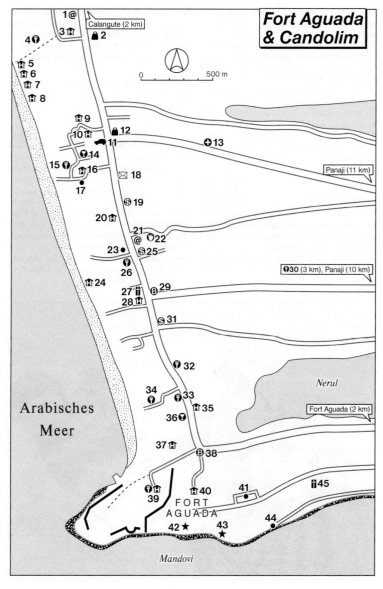

Fort Aguada
& Candolim

Calangute (2 km)

0   500 m

Panaji (11 km)

Panaji (10 km)

Fort Aguada (2 km)

Arabisches
Meer

Nerul

FORT
AGUADA

Mandovi

Westküste

nen mit Meerblick. Auch die Weinkarte ist erlesen. Hauptgericht nicht unter 1.000 Rs.

● Schon ab 18.30 Uhr (sowie von 13 bis 14.30 Uhr) ist das **After Eight** zwischen Candolim und Calangute geöffnet. Durch den ruhigen Garten ein gelungener Ort, um den Tag bei Fisch, Steak (um 250 Rs) oder vegetarisch und einem der vielen angebotenen Weine ausklingen zu lassen. Die Gasse nahe der kleinen Kapelle Richtung mehr hinein.

● Ein guter Tipp ist das 3 km östlich von Candolim zu findende **Amigo's** bei der Nerul Bridge, wohin sich kaum ein Tourist verirrt. Hervorragende frische Früchte des Meeres in rustikaler Einrichtung.

Bank, Internet

Viele Private und Reisebüros bieten Geld- und Reiseschecktausch zu ungünstigen Preisen. Für bessere Raten sollten man auf Calangute ausweichen (siehe dort).

● Der **ATM** der UTI-Bank beim Hotel Dona Alcina, Candolim, akzeptiert alle wichtigen Kreditkarten bis auf AmEx.

● Internetsurfen ist z.B. bei **The Web,** zentral gelegen, aber recht teuer (50 Rs/Std.), oder im Norden bei **Online World** gegenüber dem Lawande Centre bei geringeren Preisen und schnelleren Verbindungen möglich.

Medizinische Versorgung

● Als Krankenhaus bietet sich das **Bosio Convent Hospital** (Tel.: 2276034) an der nördlichen Ausfallstraße nach Panaji an.

Sport und Unterhaltung

● Viele Anbieter verlangen für etwa einstündige **Bootsausflüge zu den Delphinen** etwa 300 Rs. Halbtägige Ausfahrten mit Mittagessen und Getränken kosten bei John's Boat Tours (Tel.: 2479780, johnboats@rediffmail. com) 600 Rs. Weitere Ausflüge wie eine **Krokodiltour** sowie eine Nachtfahrt auf den **Backwaters** in einem keralischen Hausboot (3.000 Rs) sind im Angebot.

● **Paragliding** für etwa 1.300 Rs/20 Min. sowie das Ausleihen von **Jetski** für 1.000 Rs/ 20 Min. ist am Strand möglich.

●Gute Aufführungen von **klassischem indischem Tanz** finden jeden Samstag im Tamarind Restaurant des Dom Francisco Hotel statt.

An- und Weiterreise

●**Busse** nach Panaji halten am Bushalt an der Kreuzung gegenüber dem Casa Sea Shell. Einige fahren nach Süden Richtung Fort Aguada Beach Resort. Von dort regelmäßige Verbindungen nach Panaji über Nerul. Außerdem regelmäßige Verbindungen nach Calangute 2 km nördlich.

●Ein **Taxi** nach Panaji kostet 150 Rs, zum Flughafen 550 Rs. Weitere Preise für Taxifahrten in Goa sind der Tabelle am Anfang des Goa-Kapitels zu entnehmen.

●Wer einen **Motorroller** oder ein **Motorrad** mieten will (200 bzw 300 Rs/Tag in der Saison, Discounts für lange Mietzeiten, wobei Verhandlungsgeschick gefragt ist) muss sich darauf einstellen, dass es in der Hauptsaison zu Engpässen kommen kann und dann auf das nördlich gelegene Calangute ausweichen.

Calangute und Baga

Kein anderer Ort Goas repräsentiert den Wandel vom Geheimtipp der Hippies zum Ferienparadies in derart exemplarischer Weise wie dieser **sieben Kilometer lange Strandabschnitt** zwischen den beiden Orten Calangute im Süden und Baga im Norden. Wo vor kaum mehr als zehn Jahren nur vereinzelt einige bescheidene Unterkünfte den Weg säumten, reihen sich heute entlang der Baga Road unzählige **Hotels, Restaurants, Kneipen und Souvenirläden.** Waren es früher zivilisationsmüde Aussteiger, sind es heute europäische Pauschaltouristen, die den Ton angeben. Das ist durchaus wörtlich zu verstehen, denn während der reichliche Marihuana-Genuss die Blumenkinder meist zu relaxtem Dahindösen „animierte", ist die bierselige Laune der meist britischen Pauschaltouristen mancherorts kaum zu überhören. Verglichen damit nehmen sich die immer zahlreicher werdenden einheimischen Touristen sehr friedlich aus. Alle zusammen tragen dazu bei, dass die letzten verschwiegenen Ecken Hotelklötzen weichen müssen, die obendrein keinerlei Bauplanung unterliegen. In Calangute hat die Tourismusindustrie erbarmungslos zugeschlagen und die ehemals verschlafenen Fischerdörfer in hektische **Vergnügungszentren** verwandelt.

Woher die Popularität gerade dieses Strandabschnitts rührt, bleibt angesichts des **dreckigen, rötlichen Sandes** und der gefährlichen Unterströmungen ein Rätsel. Wenn überhaupt, dann lassen einige Stellen im noch nicht ganz so durchkommerzialisierten Baga etwas von der früher herrschenden Atmosphäre erahnen, zieht es doch weiterhin eher Rucksacktouristen an, die sich bei den seltener werdenden Partys im etwas nördlich hiervon gelegenen Anjuna vergnügen wollen. Nirgendwo sonst in Goa existiert eine derartige Dichte an Restaurants, Cafés und Geschäften. Darüber hinaus steht eine kaum noch zu überschauende Zahl an Unterkünften aller Preiskategorien zur Verfügung.

Ausflüge, Reisebüros

●**GoaTourism** bietet viele Tagesausflüge zu Sehenswürdigkeiten in Goa an, die meisten starten in Panaji (Genaueres siehe dort). Eine der Touren startet in Calangute bei der Calangute Residency (Tel.: 2276024, 2276109), wo auch Tickets erworben werden können. Es handelt sich um die jeweils Mi und So stattfindende Dudhsagar Special (9–18 Uhr, 500 Rs inkl. Mittagessen), die außer Indiens zweithöchsten Wasserfällen auch Old Goa und Tempelbesichtigung beinhaltet.

●Als guter Veranstalter für Ausflugstouren hat sich **Day Tripper** (Tel.: 2272726, www. daytrippergoa.com) bewährt. Eine Vielzahl von Ausflügen in Goa und auch außerhalb wird angeboten. Auch **MGM Travels** (Tel.: 2276249), ebenfalls in Calangute, hat sich als zuverlässig erwiesen.

Unterkunft

Weit über 150 Hotels, Beach Resorts und Guest Houses säumen die Straße von Calangute bis Baga und die von ihr abzweigenden

Westküste

Gassen Richtung Strand. Im Folgenden kann selbstverständlich nur eine kleine Auswahl vorgestellt werden. Außerhalb der inzwischen auch von der indischen Mittelschicht stark frequentierten Saisonzeiten sind hohe Preisabschläge nicht nur bei den Unterkünften auszuhandeln. Es werden hier Saisonpreise angegeben, nicht Hochsaisonpreise um Weihnachten und Neujahr, die noch einmal auf das Doppelte steigen können. Bei der Beschreibung der Unterkünfte wird von Nord nach Süd vorgegangen.

● Einige einfache Unterkünfte nördlich des Baga-Flusses sind über eine kleine Brücke mit Baga verbunden. Von hier ist's zu Fuß über den Kliffweg nicht weit bis Anjuna. Da ist einmal das einfache, aber idyllisch gelegene **Divine Guest House** €€ (Tel.: 2279546) mit kleinen Zimmern, teils mit Gemeinschaftsbad. Zum zweiten sei das **Nani's & Rani's Guest House** €-€€€ (Tel.: 2276313), ganz in der Nähe, genannt. Einfache Cottages hinter einem Kolonialgebäude, einige mit Bad, andere mit Außendusche sowie Internetanschluss und Quellwasser sind was besonderes. Das **Melissa Guest House** €€ (Tel.: 2279583) bietet saubere Zimmer mit Bad.

● Diesseits des Flusses gleich hinter einer kleinen katholischen Kirche und einer schönen, alten Kolonialstilvilla stehen die von einer sehr freundlichen Familie geleiteten **Alidia Beach Cottages** €€ (Tel.: 2276835, alidia@re diffmail.com). Alles macht einen äußerst gepflegten und liebevollen Eindruck und die Hektik der Baga Road scheint meilenweit entfernt. Ein prima Preis-Leistungs-Verhältnis.

● Das Mittelklassehotel **Cavala Seaside Resort** €€€-€€€€ (Tel.: 2276090, Fax: 2277587) mit Swimmingpool macht mit seiner Backsteinarchitektur von außen einen schönen Eindruck. Die Zimmer, alle mit Balkon, sind ebenfalls ansprechend, doch auch hier gilt wegen der angrenzenden Straße der Tipp: die nach hinten gelegenen Zimmer mieten.

● Sehr beliebt, besonders bei langjährigen Goa-Besuchern, ist das **Villa Fatima Beach Resort** €-€€ (Tel.: 277418), welches sich inmitten eines kleinen tropischen Gartens mit rückwärtigem Strandzugang befindet.

● Das **Angelina Beach Resort** €€ (Tel.: 2279145) im Zentrum Bagas nahe Tito's ist ebenfalls eine gute Wahl mit großen Balkonzimmern in gutem Zustand.

● Zwei sehr empfehlenswerte Mittelklassehotels befinden sich mit **Capt. Lobos Beach Hideaway** €€€€ (Tel.: 2276103, Fax: 2276917) und **Colonia Santa Maria** €€€€ (Tel.: 2276491, Fax: 2276684) am Ende einer kleinen Gasse, die nach ca. 1,5 km von der Baga Road Richtung Strand abzweigt. Beide Unterkünfte verfügen über einen Swimmingpool, bieten saubere und angenehme Zimmer mit kleiner Kochnische und Kühlschrank in Cottages sowie ein eigenes Restaurant. Zum Strand sind es nur wenige Meter. Das Capt. Lobos Beach Hideaway verlangt allerdings bereits ab Oktober einen Aufpreis, im Dezember und über Weihnachten verdoppeln sich die Preise sogar. Im Colonia Santa Maria sind drei Tage Mindestaufenthaltsdauer.

● Strandzentral etwas südlich von Tito's, also in der quirligen Ecke Bagas, sind die kleinen Erdgeschoss-Zimmer mit großen Terrassen eine ganze Ecke billiger als die größeren im ersten Stock im **Sarita Guest House** €€ (Tel.: 2279087).

● Die **Villa Bonfim** €€€ (Tel.: 2276105) gehört seit Jahren zu den beliebtesten Mittelklassehotels. Die sehr gepflegte Familienpension mit schönem tropischen Garten bietet geräumige DZ; insgesamt eine sehr empfehlenswerte Anlage.

● Biegt man kurz hinter der Villa Bonfim in die Gasse Richtung Strand ein, folgen nach wenigen Metern auf der linken Seite die **Ancora Beach Resort Cottages** €-€€ (Tel.: 2276096): ein ausgezeichnetes Preis-Leistungs-Verhältnis in der unteren Kategorie.

● Gegenüber der Villa Bonfim befindet sich das etwas gehobenere, im portugiesischen Stil erbaute **Ronil Beach Resort** €€€€ (Tel.: 2276101, Fax: 2276068) mit Swimmingpool und guten, sauberen AC-DZ. Während der Hauptsaison viele Pauschaltouristen.

● Das relativ neue **Royal Heritage Resort** €€ (Tel.: 2277172, royalheritage@souzagoa.com) verfügt über einen kleinen Pool und ein recht gutes Restaurant. Ruhig und schön gelegen, 10 Min. Fußweg vom Strand und einfache gemütliche Zimmer. Um Weihnachten/Neujahr steigen auch hier die Preise auf das Doppelte bis Dreifache und sind dann zu teuer.

● Am Ende einer Gasse, die im nördlichen Calangute von der Hauptstraße abzweigt, ist **Johnny's Hotel** € (Tel.: 2277458, johnnys_ho tel@rediffmail.com) eines der besten Billighotels. Abgesehen von der unmittelbaren Strandnähe bietet es ein Roof-Top-Restaurant, freundliches Personal und saubere Zimmer.

● Das kleine **Hotel Clisher** €-€€ (Tel.: 227 6873), etwas versteckt im nördlichen Strandbereich Calangutes hat außer komfortablen Zimmern ein sehr gutes Fischrestaurant.

● **Martins Guest Rooms** €€-€€€ (Tel.: 227 7306) befinden sich in einer großen, hübschen, gelb-grün gestrichenen Villa und werden vom freundlichen Besitzerehepaar *Desmond* und *Marlette Martins* geleitet. In den nach hinten gelegenen der geräumigen Zimmern schläft es sich – da ohne Straßenverkehrslärm – wesentlich ruhiger.

● Sehr empfehlenswert ist auch die am Ende der gegenüber von Martin's abgehenden Straße, strandnah gelegene **Villa Goesa** €€€€ (Tel.: 2277535, alobo@goatelecom.com). Die um einen gepflegten Garten angelegten, aber nicht sonderlich großen Zimmer sind ihren Preis am oberen Ende dieser Kategorie noch wert.

● Das **Joanita Guest House** €€ (Tel.: 2277166) und **Garden Court Resort** €-€€ (Tel.: 2276054), einige Zimmer verfügen über AC und Kochnische, sind zwei Billigdomizile im Dorfzentrum Calangutes. Preisnah in der gleichen Gegend ist das **Popeye's G.H.** €€ (Tel.: 2279296). Die Zimmer im dem von einer netten Familie geführten Haus sind einfach, aber hübsch eingerichtet.

● Teurer ist das nahe gelegene **Varma's Beach Resort** €€€-€€€€ (Tel.: 2276077, Fax: 2276022) in der Mittelklasse. Alle Zimmer der von einer äußerst freundlichen Familie geführten Anlage sind um einen hübschen Innenhof mit Pool angelegt, manche haben eine halbe Veranda.

● **Coco Banana** €€-€€€ (Tel.: 2279068, www.cocobanana.com) ist preis- und qualitätsmäßig eine Stufe tiefer angesiedelt. Es bietet einwandfreie Cottages mit Bad, um einen Garten angelegt, auch am Strand.

● Für Reisende mit kleinerem Geldbeutel empfehlen sich einige einfache Unterkünfte, die entlang der schräg gegenüber des Bus-

halteplatzes bei der Calangute Residency Richtung Süden abzweigenden Straße gelegen sind. Besonders hervorzuheben ist das sympathische **Angela Guest House** € (Tel.: 2277269), ein alter Favorit der Backpacker-Szene. Es hat Zimmer mit Gemeinschaftsbad.

● Mit den Hotels **Victorian Heritage** €€€€ (Tel.: 2277682, Fax: 2276216), **Cary's** €€€ (Tel.: 2279191) und **Senhor Angelo** €€€ (Tel.: 2276929) finden sich drei gepflegte Unterkünfte in einer kleinen Seitengasse, die von der Calangute Residency abzweigt. Alle drei verfügen über einen Pool und machen einen gepflegten Eindruck. Insgesamt drei empfehlenswerte Unterkünfte in ruhiger Lage und Gehdistanz zum Meer; Preise in der Nebensaison kaum die Hälfte des Tarifs.

● Im südlichen Calangute am Ende der Holiday St. sind das **Hotel Golden Eye** €€€ (Tel.: 2276187) und das **White House** €€€ (Tel.: 2277938) zwei gute Mittelklassedomizile, Zimmer mit Balkon und Meerblick, in ruhiger Lage direkt am hier ruhigen Strand. Das ebenfalls makellose **Dona Cristalina** €€ (Tel.: 2297012) an derselben Straße ist um einiges billiger.

● Das **Kerkar Retreat** €€€€ (Tel.: 2276017) bei der Kerkar Art Gallery ist etwas ungünstig an der Hauptstraße gelegen, hat aber sehr gelungen eingerichtete und dekorierte Zimmer in modernem Stil.

● Strandnahe Balkonzimmer, ein klasse Dachrestaurant und ein einladender Garten sowie hilfsbereites Management sprechen für das **Gabriel's Guest House** €€ (Tel.: 2279486) ganz im Süden Calangutes. Eine hervorragende Alternative ist das **Coelho's Guest House** € (Tel.: 2277646), ebenfalls mit großen Balkonzimmern und Dachterrasse mit Meerespanorama.

● **Pousada Tamma** €€€€ (Tel.: 2279061, www.pousada-tamma.com) ist eine recht neue 5-Sterne-Unterkunft etwas östlich von Calangute. Doppelstöckige Backsteinhäuser, um einen Pool gruppiert in grüner Umgebung, sind ihren hohen Preis wert. Außerdem gibt's außer einem guten Restaurant ein ayurvedisches Gesundheits-Center.

● Eines der luxuriösesten Hotels Goas ist das **Nilaya Hermitage** €€€€€ (Tel.: 2276793/4, ni laya@goatelecom.com), 6 km landeinwärts.

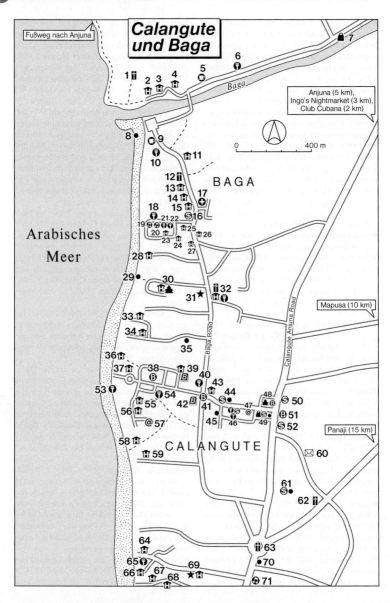

Calangute und Baga

Fußweg nach Anjuna

Baga

Anjuna (5 km),
Ingo's Nightmarket (3 km),
Club Cubana (2 km)

BAGA

Arabisches Meer

0   400 m

Mapusa (10 km)

Calangute Anjuna Road

Baga Road

Panaji (15 km)

CALANGUTE

⛪	1	Kl. Kirche
🏠	2	Nani's & Rani's Guest House
🏠	3	Melissa Guest House
🏠	4	Divine Guest House
○	5	Lila's Café
❶	6	J & A
🔒	7	Mackie's Bazaar
●	8	Boote nach Anjuna
○	9	Britto's Café
❶	10	Mocha Restaurant
🏠	11	Cavala Seaside Resort
⛪	12	Kirche
🏠	13	Alidia Beach Cottages
🏠	14	Villa Fatima Beach Resort
🏠	15	Casa Portuguesa
⑤	16	ENEM Finances
➕	17	Natural Health Centre
❶	18	Fiesta
❶❶	19	Mambo's
❶	20	Tito's
❶	21	Nisha's
❶	22	Citrus
🏠	23	Angelina Beach Resort
🏠	24	Sarita Guest House
🏠	25	Ancora Beach Resort Cottages
🏠	26	Ronil Beach Resort
🏠	27	Villa Bonfim
🏠	28	Capt. Lobos Beach Hideaway, Colonia Santa Maria
●	29	Goan Bananas, Atlantis
🏠	30	Villa Goesa,
♠		Tempel
★	31	Cocoon Art Gallery
🏠	32	Martins Guest House,
❶		Milky Way,
⛪		Our Lady of Piety Church
🏠	33	Senhor Angelo Resort
🏠	34	Johnny's Hotel
●	35	Casa Braganza
🏠	36	Hotel Clisher
🏠	37	GTDC Calangute Residency, GoaTourism
Ⓑ	38	Busbahnhof
🏠	39	Popeye's Guest House, Varma's Beach Resort,
📖		Modern Book Palace
❶	40	Infantaria Pastry Shop
Ⓑ	41	Bushaltestelle
📖	42	Rama Bookstore
🏠	43	Garden Court Resort
⑤	44	Wall Street Finances,
●		Rikshastand
●	45	MGM Travels
❶	46	The Plaintain Leaf,
⑤		ICICI-ATM,
❶		Tankstelle
@	47	Edson's Cybercafé
Ⓑ	48	Busse nach Panaji,
♠		Tempel
🔒	49	Markt, Supermarkt,
⑤		UTI-ATM,
●		Motorradreparatur-werkstatt
⑤	50	Bank of Baroda
Ⓑ	51	Bushalt nach Panaji
⑤	52	Centurion-Bank-ATM
❶	53	Hotel Souza Lobo
❶	54	Tibetan Kitchen
🏠	55	Coco Banana
🏠	56	Angela Guest House
@	57	Internet Café
🏠	58	NV Guest House
🏠	59	Camizala, Casa Leyla
✉	60	Postamt
●⑤	61	Thomas Cook
⛪	62	St. Alex Church
⛪	63	St. Anthony's Chapel
🏠	64	Hotels Golden Eye und White House
❶	65	A Reverie
🏠	66	Goan Heritage
🏠	67	Coelho's Guest House
🏠	68	Gabriel's Guest House
★	69	Kerkar Art Gallery,
🏠		Kerkar Retreat
●	70	Day Tripper Tours
❷	71	Red Lion Club

Westküste

Diese Jet-Set-Herberge (indische Filmstars und *Richard Gere* sollen hier übernachtet haben) verfügt über alle in dieser Preisklasse üblichen Annehmlichkeiten.

Essen und Trinken

Calangute und Baga bieten zweifelsohne die größte Auswahl an empfehlenswerten Restaurants in Goa. Die kleine Auswahl wird von Nord nach Süd beschrieben.

●**Lila's Café** nördlich des Baga-Flusses ist ein wunderbarer Ort fürs Frühstück: selbstgebackenes Brot, Croissants, diverse Müslis in friedvollem Garten – so lässt sich der Tag beginnen.

●**J&A,** auch auf der Nordseite des Flusses, ist eines der besten italienischen Restaurants Bagas. Köstliche Pizza, Pasta und Lasagne sowie gute Weine in Gartenumgebung sind um 250 Rs pro Hauptgericht zu genießen. Urig und billig sitzt und speist man in der **Sun-Set Bar & Restaurant,** nicht weit weg.

●Ein gutes Strandrestaurant ist **Mocha,** ein schön gestylter Ort mit Liegepolstern und flachen Tischen zum Genießen des Sonnenuntergangs. Diverse Kaffeesorten, Kuchen und auch kleine Gerichte und Alkoholisches werden offeriert.

●Das alteingesessene **Britto's** am Strand ist immer noch gut, mit goanischer und westlicher Küche sowie Kuchen und gelegentlich Live-Musik.

●**Nisha's** ist schon wegen der Lage direkt bei Tito's immer voll. Frische, einfach zubereitete Fischgerichte gibt's für um 300 Rs.

●Die **Casa Portuguesa** ist eine schöne, alte portugiesische Villa, in der man täglich ab 18.30 Uhr in stilvoller Atmosphäre zwischen goanischen und portugiesischen Gerichten auswählen kann, die allerdings in den letzten Jahren reichlich teuer geworden sind.

●Sehr schön sitzt es sich auch auf der weit ausladenden Holzterrasse des dem Hotel Baia do Sol angeschlossenen **Valerio's Restaurant.** Getrübt wird das Vergnügen jedoch durch die gesalzenen Preise, zumal das Essen eher mittelmäßig ist.

●Wer einmal unter Palmen in einem sehr schön gestalteten Garten bei romantischer Musik für indische Verhältnisse ausgezeich-

nete italienische Pasta und Pizza genießen möchte, für den ist das **Fiesta** (Tel.: 2279894) nahe Tito's die ideale Adresse. Für das Gebotene sind 150–200 Rs für ein Hauptgericht völlig gerechtfertigt. Abends sollte man reservieren.

●Ebenfalls nahe Tito's ist **Citrus** ein modernes vegetarisches Restaurant mit einfallsreicher Speisekarte.

●Seit Jahren eine der beliebtesten Adressen in Calangute ist das **Souza Lobo Restaurant** direkt am Strand. Die Popularität rührt nicht nur von der perfekten Lage her, die allabendlich zum Beobachten des Sonnenuntergangs einlädt, sondern auch von der guten Küche. Neben leckeren Fischgerichten kann man sich auch an deftigerer Kost wie etwa einem Steak laben.

●Eine gelungen renovierte Kolonialvilla gibt den stilvollen Rahmen für hervorragende, umfangreiche und erstaunlich preiswerte Fisch- und Fleischgerichte im **Casandre** in Calangute.

●Nahe der Calangute Residency befindet sich das **Trip In,** welches ebenso wie das **Alex Cold Drink House** und das **Milky Way** an Calangutes frühere Jahre als Hippie-Hochburg erinnert.

●Neben der St. John's Chapel lockt der **Infantaria Pastry Shop** u.a. mit frischen Croissants und köstlichem Apfelkuchen, also ein hervorragender Ort fürs Frühstück, obwohl die Preise, goatypisch, in den letzten Jahren in die Höhe geschossen sind.

●Hervorragende fleischlose indische Küche serviert das **Plaintain Leaf,** *thalis, dosas* und *samosas* zum kleinen Preis.

●Im **A Reverie** nahe dem Goan Heritage zahlt man auch für die Ausstattung, so lockt es eher die reiche Klientel. Doch auch die fantasievollen kulinarischen Kreationen sind schon was Besonderes (ca. 600 Rs pro Hauptgericht).

Nightlife

●Es herrscht kein Mangel an Vergnügungsmöglichkeiten, überall sind kleine **Bars und Tanzlokale** zu finden, etwa der Red Lion Pub im Süden Calangutes. Absoluter Szene-Treff ist aber nach wie vor **Tito's** (www.titosgoa.

com) in Baga, nahe am Strand am Ende der kleinen Straße, die hinter der Villa Bonfim abzweigt. Ambiente, Lage und Essen sind hier gleichermaßen delikat, wofür man jedoch auch einiges berappen muss. Die Eintrittspreise für Music-Events mit DJs, Varieté oder Modeschauen variieren je nach Wochentag und Saison. Frauen haben freien Eintritt. Ab 20 Uhr bis weit in die Nacht geöffnet in der Hochsaison, zu anderen Zeiten bis 23 Uhr.

● Gut 2 km außerhalb von Baga Richtung Arpora ist das neuere **Club Cubana** (Tel.: 2279799, www.clubcubana.net) eher für betuchtere Klientel gedacht. Dafür spricht schon der Eintrittspreis von 400 Rs für Männer und 300 Rs für Frauen, in dem dann aber die Drinks enthalten sind. Die DJs des an Wochenenden (Fr/Sa) von 21 bis 4 Uhr geöffneten Clubs spielen Hip-Hop und Rythm & Blues (keinen Techno), wozu auf der kleinen Tanzfläche am beleuchteten Pool getanzt wird.

Sport und Unterhaltung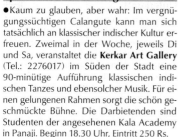

● Kaum zu glauben, aber wahr: Im vergnügungssüchtigen Calangute kann man sich tatsächlich an klassischer indischer Kultur erfreuen. Zweimal in der Woche, jeweils Di und Sa, veranstaltet die **Kerkar Art Gallery** (Tel.: 2276017) im Süden der Stadt eine 90-minütige Aufführung klassischen indischen Tanzes und ebensolcher Musik. Für einen gelungenen Rahmen sorgt die schön geschmückte Bühne. Die Darbietenden sind Studenten der angesehenen Kala Academy in Panaji. Beginn 18.30 Uhr, Eintritt 250 Rs.

● Zwischen Calangute und Baga am Strand verleihen Goan Bananas und Atlantis **Jetski** (600 Rs) und machen **Bootsausflüge.** Auch **Wasserski** (800 Rs) und **Paragliding** (800/ 1.500 Rs als Tandemflug) ist möglich.

● Der jeden Mittwoch in Anjuna stattfindende, goaweit bekannte **Flohmarkt** wird morgens ab etwa 9 Uhr bis Sonnenuntergang von Fischerbooten angefahren. Der Preis für die 20-minütige **Bootsfahrt** hängt von der Menge der Passagiere und der Tageszeit ab (um 50 Rs). Wer diese Variante wählt, dorthin zu gelangen, sollte bedenken, dass es bei etwas aufgewühlter See nass werden kann

und seine Kamera und evtl. auch sich selbst entsprechend schützen.

● Etwa 3 km nördlich von Baga bei Arpora hat sich mit **Ingo's Nightmarket** neben dem Anjuna Fleamarket ein weiterer Flohmarkt etabliert. Der von vielen inzwischen favorisierte Markt bietet Live-Musik, Tanz, Verkaufs- und Essenstände mit vielfältiger Küche, Feuerschlucker und vielerlei andere Vergnügungen. Er findet jeden Samstag von 18 bis 2 Uhr morgens statt. Eine kleinere Variante ist **Macky's Bazaar** auf der nördlichen Baga-Flussseite.

Bank

● **Wall Street Finances** in Calangute ist der beste Ort, um Bargeld und Reiseschecks zu wechseln; geöffnet Mo–Sa 9.30 bis 18 Uhr.

● Bürokratischer und dementsprechend langsamer ist die **State Bank of India,** nur wenige Meter weiter Richtung Hauptstraße.

● Als Alternative bietet sich die **Bank of Baroda** (Mo–Fr 9.30–14.15 Uhr, Sa 9.30–12 Uhr, So 9.30–14 Uhr) an, wo Visa-Karten-Inhaber Bargeld ausgezahlt bekommen (1 % Gebühr plus 100 Rs für Bestätigungsanruf).

● In Baga wird man schnell und effizient beim privaten Geldwechsler **ENEM Finances** (tgl. 8 bis 21 Uhr) bedient, die Wechselraten sind aber schlechter.

● Die **ATMs** der UTI-Bank im Benson Complex und der ICICI-Bank am Markt akzeptieren die wichtigen Kreditkarten außer AmEx.

Zweiradvermietung

● **Motorräder, Motorroller und Mofas** werden an unzähligen Ständen und in Guest Houses vermietet. Die in ganz Goa üblichen Tagesmieten von 200 bis 350 Rs bei Motorrädern (je nach Zustand und Größe) gelten auch hier. Gelegentlich sind auch **Fahrräder** für meist 50 Rs pro Tag auszuleihen.

An- und Weiterreise

● **Busse** nach Panaji und Mapusa fahren alle halbe Stunde vom kleinen Busbahnhof im Zentrum. Wer von dort kommt, sollte möglichst nicht im Zentrum aussteigen, sondern erst an der Abzweigung Richtung Baga – so

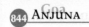

ist man näher am Strand und bei den Hotels. Nicht alle Busse fahren bis dorthin, d.h. man sollte sich vorher beim Schaffner erkundigen.

● Für die 20-minütige **Taxifahrt** von Calangute oder Baga nach Panaji muss man mit etwa 200 Rs rechnen.

> Diejenigen, die mit gemieteten Motorrädern und -rollern nach Arpora oder Anjuna anreisen, sollten wissen, dass gerade zu Flohmarkt-Zeiten häufig **Polizeikontrollen** an den Hauptzufahrtsstraßen auf der Lauer liegen, um die Fahrerlaubnis und die Fahrtüchtigkeit des Gefährts (und natürlich bzgl. Drogendelikten) zu überprüfen. Hat man keinen Führerschein dabei, kann es teuer werden. Ein Taxi kostet nach Arpora etwa 40 Rs.

Anjuna

Als Baga und Calangute in den 1980er Jahren zu bürgerlich wurden, zogen sich die Hippies und jene, die sich dafür hielten, in das sich nördlich anschließende, nur durch eine Felsklippe abgetrennte Anjuna zurück. Seitdem sind einige weitere Wellen der Popkultur über Anjuna hinweggezogen. In der wohl **letzten Hochburg der Techno-Szene Goas** treffen sich in den europäischen Wintermonaten zwar auch heute noch Tausende von Vergnügungssüchtigen auf den berühmten **Strandpartys** mit infernalisch lauter Musik, früher vorwiegend in der Shore-Bar, allerdings wird in letzter Zeit diesem Eldorado der Techno-Freaks nach zunehmend in der Presse und von der Bevölkerung wie auch von Politikern vorgebrachten Klagen durch Auflagen der Behörden (z.B. dem Verbot lauter Musik im Freien nach 22 Uhr) die Grundlage entzogen, sodass derzeit nur noch gelegentlich kurzfristig anberaumte Strandpartys an wechselnden Orten stattfinden. Zur Recherchezeit gab es tagsüber noch Partys im Shiva Valley am südlichen Ende des Strandes.

Berühmt ist Anjuna vor allem für seinen mittwochs stattfindenden **Flohmarkt,** zu dem Touristen aus ganz Goa anreisen. Unter dem Motto „Sehen und Gesehen werden" präsentieren sich dann die schrillsten Gestalten und man fühlt sich unvermittelt in die Flower-Power-Zeit zurückversetzt. Dieser sehr kommerzielle Markt lohnt vor allem wegen der vielen Eindrücke und um Fotos zu schießen. Die verkauften Produkte der gelegentlich aufdringlichen Händler sind reichlich überteuert. Es ist zu beachten, dass zu diesem Anlass häufig Polizeikontrollen an den Zugangsstraßen postiert sind, um Fahrzeuge und Fahrerlaubnis zu kontrollieren, also aufpassen, sonst kann's teuer werden.

Das eigentlich beschauliche, etwas weitläufige Anjuna ist zurzeit wohl auf der Schwelle von der Raver-Hochburg zu einem typisch goanischen Badeort mit einem nach Süden breiter werdenden Strand, der von der Steilküste mit sehenswertem Aussichtspunkt abgeschlossen wird. Vielleicht übernimmt aber auch die indische Jugend das Zepter für eine neue Ravergeneration.

Unterkunft

Wer sich in den günstigen Guest Houses unmittelbar am Kliffrand einquartiert, sollte sich im Klaren darüber sein, dass man für die dort verlangten Preise von 100 bis 150 Rs kaum mehr als ein kleines, dunkles und nicht unbedingt sauberes Zimmer, häufig ohne eigenes Badezimmer, erwarten darf. Im Übrigen sorgen die angrenzenden Bars dafür, dass einen dumpfe Techno-Klänge bis spät in die Nacht „bei Laune" halten. Grundsätzlich gilt die Regel, je weiter vom Strand entfernt, desto ruhiger.

● Die einzige wirklich empfehlenswerte Behausung nah am Strand ist das freundliche **Palmasol Cliff Resort** €€-€€€ (Tel.: 2273258) mit baumbestandenem Innenhof an der Kliffstraße. Die Räume haben Bad und TV, Renovierungen sind geplant.

● Eine gute Billigwahl ist das in den Gassen südlich des Zentrums gelegene **Valentino's Guest House** € (Tel.: 2274130). Einfache, saubere und ganz billige Zimmer mit Bad und ein Zelt auf dem Dach werden vermietet.

● Eine Stichstraße am nördlichen Ortsausgang nach Vagator hinein findet sich das gute und meist gut gefüllte **Anjuna Beach Resort** €-€€ (Tel.: 2274499, 9822176753, fabjoe@sancharnet.in), ein zweigeschossiges, altes Kolonialgebäude mit sauberen, teils großen Zimmern mit Terrasse. Das gegenüber gelegene, viel einfachere **Hill View Guest House** €-€€ (Tel.: 2273235) wirkt, da oft kaum belegt, zwar etwas tot, kann aber als Ausweich dienen, wenn das erstgenannte voll ist.

● Von den günstigen entlang der Hauptstraße gelegenen Unterkünften sind **Starco Bar** € und **Cabin Disco** € (Tel.: 2273254) in Ordnung, hier gibt's nur einfache Zimmer.

● Seinem Namen alle Ehre macht das **Peace Land Holiday Home** €-€€ (Tel.: 2273700). Das am Ende eines Schotterweges zurückversetzt von der Hauptstraße gelegene, meist kaum belegte Haus strahlt eine angenehme Ruhe aus. Hier tönt aus der Musikanlage nicht nur Techno, sondern zuweilen auch indische Musik.

● Das in einer gepflegten alten Villa untergebrachte **Red Cab Inn** €-€€ (Tel.: 2274427, Fax: 2273312) in ruhiger Lage ist sein Geld wert. Neben den gemütlichen Zimmern lockt das hauseigene Restaurant mit guter Küche.

● Die relaxte Atmosphäre des **René's Guest House** €-€€ (Tel.: 2773405, 9850462217, mobil) ist nicht sein einziger Pluspunkt, auch die sauberen Zimmer mit Bad um einen Garten sind ihr Geld wert.

● Sehr angenehm ist das gleich hinter der St. Anthony's Chapel gelegene **White Negro** €€-€€€ (Tel.: 2273326, dsouzawhitenegro@rediffmail.com). Es bietet kühle Zimmer mit Terrasse zum Innenhof. Trotz seiner Strandnähe wirkt die gepflegte Anlage unter Bäumen ruhig und das angeschlossene überdachte Freiluftrestaurant bietet leckere Gerichte. Nebenan gibt's mit dem **Sailor's Guest House** €-€€ eine einfachere Alternative, natürlich auch in guter Lage, falls das White Negro voll ist.

● Sowohl räumlich als auch preislich außerhalb der bisher genannten Unterkünfte liegt das **Laguna Anjuna** €€€€€ (Tel.: 2274305, info@lagunaanjuna.com, www.lagunaanjuna.com). Die schön eingerichteten, individuell gestalteten Zimmer der um einen Pool angelegten und mit vielen Pflanzen bestückten An-

lage machen einen sehr geschmackvollen Eindruck.

● Die perfekt instand gehaltenen Zimmer des herrlichen **Palace Rodrigues Holiday Home** €€€ (Tel.: 2273358, palacetterodrigeus@rediffmail.com), einer 200 Jahre alten Kolonialvilla nicht weit von den Oxford Stores, haben mit ihren alten, schweren Holzmöbeln und Accessoires viel von der kolonialen Atmosphäre bewahrt – wunderbar und erstaunlich preiswert. Nach hinten gibt's zudem zwei billigere Zimmer. Ein Pool ist geplant.

● An der Ausfallstraße Richtung Siolim, gut einen Kilometer vom Ort entfernt, liegt das prachtvoll in Schuss gehaltene **Bourgainvilla/Granpa's Inn** €€€€-€€€€€ (Tel.: 2273271, granpas@hotmail.com) aus Kolonialzeiten, dessen großzügige Zimmer alle zum gepflegten Garten mit kleinem Swimmingpool gerichtet sind.

Essen und Trinken

Die Auswahl an guten und preiswerten Restaurants ist groß, wobei aus oft unerfindlichen Gründen manches Lokal brechend voll ist, obwohl es in der vorhergehenden Saison meist gähnend leer war. Da heißt es schon etwas, wenn sich eines seit Jahren der Gunst der Touristen erfreuen kann.

● Hierzu zählen das 20 Jahre alte **Xavier's Restaurant** hinter dem Flohmarkt, bekannt für hervorragende Fischgerichte (150–300 Rs pro Hauptgericht), und das **Munchie's,** ein 24 Std. geöffneter Imbiss, besonders in Partynächten zum Auftanken bei Kaffee und Fruchtsäften beliebt.

● Von den vielen Restaurants im südlichen Strandbereich seien das meist gut besuchte **Lollipop** und das **Sound of the Waves** mit guten Fischgerichten erwähnt.

● Freunde italienischer Küche sind bei **Basilico** (Tel.: 2273721) am besten aufgehoben. Pizza, Pasta, Spaghetti und Salate in vielen Variationen im Garten sind ab 19 Uhr zu haben.

● **Lafranza's,** etwas hinter dem Strand an der Straße zum Markt, ist ein zu Recht beliebtes Lokal, vor allem wegen der großen Portionen zu kleinen Preisen. Besonders lecker sind die vegetarischen Gerichte.

●Leckere, vielseitige Küche serviert die **Wunderbar,** natürlich unter deutscher Leitung, an der Hauptstraße.

●Der ideale Ort für ein reichhaltiges, leckeres Frühstück in ruhigem Ambiente ist **Martha's Breakfast Home,** ein beschauliches Gartenrestaurant etwa 200 m südwestlich des Lafranza's.

●Näher an Vagator als in Anjuna liegt das traditionsreiche **Beam me up** nach seinem Umzug an die Ausfallstraße nahe der Tankstelle und ist bei seiner motorisierten Klientel auch weiterhin angesagt.

●Nett sitzt man in einem schönen Garten bei **Jam Connection** hinter dem Postamt. Die Speisekarte bietet leckere Salate und Kuchen.

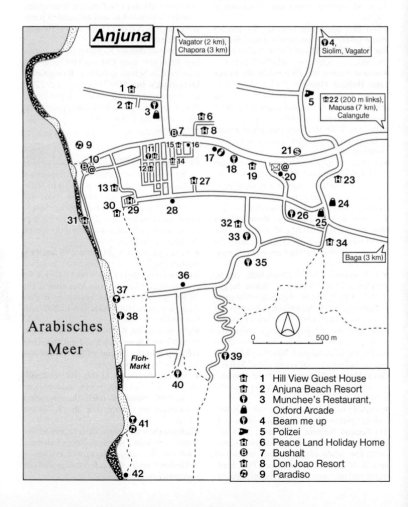

🏠	1	Hill View Guest House
🏠	2	Anjuna Beach Resort
♥	3	Munchee's Restaurant,
🔒		Oxford Arcade
♥	4	Beam me up
➤	5	Polizei
🏠	6	Peace Land Holiday Home
Ⓑ	7	Bushalt
🏠	8	Don Joao Resort
♫	9	Paradiso

Map labels: Anjuna; Vagator (2 km), Chapora (3 km); 4, Siolim, Vagator; 22 (200 m links), Mapusa (7 km), Calangute; Baga (3 km); Arabisches Meer; Floh-Markt; 0 — 500 m

●Ein Renner sind die köstlichen Kuchen und Plätzchen der **German Bakery,** eine gewundene Straße gegenüber Martha's hinein. Weiterhin im Angebot sind schmackhafte Hauptgerichte, Suppen oder auch Müsli etc. Man sitzt äußerst bequem in Korbsesseln oder liegt auf Matratzen bei Ambient- und Trance-Musik.

●Etwas weiter folgt das **Haystack Restaurant,** wo man sich jeden Freitagabend für 200 Rs nicht nur am reichhaltigen Buffet laben, sondern gleichzeitig die dargebotenen Folklore- und Musikaufführungen genießen kann.

●Selbstversorger finden in den gut ausgestatteten **Oxford Stores** bzw. gegenüber in den **Orchard Stores,** beide im Osten des Dorfs, sowie in der **Oxford Arcade** an der Straße nach Vagator nahzu alles Nötige. Ein weiterer kleiner Supermarkt befindet sich beim Postamt.

⑧	10	Bushalt,
@		Internet Café
🏠	11	Valentino's Guest House,
❶		Basilico Restaurant
🏠	12	Red Cab Inn
🏠	13	Baba Guest House
🏠	14	Manali Guest House
🏠	15	Starco's
●	16	MGM Travels
●	17	Connexions Travels,
⊘		Apotheke
❶	18	Wunderbar
🏠	19	Coutinhos Nest
✉	20	Postamt,
@		sify-i-way Internetcafé,
●		Speedy Travel
⑤	21	Bank of Baroda
🏠	22	Bourgainvilla/
		Granpa's Inn
🏠	23	Palace Rodrigues
		Holiday Home
🛏	24	Orchard Stores
🛏	25	Oxford Stores
❶	26	The Jam Connection
🏠	27	Laguna Anjuna
●	28	Motorradwerkstatt
🏠	29	St. Anthony's Chapel
🏠	30	White Negro,
		Sailor's Guest House
🏠	31	Palmasol Guest House
🏠	32	Rene's Guest House
❶	33	Martha's Breakfast Home
🏠	34	1A Friends
❶	35	Whole Bean Restaurant
●	36	Natural Health Centre
❶	37	Shore Bar
❶	38	Lilliput Restaurant
❶	39	German Bakery
❶	40	Xavier's Restaurant
❶❶	41	Shiva Valley
●	42	Aussichtspunkt

Nightlife

●Der immer noch angesagteste Ort für Techno- und Trance-Musik ist das **Paradiso.** Goas größter und inzwischen reichlich kommerzialisierter Club ist auf mehreren Terrassen zum Strand hinunter angelegt. Die bekanntesten DJs nicht nur Goas haben hier schon aufgelegt. Eintrittspreise zwischen 300 und 500 Rs.

●Nachdem die anderen Zentren der Szene, die Shore-Bar und danach auch die Nine Bar in Vagator nun gar nicht mehr angesagt sind, war zur Recherchezeit das **Shiva Valley** am südlichen Strandende die In-Place: Partys vom Nachmittag bis 22 Uhr. Ob's in der nächsten Saison so ist – keiner weiß es. Ansonsten finden Partys kurzfristig statt. Deren Zeitpunkt und Ort werden per Mundpropaganda weitergegeben – also Ohren auf.

Sport und Unterhaltung

●Yoga-Interessierte sollten sich etwa im **Purple Valley Yoga Centre** (www.yogagoa.com) informieren.

Reisebüros

Von vielen Reisebüros seien einige seit Jahren verlässliche genannt. Bei den meisten ist auch Geldwechsel und Reisescheckeinlösung möglich.

●**MGM Travels,** Tel.: 2273939, Mo–Sa 9.30–18 Uhr.

●**Connexions Travels,** an der Hauptstraße, Tel.: 2274347, tgl. 10–21 Uhr.

Westküste

Post, Bank, Internet

● Die **Post** liegt etwas östlich des Zentrums. Poste Restante Code: 403509.

● Die **Bank of Baroda** akzeptiert nur Visa- und MasterCard; Bargeld oder Traveller- schecks werden nicht gewechselt. Das macht z.B. MGM Travels (s.o., hier ist auch schnel- ler Geldtransfer aus Europa möglich) oder Connexions Travels (s.o.).

● Ein schnelles Internetcafé der **Sify-i-way- Kette** (bis 22.30 geöffnet) findet sich beim Postamt östlich des Zentrums. Hier ist auch billiges Net-to-Phone-Telefonieren (4 Rs/ Min.) nach Europa möglich. Auch Conne- xions Travels hat ein Internetcafé.

An- und Weiterreise

● Zahlreiche **Busse** nach Mapusa und Calan- gute vom Busbahnhof am nördlichen Dorf- ende. Wer nach Anjuna fährt, sollte bis zur Endstation durchfahren, da es von dort recht nah bis zu den Unterkünften am Strand ist.

Vagator und Chapora

Die drei beschaulichen **Strände Vagators** gehören zweifellos zu den schönen Goas. Sie haben die auch hier, nur einige Kilometer nördlich der Hochburg Anjuna, zu verzeich- nenden Auswüchse der inzwischen wohl im Abebben begriffenen Techno- und Rave- Szene gut überstanden. Es scheint, dass sich auch Vagator wieder zu einem typisch goani- schen Badeort zurückentwickelt, der vor al- lem besser betuchte Europäer wie auch die indische Mittelschicht als Hauptklientel an- ziehen möchte, wie die Bauweise der Hotel- neubauten der letzten Zeit andeutet. Es bleibt abzuwarten, inwieweit dieses Kalkül aufgeht.

Für **Chapora,** kaum einen Kilometer ent- fernt, scheinen die Aussichten weniger rosig. Nicht mit einem Strand beschenkt, ist es heu- te eins der letzten Refugien der **Techno-Sze- ne** in Goa. Tagsüber wird das Bild hauptsäch- lich von auf die nächste Party wartenden, in den gerade angesagten Bars und Restaurants abhängenden Ravern sowie einigen gestan- denen, von Bar zu Bar ziehenden Trinkern aus Europa bestimmt.

Pittoresk wirkt das nur selten von Touristen besuchte, im 18. Jh. von den Portugiesen auf einem Felsvorsprung erbaute **Chapora-Fort.** Nahezu jeder Tourist ist mit einem gemiete- ten Motorrad oder -roller ausgerüstet, dem- entsprechend enervierend knattern sie im eher weitläufigen Vagator und Chapora her- um oder fahren zum nahegelegenen Anjuna.

Unterkunft

Zwar wohnen die meisten Individualtouris- ten in Privathäusern, die sie oft für mehrere Monate anmieten, doch wurde in den letzten Jahren vor allem in Vagator eine Reihe von recht hübschen Hotels und Pensionen er- öffnet.

Vagator:

● Die leicht verwohnten **Abu John Bunga- lows** €-€€ (Tel.: 2273757) in einem leicht ver- wilderten Garten sind eine gute Billigoption. Alle Zimmer mit Bad und Terrasse.

● Toll gelegen am Little Vagator Beach im Disco Valley, sind einfache **Bambushütten auf Stelzen** €-€€ frisch eröffnet worden, in zwei Größen mit Gemeinschaftsbad. Noch kein Telefon zur Recherchezeit.

● Einen schmalen Weg von der Hauptstraße hinab, liegt das **Dolrina Guest House** €-€€ (Tel.: 2274896, dolrina@hotmail.com, www. goa-world.com/dolrina) abgelegen im Tal. Gute Zimmer, teilweise mit Gemeinschafts- bad, in friedvoller Umgebung zu kleinem Preis sind empfehlenswert.

● Nicht nur 15 saubere Zimmer mit Bad um einen von Bäumen beschatteten Hof, auch Yoga- und Meditations-Kurse werden in der **Zambala** €-€€ (Tel.: 2273479, www.zamba- la.org) zu moderatem Preis geboten. Das Restaurant mit täglich wechselndem *fixed menu* ist gut.

● Eine abzweigende Straße zwischen Vagator und Chapora hinab, liegt ganz ruhig das **L'Amour Guest House** €€ (Tel.: 2774180). Das von einem freundlichen Besitzer geführte Haus bietet saubere Zimmer mit Bad und Terrasse. Weiter unten im Tal haben Familien einfache Zimmer für wenig Geld in ihren Privathäusern.

●Mit reichlich Grün ist das **Jackie's DayNite** €€ (Tel.: 2274320) im Dorfzentrum versehen. Große, gepflegte, aber ein bisschen dunkle Zimmer sind preisentsprechend. Ein gutes Freiluftrestaurant und eine Bar sind angeschlossen.

●Von den drei Herbergen mit *Jolly* (www.hoteljollygoa.com) im Namen ist die eng gebaute **Jolly Jolly Roma** €€€ (Tel.: 2273001) zu teuer fürs Gebotene. Gegenüber gelegen ist die wesentlich preisgünstigere **Jolly Jolly Lester** €€-€€€ (Tel.: 2273620) preisentsprechend. Die hübsche Anlage des **Julie Jolly** €€-€€€ (Tel.: 2273357) mit viel Grün bietet viel fürs Geld. Alle haben Zimmer mit AC und TV.

●Eigentlich sehr hübsch, wenn auch etwas eng um einen grünen Innenhof gebaut, sind die schön eingerichteten Zimmer des **Boon's Ark** €€€ (Tel.: 2274045), aber leider zu teuer. Nicht weit entfernt sind auch die eher dunklen Zimmer mit Bad und Balkon des beliebten **Bethany's Inn** €€-€€€ (Tel.: 2273731) mit Internetcafé und Geldwechsel etwas überteuert.

●Das **Hill Top Motel** €-€€€ (Tel.: 2273665, hilltop104@hotmail.com) ist eine akzeptable Anlage Richtung Anjuna mit Garten und Restaurant. Das Angebot reicht von spartanischen Zimmern mit Gemeinschaftsbad bis zu klimatisierten Zimmern mit Bad, die letzteren überteuert.

●Eine der besten Unterkünfte der höheren Preiskategorie ist das gepflegte **Leoney Resort** €€€-€€€€ (Tel.: 2273634, leoney30@hotmail.com, www.leoneyresort.com) inmitten einer hübschen Gartenanlage, um einen Swimmingpool angelegt. Die Anlage im Zentrum des Dorfs verfügt über geschmackvoll eingerichtete Zimmer mit Kühlschrank und TV.

●Schon wegen der tollen Lage über dem südlichen Vagator-Strand ist das auch ansonsten empfehlenswerte **Alcove Resort** €€€-€€€€ (Tel.: 2774491, alcove2002@yahoo.com) mit komfortablen und geräumigen Zimmern mit TV, teils mit AC, sowie hervorragendem Freiluftrestaurant über den Klip-

pen eine gute Wahl. Meist ausgebucht, also reservieren.

●31 komfortable Cottages mit TV des ganz neuen **Suruchi Royal Resort** €€€€ (Tel.: 274365) sind kein schlechtes Angebot, zumal es einen Pool gibt, leider ist es weit vom Meer entfernt und etwas überteuert. Hier gibt's ein Restaurant und ein Internetcafé.

Chapora:

●Von den billigen Unterkünften an der Hauptstraße ist **Sherator Villa** € (Tel.: 2274335) das beste. Es bietet wie die anderen einfache Zimmer mit Bad, aber in etwas besserer Qualität.

●Als Ausweichmöglichkeit ist **Helinda's Bar & Restaurant** € (Tel.: 2274345) hervorragend, das **Sea View Guest House** € mit Zimmern mit Terrasse zum Garten, der sich bis zum Wasser erstreckt, ist einfach.

●Eine Ausnahme von den üblichen Billigbehausungen Chaporas ist das von einem freundlichen alten Ehepaar geleitete **Casa de Olga** €-€€ (Tel.: 2274355, 9822157145, mobil) an der ruhigen Ausfallstraße zum Hafen. Von ganz einfachen und billigen Zimmern mit Gemeinschaftsbad bis zu geräumigen mit Bad und Balkon, manche sogar mit Kochnische, reicht die Palette.

Essen und Trinken

●An kleinen Strandrestaurants herrscht kein Mangel, **Lobo's** und **Lily's** am Vagator Beach bieten preiswerte Gerichte an.

●Immer gerammelt voll, schon wegen seiner Nähe zum Primrose, ist das **Baskins 31 Robbins.** Im überdachten Freiluftrestaurant gibt's Fast-Food nach amerikanischer Art und klasse Eis-Variationen.

●Das gute, von einem Franzosen geführte **Le Bluebird** (Tel.: 2273695) beim Little Vagator Beach hat neben indischer Küche auch gute Pasta sowie Steaks und Wein und auch Vegetarisches im Angebot (Preis pro Hauptgericht etwa 200 Rs).

●Das **Marrakesh** nicht weit entfernt hat arabische Kost wie diverse Kebabs zu meist guter Musik.

●Nicht gerade zentral gelegen, gibt's im **Dipti's Restaurant** an der Hauptstraße hervorra-

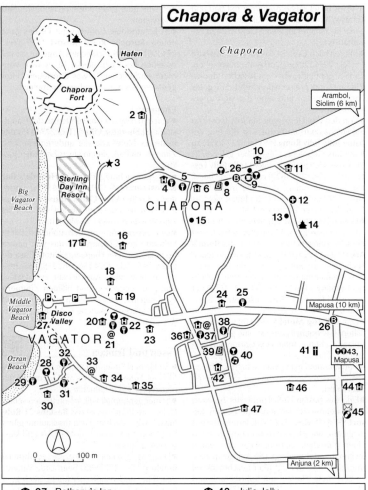

Chapora & Vagator

Chapora

Hafen

Chapora Fort

1

2

★ 3

Sterling Day Inn Resort

Big Vagator Beach

Arambol, Siolim (6 km)

7   10

5   26   11

4   6   8   9

CHAPORA

● 15

12

13 ● ▲ 14

16

17

18

19

Middle Vagator Beach

P   P

Disco Valley

27

VAGATOR   20   22

21   23

24   25

Mapusa (10 km)

36   37   38   26

39   40

41 ii   43, Mapusa

Ozran Beach

32

33

28   34   35

29   42

44

46   45

30   31

47

Anjuna (2 km)

0   100 m

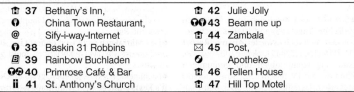

🏠	**37**	Bethany's Inn,	🏠	**42**	Julie Jolly
●		China Town Restaurant,	●●	**43**	Beam me up
@		Sify-i-way-Internet	🏠	**44**	Zambala
●	**38**	Baskin 31 Robbins	✉	**45**	Post,
🅱	**39**	Rainbow Buchladen	●		Apotheke
●●	**40**	Primrose Café & Bar	🏠	**46**	Tellen House
ii	**41**	St. Anthony's Church	🏠	**47**	Hill Top Motel

♠	1	Tempel
🏠	2	Casa de Olga
★	3	Muslimische Gräber
🏠	4	Leema's Place/
◑		German Bakery
◑	5	Noble Nest Restaurant
🏠	6	Sherator Villa
◑	7	Paulo's Antique Bar
🄱	8	Narayan Bookstall,
•		Soniya Travels
◒	9	Sai Ganesh Café,
◑		Scarlet Cold Drinks,
•		Banyan-Baum
🏠	10	Sea View Guest House
🏠	11	Helinda's Bar & Restaurant
✚	12	Kleines Krankenhaus
•	13	Motorradverleih und
		-reparaturwerkstatt
♠	14	Siddheswar Tempel
•	15	Motorradverleih
🏠	16	L'Amour Guest House
🏠	17	Privatzimmer Vermietungen
🏠	18	Dolrina Guest House
🏠	19	Jolly Jolly Lester
🏠	20	Jolly Jolly Roma
◑◑	21	Tin Tin Bar & Restaurant,
@		Eddie's Cyberzone
🏠	22	Garden Villa Guest House,
◑		Two Brothers Restaurant
🏠	23	Abu John's Bungalows
🏠	24	Suruchi Royal Resort
◑	25	Dipti Restaurant
Ⓑ	26	Bushaltepunkte
🏠	27	Bambushütten
◑	28	Nine Bar
◑	29	Strandrestaurants
🏠	30	Alcove Resort
◑	31	Restaurant Marrakesh
◑	32	Le Bluebird
@	33	Sify-i-way-Internetcafé
🏠	34	Leoney Resort
🏠	35	Jackie's DayNite
🏠	36	Boon's Ark

gendes und preiswertes Essen, eine Bar und einen imposanten Haushahn. Nach hinten sitzt man erhöht auf einer Empore zum Grünen.

● Hervorragend und entsprechend beliebt in schöner Lage über den Klippen ist das Freiluftrestaurant des **Alcove Resort.** Eine lange Speisekarte mit Fischgerichten, italienischer Küche und leckerem Kuchen sowie eine gut ausgerüstete Bar locken. Eine Hauptgericht kostet um 150–200 Rs, Fisch um 350 Rs.

● In Chapora bieten sich eine Vielzahl kleiner Restaurants und Bars rund um die Kreuzung und den Banyan-Baum, wie das **Mohan Restaurant** und das gemütlichere **Noble Nest Restaurant** an der Kreuzung Richtung Vagator. Es macht wenig Sinn, eines besonders hervorzuheben, da sie preislich und qualitativ alle etwa das Gleiche bieten. Die Raver-Szene schlendert von einem zu anderen. **Paulo's Antique Bar** war zur Recherchezeit besonders angesagt.

● Etwas abseits liegt **Leema's Place,** ein perfekter Ort fürs Frühstück, hier gibt's auch thailändische Küche.

Nightlife

● Partys werden meist kurzfristig und tagsüber am Strand anberaumt, etwa im **Disco Valley** oder am südlichen Vagator Beach. Der ehemaligen In-Treffs der Szene, die speziell für diesen Zweck konzipierte riesige **Nine Bar** über dem Strand von Vagator wie auch die **Shore Bar,** sind inzwischen vollkommen leer, nachdem ein Verbot lauter Musik nach 22 Uhr für Goa ausgesprochen wurde.

● Raver finden in Vagator auch abends nach 22 Uhr und nachts nur noch im **Primrose Café & Bar** ihr lautes Vergnügen im einzig noch erlaubten Club, da nicht in Freiluft.

● Auch im etwas außerhalb Richtung Anjuna gelegenen **Hill Top Motel** gibt's noch eine Chance fürs Abtanzen.

Post, Bank, Internet

● Das **Postamt** liegt an der Verbindungsstraße nach Anjuna und Chapora.

● Es gibt keine offizielle Möglichkeit, in Chapora oder Vagator Geld zu tauschen, also

Westküste

muss man auf **Soniya Travels** oder das **Bethany Inn** (hier auch Vorauszahlung für Visa- und MasterCard gegen 3 % Gebühr) zurückgreifen. Beim zweiten gibt's ein schnelles Breitband-Internetcafé, bei Soniya ein langsameres. Ansonsten stehen die **Bank of Baroda** oder die Reisebüros in Anjuna zur Verfügung.

●Neben dem Leoney Resort hat das **Moondance Cybercafé** (bis 23 Uhr) schnelle Breitband-Internetverbindungen zum stolzen Preis von 50 Rs/Std. Weitere langsamere Möglichkeiten gibt's etwa bei **Eddy's Cybercafé** neben der Tin-Tin Bar & Restaurant.

An- und Weiterreise

●Die wenigen, die nicht mit gemietetem Gefährt unterwegs sind, können etwa halbstündig in die **Busse** zusteigen, die an den beiden östlichen Kreuzungen in Vagator (die Busse halten auf Handzeichen) sowie beim Banyan-Baum in Chapora sowohl Richtung Mapusa als auch Richtung Anjuna vorbeifahren.

●Ein **Taxi/Motorradtaxi** nach Anjuna kostet etwa 80/60 Rs, nach Panaji 250/170 Rs, zum Flughafen Dabolim etwa 550/350 Rs. Ein Taxi nach Arpora zum Nightmarket kostet 80 Rs, hin- und zurück mit Wartezeit muss man mit 130 Rs rechnen.

Vasco da Gama ♪ XX/A1-2

(Einwohner: ca. 80.000)

Die Stadt Vasco da Gama mit ihrem **Hafen Mormugao** ist ein Kind der Industrialisierung. Die im Hinterland abgebauten Rohstoffe, vor allem Erze, werden von hier exportiert. Die wirtschaftliche Bedeutung von Vasco, wie die Stadt gemeinhin genannt wird, hat die Einwohnerzahl in den letzten Jahrzehnten sprunghaft ansteigen lassen. Dabei handelt es sich vornehmlich um Arbeiter aus Maharashtra, Karnataka, Andhra Pradesh und Tamil Nadu. Diese bunte Mischung unterschiedlichster Volksgruppen mag man interessant finden, typisch goanische Einflüsse lassen sich hingegen kaum noch ausmachen.

Die **rasterartig angelegte Stadt** ist recht unansehnlich und wird hier nur deshalb erwähnt, weil sie für viele Touristen sozusagen „strategische" Bedeutung hat, da sie nur wenige Kilometer vom **Dabolim-Flughafen** entfernt liegt. Dementsprechend könnte sie für jene, die eine späte Ankunfts- oder frühe Abflugszeit haben, als Übernachtungsmöglichkeit in Frage kommen.

Information

●Ein Informationsstand von **GoaTourism** (Tel.: 2512673) befindet sich in der GTDC Vasco Residency.

Unterkunft, Essen und Trinken

●**Hotel Annapurna** €-€€ (Tel.: 2513655) ist die beste Billigunterkunft der Stadt: saubere Zimmer mit Bad und ein recht gutes vegetarisches Restaurant.

●Die staatliche **GTDC Vasco Residency** €€-€€€ (Tel.: 2513119) liegt bahnhofsnah und ist eine gute, leicht teurere Alternative, wenn das Annapurna voll ist.

●Weitere akzeptable Budgetoptionen sind das **Hotel Gladstone** €-€€ (Tel.: 2513966) am Busbahnhof sowie das **Hotel Maharajah** €€ (Tel.: 2514075) gegenüber von Hindustan Petroleum und das **Hotel Zuari** €€ (Tel.: 2553708). Alle verfügen über Restaurants.

●Das in der Nähe des Bahnhofs gelegene Hotel **La Paz Gardens** €€€€ (Tel.: 2512121, www.hotellapazgardens.com) am Swatantra Path ist das beste Hotel am Platz. Alle Zimmer sind klimatisiert. Ausgezeichnet sind auch die drei hauseigenen Restaurants. Zudem gibt's selbstverständlich einen Zubringerdienst zum Flughafen.

Bank

●Zwei **ATMs** der UTI-Bank neben und südlich des Busbahnhofs verarbeiten Visa- und MasterCard. Der HDFC-ATM gegenüber nimmt auch American Express.

An- und Weiterreise

●**Bahn:** Seit Vasco mit der Eröffnung der Konkan Railway seine frühere Bedeutung als

„Hauptbahnhof" Goas an Margao abgetreten hat, fahren hier nur noch einige unbedeutende Züge ab.

●**Bus:** Vom ungünstig 3 km östlich des Zentrums gelegenen **Kadamba-Busbahnhof** zahlreiche Verbindungen zu allen größeren Städten der Umgebung. Zum Dabolim-Flughafen fahren die Busse vom zentralen **Busbahnhof am Markt.** Zwischen beiden verkehren ständig Minibusse. Leider werden auch die von Panaji und Margao anreisenden Passagiere zum Kadamba gefahren.

●Einige **Taxipreise** sind am Anfang des Goa-Kapitels aufgelistet und können als Anhaltspunkt dienen.

Margao (Magdaon) ♐ XX/A2

(Einwohner: ca. 80.000)

Die Distrikthauptstadt Margao ist der bedeutendste **Handels- und Verkehrsknotenpunkt** des Südens und nach Panaji die zweitgrößte Stadt Goas. Für jene Besucher, die ihren Badeurlaub in Colva bzw. Benaulim verbringen wollen, ist dies die nächstgelegene größere Stadt. Sie ist per Bus und Zug mit allen Orten Goas sowie den größeren Städten der benachbarten Bundesstaaten verbunden. Seit Margao der wichtigste Haltepunkt der Konkan Railway in Goa ist, sieht die Stadt immer mehr westliche Reisende. Insgesamt macht sie einen angenehmen Eindruck, lohnt aber wohl nur dann einen Besuch, wenn man diesen mit Erledigungen wie Geldwechsel oder Bahnticketkauf kombiniert.

Mittelpunkt Margaos ist der **Agha Khan Park / Municipal Garden,** ein kleiner Stadtpark mit Rasenfläche und Blumenbeeten, um den sich die touristisch wichtigen Einrichtungen wie Hauptpost, State Bank of India, Busbahnhof und das Tourist Office gruppieren.

Zwischen dem Stadtpark und dem alten Bahnhof im Südosten erstreckt sich der **Gandhi Market.** Beim Bummel durch die schmalen Gänge des überdachten Großmarkts taucht man ein in die ganze optische und aromatische Vielfalt der Tropen. Berge von Früchten, Gewürzen und Stoffen schmeicheln Auge und Nase. Im Übrigen findet sich eine Reihe von Ständen mit hübschen Souvenirs zu recht günstigen Preisen.

Einen Besuch lohnt auch die im Norden der Stadt Richtung Kadamba-Busbahnhof erbaute **Heiliggeist-Kirche.** Das ursprünglich 1565 erbaute und 1675 nach mehrfachen Zerstörungen wieder aufgebaute Gotteshaus vermittelt zusammen mit dem weiß getünchten **Monumentalkreuz** in der Mitte des Kirchplatzes mit den umstehenden **lusitanischen Stadthäusern** ein mediterranes Ambiente. Alljährlich im Mai steht das Gotteshaus im Mittelpunkt eines großen Festes, das zusammen mit dem dann veranstalteten Jahrmarkt Tausende von Menschen anzieht.

Information

●Das Touristenbüro von **Goa Tourism** (Tel.: 2712790, 2715204) befindet sich im Erdgeschoss des von Goa Tourism gemanagten Margao Residency und ist Mo–Sa 8–20 Uhr und So 8–14 Uhr geöffnet. Es werden vor allem Ausflugstouren angeboten (siehe Panaji), als Informationsquelle ist es nicht sonderlich nützlich. Eine der **Sightseeing-Touren** startet in Margao. Die South End Tour (9.30–18 Uhr, 120 Rs) besucht mehrere Tempel, Kirchen und Kolonialvillen im Süden Goas.

Unterkunft

●Eine der besten Billigunterkünfte Margaos ist das **Hotel Greenview** €–€€ (Tel.: 2715489) an der Station Rd. zwischen Stadtzentrum und Bahnhof (ca 10 Min. Fußweg dorthin). Einfache, recht saubere Zimmer mit Bad und TV, in den oberen Etagen weite Ausblicke.

●Tadellose, helle und teils klimatisierte Zimmer mit TV und Balkon, besonders der oberen Etagen, machen das **Hotel Woodlands** €€–€€€ (Tel.: 2715522, www.goawoodlands. com) in der Loyaola Furtado Rd. zu einer guten Wahl. Ein Restaurant ist angeschlossen.

●**Hotel Saaj** €€–€€€ (Tel.: 2711757), einen Steinwurf entfernt, bietet die gleiche Ausstattung zu ähnlichem Preis, ebenfalls empfehlenswert.

Westküste

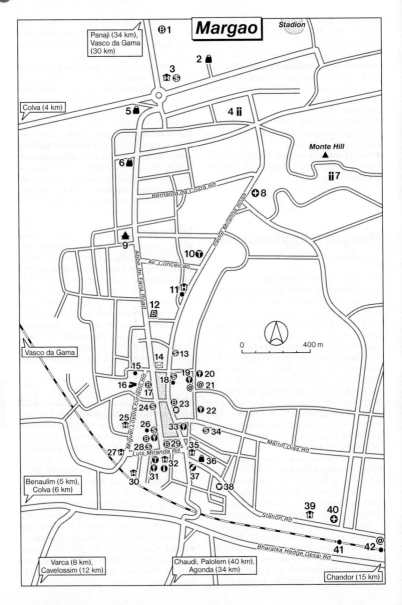

Margao

Stadion

Panaji (34 km),
Vasco da Gama
(30 km)

Colva (4 km)

Monte Hill

Bernarda da Costa Rd.

Vasco da Gama

Av. Conceicao

Padre Miranda Road

Abbe de Faria Road

Miguel Loyola Furtado Rd.

Luis Miranda Rd.

Martin Dias Rd.

Benaulim (5 km),
Colva (6 km)

Station Rd.

Bharatka Hedge Desai Rd.

Varca (8 km),
Cavelossim (12 km)

Chaudi, Palolem (40 km),
Agonda (34 km)

Chandor (15 km)

0   400 m

●Das beste Hotel der Stadt ist das ruhig gelegene **Hotel La Flor** €€-€€€ (Tel.: 2731402, 2705681-3, laflor@sancharnet.in), eine Gasse westlich der Margao Residency hinein. Große, makellose und helle Zimmer, teilweise klimatisiert, mit großem TV und einwandfreiem Bad in ruhiger Lage sind ein hervorragendes Angebot. Ein gutes Restaurant ist angeschlossen.

Essen und Trinken 🍴

●Seine angenehme Atmosphäre und die ausgezeichneten Gerichte zu recht günstigen Preisen machen das **Longuinhos,** schräg gegenüber vom Tourist Hotel, zu einem beliebten Restaurant. Man fühlte sich ein wenig in ein portugiesisches Lokal versetzt, wären da nicht die ebenso köstlichen wie scharfen indischen Gerichte.

●Schmackhafte indische Kost serviert das **Nial Restaurant** an der Kreuzung rechts vom Hauptpostamt. Im Gegensatz zum Longuinhos am Municipal Garden, ideal für ein Bier in den heißen Stunden des Tages, verfügt es jedoch über keine besondere Atmosphäre.

●Das neue **Marliz Café** auf der gegenüber liegenden Seite des Parks verlockt mit diversen Kaffees und Gebäck.

●Hervorragend ist das vegetarische **Tato Restaurant** etwas östlich des Municipal Garden. Hier gibt's große, schmackhafte *thalis* für wenig Geld.

●Verlass ist wie immer auf die in ganz Indien vertretene **Kamat-Kette,** die ihre Filiale am südöstlichen Ende des Agha Khan Garden besitzt. Hier kehren auch Einheimische sehr gern ein. Eine weitere Filiale befindet sich schräg gegenüber vom Bahnhof.

●Freunde der chinesischen Küche sollten das klimatisierte **Gaylin** nordöstlich des Stadtparks aufsuchen. Bei der reichhaltigen Speisekarte sollte für jeden etwas dabei sein.

●Am edelsten und feinsten isst man im **Banjara** in der Valaulikar Rd. Das geschmackvoll eingerichtete Lokal serviert leckere nordindische Mughlai-Küche. Mit 90–150 Rs für ein Hauptgericht ist das Vergnügen allerdings auch nicht gerade billig.

●Bei **Domino's Pizza** gibt's Namensentsprechendes zum Mitnehmen und einen Zustellservice (Tel.: 2713888).

Westküste

Bank

● Der effizienteste Ort zum Geldwechseln ist das **Thomas-Cook-Büro** (Tel.: 2232536/7, Mo–Sa 9.30–18 Uhr), zentral beim Municipal Garden gelegen. Außer Barem und allen gebräuchlichen Travellerschecks werden auch Visa- und MasterCard (gegen 2 % Gebühr) eingemünzt.

● Die **State Bank of India** gegenüber an der Westseite des Municipal Garden (Mo–Fr 10–14 Uhr, Sa 10–12.30 Uhr) wechselt Travellerschecks und Bargeld im 1. Stock.

● Die **Bank of Baroda** in der Luis Gomes Rd. zahlt Visa- und Mastercard-Inhabern Bargeld aus.

● Der **ATM** der HDFC-Bank im Zentrum akzeptiert alle internationalen Kreditkarten, während die ATMs der UTI-Bank und der Centurion-Bank keine AmEx-Karten annehmen.

Post und Internet

● Das **Main Post Office** liegt direkt nördlich des Stadtparks. Aber Achtung: Der Poste-Restante-Schalter befindet sich in einem Extragebäude, etwa 200 m westlich in der Rua Diogo da Costa.

● Internet kostet durchschnittlich 20 Rs pro Std. Einer von vielen Internetläden ist das **Cyber Inn** im Kalika Chambers. **Goa Space** gegenüber hat bis 23 Uhr geöffnet, **Cyber Link** im Caro Centre nur bis 19 Uhr. Auch im Bahnhof gibt es im hinteren Raum des Kiosks auf Bahnsteig 1 ein ordentliches Internetcafé.

Medizinische Versorgung

● Das wohl beste Krankenhaus Goas ist das neue **Apollo Victor Hospital** (Tel.: 2728888, 2862952/3, Notfall: 2726272, 2726081) in der Station Road auf Höhe des alten Bahnhofs. Hervorragende Ausstattung und guter Service machen es zur hilfreichen Adresse im Notfall.

Ganz entspannt im Hier und Jetzt beim Sonnenuntergang am Strand von Benaulim

An- und Weiterreise

● **Bahn:** Margaos neuer Bahnhof, 2 km südöstlich des Zentrums, ist der wichtigste Bahnhof in Goa für die Konkan Railway. Das Reservierungsbüro im 1. Stock ist Mo–Sa 8–20 Uhr und So 8–14 Uhr geöffnet. Wer eines der heißbegehrten Tickets nach **Mumbai** ergattern möchte, sollte möglichst früh erscheinen. Genauere Informationen erhält man unter Tel.: 2712790. Wichtige Verbindungen sind im Anhang unter „Madgaon" aufgeführt.

Eine schöne Alternative zur Busfahrt bietet die ca. 50-minütige Zugfahrt nach **Chaudi**, von wo es nur ein paar Kilometer nach **Palolem** sind. Wie bei allen Fernzielen ist (auch für die Fahrt nach Hospet/Hampi) die Bahn vorzuziehen, erstens wegen der schönen Ausblicke während der Tagesfahrt, zweitens weil es wesentlich weniger anstrengt.

● **Bus:** Vom Kadamba-Busbahnhof, 3 km nördlich des Zentrums, u.a. Verbindungen nach: Bangalore (14 Std.), Belgaum (5 Std.), Hospet (8 Std., 400/500 Rs Sitz/Bett), Ganpatipule, Hubli (5 Std.), alle halbe Stunde), Mangalore (11 Std.), Mumbai (14 Std. mit luxuriösen AC-Volvo-Bussen für 500/700 Rs Sitz/Bett, die meisten nachts), Udipi (18 Std.). Nach Gokarna sollte man den Bus vorziehen, da der Bahnhof von Gokarna recht weit außerhalb liegt, der einzige Bus des Tages um 13 Uhr (5 Std. Fahrtzeit) dagegen bis zum Busbahnhof ins Dorfzentrum von Gokarna fährt. Darüber hinaus ständig Abfahrten zu Zielen innerhalb Goas wie Panaji, Vasco da Gama, Mapusa, Chaudi (Palolem). Reisende, die nicht von Norden nach Margao kommen, können sich die Fahrt zum Kadamba-Busbahnhof im Norden Margaos ersparen und bereits an der Westseite des Stadtparks im Zentrum aussteigen bzw. umsteigen, etwa in Busse nach Colva und Benaulim an der Ostseite. Dasselbe gilt natürlich in umgekehrter Richtung.

● **Taxi/Motorriksha:** Die schnellste, preislich aber nur für Einzelreisende interessante Art, nach Colva und Benaulim (oder auch weiter) zu gelangen, sind die Motorrad-Taxis, die sich mit erstaunlich viel Gepäck beladen lassen. Der Preis bis Colva bzw. Benaulim beträgt etwa 50 Rs, mit der Motorriksha 70 Rs, etwa 100 Rs sind es mit dem Taxi.

Dudhsagar Falls

Die Dudhsagar Falls an der Grenze zu Karnataka ganz im Osten Goas sind nach den Jogg Falls die **zweithöchsten Wasserfälle Indiens.** Nachdem die Wasser des Mandovi das Dekhan-Hochplateau hinter sich gelassen haben, stürzen sie hier 600 m in die Tiefe. In der südöstlichen Ecke des mit 240 km² zwar großen, aber nicht sehr tierreichen Naturreservats **Bhagwan Mahaveer Sanctuary** gelegen, sind die dreigeteilten Wasserfälle besonders nach der Regenzeit von Oktober bis Dezember ein imposantes Naturschauspiel, aber auch danach sicher noch einen Abstecher wert. Der Name der Wasserfälle stammt aus dem Konkani und bedeutet „Meer aus Milch", eine Umschreibung der hoch aufsteigenden Gischt nach der Regenzeit.

Nach Verlassen des Autos am Parkplatz folgt ein etwa 15-minütiger Fußweg, auf dem man ständig von gierig lauernden Affen auf der Suche nach Fressbarem beäugt wird (also aufpassen!), zum tiefen Auffangbecken der Fälle. Hier wird gern gebadet, wodurch es schnell eng im Wasser wird. Einige ruhigere **Badestellen** finden sich etwas flussabwärts, dort können auch schöne Schmetterlinge und Kingfisher-Vögel beobachtet werden. Obwohl der Weg teils steil und manchmal glatt ist, ist ein Guide (die am Parkplatz natürlich anderes behaupten) bis hierher nicht notwendig, festes Schuhwerk, das auch nass werden darf, jedoch auf jeden Fall. Wer den steilen Anstieg zur Spitze der Fälle wagen will (den etwa 90-minütigen Anstieg sollten nur halbwegs Trainierte in Angriff nehmen), ist hingegen auf kundige Führung angewiesen und wird, oben angekommen, mit fantasischen Ausblicken weit ins Land belohnt.

Plastikflaschen sind an den Dudhsagar-Fällen nicht erlaubt. Sie werden am Eingang abgenommen und beim Verlassen des Geländes zurückgegeben.

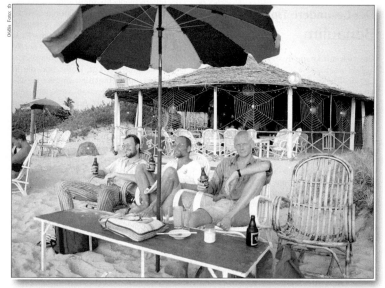

Westküste

An- und Weiterreise

●Dudhsagar ist nur schwer mit öffentlichen Verkehrsmitteln zu erreichen: Zweimal pro Woche wird **Colem** von Zügen aus Margao und Vasco da Gama und natürlich von Bussen angefahren. Von dort fahren **Jeeps oder Taxis,** die am Bahnhof bereitstehen, in ca. 30 Minuten für etwa 350 Rs pro Person (inkl. Eintritt und Kameragebühr) bzw. etwa 1.500 Rs für einen Jeep zu den Fällen.

●Eine neunstündiger **Tagesausflug** u.a. zu den Dudhsagar Falls (mit Panaji, Old Goa und Tambdi Surla Temple) wird von GoaTourism (Tel.: 2224132) Mi und So von Panaji und Calangute aus (Start 9 Uhr bei der GTDC Panaji Residency) für 500 Rs bzw. 600 Rs (AC) inkl. Mittagessen angeboten. Zudem bieten vermehrt auch die großen Hotels und Reisebüros All-inklusive-Tagesausflüge zu den Fällen an, die gewöhnlich vom frühen Morgen bis etwa 20 Uhr dauern.

●Ein **Taxi** von den Strandorten kostet, je nach Entfernung, zwischen 1.400 und 2.000 Rs.

Der besondere Tipp:

Benaulim

Das sich nur knapp zwei Kilometer südlich Colvas anschließende Benaulim ist der ideale Ort für all jene, die einen geruhsamen Strandurlaub verbringen wollen. Es gibt sicherlich „trendigere" Strände (Palolem) mit „hippiegerem" Nightlife (Anjuna) und luxuriöseren Hotels (Candolim/Fort Aguada). Was Benaulim dafür auszeichnet, ist die gute touristische Infrastruktur ohne extreme Auswüchse eines Individual- oder Pauschaltourismus, die andere Gegenden Goas an den Rand der Belastbarkeit geführt haben.

Hinzu kommt ein herrlich breiter Sandstrand, auf dem die **Fischer** wie vor Hunderten von Jahren ihre großen hölzernen **Auslegerboote** abstellen. Jeden Nachmittag werden diese dann mit vereinten Kräften der Einheimischen und der herbeigerufenen Urlauber ins Meer bugsiert. Viele Traveller mieten sich **Fahrräder** und fahren auf dem breiten,

zum Wasser hin festen Strand gen Süden. Je weiter man kommt, desto einsamer wird die dann nur noch von Möwen und wenigen Fischerleuten bevölkerte Landschaft.

Leider haben auch die internationalen Tourismusmanager das bisher kaum genutzte Potenzial dieses südlichen Teils Goas erkannt. Im südlich von Benaulim gelegenen Strandbereich um **Varca** wurden bereits mehrere Luxusresorts errichtet. Auch in den Reisfeldern entlang der Hauptzufahrtsstraße zum Strand wurden einige eröffnet – ein unübersehbares Zeichen dafür, dass es mit den harmonischen Zeiten in Benaulim bald vorbei sein dürfte. Bisher ist aber die gelassene Atmosphäre nur wenig getrübt.

Unterkunft

●Wer in Benaulim möglichst nahe am Meer wohnen möchte, hat die Wahl zwischen den beiden am Ende der Strandstraße gelegenen Hotels L'Amour Beach Resort und O'Palmar. Das **L'Amour Beach Resort** €€-€€€ (Tel.: 2770404, lamourgoa@rediffmail.com, www.lamourbeachresort.com) verfügt über qualitativ unterschiedliche, meist große Zimmer, von recht einfachen und hellhörigen bis zu klimatisierten. Das gegenüber gelegene **O'Palmar** €-€€ (Tel.: 2770631, opalmar@sancharnet.in) macht einen weit weniger durchorganisierten Eindruck, zumal es über keinerlei Restauration verfügt. Dafür sind die in Bungalows untergebrachten Zimmer, die alle über eine kleine Terrasse verfügen, sehr geräumig und preiswert. Außerdem steht ein Internet-Service zur Verfügung.

●An der Straße zwischen Dorf und Strand liegt mit dem einfachen und preiswerten **Caroline Guest House** € (Tel.: 2770590, Zimmer teils mit Gemeinschaftsbad) eine typische, gute Billigunterkunft in günstiger Lage. Ganz ähnlich sind die tadellosen Zimmer der **Libra Cottages** €-€€ (Tel.: 2770598) im Dorfzentrum, einige größere Zimmer haben Kochmöglichkeit.

●Weitere Unterkünfte befinden sich im Ortskern etwa einen Kilometer vom Strand. Man hat die Wahl zwischen einer Reihe von privat geführten Guest Houses, die von Standard und Qualität her alle recht ähnlich sind. Die

Entfernungen sind so gering, dass man sich in Ruhe nach einer geeigneten Schlafstätte umschauen kann. Zu den empfehlenswertesten Adressen gehören **Rosario's Inn** €-€€ (Tel.: 2770636) mit einfachen und billigen Zimmern hinter einem staubigen Sportplatz, das altmodische **D'Souza Guest House** € (Tel.: 2770583) mit gemütlichen Balkonzimmern zum hübschen Garten, das neue **Lloyds Tourist Rooms** €-€€ (Tel.: 2771492), eine kleine Gasse hinein, sowie **Caphina Tourist Cottages** €€ (Tel.: 2770573), wo außer normalen Balkonzimmern auch mit Küche, Kühlschrank und TV im Angebot sind. Die drei Letztgenannten sind im nördlichen Benaulim.

●Das für Benaulim-Verhältnisse große **Simon Cottages** € (Tel.: 2770598), nördlich Benaulims in waldiger Umgebung, ist für Langzeiter interessant, verfügen die einfachen, aber sauberen Zimmer mit Bad und verschließbarem Safe doch zudem über eine Kochmöglichkeit. Nachteil ist die relative Strandferne von ca. 800 m, die die Anmietung eines fahrbaren Untersatzes nötig macht.

●Wer Ruhe der unmittelbaren Nähe zum Strand vorzieht, sollte sich in den Unterkünften der von der Dorfkreuzung nach Süden verlaufenden Straße einquartieren. Zum Strand sind es maximal 10–15 Minuten zu Fuß, dafür ist man nicht von Geschäften und Autolärm, sondern von „Palmengeräuschen" und Vogelgezwitscher umgeben. Eine empfehlenswerte Unterkunft, nicht nur in dieser Region, ist das alteingesessene **Palm Grove Cottages** €€-€€€ (Tel.: 2770059, palm grovecottages@yahoo.com, www.palmgrovegoa.com). Neben einigen einfacheren Räumen verfügt die in einem schönen Garten gelegene Anlage auch über anspruchsvollere Zimmer. Sehr empfehlenswert ist auch das hauseigene Restaurant.

●Pittoresk oberhalb von Reisterrassen, etwa 100 m zurückversetzt von der Straße, liegt **Oshin Holiday Care Cottages** €-€€ (Tel.: 2770069, inaciooshin@rediffmail.com). Der Name ist irreführend, handelt es sich doch nicht um einzeln stehende Bungalows, sondern in einem zweistöckigen Gebäude untergebrachte Zimmer mit leider recht spartanischer Einrichtung. Wegen der herrlichen La-

ge und der günstigen Tarife dennoch eine empfehlenswerte Adresse.

●Das weitläufige **Carina Beach Resort** €€€ (Tel.: 2770413/4, carinabeachresort@yahoo.com) ist eine recht hübsche Anlage mit Swimmingpool, in der vornehmlich Pauschaltouristen zu wohnen scheinen.

●Noch etwas weiter südlich und dementsprechend ruhig wohnt man in den zehn sauberen und hellen Zimmern der **Succorina Cottages** €-€€ (Tel.: 2712072) im südlichen, kaum touristischen Dorfteil, 100 m von der Holy Cross Chapel entfernt.

●Eine gute Alternative zum Dorf sind einige Unterkünfte in ruhiger Lage 500 m nördlich von Benaulim am Sernabatim Beach, die über eine von der Colva-Benaulim-Straße abzweigende Stichstraße und natürlich über den Strand zu erreichen sind. Recht günstig und gemütlich sind die nur einige Meter vom Strand zurück gelegenen **Quinsan Cottages** € (Tel.: 2771490, 2702444), ohne eigenes Restaurant.

●Etwas nördlich finden sich mit dem **Xavier's Bar & Restaurant** €€-€€€€ (Tel.: 2771489) und dem etwas teureren **Camilson's Beach Resort** €€-€€€€ (Tel.: 2771582, camilson@hotmail.com, www.camilsons.com) zwei schöne Mittelklassealternativen ganz nah am Strand. Bei Ersterem gibt's auch *family rooms* für bis zu vier Personen.

●Noch einen Steinwurf nördlicher sind im **Baywatch** €€€-€€€€ (Tel.: 2771795) die geräumigen und hübsch möblierten Zelte mit Bad zumindest außerhalb der Hochsaison ihr Geld wert. Die teils klimatisierten Zimmer sind überteuert.

First Class und Luxus:

●Eine abgeschlossene Anlage nördlich der Beach Road ist das **Costa's Montage** €€€-€€€€€ (Tel.: 2770047, costas@satyam.net.in, www.costavin.com). Die einzige wirkliche Luxusherberge in Benaulim mit viel Rasenflächen und Blumen ist zwar hervorragend in Schuss, wirkt aber ein wenig tot. Auf einer sehr gepflegten Gartenanlage verteilt sind Apartments mit allem drum und dran, auch größere für Familien geeignet, zu recht hohem Preis, auch ein Pool ist vorhanden.

Westküste

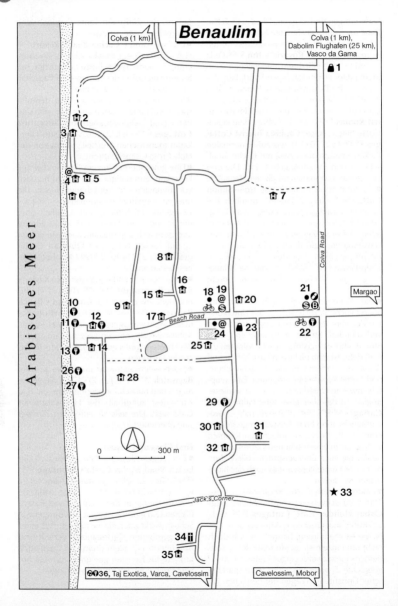

Benaulim

Colva (1 km)

Colva (1 km),
Dabolim Flughafen (25 km),
Vasco da Gama

Arabisches Meer

Colva Road

Margao

Jack's Corner

Cavelossim, Mobor

36, Taj Exotica, Varca, Cavelossim

0   300 m

🔒	1	Supermarkt
🏠	2	Baywatch
🏠	3	Xavier's Bar & Restaurant,
		Camilson Beach Resort
🏠	4	Furtado's Beach House,
@		Dominick's Travels & Internet
🏠	5	Quinson Cottages
🏠	6	Coco Huts
🏠	7	Simon Cottages
🏠	8	D'Souza Guest House
🏠	9	Costa Montage
❶	10	Coco's und Raj Mahal
		Restaurants
❶	11	Johncy's Restaurant
🏠	12	L'Amour Beach Resort,
❶		Pedro's Restaurant
❶	13	Restaurants Patrose und
		Seaview
🏠	14	O'Palmar
🏠	15	Lloyd's Tourist Rooms
🏠	16	Cafhina Tourist Cottages
🏠	17	Caroline Guest House
🚲	18	Fahrradverleih,
●		Meeting Point Travels
⊛	19	GK Tourist Centre,
@		sify-i-way
🏠	20	Classic Laundry
●	21	Maria Hall,
⊛		Bank of Baroda,
⊘		Apotheke,
⊛		Bushalt (Colva, Margao)
🚲	22	Fahrradverleih,
❶		Sheba Restaurant
🔒	23	Kadar Supermarkt
●	24	New Horizon Travels,
@		sify-i-way
🏠	25	Rosario's Inn
❶	26	Tito's Restaurant
❶	27	Dominic's Restaurant
🏠	28	Lotus Suites
❶	29	Malibou Restaurant
🏠	30	Palm Grove Cottages
🏠	31	Oshin Holiday Homes
🏠	32	Carina Beach Resort
★	33	Mathan Gallery
⛪	34	Holy Cross Chapel
🏠	35	Succorina Cottages
❶❶	36	Joecons Garden

Essen und Trinken

●Unter den vielen Strandrestaurants in Benaulim ist **Johncy's** seit Jahren wegen seines exzellenten Service, seiner Lage in unmittelbarer Nähe zur Straße und der umfangreichen Speisekarte der absolute Renner. Zudem kann man bis spät in die Nacht hinein das hier besonders gut schmeckende Bier bestellen, was schon so mancher teuer (nicht nur pekuniär) bezahlen musste.

●Großer Beliebtheit erfreut sich auch **Dominic** wegen seiner schmackhaften Fischgerichte. Leider wird das in den letzten Jahren recht groß gewordene Restaurant des sehr geschäftstüchtigen Inhabers mit Musik beschallt, was den schönen Meerblick etwas schmälert. Dienstags und donnerstags auch Live-Musik.

●Wer es etwas ruhiger mag, ist im weniger auffälligen und näher an der Strandstraße gelegenen **Tito's** besser aufgehoben, um den Sonnenuntergang zu genießen. Die Fischgerichte sind ebenso gut und etwas preiswerter. Auch das **Anthy Restaurant,** ebenfalls am Strand, ist für hervorragende Küche bekannt.

●**Pedro's Bar & Restaurant** war vor Jahren das erste in Benaulim eröffnete Lokal und gehört nach wie vor bei Touristen wie Einheimischen zu den beliebtesten, wobei vor allem die vorzüglichen Fischgerichte zu empfehlen sind.

●Köstliches Essen in einer äußerst friedvollen Atmosphäre offeriert das in einem hübschen Garten gelegene Restaurant der **Palm Grove Cottages.**

●Nur wenige Meter nördlich ist das **Malibou's** eine gemütliche Adresse nicht nur zum Frühstück.

●An der Kreuzung im Dorf steht mit dem **Kadar Supermarket** eine Adresse für Selbstversorger bereit, deren Preise von der Person, die jeweils an der Kasse sitzt, abzuhängen scheinen.

Nightlife

●Südlich Benaulims nicht weit vom Taj Exotica ist das **Joecons Garden** (Tel.: 9822102255, mobil, www.joeconsgarden.com) eine gelungene Mischung aus Restaurant, Bar und Disco. Nicht billig und erst ab 17 Uhr bis ca. 23.30 Uhr geöffnet.

Westküste

Sport und Unterhaltung

●Wie auch in anderen Strandorten Goas werden auch hier von vielen Anbietern **Bootsausflüge** angeboten, etwa zum Fischen aufs Meer oder als morgendliche Dolphin Cruise. Die lohnenswerte Tour startet um 8.30 Uhr, kostet meist 300 Rs und dauert eine gute Stunde. Auch **Schwimmen bei den Delphinen** (so sie es zulassen und nicht stiften gehen) ist möglich.

●**Fahrräder** (50 Rs), **Motorroller** (200 Rs) oder **Motorräder** (ca. 300 Rs in der Saison) können an vielen Stellen im Dorf ausgeliehen werden. Für lange Mietzeiten sollten discounts ausgehandelt werden.

Bank

Wie üblich tuscheln einem die überall entlang der zum Strand führenden Straße ansässigen Kashmir-Händler ein „you want to change money?" hinterher.

●Am schnellsten und effizientesten wird man im **L'Amour Beach Resort** oder im **Meeting Point Travel** bedient. Es werden Bares und Reiseschecks wie auch viele internationale Kreditkarten akzeptiert. **GK Travels** und **New Horizon** an der Kreuzung westlich von Maria Hall nehmen für Visa- und MasterCard 2 % Gebühr.

●Bei der Bank of Baroda gibt's einem **ATM** für die meisten international wichtigen Kreditkarten.

Internet

●Schnelle Breitbandverbindungen der **Sify-i-way-Kette** kosten 30 Rs/Std., einmal im GK Tourist Centre und, bis 24 Uhr geöffnet, hinter Meeting Point Travel. Strandnah ist das Internetcafé im **O'Palmar.**

●Auch am nördlichen Sernabatim Beach gibt's bei **Dominick's Travels** (Tel.: 2772867), einem Reisebüro, das auch Flug-, Bahn- (100 Rs Aufpreis) und Bustickets verkauft, ein Internetcafé (60 Rs/Std.).

Medizinische Versorgung

●Im Dorf ist **Dr. Edgar Bosco Vas** (Tel.: 9823238108, mobil) Allgemeinmediziner und Hals-, Nasen-, Ohrenarzt. **Dr. Midosha**

Vas (Tel.: 9823293400) ist für die Zähne zuständig.

●In schweren Fällen sei das **Apollo Victor Hospital** in Margao empfohlen.

An- und Weiterreise

●Wichtige **Bahnverbindungen** vom nahegelegenen Bahnhof Madgaon (Margao) sind im Anhang aufgeführt.

●**Busse** von und nach Margao, Colva und Cavelossim halten etwa alle halbe Stunde an der Kreuzung Maria-Hall-Kirche. Von hier sind es ca. 10 Minuten zu Fuß zum Strand. Für 15 Rs fährt eine **Riksha.**

●**Minibusse** fahren mittwochs zum Anjuna Fleemarket vom großen Platz in Colva, Genaueres siehe dort. Jeden Samstag existiert eine Busverbindung zu Ingo's Nightmarket bei Arpora zwischen Anjuna und Baga etwas landeinwärts, der zwischen 18 Uhr und 2 Uhr nachts stattfindet. Der Bus startet um 17.15 Uhr vor dem Baywatch nördlich von Benaulim. Preis pro Person inkl. Rückfahrt nach 4 Std. 200 Rs, Kontaktel.: 9822581353 (mobil). Ein **Taxi** verlangt für beide Fahrten inkl. Wartezeit etwa 800 Rs.

Südlich von Benaulim

Fast ausschließlich **Luxusunterkünfte** haben sich südlich von Benaulim Richtung **Varca** und darüber hinaus an den ganz ruhigen Bilderbuchstränden angesiedelt. Die in dieser Preisklasse übliche Luxusausstattung von mindestens einem Pool und gelegentlich auch einem **Golfplatz** schluckt natürlich enorme Mengen an kostbarem Wasser und Energie.

Unterkunft, Essen und Trinken

●Das erste Resort zwischen Benaulim und Varca ist das **Taj Exotica** €€€€€ (Tel.: 2771234, exotica.goa@tajhotels.com). Aller Luxus inkl. Golfplatz, Health Club und Ayurveda und mehrere Swimmingpools auf einer etliche Fußballfelder großen Anlage sind mehr als genug für Goa.

●Die aufgelockert gestaltete, neue Anlage des **Radisson White Sands Resort** €€€€€ (Tel.: 2727272, sales@radissongoa.com, www.ra disson.com) liegt nebenan und bietet neben dem üblichen dieser Preiskategorie auch ein Gravity Pool und eine Bowlingbahn. Hier können auch luxuriös ausgestattete, strandnahe Zelte mit AC bezogen werden, eine schöne Variante. Am Strand gibt's teures Paragliding und Jetski-Verleih.

●Etwas landeinwärts befindet sich **Michette Holiday Care** €€-€€€ (Tel.: 2745732, michetteholidaycare@rediffmail.com) in Salor südlich Varca in abgeschiedener Dorflage. Es vermietet neben sauberen Zimmern mit Bad auch zwei Apartments mit Kühlschrank. Einige recht gute Restaurants im Haus und in unmittelbarer Nähe, ca. 400 m zum Strand.

Noch weiter südlich am Ende dieses 27 km langen durchgängigen Strandes liegen **Cavelossim** und **Mobor** an der Südspitze. Auch hier finden sich vorwiegend Luxusherbergen an Stränden, die mit den typischen Strandrestaurants und Sonnenliegen und -schirmen verziert sind. Wie häufig bei diesen Hochpreisunterkünften halten sich die Touristen meist innerhalb ihrer Anlagen auf, sodass die malerischen Strände erstaunlich leer sind. In **Assolna** sind einige Kolonialvillen wie die gut erhaltene Casa dos Costa Martins zu bewundern.

Für Motorradfahrer ist die Strecke an der Küste – etwa von Colva oder Benaulim über **Betul** in den Süden Goas nach Palolem oder zum verlassen liegenden **Cabo da Rama** (schöne Ausblicke von dem ansonsten verfallenen Fort) – die eindeutig schönere Variante als auf dem National Highway 17.

Unterkunft, Essen und Trinken

●Das familiengeführte **Dona Sa Maria** €€-€€€ (Tel.: 2745290, donasamaria@ingoa.com, www.donasamaria.com) im ruhigen Dorf Tamborim nahe Varca ist eine der Ausnahmen in diesem Hochpreisgebiet. Leider trennen inzwischen vom Grün zurückeroberte, große Betonanlagen, die ehemals der indischen Luftwaffe zu Übungszwecken dienten,

das Hotel vom etwa 400 m entfernten Strand. Das Hotel mit hilfsbereiten Besitzern strahlt eine sehr gemütliche Atmosphäre aus: hübsche Zimmer, ein kleiner Pool und ein gutes Restaurant mit Fischgerichten und auch Steak. Inzwischen hat sich dieser Geheimtipp herumgesprochen, so ist Reservierung anzuraten. Es werden morgendliche Ausflüge zum lohnenswerten Bird Watching in die Umgebung angeboten.

●Eine sehr hübsche, billige Wohnmöglichkeit stellt das familiengeführte **Mariner's Inn** €€ (Tel.: 2745732) dar, makellose Zimmer und kleine Apartments mit Küchenecke für Selbstversorger sind ein guter Deal.

●Eine der weniger teuren Unterkünfte in Mobor ist das **Gattino's Guest House** €€€ (Tel.: 2871441). Das blitzsaubere, kleine Hotel bietet einen klasse Gegenwert. Schöne Zimmer mit Blick auf die nahe Flussmündung; ein Restaurant ist angeschlossen.

●Das recht neue **Sao Domingo Guest House** €€€ (Tel.: 2871649, 9822168432, mobil, www.saodomingogoa.com) ist nahezu preisgleich und mit seinen schön möblierten, großen Balkonzimmern ebenfalls sein Geld wert.

●Die 4-Sterne-Anlage des **Holiday Inn** €€€€€ (Tel.: 2871303, www.holidayinngoa.com) ist strandnah und bildet mit Tennisplatz, mehreren Restaurants und Pools den unteren Preis- und Luxusstandard der teuren Preisklasse.

●Eines der luxuriösesten Resorts Goas und schon bei den billigen Zimmern etwa doppelt so teuer wie das vorgenannte ist das nebenan gelegene **Leela Palace** €€€€€ (Tel.: 2871234, www.leelapalace.com), eine auf riesiger Fläche erbaute Anlage mit 7 Restaurants, Riesenpool, Casino und Golfplatz – eindeutige Anzeichen von Maßlosigkeit.

An- und Weiterreise

Die meisten Touristen in diesem Gebiet werden mit Motorrad oder Motorroller unterwegs sein, zumal die Anbindung mit öffentlichen Verkehrsmitteln eher schlecht ist.

●Einige **Taxipreise:** Dabolim-Flughafen: 600 Rs, Panaji 850 Rs, Benaulim 300 Rs, Dudhsagar-Wasserfälle 1.450 Rs (hin und zurück mit Wartezeit).

Westküste

●Eine **Fähre** verbindet Cavelossim mit Assolna auf der Ostseite der breiten Mündung des Sal-Flusses. Die über eine schmale Straße am Kirchplatz hinein durch Reisfelder zu erreichende Fähre verkehrt alle 20 Minuten, die letzte von Cavelossim um 20.30 Uhr, die letzte von Assolna um 20.40 Uhr.

Highlight:
Palolem

Das ist er also, der ultimative **Südsee-Traum** von Goa. Der sichelförmige, etwa zwei Kilometer lange, von zwei bewaldeten Landzungen, zum Hinterland von sich im Wind wiegenden Palmenhainen begrenzte, schneeweiße Strand würde jedem Hochglanzprospekt alle Ehre machen. Lange blieb das Idyll aufgrund seiner versteckten Lage im äußersten Süden Goas vom Tourismus unentdeckt. Die Einwohner lebten hauptsächlich vom Fischfang und von Tätigkeiten, die sich um die Herstellung und den Vertrieb von Kokos-Feni (Schnaps aus Palmwein) drehen. Eigentlich erstaunlich, dass es bis Anfang der 1990er Jahre dauerte, ehe die ersten Westler den Weg hierher fanden.

Was folgte, ist die immer wieder gleiche Geschichte von der Zerstörung gewachsener Dorfstrukturen durch den Ansturm des internationalen Tourismus – sagen viele, die Palolem vor der Erschließung kennen. Jene, die das erste Mal kommen, sind immer noch verzaubert von der landschaftlichen Schönheit, dem Charme, der Ruhe – es ist eben alles eine Frage des Standpunkts und der Erwartungen. Zweifellos gehört Palolem für all jene, die sich mit einfachen Unterkünften zufrieden geben und dafür Ruhe und Erholung vorziehen, zu den schönsten Orten Goas. Man mag darüber streiten, wie lange es angesichts des traumhaften Strandes dauern wird, bis die ersten Bulldozer anrollen, um Platz zu schaffen für protzige Hotelanlagen. Tatsache ist, dass Palolem mit seinen eher bescheidenen Unterkünften, der relaxten Atmosphäre und den freundlichen Einwohnern an die längst vergangenen Zeiten Anjunas und Cavelangutes vor 20 Jahren erinnert. Man sollte es nutzen, bevor es zu spät ist.

Unterkunft

In den Anfangsjahren des Tourismus waren es ähnlich wie ehemals in Anjuna und Vagator fast ausschließlich einfache Zimmer in den Häusern der Fischerfamilien, die als Unterkunftsmöglichkeiten zur Verfügung standen. Mit dem rapiden Anstieg der Besucherzahlen sind in den letzten Jahren über 20 einfache **Bambushütten** auf Stelzen entstanden, die aus nicht viel mehr als ein oder zwei Bettgestellen und einer Bastmatte als Boden bestehen. Alle wurden in dem unmittelbar an den Strand angrenzenden Kokospalmenhain erbaut. Unterschiede zwischen den einzelnen Hütten sind kaum auszumachen, sie kosten um 250 Rs pro Nacht in der Hauptsaison. Eine detaillierte Erläuterung erübrigt sich also. Die gelungensten Unterkünfte finden sich an den beiden Strandenden sowie etwas zurückversetzt vom Strand. Wer länger als eine Woche bleibt, kann meist einen *discount* von bis zu 30 % heraushandeln.

●Mehr Komfort als üblich haben die großen Bambushütten mit Balkon von **Fernandes Huts** €€ (Tel.: 2643743) mit Restaurant mit Liegepolstern unmittelbar am Strand. Noch etwas mehr Komfort bieten die Hütten mit Bad und Terrasse des **Alessandro Resort** €€-€€€ (Tel.: 2644312, alessandra_resort@walla.com) fast nebenan, für die auch tiefer in die Tasche gegriffen werden muss. Auch hier gibt's ein Strandrestaurant.

●Ebenfalls überdurchschnittlich sind die teils auf Stelzen, teils ebenerdig gebauten Hütten von **Dream Catcher** €€-€€€ (Tel.: 2644873, lalalandjackie7@yahoo.com). Die einfacheren sind mit sauberem Gemeinschaftsbad, die teuren und großen mit Terrasse mit eigenem Bad ausgestattet. Alles in gelungener Umgebung unter Palmen am Nordende des Strandes mit Restaurant und Bar. Hier werden auch Yoga und Massage angeboten. Sehr begehrt, also vorbestellen.

●Abgeschieden hinter einer Meereszunge hinter dem nördlichen Strandende gelegen und bei Flut nur mittels eines Zugboots zu erreichen, ist das ruhige **Ordo Sounsar** €€ (Tel.:

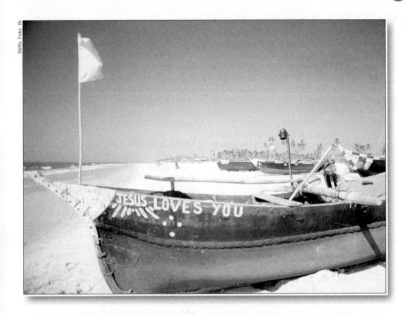

069ls Foto: tb

9822488769, mobil, ordosounsar@rediffmail. com) mit großen Bambushütten in schöner Anlage, einen flachen Hang hinauf gebaut. Ein schönes Freiluftrestaurant/Bar ist ebenfalls vorhanden – eine tolle Wohnstätte.

● Mit seinen auf Stelzen erbauten Bambushütten macht das **Coco Huts** €-€€ (Tel.: 2643104) einen sehr einnehmenden Eindruck. Positiv ist auch die Lage in einem lichten Kokospalmenhain am relativ ruhigen nördlichen Ende des Strandes. Allerdings befinden sich in einem Stelzenbau zwei Wohneinheiten, die nur durch eine dünne Rattanwand voneinander getrennt sind; dementsprechend hellhörig sind sie. Zudem stehen nur Gemeinschaftsbäder zur Verfügung.

● Wem eine Strandentfernung von 500 bis 800 m nichts ausmachen, der findet südlich hinter dem Strand drei empfehlenswerte Unterkünfte in ruhiger Lage: das von einem Deutsch-Inder geleitete, komfortable **Paradias Apartments** €€-€€€ (Tel.: 2644049, fish curryrice@web.de, www.urlaub-in-goa.de). Die nette Atmosphäre des **Maria Guest**

House €-€€ (Tel.: 2643732, mariaguesthouse @yahoo.com) mit Dachterrasse wiegt die spartanischen Zimmer, einige mit Balkon, wieder auf. Es gibt's ein Internetcafé. Zudem isst man nirgends so köstliche einheimische Gerichte wie hier. Zu guter Letzt das **Palolem Guest House** €€-€€€ (Tel.: 2644880, palolem guesthouse@hotmail.com). Komfortable Zimmer mit sauberem Bad und Balkon zum grünen Garten und Hütten im Garten mit Gemeinschaftsbad. Außerdem gibt's in jedem Raum einen kleinen Safe und im Garten ein gutes Restaurant, ein Pool ist geplant.

● Ebenfalls etwas zurück vom Strand und südlich Palolems bei Colom ist auch das **Oceanic Hotel** €€€-€€€€ (Tel.: 2643059, info@ho tel-oceanic.com, www.hotel-oceanic.com) eine gute Alternative zu den Strandbehausungen. Ansprechende, hübsch eingerichtete Zimmer, ein gutes Restaurant und ein Swimmingpool an einer Holzterrasse sind empfehlenswert.

● Etwas abseits, aber dafür ruhig wohnt man in den spartanischen, billigen Räumen des

Westküste

dreistöckigen **D'Mello Rest House** €-€€ (Tel.: 2643439, 2643057), etwas zurückversetzt von der Pundalik Gaitondi Rd. Ein Teil der Zimmer verfügt über ein angeschlossenes Bad und Balkon; die in den oberen Stockwerken sind deutlich angenehmer als die dunklen, modrigen im Erdgeschoss dieser Billigwahl. Qualitativ besser und nur etwas teurer sind die ordentlichen Zimmer mit Bad des ebenfalls ruhigen **Pritham's Cottage** €€ (Tel.: 2643320) ganz in der Nähe. Der erste Stock ist zu bevorzugen. Wer Wert auf TV legt, sollte sich im ordentlichen, aber nicht ganz ruhigen **Devrai Cottages** €€ (Tel.: 2643012) an der Hauptstraße ganz in der Nähe einquartieren.

●Das **Palolem Beach Resort** €€-€€€ (Tel.: 2643054, sunila@goatelecom.com) war die erste Strandunterkunft in Palolem und ist während der Hauptsaison immer gerammelt voll. Der ummauerte Komplex besteht aus einer Vielzahl von Zelten mit Standventilator, Beleuchtung und Schließfach sowie zehn kleinen, teils klimatisierten Zimmern mit eigenem Bad, die teureren mit Fernseher, sowie einem angeschlossenen Restaurant (überteuert und eher mittelmäßig) mit Bar. Die Inhaber machen einen bemühten Eindruck, doch die Enge und Hektik wirken störend.

●Eine der schönsten Unterkünfte von Palolem ist das **Bhakti Kutir** €€€-€€€€ (Tel.: 2643469/ 72, bhaktikutir@yahoo.com). Zu erreichen sind die komfortabel mit antiken Möbeln eingerichteten und individuell (keine gleicht der anderen) gestalteten Hütten in pflanzenstrotzendem Garten über einen etwa 10-minütigen Fußweg, der vom südlichen Strandende zum kleinen Fischerdorf Colom führt und über eine Straße nach Colom. Die herrliche Lage oberhalb der felsigen Landzunge, das hervorragende deutsch-goanische Management und die angenehme Atmosphäre sowie das ausgezeichnete Restaurant sind den für Palolem hohen Preis wert.

●Das daneben gelegene **Bridge & Tunnel** €€-€€€€ (Tel.: 2643262, shoumirsh@rediff mail.com) hat keine so schöne Gartenanlage und Hütten, ist aber um einiges billiger und sicher eine gute Ausweichmöglichkeit. Die teuren Hütten sind für bis zu 4 Personen bewohnbar.

●Das **Sevas Resort** €€€ (Tel.: 9326117674, se vasmicho@yahoo.com) liegt günstig bereits auf der anderen Seite des Felsenhügels. Von hier ist leicht auch der etwa 500 m lange, sehr viel leerere Patnem Beach zu erreichen. Komfortable, individuell gestaltete Kleinbungalows unter Palmen mit Restaurant, eine gelungene Anlage.

Essen und Trinken

●Nicht nur, weil die meisten zu faul sind, sich weiter am Strand zu einem der anderen Restaurants zu bewegen, ist das Strandrestaurant **Goyan & Goyan Droopadi** abends immer bis zum letzten Platz gefüllt. Allerdings ist auch das Essen hervorragend. Die meist indisch nach Mughlai- oder Tandoori-Art gegarten Fischgerichte sind köstlich und kosten um 150–200 Rs pro Hauptgericht.

●Ein äußerst beliebtes Frühstücksrestaurant ist das **Brown Bread** an der Hauptstraße. Selbstgebackenes, dunkles Brot, riesige Müslis, Croissants, Kuchen und frische Säfte ziehen westliche Touristen magisch an.

●**Magic Italian** wird von vielen als das beste italienische Restaurant Goas angesehen. Entsprechend gut gefüllt ist es die meiste Zeit. Die Pizzas, Ravioli, Tagliatelle etc. sind ein Muss für Freunde dieser Küche.

●Ein angenehmer Ort, nicht nur zum Frühstücken, ist das **Cesa Fiesta** mit vielseitiger Speisekarte in gelungenem Garten und zu fairen Preisen. Der gute Service und viele mexikanische Gerichte sind verlockend.

●Wirklich ausgezeichnet ist das gediegene **Classic** an der Straße zu den CocoHuts. Hier gibt's eine unwiderstehliche Auswahl an köstlichen goanischen Hauptgerichten, superleckeren Kuchen und gutem Kaffee.

●Auch **Hotel Jackson** an der Hauptstraße serviert hervorragende Fischgerichte und und ist trotz weniger ansprechender Lage gut besucht – ein gutes Zeichen.

●The **Cheeky Chapati** an der Hauptstraße kredenzt als eines von wenigen Lokalen neben Fischgerichten und Burgern auch noch eine große Auswahl an indischen Gerichten.

●Ausschließlich indische Küche zu kleinem Preis gibt's im **Hira Restaurant,** auch an der

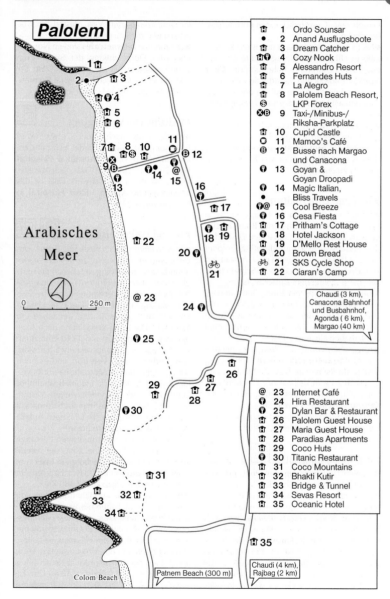

Palolem

🏠	1	Ordo Sounsar
●	2	Anand Ausflugsboote
🏠	3	Dream Catcher
🏠🍴	4	Cozy Nook
🏠	5	Alessandro Resort
🏠	6	Fernandes Huts
🏠	7	La Alegro
🏠	8	Palolem Beach Resort,
💲		LKP Forex
✖🚌	9	Taxi-/Minibus-/
		Riksha-Parkplatz
🏠	10	Cupid Castle
○	11	Mamoo's Café
🚌	12	Busse nach Margao
		und Canacona
🍴	13	Goyan &
		Goyan Droopadi
🍴	14	Magic Italian,
●		Bliss Travels
🍴@	15	Cool Breeze
🍴	16	Cesa Fiesta
🏠	17	Pritham's Cottage
🍴	18	Hotel Jackson
🏠	19	D'Mello Rest House
🍴	20	Brown Bread
🚲	21	SKS Cycle Shop
🏠	22	Ciaran's Camp

Chaudi (3 km),
Canacona Bahnhof
und Busbahnhof,
Agonda (6 km),
Margao (40 km)

Arabisches
Meer

0 _____ 250 m

Westküste

@	23	Internet Café
🍴	24	Hira Restaurant
🍴	25	Dylan Bar & Restaurant
🏠	26	Palolem Guest House
🏠	27	Maria Guest House
🏠	28	Paradias Apartments
🏠	29	Coco Huts
🍴	30	Titanic Restaurant
🏠	31	Coco Mountains
🏠	32	Bhakti Kutir
🏠	33	Bridge & Tunnel
🏠	34	Sevas Resort
🏠	35	Oceanic Hotel

Chaudi (4 km),
Rajbag (2 km)

Patnem Beach (300 m)

Colom Beach

Hauptstraße. Gewöhnlich essen dort nur Einheimische.

●Nicht nur als Unterkunft, auch die Restaurants des **Bhakti Kutir** (ausgesuchte Zutaten, guter Service in grüner Ruhe) und des **Cozy Nook** am nördlichen Strandende mit goanischer und nordindischer Küche und köstlich zubereiteten Fischgerichten sind empfehlenswert.

●Ausgezeichnete einheimische Speisen zu günstigen Preisen in angenehmer Atmosphäre bietet das **Sun 'n' Moon**. Kein Wunder, dass es speziell abends schwer ist, einen freien Platz zu ergattern.

Sport und Unterhaltung

●Überall am Strand und in Restaurants wird man angesprochen, einen der **Bootsausflüge** vom Strand aus mitzumachen. Es werden der lohnenswerte Standardausflug Dolphin Watch (300 Rs, *no see – no pay*), Ausfahrten zum Fischen mit Barbecue oder Schnorcheln, zur nahe gelegenen Butterfly Island, zur Monkey Island und ein Sunset Trip offeriert. Am nördlichen Strandende wartet Anand (Tel.: 2643365) den ganzen Tag auf Kundschaft (meist zu kleineren Preisen). Seine Boote haben ein Sonnendach.

●Abgesehen von den vielerorts zu mietenden **Motorrädern und -rollern** (300 Rs/Tag und 1.500 Rs/Woche bzw. 200 Rs/Tag und 1.000/Woche in der Saison, Discounts für Langzeitmieter), ist der einzig verbliebene **Fahrradverleih** SKS Cycle Shop (7–21 Uhr, 5 Rs/Std., 60 Rs/24 Std.) mit recht guter Ausrüstung an der Hauptstraße zu finden.

Post, Bank, Internet

●Palolem hat kein eigenes **Postamt,** das nächstgelegene ist in Chaudi.

●Abgesehen von vielen privaten Geldwechslern (meist Travel Agencies), die nur zu schlechten Kursen tauschen und gelegentlich Kreditkarten akzeptieren, gibt es in Palolem bei **Thomas Cook Forex** (Mo–Sa 9.30–18.30 Uhr, Mittagspause 13–15 Uhr) am Eingang des Palolem Beach Resort nur eine offizielle Möglichkeit, zu akzeptablen Raten Geld und Reiseschecks zu wechseln oder

Geld auf Kreditkarten (Visa, MasterCard, Maestro und Cirrus) zu erhalten.

●Die meisten **Internetcafés** sind im Nordbereich des Dorfs entlang der Straße zum Strand zu finden. Alle nehmen 40 Rs/Std. Direkt am Strand lässt sich bei Digital Communications rund um die Uhr surfen.

Medizinische Versorgung

●An der Straße nach Agonda, etwa 500 m hinter der Abzweigung, findet sich mit dem kleinen und privaten **Dhavalikar Hospital** (Tel.: 2643147, 26443910) das nächstgelegene Krankenhaus. Für schwere Fälle ist das hervorragende **Apollo Victor Hospital** in Margao vorzuziehen.

An- und Weiterreise

●Täglich fahren etwa halbstündig **Busse** vom Ortszentrum in Palolem an der Kurve der Strandstraße nach Margao (und umgekehrt) über den 4 km entfernten Canacona-Busbahnhof (einige fahren vorher noch über Patnem, Rajbag und Chaudi). Der erste verlässt Palolem dort um 6.30 Uhr, der letzte um 17.15 Uhr. Die letzte Verbindung nach Margao von Canacona ist um 19.10 Uhr. Auch von Margao nach Canacona etwa halbstündige Verbindungen. Von dort sind es noch 4 km, für die mit der Motorriksha 40 Rs verlangt werden. Vom Canacona-Busbahnhof kurz vor Chaudi gibt's viele weitere Verbindungen innerhalb Goas und nach Karnataka (z.B. nach Gokarna um 14 Uhr, nach Ankola und Karwar auch spätere Busse).

●Schließt man sich mit mehreren Personen zusammen, macht es Sinn, eines der von diversen Unterkünften angebotenen **Taxis** zum Flughafen Dabolim für 700 Rs zu mieten. Ein Taxi von/nach Margao kostet 480 Rs.

●**Bahn:** Am Canacona-Bahnhof, 3 km von Palolem entfernt, halten nur wenige für Touristen interessante Züge. Das Reservierungsbüro (tgl. 10–12 und 15–17 Uhr) verkauft nur Fahrkarten für Züge, die in Canacona halten. Wichtig dürfte der 6345 Netravati Exp. (Abf. 23.08 Uhr) nach Trivandrum in Kerala (über Calicut, an 9.15 Uhr, Thrissur, 12.40 Uhr, Ernakulam, 14.20 Uhr) sein. In der anderen

Richtung nach Mumbai Lokmanyak Tilak Zug 6346, Abf. 5 Uhr (über Madgaon und Ratnagiri, an 9.50 Uhr). Als Nachtzug nach Mumbai Lokmanyak Tilak bietet sich der 2620 Matsyagandha Exp. an, Abf. 19.25 Uhr. Für andere Tickets und Zugverbindungen muss man sich nach Margao begeben oder ein Reisebüro bemühen.

Strände südlich von Palolem

Der dem Palolem Beach südlich nächstfolgende Strand **Colomb Beach** ist kaum als solcher zu bezeichnen. Eigentlich ist es nur die Verbindungsbucht zum darauf folgenden, noch recht leeren, ursprünglicheren Bogen des **Patnem Beach,** einem echten Tipp, ist doch der Palolem Beach inzwischen reichlich zugebaut mit Restaurants und Unterkünften.

Unterkunft, Essen und Trinken

●Etwas Anspruchsvolleren genügen die **Parvati Huts** €-€€ (Tel.: 9822189913, mobil, di neshin1@yahoo.com), deren ebenerdige Rundhütten mit Bad und Moskitonetz leicht über dem sonst üblichen Standard für diese Art Behausungen liegen. Auch badlose, billigere Hütten sind zu haben.

●Das sehr gelungene **Home** €€€ (Tel.: 2643916, homeispatnem@yahoo.com), von einer Schweizerin geleitet und die meiste Zeit des Tages mit „cooler Muzak" beschallt, wartet mit recht komfortablen Zimmern unter Bäumen zu höherem Preis und einem guten Restaurant auf. Hängematten und Liegepolster laden zum Entspannen ein.

●Beim **Om Shanti Retreat** € (Tel. 9822164643, mobil) gibt's außer einigen Hütten mit Gemeinschaftsbad und einem Strandrestaurant Mo und Fr auch Live-Musik am Abend im vegetarischen Strandrestaurant, hauptsächlich italienische Küche und Salate.

Eine Klippe weiter schließt sich der komplett von dem riesigen Luxusresort International The Grand eingenommene **Rajbag Beach** an. Die mit allem Luxus, der sich denken

lässt, den man aber für Goa nicht unbedingt wünschen sollte (etwa einem 18-Loch-Golfplatz), ausgestattete Herberge ist selten auch nur annähernd belegt, was den Vorteil hat, dass der vorgelagerte Strand fast immer nahezu menschenleer ist.

Um an den folgenden, völlig einsamen **Talpona-Beach** zu gelangen, muss man sich für ein paar Rupien zunächst von einem an den Ufern des Talpona-Flusses hockenden Fischer übersetzen lassen, der die beiden Strände trennt. Dort gibt's noch keine Behausung für Touristen. Noch weiter südlich, 16 km von Chaudi entfernt, ist der völlig abgelegene **Galijbag-Strand** ab November die Brutstätte von seltenen Schildkröten, die heutzutage unter strengem Schutz stehen. Auch dieser Strand kann auf längerem Fußmarsch, mit dem Bus von Canacona (der letzte um 15.30 Uhr) oder über den National Highway 17, 2 km entfernt, erreicht werden. Außer einem Café im Dorf Galijbag gibt's hier keine touristische Infrastruktur. Der südlichste Strand Goas bei **Polem** ist bisher noch kaum vom Tourismus erschlossen – sicher nicht mehr lange.

Der besondere Tipp:
Agonda

Agonda, 7 km nördlich von Palolem, steht touristisch gerade am Beginn seiner Erschließung. Bis vor kurzem noch ein absoluter Geheimtipp, gibt es auch heute noch kein Hinweisschild an der Abzweigung der Verbindungsstraße zwischen Palolem und Cabo da Rama, das auf das von dort etwa 1,5 km entfernte Agonda hinweist. Ein noch nahezu unberührter, gut 2 km langer **Bilderbuchstrand,** etwa 25 Unterkünfte und einige Restaurants stellen die touristische Infrastruktur dieses Kleinods dar. Man sollte jedoch beim Baden die nicht ungefährliche Unterströmung beachten.

Agonda war Anfang der 1980er Jahre von Investoren aus Delhi auserkoren, mit einem 5-Sterne-Hotelkomplex inkl. Golfplatz ver-

Westküste

schandelt zu werden, was aber von den Dorfbewohnern nach Beginn der Bauarbeiten (deren Reste heute verfallen) mit massiven Drohungen vereitelt werden konnte. Heute steht Agonda wohl vor einer weiteren Welle von Bautätigkeit, zwar in kleinerem Maßstab, aber in größerem Umfang. So könnte es mit der idyllischen Ruhe, die hier noch zu finden ist, bald vorbei sein, zumal Palolem inzwischen sehr angesagt ist. Ausweichmöglichkeiten werden in Goa immer gesucht, man sollte also die Gunst der Stunde nutzen, bevor es zu spät ist.

Unterkunft, Essen und Trinken

Während der Strandbereich südlich des Dorfs unberührt, aber auch etwas kahl wirkt, da nur wenige Bäume vorhanden sind, ist er nördlich fast als bewaldet zu bezeichnen. Die Unterkunftsbeschreibung verläuft von Süd nach Nord.

● Am noch sehr abgeschieden wirkenden Südbereich des Strandes finden sich drei empfehlenswerte Unterkünfte, einmal das **Eldfra Beach Guest House** €€ (Tel.: 2647378) mit einfachen Zimmern mit Bad in abgeschiedener Lage und familiärer Atmosphäre. Ganz strandnah bietet das **Caferns** €€ (Tel.: 2644267) saubere Zimmer mit Bad, recht abgeschieden gelegen. Auch das am und auf dem Felsen im Süden gebaute **Sun Set Bar** €-€€ (Tel.: 2647796) ist empfehlenswert, besonders der Ausblick vom Restaurant. 200 m zum Strand.

● Das **Sea Rock** €-€€ (Tel.: 2647367) direkt am Strand hat einfache Bambushütten auf Stelzen (Gemeinschaftsbad), zwei gemauerte Zimmer mit Bad und ein einfaches Strandrestaurant im Angebot.

● Sehr geschmackvoll am zurückliegenden Hang gebaut, ist das nagelneue **Palm Beach Lifestyle Resort** €€€ (Tel.: 2647783, 9422450380, mobil, palmbeachallan@san charnet.in). Aufgrund der traditionellen Bauweise sich nicht aufheizende Einzelbungalows mit Terrassen, komfortablem Bad und Moskitonetzen. 150 m zum Strand, ein Freiluftrestaurant ist angeschlossen, ein Internetcafé ist geplant.

● Einen hervorragenden Gegenwert bietet auch das **Fatima Guest House** €€ (Tel.: 2647477) im Dorfzentrum, etwa 200 m zum Strand, mit sehr komfortablen Zimmern mit klasse Bad.

● Das **Simrose** €-€€ (Tel.: 2647259) im Dorfzentrum hat außer den Bambushütten mit Supermeerblick ganz neue Zimmer mit Bad und ein Restaurant in familiärer Atmosphäre.

● Nahe der Kirche sind die Stelzenhütten unter Palmen des **Tito's Guest House** € (Tel.: 2647274) eine hervorragende Billigwahl.

● Schon als alteingesessen zu bezeichnen ist das leicht verwohnte, aber durch seine unmittelbare Strandlage und den hübschen, baumbestandenen Garten empfehlenswerte **Forget Me Not** €-€€ (Tel.: 2647611). Zimmer mit Bad sowie Stelzenhütten.

● Ganz neu sind die von einem deutsch-indischen Ehepaar geführten, sehr geräumigen Rundhütten des **White Sand** €€ (Tel.: 2647831, whitesandbb@yahoo.co.in), alle mit Küchennische zur Selbstversorgung. Unter Bäumen direkt am Strand gelegen – eine klasse Anlage.

● Ebenfalls neu ist das **Abba's Gloryland** €€-€€€ (Tel.: 2647822) nur wenig nördlicher. Die durch ihre Bauweise immer angenehm kühlen Zimmer mit Bad sind geräumig.

Post, Internet

● Agonda hat kein eigenes **Postamt**. Das nächstgelegene ist in Chaudi.

● Zur Recherchezeit gab es nur ein langsames **Internetcafé** im Dorfzentrum bei der Jasmine Video Library. Ein weiteres war im Palm Beach Lifestyle Resort geplant und dürfte zur Saison 2006 bereitstehen.

An- und Weiterreise

● Wer nicht, wie sicherlich die meisten, per gemietetem Motorrad nach Agonda gelangt, fährt mit dem etwa stündlich (der letzte schon um 15.30 Uhr, So nur ein Bus um 14.30 Uhr) nahe der St. Anne's Church abfahrenden **Bus** bis zum Canacona-Busbahnhof kurz vor Chaudi. Der letzte von Canacona fährt um 18.15 Uhr. An der Hauptstraße zwischen Palolem und Cabo da Rama, etwa 1,5 km vom Dorf entfernt, verkehren regelmäßig weitere Busse nach Canacona und Margao.

● **Taxis und Rikshas** sind nur vereinzelt anzutreffen, was sich aber mit der zunehmenden touristischen Bedeutung Agondas in Kürze ändern dürfte. Für ein Taxi zum Canacona-Busbahnhof und auch nach Palolem sind etwa 100 Rs zu zahlen. Per Riksha kostet es etwa ein Drittel weniger.

Anreise

Wer nicht mit dem **eigenen Gefährt** anreist (die einfachste Methode, da man es im Park sowieso benötigt), kann in einen der **Busse** auf dem NH 14 von Chaudi (Canacona-Busbahnhof) Richtung Karwar in Karnataka steigen. Sie passieren knapp 3 km vom Parkeingang entfernt (vorher dem Schaffner bescheid sagen). Von dort zu Fuß oder per **Taxi/Riksha** weiter.

Cotigao Wildlife Sanctuary

Das 1969 eröffnete, 105 km² große Cotigao Wildlife Sanctuary an der Grenze zu Karnataka beherbergt Sambarhirsche, Gazellen, den Gaur (der indische Bison), Wildschweine, Affen, Schlangen und viele Vogelarten. Selten werden Bären, Panther, Hyänen und Stachelschweine gesichtet. Ein Ausflug vom nur 12 km entfernten Palolem ist eine schöne Abwechslung vom Strandleben. Die beste Besuchszeit ist zwischen Oktober und März, also die Hauptreisezeit, am besten morgens. Von den drei Aussichtstürmen im Park ist die Beobachtung der Tiere nur schwer möglich.

Für die Besichtigung des Parks ist eine motorisierte Fahrgelegenheit notwendig. Verpflegung sollte man selbst mitbringen. Im Park gibt es nur eine Einkaufsmöglichkeit, etwa 2 km vom Eingang einen nicht immer geöffneten Laden im ersten Dorf.

● **Öffnungszeiten:** 7–17.30 Uhr, der Eintritt beträgt 5 Rs pro Person, ein Auto kostet 50 Rs, ein Motorrad 10 Rs, Kamera/Video 25/100 Rs.

Unterkunft

● Einfache Hütten an einem kleinen Fluss unter Palmen werden bei **Pepper Valley** €€ (Tel.: 2642370) auf einer Gewürzplantage vermietet, etwa einen halben Kilometer vom Cotigao Interpretative Centre entfernt.

● Am Parkeingang gibt's einen einfachen **Cottage.** Für Reservierungen bitte die Telefonnummer des Department of Forestry kontaktieren: 2229701.

Westküste

Anhang

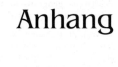

Neugieriges Fortbewegungsmittel

Rückwärtiger Eingang zum Palast
der Winde in Jaipur

Tanzveranstaltung während der
Pushkar Mela

Glossar

Zusätzliche **geografische Begriffe** finden sich im Kapitel „Geografie".

Adivasi: Bezeichnung für die heute ca. 60 Mio. Ureinwohner Indiens, die z.T. noch in Stammesgemeinschaften leben, trotz staatlicher Fördermaßnahmen zu den unterprivilegierten Schichten der Gesellschaft gehörend

Alu Dum: Kartoffel-Curry

Amalaka: rad- oder scheibenförmiger Stein mit seitlichen Rippen, der den ⇨*shikhara* nordindischer Tempel bekrönt

Apsaras: himmlische Nymphen, die häufig als Tempelausschmückung verwandt werden

Ashram: religiös fundierte Lebensgemeinschaft, in der eine als heilig verehrte Persönlichkeit ihre Schüler unterrichtet

Antarala: Raum zwischen Sanktuarium und Mandapa

Ardha-mandapa: kleiner Pfeilersaal vor dem ⇨*mandapa*, der die Vorhalle eines Tempels bildet

Arya: Arier, indo-europäisches Volk, das im zweiten vorchristlichen Jahrtausend in Nordindien einwanderte

Atman: individuelle Seele, Urprinzip des Universums, steht im Gegensatz zum ⇨*Brahman*

Ayurveda: wörtl. „Wissenschaft vom langen Leben"; indische Medizin, eine alte Heilkunde, die sich nur pflanzlicher und mineralischer Produkte bedient. Besonders bei der Landbevölkerung beliebt, da die Medikamente äußerst billig sind.

Baba: ehrende Anrede, die in in Hindi soviel wie „Väterchen" bedeutet und vor allem gegenüber Amtspersonen, Älteren und Fremden verwandt wird

Bada: Sockel des ⇨*shikhara* eines Tempels

Bagh: Park

Baithak: Empfangsraum in einem ⇨*Haveli*

Bakshish: Trinkgeld, Almosen

Beedi: dünne Zigarette, die aus einem zusammengerollten und getrockneten Blatt eines Strauches besteht, mit einer Füllung aus kleingehacktem Tabak im Inneren

Betel: Kaumixtur, die aus dem Blatt des Betelbaumes, dem kleingehackten Samen der Areka-Palme, einer Kalkpaste aus Kalkstein und Muscheln sowie Gewürzen und anderen Zutaten besteht. Der beim Kauen entstehende tiefrote Saft verfärbt Zähne und Mund und hinterlässt die überall in Indien zu „bewundernden" Spuckflecken auf Gehwegen und Häuserwänden.

Bhagavadgita: wörtl. „Das göttliche Lied"; religiöses Lehrbuch, welches in das Mahabharata-Epos eingefügt ist. Held dieses wichtigsten Lehrbuches des Hinduismus ist ⇨*Krishna*, der in einem langen Monolog gegenüber seinem Schüler *Arjuna* die zentrale Lehre vertritt, dass jeder Mensch genau dort seine Pflicht zu erfüllen habe, wo ihn das Schicksal, welches er selbst durch seine Taten im vorherigen Leben bestimmt hat, hingestellt hat. Damit war die theoretische Grundlage des Kastensystems gelegt.

Bhakti: Gottesliebe, vertrauensvolle Hingabe an die Erlösergabe eines Gottes, Erlösungsweg der ⇨*Bhagavadgita*

Bhawan: Haus, Palast

Bhoga mandir: für die Darbietung von Opfergaben bestimmter Saal vor einem Heiligtum im ⇨*Nagara*-Stil

Bodhi-Baum: der Pipal-Baum, unter dem der Fürstensohn *Siddharta Gautama* im 6. Jh. v. Chr. nach siebentägiger Meditation in Bodhgaya in seinem heutigen Bihar zum ⇨*Buddha* (Erleuchteten) wurde und der deshalb in allen buddhistischen Ländern religiöse Verehrung genießt

Bowry, Baori: Brunnen

Brahma: eine der drei Hauptgottheiten des Hinduismus

Brahman: bezeichnet im ⇨*Vedismus* das Gebet, später die Weltseele, das höchste Prinzip; aus dem Gegensatz zu ⇨*atman* entsteht der philosophische Diskurs.

Brahmane: Mitglied der höchsten hinduistischen Kaste; der für die Ausführung der Rituale und die Darbietung der Opfer zuständige Priester

Buddha: der „Erleuchtete", Beiname des *Siddharta Gautama*, der in der zweiten Hälfte des 6. Jahrhunderts v. Chr. die buddhistische Lehre verkündete

Burj: Turm

Caitya: buddhistischer Betsaal mit Apsis

Cakra: wörtl. „Scheibe, Rad". In der hinduistischen Mythologie Symbol für die göttliche Weltordnung (⇨*Dharma*), deren Hüter ⇨*Vish-*

nu ist. Dementsprechend ist das *cakra* auch eines seiner Attribute.

Calukya: mittelalterliche Herrscherdynastie in Südindien

Candella: mittelalterliche Herrscherdynastie im nördlichen Dekhan, Hauptstadt: Khajuraho

Candrashala: nordindische Bezeichnung für ⇨*kudu*

Cella: das Allerheiligste eines Tempels; ⇨*garbhagriha*, Sanktum

Chapati: Fladenbrot

Chattri: Totengedenkstätte in Form eines offenen Schreins, pfeilertragender Baldachin

Chowk: Prachtstraße

Claustra: kunstvoll durchbrochene Steinplatten, die eine Fensteröffnung schmücken; ⇨*Jali*

Cola: mittelalterliche Herrscherdynastie in Südindien, Hauptstadt: Tanjore (Tanjavur)

Crore: zehn Millionen

Dalai Lama: Oberhaupt des buddhistischen Gelbmützenordens, Oberhaupt Tibets; der jetzige *Dalai Lama* lebt seit 1959 im indischen Exil

Dargarh: Schrein eines Muslimheiligen

Darwaza: Tor, Torweg

Devadasi: Tempeltänzerin

Devanagari: Schrift der Hindu-Sprache

Dhal: Linsenbrei, indisches Standardgericht

Dharamsala: Pilgerherberge

Dharma: Weltgesetz, allgemeinverbindliche kosmisch-ethische Ordnung, an die sich jedes Lebewesen zu halten hat

Dhobi: Wäscher

Dhoti: traditionelles Beinkleid der Männer aus Baumwolle, welches etwas oberhalb der Knie endet

Diwan-i-Am: öffentliche Audienzhalle am *Moghul*-Hof

Diwan-i-Khas: private Empfangshalle des *Moghul*-Kaisers

Dooli: Tragestuhl zur Beförderung von Pilgern zu abgelegenen Tempeln

Dowrie: Mitgift

Dravida-, dravidischer Stil: Stil der südindischen Architektur

Drawiden: die nicht indoarische Urbevölkerung des indischen Subkontinents

Durga: hinduistische Muttergottheit, entspricht ⇨*Kali*, eine Form der ⇨*Parvati*

Dvarapala: Torwächter eines hinduistischen oder buddhistischen Tempels

East India Company: britische Handelskompanie mit Monopol für den Indienhandel, gegr. 1600. Betrieb die Kolonialisierung Indiens, bevor das Land 1857 direkt der Herrschaft der britischen Krone unterstellt wurde.

Falsches Gewölbe: Gewölbe, das aus vorkragenden Steinen mit horizontalen Parallelfugen gemauert ist

Ganesha: hinduistischer Gott mit Elefantenkopf, Sohn ⇨*Shivas*

Ganja: Marihuana (Hanf, Cannabis)

Garbhagriha: „Schoß-Haus"; die ⇨*Cella*, ⇨*Sanktum* oder das Allerheiligste eines Tempels

Garh: Fort, Tempel

Garuda: Sonnenvogel, Reittier ⇨*Vishnus*

Gavaksha: nordindische Bezeichnung für ⇨*kudu*

Ghat: Treppenstufen, die zu einem Fluss, Teich oder See hinabführen und an denen gewaschen wird oder Verbrennungszeremonien bzw. Kulthandlungen stattfinden. Außerdem die Bezeichnung für ein Gebirge, wie etwa die Ost- und Westghats im Süden Indiens.

Ghee: flüssiges Butterschmalz

Gopi: Kuhhirtin, die ⇨*Krishna* in seiner Funktion als Seelenhüter begleitet. In der Miniaturmalerei ist eine gemeinsame Darstellung beider am beliebtesten.

Gopura: Torturm, der in den heiligen Bezirk eines dravidischen ⇨*Tempels* führt

Gumpha: Höhle

Guru: Das Wort bedeutet in ⇨*Sanskrit* soviel wie „Lehrmeister", womit jedoch nicht nur, wie im Westen oft angenommen spirituelle Lehrer gemeint sind, sondern Lehrmeister jedweder Art, also etwa auch Musik-, Tanz- oder Sprachlehrer.

Hadsch: Wallfahrt nach Mekka, eine der Grundpflichten im Islam

Hanuman: Affengeneral aus dem ⇨*Ramayana*, Verbündeter *Ramas*

Hari-Hara: gemeinsame Darstellung von ⇨*Vishnu* und ⇨*Shiva* in einer Figur

Harijan: Der Begriff bedeutet „Kinder Gottes" und wurde den Kastenlosen von *Gandhi* verliehen, um sie auch sprachlich aufzuwerten.

Hauda, Howdah: Elefantensitz

Anhang

Haveli: meist reich geschmücktes und verziertes, um einen oder mehrere Innenhöfe angelegtes Handelshaus in Rajasthan

Hill Station: Bergort, der von den Briten als Sommerresidenz benutzt wurde

Hoysala: Herrscherdynastie im südlichen Dekhan. Die von ihr geförderte Architektur zeichnet sich durch üppigen Skulpturenschmuck aus.

Imam: Vorbeter in der Moschee; religiöses Oberhaupt der *Ulema* (religiösen Gemeinschaft)

Inkarnation: „Herabstieg" (⇨Sanskrit: *avatara*) einer Gottheit in der Gestalt einer anderen Person

Jaya: Sieg

Jagamohan: Bezeichnung für den ⇨*mandapa, den* Versammlungs- oder Tanzsaal in den Hindu-Tempeln von Orissa

Jali: durchbrochen gearbeitete Steinplatte, die eine Wandöffnung schmückt und durch deren Öffnungen Licht (und Luft) in einen geschlossenen Raum fällt; ⇨*claustra*

Jami Masjid: Große oder Freitags-Moschee

Jauhar: kollektiver Selbstmord des rajputischen Kriegeradels in Anbetracht einer sicheren militärischen Niederlage. Zentraler Bestandteil des rajputischen Ehrbegriffes.

Jinismus (Jainismus): eine der drei Hauptreligionen Indiens, gegründet von ⇨*Mahavira*, der den Beinamen *Jina*, „der Siegreiche", erhielt

Kailasa: heiliger Berg, der dem Gott ⇨*Shiva* und seiner Gemahlin ⇨*Parvati* als Wohnsitz dient; Weltenberg in der hinduistischen Kosmologie

Kalasha: Vase, die als Symbol der Fruchtbarkeit das Dach eines (nordindischen) Tempels bekrönt

Kali: furchterregende Erscheinungsform der ⇨*Parvati,* Ehefrau ⇨*Shivas*

Karma: einer der wichtigsten Glaubensgrundsätze des Hinduismus, wonach die Summe aller Taten im jetzigen Leben das Schicksal und die Kastenzugehörigkeit im nächsten Leben bestimmen

Kibla: Gebetsrichtung und -wand, bis zum Jahr 623 nach Jerusalem ausgerichtet, danach nach Mekka. Verstorbene werden mit dem Kopf nach Mekka beerdigt.

Konsole: ⇨Kragstein

Kragstein: vorkragender Stein, der als Stütze für Bogen und Gesims, aber auch für Figuren dient

Krishna: achte Inkarnation ⇨*Vishnus,* meist als Kind oder flötenspielender Hirtengott dargestellt

Kshatriya: zweite der vier ⇨vedischen Gesellschaftsgruppen; Krieger- und Herrscherklasse

Kudu: Fenster in Form eines Hufeisenbogens. In verkleinerter Form ist es Bestandteil des Dachaufbaues indischer Tempel; hier erscheinen im *kudu* dann oft Menschen- und Tierköpfe und geometrische Motive.

Kuli: Tagelöhner, Gepäckträger

Kund: künstliches Wasserbecken

Lakh: Die Zahl 100.000

Lakshmi: hinduistische Göttin für Wohlstand und Glück

Lassi: Getränk aus Milch und Joghurt, salzig oder auch süß, z.T. mit Früchten

Linga: Phallussymbol ⇨*Shivas,* das gewöhnlich im ⇨Sanktum eines shivaitischen Tempels aufgestellt ist

Mahabharata: größtes indische Heldenepos mit mehr als 100.000 Doppelversen, beschreibt den Kampf zweier befeindeter Stämme, mit vielen eingeschalteten Erzählungen wie der ⇨*Bhagavad Gita*

Mahal: Palast

Maharaja: Herrscher über ein Fürstentum

Maharani: Gemahlin des ⇨*Maharaja*

Mahavira: Stifter der ⇨jinitischen Religion, der zur gleichen Zeit wie ⇨*Buddha* wirkte und dessen Lehre große Ähnlichkeiten mit dem Buddhismus aufweist

Mahout: Elefantenführer

Maidan: Grünfläche in einer Stadt

Makara: der Sage entsprungenes Ungeheuer, das Gliedmaßen des Krokodils, des Delphins und des Elefanten in sich vereint; Symbol des Wassers und der ungeordneten Natur

Mandala: „Kreis"; aus Kreisen und Rechtecken bestehendes symbolisches Diagramm, das die Welt in ihrer kosmischen Entwicklung darstellt

Mandapa: Pfeiler- oder Säulensaal eines hinduistischen Tempels, der Versammlungen und religiösen Tänzen diente

Mandir: Tempel

Mantra: mystische Silben und Formeln mit magischer Funktion, die den ⇨Veden entnommen sind

Masjid: Moschee

Mela: Fest, Messe, Jahrmarkt

Meru: mystischer Weltenberg, der, von Meeren und Gebirgen umgeben, den Mittelpunkt der Welt darstellt; Wohnsitz der hinduistischen Götter

Mihrab: in die Kiblawand eingelassene Gebetsnische

Mithuna: oft als erotisch empfundenes, eng umschlungenes Liebespaar, verkörpert alte kosmologische Gegensätze von Himmel und Erde, Licht und Dunkelheit, Yoni und Lingam. Ikonografisch personifiziert als ⇨*Shiva/Parvati* und ⇨*Vishnu/Lakshmi*.

Moksha: Erlösung

Nagara-Stil: Bezeichnung für den nordindischen Tempeltyp

Nandi: Stier, der ⇨*Shiva* als Reittier dient

Natraja: „König des Tanzes", Beiname des Gottes ⇨*Shiva* in seiner Funktion als Schöpfer und Zerstörer der Welt

Nat mandir: für den Tanz bestimmter Saal in ostindischen Tempeln des ⇨*Negara*-Stils

Navratan Korma: Gemüse und Fruchtmischung mit würziger Soße

Nilakantha: „blaue Kehle", Beiname ⇨*Shivas*, als er das bei der Quirlung des Milchmeeres entstandene Gift schluckte und so die Welt rettete

Nawab: Herrschertitel eines muslimischen Fürsten, vergleichbar mit dem des ⇨*Maharaja*

Niwas: Haus

Pakora: gebackene Teigtaschen mit einer scharfen Gemüsefüllung

Parvati: hinduistische Göttin, wohlwollende Erscheinungsform der Gattin ⇨*Shivas*

Pallava: mittelalterliche Herrscherdynastie in Südindien

Pancharatha: Tempel mit vertikal fünf Wandabschnitten

Pancayatana: Bezeichnung für eine Fünfer-Gruppe von Tempeln mit einem großen zentralen Tempel und vier kleineren, in einem Rechteck um den zentralen Tempel angeordneten Nebenschreinen

Pol: Tor

Puja: religiöse Zeremonie, verbunden mit Gebeten und Opfergaben

Rai: lokaler Herrscher niederen Ranges

Raj: Herrschaft

Raja: Titel der südindischen Herrscher

Ramayana: eines der beliebtesten und mit 24.000 Doppelversen umfangreichsten Heldenepen des Hinduismus, in dessen Mittelpunkt *Rama,* die siebte Inkarnation ⇨*Vishnus* steht, der seine Frau *Sita* aus den Klauen des Dämonen *Ravana* befreit

Ratha: 1.: Prozessionswagen für den Transport der Götterbilder; davon hergeleitet die Bezeichnung für die aus dem Fels gearbeiteten Schreine von Mahabilipuram, 2.: Vor- und Rücksprünge (⇨*paga*) an den Außenfassaden eines Tempelturmes

Rupie: indische Währungseinheit. „Rupien" genannte Münzen wurden zum ersten mal 1542 unter der Herrschaft *Sher Khans* in Nordindien geprägt.

Sadhu: brahmanischer Asket, Einsiedler

Sagar: künstlich angelegter See

Samosa: frittierte Teigtaschen mit einer Kartoffelfüllung

Sanktum: das Allerheiligste eines Tempels; ⇨*Cella* und ⇨*Garbhagriha*

Sanskrit: die heute nur noch von wenigen Priestern und Gelehrten beherrschte Sprache erlebte ihre Blütezeit im 4. Jh. v. Chr. und bildet die Grundlage aller heute in Nordindien gesprochenen Sprachen. Alle wichtigen Hindu-Schriften sind in ⇨Sanskrit verfasst.

Sati: Gattin ⇨*Shivas. Sie* verbrannte sich selbst, weil ihr Vater es versäumt hatte, ihren Gatten einzuladen. Damit wurde sie zum Vorbild für ungezählte Frauen im Hinduismus, die sich nach dem Tod ihres Ehemannes auf dem Scheiterhaufen verbrennen ließen und so zur „Sati" wurden (*Sati*-Kult).

Sepoy: heute nicht mehr gebräuchlicher Begriff für indische Soldaten

Shikhara: „Gipfel"; stufenförmiger Tempelturm

Shiva: hinduistischer Gott der Zerstörung und Erneuerung, erkennbar an seinem Haarknoten

Shudra: vierte und niedrigste der vedischen Gesellschaftsgruppen; Klasse der Untergebenen, die nicht zum Studium der ⇨vedischen Texte zugelassen sind

Sthapaka: Architekt und Bautheoretiker, der den Plan eines Tempels entwirft

Anhang

Sthapati: Baumeister, der das Gebäude nach den theoretischen Vorgaben und dem Plan des ⇨*sthapaka* entwirft

Stupa: Grabhügel, der im Buddhismus das Gesetz des ⇨*Buddha* symbolisiert und Reliquien des Religionsstifters (oder anderer bedeutender Persönlichkeiten) enthalten kann

Sarusandri: Nymphe

Sufi: islamischer Mystiker

Tambur: zylindrisches Zwischenstück zwischen Unterbau und Kuppel

Tamile: Bewohner Südindiens; Angehöriger eines dravidischen Volkes hinduistischen Glaubens, das immer weiter in die äußersten Süden der indischen Halbinsel und nach Sri Lanka zurückgedrängt wurde

Tantra: „Gewebe"; magisch-mystische Schriften Indiens, die sakrale Symbole und Riten zum Inhalt haben

Tantrismus: Geheimlehre von Ritualen im Hinduismus und in einigen buddhistischen Schulen; Lehre, die sich auf die Diagramme der ⇨*mandalas* und der ⇨*yantras* stützt, die Grundlage für bestimmte Körperübungen (⇨*yoga*)

Thali: ein rundes Metallbrett mit mehreren Vertiefungen, in denen verschiedene, meist vegetarische Gerichte serviert werden, auch Begriff für diese Gerichte

Tilak, Tika: dieses zwischen den Augen mit Farbe aufgetragene Stirnmal kann ein Zeichen für Kasten- und Sektenzugehörigkeit sein, ist heute jedoch meist eher ein schmückendes Mal ohne weitere Bedeutung

Tiratha: Turmheiligtum mit drei ⇨*rathas*

Tirbhanga: bei den meisten Götterskulpturen anzutreffender dreifacher Körperknick, Kontrapost

Tirthankara: „Furtbereiter", einer der insgesamt 24 Meister, die die Grundlagen des ⇨Jainismus geschaffen haben. Bekanntester und meistverehrter ist ⇨*Mahavira,* der Gründer der Glaubensgemeinschaft.

Tonga: zweirädrige Pferdedroschke zur Personenbeförderung

Trimurti: Bezeichnung für die Dreiergruppe von ⇨*Brahma,* ⇨*Vishnu* und ⇨*Shiva,* die die Schöpfung, Erhaltung und Zerstörung des Universums symbolisieren

Tympanon: Bogenfeld über einer Tür oder Giebelfeld eines Daches

Torana: wörtl. „Tor". Meint nicht nur das eigentliche Eingangstor, sondern den gesamten Eingangsbereich mit dem figürlichen und ornamentalen Schmuck

Vahana: Reit- bzw. Tragtier einer hinduistischen Gottheit.

Vaishya: dritte der vier ⇨vedischen Gruppen; Klasse der Bauern und Händler

Veden: wörtl. „Heiliges Wissen". Die ältesten heiligen Schriften Indiens unterteilen sich in vier Texte (wichtigster ist die Rigveda), die im ersten Jahrtausend von unbekannten Autoren verfasst wurden.

Vedika: Zaun, der ein Heiligtum umgibt

Vesara: Mischstil mit dravidischen und ⇨*Nagara*-Stilelementen

Vihara: Kloster, buddhistischer Versammlungsort

Vilas: Haus, Palast

Vina: Zither mit zwei Kalebassen als Klangkörper

Vishnu: Wichtiger hinduistischer Gott, Welterhalter. Wichtige Inkarnationen sind *Rama* und ⇨*Krishna.*

Vorkragung: durch übereinandergeschichtete und vorkragende Elemente wird ein falscher Bogen oder ein ⇨falsches Gewölbe errichtet

Yantra: symbolisches und mystisches Diagramm zur Bezeichnung einer Gottheit; im ⇨*Tantrismus* „Werkzeug" zur Stimulierung der Meditation

Yoga: „Anlegen des Joches"; körperliche Schulung, um den Geist durch die Beherrschung von Bewegung und Atmung zu erlösen

Yoni: weibliches Geschlechtsteil, Symbol ⇨*Parvatis,* der Frau ⇨*Shivas* und der weiblichen Energie

Zenana: den Frauen vorbehaltener Bereich eines Palastes (Harem)

Reise-Gesundheits-Information Indien

Stand: 05.03.2007
© Centrum für Reisemedizin 2007

Die nachstehenden Angaben dienen der Orientierung, was für eine geplante Reise in das Land an Gesundheitsvorsorgemaßnahmen zu berücksichtigen ist. Die Informationen wurden uns freundlicherweise vom *Centrum für Reisemedizin* zur Verfügung gestellt. Auf der Homepage: **www.travelmed.de** werden diese Informationen stetig aktualisiert. Es lohnt sich, dort noch einmal nachzuschauen.

EINREISE-IMPFVORSCHRIFTEN

Bei Direktflug aus Europa: keine Impfungen vorgeschrieben.

Bei einem vorherigen Zwischenaufenthalt (innerhalb der letzten 6 Tage vor Einreise) in einem der unten aufgeführten Länder (Gelbfieber-Endemiegebiete) wird bei Einreise eine gültige Gelbfieber-Impfbescheinigung verlangt (ausgenommen Kinder unter 6 Monaten). Gelbfieber-Impfung kann gelegentlich auch bei Einreise aus südafrikanischen Ländern (z.B. aus Simbabwe) verlangt werden.

Gelbfieber-Impfbescheinigung erforderlich bei Einreise aus:

Angola · Äquatorialguinea · Äthiopien · Benin · Bolivien · Brasilien · Burkina Faso · Burundi · Ecuador · Elfenbeinküste · Franz. Guayana · Gabun · Gambia · Ghana · Guinea · Guinea-Bissau · Guyana · Kamerun · Kenia · Kolumbien · Kongo, Rep. · Kongo, Dem. Rep. · Liberia · Mali · Mauretanien · Niger · Nigeria · Panama · Peru · Ruanda · Sao Tomé & Principe · Senegal · Sierra Leone · Somalia · Sudan · Suriname · Tanzania · Togo · Trinidad & Tobago · Tschad · Uganda · Venezuela · Zentralafr. Republik

EMPFOHLENER IMPFSCHUTZ

Generell: Tetanus, Diphtherie, Hepatitis A, Polio, Typhus

Je nach Reisestil und Aufenthaltsbedingungen im Lande außerdem zu erwägen:

Impfschutz	Reisebedingung 1	Reisebedingung 2	Reisebedingung 3
Hepatitis B [a]	x		
Tollwut [b]	x		
Jap. Enzephalitis [c]	x		

[a] vor allem bei Langzeitaufenthalten u. engerem Kontakt zur einheimischen Bevölkerung.
[b] bei vorhersehbarem Umgang mit Tieren
[c] bei besonderen Aufenthaltsbedingungen in bestimmten ländlichen Gebieten. Impfstoff in Deutschland nicht zugelassen. Beschaffung über Apotheken mit entsprechenden Erfahrungen.

Reisebedingung 1:
Reise durch das Landesinnere unter einfachen Bedingungen (Rucksack-/ Trecking-/Individual-reise) mit einfachen Quartieren/Hotels; Camping-Reisen, Langzeitaufenthalte, praktische Tätigkeit im Gesundheits- oder Sozialwesen, enger Kontakt zur einheimische Bevölkerung wahrscheinlich.

Reisebedingung 2:
Aufenthalt in Städten oder touristischen Zentren mit (organisierten) Ausflügen ins Landesinnere (Pauschalreise, Unterkunft und Verpflegung in Hotels bzw. Restaurants mittleren bis gehobenen Standards).

Reisebedingung 3:
Aufenthalt ausschließlich in Großstädten oder Touristikzentren (Unterkunft und Verpflegung in Hotels bzw. Restaurants gehobenen bzw. europäischen Standards).

Wichtiger Hinweis

Welche Impfungen letztendlich vorzunehmen sind, ist abhängig vom aktuellen Infektionsrisiko vor Ort, von der Art und Dauer der geplanten Reise, vom Gesundheitszustand sowie dem eventuell noch vorhandenen Impfschutz des Reisenden.

Da im Einzelfall unterschiedlichste Aspekte zu berücksichtigen sind, empfiehlt es sich immer, rechtzeitig (etwa 4 bis 6 Wochen) vor der Reise eine persönliche Reise-Gesundheits-Beratung bei einem reisemedizinisch erfahrenen Arzt oder Apotheker in Anspruch zu nehmen.

Unter www.travelmed.de finden Sie Adressen von
- Apotheken mit qualifizierter Reise-Gesundheits-Beratung (nach Postleitzahlgebieten).
- Impfstellen und Ärzten mit Spezialsprechstunde Reisemedizin (nach Postleitzahlgebieten).
- Abruf eines persönlichen Gesundheitsvorsorge-Briefes für die geplante Reise.

MALARIA

Malaria-Risiko: ganzjährig mit saisonalen Schwankungen.
Übertragungsrisiko abhängig von Geographie und Klima, insbesondere vom Monsunregen, der zwischen Mai und November das Land von Südwest nach Nordost überzieht und jeweils 3–4 Monate andauert; im Süden evtl. 2. Regenzeit zwischen Okt. und Dez.

- **Hohes Risiko** (vorwiegend P. falciparum) im Tiefland der Bundesstaaten im Nordosten (östlich von Bangladesch)
- **Mittleres Risiko** (höher in der Regenzeit, geringer in der Trockenzeit) in den meisten ländlichen Regionen der zentralen Landesteile, im Norden im Regenwaldgürtel entlang der nepalesischen Grenze (Terai); in den Stadtgebieten ist mit einem geringen Risiko zu rechnen.
- **Geringes Risiko** (höher in der Regenzeit, geringer in der Trockenzeit) im Norden entlang des Ganges (Teile von Uttar Pradesh, Bihar und östliches West-Bengal), im Süden südlich der Linie Madras – Goa (gesamtes Kerala, Tamil Nadu, Goa, der Westen von Karnataka, Südosten von Andhra Pradesh) sowie die Andamanen und Nikobaren; in den Stadtgebieten ist mit einem geringen Risiko in der Regenzeit zu rechnen.
- **Malariafrei** sind die Höhenlagen oberhalb 2.000 m von Jammu und Kashmir, Himachal Pradesh, Sikkim, Arunachal Pradesh sowie die Lakkadiven.

VORBEUGUNG

Ein konsequenter **Mückenschutz** in den Abend- und Nachtstunden verringert das Malariarisiko erheblich (Expositionsprophylaxe). Ergänzend ist die Einnahme von **Anti-Malaria-Medikamenten** (Chemoprophylaxe) evtl. zu empfehlen. Zu Art und Dauer der Chemoprophylaxe fragen Sie Ihren Arzt oder Apotheker, bzw. informieren Sie sich in einer qualifizierten reisemedizinischen Beratungsstelle. Malariamittel sind verschreibungspflichtig.

Die wichtigsten Maßnahmen sind:
- In der Dämmerung und nachts Aufenthalt in mückengeschützten Räumen (Räume mit Aircondition, Mücken fliegen nicht vom Warmen ins Kalte).
- Beim Aufenthalt im Freien in Malariagebieten abends und nachts weitgehend körperbedeckende Kleidung (lange Ärmel, lange Hosen).
- Anwendung von insektenabwehrenden Mitteln an unbedeckten Hautstellen (Wade, Handgelenke, Nacken). Wirkungsdauer ca. 2–4 Std.
- Im Wohnbereich Anwendung von insektenabtötenden Mitteln in Form von Aerosolen, Verdampfern, Kerzen, Räucherspiralen.
- Schlafen unter dem Moskitonetz (vor allem in Hochrisikogebieten).

AKTUELLE MELDUNGEN

Darminfektionen: Risiko für Durchfallerkrankungen landesweit, auch für **Cholera;** Einzelfälle und örtliche Gruppenerkrankungen sind überall möglich, größere Ausbrüche sind derzeit nicht gemeldet. **Hepatitis A, E, Typhus, Paratyphus, Milzbrand,** die auf gleichem Wege übertragen werden können, kommen ebenfalls vor. Trotz wiederholter Impfkampagnen sind die Fallzahlen für **Polio** im letzten Jahr auf mehr als 600 Fälle angestiegen, die meisten stammen aus Uttar Pradesh und Bihar. Hygiene und Impfschutz beachten.

Malaria: In letzter Zeit gab es in Europa mehrere Erkrankungen sowohl an *Malaria tertiana* als auch an der gefährlichen *Malaria tropica* bei Rückkehrern aus Indien, vor allem aus Goa. Die meisten hatten sich dort als Winterurlauber in guten Hotels an der Küste aufgehalten. Alle Patienten wurden rechtzeitig behandelt und haben überlebt. Gegenwärtig wird für diese Region routinemäßig keine vorbeugende Medikation empfohlen. Auf sorgfältigen Schutz vor Stechmücken in den Abend- und Nachtstunden ist in jedem Fall zu achten. Bei Fieber ist sofort ein Arzt aufzusuchen. Bei unkonventionellem Reisestil oder abendlichen Aktivitäten ohne ausreichenden Mückenschutz ist eine vorbeugende Tabletteneinnahme zu erwägen. Individuelle Beratung durch einen reisemedizinisch qualifizierten Arzt wird vor der Reise empfohlen.

Chikungunya (CHIC), Dengue (DF): Die beiden grippeähnlichen, mückenübertragenen Viruskrankheiten sind in Indien verbreitet. Vor allem während der Monsunregenzeiten muss mit einem Infektionsrisiko gerechnet werden, auch in den Städten. Schutz vor tag- und nachtaktiven Stechmücken beachten.

Tollwut: Indien gehört weltweit zu den Ländern mit den höchsten Fallzahlen bei Tieren und Menschen. Hauptüberträger ist der (streunende) Hund. Betroffen sind auch die Großstädte. Bei verdächtigen Tierkontakten sofort Arzt aufsuchen und auf Verwendung moderner Gewebekultur-Impfstoffe achten. Moderne Gewebekultur-Impfstoffe und homologes Immunglobulin sind zumindest in den Großstadten erhältlich. In ländlichen Gebieten ist die Versorgung nicht gesichert. Indien hat nach Schätzungen der WHO mit 30.000 Todesfällen jährlich die höchsten Inzidenzen, das entspricht einem Anteil von 80% an der Tollwut-Mortalität auf der gesamten Welt. Eine vorbeugende Impfung ist für alle Reisenden empfehlenswert.

HIV-Test: Für Langzeitaufenthalte wird ein HIV-Test in englischer Sprache verlangt.

Literaturtipps

● *Behr, Hans-Georg:* **Die Moguln.** Standardwerk zur Geschichte des aus Afghanistan stammenden Herrschergeschlechtes.

● *Berg, Hans Walter:* **Indien. Traum und Wirklichkeit.** Zwar trauert der langjährige Indienkorrespondent, der unter Journalistenkollegen als Maharaja von Whiskeypur einen legendären Ruf genoss, unverkennbar den kolonialen Zeiten hinterher, doch bietet sein Buch interessante Einblicke ins Indien der fünfziger und sechziger Jahre.

● *Clermont, Lothar:* **Jainismus.** Textlich wie fotografisch ausgezeichnetes Buch zum Jainismus und den Tempeln in Mount Abu und Ranakpur.

● *Collins, Larry/Lapiere, Dominique;* **Gandhi – Um Mitternacht die Freiheit.** Musterbeispiel eines gelungenen historischen Romans, in dem Indiens Weg in die Unabhängigkeit ebenso spannend wie kenntnisreich geschildert wird. Unter seinem Originaltitel „Freedom at Midnight" ist das Buch in den meisten Buchläden Indiens erhältlich.

● *Cooper, Illay:* **The painted towns of Shekawati.** Einer der ausführlichsten Führer über die Region der bemalten Havelis im Nordwesten Indiens.

● *Dubois, Abbé Jean Antoine:* **Leben und Riten der Inder,** REISE KNOW-HOW Verlag, Bielefeld. Eine Landesbeschreibung von 1807. Der Klassiker wurde nun erstmalig ins Deutsche übersetzt.

● *Hörig, Rainer:* **Indien ist anders** und **Selbst die Götter haben uns beraubt.** Zwei ebenso unausgewogene wie hervorragende politische Reisebücher, welche v.a. die Vergessenen und Entrechteten der Gesellschaft wie die Ureinwohner, Unberührbare und Frauen zu Wort kommen lassen.

● *Kade-Luthra, Veena* (Hrsg.); **Sehnsucht nach Indien.** Ein Lesebuch von Goethe bis Grass: Anhand von Textausschnitten geht die Herausgeberin den Gründen für die seit Jahrhunderten besonders bei deutschen Philosophen und Literaten zu konstatierende Indiensehnsucht nach.

● *Kantowsky, Detlev;* **Von Südasien lernen.** Der Konstanzer Soziologe beschreibt auf beeindruckende Weise seine Abkehr von dem Glauben, der „Dritten Welt" und speziell Indien mit Methoden westlicher, fortschrittsorientierter Wissenschaft und Technologie helfen zu können. Stattdessen sieht er in der ganzheitlichen hinduistischen und buddhistischen Weltsicht ein Beispiel, in dem der sinnentleerte Westen von den asiatischen Gesellschaften lernen kann.

● *Keilhauer, Anneliese und Peter:* **Die Bildsprache des Hinduismus.** Die indische Götterwelt und ihre Symbolik.

● *Kipling, Rudyard;* **Kim.** Der Roman des englischen Autors, der die meiste Zeit seines Lebens in Indien verbrachte, wurde lange Zeit von der Literaturkritik als Plädoyer zugunsten der englischen Kolonialherrschaft abgelehnt. Inzwischen gilt die Geschichte des irischen Waisen Kim und des tibetanischen Mönchsjungen Tashoo Lama als am besten gelungenes Werk Kiplings, welches die unterschiedlichen Lebensphilosophien der beiden Hauptdarsteller, die als Repräsentanten ihrer Kulturen agieren, zum Mittelpunkt hat.

● *Krack, Rainer;* **Hindi – Wort für Wort,** REISE KNOW-HOW Verlag, Bielefeld, aus der Kauderwelsch-Reihe. Die handlichen Sprechführer bieten eine auf das Wesentliche reduzierte Grammatik und viele Beispielsätze für den Reisealltag. In der gleichen Reihe erschienen: **Gujarati – Wort für Wort, Marathi – Wort für Wort, Bengali – Wort für Wort** sowie **Englisch für Indien** und **Hindi für Bollywoodfans.** Begleitkassetten oder Audio-CDs als **AusspracheTrainer** sind zu allen Büchern erhältlich.

● *Krack, Rainer;* **KulturSchock Indien,** REISE KNOW-HOW Verlag, Bielefeld: Das Buch des Verfassers zahlreicher Reisehandbücher über asiatische Länder und jahrelangen Indienkenners empfiehlt sich als handliche Reiselektüre für all jene, die mehr über das indische Alltagsleben erfahren möchten. Behandelt werden u.a. Themen wie die Bedeutung der Großfamilie, Aberglaube, Sexualität, der Gegensatz von Stadt- und Landleben oder Eunuchen in Indien.

● *ders.:* **Hinduismus erleben,** Praxis-Reihe des REISE KNOW-HOW Verlages, Bielefeld.

● *Lutze, L.;* **Als wäre die Freiheit vom Himmel gefallen.** Hindilyrik der Gegenwart.

●*Naipaul, V.S.;* **Indien. Ein Land in Aufruhr.** Kein anderer Schriftsteller hat seine Hassliebe zu Indien in derart faszinierender und erhellender Weise zu Papier gebracht wie der in Trinidad geborene Sohn indischer Eltern. Auch dieses Buch Naipauls, welches eine Mischung zwischen einem politischen Reisebuch und einer unkonventionellen soziologischen Analyse ist, hat wieder die Frage nach der Identität Indiens zum Mittelpunkt. Seine Stärke liegt nicht zuletzt darin, dass Naipaul nicht der Versuchung erliegt, das chaotische Neben- und Durcheinander der politischen, kulturellen und religiösen Sub-Identitäten des Landes künstlich zu einem Ganzen zusammenzuschweißen.

●*Neumann-Denzau, Gertrud/Denzau, Helmut:* **Indien. Reiseführer Natur.** Detailgenaue Vorstellung der indischen Nationalparks.

●*Riemenschneider, Dieter:* **Shiva tanzt. Das Indien-Lesebuch.** Aufschlussreiche Texte indischer Autoren zu Geschichte, Kunst, Kultur und Alltagsleben.

●*Rothermund, Dietmar;* **Indische Geschichte in Grundzügen.** Dem bekannten Heidelberger Indologen ist es gelungen, die ereignisreiche und komplexe indische Geschichte auf 150 Seiten zusammenzufassen. Der Zwang zur Komprimierung geht allerdings zu Lasten der alten und der mittleren Geschichte, während die Neuzeit, speziell die Kolonialgeschichte recht ausführlich analysiert wird.

●*Roy, Arundhati:* **Das Ende der Illusion.** die weltberühmte Autorin als engagierte Kämpferin für die Unterdrückten und ausgebeuteten der indischen Atom- und Großmachtpolitik.

●*dies.:* **Der Gott der kleinen Dinge.** Aufsehenerregendes Erstlingswerk der jungen, aus Südindien stammenden Autorin, in dem sie das Kastensystem und die Unterdrückung der Frau in der indischen Gesellschaft anprangert.

●*Rushdie, Salman:* **Des Mauren letzter Seufzer.** Dieser vielschichtige Roman des ebenso berühmten wie umstrittenen Autors der „Satanischen Verse" verwebt auf faszinierende Weise mehrere Generationen einer in Indien lebenden jüdisch-christlichen Gemeinde mit der indischen Geschichte.

●*Scott, Paul;* **Das Reich der Sahibs.** Niemand hat die Dekadenz und den Untergang des britischen Kolonialreiches überzeugender literarisch verarbeitet als Paul Scott in seinem vierbändigen Epos.

●*Stierlin, Henri/ Vohlwasen, Andreas:* **Indien. Bauten der Hindus, Buddhisten und Jains** und **Islamisches Indien.** Zwei Standardwerke zur Baugeschichte Indiens.

●*Strasser, Robert;* **Rajasthan, Gujarat, Indien.** Obwohl inzwischen veraltet, ist dieser Band aus der verdienstvollen Reihe des Indoculture-Verlages immer noch ein Standardwerk für all jene, die sich ausführlich mit der Geschichte, Landeskunde und Kulturgeschichte Rajasthans beschäftigen möchten.

●*Tharoor, Shashi:* **Der große Roman Indiens.** Der indisch-amerikanische Autor beschreibt in seinem Roman die vielschichtigen Probleme des Subkontinents. Die Bedeutung von Tradition und Religion im alltäglichen Leben werden auf unterhaltsame, manchmal parodistische Weise dargestellt.

●*Tölle, Gisela;* **Kasturba Gandhi – Die Frau im Schatten des Mahatma.** Der Titel ist Inhalt und Himweis zugleich für das Schicksal fast aller indischer Frauen.

●*Tully, Mark;* **No fullstops in India.** Ein großartiges Buch in dem der langjährige BBC-Reporter in 10 Kapiteln so unterschiedliche Themen wie eine Dorfhochzeit, den Besuch bei einem südindischen Bildhauer, die Kumbh Mela in Allahabad oder die kommunistische Regierung in Kalkutta beschreibt. Wie ein roter Faden zieht sich dabei der Vorwurf durch seine brilliant geschriebenen Analysen, dass die indische Mittel- und Oberschicht, die Entscheidungsträger der indischen Gesellschaft dersrt verwestlicht seien, dass sie die Wünsche und Forderungen der Masse der Bevölkerung unberücksichtigt lasse und so das Land seiner kulturellen Wurzeln beraube.

Anhang

HILFE!

Dieses Reisehandbuch ist gespickt mit unzähligen Adressen, Preisen, Tipps und Infos. Nur vor Ort kann überprüft werden, was noch stimmt, was sich verändert hat, ob Preise gestiegen oder gefallen sind, ob ein Hotel, ein Restaurant immer noch empfehlenswert ist oder nicht mehr, ob ein Ziel noch oder jetzt erreichbar ist, ob es eine lohnende Alternative gibt usw.

Unsere Autoren sind zwar stetig unterwegs und versuchen, alle zwei Jahre eine komplette Aktualisierung zu erstellen, aber auf die Mithilfe von Reisenden können sie nicht verzichten.

Darum: Schreiben Sie uns, was sich geändert hat, was besser sein könnte, was gestrichen bzw. ergänzt werden soll. Nur so bleibt dieses Buch immer aktuell und zuverlässig. Wenn sich die Infos direkt auf das Buch beziehen, würde die Seitenangabe uns die Arbeit sehr erleichtern. Gut verwertbare Informationen belohnt der Verlag mit einem Sprechführer Ihrer Wahl aus der über 200 Bände umfassenden Reihe „Kauderwelsch" (siehe unten).

Bitte schreiben Sie an:

REISE KNOW-HOW Verlag Peter Rump GmbH, Postfach 140666, D-33626 Bielefeld, oder per e-mail an: info@reise-know-how.de
Danke!

Kauderwelsch-Sprechführer –
sprechen und verstehen rund um den Globus

Afrikaans ● Albanisch ● Amerikanisch – *American Slang, More American Slang,* Amerikanisch oder Britisch? ● Amharisch ● Arabisch – Hocharabisch, für Ägypten, Algerien, Golfstaaten, Irak, Jemen, Marokko, ● Palästina & Syrien, Sudan, Tunesien ● Armenisch ● *Bairisch* ● Balinesisch ● Baskisch ● Bengali ● *Berlinerisch* ● Brasilianisch ● Bulgarisch ● Burmesisch ● Cebuano ● Chinesisch – Hochchinesisch, kulinarisch ● Dänisch ● Deutsch – *Allemand, Almanca, Duits, German, Nemjetzkii, Tedesco* ● *Elsässisch* ● Englisch – *British Slang, Australian Slang, Canadian Slang, Neuseeland Slang,* für Australien, für Indien ● Färöisch ● Esperanto ● Estnisch ● Finnisch ● Französisch – kulinarisch, für den Senegal, für Tunesien, *Französisch Slang, Franko-Kanadisch* ● Galicisch ● Georgisch ● Griechisch ● Guarani ● Gujarati ● Hausa ● Hebräisch ● Hieroglyphisch ● Hindi ● Indonesisch ● Irisch-Gälisch ● Isländisch ● Italienisch – *Italienisch Slang,* für Opernfans, kulinarisch ● Japanisch ● Javanisch ● Jiddisch ● Kantonesisch ● Kasachisch ● Katalanisch ● Khmer ● Kirgisisch ● Kisuaheli ● Kinyarwanda ● *Kölsch* ● Koreanisch ● Kreol für Trinidad & Tobago ● Kroatisch ● Kurdisch ● Laotisch ● Lettisch ● Lëtzebuergesch ● Lingala ● Litauisch ● Madagassisch ● Mazedonisch ● Malaiisch ● Mallorquinisch ● Maltesisch ● Mandinka ● Marathi ● Modernes Latein ● Mongolisch ● Nepali ● Niederländisch – *Niederländisch Slang,* Flämisch ● Norwegisch ● Paschto ● Patois ● Persisch ● Pidgin-English ● *Plattdüütsch* ● Polnisch ● Portugiesisch ● Punjabi ● Quechua ● *Ruhrdeutsch* ● Rumänisch ● Russisch ● *Sächsisch* ● *Schwäbisch* ● Schwedisch ● *Schwiizertüütsch* ● *Scots* ● Serbisch ● Singhalesisch ● Sizilianisch ● Slowakisch ● Slowenisch ● Spanisch – *Spanisch Slang,* für Lateinamerika, für Argentinien, Chile, Costa Rica, Cuba, Dominikanische Republik, Ecuador, Guatemala, Honduras, Mexiko, Nicaragua, Panama, Peru, Venezuela, kulinarisch ● Tadschikisch ● Tagalog ● Tamil ● Tatarisch ● Thai ● Tibetisch ● Tschechisch ● Türkisch ● Twi ● Ukrainisch ● Ungarisch ● Urdu ● Usbekisch ● Vietnamesisch ● Walisisch ● Weißrussisch ● *Wienerisch* ● Wolof ● Xhosa

Anhang

Die Reiseführer von Reise

Reisehandbücher
Urlaubshandbücher
Reisesachbücher
Edition RKH, Praxis

Know-How auf einen Blick

Wo man unsere Reiseliteratur bekommt:
Jede Buchhandlung Deutschlands, der Schweiz, Österreichs und der
Benelux-Staaten kann unsere Bücher beziehen. Wer sie dort nicht findet,
kann alle Bücher über unsere **Internet-Shops** bestellen.
Auf den Homepages gibt es **Informationen** zu allen Titeln:

www.reise-know-how.de oder **www.reisebuch.de**

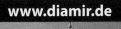

Anhang

Zum ersten Mal auf Deutsch:

Die Landesbeschreibung des Missionars *Abbé Dubois* aus dem Jahr 1807, die in England und den angelsächsischen Ländern bis auf den heutigen Tag als unübertroffener Klassiker gilt. Sie liefert noch immer den wohl anregendsten, informativsten und kenntnisreichsten Schlüssel zu einem Kulturraum, der weit über das eigentliche Indien hinaus ganz Südostasien, ja sogar noch Teile Ostasiens umfasst.

Abbé Jean Antoine Dubois:
„Leben und Riten der Inder",
REISE KNOW-HOW Verlag, Bielefeld

Anhang

Wichtige Bahnverbindungen

Erläuterung

Der **fett gedruckte Ort** ist jeweils der Abfahrtsort. Um eine Verbindung zwischen zwei Städten ausfindig zu machen, sollte man nicht nur den jeweiligen Ausgangs- und Zielbahnhof beachten, sondern auch bei den Bemerkungen nachschauen, wodurch sich weitere Zielorte zeigen oder möglicherweise eine für den jeweiligen Bedarf angenehmere und bessere Verbindung findet.

Abu Road	Abfahrt	Ankunft	Zugbezeichnung, Bemerkungen
Ahmedabad	10:20	14:35	6507/09/31 Exp., über Jodhpur (an 10:05)
Bikaner	4:30	16:30	4708 Ranakpur Exp., über Jodhpur (an 10:05)
Delhi	14:20	5:15	9105 Ahmedabad Delhi Mail, über Ajmer (an 20:05), Jaipur (23.00), Alwar (2:10)
Delhi	21:20	10:20	2915 Ashram Exp., über Ajmer (an 1:45), Jaipur (4:30), Alwar (6:52)
Jaipur	10:30	19:25	9007 Aravalli Exp., über Ajmer (an 16:25)
Jodhpur	15:22	20:05	9111 Ahmedabad Jammu Tawi Exp., weiter nach Bikaner (an 1:35)
Mumbai	17:20	6:08	9008 Aravali Exp., über Ahmedabad (an 22:10), Vadodara (0:25), Ank. in Bandra, weitere Verb.

Agra	Abfahrt	Ankunft	Zugbezeichnung, Bemerkungen
Amritsar	16:00	8:40	8237 Chattisgarh Exp., über New Delhi (an 20:00)
Bhopal	21:50	5:20	2616 Grand Trunk Exp., über Gwalior (an 23:25), Jhansi (0:52), viele weitere Verb.
Bikaner	19:55	8:45	2307 Howrah Bikaner Exp., über Jaipur (an 0:15), Kuchaman (3:05)
Delhi	6:00	9:22	1103 Intercity Exp., Ank. in Delhi Nizamuddin, viele weitere Verb.
Delhi	20:23	22:30	2001/2001A Shatabdi Exp.
Gwalior	12:50	14:25	2618 Mangala Lakshadweep Exp., viele weitere Verb.
Jodhpur	6:15	18:35	4853/4863 Marudhar Exp., über Bharatpur (an 7:18), Jaipur (11:40), Kuchaman (14:26)
Lucknow	23:30	6:05	4202 Mathura Lucknow Exp.
Mumbai	8:55	7:35	2618 Punjab Mail, über Gwalior (an 10:40), Jhansi (12:20), Bhopal (16:55)

Ahmedabad	Abfahrt	Ankunft	Zugbezeichnung, Bemerkungen
Bhuj	23:59	8:00	9115 Sayaji Nagari Exp., Gandhidham (6:25)
Delhi	17:45	10:2	2915 Ashram Exp., über Abu Rd. (an 21:00), Ajmer (1:45), Jaipur (4:20), Alwar (6:30)
Jaipur	6:05	18:45	9707 Aravali Exp., über Abu Rd. (an 10:07), Ajmer (16:05)
Jodhpur	22:00	6:30	2480 Suryanagar Exp., über Abu Rd. (an 1:30)
Mumbai	7:00	16:40	9012 Gujarat Exp., über Vadodara (an 9:00), Bharuch (10:13), Surat (11:25).
Mumbai	22:00	7:00	2902 Gujarat Mail, über Vadodara (an 0:02), Bharuch (0:59), viele weitere Verb.
Okha	5:40	16:40	9005 Saurashtra Mail, über Rajkot (an 10:25), Dwarka (15:28)
Porbandar	20:15	6:30	9215 Saurashtra Exp.
Udaipur	23:15	7:40	9944 ADI UDZ Exp.

Ajmer	Abfahrt	Ankunft	Zugbezeichnung, Bemerkungen
Ahmedabad	23:30	8:00	2916 Ashram Exp., über Abu Rd. (an 4:05)
Abu Rd.	11:25	17:00	9008 Aravali Exp.
Chittorgarh	15:25	19:32	9769 Jaipur Purna Exp.
Delhi	15:50	22:20	2016 Shatabdi Exp., über Jaipur (an 17:35), Alwar (19:30)
Delhi	20:28	5:15	9105 Ahmedabad Delhi Mail, über Jaipur (an 23:00)
Jaipur	13:25	15:50	2114A Ajmer Jaipur Link
Jodhpur	14:25	19:50	2JA All Ju Fast Passenger, über Marwar (an 16:45)

Mumbai	11:25	7:05	9008 Aravali Exp., Ank. in Bandra, über Abu Rd. (an 17:00), Ahmedabad (22:10), Vadodara (0:25)

Allahabad	Abfahrt	Ankunft	Zugbezeichnung, Bemerkungen
Dehra Dun	17:35	13:10	4163 Sangam Exp., über Moradabad (an 7:10), Haridwar (10:55)
Delhi	19:45	5:35	2397 Mahabodhi Exp., viele weitere Verb.
Gwalior	19:20	8:15	1108 Bundelkhand Exp., über Jhansi (an 6:20)
Kalkutta	17:45	7:10	2312 Kalka Mail, über Mughal Sarai (20:10), Gaya (23:36)
Kalkutta	23:45	9:55	2302 Rajdhani Exp., über Mughal Sarai (an 1:45), Gaya (4:25), viele weitere Verb.
Lucknow	6:00	10:15	4215 Ganga Gompti Exp., mehrere weitere Verb.
Mumbai	15:15	13:05	1094 Mahanagari Exp., über Satna (Khajuraho, an 18:15), Jalgaon (6:53), Nasik Rd. (9:53)
Puri	8:02	5:30	2802 Purshottam Exp., über Mughal Sarai (an 10:35), Gaya (13:45), Bhubaneshwar (3:30)
Satna (Khajuraho)	8:35	12:30	3201 RJPP LTT Exp., viele weitere Verb.
Varanasi	13:05	16:10	5159 Sarnath Exp., viele weitere Verb.

Alwar	Abfahrt	Ankunft	Zugbezeichnung, Bemerkungen
Abu Rd.	17:43	4:05	2916 Ashram Exp., über Jaipur (an 20:35), Ajmer (23:20), weiter bis Ahmedabad (an 8:00)
Ajmer	8:38	12:45	2015 Shatabdi Exp., tgl. außer Mi, über Jaipur (an 10:40)
Delhi	6:50	10:20	2915 Ashram Exp.
Delhi	18:35	21:55	2413 Jaipur Jammu Tawi Exp., viele weitere Verb.
Jaipur	7:30	10:15	2414 Jammu Jaipur Exp.
Jodhpur	23:43	8:00	2461 Mandore Exp., über Kuchaman (an 4:13)

Amritsar	Abfahrt	Ankunft	Zugbezeichnung, Bemerkungen
Delhi	5:10	11:05	2014 Amritsar Shatabdi Exp.
Delhi	6:10	13:50	2460 Amritsar New Delhi Exp., viele weitere Verb.
Jaipur	14:15	9:35	9772 Amritsar Jaipur Exp., über Ludhiana (an 16:40), Alwar (6:00)
Pathankot (Dharamsala)	9:15	11:35	4633 Ravi Exp.
Vadodara	7:55	8:30	2926 Paschim Exp., über New Delhi (an 16:30), Mathura (19:15), Bharatpur (19:47), Kota (23:35)
Varanasi	18:20	16:35	3006 Amritsar Howrah Mail, über Moradabad (an 4:35), Lucknow (10:30), weiter bis Kalkutta

Bharatpur	Abfahrt	Ankunft	Zugbezeichnung, Bemerkungen
Agra	9:02	10 20	9777 Jaipur Agra Fort Exp.
Delhi	15:30	19:00	2903 Golden Temple Mail, über Mathura (an 16:30)
Jaipur	19:00	22:30	9778 Agra Fort Jaipur Exp.
Jodhpur	7:20	18:35	4853/4863 Marudhar Exp., über Jaipur (an 11:40)
Sawai Madhopur (Ranthambore)	10:53	13:05	1204 Golden Temple Mail, weiter über Kota (an 14:35) bis Mumbai (an 6:05)
Udaipur	21:38	7:00	2963 Mewar Exp., über Chittorgarh (an 4:40)
Varanasi	19:40	9:30	4854/4864 Marudhar Exp., über Agra Fort (an 21:10)

Bhopal	Abfahrt	Ankunft	Zugbezeichnung, Bemerkungen
Ahmedabad	18:50	7:55	1464/1466 Jabalpur Rajkot Exp., über Ujjain (an 22:25), Vadodara (an 5:10), weiter über Rajkot, Junagadh nach Veraval
Delhi	21:15	7:00	2621 Tamil Nadu Exp., über Jhansi (an 1:14), Agra (4:17)
Delhi	9:15	20:03	2537 Punjab Mail, über Jhansi (an 13:30), Gwalior (15:14), Agra (17:05), Mathura (18:00)
Lucknow	21:45	8:30	2133 Pushpak Exp.
Margao (Goa)	20:05	19:50	2618 Lakshadweep Exp., über Ratnagiri (an 15:50)
Mumbai	6:15	20:05	2534 Pushpak Exp., über Nasik Rd. (an 15:38)
Mumbai	17:00	6:10	2138 Punjab Mail

Anhang

Bhubaneshwar	Abfahrt	Ankunft	Zugbezeichnung, Bemerkungen
Delhi	21:47	4:40	2801 Purushottam Exp., über Mughal Sarai (an 16:10), Allahabad (18:40)
Kalkutta	10:45	17:55	2704 Falaknuma Exp.
Kalkutta	23:55	8:15	8410 Srijagannath Exp., viele weitere Verb.
Lucknow	12:05	13:15	8475 Neelachal Exp., Di, Fr, So, über Mughal Sarai (an 6:30), Varanasi (7:37), weiter bis New Delhi

Bikaner	Abfahrt	Ankunft	Zugbezeichnung, Bemerkungen
Agra	18:30	6:30	2308A Bikaner Howrah Superfast, über Deshnok (an 18:56), Kuchaman (23:38), Jaipur (an 1:40), Bharatpur (5:20)
Ahmedabad	0:55	16:30	9224 Jammu Tawi Ahmed. Exp., über Jodhpur (an 5:50), Abu Rd. (11:35)
Delhi	8:40	19:15	4790 Bikaner Delhi Sarai Rohilla Exp., über Churu (an 12.20)
Delhi	19:55	6:30	4792 Bikaner Delhi Sarai Rohilla Mail, über Churu (an 23:40)
Jaipur	5:00	11:55	2467 Bikaner Jaipur Intercity Exp., über Deshnok (an 5:26), Nagaur (6:40), Kuchaman (9:40)
Jaipur	21:45	7:10	4738 Bikaner Jaipur Exp., über Churu,(an 1:50), Ramgarh, Bissau, Fatehpur, Sikar (4:40)
Jodhpur	9:45	14:50	4707 Ranakpur Exp., über Deshnok (an 10:13), Nagaur (11:35), weiter nach Abu Rd. (an 20:15), Ahmedabad (1:15) und Mumbai

Delhi	Abfahrt	Ankunft	Zugbezeichnung, Bemerkungen
Agra	6:00	7:55	2002/2002A Shatabdi Exp.
Agra	16:40	21:45	2616 GT Exp., über Mathura (an 20:50)
Ahmedabad	15:05	8:00	2916 Ashram Exp., über Alwar (an 17:40), Jaipur (20:35), Ajmer (23:20), Abu Rd. (4:05)
Ajmer	6:10	12:45	2015 Shatabdi Exp., über Alwar (an 8:33), Jaipur (10:40)
Allahabad	22:55	6:05	4056 Brahmaputra Mail, weiter n. Mughal Sarai, Patna (Bodhgaya)
Amritsar	7:20	13:10	2029 Swarna Shatabdi Exp., tgl. außer Mi
Amritsar	19:35	6:00	2903 Golden Temple Mail., viele weitere Verb.
Bhopal	9:55	19:55	2618 Lakshadweep Exp., über Gwalior (an 14:11), Jhansi (15:40), viele weitere Verb.
Bikaner	8:55	19:15	4789 Delhi Sarai Rohilla Bikaner Exp., über Churu (an 14:40), mehrere weitere Verb.
Chandigarh	6:05	10:15	4095 Himalayan Queen Exp., weiter nach Kalka, viele weitere Verb.
Chittorgarh	13:00	5:20	4789 ChetakExp., über Jaipur (20:20), Ajmer (0:20)
Dehra Dun	6:55	12:40	2017 Shatabdi Exp., über Haridwar (an 11:22)
Jaisalmer	17:25	13:30	4059 Delhi Jaisalmer Exp., über Alwar (an 20:53), Jaipur (23:45), Jodhpur (6:05), gelegentlich verspätet
Jodhpur	20:50	8:00	2461 Mandore Exp., über Alwar (an 23:41), Jaipur (2:30)
Kalka	22:20	5:00	2311 Howrah Kalka Mail, von dort weiter mit 241 Shivalik Exp. (Abf. 5:30) nach Shimla
Kalkutta	17:00	9:55	2302 Kolkata Rajdhani Exp., über Gaya (an 4:26), tgl. außer Fr
Kalkutta	16:15	16:45	2304/2382 Poorva Exp., über Patna (an 7:25)
Lucknow	22:00	7:00	2230 Lucknow Mail, viele weitere Verb.
Mumbai	7:55	6:05	2904 Golden Temple Mail, über Bharatpur (an 10:51), Sawai Madhopur (13:08), Kota (14:35), Nagda (18:16), Vadodara (23:20), viele weitere Verb.
Mumbai	16:55	10:15	2904 August Kranti Rajdhani Exp., über Mathura (an 18:38), Sawai Madhopur (20:38), Kota (21:45), Vadodara (23:20), viele weitere Verb.
Ramnagar (Corbett NP)	22:45	5:00	5013A Delhi Ramnagar Corbett Link Exp.
Udaipur	19:00	7:00	2963 Mewar Exp., Start Delhi Nizamuddin, über Mathura (an 21:10), Bharatpur (21:40), Sawai Madhopur (23:40), Kota (1:25), Chittorgarh (4:40)
Varanasi	18:30	7:30	2560 Shiv Ganga Exp., über Allahabad (an 3:35), mehrere weitere Verb.

Gaya	Abfahrt	Ankunft	Zugbezeichnung, Bemerkungen
Agra	6:30	19:45	2307 Howrah Jodhpur Bikaner Exp., über Mughal Sarai (an 9:50), Allahabad (12:20), weiter nach Rajasthan
Dehra Dun	5:13	6:45	3009 Doon Exp., über Varanasi (an 10:25), Lucknow (17:25), Moradabad (0:20), Haridwar (4:12)
Delhi	14:10	5:35	2397 Mahabodhi Exp., über Mughal Sarai (an 17:20), Allahabad (19:50)
Delhi	22:27	9:50	2301 Rajdhani Exp.
Kalkutta	23:42	7:10	2312 Kalka Mail., mehrere weitere Verb.
Puri	13:50	5:30	2802 Purushottam Exp., über Bhubaneshwar (an 3:30)
Satna (Khajuraho)	5:30	14:40	2321 Howrah Mumbai Mail, über Mughal Sarai (an 8:20), Allahabad (11:15)
Varanasi	5:13	10:25	3009 Doon Exp., weiter bis Haridwar und Dehra Dun

Gorakhpur	Abfahrt	Ankunft	Zugbezeichnung, Bemerkungen
Amritsar	12:40	12:30	5707 Katiar Amritsar Exp., über Lucknow (an 18:50), Delhi (3:50)
Dehra Dun	21:05	14:05	5005 Gorakhpur Dehra Dun Exp., Mi, Fr, über Moradabad (an 8:40), Haridwar (11:52)
Delhi	16:55	6:30	2553 Vaishali Exp., über Lucknow (an 21:55), mehrere weitere Verb.
Varanasi	6:40	12:45	5008 Lucknow Mandhuadi Exp.

Guwahati	Abfahrt	Ankunft	Zugbezeichnung, Bemerkungen
Delhi	7:00	10:10	2423/2423A/2435 Rajdhani Exp., über New Jalpaiguri (an 14:16), Patna (21:40)
Kalkutta	7:45	6:25	5960 Kamrup Exp., über New Jalpaiguri (an 16:45)
New Jalpaiguri	9:20	16:50	2505 North East Exp., weiter nach Patna (Bodhgaya) und Mughal Sarai (Varanasi)

Gwalior	Abfahrt	Ankunft	Zugbezeichnung, Bemerkungen
Agra	13:34	15:50	8237 Chattisgarh Exp., viele weitere Verb.
Amritsar	6:25	20:15	2715 Sackhand Exp., über Agra (an 8:30), Mathura (9:25), New Delhi (12:05)
Bhopal	10:40	16:55	2138 Punjab Mail, über Jhansi (an 12:20), weiter bis Mumbai, viele weitere Verb.
Delhi	16:00	21:10	1077 Jhelum Exp., über Agra (an 17:50), Mathura (18:50), viele weitere Verb.
Indore	19:40	8:00	9320 BIX INDB Exp./4318 DDN INBD Exp., über Ujjain (an 5:55)
Mumbai	14:02	8:45	2618 Mangla Lakshadweep Exp., bis Mumbai Kalyan, über Jhansi (an 19:45)
Jabalpur	21:08	9:50	2190 Mahakoshal Exp., über Jhansi (an 22:40), Satna (Khajuraho, 6:40)
Varanasi	19:50	10:15	1107 Bundelkhand Exp., über Jhansi (an 21:20), Mahoba (0:05), Allahabad (6:10)

Indore	Abfahrt	Ankunft	Zugbezeichnung, Bemerkungen
Ajmer	17:40	7:40	9672A All Fast Pass, über Chittorgarh (an 2:55)
Bhopal	7:00	10:35	9323 Intercity Exp.
Chittorgarh	12:40	21:30	9658 Mhow Chittaugarh Exp.
Delhi (Nizzamuddin)	16:20	5:40	2415 Indore Nizzamuddin Exp., über Ujjain (an 17:50), Kota (23:00), Sawai Madhopur (0:22), Bharatpur (2:38), Mathura (3:25)
Jaipur	22:30	8:30	0973 Jaipur Exp., nur Mi, Fr, über Ujjain (an 0:05), Kota (4:10), Sawai Madhopur (5:55),
Mumbai	15:50	6:30	2962 Avantika Exp., über Ujjain (an 17:20), Vadodara (23:55)
Satna (Khajuraho)	20:40	11:45	9305 Shipra Exp., über Ujjain (an 22:30), Bhopal (2:05), weiter nach Allahabad

Jabalpur	Abfahrt	Ankunft	Zugbezeichnung, Bemerkungen
Ahmedabad	12:00	7:55	1464 Veraval Exp., tgl. außer Mo, Sa, über Bhopal (an 18:45), Ujjain (22:35), Vadodara (5:40)

Delhi (Nizzamuddin)	15:55	7:25	2411 Gondwana Exp., über Agra (an 4:17), Mathura (5:03)
Jaipur	20:15	12:30	2181 Dayodaya Exp., über Kota (an 8:15), Sawai Madhopur (10:00)
Lucknow	19:15	9:40	5009 Chitrakoot Exp., über Satna (Khajuraho, an 22:15)
Mumbai	21:30	14:30	1094 Mahanagri Exp., über Jalgaon (an 6:50)
Varanasi	16:35	4:30	1093 Mahanagri Exp., Mi, Do, Sa, über Satna (an 19:20), Allahabad (0:50)

Jaipur	Abfahrt	Ankunft	Zugbezeichnung, Bemerkungen
Agra	6:00	10:20	9777 Jaipur Agra Fort Exp., über Bharatpur (Keoladeo Bird Sanctuary, an 9:00)
Agra	15:30	21:10	4854/4864 Marudhar Exp., über Bharatpur (an 19:31), weiter bis Varanasi (an 9:30)
Ahmedabad	20:45	7:40	2916 Ashram Exp., über Ajmer (an 23:10), Abu Rd. (3:40)
Ajmer	11:30	13:55	2413A Jaipur Ajmer Link Exp., viele weitere Verb.
Bikaner	22:10	7:15	4737 Jaipur Bikaner Exp., über Sikar (an 0:20), Churu (3:05)
Chittorgarh	20:40	5:20	4715 Chetak Exp., über Ajmer (an 0:20)
Delhi	0:45	6:30	2462 Mandore Exp.
Delhi	5:05	11:30	4060/4060A Jaisalmer Delhi Exp., über Alwar (an 7:54)
Jaisalmer	23:57	13:30	4759 Delhi Sara Rohilla Jaisalmer Exp., über Jodhpur (an 6:45, gelegentlich stark verspätet)
Jodhpur	17:40	23:00	2465 Intercity Exp.
Mumbai	14:05	8:00	2956 Jaipur Mumbai Exp., über Sawai Madhopur (an 16:00), Kota (17:25)
Sikar	13:20	15:25	9735 Jaipur Loharu Intercity Exp.
Udaipur	22:00	7:40	2965 Jaipur Udaipur City Exp., über Sawai Madhopur (an 0:25), Chittorgarh (5:25)
Varanasi	15:40	8:15/ 9:30	4854/4864 Marudhar Exp., über Alwar (an 16:00), Bharatpur (19:28), Agra (21:05), Lucknow (2:45)

Jammu Tawi	Abfahrt	Ankunft	Zugbezeichnung, Bemerkungen
Amritsar	14:00	19:05	8102 Muri Exp., über Pathankot (an 16:20), weiter bis New Delhi (an 4:25)
Delhi	21:00	10:45	4646 Shalimar Exp., über Pathankot (an 22:50), viele weitere Verb.
Jodhpur	7:20	5:40	9224 Jammu Tawi Ahmendabad Exp., über Pathankot (an 10:20), Bikaner (0:45), weiter über Abu Rd. bis Ahmedabad
Rishikesh	18:45	8:00	4610 Hemkunt Exp., über Haridwar (an 6:45)

Jhansi	Abfahrt	Ankunft	Zugbezeichnung, Bemerkungen
Amritsar	5:58	20:15	2715 Sachkhand Exp., tgl. außer Mi., über Gwalior (an 6:20), Agra (8:30), Mathura (9:27), New Delhi (12:05)
Delhi	14:30	21:10	1077 Jhelum Exp., über Gwalior (an 15:55), Agra (17:50), Mathura (18:50), weiter bis Jammu Tawi
Delhi	21:57	5:00	2919 Malwa Exp., über Gwalior (23:25), Agra (1:20), viele w. Verb.
Kalkutta	7:50	6:20	1160/1182 Chambal Exp., Mi, Do, Fr, So, über Allahabad (an 16:25), Mughal Sarai (19:35), Gaya (22:42)
Mumbai	12:30	6:10	2138 Punjab Mail
Varanasi	21:35	10:15	1107 Bundelkhand Exp., über Allahabad (an 6:10)

Jodhpur	Abfahrt	Ankunft	Zugbezeichnung, Bemerkungen
Agra	9:00	21:05	4854/4864 Marudhar Exp., über Jaipur (an 15:10), Bharatpur (19:30)
Abu Rd.	6:15	11:45	9112 Jammu Tawi Ahmedabad Exp., weiter bis Ahmedabad (an 16:30)
Ahmedabad	6:15	16:30	9112 Jammu Tawi Ahmedabad Exp., über Marwar (an 9:25), Abu Rd. (11:25)
Bikaner	10:15	15:50	4888 Jodhpur Kalka Exp., über Nagaur (an 12:51), Deshnok (14:25)
Delhi	19:30	6:30	2462 Mandore Exp., über Merta Rd. (an 21:11), Jaipur (0:35), Alwar (3:08)
Jaipur	5:45	8:35	2466 Ranthambore Exp., weiter bis Sawai Madhopur (an 13:25)

Jaisalmer	6:40	13:30	4759 Delhi Jaisalmer Exp., häufig verspätet
Jaisalmer	23.15	5:15	4810 Jodhpur Jaisalmer Exp.
Mumbai	15:15	10:41	4707 Ranakpur Exp., Ank. in Bandra, über Abu Rd. (20:15), Ahmedabad (1:15), Vadodara (3:50)
Mumbai	18:15	11:45	4845/4847 Suryanagari Exp., Ank. in Bandra, über Abu Rd. (23:15), Ahmedabad (3:30), Vadodara (5:45)
Kalka (Shimla)	10:45	7:00	4888 Barmer Kalka Exp., über Deshnok (an 15:18), Bikaner (16:25), Chandigarh (5:10)
Sawai Madhopur	5:45	13:00	2466 Intercity Exp., über Jaipur (an 10:45)
Varanasi	9:15	8:15/ 9:30	4854/4864 Marudhar Exp., über Jaipur (an 15:20), Bharatpur (19:28), Agra (21:10), Lucknow (2:45)

Kalka	Abfahrt	Ankunft	Zugbezeichnung, Bemerkungen
Delhi	17:30	21:40	2012 Kalka Shatabdi Exp., über Chandigarh (an 18:10)
Bharatpur	10:10	19:43	2926A Paschim Exp., über Chandigarh (11:10), New Delhi (16:30), Mathura (19:15)
Kalkutta	23:45	7:10	2312 Kalka Mail, über Delhi (an 76:30), Allahabad (9:00), Gaya (23:26)
Varanasi (Mughal Sarai)	23:45	20:10	2312 Kalka Mail, über Chandigarh (an 0:30), Delhi (6:30), weiter bis Kalkutta

Kalkutta	Abfahrt	Ankunft	Zugbezeichnung, Bemerkungen
Agra	23:30	19:25	2307 Howrah Jodhpur Bikaner Exp., über Gaya (an 6:15), Mughal Sarai (Varanasi, 9:30), Allahabad (12:00), weiter bis Jodhpur
Allahabad	22:00	11:10	2321 Howrah Mumbai Mail, über Gaya (an 5:24), Mughal Sarai (8:10)
Bhubaneshwar	7:00	13:50	2703 Falaknuma Exp.
Bhubaneshwar	11:00	19:05	7045 East Coast Exp.
Delhi	16:55	9:50	2301 Rajdhani Exp., tgl. außer So., über Gaya (an 22:30), Mughal Sarai (1:00), Allahabad (2:55)
Delhi	19:40	20:35	2311 Howrah Kalka Mail, über Mughal Sarai (Varanasi, an 6:05), Allahabad (an 9:05)
New Jalpaiguri	22:05	8:00	2343 Darjeeling Mail, Start in Sealdah, über Malda (an 4:05), mehrere weitere Verb.
Patna	13:55	21:30	2023 Shatabdi Exp., tgl. außer So.
Puri	22:35	7:20	2837 Howrah Puri Exp., über Bhubaneshwar (an 5:30)
Varanasi	20:35	10:20	3009 Doon Exp., über Gaya (an 5:05), weiter nach Lucknow und Dehra Dun

Lucknow	Abfahrt	Ankunft	Zugbezeichnung, Bemerkungen
Agra	23:30	6:55	4201 Lucknow Mathura. Exp
Amritsar	15:40	8:10	3005 Amritsar Mail, über Moradabad (an 21:10), mehrere weitere Verb.
Chandigarh	22:30	9:55	2231 Lucknow Chandigarh Exp.
Dehra Dun	18:25	6:45	3009 Doon Exp., über Moradabad (an 0:20), Haridwar (4:12)
Delhi	5:30	13:55	2419 Gomti Exp.
Delhi	22:45	6:45	Kaifiyat Exp., viele weitere Verb.
Jodhpur	0:05	18.20	48534863 Marudhar Exp., über Agra (an 6:05), Bharatpur (7:10), Jaipur (11:30)
Kalkutta	10:55	7:30	3006 Amritsar Howrah Mail, über Varanasi (an 16:45), Patna (21:45)
Satna (Khajuraho)	17:30	4:15	5010 Chitrakoot Exp., fährt weiter bis Jabalpur
Varanasi	7:00	13:25	4204 Intercity Exp.
Varanasi	23:15	5:55	4258 Kashi V Exp., viele weitere Verb.

Margao/Vasco d. G.	Abfahrt	Ankunft	Zugbezeichnung, Bemerkungen
Delhi (ab Vasco)	15:10	6:30	2779 Goa Exp., über Margao (an 15:35), Pune (4:05), Bhopal (19:45), Jhansi (23:55), Agra (3:00), Mathura (4:35)
Mumbai (ab Margao)	10:10	21:45	0104 Mandavi Exp., über Ratnagiri (an 14:35)

Anhang

Mumbai (ab Margao)	18:00	5:50	0112 Konkan Kanya Exp., über Ratnagiri (an 22:45), mehrere weitere Verb.
Hospet (ab Vasco)	7:10	16:00	7228 Vasco Viyajawada Exp., Mo, Do, Sa, So, über Margao (ab 7:25), Hubli (12:45), Gadag (14:10), weiter nach Guntakal (18:50)

Mathura	Abfahrt	Ankunft	Zugbezeichnung, Bemerkungen
Agra	12.55	13.50	1978 Jhelum Exp.
Agra	20.37	21.35	1104 Intercity Exp., viele weitere Verb.
Amritsar	16.35	6.15	2903 Golden Temple Mail, über New Delhi (an 19.00)
Delhi	7.15	10.21	2915 Paschim Exp., weiter bis Amritsar
Delhi	18.52	21.10	1077 Jhelum Exp., viele weitere Verb.
Lucknow	22.00	6.05	4202 Mathura Lucknow Exp., über Agra (an 23.05)
Udaipur	21.05	7.00	2963 Mewar Exp., über Bharatpur (an 21.39), Chittogarh (4.40)

Moradabad	Abfahrt	Ankunft	Zugbezeichnung, Bemerkungen
Allahabad	23:40	9:55	4512 Nauchandi Exp., über Lucknow (an 5:10)
Amritsar	21:25	8:10	3005 Amritsar Mail
Dehra Dun	7:25	13:10	4163 Sangam Exp., über Haridwar (an 10:56)
Delhi	0:30	4:10	5014/5014A Ranikhet/Corbett Link Exp., viele weitere Verb.
Delhi	6:35	10:10	4315 Intercity Exp.
Varanasi	17:05	5:50	4258 Kashi Vishwanath Exp., über Lucknow (an 23:00), v. w. Verb.

Mumbai	Abfahrt	Ankunft	Zugbezeichnung, Bemerkungen
Ahmedabad	6:25	13:20	2009 Shatabdi Exp., über Surat (an 9:50), Bharuch (10:35), Vadodara (11:30), viele weitere Verb.
Delhi	16:40	8:35	2951 Mumbai Rajdhani Exp., über Vadodara (an 21:11), Kota (3:20), Mathura (7:45), viele weitere Verb.
Delhi	21:35	19:05	2903 Golden Temple Mail, über Kota (an 11:15), Sawai Madhopur (12:35), Bharatpur (15:11), Mathura (16:23)
Indore	19:05	9:20	2691 Avantika Exp., über Bharuch (an 0:15), Vadodara (1:18), Ujjain (7:30)
Jaipur	18:50	12:55	2955 Mumbai Jaipur Exp., über Vadodara (an 0:42), Kota (8:42), Sawai Madhopur (10:20)
Jodhpur	15:00	9:45	4708 Ranakpur Exp., ab Bandra, über Vadodara (an 22:00), Ahmedabad (0:05), Abu Rd. (4:25), weiter über Nagaur und Deshnok bis Bikaner
Margao (Goa)	5:30	13:55	2051 Jan Shatabdi Exp.
Margao	23:00	10:45	0111 Konkan Kanya Exp.

Patna	Abfahrt	Ankunft	Zugbezeichnung, Bemerkungen
Amritsar	4:20	8:10	3005 Amritsar Mail, über Varanasi (an 9:11), Lucknow (15:25), Moradabad (21:15)
Delhi	18:10	11:05	2401 Magadh Exp., über Allahabad (0:25)
Delhi	18:00	8:25	2393 S Kranti Superfast Exp.
Gaya	11:30	13:45	8625 Rajendra Nagar Hatia Exp., weiter bis Ranchi (an 20:45)
Kalkutta	21:15	6:45	2352 Danapur Exp.
Siliguri	1:05	14:00	4084 Mahananda Exp.
Varanasi	10:50	15:01	2391 Shramjeevi Exp., weiter über Lucknow (an 20:20) nach New Delhi

Satna	Abfahrt	Ankunft	Zugbezeichnung, Bemerkungen
Bhopal	22:45	7:35	1072 Kamayani Exp., über Jalgaon (an 15:23), weiter bis Mumbai
Delhi	21:00	11:30	2189 Mahakaushal Exp., über Chitrakot (an 23:15), Gwalior (5:47), Agra (8:15), Mathura (9:10)
Jabalpur	14:55	17:40	2321 Howrah Mumbai Mail, weiter bis Mumbai, viele weitere Verb.
Lucknow	22:25	9:40	5009 Chitrakoot Exp.
Mumbai	12:35	10:20	3201 Rajendanagar Lokmany. Tilak Exp., über Jabalpur (an 15:40)
Varanasi	8:05	16:37	5159 Samath Exp., über Allahabad (an 12:35), mehrere w. Verb.

Udaipur	Abfahrt	Ankunft	Zugbezeichnung, Bemerkungen
Ahmedabad	9:20	20:55	431 Udaipur Ahmedabad Fast Passenger
Ahmedabad	19:45	4:20	9943 Udaipur Ahmedabad Exp.
Delhi	18:35	6:15	2964 Mewar Exp., Ank. in Nizzamuddin, über Chittorgarh (an 20:30), Kota (23:40), Bharatpur (3:14), Mathura (4:13)
Jaipur	21:40	7:10	2966 Udaipur Jaipur Sup Exp., über Chittorgarh (an 23:32), Sawai Madhopur (4:50)
Mumbai	21:40	7:10	2966 Udaipur Jaipur Sup Exp., über Chittorgarh (an 23:32), Sawai Madhopur (4:50)

Ujjain	Abfahrt	Ankunft	Zugbezeichnung, Bemerkungen
Ahmedabad	23:35	8:55	9310 Indore Exp., über Vadodara (an 6:30)
Bhopal	7:45	10:10	9303 Intercity Exp., viele weitere Verb.
Delhi	18:05	5:40	2415 Nizzamuddin Exp., über Kota (an 23:00), Bharatpur (2:40)
Gwalior	14:10	23:25	2919 Malwa Exp., über Bhopal (17:25), Jhansi (21:47), weiter bis Agra und Delhi
Indore	7:25	9:20	2961 Awantika Exp., viele weitere Verb.

Vadodara	Abfahrt	Ankunft	Zugbezeichnung, Bemerkungen
Ahmedabad	19:30	21:20	2933 Karnavati Exp., viele weitere Verb.
Bhuj	21:45	7:30	9115 Sayajinagari Exp., über Ahmedabad (an 23:45)
Delhi	18:05	10:45	2925 Paschim Exp., über Kota (an 2:11), Sawai Madhopur (3:15), Bharatpur (6:33), Mathura (7:45)
Jaipur	0:50	12:55	2955 Mumbai Jaipur Exp., über Kota (an 8:45), Sawai Madhopur (10:30)
Jodhpur	19:22	6:30	2480 Suryanagari Exp., über Ahmedabad (an 21:30), Marwar (4:45)
Mumbai	0:22	6:45	9708Aravali Exp., über Bharuch (an 1:15), viele weitere Verb.
Rajkot	0:07	7:50	9017 Saurashtra Janata Exp., über Wankaner (an 6:10), weiter bis Hapa und Jamnagar
Porbandar	16:42	6:05	9215 Saurashtra Exp., über Ahmedabad (an 19:20), Wankaner (0:06), Rajkot (1:35)

Varanasi	Abfahrt	Ankunft	Zugbezeichnung, Bemerkungen
Amritsar	9:26	8:10	3005 Amritsar Mail, über Lucknow (an 15:25), Moradabad (21:15)
Bhopal	15:50	7:35	1072 Kamayani Exp., über Allahabad (an 19:00), Satna (Khajuraho, 22:25)
Dehra Dun	10:35	6:45	3009 Doon Exp., über Lucknow (an 18:05), Moradabad (0:35), Haridwar (4:20)
Delhi	0:30	12:25	2561 Swatanrata Sainani Exp., über Allahabad (an 3:30), Aligarh (10:00)
Delhi	15:11	5:20	2291 Shaamjeeni Exp., über Lucknow (an 20:25), viele weitere Verb.
Gwalior	14:30	7:35	1108 Bundelkhand Exp., über Allahabad (an 18:50), Jhansi (5:40)
Jodhpur	17:20/ 18:15	18:20	4853/4863 Marudhar Exp., über Lucknow (an 23:50), Agra (6:10), Bharatpur (7:10), Jaipiur (11:30)
Kalkutta	16:25	7:00	3010 Doon Exp., über Gaya (an 21:40)
Kalkutta	18:00	7:55	2334 Vibhuti Exp.
Mumbai	11:30	14:30	1094 Mahanagari Exp., über Allahabad (an 14:40), Satna (Khajuraho, 18:15), Jabalpur (21:20)
New Jalpaiguri	6:50	23:00	5635 Dwarka Exp., über Patna (an 12:00)
New Jalpaiguri	22:25	11:15	2436 Rajdhani Exp., Do, So
Puri	20:10	18:15	8476 Neelachal Exp., über Gaya (an 0:25), Bhubaneshwar (15:55), viele weitere von Mughal Sarai

Anhang

Register

Anhang

Die Autoren

Thomas Barkemeier, Jahrgang 1958, verbringt seit 1982 jedes Jahr mehrere Monate in Asien. Nach ausgedehnten Reisen in nahezu alle asiatischen Länder führte ihn der Weg 1987 zum ersten Mal nach Indien. Seither hat er mehr als sechs Jahre in Indien verbracht und fast jeden Winkel des Landes kennen gelernt. Neben der ethnischen, kulturellen und sprachlichen Vielfalt des Landes sind es die zum mitteleuropäischen Denken oftmals gänzlich unterschiedlichen Wertvorstellungen der Inder, die ihn immer wieder aufs Neue in dieses faszinierende Reiseland ziehen.

Zwischen den Reisen führte Thomas Barkemeier sein Studium der Geschichte, Politik und Philosophie zu Ende. Neben seiner Tätigkeit als Reisebuchautor und Referent für asienspezifische Themen organisiert und leitet er in seiner eigenen Agentur Gruppenreisen für Individualisten nach Asien.

600ca Foto: tb

300is Foto: mb

Martin Barkemeier, der Zwillingsbruder von Thomas, war bei früheren Auflagen dieses Buches eine unentbehrliche Hilfe bei den intensiven Recherchereisen, inzwischen ist er Mitautor. Lange Zeit schien es so, als ob nichts und niemand ihn aus seinem geliebten Berlin locken könnte. Doch dann ist auch er wie Thomas dem Sog Indiens verfallen. Seit 1997 reist er jedes Jahr mehrere Monate durch den Subkontinent. Im REISE KNOW-HOW Verlag erschienen von den Brüdern ebenfalls die Reiseführer „Rajasthan mit Delhi und Agra", „Indien – der Süden" und „Kerala mit Mumbai und Madurai".

Anhang

Kartenverzeichnis

Kartenatlas

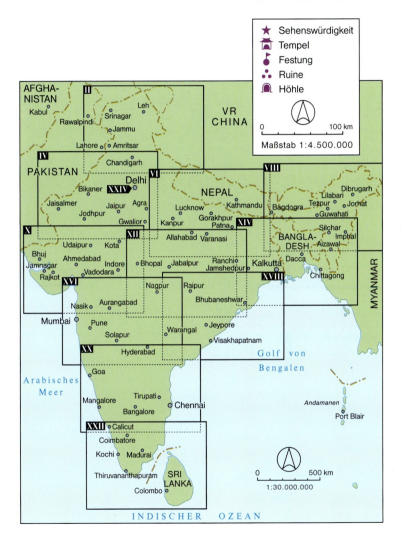

Legende:
- ★ Sehenswürdigkeit
- 🛕 Tempel
- Festung
- Ruine
- Höhle

0 — 100 km

Maßstab 1:4.500.000

AFGHA-NISTAN

Kabul
Rawalpindi
Srinagar
Leh
Jammu
Lahore · Amritsar
Chandigarh

VR CHINA

PAKISTAN

Delhi
Bikaner **XXIV**
Jaisalmer
Jaipur Agra
Jodhpur
Gwalior
Kanpur
Lucknow
Kathmandu
Gorakhpur
Patna
Allahabad Varanasi

NEPAL

Dibrugarh
Lilabari
Tezpur · Jorhat
Bagdogra
Guwahati
Silchar
Imphal
Aizawl

BANGLA-DESH

Dacca
Chittagong

MYANMAR

Udaipur Kota
Bhuj
Jamnagar
Ahmedabad
Rajkot Vadodara
Indore
Bhopal Jabalpur
Ranchi
Jamshedpur
Kalkutta

Nagpur Raipur

Nasik Aurangabad
Bhubaneshwar

Mumbai Pune
Solapur
Warangal
Jeypore
Visakhapatnam

Hyderabad

Golf von Bengalen

Goa

Arabisches Meer

Mangalore Tirupati
Bangalore Chennai

Andamanen
Port Blair

Calicut
Coimbatore
Kochi · Madurai
Thiruvananthapuram
SRI LANKA
Colombo

0 — 500 km
1:30.000.000

INDISCHER OZEAN

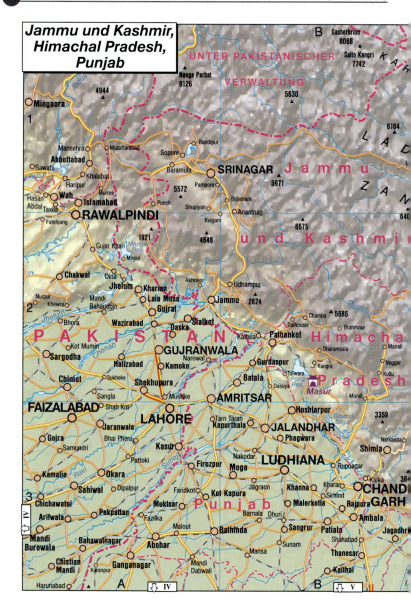

Jammu und Kashmir, Himachal Pradesh, Punjab

B

Gasherbrum 8068

Salto Kangri 7742

UNTER PAKISTANISCHER VERWALTUNG

KA

Nanga Parbat 8126

4944

5630

Mingaora

1

L A D

6184

Mansehra   Muzaffarabad

Abbottabad

Sawabi   Khalabat

Haripur   Murree

Hasan Abdal   Wah   Taxila

Islamabad

RAWALPINDI

Fatehjang

Sopore

Bandipur

Baramula

SRINAGAR

Pampore

Punch   Shupiyan   Bijbehara

Kulgam   Anantnag

J a m m u

5971

5572

Z A N

L

640

6575

Gujar Khan   Mangla Res.

Mirpur

1921

4648

u n d   K a s h m i

Chakwal   Dina

Nurpur   Khewra

Bhora

Jhelum   Kharian

Mandi Bahauddin   Lala Musa

Gujrat

Akhnoor

Udhampur

Jammu

2624

Chamba   5685

2

Wazirabad   Daska   Sialkot

Dalhousie   Brahmaur

Kathua   Pathankot

Dharamsala   Manali

P A K I S T A N

Kot Mumin   Chenab

GUJRANWALA

Narowal

H i m a c h a

Sargodha

Hafizabad   Kamoke

Gurdaspur   Kangra   Naggar

Chinlot

Sukheke   Shekhupura

Batala

Talwara   Pong Res.   Dasuya

Kullu

P r a d e s h

Sangla   Muridke

Masur   Mandi

FAIZALABAD   Shah Kot

AMRITSAR

Hoshiarpur

Govind Sagar

3359

LAHORE

Tarn Taran

JALANDHAR

Shimla

Jaranwala   Kapurthala

Phagwara

Narkanda

Gojra

Bhai Pheru

Kasur

Nakodar

LUDHIANA

Rupnagar

Samundri

Pattoki

Firozpur   Moga

Kalka   36

Kamalia   Okara

Ravi   Sutlej

Faridkot   Kot Kapura

Jagraon

Khanna

Kharar   Sirhind

CHAND

3

Sahiwal   Dipalpur

Malerkotla

Rajpura   GARH

Chichawatni   Pakpattan

Muktsar

P u n j a b

Barnala   Dhuri

Ambala

Arifwala

Fazilka

Malout   Bathinda

Sangrur   Patiala

Jagadhri

Mandi Burewala   Bahawalnagar

Abohar

Mansa   Sunam

Shahabad

Thanesar

Chistian Mandi   Karanpur   Ganganagar

Mandi Dabwali

Kaithal

Harunabad

A   IV

B   V

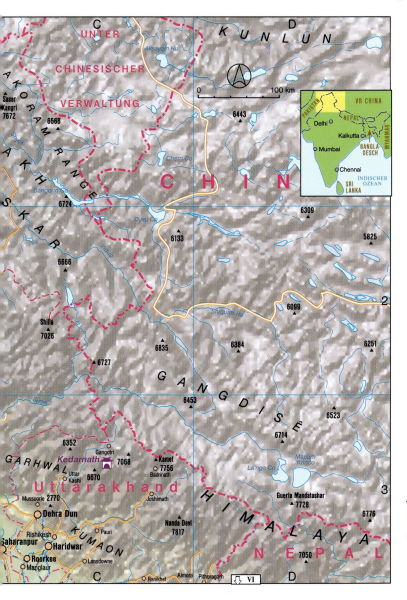

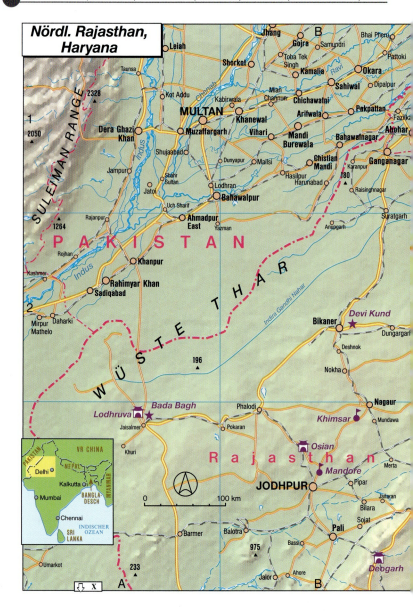

Nördl. Rajasthan, Haryana

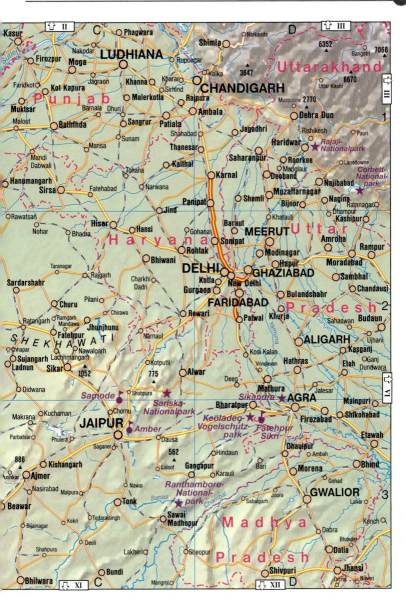

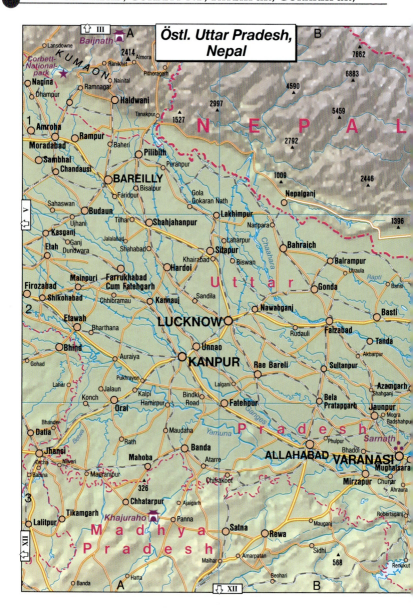

Östl. Uttar Pradesh, Nepal

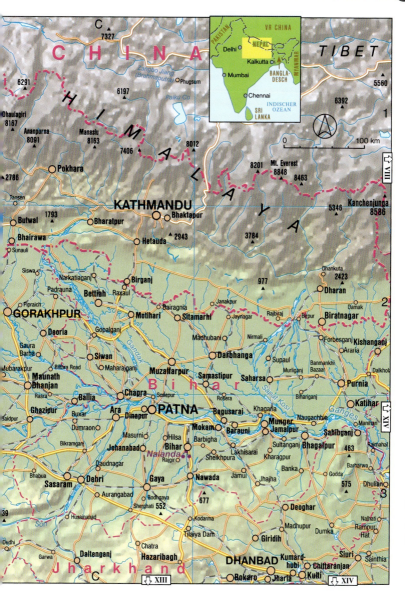

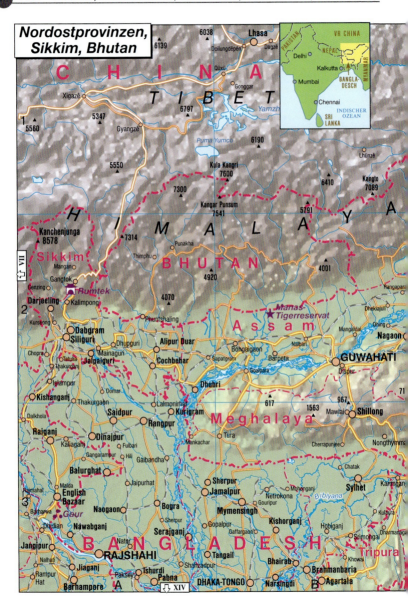

Nordostprovinzen, Sikkim, Bhutan

CHINA

TIBET

VR CHINA

BANGLA-DESCH

INDISCHER OZEAN

SRI LANKA

Lhasa
6038 Doilungdêpên
6139 Dagzê
Qüxü
Gonggar
Xigazê
6797
Yamzh
5347 Gyangzê
5560
6190
5550
Lhünzê
Kula Kangri
7600
7300 6410 Kangto 7089
Kangar Punsum 7541
5791
HIMALAYA
Kanchenjunga 8578 7314
Punakha
Sikkim
Mangan Thimphu BHUTAN
Gangtok 4920 4001
Genzing Rumtek
Darjeeling Kalimpong 4070 Rangapara
Kurseong Phuntsholing Manas-Tigerreservat Dhekiajuli
Dabgram Alipur Duar Assam Dhing
Siliguri Dhupguri Bongaigaon Mangaldai Nagaon
Chopra Mainagun Nalbari Barpeta GUWAHATI
Tatulia Jalpaiguri Cochbehar Sapatgram Goalpara Dispur 71
Thakurdani Domar Dhubri 967
Islampur Lalmonirhat 617 1563 Mawlai Shillong
Kishanganj Thakurgaon Kurigram Meghalaya
Dalkhola Saidpur Rangpur Tura Cherrapunjee Nongthymmai
Raiganj Dinajpur Menkachar
Kaliaganj Fulbari Chatak
Balurghat Gangatampur Hili Gaibandha Sylhet
Jaipurhat Sherpur Netrokona Bibiyana Karimganj
Rajmahal Malda Jamalpur Gouripur Mohonganj Kulaura
English Bazaar Naogaon Bogra Mymensingh Kishorganj Dharmanag.
Barnarwa Gaur Shetpur Gopalpur Hobiganj Srimongal
Dhulian Nawabganj Serajganj Gaffargaon Tripura
Jangipur Nator BANGLADESH Khowai
Nalhati RAJSHAHI Tangail Bhairab Brahmanbaria Agartala
Rampur Jiaganj Shahzadpur Khowai
Hat Paksey Tshurdi Pabna DHAKA-TONGO Narsingdi
Berhampore A XIV B

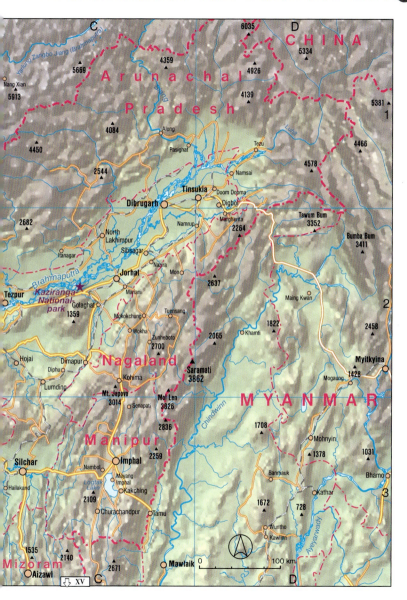

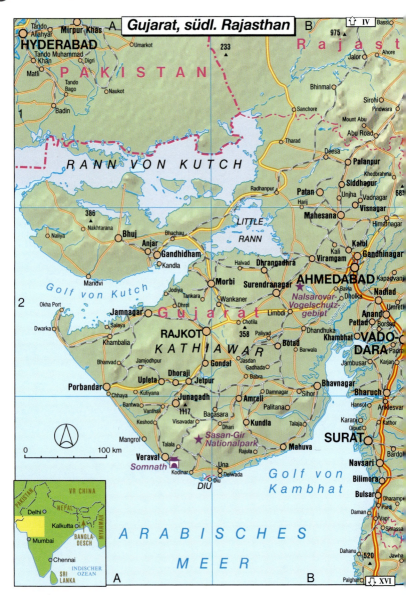

Gujarat, südl. Rajasthan

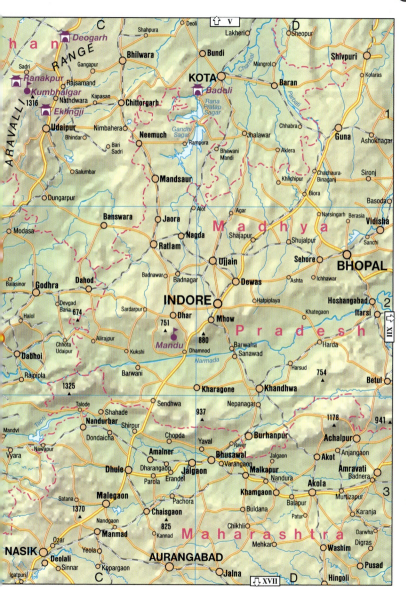

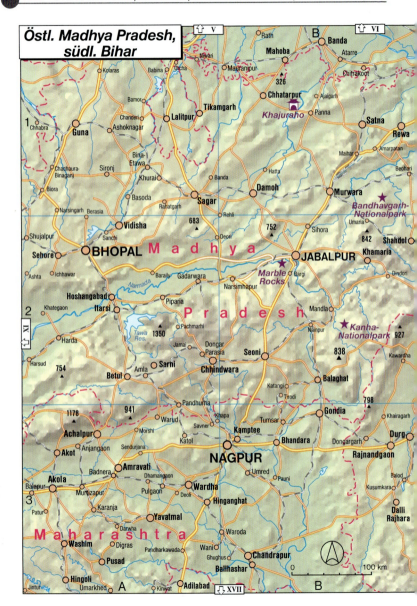

Östl. Madhya Pradesh, südl. Bihar

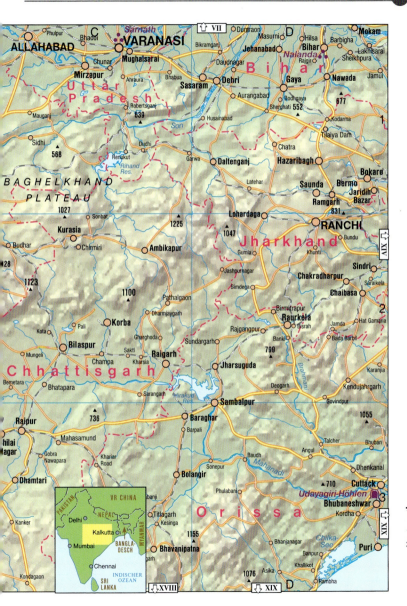

West-Bengalen, Bangladesh

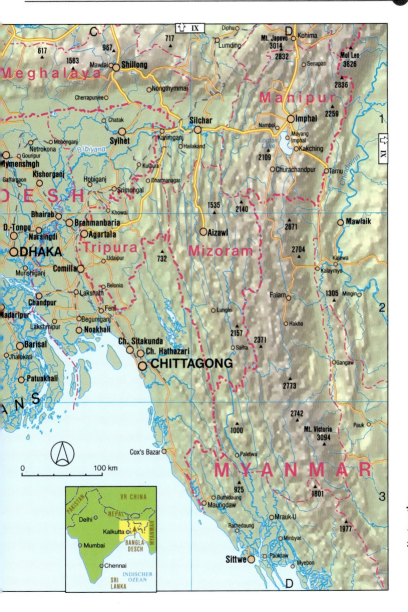

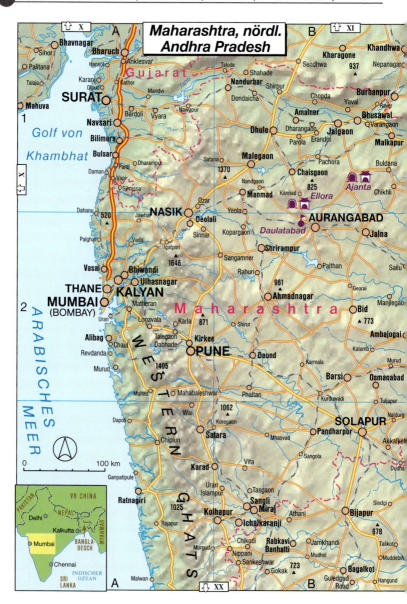

Maharashtra, nördl. Andhra Pradesh

Gujarat

SURAT

Golf von Khambhat

NASIK

THANE
MUMBAI
(BOMBAY)

ARABISCHES MEER

PUNE

KALYAN

WESTERN GHATS

Maharashtra

AURANGABAD

Ajanta

Ellora

Daulatabad

SOLAPUR

Bijapur

Bhavnagar
Sihor
Palitana
Talaja
Mahuva

Bharuch
Hansot
Anklesvar
Kathor
Karanj
Olpad
Bardoli
Vyara
Navsari
Bilimora
Bulsar
Pardi
Daman
Vapi
Silvassa
Dharampur
Dahanu
520
Palghar
Vasai
Bhiwandi
Ulhasnagar
Uran
Matheran
Lonavala
Karla
Alibag
Chaul
Revdanda
Talegaon
Dabhade
Murud
Mahad
1405
Mahabaleshwar
Dapoli
Wai
1062
Koregaon
Chiplun
Satara
Ganpatipule
Karad
Uran
Islampur
Ratnagiri
1025
Rajapur
Kolhapur
Ichalkaranji
Murgud
Chikodi
Nippani
Sankeshwar
Gokak
Malwan

Talode
Shahade
Nandurbar
Shirpur
Dondaicha
Nawapur
Mandvi
Satana
1370
Nandgaon
Ozar
Jawhar
Deolali
Sinnar
Igatpuri
1646
Vada
Sangamner
Rahuri
961
Ahmadnagar
Shirur
871
Daund
Karmala
Phaltan
Mhasvad
Sangola
Vita
Tasgaon
Sangli
Miraj
Athani
Rabkavi
Banhatti
Mudhol
723

Kharagone
Sendhwa
937
Chopda
Yaval
Amalner
Dharangaon
Jalgaon
Parola
Erandol
Pachora
Chaisgaon
825
Kannad
Chikhli
Manmad
Yeola
Kopargaon
Shrirampur
Paithan
Jalna
Georai
Bid
773
Ambajogai
Kalamb
Murud
Barsi
Osmanabad
Kurduwadi
Tuljapur
Pandharpur
Akkalkot
Dudha
Sindgi
678
Jamkhandi
Talikot
Muddebih
Bagalkot
Guledgud
Road
Hangund

Khandwa
Nepanagar
Burhanpur
Raver
Bhusawal
Varangaon
Malkapur
Buldana
Sailu
Manjlegaon
Kalamb

Dhule
Dharangaon
Malegaon
Chaisgaon
Nasik
Sinnar
Nandgaon

Bhvnagar

0   100 km

A   B

Delhi
Kalkutta
Mumbai
Chennai

PAKISTAN
VR CHINA
NEPAL
BANGLA-DESCH
MYANMAR
INDISCHER OZEAN
SRI LANKA

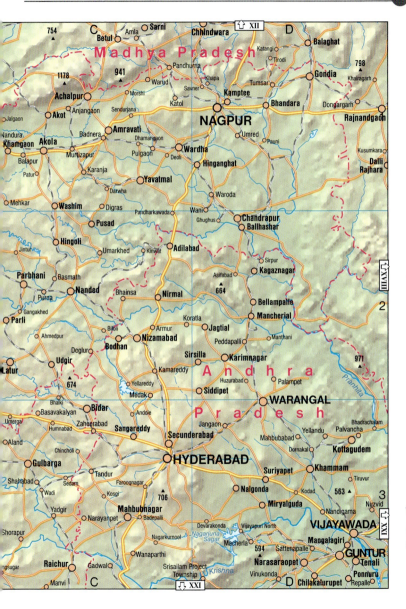

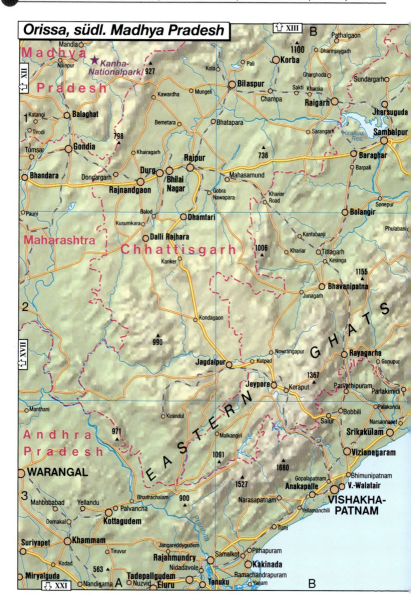

Orissa, südl. Madhya Pradesh

C

Musabani Ghatshila ⬆ XIV Medinipur D Raipur

Birmitrapur Chaibasa Jhargram Tamluk Canning

Raurkela Hat Gamaria Rairangpur Kharagpur Chengail Diamond Jaynagar Busanti
Rajgangpur Bisrah Jamda Harbour Manzipur
Bankl Bada Barbil Baripada SUNDERBANS Gosava

799 Jashipur Jaleswar Kanthi

Karanjia 1165

Deogarh Kendujahrgarh Balasore

Govindpur Soro

O r i s s a 1055 Anandapur Bhadrakh

Talcher Bhuban
Maudh Angul Jajapur Chandbali

Dhenkanal Kendrapara

▲ 710 Cuttack

Udayagiri-Höhlen Paradwip

Bhubaneshwar

Kordha Dhauli

Bhanjanagar *Chilka-See* Konark

Banpur

76 Asika Khallikot Rambha

Chatrapur

Berhampur

516 Ichchapuram

ndasa Sompeta

Parasamba

Tekkali

G o l f   v o n

1

◀ XIX

B e n g a l e n

3

Inset map:
PAKISTAN VR CHINA
NEPAL
Delhi
Kalkutta BANGLA-DESCH
Mumbai MYANMAR
Chennai INDISCHER OZEAN
SRI LANKA

0   100 km

C D

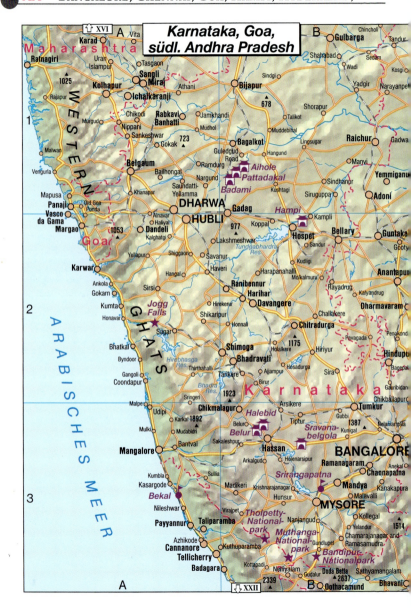

Karnataka, Goa, südl. Andhra Pradesh

Kerala, Tamil Nadu, Sri Lanka

LAKSHADWEEP

L A K S H A D W E E P

Androth
Cheriyam
Kalpeni

S E A

I N D I S C H E R   O

Cannanore
Tellicherry
Kottapadi Nelliyalam
Badagara
2339
KOZHIKODE
(CALICUT)
Olavanna
Beypore
Manjeri
Malappuram
Tanur
Ponnani
Kunnankulam
Chavakkad
Thrissur
Irinjalakuda
Kodungallur
Ernakulam
Kothamangalam
KOCHI (COCHIN)
Tripunithura
Mattancherry
Kottayam
Alleppey
Haripad
Kayankulam
Kollam (Quilon)
Varkala
THIRUVANANTHAPURAM
(TRIVANDRUM)
Kovalam
Padmanabhapuram
Colachel

Gundlupet
Dodu Betta
2637
Gudalur
Coonoor
2629
Kuniamuthur
Shoranur
Palghat
Chittur
Thatharnangalam
1733
Valparai
Munnar
Bodinayakkanur
Chinnamanur
Gudalur

B
Mettur
Sathyamangalam Tiruchen
godu
Ootacamund Bhavani
Mettupalayam
Erode
Tiruppur
COIMBATORE
Kurichi
Dharapuram
Pollachi
Udumalpet
Dindigul
Palani 2234
Kodaikanal Chinnalapan
Periyakulam
Theni-Allinagara
Usilampatti

Kerala

Periyar
Wildlife
Sanctuary

BACKWATERS

Kambam
Virudunaga
Srivilliputtur
Rajapalaiym Sivakasi
Sankarankoil Sattu
Puliangudi
Punalur
Kadaiyallanur Kovilpat
Tenkasi
Tirunelveli
Ambasa- Palayamkotta
mudram
Kulasekar
pattinam
1654
Thisayanvil
Nagercoil
Kanyakumari

PAKISTAN
NEPAL
VR CHINA
Delhi
Kalkutta
Mumbai
BANGLA-
DESCH
MYANMAR
Chennai
INDISCHER
OZEAN
SRI
LANKA

1

2

3

0   100 km

A   B

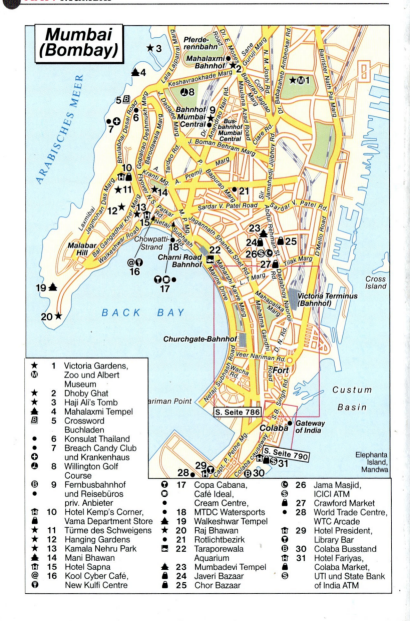

Mumbai (Bombay)

Pferde-
rennbahn

Mahalaxmi
Bahnhof ★2

★3

▲4

8

5 B

6

7

Bahnhof 9
Mumbai
Central ★
Bus-
bahnhof
Mumbai
Central

J. Boman Behram Marg

10

★11

12★ ★13
15

★14

★M1

21

Sardar V. Patel Road

23
24 ▲25
26
27

Chowpatti-
Strand

Malabar
Hill

18
Charni Road
Bahnhof

22

16

17

19 ▲

20 ★

B A C K   B A Y

Churchgate-Bahnhof

Victoria Terminus
(Bahnhof)

Cross
Island

Custum
Basin

Fort

ariman Point

S. Seite 786

Colaba

Gateway
of India

S. Seite 790

Elephanta
Island,
Mandwa

29
28

B 30
31